Helmut Wagner
Stabilitätspolitik
De Gruyter Studium

Helmut Wagner

Stabilitätspolitik

Theoretische Grundlagen und institutionelle Alternativen

11., aktualisierte und erweiterte Auflage

ISBN 978-3-11-055626-1

Library of Congress Control Number: 2018942834.

Bibliografische Information der Deutschen Nationalbibliothek
Die Deutsche Nationalbibliothek verzeichnet diese Publikation in der Deutschen National-
bibliografie; detaillierte bibliografische Daten sind im Internet über http://dnb.dnb.de abrufbar.

© 2018 Walter de Gruyter GmbH, Berlin/Boston
Einbandabbildung: rasslava/iStock/Getty Images Plus
Druck und Bindung: CPI books GmbH, Leck

www.degruyter.com

Inhaltsverzeichnis

Vorwort des Verfassers   XI
Dank   XVII
Vorwort von James Tobin   XIX
Erläuterungen zu den verwendeten Symbolen   XXI

1. Teil   Konzeptionelle und theoretische Grundlagen   1

Einleitung: Konzeptionelle Grundlagen   1

I.   *Zur Konzeption des Buches* 1
1.   Zur Fassung des Begriffs „Stabilitätspolitik" 1
2.   Zielsetzung, Fragestellungen und Aufbau des Buches 4
II.   *Konzeptionelle Erläuterungen zum Stabilitätsziel und zu Kosten von Instabilität* 6
1.   Ökonomische Stabilität als Ziel der Stabilitätspolitik 6
2.   Funktionsbegründungen von Stabilitätspolitik 7
2.1   Systemtheoretisch-soziologische Begründung 7
2.2   Handlungstheoretisch-ökonomische Begründung 8
3.   Instabilität und soziale Kostenfunktion 10

1. Kapitel: Zur Frage der Notwendigkeit von Stabilitätspolitik   13

A.   Problemübersicht 13
I.   *Mengenstabilität* 13
1.   Der „makroökonomische Konsens" seit den 80er Jahren – dargestellt im Rahmen eines systemtheoretischen Ansatzes 13
2.   Voraussetzungen für das Vorliegen von Mengeninstabilität 15
3.   Die Wohlfahrtskosten von Mengeninstabilität 16
II.   *Preisniveaustabilität* 17
1.   Die Kosten von Preisniveauinstabilität 17
2.   Die Notwendigkeit einer stabilitätspolitischen Absicherung 20
III.   *Anwendungsbedingungen von Stabilitätspolitik: Eine Systematik* 22
1.   Notwendige und gleichzeitig hinreichende Bedingungen 22
2.   Notwendige, jedoch noch nicht hinreichende Bedingungen 22
3.   Weder notwendige noch hinreichende Bedingungen 23
B.   Theorien zu Mengeninstabilität 24
I.   *Begründungen von kurz- bis mittelfristiger Instabilität und ihre Kritik in der Makroökonomie* 24
1.   Von Keynes zur monetaristischen Gegenrevolution 24
2.   Rationale Erwartungshypothese 34

3.	Neue Klassische Makroökonomie	37
3.1	Unvollkommene Information	38
3.2	Gleichgewichtstheorie realer Konjunkturschwankungen	40
4.	Theorien unvollkommener Konkurrenz	42
4.1	Die Modellansätze von Fischer und Taylor	43
4.1.1	Das Fischer-Modell	43
4.1.2	Das Taylor-Modell	46
4.1.3	Einwände der Neuklassiker	47
4.2	Rationalitätserklärungen von Lohn- und Preisrigiditäten	49
4.2.1	Zur Rationalität von Lohnrigiditäten	49
4.2.2	Zur Rationalität von Preisrigiditäten	54
4.3	Neuere Entwicklungen	60
4.3.1	Neue Keynesianische Makroökonomie (NKM)	61
4.3.2	Neue Neoklassische Synthese (NNS)	61
5.	Rationierungsansatz	72
6.	Gleichgewichts- versus Ungleichgewichtsansatz	76
7.	Mögliche destabilisierende Effekte von Preisflexibilität	78
II.	*Ein Begründungsmuster langfristiger Instabilität*	*80*
1.	Die Begründung eines Gefangenendilemmas bei Unterbeschäftigung	81
2.	Zu den gegenläufigen Stabilisierungsmechanismen	83
3.	Resümee	85

2. Teil   Makroökonomische Alternativen der Stabilitätspolitik   87

2. Kapitel: Diskretionäre Stabilitätspolitik   *87*

A.	Überblick	87
B.	Ansatz und Kritik diskretionärer, antizyklischer Stabilitätspolitik	90
I.	*Begründung und theoretischer Wirkungsmechanismus*	*90*
1.	Kontrolltheoretische Begründung der Stabilisierungsrolle von Nachfragepolitik	90
2.	Theoretische Wirkungsmechanismen	94
2.1	Wirkungen von Fiskal- und Geldpolitik in einem einfachen IS-LM-Modell der geschlossenen Volkswirtschaft	94
2.1.1	Zur Methodik der IS-LM-Analyse	94
2.1.2	Ableitung von fiskalpolitischen und geldpolitischen Multiplikatoren	96
2.2	Wirkungsänderungen in einer offenen Volkswirtschaft	108
2.3	Änderungen bei einer Dynamisierung des Ansatzes	115
II.	*Die Kritik an diskretionärer, antizyklischer Stabilitätspolitik*	*125*
1.	Lag-Problematik von aktiver Wirtschaftspolitik	126
1.1	Gefahr einer Destabilisierung des Wirtschaftsablaufs	126
1.2	Instrumenteninstabilität	128
1.3	Modelltheoretischer Anhang	129

2.	Inflations- und Arbeitslosigkeitseffekte von Vollbeschäftigungspolitik	131
2.1	Vollbeschäftigung und „natürliche Arbeitslosenrate"	131
2.2	Vollbeschäftigungspolitik und Inflation	132
2.3	Voraussehbarkeit des Politikmusters und ihre Folgen	133
3.	Mögliche Ineffektivität von Geld- und Fiskalpolitik	137
3.1	Die These von der Ineffektivität der Geldpolitik	137
3.2	Das Ricardo-Äquivalenztheorem	140
4.	Stabilitätsthese	143
5.	Zeitinkonsistenzproblem optimaler Wirtschaftspolitik	144
5.1	Die Aussage der Zeitinkonsistenztheorie	144
5.2	Modelltheoretische Betrachtung	147
5.3	Die Suche nach Lösungen des Zeitinkonsistenzproblems	151
5.4	Modellanhang: Vergleich einiger (institutioneller) Lösungsvorschläge	156
5.5	Erweiterungen des Grundmodells	164
5.6	Resümee	166
5.7	Modellanhang zwei: Zusätzliche Aspekte der NNS-Geldpolitik	168

3. Kapitel: Regelgebundene Stabilitätspolitik   *171*

A.	Überblick	171
B.	Analyse geldpolitischer Regeln	173
I.	*Die Regel konstanten Geldmengenwachstums*	*173*
1.	Theorie und Anwendung	173
2.	Kritikpunkte	176
2.1	Steuerbarkeit des Geldangebots	176
2.2	Beeinflussbarkeit der makroökonomischen Endziele	177
II.	*Die Regel der nominellen BSP-Stabilisierung*	*183*
1.	Nominelle BSP-Regel versus $\hat{V}$-angepasste Geldmengenregel	183
2.	Ein Modellvergleich zwischen nomineller BSP-Regel und konstanter Geldmengenregel	185
3.	Eine allgemeine Einschätzung der nominellen BSP-Regel	192
4.	Auffassungsunterschiede zwischen Befürwortern einer nominellen BSP-Regelbindung	194
5.	Nominelle BSP-Regelpolitik versus diskretionäre Politik	196
6.	Typische Einwände insbesondere von Praktikern	197
III.	*Andere Regelpolitiken*	*197*
1.	Output-Stabilisierung	198
2.	Preisniveaustabilisierung	203
3.	Zinsniveaustabilisierung	207
4.	Wechselkursstabilisierung	215
5.	Inflation Targeting	225
6.	Taylor-Regel	233
IV.	*Geldpolitik in der Praxis*	*240*
1.	Die geldpolitische Konzeption des Eurosystems	240

2.	FED: Vom „Just do it" zum flexiblen Inflation Targeting	245
V.	*Zur Frage der Fristigkeit einer Regelbindung*	*249*
C.	Neue stabilitätspolitische Überlegungen nach der Finanzkrise	251
I.	*Vor-Krisen-Konsens*	*251*
II.	*Nach-Krisen-Überlegungen zum Einbezug von Finanzstabilität in die Strategieüberlegungen der Zentralbanken*	*252*
1.	Verlauf der Finanzkrise	252
2.	Fehler auf Seiten der Überwachungs- und Regulierungspolitik	253
3.	Rolle der Geldpolitik	256
4.	Geldpolitische Herausforderungen nach Ausbruch einer Finanzkrise und die Probleme beim „Aufräumen"	264
5.	Neuere Überlegungen zur Finanzstabilität in der Europäischen Union	272
5.1	Notwendigkeit der makroprudenziellen Regulierung	272
5.2	Die europäische Antwort auf die Finanzkrise: Der europäische Ausschuss für Systemrisiken (ESRB)	273
5.3	Instrumente makroprudenzieller Regulierung	274
5.4	Weitere Überlegungen	275
5.5	Was wurde bisher gemacht/geschafft?	275
6.	Mögliche zukünftige geldpolitische Strategien in Boom-Bust-Zyklen	276
7.	Anhang	278
III.	*Die Rolle der Zentralbank-Kommunikation*	*282*

3. Teil   Mikroökonomische Varianten der Stabilitätspolitik   287

Einführung 287

4. Kapitel: Lohnindexierung   289

Überblick		289
I.	*Makro-Indexierung*	*290*
1.	Darstellung der grundlegenden Wirkungsmechanismen	290
1.1	Preisniveau-Indexierung	290
1.2	Nominelle BSP-Indexierung	294
2.	Diskussion der Wirkungsmechanismen	296
3.	Schwierigkeiten der Realisierung	299
II.	*Mikro-Indexierung: Erlös- oder Gewinnbeteiligung auf Firmenbasis*	*300*
1.	Erlösbeteiligung als Ersatz für eine nominelle BSP-Indexierung	301
2.	Weitergehende Stabilitätseigenschaften einer Erlösbeteiligung?	302
2.1	Zur Argumentationslinie	302
2.2	Eine Modellbetrachtung	304
3.	Wirkungs- und Realisierungsprobleme	311
3.1	Widerstand der Stammarbeiter	311

3.2	Widerstand der Gewerkschaften	313
3.3	Kontrollprobleme	314
3.4	Risikoaversion	315
3.5	Negative Investitionseffekte?	316
3.6	Kulturelle Einflussfaktoren	317
4.	Zusammenfassung	318
III.	*Verbindung von Mikro- und Makro-Indexierung*	*319*
1.	Asymmetrische Interessen an Mikro- und Makro-Indexierung	319
2.	Institutionelle Lösungen des Asymmetrieproblems	320

5. Kapitel: Einkommenspolitik   323

Überblick		323
IV.	*Zur Frage der Notwendigkeit einkommenspolitischer Ergänzungsmaßnahmen*	*326*
1.	„Realer" Inflationsbias	326
1.1	Politische Theorie eines Inflationsbias	326
1.2	Soziokulturelle Theorie eines Inflationsbias	332
2.	Die Kosten einer Inflation	337
3.	Die Kosten einer rein monetären Inflationsbekämpfung	338
V.	*Wirksamkeit und Kosten von Einkommenspolitik*	*346*
1.	Zur Wirksamkeit von Einkommenspolitik	346
1.1	Informatorische Einkommenspolitik	346
1.1.1	Maßhalteappelle und Informationsaustausch	346
1.1.2	Konzertierte Aktion	349
1.2	Imperative Einkommenspolitik	350
1.2.1	Lohn- und Preisstopp	350
1.2.2	Lohn- und Preisleitlinien	353
1.2.3	Wettbewerbspolitische Maßnahmen	354
1.3	Marktkonforme Anreizpolitik	355
1.3.1	Steuerliche Anreizpolitik (TIP)	356
1.3.2	Einführung eines neuen Marktes (MAP)	357
1.3.3	Wirkungsweisen und Wirksamkeit	358
2.	Kosten von Einkommenspolitik	361
2.1	Informatorische Einkommenspolitik	362
2.2	Imperative Einkommenspolitik	362
2.3	Marktkonforme Anreizpolitik	362
VI.	*Politische Umsetzungsprobleme*	*364*

Schlussteil   369

6. Kapitel: Ökonomische Interdependenz und internationale Koordinierung von Stabilitätspolitik   *369*

Überblick 369

I.	*Theoretische Wirkungsmechanismen bei ökonomischer Interdependenz*	*373*
1.	Auswirkungen ökonomischer Interdependenz in einem IS-LM-BP-Modell bei festen Preisen	373
2.	Änderungen bei Preisflexibilität	379
II.	*Ansatzpunkte für Wohlfahrtsverbesserungen durch internationale Koordinierung*	*383*
1.	Drei Szenarien	384
2.	Eine modelltheoretische Betrachtung	386
III.	*Zweifel an dem Nutzen internationaler Koordinierung von Stabilitätspolitik*	*391*
1.	Theoretische Überlegungen	392
2.	Empirische Untersuchungen	401
IV.	*Überlegungen zu einer Neuen Internationalen Finanzarchitektur*	*406*
V.	*Resümee*	*416*

Anhang A Zur Verwendung und Lösung einfacher stochastischer Differenzengleichungen   **419**

Anhang B Zur loglinearen Darstellung   **423**

Literaturverzeichnis   **427**

Sachregister   **487**

Vorwort zur elften Auflage

Die nunmehr schon elfte Auflage dieses Buches blickt auf eine lange Geschichte der Makroökonomie zurück. Die erste Auflage wurde schon vor 30 Jahren konzipiert. Seitdem sind viele Weiterentwicklungen der Makroökonomie und hier der Theorie der Stabilitätspolitik zu verzeichnen gewesen, die überwiegend in dieses Buch aufgenommen wurden. Insofern ist dieses Buch nicht nur Monografie und Lehrbuch sondern zugleich auch eine moderne Dogmengeschichte der Makroökonomie.

Geschrieben wurde die erste Auflage dieses Buches weitgehend am Massachusetts Institute of Technology (MIT), das damals in den 1980er Jahren die Hochburg der Makroökonomie war, und an dem ich 1987 das Jahr über als Gastprofessor tätig sein durfte. Dieses Buch hätte nie so geschrieben werden können ohne den Input, d. h. den Umgang und die täglichen Diskussionen mit den damaligen weltweit führenden MIT-Kollegen wie den Nobelpreisträgern Paul Samuelson, Bob Solow, Franco Modigliani, Paul Krugman, Peter Diamond und anderen herausragenden Vertretern ihres Faches wie Stanley Fischer, Rüdiger Dornbusch, Olivier Blanchard, Julio Rotemberg und Marty Weitzman. Aber auch die regen Diskussionen mit Nobelpreisträger James Tobin von der Yale University, der mir damals (nach Ansicht der ersten Version) spontan anbot, ein Vorwort für dieses Buch zu schreiben, fanden Eingang in dieses Buch. Nicht zu vergessen auch die lebhaften Diskussionen mit Kollegen der japanischen Zentralbank in Tokyo, bei der ich im folgenden Jahr für 4 Monate als Gastprofessor und Berater tätig war, waren für die Schlussfassung des Buches hilfreich.

Seitdem ist viel Zeit vergangen und die Makroökonomie hat sich – in einem Auf und Ab – immer weiterentwickelt. Diese Fortschritte habe ich versucht in den Neuauflagen stetig mit aufzunehmen, zumindest soweit sie für die Lehre in deutschen Diplom- und Masterkursen zur Theorie der Stabilitätspolitik sinnvoll vermittelbar waren. Dadurch ist das Buch natürlich auch immer weiter angewachsen, von ursprünglich gut 300 Seiten auf nunmehr fast 500 Seiten.

In der vorliegenden elften Version wurde gegenüber der zehnten Version Folgendes ergänzt:
- In Kapitel 1 B I.4.3.2 wurde das neukeynesianische Basismodell erweitert und dessen Simulationsergebnisse, die mit Hilfe der Mathematik-Software MATLAB und Dynare berechnet wurden, als Impuls-Antwort-Folgen dargestellt. Diese Art der Modellierung und diese methodische Herangehensweise sind in vielen aktuellen wissenschaftlichen Untersuchungen wiederzufinden. Anschließend findet sich eine ausführliche und kritische Auseinandersetzung mit den Vor- und Nachteilen dieser Methodik und eine kurze Vorstellung einiger ambitionierter alternativer Ansätze.
- In dem gleichen Kapitel wird im Rahmen eines kurzen Exkurses die – aktuell sowohl in der Wissenschaft als auch unter Praktikern kontrovers diskutierte – Neo-Fisher-Interpretation des neukeynesianischen Basismodells dargestellt.

Daneben wurden jedoch wie sonst auch immer einzelne Abschnitte, wie Kapitel 3 B IV.2 und 3 C II, aktualisiert, verbessert und anderweitig überarbeitet.

Bedanken möchte ich mich für ihre Mithilfe bei Dr. Katrin Heinrichs, Dr. Friedrich Kißmer und vor allem bei Jeyakrishna Velauthapillai, sowie bei meinen studentischen Hilfskräften und meinen beiden Sekretärinnen, Frau Nadine Kordt und Frau Alison Lunkeit.

Vorwort zur zehnten Auflage

Auch in dieser Neuauflage habe ich nicht nur eine Vielzahl von Aktualisierungen und kleineren Ergänzungen vorgenommen, sondern wiederum auch einige Unterkapitel neu hinzugefügt oder wesentlich ausgebaut. Vor allem die in der 9. Auflage neu eingeführten Unterkapitel „Neue stabilitätspolitische Überlegungen nach der Finanzkrise" (Teil C in Kapitel 3) sowie „Überlegungen zu einer Neuen Internationalen Finanzarchitektur" (Teil IV in Kapitel 6) habe ich überarbeitet und wesentlich erweitert (allein das Unterkapitel „Neue stabilitätspolitische Überlegungen nach der Finanzkrise" umfasst jetzt rund 40 Seiten).

Für die Hilfe bei der Überarbeitung danke ich vor allem Herrn Jeyakrishna Velauthapillai, Herrn Dr. Friedrich Kißmer und Frau Lilia Gutenberg sowie Frau Katrin Heinrichs.

Vorwort zur neunten Auflage

In dieser Neuauflage habe ich, neben einer Vielzahl von kleineren Ergänzungen und Aktualisierungen, als Lehre aus den Erfahrungen der jüngsten Finanzkrise, einige längere neue Unterkapitel eingebaut. So habe ich am Ende des 3. Kapitels ein Unterkapitel C. „Neue stabilitätspolitische Überlegungen nach der Finanzkrise" neu erstellt sowie am Ende des 6. Kapitels ein neues Unterkapitel IV. „Aktuelle Überlegungen zu einer Neuen Internationalen Finanzarchitektur" eingeführt. Außerdem habe ich im 1. Kapitel den Abschnitt über die „Neue Keynesianische Makroökonomie" grundlegend überarbeitet und im 2. Kapitel einen Abschnitt über „Geldpolitik in der Neuen Keynesianischen Makroökonomie" hinzugefügt.

Für die Hilfe bei der Überarbeitung möchte ich mich bei Frau Katrin Heinrichs, Herrn Dr. Friedrich Kißmer und Herrn Benjamin Mohr bedanken.

Vorwort zur achten Auflage

Diese Neuauflage enthält neben einer Vielzahl von Aktualisierungen und kleineren Ergänzungen und Verbesserungen auch einige neuere Abschnitte, wie z. B.

über die „Neue Keynesianische Makroökonomie" und die „Neue Neoklassische Synthese". Andere Abschnitte wurden umgeschrieben und erweitert, wie z. B. der Abschnitt über „Inflation Targeting" und über die „geldpolitische Konzeption des Eurosystems".

Für ihre Hilfe bei der Überarbeitung möchte ich meinen Lehrstuhl-Mitarbeitern, insbesondere Frau Katrin Heinrichs und Herrn Dr. Friedrich Kißmer, danken.

Vorwort zur siebten Auflage

Neben einer Vielzahl von kleineren Verbesserungen und Aktualisierungen wurden in dieser Neuauflage auch eine ganze Reihe von Abschnitten überarbeitet und neu geschrieben, so z. B. die über Inflation Targeting und über die geldpolitische Strategie der EZB. Auch wurden wieder ganz neue Abschnitte eingefügt, so z. B. über die „new open macroeconomics" und die Fragen der Effizienz internationaler Politikkoordinierung.

Für die Hilfe bei der Überarbeitung möchte ich den Mitarbeitern an meinem Lehrstuhl danken.

Vorwort zur sechsten Auflage

Auch in dieser Neuauflage habe ich neben vielen kleinen Verbesserungen und Ergänzungen einige umfangreiche Abschnitte neu hinzugefügt. So habe ich im 2. Kapitel in einem neuen Abschnitt sinnvolle Erweiterungen bzw. Änderungen des Grundmodells der Zeitinkonsistenz erläutert. Im 3. Kapitel habe ich zwei längere Abschnitte neu eingefügt. Der eine Abschnitt befasst sich mit einer derzeit stark diskutierten geldpolitischen Strategie, nämlich der Taylor-Regel. Das andere neue Unterkapitel stellt zwei angewandte geldpolitische Konzeptionen vor: die geldpolitische Konzeption des Eurosystems und die Multiindikatorstrategie der amerikanischen Zentralbank. Des Weiteren habe ich das 6. Kapitel um einen kürzeren Abschnitt ergänzt, der die neuen Bemühungen zur internationalen (Ordnungs-) Politikkoordinierung vor dem Hintergrund der Erfahrungen der jüngsten Währungs- und Finanzmarktkrisen beschreibt.

Um die Umsetzung von Änderungen bei Neuauflagen zu erleichtern, habe ich das ganze Manuskript als Datei erfassen lassen. Ich hoffe, dass es durch sorgfältiges Korrekturlesen gelungen ist, Übertragungsfehler, die sich bei so einem Unterfangen leicht einschleichen, so weit möglich auszumerzen. Für die Hilfe beim Korrekturlesen sowie bei den Aktualisierungen und Erweiterungen möchte ich Herrn Berger, Herrn Dr. Kißmer, Herrn Homringhausen und insbesondere Herrn Späte danken.

Vorwort zur fünften Auflage

Neben vielen kleinen Verbesserungen und Ergänzungen in allen Kapiteln habe ich vor allem im 2., 3. und 6. Kapitel neue umfangreiche Abschnitte eingefügt. Angesichts der anhaltenden Dominanz der Zeitinkonsistenzdebatte in der neueren Theorie der Stabilitätspolitik habe ich im 2. Kapitel einen längeren Abschnitt über die institutionellen Lösungsvorschläge des Zeitinkonsistenzproblems jenseits einer Regelbindung verfasst. Im 3. Kapitel habe ich der aktuellen Debatte um die geldpolitische Strategie des sogenannten „Inflation Targeting" Rechnung getragen und einen längeren Abschnitt über die Theorie des Inflation Targeting geschrieben. Dieser Ansatz spielt auch in der Debatte um die geldpolitische Strategie der Europäischen Zentralbank eine zentrale Rolle. Im 6. Kapitel habe ich verschiedene kürzere Abschnitte, so über den Streit um den „Stabilitätspakt" im Vorgriff auf die Europäische Währungsunion und über die Bedenken gegenüber mit Politikkoordinierung häufig verbundenen Harmonisierungsbestrebungen, hinzugefügt. Für nützliche Hinweise und Diskussionen möchte ich wie üblich meinen Mitarbeitern danken, insbesondere Herrn Wolfram Berger, Herrn Dr. Friedrich Kißmer, Herrn Ralf Sonnenfroh und Herrn Florian Späte.

Vorwort zur vierten Auflage

Die dritte Auflage war erfreulich rasch vergriffen. Ich konnte mich darauf beschränken, den Text kritisch durchzusehen.

Vorwort zur dritten Auflage

In dieser Neuauflage habe ich zahlreiche Ergänzungen und Verbesserungen vorgenommen. Unter anderem ist im 5. Kapitel der Abschnitt über die Theorie eines Inflationsbias unter Bezugnahme auf Ansätze der „Neuen Politischen Ökonomie" ausgebaut worden. Auch sind die neueren Diskussionen um Zeitinkonsistenz und Regelbindung/-varianten in den Kapiteln 2 und 3 berücksichtigt. Außerdem habe ich einen Anhang zu der in diesem Buch gewählten loglinearen Darstellung erstellt. Darüber hinaus habe ich in allen Kapiteln einzelne Passagen bzw. Argumente überarbeitet bzw. neu eingefügt, verbliebene Druckfehler ausgemerzt und neue Literatur eingebaut.

Allerdings konnten die Änderungen und Erweiterungen dadurch in Grenzen gehalten werden, dass es in der Theorie der Stabilitätspolitik während der letzten 5 Jahre keine wirklich grundlegenden Neuerungen gegeben hat. Die Forschungsschwerpunkte innerhalb der Makroökonomie haben sich während dieser Zeit mehr in die Richtung ‚Wachstum und Entwicklung' verschoben. Da sich überdies die Konzeption des Buches bewährt hat, bestand auch kein Anlass, sie zu ändern.

Kommentare und auch Verbesserungsvorschläge habe ich von vielen Kollegen (so vor allem von Herrn Prof. Dr. Friedrich Beyer, Universität Konstanz) und meinen früheren Studenten in Hamburg erhalten, wofür ich mich herzlich bedanken möchte, ohne hier alle einzeln beim Namen nennen zu können. Auch meinen neuen Mitarbeitern an der FernUniversität Hagen – Dr. Friedrich Kißmer, Dipl.-Volkswirt Ralf Sonnenfroh, Dipl.-Volkswirt Florian Späte und Dipl.-Ökonomin Insa Züchner – möchte ich für Detailvorschläge zur Verbesserung der 2. Auflage danken.

Berücksichtigt habe ich in der Neuauflage allerdings – uneinsichtig wie ich bin – nur einen Teil davon.

Vorwort zur zweiten Auflage

Das erfreuliche Echo, das das vorliegende Buch gefunden hat, machte binnen relativ kurzer Zeit eine Neuauflage notwendig. Da seit dem Erscheinen der 1. Auflage erst knapp zweieinhalb Jahre vergangen sind, erscheint eine Überarbeitung des Buches noch nicht als erforderlich. Stattdessen wurden einige Ergänzungen vorgenommen. Unter anderem wurde ein didaktischer Anhang zur Verwendung und Lösung einfacher stochastischer Differenzgleichungen angefügt. Für Anregungen sei John Campbell und anderen Mitgliedern des Economics Department der Princeton University gedankt, wo ich mich auf Einladung während des Wintersemesters 1991/92 als Visiting Fellow aufgehalten habe.

Vorwort zur ersten Auflage

Die wirtschaftliche Entwicklung in den letzten Jahrzehnten war weltweit von häufigen Schockeinwirkungen bestimmt. Schocks sind unerwartete Ereignisse oder Entwicklungen. Die bedeutendsten Schocks der letzten Jahrzehnte waren die beiden Ölkrisen, zahlreiche Umweltkatastrophen, Kriege, der Zusammenbruch des Währungssystems von Bretton Woods, extreme Wechselkursausschläge, der sogenannte „Börsenkrach", der Rückgang des Produktivitätswachstums, sowie einige außergewöhnlich heftige Streiks. Ereignisse dieser Art erzeugen bzw. verstärken Preisniveauschwankungen sowie Produktions- und Beschäftigungsschwankungen. Diese Schwankungen werden in der Regel als unerwünscht angesehen, da sie bei den wirtschaftlichen Akteuren ex post zu Fehlplanungen führen und gesamtwirtschaftlich augenscheinlich Marktungleichgewichte hervorrufen oder verstärken. Auf diese Weise **destabilisieren** sie die wirtschaftliche Entwicklung.

In diesem Buch wird nun untersucht, ob der Staat **stabilitätspolitisch** in den Wirtschaftsprozess eingreifen soll, um solche unerwünschten Auswirkungen von Schocks zu neutralisieren oder zumindest abzufedern; und wenn ja, in welcher Form dies geschehen soll. Es werden dabei nur Politiken betrachtet, die dies **innerhalb des marktwirtschaftlichen Systems** versuchen. Insbesondere wird unterschieden zwischen ad-hoc gewählten, sogenannten „diskretionären" Politiken (wie z. B. Beschäftigungsprogrammen) und institutionellen Vorkehrungen oder Politikregeln (wie z. B. Lohnindexierungen oder Geldmengenregeln). Diese Politikalternativen werden auf ihre Stabilisierungskraft wie auch auf ihre Kosten und ihre Realisierbarkeit hin untersucht und einander gegenübergestellt.

Es handelt sich hier um ein Lehrbuch zur Stabilitätspolitik. Zielsetzung ist, dem Leser einen fundierten Überblick über die Hauptdiskussionslinien in der modernen Theorie der Stabilitätspolitik zu geben. Dies schließt auch einen Überblick über unterschiedliche Strömungen in der modernen Makroökonomie mit ein.

Es werden in dem vorliegenden Buch Grundkenntnisse der Makroökonomie sowie Grundkenntnisse der Algebra und der Differenzierung vorausgesetzt. Die verwendeten formalen Strukturen sind allerdings so einfach wie möglich gehalten. Außerdem ist das Buch so konzipiert, dass die verbal-analytische Darstellung/Argumentation im Mittelpunkt steht. Sie kann auch ohne die formalen modelltheoretischen Ergänzungen verstanden werden. Insofern ist das Buch nicht nur im Fortgeschrittenenstudium, sondern auch schon im Grundstudium der Volkswirtschaftslehre und teilweise auch in anderen sozialwissenschaftlichen Studiengängen einsetzbar.

Dank

Dieses Buch ist in einer ersten „groben" Fassung entstanden während des Jahres 1987, als ich mich auf Einladung des Department of Economics des Massachusetts Institute of Technology (MIT) für acht Monate am dortigen Fachbereich aufhielt.

Das Buch ist geprägt durch die zahlreichen Diskussionen während dieser Zeit, die ich am MIT mit den dortigen Nationalökonomen, insbesondere mit Rüdiger Dornbusch, Stanley Fischer, Franco Modigliani, Paul Samuelson, Robert Solow, Lester Thurow und Martin Weitzman geführt habe, sowie auch durch die Diskussionen an anderen amerikanischen Universitäten, dort vor allem mit James Tobin (Yale University) und Alan Binder (Princeton University).

Allen diesen Personen (ganz besonders Stanley Fischer) sei gedankt für ihr Interesse und ihre Zeit, die sie aufgebracht haben, um mit mir stabilitätspolitische Fragen zu erörtern. Außerdem möchte ich Charles Bean (London School of Economics) und Thomas Mayer (University of California, Davis) für aus Briefwechseln hervorgegangenen Anregungen und Anmerkungen zu einzelnen stabilitätspolitischen Fragen danken. Daneben habe ich besonders durch die Zusammenarbeit am MIT mit Kazumi Asako (Yokohama National University, Japan) über ‚nominal income targeting' viele nützliche Gedankenanstöße erhalten. Auch dem ‚Institute for Monetary and Economic Studies' der Bank of Japan, Tokyo, sei gedankt für die Einladung zu einer dreimonatigen Forschungsprofessur im Sommer 1988, in deren Rahmen ich Gelegenheit hatte, mich in einer angenehmen Atmosphäre mit aktuellen Fragen der Stabilitätspolitik zu beschäftigen. Der Deutschen Forschungsgemeinschaft danke ich für die finanzielle Unterstützung einer USA-Reise.

Ganz besonders möchte ich auch Winfried Vogt (Universität Regensburg) danken, der sich durch das gesamte Manuskript hindurchgearbeitet und mir viele hilfreiche Anmerkungen gegeben hat. Außerdem sei noch Hans Jürgen Ramser (Universität Konstanz) und Thomas Ziesemer (Universität Regensburg) gedankt für Hinweise zu einzelnen Aspekten oder Kapiteln. Dass ich letztlich nur selbst verantwortlich bin für den Inhalt und die verbleibenden Unzulänglichkeiten, versteht sich von selbst.

Die privaten Kosten der Buchproduktion hat vor allem meine Frau getragen – über zwei Jahre hinweg mit viel Geduld. Ihr möchte ich dieses Buch widmen.

Helmut Wagner

Vorwort von James Tobin*

Stabilization of production, employment, and prices has been a formidable challenge to the makers of national and international economic policies for the past quarter century. Governments and central banks have faced agonizing choices between accommodating inflation, on the one hand, and provoking recessions in economic activity, on the other. They have struggled with an extraordinary series of destabilizing shocks: the Vietnam war; the collapse of the Bretton Woods international monetary regime; OPEC, Khomeini, and the two sharp increases of oil prices. The autonomy of national policies has been sharply diminished by the accelerated internationalization of commodity trade and, especially, of financial markets.

The 1980s have been in some ways more tranquil than the preceding decade. Disinflationary monetary policies in the seven major OECD economics in 1979–82 generated severe worldwide recessions, but succeeded in subduing the inflation of the 1970s. However, most of Western Europe still suffers from higher unemployment than before 1979, much higher than before 1973. The United States, in contrast, has returned to unemployment rates of the early 1970s, while holding inflation at its 1982 rate, about 5 percent per year. At the same time, unprecedented imbalances in trade and capital movements, in particular between the Unites States and other countries, have brought new challenges to policy-makers.

Theses national differences and international imbalances may be related to differences in government policies, and thus to differences in the theories that guide policies. For the first two decades after World War II most governments of democratic capitalist industrial economics believed in and practiced demand management, using monetary and fiscal measures to mitigate cyclical fluctuations in demand for goods and services and in employment, output, and prices. The lessons European central bankers and economic statesmen think they learned from the stagflation of the 1970s are never to use demand stimulus to try to increase output and employment, and always to dedicate monetary policy almost exclusively to price stability. In the United States, the Federal Reserve abandoned monetarism in 1982 in favor of old-fashioned fine-tuning aimed to overall macroeconomic performance. At this writing, the "Fed" seems to have managed to steer the economy to a "soft landing" with low unemployment, stable inflation, and continued growth. At the same time, the United States government engaged in a vast "supply-side" fiscal experiment, resulting in unprecedented budget deficits with dramatic and perhaps disastrous consequences for trade balances and exchange rates.

Professional economics has never been a detached abstract discipline; it always runs parallel to real-world events. The same problems that trouble and excite policy-makers, politicians, and the general public engage economists in classrooms, conferences, working papers, learned journals, and monographs. The recent quarter-century of world instability and policy flux has also, not surprisingly, been one of intellectual ferment and controversy among economists. The two worlds frequently meet. People and ideas move easily among academia, business,

---

* James Tobin (1918–2002): Nobelpreisträger 1981 in Wirtschaftswissenschaft.

finance, politics, and government. In macroeconomics especially, the most abstruse theories intentionally contain morals for public policy. The battles of ideas in the profession mirror the public and political debates over policy.

Thus there are influential theories that support the European policy-makers' rejection of demand management, and likewise professional diagnoses of European unemployment that attribute it to structural causes beyond the reach of overall monetary and fiscal demand stimuli. Other economists find old or new reasons to believe that "Keynesian" measures are sometimes desirable or even necessary, and could have lowered European unemployment in the 1980s.

Many, today perhaps most, economists see no feasible way policy-makers can obtain or maintain higher employment at the cost of higher inflation; they agree that central banks should concentrate exclusively on price stability. Others think that some trade-off exists, at least for medium runs; they believe that modern economies contain a structural bias to inflation. Some of these economists favor institutional innovations and reforms to make high employment and price stability compatible. There is still debate whether the recessions of 1979–82 were excessive costs to pay for the disinflationary outcomes.

As for the salient world economic problems of the 1980s, an intellectually powerful argument asserts that fiscal deficits like those of the United States federal government are both ineffective and innocuous, because citizens anticipating future taxes to manage the debt will save more to offset the government's dissaving. The same logic suggests that the international imbalances that worry so many people are merely the rational choices of some nations to consume now and save later while other societies rationally choose the opposite.

Helmut Wagner has prepared an ambitious guide for economists and students of economics through the maze of current and recent macroeconomic theory. He is familiar with the various "schools", their arguments and counter-arguments. He has studied and written in the United States and Japan, as well as in Europe and is familiar with both the economics and the economic politics of the major countries. He understands the policy implications of the contesting economic theories. He makes clear to the reader that, however technical and abstract the economists' papers and counter-papers may seem, their agenda is in real sense the same as that of central bankers, legislators, and heads of government meeting at the economic summit.

Ultimately logic and empirical validity choose good theories over bad, and ultimately men and women of practical affairs in the private economy and in government absorb good new ideas and discard obsolete and mistaken ones. That is our faith as scientific economists, and Prof. Wagner's book should advance the process.

Springbrook, Wisconsin, USA											James Tobin

Erläuterungen zu den verwendeten Symbolen

Häufig verwendete Symbole

Y	Sozialprodukt, real
P	Preisniveau
M	Geldmenge, nominal
W	Geldlohn
U	Arbeitslosenrate
E	mathematischer Erwartungsoperator
i	Nominalzins
π	Inflationsrate
e	Logarithmus des Wechselkurses $\tilde{e}$
u,v	stochastische Störfaktoren
y	Logarithmus des realen Sozialprodukts
p	Logarithmus des Preisniveaus
m	Logarithmus der nominalen Geldmenge
w	Logarithmus des Geldlohns

Indizierungen

x^e	erwarteter Wert einer Variablen x
x^*	normaler oder Zielwert einer Variablen x
x^f	Variable x des Auslands
x_t	Variable x in der Periode t (t = Zeitindex)

Ableitungen

Im Fall einer Funktion x = f(y) wird die (erste) Ableitung wie folgt abgekürzt geschrieben:

$$f'(y) \equiv dx/dy$$

Im Fall einer Funktion mit mehreren unabhängigen Variablen x = f(y,z,...) stehen dagegen

$$f_y \equiv \partial x/\partial y, \qquad f_z \equiv \partial x/\partial z$$

für die (ersten) Ableitungen.

Wachstumsraten

$\hat{x} \equiv \dot{x}/x$ Wachstumsrate einer Variablen x, wobei
$\dot{x} \equiv dx/dt$ die erste Ableitung einer Variablen x nach der Zeit t kennzeichnet.

1. Teil
Konzeptionelle und theoretische Grundlagen

Einleitung: Konzeptionelle Grundlagen

I. Zur Konzeption des Buches

1. Zur Fassung des Begriffs „Stabilitätspolitik"

Unter **Stabilitätspolitik** wird in der älteren deutschsprachigen Literatur eine Wirtschaftspolitik verstanden, die auf Geldwert- bzw. Preisniveaustabilität gerichtet ist. Eine Wirtschaftspolitik, die eine Stabilisierung des Outputs oder der Beschäftigung beim Vollbeschäftigungsniveau zum Ziel hat, wird hingegen traditionell als **Konjunktur- oder Beschäftigungspolitik** bezeichnet. In den letzten Jahrzehnten hat sich zunehmend der Begriff **Stabilisierungspolitik (stabilization policy)** eingebürgert insbesondere für eine Wirtschaftspolitik, die gleichzeitig ein ganzes Bündel an gesamtwirtschaftlichen Zielen zu erreichen versucht. Alternativ hierzu werden auch oft die Begriffe **Globalsteuerung** und **Nachfragepolitik** gebraucht (zur Begriffsvielfalt siehe z. B. Friedrich [1986] und Walter [2008]).

Ähnlich wie beim Begriff „Stabilisierungspolitik" der Fall, wird in diesem Buch der Begriff „Stabilitätspolitik" so weit gefasst, dass er Preisniveau-Stabilitätspolitik **und** Konjunktur- oder Beschäftigungspolitik umfasst. Wie unterscheidet er sich jedoch dann vom Begriff der „Stabilisierungspolitik"? Cassel und Thieme [2007] haben „Stabilitätspolitik" und „Stabilisierungspolitik" wie folgt voneinander abgegrenzt: Stabilitätspolitik ist demnach auf die Erhaltung, und Stabilisierungspolitik auf die Wiedererreichung der in den stabilitätspolitischen Zielen normierten Sollzustände der Wirtschaft gerichtet. Diese Abgrenzung erscheint an sich recht sinnvoll. In dem vorliegenden Buch wird jedoch aus strategisch-konzeptionellen Gründen eine andere Abgrenzung und damit Begriffsbestimmung für „Stabilitätspolitik" gewählt. Und zwar wird hier "Stabilitätspolitik" als der beides umfassende und damit **weitere** Begriff gefasst. **Stabilitätspolitik** wird hier verstanden als ein Sammelbegriff **für die politischen Möglichkeiten, die Stabilität des ökonomischen Systems zu verbessern oder u. U. auch erst zu gewährleisten**. Zielsetzung einer solchen Stabilitätspolitik ist es folglich, **zu verhindern dass resistente Ungleichgewichte im ökonomischen System** (i. e., sowohl im Mengensystem als auch im Preissystem) **entstehen oder fortbestehen**.

Diese Neufassung ist keineswegs nur eine sprachliche Innovation; sie steht vielmehr für eine neue wirtschaftspolitische Konzeption, die sich aus der Entwicklung der makroökonomischen Theorie und damit verbunden des Verständnisses von „Stabilität" in den letzten Jahrzehnten sowie aus den Erfahrungen mit „Stabilisierungspolitik" ableiten lässt. **Zum einen** umfasst der Begriff „Stabilität" heutzutage im allgemeinen Verständnis mehr als nur Preisniveaustabilität. Dies spiegelt sich nicht zuletzt in Gesetzen wider, die explizit Stabilitätsziele verankert haben. Hier wäre vor allem zu denken an das sogenannte „Stabilitätsgesetz" (Gesetz zur Förderung der Stabilität und des Wachstums der Wirtschaft) von 1967 (siehe unten), an das Gesetz über die Bildung des Sachverständigenrates zur Begutachtung der gesamtwirtschaftlichen Entwicklung von 1963 (dort § 2), aber auch schon an den EWG-Vertrag von 1957 (dort Artikel 104). In allen diesen Gesetzen wurde Stabilität bzw. das Stabilitätsziel mehrdimensional gefasst. Entsprechend wird auch in diesem Buch „Stabilitätspolitik" nicht auf Preisniveau-Stabilitätspolitik begrenzt. **Zum anderen** wird der in gewissem Sinne alternativ verwendbare Begriff „Stabilisierungspolitik" häufig – aus den Erfahrungen der sechziger und siebziger Jahre heraus – mit diskretionärer Nachfragepolitik oder Globalsteuerung gleichgesetzt[1]. (Insoweit der Begriff „Stabilisierungspolitik" in diesem Buch verwendet wird, wird er genau in diesem eingegrenzten Sinne, d. h. im Sinne von diskretionärer Nachfragepolitik mit dem Ziel der Wiedererreichung eines Vollbeschäftigungsgleichgewichts, gebraucht.) In dem vorliegenden Buch soll jedoch der Begriff „Stabilitätspolitik" gerade nicht a priori auf eine solche diskretionär-makropolitische Konzeption begrenzt werden. Von daher auch die obige begriffliche Abgrenzung und die Entscheidung für den Begriff „Stabilitätspolitik" anstatt „Stabilisierungspolitik" für den Titel des Buches.

§ 1 des **„Stabilitätsgesetzes"** enthält den folgenden gesamtwirtschaftlichen Zielkatalog, der dort gleichzeitig mit einer politischen Handlungsanweisung verbunden wird unter Angabe auch der theoretischen Bezugsbasis.

Bund und Länder haben bei ihren wirtschafts- und finanzpolitischen Maßnahmen die Erfordernisse des gesamtwirtschaftlichen Gleichgewichts zu beachten. Die Maßnahmen sind so zu treffen, dass sie im Rahmen der marktwirtschaftlichen Ordnung gleichzeitig zur Stabilität des Preisniveaus, zu einem hohen Beschäftigungsgrad und außenwirtschaftlichen Gleichgewicht bei stetigem und angemessenem Wirtschaftswachstum beitragen.

Diese Zielbestimmung im Stabilitätsgesetz wird bisweilen als das wirtschaftspolitische Grundgesetz der Bundesrepublik Deutschland bezeichnet. (Siehe hierzu die Kommentare von Stern, Münch und Hansmeyer [1967] und von Möller [1968].) Formal ist diese Zielbestimmung bis heute unverändert gültig. Anzustreben ist demnach ein „gesamtwirtschaftliches Gleichgewicht". Anders gesagt hat der Staat Vorsorge zu treffen, dass gesamtwirtschaftliche Ungleichgewichte nicht eintreten, bzw. dass diese – nach einem unerhofften Eintreten – so schnell wie möglich wieder beseitigt werden. Bei der Konzeption des Stabilitätsgesetzes stand zweifelsohne das keynesianische Stabilisierungskonzept, das schon einige Jahre vorher in den USA unter der Kennedy-Administration Eingang in die offizielle Politik gefunden hatte, Pate. Und auch die Praxis der Globalsteuerung in der Bundesrepublik Deutschland Ende der sechziger, Anfang der siebziger Jahre kann man mit dem Prädikat „keynesianisch" umschreiben. (Zur Theorie und Praxis der Globalsteuerung nach dem Stabilitätsgesetz siehe z. B. Schmahl [1970]. Zu einer kritischen Auseinandersetzung hiermit siehe z. B. Starbatty [1977].) Von Mitte der siebziger Jahre an wurde die Kritik an diesem Konzept der Globalsteuerung oder Stabilisierungspolitik immer lauter. (Einführungen in diese Konzeption von Stabilisierungspolitik damals – mit besonderem Bezug auf die rechtlichen und institutionellen Gegebenheiten der Bundesrepublik – stellen die Bücher von Müller und

---

[1] Dies gilt mehr für das öffentliche Verständnis als für die Fachliteratur selbst.

Röck [1976], Teichmann [1997], Kock u. a. [1976] und Friedrich [1986] dar[2]. Einen kompakten Überblick bietet auch der Kompendium-Artikel von Cassel und Thieme [2007][3].

Während man sich in Politiker- wie in Wissenschaftlerkreisen über das Erfordernis einer geeigneten Stabilitätspolitik weitgehend einig war, herrschte über die konkrete Ausgestaltung von Anfang an Uneinigkeit. Dies betraf nicht nur die Auswahl und den Einsatz der wirtschaftspolitischen Instrumente, sondern fing schon an bei der Zahl und Art der stabilitätspolitischen Ziele sowie ihrer Definition (siehe hierzu z. B. Werner [1971] oder Tuchtfeldt [1971]). Ein entscheidender Punkt, der schon in den sechziger Jahren erkannt war, war der folgende: Je mehr makroökonomische Stabilitätsziele festgelegt werden, umso geringer sind die Handlungsspielräume wirtschaftspolitischer Entscheidungsträger, und umso wahrscheinlicher werden Zielkonflikte. (vgl. hierzu z. B. Ott [1967], Tichy [1971] oder Giersch [1977]. Auch die oben angegebene Literatur enthält hierfür zahlreiche Hinweise.)

Im Zuge der Entwicklungen in der Makroökonomie, wie auch als Folge der Stagflationserscheinungen (trotz Stabilisierungspolitik) in den siebziger Jahren, wurde nachfrageorientierte Stabilisierungspolitik und schlechthin eine Stabilisierungspolitik, die (schockbedingte) Konjunkturschwankungen zu verringern sucht, seit Ende der siebziger Jahre mehr oder weniger pauschal infrage gestellt. Vorschläge angebotsorientierter, auf die mittlere bis lange Frist gerichteter Wirtschaftspolitik traten zunehmend in den Vordergrund. (Dies spiegelt sich in einigen der oben angegebenen Sammelbände wider[4]. Außerdem seien zur damaligen angebotspolitischen Konzeption vor allem die von Meyer [Hrsg., 1981], Raboy [Hrsg., 1982] und Canto, Joines und Laffer [Hrsg., 1983] herausgegebenen Sammelbände angeführt[5].) Manchmal wird auch Angebotspolitik als eine Variante von Stabilitätspolitik gefasst (vgl. z. B. Welfens [1985]). Bei angebotspolitischen Konzepten ist allerdings zu unterscheiden zwischen wachstumspolitisch und stabilitätspolitisch relevanten Aspekten (wiewohl sich beide gegenseitig beeinflussen und in § 1 des „Stabilitätsgesetzes" auch sowohl das Stabilitätsziel im engeren als auch das Wachstumsziel explizit genannt sind). Um keine Missverständnisse aufkommen zu lassen, sei hier darauf hingewiesen, dass sich das vorliegende Buch nur mit Stabilitätspolitik im oben definierten Sinne befasst, nicht jedoch mit Wachstumspolitik[6]. Es geht hier also um wirtschaftspolitische Konzeptionen zur Begrenzung der Abweichungen von einem Gleichgewichtstrend oder -pfad und nicht um Konzeptionen zur Förderung des Trendwachstums.

---

[2]   Weiter wären – zur Vertiefung – zu nennen das Lehrbuch von Giersch [1977] sowie mit Schwerpunktsetzung auf die geldpolitischen Strategien Köhler [1983], außerdem Pätzold und Baade [2008].
[3]   Ein früher Handbuch-Artikel über „Beschäftigungs- und Konjunkturpolitik" ist der HdWW-Beitrag von H.K. Schneider [1977]; zu „finanzwirtschaftlicher Stabilisierungspolitik" vgl. den Handbuch-Artikel von Haller [1981]
[4]   Gegen diese „Wende" argumentierte z. B. Kromphardt [1982]. Siehe auch Scherf [1986].
[5]   Siehe auch den von Fels und von Fürstenberg [Hrsg., 1989] herausgegebenen Sammelband zu den damaligen angebotspolitischen Konzepten für die Bundesrepublik Deutschland.
[6]   Zu Wachstums- und Entwicklungspolitik siehe z. B. Wagner [1997].

2. Zielsetzung, Fragestellungen und Aufbau des Buches

Zielsetzung

Ziel des vorliegenden Buches ist es herauszuarbeiten, was man über die Wirkungsmechanismen und die Erfolgschancen verschiedener stabilitätspolitischer Handlungsalternativen im **Lichte neuer volkswirtschaftlicher Theorieerkenntnisse** aussagen kann. Methodisch gesehen handelt es sich in dem vorliegenden Buch um einen Versuch, die Fachgebiete Wirtschaftspolitik und Wirtschaftstheorie zur Lösung des Problemfeldes „ökonomischer Instabilität" näher miteinander zu verbinden.

„Wirtschaftspolitik" ist ja letztlich **angewandte Wirtschaftstheorie** unter besonderer Berücksichtigung institutioneller Gegebenheiten. Insofern sollten Änderungen in der Wirtschaftstheorie auch Auswirkungen auf das Studium und die Praxis von „Wirtschaftspolitik" haben. „Stabilitätspolitik" kann man nun entsprechend methodisch als **angewandte makroökonomische Theorie** – unter wiederum besonderer Berücksichtigung institutioneller Gegebenheiten – auffassen. Nun hat sich die makroökonomische Theorie (inklusive ihrer mikroökonomischen Fundierungsversuche) in den letzten Jahrzehnten entscheidend fortentwickelt, bedingt vor allem durch den Einbau der Spieltheorie und der rationalen Erwartungstheorie. Darüber hinaus berücksichtigen moderne Ansätze zur Stabilitätspolitik auch die politökonomischen und institutionellen Nebenbedingungen, die die Wirtschaftspolitiker zu beachten haben. Gefragt wird nicht mehr nur nach den optimalen Politiken, die es zu verfolgen gilt, sondern auch nach jenen Institutionen, die zu verbesserten Politikergebnissen führen (vgl. hierzu den Überblick von Persson und Tabellini [2000]). Welche Auswirkungen diese theoretischen Fortentwicklungen für das Gebiet der Stabilitätspolitik haben, soll in dem vorliegenden Buch aufgezeigt werden. Die Analyse wird dabei **auf marktwirtschaftliche Systeme** zentriert.

Fragestellungen

Die zentralen Fragestellungen, die diesem Buch als **Leitfaden** zugrundeliegen, sind die folgenden. Wie soll sich der Staat verhalten, wenn – wie in der Realität laufend der Fall – Schockeinwirkungen die Wirtschaft treffen? Soll er versuchen, diese zu neutralisieren oder zumindest zu begrenzen? Kann er dies überhaupt? Wenn ja, soll die betriebene Stabilitätspolitik reaktiv oder eher institutionell-vorbeugend gestaltet sein? Was für Möglichkeiten solcher Stabilitätspolitiken gibt es, und wie sind sie im Einzelnen einzuschätzen? Was kann man – im Lichte der neueren theoretischen und empirischen Erkenntnisse – über ihre Effizienz und ihre Kosten aussagen?

Aufbau des Buches

Im Anschluss an diese Ausführungen werden im zweiten Teil der Einleitung konzeptionelle Aspekte zum Stabilitätsziel, zur Funktionsbegründung von Stabilitätspolitik, und zu den Argumenten in einer sozialen Kostenfunktion erläutert. Im **1. Kapitel** werden dann zuerst die (notwendigen und hinreichenden) Anwendungsbedingungen für Stabilitätspolitik herausgearbeitet und anschließend die modernen theoretischen Begründungen für eine Instabilität des marktwirtschaftlichen Systems in entwickelten Industrienationen analysiert. Auf diese Weise soll die Frage geklärt werden, ob Stabilitätspolitik als notwendig oder als nichtnotwendig anzusehen ist. Im **2. Kapitel** werden zuerst die traditionelle Begründung und die dabei unterstellten Wirkungsmechanismen von diskretionärer, antizyklischer (d. h., „traditionell-keynesianischer") Stabilitätspolitik vorgestellt. Im zweiten Teil dieses Kapitels werden dann sowohl die älteren als auch die neueren Kritikpunkte hierzu systematisch herausgearbeitet. Im **3. Kapitel** wird die makroökonomische bzw. -politische Alternative zu diskretionärer (d. h. fallweiser, dem Ermessen der wirtschaftspolitischen Akteure überlassener) Politik diskutiert – nämlich „Regelpolitik". Es werden unterschiedliche Varianten von Regelpolitik (und zwar eine konstante Geldmengenregel, eine nominelle BSP-Regel, eine Output-Regel, eine Preisniveauregel, eine Zinsniveauregel, eine Wechselkursregel, darüber hinaus Inflation Targeting und die Taylor-Regel) analysiert und auf ihre relative Effizienz hin geprüft. Außerdem wird auf neuere konzeptionelle Überlegungen und auf praktische institutionelle Umsetzungen, die nach der Finanzkrise 2007 bis 2009 entwickelt wurden, eingegangen. Im **4. und 5. Kapitel** werden dann Effizienz und Kosten institutioneller Innovationen, welche auf mikroökonomischer bzw. preispolitischer Ebene angesiedelt sind, untersucht. Letztere werden als mögliche Ergänzungen der vorher genannten makroökonomischen stabilitätspolitischen Varianten betrachtet. (Wie im 1. Kapitel gezeigt wird, wird Marktinstabilität in der modernen Makroökonomie vorwiegend mit – unter den gegebenen Institutionen „rationalen" – Lohn- und Preisinflexibilitäten erklärt. In Anknüpfung daran, werden hier die angesprochenen „institutionellen Innovationen" in ihrer Funktion als Instrument zur Lohn- und Preisflexibilisierung betrachtet.) Im **4. Kapitel** werden Varianten der „Lohnindexierung" behandelt, sowohl Formen der „Makro-Indexierung" (wie Indexierung des Geldlohns an das Preisniveau oder – alternativ – an das nominelle BSP) als auch Formen der „Mikro-Indexierung" (wie Indexierungen des Geldlohns an den firmenbezogenen Erlös oder Gewinn). Das **5. Kapitel** beschäftigt sich mit „Einkommenspolitik". Es werden sowohl ältere als auch neuere „marktkonforme" Ansätze analysiert. Zuvor werden die notwendigen Bedingungen für eine Anwendung von Einkommenspolitik herausgearbeitet, wozu die Existenz eines Inflationsbias sowie die Kosten traditioneller, monetärer Inflationsbekämpfung gehören. Im **6. Kapitel** schließlich werden die Vor- und Nachteile einer internationalen Koordinierung von nationalen Stabilitätspolitiken untersucht.

II. Konzeptionelle Erläuterungen zum Stabilitätsziel und zu Kosten von Instabilität

1. Ökonomische Stabilität als Ziel der Stabilitätspolitik

Der Begriff „Stabilitätspolitik" ist in den Wirtschafts- und Sozialwissenschaften ebenso wenig wie der oftmals synonym gebrauchte Begriff „Stabilisierungspolitik" ein eindeutig definierter Terminus. Allgemein gesagt beschreiben beide Begriffe die politischen Instrumente oder Möglichkeiten der Stabilisierung eines gesellschaftlichen Systems.

In den Wirtschaftswissenschaften werden beide Begriffe eingegrenzt auf die Stabilisierung des **ökonomischen** Systems, ohne dass dies in der Begrifflichkeit klar zum Ausdruck kommt. Auch in dem vorliegenden Buch wird der Begriff Stabilitätspolitik in dieser eingegrenzten Definition gebraucht. **Stabilitätspolitik** wird hier – wie oben schon angegeben – verstanden als ein Sammelbegriff für **die politischen Möglichkeiten, die Stabilität des ökonomischen Systems zu verbessern oder u. U. auch erst zu gewährleisten.** Zielsetzung einer Stabilitätspolitik ist also folglich, zu verhindern dass resistente Ungleichgewichte im ökonomischen System entstehen oder fortbestehen. Dabei ergibt sich sofort die Frage: Was meinen wir denn, wenn wir von „dem ökonomischen System" sprechen? Wie ist das ökonomische System abgrenzbar von anderen „Systemen"? Diese Fragen sind letztlich nur theoretisch beantwortbar aus der subjektiven Vorstellung der Funktionsweise dessen was wir Gesellschaft nennen. Bedingt durch die immer weiter fortschreitende Arbeitsteilung zwischen und innerhalb der verschiedenen Wissenschaften, so auch innerhalb der Sozialwissenschaften, hat sich eine Vielzahl von Vorstellungen selbst innerhalb der einzelnen Wissenschaften herausentwickelt.

In den Wirtschaftswissenschaften versteht man heutzutage unter dem Begriff „ökonomisches System" den gesellschaftlichen Zusammenhang, den man in der **Makroökonomie** abzubilden versucht. Dementsprechend wird Stabilisierungs- und Stabilitätspolitik normalerweise auch verstanden als politische Möglichkeit der Stabilisierung des in der makroökonomischen Theorie herausgearbeiteten gesellschaftlichen Zusammenhangs. Wie wir noch sehen werden, ist deshalb die Vorstellung von einer optimalen Stabilitätspolitik abhängig von der Vorstellung der Beschaffenheit des ökonomischen Systems, sprich: von der jeweiligen makroökonomischen Theorie. Die **Makroökonomie** versucht ja im Gegensatz zur Mikroökonomie den gesellschaftlichen Teilzusammenhang, den wir „ökonomisches System" nennen, abzubilden in Form einer überschaubaren Anzahl von einzelnen miteinander verbundenen Strukturzusammenhängen oder Einzelgleichungen.[7] Was überschaubar und ausreichend ist, darüber gehen die Meinungen auseinander. Es gibt makroökonomische Modelle mit zwei Gleichungen, aber auch mit tausend Gleichungen. Im Grunde hat sich die Tendenz in den letzten zwei Jahrzehnten hinentwickelt zu makroökonomischen Modellen mit einigen wenigen Gleichungen. Es ist nicht erstaunlich, dass eine solche einfache Beschrei-

---

[7] Dabei werden in den neueren Modellen die makroökonomischen Gleichungen häufig mikroökonomisch fundiert, d. h. es wird versucht, makroökonomische Zusammenhänge durch Nutzenmaximierung von Individuen oder Profitmaximierung von Firmen zu begründen.

bung der ökonomischen Welt in der interessierten Öffentlichkeit und selbst in Teilen des Fachkollegiums häufig auf Unverständnis stößt, ist doch die reale Welt so viel komplexer und differenzierter. Auch erweckt die künstliche Abgrenzung des ökonomischen Bereichs von anderen gesellschaftlichen Bereichen nicht selten Vorbehalte gegen die Vorgehensweise in der Makroökonomie. Beide Beschränkungen ergeben sich jedoch zum einen aus der Unübersichtlichkeit der Alternative eines notwendigerweise sehr komplexen interdisziplinären Modellansatzes. Zum anderen sind Messprobleme und die oft unterstellte Unmöglichkeit, solche Modelle empirisch zu testen, für die Beschränkungen mitverantwortlich. Dies kann bedauert werden, ist aber zumindest kurzfristig nicht zu ändern. Der wissenschaftliche Fortschritt hat in allen Wissenschaften seinen Tribut gefordert in Form einer starken Arbeitsteilung und einer teilweisen Abkapselung künstlich geschaffener Forschungsbereiche voneinander.

Auch ich kann und will mich in diesem Buch diesem Diktat der Einschränkung der Betrachtung auf nur einen Teilbereich eines komplexeren Gesamtzusammenhangs nicht entziehen. Jedoch versuche ich gelegentlich, die Verbindungen des ökonomischen Bereichs zu anderen gesellschaftlichen Zusammenhängen stärker miteinzubeziehen, als es vielleicht in anderen Büchern zu dieser Themenstellung geschieht.

2. Funktionsbegründungen von Stabilitätspolitik

Die Begründung für eine politische Stabilisierung des ökonomischen Systems kann auf zwei Ebenen erfolgen: erstens auf einer **systemtheoretischen** Ebene und zweitens auf einer **handlungstheoretischen** Ebene.

2.1 Systemtheoretisch-soziologische Begründung

Eine systemtheoretische Begründung von Stabilitätspolitik geht davon aus, dass das Gesamtsystem, in dem wir leben (die „Welt"), sinnvoll aufteilbar ist in Subsysteme. Die einzelnen Subsysteme weisen jeweils eine gewisse Eigendynamik sowie spezielle Stabilitätseigenschaften auf. Diese Subsysteme stehen in einem komplexen Spannungsverhältnis zueinander. Das Gesamtsystem ist nur dann stabil, im Gleichgewicht, wenn die Teil- oder Subsysteme miteinander harmonieren. Entscheidend ist dabei die Erkenntnis, dass die endogene Instabilität einzelner Subsysteme, d. h. ihre Tendenz vom systemspezifischen Gleichgewicht abzuweichen, nicht ohne Folgen für andere Subsysteme ist. Insbesondere können Ungleichgewichte in einem System Ungleichgewichte in einem anderen System erzeugen. Man nennt solche Prozesse manchmal auch „**spillover Effekte**". Das „infizierte" Subsystem kann im Grunde endogen, d. h. für sich gesehen, stabil sein. Durch das Spannungsverhältnis, in dem es mit anderen Subsystemen im Gesamtsystem steht, kann es jedoch laufend im Ungleichgewicht gehalten werden, sofern andere Subsysteme endogen instabil sind.

Falls das ökonomische System instabil ist, was im nächsten Kapitel näher untersucht werden soll, hat dies nach der Sichtweise der Systemtheorie unweigerlich negative Auswirkungen auf andere Subsysteme. Eine Instabilität des ökonomischen Systems würde nach der Überzeugung vieler Sozialwissenschaftler Ungleichgewichte im sozio-kulturellen System mit der Folge sozialer Konflikte, abweichendem Verhalten, Motivationsabbau usw. auslösen. Entsprechend würde sie im politisch-administrativen System Erosionsprozesse z. B. des demokratischen Entscheidungsprozesses hervorrufen. Diese spillover Effekte begründen nach dieser Theorie die Notwendigkeit einer politischen Stabilisierung des ökonomischen Systems.

Dieser Zusammenhang wurde im deutschen Sprachraum insbesondere innerhalb der sogenannten Legitimationskrisendiskussion der siebziger Jahre in den verschiedenen Sozialwissenschaften herausgearbeitet. Diese globale systemtheoretische Betrachtungsweise der Instabilität des ökonomischen Systems und ihrer Auswirkungen auf andere Systeme hat jedoch nie so recht Eingang finden können in die Nationalökonomie. Ein Grund dafür ist sicherlich die inzwischen für solch breite interdisziplinäre Ansätze schon zu weit vorangeschrittene Arbeitsteilung zwischen den einzelnen Fachwissenschaften. Diese Arbeitsteilung hat auch zu unterschiedlichen Denkweisen und Fachsprachen geführt. Ein weiterer Grund liegt in der zu starken „Allgemeinheit" dieser Betrachtungsweise, aus der nur schwerlich eine direkte wirtschaftspolitische Empfehlung abgeleitet werden kann. Ein dritter Grund besteht in der A-Priori-Behauptung einer Instabilität des ökonomischen Systems. Viele Nationalökonomen sind nämlich davon überzeugt, dass das private marktwirtschaftliche System endogen stabil ist und dass Ungleichgewichte im ökonomischen System, wenn sie auftreten, hervorgerufen worden sind durch spillover Effekte ausgehend von Veränderungen im politisch-administrativen oder sozio-kulturellen System. Da aber davon ausgegangen wird, dass das ökonomische System endogen stabil ist, werden diese Ungleichgewichte als nur kurz- bis mittelfristig wirksam angesehen. Folglich wird hieraus kein Handlungsbedarf der Politik abgeleitet.

2.2 Handlungstheoretisch-ökonomische Begründung

Ein anderer Denkansatz, der der Denkweise der meisten Nationalökonomen eher entsprechen dürfte, ist der handlungstheoretische Ansatz. Unter **Handlungstheorie** versteht man einen theoretischen Ansatz in den Sozialwissenschaften, der die Zielgerichtetheit menschlichen Handelns zur Grundlage eines besonderen, nicht rein erfahrungswissenschaftlichen Erklärungsprinzips nimmt. Es geht um das Verstehen menschlichen Handelns mithilfe der Modellierung eines Ziel-Mittel-Zusammenhangs. Der **nutzentheoretische Ansatz** (unter Nebenbedingungen) wird hier als eine spezifische Variante des handlungstheoretischen Ansatzes betrachtet. Die in der Wohlfahrtsökonomie übliche nutzentheoretische Betrachtung sieht das Ziel oder den Zweck menschlichen Handelns in dem Nutzen bzw. der Wohlfahrt des Einzelnen oder auch der Gesamtheit.

Ausgangspunkt für die weitere Betrachtung ist die folgende allgemeine (im Sinne von typische) Nutzenfunktion:

(1) $V = V(Y, A, S^{soz})$, mit $V_Y > 0$, $V_A > 0$, $V_S > 0$;
$V_{YY} < 0$, $V_{AA} < 0$, $V_{SS} < 0$; $V_{YA} > 0$, $V_{YS} > 0$.[8]

---

[8] Mit Subskripten werden in diesem Buch, falls nichts anderes angegeben, Ableitungen einer Funktion mit mehreren Argumenten dargestellt. Dagegen werden Ableitungen einer Funktion mit nur einer unabhängigen Variablen mit Primezeichen ', z. B. V'(Y), gekennzeichnet.

V steht hier für den Nutzen oder die Bedürfnisbefriedigung eines typischen oder „repräsentativen" Gesellschaftsmitglieds.

Y beschreibt das monetäre, d. h. in Geld messbare, **Einkommen** als Äquivalent konsumierbarer Werte.

A drückt die **Arbeitsbedingungen** aus.

S^{soz} steht für **soziale Stabilität** im Sinne der Absicherung des Erreichten und der Vermeidung von Handlungsunsicherheiten.

Die Subskripte bezeichnen erste bzw. (bei zweien) zweite Ableitungen der Nutzenfunktionen. $V_Y > 0$ beispielsweise beschreibt, dass der Nutzen mit steigendem Einkommen zunimmt und mit sinkendem Einkommen abnimmt. $V_{YY} < 0$ drückt dagegen abnehmenden Grenznutzen des Einkommens aus, d. h. der Nutzen**zuwachs** sinkt mit steigendem Einkommen. Die anderen Ausdrücke sind entsprechend zu interpretieren.

Die Auswahl der Argumente in der obigen Nutzenfunktion ist keineswegs willkürlich, sondern lässt sich aus Umfragestudien bestätigen. (In der Bundesrepublik Deutschland werden Umfragen, in denen Bedürfnisse der Gesellschaftsmitglieder ermittelt werden, regelmäßig von Sozialforschungsinstituten durchgeführt.)

$\{Y,A,S^{soz}\}$ stellt die aggregierte Güter- oder Bedürfnismenge dar. Y, A und S^{soz} sind als globale Bedürfnisse zu interpretieren.

Die Nutzen-bestimmenden Größen Y, A und S^{soz} hängen nun selbst positiv ab vom Stabilitätsgrad des ökonomischen Systems, $S^{ök}$. Das heißt, die Stabilität des ökonomischen Systems ist in dieser Betrachtung kein Wert an sich, sondern steht in funktionellem Verhältnis zu den globalen Bedürfnissen Y, A und S^{soz}. Ich gehe dabei von folgenden, empirisch bestätigbaren **Annahmen** aus:

$Y'(S^{ök}) > 0$: Je stabiler das ökonomische System, umso höher ist das trendmäßige monetäre Einkommen. Dies trifft zumindest dann zu, wenn das stabile Gleichgewicht in der Wirtschaft das Vollbeschäftigungsgleichgewicht ist.

$A'(S^{ök}) > 0$: Je stabiler das ökonomische System, umso geringer ist die durchschnittliche Arbeitslosigkeit. (Ein ökonomisches System wird hier nur dann als **stabil** bezeichnet, wenn es bei Abweichungen ständig wieder zum Vollbeschäftigungsgleichgewicht hintendiert. Der Grad der Stabilität wird durch die Anpassungsgeschwindigkeit bestimmt.) Je geringer aber die Arbeitslosigkeit, umso stärker ist die Marktmacht der Arbeitnehmer bzw. der Gewerkschaften, und umso eher können Verbesserungen der Arbeitsbedingungen erreicht bzw. Verschlechterungen der Arbeitsbedingungen verhindert werden.

$S^{soz\prime}(S^{ök}) > 0$: Je instabiler das ökonomische System ist, umso länger und gravierender sind die Perioden konjunktureller Einbrüche und **Arbeitslosigkeit**. Wie aus soziologischen und sozialpsychologischen Untersuchungen bekannt ist[9], be-

---

[9] Siehe z. B. Wacker [1981] oder Brenner [1979]. Vgl. auch Winckelmann und Winckelmann [1998], Frey [2002], Di Tella [2003], Knabe und Rätzel [2011], Young [2012] und Strandh et al. [2014]. Siehe Lahusen und Giugni [Hrsg., 2016] für eine Analyse der Kosten von Arbeitslosigkeit auf Jugendliche und junge Menschen in Europa nach der globalen Finanzkrise. Zudem können Tapia Granados et al. [2014] zeigen, dass Menschen, die von Arbeitslosigkeit betroffen sind, eine signifikant geringere Lebenserwartung haben als Erwerbstätige. Gleichzeitig können sie nachweisen, dass dies mit einer Reduktion des Todesrisikos für die gesamte Bevölkerung einhergeht.

deutet Arbeitslosigkeit für die Betroffenen in der Regel nicht nur Positionsverlust, sondern auch Prestigeverlust (in der Öffentlichkeit), Machtverlust (am Arbeitsplatz, sowie auch – insbesondere für den Mann – in der Familie) und Verlust an Selbstwertgefühl (innere Stabilität). Arbeitslosigkeit untergräbt zudem den Bestand sozialer Beziehungen und zerstört traditionelle soziale Wertsysteme. So ist z. B. die Rate der Arbeitslosigkeit positiv korreliert mit der Rate der Kriminalität, mit der Rate der Ehescheidungen und mit der Selbstmordrate[10]. In der Systemtheorie-Sprache bedeutet dies: Die Instabilität des ökonomischen Systems führt zur Instabilität des sozio-kulturellen Systems.

Eine Instabilität des ökonomischen Systems drückt sich jedoch nicht nur in Konjunkturschwankungen realer Größen wie des Outputs oder der Beschäftigung aus, sondern auch in Schwankungen nominaler Größen wie des Preisniveaus bzw. der **Inflationsrate**. Da Inflation in der Praxis nie neutral ist, bedeuten Schwankungen der Inflationsrate, dass verschiedene Gesellschaftsgruppen in unterschiedlichem Umfang Verluste des Realeinkommens (Y) hinnehmen müssen. Die Verteilung, Einkommens- wie Vermögensverteilung, wird geändert und Gerechtigkeitswerte oder -gefühle werden verletzt. Außerdem wird, zumindest bei höherer Inflation, das Niveau der Realeinkommen (Y) verringert. [Siehe hierzu näher in Kapitel 1.] Insofern ist es sinnvoll, sowohl Arbeitslosigkeit als auch Inflation als Indikatoren für eine Instabilität des ökonomischen Systems zu betrachten. **Stabilitätspolitik** zielt somit in erster Linie auf die **Vermeidung von Arbeitslosigkeit und von Inflation.** Yellen und Akerlof [2006] geben einen ausführlichen Überblick über neue empirische Ergebnisse zur Stabilitätspolitik[11] und kommen zu dem Ergebnis, dass es starke Argumente für Stabilitätspolitik gibt. Stabilitätspolitik kann unter bestimmten Bedingungen zu beträchtlichen Wohlfahrtssteigerungen führen. Dabei hängt die Höhe der Wohlfahrtssteigerung stark von der Form des vorliegenden Inflationsprozesses ab.

3. Instabilität und soziale Kostenfunktion

Wie wir betont haben, geht der Nutzen der Gesellschaftsmitglieder (V) mit zunehmender Instabilität des ökonomischen Systems zurück.[12] Den Nutzen der Gesellschaftsmitglieder haben wir dargestellt durch eine allgemeine Nutzenfunktion mit den Funktionsargumenten monetäres Einkommen, Arbeitsbedingungen und soziale Stabilität. Alle drei Nutzenelemente werden, wie wir erläutert haben, negativ beeinflusst durch das Auftreten von ökonomischer Instabilität. Ökonomische Instabilität wurde beschrieben durch das Auftreten von Arbeitslosigkeit und von Inflation. Wir können dementsprechend die Kosten (L) einer Instabilität des ökonomischen Systems ausdrücken durch eine soziale Kosten- oder Verlustfunktion folgender Art:

---

[10] Siehe z. B. Bluestone und Harrison [1982: Kap. 3]. Siehe auch Freeman [1999], Raphael und Winter-Ebmer [2001], Noh [2009] sowie Finklea [2011].
[11] Außerdem geben sie einen Überblick zu den unterschiedlichen Sichtweisen von Inflation. Es scheint starke Abweichungen zu geben zwischen der Einstellung der Bevölkerung zu Inflation und den Annahmen von Ökonomen, wie die Bevölkerung Inflation beurteilt.
[12] Lucas [2003] versucht eine Quantifizierung der Kosten von Instabilität und listet weitere Literatur zum Thema auf.

Einleitung: Konzeptionelle Grundlagen

(2) $L = (V - V^z)^2 = a(\pi - \pi^z)^2 + b(U - U^z)^2$

oder allgemeiner

(2') $L = E\{\sum_{0}^{\infty}(1+\delta)^{-i}[(V_{t+i}(\pi, U) - V^z(\pi^z, U^z))^2]\}$

$= E\{\sum_{0}^{\infty}(1+\delta)^{-i}[a(\pi_{t+i} - \pi^z)^2 + b(U_{t+i} - U^z)^2]\}$ mit a,b > 0.

E bezeichnet den Erwartungsparameter, δ den Diskontierungsfaktor, t den Zeitindex und i = 0,...,∞ den Laufindex für die Zeit. π beschreibt die Inflationsrate, U die Arbeitslosenrate, π^z und U^z drücken jeweils erwünschte Zielgrößen aus, und V^z beschreibt den dort erreichbaren Wert der Nutzenfunktion. π^z wird normalerweise Null sein und U^z wird je nach rationalen Erwartungen der Gesellschaftsmitglieder zwischen Null und U^n liegen, wobei U^n die sogenannte „natürliche Arbeitslosenrate" ausdrückt, bei der der Arbeitsmarkt bei einem bestimmten Reallohn im Gleichgewicht ist. Wie im 2. Kapitel näher erläutert werden wird, kann U^z auch aufgrund von auftretenden Externalitäten und Allokationsverzerrungen U^n **unterschreiten**. In diesem Fall wird die Verlustfunktion Abweichungen von U^n nicht symmetrisch bestrafen, sondern Abweichungen nach oben werden stärker bestraft als Abweichungen nach unten. Dies begründet, wie wir sehen werden, einen **Inflationsbias**. π^z und U^z könnten auch mit Zeitindizes versehen werden; jedoch wird hier aus Einfachheitsgründen vorerst darauf verzichtet. Ohne Zeitindizes bedeuten π^z und U^z konstantbleibende Zielwerte.

„a" und „b" drücken Parameter der subjektiven Abneigung gegen Inflation und gesamtwirtschaftliche Arbeitslosigkeit aus. „a" und „b" sind als aggregierte oder Durchschnittswerte zu betrachten, da die subjektive Abneigung gegen Inflation bzw. Arbeitslosigkeit ja unterschiedlich ist bei verschiedenen Personen und Gruppen. So dürfte beispielsweise der Parameter „b" für ältere Stammarbeiter relativ gering sein im Vergleich zu jungen Arbeitnehmern. Der Grund ist das unterschiedliche Risiko der Entlassung bei einem Anstieg der gesamtwirtschaftlichen Arbeitslosigkeit. Allerdings ist zu beachten, dass die subjektive Abneigung gegen Arbeitslosigkeit nicht nur vom Risiko der eigenen Betroffenheit, sondern auch vom Risiko der Betroffenheit von Familienangehörigen und Freunden abhängig ist. Andererseits dürfte der Parameter „a" für die Gruppen, deren Einkommen an das Preisniveau indexiert ist, geringer sein als für Gruppen, deren Einkommen nicht indexiert ist.

Obwohl die oben vorgestellte soziale Kostenfunktion weitverbreitet ist, gibt es bisher erstaunlich wenige Versuche, die Werte dieser Parameter zu bestimmen. Eine noch relativ neue Forschungsrichtung, „Economics of Happiness"[13], erforscht unter anderem auch, wie negativ diese beiden Faktoren von der Bevölke-

---

[13]   Siehe z. B. Frey und Stutzer [2002; 2005], Di Tella und MacCulloch [2006], Bruni und Pier [2007], Stutzer und Frey [2010] sowie MacKerron [2012].

rung beurteilt werden. Basierend auf Daten aus zwölf europäischen Ländern berechnen Di Tella, MacCulloch und Oswald [2001] die marginale Grenzrate der Substitution zwischen Arbeitslosigkeit und Inflation.[14] Sie stellen fest, dass unter ihren Modellannahmen die Inflation fast um 1.7 Prozent steigen muss, um von der Bevölkerung als genauso schlimm empfunden zu werden, wie ein einprozentiger Anstieg der Arbeitslosigkeit. Dies sind jedoch Ergebnisse einer Panel-Analyse. Länderspezifische Reaktionen konnten daher nicht beachtet werden.[15]

Die oben zugrundegelegte Verlustfunktion ist quadratisch. Dies entspricht der in der Literatur üblichen Darstellung. Eine quadratische Form der Verlustfunktion wird meist aus Bequemlichkeitsgründen gewählt, doch lassen sich für sie auch weitere, inhaltliche Gründe finden. So besagt das Sicherheitsäquivalenzresultat in linearen quadratischen Modellen, dass die optimalen Politiken in solchen Modellen bei Unsicherheit die gleichen sind wie bei Abwesenheit von Unsicherheit. Außerdem kann man eine quadratische Verlustfunktion als eine Annäherung an eine allgemeinere Nutzenfunktion betrachten[16].

In der neueren Theorie der Stabilitätspolitik wird die obige Verlustfunktion häufig auch verwendet als Zielfunktion des Staates oder Wirtschaftspolitikers, die dieser zu minimieren suche[17]. Die obige Verlustfunktion ist dort aber meistens zu interpretieren als eine typische **makroökonomische Wohlfahrtsfunktion**, wie sie in der Theorie optimaler Wirtschaftspolitik üblicherweise angewandt wird. Die Rolle der Funktionsargumente wird dort in der Regel nicht **stringent** aus individuellen Nutzenfunktionen abgeleitet, wie es in **gesellschaftlichen Wohlfahrtsfunktionen** geschieht, sondern wird wenn überhaupt gesondert begründet. Die Begründung kann sich dabei jedoch sehr wohl auf individuelle Nutzenfunktionen beziehen, wie die obige Ableitung zeigt. Wenn man, wie oben geschehen, von einem Ansatz repräsentativer oder typischer Individuen ausgeht, kann man die makroökonomische Wohlfahrtsfunktion sogar direkt aus der gesellschaftlichen Wohlfahrtsfunktion ableiten. Die gesellschaftliche Wohlfahrtsfunktion entspricht oben der Nutzenfunktion $V(Y,A,S^{soz})$ eines repräsentativen Individuums. Der Ansatz makroökonomischer Wohlfahrtsfunktionen, der auf Jan Tinbergen [1952] und noch viel frühere Autoren zurückgeht, wurde wohl wegen seines „technokratischen" Charakters insbesondere in den siebziger Jahren heftig kritisiert. Jedoch ist er angesichts der offenbar gewordenen Schwierigkeiten, die bei der Ableitung einer gesellschaftlichen Wohlfahrtsfunktion in Modellen mit heterogenen Individuen auftreten[18], für die Theorie der Wirtschafts- und Stabilitätspolitik immer noch unverzichtbar.

---

[14] Einen weiteren Artikel über die gleichen Forschungsergebnisse haben sie [2003] veröffentlicht. Siehe auch Blanchflower [2009] und Ohtake [2012].
[15] Für einen Ländervergleich siehe Blanchflower et al. [2014].
[16] Blanchard und Fischer [1988]. Zu einer theoretischen Fundierung vgl. Woodford [2003].
[17] Auch in den folgenden Kapiteln dieses Buches wird gelegentlich so verfahren werden. Vgl. zu Interpretationen der Verlustfunktion auch Cukierman [1992], Woodford [2003] und Walsh [2017].
[18] Siehe hierzu beispielsweise Arrow [1984]. Als Einführung hierzu siehe z. B. Luckenbach [2000: Hauptteil I].

1. Kapitel:
Zur Frage der Notwendigkeit von Stabilitätspolitik

A. Problemübersicht

Die beiden Fragen (1) Brauchen wir eine Stabilitätspolitik? und (2) wenn ja, welche? dürften heute die Makroökonomen am meisten entzweien. Die erste Frage wird auf viele Leser wie eine rhetorische Frage wirken. Ist denn die Tatsache von Arbeitslosenraten von weit über fünf Prozent und von andauernden Inflationstendenzen nicht allein Grund genug, eine Stabilitätspolitik als notwendig anzusehen? Wie im Folgenden gezeigt werden soll, ist jedoch selbst die erste Frage gar nicht so einfach zu beantworten. Es ist insbesondere zu unterscheiden zwischen der Zielsetzung einer „Mengenstabilität" und der einer „Preisniveaustabilität".[19] Wir betrachten im ersten Abschnitt dieses Kapitels das ökonomische System als Teil eines umfassenden Gesamtsystems und leiten hieraus die notwendigen Bedingungen für die Anwendung von Stabilitätspolitik ab. Im Anschluss daran werden in einem chronologisch-systematischen Überblick **Theorien** dargestellt, die eine Instabilität des ökonomischen Systems zu begründen oder aber zu widerlegen versuchen.

I. Mengenstabilität

1. Der „makroökonomische Konsens" seit den 80er Jahren – dargestellt im Rahmen eines systemtheoretischen Ansatzes

Man kann, auf einer hochaggregierten Betrachtungsebene, drei gesellschaftliche Subsysteme unterscheiden, die füreinander bestimmte Leistungen vollbringen. Die drei Subsysteme sind
- **das ökonomische System** (das private System von Arbeit, Produktion und Verteilung),
- **das politisch-administrative System** (Regierungssystem, System sozialstaatlicher Leistungen, Bürokratie) und
- **das soziokulturelle oder normative System** (Rechtssystem, Forschung und Wissenschaft, Motivation, Tradition).

Die Beziehungen zwischen einzelnen Subsystemen können in einer Art Input-Output-Modell formuliert werden.

Ökonomische Ungleichgewichte und damit eine augenscheinliche Instabilität im ökonomischen System beruhen auf zweierlei Grundlagen:
a) einmal auf unerwarteten Änderungen in den außerökonomischen Subsystemen
b) zum anderen auf Preisinflexibilitäten innerhalb des ökonomischen Systems.

Beispiele für Veränderungen in den außerökonomischen Subsystemen (a) sind
- im politisch-administrativen System: ein Regierungswechsel und eine damit verbundene Änderung des „Politikregimes", und
- im soziokulturellen System: Präferenzänderungen oder technische Entwicklungen.

---

[19] Eine mögliche dritte Zielsetzung, nämlich Finanzstabilität, wird im dritten Kapitel, Abschnitt C., und im sechsten Kapitel, Abschnitt IV., behandelt.

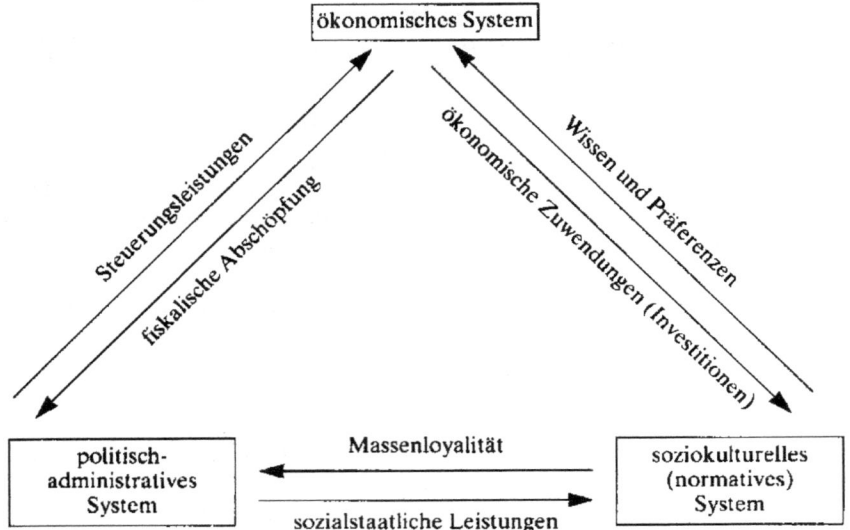

Abbildung 1 (Quelle: Eigene Darstellung).

Wenn die Veränderungen überraschend auftreten, redet man üblicherweise von „Schocks", in den obigen Fällen einerseits von Politikschocks, andererseits von Präferenzschocks und Produktivitäts- oder Technologieschocks.

Nun besitzt das markt-ökonomische System einen systemendogenen **Stabilisierungsmechanismus**, der Ungleichgewichte, die auf Veränderungen der beschriebenen Art beruhen, auszugleichen vermag. Dieser Stabilisierungsmechanismus läuft über Preisanpassungen und wird deshalb **Preismechanismus** genannt. Insbesondere herrscht in der **Mainstream-Makroökonomie** – zu der sowohl die Chicago-Schule wie auch die MIT-Schule als die beiden Gegenpole der hauptsächlich angelsächsisch dominierten Mainstream-Makroökonomie zählen – heute ein **Meinungskonsens** derart vor, dass auftretende Ungleichgewichte im ökonomischen System höchstens kurz- bis mittelfristiger Art sein können. (Als „kurzfristig" bezeichne ich hier die Dauer von einer Periode, als „mittelfristig" die Dauer von zwei oder mehreren (endlich vielen) Perioden. „Langfristige Ungleichgewichte" würde dagegen im Sprachgebrauch dieses Buches bedeuten, dass die Ungleichgewichte „dauerhaft" wären. Man spricht in letzterem Fall dann auch von „Unterbeschäftigungsgleichgewichten"[20] oder, im Falle einer laufenden Verstärkung eines Ungleichgewichts, von einem „explodierenden Entwicklungspfad".) Wenn die unter (a) aufgeführten Veränderungen voraussehbar sind, entstehen nach diesem Meinungskonsens überhaupt keine Ungleichgewichte im ökonomischen System. Die Wirtschaftssubjekte passen sich dann nämlich mit ihren Konsum- und Produktionsentscheidungen so an die vorauszusehenden Veränderungen der Umwelt an, dass diese in ihrer Wirkung neutralisiert werden. Sofern sich die Umweltänderungen als Präferenzänderungen oder als Technologieänderungen ausdrücken, schlagen sich die Anpassungshand-

---

[20] D. h. der Begriff Mengeninstabilität bezieht sich hier auf Abweichungen der Beschäftigung (des Outputs) von einem trendmäßigen Niveau.

lungen der Wirtschaftssubjekte sehr wohl in Output- und Beschäftigungsfluktuationen nieder, **obwohl** – aufgrund eben dieser Anpassungshandlungen – keine Ungleichgewichte auftreten. Das gleiche gilt, wenn die Veränderungen geldpolitischer Natur sind und gleichzeitig Informationsbeschränkungen vorliegen. Auch dann können Konjunkturschwankungen entstehen, ohne dass jemals Ungleichgewichte im Sinne von Angebots- oder Nachfrageüberhängen auftreten. Theorien, die Konjunkturschwankungen durch solche Phänomene zu erklären versuchen, werden als Gleichgewichtstheorien des Konjunkturverlaufs bezeichnet. [Hauptvertreter dieser Theorierichtung entstammen der neueren Chicago-Schule um Robert E. Lucas. Siehe hierzu näher im Abschnitt B.I.3.] Konjunkturschwankungen sind nach dieser Theorie das Ergebnis nutzenoptimierender Reaktionen der Wirtschaftssubjekte – transformiert über den Preismechanismus –, die durch Veränderungen im außerökonomischen Systembereich ausgelöst worden sind. Politische Versuche die realen Output-Fluktuationen zu verringern („Mengen-Stabilitätspolitik"), würden in diesem Fall die nutzenoptimierenden Anpassungsprozesse der privaten Wirtschaftssubjekte nur behindern und somit zu schlechteren Ergebnissen führen als eine Politik, die den marktendogenen Anpassungsprozessen freien Lauf lässt.

Die Quintessenz hieraus ist, dass die Erfahrung von Konjunkturschwankungen für sich allein noch kein hinreichender Indikator für Ungleichgewichts- oder Instabilitätsbehauptungen darstellt. Anders gesagt, können Konjunkturschwankungen von realen Größen an sich noch nicht den Ruf nach einer politischen Stabilisierung oder Glättung dieser Fluktuationen begründen.

2. Voraussetzungen für das Vorliegen von Mengeninstabilität

Staatliche Stabilisierungsmaßnahmen können entsprechend des erwähnten Meinungskonsens in der heutigen Mainstream-Makroökonomie den Nutzen der Wirtschaftssubjekte, wenn überhaupt, nur dann steigern, wenn der Preismechanismus nicht genügend funktioniert, d. h. wenn Preise und Löhne auf den einzelnen Märkten nicht hinreichend flexibel sind. Doch warum soll der Preismechanismus nicht funktionieren? Es ist schwer, die Ursache hierfür im ökonomischen System selbst zu finden, doch nur dann könnte man streng genommen von einer endogenen Instabilität des ökonomischen Systems sprechen.

Wenn die Ursache für **Preis-** und **Lohninflexibilitäten** dagegen im außerökonomischen Bereich, d. h. in Stabilitätseigenschaften anderer Subsysteme gesucht werden – z. B. in traditionellen Gerechtigkeitsnormen –, müsste man die Betrachtungsweise ausdehnen auf eine Instabilitätsanalyse des Gesamtsystems. Im Mittelpunkt einer solchen Betrachtung stünde dann die mögliche Unvereinbarkeit der Stabilitätseigenschaften der Subsysteme der gegenwärtigen Gesellschaftsstruktur. Die Folgerung aus einer solchen Unvereinbarkeit wäre dann die einer endogenen Instabilität des Gesellschaftssystems als Ganzes. Letzteres würde nun nicht unbedingt die Forderung nach Änderung des Gesellschaftssystems, d. h. nach Ersetzen eines oder gar mehrerer Subsysteme, nach sich ziehen müssen, solange keine bessere Alternative sichtbar ist. Ein solches instabiles Gesellschaftssystem kann dann immer noch optimal sein im Sinne des Second-Best-Kriteriums. Es würde hieraus nicht einmal eine andere optimale Stabilitätspolitik folgen müssen als im Stabilitätsfall, wie in den folgenden Abschnitten gezeigt werden wird. Es müssen nämlich auch **Kosten einer Stabilitätspolitik** miteinbezogen werden. In der politischen Praxis jedoch dürfte ein solcher Nachweis einer Unvereinbarkeit der Stabilitätseigenschaften der gesellschaftlichen Subsysteme bedeutende Konsequenzen für die konkrete Gestaltung von Stabilitätspolitik haben. So könnte durch einen solchen Nachweis die allgegenwärtige Behauptung „freiwilliger Arbeitslosigkeit", die häufig als politische Rechtfertigung für die Enthaltsamkeit gegenüber aktiver Stabilitätspolitik gebraucht wird, widerlegt werden.

3. Die Wohlfahrtskosten von Mengeninstabilität

Die (ökonomischen) Kosten einer Mengeninstabilität werden in der herkömmlichen keynesianischen Theorie der Stabilisierungspolitik gemessen durch den **Output-Verlust**, d. h. die Abweichung des tatsächlichen Outputs vom Vergleichsstandard eines trendmäßigen Vollbeschäftigungsoutputs. Bei Output-Schwankungen ist dies relativ einfach zu ermitteln. Bei Beschäftigungsschwankungen dagegen arbeitet man gewöhnlicherweise mit dem sogenannten **Okun'schen** Gesetz. Okun [1962] stellte fest, dass ein Anstieg der Arbeitslosigkeit um einen Prozentpunkt mit einer Senkung des Outputs um etwa 3 Prozent einhergeht[21]. Letzteres gilt jedoch nur für konjunkturelle Schwankungen, und nur bei Abweichungen von der Gleichgewichtsrate auf dem Arbeitsmarkt. Neuere Schätzungen gehen von einem Wert von mindestens 2 Prozent aus.[22]

Nun gibt es jedoch eine schon erwähnte neuere Theorierichtung, die die Konjunkturschwankungen, also (auch) Output- und Beschäftigungsschwankungen als Gleichgewichtsschwankungen ansieht. Nach ihrer Ansicht sind alle Märkte laufend geräumt. Die Konjunkturschwankungen selbst werden zurückgeführt auf vorübergehende Informationsmängel und daher falsche, jedoch bei den gegebenen Informationen optimale Anpassungen der Individuen an Preissignale; oder sie werden interpretiert als optimale Reaktionen der Individuen auf Unsicherheit bezüglich der Rate des technischen Fortschritts. [Siehe hierzu im Abschnitt B.I.3.] Beschäftigungsschwankungen sind dann Schwankungen der gleichgewichtigen oder „natürlichen" Beschäftigungsrate auf dem Arbeitsmarkt. Es kann dementsprechend keine „unfreiwillige" Arbeitslosigkeit geben. Folglich gibt es nach dieser Theorierichtung auch keine Veranlassung, Stabilisierungspolitik zu betreiben. Beschäftigungsschwankungen werden als die Folgen nutzenmaximierender intertemporaler Substitution von Arbeit gegen Freizeit oder gegen Suchzeit nach neuen Arbeitsstellen betrachtet[23]. Arbeitslosigkeit wird, wenn überhaupt eine Wertung erfolgt, als „freiwillig" angesehen. Doch wird die Unterscheidung zwischen „unfreiwilliger" und „freiwilliger" Arbeitslosigkeit in dieser Theorierichtung zunehmend als unsinnig betrachtet, da empirisch nicht entschieden werden könne, ob jemand freiwillig arbeitslos ist.

Nun gibt es jedoch eine Reihe von erhärteten empirischen Fakten, die bislang nicht vereinbar sind mit der Interpretation, dass Beschäftigungsschwankungen auf der intertemporalen Substitution von Arbeit gegen Freizeit oder gegen Suchzeit

---

[21] Siehe hierzu Okun [1962].
[22] Siehe z. B. Freeman [2000] und Moosa [1997]. Die Beziehung zwischen Output und Arbeitslosigkeit in Okuns Gesetz variiert zwischen Ländern (siehe z. B. Perman und Tavera [2005] und Ball et al. [2013]) und variiert beträchtlich mit der Konjunktur, langfristig scheint sein Wert aber recht realistisch zu sein (vgl. Knotek [2007]).
[23] Siehe Lucas [1987].

nach neuen Arbeitsstellen beruht. Einige davon sind unten im Abschnitt B.I.3. aufgeführt[24]. Angesichts dessen und aufgrund anderer Ungleichgewichtsphänomene [siehe hierzu im Folgenden Teil B] erscheint es sinnvoll, an der traditionellen These einer tendenziellen Instabilität festzuhalten und folglich die These einer grundsätzlichen Überflüssigkeit von (Mengen-)Stabilitätspolitik abzulehnen[25].

Auch erscheint es angebracht, angesichts der individuellen Betroffenheit von Arbeitslosen – und dazu zählen nicht nur die ökonomischen, sondern auch die in der Einleitung erwähnten sozialen und psychischen Kosten von Arbeitslosigkeit – und der häufigen Erfolglosigkeit **individueller** Anstrengungen der Arbeitsplatzsuche, den Begriff „unfreiwillige" Arbeitslosigkeit nicht aufzugeben.

II. Preisniveaustabilität

Im Gegensatz zur Mengenstabilität besteht Konsens in der Mainstream-Makroökonomie darüber, dass eine Preisniveaustabilität erstens erwünscht ist und zweitens unbedingt einer stabilitätspolitischen Absicherung bedarf.

1. Die Kosten von Preisniveauinstabilität

Preisschwankungen sind Ausdruck und Voraussetzung für das Funktionieren einer Marktwirtschaft. Dies drückt sich aus im Begriff des **Preismechanismus**, der den einer Marktwirtschaft inhärenten Stabilisierungsmechanismus beschreibt. Die Funktion von Preisschwankungen besteht in der Vermeidung oder Überwindung von Angebots- und Nachfrageüberhängen, die ansonsten bei Änderungen von Angebots- oder Nachfragebedingungen auftreten würden. Außerdem signalisieren **relative** Preisänderungen den Investoren Knappheitsänderungen auf den jeweiligen Märkten und dienen somit als wichtige Informationsträger.

Diese positive Funktionsbeschreibung lässt sich jedoch nicht auf Preis**niveau**schwankungen übertragen. Das Preisniveau ist ja ein künstlicher statistischer Index, der, wenn er die gesamte Güterpalette in der Volkswirtschaft umfasst und richtig gewichtet ist, nicht steigen dürfte, solange die Zunahme der Geldversorgung in einer Volkswirtschaft der Wachstumsrate des realen Sozialprodukts entspricht.

[Entsprechend der sogenannten **Quantitätsgleichung** gilt die Identität $M * V \equiv P * Y$, wobei M die nominale Geldmenge, V die Geldumlaufgeschwindigkeit, P das Preisniveau und Y das reale Sozialprodukt bezeichnet. Umgestellt kann man auch schreiben $P \equiv (M * V)/Y$ oder in Wachstumsraten ausgedrückt $\hat{P} \equiv \widehat{(M*V)} - \hat{Y}$, wobei das ‚^' hier die jeweilige Wachstumsrate kennzeichnet. $\hat{P}$ gibt hier die Preisniveauschwankungen wider, $\widehat{(M*V)}$ die Zunahme der Geldversorgung und $\hat{Y}$ die Wachstumsrate des realen Sozialprodukts.]

Angesichts der „Künstlichkeit" von Preisindizes, der unvollkommenen Verlässlichkeit der unterstellten Gewichtsfaktoren und der Beschränktheit der einbezogenen Güterpalette sind geringe Schwankungen des Preisniveaus allerdings nicht zu vermeiden und auch als ein unbedenklicher statistischer Störfaktor hinzunehmen. Dagegen sind große Schwankungen oder stetige Erhöhungen oder Sen-

---

[24] Siehe hierzu auch Tobin [1980] und Blinder [1987a]. Siehe auch Bean [1994]. Siehe Schmitt-Grohé und Uribe [2016] für eine modelltheoretische Begründung und für eine Auseinandersetzung mit der unfreiwilligen Arbeitslosigkeit.

[25] Vgl. hierzu – als eine theoretische Fundierung – auch Vogt [1995].

kungen des Preisniveaus als problematisch anzusehen. Die ökonomische Begründung der Problematik von Preisniveauschwankungen ist jedoch weniger fundiert und deswegen umstrittener als beispielsweise die ökonomische Begründung der Kosten von Arbeitslosigkeit.

In der allgemeinen Gleichgewichtstheorie vom Walras-Arrow-Debreu-Typ sind Preisniveauschwankungen wie auch Inflation bekanntlich neutral. Änderungen der Geldmenge und darüber ausgelöste Preisniveauschwankungen beeinflussen die realen Variablen (die Gleichgewichtsallokation) nicht. Dies wurde wohl in den sogenannten neoklassischen monetären Wachstumsmodellen der 60er und 70er Jahre, die Geld auch in seiner Rolle als Tauschmittel und Wertaufbewahrungsmittel in die traditionelle neoklassische Wachstumstheorie einbauten, kontrovers diskutiert.

Während Tobin [1965] in einem einfachen Modell (ohne Maximierungskalkül) zeigt, dass eine höhere Zuwachsrate der Geldmenge sowohl zu höherer Inflation als auch zu höherer Kapitalintensität und deswegen zu einem niedrigeren Realzins führt (somit also wachstumsfördernd ist), kam Sidrauski [1967] in einer Modellstudie (mit Maximierungskalkül) zum Ergebnis, dass Geld superneutral ist in dem Sinne, dass höhere Inflationsraten die Kapitalintensität im Gleichgewicht und damit den Realzins nicht beeinflussen. Spätere Modelluntersuchungen, insbesondere Modelle mit überlappenden Generationen[26], sowie Ansätze, die Geld primär als Tauschmittel begreifen (sogenannte Cash-in-Advance-Modelle) kamen dagegen zum Ergebnis, dass Inflation die Kapitalintensität verringert – was bedeutet, dass Inflation tendenziell wachstumshemmend wirkt[27]. Zum gleichen Ergebnis gelangten auch Untersuchungen, die den empirischen Tatbestand nichtinflationsangepasster Steuer- und Abschreibungsgesetzgebung miteinbezogen[28]. Das Argument hierbei lautet, dass die Steuerprogression sowie die Besteuerung von „Scheingewinnen" zu einem Rückgang der Kapitalintensität und damit der Kapitalakkumulation führen. Durch Einbeziehung von Informationsbeschränkungen [Lucas, 1975] oder Erwartungsunsicherheit [Wagner, 1985b] gelangt man zu unterschiedlichen und teilweise heterogenen Ergebnissen, je nachdem welche Inflationshöhe, Marktstruktur und Form der Erwartungsbildung man unterstellt.

In der jüngeren Literatur werden jedoch die **Wachstumseffekte** der Inflation nicht nur hinsichtlich des langfristigen Wachstumsniveaus, sondern auch bezüglich der Wachstumsrate der Produktion analysiert. Die theoretischen Arbeiten (z. B. De Gregorio [1993] sowie Marquis und Reffett [1991] basieren dabei auf der Theorie des endogenen Wachstums (zur endogenen Wachstumstheorie siehe etwa McCallum [1996] oder Barro und Sala-i-Martin [2003]. Sie zeigen, dass Inflation die langfristige Wachstumsrate reduziert. Empirische Arbeiten bestätigen den inversen statistischen (jedoch noch nicht den kausalen) Zusammenhang zwischen Inflationshöhe und Wachstum zwar qualitativ, jedoch bleibt das Ausmaß der mit Inflation verbundenen Wachstumsverluste umstritten (Grimes [1991]; Fischer [1993]; Barro [1995 und 1996]; Bruno [1995] sowie Andres und Hernan-

---

[26] Vgl. z. B. Weiss [1980] und Stockman [1981].
[27] Es verändern sich in diesen Modellen wie im Tobin-Modell allerdings nur die Output-Niveaus, nicht die Wachstumsraten. Außerdem ist zu betonen, dass die Modelle nur die Effekte *antizipierter* Inflation untersucht haben.
[28] Vgl. z. B. Feldstein [1983]; vgl. auch Sinn [1987].

do [1997]). Einen gut lesbaren Überblick über Modelle und empirische Arbeiten zum Thema gibt der Artikel von Temple [2000]. Während modellbasierte Arbeiten zu widersprüchlichen Ergebnissen kommen, deuten empirische Ergebnisse zunehmend darauf hin, dass es einen Schwellenwert für Inflation gibt, unterhalb dessen keine Wachstumseffekte nachweisbar sind, während höhere Inflationsraten eindeutig mit niedrigerem Wachstum einhergehen.[29]

Auch in der Analyse der sogenannten **Wohlfahrtskosten der Inflation** sind die bisherigen Ergebnisse nicht einheitlich. Wohl werden in der traditionellen Analyse[30] **negative** Wohlfahrtseffekte von Inflation abgeleitet. Diese werden darüber begründet, dass Geldhaltung nicht verzinst wird und es folglich bei Inflation zu unproduktiver oder ineffizienter Ressourcenverwendung im Zuge der Ökonomisierung der Geldhaltung (Portfolioumschichtung) kommt[31]. Spätere Analysen deuten allerdings auch auf die Möglichkeit positiver Wohlfahrtseffekte von (geringer) Inflation hin[32].

Bedeutsamer als diese uneinheitlichen wirtschaftswissenschaftlichen Untersuchungsergebnisse ist für die Politiker, dass die Bevölkerung Preisniveauschwankungen und insbesondere Inflation augenscheinlich ablehnt. Eine solche Ablehnung ist, mit unterschiedlichem Intensitätsgrad, in fast allen industrialisierten Ländern nachgewiesen worden[33]. In der Bundesrepublik Deutschland zum Beispiel ist die Abneigung gegen Inflation besonders stark. Eine solche starke Abneigung wird von vielen Ökonomen als Rätsel angesehen[34]. Nichtsdestoweniger ist sie vorhanden und ist von Politikern, die wiedergewählt werden wollen, zu berücksichtigen. Zudem basiert diese Abneigung sehr wohl auf einem realen Hintergrund, nämlich auf den überlieferten Erfahrungen mit früheren Hyperinflationen.[35] Auch kann man theoretisch und empirisch sowohl asymmetrische Verteilungseffekte aufgrund unvollkommener Indexierung bei Inflation, als auch Verunsicherugen von Investoren aufgrund von inflationsbedingter Informtions„verschmutzung" von Preissignalen, sowie Produktivitätsverluste aufgrund u. a. einer Zunahme von Spekulationstätigkeit bei Inflation sowie der verstärkten Inanspruchnahme von Finanzdienstleistungen nachweisen.

---

[29] Siehe z. B. auch Burdekin et al. [2004] und Omay und Kan [2010].
[30] Siehe Bailey [1956] und die jüngeren Darstellungen von Fischer [1995a] und Tödter und Manzke [2007].
[31] Hieraus wurde auch abgeleitet, dass die optimale (erwartete) Inflationsrate negativ und gleich minus dem Realzins ist. Siehe Friedman [1969] sowie Chari, Christiano und Kehoe [1996]. Dies impliziert, dass der Nominalzins auf Null gedrückt werden sollte.
[32] Vgl. z. B. Danziger [1988]. Danziger geht dabei von einem Modell mit monopolistischen Firmen aus, die unterschiedliche Produkte produzieren und fixen Kosten der Preisanpassung unterliegen. Entscheidend für Danziger's Ergebnis ist, dass solche Firmen selbst bei vollkommen antizipierter Inflation nicht kontinuierlich ihre nominellen Preise erhöhen. Siehe näher zum Preisverhalten bei Kosten der Preisanpassung in Abschnitt B.II.4.2.2 in diesem Kapitel. Vgl. dagegen Ball und Romer [1993] sowie Feldstein [1996]. Siehe für neuere Untersuchungen Chiu und Molico [2010] und Rocheteau [2012].
[33] Siehe Fischer und Huizinga [1982], Hibbs [1987], Shiller [1996], Berlemann [2011] sowie Ehrmann und Tzamourani [2012].
[34] Vgl. z. B. Thurow [1981]. Für eine neuere empirische Untersuchung siehe Berlemann und Enkelmann [2013].
[35] Ein Erklärungsansatz in diese Richtung findet sich in Giuliano und Spilimbergo [2009].

Die Intensität der Effekte ist dabei unterschiedlich und abhängig von der Inflationshöhe, der Marktstruktur und der Form der Erwartungsbildung[36].

Am besten erforscht sind die **Verteilungseffekte** von Inflation[37]. Sie sind auch am bekanntesten und von daher zentraler Hintergrund der Inflationsabneigung in der Öffentlichkeit. Der zentrale Verteilungseffekt bei unvollkommen antizipierter Inflation besteht darin, dass sich der Realwert von nominalfixierten Vermögensanlagen, z. B. von Geldvermögen oder festverzinslichen Wertpapieren, ändert. Wohl heben sich die daraus entstehenden Umverteilungsgewinne und -verluste gesamtwirtschaftlich auf. Jedoch kommt es zu individuellen und sektoralen sowie auch Vermögensumverteilungen. Sektorale Umverteilungen gehen insbesondere zu Lasten der Haushalte, da diese die hauptsächlichen Nettogläubiger von nominalfixierten Vermögensanlagen sind. Dabei muss allerdings berücksichtigt werden, dass viele Individuen sowohl Gläubiger als auch Schuldner von nominalfixierten Vermögensanlagen sind. Dies ist beispielsweise der Fall, wenn jemand als Haushaltsmitglied Nettogläubiger, gleichzeitig aber als Aktienbesitzer Nettoschuldner ist. Unter den (Netto-)Verlierern waren früher überproportional stark die Empfänger von Transfereinkommen, wie Sozialhilfeempfänger oder Rentner, vertreten. Durch die Einführung sogenannter automatischer Anpassungsklauseln an die Veränderung der Lebenshaltungskosten, die während der letzten Jahrzehnte in den meisten entwickelten Ländern vorgenommen worden ist, hat sich diese Schiefverteilung stark abgeschwächt. Viele, insbesondere ältere Untersuchungen, auf die heute noch Bezug genommen wird, basieren jedoch auf Zeitabschnitten, in denen solche automatischen Indexierungen der Einkommen noch wenig verbreitet waren, sodass sich dort die Verteilungseffekte gravierender zeigen, als sie heute sind.

2. Die Notwendigkeit einer stabilitätspolitischen Absicherung

Wie oben schon erwähnt, sind die Nationalökonomen heutzutage sehr gespalten bezüglich der Frage, ob der Staat versuchen soll, Output- und Beschäftigungsschwankungen mithilfe stabilitätspolitischer Maßnahmen zu verringern oder gar zu verhindern. Dagegen halten die Nationalökonomen heute fast durchgehend stabilitätspolitische Maßnahmen oder Institutionen für unerlässlich, um allzu große Preisniveauschwankungen und insbesondere eine inflationäre Dynamik zu verhindern. Eine heute als fast selbstverständlich erscheinende Institution zur Preisniveaustabilisierung ist das **staatliche Monopol der Geldausgabe** (von sogenanntem Außengeld oder der Geldbasis). Dieses Monopol wird üblicherweise **begründet** durch folgende Thesen:
- Geldausgabe (von Außengeld) ist ein natürliches Monopol. Es treten Skalenerträge bei der Produktion und beim Gebrauch auf. Geld kann als öffentliches Gut betrachtet werden. Auf jeden Fall erzeuge es positive externe Effekte.
- Die Beschränkung auf eine nationale Währungseinheit erleichtert die Aufdeckung von umlaufendem Falschgeld.

---

[36] Siehe hierzu Wagner [1983, 1985b, 1987c]. Vgl. zu neueren Analysen der Inflationskosten z. B. Driffill, Mizon und Ulph [1990], Orphanides und Solow [1990], Tommasi [1994, 1999], Chadha, Haldane und Janssen [1998], English [1999], Lucas [2000] und Meh und Terajima [2011].

[37] Siehe hierzu z. B. Mückl und Hauser [1975], Streißler u. a. [1976] und Fricke [1981]. Vgl. auch Cassidy [1991], Buliř [2001]. Neuere Entwicklungen in der Modellierung wie z. B. mit heterogenen Agenten finden sich bei Camera und Chien [2014]. Siehe auch Chiu und Molico [2010].

- Das private Bankensystem ist inhärent instabil. Missmanagement im privaten Bankensystem hat negative externe Effekte. Bankrotte und Betrügereien führen zu allgemeinem Vertrauensverlust und letztlich zum Zusammenbruch eines nicht staatlich geregelten Geldsystems.
- Ungeregelte private Geldausgabe ist inflationär. Das Preisniveau wird unbestimmt bzw. tendiert zu einem Wert von unendlich.
- Aufgrund von grundsätzlich bestehenden Problemen wie Moral-Hazard, asymmetrischer Information und insbesondere der Zeitinkonsistenz von nicht gesetzlich gebundener Geldangebotspolitik sind positive Wohlfahrtseffekte einer möglichen Privatisierung und Demonopolisierung der Geldausgabe äußerst zweifelhaft.
- Insbesondere das Problem der Zeitinkonsistenz [siehe dazu allgemein im nächsten Kapitel, dort in Abschnitt B.II.5] erfordert eine rigide gesetzliche Festlegung des Geldangebots oder den Aufbau einer institutionellen Vertrauensbasis. Dies ist nur mithilfe einer verlässlichen staatlichen Institutionenbildung auf der Grundlage des Monopols der staatlichen Geldausgabe möglich[38].

Dieses staatliche Monopol der Geldausgabe wird in der Regel einer **Zentralbank** übertragen. Von einer solchen Zentralbank wird erwartet, dass sie die Geldmenge so beschränkt, dass das Ziel der Preisniveaustabilität erreicht wird. Um die Preisniveaustabilität nicht als einseitiges Stabilitätsziel überzubewerten, wird der Zentralbank manchmal, explizit oder implizit, nahegelegt, dabei die gesamtwirtschaftliche Lage zu berücksichtigen, d. h. das Ziel der Preisniveaustabilisierung nicht unbedingt über alles zu stellen. Im „Gesetz über die Deutsche Bundesbank" von 1957 wurde die Bundesbank sogar gesetzlich verpflichtet (in § 12), „unter Wahrung ihrer Aufgabe die allgemeine Wirtschaftspolitik der Bundesregierung zu unterstützen".

Für das Europäische System der Zentralbanken (ESZB) wurde im Vertrag von Maastricht 1992 Ähnliches festgelegt. Im Artikel 105 heißt es zu den Zielen und Aufgaben des ESZB „Soweit dies ohne Beeinträchtigung des Zieles der Preisstabilität möglich ist, unterstützt das ESZB die allgemeine Wirtschaftspolitik in der Gemeinschaft [...]."

Nur eine kleine Schicht von Ökonomen vertritt demgegenüber die Ansicht, dass alle geldpolitischen Vorkehrungen oder Institutionen – also auch das staatliche Monopol der Geldausgabe – abgebaut werden könnten (und sollten), ohne dass hierdurch inflationäre Prozesse in Gang gesetzt würden[39]. Die zentralen Argumente dieser Ökonomen gründen einerseits in ihrem grenzenlosen Vertrauen auf die Effizienz der marktwirtschaftlichen Konkurrenzmechanismen und andererseits in ihrem grundlegenden Misstrauen gegenüber jeglichen staatlichen Organen. Es wird dabei – zurecht – darauf hingewiesen, dass die oben erwähnten Gefahren bei privater Geldausgabe auch bei staatlicher Geldausgabe auftreten können. Staatliches Missmanagement kann zu genauso großen Schäden wie privatwirtschaftliches Missmanagement führen, wahrscheinlich sogar noch zu größeren. Doch ist eine Haltung, die nur vom Glauben an den schlechtestmöglichen

---

[38] Vgl. hierzu auch Hellwig [1985].
[39] Siehe von Hayek [1977] oder Vaubel [1984].

Fall ausgeht, ungeeignet als Grundlage für grundgesetzliche Entscheidungen. Erst harte theoretische (und – falls vorhanden – auch empirische) Fakten für eine Überlegenheit einer freien Geldausgabe privater Konkurrenzunternehmen könnten dazu dienen. Diese liegen jedoch bis heute nicht vor. Insofern wird man so lange das bestehende staatliche Monopol der Ausgabe von Außengeld als die beste der institutionellen Möglichkeiten in einer unvollkommenen Welt akzeptieren müssen. Die politisch wichtige Frage ist dann die der Ausfüllung dieses staatlichen Monopols durch geeignete, verlässliche und effiziente Geldangebotspolitiken. Dies wird unser Thema im dritten Kapitel des Buches sein.

III. Anwendungsbedingungen von Stabilitätspolitik: Eine Systematik

1. Notwendige und gleichzeitig hinreichende Bedingungen

Die **notwendige** Anwendungsbedingung von Stabilitätspolitik ist gegeben, wenn das private Marktsystem – aufspaltbar in Mengensystem und Preissystem – **instabil** ist. Eine Instabilität kann nun von kurzfristiger, mittelfristiger oder langfristiger Dauer sein, und sie kann entweder global oder nur lokal gültig sein. Die **notwendige und hinreichende** Bedingung für staatliche Stabilitätspolitik ist dann gegeben, wenn das Mengensystem oder das Preissystem eine **globale und langfristige** Instabilitätstendenz aufweist. (Der Gegenpart zu **globaler** Instabilität ist **lokale** Instabilität. **Lokale** Instabilität bedeutet, dass das private Marktsystem nur dann zu sich verstärkenden Abweichungen von einem Ausgangsgleichgewicht neigt, wenn die exogenen Störungen bzw. die anfänglichen Abweichungen nicht allzu groß sind. Ab einem gewissen Umfang der Störung bzw. anfänglichen Abweichungen tritt jedoch der Stabilitätsmechanismus des Marktsystems in Kraft. Das Pendant zu **langfristiger** Instabilität ist **kurz- bis mittelfristige** Instabilität. **Langfristig** ist hier im Sinne von **dauerhaft** gebraucht.)

Eine globale, langfristige Instabilität beinhaltet **entweder**, dass das instabile System, ob Mengen- oder Preissystem, bei exogenen Störungen zu „explodieren" droht: Die auftretenden Ungleichgewichte haben die Tendenz, sich ohne Schranken zu vergrößern [Zusammenbruchstendenz]. **Oder** das System tendiert zu einem sogenannten **Unterbeschäftigungsgleichgewicht** oder zu einer **gleichbleibenden Inflationsrate**, d. h. zu gleichbleibenden Ungleichgewichten, deren Ausmaß zudem so groß ist, dass sie gesellschaftspolitisch zerstörend wirken. Es bleibt dem Staat in beiden Fällen gar nichts anderes übrig, als stabilitätspolitisch einzugreifen und dadurch zu versuchen, den Instabilitätsprozess zu stoppen bzw. umzukehren.[40]

2. Notwendige, jedoch noch nicht hinreichende Bedingungen

Wenn die Instabilität des privaten Marktsystems nur lokal oder nur kurz- bis mittelfristig wirksam ist, muss die hinreichende Anwendungsbedingung von Stabilitätspolitik situationsspezifisch, d. h. im Einzelnen überprüft werden. Wohl entstehen durch die lokale oder kurz- bis mittelfristige Instabilität Kosten für die Gesellschaft, wenn auch in begrenztem Umfang (außer bei dem problematisierba-

---

[40] Ein ähnliches Instabilitätsproblem äußert sich auf wachstums- und entwicklungspolitischem Gebiet durch Divergenzerscheinungen (siehe Wagner [2013]).

ren[41] Verfahren von Feldstein [1979][42]). Diese Kosten könnte man versuchen zu vermeiden durch staatliche Stabilitätspolitik. Doch muss berücksichtigt werden, dass die Durchführung einer solchen Politik auch Kosten verursacht, selbst wenn die Politik wirksam ist. Diese Kosten müssen in einer Art Kosten-Nutzenvergleich den lokal oder zeitlich begrenzten Instabilitätskosten bei staatlicher Enthaltsamkeit gegenübergestellt werden. Nur wenn die Kosten der staatlichen Eingriffe als geringer erscheinen als die durch die Eingriffe vermeidbaren, aus der Instabilität des Marktsystems entstehenden Kosten, wäre neben der notwendigen Bedingung, die durch Instabilität an sich gegeben ist, auch die **hinreichende** Bedingung für die Anwendung von staatlicher Stabilitätspolitik erfüllt.

Gesamtwirtschaftliche Situationen, die das Kriterium der notwendigen, jedoch noch nicht gleichzeitig der hinreichenden Anwendungsbedingung von staatlicher Stabilitätspolitik erfüllen, sind insbesondere
– der Zustand eines **Unterbeschäftigungsgleichgewichts**, sofern das Unterbeschäftigungsniveau relativ gering, d. h. nicht gesellschaftspolitisch zerstörend ist,
– ein Zustand **gleichbleibender, stetiger Inflation**, solange es sich nicht um eine gesellschaftspolitisch zerstörende Hyperinflation handelt und
– ein **Zustand nur kurz- bis mittelfristiger Instabilität**, was beinhaltet, dass dann das Marktsystem zumindest in der mittleren bis langen Frist stabil ist.

3. Weder notwendige noch hinreichende Bedingungen
Weder notwendige noch hinreichende Anwendungsbedingungen von staatlicher Stabilitätspolitik sind gegeben, wenn das private Marktsystem **global stabil** ist.

Ausblick
Der restliche Teil dieses Kapitels wird sich mit der Frage beschäftigen: Ist das private Marktsystem stabil oder instabil? Oder anders gefragt: Sind zumindest die **notwendigen** Anwendungsbedingungen von staatlicher Stabilitätspolitik gegeben? Hierzu soll in Abschnitt I vor allem auf die neuere, nachkeynesianische Literatur in der Makroökonomie eingegangen werden. In dieser wird insbesondere untersucht, ob es Zustände mittelfristiger Instabilität des Marktsystems gibt, die staatlicher Nachfragepolitik eine mögliche stabilisierende Rolle im Wirtschaftsgeschehen zuerkennen würden. In Abschnitt II wird darüber hinaus eine Begründungsmöglichkeit für langfristige Instabilität analysiert.

Die folgenden Ausführungen in diesem Kapitel beschränken sich auf die Frage, ob das **Mengensystem** instabil ist. Dagegen wird im weiteren Verlauf davon ausgegangen, dass das **Preissystem** bei rein privater Geldausgabe **instabil** ist, d. h. zu andauernder Inflation neigt (siehe oben). Das bedeutet, dass eine Stabilitätspolitik hinsichtlich der Preisniveaustabilisierung als unerlässlich betrachtet wird. Welche Politik im gesamtwirtschaftlichen Kontext geeignet ist, wird im zweiten Teil des Buches untersucht. Darüberhinausgehende Theorien eines realen

---
[41] Siehe Tobin [1983a: S. 10–11].
[42] Feldstein bezieht sich dort nur auf die Wohlfahrtskosten von Inflation, deren Gegenwartswert er als sehr und möglicherweise unendlich groß kennzeichnet. Er geht dabei davon aus, dass die Diskontierungsrate auf zukünftigen Konsum geringer ist als die Wachstumsrate der Wirtschaft.

Inflationsbias eines marktwirtschaftlichen Systems bei einem parlamentarisch demokratischen Politiküberbau werden im zweiten sowie vor allem im fünften Kapitel analysiert werden.

B. Theorien zu Mengeninstabilität

In diesem Teil B werden Begründungen von Instabilität betrachtet, die in der Zeit **nach** Keynes entwickelt wurden. Die Keynes'sche Theorieentwicklung in der „General Theory" kann als eine „theoretische Revolution" zu seiner Zeit betrachtet werden. Sie hat die Entwicklung der Makroökonomie bis heute, zumindest aber bis in die 1970er Jahre, entscheidend geprägt. In den 1970er Jahren hat, wie weiter unten noch genauer dargestellt werden wird, eine erneute „theoretische Revolution" stattgefunden, die auf den Konzepten der rationalen Erwartungsbildung sowie der Spieltheorie aufbaute. Im Folgenden soll in Abschnitt I die Entwicklung chronologisch-systematisch nachvollzogen werden. Ich beginne dabei mit Keynes, gehe über zur sogenannten neoklassischen Synthese und zur Phillipskurve und behandle dann kurz die Akzelerationshypothese von Friedman und Phelps sowie die Einführung der rationalen Erwartungsbildung durch Lucas und Sargent. Anschließend werden – als Hauptpunkte dieses Abschnitts – die neueren Erklärungen von Konjunkturschwankungen behandelt. Diese stützen sich zum einen auf die Aspekte unvollkommener Information und realer Schocks, und zum anderen auf das Phänomen unvollkommener Konkurrenz bzw. von Lohn- und Preisrigiditäten. Die Darstellungsweise dieser formal zum Teil anspruchsvollen Theorien wird hier bewusst einfach und verständlich gehalten. Abschließend wird noch die Möglichkeit einer destabilisierenden Wirkung von Preisflexibilität betrachtet. In Abschnitt II wird dann eine auch bei rationaler Erwartungsbildung und bei letztlich völlig flexiblen Löhnen und Preisen immer noch verbleibende Begründungsmöglichkeit eines andauernden oder sich stetig verstärkenden Ungleichgewichts auf dem Arbeitsmarkt skizziert.

I. Begründungen von kurz- bis mittelfristiger Instabilität und ihre Kritik in der Makroökonomie

1. Von Keynes zur monetaristischen Gegenrevolution

Das zentrale Element der sogenannten **Keynes'schen Revolution** war seine Theorie eines **Unterbeschäftigungsgleichgewichts**. In die moderne Fachsprache gebettet, handelt es sich um eine erste Theorie **multipler Gleichgewichte**. Keynes betrachtet zwei Gleichgewichtszustände, ein Gleichgewicht bei Vollbeschäftigung und eines bei Unterbeschäftigung, wobei der erstere Gleichgewichtszustand von Keynes als instabil, der letztere dagegen als stabil betrachtet wird.[43] Ein **Unterbeschäftigungsgleichgewicht** ist dann gegeben, wenn eine (gleichbleibende) Über-

---

[43] In den letzten Jahrzehnten hat die Theorie multipler Gleichgewichte sehr starken Auftrieb genommen. Der Hauptunterschied zur Keynes'schen Betrachtung besteht heute darin, dass man die Existenz vieler gleichzeitig existierender stabiler Gleichgewichte nachweisen kann. Das Problem dabei ist jedoch das der Selektionskriterien oder die Frage, welches Gleichgewicht unter welchen Umständen dominiert. Vgl. als Überblick z. B. Rotemberg [1987]. Für ein einführendes Buch in die Theorie multipler Gleichgewichte siehe Cooper [1999].

angebotssituation auf dem Arbeitsmarkt endogen nicht mehr abgebaut wird – trotz ungehindertem Preismechanismus![44]

Nach traditionellem neoklassischen Verständnis sind Lohnsenkungen eine notwendige und hinreichende Bedingung für den Abbau von (zumindest konjunktureller) Arbeitslosigkeit. Diese Ansicht beruht auf einer partialanalytischen Betrachtung des Arbeitsmarktes, wobei Angebot und Nachfrage auf dem Arbeitsmarkt als vom Reallohn abhängig angesehen werden. Keynes wich in seiner 1936 veröffentlichten „General Theory" nicht wesentlich von dieser Arbeitsmarktbetrachtung ab. Auch er betrachtete die Nachfrage nach Arbeit als vom Reallohn bestimmt, was er im (neo)klassischen Stil über das Ertragsgesetz begründete. Selbst bei einem reallohnunabhängigen Angebot an Arbeit ist dann die Beschäftigung negativ mit dem Reallohn korreliert[45]. Keynes versuchte nun zu zeigen, dass der marktendogene Versuch der Reallohnsenkung bei Unterbeschäftigung unter Umständen nicht zum gewünschten Ziel des Abbaus der Arbeitslosigkeit, sondern zu einem Unterbeschäftigungsgleichgewicht führt. Keynes' eigener Versuch in der „General Theory", ein Unterbeschäftigungsgleichgewicht – bei funktionierendem Preismechanismus! – über einen Reservationszins zu begründen, wird heute in der Regel als nicht ganz gelungen angesehen[46]. Dabei ist zu sehen, dass Keynes' eigener „Nachweis" eines Unterbeschäftigungsgleichgewichts etwas im Unklaren bleibt, da seine Darstellungsweise in der „General Theory", wie im Laufe der Zeit von vielen betont worden ist, alles andere als brillant war. Dementsprechend ist jede Keynes-Darstellung geprägt durch die dem jeweiligen Darsteller eigene Leseart und Ausfüllung der Keynes'schen Andeutungen.[47]

Wenn im Folgenden von Keynes' Theorie die Rede ist, ist damit die dominierende und formalisierte Textbuch-Interpretation seiner rein verbalen Äußerungen in der „General Theory" gemeint. Der folgende einfache Modellrahmen beschreibt die Theoriestruktur der „General Theory", so wie sie als Ausgangspunkt für die Entwicklung der sogenannten **neokeynesianischen Theorie**, manchmal auch bezeichnet als **neoklassische Synthese**, gedient hat. Der Modellrahmen ist einer der aggregierten Nachfrage und des aggregierten Angebots in einer gleichgewichtstheoretischen Betrachtung[48]. Es wird aus Einfachheitsgründen eine **loglineare Darstellung** gewählt. Diese Darstellungsweise, die auch in den folgenden Kapiteln verwendet werden wird, ist wohlgemerkt nicht völlig belanglos hinsichtlich der

---

[44] D. h. alle Märkte sind im Gleichgewicht bis auf den Arbeitsmarkt. Die in den meisten Makroökonomie-Lehrbüchern der letzten Jahrzehnte abgeleiteten Unterbeschäftigungsgleichgewichte sind dagegen auf der Annahme fixer Löhne und fixer Preise aufgebaut. Man spricht hier von **Fixpreistheorien**. Zu moderneren Varianten siehe die Pionierarbeiten von Drèze [1975], Benassy [1975] und Malinvaud [1977].

[45] Vgl. Keynes [1936: S. 17].

[46] Hierzu und zu der von Keynes zugrundegelegten Theorie der Liquiditätsfalle siehe z. B. Patinkin [1979].

[47] Die bekanntesten Keynes-Interpretationen der letzten Jahrzehnte sind die von Clower [1965] und von Leijonhufvud [1968]. Daneben haben in den 1970er Jahren auch neuere Interpretationen sogenannter „Fundamentalisten" (Shackle, Loasby, Minsky, Davidson u. a.; siehe als Überblick Coddington [1976]), die das Phänomen von Erwartungsunsicherheit in das Zentrum ihrer Analyse stellten, größere Beachtung gefunden. Letztere bildete die Grundlage des sogenannten „Postkeynesianismus" (vgl. z. B. Eichner [Hrsg., 1979]).

[48] Aufgrund der gleichgewichtstheoretischen Betrachtung können wir für das aggregierte Angebot und für die aggregierte Nachfrage jeweils den gleichen Ausdruck, y, verwenden.

Ergebnisse[49]. Andererseits hat sie sich – angesichts der bislang nicht bewältigbaren Komplexität nichtlinearer Analyseverfahren – in der modernen Makroökonomie durchgesetzt. Durch das Logarithmieren können bestimmte nichtlineare Abhängigkeiten in lineare überführt werden. Die loglineare Darstellung erlaubt es, bestimmte nichtlineare Abhängigkeiten in den Niveauwerten als lineare in ihren logarithmischen Werten darzustellen.

Der **Keynes'sche Modellrahmen** sieht wie folgt aus:[50]

(1) $\quad y_t = \alpha(w_t - p_t), \quad \alpha < 0$

(2) $\quad y_t = \gamma(m_t - p_t), \quad \gamma > 0$

(3) $\quad w_t = \overline{w},$

wobei y den Logarithmus des realen Outputs darstellt und w, p und m die Logarithmen des nominalen Lohns, der nominalen Preise und der nominalen Geldmenge beschreiben[51]: t ist der Zeitindex[52], und α und γ bezeichnen die für die kurze bis mittlere Frist als konstant unterstellten Strukturparameter der Angebots- und Nachfragebeziehungen. Die für die folgenden Aussagen unwichtigen Konstanten in den Linearbeziehungen sind weggelassen worden[53]. Alle Variablen können als Abweichungen von normalen oder Zielwerten betrachtet werden. Daher kann die folgende Analyse als Analyse konjunktureller Schwankungen betrachtet werden.

Die Gleichung (1) drückt aus, dass Keynes in seiner „General Theory", wie schon erwähnt, das Grundprinzip der (neo)klassischen Theorie akzeptierte, nach dem die Beschäftigung nur gesteigert werden kann, wenn der Reallohn abnimmt[54]. Der Ausdruck w-p in (1) drückt den Logarithmus[55] des Reallohns aus.

Die Gleichung (1) gibt das aggregierte Angebot an[56]. Sie ist nichts anderes als eine reduzierte Form aus einer Produktionsfunktion und einer Arbeitsnachfragefunktion, wobei die Produktion positiv mit der Beschäftigung und die Beschäftigung (Arbeitsnachfrage) negativ mit dem Reallohn korreliert sind.

---

[49] Für eine Diskussion der Linearitätsannahme und ihrer Folgen in einem allgemeinen Kontext siehe z. B. Kelsey [1988] und Boneva et al. [2016].

[50] Die in diesem Abschnitt gewählten vereinfachten formalen Modellstrukturen entsprechen weitgehend denen auch von Olivier Blanchard [1989] verwendeten.

[51] **Zur obigen logarithmischen Darstellung**: Folgende Regeln der Logarithmierung sind zu beachten: Der Logarithmus eines Bruches (Produktes) zweier Größen ist gleich der Differenz (Summe) der Logarithmen der beiden Größen. **Beispiel:** $\log(M/P) = \log(M) - \log(P) \equiv m-p$; $\log(PY) = \log(P) + \log(Y) \equiv p+y$. Außerdem gilt $\log(M/P)^\gamma = \gamma(m-p)$. Siehe weitere Ausführungen zur loglinearen Darstellung im Anhang B am Ende des Buches.

[52] „y_t" bedeutet folglich „der reale Output (die Ausbringungsmenge) in der Periode t".

[53] Konstante in den Linearbeziehungen werden in diesem Buch grundsätzlich vernachlässigt, um die formale Darstellung so einfach wie möglich zu gestalten. Dies ist insofern zulässig, da dies die Ergebnisse unserer Analyse in keiner Weise beeinflusst.

[54] Einige Jahre später [1939] ist Keynes allerdings von dieser Position etwas abgewichen.

[55] Dass es sich bei w, p, m um Logarithmen handelt, wird von nun an nicht mehr gesondert betont werden.

[56] Zum Verständnis: Das aggregierte Angebot y_t ist als Abweichung von einem „normalen" oder Zielwert, y_n, zu interpretieren. Ausgeschrieben (wie häufig in der Literatur) würde daher die obige Angebotsfunktion lauten: $y_t = y_n + \alpha(w_t - p_t)$. Da wir jedoch, wie gesagt, Konstante in den Linearbeziehungen weglassen, ist dies aus der obigen Gleichung (1) nicht direkt ersichtlich.

1. Kapitel: Zur Frage der Notwendigkeit von Stabilitätspolitik

Gleichung (2) beschreibt die aggregierte Nachfrage als nur abhängig von der realen Geldmenge. Wenn die reale Geldmenge steigt, nimmt die aggregierte Nachfrage zu, und umgekehrt. Fiskalpolitische Einflussfaktoren werden in diesem Kapitel noch nicht berücksichtigt, da es hier erst einmal nur um die Frage endogener Stabilität oder Instabilität des **privaten** Wirtschaftssektors geht. Auch verzichte ich hier vorerst aus Vereinfachungsgründen auf die Einbeziehung von Inflations- bzw. Deflationserwartungseffekten auf die aggregierte Nachfrage. Siehe hierzu in Abschnitt I.6 unten.

Gleichung (2) ist hier ebenfalls wie Gleichung (1) als eine reduzierte Form-Gleichung zu betrachten. Sie kann aus einem IS-LM-Zusammenhang abgeleitet werden. Zur Ableitung siehe näher im 2. Kapitel, dort in Abschnitt B.I.2.[57]. Die entsprechende aggregierte Nachfragekurve stellt dann geometrische Orte simultaner Gütermarkt- und Geldmarktgleichgewichte bei unterschiedlichen Preisniveaus dar.

Gleichung (3) drückt aus, dass die nominalen oder Geldlöhne starr sind. Dahinter steckt die Aussage von Keynes, dass die Arbeiter in erster Linie an den Geldlöhnen interessiert sind und diese verteidigen. Keynes gibt hierfür verschiedene Gründe an. Erstens sei allein der Geldlohn und nicht der Reallohn Handlungsparameter der Arbeiter. Zweitens würden Geldlohnsenkungen bei Unterbeschäftigung nicht unbedingt zu Mehrbeschäftigung führen [siehe hierzu näher im Abschnitt II unten], sodass es rational sei für die Arbeiter, an bestehenden Geldlöhnen festzuhalten. Drittens bestehe aus Verteilungsgerechtigkeitsgründen eine Orientierung am **relativen** Lohn [hierzu siehe näher im 5. Kapitel unten].

Diese Modellstruktur wurde im Laufe der Zeit verfeinert und bildete dann die dominierende Sichtweise bis in die frühen 1970er Jahre hinein.

Die „Verfeinerungen" bezogen sich dabei vor allem auf den zugrundegelegten Lohn-Preismechanismus (Gleichung (3) oben). Die Annahme eines historisch fest vorgegebenen Lohnes im obigen Keynes-Modell vernachlässigt nämlich die Zukunft insofern, als sie wahrscheinliche, durch den Konkurrenzmechanismus erzwungene, dynamische Anpassungsprozesse auf der Lohn-Preis-Ebene ausschließt. Deshalb wurde im Laufe der Zeit versucht, zu dem obigen statischen Keynes-Modell eine Gleichung hinzuzufügen, die Lohnbewegungen über die Zeit hinweg zu erklären vermag. Diese Ergänzung wurde in Form der Einführung der sogenannten **Phillipskurve** vorgenommen. A.W. Phillips hatte [1958] einen anscheinend verlässlichen Zusammenhang zwischen der Beschäftigung bzw. der Arbeitslosenrate und der Änderungsrate des Nominallohns entdeckt. Die originäre **Phillipskurve** lautete: $w_t - w_{t-1} = f(U_t)$ mit $f' < 0$. (Der Ausdruck $w_t - w_{t-1}$ bezeichnet dabei die Lohnzuwachsrate, wobei der Index „t–1" in w_{t-1} signalisiert, dass es sich um den Lohn der Vorperiode handelt.) Paul Samuelson und Robert Solow ersetzten [1960] die Lohnzuwachsrate dieser einfachen, originären Phillipskurve durch die Summe aus Inflationsrate und Zuwachsrate der durchschnittlichen Arbeitsproduktivität[58] und erhielten so eine Tradeoff-Beziehung zwischen Inflation und Arbeitslosigkeit: $p_t - p_{t-1} = \psi(U_t)$ mit $\psi' < 0$ **(modifizierte Phillipskurve)**. Allerdings unterstellten sie damit implizit, dass die Lohnquote bzw. der

---

[57] γ hier entspricht dem Geldmultiplikator Ω_3 dort.
[58] Abgeleitet aus der Definitionsgleichung für die Lohnquote.

Preisaufschlag auf die Lohnkosten konstant ist und der Produktivitätsfortschritt nicht von Variablen des Systems abhängt.

Die Entdeckung der Phillipskurve in den 1950er Jahren und ihre gute empirische Bestätigung auch in der von Samuelson und Solow „modifizierten Form" während der 1960er Jahre hatte einen bedeutenden Einfluss auf die Weiterentwicklung der neokeynesianischen Theorie. Sie ließ vorerst die Notwendigkeit einer besseren mikroökonomisch-theoretischen Begründung von Lohn- und Preisanpassung als nicht so drängend erscheinen. Diese Vernachlässigung einer stärkeren, d. h. auf einer dynamischen Optimierungsanalyse basierenden, Mikrofundierung der unterstellten Nichtanpassung von Löhnen (und Preisen) an Marktungleichgewichte war dann auch der springende Punkt der heute dominierenden Kritik an der makroökonomischen Sichtweise der neokeynesianischen Theorie.

Der weite **makroökonomische Konsens** der 1960er bis Anfang 1970er Jahre lautet grob gesagt wie folgt[59]:

Die Löhne wurden durch die modifizierte, später durch die „erweiterte" Phillipskurve erklärt. Die **erweiterte Phillipskurve** besagte, dass die Änderungsrate der Nominallöhne eine Funktion ist des Niveaus der Arbeitslosigkeit **und** der vergangenen Inflation als Bestimmungsgröße der **Inflationserwartung**. Die Preise wurden dagegen durch Aufschläge auf die Stückkosten bei normalem Output und Normalauslastung bestimmt. Die Preise wurden so als weitgehend nachfrage**unabhängig** angesehen. Sie reagierten annahmegemäß schnell und vollständig auf Lohnänderungen.[60]

Der entsprechende Modellrahmen sieht wie folgt aus:

(4) $w_t - w_{t-1} = hy_t + c(p_{t-1} - p_{t-2})$, $\quad h > 0, 0 < c < 1$

(5) $p_t = w_t$

(2) $y_t = \gamma(m_t - p_t)$.

Gleichung (4) gibt die Lohngleichung ($w_t = w_{t-1} + ...$) wieder, die hier eine abgewandelte Form der durch Inflationserwartungen erweiterten Phillipskurve darstellt. Sie unterstellt, dass Geldlohnsteigerungen ($\equiv w_t - w_{t-1}$) eine Funktion des Outputs und verzögerter Preissteigerungen sind. Die verzögerten Preissteigerungen beschreiben die Inflationserwartungen (**autoregressive Erwartungsbildung**), und der Output-Effekt steht ersatzweise für Arbeitslosigkeitseffekte. Letzteres drückt die hier aus Vereinfachungsgründen gemachte Annahme aus, dass eine Beziehung zwischen dem Logarithmus des Outputs, dem Logarithmus der Beschäftigung und dem Arbeitslosigkeitsniveau besteht[61], sodass wir diese Größen hier austauschweise benutzen können.

Gleichung (5) ist die Preisgleichung. Sie drückt die Annahme aus, dass Lohnkosten in der gleichen Periode voll in die Preise überwälzt werden und dass die

---

[59] Als Überblick siehe z. B. Tobin [1980a] oder Santomero und Seater [1978].
[60] Bezüglich der Reaktionsanpassung der Preise an Lohn**senkungen** waren die Meinungen der Neokeynesianer allerdings nicht einheitlich. Es gab eine Gruppe von Ökonomen, die eine unvollkommene Preisanpassung an Lohnsenkungen und damit eine **Asymmetrie** in den Preisanpassungen unterstellte. Vgl. z. B. Tobin [1972]. Zu einem späteren Fundierungsversuch dieser These siehe z. B. Akerlof, Dickens und Perry [1996].
[61] Es wird also angenommen, dass $y_t = f(U_t^{-1})$ mit $f'(U_t^{-1}) > 0$.

Nachfragebedingungen hierbei keine Rolle spielen[62]. Gleichungen (4) und (5) zusammen beschreiben hier die Angebotsseite.

Gleichung (2) ist die obige aggregierte Nachfragegleichung.

Dieses System lässt sich durch Substituieren der einzelnen Gleichungen in eine Differenzengleichung zweiter Ordnung in p reduzieren [$p_t - p_{t-1} = h\gamma(m_t - p_t) + c(p_{t-1} - p_{t-2})$]. Die Gleichung ist stabil, wenn der Parameter γ positiv ist. Ein positiver Parameter γ bedeutet, dass **Realkasseneffekte** wirksam sind. Realkasseneffekte besagen, dass die Wirtschaftssubjekte auf eine Zunahme (Abnahme) der **realen Geldmenge** mit der Ausweitung (Einschränkung) ihrer Nachfrage reagieren. Hier nicht berücksichtigte Inflationserwartungseffekte können allerdings der Stabilisierungstendenz von Realkasseneffekten entgegenwirken. [Siehe hierzu näher in den Abschnitten I.6 und II dieses Kapitels.]

In der **neoklassischen Synthese** wurde das private Marktwirtschaftssystem – im Gegensatz zur Keynes'schen Behauptung – als grundsätzlich oder **langfristig stabil** angesehen. Aufgrund der als nur langsam unterstellten Anpassungsgeschwindigkeit von Preisen und Löhnen könnten allerdings Marktungleichgewichte über eine längere Zeit anhalten und sich währenddessen über Multiplikator- und Akzeleratorprozesse verstärken. Deswegen wurde aus der ökonomischen Analyse der neoklassischen Synthese in der Regel staatliche Stabilisierungspolitik als notwendige und sinnvolle wirtschaftspolitische Ergänzung abgeleitet.

Die Begrifflichkeit der „neoklassischen Synthese" bezieht sich insbesondere auf die Trennung und unterschiedliche Erklärung zwischen langfristigen Angebotstrends und kurzfristigen Nachfrageschwankungen. Der Trend des tatsächlichen Outputs wurde als angebotsbestimmt, geleitet von der Zunahme von Arbeit, Kapital und Technologie, angesehen. Der Trend stellte den Gleichgewichtspfad dar, der mit den neoklassischen Instrumentarien analysiert wurde, rekurrierend auf intertemporale Wahlentscheidungen von Sparern und Investoren. Dagegen wurden kurzfristige Schwankungen um den Trend als nachfragebestimmte Ungleichgewichte aufgefasst, die mit den keynesianischen Instrumentarien analysiert wurden. Auch die Keynes'sche Vorstellung eines Unterbeschäftigungsgleichgewichts wird hier eher als Phänomen eines langfristigen Ungleichgewichts interpretiert.

Während der sechziger und siebziger Jahre entzündete sich starke **Kritik** an diesem Modell der neoklassischen Synthese.[63] Die Kritik richtete sich insbesondere auf den unterstellten Lohn-Preis-Mechanismus. Dieser wich stark von den Schlussfolgerungen aus der neoklassischen Theorie ab. Dies betrifft einmal die Nachfragesensibilität der Preise.[64] Zum anderen wirkte die Lohngleichung sehr „hausbacken" im Vergleich beispielsweise zur neoklassischen Grenzproduktivitätstheorie. Insbesondere wurde die implizite Annahme einer fortdauernden, dynamischen **Geldillusion** kritisiert.

---

[62] Auch die Preisgleichung (5) ist wiederum in „Kurzform" geschrieben. Ausgeschrieben würde sie lauten: $p_t = a_0 + \theta(w_t)$ mit $\theta = 1$ und a_0 die Konstante der Linearbeziehung.
[63] Eigentlich entzündete sich die Kritik an einem Modell mit der „modifizierten" Phillipskurve, die Inflationserwartungen noch nicht beinhaltete. Erst aufgrund der Kritik von Phelps und Friedman rückten die Inflationserwartungen in das Zentrum des Phillipskurvenmodells.
[64] Siehe zu einer bekannten, kritischen Analyse der Preisgleichung Nordhaus [1972].

Die entscheidenden Beiträge, die die sogenannte **Konterrevolution** gegen die keynesianische Vorherrschaft in der Makroökonomie einleiteten, waren die inzwischen berühmten Beiträge von Edmund Phelps [1967] und Milton Friedman [1968]. Die Hauptaussage dieser Beiträge war die, dass es keinen stabilen langfristigen Tradeoff zwischen Inflation und Arbeitslosigkeit gibt, den die Wirtschaftspolitik ausnutzen könnte. Es würde nur **eine** Gleichgewichtsrate von Arbeitslosigkeit geben, die sogenannte **natürliche Arbeitslosenrate**. Wenn die Wirtschaftspolitik versuchte, die Arbeitslosigkeit **unterhalb** der natürlichen Rate zu halten, so könnte sie das nur unter Inkaufnahme einer **stetig zunehmenden Inflationsrate**. Diese **Akzelerationshypothese** gründete auf der Annahme, dass sich Arbeitnehmer und Unternehmer, wenn sie Arbeit anbieten bzw. nachfragen, am **Real**lohn orientieren und nicht, wie im obigen Keynes-Modell implizit unterstellt wird, am Geldlohn. Arbeitnehmer und Unternehmer stellen, wenn sie über die nominalen Löhne verhandeln, die während der Tarifperiode gezahlt werden sollen, die erwartete Inflation während des Zeitraums in Rechnung. Je höher die **erwartete** Inflation ist, umso schneller steigen die nominalen Löhne. Aufgrund der in (4) unterstellten Preisaufschlagskalkulation erhöhen sich die Preise aber um die gleiche Rate wie die Löhne. Der einzige Weg, auf dem die Arbeitslosigkeit verringert werden kann, besteht darin, mehr Inflation zu produzieren als erwartet wird.

Die zentrale Größe war nunmehr die Erwartungsbildung. Phelps und Friedman unterstellten noch adaptive Erwartungsbildung; d. h. die Inflationserwartungen basieren auf einem gewichteten Durchschnitt aus vergangenen Realisierungen der Inflation. Das **monetaristische Standardmodell der Phillipskurve**, das allmählich auch von den Keynesianern übernommen wurde, sah in den siebziger Jahren wie folgt aus:

(4') $\quad \omega_t = a(U^n - U_t) + b\pi_t^e,$ $\hspace{4cm} a > 0, b > 0$

(6) $\quad \pi_t = \omega_t$

(7) $\quad \pi_t^e - \pi_{t-1}^e = \tau(\pi_{t-1} - \pi_{t-1}^e),$ $\hspace{3cm} 0 \leq \tau < 1,$

wobei ω_t = Lohnzuwachsrate ($\equiv w_t - w_{t-1}$), U^n = natürliche Arbeitslosenrate, U_t = tatsächliche Arbeitslosenrate, π_t = Inflationsrate ($\equiv p_t - p_{t-1}$) und π_t^e = erwartete Inflationsrate (jeweils für die Periode t).

(4') beschreibt die **kurzfristige Phillipskurve**.

(6) entspricht der obigen Preisgleichung.

(7) beschreibt **adaptive Erwartungsbildung** als einen Lernprozess der Individuen auf der Basis von Vergangenheitsdaten[65].

Nun wird angenommen, dass **in der langen Frist** die Individuen in der Lage sind, die Inflation richtig wahrzunehmen. Folglich gilt für die lange Frist $\pi_t = \pi_t^e$. Dies impliziert, wenn eingesetzt in (7), dass langfristig bei Abwesenheit von

---

[65] Der Prozess adaptiver Erwartungsbildung kann auch wie folgt geschrieben werden:
$$\pi_t^e = \tau \sum_{i=1}^{\infty} (1-\tau)^{i-1} \pi_{t-i}.$$

Überraschungseffekten $\pi_t^e = \pi_{t-1}^e$ ist und damit entsprechend $\pi_t = \pi_t^e$ auch $\pi_t = \pi_{t-1}$ (Konstanz der Inflationsrate) gilt. Durch Einsetzen von $\pi_t = \pi_t^e$ in das obige Gleichungssystem (4′) und (6) erhält man die **langfristige Phillipskurve**:

(8) $(1-b)\pi_t = a(U^n - U_t)$.

Die Parameter a und b bestimmen die Steigung der langfristigen Phillipskurve. Die zwischen Monetaristen und Keynesianern lange umstrittene Frage war nun, wie groß „b", der Koeffizient der Inflationserwartung ist. Die Monetaristen unterstellten, dass b langfristig gleich Eins ist. Dies wurde damit begründet, dass die Individuen langfristig frei von Geldillusion seien und somit sich an Realgrößen orientieren[66]. Wenn b gleich Eins ist, ergibt sich aus (8), dass eine **inflationsunabhängige** natürliche Rate $U_t = U^n$ existiert[67]. In diesem Fall verläuft dann die langfristige Phillipskurve vertikal.

Die monetaristische Behauptung eines b gleich Eins wurde von Keynesianern lange Zeit heftig bestritten, sowohl auf theoretischer, als auch und insbesondere auf empirischer Ebene[68]. Wenn nämlich nachgewiesen werden kann, dass b kleiner als Eins ist, schien dies zu belegen, dass es einen permanenten, nichtvertikalen Tradeoff gibt. Bei einem b = 1 dagegen verblieb für Keynesianer nur mehr auf den Keynes'schen Satz hinzuweisen, dass wir langfristig alle tot sind. Übersetzt in unser obiges Modell müsste dies heißen, dass die Geschwindigkeit der Erwartungsanpassung, ausgedrückt durch die Größe von τ, verschwindend gering ist. Letzteres lässt sich allerdings kaum belegen[69].

Die Diskussion um die Größe von b trat mit der Einführung der Theorie rationaler Erwartungen und insbesondere im Anschluss an einen von den Monetaristen gefeierten Beitrag von Robert Lucas [1976] allmählich in den Hintergrund. Lucas hat in diesem Artikel gezeigt[70], dass der empirische Nachweis eines b < 1 nicht hinreichend ist, um hieraus die Existenz einer permanenten, nichtvertikalen Phillipskurve abzuleiten. Lucas' Argumentation verlief wie folgt. Angenommen, die Phillipskurve hat die folgende Form:

(*) $\omega_t = hy_t + bE_{t-1}\pi_t$, mit b = 1.

$E_{t-1}\pi_t$ bezeichnet hier die rationale Erwartung der Inflationsrate, basierend auf Informationen am Ende der vorherigen Periode t−1. [Zur Kennzeichnung der rationalen Erwartungshypothese siehe näher im nächsten Abschnitt.]

---

[66]   **Freiheit von Geldillusion** heißt, dass die Angebots- und Nachfragerelationen nullhomogen in den Preisen sind.
[67]   Diese inflationsunabhängige Rate wurde später auch unter der Bezeichnung „Non-Accelerating-Inflation-Rate of Unemployment" oder abgekürzt als **NAIRU** von Franco Modigliani [1977] in die Literatur eingeführt.
[68]   Siehe z. B. Solow [1969]. Dagegen kamen andere empirische Studien, wie beispielsweise Turnovsky [1972] oder Saunders und Nobay [1972] zum Ergebnis, dass b nahe Eins ist.
[69]   So kam beispielsweise Solow in seiner erwähnten Studie [1969], die allerdings methodisch nicht unumstritten war, zu dem Ergebnis, dass τ und b in der Nähe von 0,4 lagen.
[70]   Der Nachweis ist implizit auch schon in einem früheren Aufsatz von Lucas [1973] enthalten.

Man beachte, dass die Geldlohnsteigerung hier von der Inflationserwartung mit einem Koeffizienten von Eins abhängt! Nun wird angenommen, dass die Inflationsrate selbst einem autoregressiven Prozess erster Ordnung folgt:

(**) $\pi_t = \rho\pi_{t-1} + u_t$,

wobei u_t eine seriell unkorrelierte, sogenannte „White-Noise"-Zufallsvariable beschreibt[71].

Wenn die Arbeitnehmer nun rationale Erwartungen besitzen, d. h.

(***) $\pi_t = E_{t-1}\pi_t + u_t$,

so sieht die beobachtete Phillipskurve wie folgt aus[72]:

$\omega_t = hy_t + \rho\pi_{t-1}$.

Solange ρ kleiner als Eins ist, würde die Phillipskurve den Anschein erwecken, als ob sie einen langfristigen Tradeoff beinhalte, obwohl es in Wirklichkeit gar keinen gab (da b = 1). Wenn nun die Wirtschaftspolitik versuchen würde, über eine Erhöhung der Inflation die Arbeitslosigkeit zu vermindern, so würde dies zu einer Erhöhung der Inflationserwartung Eπ und dadurch zu einer Zunahme von ρ führen (da $E_{t-1}\pi_t = \rho\pi_{t-1}$ ist[73] und π_{t-1} einen Vergangenheitswert und daher eine Konstante darstellt). Der Tradeoff würde so verschwinden, wenn die Wirtschaftspolitik versuchte, ihn auszunutzen.

Diese Kritik beinhaltet, dass die theoretische Frage, ob es einen langfristigen Tradeoff gibt, nicht einfach dadurch beantwortet werden kann, dass man auf die Summe der Koeffizienten verzögerter Inflationsraten blickt. Diese Kritik, die in die Literatur unter dem Namen **Lucas-Kritik** eingegangen ist, wird heute auf alle möglichen staatlichen Handlungsbereiche angewandt. Sie besagt, dass Strukturparameter eines Modells (beispielsweise also h oder b aus obigem Modell) nicht politikinvariant sind, d. h. sobald der Staat versucht, systematisch einen bestehenden Tradeoff auszunutzen, kann dieser Versuch zu einer Beseitigung dieses Tradeoffs führen. Die Lucas-Kritik machte darüber hinaus für viele deutlich, dass die mikroökonomische Fundierung des Lohn-Preis-Mechanismus noch nicht hinreichend geklärt war. Andererseits schienen aber die empirischen Untersuchungen nicht widerlegt haben zu können, dass die empirischen Fakten weitgehend mit der Theorie der Phillipskurve der sechziger und frühen siebziger Jahre übereinstimmten. Insbesondere konnte nicht übersehen werden, dass laufend Konjunkturschwankungen, in den Mengen wie in den Preisen, stattfanden, die mit der traditionellen neoklassischen Theorie nicht erklärt werden konnten. Die Krise in der Makroökonomie der siebziger Jahre wurde deswegen von vielen als eine Krise der Theorie verstanden. Die neokeynesianische Theorie schien aufgrund ihrer mangelnden Mikrofundierung Schwankungen im Wirtschaftsablauf nicht hinreichend erklären zu können. Dies gilt insbesondere im Lichte der in den siebziger Jahren

---

[71] Die Charakterisierung „White Noise" besagt, dass der Erwartungswert der stochastischen Störvariablen gleich Null und ihre Varianz konstant sind.

[72] Hierzu kommt man, wenn man $E_{t-1}\pi_t$ aus (***) in (*) substituiert und dann π_t in der neuerhaltenen Gleichung aus (**) ersetzt.

[73] Dies sieht man, wenn man π aus (***) in (**) substituiert.

stattgefundenen Revolution der rationalen Erwartungshypothese in der Makroökonomie. Auf der anderen Seite war jedoch auch die traditionelle neoklassische Theorie nicht in der Lage, faktisch vorhandene Konjunkturschwankungen ohne mehr oder weniger willkürlich erscheinende Abweichungen von ihrem Standardmodell zu begründen.

Aus diesen beiderseitigen Theoriedefizienzen heraus entwickelten sich in den folgenden Jahrzehnten **zwei breite Forschungsrichtungen** mit paradigmatisch unterschiedlichen Herangehensweisen. Die **eine Richtung** untersuchte, ob die „stilisierten Fakten" der Wirtschaftsschwankungen[74] mit einem grundsätzlich neoklassischen Modell vereinbar sind. Diese mikroökonomisch fundierte **Gleichgewichtstheorie der Konjunkturschwankungen (engl. RBC – Real Business Cycle Theory)**, die im Rahmen der sogenannten „**Neuen Klassischen Makroökonomie**" entwickelt wurde, arbeitete unter der „als ob"-Annahme vollkommener Konkurrenz auf allen Märkten und lockerte zuerst nur die Annahme vollkommener Information. In den folgenden Jahren entstanden im Rahmen dieser Theorie weitere Erklärungsansätze, die die Konjunkturschwankungen auf zufällige Schwankungen „realer Faktoren" wie Präferenzen und Produktivität zurückführten. Diese Theorie wird in Abschnitt 3.2 weiter erläutert.

Die **zweite Richtung** versuchte demgegenüber, den keynesianischen Ansatz einer Ungleichgewichtstheorie beizubehalten und institutionelle Faktoren für den empirisch nachweisbaren Lohn-Preis-Mechanismus zu erkunden. Gegenstand dieser Theorierichtung ist der **Nachweis der mikroökonomischen Rationalität von Preisinflexibilitäten** in Marktungleichgewichten. Sie wird im Weiteren als Ansatz „**unvollkommener Konkurrenz**" bezeichnet, da eine entscheidende Annahme dieses neukeynesianischen Ansatzes, der in Abschnitt 4.3 weiter erläutert wird, unvollkommene Konkurrenz in Form von monopolistischem Wettbewerb ist.

Beide Richtungen teilen **drei gemeinsame methodologische Grundsätze**. Sie sind **mikrofundiert** und gehen von der **Annahme rationaler Erwartungen** aus. [Siehe im nächsten Abschnitt.] Außerdem stimmen sie darin überein, dass Konjunkturschwankungen mithilfe des **Frisch/Slutzky'schen Impuls-Verbreitungsansatzes** analysiert werden sollten. Dieser Ansatz unterscheidet zwischen Schocks, die die Wirtschaft unerwartet treffen und die Variablen veranlassen, von ihren steady state (i. e. langfristigen Gleichgewichts-)Werten abzuweichen, und **Verbreitungsmechanismen**, die die Schocks in längeranhaltende Abweichungen von den steady state Werten umwandeln. Dieser Ansatz wurde nicht zuletzt deswegen gewählt, weil er einen besseren Zusammenschluss von makroökonomischer Theorie und Ökonometrie zulässt.

Nach einem kurzen Einschub über die rationale Erwartungshypothese werde ich im darauf folgenden Abschnitt 3 zunächst mit einem Überblick über die Gleichgewichtskonjunkturtheorie beginnen. Danach gebe ich (in Abschnitt 4) eine Übersicht über den Ansatz unvollkommener Konkurrenz mit seinen unterschiedlichen Entwicklungslinien. Dabei zeige ich auch moderne Versuche einer Zusammenführung dieser beiden Theorielinien innerhalb des Ansatzes der „Neuen Neoklassischen Synthese". Außerdem wird (in Abschnitt 5) noch ein weiterer

---

[74] Als **stilisierte Fakten** bezeichnet man in der Literatur empirisch abgesicherte Phänomene, die sich wirtschaftstheoretisch noch nicht hinreichend erklären lassen.

keynesianischer Forschungsansatz, der auf temporäre Gleichgewichte bei Mengenrationierung abstellt, behandelt.

2. Rationale Erwartungshypothese

Die durch die neoklassische Synthese geprägte traditionelle Makroökonomie geriet durch die Kritik von Phelps und Friedman für kurze Zeit in die Defensive, da offenkundig wurde, dass sie anscheinend theoretische Mängel enthielt, die insbesondere bei der Inflationserklärung und der Begründung stabilisierungspolitischer Maßnahmen ins Gewicht fielen. Doch wurde sie durch diese Kritik nicht tief getroffen. Die Einwände von Phelps und Friedman konnten leicht integriert werden und wurden inzwischen auch integriert, ohne dass sich an den grundsätzlichen Aussagen der traditionellen neokeynesianischen Makroökonomie viel ändern musste. Man konnte weiterhin davon ausgehen, dass das Wirtschaftssystem höchstens langfristig stabil ist und dass stabilisierungspolitische Maßnahmen kurz- und mittelfristig wirksam sind. Insbesondere in Situationen, in denen die Arbeitslosenrate oberhalb der natürlichen Arbeitslosenrate liegt – und das sind für Keynesianer die theoretisch und praktisch bedeutsamen Fälle –, können stabilisierungspolitische Maßnahmen auch ohne Inflationsgefahr eingesetzt werden. Die Phelps/Friedman'schen Einwände konnten ja nicht die keynesianische Sichtweise widerlegen, dass das private marktwirtschaftliche System inhärent instabil ist (wenn auch vielleicht nicht langfristig), sondern nur die Gefahr der Inflationsbeschleunigung aufzeigen, die eintritt, wenn die Wirtschaftspolitik versucht, die Arbeitslosigkeit **unter eine natürliche Arbeitslosenrate** zu drücken. Dies ist für Keynesianer ein theoretischer, jedoch nicht der praktisch relevante Fall für Wirtschaftspolitik. Der praktisch relevante Fall betrifft die Verhinderung einer Zunahme der Arbeitslosenrate, die oberhalb der **natürlichen Rate** liegt.

Die neoklassische Synthese geriet erst durch die Einführung der **Theorie rationaler Erwartungen** wirklich in die Krise. Die rationale Erwartungshypothese, die in den siebziger Jahren insbesondere von Robert Lucas und Thomas Sargent bekanntgemacht wurde[75], drückt die Annahme aus, dass die Individuen ihren Erwartungen über die Inflationsrate (oder über irgendeine andere wirtschaftliche Variable) alle verfügbaren Informationen über das zukünftige Verhalten dieser Variablen zugrunde legen. Folglich unterstellt die rationale Erwartungshypothese, dass den Individuen keine „systematischen" Fehler bei der Bildung ihrer Erwartungen, wie beispielsweise eine ständige Unterschätzung der Inflationsrate, unterlaufen. Eine solche ständige Unterschätzung der Inflationsrate war die theoretische Grundlage für die Akzelerationshypothese von Phelps und Friedman. (Diese Unterschätzung ist in der autoregressiven oder adaptiven Erwartungsbildungshypothese gleichsam mit eingebaut[76]. So beinhaltet das obige monetaristische Standardmodell der Phillipskurve, bestehend aus den Gleichungen (4'), (6) und (7), dass eine Arbeitslosenrate $U < U^n$ selbst unter der Bedingung b = 1 aufrechterhalten werden kann, wenn eine ständige Beschleunigung der Inflation in Kauf ge-

---

[75] Die Theorie rationaler Erwartungsbildung geht – was ihre formale Ausformulierung anbelangt – zurück auf einen Aufsatz von John Muth aus dem Jahre 1961.

[76] Selbst für den Fall, dass sich die Inflationsrate nur einmal verändern würde beispielsweise von anfangs 0 auf 2% und dann ewig auf 2% bliebe, würde die Inflationserwartung bei adaptiver Erwartungsbildung immer **unter** 2% bleiben. Siehe Gleichung (7).

nommen wird. Dies ist möglich, da der in (7) dargestellte autoregressive Erwartungsbildungsprozess **systematisch** hinter der tatsächlichen Entwicklung herhinkt.) Nur bei einer ständigen Unterschätzung kann dort die Wirtschaftspolitik – unter Inkaufnahme einer sich beschleunigenden Inflation – die Arbeitslosenrate andauernd unterhalb der natürlichen Rate halten. Wenn solche systematischen Fehler ausgeschlossen sind, kann die Akzelerationshypothese auch nicht mehr gelten. Entsprechend der rationalen Erwartungshypothese korrigieren die Individuen solche Fehler und ändern infolgedessen auch die Art, wie sie ihre Erwartungen bilden. **Im Durchschnitt** sind die Erwartungen der Individuen nach der Theorie rationaler Erwartungen **richtig**, weil die Individuen die Umwelt, in der sie handeln, verstehen oder zumindest nach einer Weile verstehen lernen. Dies heißt nicht, dass die Individuen keine Fehler machen würden. Nur begehen sie nicht immer wieder die gleichen Fehler. [Zur formalen Struktur des Konzepts rationaler Erwartungen siehe am Schluss dieses Unterabschnitts.]

Auf die Wirtschaftspolitik übertragen bedeutet dies, dass eine Politik, die sich darauf verlässt, dass die Individuen das Geschehen in der Volkswirtschaft nicht verstehen, „im Durchschnitt" wirkungslos sein wird. Denn, wie es häufig ausgedrückt wird, die Individuen lassen sich von einer Politik, die immer wieder das Gleiche unternimmt, nicht „für dumm verkaufen".

Wenn die Individuen keine systematischen Fehler begehen, heißt dies, dass im Durchschnitt $\pi = \pi^e$ und $U = U^n$ ist. Die Wirtschaft befindet sich im Durchschnitt immer bei der natürlichen Arbeitslosenrate, anders gesagt: bei der erreichbaren Vollbeschäftigungsrate. Eine geringere Arbeitslosenrate kann dagegen nur bei **unerwarteter** Inflation auftreten.

Die Hypothese rationaler Erwartungsbildung ist heute zur **dominierenden Erwartungshypothese** in der Makroökonomie geworden. Sie wird sowohl von den Vertretern der Neuen Klassischen Makroökonomie (siehe im Folgenden Abschnitt) als auch von einer Großzahl von modernen Keynesianern verwendet.

Letztere sehen in ihr eine „benötigte Verbesserung gegenüber früher verfügbaren Methoden"[77] oder zumindest eine bislang aufgrund fehlender Alternativen unverzichtbare Hypothese[78].

Nichtsdestotrotz gibt es eine ganze Reihe von modernen Keynesianern, die die Hypothese rationaler Erwartungsbildung **ablehnen** oder zumindest mit ungutem Gefühl verwenden. Dies trifft nicht nur auf ältere Keynesianer wie zum Beispiel Franco Modigliani, sondern auch auf jüngere (keynesianische und nichtkeynesianische) Vertreter wie beispielsweise Alan Blinder [1987a], Christopher Sims [2001] und Lars Hansen und Thomas Sargent [2008] zu. Die **Einwände**[79] beziehen sich **zum einen** auf empirische Untersuchungen, die zeigen, dass Individuen **systematischen** Erwartungsirrtümern unterliegen[80]. So gibt es beispielsweise Firmen, die sich in Untersuchungen als notorische Optimisten und andere, die sich

---

[77] Taylor [1985a].
[78] Fischer [1988a].
[79] Für einen kurzen, einführenden Überblick siehe z. B. Wagner [1981] oder Neumann [1979]. Eine ausführliche, neuere Auseinandersetzung mit dem Konzept rationaler Erwartungen liefert Pesaran [1987]. Siehe auch Ribhegge [1987] und Wittmann [1985].
[80] Siehe hierzu Lovell [1986], Tversky und Kahneman [1974], Fehr und Tyran [2005] oder DellaVigna [2009].

als andauernde Pessimisten bei der Vorhersage von Absatzchancen erwiesen haben. Dies wird teilweise darauf zurückgeführt, dass viele Firmen einfachen Daumenregeln bei Vorhersagen folgen. Im Prinzip kann letzteres jedoch immer noch als „rational" beschrieben werden, wenn man Informations**kosten** mit berücksichtigt[81]. Nur sollten sich die gleichen Erwartungsirrtümer nach der rationalen Erwartungshypothese mit der Zeit abschwächen, da die Erfahrungen dann immer größer werden und die benötigten Informationen immer kostengünstiger zu erhalten sind. Was in der Theorie rationaler Erwartungen bislang fehlt, ist eine befriedigende Antwort auf die Frage, wie der Lernprozess genau aussieht, nach dem die Individuen über ihre Umwelt, die ihr Verhalten beeinflusst, lernen[82]. Ein **zweites** Problem mit dem Ansatz rationaler Erwartungen liegt in dem Kontinuum an Gleichgewichtslösungen, das Modelle mit rationalen Erwartungen in der Regel produzieren. Die gewünschte Eindeutigkeit hat man in solchen Modellen bislang gewöhnlich dadurch erzielt, dass man die Stabilität der Erwartungspfade der Variablen **annahm**, indem man sich-selbst-aufschaukelnde Spekulationsbewegungen (sogenannte **spekulative „bubbles"** oder zu Deutsch: „Seifenblasen") annahmegemäß ausschloss. Dies wird jedoch als unbefriedigend angesehen. Dies gilt insbesondere nach den Erfahrungen der jüngeren Finanzkrise. Ein **drittes** Problem, und das ist das Hauptproblem mit dem Ansatz rationaler Erwartungen, besteht darin, dass der Ansatz letztlich nur konsistent ist im Rahmen eines einheitlichen, von allen geteilten Modellrahmens. Wenn jedes Individuum sein eigenes Modell, d. h. seine eigene Vorstellung vom Funktionieren des ökonomischen Systems hat, und die jeweiligen Vorstellungen gegenseitig nicht bekannt sind, so ist die Aussagefähigkeit und damit auch die Anwendbarkeit der rationalen Erwartungshypothese sehr eingeschränkt.[83] Nichtsdestotrotz fürchten viele Ökonomen, dass ein Zurückgehen hinter die rationale Erwartungshypothese für die Zukunft der Volkswirte „Selbstmord" bedeuten würde, wie es Bennett McCallum [1987] so plastisch ausgedrückt hat. Gleichwohl haben sich in jüngerer Zeit makroökonomische Ansätze entwickelt, in denen rationale Erwartungen durch solche Lernmechanismen ersetzt werden, die die Möglichkeit besitzen, dass der Lernprozess gegen rationale Erwartungen konvergiert (vgl. Sargent [1993] und „anwendungsorientierter" Sargent [1999] und De Grauwe [2011], zu einem Überblick vgl. Evans und Honkapohja [1999, 2001, 2009], Frydman und Phelps [2013] und De Grauwe [2013]).[84]

---

[81] Auch die Berechnung rationaler Erwartungsgleichgewichte selbst ist kostspielig bzw. zeitaufwendig (insbesondere bei nichtlinearen Zusammenhängen). Vergleiche in diesem Kontext auch Sethi und Franke [1995], die zeigen, dass es in einer Volkswirtschaft ein evolutionäres Gleichgewicht geben kann, in dem ein Teil der Individuen rationale, ein anderer adaptive Erwartungen bildet. Erstere können überleben, weil sie ihre Optimierungskosten durch bessere Prognosen ausgleichen können, letztere, weil sie keine Optimierungskosten haben. Im Gleichgewicht sind die Nettoerträge beider Gruppen gleich.

[82] Siehe hierzu z. B. Bray und Savin [1986], Evans und Honkapohja [2001, 2009] sowie Sargent [2008].

[83] Vgl. hierzu auch Wagner [2007].

[84] Neuere Theorien, insbesondere in der Finance-Literatur, suchen Alternativen zu rationalen Erwartungen, z. B. Brunnermeier und Parker [2005] und Brunnermeier et al. [2007]. Zu neueren „Abweichungen" innerhalb der makroökonomischen Analysen siehe auch Woodford [2013].

Formale Struktur des Konzeptes rationaler Erwartungen[85]

Wir definieren den **Erwartungswert** $E(x) = \sum_{i=1}^{n} s_i x_i$, wobei s_i die Wahrscheinlichkeiten bezeichnet, die die Wirtschaftssubjekte den unsicheren Ereignissen x_i zuordnen, mit $\sum_{i=1}^{n} s_i = 1$.

Eine **konditionale Erwartung** über den Wert den eine Variable x zum Zeitpunkt t annimmt wird beschrieben durch $E[x_t : I_{t-i}]$. Die Erwartung wird hier gebildet unter Berücksichtigung (konditional) aller Informationen, die zum Zeitpunkt t−i verfügbar sind. Eine alternative, kürzere Schreibweise hierfür, die in diesem Buch verwandt wird, ist $E_{t-i}(x_t)$.

Der Ausdruck $\varepsilon_t = x_t - E_{t-i}(x_t)$ wird als **Vorhersageirrtum** bezeichnet. Unter rationalen Erwartungen ist der Erwartungswert dieses Vorhersageirrtums gleich Null. Die Individuen treffen, unter Einbeziehung aller ihnen bekannten Informationen, die beste Vorhersage. Außerdem wird der Vorhersageirrtum bei rationaler Erwartungsbildung mit keiner anderen Information korreliert sein, die zum Zeitpunkt t−i verfügbar ist. Dies heißt, niemand wird irgendeine nützliche Information unberücksichtigt lassen. Weiterhin wird grundsätzlich angenommen, dass die Wirtschaftssubjekte die Struktur des Wirtschaftssystems kennen[86]. Wenn das Systemmodell stochastische Elemente beinhaltet, bedeutet dies, dass die Wirtschaftssubjekte annahmegemäß die statistischen Eigenschaften der Verteilung der stochastischen Variablen kennen.

Zu den charakteristischen Eigenschaften von rationalen Erwartungen werden herkömmlicherweise auch die folgenden gezählt.[87]

(1) $E(\varepsilon_{t+i}) = E(x_{t+i} - E_t(x_{t+i})) = 0$, $Cov(\varepsilon_t, \varepsilon_{t-i}) = 0$
(serielle Unkorreliertheit der Störterme).

(2) $E_t E_{t+i}(x_{t+i+j}) = E_t(x_{t+i+j})$
(bestmögliche Vermutung über zukünftige Erwartungen und damit **Konsistenz der Vorhersagen**).

(3) Wenn $E_t(x_{t+1}) = a x_t$, folgt
$E_t(x_{t+2}) = E_t(a x_{t+1}) = a E_t(x_{t+1}) = a^2 x_t$.
(**„Kettenregel der Vorhersage"**).

3. Neue Klassische Makroökonomie

Mit dem Begriff „Neue Klassische Makroökonomie" wird üblicherweise eine neuere Theorierichtung innerhalb der Makroökonomie gekennzeichnet, die von dem Ungleichgewichtsansatz der neoklassischen Synthese abweicht und stattdessen in rein neoklassischer Art von **stetiger Markträumung** ausgeht. Die ersten Grundlagen hierzu wurden in dem Einflussreichen Band von Phelps [Hrsg., 1970]

---

[85] Vgl. näher Begg [1982] oder Sheffrin [1996]. Siehe auch Benassy [1993a], McCallum [1994] und Sargent [1993].
[86] Dies impliziert, dass für den Fall, dass keine exogenen Schockeinflüsse auftreten, rationale Erwartungen mit vollkommener Voraussicht zusammenfallen.
[87] Nähere Informationen zum Rechnen mit Erwartungswerten lassen sich in einführenden Stochastik-/Statistikbüchern finden.

entwickelt, indem untersucht wurde, inwieweit Modelle von Suchprozessen auf den Arbeits- und Gütermärkten das Lohn- und Preisverhalten im obigen Lohn-Preis-Mechanismus erklären können.

Der entscheidende Durchbruch gelang der Theorie jedoch erst mit zwei inzwischen klassischen Artikeln von Robert Lucas [1972 und 1973], die den dominanten Gleichgewichtsansatz während der siebziger Jahre begründeten.

3.1 Unvollkommene Information

Lucas ging davon aus, dass die Preise alle Märkte immer sofort räumen. Auf den Märkten wird **vollkommene Konkurrenz** unterstellt. Die Individuen maximieren ihren Nutzen. Die Besonderheit gegenüber der traditionellen neoklassischen Gleichgewichtsanalyse war die, dass Lucas unvollkommene Information der Individuen unterstellte. Jedoch haben die Individuen rationale Erwartungen. **Lucas' Phillipskurven-Modell** [1973] hatte folgende Struktur:

(9) $y_i = \beta_i(p_i - E_i p)$, $i = 1,\ldots,n$
(10) $p_i = p + u_i$
(2) $y = \gamma(m - p)$

wobei E den Erwartungsparameter (rationale Erwartungsbildung) und u_i stochastische Störfaktoren bezeichnen. Der Output wird von n Firmen produziert, was durch den Laufindex i dargestellt ist, wobei jede Firma sich als Mengenanpasser auf ihrem eigenen Markt verhält. Es wird nicht zwischen Firmen und Arbeitnehmern unterschieden. Auf die Angabe des Zeitindex t wird in diesem Anschnitt verzichtet, um die Notation übersichtlich zu halten.

Gleichung (9) beschreibt die Angebotsfunktionen der n Firmen. $E_i p$ ist die Preis**niveau**erwartung der Firma i, gestützt auf deren Beobachtung des eigenen Marktpreises p_i. Die Firmen reagieren annahmegemäß nur auf wahrgenommene relative Preisänderungen $p_i - E_i p$.[88]

Gleichung (10) gibt den Preis p_i an, dem die Firma i gegenübersteht. Dieser Einzelmarktpreis p_i weicht vom Preis**niveau** p durch eine Zufallsvariable u_i ab. Die Zufallsvariable u_i spiegelt Bewegungen der relativen Nachfragen, die sich über die einzelnen Märkte hinweg abspielen, wider.

Gleichung (2) gibt die bekannte Nachfragefunktion von oben wieder.

Aus diesem Modell kann man vor allem **zwei wichtige Resultate** ableiten:
- Es gibt einen Tradeoff zwischen Output und Geldmenge bzw. Inflation, jedoch tritt dieser Tradeoff nur bei **nichtantizipierter** Geldmengenexpansion bzw. daraus folgender Inflation auf.
- Antizipierte Geldpolitik hat keine realen Wirkungen in Modellen dieses Typs.[89]

---

[88] Zur Erinnerung sei hier nochmals erwähnt, dass auf die Angabe der Konstanten in den loglinearen Beziehungen verzichtet wird. Das heißt, Gleichung (9) ist so zu interpretieren, dass bei richtigen Preiserwartungen (p = Ep) das Angebot (y) auf seinem normalen oder Zielwert bleibt. Dieser normale oder Ziel-Wert wird eben durch die hier nicht aufgeführte Konstante der Linearbeziehung erfasst.

[89] Explizit herausentwickelt wurde diese **Politik-Ineffektivität-Hypothese** jedoch erst von Sargent und Wallace [1975].

1. Kapitel: Zur Frage der Notwendigkeit von Stabilitätspolitik

Zeigen kann man dies wie folgt:

Wenn Firmen auf ihrem Markt einen hohen Wert von p_i beobachten, kann dies entweder einen hohen Wert von m (Geldmenge) oder einen hohen Wert von u_i oder beides widerspiegeln. Die Firmen werden bei unvollkommener Information über die Ursache des Preisanstiegs auf jedem Fall ihre Preisniveauerwartung nach oben revidieren, entsprechend des Zusammenhangs

(11) $E_i p = k p_i + (1-k) E m$,

wobei k den Gewichtungsfaktor der Unsicherheit bezüglich der Ursache der Preiserhöhung ausdrückt. Der Parameter k, der zwischen Null und Eins liegt, hängt von den relativen Varianzen der nichtantizipierten Geldmenge und des Schocks u_i ab. Em ist die Erwartung von m (und von p), die die Individuen hatten, **bevor** sie p_i beobachten können. Wenn wir diese Gleichung in (9) einsetzen, erhalten wir

(12) $y_i = \beta_i (1-k)(p_i - Em)$.

Je höher der beobachtete Preis p_i, umso höher ist die bedingte Erwartung eines relativen Preisschocks u_i, und umso höher wird dann das Angebot der Firma i sein.

Wenn wir (12) über alle Firmen aggregieren, erhalten wir die aggregierte Angebotsfunktion

(13) $y = \beta(1-k)(p - Em)$.

(2) in (13) eingesetzt ergibt

(14) $p = qEm + (1-q)m$, wobei $q = \beta(1-k)/[\gamma + \beta(1-k)]$, und
(15) $y = \gamma q(m - Em)$.

Bei unvollkommener Information können nichtantizipierte Geldmengenänderungen eine Auswirkung auf den Output haben. Dies ist zurückzuführen darauf, dass Geldmengenschocks fälschlicherweise für relative Preisschocks gehalten werden.

Das **grundlegende Ergebnis** solcher Modelle, in denen Geld bei vollkommener Information neutral ist, besteht darin, dass Geld nur dann reale Effekte ausüben wird, wenn nicht genügend Informationen zur Verfügung stehen, um die Ursache von Störungen in der Wirtschaft zu identifizieren.

Das **grundlegende Problem dieses Ansatzes** liegt darin, dass man sich nur schwer vorstellen kann, dass ein Fehlen von Informationen über laufende nominelle Variablen die Ursache monetärer Nichtneutralität sein soll, wenn es nur eine Sache von Wochen ist, bis die jeweiligen Daten über Geldmengen und Preise zur Verfügung stehen. Wenn die rechtzeitige Verfügbarkeit dieser Daten wirklich das Ausschlaggebende sein sollte, so könnte man diese innerhalb von Sekunden beschaffen. Alles was man hierfür benötigen würde[90], wäre, dass man allen Geschäften Terminals hinstellt, in die diese alle Preisänderungen sofort eingeben. Hierdurch könnte man eine Online-Schätzung des laufenden Preisniveaus herstellen. Das Scheitern entsprechender CPI-Zukunftsmärkte[91], die in den USA 1985 errich-

---

[90]   Vgl. Fischer [1988a].
[91]   „CPI" (Consumer Price Index) ist die Abkürzung für den Lebenshaltungskostenindex in englischer Sprache.

tet worden waren, wird von Ökonomen wie Stanley Fischer so interpretiert, dass die kurzfristige Unsicherheit über das aggregierte Preisniveau anscheinend kein bedeutendes Problem in der (amerikanischen) Wirtschaft darstellt.

Ein zusätzliches Problem dieses Erklärungsansatzes besteht in der **mangelnden empirischen** Erhärtung der Modellaussagen. Während die empirische Arbeit von Barro [1978] noch zu zeigen schien, dass nur nichtantizipierte Änderungen der Geldmenge den Output beeinflussten, deuteten spätere empirische Arbeiten von Barro und Hercowitz [1980], von Gordon [1982] und von Mishkin [1983] darauf hin, dass neben nichtantizipierten auch antizipierte Geldmengenänderungen reale Effekte hatten.

Aufgrund dieser Probleme und einer generellen Verlagerung des Forschungsschwerpunktes hin zur Untersuchung intertemporaler Wahlentscheidungen in Modellen mit repräsentativen Handlungseinheiten, schwand innerhalb der Neuen Klassischen Makroökonomie schon während der achtziger Jahre etwas das Interesse an diesem monetären Gleichgewichtskonjunkturansatz von Lucas. Stattdessen begann eine neue Konjunkturtheorie in den Vordergrund zu rücken, in der **reale Schocks** die Erklärungsgrundlage bilden. Dieser Modellansatz hat sich vor allem deswegen durchgesetzt, weil er in der Lage ist, bei stetiger Markträumung komplexe Dynamiken auch ohne Geld und unvollkommene Information abzubilden. Diese Richtung wird bezeichnet als **Erklärungsansatz realer Konjunkturschwankungen**.

3.2 Gleichgewichtstheorie realer Konjunkturschwankungen

Die Gleichgewichtstheorie realer Konjunkturschwankungen erklärt die „stilisierten Fakten" des Konjunkturzyklus[92] über eine **serielle Korreliertheit von realen Schocks**, d. h. insbesondere von Produktivitätsschocks oder von Präferenzschocks. Serielle Korreliertheit bedeutet hier, dass Schocks, die die Wirtschaft treffen, von einer Reihe von Verbreitungsmechanismen in ihrer Wirkung verstärkt und zeitlich verlängert werden. Im Folgenden sind einige Beispiel für mögliche und in verschiedenen Konjunkturtheorien unterstellte **Verbreitungsmechanismen** angegeben:

- Die Firmen halten Läger, um auf unerwartete Nachfrageänderungen vorbereitet zu sein. Dies führt dazu, dass die Produktion seriell korreliert ist.[93]
- Firmen passen ihren Arbeitskräfteeinsatz nur schrittweise an Lohn- und Preisänderungen an, da diese Anpassungen für die Firmen mit Kosten verbunden sind.

---

[92] Die zentralen **„stilisierten Fakten" bezüglich des Konjunkturzyklus** betreffen
– die serielle Korreliertheit von Schwankungen der Beschäftigung, der Arbeitslosigkeit und des Outputs über die Zeit hinweg
– die geringen Änderungen des Reallohns im Zusammenhang mit den Schwankungen der Beschäftigung und der Arbeitslosigkeit
– die scheinbare Korreliertheit der Konjunkturschwankungen mit monetären Störungen.

[93] Die **Erklärung** ist folgende. Wenn die Wirtschaft von unerwarteten Nachfragesteigerungen, einem sogenannten positiven Nachfrageschock, heimgesucht wird, werden Firmen ihre Läger verringern und gleichzeitig die Produktion steigern. Da die Läger so unter ihren Normalstand fallen, werden die Firmen in späteren Perioden ihre Produktion ausdehnen, um ihre Läger wieder aufzufüllen. Die Produktion ist so seriell korreliert.

– Firmen und Haushalte verstehen die Natur von Schocks, vor allem ob diese permanent oder nur vorübergehend sind, erst nach einer gewissen Zeit und unterschiedlich schnell, sodass sich ihre Reaktionen über die Zeit hinweg verteilen.
– Haushalte verstetigen ihre Konsumströme; d. h. ein vorübergehend hoher Output, der zu überdurchschnittlich hohen Einkommen führt, geht nicht mit gleich hohen Konsumsteigerungen einher, sondern erhöht auch die Ersparnisse. Folglich sinken die Zinsen, was in den folgenden Perioden tendenziell zu höheren Investitionen, einem höheren Kapitalstock und einem höheren Output führt.
– Da die Suche nach dem geeigneten Arbeitsplatz Zeit erfordert, können Schocks zu verlängerten Anpassungsprozessen auf dem Arbeitsmarkt führen.
– Individuen arbeiten unter Umständen länger und härter, wenn die Löhne zeitweise höher sind. Dies verstärkt die Wirkungen von Produktivitätsschocks auf den laufenden Output.

Was die Vertreter der Gleichgewichtstheorie realer Konjunkturschwankungen, deren bekannteste King, Plosser und Prescott sein dürften[94], auszeichnet, ist ihre Sichtweise, dass praktisch alle Konjunkturschwankungen das Ergebnis von Produktivitätsschocks sind, die eine Wirtschaft treffen, in der die Märkte fortlaufend im Gleichgewicht sind. Dabei wird als der zentrale Verbreitungsmechanismus der in der obigen Liste zuletzt genannte, der sich auf **intertemporale Substitution von Freizeit** bezieht, betrachtet. Es wird unterstellt, dass die Individuen in Boomzeiten, wenn die Löhne erfahrungsgemäß höher sind, ihr Arbeitsangebot ausdehnen und in konjunkturellen Rezessionszeiten, wenn die Löhne niedriger sind, ihr Arbeitsangebot einschränken. Folglich ist in Boomzeiten die Beschäftigung höher und in Rezessionszeiten niedriger, ohne dass letzteres irgendwas mit unfreiwilliger Arbeitslosigkeit oder überhaupt mit Arbeitslosigkeit zu tun hätte. Entsprechend des gewählten Gleichgewichtsansatzes befinden sich ja Arbeitnehmer und Firmen immer auf ihren jeweiligen Angebots- und Nachfragekurven. Die Arbeitnehmer passen ihr Arbeitsangebot den geänderten Löhnen an, weil Lohnänderungen bedeuten, dass sich die Opportunitätskosten von Freizeit ändern. Von daher wird Freizeit gegen Arbeitszeit substituiert.

Nun kann man demgegenüber argumentieren, dass sich erfahrungsgemäß die Reallöhne über den Konjunkturzyklus hinweg doch nur verhältnismäßig wenig ändern. Die Vertreter der Gleichgewichtstheorie realer Konjunkturzyklen unterstellen jedoch, dass das Arbeitsangebot extrem empfindlich, d. h. stark auf auch noch so geringe Reallohnänderungen reagiert.[95] Dann natürlich können starke Schwankungen der Beschäftigung mit sehr geringen Schwankungen des Reallohns verbunden sein, da eine hohe Reallohnelastizität des Arbeitsangebots die Schwankungen des Reallohns verringert. Dass überhaupt prozyklische Schwankungen des Reallohns auftreten, wird dabei in der Regel auf die Auswirkung von Produktivitäts- und Angebotsschocks zurückgeführt.

---

[94] Die zentralen, ursprünglichen Aufsätze dieser Theorie sind von Kydland und Prescott [1982] und von Long und Plosser [1983].
[95] Siehe hierzu schon den einflussreichen Aufsatz von Lucas und Rapping [1969].

Augenscheinliche Korrelationen zwischen Geld und Output werden demgegenüber von den Vertretern der Gleichgewichtstheorie realer Konjunkturzyklen zurückgeführt auf akkommodatives Verhalten der Geldbehörde, die ein gleichlaufendes Verhalten von Geldmenge und Output produziert.[96]

Diese Gleichgewichtstheorie realer Konjunkturzyklen wird sehr kontrovers in der Literatur diskutiert. Insbesondere wird ihr eine bislang mangelnde empirische Bestätigung bzw. Nichtvereinbarkeit mit offensichtlichen empirischen Fakten vorgehalten.[97] Keynesianer, die an der Ungleichgewichtstheorie festhalten, kritisieren vor allem die Behauptung, dass die geringen Lohnänderungen auf intertemporale Substitutionseffekte zurückzuführen sind. Dieser Behauptung halten Keynesianer **zum einen** folgende „stilisierte empirische Fakten" entgegen:
- Wenn die Arbeitslosenrate steigt, sind es Entlassungen und nicht Kündigungen, die zunehmen.
- Arbeitslose verbringen im Durchschnitt nur wenige Stunden in der Woche für Suchaktivitäten.
- Arbeitslose akzeptieren in der Regel ihr erstes Arbeitsangebot.
- Es gibt auch das Problem **langfristig** Arbeitsloser.

Zum anderen verweisen keynesianische Kritiker darauf, dass es sehr wohl hinreichende Begründungen dafür gibt, dass Lohnflexibilitäten auf andere Ursachen als auf intertemporale Substitution zurückgeführt werden können. Dies steht im Mittelpunkt des nächsten Abschnitts.

4. Theorien unvollkommener Konkurrenz

Die Einführung der rationalen Erwartungshypothese führte im Rahmen der Neuen Klassischen Makroökonomie zur These der **Ineffektivität von Nachfragepolitik** (Sargent und Wallace [1975]). Diese revolutionäre Wendung in der Theorie der Stabilisierungspolitik erzeugte sehr bald Gegentheorien von Vertretern der neo- oder postkeynesianischen Richtung, die antraten zu zeigen, dass selbst bei rationalen Erwartungen Nachfragepolitik effektiv sein kann. Dies setzt den Nachweis voraus, dass Nachfragepolitik stabilisierende **reale** Effekte auf den Output besitzt. Dieser von den Ideen her alte, von den verwandten Methoden her jedoch neue Theoriezweig innerhalb des Keynesianismus begann mit den Modellen von Stanley Fischer [1977a] und John Taylor [1980].[98] Diese führten in traditionelle Makromodelle mit rationalen Erwartungen eine (unterschiedliche) A-Priori-Annahme über die Lohnbildung ein, die empirisch gut begründbar, allerdings theoretisch nicht hinreichend fundiert war (→ Problem der **Mikrofundierung**). Folglich entzündete sich der Streit

---

[96] Vgl. näher King und Plosser [1984]. Zu neueren Verbindungsansätzen von realen Konjunkturschwankungsmodellen und Geld siehe van Els [1995], McCallum [2002], Ireland [2004] und Kiyotaki und Moore [2012].

[97] Einen guten Überblick über die Kritik an der Gleichgewichtstheorie realer Konjunkturzyklen findet man in Fischer [1988a] sowie in Mankiw [1989] und Danthine und Donaldson [1993]. Zu einer kurzen Darstellung dieser Theorie siehe z. B. Plosser [1989] sowie King und Rebelo [1999]. Ein wesentliches methodisches Problem besteht darin, dass diese reale Konjunkturtheorie Konjunkturschwankungen auf Technologieschocks zurückführt, diese Technologieschocks jedoch bisher nicht unabhängig identifizierbar und meßbar sind. Ohne eine unabhängige Identifikation der Technologieschocks bleibt die reale Konjunkturtheorie jedoch ziemlich leer. Vgl. hierzu auch Stadler [1994] und Romer [2011: Kap. 5].

[98] Zur gleichen Zeit wie Fischer veröffentlichen Phelps und Taylor [1977] ein ähnliches Modell.

hauptsächlich an dieser Annahmesetzung, deren theoretische Fundierung in einer großen Anzahl von Artikeln in den nachfolgenden Jahren versucht wurde.

Später setzte sich die für viele Ökonomen leichter zu akzeptierende Begründung von Preisrigidität nach Calvo (1983) in der Modellierung von nominellen Rigiditäten durch. Calvo begründet Preisrigidität mit monopolistischer Konkurrenz (mehr dazu folgt ab 4.2.2.).

Nach einer kurzen Darstellung der Modellansätze von Fischer und Taylor werden die verschiedenen Theorien der Mikrofundierung von Lohn- und Preisrigiditäten überblicksartig geschildert.[99] Wie es bislang aussieht, bilden diese Theorien eine hinreichende Grundlage, um daraus die These einer zumindest mittelfristigen Instabilität ableiten zu können, die ja die notwendige (jedoch noch nicht unbedingt hinreichende) Bedingung für die Anwendung von Stabilitätspolitik darstellt. Dies zeigt sich auch in der sogenannten „Neuen Neoklassischen Synthese", die in den letzten Jahren entstanden ist und die versucht, die Ansätze der Neoklassischen und der Neukeynesianischen Makroökonomie in einem einheitlichen theoretischen Rahmen zusammenführen. Sie wird in dem Abschnitt 4.3 dargestellt.

4.1 Die Modellansätze von Fischer und Taylor[100]

4.1.1 Das Fischer-Modell

Das Referenzmodell von Fischer [1977a] sieht wie folgt aus:[101]

(1) $y_t = -\beta(w_{t,t-1} - p_t)$
(2) $y_t = \gamma(m_t - p_t) + v_t$
(16) $w_{t,t-1} = E_{t-1}(p_t).$

Gleichung (1') beschreibt die bekannte Angebotsfunktion aus der Keynes'schen Modellstruktur. Die Kennzeichnung $w_{t,t-1}$ drückt aus, dass der Geldlohn der laufenden Periode (t) am Ende der vorhergehenden Periode (t−1) festgesetzt worden ist.

Gleichung (2') ist die bislang verwandte Nachfragegleichung unter Hinzufügung einer Nachfragestörung (v_t). Letztere umschließt aggregierte Nachfragestörungen, die sowohl vom Gütermarkt („IS-Schocks") als auch vom Geldmarkt („LM-Schocks") herrühren können. Gleichung (2) stellt ja die reduzierte Form aus einer IS- und einer LM-Gleichung dar (siehe näher im 2. Kapitel).

Gleichung (16) besagt, dass der Geldlohn am Ende der vorherigen Periode (t−1) so gesetzt wird, dass – basierend auf den zu diesem Zeitpunkt verfügbaren Informationen über vergangene Werte von m und v – der erwartete Reallohn in

---

[99] Parkin [1986] modelliert mikrofundierte Grundlagen für die Modelle von Fischer und Taylor.
[100] In der vereinfachten Darstellungsform wird hier wiederum weitgehend Blanchard [1989] gefolgt.
[101] Zur Vereinfachung wird im Folgenden auf die Angabe einer Angebotsstörung in der Angebotsgleichung verzichtet. Dies ist für die Ableitung unserer Aussage belanglos. Die Einbeziehung einer Angebotsstörung wie in Fischers Analyse würde nur besagen, dass die Arbeiter im Allgemeinen die Nominallöhne nicht so wählen können, dass gleichzeitig eine konstante Reallohnerwartung und eine konstante Beschäftigungserwartung erreicht wird.

der laufenden Periode (t) stabilisiert wird[102] (angestrebter **Inflationsausgleich**). Der Geldlohn passt sich somit den Inflationserwartungen an.[103]

Wenn wir der Einfachheit halber annehmen, dass $\beta = 1$ und $\gamma = 1$, so ergibt sich aus dieser Modellstruktur bei Annahme rationaler Erwartungen:

(17) $y_t = (1/2)[(m_t - E_{t-1}m_t) + (v_t - E_{t-1}v_t)]$.

Zur Berechnungstechnik:

Man setzt p_t aus (2') in (1') ein und erhält $2y_t = m_t - E_{t-1}p_t + v_t$ (unter Einbeziehung von (16)). Hierüber bildet man den Erwartungswert: $2E_{t-1}y_t = E_{t-1}m_t - E_{t-1}p_t + E_{t-1}v_t$. Nun bildet man die Differenz aus beiden Gleichungen und erhält so $2(y_t - E_{t-1}y_t) = (m_t - E_{t-1}m_t) + (v_t - E_{t1}v_t)$. Nun kann man zeigen, dass $E_{t-1}y_t = 0$ ist und kommt so zum obigen Ergebnis in Gleichung (17). Dass $E_{t-1}y_t = 0$ ist, erhält man durch folgende Schritte. Man setzt (16) in (1') ein. Hieraus ergibt sich $y_t = -(E_{t-1}p_t - p_t)$. Darüber bildet man den Erwartungswert: $E_{t-1}y_t = -(E_{t-1}(E_{t-1}p_t) - E_{t-1}p_t)$. Nun ist $E_{t-1}(E_{t-1}p_t) = E_{t-1}p_t$, sodass der Klammerausdruck gleich Null wird und folglich $E_{t-1}y_t = 0$ ist.

Diese Berechnungstechnik wird systematisch angewandt bei linearen Modellen mit rationalen Erwartungen. Sie wird im Verlauf des Buches häufiger verwendet, ohne dass jedes Mal die Berechnung detailliert wie hier dazu geliefert wird.

Gleichung (17) besagt, dass nur **nichtantizipierte** Geldmengenänderungen und Nachfrageschocks den Output beeinflussen. Wenn die Geldmengenänderungen und die Nachfrageänderungen dagegen antizipiert, d. h. richtig vorhergesehen werden, so sind die Klammerausdrücke in (17) gleich Null und es treten keine Output-Effekte auf. Der Wirkungskanal von Nachfrageschocks ist der gleiche wie im obigen Keynes-Modell: Wenn die Geldlöhne innerhalb der Periode fest, die Preise dagegen flexibel sind, so bewirken positive Nachfrageschocks Preiserhöhungen, Reallohnsenkungen und dadurch Output-Erhöhungen.

Dieses Modell kann man insofern als Referenzmodell bezeichnen, da es die These von der Nichteffektivität der Nachfragepolitik bestätigt für den Fall, dass die Politiker im Vergleich zu den Lohnbildnern nicht häufiger neue Entscheidungen treffen können oder nicht mehr Informationen haben. Letzteres trifft allerdings nicht mehr zu, wenn die Zeitperiode, für die die Geldlöhne festgesetzt werden, länger ist als die Zeitperiode zwischen Politikentscheidungen. Das ist das bekannte Ergebnis, das Fischer in seinem Aufsatz [1977a] gezeigt hat. Er stellte dabei dem Referenzmodell ein anderes Modell gegenüber, in dem er annahm, dass in jeder zweiten Periode die Hälfte der Arbeiterschaft ihre Geldlöhne für zwei Perioden, für die gegenwärtige und die folgende, festsetzt. Der Geldlohn wird

---

[102]   Eigentlich lautet die Lohngleichung – ausgeschrieben – $w_{t,t-1} = \rho_t + E_{t-1}(p_t)$, wobei ρ_t den von den Arbeitern für die Periode t bei Abwesenheit von Preisänderungserwartungen angestrebten und realisierbaren Reallohn darstellt. Aus Einfachheitsgründen betrachten wir jedoch ρ_t hier als eine Konstante und setzen die Konstante in der Linearbeziehung, d. h. ρ_t, dann wieder gleich Null. Dies vereinfacht die Notation, ohne die Ergebnisse unserer Analyse zu beeinflussen.

[103]   Da in der obigen Darstellung keine Angebotsstörungen mit einbezogen werden, folgt damit auch eine Stabilisierung der erwarteten Beschäftigung. Wenn wir in Gleichung (1') eine Angebotsstörung (u_t) berücksichtigt hätten, würde der Ausdruck in der eckigen Klammer in (17) erweitert durch den Term $(u_t - E_{t-1}u_t)$.

1. Kapitel: Zur Frage der Notwendigkeit von Stabilitätspolitik

dabei wieder so festgesetzt, dass der erwartete Reallohn konstant bleibt (angestrebter Inflationsausgleich). Das Modell lautet:

(18) $\quad y_t = -\beta(1/2)[(w_{t,t-1}-p_t)+(w_{t,t-2}-p_t)]$

(2') $\quad y_t = \gamma(m_t-p_t)+v_t$

(19) $\quad w_{t,t-1} = E_{t-1}p_t$

$\quad\quad w_{t,t-2} = E_{t-2}p_t.$

Gleichung (19) besagt, dass es zwei Geldlöhne gibt, die gleichzeitig in der laufenden Periode (t) nebeneinander existieren. Der eine Lohn, $w_{t,t-1}$, ist am Ende der vorhergehenden Periode (t−1) festgesetzt worden, auf der Basis der zu diesem Zeitpunkt verfügbaren Informationen. Der andere Lohn, $w_{t,t-2}$, ist am Ende der vorvorherigen Periode (t−2) festgelegt worden, auf der Basis der damals verfügbaren, i. d. R. unterschiedlichen Informationen. Die Geldlöhne werden jeweils so gesetzt, dass der erwartete Reallohn konstant bleibt.

Gleichung (18) stellt die Angebotsgleichung dar. Sie beschreibt den Reallohn, der für die Firmen entscheidend ist. Dies ist ein gewichteter Durchschnitt aus den beiden Geldlöhnen, die in der laufenden Periode gültig sind[104], abzüglich des Preisniveaus in der laufenden Periode (t).

Gleichung (2') ist die bekannte Nachfragegleichung.

Wenn wir wiederum einfachheitshalber unterstellen, dass $\beta = 1$ und $\gamma = 1$, so ergibt sich aus dieser Modellstruktur bei Annahme rationaler Erwartungen:

(20) $\quad y_t = (1/2)[(1/3)(m_t-E_{t-1}m_t)+(2/3)(m_t-E_{t-2}m_t)]+$

$\quad\quad\quad (1/2)[(1/3)(v_t-E_{t-1}v_t)+(2/3)(v_t-E_{t-2}v_t)].$

Die Berechnungsmethode ist die gleiche wie beim Referenzmodell oben dargestellt.

Obwohl auch hier nur nichtantizipierte Geldmengenänderungen und Nachfrageschocks den Output verändern, ergeben sich gegenüber dem Referenzmodell zwei wesentliche Unterschiede. Der eine besteht darin, dass die Wirkungen von nichtantizipierten Änderungen auf den Output nicht nur eine, sondern nun zwei Perioden lang anhalten. Der zweite Unterschied liegt darin, dass selbst eine Wirtschaftspolitik, die ihre Entscheidungen auf der Grundlage von Informationen am Ende der vorhergehenden Periode trifft, Output-Fluktuationen verringern kann. Dies sieht man, wenn man beispielsweise annimmt, dass v_t einem Random Walk folgt, wo $v_t = v_{t-1}+\xi_t$ mit ξ_t als seriell unkorrelierte „White-Noise"-Zufallsvariable. Falls die Geldmenge konstant ist, ist $m_t = E_{t-1}m_t = E_{t-2}m_t$, und es folgt dann (wenn $v_t = v_{t-1}+\xi_t$) aus (20): $y_t = (1/2)[\xi_t +(2/3) +\xi_{t-1}]$. Wenn stattdessen die Geldpolitik der Regel $m_t = -(2/3)\xi_{t-1}$ folgt, ergibt sich[105] $y_t = (1/2)\xi_t$ und damit eine geringere Varianz des Outputs.

Dass Geldpolitik oder gesamtwirtschaftliche Nachfragepolitik hier trotz rationaler Erwartungsbildung effektiv ist, beruht darauf, dass die Hälfte der Arbeiter

---

[104] Es wird angenommen, dass jeweils die Hälfte der Löhne in einer der beiden vorigen Perioden festgesetzt wurde

[105] Bei einer (schon längerfristigen) Regelpolitik gilt immer $m_t = E_{t-1}m_t = E_{t-2}m_t = \ldots$.

aufgrund der zweiperiodigen Lohnfestsetzungen nicht in der Lage sind, ihre Geldlöhne anzupassen, wenn die Geldbehörde ihrerseits die Geldmenge verändert.

4.1.2 Das Taylor-Modell

Taylor hat [1979] und [1980] ein ähnliches Modell wie Fischer entwickelt. Die Hauptunterschiede zum Fischer-Modell bestehen darin, dass Taylor annimmt, dass sich die Arbeiter bei ihren Lohnforderungen an der **relativen** Lohnentwicklung orientieren und die Geldlöhne während der Laufzeit des Tarifvertrages auf einem **konstanten** Niveau bleiben. Während Fischer wie Keynes seinerzeit in der „General Theory" die Modellannahme trifft, dass sich die Firmen immer **auf** ihrer Nachfragekurve nach Arbeit befinden (→ Grenzproduktivitätsentlohnung), geht Taylor von einer Preisaufschlagstheorie aus.[106]

Eine erste, einfachere Version des Taylor-Modells ist in Taylor [1979] enthalten. Die Struktur dieser Modellversion sieht wie folgt aus:

(21) $\quad w_t = (1/2)[p_t + E_{t-1} p_{t+1}] + (1/2)\eta [E_{t-1} y_t + E_{t-1} y_{t+1}]$

(22) $\quad p_t = (1/2)(w_t + w_{t-1})$

(2) $\quad y_t = \gamma (m_t - p_t)$.

Gleichung (21) zeigt, wie sich der Geldlohn in der laufenden Periode bestimmt. Er hängt vom Preisniveau und dem erwarteten Output der nächsten Periode ab. Dahinter steckt die Annahme, dass in jeder Periode für die Hälfte der Arbeitnehmerschaft der Lohn für die Laufzeit von zwei Perioden festgesetzt wird[107]. In der laufenden Periode werden also der Hälfte der Arbeitnehmerschaft der Lohn w_t und der anderen Hälfte der Lohn w_{t-1} gezahlt. Gleichung (21) lässt sich auch so interpretieren, dass die Geldlöhne, die die Arbeiter wählen würden, wenn sie sie in jeder Periode neu wählen könnten[108], eine ansteigende Funktion des Preisniveaus (**Inflationsausgleich**), mit einer Elastizität von Eins, und des Outputs (oder der Beschäftigung als Indikator der **Marktmacht** auf dem Arbeitsmarkt), mit einer Elastizität von η, darstellen.

Gleichung (22) beschreibt das angenommene Preisaufschlagsverhalten der Firmen, wobei angenommen ist, dass der Aufschlagssatz nicht vom Output-Niveau abhängt. Das Preisniveau ist demnach ein gewichteter Durchschnitt der beiden in der laufenden Periode vorherrschenden Geldlöhne.

Gleichung (2) gibt die übliche Nachfragefunktion an, wobei diesmal Nachfrageschocks vernachlässigt werden.

---

[106] Zu einem jüngeren Überblick bezüglich unterschiedlicher Lohn- und Preissetzungsverfahren und deren Konsequenzen im Rahmen makroökonomischer Ansätze vgl. Roberts [1995], Goodfriend und King [1997] oder Taylor [1999b].

[107] Die Annahme einer Laufzeit von zwei Perioden wird hier nur zur einfachen Veranschaulichung des Wirkungsprinzips längerfristig festgesetzter Löhne getroffen. Die Analyse kann natürlich auch für Mehrperiodenverträge durchgeführt werden und führt vom Prinzip her zu den gleichen Ergebnissen. In den USA ist beispielsweise eine Laufzeit von Lohnverträgen über drei Jahre weit verbreitet, sodass sich dort für angewandte Analysen die Annahme einer entsprechenden Laufzeit anbieten würde.

[108] Die folgende „Funktionsaussage" ist nämlich nur zulässig für den Stetigkeitsfall, d. h. wenn die Arbeiter ihren Geldlohn **in jeder Periode** neu wählen.

Da angenommen wird, dass Löhne festgesetzt werden, **bevor** die Geldmenge beobachtet werden kann, hat Geld in diesem Modell trotz allgemeiner rationaler Erwartungen kein Einflüsse auf Löhne oder Preise in der laufenden Periode, sondern nur reale Wirkungen auf den Output. Mit der Zeit allerdings passen sich die Geldlöhne und mit ihnen die Preise an Geldmengenänderungen an, und der Output kehrt zum ursprünglichen Gleichgewichtsniveau zurück. Dieser Anpassungsprozess kann allerdings – bei einem geringen Wert des Parameters η, was eine geringe Sensitivität der Geldlöhne auf Veränderungen der Arbeitsmarktbedingungen ausdrückt – **sehr lange** dauern. Hierin unterscheidet sich das Taylor-Modell vom Fischer-Modell, in dem reale Effekte von Geld nur für die Zeitperiode der Lohnfestsetzung eintreten.

Falls wir allerdings den Preisaufschlag als Funktion der Nachfrage betrachten, mit einer Elastizität von ψ, so wäre eine zusätzliche Bedingung für das Auftreten längerfristiger realer Effekte im Taylor-Modell neben einem geringen Parameter η auch ein geringer Parameterwert ψ. Löhne **und** Preise dürften also nur wenig auf Übernachfrage- und Überangebotssituationen auf Arbeitsmärkten und Gütermärkten reagieren.

4.1.3 Einwände der Neuklassiker

Aus den Modellen von Fischer und Taylor folgt, dass – bei Vorhandensein von Lohnrigiditäten – staatliche Stabilisierungspolitik auch bei rationaler Erwartungsbildung effektiv ist, wenn auch nur vorübergehend. Dies bedeutet andererseits, dass die reine Marktlösung nicht hinreichend bzw. nicht optimal ist für die Absorbierung von Schocks. Durch staatliche Eingriffe können die Wirkungen von Schocks teilweise aufgefangen und so die Konjunkturschwankungen vermindert werden. Wenn die Wirtschaftssubjekte eine Aversion gegen Konjunkturschwankungen (ausgedrückt hier durch Output-Schwankungen) haben, kann das Nutzenniveau der Wirtschaftssubjekte durch staatliche Eingriffe erhöht werden. Dies ist insbesondere bei rezessiven Schocks, die mit Arbeitslosigkeit verbunden sind, der Fall.

Die **zentrale Frage**, die jedoch an die Nichtgleichgewichtstheoretiker von Konjunkturschwankungen gerichtet wird, ist die folgende: Wie soll denn die Inflexibilität von Löhnen und Preisen in einer Welt, in der Gewinn- und Nutzenmaximierung das Leitprinzip ökonomischen Handelns darstellt, begründet werden? Anders ausgedrückt: **Kann Lohn- und Preisinflexibilität als rationales Verhaltensmuster nutzenmaximierender Individuen nachgewiesen werden?** Darauf gründete schon der ursprüngliche Gegeneinwand von Robert Barro [1977] gegen Fischer's Modell. Wenn Konjunkturschwankungen durch Lohn- und Preisinflexibilität begründet sind, und diese Konjunkturschwankungen ökonomische Kosten verursachen, warum arrangieren sich dann die Individuen nicht, um die Inflexibilitäten und damit die Kosten zu beseitigen? Dies könnte durch „**Indexierung**" erfolgen. (Die Wirkungsmechanismen von Indexierung und die Gründe ihrer seltenen Anwendung werden in Kapitel 4 unten analysiert.) Letztlich könnten so alle besser dastehen, d. h. ein höheres Nutzenniveau realisieren. Die Schlussfolgerung der Vertreter der Neuen Klassischen Makroökonomie, also der Gleichgewichtstheoretiker von Konjunkturschwankungen, lautet: Entweder gibt es gar keine Inflexibilitäten, oder die Inflexibilitäten sind das Ergebnis eines nutzenmaximierenden Arrangements der Individuen, was bedeuten würde, dass die Konjunkturschwankungen keine Kosten verursachen. Sie wären Gleichgewichtsschwankungen bei ständig geräumten Märkten. Ein sogenanntes „Second-Best"-Paretooptimum wäre schon erreicht. Was auftreten kann, sind lediglich kurzfristig nicht überwindbare Ineffizienzen aufgrund beispielsweise von Informationsproblemen wie im Lucas-Modell. Die Ineffizienzen werden dabei gemessen an dem nicht realisierbaren „First-Best"-Optimum der allgemeinen Gleichgewichtstheorie[109], wo keine Unsicherheit und keine Transaktionskosten vorkommen. Konjunkturschwankungen können demnach keine Ungleichgewichtsphänomene ausdrücken, weil ein Marktungleichgewicht bedeutet, dass die Individuen noch nicht ihr Nutzenmaximum realisiert haben. Von daher besteht für sie dort ein andauernder Anreiz, zu einer nutzenbesseren Position zu gelangen. Dies führt zu Arrangements, die nichtoptimale Inflexibilitäten abbauen würden.

Demgegenüber betonen Keynesianer, oder allgemeiner Nichtgleichgewichtstheoretiker, seit jeher die Möglichkeit von **Externalitäten**[110] oder **Koordinationsversagen**[111]. Darauf basieren letztlich auch die vielen Erklärungen der einzelwirtschaftlichen Rationalität von gesamtwirtschaftlich kostspieligen Lohn- und Preisinflexibilitäten, die im Folgenden überblicksmäßig dargestellt werden. Auch die Erklärungsvariante einer möglichen langfristigen Instabilität, die im Folgenden Abschnitt II geliefert werden wird, geht von einem Koordinationsproblem einzelwirtschaftlicher Entscheidungen aus. Dabei muss beachtet werden, dass **reale Rigiditäten** noch nicht unbedingt hinreichend sind für ein Andauern der realen Effekte. Wenn sich Löhne und Preise fortwährend im gleichen Maße anpassen, so wäre Geld beispielsweise im Taylor-Modell immer noch neutral, unabhängig von den Parametern η und ψ. Erst die Einführung **nomineller Rigiditäten**, wie das Festsetzen von Geldlöhnen und die Staffelung von Lohnentscheidungen führt dort zur Nichtneutralität des Geldes. In Abschnitt II wird dagegen aufgezeigt, wie reale Rigiditäten bei gleichzeitig nominellen Flexibilitäten unter Umständen zu kumulierenden realen Effekten führen können. Erst nominelle Rigiditäten können dort die destabilisierenden Effekte verhindern, ohne gleichzeitig die Permanenz realer Effekte zu beseitigen. Durch letztere Konstellation ist ja beispielsweise ein Unterbeschäftigungsgleichgewicht beschrieben.

---

[109] Das Erreichen des **„First-Best-Optimum"** würde – wie die allgemeine Gleichgewichtstheorie gezeigt hat – voraussetzen, dass
(1) keine Externalitäten auftreten, was nur möglich ist, wenn die Spezifikation von Eigentumsrechten an allen Gütern und deren Nutzungsströmen exakt und kostenlos erfolgen kann,
(2) alle Wirtschaftssubjekte vollkommene Information besitzen,
(3) die Einrichtung von Märkten kostenlos ist,
(4) die einzelnen Transaktionen kostenlos abgewickelt werden können,
(5) keine Kosten der Marktanpassung bestehen (manchmal auch ausgedrückt durch die bildliche Vorstellung, dass ein Auktionator die Preise kostenlos koordinieren kann) und
(6) auf keinem Markt Eintrittskosten oder Austrittskosten anfallen (ausgedrückt auch durch die Annahme des vollkommenen Wettbewerbs).

[110] Unter **Externalitäten** versteht man in der Volkswirtschaftslehre die Auswirkungen individuellen Handelns auf den Nutzen anderer. Externalitäten sind somit Ausdruck der Interdependenz zwischen Nutzenfunktionen oder Produktionsfunktionen. Vgl. näher z. B. Laffont [1987].

[111] Zu modernen „Synthese"-Ansätzen der konkurrierenden Denkschulen vgl. Goodfriend und King [1997] sowie Clarida, Gali und Gertler [1999] und King [2000]. Siehe auch Abschnitt 4.3 unten.

4.2 Rationalitätserklärungen von Lohn- und Preisrigiditäten

4.2.1 Zur Rationalität von Lohnrigiditäten

Bei den modernen Erklärungen von Lohnrigiditäten kann man vor allem drei Theorierichtungen unterscheiden:
(1) die Theorie impliziter Kontrakte
(2) die Theorie des Gewerkschaftslohnes
(3) die Theorie effizienter Löhne

Mit Ausnahme einer speziellen Version der dritten Theorierichtung erklären diese Ansätze nur das Vorliegen **realer**, nicht jedoch nominelle Lohnrigiditäten. Nichtsdestoweniger können sie – dies gilt insbesondere für die Erklärungsansätze (2) und (3) – Arbeitslosigkeit begründen sowie das „stilisierte Faktum", dass zyklische Schwankungen der Beschäftigung mit nur geringen Änderungen des Reallohns einhergehen, erklären[112].

4.2.1.1. Die Theorie impliziter Kontrakte[113]

Diese Theorie, die in den siebziger Jahren sehr aktuell war, untersucht die Reichweite und die Folgerungen impliziter Kontrakte zwischen Arbeitnehmern und Firmen. Unter **impliziten Kontrakten** versteht man Arbeitsverträge, die unter anderem Versicherungsleistungen gegen Einkommensschwankungen beinhalten. **Implizit** nennt man Kontrakte dann, wenn Versicherungsleistungen und Versicherungsprämien nicht explizit vertraglich festgelegt sind. Ein erster Schub von Arbeiten, basierend auf Aufsätzen von Baily [1974] und Azariadis [1975], argumentierte, dass die Arbeitnehmer eine Abneigung gegen stark schwankende Einkommen haben. Außerdem wurde angenommen, dass nur Arbeitnehmer risikoavers, die Firmen dagegen risikoneutral sind und alle das gleiche Wissen über die Zukunft besitzen. Aufgrund dessen wird der optimale Lohnvertrag zwischen den risikoaversiven Arbeitnehmern, die ohne Zugang zu Einkommensversicherungsmärkten sind, und den risikoneutralen Firmen rigide oder zustandsunabhängige Reallöhne beinhalten. Dies, so wurde geschlossen, würde Konjunkturschwankungen bewirken. **Gegen diese Schlussfolgerung** wurde **erstens** angeführt, dass solche impliziten Verträge nur kurzfristig optimal sein können[114]. **Zweitens** wurde betont, dass Firmen, die aufgrund ihrer Risikopräferenzen bereit sind, das ganze Einkommensrisiko zu tragen, auch willens sein müssten, den Arbeitnehmern das Beschäftigungsrisiko abzunehmen. Auch für die Übernahme dieses Risikos wären die Arbeitnehmer bereit, eine Versicherungsprämie zu zahlen. Wie Akerlof und Miyazaki [1980] gezeigt haben, führt die optimale Risikoteilung zu einem Gleichgewichtszustand, in welchem die Firmen gegen eine gewisse Prämie das gesamte Risiko unerwünschter Zufallsschwankungen (von Einkommens- **und** Beschäftigungsschwankungen) tragen, während die Arbeitnehmer gegen einen festen Lohn festvereinbarte Arbeitsleistungen erbringen. Der Nachweis

---
[112] Unter dem Begriff „Lohn" oder „Lohnzahlung" werden in dem vorliegenden Buch auch Gehaltszahlungen subsumiert. Anders gesagt, es wird hier nicht speziell zwischen Arbeitern und Angestellten unterschieden.
[113] Zu diesem Theoriezweig gibt es eine ganze Reihe von Übersichtsartikeln. Siehe z. B. Azariadis [1981], Hart [1983], Rosen [1985], Stiglitz [1986], Hart und Holmstrom [1986].
[114] Siehe hierzu Barro [1977].

eines Vollbeschäftigungsgleichgewichts bei festen, zustandsunabhängigen Löhnen ist allerdings abhängig von der Annahme der Konkavität der Nutzenfunktion. **Drittens** stellte sich bald heraus, dass bei konstantem Grenznutzen des Einkommens im Azariadis-Modell Output und Beschäftigung die gleichen wie bei vollkommener Konkurrenz sind.

Aufgrund der aufgedeckten Erklärungsschwächen wurde die Theorie impliziter Kontrakte Ende der siebziger Jahre erweitert durch die **Theorie asymmetrischer Information**[115]. Diese Theorie geht davon aus, dass die Firmen ex ante genauere Informationen über Umweltzustände haben als die Arbeitnehmer. Asymmetrische Informationen erzeugen jedoch Situationen, in denen ein **moralisches Risiko (Moral-Hazard)** besteht. Konkret sind die Arbeitnehmer der Gefahr ausgesetzt, dass die Firmen ihnen den wahren Umweltzustand nicht enthüllen, sondern sie täuschen, um höhere Gewinne zu erzielen. Die Arbeitnehmer können solchen Täuschungsversuchen nur entgehen, wenn sie ausschließlich solche Arbeitskontrakte akzeptieren, die anreizkompatibel sind, d. h. die den Firmen nur dann den maximalen Gewinn erbringen, wenn sie die Wahrheit sagen.

Kontrakte unter asymmetrischen Informationen beinhalten, dass die Firma das Beschäftigungsniveau festsetzt. Hieraus folgt im allgemeinen, dass solche Kontrakte nicht die Bedingung der ex-post-Effizienz erfüllen, somit also höchstens kurzfristig optimal sind. Wie sich zudem gezeigt hat, sind die Implikationen optimaler Kontrakte unter asymmetrischen Informationen stark vom relativen Grad der Risikoaversion von Firmen und Arbeitnehmern und von der Informationsstruktur abhängig. Es wird heute als sehr fraglich angesehen[116], ob man allgemein zeigen kann, dass solche Kontrakte zu größeren Beschäftigungsschwankungen führen als Kontrakte bei voller, symmetrischer Information.

4.2.1.2. Die Theorie des Gewerkschaftslohnes[117]

In den folgenden Jahren rückte eine Theorierichtung in den Vordergrund, die versucht, Konjunkturschwankungen durch das spezielle **Verhalten von Gewerkschaften** zu erklären. Gewerkschaften werden dabei verstanden als Interessenorganisation der **beschäftigten** Arbeitnehmer.[118]

---

[115] Zur Theorie asymmetrischer Informationen siehe z. B. Akerlof [1970, 2002], Stiglitz [2002].
[116] Siehe hierzu Stiglitz [1986, 2002].
[117] Überblicksartikel zu dieser Theorierichtung sind Oswald [1986], Farber [1986], Pencavel [1986] und Kaufman [2002]. Siehe auch Lindbeck [1993] oder Strifler und Beissinger [2012]. Für eine Studie, die die Effekte von Gewerkschaften auf die Lohnentwicklung in verschiedenen Ländern zu quantifizieren versucht und dabei auf praktische Probleme eingeht, siehe Bryson [2007].
[118] Wir konzentrieren unsere Ausführungen damit auf eine spezielle Variante der kollektiven Lohnbildung. Grundsätzlich lassen sich zur kollektiven Lohnbildung das Monopolgewerkschaftsmodell und das Verhandlungsmodell unterscheiden. Im Verhandlungsmodell wird davon ausgegangen, dass Gewerkschaften und Unternehmen den Lohn aushandeln müssen. Gewerkschaften und Unternehmen agieren unter den Bedingungen eines bilateralen Monopols. Hierbei lassen sich zwei Fälle unterscheiden: Im „Right-to-Manage"-Ansatz wird lediglich der Lohn ausgehandelt, während die Beschäftigung von den Unternehmen festgelegt wird. Die hier gefundenen Nash-Lösungen ließen sich im Prinzip verbessern, wenn Gewerkschaften und Unternehmen glaubwürdig sogenannte „effiziente Kontrakte" abschließen würden, in denen nicht nur der Lohn sondern auch die Beschäftigung ausgehandelt werden. Dies ist Gegenstand der Theorie effizienter Verhandlungen. Das Monopolgewerkschaftsmodell unterstellt, dass in jeweils einem Sektor der Ökonomie die Arbeitsanbieter in einer Monopolgewerkschaft organisiert sind. Die Unternehmen, so die Annahme im Gegensatz zum Verhandlungsmodell, akzeptieren die Lohnforderung der Ge-

1. Kapitel: Zur Frage der Notwendigkeit von Stabilitätspolitik

Hauptgesichtspunkt dieser Theorie ist, dass Gewerkschaften den Zugang zu den Arbeitsmärkten kontrollieren, dadurch überproportional hohe Löhne durchsetzen können und somit Arbeitslosigkeit erzeugen. Gewerkschaften können nach dieser Theorie insofern den Zugang zu den Arbeitsmärkten kontrollieren, als sie die **Transaktionskosten** beeinflussen können, die den Firmen anfallen, wenn diese Beschäftigte („insider") durch Arbeitslose („outsider") ersetzen wollen. Solche Kosten entstehen dadurch, dass

- das Entlassen von Beschäftigten und das Einstellen (inklusive Anlernen) von Arbeitslosen selbst mit Kosten verbunden ist[119],
- die weiterhin Beschäftigten den Neueingestellten die Kooperation versagen können, und
- die Ersetzung bisher Beschäftigter durch Arbeitslose u. U. die durchschnittliche Arbeitseffizienz verringern kann (durch Dienst nach Vorschrift bis hin zu Sabotageakten der weiterhin Beschäftigten aus Solidarität gegenüber ihren früheren Arbeitskollegen).

Um diese Kosten zu vermeiden, versuchen Firmen sich betrieblichen Frieden durch hohe Lohnzahlungen zu erkaufen. Gesamtwirtschaftliche Folge dessen ist Arbeitslosigkeit. Da die Gewerkschaften durch konzentrierte Aktionen und durch Beeinflussung der Parteien die Höhe der Transaktionskosten mit beeinflussen können, können sie hierdurch das Niveau der (unfreiwilligen) Arbeitslosigkeit mit bestimmen. Ob diese Arbeitslosigkeit **längerfristig** anhalten wird, hängt insbesondere davon ab, ob sich neben dem gewerkschaftlichen Sektor ein nichtgewerkschaftlicher Sektor herausbilden kann. Wenn dies der Fall ist, könnten zumindest neue Firmen arbeitslose Arbeiter zu niedrigeren Lohnkosten einstellen und über den hieraus entstehenden Kostenvorteil die anderen gewerkschaftlich gebundenen Firmen aus dem Markt konkurrieren. In diesem Fall wäre der Gewerkschaftseinfluss auf die anderen Firmen und damit auf deren Lohnzahlungen auch nicht von Dauer. Wenn dieser Prozess jedoch langsam vonstattengeht, könnten auch hier zumindest mittelfristige Abweichungen der Arbeitslosenrate von der natürlichen Rate eintreten.

Diese Theorie ist insbesondere in Europa (mit Schwerpunkt Schweden und England) in den folgenden Jahren weiterentwickelt und dazu benutzt worden, um anhaltend hohe Arbeitslosigkeit zu erklären.[120] Dies ist nicht überraschend angesichts des gerade in Europa relativ hohen gewerkschaftlichen Organisationsgrads der Arbeitnehmer und der hier auch relativ hartnäckigen Arbeitslosigkeit in den achtziger Jahren. Die Schlüsselfrage ist jedoch dabei, wie die Nutzenfunktion der Gewerkschaften aussieht. Letztere ist bislang noch zu wenig erforscht. Es ist aber zu erwarten, dass sie historisch und gesellschaftlich-kulturell unterschiedlich ist. Wenn die Gewerkschaften wirklich nur die Interessen ihrer gegenwärtigen Mitglieder verfolgen und die der Arbeitslosen völlig außer Acht lassen würden, so könnte man daraus eine gesteigerte Arbeitslosigkeit ableiten[121].

---

werkschaft, entscheiden jedoch über die Höhe der Beschäftigung („Right-to-Manage"). Lassen sich die Gewerkschaften bei der Festlegung der Löhne lediglich vom Nutzen ihrer Mitglieder (und nicht aller Arbeitsanbieter) leiten, so entspricht das Monopolgewerkschaftsmodell weitgehend den Kollektivlohnvarianten der Insider-Outsider-Theorie, die im Folgenden erläutert werden.

[119] Vgl. hierzu z. B. Hamermesh [1995].
[120] Vgl. insbesondere die sogenannte Insider-Outsider-Theorie von Lindbeck und Snower [1988].
[121] Siehe hierzu Blanchard und Summers [1986].

Diese Arbeitslosigkeit könnte dann auch als **unfreiwillig** charakterisiert werden, da ein Teil der Arbeitnehmer, nämlich die Arbeitslosen oder „outsider" ihre Arbeitskraft vergeblich zu einem niedrigeren als dem herrschenden Marktlohn anbieten. Jedoch dürfen hierbei die Politikimplikationen nicht vergessen werden, d. h. die wahrscheinlichen Reaktionen auf solches Gewerkschaftsverhalten, die darin bestehen, politisch die Macht der Gewerkschaften allmählich zu brechen. Die Entwicklung in England unter der Regierung Thatcher, in den frühen achtziger Jahren, gibt dafür ein gutes Beispiel. Zur Erklärung mittelfristiger Arbeitslosigkeit scheint diese Theorie jedoch, falls ihre Verhaltensannahmen zutreffen, zweifellos tauglich zu sein.

4.2.1.3. Die Theorie des Effizienzlohns

Die Theorie des **Effizienzlohns**, die in den achtziger Jahren in verschiedenen Versionen entwickelt worden ist[122], betont den **Einfluss der Lohnzahlung auf die Produktivität** der Arbeitnehmer. Je höher die Lohnzahlung, umso größer ist die Produktivität der Arbeitnehmer, lautet die These dieses Erklärungsansatzes. Von daher mag es für die Firmen einzelwirtschaftlich rational sein, Löhne zu bezahlen, die oberhalb der Löhne liegen, die gesamtwirtschaftlich rational, d. h. mit Vollbeschäftigung vereinbar sind. Der unterstellte Zusammenhang zwischen Lohnzahlung und Arbeitsproduktivität wird unterschiedlich begründet.

Eine Begründungslinie[123] rekurriert auf soziologische und sozialpsychologische Theorien und Untersuchungen, die besagen, dass höhere und weniger differenzierte Lohnzahlungen zu einer höheren Arbeitsmoral, einem größeren Teamgeist und einer größeren Loyalität gegenüber einer Firma führen. Dieser Erklärungsansatz ist in der Lage, nicht nur reale sondern auch **nominelle** Lohnrigiditäten zu begründen. Zentral ist hierfür die schon von Keynes gebrauchte Annahme, dass die Änderung **relativer** Löhne die Arbeitsmoral negativ beeinflusst, da sie als „Ungleichbehandlung" empfunden wird. Nun ist jede **nominelle** Lohnänderung erstmal auch eine **relative** Lohnänderung, sofern man nicht **nominelle** Lohnänderungen in „konzertierter Aktion" so verändert, dass die relativen Löhne gleichbleiben. Wenn letzteres wegen Koordinationsschwierigkeiten nicht gelingt, kommt es auch zu keinen **nominellen** Lohnänderungen. Diese „außerökonomische" Erklärung wird jedoch von vielen Ökonomen als etwas „fremdartig" angesehen[124]. Als erklärungsbedürftig wird insbesondere die Frage angesehen, was denn die zugrundeliegenden sozialen Normen selbst bestimmt.

Ein **anderer** Erklärungsansatz[125], der eine größere Beachtung in der ökonomischen Fachwelt gefunden hat, geht davon aus, dass die Arbeitnehmer versuchen, bei gegebenem Lohnsatz ihre Arbeitsleistung zu minimieren (Theorie des **shir-**

---

[122] Siehe hierzu die Überblicksartikel von Yellen [1984], Katz [1986] und (in deutscher Sprache) von Gerlach und Hübler [1985]. Vgl. auch Goerke und Holler [1997] sowie Franz [2013]. Für neuere Untersuchungen vor allem im Hinblick auf die Diskussion von Mindestlöhnen siehe Rebitzer und Taylor [1995] und Georgiadis [2012].

[123] Siehe Akerlof [1982] und Akerlof und Yellen [1990].

[124] In Interviewstudien von Unternehmen (Preissetzern) wurde sie allerdings als die geläufigste Erklärung ermittelt. Siehe Blinder und Choi [1990]. Vgl. auch Campell III und Kamlani [1997] und Blinder u. a. [1998]. Auch experimentelle Studien können dies belegen, z. B. Fehr und Tyran [2005].

[125] Siehe Shapiro und Stiglitz [1984].

king, zu Deutsch der Drückebergerei). Man kann Arbeitnehmer ja – analytisch – auch als gewinnmaximierende oder kostenminimierende „Unternehmer" betrachten, die einen gewissen „Ertrag" (ihr Lohneinkommen) mit geringstmöglichen „Faktorkosten" (Arbeitseinsatz) erzielen wollen. Wenn nun die Arbeitgeber die Arbeitsleistung der Arbeitnehmer nicht hinreichend überwachen können, kann es für sie einzelwirtschaftlich rational sein, höhere Löhne als den Gleichgewichtslohn zu zahlen. Dadurch erhöhen sie nämlich die Opportunitätskosten der Arbeitnehmer im Falle einer aufgedeckten „shirking" und einer darauf folgenden Entlassung. Diese Opportunitätskosten bestehen in der Differenz zwischen dem entgangenen Lohn und Arbeitslosenunterstützung.

Gegen diese Erklärung lässt sich vor allem einwenden, dass es andere Methoden als die Bezahlung eines hohen Lohnes und der gleichzeitigen Drohung der Entlassung bei aufgedeckter Drückebergerei gibt, um die Arbeitnehmer vom Bummeln abzuhalten. Solche alternativen Methoden sind beispielsweise die Senioritätsentlohnung sowie die Tournamententlohnung. Bei der **Senioritätsentlohnung** steigt der Lohn eines Arbeitnehmers mit der Dauer der Betriebszugehörigkeit. Über die Gesamtdauer seines Arbeitslebens hinweg wird der Arbeitnehmer entsprechend seinem Wertgrenzprodukt entlohnt. Am Anfang der Betriebszugehörigkeit jedoch erhält der Arbeitnehmer einen Lohn, der unter seinem geschätzten Wertgrenzprodukt liegt und später einen, der darüber liegt. Insofern laufen Arbeitnehmer, die einen geringen Arbeitseinsatz zeigen, Gefahr, bei einem Verlust des Arbeitsplatzes Arbeitseinkommen zu verlieren, die sie schon erarbeitet, jedoch noch nicht erhalten haben. Diese Senioritätsentlohnung stellt ein Anreizinstrument insbesondere für Arbeitnehmer im mittleren Einkommensbereich dar.

Für Arbeitnehmer im oberen Bereich der Einkommenspyramide könnte sich dagegen eine **Tournamententlohnung** als stärker anreizwirksam und motivationsverstärkend erweisen. Bei einer solchen Tournamententlohnung steigt derjenige in der Betriebshierarchie auf, der die relativ größte Leistung erbringt. Sein Einkommensanstieg hängt dabei von dem Einsatz derjenigen ab, die sich an der „Beförderungslotterie" beteiligen.

Beide Anreizmechanismen, die Senioritätsentlohnung wie auch die Tournamententlohnung, unterliegen jedoch praktischen Umsetzungsschwierigkeiten. Bei der **Senioritätsentlohnung** tritt ein **Moral-Hazard**-Problem auf. Sobald nämlich der Lohn das Wertgrenzprodukt übersteigt, besteht für die Firmen der Anreiz, die Arbeitskräfte zu entlassen. Dagegen stehen allerdings Transaktionskosten der Entlassung und Wiederanstellung/anlernung sowie **Reputationsverluste** der Firmen. Reputationsverluste können sich so auswirken, dass eine Firma zu dem allgemeinen Lohnniveau keine qualifizierten Arbeitskräfte mehr bekommt. Ein weiteres Problem für das Zustandekommen und die Stabilität von Senioritätsentlohnung kann dann auftreten, wenn die Fluktuationsrate der Arbeitnehmer (über die Firmen hinweg) in einem Land traditionell sehr hoch ist[126]. Bei der **Tournamententlohnung** hingegen werden unter Umständen die Verlierer in der Beförderungslotterie aus Enttäuschung das Unternehmen verlassen. Außerdem besteht die Gefahr, dass

---

[126] Dies ist beispielsweise in den USA der Fall. Dagegen ist in Ländern wie Japan, wo die Fluktuationsrate der Arbeitnehmer zwischen Firmen sehr niedrig ist, die Senioritätsentlohnung immer noch fest verankert als eine Basisinstitution der Arbeitnehmer-Arbeitgeberbeziehung.

die Arbeitsleistung derjenigen, die ihre Chancen im Leistungswettbewerb von vornherein als gering einschätzen, negativ beeinflusst wird oder sie durch Intrigen und Sabotage die Erfolgschancen des subjektiv Leistungsstärkeren zu beeinträchtigen suchen[127]. Solche praktischen Umsetzungsschwierigkeiten können den Einsatz alternativer Anreizmechanismen verhindern oder einschränken. Diese Umsetzungsschwierigkeiten bestimmen somit erst den Erklärungswert der Shirking-Theorie.

4.2.2 Zur Rationalität von Preisrigiditäten

Der Schwerpunkt der Begründung keynesianischer Ungleichgewichtstheorien hat sich in den folgenden Jahren verlagert von den Theorien inflexibler Löhne hin zu Theorien inflexibler Preise. Der Grund hierfür liegt vor allem darin, dass die eben beschriebenen Theorien inflexibler Löhne, mit der einen Ausnahme der soziologisch begründeten Version der Effizienzlohntheorie, alle nur **reale** Lohninflexibilität zu erklären vermögen. Die ganze keynesianische Tradition sowie die Begründung der Phillipskurve baut jedoch auf dem Argument **nomineller** Lohninflexibilität auf. Nominelle Lohninflexibilität lässt sich aber nach der heute vorherrschenden Meinung bislang nur begründen, wenn man annimmt, dass die Arbeitsmoral vom **relativen** Lohn abhängt und Koordinationsprobleme auftreten beim Versuch gleichzeitiger, den relativen Lohn nicht verändernder Lohnanpassungen. Solche Koordinationsprobleme lassen sich allerdings nur dann überzeugend ableiten, wenn man erklären kann, warum nicht alle Löhne **indexiert** werden. Letzteres wird jedoch in der Ökonomie als noch nicht hinreichend geklärt angesehen. [Zu dieser Frage siehe ausführlich im 4. Kapitel des Buches. Eine andere Erklärung für nominelle Lohninflexibilität über das Auftreten von Koordinationsproblemen auf der **Investoren**seite wird im Folgenden Abschnitt II vorgestellt.] Hieraus wird entweder geschlossen, dass die ursprüngliche Betonung nomineller Lohninflexibilität unangemessen war, oder dass das Erklärungsproblem nomineller Lohninflexibilität eben immer noch nicht gelöst ist. Folglich haben sich die Anstrengungen der keynesianischen Ungleichgewichtstheorie in Richtung einer Erklärung inflexibler Preise verlagert.

4.2.2.1. Monopolistische Konkurrenz am Gütermarkt

Die **neueren Theorien inflexibler Preise** bauen auf Modellen **unvollkommener oder monopolistischer Konkurrenz am Gütermarkt** auf[128]. Sie knüpfen an die keynesianische Annahme an, dass die Anbieter immer bereit seien mehr zu verkaufen, wenn die Nachfrage beim herrschenden Preis steigt. Letzteres ist jedoch

---

[127] Diese Gefahren bei der Einführung einer Tournamententlohnung sind auch unterschiedlich einzuschätzen von Kulturkreis zu Kulturkreis. So hätte sich eine Tournamententlohnung beispielsweise kaum in Japan angesichts des dort vorherrschenden Wertesystems effizient einsetzen lassen. Die Verlierer in einer solchen „Beförderungslotterie" hätten dort „ihr Gesicht verloren". Zum japanischen Wertesystem vgl. z. B. Morishima [1985].

[128] Ein grundlegendes Modell dabei ist die Arbeit von Dixit und Stiglitz [1977]. Zu einem Überblick vgl. Dixon und Rankin [1995] oder Ball, Mankiw und Reis [2003]. Als ein empirischer Beleg für die weite Verbreitung monopolistischer Konkurrenz wird der Nachweis eines Preisaufschlagverhaltens im industriellen Sektor [Hall, 1986] angesehen. Auf solche Modelle bauen auch hiermit verwandte Rationalitätserklärungen von „gestaffelten" Lohn- und Preisentscheidungen. Siehe z. B. Ball und Cecchetti [1988].

ein typisches Merkmal eines monopolistischen Konkurrenzgleichgewichts, in dem die Firmen die Preise **setzen** und der Preis die Grenzkosten übersteigt. Die bekanntesten grundlegenden Beiträge sind die von Mankiw [1985], Parkin [1986], Blanchard und Kiyotaki [1987] sowie von Akerlof und Yellen [1985a]. Der letztere Beitrag unterscheidet sich von den anderen dadurch, dass er auf einem Modell beruht, das unvollkommene Konkurrenz auf dem Gütermarkt mit Effizienzlöhnen auf dem Arbeitsmarkt verbindet.[129]

Zur Erläuterung des Konzepts eines monopolistischen Konkurrenzgleichgewichts:[130]

Ein monopolistisches Konkurrenzgleichgewicht lässt sich wie folgt beschreiben. Wir betrachten eine Volkswirtschaft mit n identischen Produzenten (i = 1,...,n), die jedoch unterschiedliche Produkte (unvollkommene Substitute) verkaufen. Die Nachfrage, der der Produzent i gegenübersteht, wird betrachtet als eine abnehmende Funktion seines relativen Preises (P_i/P)[131] und als eine ansteigende Funktion der aggregierten Nachfrage, wobei angenommen wird, dass diese – wie in Gleichung (2) oben – von der realen Geldmenge (M/P) abhängt. Siehe hierzu die folgende Zeichnung (Abbildung 2). Jeder Produzent sieht sich einer nach oben geneigten Grenzkostenkurve gegenüber. Das profitmaximierende Output-Niveau wird angegeben durch den Schnittpunkt der Grenzkostenkurve (GK) und der Grenzerlöskurve (GE), wobei der damit verbundene Preis durch die Nachfragekurve (D_i) beim Punkt A bestimmt ist. Im symmetrischen Gleichgewicht müssen alle Preise gleich sein, sodass $P_i/P = 1$. Dies wiederum bestimmt das Gleichgewichtsniveau der realen Geldmenge und das Preisniveau.

Der Preis ist beim Gleichgewichtsoutput Y_i^* höher als die Grenzkosten. Bei vollkommener Konkurrenz dagegen würde der Gleichgewichtsoutput durch den Schnittpunkt von Grenzkosten und Nachfrage bzw. Preis bestimmt. In einem symmetrischen Gleichgewicht wird P_i/P weiterhin gleich Eins sein, sodass der Schnittpunkt bei B liegen würde. Die Nachfragekurve muss folglich durch den Punkt B verlaufen, was voraussetzt, dass bei vollkommener Konkurrenz das Preisniveau niedriger und somit die gleichgewichtige Realkasse höher liegen[132]. Hieraus kann man schließen, dass die Wohlfahrt, gemessen durch den Konsumenten- und Produzentenüberschuss, bei vollkommener Konkurrenz höher ist als bei monopolistischer Konkurrenz.[133]

---

[129] Einen Überblick über die keynesianischen Mikrofundierungen der achtziger Jahre bieten Mankiw und Romer [Hrsg., 1991] und Romer [1993]. Vgl. auch Ball und Mankiw [1994b].
[130] Vgl. näher Blanchard und Kiyotaki [1987].
[131] Die Grenzneigung bzw. die Steigung der Nachfragekurve in der Abbildung 2 ist dabei von der Substitutionselastizität des jeweiligen Produkts abhängig.
[132] Die Nachfragekurve kann sich ja – bei gleichem P_i/P – nur dann nach rechts-oben verschieben, wenn die Realkasse (M/P) größer ist. Die Realkasse kann jedoch bei gegebener nominaler Geldmenge (M = M_0) nur dann größer sein, wenn das Preisniveau, P, geringer ist. Wenn das Preisniveau, P, geringer ist, ist natürlich auch der Angebotspreis des Produzenten i geringer, da P_i/P weiterhin gleich Eins ist.
[133] Letztere Aussage ist unabhängig vom Monopolgrad, da oben unterstellt wurde, dass alle Produzenten den gleichen Grad an Monopolmacht haben.

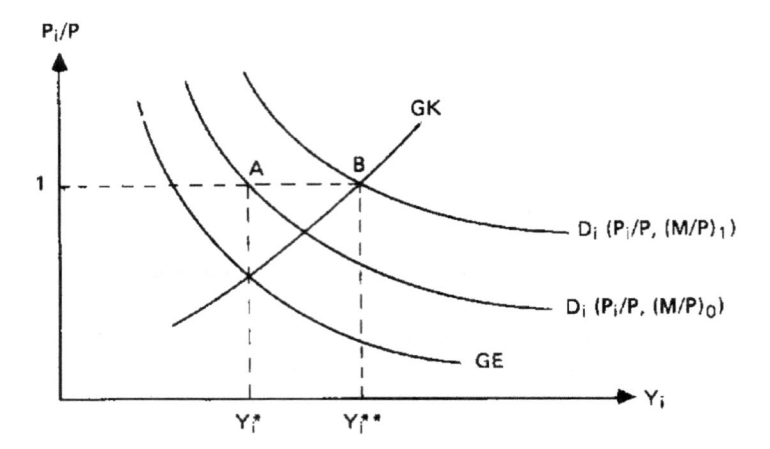

56   1. Teil: Konzeptionelle und theoretische Grundlagen

Abbildung 2: (Quelle: Eigene Darstellung).

4.2.2.2. Transaktionskosten der Preisänderung

Die **Hauptaussage der obigen Theorierichtung** ist die, dass selbst kleine Transaktionskosten von Preisänderungen dazu führen, dass Firmen auf Nachfrageänderungen nicht mit Preisänderungen, sondern mit Output-Änderungen reagieren. Wenn also die Nachfrage abnimmt (zunimmt), sinkt (steigt) als Folge die Produktion und nicht der Preis, was gleichzeitig auch als die Grundlage konjunktureller Schwankungen angesehen wird. Begründet wird dies in der Regel damit, dass der Verzicht auf Preisanpassungen für die Firmen nur zu geringen Verlusten, oder Verlusten „zweiter Ordnung", führt. Formal ausgedrückt ist die Ableitung der quadratischen Gewinnfunktion einer preissetzenden Firma bezüglich des Preises beim Optimum gleich Null. Grafisch ausgedrückt verläuft die Gewinnkurve (in Form eines „umgedrehten U") im Punkt des Optimums waagerecht. Folglich erzeugen Abweichungen vom Optimum nur Gewinneinbußen „zweiter Ordnung".

Folgendes **Beispiel** mag zur Erläuterung dienen:[134] Wir gehen aus von einer Wirtschaft mit identischen monopolistischen Konkurrenzfirmen, die unterschiedliche Produkte herstellen. Produktionskosten werden der Einfachheit halber vernachlässigt. Die Verkäufe jeder Firma hängen ab von ihrem Preis relativ zu dem ihrer Konkurrenten und von der aggregierten Nachfrage, wobei diese wie in Gleichung (2) oben von der realen Geldmenge abhängt. Die Firmen wählen jenen Preis, der ihren Profit maximiert, wobei sie von gegebenen Preisen ihrer Konkurrenten ausgehen. Solange alle Firmen völlig rational sind und keine Transaktionskosten der Preisänderung oder Informationsbeschaffung bestehen, werden als Folge eines Nachfragerückgangs, der ausgelöst worden ist beispielsweise durch eine Reduktion des Geldangebots, alle Firmenpreise proportional zum Geldmengenrückgang sinken. Dies ist die Hypothese von der Geldneutralität. Der Wirkungsmechanismus verläuft dabei folgendermaßen: Der relative Preis, den eine Firma wählt, ist hier eine steigende Funktion des Outputs, den sie produziert. Das heißt, dass eine Abnahme der Nachfrage und folglich des Outputs alle preissetzenden Firmen dazu

---

[134]   Vgl. Akerlof und Yellen [1987].

bringt, dass sie versuchen ihren relativen Preis zu senken. Da dies aber nicht möglich ist, wenn alle es gleichzeitig versuchen, sinkt das Preisniveau, und die Realkasse und die reale Nachfrage steigen wieder auf ihr vorheriges Niveau.

Was ändert sich nun, wenn **Transaktionskosten der Preisänderung**, sogenannte **Menu-Costs**, bestehen? Die Firmen werden dann die Kosten einer Preisänderung mit den zu erwartenden Verlusten bei einer Nichtpreisanpassung vergleichen. Wie hoch sind nun letztere? Allgemein kann man feststellen, dass sie nur von einer geringen oder „zweiten Größenordnung" sind. Wenn das Geldangebot und damit die Nachfrage um einen gewissen (geringen) Prozentsatz ε sinken, so wird eine Firma, die ihren Preis daraufhin nicht ändert, einen Preis„irrtum" begehen, der proportional zu ε ist. Die damit verbundenen Verluste sind jedoch in einer quadratischen Gewinnfunktion nur proportional zu ε^2. Folglich reichen relativ kleine Transaktionskosten der Preisänderung aus, um ein hohes Maß an Preisrigidität von Firmen der monopolistischen Konkurrenz zu erklären.

Eine gut verständliche Erklärung und grafische Darstellung findet sich in Akerlof und Yellen [1985b].[135] Hier wird ihre Erklärung etwas verkürzt wiedergegeben. In Abbildung 3 ist der Gewinn einer monopolistischen Konkurrenzfirma in Abhängigkeit von der Nachfrage eingezeichnet. Dabei bezeichnet Π den möglichen Gewinn einer Firma. Dieser hängt ab von der Höhe der Nachfrage, y^D, und dem Preis, p.

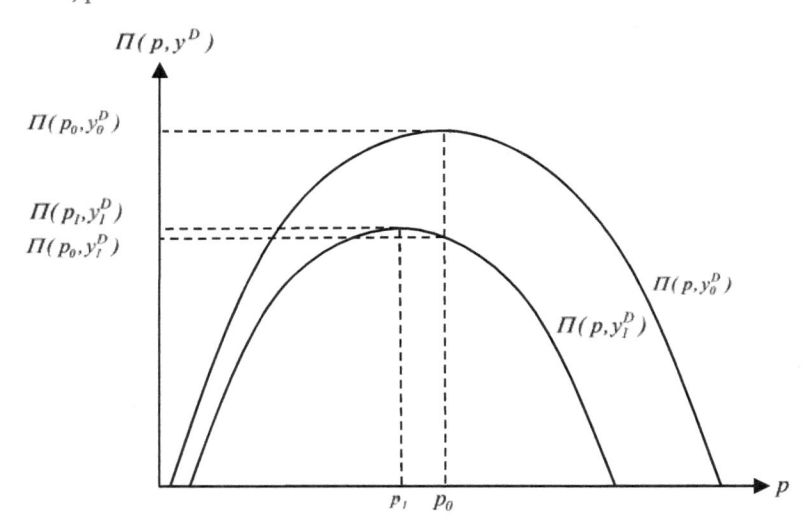

Abbildung 3: (Quelle: Eigene Darstellung).

Fällt die Nachfrage von y_0 auf y_1, senkt eine gewinnmaximierende Firma normalerweise ihren Preis auf p_1. Wie man jedoch in der Grafik sehen kann, ist der Verlust durch konstant gehaltene Preise gering. Er entspricht der Differenz

---

[135] Fishman und Small [2005] modellieren einen ähnlichen Zusammenhang und geben einige empirische Quellen.

$\mathcal{L} = \Pi(p_1,y_1) - \Pi(p_0,y_1)$. Diese kann annäherungsweise durch eine Taylor-Approximation zweiter Ordnung berechnet werden[136]:

$$(23) \quad \mathcal{L} \approx \frac{1}{2}\left(\partial^2\Pi(p_1,y_1)/\partial p^2\right)\bigg|_{p_1,y_1^D} \cdot (p_0 - p_1)^2$$

Ein Nachfrageschock von ε sorgt für eine Preisänderung von $p_0 - p_1 \approx (dp/dy^D)\varepsilon$. Eingesetzt in obige Gleichung (23) ergibt sich ein Verlust proportional zu ε^2, weshalb Akerlof und Yellen von einem Verlust zweiter Ordnung sprechen. Bei $\varepsilon < 1$ haben wir $\varepsilon^2 < \varepsilon$.

Gesamtwirtschaftlich kann allerdings solches preisrigides Verhalten sehr hohe Kosten oder anders gesagt Kosten „erster Größenordnung" verursachen. Denn die Reduktion der Nachfrage bzw. der Geldmenge um ε Prozent senkt bei gleichbleibenden Preisen die Produktion proportional zu ε. Umgekehrt würde eine Preissenkung die reale Geldmenge und damit die Nachfrage und die Produktion um einen Faktor proportional zu ε erhöhen. Letzteres Argument lässt sich auch als **Begründung für die Effizienz von Nachfrage- oder Geldpolitik** in einer solchen Situation anwenden. Wenn die Geldmenge um ε Prozent erhöht würde, würde bei preisrigidem Verhalten der Firmen die Realkasse, die Nachfrage und letztlich die Produktion[137] um einen Faktor „erster Größenordnung", d. h. um einen Faktor proportional zu ε, steigen. Das preisrigide Verhalten würde wiederum erklärt über Transaktionskosten der Preisanpassung, die die durch Preiserhöhungen zu erwartenden Mehrgewinne, die nur von einer „zweiten Größenordnung", d. h. proportional zu ε^2 sind, übersteigen.

Diese gesamtwirtschaftlichen Effekte einzelwirtschaftlicher Preissetzung kann man als **pekuniäre Externalität** bezeichnen. Wegen der Transaktionskosten der Preisänderung haben die einzelnen Firmen keinen hinreichenden Anreiz, auf Nachfrageverschiebungen immer sofort mit Preisanpassungen zu reagieren. Hierdurch kommt es aber – insbesondere im Fall von negativen Nachfrageschocks – zu **Wohlfahrtsverlusten „erster Ordnung"**. Diese könnten letztlich nur durch staatliche Nachfragepolitik vermieden werden. Dies ist der Kernpunkt keynesianischer Theorie der Nachfragepolitik.

Je höher die Transaktionskosten der Preisänderung und je geringer die Substitutionselastizität der Konsumgüter sind, umso inflexibler werden nach der obigen Argumentation die Preise sein. Je höher **zum einen** die Transaktionskosten der Preisänderung sind, umso größer können die Verluste zweiter Ordnung aus einer Nichtpreisanpassung ausfallen, ohne dass es sich lohnt die Preise zu ändern. Je geringer **andererseits** die Substitutionselastizität zwischen Konsumgütern ist, umso geringer sind die Opportunitätskosten einer Nichtanpassung

---

[136] Hinweis: Die erste Ableitung ist am Maximum gleich Null. Nähere Informationen zur Taylor-Approximation finden sich in den meisten Mathematikbüchern für Wirtschaftswissenschaftler, z. B. Chiang und Wainwright [2005], Bosch [2011]. Der senkrechte Strich in der Formel mit den beiden tiefer gestellten Variablen dahinter bedeutet, dass der Wert der zweiten Ableitung nach p an der Stelle (p_1, y_1^D) gemeint ist.

[137] Die Firmen werden bereit sein, den Output auch ohne Preiserhöhung zu steigern, da im Ausgangspunkt des monopolistischen Konkurrenzgleichgewichts der Preis die Grenzkosten übersteigt (siehe oben).

1. Kapitel: Zur Frage der Notwendigkeit von Stabilitätspolitik   59

der relativen Preise.[138] Anders ausgedrückt: Je stärker die reale Rigidität, umso wahrscheinlicher ist auch eine nominale Rigidität.

Nun ist jedoch die **Relevanz** von Transaktionskosten der Preisänderung umstritten. Die Relevanz dieser Kosten hängt auch davon ab, ob diese fix sind, wie oben implizit angenommen, oder beispielsweise quadratisch. Bei **fixen** Kosten der Preisänderung werden Nachfrageschwankungen, wenn sie nur groß genug sind, kaum Output-Effekte erzeugen, da die Firmen dann ihre Preise anpassen[139]. Bei **quadratischen** Kosten der Preisänderung hingegen werden größere Nachfrageänderungen relativ größere Output-Änderungen hervorrufen[140].

Auch ist die **empirische Bedeutung** von Kosten der Preisänderung **umstritten**.[141] Es fallen wohl Verwaltungskosten an, dadurch dass Preislisten, Lohnlisten etc. geändert werden müssen. Auch wird ein gewisser „Werbeaufwand" mit der Zielsetzung der „Verteidigung" oder Erklärung von Preisanpassungen an Nachfrageänderungen gegenüber den Kunden unerlässlich sein. Wie empirische Untersuchungen in der Psychologie und Soziologie gezeigt haben, werden Preisanpassungen der Firmen an Nachfrageänderungen – im Gegensatz zu Anpassungen an Kostenänderungen – von den Wirtschaftssubjekten häufig als **unfair** betrachtet[142].

Okun [1981] hat aus solchen Beobachtungen den Schluss gezogen, dass Firmen rationalerweise Preisanpassungen an Angebots-Nachfrageänderungen möglichst unterlassen, um ihre Stammkunden nicht zu vergraulen. Die Bezugnahme auf solche empirisch ermittelten Verhaltensweisen wird in der volkswirtschaftlichen Fachwelt jedoch überwiegend mit Skepsis betrachtet, da solche Verhaltensweisen den Anschein des „Irrationalen" erwecken. Dieser Eindruck wird verstärkt durch Ausdrucksweisen wie die von Akerlof und Yellen, die in diesem Zusammenhang von „nahezu-rationalem" Verhalten reden und davon, dass selbst eine geringe Abweichung von rationalem Verhalten zu großen makroökonomischen Effekten führen kann[143]. Nun kann jedoch das von Akerlof und Yellen beschriebene Verhalten ohne weiteres als vollkommen rational eingestuft werden, wenn Kosten der Berechnung und der Anpassung optimaler Entscheidungen berücksichtigt werden.

Ob etwas als irrational bezeichnet werden kann, ist außerdem abhängig vom betrachteten Bezugsrahmen des Handelns. Eine Betrachtung allein des Ökonomischen unter Ausschaltung des politischen und sozio-kulturellen Handlungsrahmens mag manches als irrational erscheinen lassen, was in Wirklichkeit in der Betrachtung des Gesamtsystems, in dem der Handelnde steckt, sehr wohl rational sein kann[144].

---

[138] Auf dieses Argument bauen Rotemberg und Saloner [1986] ihre Theorie auf, dass die Preise in einem Monopol rigider sind als in einem Duopol. In letzterem steht nämlich jede Firma einer elastischeren Nachfragekurve gegenüber.
[139] Wenn z. B. oben $\varepsilon > 1$, ist $\varepsilon^2 > \varepsilon$.
[140] Siehe Rotemberg [1982].
[141] Zu ersten punktuellen empirischen Tests siehe z. B. Levy et al. [1997]. Für eine neuere Untersuchung siehe Nakamura und Steinsson [2008].
[142] Siehe z. B. Kahneman, Knetsch und Thaler [1986], Fehr und Schmidt [1999], Charness und Rabin [2002] sowie Fehr et al. [2009].
[143] Vgl. Akerlof und Yellen [1985]. Vgl. auch die neuere Literatur zu „bounded rationality". Siehe hierzu Sargent [1993], Honkapohja [1995], Selten [2001] und Harstad und Selten [2013].
[144] Vgl. in diesem Zusammenhang auch Schelling [1978].

Es gibt jedoch **noch andere Bedenken** gegen die eben beschriebene, auf Kosten der Preisänderung aufbauende, Instabilitätstheorie.[145]

Diese Bedenken beziehen sich im Wesentlichen auf die Übertragung der obigen statischen Betrachtungen auf eine **dynamische** Ebene.

Erstens ist in der obigen Gleichgewichtsargumentation angenommen, dass alle Preise am Anfang gleich sind und optimal gesetzt wurden. In einer dynamischen Ökonomie mit Kosten der Preisänderung ist eine solche Preisverteilung eher unwahrscheinlich. Wenn die Preise jedoch anfänglich nicht alle gleich oder nicht optimal sind, so ist es nicht länger augenscheinlich, dass eine geringe Nachfrageverschiebung alle Preise unberührt lassen wird.

Zweitens tritt dann ein **Problem multipler Gleichgewichte** auf. Sowohl keine Preisänderungen als auch unterschiedlich starke Preisreaktionen auf eine gegebene Nachfrageverschiebung können Nash-Gleichgewichte sein[146]. Die Diskriminierung zwischen einer Vielzahl von Gleichgewichten stellt dabei ein Problem an sich dar[147].

Drittens fallen nicht nur bei Preisänderungen, sondern **auch bei Produktionsänderungen Kosten** an. Eine genauere relative Kostenbetrachtung wäre hier nötig.

Viertens wird ein von Caplin und Spulber [1987] abgeleitetes Ergebnis gelegentlich als Einwand gegen die obige Sichtweise verwendet. Caplin und Spulber gingen dort von einem Modell aus, in dem die Firmen einheitlich verteilt sind über das Intervall, innerhalb dessen Preise gesetzt werden, und in dem die Firmen sogenannten s-S-Preispolitiken folgen. (Unter einer **s-S-Preispolitik** versteht man ein Preisverhalten, bei der die Firmen es zulassen, dass ihr relativer Preis innerhalb eines gewissen Intervalls (s, S) schwankt, ohne dass sie mit Preisanpassungen reagieren. Erst bei Erreichen der Intervallgrenzen werden sie preispolitisch aktiv. Wie Sheshinski und Weiss [1977] gezeigt haben, ist es für Firmen optimal, einer solchen s-S-Preispolitik zu folgen, wenn das aggregierte Preisniveau mit einer konstanten Rate ansteigt und wenn fixe Kosten der Preisänderung vorliegen.) Caplin und Spulber zeigten in einem solchen Modell, dass die Verteilung auch nach Nachfrageänderungen aufrechterhalten wird und das aggregierte Preisniveau sich in Reaktion auf Nachfrageänderungen ebenmäßig verändert. Dies scheint die Schlussfolgerung der obigen Theorierichtung, die keynesianische Ergebnisse in einem Modell der monopolistischen Konkurrenz ableitet, zu beeinträchtigen. Es ist jedoch infrage gestellt worden, ob das Resultat von Caplin und Spulber robust ist gegenüber Geldschockwirkungen[148] oder gegenüber der Möglichkeit, dass das aggregierte Preisniveau nicht nur steigen, sondern auch fallen kann[149].

4.3 Neuere Entwicklungen

Wie im Abschnitt 4.2.2 schon erwähnt, basieren neuere keynesianische Ungleichgewichtsmodelle eher auf Preis- als auf Lohninflexibilität. Mankiw [1990] nennt

---

[145] Siehe hierzu ausführlicher Blanchard [1989] und Rotemberg [1987].
[146] Vgl. Ball und Romer [1991]. In diesem Sinne sprechen Ball und Romer dort auch davon, dass Preisrigiditäten **Koordinationsfehler** darstellen.
[147] Siehe Rotemberg [1987].
[148] Vgl. hierzu Rotemberg [1987].
[149] Vgl. hierzu Blanchard [1989] sowie Caballero und Engel [1991].

drei Gründe für diese Entwicklung: erstens die fehlende Mikrofundierung der Lohnrigidität, zweitens die Unsicherheit, inwieweit starre Nominallöhne sich überhaupt auf die Beschäftigung auswirken, und drittens den Zusammenhang zwischen Nachfrageschocks und Arbeitslosigkeit. In den meisten anderen Modellen wirken sich negative Nachfrageschocks über das fallende Preisniveau reallohnsteigernd aus und verursachen einen Anstieg der Arbeitslosigkeit.

Ein zweiter Theorieansatz, der eng mit der Neuen Keynesianischen Makroökonomie verwandt ist, basiert ebenfalls auf der Annahme von Preisrigidität: die Neue Neoklassische Synthese.[150]

4.3.1 Neue Keynesianische Makroökonomie (NKM)

Während die Lohnrigiditäten im Fischer- und im Taylor-Modell (Abschnitt 4.1.1. und 4.1.2) ad hoc modelliert werden, ist Preisstarrheit in der Neuen Keynesianischen Makroökonomie (NKM) mikrofundiert, genauso wie die gelegentlich zusätzlich angenommene Lohnstarrheit, z. B. bei Blanchard und Kiyotaki [1987].

Mit der Neuen Klassischen Makroökonomie kam in den 1970er Jahren überzeugende Kritik an der fehlenden *Mikrofundierung* der keynesianischen Theorie auf (vgl. Abschnitt 4.1.3). Während dies auf der Seite der *Neuklassiker* zur Entwicklung der **„Real-Business-Cycle"** (RBC)[151] Theorie in den 1980ern führte, entwickelten die *Keynesianer* zur gleichen Zeit die NKM. Clarida, Gali und Gertler [1999] wählen den Ausdruck **„New Keynesian Perspective"**, um zu betonen, dass sie die „alte" keynesianische Idee von Preisrigiditäten mit „neuen" Methoden der Mikrofundierung der Makroökonomie verknüpfen.

Die NKM versucht, Störungen auf Makro-Ebene mikroökonomisch zu erklären (siehe auch Abschnitt 4.2.2.2). Eine Erklärung für Preisstarrheit sind dabei die oben schon erwähnten „Menu-Costs" (Mankiw [1985]).

Grundlagen der Preisrigiditäten in der NKM finden sich des Weiteren u. a. in Rotemberg [1982], Akerlof und Yellen [1985a], Parkin [1986], Svensson [1986] und Blanchard und Kiyotaki [1987]. Ein gut verständliches einführendes Makroökonomie-Buch, das sich ausführlich mit Neukeynesianischer Makroökonomie beschäftigt, haben Carlin und Soskice [2006] verfasst. Etwas technischer aber noch nicht zu anspruchsvoll ist Gali [2015].

4.3.2 Neue Neoklassische Synthese (NNS)

Genau wie die „Neue Keynesianische Makroökonomie" erklärt die „Neue Neoklassische Synthese" (NNS) Lohn- und Preisrigiditäten mikroökonomisch. Von den Neukeynesianern übernimmt die Neue Neoklassische Synthese die Ideen von monopolistischem Wettbewerb, Mark-ups und Kosten der Preisanpassung. Preisrigiditäten werden basierend auf einem Modell ähnlich dem von Taylor [1979] modelliert. Die NNS nimmt **Calvo-Preissetzung** an. Im Gegensatz zu Taylor werden die Preise bei Calvo [1983] nicht von jedem Preissetzer in festen Abständen neu

---

[150] Zu diesen beiden Theorien siehe auch Wagner [2007].
[151] Zu einer allgemeinen Einführung in die RBC-Theorie siehe Buscher und Radowski [2002] oder McCandless [2008]. Die RBC-Modelle nehmen, der neoklassischen Tradition folgend, flexible Preise an.

berechnet. Stattdessen wird in jeder Periode der Preis mit einer bestimmten Wahrscheinlichkeit neu gesetzt. Diese Wahrscheinlichkeit ist für alle Preissetzer gleich. Sie ist unabhängig davon, wann der Preis das letzte Mal modifiziert wurde. Wir haben also immer einen Anteil von neu gesetzten Preisen im Preisindex und einen Anteil von Preisen, die in der Vorperiode oder auch früher gesetzt wurden.[152]

Fluktuationen von Output und Beschäftigung werden in der Neuen Neoklassischen Synthese über die Real-Business-Cycle Komponente erklärt. Einflüsse der RBC-Theorie finden sich in der Bedeutung des erwarteten Lebensarbeitseinkommens, des Reallohns und der realen Zinsen für die Konsumnachfrage und das Arbeitsangebot der Haushalte (vgl. Goodfriend [2002]).

Für einige Autoren, z. B. Galì [2002], sind jedoch die Ähnlichkeiten mit der NKM ausreichend um statt „**Neuer Neoklassischer Synthese**" den Begriff „**New Keynesian models**" zu gebrauchen. Ein anderer häufig vorkommender Begriff ist „**new consensus model**" (Goodfriend [2005a]). Der Begriff „Neue Neoklassische Synthese" wurde von Goodfriend und King [1997] geprägt. Mankiw [2006] sieht diesen Begriff eher skeptisch. Er tendiert dazu eher von Waffenstillstand („**truce**") zu sprechen als von Konsensus, da er das Modell eher kritisch beurteilt.[153] Dennoch ist die NNS weitverbreitet in der theoretischen Analyse monetärer Politik (Clarida, Gali, und Gertler [1999], McCallum und Nelson [1999] und McCallum [2002]). Insbesondere das Buch von Woodford [2003] hat inzwischen „Kult-Status" erreicht.[154] Daher soll die Neue Neoklassische Synthese auch hier nicht vernachlässigt werden.

Während die RBC-Theorie (und die Neue Klassische Makroökonomie) Konjunkturschwankungen als notwendigen Prozess im Rahmen der Anpassung von Angebot und Nachfrage ansehen, sieht die Neue Neoklassische Synthese Konjunkturschwankungen nicht als wünschenswert.

Folglich sollte die Geldpolitik, die in der NNS im Gegensatz zur RBC und zur Neuen Klassischen Makroökonomie nicht unwirksam ist (zumindest kurz- bis mittelfristig), nach Ansicht der NNS-Ökonomen auch eingesetzt werden, wenn dadurch Effizienzsteigerungen erreicht werden können (Goodfriend und King [1997]). Dies und die Anwendung einer Variante der Methode optimaler Kontrolle zur Berechnung optimaler Stabilisierungspolitik sind Überschneidungen mit neu-keynesianischer Theorie.

Die drei Hauptelemente des NNS-Modells sind
    (1) Angebotsseite

---

[152] In der EU zum Beispiel ändern sich im Schnitt 15 Prozent der Konsumentenpreise im Monat, in den USA sind es 25 Prozent (Dhyne et al. [2005]). Bei den Produzentenpreisen werden im Schnitt 21 Prozent pro Monat angepasst, wie eine Untersuchung von sechs EU-Ländern (Dias et al. [2007]) ergab. Siehe auch Nakamura und Steinsson [2013].

[153] Mankiw [2006] verwirft diese Theorievariante nicht völlig, aber sieht sie eher als Ausgangspunkt für eine Entwicklung eines neuen allgemein anerkannten Modells. Dagegen sieht Blanchard schon „too much convergence" (Blanchard [2009b: S. 225]). Eine etwas andere Sichtweise nimmt Woodford [2009] ein.

[154] Ein formal-mathematisch etwas weniger anspruchsvolles und sehr übersichtliches einführendes Werk, das dennoch erlaubt, die Herleitung der Modellformeln und die Wirkungsweise des Modells zu verstehen, ist Gali [2015]. Etwas umfangreicher ist Wickens [2012]. Einführende Kapitel zur NNS finden sich aber beispielsweise auch in Holtemöller [2008] und Walsh [2017].

1. Kapitel: Zur Frage der Notwendigkeit von Stabilitätspolitik

(2) Nachfrageseite
(3) Politikreaktionsfunktion (Zinsregel)

Die **Angebotsseite** folgt der NKM. Es wird meistens monopolistischer Wettbewerb mit „staggered price setting" (zeitlich gestaffelte Preisänderungen) à la Calvo [1983] auf dem Gütermarkt als Ursache von Preisrigiditäten angenommen (in einigen Fällen auch auf dem Arbeitsmarkt).

Die Unternehmen setzen ihre Preise so, dass der über die Zeit erwartete (abdiskontierte) Gewinn maximiert wird. Dies bedeutet, dass die absolute Abweichung zwischen optimalen und tatsächlichen zukünftigen Preisen über alle Perioden minimiert wird.[155]

Nehmen wir an, dass der Anteil der Unternehmen, die laut Calvo-Preissetzung ihren Preis neu setzen dürfen, α beträgt. Daraus folgt, dass $(1 - \alpha)$ der Preise unverändert bleiben, oder auch, dass ein Unternehmen in der nächsten Periode mit einer Wahrscheinlichkeit von $(1 - \alpha)$ seinen Preis beibehalten wird. Dieser einmal beibehaltene Preis muss mit einer Wahrscheinlichkeit von $(1 - \alpha)$ eine weitere Periode beibehalten werden. D. h. zwei Perioden in der Zukunft haben wir eine Wahrscheinlichkeit von $(1 - \alpha)^2$ für einen unveränderten Preis. Ein Unternehmen minimiert also

(1) $\quad L(p_t^{neu}) = \sum_{i=0}^{\infty} (1 - \alpha)^{t+i} \beta^{t+i} E_t(p_t^{neu} - p_{t+i}^{opt})^2$

In Gleichung (1) ist β der Diskontierungsfaktor, p_t^{neu} der neu zu bestimmende Preis und p_t^{opt} der optimale Preis.

Die neue Phillipskurvengleichung[156] lautet

(2) $\quad \pi_t = \beta E_t \pi_{t+1} + \gamma(y_t - \bar{y}_t) + \varepsilon_t$.

Dabei bezieht sich π_t ebenso wie π_{t+1} hier auf die Abweichung der Inflation von der Trendinflationsrate. Dies ist meist irrelevant, da das Standardmodell eine Trendinflationsrate von Null annimmt, kann jedoch in bestimmten Zusammenhängen bei der Diskussion von Geldpolitik doch einmal von Bedeutung sein.

Der Cost-push-Schock ε_t ist eine stationäre Zufallsvariable mit dem Erwartungswert Null. Weitere Elemente der neuen Phillipskurve sind die erwartete Inflation der nächsten Periode, das aktuelle Produktionsniveau und das „natürliche"[157] Produktionsniveau ($\bar{y}_t$). Die Konstante γ ist positiv. Sie wird bestimmt

---

[155] Da die Unternehmen nicht in jeder Periode ihre Preise frei wählen können, müssen sie bei ihrer Optimierung auch zukünftige Entwicklungen berücksichtigen.
[156] Die neukeynesianische Phillipskurvengleichung wird aus der Preissetzungsgleichung (1) abgeleitet. Robertson [1995] zeigt, dass sich eine ähnliche Phillipskurvengleichung auch aus dem Taylor-Modell ableiten lässt. Zu einem Vergleich mit der Neoklassischen Phillipskurve siehe Kiley [1998].
[157] In diesem Modellzusammenhang bedeutet „natürliches Produktionsniveau" das Niveau, welches unter Abwesenheit aller denkbaren Störungen, jedoch unter Annahme monopolistischer Konkur-

von α, dem Parameter aus der Calvo-Preissetzung, und β, dem Diskontierungsfaktor. Ein erwarteter Anstieg der Produktion führt zu höherer Inflation, genauso wie ein Überschreiten des natürlichen Produktionsniveaus in der Gegenwart. Dies folgt auch aus der Phillipskurvengleichung (2):

(2') $E_t\pi_{t+1} = \beta E_t\pi_{t+2} + \gamma\, E_t(y_{t+1} - \bar{y}_{t+1})$

Nach Einsetzen in (2) und Iteration erhalten wir

(3) $\pi_t = \gamma \sum_{i=0}^{\infty} \beta^i E_t(y_{t+i} - \bar{y}_{t+i}) + \varepsilon_t$

Die **Nachfrageseite** orientiert sich hauptsächlich an der RBC-Theorie: Konsum-, Geld- und Freizeitnachfrage der nutzenmaximierenden Haushalte führen dabei zu einer IS-Kurve der Form

(4) $y_t = E_t y_{t+1} - a(r_t - \bar{r}_t)$, $a > 0$.

Der Konsum hängt hier vom Realzins ab. Der natürliche Realzins $\bar{r}_t$ korrespondiert mit dem natürlichen Produktionsniveau $\bar{y}_t$. Wenn der tatsächliche Realzins mit dem natürlichen Realzins identisch ist, weicht der Output nicht von seinem natürlichen Niveau ab. Höhere Zinsen sorgen dafür, dass der Output sinkt. Im Gegensatz zu den „alten Keynesianischen Modellen" läuft der Transmissionsmechanismus hier nicht über Investitionen sondern über den Konsum. Höhere Zinsen verteuern indirekt den gegenwärtigen Konsum.

Die LM-Kurve wird in diesem Modellzusammenhang eher selten betrachtet, da einer der Vorteile der Neuen Neoklassischen Synthese darin liegt, dass sie die Abbildung der heutzutage wesentlich gebräuchlicheren Zinspolitik (anstelle der im IS-LM-Modell betrachteten Geldmengensteuerung) ermöglicht. Trotzdem soll sie der Vollständigkeit halber hier erwähnt werden:

(5) $m_t - p_t = b_1 y_t - b_2(r_t + E_t\pi_{t+1})$

Die Konstanten b_1 und b_2 sind positiv. In der Klammer auf der rechten Seite der Gleichung findet sich der Nominalzins ($i = r_t + E_t\pi_{t+1}$).

Die Geldpolitik wird in der NNS hauptsächlich über eine Zinsregel, z. B. die Taylor-Regel, durchgeführt[158]:

---

renz zu Stande kommt. Dieses natürliche Produktionsniveau ist also niedriger als das Produktionsniveau, welches bei vollkommener Konkurrenz möglich wäre.

[158] Für eine Diskussion von Geldmengen- versus Zinspolitik im NNS-Kontext siehe Collard und Dellas [2005]. Favara und Giordani [2009] untersuchen empirisch den Effekt der Geldmenge in

(6) $r_t = \bar{r}_t + c_1\pi_t + c_2(y_t - \bar{y}_t) + \xi_t, \quad c_1, c_2 > 0$

mit ξ_t als ein Zinsschock, der eine stationäre Zufallsvariable mit dem Erwartungswert Null darstellt. Die Taylor-Regel wird im 2. Teil, 3. Kapitel noch ausführlich besprochen. Allgemein besagt sie, dass die Zentralbank den Nominalzins in Reaktion auf Inflations- oder Output-Abweichungen vom Ziel- bzw. Gleichgewichtswert setzt, um diesen unerwünschten Abweichungen entgegenzusteuern und letztlich Inflation und Output zu stabilisieren.[159]

Stabilitätseffekte der Geldpolitik werden über eine Verlustfunktion gemessen. Diese Verlustfunktion kann unter bestimmten Bedingungen als Annäherung der individuellen Nutzenfunktion verstanden werden. Die NNS erlaubt also die Analyse von Zinspolitik im Rahmen eines mikrofundierten Modells. Um beispielsweise herauszufinden, wie die Geldpolitik auf einen Schock reagiert, brauchen wir zunächst eine Lösung des Modells.

Diese Lösung kann bei komplexeren dynamischen stochastischen allgemeinen Gleichgewichtsmodellen[160] (dsge-Modelle) üblicherweise nur numerisch, d. h. durch Einsetzen numerischer Werte für die einzelnen Parameter, gefunden werden. Hierfür werden die Werte für die Parameter beispielsweise auf Basis von Ergebnissen aus der empirischen Literatur festgelegt. Um die Modellreaktion möglichst nah mit den beobachteten realen Verläufen der Variablen – sichtbar in den empirischen Daten – in Einklang zu bringen, werden einige Parameter entsprechend angepasst. Dieser – hier vereinfacht dargestellte – Prozess nennt sich Kalibrierung[161]. Wir skizzieren im Folgenden die Lösungsmethode für unser Basismodell bestehend aus der neukeynesianischen Phillipskurvengleichung (2), der IS-Gleichung (4) und der Zinsregel (6).

Nach der Aufstellung der drei Modellgleichungen und der Kalibrierung der Parameter können die sogenannten „Impuls-Antwort-Folgen" berechnet und gezeichnet werden. Die Herangehensweise an die Lösung von dsge-Modellen lässt sich wie folgt charakterisieren. Im ersten Schritt geht es um die Mikrofundierung der makroökonomischen Modellgleichungen (Neukeynesianische Phillipskurvengleichung; IS-Gleichung; Zinsregel) aus der Optimierung auf mikroökonomischer Ebene – beispielsweise die Maximierung des Nutzens der privaten Haushalte oder

---

der NNS und finden, dass sie durchaus von Bedeutung sein kann. Siehe auch Arestis et al. [2010].

[159] In Gleichung (6) ist zudem implizit ein Nullinflationsziel enthalten.

[160] Dynamisch bedeutet, dass sich die Variablen des Modells (y, π, r) im Zeitablauf ändern und daher zeitabhängig sind. Da sowohl in der Phillipskurvengleichung (2) als auch in der Zinsgleichung (6) die Zufallsvariablen ε_t und ξ_t – im Weiteren Cost-push-Schock und Zinsschock genannt – auftauchen, ist das hier vorliegende NNS-Modell als stochastisch zu bezeichnen. Allgemeine Gleichgewichtsmodelle stellen die Eigenschaften von Gleichgewichtszuständen einer Ökonomie als Ganzes in den Vordergrund und grenzen sich so von Partialmodellen, die einzelne Teilmärkte betrachten, ab. Hierbei wird versucht die makroökonomischen Gleichungen eines Modells aus dem mikroökonomischen Optimierungsverhalten von Agenten (Konsumenten, Produzenten etc.) abzuleiten. Dieses Vorgehen wird in der Literatur auch als Mikrofundierung bezeichnet.

[161] Siehe Prescott und Candler [2008] für eine gute Beschreibung dieses Kalibrierungsprozesses.

die Minimierung der Kosten der Unternehmen.[162] Diese Gleichungen bestimmen die Dynamik des Modells und sind in ihrer ursprünglichen Form nicht linear. Zur einfacheren Lösbarkeit werden die nicht linearen Gleichungen in der Regel linearisiert. Nach der Kalibrierung der Parameter kann mit Hilfe von Simulationssoftware – beispielsweise mit Dynare – das Gleichgewicht des Modells bestimmt werden.

Die oben erwähnten Impuls-Antwort-Folgen stellen eine gute Möglichkeit dar die Dynamik des Modells grafisch abzubilden. Die Abbildung 4 illustriert die Reaktion des Nominalzinses i_t, der Inflationsrate π_t und der Produktionslücke $(y_t - \bar{y}_t)$ auf einen positiven und temporären Zinsschock im Modell. Diese Art der Darstellung ermöglicht es ähnlich wie in einem Laborexperiment Szenarien im Detail durchzuspielen und die zugrundeliegenden Transmissionskanäle in dem Modell zu illustrieren.

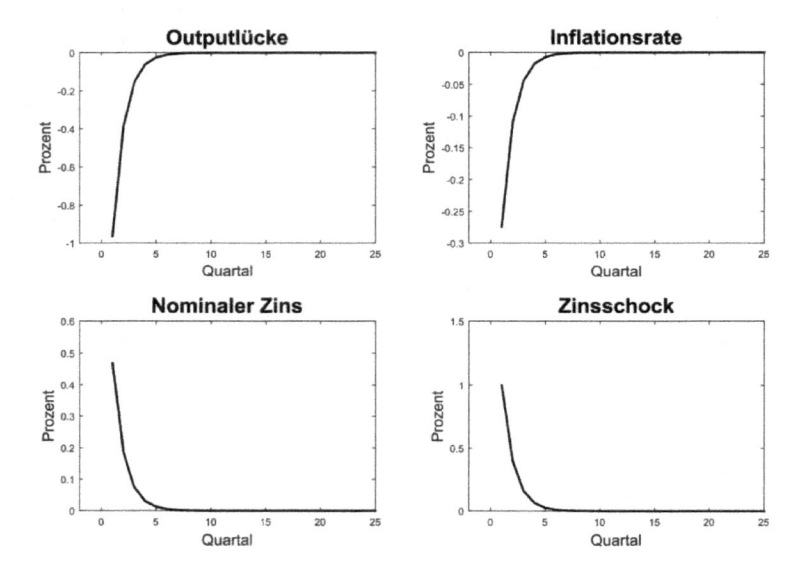

Abbildung 4: [Impuls-Antwort-Folgen auf einen unerwarteten positiven Zinsschock in Höhe von 1 % (Jahresbetrachtung)] (Quelle: Eigene Darstellung).

Auf der Abszisse sind die entsprechenden Quartale abgebildet. Auf der Ordinate ist die prozentuale Abweichung vom langfristigen Gleichgewicht abzulesen. Im Weiteren wird der Hauptfokus der Diskussion auf den qualitativen Ergebnissen des Modells liegen.[163] Der positive Zinsschock ξ_t in Gleichung (6) bedeutet einen unmittelbaren Anstieg des Nominalzinses i_t und damit des Realzinses r_t. Durch

---

[162] Siehe Gali [2015] und Poutineau et al. [2015] für die Mikrofundierung der Modellgleichungen.
[163] Da das hier besprochene Modell eine Basisversion darstellt, ist es nicht verwunderlich, dass die quantitativen Ergebnisse des Modells nicht den empirischen Daten aus der Praxis entsprechen. Die Prognosemodelle der Zentralbanken und der Wirtschaftsforschungsinstitute enthalten noch zahlreiche weitere Gleichungen. Dort werden beispielsweise nicht nur Preisrigiditäten, sondern auch andere Marktunvollkommenheiten, wie beispielsweise Lohnrigiditäten und Investitionsanpassungskosten, mit eingebaut (siehe Smets und Wouters [2007]).

1. Kapitel: Zur Frage der Notwendigkeit von Stabilitätspolitik

das Vorliegen von Rigiditäten in der Preisanpassung werden nicht alle Preise sofort gesenkt und der Realzins steigt in der Impulsperiode, was eine dämpfende Wirkung auf die Nachfrage hat. Dies können wir sowohl in Abbildung 4 (oben links) als auch in der IS-Gleichung beobachten.[164]

Ein Teil der Nachfrage wird aufgrund der über das gleichgewichtige Niveau hinaus gestiegenen Realzinsen in die Zukunft verschoben. Laut der neukeynesianischen Phillipskurvengleichung (2) kommt es in der Folge vorübergehend zu einer Deflation in der Modellökonomie. In der langen Frist jedoch gelangt die Ökonomie wieder ins Gleichgewicht.

In Abbildung 5 sind die Impuls-Antwort-Folgen eines positiven Cost-push-Schocks (Angebotsschocks) illustriert.

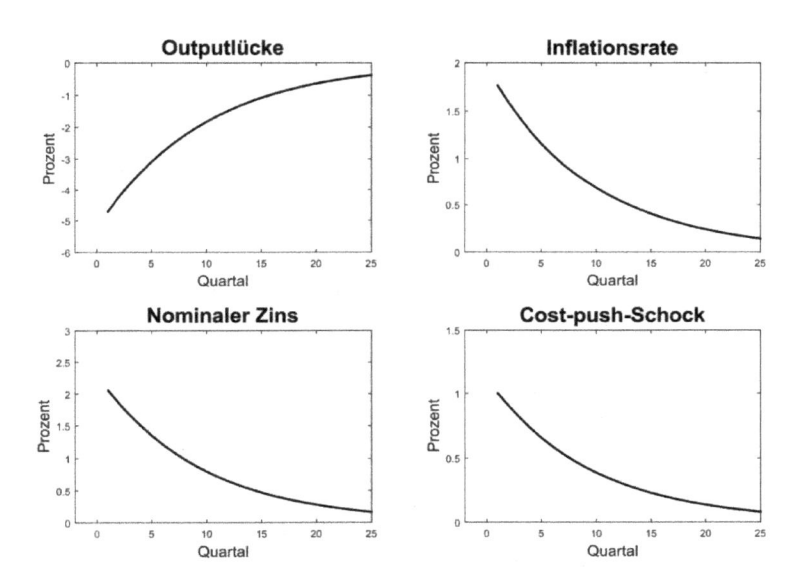

Abbildung 5: [Impuls-Antwort-Folgen auf einen unerwarteten positiven Cost-push-Schock in Höhe von 1 % (Jahresbetrachtung)] (Quelle: Eigene Darstellung).

Laut der Phillipskurvengleichung (2) steigt in Folge eines positiven Cost-push-Schocks unmittelbar die Inflationsrate. Dies veranlasst die Geldpolitik zu einer Nominalzinserhöhung, um die über den Zielwert gestiegene Inflationsrate zu reduzieren. Es kommt des Weiteren zu einer Realzinserhöhung, was wiederum zu einer Nachfrageminderung führt und somit einen stabilisierenden Effekt auf die Inflation ausübt. Wie bei einem Zinsschock, gelangt die Ökonomie nach einiger Zeit wieder ins Gleichgewicht.

Auch wenn in dieser Basisversion des NNS-Modells die Reaktionen der Modellvariablen adäquat anhand der Gleichungen (2), (4) und (6) nachzuverfolgen

---

[164] Bei der üblichen Kalibrierung von $a > 0$ führt ein Realzinsanstieg zu einer Reduktion von y_t.

sind, bietet die Impuls-Antwort-Analyse, insbesondere in komplexeren Modellen, einen übersichtlichen Weg an die Dynamik des Modells zu illustrieren. Bei größeren Modellen mit zahlreichen Variablen und Gleichungen, mit unterschiedlichen Arten von Friktionen und mit korrelierten Schocks sind nicht nur die direkten Effekte von Relevanz, sondern vor allem auch die indirekten Effekte über den Zeitverlauf. Die Impuls-Antwort-Abbildungen illustrieren den Gesamteinfluss eines Schocks auf eine Modellvariable über die Zeit.

Es gibt jedoch auch einige Kritikpunkte am NNS-Modell:[165]

1. Die *Geldhaltung* ist in der Neuen Neoklassischen Synthese *nicht explizit mikrofundiert*.
2. Bei der *verzögerten Preisanpassung* fehlt ebenfalls die explizite Mikrofundierung.
3. Die neukeynesianische Phillipskurve ist *empirisch nicht eindeutig* belegt (aber auch nicht eindeutig verworfen).

Zum letzten Punkt: In der *Realität* wird eine *hohe Inflationspersistenz* beobachtet („inflation inertia"). Die Neukeynesianische Phillipskurve kann dies nicht reproduzieren.[166]

Empirische Analysen deuten daraufhin, dass auch vergangene Inflation in die Phillipskurvengleichung einbezogen werden sollte. Ein Modell, das diese einschließt, reproduziert das Verhalten der US-Wirtschaft wesentlich besser bezogen auf die Veränderung von Inflation und Output infolge eines Politikschocks (z. B. Eichenbaum et al. [2005], auch für die Empirie).[167]

Mankiw und Reis [2001] wählen eine andere Variante, um „inflation inertia" in ihrem „Sticky-Information"-Modell zu repräsentieren. In ihrem Modell geht auch die Inflation der Vorperiode in die Phillipskurvengleichung ein, ebenso wie Wachstumsraten aus verschiedenen Perioden. Der Name des Modells kommt daher, dass sie statt starrer Preise starre Informationen annehmen. Preissetzer bekommen für die Preissetzung wichtige Informationen in unregelmäßigen Abständen. Dabei wird nach dem gleichen Zufallsprinzip wie bei der Calvo-Preissetzung bestimmt, welche Agenten zu einem bestimmten Zeitpunkt neue Informationen bekommen.[168]

---

[165] Für weitere Kritikpunkte siehe Wagner [2007] und Colander et al. [2008]. Zu einer neueren anderen Interpretation (Neo-Fisher-Interpretation) der Zinswirkung im neukeynesianischen Makromodell siehe den Exkurs in diesem Abschnitt.

[166] Für einen ausführlichen Überblick über die Differenzen zwischen Neukeynesianischer Phillipskurve und empirischen Fakten siehe z. B. Mankiw [2001] und Dotsey et al. [2017]. Coibion et al. [2017] setzen sich hierbei kritisch mit der Rationalitätsannahme der Wirtschaftssubjekte in Bezug auf die neukeynesianische Phillipskurve auseinander.

[167] Siehe hierzu auch Fuhrer and Moore [1995]. Dieser Punkt ist allerdings noch strittig. Cogley und Sbordone [2008] beispielsweise finden empirisch keinen Grund für die Einbeziehung der vergangenen Inflation. Mittlerweile wurden jedoch einige Versuche unternommen, dies zu ändern (Brzoza-Brzezina et al. [2013]). Mehra [2004] hingegen zeigt, dass bei Vorliegen von Angebotsschocks die vergangene Inflation – und nicht der vorausschauende Term der Phillipskurvengleichung – ein wichtiger Indikator für die jetzige Inflation ist.

[168] Erceg et al. [2000] bauen die verzögerte Anpassung der Löhne (sticky wages) in das neukeynesianische Modell ein. Neuere empirische Untersuchungen kommen beispielsweise für die USA

Postkeynesianer finden noch eine Reihe weiterer Kritikpunkte. Sie gehen z. B. weder von kurz- noch langfristiger Neutralität des Geldes noch von einer langfristig vertikalen Phillipskurve aus (für diese und weitere Punkte vgl. Kriesler und Lavoie [2005]). Eine auch langfristig nicht vertikale Phillipskurve lässt sich allerdings auch im Rahmen der Neukeynesianischen Phillipskurve begründen (siehe z. B. Karanassou und Snower [2007], Merkl und Snower [2007], Karanassou, Sala und Snower [2010] und Svensson [2015]).

Im Rahmen der Finanzkrise von 2007–09 wurde außerdem bemängelt, dass das Modell keinen Finanzmarkt enthält und deshalb für die Vorhersage und Analyse von Krisen nicht passend ist. Es eignet sich dennoch sehr gut, um viele Standardfragen der Geldpolitik zu illustrieren, da es ähnliche Grundstrukturen aufweist wie wesentlich komplexere Politikanalysemodelle, die von Zentralbanken genutzt werden.[169]

Zudem hat es den Vorteil, dass sich die soziale Verlustfunktion

$$V_t = E \sum_{i=0}^{\infty} \beta^i [\pi_{t+i}^2 + b(y_{t+i} - \bar{y}_{t+i})^2] \tag{7}$$

aus der Nutzenfunktion der Haushalte herleiten lässt.[170] Der Parameter b setzt sich in diesem Fall aus Strukturparametern des Modells zusammen. Die soziale Verlustfunktion kann also modellimmanent begründet werden und ist keine ad hoc konstruierte Funktion wie in den anderen Modellen dieses Kapitels.

Diese Verlustfunktion wird, wie auch in anderen Modellen, zur Analyse geldpolitischer Strategien benötigt. Mehr zur sozialen Verlustfunktion folgt bei der Diskussion einiger Aspekte der Geldpolitik in Abschnitt 5.7 am Ende des zweiten Kapitels.

Zusätzlich lassen sich auch einige wichtige Kritikpunkte in Bezug auf die Methodik formulieren.[171] Wie oben erwähnt, werden Bewegungen von Variablen aus dem Gleichgewicht durch Schocks ausgelöst. Diese Verfahrensweise ist aus zwei Gründen als problematisch anzusehen. Zum einen wird hiermit angenommen, dass sich die Ökonomie zum Zeitpunkt des Schockeintritts im Gleichgewicht befindet. Diese Annahme ist als sehr unrealistisch anzusehen. Zum anderen werden beispielsweise Konjunkturzyklen oder starke Auf- und Abschwünge von Vermögenspreisen nicht modellendogen, sondern durch einen nicht beobachtbaren exogenen Schock erklärt (vgl. Fagiolo und Roventini [2017]).

Ein weiterer Kritikpunkt zielt auf die Linearisierung der nicht linearen Interaktionen zwischen den Modellvariablen hin, die durchgeführt wird, um die numerische Simulation einfacher zu gestalten. Die Reaktionen des linearisierten Systems

---

zum Schluss, dass erhebliche Rigiditäten in der Lohnanpassung existieren (siehe Barattieri et al. [2010]).

[169] Z. B. das von der US-amerikanischen Zentralbank genutzte FRB-US-Modell (siehe Clarida, Gali und Gertler [1999]).

[170] Für eine Herleitung siehe z. B. Rotemberg und Woodford [1998] oder Woodford [2001a].

[171] Siehe für eine allgemeine Diskussion über den Nutzen von dsge-Modellen Blanchard [2016] und Stiglitz [2017].

jedoch können, im Vergleich zu dem Verhalten des nicht linearen Systems, zu gänzlich unterschiedlichen Ergebnissen und Dynamiken führen (vgl. Boneva et al. [2016]). Zudem können durch die Linearisierung nur kleinere Schocks bei der Analyse betrachtet werden, was aber den Erfahrungen aus den letzten Krisen widerspricht. So zeigen Brunnermeier und Sannikov [2014], dass gerade diese Nichtlinearitäten in der Praxis eine wesentliche Rolle bei der Entstehung und Amplifizierung von Preisblasen spielen.

Des Weiteren wird in dsge-Modellen üblicherweise von der Homogenität und der Repräsentativität der Agenten ausgegangen, um eindeutige und stabile Gleichgewichte zu erzeugen (vgl. Fagiolo und Roventini [2017]). Dies impliziert die Übereinstimmung des Verhaltens der Agenten auf der Mikroebene mit dem Verhalten auf der Makroebene. Einer der Schwachpunkte dieser Annahmen ist, dass Verteilungseffekte im Modell keine Rolle spielen. Zudem können die Heterogenitäten der Wirtschaftssubjekte – beispielsweise die unterschiedlichen Informationsstände und die individuellen Fähigkeiten bei der Informationsverarbeitung – nicht adäquat mit berücksichtigt werden (vgl. De Grauwe [2010]).

Weitere Kritikpunkte beziehen sich auf die Annahme der Rationalität und der Nutzenmaximierung der Wirtschaftssubjekte. Denn in der Regel wird nicht nur festgelegt, dass den Wirtschaftssubjekten alle relevanten Informationen bezüglich des zugrundeliegenden Modells – und auch aller möglicher Entscheidungskalküle anderer Agenten – zugänglich sind, sondern auch, dass diese in der Lage sind die ihnen vorliegenden Informationen optimal zu verarbeiten. Dies impliziert, dass ihre Prognosen über zukünftige Entwicklungen im Mittel richtig sind und sie daher keine systematischen Fehler begehen. Wie De Grauwe [2010] aufzeigt, ist dieses Verhalten realitätsfern.[172] Dieser Aspekt wird vor allem von den Verhaltensökonomen in den Vordergrund gestellt. Sie versuchen die kognitiven Einschränkungen der Wirtschaftssubjekte mit in die makroökonomischen Modelle einzubetten.[173]

Hierbei gehen sie nicht unbedingt von einem irrationalen Verhalten der Wirtschaftssubjekte aus, sondern nehmen lediglich an, dass aufgrund der Komplexität der Welt und der eingeschränkten kognitiven Fähigkeiten der Agenten, es für diese sehr wohl rational sein kann, ihre Prognosen über zukünftige Entwicklungen auf Basis von simplen Heuristiken (Verhaltens- und Lernregeln) zu treffen. Dies ist einer der zentralen Unterschiede zwischen den verhaltensökonomischen (behavioral) Modellen und den dsge-Modellen. De Grauwe (2010) weist darauf hin, dass solche Behavioral-Modelle in der Lage sind endogene Konjunkturzyklen zu generieren.

Eine andere Gruppe von Modellen – die sogenannten agentenbasierten Modelle (ABM) – gehen noch einen Schritt weiter und lösen sich gänzlich von der konventionellen Art der Modellierung in der Makroökonomie. Es ist besonders hervorzuheben, dass alle oben diskutierten Kritikpunkte durch die agentenbasierten Modelle angesprochen werden. Hierbei werden Erkenntnisse über das Verhalten von Wirtschaftssubjekten, die aus empirischen und experimentellen Untersuchun-

---

[172] Siehe DellaVigna [2009] für eine gute Literaturübersicht über die in der Realität auftretenden Abweichungen von der Rationalitätshypothese.
[173] Siehe Gabaix [2016] für die Entwicklung eines neukeynesianischen Behavioral-Modells.

gen gewonnen wurden, in makroökonomische Modelle eingearbeitet. Auf restriktive Annahmen wie die Rationalität der Agenten wird gänzlich verzichtet, um realistischere Verhaltensmuster dieser auf der Mikroebene abzubilden.

Andere theoretische Bausteine wie die Nutzenmaximierung werden aufgrund der mangelnden praktischen Relevanz durch Heuristiken und Lernmechanismen ersetzt. Die makroökonomischen Aggregate entstehen hierbei explizit aus den strategischen und sozialen (nicht linearen) Interaktionen einer Vielzahl heterogener Agenten (vgl. Fagiolo und Roventini [2017]). Es besteht ebenso nicht die Notwendigkeit sich auf eindeutige und stabile Gleichgewichte zu beschränken. Vielmehr können ungleichgewichtige Entwicklungen auf unterschiedlichen Märkten adäquater abgebildet werden. Vor allem die Übergänge zwischen verschiedenen Zuständen der Volkswirtschaft können explizit herausgestellt werden.

Die hohe Flexibilität der agentenbasierten Modelle und die realistische Anpassung des Modells an die Wirklichkeit erfordern jedoch die Anwendung computergestützter Simulationsverfahren, um das Verhalten des Systems aufzuzeigen. Eine analytische Berechnung der Modelldynamik ist in der Regel nicht möglich. Ein weiterer Nachteil dieser Methodik ist, dass die Identifikation von Wirkungsketten sehr herausfordernd sein kann, da diese Art der Modelle per se nicht die innere Geschlossenheit herkömmlicher dsge-Modelle besitzt (vgl. Turrell [2016]).

Exkurs: Neo-Fisher-Interpretation

Die Auswirkungen der globalen Finanzkrise haben zahlreiche Zentralbanken veranlasst, die Leitzinsen in die Nähe der Nullzinsgrenze zu senken. Mit Erreichen der Nullzinsgrenze bei weiterhin niedrigen Inflationsraten und einem Produktionsniveau unterhalb des langfristigen Trends, suchte die Geldpolitik nach Alternativen zur unpopulären Maßnahme eines Negativzinses, um die Inflationsrate und damit auch das Produktionsniveau zu stimulieren. Verschiedene unkonventionelle Maßnahmen wurden so eingesetzt (z. B. Quantitative und Qualitative Easing, siehe Kap. 3. C II 4.), um als Ersatz für eine Senkung des Nominalzinses eine Erhöhung der Inflationserwartungen zu erreichen.[174] Im neukeynesianischen Modellrahmen haben eine Senkung des Nominalzinses und die Erhöhung der Inflationserwartungen im Normalfall die gleiche (realzinssenkende) expansive Wirkung.

Die Argumentation läuft zunächst über die Änderung des kurzfristigen Realzinses ($r_t = i_t - E\pi_{t+1}$), d. h. sowohl Nominalzinssenkungen als auch Inflationserwartungssteigerungen haben bei den im Modell angenommenen kurzfristig rigiden Preisen eine (kurzfristig) realzinssenkende Wirkung. Die Realzinssenkung wirkt über die neukeynesianische IS-Kurve (4) nachfragesteigernd und über die neukeynesianische Phillipskurve (2) ergibt sich eine inflationssteigernde Wirkung. Diese Argumentation geht von einer eher kurzen Frist aus und basiert oft auf Geldpolitik im Rahmen einer Taylor-Regel. Dabei wird davon ausgegangen, dass das Ziel der Zentralbank die Stabilisierung der Inflationsrate bei einem Zielniveau ist. Daher wird nur auf Abweichungen vom Ziel reagiert. Wenn sich die Inflationsrate zurück zu ihrem Zielniveau bewegt hat, geht der Nominalzins wieder auf sein

---

[174] Dies kann beispielsweise über eine angekündigte längerfristige Leitzinssenkung geschehen, die sogenannte „Forward Guidance" (siehe Kap. 3, C II. 4).

„gleichgewichtiges" Niveau zurück. Dies wissen auch die Wirtschaftssubjekte. Was passiert, wenn die Zentralbank nicht mehr versucht, die Inflation bei einem Ziel zu stabilisieren, indem sie den Nominalzins kurzfristig variiert, sondern den Nominalzins längerfristig auf einem Niveau festsetzt, welches mit der aktuellen Inflationsrate und dem konstanten Realzins in der Fishergleichung nicht zusammenpasst? Darum geht es bei der hier vorgestellten Neo-Fisher-Interpretation des Modells.

Hier lässt sich aus neueren Untersuchungen (siehe García-Schmidt und Woodford [2015], Cochrane [2016] und Uribe [2017]) ableiten, dass eine dauerhafte Senkung des Nominalzinses im neukeynesianischen Basismodell mit einer sinkenden Inflationsrate einhergehen kann. Bezugnehmend auf Fisher [1930], der in der so genannten Fisher-Gleichung[175] eine gleichgerichtete Bewegung von Inflationsrate und Nominalzins postuliert (bei konstantem Realzins), nennen García-Schmidt und Woodford diesen Mechanismus „Neo-Fisherian".

Ist diese modellbasierte Überlegung realistisch, wäre die theoretische Grundlage für „Forward-Guidance" hinfällig, d. h. eine angekündigte längerfristige Senkung des Nominalzinses würde nicht, wie bisher im Rahmen des neukeynesianischen Modells argumentiert und von der Geldpolitik geplant, zu der gewünschten Erhöhung der Inflationsrate führen sondern zu einer Senkung der Inflationsrate.

Die Autoren sind allerdings der Ansicht, dass das für ihre Argumentation verwendete neukeynesianische Basismodell mit „perfect-foresight" für die Praxis irrelevant ist. Wenn auf die Annahme perfekter Voraussicht oder rationaler Erwartungen verzichtet wird, erhält man keine Neo-Fisher-Reaktion mehr (siehe Garcia-Schmidt und Woodford, [2015] oder Gabaix [2016]). Zudem betonen auch Garin, Lester und Sims [2016], mit einem leicht anderen Ansatz, dass in der kurzen Frist unveränderte Inflationserwartungen oder auch flexible Preise dem Neo-Fisher-Effekt entgegenwirken.[176]

5. Rationierungsansatz

Angenommen, es ließen sich inflexible oder feste Preise begründen, so wie eben ansatzweise in Abschnitt 4 für die kurze bis mittlere Frist gezeigt worden ist. Dann würden sich sogenannte **Rationierungsmodelle** anbieten als Begründung endogener Instabilität in marktwirtschaftlichen Systemen. Dieser Rationierungsansatz ist auch bekannt unter der alternativen Namen „Theorie der Nichträumung von Märkten", „Theorie temporärer Gleichgewichte mit Mengenrationierung", „Ungleichgewichtstheorie", „Fixpreistheorie" oder (etwas ehrgeizig) „Neue Makroökonomie". Er geht a priori davon aus, dass Preise und Löhne nur schwach und langsam auf Angebots- oder Nachfrageüberschüsse reagieren. Daraus wird gefolgert, dass (zumindest kurz- bis mittelfristig) keine Markträumung über Preisänderungen stattfindet. Stattdessen kommt es zu Mengentransaktionen bei „falschen", d. h. nicht markträumenden Preisen und Löhnen. Hieraus folgt, dass Wirtschaftssubjek-

---

[175] Die Intuition für diese Argumentation beruht auf der langfristigen oder „steady-state" Fishergleichung ($r = i - E\pi$); d. h. bei einem konstanten langfristigen Realzins, der normalerweise im Modell angenommen wird, muss eine langfristige Senkung des Nominalzinses zu einer langfristigen Senkung der Inflationsrate führen.

[176] Siehe auch Gerke und Hauzenberger [2017], die weitere Untersuchungen zum Thema aufführen.

1. Kapitel: Zur Frage der Notwendigkeit von Stabilitätspolitik

te mengenmäßig **rationiert** werden. Diese Rationierungstheorie untersucht dann, wie sich beharrliche Marktu**n**gleichgewichte auf ein System interdependenter Märkte auswirken. Dabei werden die Hypothesen über das Angebots- und Nachfrageverhalten der privaten Haushalte und Unternehmen auf den verschiedenen Märkten **entscheidungstheoretisch** fundiert. [Es wird explizit davon ausgegangen (modelliert), dass Haushalte und Unternehmer ihren Nutzen bzw. ihren Gewinn maximieren unter Beachtung von Nebenbedingungen auf die Budgetrestriktion (bei Haushalten) bzw. auf die Produktionsfunktion (bei Unternehmern). Bei nicht walrasianischen Rationierungsfällen dagegen berücksichtigen die als „repräsentativ" gefassten Haushalte und Unternehmer noch zusätzliche Restriktionen, die sich aus der Rationierung selbst ergeben.] Insofern wurde dieser Rationierungsansatz auch als eine „Neuformulierung" oder „mikroökonomische Fundierung" der „neoklassischen Synthese" (siehe hierzu oben) interpretiert.

Diese Theorie, deren Grundlagen von Patinkin [1956], Clower [1965] und Leijonhufvud [1968] entwickelt wurden, und die in ihrer modernen Form im Wesentlichen von Barro und Grossman [1971, 1976], Benassy [1975], Drèze [1975] und Malinvaud [1977, 1980] geprägt worden ist, hatte ihre Blütezeit in den siebziger Jahren. Sie ist in einer Vielzahl von Übersichtsveröffentlichungen dargestellt worden[177]. Hier wird nur die Grundstruktur der Theorie skizziert. [Auf eine formale Modelldarstellung wird allerdings verzichtet. Dies ist nicht als Geringschätzung dieses Theoriezweiges zu bewerten, sondern als eine raumsparende Maßnahme, die angesichts der vielen eben erwähnten Übersichtsveröffentlichungen (darunter auch in deutscher Sprache) vertretbar ist.] Die Theorie baut auf der Annahme inflexibler Preise und Löhne sowie unverzögerter Mengenreaktionen auf. Mengeneffekte **dominieren** Preiseffekte, d. h. Preisanpassungen treten erst auf, wenn die Mengenanpassungen abgeschlossen sind[178]. Die „längere Seite" eines Marktes wird **rationiert**, während die „kürzere Seite" zum Zuge kommt. Anders ausgedrückt, für ein beliebiges Gut x gilt:

$$x_t = \min(x_t^s, x_t^d), \qquad \text{wobei s = Angebot, d = Nachfrage.}$$

Auf diese Weise wird zum Beispiel „unfreiwillige Arbeitslosigkeit" erklärt als Rationierung der Arbeitsanbieter durch eine mengenmäßig unzureichende Arbeitsnachfrage. Analog wird die Unterauslastung von Kapazitäten interpretiert als Rationierung der Unternehmungen durch eine zu geringe effektive Nachfrage nach Gütern. Im Zentrum dieser Theorierichtung steht die Annahme, dass die einzelnen Wirtschaftssubjekte mengenmäßige Beschränkungen, die sie auf den verschiedenen Märkten erfahren haben oder erwarten, mit in ihre Entscheidungskalküle einbeziehen. Wenn sie auf einem Markt rationiert worden sind (oder eine solche Rationierung erwarten), werden sie auch ihre Dispositionen auf den ande-

---

[177] Vgl. z. B. Drazen [1980], Gerfin und Möller [1980], Hagemann, Kurz und Schäfer [Hrsg., 1981], Rothschild [1981], Benassy [1982; 1993b], Meyer [1983] oder in einigen Makroökonomie-Lehrbüchern wie z. B. Benassy [1986], Heijdra und van der Ploeg [2002: Kap. 5] oder Felderer und Homburg [2005: Kap. 9].

[178] Dies impliziert eine Umkehr des Verhältnisses der Anpassungsgeschwindigkeiten von Preisen und Mengen gegenüber der walrasianischen Gleichgewichtstheorie, die die Existenz eines Preis-Auktionators unterstellt. Die Rationierungstheorie unterstellt dagegen gleichsam so etwas wie einen „Mengen-Auktionator".

ren Märkten ändern[179]. So werden Haushalte, die ihr ursprünglich geplantes Arbeitsangebot nicht voll absetzen können, bei den gegebenen Löhnen und Preisen weniger Güternachfrage äußern, als sie es sonst getan hätten. Entsprechend werden Firmen, die einem Angebotsüberschuss auf dem Gütermarkt gegenüberstehen, bei gegebenen Löhnen und Preisen ihre Nachfrage nach Arbeitskräften reduzieren. Es kommt also hier zu sogenannten Übertragungs- oder **Spillover-Effekten** vom Arbeitsmarkt auf den Gütermarkt und umgekehrt, die sich über einen Multiplikatorprozess gegenseitig verstärken können[180]. Die Analyse ist somit notwendigerweise totalanalytisch, d. h. sie berücksichtigt Marktinterdependenzen und Kreislaufzusammenhänge.

Konzeptionell-sprachlich wird in den Rationierungstheorien unterschieden zwischen **unbeschränkten** (notionalen, hypothetischen oder walrasianischen) Angebots- und Nachfragefunktionen und **beschränkten** oder **effektiven** Funktionen. Im Gegensatz zu den ersteren hängen die effektiven Funktionen nicht nur von den Preisen und Anfangsausstattungen ab, sondern auch von den (erwarteten) Mengenrestriktionen auf allen Märkten. Werden die Wirtschaftssubjekte rationiert auf einem Markt, so werden sie ihre Tauschpläne auch auf den Märkten, auf denen sie nicht mengenmäßig rationiert sind, revidieren, umso (als Nutzen- oder Gewinnmaximierer) die jeweilige „Second-Best"-Lösung zu realisieren. Wenn die Mengenreaktionen unverzögert erfolgen, so besteht nichtsdestoweniger in jeder Periode ein **„allgemeines, temporäres Gleichgewicht"**, insofern als die Kauf- und Verkaufspläne auf allen Märkten miteinander konsistent sind. Es handelt sich dabei jedoch um ein **nicht walrasianisches Gleichgewicht**, da die „eigentlichen" oder unbeschränkten Nachfrage- und Angebotspläne inkonsistent bleiben. (Im walrasianischen Sinne handelt es sich folglich um ein **Ungleichgewicht**[181].) Diese Inkonsistenz zwischen den „eigentlichen" Angebots- und Nachfrageplänen begründet schließlich die Annahme, dass auf die mittlere bis lange Frist dann doch Lohn- und Preisreaktionen stattfinden werden. Letztere finden jedoch erst nach Abschluss der Mengenanpassungen, d. h. der Etablierung markträumender Rationierungen, statt.

Mithilfe dieser Theorie gelangt man, je nach Ausgangslage, zu unterschiedlichen **Rationierungskonstellationen** oder „Regimes", die ihrerseits wieder unterschiedliche stabilitätspolitische Therapievorschläge nach sich ziehen. Malinvaud [1977] unterschied und analysierte vor allem **drei Regimes**[182]:
- **„Klassische" Arbeitslosigkeit** (Konstellation: Überschussangebot auf dem Arbeitsmarkt und Überschussnachfrage auf dem Gütermarkt; Grundlage: ein „zu hoher" Reallohn; empfohlene Therapie: Reallohnsenkung relativ zur Arbeitsproduktivität)

---

[179] Dies wird auch als **duale Entscheidungshypothese** bezeichnet.
[180] Man kann die Betrachtung noch um einen Geldmarkt oder – spiegelbildlich – um einen Kreditmarkt erweitern. Siehe z. B. Hool [1980].
[181] Von daher auch die häufig verwendete Bezeichnung „Ungleichgewichtstheorie" für den obigen Ansatz.
[182] Alle drei Regimes sind gekennzeichnet durch die gleichzeitige Nichträumung **beider** betrachteter Märkte (Güter- und Arbeitsmarkt). Sie stellen aber natürlich nur eine Teilmenge aus einer größeren Menge von möglichen Konstellationen dar.

1. Kapitel: Zur Frage der Notwendigkeit von Stabilitätspolitik

- **„Keynesianische" Arbeitslosigkeit** (Konstellation: Überschussangebot auf Arbeits- und Gütermarkt; Grundlage: zu geringe Güternachfrage; empfohlene Therapie; Güternachfragebelebung durch den Staat)
- **„Zurückgestaute" Inflation** (Konstellation: Überschussnachfrage auf Arbeits- und Gütermarkt; Grundlage: Überhitzung der Wirtschaft; Therapie: tendenziell Güternachfrageeindämmung durch den Staat)

Da die Variablen, die für die Lage des Gleichgewichts relevant sind, exogenen Schwankungen unterliegen, kann sich das jeweilige Regime ändern. Malinvaud zeigte (innerhalb seines Modellrahmens), dass für den von ihm für relevant gehaltenen Fall, dass Nachfrageschwankungen eine weit größere Häufigkeit und Amplitude aufweisen als Schwankungen der Preis-Stückkosten-Relation, der Konjunkturzyklus im Wesentlichen aus einem Wechsel zwischen keynesianischer Arbeitslosigkeit und zurückgestauter Inflation besteht. Auf jeden Fall gelingt es dem Rationierungsansatz auf diese Weise, sowohl traditionell-neoklassische als auch traditionell-keynesianische Therapievorschläge von Unterbeschäftigung zu vereinnahmen[183].

Diese Rationierungstheorie ist jedoch **umstritten** innerhalb der modernen Makroökonomie. Das Hauptproblem wird darin gesehen, dass die Rationierungstheorie weitgehend auf mehr oder weniger plausible **ad-hoc-Hypothesen** angewiesen ist[184]. Insbesondere scheint sich die Theorie bislang zu wenig darum gekümmert zu haben, eine mit dem Rationierungsansatz **konsistente** mikrotheoretische Begründung („**Mikrofundierung**") der unterstellten Preis-Lohn-Dynamik zu liefern[185]. Mengenrationierung im Sinne der obigen Theorie impliziert jedoch **unfreiwillige** Mengenbeschränkungen. Ein Verzicht auf Preis- und Lohnänderungen bedeutet in diesem Fall einen Verzicht auf beidseitig vorteilhafte Tauschakte und widerspricht somit anscheinend der Annahme nutzenmaximierender Individuen. (Dieses Argument wurde oben in Abschnitt 4.1.3 schon näher erläutert.) Nur eine überzeugende Erklärung der unterstellten Dynamik von Löhnen und Preisen als Resultat entscheidungstheoretisch begründeter Aktivitäten einzelner Individuen oder Koalitionen von Individuen könnte diese Kritik aus den Angeln heben. Ohne eine solche Erklärung bleibt es jedoch fraglich, ob die Mengenbeschränkungen überhaupt (wie behauptet) „unfreiwillig" sind, und ob es sich bei den auftretenden Konjunkturschwankungen nicht doch um Gleichgewichtsschwankungen handelt[186].

Eine Verbindung der obigen Rationierungstheorie mit den Rationalitätserklärungen von Lohn- und Preisrigiditäten aus Abschnitt 4.2 scheint sich anzubieten.

---

[183] Ein anderer, interessanter Rationierungsansatz liegt Blinder's Instabilitätstheorie [1987b] zugrunde. Dieser Ansatz läuft auf eine Theorie des „effektiven Angebots", basierend auf Kreditrationierung, hinaus. Das zentrale Argument lautet: Wenn eine Kreditreduzierung das aggregierte Güterangebot stärker als die aggregierte Güternachfrage einschränkt, kann dies inflationär wirken und dadurch das reale Kreditangebot noch stärker verringern. Zu Theorien der Kreditrationierung allgemein siehe z. B. Baltensperger und Devinney [1985].

[184] Siehe näher hierzu z. B. Ramser [1987a].

[185] Ähnlich verhält es sich mit der Mikrofundierung des zugrundegelegten „Mengen-Auktionators". Auch ist die notwendige Dynamisierung des Ansatzes noch nicht weit genug vorangeschritten. Zu angedachten Möglichkeiten der Weiterentwicklung der Rationierungstheorie siehe allerdings z. B. Malinvaud [1980], Benassy [1986, 2002] und Ramser [1987a].

[186] Siehe hierzu Barro [1979], Grossmann [1979] und Lucas [1987: Kap. V].

Jedoch ist die **Konsistenz** dieser Mikrofundierung mit der des Rationierungsansatzes umstritten. Der Hauptkritikpunkt lautet wie folgt. Die obige Rationierungstheorie führt nominale Rigiditäten in eine ansonsten walrasianische Ökonomie ein. Die walrasianische Struktur verlangt die Annahme vollständiger Konkurrenz. Inflexible Preise sind dagegen, wie z. B. schon Arrow [1959] betont hat, nicht mit vollkommener Konkurrenz vereinbar[187]. Anders gesagt, die in Abschnitt 4.2 behandelten Ansätze betrachten die Wirtschaftssubjekte als **Preissetzer**, während die Rationierungstheorie sie als **Preisnehmer** fasst. Dies impliziert jedoch einen Widerspruch in den unterstellten Marktformen[188].

Angesichts dieses Mikrofundierungsproblems und angesichts der methodischen Überlegenheit einer **endogenen** Verteidigungsstrategie gegenüber dem Angriff der Neuen Klassischen Makroökonomie auf die keynesianische Instabilitätstheorie, hat das Interesse in der Makroökonomie an dem obigen Rationierungsansatz schon in den achtziger Jahren stark nachgelassen. Dies trifft auf den angelsächsischen Raum noch mehr zu als auf den kontinentaleuropäischen. Insbesondere im angelsächsischen Raum wird heute der in Abschnitt 4 oben dargestellte Ansatz unvollkommener Konkurrenz (insbesondere der der „Neuen Neoklassischen Synthese") als die überlegene Alternative bzw. als „Nachfolger" des Rationierungsansatzes betrachtet[189].

Für die Stabilitätspolitik ändert sich außerdem bei Anwendung des Rationierungsansatzes **im Prinzip** nicht so viel gegenüber den älteren keynesianischen Fixpreisansätzen der „neoklassischen Synthese", obwohl die Analyse – wie man aus Arbeiten u. a. von Honkapohja und Ito weiß[190] – sehr viel schwieriger sein kann wegen des Regimewechsels[191].

6. Gleichgewichts- versus Ungleichgewichtsansatz

In den Abschnitten 3, 4 und bedingt auch 5 wurden Theorien beschrieben, die versuchten, mikroökonomische Fundierungen zu liefern für die paradigmatisch unterschiedlichen Betrachtungsweisen von Konjunkturschwankungen, die einerseits in der Neuen Klassischen Makroökonomie und andererseits in der Neuen Keynesianischen Makroökonomie vorherrschen. Diese Entwicklungen sind noch

---

[187] Vgl. hierzu z. B. Ball, Mankiw und Romer [1988: S. 13].
[188] Ramser [1987b: S. 128] umschreibt das Problem des Rationierungsansatzes wie folgt. Eine mikroökonomische Fundierung des Lohn-Preisbildungs-Komplexes verlange nach einer Identifizierung jener Individuen, die die Preise und Löhne tatsächlich aktiv setzen, und nach einer entscheidungstheoretischen Erklärung ihrer Handlungen. „Aktives Handeln bei der Preis-Lohnbildung steht aber in eklatantem Widerspruch zu positiver Anpassung an vorgegebene, aber prinzipiell durchaus verletzbare Mengenrestriktionen; ohne diese ‚atomistische' Ergebenheit gegenüber dem rationierenden Auktionator bricht die Konzeption des TGM (= temporäres Gleichgewicht bei Mengenrationierung, H.W.) zusammen. Eine Lösung dieses Problems kann letztlich nur darin bestehen, generell von der Annahme anpassenden Verhaltens Abstand zu nehmen und den ökonomischen Prozess explizit als Ergebnis bis zu einem gewissen Ausmaß monopolistischer bzw. monopsonistischer Entscheidungen von einzelnen Individuen zu betrachten [...]. Ob und in welchem Ausmaß der ‚Mengenkomplex' des ökonomischen Modells dann immer noch – zumindest formal – nach Maßgabe des TGM-Ansatzes ‚funktioniert', ist vorläufig offen."
[189] Siehe hierzu z. B. Fischer [1988a: S. 299]. Siehe auch Woodford [2000].
[190] Vgl. z. B. Honkapohja und Ito [1983] sowie Honkapohja [2000].
[191] Dies wird hier nicht weiter verfolgt, da diese Analyse für ein „Lehrbuch" noch nicht weit genug konsolidiert ist.

nicht abgeschlossen, insofern kann auch noch keine abschließende Würdigung dieser Ansätze erfolgen.

Nichtsdestoweniger kann man schon heute feststellen, dass der Extremanspruch der Neuen Klassischen Makroökonomie, begründen zu können, dass der Preismechanismus das ökonomische System **ständig** im Gleichgewicht hält, also keine Ungleichgewichtszustände auftreten können, doch zu hoch gegriffen zu sein scheint. Zu viele empirische „stilisierte Fakten" sind mit dem Gleichgewichtsparadigma der Neuen Klassischen Makroökonomie (NCM – New Classical Macroeconomics) nicht vereinbar, wie oben schon erläutert wurde. Dagegen scheinen die neuen Mikrofundierungen der Neuen Keynesianischen Makroökonomie (siehe in Abschnitt 4.2 oben) vorläufig akzeptable Begründungen für Preisinflexibilitäten und somit auch für das konjunkturelle Auftreten von Marktungleichgewichten, d. h. für eine mittelfristige Instabilität des ökonomischen Systems, zu liefern[192]. Vorläufig akzeptabel besagt schon, dass die bisherigen Begründungen noch nicht voll zufriedenstellend sind[193]. Doch muss dabei bedacht werden, dass die Komplexität und Dynamik von realen gesellschaftlichen Prozessen eine solche voll zufriedenstellende Begründung möglicherweise niemals zulässt. Außerdem verstärkt die gewachsene Arbeitsteilung in den Sozialwissenschaften die Notwendigkeit, gewisse ad-hoc-Annahmen in einer Teildisziplin zu akzeptieren, die nicht im Paradigma dieser Teildisziplin hinreichend erklärbar sind. Aspekte wie Normen und Werte sind Beispiele für solche Elemente, um deren wirtschaftstheorieimmanente Erklärung sich die meisten Ökonomen gezwungenermaßen herumdrücken. Die Vertreter der Neuen Klassischen Makroökonomie lehnen jedoch jegliche ad-hoc-Annahmen ab. Sie betonen die Wichtigkeit, makroökonomische Zusammenhänge auf „gesunden Mikrofundierungen" aufzubauen, womit sie auf mikroökonomischer Theorie basierende Lösungen für dynamische, stochastische Spiele [→ Spieltheorie] meinen. Sie setzen damit logische Stringenz vor empirischer Absicherung der Theorie durch „stilisierte Fakten", Deduktion vor Induktion. Dies ist an sich ein positiver Zug dieser Theorierichtung, da sie Wissenschaftler vor allzu leichtfertigem Umgang mit ad-hoc-Annahmen bewahrt und somit diszipliniert. Jedoch scheint sie ihr Ziel zu hoch gesetzt zu haben. Konsensfähige allgemeine, neoklassische „Grundprinzipien" der Mikrofundierung, auf deren Grundlage Standard-Makromodelle aufgebaut werden könnten, sind nicht in Sicht. Anders gesagt, die dynamischen, stochastischen Spiele, für die Lösungen gesucht werden, sind in der Realität zu komplex, als dass man eindeutige Standardlösungen erwarten könnte. Deswegen bauen die Neue Klassische Makroökonomie wie bislang auch die Neue Neoklassische Synthese (gelegentlich auch als neukeynesi-

---

[192] Als erfolgversprechendster Ansatz innerhalb der modernen postkeynesianischen Theorien erscheint vielen immer noch der von Akerlof und Yellen [1985]. Akerlof und Yellen gehen dort von der Annahme monopolistischer Konkurrenz auf den Gütermärkten und von einem Effizienzlohnmodell auf den Arbeitsmärkten aus. Der Reallohn wird auf seinem Effizienzniveau konstant gehalten. Änderungen der Güternachfrage führen dann zu Output-Änderungen bei diesem „ungleichgewichtigen" Reallohn. Eine andere interessante Erklärung bietet Vogt [1995] unter Betonung eines Modells des beschränkten Monopols.

[193] So betont z. B. McCallum [1997a: S. 225f.], dass es „Dutzende oder vielleicht hunderte von konkurrierenden Spezifikationen bezüglich des genauen Zusammenhangs zwischen geldpolitischen Aktionen und deren kurzfristigen realen Auswirkungen gibt. Und es gibt nur wenig empirische Grundlagen, um den Bereich dieser konkurrierenden Alternativen zu begrenzen" (eigene Übersetzung, H.W.).

anische Theorie bezeichnet) – gezwungenermaßen – auf theoretischen Axiomen auf, die Faktoren wie „Zeit", „Komplexität"[194], „Unsicherheit"[195] zu wenig berücksichtigen. Dies mag vielleicht bei **Langfrist**betrachtungen sinnvoll oder akzeptierbar sein, nicht jedoch bei kurz- bis mittelfristigen Konjunkturbetrachtungen. Angesichts dieser Bedenken gegen die Mikrofundierung der Theorie ständiger Markträumung wird im Folgenden Verlauf dieses Buches implizit von einer zumindest kurz- bis mittelfristigen Instabilitätstendenz des ökonomischen Systems ausgegangen[196].

7. Mögliche destabilisierende Effekte von Preisflexibilität

Die dominierende Sichtweise in der heutigen Makroökonomie ist die, dass eine Verstärkung der Preisflexibilität, die durch Nachfrageschocks ausgelösten Output-Schwankungen verringern würde. Es gibt jedoch eine andere, klassisch-keynesianische Theorierichtung, die zu zeigen versucht, dass es sehr wohl möglich ist, dass mehr Preisflexibilität zu **stärkeren** Output-Schwankungen und unter Umständen sogar zu einem explosiven Pfad des Outputs führt. Man kommt zu diesem Ergebnis, wenn man unterstellt, dass die aggregierte Nachfrage auch von der Inflationserwartung abhängt.

Diese Theorierichtung hat eine lange Tradition. Während die dominierende Sichtweise in der Makroökonomie auf Realkasseneffekte, auf den Pigou- und den Keynes-Effekt vertraut, nach denen beispielsweise Preisniveausenkungen zu einer Realkassenerhöhung, folglich zu einer Vermögenszunahme (Pigou-Effekt) bzw. einer Zinssenkung (Keynes-Effekt) und hiermit zu einer Nachfrageerhöhung führt, gibt es auch gegenwirkende Effekte, und zwar insbesondere den Fisher-Effekt. Wenn es beispielsweise im Zuge von Preissenkungen zu Deflationserwartungen kommt, steigt der Realzins[197] bei gegebenem Nominalzins (Mundell-Effekt) und führt, wie Irving Fisher schon um die Jahrhundertwende ausgeführt hatte, zu einer Vermögensumverteilung von Schuldnern zu Gläubigern mit der Folge von zunehmenden Bankrotten, erschütterten Kreditmärkten und zurückgehenden Investitionen. Wie Keynes später hervorhob, kann dieser destabilisierende Effekt sehr

---

[194] Brock und Durlauf [2006a] z. B. diskutieren Möglichkeiten der Modellierung sozialer Interaktion und ihre mögliche Anwendbarkeit in der Makroökonomie, insbesondere der Wachstumstheorie.

[195] Zum Problem der Unsicherheit siehe auch Brock und Durlauf [2006b] und Howitt [2006]. Siehe auch Gilboa u. a. [2008].

[196] Gegen eine zu schnelle oder „leichtfertige" Annahme einer stetigen Markträumung spricht auch, dass die Ergebnisse der Neuen Klassischen Makroökonomie (wie auch die der Neoklassischen Synthese) sehr stark von der mehr didaktisch bzw. auch „technisch" bedingten Annahme log-linearer Makrobeziehungen abhängen. Wenn man hingegen Nichtlinearitäten unterstellt, werden konjunkturelle Instabilitäten „wahrscheinlicher". Siehe hierzu z. B. Snower [1984], Grandmont [1985], Kelsey [1988] und Bullard und Butler [1993].
Weitere Bedenken gegen die starken Schlussfolgerungen der Neuen Klassischen Makroökonomie gründen auf dem in Abschnitt 2 erläuterten Problem der **Nichteindeutigkeit**. Wie dort beschrieben, produzieren Modelle mit rationalen Erwartungen in der Regel ein Kontinuum an Gleichgewichtslösungen. Die gewünschte Eindeutigkeit wurde bislang üblicherweise dadurch erzielt, dass man die Stabilität der erwarteten Entwicklungspfade der Variablen **annahm**, indem man instabile Lösungen einfach ausschloss. Siehe als kurzen Überblick hierzu Scarth [1988: Abschnitt 6.4].

[197] Der **Realzins** ist üblicherweise definiert als die Differenz zwischen Nominalzins und Inflationserwartung.

1. Kapitel: Zur Frage der Notwendigkeit von Stabilitätspolitik

wohl den stabilisierenden Realkasseneffekt überkompensieren. Von daher misstraute Keynes auch dem Vorschlag von Lohnsenkungen als Heilmittel gegen konjunkturelle Arbeitslosigkeit und empfahl stattdessen hierfür staatliche Nachfragepolitik. James Tobin [1975] formalisierte dieses Argument und kam zu demselben Schluss, dass Deflation zu Realzinssteigerungen und somit letztlich zu mehr anstatt zu weniger Arbeitslosigkeit führen kann.

In den folgenden Jahren wurde diese Argumentation im Rahmen von Modellen mit rationaler Erwartungsbildung wieder aufgegriffen, unter anderem von DeLong und Summers [1986]. DeLong und Summers benutzen in ihrer Analyse das Taylor-Modell mit einer geänderten Spezifikation der aggregierten Nachfrage, um neben stabilisierenden Preisniveaueffekten auch destabilisierende Effekte von erwarteten Preisniveauänderungen zuzulassen. Ihre Spezifikation der aggregierten Nachfrage ist die reduzierte Form eines IS-LM-Zusammenhangs[198], wobei der Realzins in der IS-Gleichung und der Nominalzins in der LM-Gleichung vorkommt. Die reduzierte Form kann man schreiben als[199]

$$(2a) \quad y_t = \gamma(m_t - p_t) + \kappa(E_t p_{t+1} - p_t), \quad \gamma, \kappa > 0.$$

DeLong und Summers untersuchen dann die Auswirkungen von IS-Schocks, wobei sie annehmen, dass die Geldpolitik an einer Nominalzinsstabilisierung ausgerichtet ist. Sie berechnen die Gleichgewichtsvarianz des Outputs als eine Funktion der Elastizität des angestrebten Reallohns hinsichtlich des Outputs (Koeffizient η in Gleichung (21)) und der Zeitdauer für die der Lohn festgesetzt wird. DeLong und Summers erhalten das Ergebnis, dass eine Steigerung der Preisflexibilität – gemessen als ein Anstieg des Koeffizienten η, oder als eine Verringerung der Kontraktlänge – in den meisten Fällen und für plausible Parameterwerte die Gleichgewichtsvarianz des Outputs **erhöht**[200]. Das bedeutet, eine gestiegene Preisflexibilität in Reaktion auf einen IS-Schock (z. B. einen negativen Nachfrageschock) beeinflusst die erwartete Inflation mehr als das laufende Preisniveau und führt deshalb zu einer stärkeren anfänglichen Änderung (Zunahme) des Realzinses. Im Unterschied zu dem erwähnten Ergebnis von Tobin [1975] sind die Gleichgewichtsvarianzen hier jedoch endlich. Das heißt, dass das Ergebnis von DeLong und Summers keine Begründung für einen explosiven Pfad des Outputs liefert. Ein explosiver Pfad des Outputs ist auf einer rein makroökonomischen Ebene in einem loglinearen Modell mit rationalen Erwartungen auch kaum stichhaltig nachweisbar. Erst durch die explizite Bezugnahme auf Koordinationsprob-

---

[198] Das **IS-LM-Modell** ist eine stringente und sicherlich etwas restriktive, formale Interpretation der verbal skizzierten Modellvorstellung von Keynes in der „General Theory". Diese formalisierte Darstellungsweise wurde 1937 von John Hicks entwickelt und stellte die methodische Grundlage dar, auf der die Makroökonomie seitdem entwickelt worden ist. Dieses IS-LM-Modell ist in beinahe jedem Makroökonomie-Lehrbuch dargestellt. Die IS-Gleichung gibt die Gleichgewichtsbedingung auf dem **Güter**markt, die LM-Kurve die Gleichgewichtsbedingung auf dem **Geld**markt an. Aufgrund der allgemeinen Vermögens- oder Budgetbeschränkung, die Grundlage des sogenannten Walras'schen Gesetzes ist, ist bei einem simultanen Gleichgewicht auf dem Gütermarkt und dem Geldmarkt auch der Wertpapiermarkt ausgeglichen. Siehe näher hierzu in Kapitel 2, Abschnitt B.I.2.

[199] Zur Ableitung dieser reduzierten-Form-Gleichung siehe im Anhang zu Abschnitt II.2 im 3. Kapitel unten.

[200] Dies gilt bei Nachfrageschocks, aber nicht bei Lohnschocks, wie Driskill und Sheffrin [1986] gezeigt haben.

leme könnte ein solcher explosiver Pfad begründet werden. Diese Möglichkeit wird im Folgenden Abschnitt skizziert.

II. Ein Begründungsmuster langfristiger Instabilität[201]

Wie wir gesehen haben, kann mit den dargestellten Theorien der Mainstream-Makroökonomie höchstens mittelfristige Instabilität begründet werden. Bei Annahme rationaler Erwartungen und zumindest letztlich flexibler Löhne und Preise bleibt in makroökonomischen Modellen kein Platz mehr für den ursprünglichen Keynes'schen Gedanken einer **langfristigen Instabilität** eines marktwirtschaftlichen Systems. Zu einem gewissen Grade ist diese zeitliche Eingrenzung von Instabilität jedoch zurückzuführen auf die praktische Schwierigkeit, die zentrale Keynes'sche Kategorie **pessimistischer Nachfrageerwartungen** formal zu fassen[202]. Es lohnt sich daher, sich das Konzept pessimistischer Nachfrageerwartungen etwas genauer anzusehen. Es zeigt sich dann nämlich, dass es – unter gewissen Voraussetzungen – doch noch eine Begründungsmöglichkeit für langfristige Instabilität gibt, und dies auch bei rationaler Erwartungsbildung und letztlich völlig flexiblen Löhnen und Preisen.

Das in dem folgenden Abschnitt skizzierte Begründungsmuster zielt auf **Koordinationsprobleme** bei Vorliegen von **Nachfrage-Externalitäten**[203]. Auf Nachfrage-Externalitäten basierten zum Beispiel auch die Versuche von Weitzman [1982] und Heller [1986], im Kontext monopolistischer Konkurrenz-Modelle Unterbeschäftigungsgleichgewichte nachzuweisen. Auf andere Arten von Externalitäten bezogen sich dagegen die Arbeiten von Diamond [1982] und Howitt [1985] sowie die Studie von Bryant [1983], die ebenfalls Unterbeschäftigungsgleichgewichte (bzw. genauer gesagt: multiple stationäre Gleichgewichte bei unterschiedlichen Unterbeschäftigungsniveaus) zu begründen versuchen. Erstere betonen sogenannte Handels- oder Transaktions-Externalitäten. Bryant dagegen baut auf der Annahme von Technologie-Externalitäten bzw. -Komplementaritäten auf. Zu einem klassifizierenden Überblick über diese Ansätze siehe Cooper und John [1988][204].

---

[201] In diesem Abschnitt lehne ich mich eng an eine frühere Arbeit von mir [Wagner, 1987a] an, wo einzelne Argumente detaillierter ausgearbeitet worden sind.
Ich behandle hier unter dem Stichwort „langfristige Instabilität" nur die Entwicklungsdynamik schockbedingter Abweichungen und nicht langfristige Stagnationstheorien. Wachstumstheorien letzterer Art (z. B. Ricardo [1817], Marx [1970], Hansen [1938; 1939]) gründen außerdem vor allem auf Annahmen über den technischen Fortschritt, die – von der Natur der Sache her – als sehr unsicher angesehen werden müssen. Vgl. hierzu auch Wagner [1993].

[202] Letztendlich liegt es aber anscheinend (auch) daran, dass sowohl die Neue Keynesianische Makroökonomie wie auch die Neue Neoklassische Synthese **endogene Unsicherheit** ausschließen. Vgl. Giese und Wagner [2009].

[203] Es gibt auch andere interessante Begründungsversuche von langfristiger Instabilität, so z. B. Vogt [1995]. Grundlage dort ist ein makroökonomisches Modell, in dem Preise und Löhne durch potenzielle Konkurrenz bestimmt werden und die Beschäftigung von der Geldnachfrage abhängt.

[204] Vgl. auch Cooper [1999]. Siehe in diesem Zusammenhang auch Roberts [1987], der in einem allgemeinen Gleichgewichtsmodell ohne Unsicherheit und mit walrasianischen, vollkommen flexiblen Konkurrenzpreisen (aber ohne walrasianischen Auktionator) die Existenzmöglichkeit langfristiger unfreiwilliger Arbeitslosigkeit, d.h. keynesianischer Unterbeschäftigungsgleichge-

Ich beschränke mich jedoch im Folgenden darauf, den „Kern" einer **typisch-keynesianischen** Begründung langfristiger Instabilität in nichtformaler Darstellungsweise zu skizzieren.

1. Die Begründung eines Gefangenendilemmas bei Unterbeschäftigung

Das zentrale Element der folgenden Begründung langfristiger Instabilität liegt in dem Nachweis des Vorliegens eines Koordinations- oder **Gefangenendilemmas**, in dem die einzelnen Investoren während einer gesamtwirtschaftlichen Rezession oder Depression stecken. Wenn eine gesamtwirtschaftliche Unterbeschäftigungssituation für eine gewisse Zeit angehalten hat[205] – beispielsweise begründet durch Desinflationspolitik in Kombination mit rationalen, kurz- bis mittelfristigen Preis- und Lohninflexibilitäten (siehe hierzu im Kapitel 5 unten) –, wird der herkömmlich unterstellte Stabilisierungsprozess über Zinssenkungen unter Umständen nicht mehr wirken. Man stellt sich ja den Stabilisierungsprozess in einer Unterbeschäftigungssituation üblicherweise so vor, dass die Nominallöhne sinken, folglich die Preise sinken, die Realkasse steigt, der Zinssatz sinkt und die Investitionsnachfrage steigt **(Keynes-Effekt)**. Nun bedeutet aber ein sinkender Zinssatz für die einzelne Firma an sich noch keinen hinreichenden Anreiz, um daraufhin ihre Produktion auszudehnen und deswegen mehr Arbeitskräfte nachzufragen. Für die einzelne Firma ist eine Mehrproduktion nur lukrativ, wenn sie davon ausgehen kann, dass sie diese Mehrproduktion auch absetzen kann. Ihre Absatzmöglichkeiten verbessern sich jedoch nur, wenn zusätzliche Nachfrage nach ihren Produkten von anderen Firmen und deren Arbeitskräften entsteht. Die einzelne Firma verkauft ja Produkte nur zu einem geringen Teil an ihre eigenen Arbeitskräfte. Anders gesagt, die einzelne Firma ist kein geschlossenes System. Die Optimierungskalküle und folglich die Produktions- und Beschäftigungsentscheidungen der einzelnen Firmen sind bei Unterbeschäftigung **interdependent**. Wenn eine einzelne Firma allein Erweiterungsinvestitionen aufgrund einer Zinssenkung durchführt, so stellt sie sich schlechter, als wenn sie dies unterlassen hätte, da sie dann ihre Mehrkapazitäten nicht auslasten kann. Allerdings würde sie durch ihre Erweiterungsinvestitionen positive Externalitäten in Form einer Gesamtnachfragesteigerung für die anderen Firmen erzeugen. Das heißt, es besteht eine typische sogenannte **Gefangenendilemmasituation** für die einzelne Firma[206]. Eine Ausdehnung der Kapazitäten ist für die einzelne gewinnmaximierende Firma hier nur lukrativ oder rational, wenn sie erwarten kann, dass die **Gesamt**nachfrage hinreichend stark steigt. Die Gesamtnachfrage wird jedoch nur dann hinreichend stark steigen, wenn die einzelnen Firmen **insgesamt** ihre Kapazitäten ausweiten. Dies liegt jedoch nicht in der Hand der einzelnen Firma.

Die einzelne Firma ist bei Unterbeschäftigung demnach **gefangen** in einem Entscheidungs- bzw. Koordinationsdilemma. Wenn alle oder zumindest ein Großteil der Firmen gemeinsam ihre Investitionen ausdehnen, so können sie alle ihre Gewinne steigern. Wenn dagegen nur eine einzelne Firma ihre Investitionen er-

---

wichte (innerhalb einer Vielzahl möglicher Gleichgewichte) aufzeigt. Auch sein Nachweis basiert auf Koordinationsproblemen. Siehe in diesem Kontext aber auch z. B. Illing [1992].

[205] Ohne diese „Wenn …"-Annahme, ist die obige Begründung langfristiger Instabilität nicht stichhaltig.

[206] Siehe zur Struktur eines Gefangenendilemmas genauer in Kapitel 5, Abschnitt II.1.

weitert, reduziert sie ihre Gewinne und steigert gleichzeitig die Gewinne der Konkurrenten aufgrund der ausgelösten positiven Externalitäten. Dieses Entscheidungs- oder Gefangenendilemma könnte nur durchbrochen werden, wenn die einzelnen Firmen oder Unternehmen dem Marktmechanismus einen **Vertrauensvorschuss** gäben. Das heißt, sie müssten im Vertrauen auf die Funktion des im Keynes-Effekt beschriebenen, üblicherweise unterstellten, marktwirtschaftlichen Makro-Mechanismus mehr investieren, i. e. mehr Kapital und Arbeit nachfragen.

Ein Synonym für diesen Vertrauensvorschuss bildet in der Neuen Klassischen Makroökonomie die Kombination der Hypothesen rationaler Erwartungsbildung und stetiger Markträumung. Sie impliziert dort, dass die Unternehmen die im Keynes-Effekt, im Pigou-Effekt und im Substitutionseffekt (siehe unten) beschriebenen marktwirtschaftlichen Makro-Mechanismen **kennen**, als wahr **anerkennen** und auf ihren empirischen Funktionsautomatismus **vertrauen**. Das Entscheidende ist jedoch, dass **alle** oder zumindest ein Großteil der Unternehmer dies tun müssen, damit der Stabilisierungsmechanismus wirken kann. Die einzelnen Unternehmer werden jedoch, in Kenntnis dieses Zusammenhangs, nur dann Erweiterungsinvestitionen durchführen, wenn sie darauf vertrauen können, dass alle anderen Unternehmer das gleiche machen. Dies setzt wiederum voraus, dass jeder einzelne Unternehmer davon ausgehen können muss, dass die anderen Unternehmer auch alle (oder zumindest in der überwiegenden Mehrheit) die **gleiche** Modellstruktur kennen, als wahr anerkennen und auf ihren empirischen Funktionsautomatismus vertrauen[207]. Solange sich allerdings der einzelne Unternehmer nicht sicher ist, dass die anderen Unternehmer dieselben Informationen haben, sich genauso zu verhalten und deswegen ihre Investitionsnachfrage ausdehnen im Vertrauen wiederum auf sein eigenes gleichgerichtetes Handeln, ist der in der Neuen Klassischen Makroökonomie unterstellte Stabilisierungsautomatismus fraglich. Der einzelne Unternehmer wird sich in dieser Situation stattdessen eher mit Erweiterungsinvestitionen zurückhalten. Ein sinkender Zinssatz allein wird ihn auch nicht dazu verleiten. Es ist für ihn sicherer, erst einmal abzuwarten, was die anderen Unternehmer, über deren Intentionen er unsicher ist, machen. Der entscheidende Indikator, an dem er die Intentionen der anderen ablesen kann, ist nicht der Zinssatz, sondern die Nachfrageentwicklung, dargestellt vor allem durch die allgemeine Auftragsentwicklung. Die gesamtwirtschaftliche Nachfrageentwicklung kann der einzelne Unternehmer jedoch wie beschrieben allein nicht entscheidend beeinflussen. Sie ist das Ergebnis des interdependenten Entscheidungsprozesses der einzelnen, dezentral entscheidenden Unternehmer.[208]

---

[207] Modellunsicherheit scheint dies von vornherein zu verhindern (Vgl. Wagner [2007]). Zu grundsätzlichen Bedenken gegenüber der Stabilitätsthese der neoklassischen (Walrasianischen) Theorie siehe auch den sogenannten „Post-Walrasianischen" Ansatz (zur Einführung siehe z. B. die Artikel in Colander [Hrsg., 2006]). Siehe auch Cross et al. [2011].

[208] Die erforderliche gesamtwirtschaftliche Nachfragesteigerung hat zudem die Eigenschaft eines **Kollektivguts**. Dies beschränkt die Möglichkeit, die positiven Externalitäten, die die einzelnen Firmen durch ihre Erweiterungsinvestition für die übrigen Firmen erzeugen, über eine spontane Herausbildung eines Marktes für diese Externalitäten zu realisieren (internalisieren). Insofern lässt sich auch ein wirtschaftlicher Aufschwung über den Marktprozess nicht ohne weiteres koordinieren. Es muss folglich – wie Keynes schon betonte – nach anderen Koordinationslösungen gesucht werden.

Wenn nun alle Unternehmen sich dementsprechend abwartend verhalten, verbleibt das wirtschaftliche System im Zustand der Unterbeschäftigung. Ob dieser Zustand nun ein gleichgewichtiger, d. h. ein Unterbeschäftigungs**gleichgewicht** ist, hängt vom Auftreten von **Deflationserwartungen** ab. Solange sich die Unternehmer nicht darauf verständigen, Lohnsenkungsangebote von Arbeitslosen abzulehnen, werden die Lohnsenkungen in Preissenkungen münden und zu Deflationserwartungen führen. Deflationserwartungen führen jedoch zu einer Zunahme der Unterbeschäftigung. Deflationserwartungen erzeugen einen Anstieg der Realzinsen und außerdem einen Aufschub von Kaufplänen mit der Folge eines Rückgangs der Absatzerwartungen[209]. Beides führt zu einer Einschränkung der Investitionstätigkeit. Diese sich andauernd verschlimmernde Entwicklung wäre verhinderbar durch eine konzentrierte Ablehnung von Lohnsenkungsangeboten durch die Unternehmer. Es würde dann zu keinen Preissenkungen und folglich auch zu keinen Deflationserwartungen mit ihren verschlimmernden Effekten kommen. Da eine stetig sich verstärkende Rezession auch nicht im Interesse der Unternehmer sein kann, werden die Unternehmer sicherlich an einer solchen konzertierten Aktion interessiert sein. Ob sie diese jedoch realisieren können, ist eine andere Frage. Eine solche Vereinbarung ist nämlich tendenziell **instabil**. Es besteht für jede einzelne Firma ein stetiger Anreiz, von einer solchen Vereinbarung abzuweichen, da sie so ihre Kosten senken und ihre Gewinne erhöhen kann, solange sich die anderen Firmen an die Vereinbarung halten. Nur in einer oligopolistischen Wirtschaft mit wenigen Anbietern könnte unter Umständen die nötige Offenheit und Sanktionsmöglichkeit gegeben sein, die eine solche Vereinbarung möglich machen und gleichzeitig stabilisieren könnte. In einer Konkurrenzwirtschaft hingegen ist ein solches Unterfangen von vornherein aussichtslos, da die Kontrolle und Sanktionierung abweichenden Verhaltens einzelner Mitglieder nicht oder nur zu allzu hohen Kosten möglich ist. Insofern kann die einzelne Firma damit rechnen, dass ihr Abweichen von der Vereinbarung entweder gar nicht bemerkt oder auf jeden Fall nicht darauf reagiert wird, da ihre relative Bedeutung oder Größe zu gering ist. Dies führt dazu, dass tendenziell alle Firmen der Versuchung einer Abweichung von einer solchen Vereinbarung erliegen werden. Insofern ist ein Unterbeschäftigungs**gleichgewicht** in Konkurrenzwirtschaften auch nicht möglich, sondern nur in einer oligopolistischen Wirtschaft. In einer Konkurrenzwirtschaft ist dagegen – wenn globale langfristige Instabilität vorherrschen sollte – immer mit sich verstärkenden Unterbeschäftigungssituationen zu rechnen.

2. Zu den gegenläufigen Stabilisierungsmechanismen

Eine langfristige Instabilität des marktwirtschaftlichen Systems lässt sich nur erklären, wenn gezeigt werden kann, dass sämtliche Stabilisierungsmechanismen, die man sich in einer Unterbeschäftigungssituation vorstellen kann, nicht wirken. Letzteres ist nicht so einfach.

Als mögliche Stabilisierungseffekte neben dem Keynes-Effekt kann man sich insbesondere vorstellen:

---

[209] Siehe näher hierzu Wagner [1983; 1985b]. Zu einer Studie über die makroökonomischen Gefahren von Deflation siehe z. B. IMF [2003]. Siehe auch Kalmbach [2009] und Decressin und Laxton [2009].

- Vermögenseffekte und
- Substitutionseffekte.

Vermögenseffekte: Unter Vermögenseffekte wird verstanden, dass sich gewisse reale Vermögenswerte erhöhen. Nehmen wir an, der Keynes-Effekt ist angesichts der oben beschriebenen Situation eines Gefangenendilemmas nicht wirksam und wir befinden uns in einem Unterbeschäftigungsgleichgewicht. Dann werden Lohnsenkungen aufgrund zu geringer Nachfrageerwartungen nur zu proportionalen Preisniveausenkungen führen. Solche Preisniveausenkungen erhöhen nun reale Vermögenswerte wie beispielsweise den Realwert nominal fixierter Aktiva. Dies führt entsprechend des Pigou-Effektes zu einer erhöhten Konsumnachfrage und entsprechend des sogenannten Robertson-Effektes[210] zu einer erhöhten Investitionsnachfrage.

Nun muss man gegenüber solchen Stabilisierungsargumenten, die sich auf Vermögenseffekte berufen, prinzipiell **Bedenken** anmelden. Realwertgewinnen stehen nämlich gesamtwirtschaftlich immer auch Realwertverluste gegenüber (zumindest bei Innengeld). Neben Gläubigergewinnen gibt es Schuldnerverluste, neben Pigou-Effekten auch Fisher-Effekte.[211]

Substitutionseffekte: Wenn der Zinssatz in einer wirtschaftlichen Rezession sinkt, so führt dies – wie im vorhergehenden Abschnitt beschrieben – nicht unbedingt zu direkten Investitionsanreizen. Indirekt kann sich jedoch ein Investitionsanstieg einstellen im Zuge von Substitutionseffekten, die als Folge von Zinssenkungen tendenziell auftreten. Zinssenkungen führen **ceteris paribus** zu einem Rückgang des Realzinses und verändern so das reale Faktorpreisverhältnis zwischen Realzins und Reallohn. Es wird für die Firmen bei Realzinssenkungen günstiger, mit einer höheren Kapitalintensität zu produzieren. Folglich werden sie bestrebt sein, Arbeit gegen Kapital zu substituieren. Die Nachfrage nach zusätzlichem Kapital, d. h. die Investitionsnachfrage, wird steigen. Man kann sich dies an folgendem einfachen Beispiel klarmachen. Firma A ordert zusätzliche Maschinen von Firma B, um den Substitutionsprozess durchführen zu können. Firma B produziert daraufhin die gewünschten Maschinen, wofür sie zusätzliche Arbeiter einstellen muss. Diese zusätzlichen Arbeiter können mit ihrem Einkommen zusätzliche Konsumgüter nachfragen, was die Produktion in der Konsumgüterindustrie anheizt. Firma B muss zudem nicht nur zusätzliche Arbeiter einstellen, um die Maschinenbestellung von Firma A zu befriedigen, sondern muss hierzu auch zusätzliche Maschinen von Firma C bestellen. Firma C muss zur Produktion dieser Maschinen selbst wieder Maschinen von Firma D bestellen und zusätzliche Arbeiter einstellen, die über ihr Einkommen zusätzliche Konsumnachfrage ausüben. So kommt also eine ganze Kette von Multiplikator- und Akzeleratorprozessen in Gang, die der Tendenz zu einem Unterbeschäftigungsgleichgewicht oder zu einer kumulierenden Zunahme von Unterbeschäftigung entgegenwirken.

---

[210] Siehe dazu z. B. Kohn [1981: S. 876].
[211] Fisher-Effekte wurden in Abschnitt I.7 schon kurz erläutert. Sie besagen das Folgende: Wenn das Preisniveau sinkt, steigt der Realwert nominal fixierter Schulden und Schuldendienste. Die Investitionen bzw. die Kapitalnachfrage werden folglich sinken, unter anderem auch deswegen, weil die Fremdkapitalzinsen für die Unternehmer angesichts erhöhter realer Verschuldung steigen (→ Risikoprämie im Zins).

Man wird kaum bestreiten können, dass in einer Situation stetig sinkender Realzinsen ein solcher Substitutionseffekt eintreten wird. Ein Abstreiten solcher Substitutionseffekte wäre mit der Verhaltensmaßnahme der Gewinnmaximierung der Unternehmen nicht vereinbar. Doch ist **erstens** gar nicht sicher, dass als Folge einer Geldzinssenkung auch der **Real**zins sinkt. Der Realzins ist definiert als die Differenz zwischen Geldzins und Inflationserwartung ($i-\pi^e$). Wie wir oben gesehen haben, besteht eine starke Tendenz in längerfristig andauernden Unterbeschäftigungssituationen, dass im Zuge von Geldlohnsenkungen und folgenden Preisniveausenkungen **Deflationserwartungen** auftreten. Das bedeutet, dass in Unterbeschäftigungssituationen nicht nur der Geldzins, sondern auch die Inflationserwartung sinkt. Nun kann a priori nicht gesagt werden, welche Veränderung überwiegt. Folglich ist zweifelhaft, ob der Realzins überhaupt sinkt. Mithin ist das Auftreten von Substitutionseffekten selbst fraglich. Dies gilt vor allem für Konkurrenzwirtschaften. In Oligopolwirtschaften mag dagegen eine mittelfristig wirksame Stabilisierung über Substitutionseffekte eher möglich sein, aber auch nur **falls** es dort gelingt, Vereinbarungen zur Ablehnung von Lohnsenkungsangeboten von Arbeitslosen zu treffen und einzuhalten. In diesem Fall würden dann nämlich, wie oben erläutert, keine Deflationserwartungen auftreten.

Doch selbst für diesen Fall würde sich **zweitens** die Frage stellen, wie schnell solche Substitutionsprozesse ablaufen. Man kann sich vorstellen, dass sie sehr langsam ablaufen. Dies lässt sich begründen durch das Auftreten von **Erwartungsunsicherheit** und von Substitutionskosten. Unter diese **Substitutionskosten** fallen Kosten des Austauschs von Produktionsanlagen bis hin zu Kosten von Streik- und Sabotageaktionen von Arbeitnehmern im Zuge von Substitutionsprozessen. Die Erwartungsunsicherheit betrifft die Längerfristigkeit einer solchen Änderung des Realkostenverhältnisses. Gerade in ausgeprägten Unterbeschäftigungssituationen finden auch marktmachtbedingte **Umverteilungsprozesse** statt, die sich in einer Reallohnsenkung niederschlagen. **Reallohnsenkungen** rufen jedoch gerade **umgekehrte** Substitutionseffekte hervor. Anders gesagt, beide Substitutionseffekte können sich neutralisieren.

Drittens ist nicht sicher, ob der durch Substitutionseffekte ausgelöste Anstieg der Investitionsnachfrage **ausreicht**, um die Wirtschaft wieder zu stabilisieren. Insofern kann ein Sich-Verlassen auf die Stabilisierungskräfte solcher Substitutionseffekte der Gesellschaft unter Umständen sehr teuer zu stehen kommen. Außerdem ist zu erwarten, dass bis zum Eintritt der Stabilisierungseffekte über Substitution von Arbeit durch Kapital – wenn sie denn letztlich wirksam sind – lange Zeit vergehen kann. Ein Warten auf solche Stabilisierungseffekte würde also in diesem Fall mit hohen ökonomischen und sozialen Kosten für die Gesellschaft verbunden sein.

3. Resümee

Die obige Argumentationslinie legt die Schlussfolgerung nahe, dass es keine verlässlichen systemendogenen Stabilisierungsmechanismen gibt, die die Wirtschaft nach schockbedingten Abweichungen immer wieder zum Vollbeschäftigungsgleichgewicht zurückbringen. Diese Feststellung muss allerdings abgeschwächt werden. Die obige Argumentation basiert nämlich auf einer sehr hochaggregierten Betrachtungsebene, die bestehende Unterschiede zwischen den einzelnen Firmen nicht berücksichtigt. Ein entscheidender, bislang vernachlässigter Faktor ist, dass sich der **technische Fortschritt** und mit ihm **Produktinnovationen** ungleichmäßig über die Firmen auch innerhalb von Branchen verteilen. Einzelne Firmen sind vom technischen Fortschritt „begünstigt" und bringen neue Produkte auf den Markt. Diese Firmen haben eine Veranlassung, selbst bei gegebener (eingeschränkter) Gesamtnachfrageerwartung Erweiterungsinvestitionen durchzuführen, da sie hoffen können, aufgrund ihrer neuen Produkte Käufer von anderen Firmen abziehen zu können. Die Herstellung neuer Produkte dauert jedoch eine gewisse Zeit. Inzwischen erhöhen aber die innovativen Firmen durch ihre Erweiterungsinvestitionen die Gesamtnachfrage und schaffen so positive Externalitäten für die anderen Firmen. Falls genug innovative Firmen vorhanden sind, kann sich also über Akzelerator- und Multiplikatorprozesse verstärkt ein Stabilisierungsprozess hin zum Vollbeschäftigungsgleichgewicht durchsetzen. Die endogene Stabilisierungskraft eines Marktsystems ist somit insbesondere vom Umfang des technischen Fortschritts, d. h. aber einem doch nur sehr begrenzt steuerbaren Prozess, abhängig.[212]

Produktkonkurrenz im Zuge des technischen Fortschritts kann demnach die Wirtschaft aus einer anhaltenden Unterbeschäftigungssituation wieder herausziehen, weniger dagegen Kostenkonkurrenz, wie wir oben gesehen hatten.

Wenn man also Produktinnovationen und ihre ungleichmäßige Verteilung über die Firmen hinweg mit in die Betrachtung einbezieht, und bezüglich des technischen Fortschritts nicht allzu pessimistische Erwartungen hegt, erscheint die Möglichkeit einer **andauernden** Unterbeschäftigung, d. h. einer **langfristigen Instabilität**, wenig wahrscheinlich zu sein. Nichtsdestoweniger spricht aufgrund der in diesem Abschnitt abgeleiteten Wirkungsmechanismen vieles dafür, dass Abweichungen vom Vollbeschäftigungsgleichgewicht zumindest mittelfristig anhalten können. Voraussetzung für die anfänglichen Abweichungen selbst sind allerdings vorübergehende Lohn- oder Preisrigiditäten, wie sie Gegenstand der Erklärung in Abschnitt I.4 waren. Solche vorübergehenden Lohn- und Preisrigiditäten werden im weiteren Verlauf dieses Buches auch unterstellt. Dann ist zumindest die **notwendige Bedingung** für die Anwendung von (Mengen-) Stabilitätspolitik erfüllt.[213] Ob auch die **hinreichende Bedingung** hierfür erfüllt ist, hängt – wenn eine globale, langfristige Instabilität des Marktsystems nicht ohne weiteres vorausgesetzt werden kann – von der **Effizienz und** den **Kosten von Stabilitätspolitik** ab. Dies wird der Gegenstand der nächsten Kapitel sein. Dort wird die hinreichende Bedingung für die Anwendung unterschiedlicher Stabilitätspolitiken untersucht werden.

---

[212] Dies spricht u. U. für ergänzende angebotspolitische Anreiz-Maßnahmen des Staates zur Technologieförderung oder Produktinnovation als Mittel nicht nur der Wachstums- sondern auch der Stabilitätspolitik.
[213] Diese Sichtweise hat sich nach der Finanzkrise 2007 bis 2009 in der Ökonomenzunft erhärtet.

2. Teil
Makroökonomische Alternativen der Stabilitätspolitik

2. Kapitel:
Diskretionäre Stabilitätspolitik

A. Überblick

Diskretionäre Politik ist die Form von Politik, die seit jeher typisch war für eine auf das Stabilitätsziel gerichtete Wirtschaftspolitik. Eine Politik wird als **diskretionär** bezeichnet, wenn sie auf Fall-zu-Fall-Entscheidungen oder Ermessensentscheidungen von Politikern beruht. Bevor ich auf das Konzept und die Wirkungsweise einer solchen Politik näher eingehe, werde ich erstmal eine kurze historische Einordnung des Vorschlags einer diskretionären Stabilitätspolitik geben. Dabei ist es angebracht, mit der Person von John Maynard **Keynes** und den wirtschaftlichen Umständen seiner Zeit zu beginnen. Ohne Übertreibung kann man Keynes als den Begründer der modernen, wissenschaftlichen Makroökonomie und Theorie der Stabilitätspolitik bezeichnen. Die Revolution, die Keynes' Hauptwerk „The General Theory of Employment, Interest and Money" damals ausgelöst hatte, war möglich aufgrund der günstigen äußeren Umstände, die mit der Person von Keynes wie auch mit der weltwirtschaftlichen Lage der damaligen Zeit verbunden waren. Zur Person von Keynes: Keynes war ein Mitglied des englischen Establishments und gleichzeitig schon ein international renommierter Nationalökonom. Dies verlieh seinem intellektuellen Ansturm gegen das damalige Bollwerk herrschender neoklassischer Denkweise in der Nationalökonomie das nötige Gehör. Zur damaligen weltwirtschaftlichen Lage: Im Jahre 1936, als Keynes' Buch, das die wissenschaftliche Makroökonomie und Theorie der Stabilitätspolitik begründen sollte, erschien, saß der Schrecken und die Nachwirkungen der Weltwirtschaftskrise von 1929–1933 noch tief im Gedächtnis der Öffentlichkeit wie auch der Fachökonomen. Begeistert stürzten sich viele insbesondere der jüngeren Fachkollegen auf die Heilsidee eines anscheinend einfachen Reparaturmechanismus ökonomischer Krisen. Die Idee an sich war jedoch gar nicht so brandneu; neu war das geschlossene theoretische Gebäude um diese Idee. Dabei war das Buch von Keynes, wie schon erwähnt, selbst alles andere als eine didaktische Meisterleistung – schwer verständlich und umständlich geschrieben, eher wie eine erste Rohfassung als eine ansprechende Veröffentlichung. Doch nachdem Hicks [1937] und andere die Keynes'sche Argumentation, oder was man dafür hielt, in eine formale Modellstruktur (die sogenannte IS-LM-Analyse) umsetzten, war der Siegeszug Keynes'scher oder vielleicht besser keynesianischer Gedanken von einer erfolgreichen staatlichen Stabilitätspolitik garantiert. Brillante junge Ökonomen, unter ihnen die heutigen Nobelpreisträger Franco Modigliani, Paul Samuelson und James Tobin, entwickelten in den folgenden Jahrzehnten die keynesianischen Theorie-Grundzüge fort. Sie verbanden dabei keynesianische Gedanken zur makroökonomischen Struktur der Volkswirtschaft mit mikroökonomischen Elementen (Fundierungen) aus der traditionellen Neoklassik. So entstand eine postkeynesianische oder neokeynesianische Theorie, die bis in die achtziger Jahre hinein die Lehrbücher der Makroökonomie in der ganzen Welt dominiert hat.

Die **Grundannahme** der postkeynesianischen Theorie der Stabilitätspolitik war, dass das marktwirtschaftliche System zumindest mittelfristig instabil ist. Das bedeutet, dass exogene Schocks die Wirtschaft für eine längere Zeit aus dem Gleichgewicht bringen können und währenddessen zu Unterauslastungen oder Überhitzungen der Wirtschaft führen. Der Schwerpunkt der Befürchtung lag eindeutig auf der Möglichkeit längerandauernder Unterauslastungen der Ressourcen in der Wirtschaft. Dagegen wurde die Möglichkeit längerandauernder Überhitzungen und damit einhergehender Inflation anfangs eher als zweitrangiges Problem angesehen, was aus den Erfahrungen während und nach der Weltwirtschaftskrise der dreißiger Jahre heraus erklärt werden kann.

Eine länger andauernde Unterauslastung der Wirtschaft mit einem Brachliegen von Arbeitskräften und von Kapital erschien jedoch als eine wahnsinnige Verschwendung und auch als eine Bedrohung für die bestehende Wirtschafts- und Gesellschaftsordnung. Das **keynesianische Heilmittel**, ausgedrückt in postkeynesianischer Sprache, war einfach und leicht verständlich: Der Staat sollte auftretende Produktionslücken, d. h. Lücken zwischen der Vollauslastungsproduktion und der tatsächlichen Produktion, mithilfe ihm zur Verfügung stehender, stabilitätspolitischer Mittel schließen. Allgemeiner ausgedrückt, war das **Ziel** keynesianischer Stabilitätspolitik, die konjunkturellen Schwankungen der Produktion um den Referenzpfad der Vollbeschäftigungsproduktion zu minimieren. Dies kann, bei Schockeinflüssen, in reaktiver Weise geschehen, oder, bei einer bekannten endogen-instabilen Dynamik des privaten Wirtschaftssystems, auch vorausschauend-vorbeugend erfolgen.

Als Hauptwerkzeug im Instrumentenkasten keynesianischer Stabilitätspolitik wurde dabei **staatliches Nachfragemanagement**, d. h. die **diskretionäre** Beeinflussung der Gesamtnachfrage durch staatliche Maßnahmen, angesehen. Im Falle einer „zu geringen Nachfrage" sollte der Staat versuchen, die Gesamtnachfrage zu erhöhen – **entweder direkt**, durch eine Steigerung der eigenen Nachfrage, **oder indirekt**, über beispielsweise steuerliche Anreize (Steuererleichterungen) oder Subventionen. Zu finanzieren wäre eine solche expansive Nachfragepolitik aus früheren Budgetüberschüssen oder durch eine Verschuldung gegenüber dem privaten Sektor oder dem Ausland.

Bei der **ersten Variante** einer direkten staatlichen Nachfragesteigerung ist es nach der (post)keynesianischen Theorie nicht notwendig, die Produktionslücke vollständig zu füllen. Durch die Wirksamkeit von Multiplikator- und Akzeleratoreffekten reicht es aus, wenn der Staat „genügend starke" Anstöße gibt. Diese Anstöße sollen die Nachfrage- und Gewinnerwartungen der privaten Investoren positiv beeinflussen und dadurch die private Investitionstätigkeit verstärken. Was „genügend stark" ist, hängt im Wesentlichen von den Erwartungen und dem Vertrauen der privaten Wirtschaftssubjekte in diese staatliche Wirtschaftspolitik sowie in die Zukunftsentwicklung ab, und ist somit gesellschaftlich und historisch unterschiedlich. Außerdem sind die Nachfrageeffekte staatlicher Nachfragepolitik auch vom Anpassungsgrad der Geldpolitik an die Fiskalpolitik, d. h. von der „Mischung" von Fiskal- und Geldpolitik, abhängig. Keynesianische Fiskalpolitik sollte, nach der Vorstellung ihrer Vertreter, in der Regel mit einer weitgehend akkomodativen Geldpolitik einhergehen. Bei der **zweiten Alternative** der indirekten Nachfragesteuerung ist der Staat gehalten, über angebotspolitische Mittel (steuerliche Anreize, Subventionen, Risikobeteiligungen) die Gewinnerwartungen der Investoren zu verbessern und ihre Risikoerwartungen zu verringern.

Umgekehrt sollte der Staat – nach der (post)keynesianischen Theorie – versuchen, bei einer Überhitzung der Volkswirtschaft die vorhandene Übernachfrage durch staatliche Nachfrageeinschränkung oder durch Steuererhöhungen und Subventionsabbau zu verringern.

Wie man somit sieht, bezieht sich keynesianische Stabilitätspolitik keineswegs nur auf nachfragepolitische Aktivitäten, sondern umfasst auch angebotspolitische Maßnahmen. Dass in der Literatur so häufig keynesianische Wirtschaftspolitik mit Nachfragepolitik gleichgesetzt wird, ist darin begründet, dass das Ziel der nachfrage- **und** angebotspolitischen Maßnahmen – je nach konjunktureller Ausgangslage – eine Ausweitung oder Einschränkung der gesamtwirtschaftlichen Nachfrage^1 ist **[antizyklische Stabilitätspolitik]**.

Arbeitskräfte und Kapital sind nach Ansicht von Keynesianern deswegen in Rezessionen unterbeschäftigt, weil **zu wenig nachgefragt** wird relativ zum Vollbeschäftigungsangebot. Bei Lohn- und Preisrigiditäten verringert sich in diesem Fall das Angebot auf das Niveau der niedrigen Nachfrage mit dem Ergebnis eines Unterbeschäftigungsgleichgewichts. Angriffspunkt staatlicher Nachfragepolitik muss in dieser Situation die **Steigerung der Nachfrage** sein, an die sich annahmegemäß das Angebot anpassen würde, da höhere Nachfrage bei gegebenen Preisen für die Unternehmen höheren Absatz und höherer Absatz auch höhere Gewinne verspricht. [Dies gilt natürlich nur für die **Marktform der unvollkommenen Konkurrenz**, bei der im Gewinnmaximum der Preis die Grenzkosten übersteigt^2.] Wenn zur höheren Produktion kein größerer Kapitalstock benötigt wird – da auf brachliegendes Kapital zurückgegriffen werden kann, ist dies gleichbedeutend auch mit einer Steigerung der Gewinnrate. Eine solche expansive Nachfragepolitik des Staates in konjunkturellen Rezessionen oder Depressionen wird in der Regel nicht als inflationsauslösend angesehen, entsprechend der keynesianischen Annahme, dass **Inflation** ein Phänomen der Übernachfrage am Gütermarkt ist. [Siehe hierzu auch die Erläuterung des Konzepts der Phillipskurve und ihres Einbezugs in die keynesianische Theorie im Kapitel 1, Abschnitt B.I.1.]

Staatliches Nachfragemanagement wird im Keynesianismus in der Regel verstanden als **Ersatz für unzureichende Lohn- und Preisflexibilität.** Letzteres impliziert allerdings noch nicht notwendigerweise, dass bei flexiblen Löhnen und

---

[1] Auch Erweiterungsinvestitionen der Unternehmer, die durch angebotspolitische Maßnahmen beeinflusst werden sollen, stellen **Nachfrage** dar, und zwar Investitionsnachfrage. Unter die **Gesamtnachfrage** fallen ja bekanntlich nicht nur die Konsumnachfrage der privaten Haushalte, sondern auch die Investitionsnachfrage der privaten Unternehmer, sowie die Nachfrage des Staates und die des Auslandes.

[2] Siehe hierzu im 1. Kapitel, dort in Abschnitt B.I.4.2.2. Vgl. auch Startz [1989]. Die Bezugnahme auf die Marktform unvollkommener Konkurrenz ist auch schon zur Begründung der Annahme von Lohn- und Preisrigiditäten erforderlich. Daraus folgt: **Keynesianische Theorie lässt sich überhaupt nur in einem Modell der unvollkommenen Konkurrenz entwickeln** (!).

Preisen staatliche Nachfragepolitik überflüssig sein würde. [Hierzu siehe die Abschnitte I.6 und II im 1. Kapitel.]

Als **Hochblüte** politischer Praktizierung von Keynesianismus kann man die 1960er Jahre bezeichnen. Zwei der bekanntesten Anwendungen von keynesianischer Stabilitätspolitik sind einmal die Wirtschaftspolitik in den USA während der **Kennedy-Regierung** in der ersten Hälfte der 1960er Jahre und die Wirtschaftspolitik („**Globalsteuerung**") in der Bundesrepublik Deutschland während der **Großen Koalition** in der zweiten Hälfte der 1960er Jahre. Man kann beide Experimente durchaus als erfolgreich bezeichnen[3], wobei natürlich auch günstige Nebenbedingungen eine Rolle spielten.[4] Die von der Kennedy-Administration eingeleitete Wirtschaftspolitik bescherte den USA immerhin fast ein Jahrzehnt ohne stärkere konjunkturelle Einbrüche bei gleichzeitig relativ niedrigen Inflationsraten. Erst das weitgehend geldmengenfinanzierte Vietnam-Engagement der Johnson-Administration produzierte starke Inflationstendenzen, die dann Ende der 60er Jahre die Wahlniederlage der Demokraten in den USA besiegelten.

Im Folgenden Abschnitt B.I wird zuerst die „klassische" kontrolltheoretische Begründung von antizyklischer Stabilitätspolitik dargestellt. Anschließend wird die typisch-traditionelle Vorstellung, wie nachfrageorientierte Stabilitätspolitik wirkt, anhand der IS-LM- und IS-LM-BP-Methode aufgezeigt und diskutiert. Im Abschnitt B.II werden dann die grundsätzlichen Kritikpunkte, die heutzutage an diskretionärer Stabilitätspolitik geübt werden, und zum Teil erst in den letzten Jahrzehnten entwickelt worden sind, herausgearbeitet.

B. Ansatz und Kritik diskretionärer, antizyklischer Stabilitätspolitik

I. Begründung und theoretischer Wirkungsmechanismus

1. Kontrolltheoretische Begründung der Stabilisierungsrolle von Nachfragepolitik

Die Rationalität oder Stabilisierungsmöglichkeiten von Nachfragepolitik ist in der Makroökonomie seit den fünfziger Jahre meist kontrolltheoretisch begründet worden. Die **Kontrolltheorie**[5] betrachtet die Ökonomie als ein **Kontrollsystem**. Die Systemstruktur wird als vorgegeben angesehen. Es wird nach Werten oder Zeitpfaden der Kontrollvariablen gesucht, die sicherstellen, dass die Funktionsweise

---

[3] Diese Wertung ist allerdings nicht unumstritten. Ob eine Politik „als erfolgreich" bezeichnet werden kann, hängt natürlich zuallererst auch von der (richtigen) Einschätzung der Zielfunktion der Politiker ab. Zur methodischen Problematik einer „ad-hoc"-Wertung in rationalen Erwartungsmodellen siehe z. B. Sargent [1976].

[4] So erntete z. B. die Kennedy-Administration die Früchte der vorangegangenen Anti-Inflationspolitik der Eisenhower-Administration, d. h. die Beseitigung der Inflationserwartungen. Außerdem war der Erfolg der neuen Politik auch verbunden mit dem Charisma der Person von John F. Kennedy.

[5] Der kontrolltheoretische Ansatz wurde in den fünfziger Jahren durch Simon [1952], Tustin [1953], Phillips [1954] und andere in die Theorie der Wirtschaftspolitik eingeführt.

des ökonomischen Systems akzeptabel ist. Was akzeptabel ist, hängt von den Zielkriterien ab. So ist das Zielkriterium in unserer Betrachtung die **Stabilität** des ökonomischen Systems. Folglich geht es darum, Werte oder Zeitpfade der Kontrollvariablen zu finden, die diese Stabilität gewährleisten. Dies wird an folgendem einfachen Modellzusammenhang anschaulich gemacht. Als Ausgangspunkt wählen wir ein Multiplikator-Akzelerator-Modell, das mit einer Reaktionsfunktion der Politik verbunden wird[6]:

(1) $\quad Y_t = cY_{t-1} + \chi(Y_{t-1} - Y_{t-2}) + A + G_t$
(2) $\quad G_t = q_1 Y_{t-1} + q_2 Y_{t-2} + B$.

Gleichung (1) beschreibt hier die reduzierte Form eines Multiplikator-Akzelerator-Zusammenhangs mit politischer Intervention, wobei c die Konsumneigung und χ den Akzeleratorkoeffizienten ausdrücken (c,χ > 0). A steht für (konstante) autonome Ausgaben und G_t für Staatsausgaben.

Gleichung (1) lässt sich aus folgendem keynesianischen Makromodell ableiten. Die Struktur des privaten Wirtschaftssystems wird beschrieben durch die folgenden drei Gleichungen:

(1a) $\quad Y_t = C_t + I_t$, wobei C = Konsum- und I = Investitionsnachfrage
(1b) $\quad C_t = cY_{t-1} + C_{autonom}$
(1c) $\quad I_t = \chi(Y_{t-1} - Y_{t-2}) + I_{autonom}$.

(1a) beschreibt das sogenannte „Periodengleichgewicht" auf dem Gütermarkt. Hierbei wird unterstellt, dass sich die Produktion stets in der gleichen Periode der Nachfrage anpasst.

(1b) gibt die Konsumfunktion und (1c) die Investitionsfunktion wieder.

Wenn wir (1b) und (1c) in (1a) einsetzen und nach Y_t auflösen, erhalten wir den Ausdruck $Y_t = cY_{t-1} + \chi(Y_{t-1} - Y_{t-2}) + A$, wobei A die Summe aus $C_{autonom}$ und $I_{autonom}$ ist. Zu dieser Strukturbeschreibung des privaten Wirtschaftssystems in „reduzierter" Schreibweise fügen wir nun noch die staatliche Nachfrage G_t hinzu, und gelangen so zu der obigen Gleichung (1).

Gleichung (2) beschreibt die Politikreaktionsfunktion. G_t ist die Kontrollvariable der Wirtschaftspolitik. q_1 und q_2 sind durch die Politik bestimmte Parameter oder, anders ausgedrückt, Reaktionskoeffizienten der Politik. B wird hier als Konstante betrachtet. Gleichung (2) besagt, dass die Politikbehörde mit (verzögerter) antizyklischer Ausgabenpolitik[7] auf Abweichungen der realen Outputs von seinem Zielwert[8] in den vorhergegangenen zwei Perioden reagiert.

Es wird hier davon ausgegangen, dass der Staat das Einkommen Y beim Gleichgewichtswert Y* stabilisieren will. Wenn wir Gleichung (2) in Gleichung (1) einsetzen, erhalten wir

(3) $\quad Y_t + (a-q_1)Y_{t-1} + (b-q_2)Y_{t-2} = A + B$, wobei $a = -(c+\chi)$ und $b = \chi$.

---

[6] Ein zentraler Artikel im Zusammenhang mit der hier erläuterten formalen Theorie der Stabilisierungspolitik ist der von Baumol [1961]. Seine Analyse wurde von Howrey [1967] durch die Einführung von stochastischen Störelementen erweitert. Eine gute Übersicht über diese Theorien liefert Turnovsky [1977, 2000].
[7] Dies impliziert, dass q_1 und q_2 < 0 sind.
[8] Die Variablen sind hier wieder als Abweichungen von ihrem Zielwert zu interpretieren.

Die allgemeine Lösung dieser Differenzengleichung zweiter Ordnung ist

(4) $Y_t = (A+B)/[1+(a-q_1)+(b-q_2)] + R_1\lambda_1^t + R_2\lambda_2^t$.

λ_1 und λ_2 sind hier die Wurzeln der zu (3) gehörigen charakteristischen Gleichung

(5) $\lambda^2 + (a-q_1)\lambda + (b-q_2) = 0$,

und R_1 und R_2 stellen Konstante dar, die durch die Anfangsbedingungen für Y_0 und Y_1 bestimmt sind.

Notwendige und hinreichende Bedingungen für die Stabilität in diesem Modell sind[9]

(6) $1-b+q_2 > 0$
        $1+a+b-q_1-q_2 > 0$
        $1-a+b+q_1-q_2 > 0$.

Wenn diese Bedingungen erfüllt sind, wird Y_t gegen

(4*) $Y^* = (A+B)/[1+(a-q_1)+(b-q_2)]$

konvergieren.

Die Stabilisierungsmöglichkeit von Nachfragepolitik wird nun damit begründet, dass die von der Politik bestimmten Parameter q_1 und q_2 in den Stabilitätsbedingungen (6) enthalten sind. Folglich gibt es immer Werte von q_1 und q_2, die eine Instabilität des privaten Wirtschaftssystems zu beheben vermögen. Keynesianer hatten ja immer eine Instabilität des privaten Wirtschaftssystems unterstellt. Eine solche Instabilität drückt sich aus in Werten von a und b, die die obigen Stabilitätsbedingungen (6) für den Fall von $q_1 = q_2 = 0$ **nicht** erfüllen. Durch eine geeignete Wahl von q_1 und q_2 entsprechend den obigen Stabilitätsbedingungen können nun Politiker immer stabile Entwicklungspfade garantieren.

Wir können nun in das obige Modell auch **stochastische Störelemente** einführen. Wenn wir die rechte Seite der Gleichungen (1) und (2) jeweils um einen stochastischen Term erweitern, erhalten wir statt (3)

(3a) $Y_t + (a-q_1)Y_{t-1} + (b-q_2)Y_{t-2} = A+B+u_t$,

wobei u_t aus den beiden stochastischen Termen zusammengesetzt ist, die in die Gleichungen (1) und (2) eingeführt werden. Die Störvariable u_t sei hier wieder vom „White-Noise"-Typ; d. h. $E(u_t) = 0$, $var(u_t) = \sigma^2$ und $E(u_t, u_{t'}) = 0$ für $t \neq t'$.

Die allgemeine Lösung für Y_t ist nun

(4a) $Y_t = (A+B)/[1+(a-q_1)+(b-q_2)] + R_1\lambda_1^t + R_2\lambda_2^t + \sum_{j=0}^{t-1} \gamma_j u_{t-j}$, $t = 1, 2, \ldots$.

(4a) unterscheidet sich von (4) nur durch den zusätzlichen stochastischen Ausdruck

---

[9] Stabilitätsvoraussetzung ist, dass die Wurzeln $|\lambda_i| < 1$ sind (i = 1,2). Zur Ableitung siehe Samuelson [1947: Anhang] oder ein Mathematikbuch für Wirtschaftswissenschaftler. Bei der Darstellung in diesem Unterabschnitt folge ich Turnovsky [1977: S. 325–8].

$$\sum_{j=0}^{t-1} \gamma_j u_{t-j}, \text{ wobei}$$

$$\gamma_j = (\lambda_1^{j+1} - \lambda_2^{j+1})/(\lambda_1 - \lambda_2).$$

Wenn das System stabil ist, d. h. wenn die obigen Stabilitätsbedingungen in (6) erfüllt sind, verschwindet wieder der Ausdruck $R_1\lambda_1^t + R_2\lambda_2^t$. Jedoch bleibt, was wichtig ist, nun der stochastische Ausdruck

$$\sum_{j=0}^{t-1} \gamma_j u_{t-j}$$

bestehen[10]. Das heißt, das System schwingt nun um das stationäre Gleichgewicht $Y^* = (A+B)/[1+(a-q_1)+(b-q_2)]$, anstatt dass es wie im nichtstochastischen obigen Fall dahin konvergiert. Die asymptotische Varianz der Schwingungen von Y_t um Y^*, die aus Gleichung (3a) abgeleitet werden kann, ist

(7) $\sigma_y^2 = \sigma_u^2 [1+b+q_2]/[1-(b+q_2)]\{[1+(b+q_2)]^2 - (a+q_1)^2\}$.

Auch hier besteht eine Stabilisierungsmöglichkeit durch Nachfragepolitik in Form einer geeigneten Wahl von q_1 und q_2. Die hier optimale Stabilitätspolitik, die die Einkommensvarianz (7) minimiert, wählt

(8) $q_1^* = -a$ und $q_2^* = -b$.

In diesem Fall ist die Lösung

(9) $Y_t = Y^* + u_t$ und $\sigma_y^2 = \sigma_u^2$.

Hiermit würde die autoregressive Struktur des Systems vollkommen ausgeglichen und das Volkseinkommen würde mit einer Varianz σ_u^2 um das stationäre Gleichgewicht Y^* schwingen. Dies ist die geringstmögliche Variabilität von Y_t, die hier erzielt werden kann. Folglich wird dieser Fall gelegentlich auch als **vollkommene Stabilisierung** bezeichnet[11]. Allerdings ist hier anzumerken, dass diese „vollkommene Stabilisierung" dann nicht gelingt, wenn „zu hohe" Kosten der wirtschaftspolitischen Instrumentenanpassung auftreten[12] oder Unsicherheit über die Größe der Koeffizienten a und b herrscht. Letzteres kann man dadurch berücksichtigen, dass man stochastische Komponenten in die Koeffizienten a und b einbaut[13]. Im Folgenden Abschnitt II soll allerdings grundsätzlicher (und allgemein-

---

[10] Wie Howrey [1967] gezeigt hat, kann eine Politik, die nur versucht, die „vorübergehende Komponente" $R_1\lambda_1^t + R_2\lambda_2^t$ zu eliminieren, die asymptotische Varianz σ_y^2 erhöhen.
[11] Fischer und Cooper [1973].
[12] Im obigen Modellzusammenhang wurde ja implizit unterstellt, dass diese Kosten gleich Null sind.
[13] Ein anderer prinzipieller Einwand gegen den eben verwandten kontrolltheoretischen Ansatz besteht darin, dass die Politikreaktionsfunktion hier **ad hoc** eingeführt und nicht von einem expliziten Optimierungsprozess abgeleitet wurde. Letzteres geschieht in der sogenannten **optimalen Kontrolltheorie**. Zu dem Ansatz und den (komplexeren) Lösungstechniken dieser Theorie siehe z. B. Intriligator [1971] und Chiang [1999]. In neuerer Zeit werden jedoch zunehmend Zweifel an der Sinnhaftigkeit der Anwendung dieser optimalen Kontrolltheorie in der Volkswirtschaft geübt. Siehe z. B. Currie [1985]. Neben derart grundsätzlichen Zweifeln werden in der jüngeren Literatur vor allem Fragen der **Robustheit** von kontrolltheoretisch fundierten Poli-

verständlicher) die heutige Kritik an keynesianischer, diskretionärer Stabilitätspolitik herausgearbeitet werden. Zuvor soll aber noch der Wirkungsmechanismus einer solchen Politik, so wie er von ihren Befürwortern in den vergangenen Jahrzehnten traditionellerweise erwartet worden ist, dargestellt werden.

2. Theoretische Wirkungsmechanismen

2.1 Wirkungen von Fiskal- und Geldpolitik in einem einfachen IS-LM-Modell der geschlossenen Volkswirtschaft

Wie im 1. Kapitel geschildert, ist Nachfragepolitik wirksam, solange Lohn- und Preisrigiditäten vorherrschen. Dies gilt auch bei rationalen Erwartungen, wie in Abschnitt B.I.4 gezeigt wurde. Die dort beschriebenen Theorien unvollkommener Konkurrenz bilden die modernen Begründungen für die Effektivität von Nachfragepolitik. Die traditionellen Theorien, mithilfe derer bis in die siebziger Jahre hinein die Wirksamkeit und die Wirkungsweisen von Nachfragepolitik begründet wurden, bauten dagegen auf der Vorstellung mehr oder weniger einfacher und **mechanistischer** Multiplikatorprozesse auf. Sie bedienten sich dabei, wie auch ein großer Teil späterer Ansätze, der sogenannten IS-LM-Analyse. Im Gegensatz zu diesen vernachlässigten die älteren Ansätze jedoch häufig Langfristeffekte und unterbelichteten die Angebotsseite.

2.1.1 Zur Methodik der IS-LM-Analyse

Das Charakteristikum der IS-LM-Analyse liegt in der Integration von realen und monetären Faktoren zur Bestimmung der aggregierten Nachfrage und darüber hinaus des Einkommens. Diese Integration wird erreicht durch die konzeptionell-analytische Aufteilung der Volkswirtschaft in zwei Haupt-Makromärkte, nämlich in den Gütermarkt (für Flussgrößen des realen Outputs) und den Geldmarkt (für Bestandsgrößen an Geld und alternativen finanziellen Vermögensanlagen). Zentraler Aspekt dabei ist, dass die Hauptvariable, die in einem Markt bestimmt wird, auch den anderen Markt beeinflusst. So ist das Einkommen, das im Gütermarkt determiniert wird, auch eine Bestimmungsgröße für die Geldnachfrage. Andererseits ist der Zins, der im Geldmarkt determiniert wird, auch eine Bestimmungsgröße für bestimmte Elemente der Güternachfrage (vor allem für die Investitionsnachfrage).

Bei der Konstruktion der IS-Gleichgewichtsbedingung des Gütermarkts wird der Output als ein einziges Gut, Y, mit einem einzigen Preis, P, betrachtet. Damit wird das in der Makroökonomie immer noch nicht völlig gelöste Problem der Aggregation und der Indexzahlen umgangen. Im Kernmodell der IS-LM-Analyse werden nur Flussgrößen der laufenden Ausgaben und des realen Outputs betrachtet. Das entsprechende Gleichgewicht auf dem Gütermarkt ist folglich ein soge-

---

tikempfehlungen diskutiert. Hierbei geht es um das Phänomen der „**Modellunsicherheit**", also der Tatsache, dass die Ökonomen sich keineswegs einig über das „richtige" makroökonomische Modell sind. Politiken, die sich innerhalb eines Modelltyps als optimal erweisen, zeigen möglicherweise in anderen Modellen schlechte Ergebnisse. Wie sehen aber optimale Politikempfehlungen aus, wenn konkurrierende Modelle berücksichtigt werden, von denen nicht völlig klar ist, wie gut sie die Wirklichkeit annähern? Vgl. hierzu z. B. Svensson [2000], Wagner [2007]. Zum modernen Ansatz der „robusten Kontrolle" siehe in diesem Zusammenhang Hansen und Sargent [2008] und (überblicksmäßig) Williams [2008].

nanntes **Flussgleichgewicht**. Das heißt, Vermögensbestände (und deren Änderungen durch Flüsse des realen Outputs), die die Ausgaben beeinflussen könnten, werden nicht miteinbezogen. Im IS-Gleichgewicht sind alle gewünschten Ausgaben äquivalent den Flüssen von realem Output. Es gibt dort folglich keine ungeplanten Änderungen der Lagerhaltung.

Das Gleichgewicht auf dem Geldmarkt ist ein **Bestandsgleichgewicht.** Es werden zwei finanzielle Anlagealternativen betrachtet, einmal Geld als risikoloses und von daher unverzinstes Aktivum, und zum anderen Wertpapiere als nicht risikolose und von daher verzinste finanzielle Anlagealternative. Es wird unterstellt, dass diese Wertpapiere einen einheitlichen Zinssatz, i, aufweisen. Des Weiteren wird unterstellt, dass keine Inflation herrscht, was bedeutet, dass Nominalzins und Realzins gleich sind. Die Geldnachfrage wird als nullhomogen im Preisniveau angenommen, ebenso wie die Güternachfrage auf dem Gütermarkt. Das bedeutet, dass die Steigung der LM-Kurve ebenso wie die Lage der IS-Kurve bei sich verändernden Preisen gleichbleiben. Parametrisch eingeführte Preisniveauänderungen führen folglich nur zu einer Veränderung der Realkasse und damit nur zu einer **Parallel**verschiebung der LM-Kurve, während sie die Lage der IS-Kurve überhaupt nicht verändert. Die Geldmenge wird als exogen von den Geldbehörden bestimmt angesehen. Dies heißt, es wird kein Bankensystem betrachtet, bzw. wenn ein Bankensystem betrachtet wird, werden die Geldmultiplikatoren als konstant unterstellt.

Die IS-Kurve zeigt, wie hoch das Output- (und Einkommens-) Niveau bei alternativen Zinssätzen ist, wenn wir die Auswirkungen von Y auf den Geldmarkt (über die Geldnachfrage) unberücksichtigt lassen. Die LM-Kurve zeigt, welcher Zinssatz den Geldmarkt räumt bei unterschiedlichen Einkommensniveaus, wenn wir die Auswirkungen des Zinssatzes auf die Nachfrage auf dem Gütermarkt unberücksichtigt lassen. Gleichgewichtseinkommen und Gleichgewichtszins werden simultan bestimmt auf dem Gütermarkt **und** dem Geldmarkt, algebraisch ausgedrückt durch die Gleichsetzung der IS- und der LM-Gleichung, und grafisch durch den Schnittpunkt der IS- und der LM-Kurve. Die Lösung des Gleichungssystems, ausgedrückt durch die totalen Ableitungen, liefert die Grundlage für all die komparativ-statischen Eigenschaften des IS-LM-Gleichgewichts, über die die Wirkungsweisen von Fiskal- und Geldpolitik begründet werden (siehe unten).

Es ist wichtig darauf hinzuweisen, dass die IS-LM-Analyse für sich allein noch kein vollständiges Modell der Einkommensbestimmung liefert, da sie keine **endogene** Bestimmung des Preisniveaus aus dem Zusammenwirken von Angebots- und Nachfrageseite beinhaltet[14]. Aus dem IS-LM-Gleichungssystem allein lässt sich lediglich die aggregierte Nachfragefunktion durch **parametrische** Änderungen des Preisniveaus ableiten (siehe in Abbildung 11 unten). Nichtsdestoweniger kann das IS-LM-System als ein **Fixpreis-Modell** der Einkommensbestimmung angesehen werden, das ein unendlich elastisches aggregiertes Angebot bei einem gegebenen Preisniveau impliziert. In diesem Fall verläuft die aggregierte Angebotskurve im (P,Y)-Koordinatensystem horizontal. Dies bedeutet, dass sich das Angebot anpasst – bei dem jeweils gegebenen Preis.

---

[14] Eine endogene Bestimmung des Preisniveaus lässt sich aber leicht dadurch erreichen, dass zur IS- und LM-Gleichung eine Angebotsgleichung (z. B. in Form einer erweiterten Phillipskurve) hinzugefügt wird. Dies haben wir im Kapitel 1 ja schon gesehen.

2.1.2 Ableitung von fiskalpolitischen und geldpolitischen Multiplikatoren

Wir gehen im Folgenden zuerst von dem neokeynesianischen Standardmodell einer geschlossenen Wirtschaft mit zumindest vorübergehend konstanten Löhnen und Preisen aus. Dieses Modell kann man in der vorliegenden oder in einer ähnlichen Form in so gut wie allen Lehrbüchern der Makroökonomie finden. Das aggregierte Angebot passt sich annahmegemäß, wie oben erläutert, an die aggregierte Nachfrage an. Insofern wird hier die aggregierte Angebotsfunktion gar nicht explizit spezifiziert. Die aggregierte Nachfrage wird bestimmt durch die Annahme eines simultanen Gleichgewichts auf dem Gütermarkt und auf dem Geldmarkt[15].

Das **Gleichgewicht auf dem Gütermarkt** wird in einer geschlossenen Volkswirtschaft ohne Staat ausgedrückt durch die IS-Bedingung „Investieren (I) = Sparen (S)" bzw. durch die äquivalente Bedingung „Output (Y) = Konsumnachfrage (C) + Investitionsnachfrage (I)".[16] Wenn wir die staatliche Güternachfrage miteinbeziehen, erweitert sich die letztere Bedingung zu „Output (Y) = Konsumnachfrage (C) + Investitionsnachfrage (I) + Staatsausgaben (G)".

Das **Gleichgewicht auf dem Geldmarkt** wird beschrieben durch die LM-Bedingung „Angebot an realer Geldmenge (M/P) = Nachfrage nach Realkasse (L)".

Weiter wird angenommen: $I = I(i)$, $C \equiv Y-S = C(Y-T)$ mit T = Steuern (abzüglich Transfers), sowie $L = L(i,Y)$. M, P, G und T seien exogene Größen.

Außerdem gelte: $I' < 0$, $0 < C' < 1$, $L_i < 0$, $L_Y > 0$.

Folglich lautet das IS-Modell mit Staat in seiner einfachsten Struktur[17]:

(10a) $Y = C(Y-T)+I(i)+G$.   IS-Gleichung
(10b) $M/P = L(i,Y)$.   LM-Gleichung

Ich werde jedoch, aus Konsistenzgründen zu der sonstigen Darstellungsform in diesem Buch, im Folgenden in einem **loglinearen** IS-LM-Modell argumentieren. (Die traditionelle Darstellung wird zum Vergleich in Klammern oder in Fußnoten angegeben.) Diese loglineare Schreibweise dominiert heutzutage in der makroöko-

---

[15] Dass sich das folgende IS-LM-Modell auf eine aggregierte Nachfragefunktion überführen lässt, kann man wie folgt sehen. Man braucht hierzu nur die totale Ableitung über die folgenden Gleichungen (11a) und (11b) bilden, wodurch man (11a') und (11b') erhält, und das letztere Gleichungssystem nach dy/dp auflösen. Man erhält dann $dy/dp = -\Omega_3 < 0$. (Zur Definition von Ω_3 siehe in Gleichung (12) unten.) Folglich weist die aggregierte Nachfragekurve einen negativen Verlauf auf, vorausgesetzt die Konsumneigung c ist kleiner Eins. Wenn wir statt vom Gleichungssystem (11) vom Gleichungssystem (10) ausgehen und dieses in einer entsprechenden Vorgehensweise nach dY/dP auflösen, ergibt sich: $dY/dP = I'L/[1-C'+I'L_y/L_i]$. Der Zähler dieses Ausdrucks ist negativ. Der Nenner ist positiv. Folglich ist auch hier $dY/dP < 0$; d.h. die aggregierte Nachfragekurve weist einen fallenden Verlauf auf.

[16] In der volkswirtschaftlichen Gesamtrechnung gelten für eine geschlossene Volkswirtschaft ohne Staat neben der Identität $Y \equiv C+I$ auch die Identität $Y \equiv C+S$. Wenn wir C aus der zweiten in die erste Identität substituieren, erhalten wir $I \equiv S$ als äquivalenten Ausdruck für die erste Identität $Y \equiv C+I$.

[17] Zu einer Erläuterung der Strukturannahmen vgl. z. B. Wagner [1987c].

nomischen Forschung. Statt von Gleichung (10) gehe ich von folgender loglinearer Darstellung aus [18]:

(11a) $y = c(y-t)+ai+g; \; 0 < c < 1, a < 0.$ IS-Gleichung
(11b) $m-p = bi+ky; \; b < 0 < k.$ LM-Gleichung

Die Kleinbuchstaben y, t, g, m, p drücken hierbei die obigen Größen Y, T, G, M, P in logarithmischer Form aus. Die Buchstaben c, a, b und k symbolisieren (für die kurze Frist als konstant unterstellte) Strukturparameter. Inhaltlich gesehen, geben sie **Elastizitäten** wieder, und zwar Einkommens- und Zinselastizitäten. Die Parameter c, a, b, k entsprechen den Grenzneigungskoeffizienten C', I', L_i, L_Y im Gleichungssystem (10) oben. Der erste Ausdruck auf der rechten Seite von Gleichung (11a) beschreibt die Konsumfunktion und der zweite Ausdruck die Investitionsfunktion, beide in linearisierter Form. Der Ausdruck auf der rechten Seite von Gleichung (11b) stellt die Geldnachfragefunktion in linearisierter Form dar.

Grafisch lässt sich das Gleichungssystem (11) wie in der folgenden Abbildung 6 darstellen [19]:

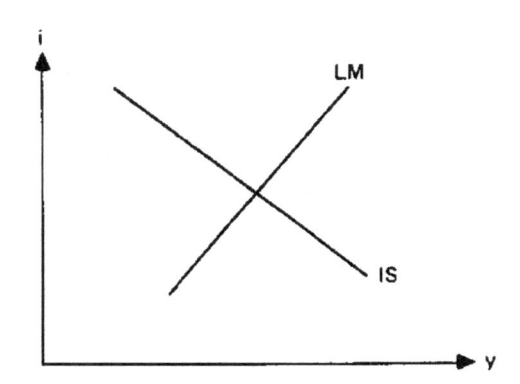

Abbildung 6: (Quelle: Eigene Darstellung).

Aus diesem Gleichungssystem berechnen wir nun einige wichtige Multiplikatoren, die die Wirkung einer Nachfragepolitik beschreiben sollen.

---

[18] Die Konstanten in den Linearbeziehungen, d. h. die autonomen Komponenten des Konsums, der Investition, usf., werden wiederum weggelassen. Sie haben auf die folgenden Ergebnisse keinen Einfluss.

[19] Die negative Steigung der IS-Kurve lässt sich bestimmen durch die Auflösung der Gleichung (11a) bzw. (11a') nach di/dy. di/dy ist ja das Steigungsmaß aller Kurven in einem Quadranten mit den Koordinaten i und y. Man erhält dann: $di/dy = (1-c)/a < 0$. Ein negativer Wert bedeutet eine negative Steigung der Kurve. Analog kann man die positive Steigung der LM-Kurve ableiten. Man braucht hierfür nur die Gleichung (11b) bzw. (11b') nach di/dy auflösen. Man erhält in diesem Fall: $di/dy = -k/b > 0$. Dieser Ausdruck ist größer Null, da k > 0 und b < 0. Ein positiver Wert von di/dy bedeutet eine positive Steigung der Kurve. (Aus dem Gleichungssystem (10) lassen sich die entsprechenden Steigungsmaße $di/dY = (1-C')/I' < 0$ für die IS-Kurve und $di/dY = -L_y/L_i > 0$ für die LM-Kurve ableiten.)

Als **Multiplikator** bezeichnet man das Verhältnis der Änderungen einer exogenen und einer endogenen Variablen. Wenn sich die exogene Variable ändert, so drückt ein Multiplikator aus, um das Wievielfache davon sich die endogene Variable ändert. In unserem obigen Modell sind y und i die endogenen Variablen und m, p, g und t die exogenen Variablen. Wir werden im Folgenden nur **Einkommensmultiplikatoren** betrachten, d. h. die Änderungen von y (d. h. dy) bei einer Veränderung von g, t bzw. m–p (d. h. bei dg, dt bzw. d(m–p), wobei der Buchstabe „d" hier für „Änderungen" bzw. für den Differenzial- oder Ableitungsoperator steht). Wir fragen also, wie groß die Ausdrücke dy/dg, dy/dt und dy/d(m–p) sind.

Zur Berechnung dieser Multiplikatoren bilden wir die **totale Ableitung** über die beiden Gleichungen (11a) und (11b). Sie lautet:

(11a′) $dy = c(dy-dt)+a(di)+dg$,
(11b′) $dm-dp = b(di)+k(dy)$.

Wenn wir (di) aus (11b′) in Gleichung (11a′) substituieren und nach dy auflösen, erhalten wir[20]:

(12) $dy = \Omega_1 dg + \Omega_2 dt + \Omega_3 (dm-dp)$, wobei
$\Omega_1 = b/[b(1-c)+ak] > 0$, $\Omega_2 = -bc/[b(1-c)+ak] < 0$, und
$\Omega_3 = a/[b(1-c)+ak] > 0$.

In dieser Gleichung stehen auf der linken Seite die Veränderung der endogenen Variablen, y, und auf der rechten Seite die Veränderungen der exogenen Variablen g, t und m–p. Die Ausdrücke vor den Veränderungen der exogenen Variablen, d. h. vor dg, dt und (dm–dp), sind die jeweiligen **Einkommensmultiplikatoren**. Sie werden hier bezeichnet mit dem Buchstaben Ω_i (i = 1,2,3).

Die eben abgeleiteten Einkommensmultiplikatoren können wir interpretieren als die Wirkungen, die eine Nachfragepolitik bei unterschiedlichen Finanzierungen auf den aggregierten Output und damit auf das Volkseinkommen hat. Es gibt im Wesentlichen drei Möglichkeiten der Finanzierung[21]: (a) die Ausgabe von Schuldverschreibungen des Staates, (b) die Veränderung von Steuern, und (c) das Drucken von (Außen-)Geld.

a) Finanzierung über Schuldverschreibungen („Fiskalpolitik"): Die Wirkung einer Erhöhung der Staatsausgaben, die durch Schuldverschreibungen finanziert wird, wird durch den obigen Multiplikator Ω_1 [= b/Δ mit $\Delta = b(1-c)+ak$] beschrieben.

---

[20] Die totale Ableitung über die Gleichungen (10a) und (10b) lautet stattdessen:
(10a′) $dY = C'(dY-dT)+I'di+dG$, sowie
(10b′) $dM = L(Y,i)dP+P(L_Y dY+L_i di)$.
Einsetzen von (di) aus (10b′) in (10a′) und Auflösung nach dY ergibt:
(10′) $dY = \tau_1 dG + \tau_2 dT + \tau_3 dM$, wobei
$\tau_1 = 1/[1-C'+I'L_Y/L_i] > 0$, $\tau_2 = dY/dT = -C'/[1-C'+I'L_Y/L_i] < 0$,
$\tau_3 = (I'/PL_i)/[1-C'+I'L_Y/L_i] > 0$.
τ_i (i = 1,2,3) sind hier die Einkommensmultiplikatoren. Zur Erklärung siehe im Text. Die τ_i's entsprechen hier den Ω_i's im loglinearen Modellaufbau.

[21] Es ist zu betonen, dass wir hier eine geschlossene Wirtschaft annehmen. In einer offenen Wirtschaft gibt es noch die Möglichkeit der Finanzierung über Zahlungsbilanzdefizite. Siehe unten.

Ω_1 variiert hier invers mit der Steigung der LM-Kurve, d. h. mit $-k/b$.[22] Je steiler die LM-Kurve ist, d. h. je größer $-k/b$, desto geringer ist der Multiplikator, und umso weniger effektiv ist Fiskalpolitik[23]. Umgekehrt, je flacher die LM-Kurve ist, d. h. je kleiner $-k/b$, desto größer ist der Multiplikator. Entsprechend gilt, je absolut größer (geringer) die Zinselastizität der Investitionen, a, d. h. je flacher (steiler) die IS-Kurve, umso kleiner (größer) ist der Fiskalmultiplikator[24].

b) Finanzierung über Steuern („Steuerpolitik"): Eine Alternative zur staatlichen Beanspruchung des Kapitalmarktes wäre eine Steuererhöhung. Eine solche Steuererhöhung würde auch eine Umschichtung von privaten Ersparnissen und/oder Ausgaben in staatliche Ausgaben bedeuten. Wenn der Anstieg der Steuern gerade dem Anstieg der Staatsausgaben entspricht, d. h. dt = dg, sodass der staatliche Budgetüberschuss unverändert bleibt, dann ist der Multiplikator gleich $(1-c)b/\Delta$, wobei wiederum $\Delta = b(1-c)+ak$. Diesen Multiplikator bezeichnet man als ausgeglichenen Budgetmultiplikator. Wenn die Investitionsnachfrage zinsunelastisch ist, d. h. wenn a = 0, ist – wie man leicht sieht – der **„ausgeglichene Budgetmultiplikator"** gleich Eins, ansonsten kleiner 1. Der ausgeglichene Budgetmultiplikator ist die Summe aus dem Fiskalmultiplikator Ω_1 [= b/Δ] und dem Steuermultiplikator Ω_2 [= $-bc/\Delta$].

c) Finanzierung über eine Steigerung der realen Geldmenge („Geldpolitik"): Die Wirkung einer Geldmengenausweitung auf das Einkommen wird durch den Geldmultiplikator $\Omega_3[= a/\Delta]$ beschrieben.

Geldpolitik ist hier umso effektiver, je absolut größer[25] „a", d. h. je flacher die IS-Kurve, oder je absolut größer „k/b", d. h. je steiler die LM-Kurve ist[26]. Näheres im nächsten Abschnitt.

Aus der Division von Ω_1 und Ω_3 lässt sich dann die **relative Effizienz von Fiskalpolitik und Geldpolitik** bestimmen:

(13) $(dy/dg)/(dy/dm) = b/a$.

Die relative Effizienz von Fiskalpolitik und Geldpolitik ist hier eine empirische Frage, abhängig von den Größen von „b" und „a" d. h. den Zinselastizitäten von Geldnachfrage und Investitionsnachfrage.

---

[22]   Dies sieht man, wenn man Zähler und Nenner des Multiplikatorausdrucks durch „ab" dividiert. Man erhält dann $\Omega_1 = (1/a)/[(1-c)/a-(-k/b)]$. Der erste Ausdruck in der eckigen Klammer ist das Steigungsmaß der IS-Kurve, und der zweite Ausdruck das Steigungsmaß der LM-Kurve. Zur Ableitung beider Steigungsmaße siehe oben.

[23]   Fiskalpolitik wird häufig gleichgesetzt mit schuldenfinanzierter Ausgabenpolitik. An und für sich umschließt Fiskalpolitik jedoch auch steuerliche Maßnahmen im Rahmen von Stabilitätspolitik. Vgl. z. B. Lachmann [1987] sowie für eine neuere Untersuchung siehe Alesina und Ardagna [2010].

[24]   Vgl. wiederum die vorvorhergehende Fußnote.

[25]   „Absolut" bedeutet hier bezogen auf den Absolutbetrag von a. Der Ausdruck „je absolut größer a" ist gleichbedeutend mit „je größer der Absolutwert von a". Die Koeffizienten a und b sind ja, wie oben definiert, negative Größen.

[26]   Dies sieht man klarer, wenn man, wie oben schon, Zähler und Nenner des Multiplikatorausdrucks durch „ab" dividiert. Wir erhalten dann $\Omega_3 = (1/b)/[(1-c)/a-(-k/b)]$. Der erste Ausdruck in der eckigen Klammer beschreibt wieder das Steigungsmaß der IS-Kurve und der zweite Ausdruck das Steigungsmaß der LM-Kurve.

2.1.2.1. Erläuterung der zugrundeliegenden Wirkungsprozesse

Die Wirkungsprozesse, die Geldpolitik und Fiskalpolitik innerhalb des obigen Modellrahmens auslösen, werden im Folgenden in kompakter Form dargestellt.[27] Dabei wird vorerst weiter unter der Annahme konstanter Löhne und Preise argumentiert.

Ausgangspunkt bei konstanten Löhnen und Preisen

Ausgangspunkt sei eine kontraktiv wirkende exogene Störung des Systems. Diese Störung stellt sich als eine Linksverschiebung der IS-Kurve oder als eine Linksverschiebung der LM-Kurve dar. Mögliche Ursachen können einen Nachfrageeinbruch auf dem Gütermarkt oder eine Angebotseinschränkung auf dem Geldmarkt sein. Derartige Störungen führen bei konstanten Löhnen und Preisen über einen Rückgang des Outputs auch zu einem Rückgang der Arbeitsnachfrage[28]. Eine damit einhergehende Einschränkung des aggregierten Arbeitseinkommens verringert die aggregierte Nachfrage nach Output. Das wiederum reduziert das geplante Output- oder Produktionsniveau der Firmen. Die Firmen werden folglich die Arbeitsnachfrage noch weiter einschränken, was zu einer weiteren Verringerung des aggregierten Arbeitseinkommens und der Output-Nachfrage führt, und so fort. Die Abwärtsbewegung wird jedoch nicht ewig andauern, sondern allmählich zum Stillstand kommen. Der Grund ist, dass mit sinkendem Output-Niveau auch die Geldnachfrage zurückgeht (da k > 0 bzw. L_Y > 0 angenommen ist). Damit tritt eine Überangebotssituation auf dem Geldmarkt auf mit der Folge einer Zinssenkung („Zinsmechanismus"). Eine Zinssenkung ruft jedoch positive Investitionseffekte (da a < 0 bzw. I' < 0 angenommen ist) und damit positive Output- und Beschäftigungseffekte hervor. Wenn sich beide Effekte, der zuerst beschriebene kontraktive Effekt und der zuletzt beschriebene expansive Effekt, gegenseitig aufheben, bleibt die Wirtschaft in einem Unterbeschäftigungsgleichgewicht, y_u, stehen. Staatliche, stabilisierende Eingriffe sind dann unausweichlich, wenn man die Wirtschaft wieder zur Vollbeschäftigung zurückführen will.

Geldpolitik

Nehmen wir nun an, der Staat betreibe eine expansive Geldpolitik, umso die Wirtschaft wieder zum anfänglichen Vollbeschäftigungsgleichgewicht zurückzuführen. Die nominale Geldmenge wird also gesteigert. Wegen der Annahme konstanter Löhne und Preise hat dies keine Rückwirkungen auf das Preisniveau. Folglich ist die Zunahme der nominalen Geldmenge gleichzeitig eine Zunahme der realen Geldmenge. Die LM-Kurve verschiebt sich in Abbildung 7 nach rechts unten. Eine Anhebung der nominalen Geldmenge führt zu einem Überangebot auf dem Geldmarkt. Dieses Ungleichgewicht auf dem Geldmarkt wird über eine Zinssenkung ausgeglichen. Sinkende Zinsen bewirken jedoch nach obiger Annahme (a < 0 bzw. I' < 0) einen Anstieg der Investitionsnachfrage. Dies führt zu einer Zunahme der Produktion[29], was mit einer verstärkten Ar-

---

[27] Eine ausführliche Darstellung ist in den meisten Makroökonomie-Lehrbüchern zu finden. Siehe z. B. Ott [1992] oder Dornbusch, Fischer und Startz [2011].
[28] Wenn positive Transaktionskosten der Entlassung und Neueinstellung auftreten, kommt es nur dann zu einer Verringerung der Arbeitsnachfrage, wenn die Arbeitgeber die Nachfragestörung als hinreichend langfristig ansehen.
[29] Durch die Produktionszunahme wird die durch die Investitionssteigerung entstandene Übernachfrage auf dem Gütermarkt abgebaut (Marktausgleichmechanismus über „Mengenanpassung").

beitsnachfrage und mit einem erhöhten aggregierten Arbeitseinkommen einhergeht[30]. Diese Einkommenssteigerung schlägt sich in steigender Nachfrage nach Output nieder. Die Firmen werden ihre geplante Produktion daraufhin steigern und zusätzliche Arbeitskräfte einstellen, die zusätzliche Nachfrage erzeugen. Auf diese Art und Weise wird das System wieder das Vollbeschäftigungsgleichgewicht mit dem Vollbeschäftigungsoutput, y*, erreichen. Wenn die anfängliche Störung eine „reale" oder IS-Störung war[31], so herrscht im neuen Vollbeschäftigungsgleichgewicht ein niedrigerer Zinssatz (i**) als im Ausgangspunkt vor der Störung (i*) vor.

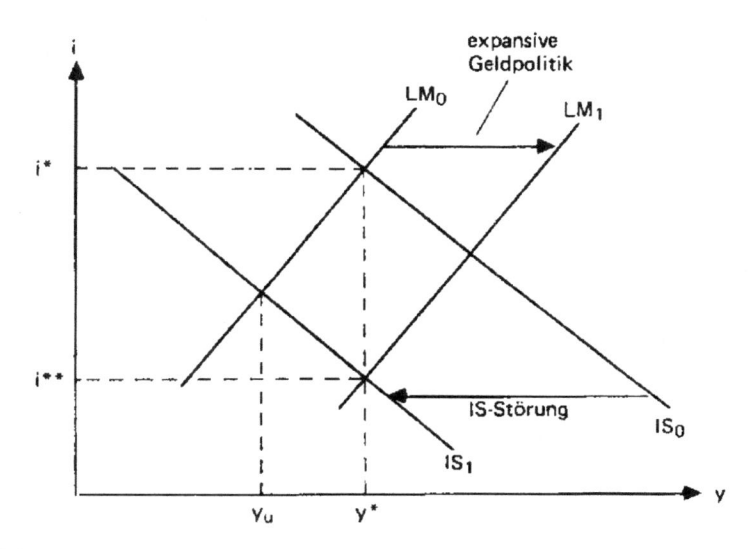

Abbildung 7: (Quelle: Eigene Darstellung).

Einschränkung: Der eben beschriebene Stabilisierungseffekt von Geldpolitik ist umso geringer, je absolut geringer die Zinselastizität der Investitionsnachfrage und/oder je absolut größer die Zinselastizität der Geldnachfrage ist[32]. In der obigen Formulierung des Zusammenhangs in den Gleichungen (11) bzw. (12) lauten die entsprechenden Bedingungen: je absolut geringer „a" und/oder je absolut größer „b" sind. Wenn $|a| = 0$ oder wenn $|b| \to \infty$, ist Geldpolitik selbst bei konstanten Löhnen und Preisen ineffektiv[33]. Der Fall eines $|a| = 0$ beschreibt eine **Gefangenendilemmasituation**, in der die einzelnen Unternehmer in einer wirtschaftlichen

---

[30] Um dies aus dem obigen Modellansatz zu ersehen, müssten wir diesen noch um eine Produktionsfunktion erweitern. Aus Einfachheitsgründen wird hier jedoch darauf verzichtet, da die Zusammenhänge auch so verständlich sein dürften.
[31] Das heißt, die Störung spiegelt sich in einer Linksverschiebung der IS-Kurve wider.
[32] Im grafischen Kontext bedeutet dies: je steiler die IS-Kurve und/oder je flacher die LM-Kurve. Wenn a = 0 (bzw. I' = 0), verläuft die IS-Kurve senkrecht, und wenn $b \to -\infty$ (bzw. $L_i \to -\infty$) verläuft die LM-Kurve waagerecht.
[33] Ich habe bislang nur die Zinselastizitäten erwähnt. Natürlich ist die Stabilisierungswirkung von Geldpolitik auch von der Einkommenselastizität der Geldnachfrage, d.h. von k (bzw. von L_Y) abhängig. Je größer k ist, umso geringer ist – ceteris paribus – die Stabilisierungswirkung von Geldpolitik. Bei $k \to \infty$ ist Geldpolitik wirkungslos.

Depression stecken können, und die im Abschnitt B.II des 1. Kapitels erläutert worden ist. Der Fall, bei dem $|b| \to \infty$, wird in der Literatur auch als **Liquiditätsfalle** bezeichnet. Auf diesem Fall basiert die zentrale Begründung von Keynes für seine damals revolutionäre These, dass das Marktsystem in einem Unterbeschäftigungsgleichgewicht stecken bleiben kann, und dass der einzige Ausweg aus dieser Sackgasse eine expansive staatliche Fiskalpolitik sei. Geldpolitik würde dagegen, so Keynes, genauso wirkungslos sein wie Geldlohnsenkungen.

Grundlage einer **Liquiditätsfalle** ist bei Keynes das Vorliegen eines **Reservationszinses**, der höher ist als der Zinssatz, der mit Vollbeschäftigung vereinbar wäre[34]. Bei Erreichen dieses Reservationszinsniveaus geht jede weitere Erhöhung der Realkasse, ob ausgelöst durch Preisniveausenkungen oder durch Geldmengensteigerungen, in eine höhere Liquiditätshaltung, sodass der Zinssatz nicht weiter sinken kann. Keynes' eigene Begründung lief auf die Vorstellung einer **Baisse-Spekulation** hinaus[35]. Zusätzliche Realkasse geht demnach vorwiegend in die Spekulationskasse. Eine Baisse-Spekulation kann wie folgt begründet werden: Die Vermögensbesitzer haben eine gewisse Vorstellung vom „normalen" Zinsniveau. Wenn der kurzfristige Marktzins dieses Niveau unterschreitet, und man muss hinzufügen: eine baldige „Normalisierung" erwartet wird, lohnt es sich für Vermögensbesitzer, weiterhin Geld zu halten, um Kursverluste beim Wiederanstieg des Zinsniveaus zu vermeiden. Wenn sich bei leicht zugänglichen Informationen alle, oder zumindest viele, so verhalten, wird der Zinssatz auch bei fallenden Löhnen und Preisen nicht weiter sinken. Kritische Anmerkungen zu der auf dieser Argumentation gründenden Keynes'schen Theorie eines Unterbeschäftigungsgleichgewichts wurden schon in Abschnitt B.II des 1. Kapitels vorgestellt.

Fiskalpolitik

Dem Staat steht in der oben erläuterten Ausgangssituation nicht nur Geldpolitik, sondern auch Fiskalpolitik zur Verfügung, um die Wirtschaft wieder zum Vollbeschäftigungszustand zurückzuführen. Während sich eine expansive Geldpolitik in der obigen Abbildung in einer Verschiebung der LM-Kurve nach rechts-unten widerspiegelt, zeigt sich eine expansive Fiskalpolitik als eine Rechtsverschiebung der IS-Kurve. Eine Steigerung der Staatsausgaben, dg, finanziert durch die Ausgabe von Schuldverschreibungen, bewirkt eine Zunahme der aggregierten Nachfrage um $\Omega_1 dg$, wobei Ω_1 der Fiskalmultiplikator ist. Wie oben schon angeführt, erhöht sich die Nachfrage um das b/Δ-fache der Staatsausgabenerhöhung. Auf diese Weise kann der Staat mithilfe von Fiskalpolitik das Vollbeschäftigungsniveau des Outputs y* wiederherstellen. Wenn die anfängliche Störung eine „nominale" oder LM-Störung war[36], so herrscht im neuen Vollbeschäftigungsgleichgewicht ein höherer Zinssatz (i**) als im Ausgangspunkt vor der Störung (i*) vor.

Einschränkung: Der erläuterte Stabilisierungseffekt von Fiskalpolitik ist umso geringer, je größer die Zinselastizität der Investitionsnachfrage und/oder je

---

[34] Keynes spricht in der „General Theory" (Keynes [1936]) von dem „Mindestzinssatz, der für die Allgemeinheit der Vermögensbesitzer akzeptabel ist" Keynes [1936: S. 309].

[35] „Das Individuum, das glaubt, dass zukünftige Zinssätze oberhalb der Raten liegen, die der Markt unterstellt, hat eine Veranlassung, jederzeit verfügbare Kasse zu halten" Keynes [1936: S. 170].

[36] Das bedeutet, die Störung drückte sich in einer Verschiebung der LM-Kurve nach links-oben aus.

geringer die Zinselastizität der Geldnachfrage sind[37]. In der obigen Formulierung des Zusammenhangs in den Gleichungen (11) und (12) sind die entsprechenden Bedingungen: je absolut größer „a", und/oder je absolut geringer „b" sind. Wenn $|a| \to \infty$ oder wenn $|b| = 0$, ist Fiskalpolitik selbst bei konstanten Löhnen und Preisen ineffektiv[38]. Man sagt auch, der **Verdrängungseffekt** (crowding out-Effekt) ist dann „vollständig". Ein vollständiger Verdrängungseffekt liegt zum Beispiel dann vor, wenn sich die Volkswirtschaft im Ausgangspunkt einer expansiven Fiskalpolitik schon in einer Phase der Vollbeschäftigung befunden hat. Dann kann nämlich der Output (kurzfristig) nicht weiter expandieren. Folglich müssen gestiegenen Güterkäufen durch den Staat in einer solchen Situation verringerte Güterverwendungen in anderen Sektoren gegenüberstehen. In einer Volkswirtschaft mit Unterbeschäftigung hingegen ist der Verdrängungseffekt unvollständig. Die gestiegene Güternachfrage des Staates erhöht dann nämlich das reale Volkseinkommen und den Output. Dieses wiederum führt zu höheren Ersparnissen, die sich unter anderem in einer gestiegenen Wertpapiernachfrage niederschlagen. Mithin steigen die Zinssätze nicht stark genug, um die privaten Investitionen so weit zu verdrängen, dass überhaupt kein positiver Nettoeffekt mehr übrigbliebe.

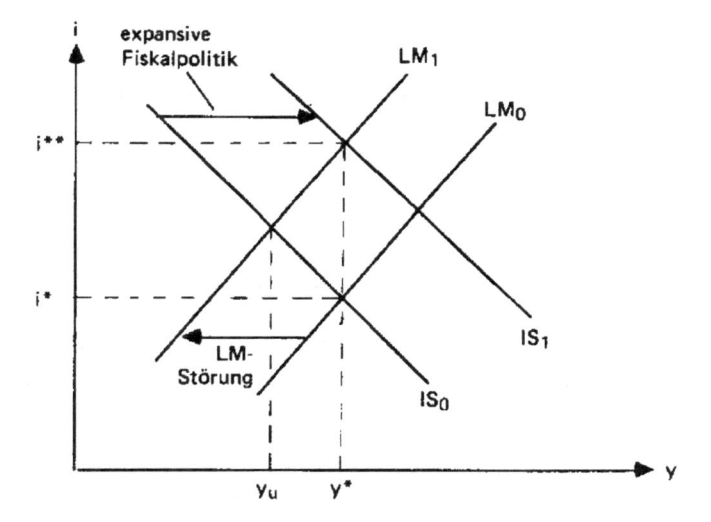

Abbildung 8: (Quelle: Eigene Darstellung).

---

[37] Dies heißt im grafischen Kontext: je flacher die IS-Kurve und/oder je steiler die LM-Kurve. Wenn $a \to -\infty$ (bzw. $I' \to -\infty$), verläuft die IS-Kurve waagerecht, und wenn $b = 0$ (bzw. $L_i = 0$), verläuft die LM-Kurve senkrecht.

[38] Ich stütze mich oben wiederum nur auf die Zinselastizitäten. Natürlich ist die Stabilisierungswirkung von Fiskalpolitik auch wieder von der Einkommenselastizität der Geldnachfrage, d. h. von k (bzw. von L_Y), abhängig. Je größer k ist, umso geringer ist die Stabilisierungswirkung von Fiskalpolitik. Bei $k \to \infty$ ist Fiskalpolitik wirkungslos.

Dies kann auch mit der folgenden Gleichgewichtsbedingung des Gütermarktes veranschaulicht werden, die lautet: S = I+(G+TR−TA). Der Klammerausdruck beschreibt hier das **Budgetdefizit** des Staates, wobei „TR" für Transferzahlungen des Staates an den privaten Sektor und „TA" für Steuereinnahmen des Staates stehen[39]. Solange die Ersparnisse, S, gleichbleiben, müssen die privaten Investitionen um den Betrag sinken, um den das Budgetdefizit des Staates zunimmt. Wenn dagegen die volkswirtschaftliche Ersparnis, S, mit den Staatsausgaben wächst (aufgrund des steigenden Volkseinkommens), muss es nicht zu einer gleich hohen, d. h. „vollständigen" Verdrängung der privaten Investitionsnachfrage, I, kommen.

Der **Verdrängungsmechanismus** lässt sich auf zwei verschiedene Weisen beschreiben: einmal über eine Kapitalmarktbetrachtung und einmal über eine Geldmarktbetrachtung. Beide sind äquivalent aufgrund der sogenannten **Vermögens-budget-Nebenbedingung**. Letztere impliziert, dass bei gleichgewichtigem Geldmarkt (M/P = L) auch der Wertpapiermarkt im Gleichgewicht ist. Wenn sich ein Wirtschaftssubjekt – bei gegebener Höhe seines Finanzvermögens – entscheidet, eine bestimmte Menge an Wertpapieren zu halten, hat es sich damit implizit auch entschieden, wie viel Geld es halten will. Der Gesamtbetrag des realen Finanzvermögens (F) einer Wirtschaft insgesamt besteht aus der Realkassenhaltung (M/P) und der realen existierenden Wertpapiermenge (B^a): $F \equiv M/P + B^a$. Andererseits ist auch die Summe aus der Nachfrage nach Realkasse (L) und der Nachfrage für reale Wertpapierhaltung (B^n) gleich dem realen finanziellen Vermögen (F): $F \equiv L + B^n$. Substituiert man für F aus einer Gleichung in die andere, so erhält man: $(L-(M/P))+(B^n-B^a) \equiv 0$. Ungleichgewichte auf dem Geldmarkt und auf dem Wertpapier- oder Kapitalmarkt gleichen sich also immer aus. Es ist folglich egal, ob man Verdrängungseffekte mithilfe einer Geldmarkt- oder einer Kapitalmarktbetrachtung begründet.

Begründung über den Kapitalmarkt: Wenn der Staat Schuldverschreibungen ausgibt, steigt das Wertpapierangebot (B^a). Es kommt bei gegebener Nachfrage B^n zu einem Überangebot an Wertpapieren, und folglich wird der Zinssatz zunehmen. Diese Zinssteigerung wird allerdings private Investitionsnachfrage „verdrängen", da sogenannte „Grenznachfrager" aussteigen werden. Expansive Fiskalpolitik verursacht also ein „Herausdrängen" (crowding out) privater Investitionsnachfrage.

Begründung über den Geldmarkt: Wenn der Staat auf dem Markt zusätzliche Wertpapiere (Schuldverschreibungen) unterbringen möchte, muss er die Wirtschaftssubjekte veranlassen, ihre Realkassenhaltung einzuschränken. Dies jedoch wird nur geschehen, wenn der Zinssatz, d. h. die Opportunitätskosten der Geldhaltung, steigen. Dies schränkt jedoch die Kreditnachfrage (das Wertpapierangebot) privater Unternehmer ein.

Auch wenn im Zuge von Multiplikatoreffekten die volkswirtschaftlichen Ersparnisse und damit die Wertpapiernachfrage zunehmen, entsteht aus dem Zusammenwirken von Gütermarkt und Geldmarkt in der obigen Modellstruktur (11) ein Verdrängungseffekt privater Investitionen. Die Schaffung von zusätzlichem Volkseinkommen durch staatliche Fiskalpolitik steigert nämlich die volkswirtschaftliche Geldnachfrage (da k > 0)[40]. Das dadurch zustandekommende Ungleichgewicht auf

---

[39] Wie oben definiert, ist T = TA−TR.
[40] Sowohl die Transaktionskassenhaltung als auch die Vorsichtskassenhaltung sind positiv mit dem Volkseinkommen korreliert.

dem Geldmarkt (in Form einer Übernachfrage nach Geld) wird über eine Zinssteigerung ausgeglichen. Diese Zinssteigerung hat jedoch negative Auswirkungen auf die private Investitionsnachfrage (da a < 0) und damit auf die mögliche Output-Steigerung, d. h. auf den Multiplikatoreffekt. Deswegen ist der Multiplikator Ω_1 auch geringer als der sogenannte **„elementare" Multiplikator**, den man aus einer alleinigen Betrachtung des Gütermarktes gewinnt, und der lautet: $\Omega_{el.} = 1/(1-c)$.

2.1.2.2. Wirkungen von Politikmischungen

Aus der obigen Analyse folgt, dass reine Geldpolitik und reine Fiskalpolitik unter bestimmten Umständen wirkungslos sein werden. Wir haben die beiden bekanntesten Fälle als „Liquiditätsfalle" und als „vollständige Verdrängung" bezeichnet. Nun kann man jedoch leicht sehen, dass diese potenzielle Ineffektivität von Stabilisierungspolitik überwunden werden kann durch eine entsprechende **Mischung von Geld- und Fiskalpolitik (policy mix)**. So impliziert die These der Liquiditätsfalle ja nur, dass in einer wie oben spezifizierten Situation Geldpolitik nicht wirksam sein wird, um eine Volkswirtschaft aus einer wirtschaftlichen Depression auszuführen, sondern dass hierzu Fiskalpolitik notwendig ist. Anderseits besagt die obige These einer „vollständigen Verdrängung" nur, dass unter bestimmten Umständen Fiskalpolitik **allein** scheitern wird. Aus letzterem folgt jedoch nicht, dass Wirtschaftspolitik schlechthin wirkungslos sein wird. Sondern Fiskalpolitik ist eben dann durch eine expansive Geldpolitik **(geldpolitische Akkommodierung)** zu unterstützen. Dies führt (im obigen Modellzusammenhang) dazu, dass der Verdrängungseffekt verhindert werden kann. Dementsprechend fordern keynesianisch orientierte Ökonomen in der Regel, dass der Staat wohl Fiskalpolitik betreiben, diese jedoch geldpolitisch abstützen solle. Dies kann beispielsweise geschehen in Form einer Strategie der Zinsstabilisierung[41]. Diese Strategie wird im nächsten Kapitel ausführlich analysiert.

Der Wirkungsmechanismus solcher Politikmischungen lässt sich im obigen IS-LM-Zusammenhang grafisch wie folgt veranschaulichen.

Abbildung 9 (a) zeigt, wie der Staat mithilfe von Fiskalpolitik die Wirtschaft – ausgehend von einem Zustand der Liquiditätsfalle, ausgedrückt durch den waagerechten Verlauf der LM-Kurve – wieder zum Vollbeschäftigungszustand zurückführen kann. Expansive Fiskalpolitik verschiebt die IS-Kurve nach rechts, bis das Niveau des Vollbeschäftigungsoutputs (y*) erreicht ist.

Abbildung 9 (b) erläutert, wie der Staat mithilfe von expansiver Geldpolitik den Verdrängungseffekt einer reinen Fiskalpolitik absorbieren kann. Expansive Fiskalpolitik verschiebt die IS-Kurve nach rechts. Bei gleichbleibender realer Geldmenge (und damit unveränderter LM-Kurve) würde sich das Zinsniveau dadurch auf i_1 erhöhen [Schnittpunkt zwischen der neuen IS-Kurve $(IS)_1$ und der ursprünglichen LM-Kurve $(LM)_0$]. Diese Zinserhöhung kann jedoch verhindert werden durch eine Ausweitung der Geldmenge, die die LM-Kurve ebenfalls nach rechts verschiebt. Dies gilt auch bei dem eingezeichneten senkrechten Verlauf der LM-Kurve, d. h. dem klassischen Fall eines vollständigen Verdrängungseffekts von reiner Fiskalpolitik.

---

[41] Zur Begründung und zu den Problemen, die eine solche Strategie insbesondere in einer offenen Wirtschaft aufwirft, siehe näher Wagner [1987e].

Man bezeichnet diese entgegenkommende Geldmengenanpassung auch als **„Monetisierung" des Budgetdefizits.** Dies bedeutet, dass die Zentralbank Banknoten druckt, um die Wertpapiere zu kaufen, mit denen der Staat sein Defizit finanziert. Dadurch wäre auch gewährleistet, dass der Multiplikatoreffekt dem oben dargestellten „elementaren Multiplikator" entspricht. Der Multiplikatoreffekt wäre also gleich $\Omega_1^* = 1/(1-c)$.

(a)

(b)

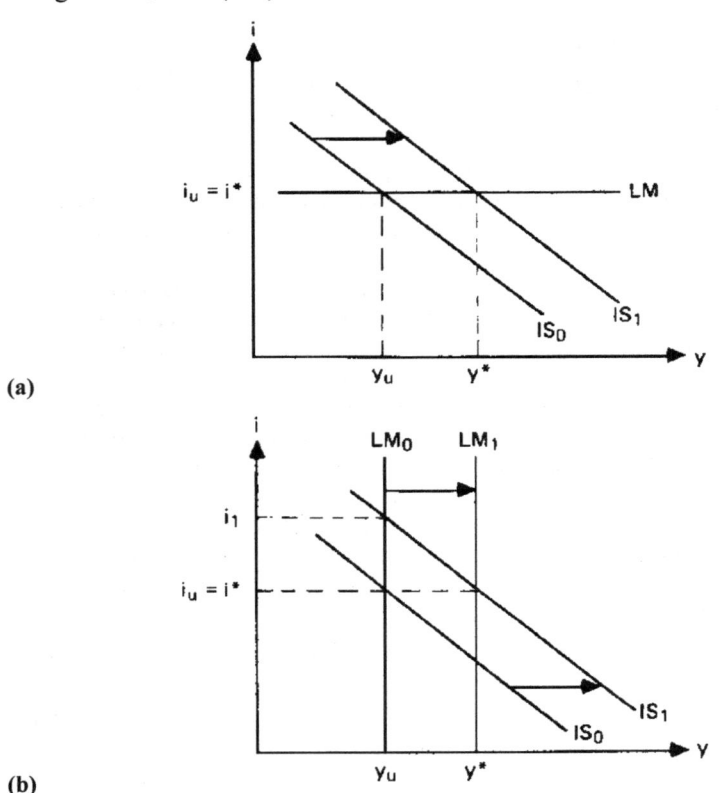

Abbildung 9: (Quelle: Eigene Darstellung).

Politikmischungen mit Steuersenkung

Expansive Fiskalpolitik braucht sich nicht unbedingt in einer Erhöhung der Staatsausgaben niederschlagen. Sie kann sich auch als Steuersenkung zeigen. Gerade letztere Form expansiver Fiskalpolitik ist in den 1980er Jahren in vielen Ländern gegenüber einer Erhöhung der Staatsausgaben vorgezogen worden. Obwohl diese Strategie in erster Linie als Angebotspolitik im Sinne von Wachstumspolitik betrieben wurde, hat sie doch Output-Effekte, die aus unserem obigen („nachfrageseitigen") IS-LM-Modell abgeleitet werden können.

Wie unterscheiden dabei vier Fälle: (1) Steuersenkung mit gleichzeitiger entsprechender Reduzierung der Staatsausgaben, (2) Steuersenkung ohne Verringerung der Staatsausgaben und ohne geldpolitische Akkommodierung, (3) Steuersenkung ohne eine Verminderung der Staatsausgaben, aber mit gleichzeitiger einschränkender

2. Kapitel: Diskretionäre Stabilitätspolitik
107

Geldmengenpolitik, und (4) Steuersenkung ohne Verringerung der Staatsausgaben, aber mit entgegenkommender (expansiver) Geldmengenanpassung.

(1) Der Multiplikator bei der ersten Variante ist der negative Wert des „ausgeglichenen Budgetmultiplikators". Der „ausgeglichene Budgetmultiplikator" wurde oben abgeleitet für eine Steuer**erhöhung** bei gleichzeitiger **Zunahme** der Staatsausgaben. Die hier diskutierte Strategie senkt dagegen Steuern (T) wie auch Staatsausgaben (G). Das Budgetdefizit (G−T) bleibt in beiden Fällen gleich[42]. Nur die Vorzeichen des Multiplikators sind hier verschieden. Im Fall der Steuersenkung mit gleichhoher Rücknahme der Staatsausgaben lautet der Multiplikator:

$$\Omega_4 = -(1-c)b/\Delta < 0, \text{ wobei wiederum } \Delta = b(1-c)+ak.$$

(2) Bei der zweiten Variante werden die Steuern gesenkt bei gleichbleibenden Staatsausgaben. Damit erhöht sich das Budgetdefizit um den gleichen Betrag wie bei der oben zuerst behandelten Alternative einer Erhöhung der Staatsausgaben bei konstant gehaltenen Steuereinnahmen. In beiden Fällen werde das gestiegene Budgetdefizit durch zusätzliche Schuldverschreibungen des Staates finanziert. Allerdings ist der Multiplikatoreffekt bei beiden Strategien unterschiedlich. Dies kann man aus einem Vergleich der Multiplikatoren Ω_2 und Ω_1 in Gleichung (12) ersehen. Der Multiplikatoreffekt einer Steuersenkung, Ω_5, ist gleich $-\Omega_2$, d. h. $bc/\Delta > 0$. Der Multiplikatoreffekt einer schuldenfinanzierten Steigerung des Staatsausgaben beträgt dagegen b/Δ, ist also größer als bei einer Steuersenkung.

Wie wir gesehen haben, sind die Output-Effekte der beschriebenen Steuersenkung-Strategien (1) und (2) geringer als die ihrer Vergleichsstrategien. Strategie (1) hat sogar negative Output-Effekte. Trotzdem ist sie Anfang der 1980er Jahre häufig propagiert worden. Warum? Die Strategie einer Steuersenkung wurde in den 1980er Jahren weniger als nachfrage- denn als **angebotspolitische** Strategie diskutiert. Man hat erwartet, über Steuersenkungen den produktiv Tätigen Leistungsanreize bieten zu können, die sich in einer höheren Arbeitsleistung und einer höheren Unternehmerleistung niederschlagen würden. Über die dadurch hervorgerufenen Produktivitätszuwächse könnte die Produktion gesteigert werden. Diese Produktionssteigerung könnte den geringeren Output-Effekt der Strategie (1) mehr als ausgleichen. Außerdem wurde die Effektivität von Nachfragepolitik von vielen grundsätzlich bestritten. Hierzu siehe im Abschnitt II.

(3) Die Strategie (1) wurde so gut wie nirgends verwirklicht. Schon eher entspricht Variante (2) der Politik einzelner Länder wie beispielsweise der USA in den 1980er Jahren. In den ersten Jahren der Reagan-Administration wurde in den USA zusätzlich zu Strategie (2), d. h. zu einer expansiven Fiskalpolitik, eine restriktive Geldmengenpolitik betrieben, um die damalige Inflation zu bekämpfen[43]. In unser obiges modellhaftes Schema übertragen, würde dies bedeuten, dass zur Steuersenkung bei nicht gekürzten Staatsausgaben (mit dem Multiplikator Ω_5) noch eine Reduzierung der Geldmenge (mit dem Multiplikator $-\Omega_3$) hinzukäme,

---

[42] T ≡ TA−TR. Mit „TR" hatten wir oben Transferzahlungen des Staates an den privaten Sektor bezeichnet. Ein Abbau des Budgetdefizits über eine Reduzierung von „TR" könnte beispielsweise auch durch einen häufig geforderten, aber selten realisierten **Subventionsabbau** erreicht werden.

[43] Ein solches Politikmuster lässt sich natürlich, wie es auch am Beispiel der USA ersichtlich war, längerfristig nur in einer **offenen** Wirtschaft durchführen, und zwar nur dann, wenn andere Nationen zur Finanzierung des inländischen Budgetdefizits bereit sind.

sodass der Gesamtmultiplikator Ω_6 approximativ gleich $(bc-a)/\Delta < bc/\Delta < b/\Delta$ wäre. Die amerikanische Volkswirtschaft bewegte sich nach Anwendung dieser Politikmischung in die tiefste Rezession nach dem 2. Weltkrieg. Erst durch die Beendigung der restriktiven Geldmengenpolitik der amerikanischen Zentralbank 1982 und die folgende Mischung aus expansiver Fiskalpolitik und expansiver Geldpolitik wurde diese Rezession allmählich überwunden.

(4) Die Politikmischung „Steuersenkungen und entgegenkommende Geldmengenanpassung" wurde schon in den 1960er Jahren von der Kennedy-Administration erfolgreich als stabilitätspolitische Maßnahme betrieben[44]. Der Multiplikatoreffekt einer solchen Politikmischung aus expansiver Fiskalpolitik (hier: Steuersenkung) und expansiver Geldpolitik, Ω_7, lässt sich in obigem IS-LM-Schema approximativ darstellen als Summe aus Ω_5 und Ω_3: $\Omega_7 = (bc+a)/\Delta$.

2.2 Wirkungsänderungen in einer offenen Volkswirtschaft

Wenn wir berücksichtigen, dass in einer **offenen** Volkswirtschaft ein Teil des inländischen Outputs an Ausländer verkauft wird (= Exporte, X) und ein Teil der Ausgaben der Inländer auf Auslandsgüter (= Importe, Z) entfällt, verändert sich das obige IS-LM-Modell etwas. Und zwar erfordert das Gütermarkt-Gleichgewicht nun, dass der produzierte Output und damit das Volkseinkommen (Y) gleich den „Ausgaben für Inlandsgüter" (= C+I+G+X−Z) ist und nicht mehr wie oben den „Ausgaben durch Inländer" (= C+I+G) entspricht[45]. Folglich ändert sich die IS-Gleichung. Nehmen wir der Einfachheit halber an, dass die Exportnachfrage gegeben oder exogen ist und die Importe vom Einkommensniveau abhängen[46], sodass Z = Z(Y). Dann kommt auf der rechten Seite der Gleichung (10a) nun der Ausdruck „X−Z(Y)" hinzu. In der loglinearen Gleichung (11a) müssen wir entsprechend auf der rechten Seite den Ausdruck „x−zy" addieren, wobei „x" den Logarithmus von X (Exporte) und „z" die Einkommenselastizität der Importausgaben (z > 0) darstellen. Die Multiplikatoren in Gleichung (12) ändern sich daraufhin in der Weise, dass sich der Nenner der Multiplikatoren in (12), den wir im Folgenden abgekürzt auch mit Δ bezeichnet hatten, um den Ausdruck „+bz" erweitert[47]. Der „elementare Multiplikator" lautet in einer offenen Volkswirtschaft dann:

$$\Omega_{el.}^{off} = 1/(1-c+z).$$

Hieraus folgt, dass der Multiplikator in einer offenen Volkswirtschaft umso kleiner ist, je größer die Einkommenselastizität z. Dies gilt für alle Einkommensmultiplikatoren in (12). Anders gesagt, die kumulative Einkommensexpansion, die durch eine fiskalpolitische oder geldpolitische Expansion induziert wird, ist negativ mit der Importneigung eines Landes korreliert.

---

[44] Siehe hierzu z. B. Gordon [1974].
[45] „X−Z" wird auch als „Nettoexport" oder „Handelsbilanzsaldo" bezeichnet.
[46] Die ausländische Nachfrage nach inländischen Gütern sind die Importe des Auslands und hängen deshalb vom Einkommensniveau im Ausland ab. Eine Zunahme des ausländischen Einkommens erhöht die Importe des Auslands, d.h. die Exporte des Inlands, folglich auch das Einkommensniveau im Inland und dadurch wiederum die Importe des Inlands. Aufgrund solcher **Rückwirkungseffekte** ist unter Umständen eine „internationale Koordinierung von Stabilitätspolitik" angebracht. Zur Diskussion dieser Alternative siehe in Kapitel 6.
[47] In (10′) ändern sich entsprechend die Multiplikatoren so, dass der Nenner erweitert wird durch den Ausdruck „+Z′(Y)".

2. Kapitel: Diskretionäre Stabilitätspolitik

Neben Handelsströmen sind nun aber auch **Kapitalströme** zwischen den einzelnen Ländern zu betrachten. Nehmen wir vorerst vereinfachend an, dass das Inland gegebenen Importpreisen und einer gegebenen Exportnachfrage gegenübersteht[48]. Das inländische Preisniveau wird weiterhin als konstant unterstellt. Außerdem sei der Zinssatz auf dem Weltmarkt gegeben, und die Kapitalströme in das Inland seien umso höher, je höher der inländische Zinssatz ist (relativ zum Auslandszinsniveau). Die Wirkung von Fiskalpolitik und Geldpolitik wird hier von verschiedenen Bedingungen bestimmt, vor allem vom Ausmaß der Kapitalmobilität sowie vom Grad der Flexibilität der Wechselkurse. Die im vorherigen Abschnitt eingeführte IS-LM-Analyse wird in einer offenen Wirtschaft mit Handels- und Kapitalströmen üblicherweise erweitert zu einer **IS-LM-BP-Analyse**, die sich grafisch wie folgt darstellt[49]:

Die **BP-Kurve** beschreibt den geometrischen Ort von **Zahlungsbilanz-Gleichgewichten**[50]. Dort entsprechen die Nettoexporte, X-Z (=: NX), der negativen Nettorate des Kapitalzuflusses, KE (= Kapitalzuflüsse minus Kapitalabflüsse)[51], sodass BP = NX+KE = 0.

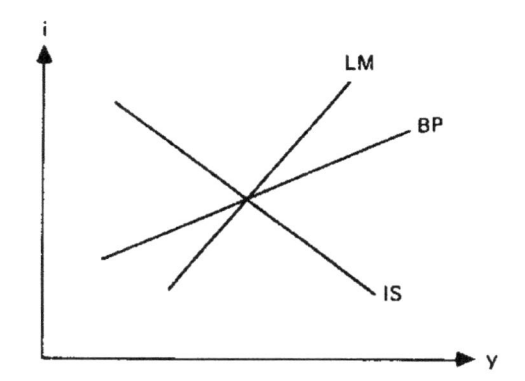

Abbildung 10: (Quelle: Eigene Darstellung).

---

[48] Diese Annahmen wie auch die folgende Annahme, dass der Zinssatz auf dem Weltmarkt gegeben ist, beschreiben die typische Situation eines „kleinen" Landes. Ein Abgehen von diesen Annahmen erfordert dann auch andere Analyseinstrumentarien, insbesondere spieltheoretische Analysen. Siehe dazu näher im 6. Kapitel.

[49] Diese IS-LM-BP-Analyse wird auch als **Mundell-Fleming Modell** bezeichnet. Dieses keynesianische Fixpreis-Modell einer offenen Volkswirtschaft wurde in den frühen 1960er Jahren von Mundell [1962, 1963b] und Fleming [1962] eingeführt und ist in den folgenden Jahren zum führenden (keynesianischen) Analyseinstrumentarium einer offenen Volkswirtschaft geworden. BP steht hier für „Balance of Payments".

[50] Ein „Zahlungsbilanzgleichgewicht" ist dann gegeben, wenn sich die Leistungsbilanz und Kapitalbilanz eines Landes ausgleichen. Die **Leistungsbilanz** zeigt die Transaktionen in Gütern und Dienstleistungen (→ **Handels- und Dienstleistungsbilanz**) sowie Transfers (→ **Übertragungsbilanz**) an. Die **Kapitalbilanz** dagegen registriert Käufe und Verkäufe von Finanzanlagen wie beispielsweise Aktien, festverzinsliche Wertpapiere und Grundvermögen. Kapitalzuflüsse und -abflüsse finanzieren also im Zahlungsbilanz-Gleichgewicht genau ein Leistungsbilanz-Ungleichgewicht. Bei flexiblen Wechselkursen ohne Intervention ist die Summe aus Leistungsbilanz- und Kapitalbilanzsaldo immer gleich Null.

[51] Es gilt also NX = −KE. Transfers oder Übertragungen werden hier vernachlässigt.

Die **Nettoexporte**, NX, sind nun nicht nur abhängig von Y, sondern auch vom **relativen Preis** (d. h. der Wettbewerbsfähigkeit), $\tilde{e}\ P^f/P$, wobei P den Preis von inländischen Gütern, P^f den Preis ausländischer Güter und $\tilde{e}$ den nominalen Wechselkurs[52] ausdrücken: $NX = NX(Y, \tilde{e}\ P^f/P)$, wobei $NX_1 < 0$ und $NX_2 > 0$. Der Ausdruck $\tilde{e}\ P^f/P$ wird auch als der **reale Wechselkurs** bezeichnet – in Abgrenzung zum **nominalen** Wechselkurs ($\tilde{e}$). Man kann diesen „relativen Preis" bzw. dessen Kehrwert auch als die terms of trade, d. h. als das Verhältnis der Exportpreise (P) zu den Importpreisen ($\tilde{e}\ P^f$) interpretieren. Eine Verschlechterung (Senkung) der terms of trade verbilligt die inländischen Güter relativ zu den ausländischen Gütern und steigert somit die Wettbewerbsfähigkeit der Inlandes. Folglich verschiebt sich dann Nachfrage von ausländischen zu inländischen Gütern. Die Exporte steigen und die Importausgaben sinken. Deswegen steigen die Nettoexporte, wenn sich der reale Wechselkurs, $\tilde{e}\ P^f/P$, erhöht[53].

Die **Nettorate des Kapitalzuflusses**, KE, kann als abhängig betrachtet werden von der Differenz zwischen dem inländischen Zinssatz, i, und dem gegebenen ausländischen Zinssatz, i^f: $KE = KE(i-i^f)$, wobei $KE' > 0$. Je größer der inländische Zinssatz relativ zum Weltzinsniveau ist, umso attraktiver sind inländische Anlagen und umso größer ist der Kapitalimport.

Folglich gilt in einem **Zahlungsbilanz-Gleichgewicht**:

$$NX(Y, \tilde{e}\ P^f/P) = -KE(i-i^f),$$

bzw. in loglinearer Schreibweise

(15) $z_1 y + z_2(e+p^f-p) = -\kappa(i-i^f)$, wobei $z_1 < 0$, $z_2 > 0$, $\kappa > 0$.   **BP-Gleichung**

Da wir hier in einem „Fixpreismodell" argumentieren (wo P^f und P bzw. p^f und p konstant sind), können wir NX bzw. z_2 als nur abhängig vom nominalen Wechselkurs, e, betrachten: $NX = NX(Y, \tilde{e})$, bzw. $z_2 = z_2(e)$ mit $e = \log(\tilde{e})$. Ein Leistungsbilanzüberschuss geht in einem Zahlungsbilanz-Gleichgewicht mit einem Kapitalbilanzdefizit einher, und ein Leistungsbilanzdefizit wird durch einen Kapitalbilanzüberschuss ausgeglichen[54]. Die Steigung der BP-Gleichung erhält man, wenn man die totale Ableitung der Gleichung (15) bildet und die so zustandekommende Gleichung nach di/dy auflöst. Daraus ergibt sich $di/dy = -z_1/\kappa \geq 0$. Die BP-Kurve zeigt folglich einen ansteigenden Verlauf. Punkte oberhalb (oder links von) der BP-Kurve zeigen (y,i)-Kombinationen an, die Zahlungsbilanzüberschüsse erzeugen. Punkte unterhalb (oder rechts von) der BP-Kurve gehen mit Zahlungsbilanzdefiziten einher. Nur Punkte auf der BP-Kurve geben Zahlungsbilanzgleichgewichte an. Bei flexiblen Wechselkursen ohne staatliche Intervention auf dem Devisenmarkt ist ein solches Zahlungsbilanz-Gleichgewicht stets gewährleistet.

---

[52] Der „Wechselkurs" ist der Preis der Auslandswährung, ausgedrückt in Inlandswährung.
[53] Die Annahme, dass $NX_2 > 0$, impliziert allerdings, dass die sogenannte **Marshall-Lerner-Bedingung** als erfüllt zu betrachten ist. Diese verlangt, dass die Summe der Preiselastizitäten der Import- und Exportnachfragen größer als Eins ist, damit – ausgehend von einer ursprünglich ausgeglichenen Handelsbilanz – ein Anstieg des realen Wechselkurses die Handelsbilanz verbessert.
[54] Wie schon angeführt, vernachlässigen wir hier aus Einfachheitsgründen mögliche Transfers oder Übertragungen zwischen Nationen. Folglich entsprechen sich Handels- inklusive Dienstleistungsbilanzsaldo und Leistungsbilanzsaldo.

2. Kapitel: Diskretionäre Stabilitätspolitik

Die **IS-Gleichung** lautet **in einer offenen Wirtschaft**:[55]

$$Y = C(Y-T)+I(i)+G+NX(Y, \tilde{e}), \text{ wobei } NX_1 < 0 \text{ und } NX_2 > 0,$$

bzw. im obigen loglinearen Modellzusammenhang

(16) $\quad y = c(y-t)+ai+g+z_1y+z_2(e), \text{ wobei } z_1 < 0 \text{ und } z_2 > 0.$

Gehen wir vorerst von **flexiblen Wechselkursen** aus. Bei flexiblen Wechselkursen werden die Nachfragen nach und die Angebote an ausländischer Währung durch Bewegungen der Wechselkurse ausgeglichen. Eine **Wechselkursverschlechterung**, d. h. eine Zunahme von e, wird unter den obigen Annahmen den relativen Preis der ausländischen oder Importgüter erhöhen und den relativen Preis der inländischen Güter (und damit der Exportgüter) verringern. Die inländischen Güter werden daher wettbewerbsfähiger, und es entsteht eine relativ höhere Nachfrage nach inländischen Gütern. Eine Wechselkursverschlechterung oder „Abwertung" führt also, bei gegebenem Zinssatz und gegebenem Einkommensniveau, zu einer Überschussnachfrage nach inländischen Gütern. Das heißt aber, grafisch ausgedrückt, die IS-Kurve verschiebt sich im obigen Diagramm nach rechts. Die Verschiebung ist umso größer, je größer z_2 und je größer die Multiplikator ist. Umgekehrt zeigt sich eine **Wechselkursverbesserung** („Aufwertung") in einer Linksverschiebung der IS-Kurve. Gleichzeitig verschiebt sich bei einer Abwertung die BP-Kurve nach rechts-unten und bei einer Aufwertung nach links-oben. Die Begründung hierfür ist: Wenn die Nettoexporte, NX, tendenziell steigen (sinken) aufgrund einer Abwertung (Aufwertung), muss dies durch einen Anstieg (Rückgang) der Netto-Kapitalabflüsse, −KE, ausgeglichen werden, damit ein Zahlungsbilanz-Gleichgewicht (wo BP = NX+KE = 0) aufrechterhalten werden kann. Ein Anstieg (Rückgang) der Netto-Kapitalabflüsse ist aber nur möglich, wenn der Zinssatz i bei gegebenem Einkommen y sinkt (steigt).

Das **IS-LM-BP-Modell** wird durch die Gleichungen (16), (11b) und (15) beschrieben:

(16) $\quad y = c(y-t)+ai+g+z_1y+z_2(e)$ **IS**

(11b) $\quad m-p = bi+ky$ **LM**

(15) $\quad z_1y+z_2(e) = -\kappa(i-i^f).$ **BP**

Ableitung von Multiplikatoren

Um aus diesem Gleichungssystem die Politikmultiplikatoren zu errechnen, lösen wir dieses Modell nach y, wobei g, t, m, p und i^f die exogenen Variablen sind. Hierfür substituieren wir in Gleichung (16) zuerst den Ausdruck „$z_1y+z_2(e)$" aus (15) und anschließend „i" aus (11b). So erhalten wir:

(17) $\quad Y = \Omega_{10}g+\Omega_{20}t+\Omega_{30}(m-p)+\Omega_{40}i^f,$
       wobei $\Omega_{10} = b/\Delta_0, \Omega_{20} = -bc/\Delta_0,$
       $\Omega_{30} = (a-\kappa)/\Delta_0, \Omega_{40} = b\kappa/\Delta_0$ und $\Delta_0 = b(1-c)+(a-\kappa)k.$

Grafisch wird dieses Gleichgewichtseinkommen und der dazugehörige Gleichgewichtszins durch den Schnittpunkt der drei Kurven (IS-, LM- und BP-Kurven)

---

[55] Die beiden folgenden Ausdrücke sind Erweiterungen von Gleichung (10a) bzw. von Gleichung (11a).

bestimmt. Die obige Parameter Ω_{io} (i = 1,...,3) geben schon die jeweiligen Multiplikatoren von Fiskalpolitik und Geldpolitik (dy/dg, dy/dt, dy/d(m−p)) an. Sie unterscheiden sich von den in Abschnitt 2.3.1 abgeleiteten Multiplikatoren nur dadurch, dass nun im Nenner jeweils und im Zähler von Ω_{30} der Parameter κ zusätzlich steht. Wenn κ = 0 ist, sind die hier für eine offene Volkswirtschaft abgeleiteten Multiplikatoren identisch mit denen, die wir oben für eine geschlossene Volkswirtschaft erhalten haben. Der Faktor κ beschreibt die Zinssensitivität internationaler Kapitalbewegungen. Er spiegelt somit den Grad an internationaler Kapitalmobilität wider. Ein κ = 0 symbolisiert eine vollständige Kapital**im**mobilität, während ein κ → ∞ eine vollständige Kapitalmobilität kennzeichnet. Die BP-Kurve ist im Fall vollständiger Kapitalmobilität horizontal, da jede Abweichung des inländischen Zinssatzes vom ausländischen Zinssatz zu unbegrenzten Kapitalzuflüssen oder -abflüssen führen würde. Nur bei einem Zinssatz i = i^f kann dann die Zahlungsbilanz im Gleichgewicht sein.

Ω_{40} ist ein neuer Multiplikator. Er gibt an, um das Wievielfache sich das reale Einkommen (y) ändert, wenn sich das Auslandszinsniveau (i^f) ändert. Man kann dies so interpretieren, dass er die Auswirkungen ausländischer monetärer Schocks auf das inländische Einkommensniveau widerspiegelt.

Aus den obigen Multiplikatoren kann man ersehen, dass zum einen Fiskalpolitik unter den zugrundegelegten Annahmen umso weniger effektiv ist, je höher κ, d. h. je höher die Kapitalmobilität ist. Bei vollkommener Kapitalmobilität wird Fiskalpolitik ineffektiv[56]. Im Gegensatz dazu ist Geldpolitik umso effektiver, je höher die Kapitalmobilität (κ) ist. Allgemein ist Geldpolitik umso effektiver als Fiskalpolitik, je mobiler das internationale Kapital ist, je zinselastischer die aggregierte Nachfrage und je weniger zinselastisch die Geldnachfrage ist. Dies sieht man aus dem Multiplikatorverhältnis (dy/dg)(dy/dm) = Ω_{10}/Ω_{30} = b/(a−κ)[57]. Im Folgenden werden die zugrundeliegenden Wirkungsprozesse kurz beschrieben.

Erläuterung der Wirkungsprozesse
Flexible Wechselkurse

Wir beginnen mit dem Fall **vollkommener Kapitalmobilität**. Bei flexiblen Wechselkursen, festen Preisen und vollständiger Kapitalmobilität ergeben sich folgende Einkommenseffekte von Fiskal- und Geldpolitik[58].

Fiskalpolitik: Eine fiskalpolitische Expansion (dargestellt im IS-LM-BP-Diagramm durch eine Rechtsverschiebung der IS-Kurve) hat keine Auswirkungen auf die Höhe des Outputs. Die fiskalpolitische Expansion erhöht in einer Volkswirtschaft bei Unterbeschäftigung in der Regel das Einkommen und den Zinssatz. Die Zinserhöhungstendenz führt jedoch in einer offenen Volkswirtschaft bei vollkom-

---

[56] Der Nenner (nicht jedoch der Zähler) des Multiplikators Ω_{10} in (17) wird dann (absolut) unendlich groß.
[57] Grafisch gesehen ist Fiskalpolitik der Geldpolitik hier nur dann überlegen, wenn die IS-Kurve und die BP-Kurve relativ steil sind und die LM-Kurve relativ flach ist.
[58] Zu einer ausführlichen Ableitung dieser Standardaussagen sowie zu Erweiterungen siehe einschlägige Werke zur Theorie der Außenwirtschaftspolitik oder der offenen Makroökonomie, wie z. B. Dornbusch [1980]. Zur Einführung siehe irgendein gutes Makroökonomie-Lehrbuch, z. B. Dornbusch, Fischer und Startz [2011].

mener Kapitalmobilität und flexiblen Wechselkursen zu einer Verbesserung oder „Aufwertung" des Wechselkurses, da Kapital aus dem Ausland angelockt wird. Die Aufwertung verschiebt durch die Verringerung der Wettbewerbsfähigkeit Nachfrage weg von den inländischen Gütern, und wirkt somit einem expansiven Effekt der Fiskalpolitik entgegen. Die ursprüngliche Rechtsverschiebung der IS-Kurve wird so wieder rückgängig gemacht.

Geldpolitik: Im Gegensatz zu Fiskalpolitik ist Geldpolitik (dargestellt durch eine Rechtsverschiebung der LM-Kurve) wirksam[59]. Eine monetäre Expansion steigert in einer Volkswirtschaft bei Unterbeschäftigung normalerweise das Einkommen und senkt den Zinssatz. Die Zinssenkungstendenz bewirkt jedoch in einer offenen Volkswirtschaft bei vollkommener Kapitalmobilität und flexiblen Wechselkursen einen Abfluss von Kapital aus dem Inland. Es kommt zu einer Wechselkursverschlechterung („Abwertung"), d.h. einem Gewinn an Wettbewerbsfähigkeit, und dadurch zu einer Erhöhung der Nachfrage nach inländischen Gütern. Das Einkommen steigt, und die dadurch ausgelöste Erhöhung der Geldnachfrage ($k > 0$) gleicht dann schließlich den Druck auf den Zinssatz wieder aus. Sowohl die LM- als auch die IS-Kurve verschieben sich entlang der waagerechten BP-Kurve nach rechts, bis das neue Gleichgewicht (bei höherem Output und gleichgebliebenem Zins) erreicht ist.

Der eben behandelte Fall vollständiger Kapitalmobilität ist ein Extremfall. Es ist fraglich, ob das Kapital international mit unendlich großer Geschwindigkeit auf Zinsunterschiede reagiert. Bei **unvollständiger Kapitalmobilität** dagegen ist – bei sonst gleichbleibenden Annahmen – die Wirksamkeit von Geld- und Fiskalpolitik unterschiedlich von der bei vollständiger Kapitalmobilität. **Beide** Politiken sind nun wieder wirksam. Der Grund hierfür ist, dass bei unvollständiger Kapitalmobilität im Gleichgewicht Zinsunterschiede möglich sind.

Fiskalpolitik: Eine fiskalpolitische Expansion erhöhe wiederum Zinssatz und Einkommen im Inland. Auch bei unvollkommener Kapitalmobilität kommt es dann zu einem erhöhten Kapitalzufluss. (Der Extremfall vollkommener Kapital**im**mobilität sei hier ausgeschlossen). Der erhöhte Kapitalzufluss führt nun wieder zu einem Zahlungsbilanzüberschuss, der durch eine Aufwertung abgebaut wird. Allerdings ist der Kapitalzufluss nun geringer als bei vollkommener Kapitalmobilität. Folglich ist die notwendige Aufwertung zum Abbau des Zahlungsbilanzüberschusses auch geringer. Die Nettoexporte sinken wohl und die Leistungsbilanz verschlechtert sich. Allerdings verdrängt bei unvollkommener Kapitalmobilität die Verschlechterung der Leistungsbilanz nicht in vollem Umfang die positiven Einkommenseffekte einer fiskalpolitischen Expansion. Das Volkseinkommen erhöht sich also als Folge einer expansiven Fiskalpolitik in einer Volkswirtschaft mit Unterbeschäftigung.

Geldpolitik: Der Wirkungsmechanismus ist hier im Grunde der gleiche wie bei vollständiger Kapitalmobilität. Eine monetäre Expansion führt zu einem steigenden Einkommen und zu einem sinkenden Zinssatz. (Genau genommen kommt es jedoch beim Vergleichsfall vollständiger Kapitalmobilität gar nicht zu einer Zinssenkung. Die geringste Tendenz einer Zinssenkung führt dort ja schon zu einem unbegrenzten Abfluss an Kapital aus dem Inland, sodass der Zinssatz immer auf dem Welt-

---

[59] Im Falle vollkommener Kapitalmobilität, wenn $\kappa = \infty$, ist $dy/d(m-p)$ gleich $1/k$ (siehe Ω_{30} in Gleichung (17)). Den gleichen Wert erhält man in dem obigen IS-LM-Modell einer geschlossenen Wirtschaft bei einer horizontalen IS-Kurve, d.h. wenn $a = -\infty$ (siehe Ω_3 in Gleichung (12)).

marktniveau, i^f, stabilisiert wird.) Die Zinssenkung bewirkt einen erhöhten Kapitalexport. Dieser muss jedoch durch eine Verbesserung der Leistungsbilanz ausgeglichen werden. Es kommt also – wie im Fall vollkommener Kapitalmobilität – zu einer Abwertung, wenn auch nun in einem geringeren Umfang. Folglich steigen dann auch die Nettoexporte, allerdings in einem geringeren Ausmaß als bei vollkommener Kapitalmobilität.

Geldpolitik ist also weniger wirksam bei unvollkommener Kapitalmobilität. Dagegen ist aber Fiskalpolitik bei unvollkommener Kapitalmobilität wieder wirksam. Das Ausmaß, in dem Fiskalpolitik das Einkommen beeinflussen kann, hängt positiv vom Grad der Unvollkommenheit der Kapitalmobilität ab, d. h. davon, wie wenig Veränderungen der Zinsunterschiede die Kapitalströme beeinflussen.

Feste Wechselkurse

Als nächstes betrachten wir nun die Wirkungen von Fiskalpolitik und Geldpolitik bei festen Wechselkursen. Feste Wechselkurse bedeuten, dass sich die Zentralbanken verpflichten, die gesamte Nachfrage nach ausländischen Währungen, die aus Zahlungsbilanzdefiziten oder Zahlungsbilanzüberschüssen herrühren, zu einem festen Preis in inländischer Währung zu befriedigen. Sie bewerkstelligen dies, indem sie ihre Reserven an ausländischer Währung verringern oder erhöhen.[60] Zunächst beginnen wir wieder mit dem Fall **vollkommener Kapitalmobilität**.

Fiskalpolitik: Im Gegensatz zu dem Fall flexibler Wechselkurse ist eine expansive Fiskalpolitik nun wirksam. Neben der direkten Einkommenswirkung erhöht sich tendenziell auch das Zinsniveau (Die IS-Kurve verschiebt sich nach rechts). Dieser Zinssteigerungstendenz wirkt die Zentralbank durch Aufkauf von Devisen entgegen. Auf diese Weise erhöht sich das Geldangebot, sodass sich die LM-Kurve ebenfalls nach rechts verschiebt und das ursprüngliche Zinsniveau erhalten bleibt. Da mit dem gestiegenen Volkseinkommen auch die Importe steigen (siehe oben), verschlechtert sich allerdings die Handelsbilanz.

Geldpolitik: Bei festen Wechselkursen verliert die Geldpolitik ihre Wirksamkeit. Eine durch eine expansive Geldpolitik ausgelöste Rechtsverschiebung der LM-Kurve wird durch den Abbau von Reserven an ausländischer Währung wieder ausgeglichen, sodass sich die LM-Kurve wieder nach links verlagert. Die aufgrund der expansiven Geldpolitik eingeleitete Zinssenkungstendenz führt nämlich zu Kapitalabflüssen. Um eine Abwertung zu verhindern (die bei festen Wechselkursen ausgeschlossen ist), muss die Zentralbank daher Devisen abbauen und das Geldangebot[61] soweit verringern, bis die ursprüngliche Geldmengenexpansion ausgeglichen ist.

Schließlich sollen nun die Wirkungen der Politiken bei festen Wechselkursen und **unvollständiger Kapitalmobilität** untersucht werden. Es zeigt sich, dass nun wieder beide Politiken wirksam sind.

---

[60] Zur Strategie einer Wechselkursstabilisierung und ihren Wirkungen siehe näher im nächsten Kapitel. Zur formalen Ableitung der Wirkung von Fiskalpolitik und Geldpolitik bei festen Wechselkursen siehe z. B. Stevenson, Muscatelli und Gregory [1995]. Eine ausführlichere Analyse des Falls fester Wechselkurse wird – im Kontext eines „Zwei-Länder-Modells" – in Kapitel 6 unten geboten.

[61] Das Geldangebot oder die „monetäre Basis" lässt sich aufteilen in eine binnenwirtschaftliche und eine außenwirtschaftliche Komponente. Letztere beinhaltet die Devisenreserven.

Fiskalpolitik: Ebenso wie bei vollkommener Kapitalmobilität führt eine expansive Fiskalpolitik wiederum zu einem Einkommensanstieg und einer Zinssteigerungstendenz. Dem von der Zinssteigerungstendenz ausgelösten Aufwertungsdruck begegnet die Zentralbank mit einem Kauf von Devisen und erhöht auf diese Weise das Geldangebot. Allerdings muss sie das Geldangebot nicht so stark ausdehnen wie bei vollkommener Kapitalmobilität, da nun Zinsunterschiede möglich sind. Als Folge einer expansiven Fiskalpolitik erhöht sich demnach das Volkseinkommen und infolgedessen verschlechtert sich die Handelsbilanz. Die Auswirkungen sind bei unvollständiger Kapitalmobilität aufgrund der verbleibenden Zinsunterschiede allerdings nicht so stark wie bei vollkommener Kapitalmobilität.

Geldpolitik: Bei unvollständiger Kapitalmobilität gehen auch von der Geldpolitik Einkommensimpulse aus. Eine expansive Geldpolitik führt zunächst zu einem Einkommensanstieg und zu einer Zinssenkungstendenz. Die resultierenden Kapitalabflüsse führen zu einer Abwertungstendenz, auf die die Zentralbank mit einem Abbau der Devisenreserven reagiert. Allerdings ermöglicht die unvollständige Kapitalmobilität Zinsunterschiede, sodass die ursprüngliche Geldmengenexpansion nicht wieder vollständig ausgeglichen werden muss. Daher verbleibt ein positiver Einkommenseffekt und aufgrund dessen auch eine Verschlechterung der Handelsbilanz. Im Gegensatz zu dem Fall vollkommener Kapitalmobilität hat die Geldpolitik bei unvollständiger Kapitalmobilität reale Auswirkungen.

2.3 Änderungen bei einer Dynamisierung des Ansatzes

Die obige IS-LM(-BP)-Analyse ist eine komparativ-statische Gleichgewichtsanalyse, die ein konstantes Preisniveau unterstellt. Es wird also untersucht, wie sich der Gleichgewichtszustand, d. h. die Gleichgewichtswerte der endogenen Variablen, in einer Volkswirtschaft verändern, wenn sich die exogenen Variablen ändern. Dabei wird angenommen, dass sich der Anpassungsprozess von einem Gleichgewichtszustand zu einem anderen sehr schnell, d. h. innerhalb einer Periode, vollzieht, und zwar ohne dass sich das Preisniveau verändert. Der Anpassungsprozess läuft so allein über Mengenanpassungen. Er wird zudem allein bestimmt durch die Struktur der aggregierten Nachfrageseite. Das Angebot ist hingegen unendlich elastisch bei einem gegebenen Preisniveau. Diese Annahmen vereinfachen zwar die Analyse, sie stellen jedoch gleichzeitig die zentralen Schwachstellen der obigen Ableitung von Politikeffekten dar.

Preisniveauänderungen

Betrachten wir die Annahme eines festen Preisniveaus. Wie wir schon im 1. Kapitel sahen, ist diese „Fixpreisannahme" in der Regel unrealistisch und damit unangebracht, sobald wir längere Zeiträume betrachten. Die obige Analyse ist somit eine typische Kurzfrist-Betrachtung. Was ändert sich aber in dieser Analyse, wenn wir die Fixpreisannahme aufheben?

Es ist sinnvoll, zuerst eine strategische Annahme über **Lohn- und Preisdynamik** zu treffen. Und zwar unterstellen wir, dass Lohn- und Preisniveau sinken, wenn Arbeitslosigkeit herrscht. Andererseits steige das Lohn- wie auch das Preisniveau, wenn sich die aggregierte Nachfrage erhöht in einer Volkswirtschaft, in der bereits Vollbeschäftigung erreicht ist. Außerdem nehmen wir an, dass sich der Lohn- und Preisänderungsdruck mit zunehmendem Umfang und zunehmender Dauer von Ungleichgewichten auf dem Arbeitsmarkt verstärkt. Diese Kennzeichnung der Lohn- und Preisdynamik spiegelt sich in einem ansteigenden Verlauf der aggregierten Angebotskurve in einem (p,y)-Koordinatensystem wider. Dagegen baute die traditionelle IS-LM-Analyse auf der Keynes'schen Annahme auf, dass sich das Preisniveau erst verändert (erhöht), wenn es – bei gegebenem Lohnsatz – zur Übernachfrage auf dem Gütermarkt kommt. Folglich wurde in der obigen IS-LM-Analyse auch ein konstantes Preisniveau unterstellt. Diese keynesianische Annahme drückt sich dann in einem waagerechten Verlauf der aggregierten Angebotskurve bis zum Vollbeschäftigungsoutput aus. Das Unbehagen über diese Annahmesetzung führte denn auch – wie wir in Kapitel 1 schon gesehen hatten – zur Einführung der **Phillipskurve** in die neokeynesianische Theorie. In der erweiterten Form der Phillipskurve werden Preisveränderungen bestimmt von der Arbeitsmarktlage **und** den Erwartungen über die Preisveränderungen (siehe Gleichungen (5) und (6) in Kapitel 1). So bestimmt dort zum einen die Änderung der Knappheitsverhältnisse auf dem Arbeitsmarkt (die sich widerspiegeln im Grad der relativen „Marktmacht" der Arbeitnehmer) die Lohn- und Preisdynamik. Zum anderen werden Lohn- und Preisdynamik auch durch Erwartungsprozesse beeinflusst. Wenn der Staat Fiskalpolitik oder Geldpolitik betreibt, so erzeugt dies bei den Wirtschaftssubjekten gewisse **Erwartungen** über daraus folgende Preisveränderungen, die dann die tatsächlichen Preisveränderungen (über die Lohnabschlüsse) mit determinieren. Auf diese Art kann die obige „strategische" Annahme über die Preisdynamik bei Unterbeschäftigung begründet werden.

Wie wir im 1. Kapitel gesehen hatten, bestehen bei solchen Lohn- und Preisaktionen gute Chancen, dass sich das marktwirtschaftliche System von selbst wieder, d. h. ohne staatliche Eingriffe, aus einer wirtschaftlichen Depression befreien kann. Die entscheidenden Wirkungsmechanismen dabei sind der **Keyneseffekt** und unter Umständen auch Vermögenseffekte wie der **Pigoueffekt**, sowie **Substitutionseffekte**. (Siehe zur Erläuterung dieser Effekte im 1. Kapitel, Abschnitt B.II.) Im obigen IS-LM-Schema einer geschlossenen Volkswirtschaft würde sich eine Preisniveausenkung, die sich wohlgemerkt dort nur als **parametrische** einführen lässt (solange nicht eine Angebotsfunktion oder Preisfunktion explizit hinzugefügt wird), als eine parallele Rechtsverschiebung der LM-Kurve darstellen. Eine Preisniveausenkung führt ja, bei gegebener nominaler Geldmenge, zu einer Zunahme der realen Geldmenge und damit zu einer Rechtsverschiebung der LM-Kurve. Auf diese Weise würde das Vollbeschäftigungsoutputniveau, y*, wieder erreicht[62].

Eine der Preisniveausenkung zugrundeliegende Lohnsenkung bei Unterbeschäftigung verringert die Produktionskosten. Deswegen verschiebt sich in der Abbildung 11 (b) die aggregierte Angebotskurve AA nach unten[63].

---

[62] Der Anpassungsprozess würde nur dann nicht funktionieren, wenn zum einen die Zinsabhängigkeit der Geldnachfrage unendlich groß wäre **(Liquiditätsfalle)**, sodass die LM-Kurve waagerecht verlaufen würde. Es würde in diesem Fall gar nicht erst zu positiven Investitionseffekten kommen. Zum anderen würde der Anpassungsprozess auch nicht funktionieren, wenn die Zinselastizität der Investitionen zu gering wäre. Doch selbst in diesen Fällen kann man sich Vermögenseffekte und Substitutionseffekte vorstellen, die das System wieder zum Vollbeschäftigungsoutput zurückführen. Dies wird hier nicht weiter ausgeführt, da es schon in Kapitel 1 erläutert worden ist.

[63] Die aggregierte Nachfragekurve DD lässt sich, wie ersichtlich, aus dem IS-LM-Diagramm in Abbildung 11 (a) ableiten, indem wir verschiedene LM-Kurven für verschiedene Preisniveaus einzeichnen und die Schnittpunkte mit der IS-Kurve auf das (p,y)-Koordinatensystem projizieren.

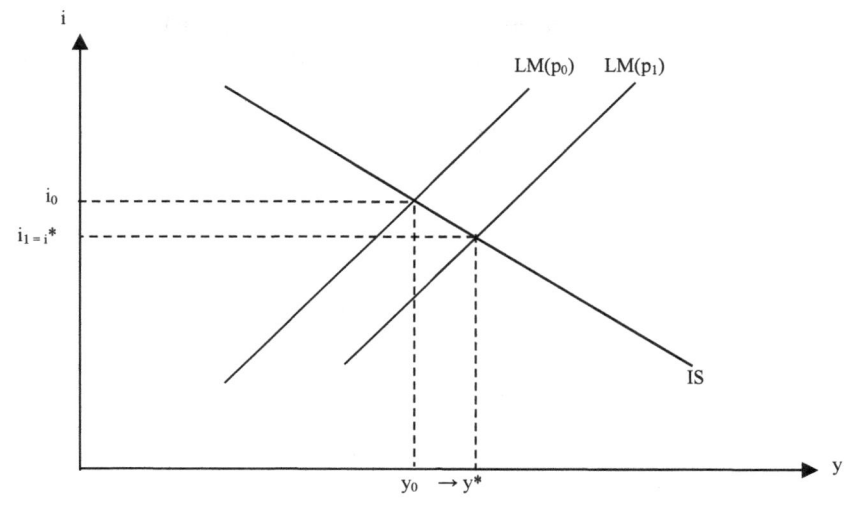

(a)

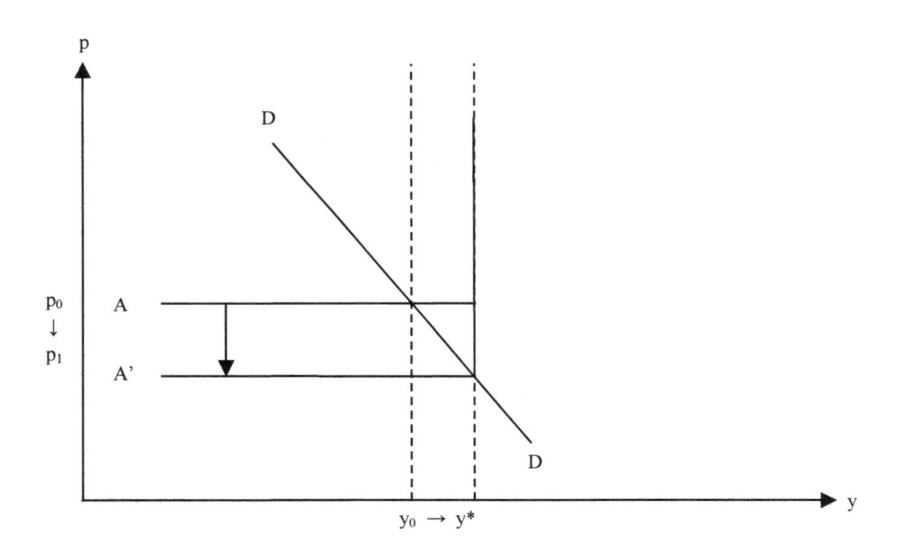

(b)

Abbildung 11: (Quelle: Eigene Darstellung).

Der obige Stabilitätsfall ist allerdings nicht der einzig denkbare. Ob das System stabil ist, hängt – grafisch gesehen – von der relativen Neigung der IS- und der LM-Kurve ab. Nur wenn die Steigung der LM-Kurve, $-k/b$, größer ist als die Steigung der IS-Kurve, $(1-c)/a$, konvergiert das System zum Vollbeschäftigungsoutput, y^*. [Algebraisch ausgedrückt, lautet die Konvergenz- oder **Stabilitätsbedingung**, dass $\Delta < 0$ mit $\Delta = b(1-c)+ak$. Dies lässt sich aus der Ungleichung

−k/b > (1−c)/a durch einfaches Umstellen ableiten.] Wenn dagegen die IS-Kurve steiler als die LM-Kurve verläuft (was impliziert, dass die IS-Kurve wie auch die aggregierte Nachfragekurve einen **steigenden** Verlauf aufweisen), ist das System **instabil**[64]. Preisflexibilität wirkt in diesem Fall **destabilisierend**. Dies sieht man in der Abbildung 12. Ausgangspunkt sei dort der Punkt A.[65] Wenn bei der dort herrschenden Unterbeschäftigung mit $y_0 < y^*$ das Preisniveau sinkt, steigt die Realkasse, was einer Rechtsverschiebung der LM-Kurve entspricht. Angesichts des steileren Verlaufs der IS-Kurve hat dies jedoch nun den Effekt, dass – trotz sinkenden Zinssatzes – der Output weiter zurückgeht (von y_0 auf y_1), die „Output-Lücke" sich also vergrößert anstatt verkleinert.

Ökonomisch interpretiert, tritt der **Instabilitätsfall** im obigen Modellzusammenhang dann ein, wenn die Grenzneigung der Ausgaben aus einer Einkommenssteigerung, c−a(k/b),[66] den Betrag übersteigt, um den das aggregierte Angebot bei einer Einkommenssteigerung (um eine Einheit) zunimmt – und diese Zunahme ist gleich Eins (bei einem waagerechten Verlauf der aggregierten Angebotskurve). Die Instabilitätsbedingung lautet ja, wie eben dargestellt, $\Delta > 0$. Dies impliziert, dass c > 1+(ak/b), wobei (ak/b) > 0. Der Instabilitätsfall ist hier also einer, bei dem die Wirtschaftssubjekte **entsparen**, d. h. wo c > 1. Diesen Fall hatten wir aber oben in Abschnitt 2.1 per Annahme ausgeschlossen. Nun ist allerdings der Instabilitätsfall auch bei positivem Sparen, d. h. bei c < 1 möglich. Wir müssten hierzu nur unterstellen, dass die privaten Investitionen nicht nur vom Zinssatz, sondern auch vom Einkommen abhängig sind, was auch realistisch ist. Dann würde sich die IS-Gleichung (11a) auf der rechten Seite um den Ausdruck „+a′y" erweitern (wobei a′ die Einkommenselastizität der Investitionsnachfrage darstellt mit a′ > 0 und a′ ≠ a). Folglich wäre Δ nun = b(1−c−a′)+ak. Die Grenzneigung der Ausgaben aus einer Einkommenssteigerung wäre dann c+a′−a(k/b).[67] Dieser Ausdruck kann sehr wohl den Betrag von Eins übersteigen, auch wenn c < 1. Hierfür muss nur die Einkommenssensitivität der Investitionen „a", groß genug sein[68].

Doch auch wenn die zuerst beschriebene Stabilisierungstendenz über Preisniveauanpassung wirksam ist (d. h. wenn $\Delta < 0$), muss das nicht bedeuten, dass staatliche Stabilisierungspolitik deswegen überflüssig ist. Sie ist dann sinnvoll, wenn sie den Stabilisierungsprozess zu beschleunigen und so die Kosten der Instabilität zu verringern vermag, ohne selbst relativ höhere Kosten zu verursachen.

---

[64] Die Instabilitätsbedingung lautet, algebraisch ausgedrückt, $\Delta > 0$.
[65] Man kann sich wieder vorstellen, dass dieser Ausgangspunkt zustandegekommen ist durch eine kontraktive Schockwirkung bei kurzfristig inflexiblem Preisniveau.
[66] Im Modellzusammenhang von Gleichung (10) lautet der entsprechende Ausdruck: $C_Y - I_i(L_Y/L_i)$. Inhaltlich ausgedrückt bedeutet dies, dass als Folge einer Einkommenssteigerung zwei Ausgaben- oder Nachfrageeffekte wirksam sind: Zum einen werden die Konsumausgaben (C) zunehmen (da $C_Y > 0$). Zum anderen aber werden die Investitionsausgaben (I) zurückgehen, da die Einkommenssteigerungen zu einer Zunahme der Geldnachfrage führen ($L_Y > 0$), was Zinssteigerungen auslöst, um den Geldmarkt wieder auszugleichen ($L_i < 0$), die ihrerseits die Investitionsausgaben einschränken ($I_i < 0$).
[67] Im Modellzusammenhang von Gleichung (10) lautet der entsprechende Ausdruck: $C_Y + I_Y - I_i(L_Y/L_i)$.
[68] Die genaue Instabilitätsbedingung lautet hier: c > 1+(ak/b)−a′ oder a′ > 1−c+(ak/b).

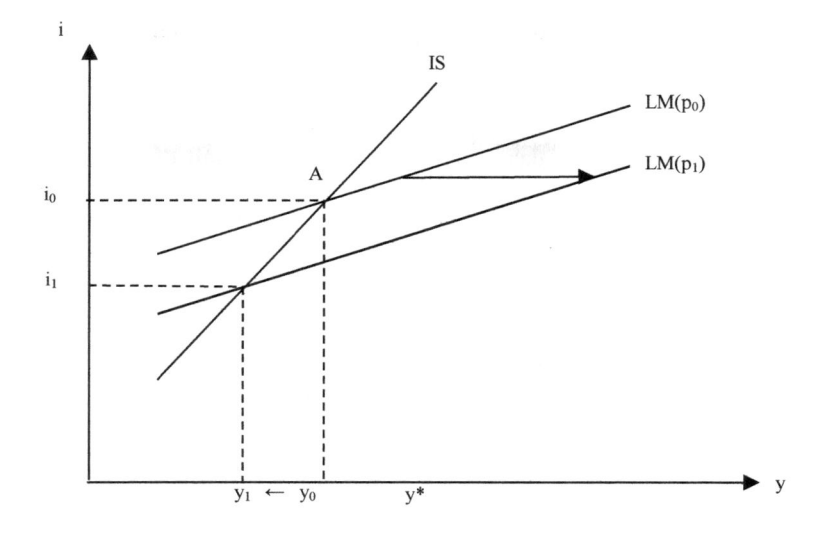

(a)

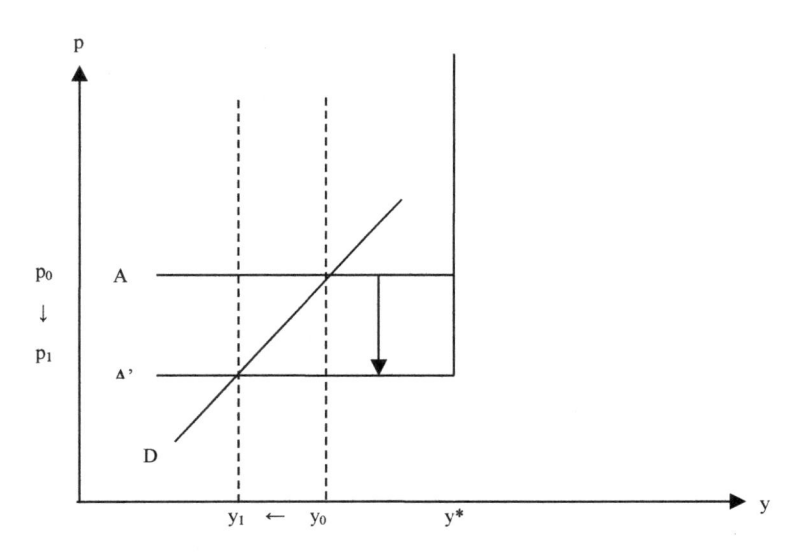

(b)

Abbildung 12: (Quelle: Eigene Darstellung).

Wenn Löhne und Preise flexibel sind, kann allerdings Geld- und Fiskalpolitik im obigen IS-LM-Modell im Stabilitätsfall höchstens noch kurz- bis mittelfristig wirksam sein. Und zwar beschränkt sich die Wirksamkeit auf den Fall, dass die Lohn- und Preisanpassungen nicht schnell genug vor sich gehen. Das bedeutet, nur solange sich die Wirtschaft noch in einem Unterbeschäftigungszustand befindet ($y < y^*$), und/oder die Preisflexibilität unvollkommen ist, ist Fiskal- und Geldpolitik effektiv. Die Wirksamkeit von Geldpolitik wie auch von Fiskalpolitik wird bei der eben unterstellten Preisdynamik allerdings tendenziell eingeschränkt gegenüber dem Fall bei konstantem Preisniveau. Dies ist deswegen der Fall, da Geld- und Fiskalpolitik selbst Preisniveaueffekte nach sich ziehen. Dadurch dass die Wirtschaftspolitik (im unterstellten Fall) erfolgreich Unterbeschäftigung schneller als die Marktkräfte zu beseitigen vermag, verändert sie (schneller) die Knappheitsverhältnisse auf dem Arbeitsmarkt. Dadurch erhöht sie – über ausgelöste Lohnsteigerungen – das Preisniveau und senkt somit die Realkasse. Allerdings sind gleichzeitig bei Unterbeschäftigung auch umgekehrte, marktendogen induzierte Lohn- und Preissenkungstendenzen wirksam, die im Fixpreis-Modell keine Berücksichtigung finden. [Der Vergleich mit den Ergebnissen aus der obigen IS-LM-Analyse ist hier etwas „künstlich" und nicht ganz unproblematisch, da die obige IS-LM-Argumentation bei konstantem Preisniveau eine komparativstatische ist, bei der alle Anpassungsprozesse in einem Zeitpunkt ablaufen, während eben als Vergleichsfall ein dynamischer Anpassungsprozess bei einem allmählich immer wirksamer werdenden Preismechanismus betrachtet wurde. Trotz dieses methodischen Problems kann die IS-LM-Analyse für eine Analyse der Politikwirkungen bei Unterbeschäftigung immer noch als ein analytisches und didaktisches Hilfsinstrumentarium sinnvoll verwendet werden. Eine prinzipielle Ablehnung der IS-LM-Analyse, wie von Vertretern der Neuen Klassischen Makroökonomie, ist nur angebracht, wenn man die Möglichkeit von Marktungleichgewichten generell abstreitet.]

Sobald jedoch der Vollbeschäftigungszustand erreicht ist, bewirken expansive Geld- und Fiskalpolitik nur mehr Preisniveauerhöhungen. (Grafisch gesehen bedeutet dies, dass die langfristige aggregierte Angebotskurve im (p,y)-Diagramm senkrecht verläuft beim Vollbeschäftigungsoutput y*.) Dies gilt auch in einer offenen Volkswirtschaft. Nehmen wir beispielsweise eine expansive Geldpolitik an in einer Volkswirtschaft mit flexiblen Wechselkursen und Kapitalmobilität. Eine expansive Geldpolitik wird eine Zinssenkung(stendenz), folglich Kapitalexporte und eine Abwertung der inländischen Währung auslösen. Die Nachfrage nach inländischen Produkten wird zunehmen, sodass die (geplante) Produktion der Unternehmer steigen wird. Dies führt bei Vollauslastung der Ressourcen zu einer Übernachfrage auf den Faktormärkten mit der Folge von Faktorpreiserhöhungen. Doch auch schon die Abwertung wird zu einer Verteuerung der Importe führen und folglich, wenn Importe als Produktionsfaktoren verwendet werden, die Produktion verteuern. (Siehe hierzu den folgenden Unterabschnitt). Die aggregierte Angebotskurve wird sich also nach oben verschieben. Wenn nun das Preisniveau steigt, wird dies die Realkasse reduzieren, was zu einer Zinserhöhung(stendenz), zu Kapitalimporten und folglich zu einer Aufwertung führt. Die Nachfrage nach inländischen Produkten geht so wieder zurück und die (geplante) Produktion pendelt sich wieder beim Vollbeschäftigungsoutputniveau y* ein[69]. Ob inzwischen reale Effekte stattgefunden haben, hängt von verschiedenen Faktoren ab, insbesondere davon, ob das Faktorangebot elastisch gewesen ist, ob es zu Veränderun-

---

[69] Wenn sich Wechselkursanpassungen, wie in der Realität zu beobachten, schneller als Preisniveauanpassungen vollziehen, kann es unter gewissen Umständen vorübergehend zu einem **Überschießen der Wechselkurse** kommen. Siehe hierzu Dornbusch [1976]. Dies würde implizieren, dass die sogenannte „Kaufkraftparitätentheorie" in der kurzen bis mittleren Frist nicht gültig ist. Letztere Theorie besagt, dass die „terms of trade" ($\tilde{e} \cdot P^f/P$) konstant bleiben. Wechselkursbewegungen spiegeln nach dieser Theorie nur unterschiedliche Inflationsraten einzelner Nationen wider.

gen der realen Faktorpreise gekommen ist, wie lange diese angedauert haben, ob inzwischen Produktionsausweitungen technisch überhaupt realisierbar gewesen sind, ob Geldillusion vorgeherrscht hat, usw. Am bedeutsamsten jedoch ist die Art der Erwartungsbildung der Wirtschaftssubjekte. Erwartungsprozesse waren in der obigen IS-LM(-BP)-Analyse nicht berücksichtigt worden[70]. Wenn wir die obige IS-LM-Analyse zum Beispiel um eine Lucas-Angebotsfunktion ergänzen und rationale Erwartungsbildung einführen, kann man zeigen, dass Wirtschaftspolitik, solange sie antizipiert ist, unter Umständen keine realen Wirkungen hat. Siehe hierzu in Kapitel 1 sowie in Abschnitt II.3 unten.

Angebotseffekte von Wechselkursänderungen

Bislang sind wir davon ausgegangen, dass **Wechselkursänderungen** nur Nachfrageeffekte (über die IS-Gleichung) nach sich ziehen. Jedoch beeinflussen Wechselkursänderungen auch die **Angebotsseite**. Der zentrale Effekt läuft über die Importpreise. Wir können den Produktionskostenindex wie auch den Lebenshaltungskostenindex (p_c) in einem Land – in logarithmischer Form – als gewichtete Summe aus dem Preis für inländische Produkte (p) und dem Preis für Importgüter (p^f+e) fassen:

(18) $p_c = \mu p + (1-\mu)(p^f+e)$, wobei μ den Gewichtungsfaktor darstellt mit $0 \leq \mu \leq 1$.

Wenn nun zum Beispiel eine Abwertung der heimischen Währung stattfindet, erhöht dies direkt die Produktionskosten wie auch die Lebenshaltungskosten. Die Angebotskurve wird sich folglich – selbst wenn sie horizontal verläuft wie im obigen IS-LM-Modell – im (p,y)-Diagramm nach oben verschieben. Bei einem nicht senkrechten (und fallenden[71]) Verlauf der aggregierten Nachfragekurve bedeutet dies, dass der Gleichgewichtsoutput sinkt und das Preisniveau steigt.

Der Output-Effekt einer Wechselkursänderung ist also letztlich unbestimmt. Eine Abwertung beispielsweise wirkt – wie wir in Abschnitt 2.1. sahen – expansiv auf die aggregierte Nachfrage. (Die Nachfragekurve verschiebt sich also nach rechts.) Jedoch wirkt sie – wie eben beschrieben – gleichzeitig kontraktiv auf das aggregierte Angebot. (Die Angebotskurve verschiebt sich daher nach oben.) A priori lässt sich also nur sagen, dass bei einer Abwertung das Preisniveau tendenziell steigt **(Inflationsimport)**. In der kurzen Frist ist jedoch selbst dies nicht gesichert. Aufgrund des sogenannten **J-Kurven-Effekts** sowie anderer Wirkungsverzögerungen[72] kann eine Abwertung kurzfristig sogar einen **Rückgang** der aggregierten Nachfrage (eine Linksverschiebung der Nachfragekurve) bewirken. Bei einem steigenden Verlauf der Angebotskurve ist folglich gar nicht sichergestellt, dass eine Abwertung kurzfristig das Preisniveau erhöht.

---

[70]   Zu verschiedenen Erwartungseffekten auf die Anpassungsdynamik siehe z. B. Blanchard [1981].
[71]   Wenn nichts anderes angegeben, wird in diesem Buch gewöhnlich von den „normalen" Kurvenverläufen (bezüglich des Vorzeichens) ausgegangen. Das heißt, es wird in der Regel eine fallende aggregierte Nachfragekurve und eine nicht fallende aggregierte Angebotskurve unterstellt.
[72]   Siehe näher hierzu im Folgenden Unterabschnitt „Unsicherheit und Wirkungsverzögerungen".

Budgetidentität und Langfristeffekte

In Abschnitt 2.1 haben wir die Multiplikatorwirkungen von expansiver Nachfragepolitik bei unterschiedlichen Finanzierungen analysiert. **Langfristig** jedoch gibt es nur eine Finanzierungsmöglichkeit von expansiver Nachfragepolitik, und das ist eine Steuererhöhung. Betrachten wir hierzu die sogenannte **Budgetidentität** (im Folgenden für eine geschlossene Volkswirtschaft formuliert). Diese bezieht sich auf die buchhalterische oder gesamtrechnerische Beziehung zwischen dem Defizit des öffentlichen Sektors und der Vermögenshaltung des privaten Sektors. Der Einfachheit halber setzen wir Defizit des öffentlichen Sektors und Budgetdefizit (G−T) gleich. G sind die realen Staatsausgaben und T die realen Steuereinnahmen abzüglich der Transferzahlungen. Die Vermögenshaltung des privaten Sektors setzt sich zusammen aus der Bereitschaft des privaten Sektors, zusätzliches Zentralbankgeld (ΔM_z) zu halten, und seiner Bereitschaft, Offenmarktpapiere des Staates zu erwerben (ΔB).[73] Wir können die Budgetidentität deshalb in ihrer allgemeinen Form schreiben als:

(19) $\quad G-T \equiv \Delta M_z + \Delta B.$

Ein Budgetdefizit des öffentlichen Sektors kann also vom privaten inländischen Sektor finanziert werden durch zusätzliche Geldhaltung oder durch Wertpapierhaltung[74].

In einem **langfristigen** Gleichgewicht (in einer geschlossenen Volkswirtschaft) müssen Budgetdefizite des Staates immer ausgeglichen sein. Wenn wir Budgetdefizite wie oben als Differenz zwischen Staatsausgaben und Steuereinnahmen (abzüglich Transfers), G−T, definieren, so muss demnach eine expansive Nachfragepolitik letztlich immer durch Steuererhöhungen (oder Transfereinschränkungen) finanziert werden. Langfristig gilt also: dG = dT und folglich, wenn wir eine proportionale Besteuerung T = τY unterstellen, dY/dG = 1/τ. Der langfristige Fiskalmultiplikator ist also gleich dem reziproken Wert des Grenzsteuersatzes.

Hieraus − und dies ist bedeutsam zu betonen − können jedoch keine direkten wirtschaftspolitischen Schlussfolgerungen bzw. Empfehlungen bezüglich einer optimalen Steuerpolitik abgeleitet werden. Es handelt sich ja hier nur um eine analytische Betrachtung einer langfristigen Gleichgewichtsbedingung unter konstanten Preisen. Langfristanalysen unter der Annahme konstanter Preise sind von vornherein dubios. Außerdem müsste eine befriedigende Langfristbetrachtung neben flexiblen Preisen und Steuersätzen auch spezifische Angebots- bzw. Wachstumseffekte miteinbeziehen[75].

---

[73] − beides hier auch in realen Größen gemessen.

[74] In einer offenen Volkswirtschaft kann das Budgetdefizit allerdings auch durch das Ausland finanziert werden. Ein Beispiel hierfür haben die USA während der letzten Jahrzehnte geboten. Die Budgetidentität für eine offene Volkswirtschaft lautet: G−T ≡ $\Delta M_z + \Delta B$+ZBD, wobei ZBD für Zahlungsbilanzdefizit (hier: Nettoerwerb von Auslandsguthaben) steht.

[75] Noch eine kurze Anmerkung zu dem politischen Versuch, ein Budgetdefizit über Schuldverschreibungen des Staates zu finanzieren. Eine solche Finanzierung kann **instabil** sein, wenn ihre positiven Effekte in Form steigender Steuereinnahmen (es gilt ja, zumindest bei Unterbeschäftigung, G↑→Y↑→T↑) die negativen Effekte in Form steigender Zinszahlungen und damit neuer Staatsausgaben nicht auszugleichen vermögen. Die Ausgabe von Schuldverschreibungen und damit das Budgetdefizit würden sich dann endogen laufend verstärken. Dieser Zusammenhang

Vermögenseffekte

Die Multiplikatorwirkungen wurden in den Abschnitten 2.1 und 2.2 abgeleitet aus dem IS-LM-Modell unter der Annahme eines konstanten Vermögensbestandes an finanziellem und physischen Vermögen. Wenn wir die Annahme einer Konstanz des Vermögensbestandes aufheben, ändern sich natürlich auch die Multiplikatorwirkungen.

Wir betrachten hier nur eine Änderung des finanziellen Vermögens[76]. Das gesamte finanzielle Vermögen, F, setzt sich zusammen aus realer Geldhaltung, M/P, und realer Wertpapierhaltung, B:

(20) $\quad F \equiv (M/P) + B$.

Das reale Geldvermögen kann sich erhöhen durch eine Zunahme der nominalen Geldmenge bei gegebenem Preisniveau, oder durch eine Senkung des Preisniveaus bei gegebener nominaler Geldmenge. Letzteres ist die Grundlage für den oben erwähnten **Pigou-Effekt** oder **Realkasseneffekt**. Der Pigou- oder Realkasseneffekt besagt, dass aufgrund der Zunahme des Vermögensbestandes die Konsumnachfrage steigt. Die IS-Kurve verschiebt sich dann in der obigen Abbildung 12 nach rechts. (Gleichzeitig verschiebt sich die LM-Kurve nach rechts, aufgrund der Zunahme der Realkasse.) Insofern können beispielsweise die rezessiven Effekte von kontraktiven Schocks über Preisniveausenkungen von selbst wieder, ohne staatliche Eingriffe, behoben werden. Auf diesem Vermögenseffekt beruhte die berühmte Kritik von Pigou an der Instabilitätsthese von Keynes. Wie wir allerdings im 1. Kapitel gesehen haben, gibt es neben dem Pigou- oder Realkasseneffekt auch andere Vermögenseffekte, die zum Teil umgekehrte Wirkungen auslösen. Der gewichtigste dürfte der **Fisher-Effekt** sein, der besagt, dass der Realwert nominal fixierter Schulden steigt, wenn das Preisniveau zurückgeht. Dies hat negative Effekte auf die Investitionsnachfrage (siehe genauer im 1. Kapitel) und schlägt sich in einer **Links**verschiebung der IS-Kurve nieder.

Doch selbst die erwähnte Rechtsverschiebung der LM-Kurve bei Preisniveausenkungen ist nicht sicher, wenn die Geldnachfrage positiv abhängig ist vom Vermögensbestand. Wenn beispielsweise die Geldnachfrage linearhomogen im Vermögensbestand ist, sodass sich die Geldnachfrage um den gleichen Prozentsatz wie der Vermögensbestand ändert, dann erhöht eine Preisniveausenkung die Geldnachfrage um den gleichen Prozentsatz wie das Geldangebot. Die LM-Kurve ändert in diesem Fall ihre Lage nicht.

Wenn jedoch Preisniveausenkungen unter Umständen nicht expansiv wirken, dann wirken durch Wirtschaftspolitik ausgelöste Preisniveausteigerungen unter Umständen – im Gegensatz zu den Aussagen des obigen Abschnitts über Preisniveauänderungen – auch gar nicht kontraktiv.

Unsicherheit und Wirkungsverzögerungen

In der bisherigen IS-LM-Analyse in diesem Abschnitt 2 sind wir implizit davon ausgegangen, dass die staatlichen Behörden ihre Politiken in voller Kenntnis der Struk-

---

[76] wurde in den 1980er Jahren innerhalb der Fachwelt ausführlich diskutiert im Zusammenhang mit der Politik-Mischung der Reagan-Administration in den USA.
Die Annahme einer Änderung des physischen Vermögens würde uns in das Gebiet der Wachstumstheorie führen, was nicht Gegenstand dieses Buches ist.

tur des Modells und damit der Lage der IS-, LM- und BP-Kurven durchführen. In der Realität jedoch wird Stabilitätspolitik unter Bedingungen der Unsicherheit ausgeführt. Die **Unsicherheit** kann sich dabei auf die Struktur des Modells, d. h. auf die Verhaltensreaktionen der Wirtschaftssubjekte, und damit auf die Neigungen der Kurven beziehen. Solche **multiplikativen Störungen** kann man im obigen Modell berücksichtigen, indem man stochastische Komponenten in die Verhaltenskoeffizienten a, b, c, k und z einbaut. Die Unsicherheit der staatlichen Behörden kann sich aber auch nur auf die jeweilige Größe der realen Nachfragen auf dem Güter- und dem Geldmarkt beziehen. Das heißt, in diesem Fall wäre den Behörden die Struktur des Modells und damit die Steigung der Kurven bekannt. Nur über die Lage der Kurven selbst wären sie im Ungewissen. Solche **additiven Störungen** werden durch Störfaktoren in den Nachfragegleichungen ausgedrückt. In der Theorie rationaler Erwartungen wird, wie wir gesehen haben, angenommen, dass die Wirtschaftssubjekte einschließlich der staatlichen Behörden die Struktur des Modells verstehen. Folglich werden in den Modellen mit rationaler Erwartungsbildung in der Regel auch nur additive Störungen analysiert. In Kapitel 1 haben wir solche additiven stochastischen Störungen schon eingeführt, sowohl auf der Nachfrage- als auch auf der Angebotsseite. Die Nachfragegleichung (2') des 1. Kapitels ist beispielsweise eine reduzierte Form des obigen IS-LM-Modells mit einer solchen „additiven" stochastischen Störung (v_t). Durch Einführung solcher stochastischer Elemente wird es dann auch möglich, wie wir im 1. Kapitel gesehen hatten, zwischen den Wirkungen von **antizipierter** und **nicht antizipierter** Stabilitätspolitik des Staates zu unterscheiden.

Wie wir schon betont haben, ist das obige IS-LM-Modell ein Analyseinstrument für die kurze Frist. Dies zeigte sich in der Annahme konstanter Preise und der Nichtberücksichtigung von Vermögenseffekten. Ein drittes Element, das in einer längerfristigen Betrachtung von Politikeffekten miteinbezogen werden muss, sind **Wirkungsverzögerungen**, und zwar **strukturelle Verzögerungen** wie auch **Verzögerungen in der Umsetzung von Politik**. „Verzögerungen in der Umsetzung von Politik" bestehen, wenn Politikentscheidung und -durchführung nicht in derselben Periode geschehen. „Strukturelle Verzögerungen" liegen dann vor, wenn die Änderung einer exogenen Variablen (die Politikmaßnahme) in der Periode t stattfindet, die induzierte Änderung der endogenen (Ziel-)Variablen dagegen erst in der Periode t+i erfolgt. So hat man zum Beispiel empirisch festgestellt, dass eine Wechselkursverschlechterung erst in zukünftigen Perioden zu Mengeneffekten und damit zu einer Verbesserung der Handelsbilanz führt. Deswegen tritt kurzfristig, aufgrund der gestiegenen Importpreise, sogar eine **Verschlechterung** der Handelsbilanz auf. Dieser Effekt ist bekannt unter dem Namen **J-Kurveneffekt**, da – grafisch gesehen – die zeitliche Entwicklung der Handelsbilanz in diesem Fall wie ein J aussieht.

Die Einführung solcher dynamischer Aspekte kann die obigen Aussagen bezüglich der Wirkungen von Stabilitätspolitik stark verändern. Sie führte auf jeden Fall zu theoretisch gewichtiger und politisch Einflussreicher Kritik an den traditionellen Wirkungsvorstellungen diskretionärer Stabilitätspolitik[77]. Diese Kritik soll im Folgenden Abschnitt im Einzelnen dargestellt werden.

---

[77] Eine wichtige Rolle spielt hierbei auch das Modell von Obstfeld und Rogoff [1995]. Vgl. hierzu den Punkt (11) in Abschnitt III im 6. Kapitel. Eine ausführliche Darstellung dieses Theorieansatzes findet sich in Obstfeld und Rogoff [1996: Kap. 10].

II. Die Kritik an diskretionärer, antizyklischer Stabilitätspolitik

Einführung

Seit dem Ende der 1960er Jahre steht die Theorie diskretionärer, antizyklischer Stabilitätspolitik zunehmend unter Beschuss. Vor allem die Einwände **dreier Forschungsrichtungen** haben dazu geführt, dass auch Keynesianer heute in der Regel eine sehr viel vorsichtigere und distanziertere Haltung zum traditionellen keynesianischen Entwurf einer diskretionär-aktivistischen[78] Stabilitätspolitik einnehmen. Die drei entscheidenden Forschungsrichtungen sind: der Monetarismus, die Theorie rationaler Erwartungen sowie neue Theorien der Wirtschaftspolitik.

Der **Monetarismus**[79] geht unter anderem davon aus, dass das private Marktsystem endogen stabil ist, wenn auch nur auf die mittlere bis lange Frist. In der kurzen bis mittleren Frist können Informationsbeschränkungen und Geldillusion bei exogenen Schockeinwirkungen sehr wohl zu sich verstärkenden Ungleichgewichten führen. Diese kurz- bis mittelfristige Instabilität ist umso größer, je häufiger Schockeinwirkungen auftreten. Deshalb müsse der Staat vermeiden, durch eigenes diskretionär-aktivistisches Handeln die Häufigkeit von Schockeinwirkungen noch zu erhöhen.

Die **Theorie rationaler Erwartungen** betont, dass die Wirtschaftssubjekte zu ihrer Erwartungsbildung alle ihnen zur Verfügung stehenden Informationen optimal ausnutzen und dabei auch ihre Vorstellungen vom Funktionieren des Wirtschaftszusammenhangs laufend verbessern, d. h. aus ihren Erfahrungen lernen. Insofern können Phänomene wie Geldillusion oder konstante Verhaltensstrukturen, die in traditionellen keynesianischen Modellen unterstellt worden waren, nicht Bestand haben, d. h. keine systematischen Elemente einer vernünftigen Wirtschaftstheorie sein.[80]

Während der keynesianische stabilitätspolitische Ansatz auf einer Staatstheorie aufbaute, in der der Staat ein Gemeinwohlmaximierer ist, wird in einer neueren oder alternativen **Theorie der Wirtschaftspolitik**[81] der Staat dargestellt als die Gesamtheit von Wahlpolitikern, die nur ihren Eigennutz im Auge haben. Eigennutzorientierte Politiker würden die ihnen zuerkannte Autonomie im Rahmen von Stabilitätspolitik nur dazu ausnutzen, über Wahlgeschenke und inflationäre Geldpolitik ihre Wiederwahlchancen zu erhöhen. Insofern müsste ihnen im Gesamtinteresse die stabilitätspolitischen Hände gebunden werden.

---

[78] Ich verwende in diesem Buch das Adjektiv „**aktivistisch**" in Anlehnung an das in der englischen Fachliteratur gebräuchliche Wort „**activist**". „Aktivismus" bedeutet (laut **Duden**) „aktives, zielstrebiges Vorgehen, Tätigkeitsdrang".

[79] Siehe als Überblick z. B. das von Ehrlicher und Becker [Hrsg. 1978] herausgegebene Beiheft 4 zu „Kredit und Kapital" oder auch Bordo und Schwartz [2010].

[80] In den letzten Jahren beschäftigt sich die Forschung allerdings wieder zunehmend mit alternativen Formern der Erwartungsbildung. Ansatzpunkte sind hierbei Erkenntnisse aus der Psychologie und der experimentellen Ökonomie. Es scheint z. B. dass Geldillusion weiter verbreitet ist als bisher angenommen. Für einen Überblick siehe Fehr und Tyran [2005] und Petersen und Winn [2014]. Für eine interessante Analyse der Wirkung der Geldillusion in Hinblick auf die Entstehung von Hauspreisblasen siehe Brunnermeier und Julliard [2008].

[81] Siehe als frühen Ansatz z. B. Frey [1970]. Siehe auch unten im 5. Kapitel, dort in Abschnitt I.1.1.

Zu einer ähnlichen Schlussfolgerung führen auch Ansätze, die die klassische Annahme, dass der Staat als Gemeinwohlmaximierer fungiert, beibehalten, jedoch durch Einbeziehung der Theorie rationaler Erwartungen wie auch der Spieltheorie die Anwendbarkeit der Theoreme der klassischen optimalen Kontrolltheorie zur Beschreibung von Politikverhalten bestreiten (siehe in Abschnitt 5 unten).

Im Folgenden werden die zentralen inhaltlichen **Kritikpunkte** an diskretionärer, antizyklischer Stabilitätspolitik im Einzelnen dargestellt. Sie werden zusammengefasst in den folgenden Bereichen:
- Lag-Problematik von Wirtschaftspolitik
- Inflations- und Arbeitslosigkeitseffekte von „Vollbeschäftigungspolitik"
- Ineffektivität von Geldpolitik und Fiskalpolitik
- Kein Bedarf an Konjunkturpolitik (Stabilitätsthese)
- Zeitinkonsistenz von optimaler Wirtschaftspolitik

1. Lag-Problematik von aktiver Wirtschaftspolitik

1.1 Gefahr einer Destabilisierung des Wirtschaftsablaufs

Der zentrale Einwand der Monetaristen gegen aktive staatliche Konjunkturpolitik gründete in der Behauptung von Wirkungsverzögerungen. Wenn **Wirkungsverzögerungen** von Geld- und Fiskalpolitik lang und variabel sind[82], und die Prognosefähigkeit der Politiker begrenzt ist, kann eine aktiv(istisch)e Politik die Wirtschaft **destabilisieren** anstatt sie wie geplant zu stabilisieren. Das bedeutet, dass eine zu früh oder zu spät getroffene stabilitätspolitische Entscheidung zu **prozyklischen Wirkungen** auf das Bruttosozialprodukt führt, was die Abweichung vom Vollbeschäftigungsgleichgewicht noch verstärkt.

Nehmen wir zum Beispiel an, die Regierung beschließe in einer Rezession eine expansive Nachfragepolitik. Unter Umständen wird diese erst dann wirksam, wenn sich die Wirtschaft bereits von selbst – oder angestoßen durch andere positive exogene Einflüsse – aus der Rezession befreit hat. Die Wirtschaft wäre also dann vielleicht schon wieder in einer Vollbeschäftigungs- oder Vollauslastungsphase, wenn die in der vorhergehenden Rezession beschlossene, expansive Nachfragepolitik zu wirken beginnt. Es käme folglich zu einer Übernachfragesituation auf dem Gütermarkt und Arbeitsmarkt, was sich in Inflation niederschlagen würde. Umgekehrt kann eine in einer Boomsituation beschlossene restriktive Konjunkturpolitik aufgrund von Wirkungsverzögerungen unter Umständen erst in der darauffolgenden Rezession wirksam werden und den konjunkturellen Abschwung dann verstärken.

An welche Art von Wirkungsverzögerungen wäre hier insbesondere zu denken? Bei der Darstellung der Wirkungsverzögerungen folgen wir der üblichen Unterteilung in **Innenverzögerung** („inside lag") und **Außenverzögerung** („outside lag").

Innenverzögerung: Bei der Innenverzögerung kann man unterscheiden zwischen **Wahrnehmungsverzögerung** („recognition lag"), **Entscheidungsverzögerung** („decision lag") und **Handlungsverzögerung** („action lag"). Unter **Wahrnehmungsverzögerung** wird der Zeitraum verstanden, der vergeht zwischen dem Zeitpunkt, an dem eine Störung anfällt, und dem Zeitpunkt, in dem die Politiker

---

[82] Darauf hatte Milton Friedman schon früher hingewiesen. Siehe Friedman [1961].

erkennen, dass wirtschaftspolitische Handlungen notwendig sind. Als **Entscheidungsverzögerung** wird dagegen die Verzögerung zwischen dem Erkennen der Notwendigkeit politischen Handelns und der politischen Entscheidung bezeichnet. Schließlich wird als **Handlungsverzögerung** die Zeit gefasst, die von der Entscheidungsfindung bis zur abgeschlossenen administrativen Umsetzung vergeht. Während die Wahrnehmungsverzögerung für Geldpolitik und Fiskalpolitik im Wesentlichen gleich lang ist, sind die Entscheidungs- und die Handlungsverzögerungen bei der Fiskalpolitik in der Regel länger als bei der Geldpolitik. Fiskalpolitische Maßnahmen können oft erst nach langwierigen Verhandlungsprozessen innerhalb der Legislative und den anhängenden parteilichen Interessengruppen getroffen werden. Außerdem treten bei der administrativen Durchsetzung von fiskalpolitischen Maßnahmen mehr oder weniger lange Verzögerung „auf dem Instanzenweg" auf. Dagegen können geldpolitische Entscheidungen angesichts der weitgehenden Autonomien der Zentralbanken schneller getroffen und umgesetzt werden. So tritt beispielsweise das entscheidende geldpolitische Gremium für die Eurozone, nämlich der Rat der Europäischen Zentralbank, alle 14 Tage zusammen und kann dann sofort entscheiden.

Um die Innenverzögerung bei der Fiskalpolitik zu verkürzen, sind im deutschen **Stabilitätsgesetz** von 1967 eine Reihe von Ermächtigungen für die Bundesregierung beinhaltet, die den zeitraubenden Weg der Gesetzgebungsverfahren im Parlament ausschalten. Durch §§ 10 und 11 des Stabilitätsgesetzes wird die Planung von Eventualbudgets und die beschleunigte Durchführung von Investitionsvorhaben ermöglicht. So können steuerpolitische Maßnahmen, die Bildung von Konjunkturausgleichsrücklagen und Kreditlimitierungen bereits auf der Basis von Rechtsverordnungen durchgesetzt werden. Es ist jedoch immer zu berücksichtigen, dass ein Tradeoff besteht zwischen dem ökonomischen Nutzen der Flexibilität und den politischen Kosten der Einschränkung der parlamentarisch-demokratischen Mitwirkung und Kontrolle.

Außenverzögerung: Diese Verzögerung beschreibt die Zeitspanne zwischen dem (administrativ umgesetzten) Inkrafttreten einer Maßnahme und der Beseitigung der ursprünglichen Störung. Wie lang diese Zeitspanne ist, liegt nicht mehr in der Hand der Wirtschaftspolitik, sondern ist abhängig von den Verhaltensstrukturen der privaten Wirtschaftssubjekte. So zielt beispielsweise eine über Geldmengenerhöhung initiierte Nachfragesteigerung auf die Zunahme des Outputs und der Beschäftigung. Die Europäische Zentralbank kann jedoch durch eine Geldmengensteigerung, erzeugt durch den Kauf von Offenmarktpapieren, nur die kurzfristigen Zinssätze eigenhändig beeinflussen. Der Transmissionsmechanismus in das erhoffte höhere Volkseinkommen und seine Zeitdauer hängen vom Verhalten des privaten Wirtschaftssektors ab. Hier gibt es selbst wieder verschiedene Verzögerungen, zwischen der Senkung der kurzfristigen Zinssätze und der langfristigen Investitionen, und zwischen dem Anstieg der Investitionen und der Zunahme von Produktion und Beschäftigung. Aufgrund von „Verbreitungsmechanismen", die in Abschnitt B.I.3.2 des 1. Kapitels beschrieben wurden, dauern solche Verzögerungen über mehrere Perioden hinweg an.

1.2 Instrumenteninstabilität

Nur wenn der Konjunkturverlauf mechanisch-gleichmäßig wäre, keine unerwarteten Störungen einträten, **und** die beschriebenen Wirkungsverzögerungen konstant und damit antizipierbar wären, könnte der Staat „im Idealfall" die Wirtschaft perfekt stabilisieren. (Die Hinzufügung „im Idealfall" drückt aus, dass in Wirklichkeit Wirtschaftsstabilisierung nicht das einzige Handlungsziel des Staates ist, und Regierungen in parlamentarischen Wahldemokratien spezifischen politischen Handlungsrestriktionen hinsichtlich Wahlperioden, Interessengruppen u. a. unterliegen. Siehe hierzu weiter unten.) Der Staat hätte in diesem Fall in einer Art „vorausschauender Politik" rechtzeitig vor Eintreten antizipierter Konjunkturumschwünge die entsprechenden wirtschaftspolitischen Gegenmaßnahmen zu treffen, um den Konjunkturverlauf zu glätten[83].

In Wirklichkeit aber treten laufend unerwartete exogene Einflüsse, Verhaltensänderungen usw. auf, die den Konjunkturverlauf ungleichmäßig und damit in seinem konkreten Ablauf unvorhersehbar machen. Folglich stehen Regierungen immer wieder **ad hoc** vor der Frage, ob sie auf unerwartete Entwicklungen mit wirtschaftspolitischen Gegenmaßnahmen reagieren sollen oder nicht. Aber selbst wenn die oben beschriebenen Wirkungsverzögerungen konstant und dadurch vollkommen voraussehbar wären, würden Kosten in Form von „Instrumenteninstabilität" auftreten. Dies soll kurz am Beispiel der Geldpolitik erläutert werden.

Instrumenteninstabilität beruht darauf, dass die Wirkungen einer gegebenen Änderung der Geldmenge in der laufenden Periode sehr gering, dagegen die Wirkungen in den darauffolgenden Perioden sehr groß sind. Dies bedeutet, dass große Geldmengenänderungen in der laufenden Periode nötig sind, um die Wirkungen von Schocks sofort kompensieren zu können. Jedoch werden in den folgenden Perioden noch größere Geldmengenänderungen nötig sein, um die dann größeren verzögerten Wirkungen der ersten korrekturpolitischen Maßnahme (der ursprünglichen Geldmengenänderung) neutralisieren zu können.

Eine solche Instrumenteninstabilität ist sicherlich schon ein gewichtiger Grund, um „zu aktive" Prozesspolitik zu vermeiden. Instrumenteninstabilität würde bei sehr aktiver Politik unweigerlich zu wesentlichen Änderungen bestehender Verhaltensstrukturen führen, was die Verlässlichkeit der der Geldpolitik zugrundeliegenden Makromodelle stark beeinträchtigen würde.

Diese Kosten von Instrumenteninstabilität müssen allerdings verglichen werden mit den Folgekosten, die auftreten, wenn der Staat die Wirkungen von Schocks nicht kompensiert, d. h. keine Stabilitätspolitik betreibt. Wie groß diese Folgekosten sind, hängt im Wesentlichen davon ab, wie lange die Störungen andauern. Handelt es sich um transitorische, d. h. vorübergehende Schocks, so sind die Folgekosten geringer als wenn es sich um permanente Störungen handelt. Das Problem ist, dass der Staat oft selbst nicht genau einschätzen kann, wie langfristig die Störungen sein werden. Ein Beispiel dafür sind die Ölpreisschocks der 1970er Jahre, deren Folgekosten wesentlich länger gedauert haben, als viele Experten es damals vermuteten.

---

[83] Dies würde einer „Outputregel" entsprechen, wie sie in Abschnitt III.1 des nächsten Kapitels analysiert wird, hier jedoch unter Berücksichtigung der bekannten Wirkungsverzögerungen und unter Abwesenheit von Schocks.

2. Kapitel: Diskretionäre Stabilitätspolitik

Wenn die Wirkungsverzögerungen von Wirtschaftspolitik sowie die Strukturparameter des Wirtschaftssystems genau bekannt wären, wären auch die Kosten der Instrumenteninstabilität eine bekannte Größe. Der Staat könnte dann diese Kosten mit einbeziehen in seinen Entscheidungsprozess darüber, ob er Störungen stabilitätspolitisch entgegenwirken soll oder nicht. In Wirklichkeit sind jedoch die Wirkungsverzögerungen von Wirtschaftspolitik nicht konstant, und ihr dynamischer Prozess ist auch nicht genau vorhersehbar. Von daher sind die Effekte und damit auch die Kosten einer Stabilitätspolitik, die den erwarteten Folgekosten einer nichtkompensierten Störung gegenüberzustellen sind, nur schwer abzuschätzen. Das Risiko, mit Stabilisierungspolitik „alles nur noch schlimmer" zu machen, steigt also mit dem Grad der Unsicherheit über die Wirkungsverzögerungen von Politik.[84]

1.3 Modelltheoretischer Anhang

Wir diskutieren im Folgenden die Rolle von Wirkungsverzögerungen anhand der durch Gleichung (1) beschriebenen reduzierten Form-Darstellung:

$$(1) \quad Y_t = \sum_{1}^{n} \alpha_i Y_{t-i} + \sum_{0}^{k} \beta_j M_{t-j} + u_t,$$

wobei Y eine Zielvariable, hier das nominelle BSP, beschreibt, M die Geldmenge und u_t eine White-Noise-Störvariable darstellen. Gleichung (1) ist eine andere, allgemeinere Darstellungsform der Gleichung (1) im vorhergehenden Abschnitt I.1. Der Unterschied ist, wie man leicht sieht, folgender. In Gleichung (1) von Abschnitt I.1 ist n=2. Außerdem entspricht dort $\alpha_1 = c+\chi$ und $\alpha = -\chi$. Schließlich steht dort für $\sum_{0}^{k} \beta_j M_{t-j}$ die Politikreaktionsfunktion (2).

Wir nehmen hier an, dass die Zielgröße von Y_t gleich 0 (oder wahlweise irgendein anderer konstanter Wert Y*) ist, und dass die Geldmenge nur auf der Basis von Informationen bis zum Zeitpunkt t−1 festgesetzt werden kann. Was für eine Rolle spielen hier Wirkungsverzögerungen? Wenn keine Wirkungsverzögerungen auftreten, wird aktive Wirtschaftspolitik unnötig sein. Falls nämlich die α_i alle Null sind, könnte aktive Politik die Varianz des nominellen BSP nicht verringern. Da hier aktive Politik – wie eben angenommen – nur auf Ereignisse reagieren kann, die vor dem Zeitpunkt t eintreten, und da der Output ohne aktive Politik $Y_t = u_t$ betragen würde, kann eine aktive Politik nur die Varianz des Outputs erhöhen.

Falls dagegen Wirkungsverzögerungen auftreten, d. h. falls einige oder alle der α_i ungleich Null sind, und falls die Koeffizienten in Gleichung (1) bekannt sind, könnte die Geldpolitik die verzögerten Wirkungen früherer Störungen und früherer Geldpolitik exakt neutralisieren. Sie müsste hierfür nur die Geldmenge so setzen, dass[85]

---

[84] Hier knüpft auch die neuere Theorie robuster Geldpolitik an. Siehe hierzu Wagner [2007]. Für eine gute Übersicht robuster geldpolitischer Regeln siehe Walsh [2005] und Taylor und Williams [2010]. Orphanides und Williams [2007] entwickeln in diesem Kontext ein Modell unvollkommener Information.

[85] Zu (2) gelangt man, wenn man die rechte Seite der Gleichung (1) ohne u_t gleich Null setzt und nach M_t auflöst.

(2) $\quad M_t = -[\sum_1^n \alpha_i Y_{t-i} + \sum_1^k \beta_j M_{t-j}]/\beta_0.$

Der Output würde bei einer solchen Politik nur mehr stochastisch um den Trend der normalen Output-Rate (Y*, hier gleich Null gesetzt) schwanken:

(3) $\quad Y_t = u_t \quad$ bzw. $\quad \sigma_y^2 = \sigma_u^2.$

Zeitverzögerungen, egal wie lange sie sind, scheinen hier die Effizienz von aktiver Politik nicht zu behindern.

Jedoch ist zu berücksichtigen, dass eine Politik wie in (2) **Instrumenteninstabilität** erzeugen kann.[86] Dies bedeutet, dass zur Kompensierung verzögerter Effekte von Geldpolitik immer größere Geldmengenänderungen produziert werden müssen.

Formal kann man dies durch folgendes Beispiel erläutern:

Wenn $\alpha_i = 0$ für alle $i > 1$, und $\beta_j = 0$ für $j > 1$, aber $\beta_1 > \beta_0 > 0$, dann folgt aus (2)[87]

(4) $\quad M_t = -[\beta_1 M_{t-1} + \alpha_1 u_{t-1}]/\beta_0.$

Wie man leicht sieht, ist das eine **instabile** Differenzengleichung erster Ordnung. Aus (4) folgt nämlich $|\partial M_t/\partial M_{t-1}| = \beta_1/\beta_0 > 1$. Dies besagt, dass eine gegebene Geldmengenänderung heute eine größere Geldmengenänderung morgen auslöst.

Es ist wichtig, hervorzuheben, dass Instrumenteninstabilität hier auftritt, **obwohl** die Wirtschaftssubjekte annahmegemäß die Koeffizienten in Gleichung (2) kennen. Die Einwände gegen aktiv(istisch)e Wirtschaftspolitik werden aber noch viel gravierender, wenn man berücksichtigt, dass die Wirtschaftssubjekte einschließlich der Politiker in Wirklichkeit **unsicher** sind über die Größe der strukturellen Koeffizienten in (2). Letzteres ist genau dies, was Milton Friedman mit der Bezeichnung „**Variable Lags**" meinte[88]. Wenn die Parameter β_j in (2) stochastisch sind, vermehrt jede aktive Politik die Variabilität des Outputs: Nehmen wir zum Beispiel an, dass $\beta_j M_{t-j} = \beta_j' M_{t-j} + u'_{t-j}$ mit u'_{t-j} = White Noise. Dann vermehren sich die Störungen in (1) und in (3) um $\sum_0^k u'_{t-j}$. Dementsprechend wird die

---

Dabei ist zu berücksichtigen, dass man $\sum_0^k \beta_j M_{t-j}$ aufspalten kann in $\beta_0 M_t + \sum_1^k \beta_j M_{t-j}.$

[86] Siehe Holbrook [1972].
[87] u_{t-1} steht hier für Y_{t-1}, da vor dem Zeitpunkt t–1 keine Wirkungsverzögerungen von Y und auch keine verzögerten Wirkungen von Geldpolitik auftreten. Man sieht dies auch, wenn man $\alpha_i, \beta_j = 0$ für $i,j > 1$ in (1) einsetzt und berücksichtigt, dass die Geldmenge annahmegemäß auf Basis von Informationen der **Vorperiode** festgesetzt wird.
[88] Friedman [1961]. Eine „noch stärkere" Variante dieser Unsicherheit ist die „Modellunsicherheit" (die Unsicherheit über das verwendete theoretische Modell). Zu stabilitätspolitischen Implikationen von Modellunsicherheit siehe z. B. Wagner [2007]. Eine moderne Analysemethode von Stabilitätpolitik unter Modellunsicherheit ist in diesem Zusammenhang die „Robust-Control Theorie". Siehe hierzu Hansen und Sargent [2008] und Williams [2008].

Output-Varianz bei aktivistischer Geldpolitik um $\sum_{0}^{k}\sigma'^{2}_{t-j}$ steigen, wobei σ'^{2}_{t-j} die Varianz bezüglich u'_{t-j} ausdrückt. Wenn eine Politik auf eine Minimierung der Output-Varianz ausgerichtet ist, so führt **Multiplikatorunsicherheit** über die β_j, zu einer weniger aktiven optimalen Politik[89]. Zu beachten ist hier, dass neuere Modellentwicklungen auf Grundlagen der Neuen Neoklassischen Synthese (Siehe Teil 1, Kapitel 1, Abschnitt 4.3.2.) jedoch diesbezüglich zu teilweise entgegengesetzten Aussagen kommen. Das heißt, dort kann Modellunsicherheit gerade aggressiveres Politikhandeln erfordern.[90]

2. Inflations- und Arbeitslosigkeitseffekte von Vollbeschäftigungspolitik

Ein zweites zentrales Argument der Monetaristen gegen diskretionär-antizyklische oder keynesianische Stabilitätspolitik betraf die vermuteten Inflationskosten einer solchen Politik. Hier standen vor allem zwei Aspekte oder Hypothesen im Vordergrund. Die **eine These** war, dass der Staat immer versuchen würde, die Arbeitslosigkeit unter die sogenannte „natürliche Rate" zu drücken. Und die **zweite These** lautete, dass (erwartete) antizyklische Konjunkturpolitik des Staates die Tendenz zu Lohn- und Preisstarrheiten verstärken würde. Zu beiden Thesen werden im Folgenden einige allgemeine Überlegungen angestellt. Dabei wird die auf dem Zeitinkonsistenzargument beruhende Theorie eines Inflationsbias bei diskretionärer Politik vorerst noch unberücksichtigt gelassen. (Diese Theorie wird gesondert in Abschnitt 5 unten dargestellt.) Der Schwerpunkt der Betrachtungen in diesem Abschnitt 2 liegt mehr auf der traditionellen polit-ökonomischen Ebene. Zur zweiten These wird auch eine mögliche (hypothetische) Modellbegründung vorgestellt und anschließend auf ihre methodischen Schwächen aufmerksam gemacht.

2.1 Vollbeschäftigung und „natürliche Arbeitslosenrate"

Keynesianische Stabilitätspolitik ist von ihrem Selbstverständnis her immer „Vollbeschäftigungspolitik" gewesen. Nun kann der Begriff der **Vollbeschäftigung** unterschiedlich gefasst werden. Man kann hierunter verstehen, dass jeder, der einen Arbeitsplatz will, auch einen bekommt. Die statistische Arbeitslosenrate wäre hier gleich Null. Man kann aber Vollbeschäftigung auch so fassen, dass hierunter die Beschäftigung verstanden wird, die vereinbar ist mit dem Gleichgewicht auf dem Arbeitsmarkt unter den Restriktionen bestehender Gesetze, eingelebter Verhaltensweisen und vorhandener struktureller Diskrepanzen auf dem Arbeitsmarkt. Die mit diesem Vollbeschäftigungsbegriff vereinbarte Arbeitslosenrate wird in der Regel größer als Null sein.

Sozialgesetzliche Absicherungen und arbeitsgesetzliche Schutzregelungen, aber auch gewerkschaftliches Zusammenschließen von Arbeitnehmern gegen Versuche, Arbeitsbedingungen unter als „unmenschlich" oder „ungerecht" emp-

---

[89] Siehe Brainard [1967].
[90] Siehe Wagner [2007]. Leitemo und Söderström [2007] kommen zu dem Ergebnis, dass es bei einer offenen Volkswirtschaft auf die Ursache der Störung und auf die Art der Fehlspezifikation ankommt, ob eine aggressivere oder zurückhaltendere Politik optimal ist. Sie verweisen allerdings auf mehrere Quellen, die für geschlossene Volkswirtschaften in jedem Fall aggressivere Politik für optimal befinden.

fundene Minimalstandards zu drücken, werden marktspezifische Anpassungsprozesse verhindern und dadurch die Funktionsfähigkeit des marktwirtschaftlichen Preis- oder Stabilisierungsmechanismus einschränken. Arbeitslosigkeit wird die davon Betroffenen unter den genannten institutionellen Vorkehrungen nicht zu sofortigen Lohnsenkungsangeboten veranlassen; und selbst wenn dies der Fall wäre, würde dies angesichts von bestehenden Sozial- und Arbeitsgesetzen nicht automatisch zu tatsächlichen Lohnsenkungen bzw. Neueinstellungen führen[91].

Daneben sind auch strukturelle Diskrepanzen zwischen dem Angebot an vorhandenen Arbeitsqualifikationen und der sich ständig ändernden Nachfrage nach teilweise unterschiedlichen Arbeitsqualifikationen zu berücksichtigen.

Dies alles zusammen bedingt, dass eine statistische Vollbeschäftigung im Sinne einer Null-Arbeitslosigkeit praktisch nicht möglich ist. Die verbleibende, mit einem Gleichgewicht auf dem Arbeitsmarkt vereinbare, Arbeitslosenrate wird deshalb häufig auch als „natürliche Arbeitslosenrate" bezeichnet.

2.2 Vollbeschäftigungspolitik und Inflation

Die gesamtwirtschaftliche Rationalität einer Stabilisierung der natürlichen Arbeitslosenrate transformiert sich nun nicht bruchlos in die entsprechenden Verhaltensweisen der einzelnen Wirtschaftssubjekte. Zum einen wird eine solche gesamtwirtschaftliche Rationalität von vielen makroökonomisch nicht geschulten Arbeitnehmern und Politikern nicht verstanden. Zum anderen ist es für die von Arbeitslosigkeit betroffenen Arbeitnehmer einfacher und individuell rational, vom Staat die Schaffung zusätzlicher Arbeitsplätze zu verlangen, als Lohnsenkungen und (oder) den Wechsel des Arbeits- und Lebensortes in Kauf zu nehmen mit der Ungewissheit, bald wieder vor der gleichen Entscheidung, Lohnsenkung und (oder) Ortswechsel, zu stehen. Der Ruf nach dem Staat in einer solchen Situation hat also – einzelwirtschaftlich – nicht unbedingt etwas mit „Irrationalität" zu tun, wie manchmal im Zusammenhang mit neueren makroökonomischen Theorien behauptet wird. Die Arbeitslosen können nämlich – falls das Arbeitslosigkeitsproblem virulent genug ist – damit rechnen, dass die Politiker in einer Wahldemokratie diesen Ruf wohl hören und ihm vor Wahlen auch nachgeben werden. Man könnte höchstens betonen, dass die Interessenverfolgung in diesem Fall ziemlich „kurzfristig" ist (siehe hierzu weiter unten).

Ein typisches Argument gegen keynesianische Stabilisierungspolitik, das von der Existenz einer kurzfristigen Phillipskurve ausgeht, lautet nun folgendermaßen. Da die Politiker (aus Erfahrung) davon ausgehen, dass kurzfristige beschäftigungspolitische Wirkungen, die ihre Wiederwahlaussichten erhöhen, nicht ausbleiben werden, werden sie vor Wahlen immer wieder versuchen, per Nachfrage- oder „Vollbeschäftigungs"politik die Arbeitslosenrate unter die natürliche Rate zu drücken. Die Kosten einer solchen Politik bestehen in der Erzeugung von **Inflation**. Da aber die privaten Wirtschaftssubjekte die durch eine solche Politik entstehende Geldentwertung erkennen und schließlich sogar vorhersehen, werden sie diese mit in ihre Lohn- und Preisforderungen einbeziehen. Wenn der Staat die Arbeitslosenrate unter dem Niveau der natürlichen Rate halten will, muss er somit die Inflation laufend erhöhen. Dies ist die zentrale Aussage der **Akzelerationshy-**

---

[91] Siehe hierzu auch die im 1. Kapitel beschriebene „Theorie des Gewerkschaftslohnes".

2. Kapitel: Diskretionäre Stabilitätspolitik

pothese, die im 1. Kapitel schon erläutert wurde, und die mit im Zentrum der monetaristischen Kritik an keynesianischer Vollbeschäftigungspolitik steht. Diese Akzelerationshypothese hat Ende der 1960er und Anfang der 1970er Jahre zusammen mit dem Hinweis auf Wirkungsverzögerungen aktivistischer Politik die theoretische Waffe der Gegner von keynesianischer Stabilitätspolitik gebildet. Es ist so auch gelungen, die Praxis keynesianischer Wirtschaftspolitik allmählich zurückzudrängen.

Nun werden einem **Abbau von Inflation** durch rezessive Wirtschaftspolitik wesentlich **größere politische Hindernisse** entgegenstehen, als einem inflationär wirkenden Abbau von Arbeitslosigkeit. Dies ist vor allem darin begründet, dass die Inflationskosten einer expansiven Beschäftigungspolitik üblicherweise – aufgrund von längerlaufenden Tarifverträgen und anderen Kontrakten – erst mit einer gewissen Wirkungsverzögerung eintreten, während sich die Arbeitslosigkeitskosten einer Antiinflationspolitik schon vor den Früchten einer Inflationssenkung einstellen. Zudem dauert der Abbau von Inflation erfahrungsgemäß länger als der Aufbau von Inflation im Gefolge von Vollbeschäftigungspolitik. Hieraus wird häufig gefolgert, dass Politiker, die auf ihre Wiederwahl bedacht sein müssen, tendenziell der Versuchung erliegen, Wünschen ihrer Wählerklientel nach Beschäftigungsprogrammen zumindest vor den Wahlen nachzugeben, dagegen Disinflationspolitik nach mehr oder weniger kurzer Zeit wieder abbrechen. Dies gilt für sozialdemokratische Regierungen in stärkerem Maße als für konservative Parteien, da sozialdemokratische Parteien überproportional Arbeitslose und von Arbeitslosigkeit Bedrohte zu ihrer Wählerklientel zählen. Diese wahl- und parteipolitischen Zusammenhänge, die den Gegenstand der sogenannten **partisan theory** oder zu Deutsch Parteianhänger-Theorie bilden, wurden auch in einer empirischen Untersuchung von Douglas Hibbs, Jr. [1987] bestätigt[92]. Der eben ausgedrückte Sachverhalt führt dazu, dass eine Wahldemokratie, besonders bei Vorhandensein starker Gewerkschaften, zu Inflationstendenzen neigt[93]. Erst wenn die Inflation nach einer Weile unverhältnismäßig hoch geworden ist, wagen Politiker, eine längere Periode eiserner Antiinflationspolitik durchzuhalten. Letzteres ist aber eher die Ausnahme von der Regel und trifft – wie die Untersuchungen von Hibbs, Jr. und anderen bestätigen[94] – aufgrund der unterschiedlichen Wählerklientel eher auf konservative als auf sozialdemokratische oder sozialistische Regierungen zu.

2.3 Voraussehbarkeit des Politikmusters und ihre Folgen

Regelmäßige Vollbeschäftigungspolitik führt dazu, dass die privaten Wirtschaftssubjekte sich an ein solches Politikverhalten **gewöhnen** und dieses Verhalten auch für die Zukunft **antizipieren**. Dies bedeutet aber auch, dass sie ein solches Politikverhalten mit in ihre Entscheidungen einbeziehen. Das hat **einerseits** den positiven Effekt, dass Firmen in Rezessionen Arbeitnehmer nicht so schnell entlassen,

---

[92] Der Schwerpunkt der umfangreichen empirischen Untersuchungen von Hibbs, Jr. bezog sich dabei auf die USA. Zu einer sogenannten „rationalen" Partisan-Theorie vgl. Alesina [1987].
[93] Zur theoretischen Ableitung eines solchen Inflationsbias siehe Wagner [1990a]; siehe auch im 5. Kapitel, Abschnitt I.1.1.
[94] Zu ähnlichen Ereignissen wie Hibbs, Jr. gelangten z. B. auch Havrilesky [1987] sowie Alesina und Sachs [1988]. Siehe auch Drazen [2000].

da sie erwarten können[95], dass die Rezession nur von kurzer Dauer sein wird, da der Staat nach einer Weile entsprechend der erwarteten antizyklischen Politik expansiv eingreifen wird. Entlassungen sind ja für die Firmen mit mehr oder weniger hohen Entlassungs- und Wiederanstellungskosten verbunden. Diese Kosten fallen umso höher aus, je höher die Hürden oder Schutzvorkehrungen der Sozial- und Arbeitsgesetzgebung sind. Traditionellerweise sind diese in Europa höher als beispielsweise in den USA oder in Japan.

Andererseits wird behauptet, dass die Antizipation einer solchen antizyklischen Politik eine **allgemeine Einschränkung der Lohn- und Preisflexibilität nach unten** auslöst. Wenn nämlich die Rezession als nur kurzfristig erwartet wird, zahlen sich vorübergehende Lohn- und Preissenkungen in konjunkturellen Rezessionen für Arbeitnehmer und Unternehmer unter Umständen nicht aus. Folglich verringert sich dann die Zurückhaltung vor bzw. das Risiko von schematischen Kostenüberwälzungen in Preise und Löhne. Auch die Möglichkeit einer restriktiven Geld- und Fiskalpolitik zur Inflationseindämmung verliert dann an Schrecken oder zumindest an subjektiver Wahrscheinlichkeit, wenn sich eine antizyklische Stop-and-go-Politik über eine gewisse Zeit hinweg etabliert hat und deshalb weiterhin erwartet wird.

Dies alles kann zum einen dazu führen, dass das Preis- und Inflationsniveau höher liegen wird als ohne eine antizyklische Politik. Zum anderen dauert dann eine letztlich doch durchgeführte Disinflationspolitik umso länger, und die mit dieser Disinflationierung in Kauf zu nehmende Arbeitslosigkeit wird entsprechend höher liegen, als es ohne vorherige praktizierte – und **dementsprechend weiterhin erwartete** Vollbeschäftigungspolitik des Staates der Fall gewesen wäre[96]. Inwieweit eine solche Erwartungsbildung als „rational" bezeichnet werden kann, hängt von den Informationsbeschränkungen, vom Strukturmodell und von der Nutzenfunktion der privaten Wirtschaftssubjekte ab. Wenn diese aus Erfahrung davon ausgehen, dass Regierungen in Wahldemokratien dem Gegendruck von einzelnen (an kurzfristiger Nutzenmaximierung orientierter oder von Inflation weniger stark betroffener) Wählergruppen nicht lange standhalten, werden sie rationalerweise eine angekündigte Disinflation als nicht sehr glaubhaft ansehen. Folglich werden sie von einem baldigen Rückgang zur in der Vergangenheit gewohnten antizyklischen Politik der Regierung ausgehen.

Modelltheoretische Skizze

Im Folgenden wird noch kurz eine mögliche (hypothetische) Begründung in Form einer stark vereinfachten „Modellskizze" geliefert für die These, dass erwartete antizyklische Politik tendenziell zu (stärkerer) Lohn- und Preisinflexibilität führt.

---

[95] Voraussetzung hierfür ist natürlich, dass die Unternehmer nicht wie in der Neuen Klassischen Makroökonomie angenommen von einer Neutralität oder Ineffektivität staatlicher Wirtschaftspolitik ausgehen.

[96] Siehe hierzu Wagner [1985a] sowie die folgende modelltheoretische Betrachtung. Mit einer etwas anderen Argumentation kommen Caplin und Leahy [1996] zu einem ähnlichen Ergebnis. Die Argumentation dort lautet wie folgt: Wenn Geldpolitiker in Rezessionen versuchen, durch vorsichtige Zinssenkungen die Konjunktur anzukurbeln und bei Nichtgelingen weitere Zinssenkungen folgen lassen, so kann eine Antizipation dieser Zinssenkungsabfolgen bei den Privaten ein Abwarteverhalten induzieren, das die Rezession verstärkt. Unterstellt wird hierbei, dass die Geldpolitiker unsicher sind über die Reaktionen der Privaten auf die Politikinitiativen.

Ich gehe dabei von dem folgenden Nutzenkalkül eines repräsentativen Arbeitsanbieters aus. Der Nutzen des Arbeitsanbieters, V, wird durch das verdiente Realeinkommen erhöht und durch den Freizeitverzicht vermindert. Der letztgenannte Faktor wird hier nicht weiter betrachtet. Es sei ein konstantes, vom Reallohn unabhängiges Arbeitsangebot N^s unterstellt. Des Weiteren wird von einem konstanten Preisniveau ausgegangen. Damit wird das Realeinkommen als Argument in der Nutzenfunktion durch den Nominallohn W repräsentiert.

Die Nutzenfunktion lautet dann einfach

(1) $V = W$.

Der Erwartungsnutzen eines Arbeitsanbieters, V^N, hängt nicht nur von W ab, sondern auch von der erwarteten Arbeitsplatzsicherheit, d. h. von der Wahrscheinlichkeit f, aus von ihm als exogen angesehenen Gründen[97] (z. B. Strukturwandel) den Arbeitsplatz zu verlieren. Im Falle der Freisetzung wird der mit dem Status der Arbeitslosigkeit verbundene Nutzen V^U realisiert. Betrachten wir V^N und V^U als den Gegenwartswert des Nutzens über einen unendlichen Zeithorizont und beziehen wir die Wahrscheinlichkeit f auf die nächste Periode, so ergibt sich der Erwartungsnutzen V^N eines Arbeitsanbieters als

(2) $V^N = W + (1+r)^{-1}[fV^U + (1-f)V^N]$,

wobei r die Zeitdiskontierungsrate bezeichnet, und $1 \geq f \geq 0$.

Der mit dem Status der Arbeitslosigkeit verbundene Nutzen V^U besteht – abgesehen von dem Nutzen aus der Möglichkeit zu „Eigenarbeit"[98] – aus zweierlei. Zum einen erhält der Arbeitslose staatliche Transferzahlungen (Arbeitslosenunterstützung), hier bezeichnet mit W^U (pro Zeiteinheit). Zum anderen ist der Nutzen aus der Arbeitslosigkeit umso höher[99], je größer die Wahrscheinlichkeit ist, innerhalb eines hinnehmbaren Zeitraumes wieder beschäftigt zu werden. Diese Wahrscheinlichkeit wird hier mit dem Buchstaben „e" bezeichnet. Wenn wir e wieder auf die nächste Periode beziehen, so können wir V^U schreiben als

(3) $V^U = W^U + (1+r)^{-1}[eV^N + (1-e)V^U]$, mit $1 \geq e \geq 0$.

Aus (2) und (3) lässt sich der Erwartungswert der Kosten von Arbeitslosigkeit berechnen als

(4) $V^N - V^U = (1+r)(W - W^U)/(r+f+e)$.

---

[97] **Gesamt**wirtschaftlich kann man natürlich f als abhängig von W betrachten: $f = f(W,...)$ mit $f_w > 0$. Dann wäre f eine endogene Größe. Dies gilt zumindest, solange $W \geq W^s$, wobei W^s hier den Subsistenzlohn bezeichnet.

[98] Die Bedeutung dieses Faktors, insbesondere im Zusammenhang mit unterschiedlichen Arbeitsbedingungen (Grad der Selbstbestimmungsmöglichkeiten), ist untersucht worden in Wagner [1987b].

[99] Man kann auch formulieren, dass der „Verlust" aus Arbeitslosigkeit umso geringer ist, je größer die Wahrscheinlichkeit bald wiederbeschäftigt zu werden ist. Der „Nutzen" aus Arbeitslosigkeit kann nämlich sehr wohl negativ sein, wenn man die physischen und psychischen Auswirkungen von Arbeitslosigkeit auf die Betroffenen mit berücksichtigt. Hier wird allerdings aus Vereinfachungsgründen von letzterer Möglichkeit (ebenso wie von einem Nutzen des Freizeitgewinns) abstrahiert, da dies die Struktur unseres Arguments nicht tangiert.

V^N-V^U drückt ein Maß für das erwartete Risiko aus, dass die Arbeitnehmer eingehen, wenn sie sich gegen marktmäßige Lohnsenkungen sperren.

Nun kann man hieraus augenscheinlich ableiten, dass die erwarteten Kosten von Arbeitslosigkeit, V^N-V^U, geringer sind, wenn eine Vollbeschäftigungspolitik erwartet wird. Die Wahrscheinlichkeit e, im Falle von Arbeitslosigkeit innerhalb eines hinnehmbaren Zeitraumes wieder beschäftigt zu werden, ist nämlich tendenziell größer, wenn erwartet wird, dass der Staat in der kommenden Rezession ein Beschäftigungsprogramm (VBP) durchführt, als wenn erwartet wird, dass dies nicht geschehen wird. Es gilt allgemein:

(5) $\quad$ e = e(W,VBP), mit $e_W < 0$ und $e_{VBP} > 0$.

Bei gegebenem (subjektiven) Nutzen einer Lohnstabilisierung für den einzelnen Arbeitnehmer[100], der in der Verstetigung des Konsumeinkommens sowie in der Vermeidung von Realeinkommensverlusten und relativen Verteilungsverlusten liegt, sinken in diesem Fall die Nutzenverluste durch eventuelle Arbeitslosigkeit, wenn der Staat eine Vollbeschäftigungspolitik betreibt.

Folglich dürfte dann der Widerstand gegen eine Lohnsenkung in Rezessionen stärker sein, wenn eine Vollbeschäftigungspolitik erwartet wird.

Eine ähnliche Argumentation ließe sich auch für die Unternehmer vollführen. Für die Unternehmer sinken u. U. die zu erwartenden Folgekosten aus preisrigidem Verhalten, die sich in der Dauer und im Umfang von Kapazitätsunterauslastungen widerspiegeln, wenn sich der Staat auf eine Vollbeschäftigungspolitik in Rezessionen festlegt.

Für die Wirtschaftspolitik hätte dies die Auswirkung, dass bei einem solcherart antizipierten Politikmuster die gleichzeitige Stabilisierung von Vollbeschäftigung **und** Preisniveau kaum möglich sein würde. Insbesondere der Prozess eines Inflationsabbaus würde hier verhältnismäßig schwieriger und langwieriger sein. Wenn die zur Disinflationierung notwendige Rezession aus wahlpolitischen Gründen nur über einen begrenzten Zeitraum aufrechtzuerhalten sein sollte, würde dies bedeuten, dass beim Folgenden konjunkturellen Umschwung über staatliche Nachfragepolitik entweder der Inflationssockel oder – bei extremer Geldmengeneinschränkung („Cold-Turkey-Politik"[101]) – der Arbeitslosensockel relativ höher liegen würde.

Bezüglich der obigen Modellskizze lassen sich allerdings bestimmte **Einwände** erheben. Der bedeutendste Einwand dürfte sein, dass der obige Modellzusammenhang statischer Natur ist und Langfristeffekte keinen Eingang in die Entscheidungskalküle finden. **Zum einen** wird unberücksichtigt gelassen, dass in (5) Rückwirkungen bestehen können zwischen W und VBP derart zum Beispiel, dass W = W(VBP) mit $W_{VBP} > 0$. Die Arbeitnehmer würden also in diesem Fall bei einer allgemeinen Erwartung eine Vollbeschäftigungspolitik ein höheres Lohnni-

---

[100] Aus einer Lohnstabilisierung ziehen nicht nur Arbeitnehmer Nutzen. Es gibt auch gute Gründe für die Firmen, sich dem Wunsch der Arbeitnehmer nach Lohnstabilisierung nicht zu entziehen. Ein Grund ist, dass das Verhältnis zwischen Arbeitnehmer und „ihrer" Firma stabilisiert und verbessert wird, was sich positiv auf die Arbeitsproduktivität auswirkt. Vgl. hierzu z. B. Okun [1981] und die im 1. Kapitel unter B.I.4.2.1 aufgeführten Begründungen von Lohnrigiditäten.

[101] „Cold Turkey" ist ein Slangausdruck für die Folgen von abruptem Drogenentzug.

2. Kapitel: Diskretionäre Stabilitätspolitik

veau als sonst erzielen können. Das würde bedeuten, der „Netto-Effekt" einer erwarteten Vollbeschäftigungspolitik auf die Wahrscheinlichkeit e in (5) wäre nicht eindeutig bestimmbar. **Zum anderen** kann eingewendet werden, dass eine durch lohn- und preisrigides Verhalten ausgelöste Inflationstendenz unter Umständen negative Rückwirkungen auf die Produktivität und das Wirtschaftswachstum und mithin auch auf das langfristige Lohnniveau und den Erwartungsnutzen der Arbeitnehmer hat[102]. Wenn dies der Fall sein sollte, könnte das oben beschriebene Verhalten der Wirtschaftssubjekte mit dem Axiom langfristiger Nutzenmaximierung bzw. mit der Hypothese rationaler Erwartungsbildung konfligieren.

Nichtsdestoweniger ist die These von Inflationseffekten einer diskretionärantizyklischen Stabilitätspolitik nicht völlig von der Hand zu weisen. So spricht einfach vieles dafür, dass die Interessenverfolgung vieler privater Wirtschaftssubjekte oder Gruppen eher **kurzfristiger** Art ist[103]. Außerdem wird die These eines Inflationsbias bei diskretionärer Stabilitätspolitik auch unterstützt durch die neuere Theorie der Zeitinkonsistenz von optimaler Politik. Siehe hierzu in Abschnitt 5 unten. Schließlich kann hierbei auch auf die neueren Ergebnisse der „Neuen Politischen Ökonomie der makroökonomischen Politik" hingewiesen werden. Siehe hierzu in Abschnitt I.1.1 des 5. Kapitels.

3. Mögliche Ineffektivität von Geld- und Fiskalpolitik

3.1 Die These von der Ineffektivität der Geldpolitik

Die ersten beiden, typisch monetaristischen Kritikpunkte haben nicht die Effektivität von aktivistischer oder antizyklische Stabilitätspolitik an sich bestritten, sondern nur die Gefahr von Destabilisierungstendenzen und von inflationären Begleitkosten einer solchen Politik hervorgehoben. Demgegenüber hat eine neuere Theorierichtung innerhalb der Makroökonomie, die von jüngeren Schülern und Kollegen führender Monetaristen begründet wurde, in den 1970er Jahren einen noch wesentlich stärkeren Angriff gegen die traditionelle keynesianische Stabilitätspolitik geführt. Ich habe diese sogenannte **„Neue Klassische Makroökonomie"**, deren führende Vertreter Robert Lucas, Thomas Sargent, Neil Wallace sowie Robert Barro waren, schon im 1. Kapitel dargestellt und fasse hier die entscheidenden Aussagen nur nochmals zusammen.

Diese Theorie behauptet, dass Geldpolitik, und unter gewissen Umständen auch Fiskalpolitik (siehe im Folgenden Abschnitt 3.2), ineffektiv ist, solange die Politik für die privaten Wirtschaftssubjekte nicht überraschend und unerwartet erfolgt. Dies bedeutet, dass durch eine expansive (bzw. restriktive) Geldpolitik bei Abwesenheit von Überraschungseffekten nur das Preisniveau erhöht (bzw. reduziert) werden kann. Systematische reale Effekte, d. h. immer wiederkehrende

---

[102] Zu einer Diskussion dieses Zusammenhangs siehe z. B. Wagner [1983; 1985b]. Zumindest für geringe Inflationsraten ist dieser Zusammenhang in der Ökonomie umstritten, wie schon im 1. Kapitel, Abschnitt A.II.1 betont worden ist.

[103] Zu nennen wären hier als Gründe u. a. die für viele undurchdringbare ökonomisch-soziale **Systemkomplexität** und die große **Erwartungsunsicherheit** bezüglich zukünftiger Entwicklungen, aber auch die (subjektive) **Unaufschiebbarkeit** der Lösung drängender Tagesprobleme, sowie der soziale Konfliktstoff, den Diskrepanzen **hinsichtlich relativer Verteilungspositionen** aufwerfen.

Effekte auf die Gleichgewichtsallokationen im privaten Wirtschaftssektor, werden der Geldpolitik abgesprochen. Geld und Geldpolitik sind anders gesagt **neutral**. Nur durch staatliche Täuschungsmanöver können die privaten Wirtschaftssubjekte veranlasst werden, ihre Angebots- und Nachfrageentscheidungen als Folge von geldpolitischen Maßnahmen zu verändern. Der Effekt solcher Täuschungsmanöver wird allerdings nur kurzfristig anhalten, da die privaten Wirtschaftssubjekte, nachdem sie das Täuschungsmanöver durchschaut haben, zu ihren alten Verhaltensentscheidungen zurückkehren. Außerdem werden die gleichen Täuschungsmanöver immer weniger wirksam, je häufiger sie angewandt werden. Systematisch ist es nach Ansicht der Neuen Klassischen Makroökonomen nicht möglich, die privaten Wirtschaftssubjekte zu täuschen. Von daher kann es auch keine systematischen realen Effekte von Geldpolitik geben. Grundlage dieser Neuen Klassischen Makroökonomie, die die traditionelle Makroökonomie seit Mitte der 1970er Jahre gleichsam überrollt hat, ist die Theorie rationaler Erwartungen sowie die Annahme stetig geräumter Märkte. Auf beide Konzepte wurde im vorhergehenden Kapitel schon ausführlich eingegangen, sodass hier auf eine weitergehende (verbale) Erläuterung verzichtet werden kann. Stattdessen wird im Folgenden eine kurze modelltheoretische Begründung der Ineffektivitätsthese geliefert.

Modelltheoretische Betrachtung

Die These von der Neutralität des Geldes bzw. der Ineffektivität von Geldpolitik soll in einem einfachen Modellzusammenhang dargestellt werden. Gehen wir von folgendem Modell mit einer aggregierten Angebots- und einer aggregierten Nachfragegleichung und rationaler Erwartungsbildung aus:

(1) $\quad y_t = y_n + \beta(p_t - E_{t-1}p_t) + u_t$
(2) $\quad y_t = m_t - p_t + v_t$

Die Notationen sind die gleichen wie im 1. Kapitel. Ausnahmsweise wird hier einmal zur Veranschaulichung die Abweichung des Outputs, y, von seinem normalen oder Zielwert, y_n, explizit ausgeschrieben. y_n wird auch als das sogenannte „natürliche" Output-Niveau bezeichnet. Dies ist das Output-Niveau, das sich bei richtigen Preiserwartungen (wenn $p_t - E_{t-1}p_t = 0$) und Abwesenheit von Schocks einstellt. Die sich bei diesem Output-Niveau ergebende Arbeitslosigkeit entspricht der im Abschnitt 2 erläuterten „natürlichen" Arbeitslosigkeit; y_n wird hier als konstant unterstellt. $E_{t-1}p_t$ beschreibt rationale Erwartungen von p_t auf der Grundlage von Informationen bis einschließlich Periode t−1. u_t und v_t stellen wiederum „White-Noise"-Zufallsvariablen dar.

Gleichung (1) ist nichts anderes als eine andere Schreibweise der (erweiterten) Phillipskurve. Sie ist die reduzierte Form aus der Angebotsgleichung (1') und der Lohngleichung (16) von Kapitel 1.[104] Man bezeichnet Gleichung (1) auch als **„Lucas-Angebotsfunktion"**.[105] Mit ihr werden wir in den Kapitel 3 und 4 noch

---

[104] Im Gegensatz zu Gleichung (1') des 1. Kapitels ist hier sowohl explizit das „normale" oder „natürliche" Outputniveau, y_n, als auch ein Störfaktor, u_t, hinzugefügt worden.
[105] Eine alternative und etwas kompliziertere Ableitung der Lucas-Angebotsfunktion findet sich in Bull und Frydman [1983]. Bull und Frydman diskutieren in diesem Zusammenhang Inkonsistenzen bei der Modellierung der Erwartungsbildung im Modell, mit denen wir hier den Leser jedoch nicht weiter verwirren wollen.

2. Kapitel: Diskretionäre Stabilitätspolitik

häufiger arbeiten. Die Preiserwartungen werden hier auf der Basis von Informationen bis einschließlich Periode t−1 gebildet. Informationen der laufenden Periode werden dagegen nicht in Anspruch genommen. Dies beinhaltet implizit die Annahme von einjährigen Lohnkontrakten oder von unvollkommener Information. Wie wir in Kapitel 4 noch sehen werden, impliziert dies Output-Effekte von Schocks, die bei einer Inanspruchnahme von gegenwärtiger Information nicht auftreten würden. Eine solche Inanspruchnahme von gegenwärtiger Information wäre dann möglich, wenn die Löhne **indexiert** wären. Die Auswirkungen einer solchen Indexierung werden in Kapitel 4 ausführlich hergeleitet.

Gleichung (2) entspricht der aggregierten Nachfragefunktion (2') von Kapitel 1.[106]

Wenn wir (1) in (2) einsetzen und nach p_t auflösen, folgt

(3) $\quad p_t = [m_t - y_n + \beta E_{t-1} p_t - u_t + v_t]/(1+\beta)$.

Durch Bildung des (konditionalen) Erwartungswerts über (3) erhalten wir

(4) $\quad E_{t-1} p_t = [E_{t-1} m_t - y_n + \beta E_{t-1} p_t]/(1+\beta)$.

Subtrahieren wir nun (4) von (3), so ergibt sich

(5) $\quad p_t - E_{t-1} p_t = [(m_t - E_{t-1} m_t) - u_t + v_t]/(1+\beta)$.

Wir setzen (5) in (1) ein und erhalten

(6) $\quad y_t - y_n = [(m_t - E_{t-1} m_t) - u_t + v_t]\beta/(1+\beta) + u_t$.

In der Theorie rationaler Erwartungen wird unterstellt, dass die Wirtschaftssubjekte über alle öffentlich zugänglichen Informationen verfügen, also auch bezüglich der (Re-)Aktionen der Geldpolitik. Damit ist impliziert, dass die Wirtschaftssubjekte **im Durchschnitt** richtige Erwartungen haben, d. h.

(7) $\quad m_t - E_{t-1} m_t = \xi_t$,

wobei ξ_t ein White-Noise-Störterm ist, der unerwartete (Re-)Aktionen der Geldpolitik widerspiegelt. ξ_t ist hier im Mittel gleich Null, sodass im Durchschnitt

(7a) $\quad m_t - E_{t-1} m_t = 0$.

Wenn wir (7a) in (5) bzw. (6) einsetzen, erhalten wir

(8) $\quad p_t - E_{t-1} p_t = [-u_t + v_t]/(1+\beta)$, und
(9) $\quad y_t - y_n = [(u_t/\beta) + v_t]\beta/(1+\beta)$.

Wie man sieht, kann hier der Output vom „normalen" Output-Niveau nur mehr abweichen, wenn unerwartete Störungen von der geldpolitischen Seite (ξ_t), von der

---

[106] Hier ist die Realkassenelastizität der aggregierten Nachfrage, γ, einfachheitshalber wieder gleich Eins gesetzt.

Angebotsseite (u_t) oder von der Nachfrageseite (v_t) her auftreten. Antizipierte Geldpolitik hingegen hat keinen Einfluss. Anders gesagt, Geld(politik) ist „neutral".

Die **Politikineffektivitätsthese** kann man aber auch „direkter" so beweisen, dass man eine Politikreaktionsfunktion – wie in Abschnitt I.1 oben – zur Modellstruktur des privaten Wirtschaftssektors {(1),(2)} hinzufügt, und zeigt, dass die Politikparameter (q_1,q_2) nicht in den reduzierten Form-Gleichungen auftauchen.

Nehmen wir zum Beispiel an, die Politikbehörde reagiere auf Abweichungen des realen Outputs von seinem Zielwert in den vorhergegangenen 2 Perioden mit (verzögerter) antizyklischer Geldpolitik so wie in (10) beschrieben[107]:

(10) $m_t = q_1 y_{t-1} + q_2 y_{t-2}$,   mit q_1 und $q_2 < 0$.

(10) in (6) eingesetzt ergibt

(11) $y_t - y_n = [\{(q_1 y_{t-1} + q_2 y_{t-2}) - (q_1 E_{t-1} y_{t-1} + q_2 E_{t-1} y_{t-2})\} - u_t + v_t]\beta/(1+\beta) + u_t$.

Da jedoch $E_{t-1} y_{t-1} = y_{t-1}$ und $E_{t-1} y_{t-2} = y_{t-2}$, ist der geschweifte Klammerausdruck in (11) gleich Null, und wir erhalten nach Zusammenfassen der u_t-Terme wieder die reduzierten Form-Gleichungen (8) und (9). Die Politikparameter q_1 und q_2 kommen in diesen beiden Gleichungen nicht vor.

Die hieraus abgeleitete Politikineffektivitätsthese ist allerdings **modellspezifisch**. Sobald mittelfristige Lohn- und Preiskontrakte miteinbezogen werden, verschwindet die Ineffektivitätseigenschaft. Dies wurde in Kapitel 1 schon gezeigt. Selbst bei nur kurzfristigen Kontrakten von **einer** Periode Laufzeit ist Geldpolitik in der Regel effektiv, wenn sogenannte „vorwärtsblickende" (in t gebildete) Erwartungen **und** die Annahme, dass die Politikbehörde früher als die Arbeitnehmer auf neue Informationen reagieren kann, in die Modellanalyse eingebaut werden. Dies wird in Kapitel 3 genauer herausgearbeitet werden.

3.2 Das Ricardo-Äquivalenztheorem

Neben der These von der Ineffektivität der Geldpolitik ist das sogenannte **Ricardo-Äquivalenztheorem** eine andere zentrale Behauptung innerhalb der Neuen Klassischen Makroökonomie. Wie wir in Abschnitt I.2.3 gesehen hatten, gibt es in einem langfristigen Gleichgewicht nur eine Möglichkeit der Finanzierung von Budgetdefiziten des Staates, und dies ist eine Steuererhöhung[108]. Gestützt auf diesen Zusammenhang besagt das Ricardo-Äquivalenztheorem, dass – bei einer Pauschalbesteuerung, die keine Substitutionseffekte auslöst – **Steuersenkungen** oder Subventionen, die über ein Budgetdefizit des Staates mittels Schuldverschreibungen finanziert werden[109], **keine aggregierten Nachfrageeffekte** haben,

---

[107] Diese Reaktionsfunktion entspricht der in Abschnitt I.1 unterstellten. Auch hier sind die Variablen wieder als Abweichungen von ihren Zielwerten zu interpretieren.

[108] Faktisch jedoch hängt die Frage, ob einem Budgetdefizit irgendwann einmal einer Steuererhöhung folgen muss, davon ab, ob der Zinssatz größer oder kleiner ist als die Wachstumsrate der Volkswirtschaft. Wenn der Zinssatz unterhalb der Wachstumsrate der Volkswirtschaft liegt, ist es für eine Regierung prinzipiell möglich, die Schulden permanent revolvierend (über neue Schuldverschreibungen) zu verlängern. Siehe Feldstein [1976]. Allerdings würde dies eine ineffiziente Überakkumulation an Kapital signalisieren.

[109] Das Budgetdefizit ist wie oben erläutert die Differenz aus staatlichen Ausgaben einerseits und Steuereinnahmen abzüglich Transferzahlungen (z. B. Subventionen) andererseits.

also *ineffektiv* sind[110]. Hierbei wird theoriegeschichtlich Bezug genommen auf ein analytisches Argument von David Ricardo[111]. Als **„Ricardianische" Ökonomie** bezeichnet man heute normalerweise eine Ökonomie, in der die Wirtschaftssubjekte die **Budgetbeschränkung des Staates** in Betracht ziehen, wenn sie Spar- oder Konsumentscheidungen für einen unendlichen Planungszeitraum treffen. Unter diesen Bedingungen steht dem Vermögenswert von Schuldverschreibungen des Staates in der Hand privater Wirtschaftssubjekte der Gegenwartswert zusätzlicher Steuern gegenüber, die die Rückzahlung der Schuldverschreibungen erfordert. Deshalb stellen diese keinen Wert für den privaten Sektor insgesamt dar. Folglich hat z. B. eine Steuersenkung, die für eine Periode über Staatsverschuldung finanziert wird, keine Effekte auf die aggregierte Nachfrage, denn der antizipierte Anstieg der zukünftigen Steuern verhindert den Wohlfahrtseffekt der Reduktion gegenwärtiger Steuern.

Das Ricardo-Äquivalenztheorem impliziert, dass die Wirtschaftssubjekte damit rechnen, dass Budgetdefizite irgendwann einmal abgebaut werden müssen und dies über eine höhere Besteuerung erfolgen muss. Also werden sich private Wirtschaftssubjekte durch den Besitz von Schuldverschreibungen des Staates, über deren Ausgabe eine Steuersenkung finanziert wird, nicht reicher fühlen, da sie wissen, dass sie oder ihre Nachkommen es sind, die die Defizite über höhere Steuern wieder zurückzahlen müssen. Folglich werden über Budgetdefizite finanzierte Steuersenkungsprogramme des Staates lediglich zu entsprechenden Mehrersparnissen der privaten Wirtschaftssubjekte führen. Die Mehrersparnisse werden unternommen, um in der Zukunft in der Lage zu sein, die höheren Steuern zur Tilgung der Budgetdefizite bezahlen zu können, ohne in finanzielle Bedrängnis zu geraten. Budgetdefizit-Politik des Staates löst also Ansparprozesse der privaten Wirtschaftssubjekte zur Begleichung der Budgetdefizite in der Zukunft aus. Eine schuldenfinanzierte Steuersenkung des Staates hat somit überhaupt keinen Einfluss auf die private Güternachfrage. Bei konstanten Staatsausgaben steigt daher auch die Gesamtnachfrage in der Wirtschaft nicht wie erwartet an. Der Nachfrageeffekt ist gleich Null.

Dieses Ricardo-Äquivalenztheorem hat eine große, noch längst nicht abgeschlossene **Kontroverse** in der Makroökonomie ausgelöst[112]. So ist das Ricardo-Äquivalenztheorem nur gültig, wenn die von Barro gemachte Annahme zutrifft, dass die heute lebenden Individuen, die ja nur einen zeitlich begrenzten Lebenshorizont haben, über die Wohlfahrt ihrer Nachkommen besorgt sind, und deshalb deren Interessen in ihren heutigen Entscheidungen mitberücksichtigen. Dann können die in Wirklichkeit nur für eine begrenzte Zeit lebenden Individuen theoretisch so behandelt werden, **als ob** sie ewig leben und deshalb auch die Steuerbelastungen, die vielleicht erst nach ihrem Tod anfallen, in ihren heutigen Entscheidungen mitberücksichtigen. Diese Annahmesetzung wird von vielen Ökonomen kritisiert, da ihrer Meinung nach viele Eltern nicht so weitsichtig oder

---

[110] Siehe Barro [1974]. Der Artikel erklärt das Ricardianische Äquivalenztheorem anhand eines dynamischen Modells. Ein ähnlich einfacher Überblick wie in diesem Kapitel findet sich in Petersen [2002]. Eine historische Einordnung des Theorems mit vielen interessanten Anekdoten und Hintergrundinformationen findet sich in Barro [1996].

[111] Siehe Buchanan [1976].

[112] Siehe als neuere Überblicke Ball, Elmendorf und Mankiw [1999] sowie Ricciuti [2003]; siehe auch Bernheim [1987], Seater [1993], Akerlof [2007] und Evans et al. [2012].

nicht so selbstlos fürsorgend sind. (Letzteres wird unter anderem damit begründet, dass die Individuen von heute erwarten können, dass die Individuen von morgen, d. h. ihre Nachkommen, reicher als sie selbst sein werden.) Außerdem sind nicht alle Individuen oder Konsumenten Eltern[113].

Weitere Einwände gegen das Äquivalenztheorem sind unter anderem die folgenden beiden[114]. **Erstens** kann eine wie oben gekennzeichnete Fiskalpolitik sehr wohl positive Effekte haben, wenn der Staat beispielsweise einen günstigeren Zugang zu den Kapitalmärkten besitzt als die privaten Individuen. In diesem Fall können über staatliche Schuldverschreibungen finanzierte Steuersenkungen (oder Transferzahlungen) den Wohlstand des privaten Sektors erhöhen. Die grundlegende Annahme des Ricardo-Äquivalenztheorems ist ja, dass es keinen Unterschied macht, ob die Regierung Schuldverschreibungen in Höhe von x Euro pro Kopf der Bevölkerung herausgibt oder ob sie Steuern im Umfang von x Euro pro Kopf der Bevölkerung einsammelt, da im letzteren Fall jeder Konsument seinerseits x Euro auf dem Kapitalmarkt ausleihen kann, um die höheren Steuern zu bezahlen. Im ersteren Fall steigt die öffentliche Verschuldung um x Euro pro Kopf der Bevölkerung, und im letzteren Fall erhöht sich die private Verschuldung um den gleichen Betrag. Diese Äquivalenzbetrachtung ist jedoch nur zulässig, wenn eine vollständige Menge an vollkommenen Kapital- und Versicherungsmärkten vorhanden ist, sodass dort keine Restriktionen oder Rationierungen auftreten. Dies ist praktisch jedoch nicht der Fall, sodass das Ricardo-Äquivalenztheorem in seiner strikten Version auch nicht gelten kann[115]. **Zweitens** beruht das Ricardo-Äquivalenztheorem auf der Annahme einer Pauschalbesteuerung. Nun werden jedoch in der Praxis die wenigsten Steuern in Form von Pauschbeträgen erhoben. Im Allgemeinen werden Steuern in Abhängigkeit von ökonomischen Aktivitäten festgesetzt. Steueränderungen liefern folglich Anreize, das Ausmaß dieser Aktivitäten zu verändern. In anderen Worten, Steueränderungen sind in aller Regel nicht allokationsneutral. Sie liefern einen Anreiz für steuervermeidendes Verhalten. Wenn die Individuen beispielsweise eine zukünftige Besteuerung von Kapitalerträgen erwarten, um das Budgetdefizit zu begleichen, würde dies ihre laufende Ersparnis reduzieren. **Außerdem** stellt eine Anhebung der Steuersätze nicht die einzige Möglichkeit dar, ein Budgetdefizit auszugleichen. So kann sich eine erwartete höhere Besteuerung auch indirekt als inflationäre Geldmengenerhöhung ergeben (**„Inflationssteuer"**)[116]. Letztere kann man sich jedoch kaum als allokationsneutral vorstellen. Auch die dritte Möglichkeit zur Begleichung eines Budgetdefizits – ein zukünftiger Abbau von Transferzahlungen („Sozialabbau") – wird kaum allokationsneutral sein. Wenn zudem die Individuen von heute unterschiedliche Erwartungen bzw. Modellstrukturvorstellungen bezüglich des zukünftigen Ausgleichs

---

[113] Zu den Konsequenzen verschiedener Zeithorizonte für die Wirkung von Fiskalpolitik siehe näher Blanchard [1985].
[114] Eine ganze Reihe von kritischen Einwänden gegen das Ricardo-Äquivalenztheorem sind in Tobin [1980b; 1988] aufgeführt.
[115] Vgl. hierzu z. B. Barsky, Mankiw und Zeldes [1986].
[116] Siehe hierzu Sargent und Wallace [1981]. Sargent und Wallace's eigentliches Argument dort ist, dass sich eine (von der Fiskalpolitik vorgegebene) instabile oder „explosive" Budgetdefizitfinanzierung des Staates (d. h. eine, bei der sich der Zinssatz – ausgelöst durch eine zu restriktive Geldpolitik – oberhalb der Wachstumsrate der Wirtschaft befindet) nicht auf Dauer fortsetzen kann, sondern nach einer gewissen Zeit von der Geldbehörde „monetisiert" werden muss mit der Folge von Inflation.

des Budgetdefizits (d. h. welche der drei genannten Ausgleichsvarianten dominieren wird) haben, wird es u. U. überhaupt nicht zu einem rationalen Erwartungs-Gleichgewicht kommen[117]. Diese und andere Einwände[118] bringen manche Experten dazu, das Ricardo-Äquivalenztheorem als ein „theoretisches Kuriosum" zu bezeichnen[119].

Was jedoch aus der Diskussion um das Ricardo-Äquivalenztheorem wie überhaupt aus der Neuen Klassischen Makroökonomie auf jeden Fall als positive Erkenntnis bleibt, ist, dass die Verhaltensweisen von ökonomischen und politischen Akteuren interdependent variabel sind. Das heißt, es können nicht mehr so einfach – wie in den traditionellen, IS-LM-Methodik-gestützten Theorien der Wirtschaftspolitik (Nachfragepolitik), siehe Abschnitt I oben – konstante oder stabile Verhaltensparameter der privaten Wirtschaftssubjekte unterstellt werden. Stattdessen sind die (dynamischen) Maximierungskalküle/Entscheidungskalküle privater wie politischer Agenten in ihrer Interdependenz verknüpft. Das bedeutet, die Verhaltensparameter in den obigen IS-LM-Modellen (die die Politikmultiplikatoren determinieren), sind **endogen**. Verhaltensparameter privater Wirtschaftssubjekte, wie z. B. die Konsumquote oder die Sparquote, lassen sich erst aus einem interdependenten dynamischen Nutzen- und Gewinnmaximierungsprozess des ökonomischen und des politischen Systems ableiten (vgl. auch schon die Lucas-Kritik, siehe im 1. Kapitel Abschnitt B.1.1). Inwieweit allerdings in der Praxis die Verhaltensparameter variieren, ist umstritten. Es gibt nicht wenige empirische Untersuchungen und Hinweise, die darauf hindeuten, dass in vielen praktischen Untersuchungen sehr wohl weiterhin – approximativ richtig – mit konstanten Verhaltensparametern gearbeitet werden kann[120].

Im ersten Kapitel wurde mit der Neuen Neoklassischen Synthese (NNS) ein Modell diskutiert, welches individuelle Nutzen- und Gewinnmaximierung mit konstanten Verhaltensparametern kombiniert. In solchen Allgemeinen Gleichgewichtsmodellen ist es möglich, dass das Ricardianische Äquivalenztheorem gilt, es ist jedoch nicht bei jeder Modellvariante der Fall.[121]

4. Stabilitätsthese

Diskretionär-antizyklische Stabilitätspolitik ist eine Politik, die aktiv (und in diskretionärer Art) in den Wirtschaftsablauf eingreift, um Marktungleichgewichte abzubauen. Wie oben schon betont, macht eine solche Art von aktiv in das Wirtschaftsgeschehen eingreifender Stabilitätspolitik nur Sinn, wenn das private Marktsystem als instabil angesehen werden kann. Letzteres wird jedoch von den **Vertretern der Neuen Klassischen Makroökonomie** bestritten. Deshalb werden dort, wie im letzten Kapitel schon besprochen, Konjunkturschwankungen auch

---

[117] Vgl. Blinder [1986a].
[118] Vgl. z. B. Feldstein [1988a]. Feldstein hat dort gezeigt, dass das Ricardo-Äquivalenztheorem schon dann nicht mehr gültig ist, wenn man von dem traditionellen Barro-Typ-Modell nur durch die eine Annahmesetzung abweicht, dass die Individuen in der ersten Hälfte ihres Arbeitslebens unsicherer sind über ihre Einkommen in der zweiten Hälfte.
[119] Siehe Buiter [1985].
[120] Vgl. hierzu z. B. Ball und Mankiw [1994b], Kashyab [1995], Ireland [2003b] sowie Head et al. [2012].
[121] Vgl. hierzu z. B. Woodford [1995 und 2001b], Bénassy [2007], Leith und von Thadden [2008] und Wickens [2012].

nicht als Ungleichgewichtsphänomene, sondern als Gleichgewichtsbewegungen des Outputs in einer sich verändernden (Um-)Welt angesehen.

Zwei Erklärungsvarianten stehen im Mittelpunkt dieser Theorie. Die **eine** betont die Veränderung der Höhe des potenziellen Outputs, bedingt durch Änderungen exogener Faktoren wie Technologie und Präferenzen. Die **zweite** Erklärungsvariante bezieht sich auf Fehler der Wahrnehmung bezüglich der gegenwärtigen wirtschaftlichen Einkommens- und Vermögenssituation. Wenn beispielsweise (siehe Lucas [1973]) die Arbeitnehmer wohl ihren Nominallohn, jedoch nicht das Preisniveau der laufenden Periode kennen, müssen sie auf der Basis des für diese Periode **erwarteten** Preisniveaus ihren Reallohn **schätzen**. Für den Fall, dass sie das Preisniveau **unterschätzen**, überschätzen sie gleichzeitig ihren Reallohn. Letzteres führt annahmegemäß dazu, dass die Individuen mehr arbeiten, sodass ein höheres Produktionsniveau als bei richtiger Einschätzung des Reallohns zustandekommt. Für den Fall dagegen, dass die Individuen das Preisniveau der laufenden Periode **überschätzen**, unterschätzen sie ihren Reallohn, und es kommt über eine Einschränkung des Arbeitsangebots zu einem niedrigeren Produktionsniveau. Solche Abweichungen vom hypothetischen, bei richtiger Wahrnehmung zustandekommenden Produktionsniveau können natürlich nur vorübergehend sein, bis die falsche Wahrnehmung berichtigt, d. h. das Preisniveau der laufenden Periode allgemein bekannt gegeben wird. Nichtsdestoweniger können sich die Abweichungen über einen gewissen Zeitraum erhalten und vorübergehend sogar verstärken, wenn man die Wirkung von Akzeleratoreffekten berücksichtigt. Zur näheren Erläuterung dieses Ansatzes wie auch allgemein der Theorie der Neuen Klassischen Makroökonomie und ihrer Stabilitätsthese sei zurückverwiesen auf den Abschnitt B.I.3 im vorhergehenden Kapitel.

5. Zeitinkonsistenzproblem optimaler Wirtschaftspolitik

5.1 Die Aussage der Zeitinkonsistenztheorie

Während sich noch vor wenigen Jahrzehnten die beiden Gedankenschulen des Monetarismus und des Neo-Keynesianismus befehdend gegenüberstanden, hat inzwischen ein weitgehender Annäherungsprozess stattgefunden. Obwohl das inzwischen geflügelte Wort von Franco Modigliani [1977] „Wir sind nun alle Monetaristen" etwas überspitzt sein dürfte, ist doch wahr, dass viele ursprünglich mit dem Namen Monetarismus verbundene Überzeugungen inzwischen auch von Keynesianern übernommen worden sind. Insbesondere glauben heute die meisten Makroökonomen, im Gegensatz zu früher, stärker an die Bedeutung der Geldpolitik. Dagegen ist der Glaube an die Möglichkeit konjunktureller Feinsteuerung weitgehend geschwunden. Außerdem werden die Kosten von Inflation heute durchwegs stärker betont.

Ein zentrales, trennendes Element zwischen mehr monetaristisch und mehr keynesianisch orientierten Makroökonomen besteht allerdings noch im **Grad** der befürworteten **Diskretionarität** von Wirtschaftspolitik. Monetaristen heben insbesondere die Bedeutung von verlässlichen, längerfristigen Rahmenbedingungen hervor, umso die Erwartungen und Planungsgrundlagen der Wirtschaftssubjekte zu stabilisieren. Deshalb läuft ihr stabilitätspolitisches Konzept auf eine **langfris-**

2. Kapitel: Diskretionäre Stabilitätspolitik

tig angelegte Regelpolitik hinaus. Dagegen betonen Keynesianer die Notwendigkeit, staatlicher Stabilitätspolitik eine gewisse Flexibilität zu belassen, um für Fälle von in einer Regel unberücksichtigten exogenen Schockeinflüssen gewappnet zu sein. Ihr stabilitätspolitisches Konzept lässt sich daher als **diskretionäre Politik** bezeichnen[122].

Nun argumentierten Keynesianer bis Mitte der 1970er Jahre in damals überzeugender Weise, dass von den Monetaristen befürwortete Politikregeln als Spezialfälle diskretionärer Politik dargestellt werden könnten. Um einer Regelpolitik zu folgen, brauche sich der Staat nicht selbst langfristig die Hände zu binden für den Eventualfall überraschend eintretender größerer exogener Schockeinflüsse (à la Erdölschock in den 1970er Jahren). Er könne ja freiwillig einer Regelpolitik folgen, solange sie ihm als optimal erscheint, und davon abrücken, wenn sich die Bedingungen geändert haben.

Diese Auffassung wurde beträchtlich ins Wanken gebracht durch das Aufkommen der sogenannten **Zeitinkonsistenztheorie optimaler Wirtschaftspolitik**. Diese Theorie versucht zu zeigen, dass es selbst für einen das Gemeinwohl maximierenden Staat rational ist, von einer angekündigten Regelpolitik später wieder abzuweichen.[123] Umso mehr wird dies für einen Staat rational sein, dessen Vertreter unter der Vorgabe der Gemeinwohlmaximierung eigene partikulare oder bürokratische Interessen durchzusetzen versuchen. Man kann dabei verweisen auf Interessen oder Ziele der Wiederwahl, der privaten Bereicherung, des Machtzuwachses von Behörden oder auch nur der einfacheren Finanzierung von Staatsausgaben über unerwartete Geldmengenzunahme („Inflationssteuer")[124]. Die Individuen werden dem in ihrer (rationalen) Erwartungsbildung über den Wirtschaftsprozess Rechnung tragen. Deswegen werden sie der Ankündigung einer Regelpolitik durch die Regierung sehr skeptisch gegenüber stehen, solange den erwarteten, da rationalen Abweichungen von der Regelpolitik nicht durch institutionelle Vorkehrungen ein Riegel vorgeschoben wird. Letztlich gelangt man so wieder zum traditionell monetaristischen Vorschlag einer langfristig erzwungenen Regelbindung des Staates, d. h. einer Abkehr von diskretionärer Stabilitätspolitik.

Den **Ausgangspunkt** dieser Theorieentwicklung, die aus einer Verknüpfung der Theorie rationaler Erwartungen und der Spieltheorie[125] entstand, bildete ein Aufsatz von Kydland und Prescott [1977]. Doch erst durch die explizite Übertragung der dort entwickelten Gedanken auf die Stabilitätspolitik durch Barro und Gordon [1983a, b] fand dieser Theorieansatz die zentrale Beachtung, die er inzwischen in der Theorie des Stabilitätspolitik besitzt, weshalb das im Folgenden diskutierte Modell auch als Barro-Gordon-Modell bezeichnet wird. In diesem Prototyp-

---

[122] Wie groß der **Grad** der Diskretionarität sein soll, ist hierbei offen. Auf jeden Fall ist der Grad der Diskretionarität hier größer Null, während er bei einer Friedman-Regel (siehe in Kapitel 3) gleich Null ist.
[123] Persson, Persson und Svensson [2006] zeigen eine Möglichkeit auf, durch eine bestimmte Fälligkeitsstruktur der Schulden ein Abweichen von der angekündigten Politik suboptimal zu machen.
[124] Vgl. Friedman [1982].
[125] Zum Ansatz der Spieltheorie siehe näher in Kapitel 5 und 6 unten.

Modell[126] werden die Ziele des Staates bzw. der Geldbehörde durch eine Verlustfunktion dargestellt, die als Argumente die quadrierten Abweichungen der Arbeitslosenrate und der Inflationsrate von gesellschaftlich optimalen Zielwerten enthält. Diese **Verlustfunktion** entspricht weitgehend derjenigen, die oben in der Einleitung verwendet wurde. Diese sieht, bezogen auf eine Periode, wie folgt aus[127]:

$$L_t = (V_t - V^z)^2 = a(\pi_t - \pi^z)^2 + b(U_t - U^z)^2.$$

Um zu der im Prototyp-Modell verwandten Verlustfunktion zu kommen, brauchen wir nur den Zielwert der Inflationsrate gleich Null zu setzen und den Zielwert der Arbeitslosenrate U^z als kU^n zu schreiben:

$$U^z = kU^n,$$

wobei U^n die natürliche Arbeitslosenrate bezeichnet[128] und $k < 1$.

Die Spezifizierung $k < 1$ beschreibt die Annahme, dass das angestrebte Arbeitslosigkeitsziel der Geldbehörde **unterhalb** der natürlichen Arbeitslosenrate liegt. Dies wird beispielsweise von Barro und Gordon begründet mit Externalitäten, die den gesellschaftlich optimalen Wert von U unterhalb von U^n liegen lassen.

Diese **Annahme eines k < 1** ist eine ganz entscheidende Voraussetzung in dem Prototyp-Modell, da ohne diese Annahme, d. h. bei einem $k = 1$, die Aussagen der Zeitinkonsistenztheorie, zumindest in dem Prototyp-Modell, nicht mehr gültig sind. Ist diese Annahme eines $k < 1$ gerechtfertigt? Man kann sich **verschiedene Erklärungen** vorstellen, die diese Annahme zu rechtfertigen scheinen: **Eine** Erklärung lautet: Angesichts von Steuerzahlungen und Arbeitslosenunterstützung übersteigen die sozialen Kosten von Arbeitslosigkeit die privaten Kosten. Aufgrund der Steuerzahlungen ist der Nettogrenzlohn einer beschäftigten Person geringer als der Wert des Grenzprodukts dieser Person für die Gesellschaft. Wenn Arbeitnehmer arbeitslos werden, verlieren sie ihr **Netto**einkommen, die Gesellschaft insgesamt aber zusätzlich die dadurch entfallenden Steuerzahlungen. Anders gesagt, für den **einzelnen** Arbeitnehmer besteht im Ausgangspunkt einer natürlichen Arbeitslosenrate U^n kein Anreiz, mehr Arbeit anzubieten, da er selbst nur einen infinitesimalen Anteil des Nutzens aus seinen **eigenen** Steuerzahlungen erhalten würde. Erst wenn auch alle anderen Arbeitnehmer gleichzeitig mehr Ar-

---

[126] Der Staat wird in diesem Modelltyp annahmegemäß als Gemeinwohlmaximierer gefasst. Es gibt neben diesem Prototyp-Modell noch eine zweite Modellvariante innerhalb der Zeitinkonsistenztheorie optimaler Wirtschaftspolitik. Diese unterscheidet sich von der oben dargestellten dadurch, dass sie mehrere Politiker oder Parteien mit unterschiedlichen Nutzenfunktionen oder Fähigkeiten betrachtet. Außerdem geht sie davon aus, dass die privaten Wirtschaftssubjekte nur unvollkommene Informationen über die Nutzenfunktionen und Fähigkeiten der Politiker oder Parteien besitzen. Schließlich bezieht sie Lernprozesse der privaten Wirtschaftssubjekte nach der Bayes-Regel mit ein. Dieser Modellansatz ist formal etwas komplizierter, führt jedoch zu sehr ähnlichen Ergebnissen wie der oben dargestellte Modellansatz. Vergleiche zu diesem Modellansatz Kreps und Wilson [1982], Backus und Driffill [1985] oder Barro [1986b].

[127] Man beachte: Die Parameterbezeichnungen „a, b, c und k" in diesem Abschnitt unterscheiden sich von den in Abschnitt I oben im IS-LM-Modell verwandten gleichlautenden Parameterbezeichnungen.

[128] In der Literatur wird im Allgemeinen von einer konstanten natürlichen Arbeitslosenrate ausgegangen, obwohl schon Friedman [1968] bemerkte, dass die natürliche Arbeitslosenrate nicht unveränderlich sei. Ein Modell, das Schwierigkeiten der Geldpolitik bei einer sich ändernden und unbekannten natürlichen Arbeitslosenrate aufzeigt, wird in Reis [2003] beschrieben.

beit anbieten würden, würde es vorteilhaft für den einzelnen sein, dies auch zu tun, da er dann auch von dem Nutzen der Steuerzahlungen der anderen anteilig mit profitieren könnte. Das zugrundeliegende Problem ist also eines von nicht internalisierbaren Externalitäten, oder – wie ich es in einem verwandten Problemzusammenhang in Abschnitt B.II des 1. Kapitels auch genannt habe – des Vorliegens eines „Gefangenendilemmas".

Eine **andere** Erklärung (Hibbs, Jr. [1987]) verweist auf die Abhängigkeit der Wahlparteien von ihrer Wählerklientel, d. h. von Gruppeninteressen, wobei das (makroökonomisch umschriebene) Gesamtinteresse nicht mit den Gruppeninteressen übereinzustimmen braucht. In einer damit **verwandten** Erklärung könnte man darauf verweisen, dass tradierte Fairness- und Gerechtigkeitsnormen mit dem Marktergebnis (der Gleichgewichtsbedingung) einer „natürlichen Arbeitslosenrate" nicht zu harmonieren brauchen. Dies kann man beispielsweise so verstehen, dass eine an relative Verteilungspositionen gebundene Gerechtigkeitsnorm mit einer Politik der Stabilisierung der rein makroökonomisch bestimmten „natürlichen Arbeitslosenrate" konfligiert. Letztere bezieht ja nicht die Entwicklung relativer Verteilungspositionen mit ein.[129]

Es gibt aber noch **„einfachere"** Erklärungsvarianten für ein $k < 1$. Diese beziehen sich im Wesentlichen auf ideologische Grundpositionen und unvollkommene Informationen von Regierungsparteien[130].

Auf jeden Fall wird mit der Annahme eines $k < 1$ unterstellt, dass ein **systemendogener Inflationsbias** vorherrscht, d. h. es besteht – wie im Folgenden gezeigt werden wird – eine Tendenz zu dauernden Preisniveausteigerungen.

5.2 Modelltheoretische Betrachtung

Unter den oben genannten Bedingungen lautet die Verlustfunktion, hier ohne Zeitindizes, wie folgt:

(1) $L = a\pi^2 + b(U - kU^n)^2$ mit $a, b > 0$.

In einer neu-monetaristischen oder neo-klassisch vereinfachten Interpretation könnte man hierfür auch schreiben: $\tilde{L} = \alpha \hat{M}^2 + \beta(\hat{M} - \hat{M}^e)$ mit $\alpha > 0$ und $\beta < 0$. $\hat{M}$ beschreibt hier das tatsächliche Geldmengenwachstum, und $\hat{M}^e$ das erwartete. Der Klammerausdruck bezeichnet folglich den nichtantizipierten Teil des Geldmengenwachstums. Dahinter steht die Annahme, dass erstens Inflation durch exzessive Geldmengenversorgung verursacht wird und zweitens die Arbeitslosenrate nur durch nichtantizipierte Geldmengensteigerung verringert werden kann.

(1) ist die Verlustfunktion einer einzelnen Periode. Die intertemporale Verlustfunktion wäre eine diskontierte Summe der Form:

(2) $X_t = \sum_0^\infty L_{t+i}/(1+\delta)^i$,

wobei δ die Zeitpräferenzrate darstellt.

---

[129] Zu einer ausführlichen Darstellung dieser Argumentationslinie siehe unten in Kapitel 5, Abschnitt I.
[130] Siehe hierzu z. B. Wagner [1990a].

Man kann nun zeigen, dass der Wert der Verlustfunktion (1) bei diskretionärer Politik höher ist als bei einer verstetigten Regelpolitik.

Unter einer **diskretionären Politik** wird in dieser Theorie, im Anschluss an die Terminologie von Kydland und Prescott, eine Politik verstanden, die das laufende Geldmengenwachstum von Periode zu Periode neu bestimmt. Hierbei ist zu beachten, dass diese Terminologie nicht übereinstimmt mit dem Gebrauch des Begriffs „diskretionär" in der früheren, traditionellen Diskussion über „Regeln versus Diskretionarität", wo es um den Unterschied zwischen nichtaktivistischer und aktivistischer Politik ging. Regeln können dabei sehr wohl aktivistisch sein. Man spricht dann auch von „Feedback-Regeln". Siehe näher im nächsten Kapitel.

Verbinden wir hierfür die Verlustfunktion (1) mit einer erweiterten Phillipskurve

(3) $U = U^n - c(\pi - \pi^e)$, $c > 0$,

wobei π bzw. π^e die tatsächliche bzw. die erwartete Inflationsrate beschreibt. Wenn wir (3) in (1) einsetzen, erhalten wir

(4) $L = a\pi^2 + b[(1-k)U^n - c(\pi - \pi^e)]^2$.

Der Politiker kann annahmegemäß über seine Geldmengenpolitik die Inflationsrate festsetzen. Unter einer diskretionären Politik, die in jeder Periode die jeweils vorherrschende erwartete Inflationsrate als gegeben, d. h. als eine Konstante, betrachtet[131], ergibt sich die optimale Inflationsrate

(5) $\pi = (a + bc^2)^{-1} bc[c\pi^e + (1-k)U^n]$.

Die Ableitung erfolgt einfach dadurch, dass (4) nach π abgeleitet, gleich Null gesetzt und nach π aufgelöst wird.

Das gleiche Verfahren lässt sich auf die obige „neo-klassisch vereinfachte Interpretation" anwenden. Die verlustminimierende Geldzuwachsrate ergibt sich bei diskretionärer Politik (durch Ableitung von $\tilde{L}$ nach $\hat{M}$) als $\hat{M} = -\beta/2\alpha$, was einen eindeutig positiven Wert darstellt, da $\beta < 0$ und $\alpha > 0$.

Die privaten Wirtschaftssubjekte werden jedoch, bei rationalen Erwartungen, diesen Politikprozess verstehen, sodass ihre Erwartungen über die Inflationsrate im Durchschnitt korrekt sein werden. Daraus folgt, dass der Überraschungseffekt ($\pi - \pi^e$ bzw. $\hat{M} - \hat{M}^e$) im Durchschnitt, d. h. über eine große Anzahl von Perioden hinweg, gleich Null sein wird. Eine diskretionäre Politik, die versucht, per Überraschungseffekt die Arbeitslosenrate zu verringern, ist im rationalen Erwartungszusammenhang nicht erfolgversprechend, da die Wirtschaftssubjekte diese Möglichkeit antizipieren und vorausschauend so reagieren, dass sich eine höhere Inflationsrate aus Sicht der Politik nicht mehr lohnt. Eine solche diskretionäre

---

[131] Als polit-ökonomische Begründung hierfür können über eine gewisse Zeitperiode hinweg festgelegte Tarifverträge angeführt werden. Wichtig dabei ist, dass die Geldbehörde – aufgrund besserer Informationen oder aufgrund institutioneller Regelungen wie beispielsweise in diskreten Zeitabständen stattfindenden Tarifverhandlungen – schneller auf überraschende Ereignisse reagieren kann als die privaten Individuen. Zu einer Kritik dieser Annahmen und den hieraus folgenden Implikationen für das Zeitkonsistenzproblem vgl. Goodhart und Huang [1998].

2. Kapitel: Diskretionäre Stabilitätspolitik 149

Politik erzeugt im Durchschnitt nur mehr Inflation (Geldmengenwachstum), aber die selbe Arbeitslosenrate wie eine als langfristig optimal angesehene Preisniveau-Regel, die sich von vornherein auf eine Stabilisierung des Preisniveaus ($\pi = 0$) festlegt.[132] Die Frage ist jedoch, ob letzteres, d. h. die Stabilisierung des Preisniveaus durch eine entsprechende Selbstverpflichtung, möglich ist. Dies wird im Anschluss an die folgende Passage behandelt.

Kehren wir doch zuerst zurück zu dem begonnenen Vergleich zwischen den Kosten einer diskretionären Politik und einer Regelpolitik, hier bezüglich einer Preisniveaustabilisierung. Wir sahen, dass die optimale Inflationsrate **unter einem diskretionären Regime** durch (5) gegeben ist. Diese Inflationsrate ist nicht generell optimal sondern unter der Annahme, dass nur eine diskretionäre Lösung möglich ist. Wie eben beschrieben, kann man davon ausgehen, dass die privaten Individuen den Politikprozess verstehen und ihre Erwartungen dementsprechend anpassen. Im Durchschnitt sind also die Erwartungen korrekt, d. h. $\pi^e = \pi$. Wenn wir $\pi^e = \pi$ in (5) oben einsetzen erhalten wir

(6) $\pi^D = (bc/a)(1-k)U^n$.

Der Ausdruck auf der rechten Seite von (6) ist größer als Null, da $a,b,c > 0$ und $k < 1$.

(6) in (4) oben eingesetzt, ergibt (bei Beachtung von $\pi^e = \pi$) den Wert der Verlustfunktion unter diskretionärer Politik:

(7) $L^D = b[1+(bc^2/a)](1-k)^2 U^{n2}$.

Bei einer Preisniveau-Regel ergibt sich dagegen der folgende Verlust:

(8) $L^R = b(1-k)^2 U^{n2}$.

Dies erhält man, wenn man die Bedingung der Preisniveau-Regel, $\pi^e = \pi = 0$, in (4) einsetzt.

Es ist sofort ersichtlich, dass $L^D > L^R$, da $(bc^2/a) > 0$. Folglich stellt sich die zentrale Frage, warum denn eine Geldbehörde nicht von vornherein die Alternative mit dem geringeren Verlust, nämlich hier die Preisniveau-Regel, institutionalisiert. Spieltheoretisch ausgedrückt ist der Grund hierfür, dass unter den hier angenommenen Spielregeln, bei denen sich die privaten Akteure zuerst auf eine gegebene Inflationserwartung, π^e, festlegen, ein Zustand $\pi^e = \pi = 0$ kein Nash-Gleichgewicht darstellt. Denn bei $\pi^e = 0$ kann die Geldbehörde durch Wahl einer höheren Inflationsrate (Überraschungseffekt) die Arbeitslosenrate vermindern und damit, falls nicht schon die Aversion gegen geringe Inflation extrem hoch ist (d. h. falls nicht $a \to \infty$),[133] den Wert der Verlustfunktion verringern. Man kann dies im obigen Modellzusammenhang wie folgt anschaulich machen. Wenn die Geldbe-

---

[132] Dies wird im Modellanhang ausführlicher erläutert.
[133] Normalerweise wird man annehmen können, dass die Individuen im Ausgangspunkt einer Nullinflation geneigt sein werden, eine geringe Inflation in Kauf zu nehmen, wenn sie damit eine als zu hoch angesehene Arbeitslosenrate U^n, was oben durch die Annahme eines $k < 1$ ausgedrückt wurde, reduzieren können. Allerdings mag es Extremsituationen einer äußerst starken Inflationsaversion geben, in denen die Grenzkosten einer Inflationszunahme auch bei $\pi = 0$ größer sind als der Grenznutzen einer Arbeitslosenreduzierung bei U^n.

hörde die privaten Wirtschaftssubjekte im Glauben an eine π = 0-Regelpolitik wiegt, sodass die Inflationserwartungen π^e = 0 sind, in Wirklichkeit aber die optimale Inflationsrate bei diskretionärer Politik wählt, kann sie die Verluste aus (1) verringern. Bei π^e = 0 folgt dann nämlich aus (5) die optimale Inflationsrate

(9) $\quad \pi^N = (a+bc^2)^{-1}bc(1-k)U^n$

sowie der damit verbundene Wert der Verlustfunktion durch Einsetzen von (9) in (4)

(10) $\quad L^N = b[1/(1+(bc^2/a))](1-k)^2U^{n2}$.

Da der Ausdruck in der eckigen Klammer kleiner als 1 ist (da $bc^2/a > 0$),[134] folgt: $L^N < L^R$.

$\pi = \pi^D$ ist im obigen Fall das einzige Nash-Gleichgewicht; d. h. wenn die Inflationsrate π^D vom privaten Sektor erwartet wird, wird sie von der Regierung auch realisiert. Ein Abweichen der Geldbehörde von diesem Gleichgewicht durch Wahl einer π^R = 0-Strategie würde zu einer unmittelbaren Steigerung des Wertes der Verlustfunktion führen, da die Arbeitslosenrate zunehmen würde.

Es besteht folglich für die Geldbehörde oder allgemeiner ausgedrückt für die jeweilige Regierung generell ein Anreiz, über inflationäre Geldmengenerhöhungen die Arbeitslosenrate zu senken. Dagegen werden Regierungen zögern, Disinflationspolitiken durchzuführen, da hiermit eine Zunahme der Arbeitslosigkeit einhergeht. Die langfristig optimale Strategie – bei Abwesenheit von Schocks –, nämlich die Ankündigung und Durchsetzung einer Preisniveaustabilisierungspolitik für die zukünftigen Perioden, ist dagegen für Individuen mit rationaler Erwartungsbildung nicht glaubwürdig, wenn das Politik-Ziel, wie in Gleichung (1) oben unterstellt, die kurzfristige Verlustminimierung ist. Was sich durchsetzt, wenn Geldbehörden nicht an Regeln **gebunden** werden, ist dann das beschriebene diskretionäre Regime, das die Tatsache auszunützen versucht, dass bei **gegebenen** Erwartungen ein höheres Geldmengenwachstum die Arbeitslosenrate kurzfristig reduzieren kann, wogegen eine Verringerung des Geldmengenwachstums die Arbeitslosigkeit erhöht. Was dabei nicht berücksichtigt wird, ist die Tatsache, dass die politische Entscheidung bezüglich einer Nicht-Regelbindung selbst schon zu Erwartungsanpassungen der Wirtschaftssubjekte führt, die in Lohnerhöhungen resultieren. Individuen mit rationalen Erwartungen werden den stetigen Anreiz zu einer inflationären Geldmengenerhöhung, dem die Politiker unterliegen, erkennen und folglich ihre Inflationserwartungen erhöhen. Die höheren Inflationserwartungen werden sich in höheren Löhnen niederschlagen, und zwar noch **bevor** sich die Politiker tatsächlich zu einer Geldmengenexpansion entschließen. In der nächsten Periode kommt es folglich unweigerlich zu einem Verlustanstieg, entweder in Form einer höheren Inflationsrate, falls sich die Geldpolitik akkommodierend verhält, oder in Form einer höheren Arbeitslosenrate, falls die Geldpolitik das Preisniveau stabilisieren will. Von daher scheint

---

[134] Dies ist der Regelfall. Wenn allerdings $a = \infty$ (und $bc^2 < \infty$) sein sollte, wäre $bc^2/a = 0$ und folglich $L^N = L^R$.

es unerlässlich[135], die Geldpolitik an eine Regel zu **binden** und somit eine diskretionäre Politik zu verhindern.

5.3 Die Suche nach Lösungen des Zeitinkonsistenzproblems

Die eben beschriebene Sichtweise von stabilitätspolitischen Ausgangslagen stellt den **Grundkanon** der Zeitinkonsistenztheorie optimaler Wirtschaftspolitik dar. Es ist kaum bestreitbar, dass der beschriebene Anreiz, kurzfristig die Arbeitslosigkeit auch unter die „natürliche" Arbeitslosenrate zu drücken, für Regierungen besteht. Dies gilt insbesondere in Wahldemokratien und dort vor allem vor Wahlen. Jedoch bedeutet dies nicht gleichzeitig, dass Regierungen diesem Anreiz unbedingt erliegen müssen. Aus der geschichtlichen Erfahrung weiß man, dass viele Regierungen diesem Anreiz widerstanden und lange Perioden relativer Preisniveaustabilität erzeugt haben. Für die Regierungen oder „Politiker", wie der heute übliche (individualisierende) Standardausdruck für politische Akteure lautet, entstehen nicht nur Gewinne aus den oben beschriebenen Täuschungsmanövern, sondern auch Kosten. Diese Kosten gründen darauf, dass die Politiker nicht nur eine Periode leben oder nur eine Periode lang aktiv sind, sondern in der Regel einen langen Zeithorizont haben. Wenn wir außerdem das individualistische Konzept des Politikers ersetzen durch das geeignetere Konzept der **Partei**, so wird deutlich, dass wir es eigentlich mit einem quasi unendlichen Zeithorizont zu tun haben.

Ob also Parteien, die nicht an Regeln gebunden sind, die privaten Individuen, die gleichzeitig Wähler sind, täuschen und entgegen der Ankündigung inflationär handeln oder nicht, hängt von der jeweiligen subjektiven Kosten-Nutzen-Situation ab, die sich dann in der Diskontierungsrate „δ" der Regierung niederschlägt[136]. Mit dem Nutzen einer inflationären Politik haben wir uns oben schon beschäftigt. Worin bestehen jedoch die Kosten? Die hauptsächlichen Kosten treten in Form eines Verlusts an **Glaubwürdigkeit** auf. Diese Kosten, die selbst wieder negativ mit dem Grad der „Vergesslichkeit" der Wähler korreliert sind, können eigentlich gar nicht hoch genug bewertet werden. Ein Verlust an Glaubwürdigkeit kann für eine Partei „tödlich" sein. Darüber hinaus kann ein Reputationsverlust mehrerer Parteien gleichzeitig zu einer **Instabilität** des politischen Systems selbst führen, was wiederum negative Rückwirkungen auf das ökonomische System auslösen würde. Deshalb kann man mit Sicherheit davon ausgehen, dass die wirkliche In-

---

[135] Vgl. zu einer solchen Schlussfolgerung z. B. Brennan und Buchanan [1985: S. 93].

[136] Je höher die subjektiven Kosten für die Regierungspartei sind, umso geringer ist δ. Die **Entscheidungsgrundlage** opportunistischen („täuschenden") Verhaltens sieht wie folgt aus: In einer intertemporalen Betrachtung mit unendlichem Zeithorizont ist der Gewinn aus einem opportunistischen Verhalten einer Regierungspartei gleich dem Anreiz minus dem Gegenwartswert des Verlustes, der erst eine Periode später beginnt. Innerhalb der Modellstruktur von Abschnitt 5.2 ist der Anreiz = $L^R - L^N = \mu L^R/(1+\mu)$ mit $\mu = bc^2/a$. Der Verlust ist abhängig von den Erwartungen des privaten Sektors. Für den speziellen Fall, dass die privaten Wirtschaftssubjekte nach einem Täuschungsmanöver erwarten, dass die Regierungspartei fortan immer die diskretionäre Lösung produziert, ist es für die Regierungspartei optimal, dies zu tun (siehe im Abschnitt 5.2 oben). Der Verlust ist dann = $L^D - L^R = \mu L^R$ und der Gegenwartswert des Verlustes = Verlust/δ = $(\mu L^R)/\delta$. Folglich ist dann der Gewinn aus opportunistischem Verhalten = $\mu L^R[\delta - (1+\mu)]/\delta(1+\mu)$. Die Regierungspartei wird sich hier opportunistisch verhalten, wenn es eine sehr hohe Diskontierungsrate (δ) hat. Sie wird sich dagegen an das Preisniveaustabilisierungs-Versprechen halten, wenn die Diskontierungsrate niedrig oder wenn μ hoch ist. (Für $\delta \to \infty$ folgt ja aus der Verlustgleichung Verlust $\to 0$ und für $\delta \to 0$ und für $\mu \to \infty$ folgt Verlust $\to \infty$.)

flationsrate unter der oben abgeleiteten diskretionären Inflationsrate des Ein-Perioden-Ansatzes liegt. Es gibt auch schon zahlreiche Analysen, die sogenannte **Reputationsgleichgewichte** nachgewiesen haben, bei denen die optimale Inflationsrate unterhalb der diskretionären Rate π^D des Ein-Perioden-Ansatzes liegt.[137]

Die **Reputationslösung** des Zeitinkonsistenzproblems berücksichtigt, dass es für eine Regierung sinnvoll sein kann, sich an ihre Ankündigungen zu halten, ohne dass sie an bestimmte Regeln formell gebunden ist.[138] Der Nutzen besteht aus den mit dem langfristigen Aufbau von Reputation verbundenen niedrigen Inflationserwartungen, während die Gewinne, die eine Regierung durch das Abweichen von ihrer Ankündigung erzielen kann, immer nur kurz- bis mittelfristiger Natur sind.

Es werden im Folgenden zwei Fälle unterschieden. Im ersten Fall kennen die privaten Akteure die Eigenschaften der Politiker, im zweiten Fall kennen sie diese nicht.

Annahme: Kenntnis der Eigenschaften der Politiker

Die Reputationslösung ist in diesem Fall nur bei unendlich wiederholten Spielen realisierbar. Ist dagegen der Endzeitpunkt des Spiels bekannt, lohnt es sich für die Regierung in dieser letzten Periode, sich nicht mehr an ihre Ankündigung zu halten, da ein Reputationsverlust erst in der folgenden (nicht mehr existenten) Periode eintreten würde und damit bedeutungslos ist. Da die privaten Wirtschaftssubjekte diese Anreizstruktur durchschauen, werden sie in der letzten Periode auf jeden Fall die hohe (diskretionäre) Inflationsrate erwarten. Somit verliert die Regierung aber bereits in der vorletzten Periode den Anreiz, sich an ihre Ankündigung zu halten, da die Privaten in der letzten Periode auf jeden Fall die diskretionäre Rate erwarten. Der Gewinn aus der Erfüllung der Ankündigung besteht ja gerade in den niedrigen Inflationserwartungen der Privaten für die folgende Periode. Da dieser Gewinn entfällt, wird sie bereits in der vorletzten Periode die diskretionäre Rate setzen. Dies wird aber von den Privaten antizipiert, und sie werden bereits in der vorletzten Periode das diskretionäre Verhalten der Regierung erwarten. Diese Argumentation lässt sich nun bis zur ersten Periode fortsetzen (Backward Induction), sodass das einzige Gleichgewicht das diskretionäre ist. Voraussetzung für eine Inflationsrate, die unter der diskretionären Rate liegt, ist also ein unendlicher Zeithorizont (oder zumindest Unsicherheit über die genaue Spieldauer). Zwar haben Regierungen nur einen begrenzten Zeithorizont und man ist daher versucht, die Reputationslösung als ungeeignet abzulehnen. Werden aber statt der

---

[137] Ein erster derartiger Nachweis wurde von Barro und Gordon [1983b] geliefert. Siehe als Überblicksartikel Rogoff [1987], Fischer [1990] und Blackburn [1993]. Siehe auch Henckel et al. [2011] sowie Huang und Tian [2011]. Zu einer kritischen Auseinandersetzung mit der Reputationslösung vgl. al-Nowaihi und Levine [1994].
Ein **Reputationsgleichgewicht** ist dadurch gekennzeichnet, dass von der Politikbehörde erwartet wird (und diese deshalb auch einen Anreiz hat!), dass sie sich weiterhin konsistent verhält, solange sie dies tut.

[138] Stokey [2002] diskutiert die Schwierigkeit, den Wirtschaftssubjekten eine beobachtbare Variable zu präsentieren, die die Überprüfung der Ankündigungen erlaubt. Während einige Variablen leichter zu beobachten sind, sind häufig die weniger gut beobachtbaren enger mit dem Ziel verknüpft. Ireland [2002] bekräftigt, dass bisher unzureichend erforscht ist, wie man eine Reputation aufbauen kann. Für eine historische und länderübergreifende Analyse des Aufbaus von Glaubwürdigkeit und Reputation siehe Bordo und Siklos [2014].

Regierung die hinter ihr stehenden Parteien betrachtet, die keinen endlichen Zeithorizont haben, so erscheint die Reputationslösung als gar nicht so ungeeignet.

Annahme: Unsicherheit über die Eigenschaften der Politiker

Wenn die Privaten unsicher über die Eigenschaften der Politiker sind, kann gezeigt werden, dass auch bei einem zeitlich begrenzten Spiel die Regierung einen Anreiz haben kann, sich an ihre Ankündigungen zu halten, sich also zeitkonsistent zu verhalten. Wenn die Privaten Rückschlüsse aus der realisierten Inflationsrate der laufenden Periode auf die Eigenschaften der Politiker ziehen, werden ihre Inflationserwartungen für die kommende Periode von der Inflationsrate der laufenden Periode bestimmt. Sie passen also ihre Erwartungen aufgrund von Beobachtungen an, lernen also während des Spiels. Je niedriger die beobachtete Inflationsrate, desto niedriger werden die Erwartungen für die Inflationsrate der kommenden Periode sein. Dies erzeugt für die Regierung einen Anreiz, die Inflation niedrig zu halten, sich also zeitkonsistent zu verhalten. Es kann in derartigen Reputationsmodellen gezeigt werden (z. B. Backus und Drifill [1985]), dass der Einfluss von Reputationsüberlegungen desto wichtiger ist, je größer die Unsicherheit über die Politikereigenschaften ist.[139,140]

Während die gerade angeführten Reputationsgleichgewichte eine mehrperiodige Betrachtung erfordern, sind seit den 1980er Jahren auch institutionelle Lösungsvorschläge entwickelt worden, die bereits bei einperiodiger Betrachtungsweise zeigen, dass die gleichgewichtige Inflationsrate unter der diskretionären Rate liegt. Zu den bekanntesten Ansätzen zählen die von Rogoff [1985a], Walsh [1995] und Svensson [1997a].

Rogoff [1985a] beispielsweise schlägt die Berufung konservativer (Geld-) Politiker als institutionelle Lösungsmöglichkeit des oben abgeleiteten Inflationsbias im beschriebenen Phillipskurvenbeispiel vor. Die Begründung ist, dass konservative Geldpolitiker eine größere persönliche Abneigung gegen Inflation als der Medianwähler bzw. die Regierung hätten. Rogoff zeigt so, dass der Inflationsbias dadurch zurückgeht, allerdings auf Kosten höherer Output-Schwankungen (da geringere Anpassungsflexibilität an Schocks). Insofern spricht er auch von einem „Tradeoff" zwischen dem Gewinn durch Flexibilität und den Kosten von Zeitinkonsistenz (sprich dem Inflationsbias).

Starke Beachtung hat auch der Ansatz von Walsh [1995] gefunden. Walsh geht dort davon aus, dass Geldpolitik ein vielschichtiges Prinzipal-Agenten-Problem beinhaltet. (Die Bürger eines Landes wählen eine Regierung, und die Regierung bestimmt den Zentralbankgouverneur.) Walsh zeigt, dass ein Kontrakt (d. h. ein Anreizschema) existiert, den die Regierung dem Zentralbankgouverneur anbieten könnte, der den Inflationsbias diskretionärer Politik wie er meint beseitigt und doch sicherstellt, dass Inflation optimal auf aggregierte Angebotsschocks reagiert. Dieser optimale Kontrakt ist ein zustandsabhängiger Lohnkontrakt, der die Grenzkosten der Inflation für den Zentralbankgouverneur um einen konstanten Betrag

---

[139] Zu kritischen Einwänden gegen den Reputationsansatz sowie den wichtigsten der folgenden Ansätze siehe in Abschnitt 5.6 unten. Siehe zu den Auswirkungen der Unsicherheit über die Präferenzen auch Abschnitt 5.5.

[140] Es scheint, dass Unsicherheit über die Erwartungsbildung der Wirtschaftssubjekte (d. h. Wirtschaftssubjekte haben nur beinahe rationale Erwartungen, „near rational expectations") ebenfalls eher dafür spricht, Inflation stärker zu bekämpfen (Woodford [2010a]).

erhöht, die Zentralbank jedoch ansonsten diskretionär auf Schocks antworten lässt. Anders gesagt, der Kontrakt spezifiziert eine Strafe für den Zentralbankgouverneur, wenn das Inflationsziel überschritten wird. Dieser Kontrakt kann, wie Walsh betont, als eine Art **Inflationsstabilisierungsregel** interpretiert werden, vorausgesetzt die Zentralbank kümmert sich (nur) um ihr Transfereinkommen und um die soziale Wohlfahrt.

Der Vorschlag von Walsh ähnelt dem in Neuseeland in den 1990er Jahren eingeführten Verfahren, nach dem vertraglich das Realeinkommen und letztlich auch die Beschäftigung des Zentralbankgouverneurs negativ von der Inflation bzw. vom Erreichen eines vorgegebenen Inflationsziels abhängig gemacht wird.

Den Unterschied zum Rogoff-Vorschlag kann man darin sehen, dass in der Walsh-Lösung der Zentralbank nur eine Mittelunabhängigkeit zugestanden wird, während in der Rogoff-Lösung der Zentralbank sowohl eine Mittel- als auch eine Zielunabhängigkeit zugebilligt wird (im Vertrauen auf ihre inflationsaversiveren Präferenzen)[141]. Die im Walsh-Ansatz implizierte Zielabhängigkeit einer Zentralbank erhöht wohl, wenn sie mit Anreizen verbunden ist, die Motivation der Zielerfüllung, bringt damit aber auch wieder das Zeitinkonsistenzproblem ins Spiel, da bei dieser Lösung der Prinzipal (die Regierung) sich wohl nicht glaubwürdig auf die Einhaltung eines solchen Vertrages festlegen kann und das Problem somit nur auf eine höhere Ebene verlagert wird (siehe auch in Abschnitt 5.6).

Auch der Vorschlag von Svensson [1997a], der Zentralbank ein explizites, von dem gesellschaftlich optimalen abweichendes Inflationsziel vorzugeben, gesteht der Zentralbank nur Mittelunabhängigkeit zu. Durch die Vorgabe eines Inflationsziels, das die gesellschaftlich optimale Inflationsrate gerade um den Inflationsbias unterschreitet, lassen sich modelltheoretisch ähnliche Ergebnisse wie mit einem erfolgreichen Walsh'schen Kontrakt erzielen (siehe näher im Folgenden Modellanhang).

Daneben gibt es noch viele weitere Ansätze, die zum Teil auch versuchen, institutionelle und Reputationsaspekte zu verbinden. Hier sollen nur kurz einige erwähnt werden, so die von Persson und Svensson [1984], Tabellini [1987], Alesina [1987] und Kotlikoff, Persson und Svensson [1988].

Persson und Svensson [1984] diskutieren Möglichkeiten, die eine Regierung ihrer Nachfolgeregierung als Anreiz bieten könnte, um die von ihr begonnene Regelpolitik konsistent weiterzuführen. Tabellini [1987] zeigt, dass eine niedrige Inflationsregel zeitkonsistent sein kann, wenn in ein zeitlich unbegrenztes Entscheidungsgremium, das mit einfacher Mehrheit entscheidet, Politiker gewählt werden, deren endliche Amtsdauer sich überschneiden. Eine Abweichung von der niedrigen Inflationsregel wird dadurch verhindert, dass der „Medianstimmer" in dem Entscheidungsgremium – im Gegensatz zum individuellen Politiker – keine letzte Amtsperiode hat. Alesina [1987] zeigt in einem Modell mit zwei Parteien (und rationalen, vorwärtsblickenden Lohnsetzern), dass wiederholte Interaktionen zwischen den beiden Parteien und der Öffentlichkeit die Kosten einer diskretionären Politik verringern können. Alesina geht dabei von zwei Parteien aus, die unterschiedliche Ziele bezüglich Inflation und Arbeitslosigkeit verfolgen. Bei einer diskretionären Politikstrategie lässt sich (in seinem Modell) im Gleichgewicht ein ökonomischer Zyk-

---

[141] Zur Unterscheidung zwischen Ziel- und Mittel-Unabhängigkeit einer Zentralbank siehe Fischer [1995a].

2. Kapitel: Diskretionäre Stabilitätspolitik

lus, d. h. Output- und Inflationsschwankungen, ableiten, die mit dem politischen Zyklus verbunden sind. Dieses suboptimale Gleichgewicht mit Zyklen könnte vermieden werden, wie Alesina zeigt, wenn sich die beiden Parteien an eine kooperative gemeinsame Politikregel binden würden. Falls allerdings solche bindenden Absprachen nicht möglich seien, würden die Reputationskräfte, die von einer wiederholten Interaktion der beiden Parteien herrührten, das diskretionäre Ergebnis verbessern. Diese Reputationseffekte würden für beide Parteien einen Anreiz schaffen, zu ähnlichen Politiken überzugehen und weniger Umbrüche zu erzeugen, wenn ein Regierungswechsel stattfindet. Kotlikoff, Persson und Svensson [1988] schlagen als Lösung des Zeitinkonsistenzproblems einen „sozialen Kontrakt" zwischen den Generationen vor. Dieser Kontrakt spezifiziert die ex ante optimale Politik. Er soll von den jeweils älteren Generationen an die jeweils jüngeren Generationen „verkauft" werden. Jede junge Generation zahlt für diesen sozialen Kontrakt mit einem größeren Anteil an Steuern als sie sonst zahlen würde. Kotlikoff, Persson und Svensson betonen, dass beide Generationen einen Anreiz hätten, den sozialen Kontrakt zu erfüllen. Für die ältere Generation mache es keinen Sinn, den Kontrakt zu brechen, da der Kontrakt dadurch wertlos würde und die Generation so einen Kapitalverlust erlitte. Für die jüngere Generation dagegen übersteige der ökonomische Vorteil des Kontraktkaufs sowohl seinen Preis als auch den ökonomischen Gewinn, der durch die Bildung eines neuen sozialen Kontrakts erzielt werden könnte.

Diese Suche nach institutionellen Ergänzungen lässt sich zum Teil als eine wissenschaftsimmanente Verteidigungsstrategie der Keynesianer oder besser der Vertreter aktiv(istisch)er Stabilitätspolitik interpretieren. Zum anderen aber kommt sie auch der an sich sinnvollen Forderung nach einem gewissen Flexibilitätsspielraum der Wirtschaftspolitik nach.

Eine Eliminierung dieses Flexibilitätsspielraums durch langfristig feste, z. B. **gesetzlich** vorgeschriebene Regelbindung kann – wie im nächsten Kapitel gezeigt werden wird – unter Umständen teuer zu stehen kommen[142].

Schließlich ist die Suche nach institutionellen Ergänzungen auch eine Antwort darauf, dass eine solche starre Regelbindung politisch so ohne weiteres gar nicht umsetzbar ist. (Dies zeigen z. B. die Erfahrungen in den USA der 1980er und 1990er Jahre, wo vergeblich versucht wurde, eine gesetzlich festgelegte Fiskalregel zum Abbau der Staatsverschuldung umzusetzen.) Es reicht eben nicht, worauf auch der Ansatz von Walsh (siehe auch Persson und Tabellini [1993]) zielt, eine Regel aufzustellen, sondern es müssen auch geeignete Anreize geschaffen werden, um die ausführende(n) Politikbehörde(n) zu einer strikten Zieldurchsetzung zu bewegen.

---

[142] Das Problem stellt sich formal wie folgt: Wenn wir z. B. in Gleichung (3) oben eine Zufallsvariable u_t einführen, so ist nicht mehr sicher, dass $E(L^D) > E(L^R)$. Eine starre Regelbindung verringert dann wohl die „deterministische Komponente" des Verlustes ((8) versus (7)). Dafür verhindert sie aber eine flexible Reaktion auf Angebotsschocks und erhöht somit die „stochastische Komponente" des Verlustes. Der gleiche Einwand gilt auch gegen den Vorschlag von Rogoff „ultrakonservative" Politiker zu berufen. Siehe auch Wagner [1990a]. Stokey [2002] findet dagegen, dass im Rahmen eines Ramseymodells die Verluste aus Regelpolitik relativ gering sind, verglichen mit den potenziellen Verlusten einer diskretionären Politik unter der Annahme einer „schlechten" Regierung.

5.4 Modellanhang: Vergleich einiger (institutioneller) Lösungsvorschläge

Vielbeachtete Lösungsvorschläge des Zeitinkonsistenzproblems jenseits einer starren Regelbindung sind die Delegationslösung von Rogoff [1985a], die Kontraktlösung von Walsh [1995] und die Inflationszielvorgabe-Lösung von Svensson [1997a]. In diesem Modellanhang werden die jeweiligen Ansätze kurz vorgestellt und – in ihren Ergebnissen – mit der Preisniveau-Regel, der diskretionären Lösung und der sogenannten optimalen Regellösung verglichen.

Wir beginnen mit der optimalen Regellösung. Das zu lösende Problem lautet:

Minimiere die folgende Verlustfunktion

(11) $\quad L = E[a\pi^2 + b(U-kU^n)^2] \quad$ mit $a, b > 0$

unter der Nebenbedingung

(12) $\quad U = U^n - c(\pi - \pi^e) - \varepsilon, \quad\quad\quad$ mit $c > 0$.

Im Unterschied zur obigen Darstellung in Abschnitt 5.2 wird die erweiterte Phillipskurve (12) hier stochastisch gefasst (ε ist ein transitorischer Angebotsschock mit Erwartungswert Null und Varianz σ^2). Von daher ist auch die Zielfunktion in Erwartungsform geschrieben. Es werden rationale Erwartungen unterstellt:

(13) $\quad \pi^e = E\pi$.

Optimale Regel

Als optimale Regel wird hier die Regel gefasst, die glaubwürdig und durchsetzbar ist und explizit zustandsabhängige Politikmaßnahmen für alle Eventualitäten beschreibt. Diese in der Praxis nicht realisierbare Regel wird hier nur aus Gründen der Vergleichbarkeit mit den anderen Lösungsvarianten vorgestellt. Die Lösung des obigen Problems unter der optimalen Regel verläuft wie folgt: Die Regierung minimiert die Verlustfunktion (11) unter der Nebenbedingung der erweiterten Phillipskurve (12) sowohl über die Inflationsrate π als auch – da die Regel annahmegemäß glaubwürdig ist – über die erwartete Inflationsrate π^e, da sie diese in diesem Szenarium ebenfalls festlegt. Wird (12) in (11) eingesetzt und bezeichnet θ den Lagrange-Multiplikator von (13), so ergibt sich die zugehörige Lagrangefunktion

(14) $\quad V(\pi, \pi^e, \theta) = E\{a\pi^2 + b[(1-k)U^n - c(\pi-\pi^e) - \varepsilon]^2\} + \theta(E\pi - \pi^e)$.

Die (theoretisch) optimale Inflationsrate kann bestimmt werden, wenn die Größe des Schocks bekannt ist und die Erwartungen der Wirtschaftssubjekte der Zentralbank bekannt sind. Es wird also die tatsächliche, nicht die erwartete, Verlustfunktion minimiert (15).

Da bei der optimalen Regel davon ausgegangen wird, dass die Erwartungen über die Inflationsrate beeinflusst werden können, und da diese Erwartungen vor Bekanntwerden des Schocks gebildet werden, wird (16) auf Basis des erwarteten Verlusts berechnet.

Die notwendigen Bedingungen sind:

(15) $\quad \dfrac{dV}{d\pi} = 2a\pi_o - 2bc[(1-k)U^n - c(\pi_o - \pi_o^e) - \varepsilon] + \theta = 0$

(16) $\quad \dfrac{dV}{d\pi^e} = 2bcE[(1-k)U^n - c(\pi_o - \pi_o^e) - \varepsilon] - \theta = 0$

(17) $\quad \dfrac{dV}{d\theta} = E\pi_o - \pi_o^e = 0.$

Wird nun (16) nach θ aufgelöst und in (15) eingesetzt, so ergibt sich

(18) $\quad 2a\pi_o - 2bc[(1-k)U^n - c(\pi_o - \pi_o^e) - \varepsilon] + 2bcE[(1-k)U^n - c(\pi_o - \pi_o^e) - \varepsilon] = 0.$

Nach Bildung des Erwartungswerts und unter Verwendung von (17) folgt daraus für die erwartete Inflationsrate bei optimaler Regel:

(19) $\quad \pi_o^e = 0.$

Wird dieser Erwartungswert in (18) eingesetzt und nach π_0 aufgelöst, so resultiert daraus die optimale Inflationsrate

(20) $\quad \pi_o = -\dfrac{bc}{a+bc^2}\varepsilon.$

Bei einem positiven Angebotsschock sinkt die Inflationsrate ($d\pi_0/d\varepsilon < 0$).

Jetzt kann durch einfaches Einsetzen in (11) und (12) auch die Arbeitslosenrate und der Erwartungswert der Verlustfunktion berechnet werden:

(21) $\quad U_o = U^n - \dfrac{a}{a+bc^2}\varepsilon$

(22) $\quad L_o = E\{\dfrac{ab^2c^2}{(a+bc^2)^2}\varepsilon^2 + b[(1-k)U^n - \dfrac{a}{a+bc^2}\varepsilon]^2\}$

$\qquad = b[(1-k)U^n]^2 + \dfrac{ab}{a+bc^2}\sigma^2.$

Die erwartete Inflationsrate entspricht dem Zielwert, die erwartete Arbeitslosenrate entspricht der natürlichen Arbeitslosenrate. Die Inflation sinkt bei einem positiven Angebotsschock, um die Variabilität der Arbeitslosenrate zu begrenzen (siehe auch (12)).

Passive Regel

Die optimale Regellösung ist wie gesagt nicht durchsetzbar. Von daher wurden schon seit langem einfache passive Geldmengenregeln vorgeschlagen, mit denen versucht wurde, der optimalen Lösung nahezukommen (siehe näher im 3. Kapitel dieses Buches, die hier vorgestellte Variante entspricht der Regel konstanten Geldmengenwachstums). In Abschnitt 5.2 oben wurde schon die Regelverpflichtung

(23) $\quad \pi_R = 0$

vorgestellt. Unter der Annahme, dass diese Regelverpflichtung durchsetzbar und damit auch glaubwürdig ist, ergeben sich daraus auch die Inflationserwartungen und die Arbeitslosenrate

(24) $\quad \pi^e_R = 0$
(25) $\quad U_R = U^n - \varepsilon$.

Der sich daraus ergebende Erwartungswert der Verlustfunktion

(26) $\quad L_R = E[b(U^n - \varepsilon - kU^n)^2] = b\{[(1-k)U^n]^2 + \sigma^2\}$

zeigt, dass bei dieser passiven Regelverpflichtung der erste Term der Verlustfunktion (11) entfällt (was ja auch nicht weiter verwundert, da die Zentralbank auf die optimale Inflationsrate verpflichtet wurde), aber durch den Verzicht auf Stabilisierung der Arbeitslosenrate der zweite Term im Vergleich zu der optimalen Regel größer wird [vgl. (22) und (26)].

Diskretionäre Lösung

Die diskretionäre Lösung wurde oben in Abschnitt 5.2 als die schlechteste Lösung charakterisiert. Nichtsdestoweniger soll sie hier aus Gründen der Vergleichbarkeit aufgeführt werden. Die diskretionäre Lösung erhält man wie folgt:

Zunächst wird die erweiterte Phillipskurve in die Verlustfunktion eingesetzt und dann nach π abgeleitet. Die notwendige Bedingung für ein Minimum lautet:

(27) $\quad \dfrac{dL}{d\pi} = 2a\pi_D - 2bc[(1-k)U^n - c(\pi_D - \pi^e_D) - \varepsilon] = 0.$

Da die Inflationserwartungen nun nicht mehr von der Zentralbank beeinflusst werden können, sondern aus Sicht der Zentralbank gegeben sind, entfällt die Ableitung nach π^e und nach θ (der einzige Aktionsparameter der Zentralbank ist nun noch π, daher kann auf einen Lagrangeansatz verzichtet werden).

Wird nun wieder der Erwartungswert gebildet und dieser in (27) eingesetzt, ergibt sich die diskretionäre Inflationsrate:

(28) $\quad \pi_D = -\dfrac{bc}{a+bc^2}\varepsilon + \dfrac{bc(1-k)U^n}{a}.$

Die Arbeitslosenrate bei diskretionärem Verhalten der Zentralbank sowie der erwartete Verlust sind:

(29) $\quad U_D = U^n - \dfrac{a}{a+bc^2}\varepsilon$

(30) $\quad L_D = E\left(a\left[-\dfrac{bc}{a+bc^2}\varepsilon + \dfrac{bc(1-k)U^n}{a}\right]^2 + b\left[(1-k)U^n - \dfrac{a}{a+bc^2}\varepsilon\right]^2\right)$

$\qquad = \dfrac{ab}{a+bc^2}\sigma^2 + b[(1-k)U^n]^2 + \dfrac{[(1-k)U^n]^2 b^2 c^2}{a}.$

Der Vergleich mit der optimalen Regel zeigt, dass die Arbeitslosenrate zwar identisch ist, aber nun ein **Inflationsbias** in Höhe von $\dfrac{bc(1-k)U^n}{a}$ vorliegt.

Im Vergleich zur passiven Friedman-Regel weist diese Lösung eine zu hohe Inflationsrate aus, aber auch eine geringere Arbeitslosigkeitsschwankung. Die Geldpolitik steht mithin einem Tradeoff zwischen den Kosten der Zeitinkonsistenz (d. h. einer höheren Inflationsrate) und den Kosten der Inflexibilität (d. h. einer höheren Variabilität der Arbeitslosenrate) gegenüber.

Zur Erläuterung des Inflationsbias hier ein Vergleich
Regelpolitik – Diskretionäre Politik

Wie oben bemerkt, haben wir bei diskretionärer Politik im Vergleich zur Regelpolitik einen Inflationsbias (vgl. Gleichung (20) und (28)). Wie kommt es zu dieser höheren Inflation?

Intuitiv kann man sich das folgendermaßen erklären: Die Wirtschaftssubjekte haben in allen Fällen rationale Erwartungen. Sie kennen die Verlustfunktion der Zentralbank, d.h. sie wissen, daß diese ein Arbeitslosenniveau unter der natürlichen Rate vorzieht.

Nehmen wir an, die Zentralbank kündigt eine Inflationsrate von Null an.

Bei einer **Regel**, an die die Zentralbank gebunden ist, können die Individuen sich auf eine angekündigte Inflationsrate verlassen. Die Inflationsrate wird nur dann nicht mit der angekündigten übereinstimmen, wenn unvorhergesehene Schocks eintreten. Daher kann die Zentralbank in diesem Fall auch die Inflationserwartungen beeinflussen (was auch die Ableitung nach π^e im Abschnitt zur optimalen Regel erklärt).

Im Fall **diskretionärer Politik** kann die Zentralbank von einer einmal angekündigten Politik abweichen. Die Wirtschaftssubjekte haben jedoch rationale Erwartungen und kennen die Verlustfunktion der Zentralbank. Sie wissen also, daß Inflation von Seiten der Zentralbank unerwünscht ist. Annahmegemäß liegt aber zusätzlich die Zielarbeitslosigkeit der Zentralbank unterhalb des natürlichen Niveaus (k<1). In diesem Fall ist nicht nur der Zentralbank sondern auch den Wirtschaftssubjekten bekannt, daß die Zentralbank aus einer höheren als der angekündigten Inflation von Null einen Nutzen ziehen würde, denn dies würde die Arbeitslosigkeit senken, wenn auch nur kurzfristig.

Sie erwarten also eine Inflationsrate, die so hoch ist, daß eine darüber hinausgehende Erhöhung der Inflation den Verlust der Zentralbank durch die erhöhte Inflation mehr steigern würde als diese durch die einhergehende Senkung der Arbeitslosigkeit gewinnen würde. Die Zentralbank kann in diesem Fall durch eine Erhöhung der Inflation (über die von den Individuen erwartete hinaus) auch kurzfristig nichts mehr gewinnen. Eine noch höhere Inflationsrate würde sich negativ in ihrer Verlustfunktion niederschlagen und den „Gewinn" durch eine niedrigere Arbeitslosigkeit mehr als zunichte machen. Die Zentralbank realisiert im Durchschnitt also genau die Inflation, die die Wirtschaftssubjekte rationalerweise erwarten. Nur das Auftreten von unvorhersehbaren Störungen kann dazu führen, daß die tatsächliche Inflation im Nachhinein zufällig von der erwarteten Inflation abweicht.

Somit werden sowohl bei regelgebundener als auch bei diskretionärer Geldpolitik die rationalen Inflationserwartungen im Durchschnitt erfüllt werden. Allerdings fällt die Höhe der Inflationserwartung völlig unterschiedlich aus: Bei diskretionärer Politik ist die Inflationserwartung aus den o. g. Gründen in Höhe des Inflationsbias größer als bei der optimalen Regelpolitik.

Delegationslösung

Die Ansätze, die in den 1980er und 1990er Jahren entwickelt worden sind, versuchen Mechanismen zu entdecken, die die diskretionäre Inflationsrate senken ohne der Geldpolitik die Flexibilität zu nehmen. Ein Vorschlag zur Lösung oder zumindest Abschwächung des Zeitinkonsistenzproblems stammt von Rogoff [1985a]. Er läuft darauf hinaus, die geldpolitischen Befugnisse einem „konservativen" unabhängigen Zentralbankmanager zu übertragen. „Konservativ" bedeutet hier, dass die relative Inflationsaversion, ausgedrückt durch den Quotienten „a/b" in der Verlustfunktion (11) des unabhängigen Zentralbankers, größer ist, als die der Regierung. Die Verlustfunktion lautet dann:

(11a) $L^*_{Del} = E[a\pi^2 + b^x(U-kU^n)^2]$,

mit $b^x < b$. Der Zentralbanker minimiert nun diese Funktion über π (die Rechenschritte sind analog zur Ableitung der diskretionären Lösung) und erhält so

(31) $\pi_{Del} = -\dfrac{b^x c}{a+b^x c^2}\varepsilon + \dfrac{b^x c(1-k)U^n}{a}$

(32) $U_{Del} = U^n - \dfrac{a}{a+b^x c^2}\varepsilon$.

Diese Werte müssen in die gesellschaftlich relevante Verlustfunktion (11) eingesetzt werden:

(33) $L_{Del} = E\{a[-\dfrac{b^x c}{a+b^x c^2}\varepsilon + \dfrac{b^x c(1-k)U^n}{a}]^2 + b[(1-k)U^n - \dfrac{a}{a+b^x c^2}\varepsilon]^2\}$

$= b[(1-k)U^n]^2 + \dfrac{[b^x c(1-k)U^n]^2}{a} + \dfrac{a[(b^x c)^2 + ab]}{(a+b^x c^2)^2}\sigma^2$.

Aus (31) sehen wir, dass sich der Inflationsbias im Vergleich zur diskretionären Lösung abgeschwächt hat. Allerdings kann der Inflationsbias, solange $b^x > 0$ ist, nicht vollständig beseitigt werden.[143] Darüber hinaus ist auch die Reaktion auf einen Arbeitslosigkeitsschock ε suboptimal. Die Inflationsreaktion auf einen Arbeitslosigkeitsschock ist zu gering (vgl. (20) und (31)), während die Arbeitslosenrate nun stärker schwankt als es optimal ist (vgl. (21) und (32)). Die Delegation an einen konservativen Zentralbanker reduziert zwar den Inflationsbias, aber auf Kosten einer höheren Arbeitslosigkeitsvariabilität. Der Wert der Verlustfunktion L_{Del} ist somit höher als bei einer optimalen Regelbindung, aber niedriger als bei der diskretionären Lösung (vgl. (22), (30) und (33)).

---

[143] Es lässt sich zeigen, dass der Wert von b^x, für den (30) minimal wird, zwischen 0 und b liegt. Dies bedeutet, dass es zwar sinnvoll ist, einen inflationsaversen Zentralbankpolitiker zu bestimmen, aber auch dessen Inflationsaversion sollte nicht zu stark sein, d.h. $b^x > 0$. Die Verlustfunktion ist zwischen 0 und b konvex, das heißt, es existiert ein Optimalpunkt zwischen 0 und b, bei dem (30) minimal wird. Mathematisch lässt sich dies durch zweimaliges Ableiten von (30) zeigen. Für alle Werte $0 \leq b^x \leq b$ ist die zweite Ableitung positiv.

Kontraktlösung

Der von Walsh [1995] vorgeschlagene Kontrakt enthält folgende Aspekte: Die Zentralbank hat eine lineare Steuer für jedes Inflationsergebnis, das über dem im Vertrag festgelegten Inflationsziel liegt, zu zahlen. Sie erhält dagegen einen linearen Zuschuss, wenn das Inflationsergebnis unterhalb des Ziels liegt. Abgesehen davon wird der Zentralbank vollständige Diskretion oder Freiheit zugestanden. Sie kann also ihre Geldpolitik völlig frei und variabel gestalten. Wichtig ist nur die Zielerreichung. Theoretisch lässt sich zeigen, dass es einen wohlspezifizierten Kontrakt gibt, der den Inflationsbias vollständig behebt, ohne die stabilisierungspolitischen Möglichkeiten der Zentralbank einzuschränken. Der oben diskutierte Zeitinkonsistenz-Inflexibilitäts-Tradeoff ist damit aufgelöst.

Formal lässt sich dies wieder an der stochastischen Modellstruktur zeigen. Allerdings geht nun in die Verlustfunktion des Zentralbankers eine lineare Steuer auf die Inflationsrate ein:

(11b) $\quad L^*_c = E[a\pi^2 + b(U - kU^n)^2] + f\pi \qquad$ mit $f > 0$.

Minimiert nun die Zentralbank diese Verlustfunktion über die Inflationsrate π, so ergibt sich über die jetzt schon bekannten Rechenschritte:

(34) $\quad \pi_c = -\dfrac{bc}{a+bc^2}\varepsilon + \dfrac{bc(1-k)U^n}{a} - \dfrac{f}{2a}.$

Es ist sofort zu sehen, dass nun eine Steuer festgelegt werden kann, sodass die Zentralbank einen Anreiz hat, die optimale Inflationsrate zu produzieren. Mit

(35) $\quad f = 2bc(1-k)U^n > 0$

ergibt sich demnach für die Inflationsrate, die Arbeitslosenrate und die Verlustfunktion

(36) $\quad \pi_c = -\dfrac{bc}{a+bc^2}\varepsilon$

(37) $\quad U_c = U^n - \dfrac{a}{a+bc^2}\varepsilon$

(38) $\quad L_c = E\{\dfrac{ab^2c^2}{(a+bc^2)^2}\varepsilon^2 + b[(1-k)U^n - \dfrac{a}{a+bc^2}\varepsilon]^2\}$

$\qquad = b[(1-k)U^n]^2 + \dfrac{ab}{a+bc^2}\sigma^2.$

Der Inflationsbias wird vollständig beseitigt, ohne dass die Stabilisierungsmöglichkeiten der Zentralbank eingeschränkt werden. Ein Vergleich mit der optimalen Regel (vgl. (20) bis (22)) zeigt, dass ein optimaler Kontrakt die gleichen Ergebnisse erzielen kann. Er ist damit allen anderen bisher vorgestellten Lösungsvorschlägen überlegen.

Vorgabe eines Inflationsziels

Als letzte hier vorgestellte Möglichkeit, das Zeitinkonsistenzproblem zu lösen, soll nun noch die Vorgabe eines expliziten – von dem gesellschaftlich optimalen abweichenden Inflationsziel π^+ untersucht werden (die gesellschaftlich optimale Inflationsrate – so die Annahme – ist gleich Null, daher konnte sie in den bisherigen Herleitungen vernachlässigt werden). Der Zentralbank wird also eine Zielfunktion von der Regierung zugewiesen, die sie dann minimiert. Insofern ist die Unabhängigkeit der Zentralbank weitgehend eingeschränkt, da ihr ein bestimmtes Inflationsziel ausdrücklich vorgegeben wird. Die Inflationsaversion entspricht der der Regierung, das heißt der Parameter b bleibt unverändert. Welches Inflationsziel sollte die Regierung der Zentralbank nun vorgeben? Es wird im Folgenden gezeigt, dass ein Inflationsziel, welches die gesellschaftlich optimale Inflationsrate um gerade den Inflationsbias unterschreitet, zu einem Ergebnis führt, das äquivalent ist zu dem bei einem optimalen Vertrag.

Die Verlustfunktion, die der Zentralbank von der Regierung zugewiesen wird, ist nun:

(11c) $\quad L^*_z = E[a(\pi-\pi^+)^2+b(U-kU^n)^2]$.

Die sich daraus ergebende Inflationsrate, die die Zentralbank realisieren wird, ist

(39) $\quad \pi_z = \pi^+ - \dfrac{bc}{a+bc^2}\varepsilon + \dfrac{bc(1-k)U^n}{a}$.

Wird nun die Zielinflationsrate gleich dem negativen Wert des Inflationsbias bei Diskretionarität gesetzt

(40) $\quad \pi^+ = \dfrac{bc(1-k)U^n}{a} < 0$,

so sind die Inflationsrate, der Output sowie der Wert der Verlustfunktion bei einer optimalen Inflationszielvorgabe gleich den Ergebnissen bei einem optimalen Kontrakt

(41) $\quad \pi_z = -\dfrac{bc}{a+bc^2}\varepsilon = \pi_c = \pi_o$

(42) $\quad U_z = U^n - \dfrac{a}{a+bc^2}\varepsilon = U_c = U_o$

(43) $\quad L_z = E\{\dfrac{ab^2c^2}{(a+bc^2)^2}\varepsilon^2 + b[(1-k)U^n - \dfrac{a}{a+bc^2}\varepsilon]^2\}$

$\quad\quad\quad = b[(1-k)U^n]^2 + \dfrac{ab}{a+bc^2}\sigma^2 = L_c = L_o$.

5.5 Erweiterungen des Grundmodells

Das Problem der Zeitinkonsistenz hat in den letzten Jahren eine wesentliche Rolle in der Theorie der Stabilitätspolitik gespielt. Es verwundert daher nicht, dass nicht nur nach institutionellen Lösungen des Zeitinkonsistenzproblems gesucht wurde, sondern dass auch versucht wurde, das von Barro und Gordon vorgestellte Grundmodell kritisch zu hinterfragen und zu erweitern. Es sind insbesondere zwei Problembereiche, die zunehmende Aufmerksamkeit erfahren haben. Einerseits wird die unterstellte Verlustfunktion einer eingehenden Analyse unterzogen, andererseits wird vor allem dem Aspekt der Unsicherheit größere Aufmerksamkeit gewidmet. Die Unsicherheit kann sich auf verschiedene Faktoren beziehen. Erstens kann eine unvollkommene Kontrolle der Inflationsrate durch Unsicherheit über die Wirkungen des geldpolitischen Instruments modelliert werden, zweitens kann angenommen werden, dass die Zentralbank nur unvollkommen über auftretende Schocks informiert ist und drittens kann untersucht werden, inwiefern Unsicherheit der privaten Wirtschaftssubjekte über die Präferenzen der Zentralbank das Gleichgewicht beeinflusst.

Die Theorie der Zeitinkonsistenz geht implizit von einem wohlwollenden Diktator aus, das heißt sie unterstellt, dass die Zentralbank sich bei ihren Entscheidungen an einer sozialen Verlustfunktion orientiert (s. auch im Abschnitt 5.1). Obwohl somit die Verlustfunktionen der privaten Wirtschaftssubjekte und der Zentralbank grundsätzlich identisch sind, wird die Existenz eines Zeitinkonsistenzproblems unterstellt. Die Zeitinkonsistenz wird in dem Modell von Barro und Gordon durch die Abweichung der Zielarbeitslosenrate von der natürlichen Arbeitslosenrate ausgelöst. Entspricht die Zielarbeitslosenrate der natürlichen Arbeitslosenrate, wird also $k = 1$ unterstellt, so verschwindet das Problem der Zeitinkonsistenz. Im Abschnitt 5.1 sind bereits mögliche Begründungen für ein $k < 1$ erläutert worden. Dennoch wird gerade diese entscheidende Annahme kritisiert. Auf der einen Seite wird nämlich angenommen, dass die privaten Wirtschaftssubjekte die positiven Externalitäten ihrer Steuerzahlungen nicht berücksichtigen und die gleichgewichtige Beschäftigung daher niedriger ist als die optimale Beschäftigung, auf der anderen Seite aber nehmen sie diese Externalitäten wahr und streben in der Verlustfunktion eine höhere als die gleichgewichtige Beschäftigung an. Dieser Widerspruch führt dann zu dem Ergebnis, dass sich die Wohlfahrt der privaten Wirtschaftssubjekte durch systematische Täuschung erhöhen lässt.

Wird hingegen unterstellt, dass die Präferenzen der privaten Wirtschaftssubjekte ($k = 1$) und der Zentralbank ($k < 1$) nicht identisch sind, so wäre die Annahme von $k < 1$ in der Verlustfunktion der Zentralbank unproblematisch.[144] Allerdings stellt diese Funktion dann keine gesellschaftliche Verlustfunktion mehr dar (siehe in der Einleitung zu der Definition/Abgrenzung einer gesellschaftlichen Verlustfunktion) und eine erfolgreiche Täuschung durch eine Überraschungsinflation ist dann nicht gleichzusetzen mit einer Erhöhung der gesellschaftlichen Wohlfahrt (Bofinger, Reischle und Schächter [1996]). Darüber hinaus weist McCallum [1997b] darauf hin, dass die Annahme einer systematischen Abweichung der Präferenzen der Zentralbank von den Präferenzen der privaten Wirtschaftssubjekte problematisch ist

---

[144] Auch die in Abschnitt 5.1 erläuterte Heterogenität der Individuen kann eine Begründung für eine Zielfunktion liefern, die nicht die gesellschaftliche Wohlfahrt widerspiegelt. Siehe hierzu auch die Modellstruktur im Anhang des Abschnitts I.1.1. des 5. Kapitels („Wahlpolitische Theorie eines Inflationsbias").

(siehe auch die verschiedenen institutionellen Vorschläge zur Lösung des Zeitinkonsistenzproblems im vorhergehenden Abschnitt). In Demokratien sei davon auszugehen, dass sich die Verlustfunktion der Zentralbank und der privaten Wirtschaftssubjekte im Durchschnitt entsprechen, ansonsten könnte es zu erheblichen politischen Turbulenzen kommen. Wird daher angenommen, dass sie sich entsprechen, ergibt sich dann allerdings wieder der oben erläuterte Widerspruch.

Ein zweiter Aspekt, der in den letzten Jahren eingehender untersucht wurde, ist die Berücksichtigung von Unsicherheit. In dem vorgestellten Grundmodell wird unterstellt, dass die Zentralbank die Inflationsrate direkt steuern kann. In der Realität ist der Wirkungszusammenhang zwischen dem geldpolitischen Instrument der Zentralbank und der Inflationsrate allerdings nicht exakt bekannt, das heißt es existiert Multiplikatorunsicherheit oder sogar Modellunsicherheit. Die traditionelle Antwort auf das Problem der Multiplikatorunsicherheit wurde von Brainard [1967] bereits vor über 30 Jahren formuliert (s. auch im 2. Kapitel, B.II.1). Demnach sollte die Reaktion auf Schocks qualitativ der bei vollständiger Information entsprechen. In dem oben abgeleiteten Modellrahmen bedeutet dies, auf positive Schocks mit einer restriktiven und auf negative Schocks mit einer expansiven Geldpolitik zu reagieren. Allerdings sollte die Zentralbank der Unsicherheit insoweit Rechnung tragen, dass sie nun insgesamt schwächer auf Schocks reagiert (Blinder [1997]). Die sogenannte Sicherheitsäquivalenz, das heißt unveränderter Instrumenteneinsatz trotz existierender Unsicherheit, gilt bei derartigen multiplikativen Störungen nicht. Auf das Phänomen der Zeitinkonsistenz bezogen, lässt sich daraus ein Argument für die Delegationslösung nach Rogoff [1985a] ableiten. Der Nachteil der Delegationslösung besteht – wie erläutert – darin, dass in zu geringem Ausmaß auf Schocks reagiert wird. Die Bedeutung dieses Nachteils sinkt also mit fallender optimaler Reaktion auf Schocks. Bei sehr hoher Unsicherheit über die Auswirkungen des Instrumenteneinsatzes kann es für die Zentralbank im Extremfall optimal sein, überhaupt nicht auf Schocks zu reagieren. In diesem Fall kann die Ernennung eines konservativen Zentralbankmanagers das Zeitinkonsistenzproblem zumindest theoretisch vollständig lösen.[145]

Ein ähnliches Ergebnis ergibt sich auch, falls angenommen wird, dass die Zentralbank nicht, wie im Grundmodell angenommen, auftretende Schocks beobachten und entsprechend reagieren kann, sondern dass sie lediglich eine verzerrte Information über den jeweiligen Schock besitzt. Auch in diesem Fall lässt sich zeigen, dass es optimal ist, wenn die Zentralbank nun vorsichtiger auf Schocks reagiert. Besitzt die Zentralbank nur sehr ungenaue Informationen über auftretende Schocks, erweist sich die Ernennung eines konservativen Zentralbankmanagers wiederum als Möglichkeit, das Zeitinkonsistenzproblem theoretisch zu lösen. Dagegen werden in modernen Ansätzen der Robust-Control Theorie zur Analyse der Implikationen von Modellungleichheit häufig die Vorteilhaftigkeit von aggressiveren statt von vorsichtigeren Reaktionen abgeleitet[146].

---

[145] Walsh [2000] weist allerdings darauf hin, dass es auch optimal sein kann, aufgrund von Multiplikatorunsicherheit stärker auf Schocks zu reagieren. In diesem Fall erweist sich eine Delegation an einen konservativen Zentralbankmanager als wenig sinnvoll. Die Auswirkungen der Multiplikatorunsicherheit auf das Zeitinkonsistenzphänomen erweisen sich somit als modellabhängig. Siehe auch zur Diskussion über die Implikationen von Modellunsicherheit der Zentralbank: Wagner [2007].

[146] Vgl. z. B. Leitemo und Söderström [2007].

Schließlich kann auch noch untersucht werden, welche Auswirkungen sich aus einer Unsicherheit der privaten Wirtschaftssubjekte über die Präferenzen der Zentralbank ergeben. Die private Information der Zentralbank kann sich sowohl auf die Inflationsaversion als auch auf das Inflations- und Beschäftigungsziel beziehen. Die privaten Wirtschaftssubjekte müssen sich somit aufgrund vorliegender Informationen und insbesondere auch aufgrund des Verhaltens der Zentralbank in der Vergangenheit Erwartungen über die Zielfunktion der Zentralbank bilden. Die Gleichgewichte in derartigen Modellen sind abhängig von der Reputation, die sich die Zentralbank in der Vergangenheit erworben hat (siehe auch Abschnitt 5.3), der Glaubwürdigkeit, die die privaten Wirtschaftssubjekte den Ankündigungen der Zentralbank eine bestimmte Inflationsrate zu realisieren beimessen, und schließlich der Transparenz, gemessen an dem Ausmaß der Unsicherheit über die Präferenzen der Zentralbank. So zeigen beispielsweise Faust und Svensson [2001], dass ein geringes Maß an Transparenz (im obigen Sinne) zwar den Wert der Verlustfunktion der Zentralbank reduziert, allerdings den Wert der gesellschaftlichen Verlustfunktion erhöhen kann, da es die fehlende Transparenz der Zentralbank ermöglicht, eigene Ziele zu verfolgen ohne dadurch an Reputation zu verlieren. Insgesamt lässt sich feststellen, dass eine allgemeingültige Aussage zu den Auswirkungen von Unsicherheit auf die Zeitinkonsistenz nicht möglich ist. Je nach Modellspezifikation kann sich das Problem der Zeitinkonsistenz entweder verschärfen, das heißt die Unsicherheit über die Präferenzen der Zentralbank führen zu einem höheren Inflationsbias, oder aber auch entspannen, wenn beispielsweise für Zentralbanken mit ursprünglich niedriger Glaubwürdigkeit ein Anreiz existiert, eine restriktivere als die erwartete Politik zu betreiben.

5.6 Resümee

Die institutionellen Zeitinkonsistenzlösungen jenseits einer Regelbindung können bislang, ebenso wie die Reputationslösungen, noch nicht ganz überzeugen. Die Lösung, die geldpolitischen Befugnisse an eine Person/Instanz zu delegieren, die das Inflationsziel relativ höher gewichtet als der Medianwähler, dürfte die Inflationserwartungen nur dann verringern, wenn diese Person/Instanz wirklich unabhängig von den anderen Politikinstanzen ist. Die bisherigen Erfahrungen mit der Realisierbarkeit wie auch mit den Auswirkungen einer solchen Unabhängigkeit sind gemischt/ umstritten[147]. Auf der theoretisch-logischen Ebene jedoch erscheint Unabhängigkeit als eine unverzichtbare Eigenschaft – auch für den Aufbau von Reputation –, zumindest solange auch eine gewisse Transparenz der Präferenzen und der Entscheidungsgrundlagen des Agenten, an den die geldpolitische Macht delegiert wird, gegeben ist.

Eine weitere Lösungsmöglichkeit des Zeitinkonsistenzproblems besteht, wie wir gesehen haben, darin, dass die Regierung mit einem Agenten einen Kontrakt abschließt, der für den Agenten eine Strafe (Subvention) spezifiziert, wenn bestimmte festgelegte Ziele nicht erreicht (übererfüllt) werden. In der Erreichung der Ziele wird dem Agenten völlige Freiheit bzw. Diskretionarität zugestanden. Unter gewissen Umständen kann so der Inflationsbias vollständig aufgehoben werden, während die Stabilisierungsmöglichkeiten wie bei der diskretionären Lösung er-

---

[147] Vgl. z. B. Eijffinger und De Haan [1996]; siehe auch Wagner [1999a], Berger u. a. [2001], Eijffinger und Hoeberichts [2008], Klomp und de Haan [2010], Hefeker und Zimmer [2011] und Martin [2015].

halten bleiben. Insofern wird diese Lösung manchmal auch als die first best Lösung bezeichnet. Das Hauptproblem bei dieser Lösungsstrategie besteht jedoch darin, dass die Regierung (der Prinzipal) ex post gerade ein Interesse hat, den Vertrag neu zu verhandeln, d. h. eine dynamisch inkonsistente Politik zu betreiben. Wenn wir darüber hinaus die Realität eigennutzorientierter, Gruppeninteressen verfolgender, nur kurze Zeit im Amt verweilender Politiker betrachten, so erscheint die Aufstellung und Erzwingung solcher anreizkompatibler Kontrakte für die meisten Länder und Situationen als eher unwahrscheinlich.

Auch gegenüber der Zielvorgabelösung sind gewisse Bedenken angebracht. Es ist schwer vorstellbar, dass eine Zentralbank ein Inflationsziel unterhalb der gesellschaftlich optimalen Inflationsrate, d. h. i. d. R. eine negative Inflationsrate, ansteuern wollte – ein Ziel, das sie im Durchschnitt nicht erreicht. Ein solches Verhalten ist nur stabil, falls die ständigen Zielverfehlungen keinen Einfluss auf die Erwartungsbildung der privaten Wirtschaftssubjekte haben. Dies ist der Fall, falls die Öffentlichkeit den Zusammenhang zwischen realisierter und Zielinflationsrate erkennt und daher die systematische Zielverfehlung akzeptiert. Falls aber die privaten Wirtschaftssubjekte diesen Zusammenhang nicht erkennen, wird das Ziel unglaubwürdig und die Ankündigung der Zielrate verliert ihren inflationsdämpfenden Effekt. Außerdem besteht auch (vor allem bei asymmetrischen Informationen) nach Festlegung der Inflationserwartungen für eine nichtgebundene Regierung grundsätzlich der Anreiz, immer wieder neue Inflationsvorgaben zu machen und bei Zielverfehlungen angekündigte Sanktionen nicht durchzuführen. Letztendlich wird so durch die Vorgabe des Inflationszieles das Problem der Zeitinkonsistenz nur auf die Regierungsebene verlagert.

Gegenüber den Reputationslösungen, die eine endogene Lösung des Problems durch die Angst der Politiker vor Reputationsverlust sehen, lassen sich hingegen folgende Einwände erheben. Bei angenommener Kenntnis der Eigenschaften der Politiker lässt sich zeigen, dass eine Reputationslösung des Zeitinkonsistenzproblems nur in einem Spiel mit unendlichen Perioden möglich ist. Wichtiger noch produzieren diese Modelle multiple Gleichgewichte und argumentieren mit langfristigen Bestrafungsstrategien, obwohl solche Bestrafungsstrategien angesichts der Vielzahl der beteiligten privaten Akteure gar nicht konsensuell festgelegt werden können. Dies scheitert schon am Transaktionskostenproblem sowie am Problem asymmetrischer Informationen. Was nun die zweite Variante von Reputationsmodellen, die Unsicherheit über die Eigenschaften der Politiker unterstellen und die auch eine Reputationslösung bei einem endlichen Periodenspiel ermöglichen, anbelangt[148], so sind auch diesen gegenüber Bedenken angebracht. Insbesondere die dort getroffene Annahme, dass die privaten Akteure Lernprozesse nach der Bayes-Regel durchführen, erscheint doch etwas zweifelhaft. Der implizierte Versuch, durch überaus restriktive Geld- und Fiskalpolitik Signale über die Präferenzen der Politiker zu übermitteln, verschlimmert u. U. das Glaubwürdigkeitsproblem, anstatt dass er es mildert. Der erwartete Output-Verlust bei so einem Programm steigert die Erwartung, dass die Politik bald geändert wird und verschlechtert somit die Glaubwürdigkeit. Damit ist zweifelhaft, dass die schwachen Politiker wirklich einen Anreiz verspüren, lange zu täuschen, umso eine

---

[148] Siehe hierzu auch Wagner [2007], vor allem Anhang B.

hohe Reputation als starke Politiker zu erzielen, wenn davon ausgegangen werden kann, dass die dadurch hingenommene Arbeitslosigkeit über Persistenzeffekte/Hysteresis sich endogen verstärkt, die Strategie mithin zu teuer wird.

Überdies werden zunehmend Zweifel geäußert an der praktischen Relevanz des Zeitinkonsistenzproblems[149]. Diese Zweifel werden theoretisch dadurch genährt, dass man von z.T. beträchtlichen Wirkungsverzögerungen der Geldpolitik ausgehen muss. Während dieser Zeit könnten sich die Wirtschaftssubjekte mit ihren Aktionen an die Regimeänderungen der Geldpolitik anpassen und dadurch die geldpolitischen Effekte weitgehend neutralisieren. Dann aber wäre der Anreiz für die Geldbehörden, eine Überraschungsinflation zu produzieren, relativ gering.

Aus all dem folgt für viele Ökonomen, dass es besser ist, zur Lösung oder Vermeidung der in den verschiedenen Abschnitten dieses Kapitels beschriebenen Gefahren diskretionären Handelns doch „auf Nummer Sicher zu gehen" und der Zentralbank die Hände zu binden, auch wenn dann hohe Kosten der Inflexibilität auftreten[150]. Die Alternativen, die sich dabei anbieten, um die Kosten der Inflexibilität im Sinne der produzierten Output-Kosten bzw. Kosten der Output-Schwankungen zu minimieren, sind Gegenstand des nächsten (dritten) Kapitels.

5.7 Modellanhang zwei: Zusätzliche Aspekte der NNS-Geldpolitik

Eine ähnliche Diskussion wie im obigen Anhang wird auch für die im ersten Kapitel vorgestellte Neue Neoklassische Synthese (NNS) geführt. Zahlreiche Arbeiten[151] beschäftigen sich insbesondere mit der Gegenüberstellung von „Discretion" (diskretionärer Politik) und „Commitment" (Verpflichtung auf eine langfristig optimale Politik).

Während es in diesem Modellkontext einerseits zu ähnlichen Ergebnissen kommt, was beispielsweise den Inflationsbias angeht oder das Ergebnis aus der Verlustminimierung, dass die langfristig optimale Politik der diskretionären überlegen ist[152], ergeben sich noch einige zusätzliche Perspektiven, welche im Folgenden kurz dargestellt werden sollen.

Zum einen verdeutlicht die Herleitung einer langfristig optimalen Politik den Anreiz, von einer einmal gewählten langfristig optimalen Strategie doch wieder abzuweichen. Dies ist vergleichbar mit der Begründung in diesem Kapitel, warum es unmöglich ist, die optimale Regelpolitik praktisch umzusetzen.[153] Zum anderen ergibt sich, dass *selbst bei Übereinstimmung von Output-Ziel und natürlichem Produktionsniveau* eine glaubwürdige Regelpolitik, die sich an der optimalen Regel orientiert[154], bessere Ergebnisse liefert als die diskretionäre Lösung.

---

[149] Siehe z. B. Blinder [1997] sowie Goodhart und Huang [1998]. Ireland [1999] andererseits findet empirische Bestätigung für das Modell auf Basis von US-Daten, während Surico [2008] einen Inflation Bias nur für weiter zurückliegende US-Geldpolitik finden kann und sein Verschwinden auf veränderte Ziele der Fed zurückführt.
[150] Vgl. z. B. Taylor [1997: S. 34 f.]; dagegen z. B. Laidler [1997: S. 79–82].
[151] Siehe beispielsweise Woodford [1999] und Clarida et al. [1999].
[152] Zumindest was die Verlustminimierung angelangt. Was die praktische Umsetzung anbelangt, wurden im letzten Kapitel und werden auch weiter unten noch einige Probleme angesprochen.
[153] Dies entspricht dem Fall k = 1 in den vorhergehenden Unterkapiteln.
[154] Die weiter unten vorgestellte „timeless perspective".

2. Kapitel: Diskretionäre Stabilitätspolitik

Wir beginnen mit der Diskussion *optimaler Regelpolitik* im NNS-Modell. Die (aus gegenwärtiger Sicht) optimale Geldpolitik minimiert die Verlustfunktion[155] (7) aus Kapitel 1 (B.I.4), die hier der Einfachheit halber wiederholt wird,

$$V = E \sum_{i=0}^{\infty} \beta^i [\pi_{t+i}^2 + b x_{t+i}^2]$$

mit $x_{t+i} = y_{t+i} - \overline{y}_{t+i}$

unter der Nebenbedingung der neukeynesianischen Phillipskurve (NKPC) (2)

$$\pi_t = \beta E_t \pi_{t+1} + \gamma x_t + \varepsilon_t,$$

d. h. wir minimieren[156]

$$\mathcal{L} = E\{(\pi_1^2 + bx_1^2) + \beta(\pi_2^2 + bx_2^2) + \ldots \\ + \theta_1(\gamma x_1 + \beta \pi_2 + \varepsilon_1 - \pi_1) + \theta_1(\gamma x_2 + \beta \pi_3 + \varepsilon_2 - \pi_2) + \ldots$$

Die Nebenbedingungen müssen für alle Perioden betrachtet werden, da die Erwartungen über die Zukunft über die NKPC-Gleichung die Inflation in der vorausgehenden Periode beeinflussen.

Aus der Maximierung der Lagrange-Funktion ergeben sich folgende Bedingungen erster Ordnung für die optimale Regel

$$\frac{\partial \mathcal{L}}{\partial \pi_1} = 2\pi_1 - \theta_1 = 0 \tag{i}$$

$$\frac{\partial \mathcal{L}}{\partial \pi_j} = E(2\pi_j + \theta_{j-1} - \theta_j) = 0 \qquad \text{für } j = 2, 3\ldots \tag{ii}$$

$$\frac{\partial \mathcal{L}}{\partial y_k} = E(2by_k + \theta_k \gamma) = 0 \qquad \text{für } k = 1, 2\ldots \tag{iii}$$

Diese helfen das aus diesem Kapitel schon bekannte Zeitinkonsistenzproblem aus der NNS-Perspektive zu illustrieren. Wenn die Zentralbank sich, nachdem sie sich in der ersten Periode an Bedingung (i) gehalten hat, in der zweiten Periode befindet, ist es aus ihrer Sicht dann optimal, wiederum Bedingung (i) zur Bestimmung der Inflationsrate zu wählen und nicht Bedingung (ii), denn sie befindet sich nun ja wiederum in der ersten Periode des Optimierungsproblems. Es ist also schwierig für eine Zentralbank, glaubwürdig zu versichern, sie wolle der Strategie, die durch (i), (ii) und (iii) beschrieben wird, dauerhaft folgen.

---

[155] Anmerkung: Diese Verlustfunktion zielt auf Stabilisierung des natürlichen Produktionsniveaus ab.
[156] Vgl. z. B. McCallum und Nelson [2000] sowie Gali [2015].

Daher schlägt Woodford [1999] vor, die Politik solle bei Einführung einer Regelpolitik sofort so handeln, als wäre die Entscheidung über die optimale Politik in der Vergangenheit getroffen worden und Gleichung (i) ignorieren, wodurch diese *timeless perspective* Regelpolitik glaubwürdiger ist, da schon in der ersten Periode signalisiert wird, dass sich die Zentralbank an die langfristig optimale Strategie hält. Zusätzlich zum vorher diskutierten Modell ergibt sich obiges Glaubwürdigkeitsproblem bei der optimalen Regel im Rahmen der Neuen Neoklassischen Synthese auch wenn das Output-Ziel mit dem natürlichen Output übereinstimmt.

Die Notwendigkeit in diesem Modellrahmen Erwartungen über die Zukunft zu berücksichtigen, führt zu einem zweiten interessanten Ergebnis. Abgesehen von der Möglichkeit eines Inflation Bias bei einem Output-Ziel, welches vom natürlichen Output abweicht, wird die Neue Neoklassische Synthese häufig verwendet, um das unten diskutierte Konzept des *Stabilization Bias* zu erläutern. Dieses Problem könnte auch im Barro-Gordon Modell diskutiert werden, gewann jedoch erst im Rahmen der NNS an Aufmerksamkeit. Genau wie die Timeless-Perspective-Politik bezieht der Stabilization Bias sich auf Ineffizienzen, die auch in Abwesenheit eines „zu ehrgeizigen" Output-Ziels auftreten.

Da Inflationserwartungen in der NNS einen entscheidenden Einfluss auf die Entwicklung von Inflation und Output haben, ist es für die Zentralbank von Bedeutung, diese Erwartungen zu stabilisieren, um gegenwärtige Inflation (und Output) zu stabilisieren. Um dies glaubwürdig umzusetzen, ist es sinnvoll, in Maßen auf Schocks zu reagieren, also die Inflationsentwicklung zu glätten. Diese (dadurch mögliche) Stabilisierung der Inflationserwartungen erfordert wiederum eine gemäßigte Reaktion auf Schocks auch dann noch fortzusetzen, wenn es aus Sicht der Zentralbank nicht mehr nötig wäre. Also bedingt die Stabilisierung der Inflationserwartungen ein von der Zentralbank eigentlich unerwünschtes Überschießen der Inflationsrate.

Damit ergibt sich ein Zeitinkonsistenzproblem, welches bei diskretionärer Politik (d. h. nicht stabilisierten Inflationserwartungen) zu erhöhter Inflationsvolatilität im Zeitverlauf führt. Die daraus abgeleiteten Wohlfahrtsverluste werden als Stabilization Bias bezeichnet. In Abhängigkeit von der verwendeten Modellvariante ergeben sich in Simulationsstudien Wohlfahrtsgewinne durch Vermeidung des Stabilization Bias zwischen 0 % und 64 % (Dennis und Söderström [2002]). Auf eine mathematische Darlegung dieses relativ komplexen Zusammenhangs soll hier verzichtet werden. Es bleibt festzuhalten, dass Modelle, welche Erwartungen über die Zukunft einbeziehen, weitere mögliche Ineffizienzen insbesondere von diskretionärer Geldpolitik aufzeigen, die auch bei Vorhandensein eines realistischen Output-Ziels auftreten. Dennis [2010] zeigt im Rahmen eines neukeynesianischen DSGE–Modells, unter welchen Bedingungen die diskretionäre Politik dem „Timeless-Perspective"-Ansatz überlegen ist.

3. Kapitel:
Regelgebundene Stabilitätspolitik

A. Überblick

Die im vorhergehenden Kapitel beschriebenen Einwände gegen eine diskretionäre, von Periode zu Periode ihre optimale Strategie neu überdenkende, Stabilitätspolitik werden von Kritikern einer solchen Politik meist positiv gewendet in den Vorschlag einer **Regelpolitik**. Der Staat sollte sich ihrer Meinung nach auf eine langfristige Strategie, sprich: eine Regel, festlegen. Dadurch würden **erstens** die Erwartungen[157] der privaten Wirtschaftssubjekte stabilisiert: Die Individuen könnten sich dann auf einen bestimmten, gleichbleibenden Politikkurs verlassen und diesen in ihren Planungen berücksichtigen. **Zweitens** setze eine Regel die Geldbehörde eher in die Lage, politischem Drängen nach expansiver Geldpolitik zu widerstehen. Ein **dritter** Grund, den die Befürworter einer Regelpolitik anführen, ist der, dass eine Regelbindung den privaten Individuen bessere Kriterien an die Hand liefere, um die Leistungen der Geldbehörde beurteilen und wenn nötig kritisieren zu können. Diese Beurteilungs- und Kritikfähigkeit der Öffentlichkeit wird als sehr wichtig angesehen, um politisch bedingten Versuchungen, Geldpolitik für kurzfristige konjunkturpolitische Interessen zu missbrauchen, entgegenzuwirken.

Nun kann aber eine Regelpolitik durchaus „aktivistisch" angelegt sein. Ein Beispiel wäre eine Geldpolitik, die sich auf die folgende **aktivistische** oder **Feedback-Regel** für die Zukunft festlegt: Solange die Arbeitslosenrate der „natürlichen" Rate U^n entspricht, soll das Geldangebot um x % wachsen, wobei x die **prognostizierte** langfristige Wachstumsrate des Produktionspotenzials ausdrückt. Jedoch immer wenn die Arbeitslosenrate, U, die „natürliche" Rate, U^n, um 1 Prozentpunkt übersteigt, soll das Geldangebotswachstum um sagen wir 2 Prozentpunkte zusätzlich steigen. Im umgekehrten Fall, wenn die Arbeitslosenrate um 1 Prozentpunkt unter die natürliche Rate fällt, soll das Geldangebotswachstum um 2 Prozentpunkte weniger zunehmen. In algebraischer Darstellung sieht die Regel dann wie folgt aus:

(1) $\qquad \hat{M} = x + 2(U - U^n)$.

In der grafischen Veranschaulichung in Abbildung 13 wird x = 3 und $U^n = 5$ gewählt.

Diese Regelpolitik wäre den Individuen nach einer Weile – und wenn die Politik angekündigt wird: sofort – bekannt. Eine solche Regelfestsetzung zielt darauf, den Individuen ihre Wirtschaftsplanung zu erleichtern. Voraussetzung hierfür ist

---

[157] Im Folgenden wird standardmäßig von rationalen Erwartungen ausgegangen. In den letzten Jahren beschäftigt sich die Forschung zunehmend mit Alternativen zur rationalen Erwartungsbildung. Orphanides und Williams [2006] finden zum Beispiel, dass bei einer leichten Abweichung von der Annahme rationaler Erwartungsbildung bisher für sinnvoll gehaltene Regeln möglicherweise ausgesprochen schlecht funktionieren. Sie untersuchen den Fall einer Variante der Taylor-Regel. Siehe auch Woodford [2010a] und Schmitt-Grohé und Uribe [2007]. Zu einer neueren grundsätzlicheren Betrachtung „nicht rationaler" Erwartungsbildung in der und für die makroökonomische Analyse siehe Woodford [2013].

jedoch, und darauf werden wir weiter unten noch zurückkommen, dass das Geldangebot von der Geldbehörde hinreichend genau kontrolliert werden kann und die Wirkungsverzögerungen hinreichend stabil sind.

Solange diese Regel langfristig festgelegt wird, lässt sie keinen Spielraum für diskretionäre Abweichungen und für die damit verbundenen möglichen Kosten, die im vorhergehenden Kapitel beschrieben wurden. Insofern muss bei der Betrachtung von alternativen Stabilitätspolitiken genau unterschieden werden zwischen **Diskretionarität** und **Aktivismus**. Eine **aktivistische Politik** muss nicht diskretionär sein. Dagegen wird eine **diskretionäre Politik** immer aktivistisch sein, d. h. aktiv in den Wirtschaftsprozess eingreifen.

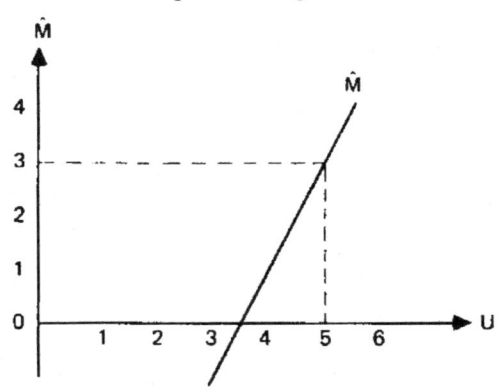

Abbildung 13: (Quelle: Eigene Darstellung).

Nun wurde in der monetaristischen Kritik an der herkömmlichen, sogenannten keynesianischen Stabilitätspolitik nicht nur das diskretionäre Element abgelehnt, sondern auch das aktivistische Element.[158] Die Gründe liegen, wie im vorhergehenden Kapitel beschrieben, in der Existenz von **instabilen Wirkungsverzögerungen**, die zu destabilisierenden Wirkungen von aktivistischer Stabilitätspolitik führen können. Dies schließt auch Regelpolitik mit ein. Folglich hatte sich im Verlauf der monetaristischen Kritik an keynesianischer Stabilitätspolitik immer mehr die Meinung durchgesetzt, die optimale Stabilitätspolitik sei eine, die auf Diskretionarität **und** Aktivismus verzichtet.

Eine solche Politik wird beispielsweise durch eine **passive Regel** wie die **Regel konstanten Geldmengenwachstums** beschrieben. Die in (1) formulierte aktivistische Regel würde reduziert zu

(2) $\hat{M} = x.$

Der zweite Ausdruck auf der rechten Seite von Gleichung (1), $2(U-U^n)$, der die aktivistische Komponente der Regel (1) ausdrückt, würde also entfallen. Das Geldangebotswachstum würde damit, komme was wolle, auf x Prozent pro Periode festgelegt. Jedermann könnte sich auf diese konstante, geldpolitische Rahmenbedingung verlassen. Wenn die Geldpolitik so auch nicht aktiv die Konjunktur-

---

[158] Siehe für einen guten Überblick über die Entwicklung und die unterschiedlichen Ansätze des Monetarismus De Long [2000].

schwankungen verringerte – was sie nach der Überzeugung der Vertreter des Monetarismus auch gar nicht systematisch kann –, so trüge sie zumindest auch nicht dazu bei, die Planungsunsicherheit der Individuen zu vergrößern.

In diesem Kapitel sollen verschiedene Vorschläge einer Regelpolitik dargestellt werden, wobei hier von Zeitinkonsistenzproblemen (und damit auch von Glaubwürdigkeits- und Durchsetzungsproblemen) abstrahiert wird. Der Schwerpunkt wird dabei zuerst auf die Diskussion der Regel konstanten Geldmengenwachstums sowie der Regel eines konstanten nominellen Sozialprodukts gelegt, die in den 1970er und 1980er Jahren stark diskutiert wurden. In einer vergleichenden Analyse dieser beiden Regelvarianten sollen exemplarisch die Unterschiede zwischen einer passiven und einer aktiv(istisch)en Regelpolitik deutlich gemacht werden. Anschließend werden noch weitere bekannte Regelvorschläge, darunter Mengenregeln – wie die Output-Regel – sowie Preisregeln – wie Preisniveauregel, die Zinsniveauregel und die Wechselkursregel – vorgestellt. Auch werden darüber hinaus modernere Vorschläge wie die einer Taylor-Regel und eines Inflation Targeting behandelt. Dabei werden hier nur sogenannte „reine" Regeln analysiert werden, nicht jedoch „gemischte" Regelstrategien. Danach werden noch weitere zwei in der Praxis angewandte geldpolitische Strategien vorgestellt, die geldpolitische Konzeption des Eurosystems und die sogenannte Multiindikatorstrategie der amerikanischen Zentralbank. Anschließend wird dann noch die Frage behandelt, ob und unter welchen Umständen es sinnvoll sein kann, Regelpolitiken zeitlich zu befristen. Zum Schluss werden im Unterkapitel „C" die neuen stabilitätspolitischen Überlegungen nach der Finanzkrise vorgestellt. Insbesondere geht es dabei um den Einbezug von Finanzstabilität in die Strategieüberlegungen der Zentralbanken.

B. Analyse geldpolitischer Regeln

I. Die Regel konstanten Geldmengenwachstums

1. Theorie und Anwendung

Die Regel konstanten Geldmengenwachstums, die mit dem Namen von Milton Friedman eng verbunden ist[159], verlangt von der Geldbehörde eine langfristige Festlegung des Geldmengenwachstums. Da die reine Proklamierung einer solchen Regel kaum dem faktischen Druck politischer Interessengruppen (oder auch dem Zeitinkonsistenzproblem) gewachsen sein wird, wird zumeist gefordert, dass die staatlichen Gesetzgebungsorgane der Geldbehörde die Hände binden sollen, indem sie die Regelbindung gesetzlich vorschreiben. Der Vorschlag einer solchen Regelbindung impliziert also eine völlig **inaktive** oder **passive Politik**. Von einer solchen Regelbindung wird vor allem erwartet, dass sie den Wirtschaftsprozess stabilisiert, indem sie die Erwartungsunsicherheit der privaten Akteure verringert, wodurch deren Planungen kalkulierbarer werden.

Die Herleitung dieses Vorschlags durch Milton Friedman gründet weitgehend auf einer spezifischen Interpretation der historischen Konjunkturentwicklung in diesem Jahrhundert. Insbesondere knüpfte Friedman an die schlechten Leistungen

---

[159] Deshalb wird sie gelegentlich auch als **Friedman-Regel** bezeichnet.

der Geldbehörden in der Weltwirtschaftskrise der zwanziger und dreißiger Jahre an. Seine Interpretation war, dass der aktivistische und diskretionäre Kurs der Geldpolitik eine entscheidende Rolle bei der Herbeiführung und Verstärkung der damaligen Weltwirtschaftskrise gespielt hat. Auch die Instabilitäten der letzten Jahrzehnte werden von ihm vor allem auf die diskretionäre Anwendung aktiver Geldpolitik zurückgeführt. Aus dieser Interpretation folgte (für ihn) dann logischerweise der Ruf nach einer inaktiven, regelgebundenen Geldpolitik, wie in Gleichung (2) oben ausgedrückt:

(2) $\hat{M} = x$.

Das Geldmengenwachstumsoll demnach von Periode zu Periode mit einer gleichbleibenden Rate, x, wachsen. Welches Geldmengenaggregat dabei verwendet werden soll, ist bei den Anhängern dieser Regel umstritten. Friedman selbst schlug in seiner ursprünglichen Formulierung der Regel[160] vor, das Geldmengenaggregat M2 zu verwenden.

Nun wurden starre Regelpolitiken in der neueren Geschichte der Wirtschaftspolitik nie konsequent angewendet. Dies zeigt schon ein Blick auf die Praxis der Goldbindung in England im 19. und Anfang des 20. Jahrhunderts. Obwohl die Goldbindung gesetzlich vorgeschrieben war (ab 1844 durch die Peel'sche Bankakte)[161], wurde gegen sie in der Praxis laufend verstoßen[162].

Doch auch in den 1970er Jahren, als der Friedman'sche Vorschlag einer Festlegung und Ankündigung des Geldmengenwachstums – nach jahrzehntelanger Ignorierung – in aller Welt auf mehr Gegenliebe der Geldpolitiker in den Zentralbanken stieß, blieb die Anwendung mehr rhetorisch als praktisch. Dies zu betonen, ist Friedman nicht müde geworden[163]. Wohl wurden, was ein Novum war nach jahrzehntelanger diskretionärer Politik, ab Mitte der 70er Jahre in einer Reihe von Ländern geldmengenpolitische Ziele formuliert und öffentlich angekündigt. Doch wurden diese Ziele in den seltensten Fällen eingehalten. Außerdem waren die Ziele immer nur für kürzere Zeitperioden formuliert. Insgesamt war das Wachstum der Geldmenge, wie immer man sie auch misst, alles andere als **stetig** gewesen. Die geldpolitische Praxis stellte sich also dar als eine Art Kompromiss zwischen herkömmlicher diskretionärer Politik und dem Friedman'schen Radikalvorschlag[164].

Drei Gründe lassen sich dafür anführen, dass der Vorschlag einer Regel konstanten Geldmengenwachstums nicht realisierbar gewesen ist. Die ersten beiden sind praktische oder politische Gründe, der dritte Grund ist theoretischer Natur.

Erstens fiel die Periode der Besinnung auf die monetaristische Politikregel in eine Zeit großer Instabilität und hoher Inflation. Monetaristische oder besser gesagt monetaristisch beeinflusste Geldmengenpolitik wurde Mitte und Ende der siebziger Jahre nicht für stabilitätspolitische Zwecke im engeren Sinne, d. h. für

---

[160] Friedman [1960: Kap. 4].
[161] Vgl. hierzu als kurzen Überblick z. B. Claassen [1980: Kap. I].
[162] Siehe Viner [1955] oder Fetter [1965]. Vgl. auch Eichengreen [1992].
[163] Siehe z. B. Friedman [1985].
[164] Ireland [2003a] zeigt mithilfe eines Cash-in-Advance-Modells, unter welchen Bedingungen, trotz der vielen Kritikpunkte über ihre Praxistauglichkeit, eine Implementierung der Friedman-Regel in der Praxis möglich ist.

die Bewahrung von Preisniveaustabilität, sondern zur Bekämpfung hoher Inflation eingesetzt. Nun ist interessant, sich zu erinnern, dass Friedman seinen Vorschlag einer Regelpolitik konstanten Geldmengenwachstums ursprünglich in einer Periode weitgehender Preisniveaustabilität eingebracht hatte. Populär und angewandt (in einer verdünnten Version) wurde der Vorschlag allerdings in einer Periode, in der eine große Instabilität des Preissystems herrschte. Es ist leicht zu sehen, dass in einer solchen Periode die Realisierung einer konstanten, mit Preisniveaustabilität vereinbaren Geldmengenregel einfach zu kostspielig und daher politisch niemals durchzusetzen gewesen wäre. Eine solche, wie man sie auch nennt, **Cold-Turkey**-Politik hätte zumindest für einige Jahre extrem hohe Arbeitslosigkeit bedeutet und das politische und soziale System in eine Zerreißprobe gebracht[165]. Von daher war klar, dass eine konsequente Anwendung der langfristigen „Friedman-Regel", d. h. der Strategie (2) oben, im Ausgangspunkt einer hohen Inflation, d. h. für eine Desinflationierung, unangebracht war. Darauf hat Milton Friedman selbst häufig genug hingewiesen. Er selbst ist immer für eine graduelle Reduzierung des Geldmengenwachstums eingetreten, um die Begleitkosten nicht zu hoch werden zu lassen[166]. Man kann eine solche Variante wie folgt beschreiben:

(2a) $\hat{M} = x + \hat{P}^m$.

$\hat{P}^m$ beschreibt hier die maximale Inflationsrate, die die Geldbehörde in der nächsten Periode hinzunehmen bereit ist. $\hat{P}^m$ bestimmt sich aus dem durch die Inflationsreduktion auf $\hat{P}^m$ hinzunehmenden Arbeitslosigkeitsanstieg. Grundlage ist also die Vorstellung einer kurzfristigen Phillipskurve, die auch im Weltbild von Milton Friedman eine zentrale Rolle spielt[167]. Was in einer solchen Situation höchstens angestrebt werden könnte, ist ein gleichmäßiger Rückgang des Geldmengenwachstums, solange bis die Inflation völlig abgebaut ist. Da jedoch die Wirkungsstärke und die Wirkungsverzögerung zwischen Geldmengenreduktion und Inflationsreduktion nicht konstant sind, ist auch nicht zu erwarten, dass sich ein gleichmäßig verlaufender Prozess der Abnahme des Geldmengenwachstums nach der Variante (2a) ergibt.

Der **zweite Grund** ist ein politischer oder politökonomischer, der allgemein gegen die Einführbarkeit und die Stabilität einer starren Politikregel spricht und von vielen Monetaristen als Grund für die Forderung nach einer basisdemokratisch-erzwungenen, verfassungsmäßigen Verankerung einer solchen Regelbindung angeführt wird. Er besteht darin, dass Politiker und staatliche Behörden private und bürokratische Interessen verfolgen. Der Staat besteht eben nicht aus einem homogenen Entscheidungsorgan, das allgemein das Gemeinwohl im Auge hat, wie die These vom Gemeinwohlmaximierer in traditionellen makroökonomischen Ansätzen vorspiegelt. Stattdessen gehören Ziele wie Machterhalt oder Machtausbau, persönliches Einkommen, Prestige und Arbeitsbedingungen mit zu den Grundlagen politischer Entscheidungen von bürokratischen Apparaten und ihrer

---

[165] Bei der obigen Schlussfolgerung wird implizit von der Existenz von Lohn-, Preis- oder Erwartungsrigiditäten ausgegangen. Zu einer genaueren Analyse dieser Zusammenhänge siehe in Kapitel 5, Abschnitt I.3.
[166] Vgl. Friedman [1985].
[167] Siehe hierzu auch im Kapitel 1 oben.

personellen Träger. Dies trifft auch auf Zentralbanken zu[168]. Darauf bezieht sich dann auch das resignative „Bekenntnis" von Karl Brunner, der bemerkte: „Hiermit geben wir das endgültige Versagen des Monetarismus zu. Es ist ein Versagen in dem Sinne, dass Wirtschaftspolitiker sich von den wirtschaftspolitischen Prinzipien des Monetarismus die Hände nicht werden binden lassen. [...] Monetaristisches Denken (...) hat politischen ‚Unternehmern' nichts zu bieten, was sie in der öffentlichen Arena verkaufen könnten."[169]

Ein **dritter Grund**, der mehr theoretischer Art, wenn auch mit praktischem Hintergrund ist, betrifft Instabilitätstendenzen der Geldnachfrage. Wenn die Geldnachfrage bzw. die Geldumlaufgeschwindigkeit instabil ist, lassen sich grundsätzliche theoretische Einwände gegen das Konzept einer langfristigen Konstanthaltung des Geldmengenwachstums anführen. Dies war und ist dann auch der zentrale Einwand, der von keynesianischer Seite und schließlich auch von Teilen monetaristischer Vertreter gegen eine solche inaktive langfristige Regelbindung erhoben worden ist. Dies wird im nächsten Abschnitt näher erläutert.

2. Kritikpunkte

Die wesentlichen Kritikpunkte, die an der „Friedman-Regel" angebracht worden sind, betreffen
- die mangelnde Steuerbarkeit des Geldangebots, und
- die unzureichende Beeinflussbarkeit der makroökonomischen Endziele.

2.1 Steuerbarkeit des Geldangebots

Zielsetzung der Friedman-Regel ist es, über eine Stabilisierung des Geldangebotswachstums die makroökonomischen Endziele Output, Beschäftigung und Preisniveau zu stabilisieren. Erste Voraussetzung hierfür ist, dass die Geldbehörde überhaupt in der Lage ist, das Geldangebot hinreichend genau zu steuern. Doch schon hier werden Zweifel angemeldet. Die Geldbehörde ist unmittelbar nur in der Lage, die sogenannte Zentralbankgeldmenge oder die Geldbasis – hauptsächlich über Offenmarktoperationen[170] – zu steuern[171]. Der für makroökonomische Prozesse wichtige Liquiditätsgrad wird jedoch nicht direkt durch die zur Verfügung stehende Zentralbankgeldmenge bestimmt, sondern durch die das Geldangebot beschreibende, umfassenderen Größen M1 bis Mx. Diese Geldmengenaggregate sind aber mit der Zentralbankgeldmenge nur beschränkt korreliert. Anders gesagt, die einzelnen Geldmultiplikatoren sind nicht stabil und schon gar nicht konstant. Aus diesem Grund wird häufig angeführt, dass sich die Zentralbankgeldmenge nicht als Zwischenziel eigne. Allerdings ist sie, wie gesagt, die einzige Größe, die die Zentralbank einigermaßen genau zu steuern vermag. Perfekt kann die Zentralbank jedoch nicht einmal diese Größe bestimmen, da sie ja nur ein gewisses Zentralbankgeld**angebot** bereitstellen kann. Dieses Angebot entspricht dem theoretischen Konzept der „Geldbasis". Die **Nachfrage** nach Zentralbankgeld kann sie

---

[168] Siehe hierzu Hetzel [1985] sowie Lombra und Moran [1980].
[169] Brunner [1984: S. 60–61].
[170] Andere geldpolitische Instrumentarien sind zum Beispiel von Friedman als ungeeignet da marktverzerrend abgelehnt worden. Siehe Friedman [1960: Kap. 2].
[171] Zu unterschiedlichen Konstrukten der Zentralbankgeldmenge siehe z. B. Neumann [1975]. Siehe für eine einheitlichere Einteilung IMF [2000: Kap. 6].

jedoch nur unvollkommen über die Veränderung der Refinanzierungszinsen der Geschäftsbanken beeinflussen. Insofern hat auch die Deutsche Bundesbank stets ausdrücklich betont, dass sie im Gegensatz zu vielen Geldtheoretikern einen entscheidenden Unterschied zwischen dem theoretischen Konzept der Geldbasis und der Zentralbankgeldmenge sieht. Dies betrifft nicht die statistische Abgrenzung zwischen beiden Konzepten, die sehr gering ist, sondern die unterschiedlichen Interpretationen der beiden Konstrukte. Aus der Sicht der Bundesbank war die Zentralbankgeldmenge – ähnlich wie die herkömmlichen Geldmengenaggregate (M1, M2, M3) – nicht von der Bundesbank autonom bestimmbar, sondern „das Ergebnis des Geldschöpfungsprozesses, an dem neben der Notenbank zu jedem Zeitpunkt auch die Kreditinstitute und Nichtbanken beteiligt sind."[172]

2.2 Beeinflussbarkeit der makroökonomischen Endziele

Selbst wenn die Zentralbankgeldmenge perfekt gesteuert werden könnte, bliebe die Frage, ob es durch eine Verstetigung der Geldversorgung möglich ist, den Wirtschaftsprozess, d. h. die makroökonomisch relevanten Endzielgrößen Einkommen, Beschäftigung und Preisniveau, zu stabilisieren[173], was ja erklärtes Ziel der Vertreter der Friedman-Regel ist. Die zentralen Zweifel hieran gründen in einer beobachteten oder behaupteten **Instabilität der Geldumlaufgeschwindigkeit.**

Ein zentraler theoretischer Pfeiler der monetaristischen Gegenrevolution gegen keynesianische Makrotheorien stellte die „Neuentdeckung" der **Quantitätstheorie** dar. Die Quantitätstheorie beruht auf der folgenden bekannten Identität

(3)   Geldmenge (M) mal Geldumlaufgeschwindigkeit (V) $\equiv$
        Preisniveau (P) mal verkauftes Gütervolumen (Y).

In Wachstumsraten ausgedrückt lautet die Quantitätsgleichung:

(3a) $\hat{M} + \hat{V} \equiv \hat{P} + \hat{Y}$.

Eine Steuerung des Geldmengenwachstums ($\hat{M}$), die sich am erwarteten Wachstum des verkauften Gütervolumens, sprich dem erwarteten Wirtschaftswachstum ($\hat{Y}$) orientiert, stabilisiert nur dann das Preisniveau, wenn die Geldumlaufgeschwindigkeit stabil bzw. konstant ist (wenn $\hat{V} = 0$ ist). Wenn allerdings die Geldumlaufgeschwindigkeit nicht stabil sein sollte, bedeutet dies, dass bei einer Konstanthaltung des Geldmengenwachstums im Umfang von $\hat{Y}$ entweder die Inflationsrate oder das Wirtschaftswachstum, wahrscheinlich sogar beide, instabil sein werden. Denn eine Veränderung der Geldumlaufgeschwindigkeit würde bei einem entsprechend vorgegebenen Geldmengenwachstum zu einem Ungleichgewicht auf dem Geldmarkt führen, das über marktwirtschaftliche Anpassungsprozesse wieder behoben wird. Durch diese Anpassungsprozesse **(Transmissionsme-**

---

[172] Deutsche Bundesbank [1985: S. 16 f.].
[173] Ein geeignetes „Zwischenziel" sollte ja nicht nur die Eigenschaft der Steuerbarkeit durch die Politikbehörden besitzen. Weitere erwünschte Eigenschaften sind:
1) Das Zwischenziel sollte eine stabile Beziehung zu den Endzielen aufweisen.
2) Es sollte möglich sein, schneller und zuverlässiger an Informationen über das Verhalten der Zwischenvariable zu gelangen als an Daten über das Verhalten der Endzielgrößen.

chanismus) werden sich aber die nutzen- bzw. gewinnmaximierenden Nachfrage- und Angebotsentscheidungen der privaten Akteure verändern. Folglich wird sich auch das Gleichgewichtseinkommen bzw. die Gleichgewichtswachstumsrate ändern, sodass die ursprüngliche Geldmengensteuerung von falschen Voraussetzungen über das Wirtschaftswachstum ausgegangen wäre. Die Geldbehörde müsste also Korrekturmaßnahmen durchführen, um eine angemessene Geldversorgung (gemessen an den tatsächlichen Nachfrage- und Angebotsplanungen der privaten Akteure) zu gewährleisten. Diese Anpassung, die eine **diskretionäre** Politik darstellt, soll jedoch nach traditioneller[174] monetaristischer Ansicht gerade unter allen Umständen vermieden werden. Deswegen sollen ja der Geldbehörde möglichst für immer die Hände gebunden werden; d. h. Anpassungshandlungen sollen per Gesetz unmöglich gemacht werden.

Eine Veränderung der Geldumlaufgeschwindigkeit ist jedoch kein prinzipieller Einwand gegen die Friedman-Regel, solange die Änderung der Geldumlaufgeschwindigkeit trendmäßig-systematisch und deshalb vorhersehbar ist. Wenn die Geldumlaufgeschwindigkeit gleichmäßig mit einer bestimmten Rate wächst – wie es beispielsweise in den USA während den 1960er und 1970er Jahren annähernd der Fall war –, so braucht die Geldmenge nach der Friedman-Regel nur um eine gleichbleibende Rate wachsen, die der Summe $\hat{Y}^{trend}$ und $\hat{V}^{trend}$ entspricht.

Wenn sich die Geldumlaufgeschwindigkeit jedoch **unvorhergesehen** in bedeutendem Umfange ändert bzw. stark schwankt, kann eine Regelbindung konstanten Geldmengenwachstums für eine Volkswirtschaft große Verluste mit sich bringen. **Erstens** bedeutet ein starker, unvorhergesehener Rückgang der Geldumlaufgeschwindigkeit, wie Anfang der 1980er Jahre in den USA[175], bei gleichbleibendem Geldmengenzuwachs eine enorme **Liquiditätsverringerung** in der Wirtschaft. Solange aufgrund von vertraglichen Regelungen nicht mit kurzfristig wirksamen Lohn- und Preisänderungen gerechnet werden kann, nimmt die von Friedman vorgeschlagene Regelbindung eine starke, längerandauernde Rezession in Kauf. Selbst beim Ausgangspunkt von Preisniveaustabilität müsste die Wirtschaft in diesem Fall als Folge eines ausgeprägten Rückgangs der Geldumlaufgeschwindigkeit eine längere Rezession in Kauf nehmen, die letztlich nur durch **deflationäre** Prozesse auf der Preisebene behoben werden könnte. Dass letzteres nicht unbedingt zu gelingen braucht, wurde in Abschnitt B.II des 1. Kapitels gezeigt. Deflationäre Prozesse induzieren nämlich selbst einen Rückgang der Geldumlaufgeschwindigkeit, d. h. eine Geldnachfragesteigerung, da die Opportunitätskosten der Geldhaltung geringer werden.

Zweitens kann sich eine Budgetdefizitsituation in einer Situation rückläufiger Geldumlaufgeschwindigkeit laufend verstärken. Wenn der Rückgang der Geldumlaufgeschwindigkeit in der Geldmengenregel (2) nicht vorhergesehen wurde, wird das Zinsniveau steigen, um die entstandene Übernachfrage auf dem Geldmarkt

---

[174] Unter traditioneller monetaristischer Ansicht wird hier die von Milton Friedman und seinen Anhängern damals propagierte Ansicht verstanden.

[175] Die Geldumlaufgeschwindigkeit in den USA sank von 1981 bis 1983 um 7,3 Prozent – vom Wert 6,91 im Jahre 1981 auf 6,58 im Jahre 1982 und 6,44 im Jahre 1983. [Economic Report of the President, 1986].

3. Kapitel: Regelgebundene Stabilitätspolitik 179

auszugleichen.[176] Damit werden aber auch tendenziell (bei einer, empirisch weitgehend gegebenen, inflexiblen Ausgaben- sowie Steuerstruktur) die Budgetdefizite des Staates zunehmen. Wenn das Zinsniveau die Wachstumsrate der Wirtschaft übersteigt, wächst der Zinsendienst des Staates immer weiter an. Durch eine dadurch induzierte verstärkte Ausgabe von staatlichen Schuldverschreibungen – zur Begleichung dieses Zinsendienstes – wird das Zinsniveau noch weiter ansteigen mit der Folge noch höherer Staatsverschuldung. Es kommt so zu einer verhängnisvollen **Spiralbewegung**. Die Erfahrung der USA Anfang der 1980er Jahre[177], als die amerikanische Zentralbank ihre bisher monetaristischste Phase zeigte, scheint hierfür gute Hinweise zu geben. **Drittens** führt eine Liquiditätsverringerung aufgrund eines Rückgangs der Geldumlaufgeschwindigkeit bei einem konstanten Geldmengenwachstum zu Ausweichreaktionen in Form von Verbesserungen der Cash-Management-Methoden und vor allem von institutionellen Änderungen auf den Finanzmärkten. Solche **finanziellen Innovationen** bewirken, dass sich wohl einerseits die Geldumlaufgeschwindigkeit wieder erhöht, andererseits jedoch die Aussagekraft sowie die **Steuerbarkeit** traditioneller Geldmengenaggregate abnimmt. Das Zwischenziel, sprich das konstantgehaltene Geldmengenaggregat, der Regelpolitik müsste geändert werden, was gerade dies erzeugt, was die Friedman-Regel verhindern soll, nämlich diskretionären politischen Einflüsse einen Spielraum zu eröffnen.

Die Antizipation solcher Folgekosten, die mit einer Politik konstanten Geldangebotswachstums bei instabiler Geldnachfragefunktion verbunden sind, ist der Grund dafür, dass immer mehr Monetaristen, die ursprünglich der Friedman-Regel zuneigten, davon Abstand nahmen[178]. Als bekannte Beispiele dafür seien David Laidler und Thomas Mayer genannt, die beide aufgrund der beobachteten Instabilität der Geldnachfragefunktion in den achtziger Jahren eine „diskretionäre" oder flexible Handhabung der Friedman'schen Regelbindung bzw. eine aktivistische Variante hiervon vorgeschlagen haben[179]. Einen ähnlichen Vorschlag hat auch Allan Meltzer unterbreitet[180]. Hintergrund für diese Einstellungswandel waren die Erfahrungen mit den Folgen der finanziellen Innovationen, sprich der Schaffung neuer Zahlungsmittel und Zahlungsverfahren im Finanzsystem, die in der ersten Hälfte der 1980er Jahre die internationalen, insbesondere aber die amerikanischen

---

[176] Geldumlaufgeschwindigkeit und Geldnachfrage stehen ja in einem inversen Verhältnis zueinander. Dies sieht man, wenn man die in Kapitel 2 eingeführte Geldmarktgleichung $M/P = L(i,Y)$ in (3) einsetzt. Man erhält dann den Zusammenhang: (4) $V = Y/L(i,Y)$. Wenn sich die Geldnachfrage aufgrund von Zins- oder Einkommensänderungen verschiebt, so verändert sich damit auch die Geldumlaufgeschwindigkeit, und zwar in umgekehrter Richtung (außer $\partial L/\partial Y \geq 1$).

[177] Siehe hierzu z. B. Blinder [1986b].

[178] Schon Henry Simons, der in seinem klassischen Aufsatz „Rules versus Authorities in Monetary Policy" (1936) eine Regelpolitik als lebenswichtig für eine Marktwirtschaft angesehen und Milton Friedman mit dieser Überzeugung stark beeinflusst hatte, lehnte eine Regel konstanten Geldmengenwachstums ab mit dem Hinweis auf die Gefahr scharfer Änderungen der Geldumlaufgeschwindigkeit. Siehe Simons [1948: S. 164].

[179] Siehe Laidler [1986] und Mayer [1987a]. David Laidler betont: „Bindende Regeln sind technisch nicht machbar, aber mittelfristige Ziele, die ein wenig Diskretion in der kurzen Frist erlauben, und mehr (Diskretion) in der langen Frist, wenn sie auf den neuesten Stand gebracht und revidiert sind." [1986: S. 14].

[180] Siehe Meltzer [1987].

Finanzmärkte überrollten[181]. Die Erfahrungen mit diesen institutionellen Änderungen riefen auch früheren Vertretern der Friedman-Regel wieder in Erinnerung, dass die Vorstellung von einer stabilen Geldnachfragefunktion eigentlich eine relativ neue Idee ist. Diese Idee entstand erst mit dem Wiederaufleben des Interesses an der Geldmenge in den 1950er Jahren. Vorher, auch während des 19. Jahrhunderts, war die vorherrschende Idee die, dass die Geldumlaufgeschwindigkeit ein unvorhersehbar instabiler Parameter ist[182].

Friedman sah diese Probleme sehr wohl[183]. Jedoch beharrte er auf seinem Vorschlag einer inaktiven Politik. Seine Begründung war teils informationstechnischer, teils politischer Natur. Er konzidierte, dass eine „ideale Politik" den Schwankungen der Geldumlaufgeschwindigkeit folgen müsste. Eine solche Politik sei jedoch nur ideal in einer Welt mit perfekter Information und Kontrolle. Zum einen hätten die Behörden jedoch nie die Informationen, die sie bräuchten, um sich dem korrekten Pfad annähern zu können[184], außer vielleicht in Hyperinflationen. Zum anderen würden sich die Behörden täuschen lassen durch eine kurzfristige Abnahme der Geldumlaufgeschwindigkeit. Sie würden diese fälschlicherweise als eine Trendwende interpretieren und folglich die Inflation anheizen, wie die Geschichte so oft bewiesen hätte. Friedman unterstellt hier im Gegensatz zu anderen Monetaristen[185] immer noch, dass die Geldumlaufgeschwindigkeit zumindest mittelfristig stabil ist[186]. Auf Kurzfristabweichungen bezogene diskretionäre Politik oder aktivistische Regel-Politik würde dann seiner Meinung nach nur unerwünschte inflationäre Prozesse hervorrufen. Karl Brunner unterstützte hierin Milton Friedman. Er betont, dass die Geldumlaufgeschwindigkeit gut durch einen „random-walk" dargestellt werden könne. Dies bedeutet seiner Ansicht nach, „dass diskretionäre Maßnahmen, die darauf abzielen, beobachtete oder erwartete Änderungen der Umlaufgeschwindigkeit auszugleichen, höchstwahrscheinlich die Variabilität der Änderungen des nominalen Bruttosozialprodukts erhöhen"[187].

Gerade diese Annahme der Stabilität der Geldnachfragefunktion wurde jedoch in Zweifel gezogen[188]. So schrieb beispielsweise Thomas Mayer:

Die wirkliche Schwierigkeit mit der Hypothese eines stabilen Trends der Umlaufgeschwindigkeit besteht nicht darin, dass die neueren Erfahrungen sie widerlegen, sondern eher, dass keine überzeugenden Erfahrungen existieren, die sie stützen würden. Es gibt

---

[181] Siehe zu solchen Finanzinnovationen und ihren Auswirkungen auf die Geldpolitik z. B. Francke [1985], Breuer u. a. [1986], Sijben [1988], Ketterer [1988], Frowen und Kath [1992] und Noyer [2007]. In jüngerer Zeit werden vor allem die Auswirkungen des elektronischen Geldes (**e-money**) auf die geldpolitischen Möglichkeiten von Zentralbanken analysiert. Vgl. hierzu Friedman [1999], Woodford [2000], Goodhart [2000], Stix [2004], Cohen [2004] und Durgun und Timur [2015]. Siehe Lo und Wang [2014] für eine Diskussion über das Aufkommen der Bitcoins.
[182] Siehe hierzu näher Laidler [1986].
[183] Siehe Friedman [1985].
[184] Siehe hierzu auch Brunner [1981].
[185] Dies betrifft u. a. die eben erwähnten, international bekannten Monetaristen Laidler, Mayer und Meltzer. Siehe näher im Folgenden.
[186] Zur empirischen Unterstützung vgl. z. B. Duck [1993].
[187] Brunner [1984: S. 40].
[188] Zudem wird auch die Stabilität (oder Trend-Stationarität) des realen Outputs – einer zentralen Bestimmungsgröße der Geldnachfrage – in Zweifel gezogen (siehe z. B. Nelson und Plosser [1982]). Eine konstante Geldwachstumsregel würde folglich auch zur Instabilität (Nicht-Trend-Stationarität) des Preisniveaus führen.

3. Kapitel: Regelgebundene Stabilitätspolitik

keinen A-Priori-Grund dafür, dass die Geldumlaufgeschwindigkeit stabil sein oder sich mit einer stabilen Rate ändern sollte. Geldnachfrage ist die Nachfrage nach einem Kapitalgut, und wird sich daher ändern, wenn sich die relativen Preise, Einkommen, Präferenzen und Technologien ändern.

Ob die Geldumlaufgeschwindigkeit stabil ist, ist letztlich eine empirische Frage. Aber sie ist eine, die unsere gegenwärtigen Techniken nicht mit Sicherheit beantworten können. Von daher ist der stabile Trend der Umlaufgeschwindigkeit von 1960 bis 1980, der wie ein überzeugendes Argument für eine Regel des [konstanten] Geldmengenwachstums erschien, kein überzeugender Beweis dafür, dass die Geldumlaufgeschwindigkeit einem stabilen langfristigen Trend folgt. er könnte darauf beruhen, dass die Geldbehörde einer akkomodativen Politik gefolgt ist. [...] Wäre die Geldbehörde nicht dieser besonderen diskretionären Politik gefolgt, hätten Zinssätze – und folglich die Umlaufgeschwindigkeit – variabler sein können.[189]

Der angesprochene Unterschied in der Entwicklung der Geldumlaufgeschwindigkeit in den USA zwischen den 1960 bis 1970er und 1980er Jahren kommt in der folgenden Abbildung zum Ausdruck. $\hat{V}$ ist hier bezogen auf das Geldmengenaggregat M1.

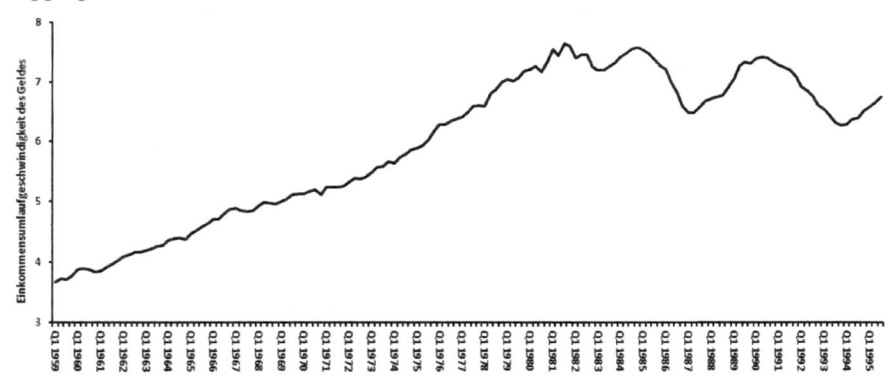

Abbildung 14: (Quelle: Eigene Darstellung; Daten: Federal Reserve Bank of St. Louis).

Mayer zog hieraus die Schlussfolgerung, dass die Regelbindung der Geldbehörde nicht auf die Bereitstellung eines konstanten Geldmengenwachstums beschränkt sein sollte. Die Geldbehörde sollte stattdessen auf Änderungen der Geldumlaufgeschwindigkeit reagieren. Mit anderen Worten, die Regel sollte eine „Feedback-Regel", d. h. eine **aktivistische Regel** sein, die wie folgt auszusehen hätte:

(4) $\quad \hat{M}_t = x - \hat{V}_{t-1}.$

Die Geldbehörde wäre also angehalten, im Geldmengenwachstum der laufenden Periode Änderungen der Umlaufgeschwindigkeit, die während der Vorperiode stattgefunden haben, regelmäßig zu berücksichtigen.

---

[189] Mayer [1987a: S. 35]. Die englischen Zitate sind von mir in diesem Buch jeweils ins Deutsche übersetzt worden.

Diese regelpolitische Variante ist weitgehend identisch mit einem Vorschlag von Meltzer [1987], mit dem einen Unterschied, dass Mayer als Steuerungsgröße das Geldmengenaggregat „M1" wählte, während Meltzer die „Geldbasis" als Steuerungsgröße vorschlug. Die Geldbehörde sollte nach Meltzer die Geldbasis in Übereinstimmung mit früheren Änderungen der Geldbasis Umlaufgeschwindigkeit anpassen. Genau genommen sollte jährlich eine Wachstumsrate der Geldbasis festgesetzt werden, die gleich ist der bisherigen Output-Wachstumsrate über einen sich bewegenden Dreijahresdurchschnitt abzüglich der bisherigen Wachstumsrate der Geldbasis-Umlaufgeschwindigkeit, ebenfalls über einen sich bewegenden Dreijahresdurchschnitt. Die Inflationsrate sollte so im Durchschnitt stabilisiert werden[190]. Der (willkürlich gesetzte) Dreijahresdurchschnitt soll der Geldbehörde Zeit geben, um herauszufinden, ob die Schocks permanent oder nur vorübergehend sind[191].

Wie schon erwähnt wurde, ist die Geldbasis die Größe, die die Geldbehörde genau kontrollieren kann. Die Wahl der Geldbasis als Steuerungsgröße würde nach Meltzer's Ansicht auch der Öffentlichkeit erlauben, die Leistung der Geldbehörde genau zu überwachen – was als wesentliches Schutzschild gegen die stetige Versuchung des Staates zu inflationärer Geldmengenaufblähung angesehen wird. (Diese Versuchung wird von den Vertretern einer Regelpolitik vor allem zurückgeführt auf die oben beschriebene Eigennutzenorientierung staatlicher Handlungsträger, teilweise auch auf die beschriebene Zeitinkonsistenztendenz optimaler Wirtschaftspolitik.) Dagegen kann die Größe „M1" von der Geldbehörde nur ungenau kontrolliert werden, was bedeutet, dass sich die Geldbehörde (verbal) auch eher aus der Verantwortung für eine unstetige Geldmengenentwicklung ziehen kann.

Dem hält Mayer entgegen, dass die Geldbasis für die meisten Leute ein unvertrautes Konzept ist, mit dem diese nichts anfangen könnten. Von daher würde eine darauf aufbauende Regelpolitik auch nicht die öffentliche Unterstützung bekommen, die notwendig ist, um sie politisch zu institutionalisieren und im weiteren Verlauf, dann auch aufrechtzuerhalten. Wichtig ist nämlich zu berücksichtigen, dass eine solche Regelpolitik von der Geldbehörde nicht „erzwungen", sondern nur bei kooperativer Zustimmung der Bevölkerung angewandt werden kann. Kooperative Zustimmung kann man jedoch nur erwarten, wenn das Steuerungskonzept eines Zwischenziels, das einer Regel zugrundeliegt, verstanden wird. Während das Konzept der „Geldbasis" weitgehend unverstanden bleiben würde, könnte man nach Mayer's Ansicht damit rechnen, dass das Konzept einer Steuerung der Geldmenge „M1" ein breiteres Verständnis sowie eine breitere Zustimmung in der Bevölkerung finden würde.

Man kann nun den Mayer'schen Gedankengang weiterführen und gegen sein eigenes Konzept wenden. Der Glaube, dass das Konzept einer Geldmengenstabilisierung über die aggregierte Größe „M1" von der breiten Öffentlichkeit verstanden wird, wird von vielen Ökonomen nicht geteilt. Sie verweisen darauf, dass die Bevölkerung allein an makroökonomischen Endzielen wie Beschäftigung, Output

---

[190] Dies folgt aus der Quantitätsgleichung, nach der gilt: $M/(Y/V) = P$ bzw. $\hat{M} - (\hat{Y} - \hat{V}) = \hat{P}$.

[191] Diese adaptive Geldmengenregel stützt sich nicht auf Vorhersagen. Dies spiegelt die tiefe Skepsis vieler Monetaristen gegenüber der Güte von Prognosen wider. Siehe Meltzer [1987].

und Preisniveau interessiert sei **und** die Verbindung zwischen Geldangebot und diesen Endzielgrößen nur unzureichend verstünde[192]. Folglich müsste eine Regel direkt an eine Stabilisierung dieser Größen gebunden sein, anstatt über den Umweg eines angekündigten Zwischenziels von Geldmengenaggregaten die Einsicht der Bevölkerung in den Wirkungsprozess zu vernebeln. Dementsprechend ist in den letzten Jahrzehnten verstärkt ein Alternativvorschlag diskutiert worden, der in Form einer Regelpolitik formuliert ist, dabei an die Endzielgrößen Output und Preisniveau gebunden ist und gleichzeitig die von Mayer und Meltzer ins Spiel gebrachten Änderungen der Geldumlaufgeschwindigkeit berücksichtigt. Wie wir sehen werden, ist er von der formalen Grundstruktur her sogar identisch mit dem Vorschlag von Mayer und Meltzer.

Diese Regelvorstellung, die unter dem Namen **„Nominal Income Targeting"** oder **„nominelle BSP-Regelpolitik"** bekannt ist, stellt gleichsam einen Kompromissvorschlag vonseiten einiger keynesianischer Ökonomen dar. Es beinhaltet das Eingeständnis dieser Ökonomen, dass zu sehr verfeinerte und zu diskretionäre Politiken eher unerwünschte Ergebnisse – wie zusätzliche Störelemente im Wirtschaftsablauf und Zeitinkonsistenzergebnisse mit der Folge eines Vertrauensverlusts für die Politiker – hervorbringen würden. Dies beruht seinerseits auf der Einsicht, dass Politiker in der Realität viel zu unwissend und zu ohnmächtig sind, um die Theoreme der optimalen Kontrolltheorie, die dem Vorschlag der Feinsteuerung zugrundeliegen, rigoros anwenden zu können.

II. Die Regel der nominellen BSP-Stabilisierung

1. Nominelle BSP-Regel versus $\hat{V}$-angepasste Geldmengenregel

Der Vorschlag einer nominellen BSP-Regelpolitik zielt auf die regelpolitische Stabilisierung des nominellen Bruttosozialprodukts (BSP) oder seiner Wachstumsrate. Die prominentesten Befürworter dieser Regelbindung sind Meade [1978], von Weizsäcker [1978], Tobin [1983], Hall [1983], Gordon [1985], Taylor [1985b], McCallum [1985], Feldstein [1987], Hall und Mankiw [1994] und Carney [2012] gewesen[193]. Das nominelle BSP wird dabei üblicherweise nicht als das Endziel, sondern als ein **Zwischenziel** betrachtet. Als das letztliche Ziel von Stabilitätspolitik wird die Stabilisierung der **einzelnen** Größen, des realen Outputs (Y) – und davon abgeleitet der Beschäftigung – sowie des Preisniveaus (P) verstanden.

Formal entspricht die BSP-Regel, in der Wachstumsratenversion, genau der Geldangebotsregel von Meltzer und Mayer. Denn nach der Quantitäts„gleichung" ist MV = PY. Es macht demnach formal keinen Unterschied, ob man MV oder PY bzw. alternativ die jeweiligen Wachstumsraten davon stabilisiert. So folgt aus der Zielfunktion „Halte $\widehat{(MV)}$ konstant = k(%)", die im Grunde der Feedback-Geldangebotsregel von Meltzer und Mayer entspricht, dass $\hat{M} = k - \hat{V}$. Dasselbe folgt, wenn man als Zielfunktion wie in der nominellen BSP-Regel (in Wachs-

---

[192] Siehe hierzu z. B. Tobin [1985].
[193] Für eine Anwendung der BSP-Regel auf eine offene Volkswirtschaft siehe McCallum und Nelson [1999].

tumsratenversion) vorgibt: „Halte $(\widehat{PY})$ konstant = k(%)". Auch hier ergibt sich aus der Bildung der Wachstumsrate über die Quantitätsgleichung[194], dass $\hat{M} = k - \hat{V}$.

Warum die einen Ökonomen die erste Variante, andere dagegen die zweite Variante bevorzugen, hat insbesondere etwas mit ihrer paradigmengebundenen Herkunft zu tun. Monetaristen werden immer eher der Meltzer/Mayer-Variante zuneigen, da die Steuerung direkt anhand von Geldmengenaggregaten (als Zwischenziele) geschieht. Keynesianer werden dagegen die nominelle BSP-Variante bevorzugen, die als Zwischen-Zielgrößen die in der keynesianischen Theorie zentralen Größen Output und Beschäftigung mit enthält. Der inhaltliche Hauptgrund für die Bevorzugung einer nominellen BSP-Regel ist zum einen die unterschiedliche Interpretation des Transmissionsmechanismus und zum anderen die (unterstellte) größere Verständlichkeit dieser Regelbindung in der Öffentlichkeit. Je besser der Sinn einer Regelbindung von der Öffentlichkeit verstanden wird, umso eher wird die Regelbindung akzeptiert und umso größer ist die Chance für eine kooperative Lösung inflationärer Verteilungsauseinandersetzungen.

Dagegen wird von Vertretern der Umlaufgeschwindigkeit-angepassten Geldmengenregel das Gegenargument hervorgebracht[195], dass ein nominelles BSP-Ziel und ein Geldmengenziel in einem komplementären und nicht in einem substitutiven Verhältnis stehen. Die Zentralbank bräuchte beides. Das wirkliche Problem sei, welches von beiden der Öffentlichkeit als „das Ziel" angekündigt werden soll. Dies spiele deswegen eine Rolle, weil es für die Zentralbank kostspielig (in Form des Verlusts von Reputation) ist, das angekündigte Ziel zu verfehlen. Bei einem Geldmengenziel wird die Zentralbank deshalb sehr zurückhaltend sein, ihr Ziel zu ändern, wenn neue Informationen auftauchen. Die Frage sei nun, wie viel Flexibilität die Zentralbank haben sollte. Flexibilität hätte wohl den Vorteil, neue Informationen zu verarbeiten. Der Nachteil bestehe andererseits darin, dass die Zentralbank dem öffentlichen oder politischen Druck, die Zinsen zu stabilisieren oder ähnlichen Forderungen nachzukommen, eher erliegt. Zudem würde die Zentralbank dann ihre Entscheidungen leiten lassen von internen, bürokratischen Erfordernissen.

Von beiden Feedback-Regeln wird allgemein erwartet, dass sie Nachfrageschocks besser absorbieren können als eine Politik konstanten Geldmengenwachstums. Dies wäre insofern bedeutend, als Nachfrageschocks gerade die oben behandelten, unvorhersehbaren Schwankungen der Geldumlaufgeschwindigkeit hervorrufen. **Von einer nominellen BSP-Regelpolitik** erwarten einige ihrer Befürworter darüber hinaus, dass sie eine kooperative Lösung für das Stagflationsproblem begünstigen würde (siehe näher weiter unten). Wenn man berücksichtigt, dass Stagflationserscheinungen häufig auf Angebotsschocks zurückzuführen sind, kann man dies vereinfacht auch so interpretieren, dass von einer nominellen BSP-Regelpolitik erwartet wird, dass sie nicht nur Nachfrageschocks, sondern auch Angebotsschocks besser absorbiert.

---

[194] Aus PY = MV folgt $(\widehat{PY}) = (\widehat{MV})$. $(\widehat{MV})$ ist jedoch gleich $\hat{M} + \hat{V}$, sodass $\hat{M} = k - \hat{V}$, wenn $(\widehat{PY}) = k$.

[195] Die folgende Argumentation äußerte Thomas Mayer in einem Briefwechsel mit mir. Vgl. auch ähnliche Argumentation in Mayer [1987b].

Ob eine der beiden Feedback-Regeln der Friedman'schen Regel konstanten Geldmengenwachstums wirklich überlegen ist, lässt sich nur theoretisch beantworten, da bislang keine der Regelpolitiken für eine längere Zeit in der Praxis angewandt worden ist.

2. Ein Modellvergleich zwischen nomineller BSP-Regel und konstanter Geldmengenregel

Im Folgenden wird in einer modelltheoretischen Analyse herausgearbeitet, welches die Bedingungen sind, unter denen eine nominelle BSP-Regel einer konstanten Geldmengen-Regel überlegen ist. Modelltheoretische Vergleichsstudien, die den Gegenstand umfassend behandeln, sind die Studien von Bean [1983], West [1986] und von Asako und Wagner [1987; 1992]. Im Folgenden Teil wird zuerst ein Überblick über die Annahmen, den Aufbau (die Grundgleichungen) der Modelle und die Ergebnisse der Modellanalysen geliefert. Eine detaillierte, exemplarische Behandlung wird dann im Folgenden „ANHANG" erfolgen.

Die erwähnten drei Studien gehen alle jeweils von einem sehr einfachen Modellrahmen aus, der sich zusammensetzt aus einer aggregierten Angebotsfunktion, einer aggregierten Nachfragefunktion, der Gleichgewichtsbedingung, einer Geldangebotsgleichung sowie einer Erwartungsbildungsgleichung. Die Gleichgewichtsbedingung drückt sich im Folgenden darin aus, dass in Gleichungen (1) und (2) für das aggregierte Angebot und die aggregierte Nachfrage die gleiche Variable „y_t" verwendet wird. Die Erwartungsbildungsgleichung – $p_t^e = E(p_t|I_{t-1}) \equiv E_{t-1}p_t$ –, die die rationale Erwartungsbildung anzeigt, wird hier auch nicht gesondert aufgeführt, sondern gleich in (1) integriert durch Verwendung des Ausdrucks $E_{t-1}p_t$ für die Preiserwartung. Das Referenzmodell, das von den einzelnen Autoren unterschiedlich ausgebaut wird, ist das folgende einfache Standard-Makromodell:

(1) $y_t = \beta(p_t - E_{t-1}p_t) + u_t$,

(2) $y_t = \gamma(m_t - p_t) + v_t$,

(3a) $m_t = \theta E_{t-1}(p_t + y_t)$,

oder

(3b) $m_t = \theta(p_t + y_t)$,

wobei y_t = Output, p_t = Preisniveau, und m_t = Geldangebot. Alle diese Variablen sind – wie bisher auch[196] – in logarithmischer Form und werden als Abweichungen von normalen oder Zielwerten gemessen. Entsprechend sind auch wieder die konstanten Terme der Linearbezeichnungen weggelassen worden.

Die Terme u_t und v_t sind **Zufallsvariablen**, die Angebot und Nachfrage durch unvorhergesehene Änderungen in der Produktivität, den Präferenzen usw. verschieben. Wir unterscheiden dabei **2 Fälle**:

zum einen voneinander und seriell unabhängige Zufallsvariable mit Mittel 0 und endlichen konstanten Varianzen σ_u^2 und σ_v^2 **(Fall 1)**;

---

[196]   Hier werden zur Erinnerung nochmals die Begriffe sowie die Gleichungen erläutert.

zum anderen seriell korrelierte Zufallsvariable mit $u_t = u_{t-1}+\varepsilon_t$, $v_t = v_{t-1}+\xi_t$, wobei ε_t und ξ_t seriell unkorrelierte, voneinander unabhängige Zufallsvariable sind mit Mittel 0 und endlichen konstanten Varianzen **(Fall 2)**.

Die Störungen im ersten Fall bezeichnet man auch als „White Noise"; die Störungen sind hier nur transitorisch, d. h. vorübergehend. Die Störungen im zweiten Fall werden als „random walk" bezeichnet; Störungen sind hier permanent, d. h. anhaltend.

Gleichung (1) ist eine standardmäßige sogenannte Friedman-Phelps-Lucas- oder einfach nur Lucas-Angebotsfunktion, wobei $\beta > 0$.[197]

Gleichung (2) beschreibt die aggregierte Nachfragefunktion als abhängig von der Realkasse mit $\gamma > 0$.

Die Geldangebotsgleichung (3a) ist eine vereinfachte Version der **Politikreaktionsfunktion** $m_t - m^* = \theta[E_{t-1}(p_t+y_t)-(p^*+y^*)]$ mit $m^* = 0$ und $p^*+y^* = 0$. (Mit „*" sind hier Zielwerte ausgedrückt.) Sie gibt an, dass die Geldbehörde das Geldangebot in Reaktion auf Abweichungen des antizipierten nominellen Einkommens vom Zielwert festsetzt. Man kann leicht sehen, dass die konstante Geldmengen-Regelpolitik (hier auch bezeichnet als **MS-Regel**) und die nominelle BSP-Regelpolitik (hier auch gekennzeichnet als **NI-Regel**) Spezialfälle von (3a) sind. So kann die MS-Regel dargestellt werden durch den Fall $\theta = 0$ und die NI-Regel durch $\theta \to \infty$. Die MS-Regel wird dann durch $m_t = 0$ und die NI-Regel durch $E_{t-1}(p_t+y_t) = 0$ beschrieben[198].

Sofern wir rationale Erwartungsbildung annehmen, besagt das Politik-Ineffektivität-Resultat [siehe Kapitel 2, Abschnitt B.II.3 oben], dass antizipierte Geldpolitik keine Effekte auf das Output-Verhalten hat. Welche Regel, MS- oder NI-Regel angewandt wird, spielt dann keine Rolle. Sie sind in diesem Fall „gleichwertig". Dies sieht man wie folgt. Aus (1) folgt bei rationaler Erwartungsbildung und White-Noise-Zufallsvariablen, dass $E_{t-1}y_t = 0$. Aus der Differenz von Gleichung (2) und dem Erwartungswert über (2) folgt dann

$$y_t = \gamma[(m_t-E_{t-1}m_t)-(p_t-E_{t-1}p_t)]+v_t.$$

Bei rationalen Erwartungen gilt „im Durchschnitt" $p_t = E_{t-1}p_t$ und $m_t = E_{t-1}m_t$, sodass antizipierte Geldpolitik keine systematischen realen Output-Effekte hat **(Geldneutralität)**.[199]

Erst durch das Hinzufügen weiterer Annahmen oder Restriktionen erhält man systematische Output-Effekte von Geldpolitik und unterschiedliche Effekte von verschiedenen Geldmengenstrategien. Erst dann lohnt es sich, unterschiedliche Geldmengenstrategien zu vergleichen.

Eine Möglichkeit, systematische Effekte von Geldpolitik zu erhalten, besteht darin, Informations- oder Reaktionsvorteile der Geldbehörde gegenüber (einem Teil) der Öffentlichkeit zu unterstellen. Die Informations- oder Reaktionsvorteile

---

[197] Gleichung (1) oben erhält man als reduzierte Form aus den Gleichungen (1') und (16) aus Kapitel 1 unter Hinzufügung des Störfaktors u_t.
[198] Bei einer Interpretation der Variablen im obigen Modell als Wachstumsraten drückt (3) die beiden Regeln in Wachstumsratenform aus.
[199] Siehe näher oben in Kapitel 2, Abschnitt B.II.3.

beziehen sich dabei auf das Eintreffen von Angebots- und Nachfrageschocks. In diesem Fall wird die **Geldangebotsgleichung** durch **(3b)** beschrieben. Eine alternative und wahrscheinlich überzeugendere Begründung für (3b) ist, das Vorliegen von kurz- bis mittelfristigen Vertragsbedingungen bei Löhnen und/oder Preisen zu unterstellen, sodass die Geldbehörde im Unterschied zu den Lohn- oder Preissetzern auf Schocks innerhalb der laufenden Periode reagieren kann.

Die NI-Regel, bei der $\theta \to \infty$, wird dann dargestellt durch $p_t+y_t = 0$, während die MS-Regel wie in (3a) durch $m_t = 0$ beschrieben wird. Wenn Informations- oder Reaktionsvorteile für die Geldbehörde vorliegen, besitzen NI- und MS-Regel beim Auftreten von Schocks unterschiedliche Wirkungen auf die Varianz des Outputs. Man kann innerhalb des obigen Modellrahmens (bestehend aus den Gleichungen (1), (2) und (3b)) zeigen, dass die NI-Regel bei Nachfrageschocks der MS-Regel immer überlegen und bei Angebotsschocks dann überlegen ist, wenn der Parameter γ größer als Eins ist. [Siehe hierzu den ANHANG im Anschluss an diesen Unterabschnitt.]

Die erwähnten Studien von Bean, von West und von Asako und Wagner nahmen unterschiedliche Erweiterungen des obigen Standardmodells vor. **Bean [1983]** berücksichtigte Wirkungsverzögerungen in der **Angebots**funktion, abgeleitet aus einem Kontraktmodell vom Fischer-Taylor-Typ (siehe zu letzterem in Kapitel 1). Außerdem unterstellte er serielle Korreliertheit der Zufallsvariablen (obiger Fall 2). Er kam zu dem Ergebnis, dass die NI-Regel der MS-Regel bei Nachfrageschocks immer und bei Angebotsschocks dann überlegen ist, wenn der Parameter γ kleiner als Eins ist. **West [1986]** kam dagegen zu dem genau umgekehrten Ergebnis, dass die NI-Regel der MS-Regel bei Angebotsschocks dann überlegen ist, wenn der Parameter γ **größer** als Eins ist. West unterstellte dabei jedoch **adaptive** Erwartungsbildung sowie White-Noise-Störeinflüsse. Außerdem verwandte er ein anderes Ziel- oder Wohlfahrtskriterium als Bean. Während Bean unterstellte, dass der Staat versucht, die Varianz des Outputs um ein Output-Niveau bei „voller Information" zu minimieren[200], ging West davon aus, dass der Staat die „unbedingte" Varianz des Outputs zu minimieren versucht[201].

Asako und Wagner [1987; 1992] schließlich bezogen „vorwärtsgerichtete" Inflationserwartungen mit in die **Nachfrage**funktion ein und analysierten die Effekte in vielfältigen Modellvarianten: – mit und ohne rationale Erwartungsbildung, mit und ohne Möglichkeit der Geldbehörde, auf neue Informationen innerhalb der laufenden Periode zu reagieren, sowie mit und ohne serielle Korreliertheit der Zufallsvariablen, d. h. für transitorische und permanente Schockeinflüsse. Konkreter ausgedrückt, sie fügten in der obigen Gleichung (2) auf der rechten Seite den Ausdruck $+\delta(E_t p_{t+1} - p_t)$ hinzu, der den Einfluss von in der Periode gebildeten Informationserwartungen auf die aggregierte Nachfrage beschreibt[202]. Außerdem gingen sie bei der Analyse in den Fällen transitorischer Schocks von dem gleichen

---

[200] Das Zielkriterium würde dann, innerhalb unserer obigen Modellstruktur, lauten: min! var(y_t-u_t). u_t ist hier gleich dem Outputniveau bei „voller Information". Denn bei voller Information über die Struktur des Wirtschaftsprozesses wird die Öffentlichkeit von der Preisniveauentwicklung nicht überrascht werden, sodass $E_{t-1}p_t = p_t$, was, in (1) eingesetzt, $y_t = u_t$ ergibt.
[201] Das Zielkriterium sieht dann wie folgt aus: min! var(y_t).
[202] Diese erweiterte Nachfragefunktion lässt sich aus einem einfachen IS-LM-Modell gewinnen. Siehe hierzu im 1. Teil des folgenden ANHANGs.

Zielkriterium wie West, d. h. von einer Minimierung der „unbedingten" Varianz des Outputs, aus. Dagegen unterstellten sie in den Fällen permanenter Schocks ein Zielkriterium, das ähnlich dem von Bean verwandten war. Sie konnten so nachweisen, dass es kein einfaches, einheitliches Überlegenheitskriterium für die NI-Regel versus der MS-Regel gibt, sondern dieses fallbezogen variiert. Die jeweiligen Modellergebnisse sind in dem folgenden Schema aufgelistet.

Das folgende Schema bezieht sich nur auf den Fall rationaler Erwartungen und transitorischer Schocks.

		Angebotsschocks	Nachfrageschocks
(A)	Kein Reaktionsvorteil[203] der Geldbehörde (Gleichung (3a)):		
	a) Für $\gamma < 0$, $\delta < 0$; (genauer: für $\gamma+2\delta > 0$)	gleichwertig	gleichwertig
	b) Für $\gamma+2\delta \leq 0$;	NI unterlegen	NI unterlegen wenn $\gamma+\delta > 0$ [sodass $2\gamma < 2\delta \leq -\gamma$]
(B)	Reaktionsvorteil der Geldbehörde (Gleichung (3b)):		
	a) Für $\gamma > 0$, $\delta > 0$: (genauer: für $\gamma+2\delta > 0$)	NI überlegen, wenn $\gamma+\delta > 1$ [sodass $\delta > \max(-\gamma/2, 1-\gamma)$]	NI überlegen
	b) Für $\gamma+2\delta \leq 0$:	NI unterlegen	NI unterlegen

Bei nichtrationalen Erwartungen sowie bei permanenten Schocks ergeben sich teilweise sehr von den obigen sich unterscheidende Ergebnisse. Insbesondere spielt dann auch die Größe des Parameters β eine Rolle[204].

Anhang:

1) Die in Asako und Wagner [1987] verwandte aggregierte Nachfragefunktion

(2a) $y_t = \gamma(m_t-p_t)+\delta(E_t p_{t+1}-p_t)+v_t$

lässt sich wie folgt aus einem einfachen IS-LM-Schema ableiten.

---

[203] Mit „Reaktionsvorteil der Geldbehörde" ist hier eine Informationsstruktur bezeichnet, in der die Geldbehörde in gleichem Maße wie die Investoren auf den Finanzmärkten Informationen über Schocks in der laufenden Periode verwerten kann, während die Produzenten oder die Arbeitnehmer (die Lohnsetzer) ihre Entscheidungen – wegen mittelfristiger Lohnverträge – auf der Grundlage von Informationen der Periode t−1 treffen zu müssen. „Kein Reaktionsvorteil" heißt hingegen, dass die Geldbehörde wie die Produzenten oder die Arbeitnehmer ihre Entscheidungen auf der Grundlage von Informationen der Periode t−1 treffen.

[204] Siehe näher in Asako und Wagner [1992]. Siehe auch Wagner [1988a].

Aus der Gleichsetzung der Ersparnis $S_t = S(Y_t)$ und der Investition $I_t = I(i_t - E_t(p_{t+1} - p_t))$ erhalten wir folgende IS-Gleichung in loglinearer Form:

(*) $y_t = -\zeta(i_t - (E_t p_{t+1} - p_t)) + v_{1t}$.   IS

Entsprechend erhält man aus der Gleichsetzung der Geldnachfragefunktion $L_t = L(i_t, Y_t)$ mit dem als exogen unterstellten realen Geldangebot $(M/P)_t$, die folgende LM-Funktion in loglinearer Form:

(**) $m_t - p_t = y_t - \psi i_t + v_{2t}$.   LM

Wenn wir i_t aus (**) in (*) substituieren, erhalten wir nach Auflösung nach y_t die aggregierte Nachfragefunktion

$y_t = \gamma(m_t - p_t) + \delta(E_t p_{t+1} - p_t) + v_t$ IS-LM

mit $\gamma = \zeta/(\zeta+\psi)$; $\delta = \zeta\psi/(\zeta+\psi)$ und $v_t = (\zeta+\psi)^{-1}[\psi v_{1t} - \zeta v_{2t}]$.

Solange die Elastizitäten ζ und ψ positiv sind, sind hier auch γ und δ positiv. Sowohl aus theoretischen wie auch aus empirischen Gründen kann man jedoch nicht ausschließen, dass δ negativ ist. Die Unterscheidung zwischen einem positiven und einem negativen Wert von δ war denn auch, wie oben dargestellt, in der Analyse von Asako und Wagner von zentraler Bedeutung.

2) Ich erwähnte oben in Abschnitt 2, dass im Falle rationaler Erwartungen, transitorischer Schocks, $\delta = 0$ und einem „Reaktionsvorteil" der Geldbehörde, „$\gamma > 1$" eine hinreichende Bedingung für die Überlegenheit der NI-Regel gegenüber der MS-Regel darstellt. Es soll im Folgenden der Nachweis hierfür als exemplarische Übung der für solche Vergleiche typischen Lösungsmethode geführt werden.

Ausgangspunkt ist das entsprechende Modell, bestehend aus den obigen Gleichungen (1), (2) und (3b).

(1) $y_t = \beta(p_t - E_{t-1}p_t) + u_t$,
(2) $y_t = \gamma(m_t - p_t) + v_t$,
(3b) $m_t = \theta(p_t + y_t)$.

Wir berechnen zuerst in (a) die Output-Varianz bei einer NI-Regel, anschließend in (b) die Output-Varianz bei einer MS-Regel und vergleichen beide schließlich in (c), umso das Überlegenheitskriterium bezüglich der NI-Regel zu ermitteln.

(a) **NI-Regel**: Wir bilden zuerst den (konditionalen) Erwartungswert über (1). Wir erhalten so

(1a) $E_{t-1}y_t = \beta(E_{t-1}p_t - E_{t-1}E_{t-1}p_t) + E_{t-1}u_t$.

Hierbei ist zu berücksichtigen, dass $E_{t-1}E_{t-1}p_t = E_{t-1}p_t$, sodass der Klammerausdruck gleich Null wird und $E_{t-1}u_t$ auf der rechten Seite von (1a) übrigbleibt. $E_{t-1}u_t$ ist jedoch gleich Null, wie wir oben vorausgesetzt haben (Fall 1 oben: transitorische „White-Noise"-Schocks). Folglich ist $E_{t-1}y_t$ in (1a) gleich Null.

Wir haben oben darauf hingewiesen, dass im Falle der NI-Regel $\theta \to \infty$, sodass man die NI-Regel auch schreiben kann als $p_t + y_t = k$, wobei $k = m^* = p^* + y^*$.

(Mit ‚*' hatten wir Zielwerte gekennzeichnet.) Wenn wir wie oben der Einfachheit halber annehmen, dass k = 0, folgt

(3b') $p_t + y_t = 0$.

Bilden wir den Erwartungswert über (3b'), so erhalten wir $E_{t-1}p_t + E_{t-1}y_t = 0$. Nun haben wir jedoch gerade eben gezeigt, dass $E_{t-1}y_t = 0$. Folglich muss auch $E_{t-1}p_t = 0$ sein. Wir setzen dies sowie (3b'), woraus $p_t = -y_t$ folgt, in Gleichung (1) ein. Hieraus erhalten wir nach Ausklammern von y_t, den Ausdruck

(4) $y_t = (1+\beta)^{-1}u_t$.

Wenn wir die Varianz über beide Seiten dieser Gleichung bilden, resultiert daraus die gesuchte Output-Varianz bei der NI-Regel:

(4a)   var $y_t = [(1+\beta)^{-1}]^2\sigma_u^2$.

(b) **MS-Regel**: Die MS-Regel ist gekennzeichnet durch $\theta = 0$, sodass man sie auch schreiben kann als $m_t = m^*$. Wir können wie oben der Einfachheit halber annehmen, dass $m^* = 0$, ohne dass sich etwas am Ergebnis grundsätzlich ändert. Dann wird die MS-Regel durch $m_t = 0$ beschrieben. Wenn $m_t = 0$, ist auch $E_{t-1}m_t = 0$. Wie wir schon bei der NI-Regel sahen, erhalten wir aus der Bildung des Erwartungswerts über (1), dass $E_{t-1}y_t = 0$. Beides, $E_{t-1}m_t = 0$ und $E_{t-1}y_t = 0$, setzen wir ein in den Erwartungswert über (2), der lautet: $E_{t-1}y_t = \gamma E_{t-1}m_t - \gamma E_{t-1}p_t$, und erhalten somit $E_{t-1}p_t = 0$. Setzen wir nun die Gleichungen (1) und (2) gleich, und berücksichtigen dabei, dass $m_t = 0$ und wie eben ermittelt $E_{t-1}p_1 = 0$ ist, so erhalten wir nach Ausklammern von p_t den Ausdruck

(5) $p_t = (v_t - u_t)/(\beta + \gamma)$.

Nun setzen wir (5) in (1) ein, wobei wir wieder berücksichtigen, dass $E_{t-1}p_t = 0$. Hieraus folgt dann

(6) $y_t = [\beta(v_t - u_t)/(\beta + \gamma)] + u_t$.

Nach Zusammenfassen der v_t und u_t erhalten wir statt (6)

(6') $y_t = [\beta/(\beta + \gamma)]v_t + [\gamma/(\beta + \gamma)]u_t$.

Wir bilden die Varianz über beide Seiten von (6') und erhalten die gesuchte Output-Varianz im Fall der MS-Regel:

(6a)   var$(y_t) = [\beta/(\beta + \gamma)]^2\sigma_v^2 + [\gamma/(\beta + \gamma)]^2\sigma_u^2$.

(c) **Vergleich**: Bei Nachfrageschocks ist die NI-Regel der MS-Regel immer überlegen. Dies sieht man daran, dass σ_v^2 in (6a) vorkommt, jedoch nicht in (4a). Eine NI-Regel neutralisiert also – in dem hier betrachteten, spezifischen Modellaufbau – Nachfrageschocks vollkommen. Bei Angebotsschocks ist die Sache dagegen nicht so eindeutig. Dies sieht man daran, dass die Varianz σ_u^2 in beiden Gleichungen vorkommt. Die NI-Regel ist auch bei Angebotschocks der MS-Regel überlegen, wenn der Ausdruck vor σ_u^2 in (4a) kleiner ist als der Ausdruck vor σ_u^2 in (6a), also

$$[\gamma/(\beta + \gamma)]^2 - [1/(1+\beta)]^2 > 0.$$

Durch Zusammenfassen erhalten wir

$$[\gamma^2/(1+\beta)^2-(\beta+\gamma)^2]/[(\beta+\gamma)^2(1+\beta)^2] > 0.$$

Da der Nenner dieses Ausdrucks größer Null ist, ist die Ungleichung nur erfüllt, wenn im Zähler

$$\gamma^2(1+\beta)^2-(\beta+\gamma)^2 > 0.$$

Nach Auflösen der Klammern und Umformulieren erhält man

$$(\gamma-1)[\beta(\gamma+1)+2\gamma] > 0.$$

Da der Ausdruck in der eckigen Klammer positiv ist, ist die Ungleichheit nur erfüllt, wenn $\gamma > 1$. Dies ist es, was wir zeigen wollten.

3) Die in der Tabelle oben zusammengefassten Ergebnisse der Studie von Asako und Wagner [1987] erhält man erst nach langwierigen Berechnungen unter Einschluss der Lösung von Differenzengleichungen für die Preiserwartung. Deswegen wird hier auf eine nähere Behandlung verzichtet[205].

3. Eine allgemeine Einschätzung der nominellen BSP-Regel

Aus den obigen Ergebnissen ist zu ersehen, dass die in der Literatur häufiger anzutreffende Behauptung, dass eine nominelle BSP-Regel ein nahezu perfektes Mittel darstellt, um Schocks, die von der aggregierten Nachfrageseite her kommen, zu absorbieren, nicht einmal im idealen Fall nicht vorhandener Wirkungsverzögerungen von Geldpolitik so ohne weiteres zutrifft.[206] Wenn man zudem berücksichtigt, dass es Verzögerungen der Datenerhebung gibt und die Wirkungsverzögerungen von Geldpolitik lang und variabel sein können, kann eine NI-Regel sogar destabilisierend wirken. In diesem Fall würden die staatlichen Anpassungshandlungen die Schockwirkungen noch verstärken. Letzteres war ja auch, wie oben beschrieben, einer der klassischen Einwände der Monetaristen gegen aktivistische keynesianische Geldpolitik. Ein weiteres Problem, dass mit einer NI-Regel verbunden ist, besteht darin, dass die Wirkungsverzögerungen hinsichtlich der Preiseffekte und der Output-Effekte unterschiedlich groß sind. Dies erschwert die Stabilisierung des nominellen Sozialprodukts insofern, als sie sehr häufige Reaktionen der Geldbehörde verlangt. Beides spricht im Vergleich zwischen MS- und NI-Regel zugunsten der MS-Regel[207].

Unabhängig von den eben geschilderten rein makroökonomischen Gesichtspunkten könnten allerdings sozio-politische oder polit-ökonomische Gründe für die Überlegenheit einer nominellen BSP-Regelpolitik sprechen. Dies hat Carl Christian von Weizsäcker [1978] betont unter Verwendung von spieltheoretischen Überlegungen. Seine Argumentationsstruktur verlief wie folgt:

Das Problem der Unterbeschäftigung wie auch der Inflation kann als das Ergebnis einer nichtkooperativ ablaufenden Interaktion zwischen Gewerkschaften und Zentralbank in der Form eines Zwei-Personen-Spiels dargestellt werden. Bei-

---

[205] Zu den Grundlagen der Methodik siehe näher Asako [1982].
[206] Siehe Bhandari und Frankel [2015] für eine neuere theoretische Untersuchung, die die Vorteilhaftigkeit dieses Ansatzes für die Entwicklungsländer hervorhebt.
[207] Vgl. näher hierzu Wagner [1988a].

de Parteien haben zwei Strategien zur Verfügung: Die Politik der Zentralbank kann expansiv oder restriktiv sein, die Verhandlungsstrategie der Gewerkschaften kann kooperativ oder aggressiv sein. Die Bewertung der Ziele Preisniveaustabilität und Vollbeschäftigung sowie hohe Löhne und nivellierte Lohnstruktur gehen bei Zentralbank und Gewerkschaften auseinander. Das Spiel besitzt eine typische Gefangenendilemma-Struktur[208]. Nur die nichtkooperative Gleichgewichtslösung, die für beide Seiten nicht optimal ist, kann verwirklicht werden. Aufgrund von Erwartungsunsicherheit bezüglich der konjunkturellen Entwicklung und aufgrund der Komplexität von Organisationshandeln ist auch nicht zu erwarten, dass eine (stabile) kooperative Lösung dieses Spiels gefunden wird.

Tatsächlich ist die Struktur eines 2 Personen-2 Strategien-Spiels zu einfach. In Wirklichkeit handelt es sich um ein Mehrpersonen-Mehrstrategien-Spiel, wobei insbesondere die Unternehmer (Strategien: u. a., expansive versus restriktive Fiskalpolitik: Berücksichtigung von Wiederwahlgesichtspunkten) auch eine zentrale Rolle spielen. Eine kooperative Lösung des Spiels ist deswegen noch unwahrscheinlicher.

Vielleicht ist es aber möglich, fragt v. Weizsäcker, die Spielregeln des Spiels so zu ändern, dass das Ergebnis befriedigender ist. Dies könnte erreicht werden, so seine Vorstellung, indem sich der Staat mittel- bis langfristig auf eine vorgegebene, gleichbleibende jährliche Zuwachsrate des nominellen Sozialprodukts festlegt. Die realwirtschaftliche Ausfüllung dieses nominellen Sozialprodukts bliebe dann einerseits den Marktkräften, andererseits aber der gewerkschaftlichen Tarifpolitik überlassen. Das Spiel würde so seine Gefangenendilemma-Struktur verlieren[209]. Dadurch dass der Staat (die Zentralbank) permanent für eine hinreichende Zunahme der monetären Nachfrage nach Gütern und damit für eine hinreichende Zunahme der Beschäftigung von der Nachfrageseite her sorgt[210], bestünde die Möglichkeit, auch die gewerkschaftliche Lohnpolitik in den Dienst des Ziels der Vollbeschäftigung zu stellen.

Letztere Schlussfolgerung wird allerdings von einer Reihe von Ökonomen infrage gestellt. Gerade dass eine nominelle BSP-Regelpolitik die Entscheidung, wie das nominelle Einkommenswachstum aufgeteilt wird in Inflation und reales Wirtschaftswachstums $\left(\widehat{PY} = \hat{P} + \hat{Y}\right)$, auf die Tarifpartner verlagert, wird als Schwäche einer solchen Politikstrategie angesehen. So schreiben beispielsweise Dornbusch, Basevi, Blanchard, Buiter und Layard [1986: 16], dass das Fehlen von

---

[208] Zur näheren Erläuterung dieser spieltheoretischen Struktur siehe in Kapitel 5, dort in Abschnitt II.1.1.1.

[209] Das Problem der Unterbeschäftigung (oder auch der Stagflation) wird von v. Weizsäcker vor allem als ein Problem der rigiden Preise und Löhne angesehen. Rigide Löhne seien das Ergebnis des Versuchs der Gewerkschaften, über Herstellung einer gewissen Konstanz der Lohnstruktur die vorherrschende Vorstellung von Verteilungsgerechtigkeit zu verwirklichen. Die Verwirklichung von Verteilungsgerechtigkeit habe selbst wieder positive Nebeneffekte auf die gesamtwirtschaftliche Produktivität.

[210] Bei nach unten rigiden Löhnen und Preisen würde dies voraussetzen, dass die Zuwachsrate des nominellen Sozialprodukts über der Trendrate des realen Wachstums liegt, um das überdurchschnittliche reale Wachstum in konjunkturellen Aufschwungphasen sowie eventuelle unvorhergesehene (positive) Schocks finanzieren zu können. Die damit einhergehende positive Trendzuwachsrate des Preisniveaus wäre in diesem Fall, solange sie gering und stabil ist, nach v. Weizsäckers Ansicht hinnehmbar.

Synchronisation und Koordination von Preis- und Lohnentscheidungen und die zahlreichen Spielaspekte von Preis- und Lohnsetzung verhindern würden, dass irgendeine Gruppe in der Lage wäre, solch eine (gesamtwirtschaftlich) rationale „Entscheidung" zu treffen. Dies hätten die Erfahrungen in Großbritannien in den 1970er und 1980er Jahren wiederholt gezeigt. Arbeitslosigkeit würde sich – auch bei einer nominellen BSP-Regelpolitik – als das einzig wirksame Werkzeug erweisen, um Inflation zu kontrollieren.

Allerdings besitzt eine nominelle BSP-Regelpolitik insofern einen **Vorteil** gegenüber einer Regel konstanten Geldmengenwachstums, als sie die Kosten einer Desinflationierungspolitik niedriger halten dürfte. Wenn eine Desinflation eintritt, senkt dies das allgemeine Zinsniveau, das die Opportunitätskosten der Geldhaltung ausdrückt. Folglich wird die reale Geldnachfrage steigen, bzw. die Geldumlaufgeschwindigkeit sinken[211]. Unter einer Regel konstanten Geldmengenwachstums wird dies die durch eine monetäre Desinflationspolitik hervorgerufene Rezession noch weiter verstärken. Dagegen kann der Rückgang der Geldumlaufgeschwindigkeit unter einer nominellen BSP-Regelpolitik durch vorübergehend höheres Geldmengenwachstum kompensiert werden.

Weitere Vorteile einer nominellen BSP-Regel sieht zum Beispiel von Weizsäcker [1987] in folgenden (behaupteten) Wirkungen: Eine nominelle BSP-Regelpolitik liefere den Finanzmärkten eine bessere Orientierung; sie steigere die Bereitschaft der Anleger, sich in langfristig festverzinslichen Obligationen zu engagieren, und sie gebe dem Staat einen Orientierungspunkt an die Hand für seine Verschuldungs- und Budgetpolitik. Dies kann begründet werden[212] durch die enge empirische Korrelation zwischen dem Zinssatz und der nominellen BSP-Wachstumsrate. Folglich wird durch eine Stabilisierung des nominellen BSP-Wachstums auch eine Stabilisierung des Zinssatzes erwartet.

4. Auffassungsunterschiede zwischen Befürwortern einer nominellen BSP-Regelbindung

Selbst zwischen den Anhängern einer nominellen BSP-Regelbindung gibt es bedeutende Auffassungsunterschiede. Die wichtigsten dürften die folgenden Alternativen betreffen:

– **Langfristigkeit oder Diskretionarität einer Regelfestlegung?**

Während Ökonomen wie Robert Hall und von Weizsäcker die langfristige, u. U. jahrzehntelange Festlegung eines nominellen BSP-Ziels befürworten, bewerten dies andere Ökonomen wie z. B. Tobin als eine unnötige und gefährliche Eigenfesselung der Wirtschaftspolitik.

Die Befürworter einer langfristigen Festlegung eines nominellen BSP-Ziels betonen, dass eine langfristige Festlegung zur Erwartungs- und Planungsstabilisierung der privaten Akteure beitragen würde. Erst auf dieser Grundlage würden sich die Tarifpartner zu längerfristigen kooperativen Abmachungen bereitfinden. Die langfristige Festlegung wird daneben auch als notwendig betrachtet, um Verzer-

---

[211] Siehe hierzu Mundell [1963a] oder Wagner [1987c].
[212] – so von Weizsäcker in einem Telefonat mit mir –

rungen auszugleichen, die durch die langen Zeitverzögerungen der Inflationsanpassung, basierend auf den langen Laufzeiten von Lohnverträgen, entstehen[213].

Dagegen führen die Gegner einer „zu" langfristigen Zielfestlegung an, dass eine solche Festlegung angesichts unvorhersehbarer und deshalb unvermeidbarer Schockeinwirkungen in der Zukunft extrem kostspielig für eine Gesellschaft werden könnte. Auf ein gewisses Maß an Flexibilität – z. B. in Form jährlicher oder zweijährlicher Zielwertanpassungen – sollte deshalb nicht verzichtet werde.

- **Niveau oder Wachstumsrate des nominellen BSP als Zielgröße?**

Während noch Ende der 1970er, Anfang der 1980er Jahre die Festlegung eines Wachstumsratenzieles als die geeignete Variante betrachtet wurde[214], ist in den folgenden Jahren eher der Vorschlag einer nominellen BSP-Regelbindung in Form einer Niveaufestlegung befürwortet worden[215]. Für eine Wachstumsratenfestlegung spricht vielleicht die leichtere Verständlichkeit für die Tarifpartner: Begriffe wie Inflation und Wirtschaftswachstum gehören inzwischen zum eingebürgerten Sprachschatz in der politischen und insbesondere tarifpolitischen Arena. Mit diesen zu argumentieren, hat größeren Einfluss auf die Einsicht von Tarifpartnern als Begründungen über Preisniveau und Sozialprodukt hätte. Diesem Vorteil steht allerdings der Nachteil gegenüber, dass bei einer Wachstumsratenfestlegung unerwünschte Rückwirkungen von vorübergehenden Schocks, sogenannten „**overshooting**" oder „**undershooting**", auftreten[216]. Dies heißt, in der laufenden Periode stattfindende Abweichungen werden in der folgenden Periode nicht korrigiert. Wenn zum Beispiel der langfristige Zielpfad des nominellen BSP-Wachstums 4% beträgt, das tatsächliche nominelle BSP im laufenden Jahr aber um 5% wächst, so würde dies bei einem Niveauziel der nominellen BSP-Regel zu einem geplanten Anstieg des nominellen BSP im Folgenden Jahr um lediglich 3% führen. Hingegen bliebe das geplante Wachstum unter einem Wachstumsziel der nominellen BSP-Regel im nächsten Jahr weiterhin 4%. Dabei sei allerdings angemerkt, dass unter gewissen Umständen ein begrenztes „overshooting" sogar als erwünscht angesehen werden kann[217]. Dies beruht darauf, dass ja eine nominelle BSP-Regelbindung genauso wie eine Regelbindung konstanten Geldmengenwachstums **keine optimale Politik** im Sinne der Kontrolltheorie, sondern höchstens eine politisch-ökonomisch begründbare **Second-Best-Lösung** darstellt.

Es gibt jedoch einen Weg, die Vorteile der beiden Varianten miteinander zu vereinbaren. Wenn nämlich das Ausgangsniveau des nominellen BSP und die angestrebte langfristige Wachstumsrate bekannt sind, so sind auch die damit indirekt angestrebten jährlichen Niveauwerte bekannt. Dies bedeutet, dass die Geldbehörde die bekannten Niveauwerte anpeilen und die Regel – zwecks besserer Verständlichkeit – gleichzeitig als Wachstumsregel (mit Anpassung) „verkaufen" kann.

---

[213] Siehe hierzu Gordon [1985].
[214] Vgl. z. B. Meade [1978] und von Weizsäcker [1978].
[215] Vgl. z. B. Hall [1983] oder Taylor [1985b].
[216] Siehe hierzu Bean [1983] und Taylor [1985b].
[217] Siehe hierzu Asako und Wagner [1992].

5. Nominelle BSP-Regelpolitik versus diskretionäre Politik

Die **strittigen Punkte** zwischen den Vertretern einer nominellen BSP-Regelpolitik und Keynesianern, die eine diskretionäre Politik befürworten, betreffen vor allem die **Frage, wie viel Flexibilität eine Wirtschaftspolitik braucht**, um auf nichtvermeidbare und in der jeweiligen Regel nicht vorhergesehene Schockeinwirkungen so reagieren zu können, dass die Kosten für die Gesellschaft so gering wie möglich gehalten werden.

Vertreter einer diskretionären Politik sehen den Flexibilitätsbedarf der Wirtschaftspolitik als relativ hoch an. Dies hängt nicht zuletzt mit den jeweilig unterschiedlichen Erwartungen bezüglich der Instabilität des ökonomischen Systems zusammen. Wie in Kapitel 1 ausführlich geschildert, bestehen diesbezüglich große Differenzen zwischen den Ökonomen. Je instabiler das privatwirtschaftliche System ist **und** je häufiger unvorhergesehene Schockeinwirkungen auftreten, umso höher werden die Kosten für die Gesellschaft entsprechend der in der Einleitung abgeleiteten Kostenfunktion sein.

Die ökonomische Sinnhaftigkeit von diskretionären Eingriffen hängt jedoch nicht nur vom Ausmaß dieser Kosten ab, sondern auch von den Kosten, die diese politischen Eingriffe selbst verursachen[218]. Über letztere Kosten gehen die Meinungen weit auseinander. Die diesbezüglichen Erwartungen sind entscheidend geprägt von dem „Weltbild" des jeweiligen Ökonomen, das selbst wieder basiert auf theoretisch geleiteten(!) Erfahrungen und auf „ansozialisierten" Interpretationen der Handlungen seiner Umwelt. Anhänger einer Regelpolitik sind in der Regel davon überzeugt, dass die Politiker samt und sonders auf ihre persönlichen Eigeninteressen bedacht sind und staatliche Behörden nur ihren innersten Macht(erhaltungs)trieben folgen. Demgegenüber vertrauen Vertreter einer diskretionären Politik eher auf das „soziale Gewissen" von demokratischen Politikern. Außerdem argumentieren sie, dass die relevante Handlungseinheit im politischen System nicht „der Politiker" als Individuum ist, sondern „die Partei", vertreten durch Politiker. Parteien sind aber gehalten, gerade wenn sie das eigennützige Ziel ihrer Wiederwahl anstreben, das Gemeininteresse „im Durchschnitt" (vorübergehende Abweichung inbegriffen) zu verfolgen[219]. Außerdem wird von Vertretern einer mehr diskretionären Wirtschaftspolitik das Argument angeführt, dass eine zu starre Regelbindung die Tarifauseinandersetzungen und darüber hinaus die gesellschaftlichen „Klassen"gegensätze verschärfen würde.

Es bleibt letztlich noch die Frage, ob eine nominelle BSP-Regelpolitik einer Politik überlegen ist, die die Wirtschaft mit dem Preisniveau und dem realen Output als **separate Ziele** zu steuern versucht. Durch letztere Politik hätte man einen zusätzlichen Freiheitsgrad gewonnen. Allerdings kann es sein, wie James Tobin [1985] hervorhebt, dass eine nominelle BSP-Regelpolitik trotzdem überlegen ist, und zwar weil sie von der Öffentlichkeit leichter verstanden wird.

---

[218] Ohne den Vergleich mit medizinischen Beispielen überstrapazieren zu wollen, ist doch eine Parallelität gegeben zur Frage der Anwendung einer Therapie, wenn deren Nebenwirkungen entweder nicht überschaubar oder als sehr hoch eingeschätzt werden.

[219] Vgl. hierzu näher Hibbs, Jr. [1987].

6. Typische Einwände insbesondere von Praktikern

Die typischen Einwände gegen eine nominelle BSP-Regelpolitik, wie sie beispielsweise auf einer internationalen Konferenz mit renommierten Makroökonomen und Zentralbankpolitikern vorgebracht worden sind, lauten:[220]

- Eine solche Politik würde es den Zentralbanken erlauben, eine Variable als Ziel zu wählen, die sie nicht direkt beeinflussen können. Dies würde ihre Rechenschaftspflicht für Abweichungen vom Ziel eliminieren.
- Der Prozess, ein nominelles BSP-Wachstumsziel zu wählen, würde zu anfällig sein gegenüber politischen Einflüssen.
- Es gäbe eine historische Tendenz, dass offizielle Vorhersagen des nominellen BSP nach oben verzerrt seien.
- Die Zentralbank könne kaum mit hinreichender Präzision durch Geldpolitik allein eine Kontrolle der nominellen BSP-Ziele erreichen. Nichtsdestoweniger würden Abweichungen des nominellen BSP vom Ziel die Glaubwürdigkeit der Zentralbank untergraben.
- Zentralbanken tragen in ihrer Geldpolitik bereits der Entwicklung des nominellen BSPs Rechnung. Eine explizite Verpflichtung auf eine solche BSP-Vorhersage würde allerdings die Geldpolitik anfälliger machen für politischen Druck.
- Eine längerfristige Institutionalisierung einer nominellen BSP-Regelpolitik ließe sich politisch nicht durchhalten. Politische Auseinandersetzungen würden diese Regel bald wieder aufheben.

Daneben gibt es noch einen anderen möglichen (theorieimmanenten) Kritikpunkt, auf den ich zum Abschluss noch kurz eingehen möchte. Man könnte versucht sein anzuführen[221], dass eine wie in (3) formulierte nominelle BSP-Regelpolitik dem Wicksell'schen Problem der Preis- oder Inflations**indeterminiertheit** unterliegt, solange kein **nomineller Anker** gesetzt wird. [Zu diesem Problem siehe näher im Folgenden Abschnitt III.] Ein nomineller Anker wäre eine feste Zielgröße von m, die sicherstellt, dass sich das Preisniveau oder die Inflationsrate nicht frei „irgendwohin" bewegen kann. Dieser nominelle Anker ist aber oben in (3) schon implizit gesetzt, indem dort $p^*+y^* = 0$ und damit $m^* = 0$ unterstellt wurde. Insofern ist das Preisniveau oben determiniert.

III. Andere Regelpolitiken

In der politischen Praxis wie auch in der ökonomischen Theorie sind neben den eben behandelten Regelpolitiken noch andere Varianten diskutiert worden. Ich

---

[220] Siehe in einem von Ando u. a. [1985] herausgegebenen Tagungsband der japanischen Zentralbank. Der erste Einwand kam von Milton Friedman, die anderen von Zentralbankpolitikern. Ein weiterer Einwand von Laidler [1986] lautet: Die Zeitverzögerungen zwischen Politikaktionen und ihren Wirkungen auf das Geldeinkommen seien lang und zudem schlecht verstanden. Außerdem sei das Geldeinkommen anfällig auch gegenüber Schocks, die nicht von der Geldpolitik herrühren. Deswegen sei eine Politik, die direkt dem Geldeinkommenswachstum angepasst ist, schwieriger für Außenstehende zu überwachen und zu kritisieren auf einer kontinuierlichen Basis als eine Politik, die direkt auf Geldmengenzielen basiert.
Dieser Einwand von Laidler hat Ähnlichkeit mit dem oben in Abschnitt 1 erwähnten Einwand von Thomas Mayer sowie mit dem folgenden Einwand von Friedman.

[221] Diesen Hinweis verdanke ich Stanley Fischer.

werde in diesem Teil die bekanntesten dieser Varianten besprechen. Dies sind alle Feedback-Regeln und zielen alternativ auf eine:

- Output-Stabilisierung
- Preisniveaustabilisierung
- Zinsniveaustabilisierung
- Wechselkursstabilisierung

Die erste Zielsetzung einer Output-Stabilisierung stellt eine **Mengenregel** dar. Die restlichen drei sind **Preisregeln**. Die Diskussion dieser Regelpolitiken wird sich auf eine Darstellung der wesentlichen Argumente und Funktionsmechanismen beschränken. Dies ist dadurch gerechtfertigt, dass zum einen die im letzten Teil besprochenen Varianten einer Regelpolitik stärker im Mittelpunkt der anschließenden Diskussion gestanden haben als die (zumindest die ersten beiden der) folgenden Varianten. Zum anderen sind viele der Argumente und Einwände, die bei der Diskussion der nominellen BSP-Regel und der Regel konstanten Geldmengenwachstums dargestellt worden sind, auch bei den folgenden regelpolitischen Varianten von Bedeutung. Sie brauchen also im Folgenden im Detail nicht mehr wiederholt zu werden. Ein allgemeiner und hauptsächlicher Einwand, der im Prinzip alle Feedback-Regeln betrifft, ist die mangelnde Steuerbarkeit der Zielvariablen aufgrund von variablen und unsicheren Wirkungsverzögerungen der Geldpolitik sowie aufgrund von Verzögerungen der Datenerhebung.[222] Dieser Einwand wird hier nicht jedes Mal explizit wiederholt. In Abschnitt 5 wird eine in der Praxis weit verbreitete Regelvariante vorgestellt, die das angesprochene Problem der Wirkungsverzögerungen explizit zu berücksichtigen versucht. Es handelt sich dabei um die sogenannte Strategie des „Inflation Targeting". Schließlich wird im letzten Abschnitt die Taylor-Regel diskutiert. Insbesondere vor dem Hintergrund existierender Unsicherheiten soll diese sehr einfache Regel – so wird erwartet – geeignet sein, Output und Inflation zu stabilisieren.

1. Output-Stabilisierung

Eine Politik der Output-Stabilisierung versucht, den realen Output Y stetig auf einem festen Zielwert Y* zu halten. Dies ist insofern eine extreme Politik, da sie implizit davon ausgeht, dass der Nutzenparameter der Inflation „a", in der obigen sozialen Kostenfunktion (siehe in der Einleitung) gleich Null ist. Ob eine solche Output-Stabilisierung überhaupt möglich ist und welche Auswirkungen eine solche Politik hätte, hängt zum einen von den **Wirkungsverzögerungen** der politischen Maßnahmen und zum anderen von der Form der **Erwartungsbildung** der Wirtschaftssubjekte ab. Das Problem langer und variabler Wirkungsverzögerungen haben wir oben schon ausführlich besprochen. Hier beschäftigen wir uns etwas näher mit einem anderen Problem, und zwar mit der Rolle der Erwartungsbildung. Wir betrachten den Einfluss unterschiedlicher Erwartungsbildung. Dabei gehen wir einmal von rationaler Erwartungsbildung und zum anderen von adaptiver Erwartungsbildung aus. Um die Sache nicht unnötig zu verkomplizieren, abstrahieren wir dabei vom Problem der Wirkungsverzögerungen von Geldpolitik.

---

[222] Zu den Bemühungen, Daten häufiger und schneller zu erheben und zugänglich zu machen siehe Giannone et al. [2008], Aruoba und Diebold [2010] und Banbura et al. [2010].

Um die entscheidenden Punkte systematisch darstellen zu können, verwenden wir in der Folge erneut das oben in Abschnitt II.2 beschriebene Standardmodell, bestehend aus einer aggregierten Angebotsgleichung (1), einer aggregierten Nachfragegleichung (2), der Gleichgewichtsbedingung und einer Geldangebotsfunktion, die sich je nach Regelvariante unterscheidet. Die Kernstruktur des obigen Modells (mit rationalen Erwartungen) sah wie folgt aus:

(1) $\quad y_t = \beta(p_t - E_{t-1} p_t) + u_t,$
(2) $\quad y_t = \gamma(m_t - p_t) + v_t.$

Hinzu kommt die Geldangebotsfunktion. Die **Geldangebotsfunktion** lautet im Falle der Output-Stabilisierung:

(3) $\quad m_t = \theta y_t,$ mit $\theta \to \infty.$

m, p und y sind hier wieder als Logarithmen ausgedrückt und als Abweichungen von normalen oder Zielwerten m*, p*, y* gemessen. Man kann (3) deshalb auch wie folgt schreiben:

(3') $\quad m_t - m^* = \theta(y_t - y^*),$ mit $\theta \to \infty.$

Die spezielle Form der Geldangebotsfunktion (3) bzw. (3'), insbesondere das Weglassen eines Erwartungsparameters E_{t-1}, impliziert die Annahme, dass die Geldbehörde auf Output-Abweichungen noch in derselben Periode reagieren kann.

Der Einfachheit halber unterstellen wir im Folgenden $\gamma = 1$. Für die Störterme u und v unterstellen wir serielle Abhängigkeit, in diesem Fall einen AR(1)-Prozess:

$$u_t = \rho_u u_{t-1} + \varepsilon_t, \qquad v_t = \rho_v v_{t-1} + \xi_t,$$

wobei ε_t und ξ_t voneinander unabhängige, seriell unkorrelierte Zufallsvariablen sind mit Mittel 0 und endlichen konstanten Varianzen. Bezüglich der Erwartungsbildung unterscheiden wir explizit zwischen den beiden Fällen rationaler und adaptiver Erwartungen.

Rationale Erwartungsbildung

Bei rationaler Erwartungsbildung und der unterstellten Lucas-Angebotsfunktion wird es der Wirtschaftspolitik nicht gelingen, den Output y bei einem Zielwert y* exakt zu stabilisieren[223]. Jeder systematische geldpolitische Versuch, den Output zu steigern durch eine das Preisniveau erhöhende Geldmengenexpansion wird antizipiert und die Preiserwartung $E_{t-1} p_t$ einbezogen. Allerdings kann die Geldbehörde beim Auftreten von Angebots- und Nachfrageschocks die Abweichungen des Outputs vom Zielwert verringern, falls sie schneller auf Veränderungen in u_t und v_t reagieren kann als die privaten Wirtschaftssubjekte ihre Preiserwartungen anpassen und in neue Lohn- und Preiskontrakte umsetzen.

---

[223] Der Output könnte allerdings (in unserem einfachen Modell) voll stabilisiert werden, wenn wir die serielle Korrelation von y nicht wie oben durch einen random walk, sondern wie bei Lucas selbst durch einen verzögerten Term y_{t-1} in der Angebotsfunktion (bei White-Noise-Störvariablen) erzeugen würden.

Konkret wird hier angenommen, dass die Geldbehörde, im Gegensatz zu den privaten Wirtschaftssubjekten im Produktionssektor[224], noch innerhalb der Periode t auf Schocks, die in der Periode t aufgetreten sind, reagieren kann. Diese Annahme erscheint auch nicht unrealistisch zu sein. Man könnte aber auch annehmen, dass die Geldbehörde ihre Entscheidungen auf der Grundlage von Informationen bis zum Ende der Periode t−1 trifft, dass aber gleichzeitig Lohnkontrakte über mindestens 2 Perioden vorliegen. Dies würde zu sehr ähnlichen Ergebnissen führen.

Im Folgenden wird kurz skizziert, wie die optimale Geldangebotsregel unter diesen speziellen Modellbedingungen aussieht. Außerdem wird gezeigt, dass auch bei der optimalen Geldangebotsregel der Output nicht exakt bei dem Zielwert y* stabilisiert werden kann.

Ableitungsschritte

Die optimale Geldangebotsregel erhalten wir, wenn wir wie folgt vorgehen. Wir substituieren für y aus (1) in (2), und bilden dann die konditionalen Erwartungen beruhend auf den verfügbaren Informationen zum Ende der Periode t−1, wobei die serielle Korrelation der Störterme zu berücksichtigen ist, d. h. $E_{t-1}u_t = \rho_u u_{t-1}$ und $E_{t-1}v_t = \rho_v v_{t-1}$. Dann substituieren wir hieraus $E_{t-1}p_t$ in (1) und anschließend für p_t aus (2) in (1). Wir unterstellen $\gamma = 1$ und erhalten so:

(4) $y_t = \beta(1+\beta)^{-1}[m_t - E_{t-1}m_t + \xi_t] + \rho_u u_{t-1} + \varepsilon_t/(1+\beta)$.

Die konditionale Output-Varianz $E(y_t - E_{t-1}y_t)^2$ wird minimiert, wenn die Geldpolitik benutzt wird, um die Schockeinwirkungen ε_t und ξ_t auszugleichen. Die Politik, die die konditionale Output-Varianz gleich Null werden lässt, ist:

(5) $m_t = E_{t-1}m_t - \xi_t - \varepsilon_t/\beta$.

Wenn diese Geldpolitik (5) betrieben wird, ist nämlich der Output gegeben durch

(6) $y_t = \rho_u u_{t-1}$.

Dies sieht man, wenn man (5) in (4) einsetzt, y_t ist hier genauso groß wie die konditionale Erwartung von y_t, nämlich $E_{t-1}y_t$, die man aus der Erwartungsbildung über (1) errechnen kann als $E_{t-1}y_t = \rho_u u_{t-1}$. Also ist der Ausdruck $y_t - E_{t-1}y_t$ bei einer durch (5) beschriebenen Geldpolitik gleich Null. Folglich ist auch die konditionale Varianz des Outputs $E(y_t - E_{t-1}y_t)^2$ gleich Null.

Das für eine Periode im voraus begrenzte Ziel von Politik sei es nun, $E(y_t)^2$ zu minimieren. $E(y_t)^2$ kann aber auch wie folgt geschrieben werden[225]:

(7) $E(y_t)^2 = E(y_t - E_{t-1}y_t)^2 + (E_{t-1}y_t)^2$.

Nun ist es eben begründet worden, dass der erste Ausdruck auf der rechten Seite von (7) gleich Null ist. Der zweite Ausdruck auf der rechten Seite ist ande-

---

[224] – jedoch gleichermaßen wie die privaten Investoren auf den Finanzmärkten.
[225] Zu berücksichtigen ist, dass y hier als Abweichung von Zielwert y* verstanden wird. Ansonsten würde (7) wie folgt lauten: (7′) $E(y_t - y^*)^2 = E(y_t - E_{t-1}y_t)^2 + (E_{t-1}y_t - y^*)^2$. Auf das Ergebnis hat es keinen Einfluss, ob wir von (7) oder von (7′) ausgehen.

rerseits unabhängig von der Geldpolitik im Zeitpunkt t. Folglich ist (5) auch die Feedback-Geldpolitik, die (7) minimiert.

Die Geldpolitik (5) stellt so sicher, dass der Verlust in jeder Periode $(E_{t-1}y_t)^2$ ist, was das Beste ist, was erreicht werden kann. Folglich ist (5) die optimale Geldpolitik, um den Output zu stabilisieren, auch wenn dadurch der Output nicht perfekt stabilisiert werden kann.

Die Abweichung vom Zielwert bzw. die Output-Varianz wäre bei der Anwendung einer konstanten Geldmengenregel (MS-Regel) vergleichsweise höher – zumindest innerhalb des obigen Modellrahmens[226]. Die Anwendung einer solchen Regel würde bedeuten, dass θ in (3) bzw. (3') gleich Null ist, sodass $m = m^* = E_{t-1}m_t$. Wenn wir dies einsetzen in Gleichung (4), erhalten wir den Output

(4') $\quad y_t = \beta(1+\beta)^{-1}\xi_t + \rho_u u_{t-1} + \varepsilon_t/(1+\beta)$.

Die sich hieraus ergebende Output-Varianz, ausgedrückt durch $E(y_t)^2$, ist jedoch größer als die Output-Varianz, die sich bei einer Output-Regel, d. h. bei Gleichung (6), ergibt.

Ein Problem mit dieser Output-Regel besteht darin, dass das Preisniveau in (5) nicht determiniert ist. Wenn wir (5) in (2) einsetzen, erhalten wir unter Berücksichtigung von (6)

(8) $\quad p_t = E_{t-1}m_t + \rho_v v_{t-1} - \varepsilon_t/\beta - \rho_u u_{t-1}$.

Das Preisniveau kann hier jeden beliebigen Wert annehmen, abhängig vom Ausgangswert von $E_{t-1}m_t$. Dieses Problem der **Preisindeterminiertheit** lässt sich jedoch leicht beheben, indem ein Basiswert m* festgesetzt wird, von dem die Abweichungen stattfinden. Man braucht also $E_{t-1}m_t$ in (5) nur durch m* zu ersetzen, und das Preisniveau wird determiniert[227].

Wenn also die Geldbehörde einen nominellen Anker setzt, so wird das Preisniveau auch dann determiniert sein, wenn sich die Geldbehörde nur auf eine Stabilisierung des Outputs konzentriert. Dies ist ganz anders im Falle adaptiver Erwartungsbildung.

Adaptive Erwartungsbildung

Bei adaptiver Erwartungsbildung führt eine Politik der Output-Stabilisierung zu einem **instabilen Inflationsprozess**. Dies wurde erstmals in der berühmten **Akzelerationshypothese** von Friedman [1968] und Phelps [1967] herausgearbeitet, die oben in Kapitel 1 schon erläutert worden ist.

Wenn Inflationserwartungen **adaptiv** sind, so sind sie bestimmt durch

(9) $\quad \pi^e_t - \pi^e_{t-1} = \tau(\pi_{t-1} - \pi^e_{t-1})$.

---

[226] Bei Berücksichtigung von variablen und unsicheren Wirkungsverzögerungen der Geldpolitik könnte unter Umständen das Umgekehrte eintreten, d. h. eine geringere Outputvarianz bei einer MS-Regel.

[227] Vgl. Canzoneri, Henderson und Rogoff [1983]. Vgl. auch McCallum [1986].

π^e_t bezeichnet hier die Inflationsrate, die zwischen Periode t−1 und t erwartet wird.

Gleichung (9) impliziert, dass die erwartete Inflationsrate ein gewichteter Durchschnitt früherer Inflationsraten ist:

(9') $$\pi^e_t = \tau \sum_{j=1}^{\infty} (1-\tau)^{j-1} \pi_{t-j}.$$

Die Akzelerationshypothese wurde entwickelt unter der Annahme, dass der Zielwert Y*, den die Geldpolitik anstrebt, größer als der natürliche Output ist. In unserer obigen Modellstruktur, in der die Variablen als Logarithmen und als Abweichungen von normalen oder Zielwerten definiert sind, bedeutet dies, dass y* größer Null ist. Null ist ja das unkonditionale Mittel des Outputs in (1), wenn die Erwartungen rational sind. Anders gesagt, Null ist die natürliche Output-Rate, wenn der Störterm u Null ist[228].

Wenn die Geldpolitik wie angenommen auf Störungen in der gleichen Periode, in der diese aufgetreten sind, reagieren kann, ist sie – bei adaptiver Erwartungsbildung – auch in der Lage, den Output in jeder Periode exakt bei y* zu stabilisieren. Eine solche Stabilisierung des Outputs oberhalb des Niveaus der natürlichen Rate muss die Geldbehörde jedoch durch einen andauernden Anstieg der Inflationsrate erkaufen. Friedman und Phelps hatten dies herausgearbeitet in einem durch adaptive Inflationserwartungen erweiterten Phillipskurvenmodell, das wir in Kapitel 1 besprochen hatten. Die Phillipskurve kann man als die Angebotsfunktion (1) oben mit adaptiven Erwartungen, π^e, schreiben:

(1') $y_t = \beta(\pi_t - \pi^e_t) + u_t.$

Nur dadurch dass die Geldbehörde die Inflationsrate dauernd erhöht, kann sie Überraschungseffekte erzielen. Überraschungseffekte sind aber die Voraussetzung dafür, dass der Output über die natürliche Output-Rate hinaus erhöht werden kann. Dies ist sowohl in (1) als auch in (1') beinhaltet. y_t, hier als die Abweichung vom normalen Output formuliert, ist in (1) oder (1') allein abhängig von der Fehlerwartung $p_t - E_{t-1}p_t$ oder $\pi_t - \pi^e_t$.

Bei rationaler Erwartungsbildung kann die Abweichung vom normalen oder natürlichen Output nicht systematisch erzeugt werden, weil die Individuen die Preiseffekte solcher Abweichungsversuche durchschauen und folglich p_t im Durchschnitt gleich $E_{t-1}p_t$ ist. In (1') dagegen ist aufgrund der adaptiven Erwartungshypothese diese Fehlerwartung ($\pi^e \neq \pi$) bei steigender Inflationsrate per Definition beinhaltet, da die gegenwärtige Inflationserwartung dort nur ein gewichtetes Mittel **vergangener** realisierter Inflationsraten darstellt [siehe (9') oben].

Wenn ein Angebotsschock in der laufenden Periode stattfindet, kann die Geldbehörde diesen – bei adaptiven Erwartungen – durch eine Veränderung der Inflationsrate ausgleichen. Diese Änderung in der Inflationsrate wird jedoch in

---

[228] Es ist, mit anderen Worten, der **stationäre Wert** des Outputs. Wir hatten y* in (7) auch gleich Null gesetzt. Siehe dazu (7') in einer der vorhergehenden Fußnoten.

der nächsten Periode in die Inflationserwartungen einbezogen, sodass für weitere erfolgreiche Output-Stabilisierungen weitere Änderungen der Inflationsrate nötig sind.

Reine Output-Stabilisierung bei adaptiven Erwartungen bedeutet also, dass die Zentralbank die Kontrolle über die nominellen Variablen verliert. Die Inflationsrate beschleunigt sich andauernd, wenn der Zielwert y* größer als der natürliche Output ist, oder bewegt sich ansonsten unkontrolliert. Anders ausgedrückt, der Versuch einer Output-Stabilisierung bei adaptiven Erwartungen führt zu einem **instabilen Prozess** der Inflationsrate.

2. Preisniveaustabilisierung

Die eben diskutierte Regelpolitik einer **Output-Stabilisierung** ist eine Extremform, da sie nur Abweichungen des Outputs von seinem vorgegebenen Zielwert betrachtete, nicht dagegen die Abweichungen nomineller Größen. Dies impliziert, dass der Gewichtungsfaktor der Inflation, „a" in der gesellschaftlichen Verlustfunktion, die wir in der Einleitung abgeleitet hatten, gleich Null gesetzt würde. Solange a = 0 ist, ergibt sich wie gezeigt zumindest bei adaptiven Erwartungen ein instabiler Inflationsprozess. Eine Stabilisierung der Outputs bei einem Zielwert oberhalb der natürlichen Output-Rate, die über eine Inflationserhöhung hergestellt wird, führt hier zu einer andauernden Erhöhung der Inflationserwartungen. Diese schlagen sich selbst jeweils wieder in einer höheren tatsächlichen Inflationsrate nieder. Erst durch die Berücksichtigung von Inflationskosten, d. h. bei a > 0, wird der Inflationsprozess stabil. Die Inflationsrate wird dann ebenso wie die Output-Rate zu einem stationären Prozess, oder anders ausgedrückt, die stochastischen Prozesse für die Inflationsrate wie auch für das Output-Niveau sind dann stabil[229].

Das andere Extrem einer Regelpolitik besteht in dem Versuch einer einseitigen **Preisniveaustabilisierung**. Sie impliziert, dass der Gewichtungsfaktor der Abweichung der Beschäftigung (oder alternativ des Outputs[230]) von ihrem Zielwert in der obigen Verlustfunktion gleich Null gesetzt wird. Diese Form einer Regelpolitik wurde von Irving Fisher [1920; 1945] und von Henry Simons [1936] vorgeschlagen und später von Robert Hall [1982] sowie von Robert Barro [1986a] und neuerdings von Ball, Mankiw und Reis [2005] wieder aufgegriffen. Die Zentralbank müsste nach dieser Regel versuchen, den Zielpfad eines allgemeinen Preisindexes zu erreichen. Welcher Preisindex als Zielvariable und welche geldpoliti-

---

[229] Die optimale Inflationsrate lässt sich dann aus dem obigen Modellzusammenhang berechnen, indem man (1′) und (9′) benutzt, um y_t in obige Verlustfunktion L = E{◆} – siehe in der Einleitung – zu substituieren und nach π_t aufzulösen. Wenn die Regierung diese optimale Inflationsrate per Geldpolitik in jeder Periode bestimmen kann, so kann sie Output **und** Inflation gleichzeitig stabilisieren – ohne allerdings die Zielwerte perfekt zu erreichen. Die erreichbare Inflationsrate wird oberhalb und der erzielbare Output entsprechend unterhalb der jeweiligen Zielwerte liegen. Letzteres kann man sich folgendermaßen anschaulich machen. Wenn beispielsweise ein negativer Angebotsschock die Wirtschaft trifft, so wird die Regierung bei positiven Verlustkoeffizienten a **und** b den Schock nur teilweise durch inflationäre Geldpolitik zu kompensieren suchen. Doch auch diese teilweise Kompensierung produziert entsprechend (9′) andauernde Inflationserwartungen, die entsprechend (1′) zu einem niedrigeren Outputniveau bei der optimalen Inflationsrate führen.

[230] Wir hätten in der obigen Verlustfunktion statt des Klammerausdrucks $(U_t-U^z)^2$ auch $(Y_t-Y^z)^2$ schreiben können, ohne dass sich irgendetwas an unserer Argumentation geändert hätte.

schen Instrumente zur Erreichung einer Stabilisierung dieser Zielvariablen gewählt werden sollten, ist umstritten.

Irving Fisher schlug zuerst [1920] vor, den Goldpreis zu benutzen, um den Index der allgemeinen Lebenshaltungskosten zu stabilisieren. Die Währung sollte tauschbar sein in Gold, aber der Wert des Goldes, zu dem die Währung getauscht wird, sollte in realen Größen fixiert werden[231]. Das Problem mit diesem Ansatz liegt darin, dass die Dynamik des entsprechenden Prozesses nicht voraussehbar ist, insbesondere ob es nicht eine destabilisierende Spekulation gegen den Goldstandard geben würde[232]. Robert Barro dagegen votiert, ähnlich wir Irving Fisher [1945] dafür, über Offenmarktoperationen den Preisdeflator des BSP zu stabilisieren. Wenn dieser Preisindex für eine gewisse Zeit den Zielwert übersteigt, müsste die Zentralbank für eine geringeres Wachstum der Geldbasis sorgen; und umgekehrt, wenn der Preisindex unter das Zielniveau fällt, für ein höheres Wachstum der Geldbasis[233].

Milton Friedman hatte schon früh die **Frage** aufgeworfen, ob nicht eine solche aktivistische, kontrazyklische Preisniveau-Regel angesichts langer und variabler Wirkungsverzögerungen von Politik **destabilisierend** ist[234]. Diese Überlegung führte dann später auch zu seinem Vorschlag einer Regel, die Geldmenge konstant zu halten. Dem kann man allerdings, wie Barro [1986a], **entgegenhalten**, dass die Institutionalisierung einer Preisniveau-Regel **Erwartungsanpassungen** der privaten Akteure herbeiführen würde, die eventuelle destabilisierende Geldmengenanpassungen der Zentralbank überflüssig machen würden. Durch die Ankündigung einer solchen Regelpolitik würden Rahmenbedingungen geschaffen, auf die die Individuen bei rationalen Erwartungen so reagieren, dass die Anwendung der Feedback-Aktionen entfallen könnte. Wenn zum Beispiel das Preisniveau den öffentlich bekannten Zielwert übersteigt, so wissen oder antizipieren die Wirtschaftssubjekte (aufgrund der angekündigten oder institutionalisierten Regelpolitik), dass die Geldbehörde das Preisniveau wieder auf das Zielniveau zurückbringen wird. In Erwartung der zukünftigen Deflation werden sie deshalb schon ihre gegenwärtige reale Geldnachfrage steigern, was das laufende Preisniveau verringert. Die Geldbehörde braucht also gar nicht mehr aktiv einzugreifen. Aufgrund der Setzung der richtigen Rahmenbedingungen, sprich einer entsprechenden Regelpolitik, ruft sie **spekulatives Handeln** der privaten Wirtschaftssubjekte hervor, dass das Preisniveau von selbst **stabilisiert**.

Solche **stabilisierenden Spekulationen** treten aber nicht nur bei einer Preisniveau-Regelpolitik auf, sondern auch bei einer nominellen BSP-Regelpolitik und sogar bei einer sozusagen als Quasi-Regel **institutionalisierten Stop-and-go-Politik**. Sogar bei einer vorher angekündigten systematischen Stop-and-go-Politik ohne feste Regelbindungen[235] werden die Wirtschaftssubjekte – bei rationalen Er-

---

[231] Siehe auch Hall [1983b].
[232] Vgl. Fischer [1989].
[233] Wie in Abschnitt B.II.5.3 des 2. Kapitels betont wurde, versteht auch Walsh [1995] seinen Vorschlag eines optimalen Kontrakts zwischen Regierung und Zentralbank als eine Art Inflationsstabilisierungsregel.
[234] Vgl. Friedman [1948].
[235] – d.h. hier: ohne eine genaue Festlegung auf die **Größe** des Politikparameters, oder anders gesagt: auf die **Intensität** des Eingriffs.

wartungen über dieses Politikmuster – die dort eingebauten Politikreaktionen in ihren eigenen Handlungen vorwegnehmen, sodass eine endogene Stabilisierung über die Erwartungsanpassungen stattfinden kann[236]. Dieser Stabilisierungsmechanismus ist also interessanterweise nicht an die konkrete Regelform einer Preisniveaustabilisierung gebunden, sondern gilt auch für eine augenscheinlich diskretionäre, in Wirklichkeit jedoch „flexible" Regel-Politik[237]. Voraussetzung ist bei beiden Politikmustern allerdings, dass die Wirtschaftspolitik nicht allzu aktivistisch, d.h. nicht zu schnell auf Abweichungen vom Zielniveau reagiert. Anders gesagt, die privaten Wirtschaftssubjekte müssen Zeit haben, die Abweichungen selbst erst zu erkennen und mit ihren eigenen Entscheidungen darauf zu reagieren – im Vorgriff auf eine bevorstehende staatliche Stabilisierungsaktion. Nur dadurch kann diese überflüssig gemacht werden.

In der Praxis jedoch wird ein solcher endogener, über spekulative Handlungen sich einstellender Stabilisierungsprozess nicht so glatt ablaufen. Denn **erstens** stellt sich die Frage, ob die Wirtschaftssubjekte alle kurzfristig genügend rationale Erwartungen entwickeln können. **Zweitens** bestehen eine große Anzahl von längerlaufenden Verträgen, die nicht kostenfrei gelöst werden können. Das heißt, Anpassungshandlungen der privaten Wirtschaftssubjekte werden unter Umständen nicht hinreichend schnell und in hinreichendem Umfang stattfinden, sodass Reaktionshandlungen des Staates doch nach den entsprechenden Feedback-Regeln durchgeführt werden. In diesem Fall tritt dann das Problem instabiler Wirkungsverzögerungen von staatlichen Eingriffen und daraus folgender möglicher **Destabilisierungen** des Wirtschaftsprozesses doch wieder auf. Für neuklassische Makroökonomen wie Barro stellt sich dieses Problem natürlich nicht, da sie eine stetige Markträumung unterstellen. Die Wirtschaftssubjekte passen sich also sofort immer – entsprechend der rationalen Verarbeitung ihrer (beschränkten) Informationen – an die veränderten Umweltbedingungen so an, dass ein Stabilisierungsprozess wie oben beschrieben eingeleitet wird. Unter der stabilen Rahmenbedingung einer Preisniveau-Regel stellen dann die Preise der einzelnen Güter (annahmegemäß) genaue Anleitungen für die Allokation der Ressourcen[238] dar.

Neben dem Problem unter Umständen beschränkter Rationalität von Erwartungen sowie von längerfristigen Vertragsbindungen existiert **drittens** noch die oben schon ausführlich erläuterte Möglichkeit der Zeitinkonsistenz einer angekündigten Regelpolitik.

Ein **anderes Problem** mit dem Regelvorschlag einer Preisniveaustabilisierung besteht darin, dass bislang ein explizites Modell fehlt, anhand dessen man die dynamischen Eigenschaften dieser Regelvariante besser beurteilen könnte. Im Folgenden werden hierzu einige Betrachtungen angestellt.

Modelltheoretische Betrachtungen:
Argumentieren wir zuerst wieder innerhalb des obigen einfachen Modells, mit dem wir die dynamischen Eigenschaften einer Output-Regel untersucht hatten.

---

[236] Siehe hierzu näher Wagner [1985a]. Zur Empirie siehe z. B. Botho [1989].
[237] Diese „Wortspielerei" deutet schon darauf hin, dass zwischen Diskretionarität und Regelgebundenheit keine strikte Trennung, sondern ein „fließender" Übergang (ein Kontinuum an Alternativen) besteht, der mit dem Begriff „mehr oder weniger „flexibel" gehandhabter Regelfestlegungen" umschrieben werden kann. Siehe hierzu auch Wagner [1988b].
[238] Vgl. Hayek [1945].

Dieses Modell setze sich in seiner Kernstruktur aus den Gleichungen (1) und (2) zusammen. Diese Kernstruktur muss nun ergänzt werden durch eine Geldangebotsgleichung, die die Preisniveauregel wiedergibt. Wenn wir wieder davon ausgehen, dass die Geldbehörde auf Schocks in der gleichen Periode reagieren kann, in der diese anfallen, so sieht die Geldangebotsgleichung wie folgt aus:

(3'') $m_t = \theta p_t$,   mit $\theta \rightarrow \infty$.

m_t und p_t sind hier wiederum als Abweichungen von ihren jeweiligen Zielwerten m^* und p^* gefasst, sodass man alternativ für (3'') auch schreiben kann: $m_t - m^* = \theta(p_t - p^*)$, mit $\theta \rightarrow \infty$. Eine erfolgreiche Preisniveaustabilisierung würde sich also vom Ergebnis her so ausdrücken, dass $p_t = p^*$.

Wenn die Geldbehörde das Preisniveau stabilisiert – oder was dasselbe ist: die Inflationsrate bei Null hält – ohne Rücksicht auf den Output, so wird y_t, die Abweichung des Outputs von der normalen Output-Rate, gleich u_t, den Innovationen auf der Angebotsseite:

(10) $y_t = u_t$.

Der Output schwankt also zufällig und unkontrolliert um den Trend der normalen Output-Rate. Dies sieht man, wenn man die Angebotsfunktion (1) oder (1') betrachtet und berücksichtigt, dass $E_{t-1}p_t$ oder π^e_t bei einer (glaubwürdigen) Preisniveauregel gleich dem jeweiligen Zielwert p^* bzw. Null ist[239] und die Politik das aktuelle Preisniveau dem Zielwert anpasst. Der Klammerausdruck in (1) oder (1') ist deswegen immer Null und y_t ist gleich u_t.

Die optimale Geldangebotsregel, die (10) realisiert, würde hier die folgende sein:

(11) $m_t = p^* + u_t - v_t$.

Dies folgt durch Einsetzen von (10) und $p_t = p^*$ in Gleichung (2) unter Berücksichtigung der oben gemachten Annahme, dass $\gamma = 1$. Die Geldpolitik müsste also Angebotsschocks (u_t) akkommodieren und Nachfrageschocks (v_t) kompensieren, um das Preisniveau stabilisieren zu können.

Der Output y_t würde folglich – was unmittelbar klar ist – bei einer Strategie der Preisniveaustabilisierung stärker schwanken als bei einer Output-Regel. Dies sieht man durch einen Vergleich[240] von (10) mit (6). Dies gilt aber auch bei einem Vergleich mit einer nominellen BSP-Regelpolitik. Die nominelle BSP-Regel lässt sich unter den obigen Spezifikationen bezüglich der Reaktionsfähigkeit der Geldbehörde als $y_t + p_t = y^* + p^*$ schreiben. Nehmen wir an, der Zielwert des nominellen BSP sei $y^* + p^* = 0$. Daraus folgt, dass $y_t + p_t = 0$ und entsprechend $-y_t = p_t$ sowie auch $-E_{t-1}y_t = E_{t-1}p_t$ ist. Wenn wir nun in Gleichung (1) p_t durch $-y_t$ sowie $E_{t-1}p_t$ durch $-E_{t-1}y_t$ ersetzen und gleichzeitig berücksichtigen, dass $E_{t-1}y_t$ gleich $\rho_u u_{t-1}$ ist, was sich aus der Erwartungsbildung über (1) ergibt, so folgt

(12) $y_t = \rho_u u_{t-1} + \varepsilon_t/(1+\beta)$.

---

[239] π^e_t würde bei einer Preisniveauregel gleich Null sein, da die Zielgröße eine Nullinflation (= Preisniveaustabilität) ist. Voraussetzung hierfür ist natürlich, dass die Individuen daran glauben, dass die Geldbehörde ihr Ziel jeweils exakt trifft, was in Abschnitt 1 oben angenommen worden war.

[240]   Zu beachten ist beim Vergleich, dass $u_t = \rho_u u_{t-1} + \varepsilon_t$, und dass $1/(1+\beta)$ kleiner 1 sind.

Aus (10) dagegen folgt $y_t = \rho_u u_{t-1} + \varepsilon_t$. Für $\beta > 0$ folgt, dass $y_t|_{(12)} < y_t|_{(10)}$ und entsprechend auch $\text{var}(y_t)|_{(12)} < \text{var}(y_t)|_{(10)}$.[241]

Was den Vergleich mit einer konstanten Geldmengenregel (Gleichung 4') anbelangt, so fällt dieser nicht so eindeutig aus. Hier ist das Überlegenheitskriterium schockabhängig. Bezüglich von Angebotsschocks ist die konstante Geldmengenregel („Friedman-Regel") der Preisniveauregel überlegen. Hinsichtlich von Nachfrageschocks ist sie ihr jedoch unterlegen. Dies sieht man bei einem Vergleich von (10) und (4')[242].

Eine etwas unterschiedliche und elaboriertere Modellbetrachtung wird in Asako und Wagner [1987; 1992] geliefert. Der grundlegende Ansatz ist im Abschnitt II.2 oben dargestellt. Im dortigen Modellrahmen entspricht bei rationalen Erwartungen und White-Noise-Störvariablen (transitorischen Schocks) die Preisniveau-Regel der nominellen BSP-Regel. Dies gilt jedoch nur bei Abwesenheit von Informations- oder Reaktionsvorteilen für die Zentralbank. Die nominelle BSP-Regel wurde für diesen Fall dargestellt durch $E_{t-1}(p_t+y_t) = 0$, abgeleitet aus der Geldangebotsfunktion (3) in Abschnitt II.2 oben, die lautete: $m_t = \theta E_{t-1}(p_t+y_t)$ mit $\theta \to \infty$. Mit der Lucas-Angebotsfunktion ergibt sich bei rationalen Erwartungen, dass $E_{t-1}y_t = 0$, sodass die Geldangebotsfunktion (3) geschrieben werden kann als $m_t = \theta E_{t-1}p_t$. Letztere ist jedoch die Geldangebotsfunktion bei einer Preisniveau-Regel für den Fall, dass die Geldbehörde keine Informations- oder Reaktionsvorteile gegenüber der Öffentlichkeit hat. In meiner Arbeit mit Asako (Asako und Wagner [1987; 1992]) über die nominelle BSP-Regel hatten wir also implizit für den Fall von rationalen Erwartungen bei Abwesenheit von Informations- oder Reaktionsvorteilen der Zentralbank auch die Preisniveau-Regel mit der Friedman-Regel verglichen. Das Ergebnis war, dass für den Fall transitorischer Schocks beide Regeln gleichwertig sind, solange $\gamma+2\delta > 0$. (γ und δ beschreiben die Wirkungen von Realkasse und Inflationserwartung auf die aggregierte Nachfrage. Siehe oben in Abschnitt II.2.) Für $\gamma+2\delta \leq 0$ dagegen ist die Preisniveau-Regel der Friedman-Regel unterlegen. Im Fall permanenter Schocks ist das Ergebnis sehr verschieden und komplexer.

3. Zinsniveaustabilisierung

Eine andere und häufig diskutierte regelpolitische Variante zielt auf eine Stabilisierung des nominellen Zinssatzes[243]. Ich untersuche die dynamischen Eigenschaften dieses Konzeptes, indem ich wieder zwischen rationaler und adaptiver Erwartungsbildung unterscheide. Zum Schluss werde ich die inzwischen schon klassische Gegenüberstellung von Zinsniveau-Regel und konstanter Geldmengenzuwachs-Regel durch William Poole [1970] näher erläutern. Wir müssen dabei die obige Nachfragefunktion (2), die eine reduzierte Form-Gleichung darstellt, aufspalten in eine IS-Kurve und eine LM-Kurve, um überhaupt den Zinssatz explizit im Modellrahmen berücksichtigen zu können.

---

[241] $\text{var}(y_t)|_{(10)}$ steht hier für die Outputvarianz bei einer Preisniveauregel (Gleichung 10).
[242] So ist, jeweils in Absolutgrößen, $\rho_u u_{t-1}+\varepsilon_t/(1+\beta)$ kleiner als u_t (für $\beta > 0$), und $\beta(1+\beta)^{-1}\xi_t$ größer als Null.
[243] Barro [1989b] und Goodfriend [1991], zu einer neueren Analyse siehe z. B. Balduzzi u. a. [1998].

Eine erfolgreiche Zinsniveau-Regelpolitik wird vom Ergebnis her durch $i_t = i^*$ beschrieben. Die zugrundeliegende Geldangebotsfunktion lautet hier $m_t - m^* = \theta(i_t - i^*)$ mit $\theta \to \infty$. Die Zentralbank verpflichtet sich also, durch Geldmengenanpassungen (über Offenmarkttransaktionen) ein konstantes Zinsniveau i^* zu garantieren.

Der **Haupteinwand** gegen eine Zinsniveaustabilisierung ist der, dass die Zentralbank durch eine solche Regelbindung die Kontrolle über die Geldmenge und damit über die Inflationsrate verliert. Dies war neben der Akzelerationshypothese die zweite zentrale Aussage in Milton Friedman's berühmter presidential address 1967 vor der American Economic Association[244]. Die Zentralbank kann nämlich nicht beides, Zinsniveau und Geldmenge, gleichzeitig stabilisieren. Sie kann nur die Kombination zwischen Zinsniveau und Geldmenge realisieren, die mit der Geldnachfragefunktion vereinbar ist. Die ist in der folgenden Grafik ausgedrückt:

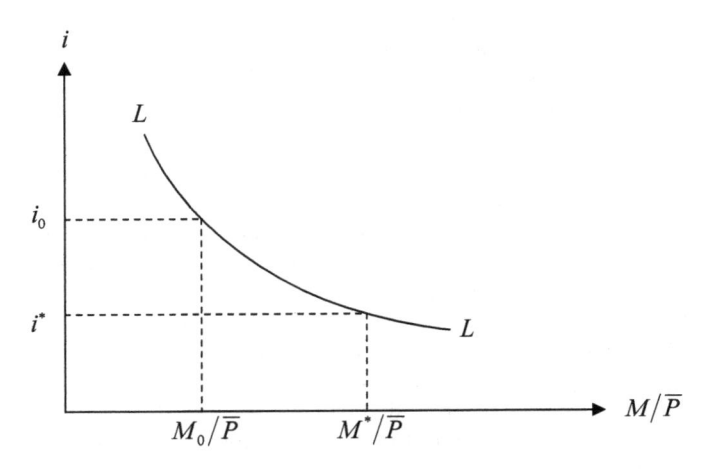

Abbildung 15: (Quelle: Eigene Darstellung).

Mit anderen Worten, das Preisniveau wird bei einer Zinsniveaustabilisierung unbestimmt, wenn nicht zusätzliche Spezifikationen getroffen werden, die theoretisch leicht ableitbar, praktisch jedoch – angesichts bestehender Multiplikatorunsicherheit – nur schwer umsetzbar sein werden.

Das Modell, das wir betrachten, enthält neben den beiden Nachfragegleichungen die aggregierte Angebotsgleichung (1) bzw. (1'), die Zinsregel sowie die übliche Gleichgewichtsbedingung (Angebot gleich Nachfrage). Wir unterscheiden wieder zwischen rationaler Erwartungsbildung und adaptiver Erwartungsbildung.

Modelltheoretische Betrachtung:[245]

Rationale Erwartungen

Das Standardmodell, von dem wir hier ausgehen, sieht wie folgt aus:

---

[244] Friedman [1968]. Carlstrom und Fuerst [1996] versuchen diese Kritikpunkte modelltheoretisch zu entkräften.
[245] Ich folge in diesem Abschnitt über weite Strecken der Darstellung von Blanchard und Fischer [1988].

(1) $y_t = \beta(p_t - E_{t-1}p_t) + u_t$,
(13) $y_t = \zeta_1(m_t - p_t) - \zeta_2[i_t - (E_t p_{t+1} - p_t)] + v^{IS}_t$,
(14) $m_t - p_t = y_t - \psi i_t - v^{LM}_t$,
(15) $i_t = i^*$.

(13) drückt dabei die IS-Kurve und (14) die LM-Kurve aus. Alle Strukturparameter sind hier positiv[246].

Wie man schnell sieht, ist das Preisniveau in diesem Modell unbestimmt. Aus (1) wird bei rationalen Erwartungen der Output bestimmt, aus (13) die erwartete Inflationsrate und aus (14) die Realkasse. Unbestimmt bleibt die „Aufteilung" der Realkasse in Nominalkasse und Preisniveau. Die kann man auch formal zeigen, wenn man die sich aus dem obigen System ergebende Differenzengleichung[247]

$$(\beta + \zeta_2)p_t = \beta E_{t-1}p_t + \zeta_2 E_t p_{t+1} - (\zeta_2 + \psi\zeta_1)i^* - \zeta_1 y_t - u_t + v^{IS}_t \qquad (14')$$

nach p_t auflöst. Man kann verschiedene Lösungen darstellen, indem man zu jedem der Preisausdrücke $E_t p_{t+1}$, $E_{t-1}p_t$ und p_t eine Konstante hinzufügt. Nun sind alle diese Variablen Logarithmen von Preisen, sodass das jeweilige Hinzufügen einer Konstanten gleichbedeutend mit einem proportionalen Anheben aller Preise ist. Daraus folgt, dass das Preisniveau unbestimmt ist.

Nun kann man aber wiederum[248] diese Preisindeterminiertheit (theoretisch) leicht dadurch beheben, dass man ein anfängliches Niveau der Geldmenge wählt. Das Preisniveau schwankt dann in zukünftigen Perioden um einen deterministischen Pfad, falls die Schocks seriell unkorreliert sind, oder es kann bei serieller Korreliertheit der Schocks einem random walk mit Drift folgen[249]. Die in Periode t anzukündigende Geldangebotsregel, die den nominellen Zinssatz stabilisiert, ohne das Preisniveau unbestimmt zu lassen, würde lauten:[250]

(16) $m_t = m^*_t + \mu_1 v^{LM}_t + \mu_2 u_t + \mu_3 v^{IS}_t$,   mit
$\mu_1 = -(\beta + \zeta_1 + \zeta_2)/Q$,
$\mu_2 = -[(1-\zeta_1) - \zeta_2]/Q$,
$\mu_3 = (1+\beta)/Q$

wobei

---

[246] Der Parameter ψ entspricht hier dem negativen Wert des Parameters „b" in Kapitel 2.
[247] Diese Differenzengleichung erhält man, wenn man (1), (14) und (15) in (13) einsetzt und nach p auflöst.
[248] Siehe auch in Abschnitt 1 oben über Outputstabilisierung.
[249] Zur näheren Erläuterung solcher Zufallspfade siehe z. B. Stock und Watson [1988].
[250] Der **Rechengang** ist wie folgt: Man substituiert (1) in (14) und bildet den Erwartungswert E_{t-1} hierüber. Man erhält dann $E_{t-1}p_t = m^*_t + \psi i^*$, wenn man unterstellt, dass u_t und v^{LM}_t seriell unkorreliert sind. Durch Weitergehen um eine Periode kommt man zu $E_t p_{t+1}$. Als nächstes substituiert man das eben erhaltene $E_{t-1}p_t$ ($= m^*_t + \psi i^*$) sowie aus (16) m_t ($= m^*_t + \mu_1 v^{LM}_t + \mu_2 u_t + \mu_3 v^{IS}_t$) in die Gleichung für p_t, die man durch die Kombination von (1) und (14) erhalten hat (14'). Man substituiert diese Gleichung und den Ausdruck für $E_t p_{t+1}$ in (13), nachdem man vorher für y_t aussubstituiert hat. Dann setzt man die Koeffizienten gleich und löst nach den μ_i und nach m^*_{t+1}.
m^*_t kann willkürlich gesetzt werden. Die zukünftigen, mit Zinsniveaustabilisierung vereinbarten Werte von m^* (d.h. m^*_{t+j}, j = 1,2,...) können von der Geldbehörde gleichzeitig mit den Schockantworten, d.h. den μ_j's, angekündigt werden.

$Q = [(1-\zeta_1)\beta+\zeta_2]$ und
$m^*_{t+1} = m^*_t+(\zeta_2+\psi\zeta_1)i^*/\zeta_2$.

m* folgt hier einem deterministischen Pfad und nimmt mit der Zeit stetig zu[251].

Die mit einer Zinsniveaustabilisierung konsistente Geldmengenreaktion auf einen Geldumlaufgeschwindigkeits- oder LM-Schock (μ_1) ist negativ, die auf einen Güternachfrage- oder IS-Schock (μ_3) ist positiv[252]. Dagegen lässt sich die Richtung der Geldmengenreaktion auf einen Angebotsschock (μ_2) nicht eindeutig bestimmen. Der Nettoanstieg des aggregierten Angebots $(1-\zeta_1)$ tendiert dazu, den Zinssatz zu verringern, was bedeuten würde, dass die Geldmenge entsprechend reduziert werden müsste, um den Zinssatz stabilisieren zu können. Gleichzeitig aber besteht eine Tendenz zur Zinssteigerung wegen der höheren Nachfrage nach Realkasse (über ζ_2), was eine Steigerung der Geldmenge erfordern würde, um das Zinsniveau zu stabilisieren.

Adaptive Erwartungen

Während bei rationalen Erwartungen eine Geldpolitik der Zinsniveaustabilisierung keinen instabilen Inflationsprozess auszulösen braucht, verhält sich die Sache anders im Falle adaptiver Erwartungen. Dieser ist auch der Fall, den seinerzeit Milton Friedman untersucht hatte. Bei adaptiver Erwartungsbildung wird eine Politik der langfristigen Zinsniveaustabilisierung generell zu einem **instabilen Inflationsprozess** führen. Dieser Unterschied ist natürlich in gewissem Sinne modellspezifisch bedingt (wie letztlich alle wissenschaftlichen Ergebnisse, unabhängig davon, ob ein spezifisches Modell explizit angegeben oder – wie in verbalen Plausibilitätserklärungen – darauf verzichtet wird!).

Man braucht, um dies zu verstehen, nur die beiden Angebotsfunktionen (1) und (1′) von Abschnitt 1 oben zu vergleichen. Im Modell mit rationalen Erwartungen ist der Output im Wesentlichen von der Angebotsseite her bestimmt. Denn Inflationsänderungen, die aufgrund (systematischer) Nachfrageänderungen eintreten, werden in den rationalen Inflationserwartungen vorweggenommen. Dagegen führen nachfragebestimmte Inflationsänderungen bei adaptiven Erwartungen systematisch zu Output-Änderungen. Letzteres bedingt hier die Instabilitätstendenz der Inflationsrate bei einer Politik der Zinsniveaustabilisierung. Der **zugrundeliegende Prozess** kann wie folgt beschrieben werden. Da das Zinsniveau durch die Regelbindung festliegt, steht der Zinsmechanismus nicht als Ausgleichsmechanismus von Angebot und Nachfrage zur Verfügung. Bei einer durch die adaptive Erwartungsbildung (9′) vorbestimmten Inflationserwartung π^e_t, einem stabilisierten Zinsniveau i* und der Angebotsfunktion (1′), werden Angebot und Nachfrage ausgeglichen über die Inflationsrate.

Nehmen wir zum Beispiel an, das Zielniveau des Zinssatzes wird reduziert. Die aggregierte Nachfrage wird dann steigen, wie aus der folgenden Gleichung

---

[251] Vgl. allerdings auch Howitt [1992], der die Ausschaltbarkeit von Preisindeterminiertheit bei rationaler Erwartungsbildung anzweifelt.
[252] Dies setzt Q > 0 voraus, was jedoch in aller Regel empirisch der Fall sein dürfte.

(17) zu ersehen ist, die die reduzierte Form aus den beiden Nachfragegleichungen (13) und (14) darstellt unter Vernachlässigung der Störterme:[253]

(17) $y_t = -[(\zeta_2+\psi\zeta_1)/(1-\zeta_1)]i_t+[\zeta_2/(1-\zeta_1)]\pi^e_t$.

Als Folge der Nachfragesteigerung muss auch die Inflationsrate steigen, um Angebot und Nachfrage auszugleichen. Nur bei einer steigenden Inflationsrate, d. h. wenn $\pi_t > \pi^e_t$, wird in (1') das Angebot steigen. Entsprechend der adaptiven Erwartungshypothese (9') nimmt die erwartete Inflationsrate in der nächsten Periode zu, was nach (17) wiederum zu einer höheren aggregierten Nachfrage führt. Als Folge dessen steigt die Inflationsrate abermals. Wie aus Gleichung (14) ersichtlich ist, akkommodiert die Geldbehörde die Nachfragesteigerungen und ermöglicht dadurch die Inflationssteigerungen. Das akkomodative Verhalten der Geldbehörde ist selbst wieder dadurch bedingt, dass nur so das angestrebte Zinsniveau realisierbar ist[254].

Die Instabilität des Inflationsprozesses wäre nur zu vermeiden[255], wenn der nominelle Zinssatz nicht langfristig konstant festgelegt, sondern durch die Feedback-Regel

(18) $i_t = i^* + \lambda\pi_{t-1}$

vorbestimmt würde[256].

Alle Störungen, die den Zinssatz innerhalb einer gegebenen Periode verändern könnten, würden hier durch die Geldpolitik ausgeglichen. Man kann zeigen, dass für einen beschränkten Bereich von Werten von λ, und für gewisse spezifizierte Bereiche der Parameterwerte, die Inflationsrate unter der Regel (18) ein stabiler stochastischer Prozess ist.[257]

Zum Vergleich von Zinsniveau-Regel und Geldmengen-Regel

Als die inzwischen klassische Analyse eines Vergleichs von Zinsniveau-Regel und Geldmengen-Regel kann die Arbeit von William Poole [1970] angesehen werden. Poole fragte, welches der beiden geldpolitischen Zwischenziele – Zinssatz oder Geldmenge – geeigneter ist, um den Output so nah wie möglich an seinem Zielwert zu halten. Die Aufgabe der Zentralbank sah Poole darin, exogene Schockeinflüsse zu kompensieren, sodass diese keinen destabilisierenden Einfluss auf die Wirtschaftsaktivität ausüben. Die Einbeziehung dieser Aufgabenstellung verlangte von der Wirtschaftstheorie ein Abweichen von den früher verwandten deterministischen

---

[253] Setze hierfür (14) in (13) ein und löse nach y_t auf. Gleichungen (13) und (14) gelten natürlich auch für den Fall adaptiver Erwartungen. Der einzige Unterschied besteht darin, dass in Gleichung (13) nun π^e_t statt $(E_t p_{t+1}-p_t)$ steht.

[254] Die Instabilität des Inflationsprozesses lässt sich auch aus der Gleichung für die Inflationsrate ablesen, die sich aus dem Gleichungssystem (1'), (13), (14), (15) ergibt unter Berücksichtigung der adaptiven Erwartungshypothese (9'), die sich auch schreiben lässt als $\pi^e_t(1-\tau L) = (1-\tau)L\pi_t$ mit L als Lagoperator. Die Gleichung für die Inflationsrate lautet: $\pi_t\{1-[1+((1-\tau)\zeta_2/\beta(1-\zeta_1))]L\} = -\{[(\zeta_2+\psi\zeta_1)(1-\tau)i^*/\beta(1-\zeta_1)]+(1-\tau L)[v^{IS}_t-\zeta_1 v^{LM}_{t-1}-(1-\zeta_1)u_t]/\beta(1-\zeta_1)\}$. Dies ist jedoch eine instabile Gleichung.

[255] Siehe zum folgenden näher Blanchard und Fischer [1988].

[256] – wobei aus (9') $\tau\pi_{t-1} = \pi^e_t$ für $j = 1$.

[257] Die erforderlichen Bedingungen sind, dass $\zeta_2 < \lambda(\zeta_2+\psi\zeta_1) < [2\beta(1-\zeta_1)+(1-\tau)\zeta_2]/(1+\tau)$. Diese Ungleichheiten sind jedoch nur gegeben, wenn $\beta(1-\zeta_1) > \zeta_2\tau$.

Modellen und den Übergang zu stochastischen Modellen, in denen die Änderungen der stochastischen oder Störterme das Auftreten von Schocks beschreiben.

Diese stochastischen Modelle haben in den 70er und 80er Jahren die monetäre Makroökonomie dominiert. Dies hat auch einen praktischen Hintergrund, der in den vielfältigen Schockerfahrungen besteht, die die westliche Welt während der siebziger und achtziger Jahre erlebt hat. Beispiele dafür sind der Zusammenbruch des Währungssystems von Bretton Woods Anfang der 1970er Jahre, die beiden Ölpreisschocks 1973 und 1979, Nahrungsmittelkatastrophen wie in 1972/73, sowie – in den 1980er Jahren – die Schocks auf den Finanzmärkten (finanzielle Innovationen) und die dramatischen Wechselkursfluktuationen.

Poole unterstellte in seiner Analyse, dass die Zentralbank den Output in der laufenden Periode nicht beobachten, jedoch die Geldmenge und den Zinssatz exakt kontrollieren kann. Letzteres bedeutet, dass die Zentralbank implizit eine Geldpolitik betreibt, wie sie oben in Gleichung (16) beschrieben wurde. Poole benutzte in seiner Arbeit, wie damals noch üblich, ein IS-LM-Modell ohne die aggregierte Angebotsseite. Er kam dabei zu dem heute allgemein anerkannten Ergebnis, dass die Wahl des geeigneten Zwischenziels abhängig ist von dem Ursprung des jeweiligen Schocks. Und zwar ergab sich aus Poole's Untersuchung, dass die Zentralbank die Geldmenge konstant halten soll, wenn die Schocks vorwiegend in den Gütermärkten entstehen (oben bezeichnet mit v^{IS}_t). Dagegen sei der Zinssatz konstant zu halten, wenn die Schocks vorwiegend monetärer Natur, d. h. zum Beispiel auf überraschende Änderungen der Geldumlaufgeschwindigkeit zurückführbar sind (oben beschrieben durch v^{LM}_t). Wie wir mit Abbildung 15 oben veranschaulichen, kann die Zentralbank auch nur eines von beiden versuchen, **entweder** die Geldmenge **oder** den Zinssatz konstant zu halten, wenn Schocks auftreten. Grafisch lässt sich die geeignete Wahl des Zwischenziels wie folgt darstellen.

Referenzstandard ist die Varianz, d. h. die quadrierte erwartete Abweichung des Outputs vom Zielwert, die es durch die Wahl eines geeigneten Zwischenziels zu minimieren gilt. Wie man aus der **Abbildung 16** ersieht, ist die Abweichung vom Zielwert y* im Falle eines **monetären Schocks** kleiner, wenn der Zinssatz konstant gehalten wird. (Ein monetärer Schock wird in der Abbildung 16 ausgedrückt durch eine instabile LM-Kurve, die zwischen LM_1 und LM_2 variiert.) Bei einer Stabilisierung der Geldmenge variiert der Output zwischen y_1 und y_2, während er durch eine Zinsregel perfekt beim Zielwert y* gehalten wird.

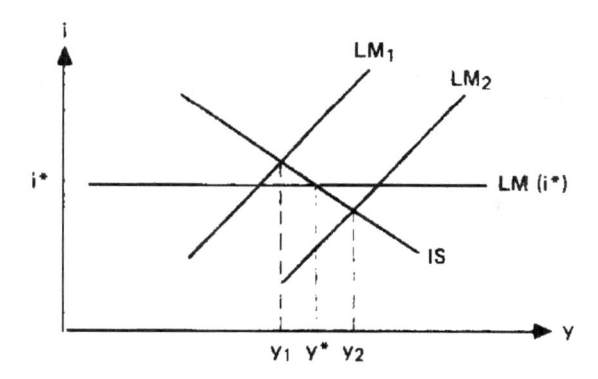

Abbildung 16: (Quelle: Eigene Darstellung).

Dagegen ist die Abweichung vom Zielwert y* im Falle eines **aggregierten Nachfrageschocks** (siehe **Abbildung 17**) geringer, wenn die Geldmenge festgehalten wird. (Ein aggregierter Nachfrageschock wird in der Abbildung 17 dargestellt durch eine stochastische Variation der IS-Kurve zwischen IS_1 und IS_2.) Wie Abbildung 17 zeigt, schwankt der Output bei einer Zinsregel zwischen y_5 und y_6, während er bei einer Geldmengenregel nur zwischen y_3 und y_4 variiert.

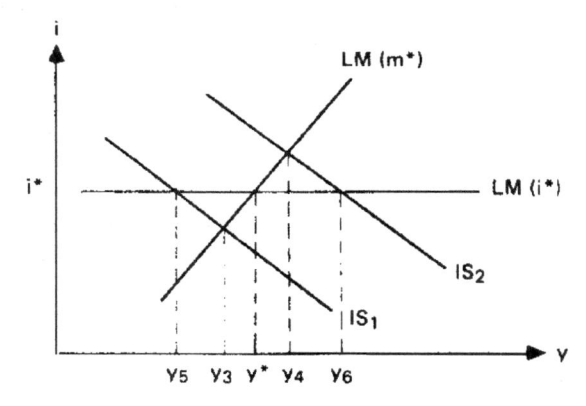

Abbildung 17: (Quelle: Eigene Darstellung).

Überprüfen wir kurz, ob sich dieses Ergebnis auch in unserem obigen Modell **mit rationalen Erwartungen** und unter Einbeziehung der Angebotsseite bestätigen lässt. Wir unterstellen dafür zum einen m = m* (Geldmengenregel) und zum anderen i = i* (Zinsniveauregel).

Unter der **Geldmengenregel** erhalten wir:

(19) $y_t(m = m^*) = [\zeta_2+\zeta_1+\beta+\zeta_2(1+\beta)/\psi]^{-1}\{(\beta\zeta_2/\psi)v^{LM}_t+(\zeta_2+\zeta_1+\zeta_2/\psi)u_t+\beta v^{IS}_t\}$.

Unter der **Zinsniveauregel** ergibt sich dagegen:

(20) $y_t(i = i^*) = [\zeta_2+(1-\zeta_1)\beta]^{-1}\{-\beta\zeta_1 v^{LM}_t+\zeta_2 u_t+\beta v^{IS}_t\}$.[258]

Poole's Analyse impliziert, dass die Reaktion von $y_t(m = m^*)$ auf eine Änderung von v^{IS}_t kleiner ist (in absoluten Werten) als die Antwort von $y_t(i = i^*)$ auf eine Änderung von v^{IS}_t. Dies ist hier eindeutig der Fall: Der Ausdruck in der eckigen Klammer in (19) ist größer als der Ausdruck in der eckigen Klammer in (20).

Dementsprechend ist der Multiplikand von v^{IS}_t in (19) kleiner als der in (20).[259] Dies ist auch inhaltlich leicht verständlich. Wenn die Geldmenge konstant gehalten wird, wird der Zinsmechanismus für einen Ausgleich der Output-Effekte sorgen, die durch den Anstieg der aggregierten Nachfrage, ausgelöst durch v^{IS}_t, entstanden sind. Der Zinssatz steigt, weil die zugenommene Geldnachfrage die konstant gehaltene Geldmenge übersteigt. Dieser Zinsmechanismus kann dagegen nicht zur Wirkung kommen, wenn der Zinssatz von der Zentralbank konstant gehalten wird.

Zum anderen impliziert Poole's Analyse, dass die Reaktion von $y_t(i = i^*)$ auf einen Anstieg von v^{LM}_t kleiner ist (in absoluten Werten) als die Antwort von $y_t(m = m^*)$ auf einen Anstieg von v^{LM}_t. Dies gilt hier zumindest bei kleinen Werten von ζ_1, wobei ζ_1 für den Realkasseneffekt auf dem Gütermarkt steht. Poole vernachlässigte bei seiner Analyse damals diesen Realkasseneffekt vollkommen. Das bedeutet hier, dass er $\zeta_1 = 0$ unterstellte. Bei $\zeta_1 = 0$ wird allerdings der vor v^{LM}_t stehende Ausdruck in (20) gleich Null. Das heißt, dass $y_t(i = i^*)$ auf einen monetären Schock (v^{LM}_t) dann überhaupt nicht reagiert, dieser Schock also vollkommen von einer Zinsregelpolitik absorbiert wird.[260]

Die Frage stellt sich, wie Poole's Ergebnisse, die er abgeleitet hatte aus einem keynesianischen Standardmodell ohne Angebotsfunktion, in einem Modell mit rationalen Erwartungen und einer Lucas-Angebotsfunktion Bestand haben kann. Wie ist es möglich, dass Geldpolitik systematische Effekte in einem Modell mit rationalen Erwartungen hat? Allgemein haben wir ja diese Frage schon im ersten Kapitel ausführlich diskutiert. In dem obigen Modell wird angenommen, dass die Zentralbank in der laufenden Periode auf neue Informationen reagieren kann, und zwar bevor die privaten Individuen ihre Preiserwartungen anpassen können. Die

---

[258] Zur **Berechnung** (beispielhaft für (20)):
Aus der Berechnung des Erwartungswerts über (1) folgt bei Annahme seriell unkorrelierter Störvariablen, dass $E_{t-1}y_t = 0$. Wenn man dies in den Erwartungswert über (14) einsetzt, folgt $E_{t-1}m_t = E_{t-1}p_t - \psi i^*$. Wenn man dies wiederum einsetzt in den Erwartungswert über (13), so ergibt sich $E_t p_{t+1} = E_{t-1}p_t - [(\psi\zeta_1+\zeta_2)/\zeta_2]i^*$. Dies wird eingesetzt in den Ausdruck für $E_t p_{t+1}$, den man aus der Kombination von (13) und (14) erhält. Nun löst man nach $E_{t-1}p_t$ auf und substituiert hierfür in (1). Durch Ausklammern nach y_t erhält man die obige Gleichung (20). Das Preisniveau ist hier deswegen nicht indeterminiert, weil die Zentralbank entsprechend (16) oben ein Basisniveau für die Geldmenge spezifiziert zur gleichen Zeit wie sie ihre Zinsregelpolitik ankündigt.

[259] Die formal korrektere Methode wäre, die Varianz von y_t unter den alternativ betrachteten Regelpolitiken zu berechnen und zu vergleichen bezüglich der Varianzen der zugrundeliegenden Störterme.

[260] Die Reaktion von $y_t(i = i^*)$ auf einen **Angebotsschock** (auf eine Änderung von u_t), die Poole in seiner Analyse nicht berücksichtigt hatte, ist größer als die Antwort von $y_t(m = m^*)$ auf eine Änderung von u_t, solange $(\zeta_1+\zeta_2) < 1$. In diesem Fall verläuft nämlich die aggregierte Nachfragekurve im (p,y)-Raum bei einer Zinsniveaustabilisierung flacher als bei einer Geldmengenstabilisierung.

Preiserwartungen liegen daher, im Prinzip ähnlich wie bei adaptiven Erwartungen, für die Zentralbank vor. Spieltheoretisch gesehen kann die Zentralbank handeln, **nachdem** sich die privaten Individuen mit ihren Preiserwartungen für die laufende Periode festgelegt haben. Implizit wird also im Modell unterstellt, dass die privaten Individuen entweder falsche Wahrnehmungen bzw. eine geringere Information als die Zentralbank haben, oder dass – was überzeugender klingt – mittelfristige Vertragsabschlüsse oder aber Transaktionskosten bedingen, dass irgendwelche Preise temporär fixiert sind[261].

Es sollte vielleicht betont werden, dass Monetaristen den Poole'schen Anwendungsfall für eine Zinsniveaustabilisierung, zumindest während der siebziger Jahre, für ziemlich irrelevant ansahen, da sie monetäre Schocks für wenig wahrscheinlich hielten, gingen sie doch von einer **stabilen** Geldnachfragefunktion aus. Außerdem führten sie als weiteren Grund für die generelle Ablehnung einer Zinsniveauregel an, dass die Geldbehörde in einer inflationären Wirtschaft (wie in den siebziger Jahren der Fall) nur den Nominalzinssatz (gleich Realzinssatz plus erwarteter Inflationsrate) beobachten kann. Schwankungen im beobachteten Zinssatz könnten auch durch veränderte Inflationserwartungen verursacht sein. Die Wahl des Zinssatzes als Zwischenziel würde deswegen nur Sinn machen, wenn die Geldbehörde genau darüber informiert wäre, ob die Zinsschwankungen auf reale Schocks, auf monetäre Schocks oder veränderte Inflationserwartungen zurückzuführen seien. Davon könnte man jedoch nicht ausgehen.

4. Wechselkursstabilisierung

Der Vorschlag einer Wechselkursstabilisierung war nach dem Zusammenbruch des Bretton Woods Systems[262] Anfang der 1970er Jahre für eine gewisse Zeit in den Hintergrund der Debatte um eine geeignete Regel zur Stabilisierung der Wirtschaft getreten. Die extremen und erratischen Wechselkursbewegungen in den 1980er Jahren bescherten der Idee einer Wechselkurs-Regel jedoch wieder einen gewissen Zulauf. Allerdings gibt es heute nur noch wenige Ökonomen, die eine starre Wechselkursstabilisierung als globale (weltweite) Dauerinstitution befürworten würden[263].

Die **Kritikpunkte an einem System fester Wechselkurse** sind zahlreich. Die folgenden drei Punkte zählen mit zu den am häufigsten genannten[264].

---

[261] Siehe hierzu näher im 1. Kapitel.
[262] Das in Bretton Woods 1945 institutionalisierte Währungssystem beruhte auf festen Wechselkursen. Die Mitgliedstaaten des Internationalen Währungsfonds hatten sich in dem Abkommen von Bretton Woods darauf geeinigt, dass der US-Dollar die Leitwährung sein sollte. Die Dollarparität der Währungen der einzelnen Mitgliedstaaten wurde fixiert und ein bestimmter Dollarpreis für die Unze Feingold festgesetzt. Die Zentralbanken wurden angewiesen, dafür Sorge zu tragen, dass der Kassakurs ihrer Währung gegenüber dem US-Dollar nicht um mehr als 1% vom Paritätskurs abwich.
[263] Hingegen gibt es sehr wohl eine Befürwortung regional begrenzter Währungsstabilisierungen bis hin zu einer Währungsunion (wie derzeit in der Europäischen Union). Siehe hierzu z. B. Wagner [1998b; 2002c; 2005].
[264] Vgl. z. B. Williamson [1987]. Die theoretischen Zusammenhänge werden genauer im 6. Kapitel unten herausgearbeitet. Eine neuere Untersuchung von Obstfeld et al. [2017] mit einer großen Auswahl an Schwellenländern kann zeigen, dass die Wahl des Wechselkursregimes eine gewichtige Rolle bei den Auswirkungen von globalen Finanzschocks auf die jeweiligen Länder spielt. Je inflexibler das Regime ist, desto stärker ist die Transmission der globalen Schocks auf

(1) Bei festen Wechselkursen ist ein Land schutzlos spekulativen Prozessen ausgeliefert. So flossen beispielsweise vor dem Zusammenbruch des Bretton Woods Systems viele Milliarden von Devisen in die Bundesrepublik Deutschland, deren Zufluss allein bedingt war durch die spekulativen Erwartungen einer DM-Aufwertung. Aufgrund des Systems fester Wechselkurse war die Bundesbank gezwungen, alle diese Devisenzuflüsse zu feststehenden Wechselkursen in Inlandswährung umzutauschen. Von Ende 1969 bis März 1973 stiegen die Währungsreserven der Bundesbank so umgerechnet (nach den jeweiligen Devisenkursen) von 27 Milliarden auf 94 Milliarden DM. Dadurch wurde die Geldmenge im Inland immer mehr aufgebläht, wogegen die Bundesbank selbst mit restriktivsten geldpolitischen Maßnahmen nicht ankam. Erst der Übergang zu einem System weitgehend flexibler Wechselkurse konnte das Problem lösen.

(2) Feste Wechselkurse bilden keinen hinreichenden „nominellen Anker". Die Inflationsflanke ist bei festen Wechselkursen relativ offen. Diese These wird sowohl empirisch als auch theoretisch gestützt. So hatte beispielsweise die Deutsche Bundesbank während der letzten Jahre des Bretton Woods Systems große Schwierigkeiten, sich von der stärker inflationären Politik in den USA abzukoppeln. Die theoretische Begründung ist die folgende: Wenn das Ausland eine weniger effektive Antiinflationspolitik betreibt, bleibt dem Inland bei festen Wechselkursen nur die Problemalternative eines Inflationsimports oder einer Überbewertung der heimischen Währung und gleichzeitiger Rezession.

(3) Feste Wechselkurse beschränken die Handlungsfreiheit insbesondere kleinerer Länder. Wenn beispielsweise ein Land in einer tieferen Rezession steckt als die Partnerländer, wird es vielleicht wünschen, über eine Zinssenkung, sprich eine expansive Geldpolitik, die Wirtschaft anzukurbeln. In einer offenen Wirtschaft wird dies jedoch nur möglich sein, wenn es gleichzeitig eine Währungsabwertung hinnimmt. Ohne eine Abwertung der inländischen Währung würden Kapitalabflüsse die Folge der Zinssenkung sein, da dann die erwartete Rendite für Kapitalanleger im Inland zurückgeht. Wenn die Partnerländer unterschiedlich groß sind, führt dies zu einer wirtschaftspolitischen Abhängigkeit insbesondere der kleinen Länder von den großen. Dies war denn auch der Fall während der Gültigkeit des Bretton Woods Systems. Die meisten (kleineren) Länder waren damals gezwungen, ihre Zinssätze und ihre Inflationsraten denen der USA anzupassen, um andauernde Zahlungsbilanzungleichgewichte zu vermeiden.[265] (Vgl. hierzu auch das 2. Kapitel, dort den Abschnitt B.I.2.2, sowie das 6. Kapitel.)

---

die Finanzvariablen der Schwellenländer. Zu einer ausführlicheren Darstellung der verschiedenen Wechselkurssysteme vgl. z. B. Frenkel [1998; 2003], Mussa et al. [2000], Rogoff et al. [2003] sowie Klein und Shambaugh [2006].

[265] Dies spiegelt auch das sogenannte **Problem der „n-ten Währung"** wider. In einem System von n Währungen kann es nur n−1 unabhängige Wechselkurse geben. Wechselkurse sind ja relative Preise jeweils zweier Währungen. Durch Fixierung des Wechselkurses allein wird daher die Kaufkraft des Geldes in einer Währungsgemeinschaft nicht mitbestimmt. Diese wird von der Zielstrategie des Landes mit der n-ten Währung determiniert. Dies waren im Bretton Wood System die USA. Der US-Dollar übernahm damals die Funktion einer Leitwährung, einer Interventionswährung und einer Reservewährung. Siehe für eine etwas ausführlichere Darstellung dieses Problems z. B. Richter [1987: 182].
Im **Europäischen Währungssystem** (EWS) dagegen wurden die Wechselkurse nicht gegenüber einer Leitwährung fixiert, sondern multilateral ausgehandelt. Dies hatte den Vorzug, dass nicht immer die gleichen n−1 Länder von der Inflationssensitivität des n-ten Landes abhängig sind.

Dies waren auch die zentralen Gründe für den Übergang zu einem System weitgehend flexibler Wechselkurse in den siebziger Jahren. Doch sieht man inzwischen immer deutlicher, dass auch ein System **flexibler Wechselkurse** große Probleme mit sich bringen kann.

So werden heute insbesondere die **exzessiven Wechselkursschwankungen** kritisiert, die zu Erwartungs- und Planungsunsicherheiten der Investoren führen. Dies ist insbesondere der Fall, da es sich bei diesen Wechselkursschwankungen zu einem gewissen Teil um sogenannte „**misalignments**" handelt, die teilweise nur mehr auf irrationale, sich selbst verstärkende Währungsspekulationen („bubbles") zurückgeführt werden können. (Ein **misalignment** ist definiert als eine lang anhaltende Abweichung des realen effektiven Wechselkurses vom „fundamentalen" Gleichgewichtswechselkurs. Letzterer ist das Kursniveau, das entsprechend rationaler Erwartungen – im Durchschnitt und auf die mittlere Frist – internes und externes Gleichgewicht[266] einer Wirtschaft in Einklang bringt.) Daneben wird als zweiter Hauptkritikpunkt der **mangelnde Zwang zur Kooperation** zwischen den Wirtschaftspolitikern der einzelnen Länder in einem System flexibler Wechselkurse angeführt. Doch gerade eine solche Kooperation sei notwendig, um mit den eben erwähnten misalignments fertig zu werden. (Ob letztere Behauptung richtig ist, wird im 6. Kapitel untersucht werden.)

Anknüpfend an diese Kritikpunkte an den beiden Extremen wurden Vorschläge geeigneter **Zwischenlösungen** entwickelt, die nach der Erwartung ihrer Vertreter die Probleme, mit denen die beiden Extremlösungen behaftet sind, vermindern sollen. Zu ihnen zählen Konzepte von **Zielzonen** und **Interventionsregeln** ebenso wie Vorstellungen von **koordinierter Geldmengenpolitik.** Die bekanntesten Vertreter solcher Konzepte sind zum einen **John Williamson** und zum anderen **Ronald McKinnon.**

Zielzonen: John Williamson [1985] hat vorgeschlagen[267], dass sich (vorerst nur) die währungspolitisch wichtigsten Industrieländer auf folgendes Verfahren einigen sollten. Sie kündigen weite Bänder oder Zonen an, innerhalb derer sich ihre realen Wechselkurse frei bewegen können. Jedoch verpflichten sie sich, bei Erreichen der Bandgrenzen korrigierende Maßnahmen zu unternehmen, ohne im Voraus genau festzulegen, welche Maßnahmen dies sein sollten. Letzteres zwingt die Länder, internationale Konsultationen und währungspolitische Kooperationen durchzuführen. (Zum – angestrebten – Vorteil solcher internationaler Kooperationen kommen wir

---

(In der Praxis allerdings haben die Mitgliedsländer des EWS – insbesondere in den letzten Jahren – der Bundesrepublik die Rolle des n-ten Landes zugeschoben.)

[266] Als internes Gleichgewicht wird der Zustand einer natürlichen Arbeitslosenrate (bei Preisniveaustabilität) bezeichnet, und unter einem externen Gleichgewicht wird ein Zahlungsbilanzgleichgewicht verstanden, das mit den angebotsseitigen Fundamentalgrößen der Ersparnis und der Produktivität vereinbar ist. Siehe z. B. Williamson [1987].

[267] Zu einer ausführlichen Diskussion dieses Vorschlags siehe das Symposium in den ‚Brookings Papers on Economic Activity', 1986, 1. Halbjahresband. Eine kurze Zusammenfassung des Williamson- als auch des McKinnon-Vorschlags bietet (in deutscher Sprache) z. B. Willms [1988] sowie Jarchow und Rühmann [2002]. Eine erweiterte Fassung des Vorschlags beinhaltet Williamson und Miller [1987] sowie Williamson [1994, 1998]. Vgl. hierzu z. B. Streit [1990]. Zur Debatte um Zielzonen im Allgemeinen vgl. auch Bertola und Caballero [1992] und Svensson [1992], Krugman und Miller [1993; Hrsg. 1992] und Larsen und Sørensen [2007]. Eine empirische Überprüfung des Zielzonenvorschlags findet sich bei Christodoulakis, Garrat und Currie [1996].

ausführlich im 6. Kapitel zu sprechen.) Dem Internationalen Währungsfonds soll dabei die Aufgabe zufallen, die Einhaltung dieses Abkommens zu überwachen. Im Mittelpunkt dieses Ansatzes steht das Konzept des oben schon definierten „fundamentalen Gleichgewichtswechselkurses". Unter einer Zielzone ist der vereinbarte Schwankungsbereich des Wechselkurses um einen solchen Fundamentalkurs zu verstehen. Nach Williamsons Vorstellung sollen die Länder, deren Wechselkurs sich (infolge eines Abwertungsdrucks) auf die Obergrenze der Zielzone zubewegt, eine restriktive Geldpolitik betreiben. Entsprechend sollen Länder, deren Wechselkurs sich der Untergrenze der Zielzone nähert, eine expansive Geldpolitik einschlagen. Von einem solchen Zielkonzept wird erstens erwartet, dass es zur Stabilisierung spekulativ bedingter Wechselkursschwankungen beiträgt. Zum anderen soll es die beteiligten Länder zu mehr geldpolitischer und fiskalpolitischer Disziplin bewegen mit dem Ziel, so inflationäre oder deflationäre Fehlentwicklungen auszuschließen.

Die **Einwände** gegen ein solches Zielkonzept sind vielfältig. **Zum einen** wird darauf hingewiesen, dass es bislang kein allgemein anerkanntes Verfahren zur Berechnung eines realen Gleichgewichtswechselkurses gibt[268]. **Zum anderen** wird befürchtet, dass die im Zielkonzept beinhalteten Absprachen zwischen den Ländern wirkungslos sein werden, da diese sich – bei fehlendem Sanktionsmechanismus – doch nicht an die Absprachen halten werden[269]. (Dieses Problem wird genauer in Kapitel 6 untersucht werden.) Ein **dritter Einwand** beruht auf der Befürchtung, dass die Instabilität der Wechselkursentwicklung **innerhalb** des Bandes durch eine solche Zielkonzeption zunehmen wird[270]. Ein Band verringert das Risiko für Portfoliohalter und steigert deshalb Portfolioumschichtungen, wenn sich die wahrgenommenen Erträge im Mittel ändern. Bei Zufallsbewegungen der Erwartungen über mittlere Erträge wird es daher mehr Wechselkursvariabilität innerhalb des Bandes geben als bei Abwesenheit solcher Bandgrenzen.

Viertens wird eingewandt, dass es keinen Sinn mache, Grenzen nur für Wechselkurse zu setzen, nicht aber für andere makroökonomische Schlüsselvariablen. Eine solche Regelsetzung müsste, um erfolgreich sein zu können, von einem entsprechenden geld- und fiskalpolitischen Begleitprogramm unterstützt werden. Ansonsten könnten die makroökonomischen Ergebnisse durch eine solche Regelpolitik sogar verschlechtert werden. Dies schließt insbesondere die Gefahr von zunehmender Inflation mit ein, da ja die Geldmenge bei jeglicher reiner Wechselkursstabilisierung, ob punktbezogen oder in Zonen oder Bändern, endogenisiert ist. Eine Wechselkursstabilisierung **um jeden Preis** kann deshalb teuer zu stehen kommen.

McKinnon's Geldmengenregel: Ronald McKinnon [1984] schlägt vor[271], die Geldpolitik zwischen (zunächst nur) den USA, Japan und der Bundesrepublik Deutschland so zu koordinieren, dass Wechselkursschwankungen zwischen diesen Ländern weitgehend ausgeschlossen sind. Außerdem tritt er dafür ein, die Wachs-

---

[268] Vgl. z. B. Willms [1988].
[269] Vgl. z. B. Fischer [1987b].
[270] Zum dritten und vierten Einwand siehe Dornbusch [1986: S. 77–78].
[271] McKinnon hat diesen Vorschlag in ähnlicher Form schon 1974, nach dem Zusammenbruch des Bretton Woods Systems, zum ersten Mal unterbreitet. Eine neuere Vorstellung und Diskussion des McKinnon-Vorschlags ist im ‚Journal of Economic Perspectives', vol. 2, Winter 1988, enthalten. Vgl. auch Gandolfo [2001] für eine Lehrbuchdarstellung.

3. Kapitel: Regelgebundene Stabilitätspolitik

tumsrate der **Welt**geldmenge[272] zu verstetigen[273]. Auf diese Weise soll das Weltpreisniveau stabilisiert und der Weltkonjunkturverlauf geglättet werden. Die Wachstumsrate der Weltgeldmenge soll so festgelegt werden, dass das Preisniveau für international handelbare Güter konstant bleibt. Die Wachstumsraten der Geldmenge in den einzelnen Ländern können jedoch voneinander abweichen. Sie sollen an der erwarteten längerfristigen Wachstumsrate des realen Bruttosozialprodukts, der Trendentwicklung der Umlaufgeschwindigkeit des Geldes und der Preissteigerungsrate im Bereich der nicht handelbaren Güter in den jeweiligen Ländern ausgerichtet werden. Wechselkursänderungen könnten dann nur noch als Folge von Veränderungen internationaler Portfoliopräferenzen auftreten, die die inländische Geldnachfrage über die Wechselkurserwartungen beeinflussen. Der Einfluss solcher „indirekter Währungssubstitution" auf den Wechselkurs und darüber auf die Geldnachfrage soll nach McKinnon durch eine reaktive Geldangebotspolitik in den betroffenen Ländern aufgefangen werden. So sollte ein Land, dessen Währung einem Aufwertungsdruck ausgesetzt ist, eine expansive Geldpolitik betreiben, und ein Land, dessen Währung unter Abwertungsdruck gerät, eine restriktive Geldpolitik verfolgen. Hierdurch würde der Wechselkurs stabilisiert und es könnten die Zinseffekte sowie die wechselkursbedingten Preisniveaueffekte ausgeschaltet werden. Im Mittelpunkt dieses Konzepts steht die Stabilisierung eines „gleichgewichtigen realen Wechselkurses", wobei sich McKinnon bei der Ermittlung dieses Gleichgewichtskurses auf die Kaufkraftparitätentheorie stützt.

Der **Haupteinwand** gegen diesen Vorschlag[274] besteht darin, dass die Multiplikatoreffekte einer solchen reaktiven Geldangebotspolitik und damit der Erfolg der Konzeption selbst unsicher sind.[275] Dies wird näher in Kapitel 6 erläutert werden. Außerdem betreffen die unter dem Zielzonenkonzept aufgeführten ersten zwei Einwände auch den McKinnon-Vorschlag.

In den 1980er Jahren entstanden auch **formale Modellanalysen**, die – entsprechend der Poole'schen Vergleichsanalyse von Zinsniveau-Regel und Geldmengen-Regel – die Über- oder Unterlegenheit einer Wechselkursstabilisierung von der jeweiligen Schockursache abhängig sehen[276]. Das vorläufige Ergebnis dieser Modellanalysen deutet darauf hin, dass eine Wechselkursstabilisierung bei vorwiegend finanziellen oder Geldmarkt-Schocks angebracht sein kann, nicht aber bei vorwiegendem Auftreten von Gütermarkt-Schocks. In letzterem Fall scheint eine reine Geldmengenregel oder auch das in der gegenwärtigen Praxis vorherrschende diskretionäre Floaten einer Wechselkursstabilisierung überlegen zu sein. Ersteres soll im Folgenden in einem einfachen Modellzusammenhang exemplarisch abgeleitet werden. Daran anschließend werden dann noch kurz einige Erweiterungen bzw. Änderungen dieser Modellanalyse diskutiert.

---

[272] **Weltgeldmenge** im Zusammenhang mit nur drei beteiligten Ländern bedeutet natürlich nur eine gewichtete Summe der nationalen Geldbestände dieser drei Länder.
[273] Die Probleme bei den bisherigen Anwendungen monetaristischer Konzepte beruhen nach McKinnon darauf, dass diese fälschlicherweise auf nationalen Geldmengenkonstrukten, nicht jedoch auf der Weltgeldmenge basierten.
[274] Zu weiteren Einwänden siehe die Artikel von Dornbusch und Williamson in dem oben erwähnten Heft des „Journal of Economic Perspectives' (Winter 1988) oder Wagner [1998b].
[275] Vgl. z. B. Fischer [1987b].
[276] Siehe z. B. Henderson [1984] oder Frenkel und Aizenman [1982]. Siehe auch Marston [1985].

Zuvor jedoch soll noch auf einen **speziellen Fall** hingewiesen werden, in dem eine (vorübergehende) Festsetzung des Wechselkurses besonders erstrebenswert erscheint. Dies ist der Fall einer **Desinflation** im Ausgangspunkt einer **sehr hohen Inflation**. Eine Stabilisierung des nominellen Wechselkurses kann in dieser Situation einen erwünschten nominellen Anker für das Geldsystem darstellen. Wenn die Inflation sehr hoch ist am Beginn eines Stabilisierungsprogramms, herrscht im Allgemeinen eine große Unsicherheit über die Geldnachfrageentwicklung. Die Geldnachfrage wird in einer Desinflationsperiode tendenziell steigen. Eine Regelpolitik konstanten Geldmengenzuwachses könnte sich in einer solchen Situation als sehr gefährlich oder kostspielig erweisen. [Siehe zur Begründung oben in Abschnitt I.] Ein festgelegter Wechselkurs dagegen endogenisiert die Geldmenge und kann so die Wirtschaft in der Regel mit weniger Kosten stabilisieren[277]. Ein solcher fester Wechselkurs ist zudem eine einfache und verständliche Grundlage und Zielsetzung für eine Geldpolitik, insbesondere in einer kleinen offenen Wirtschaft. Daneben hilft sie der Zentralbank auch, einem (in dieser speziellen Situation typischen) andauernden Druck vonseiten der Regierung nach inflationärer Finanzierung zu widerstehen. Wie die Geschichte der Preisniveaustabilisierung zeigte[278], war denn auch die Festsetzung des Wechselkurses Teil der Stabilisierungsstrategien in fast allen erfolgreichen Stabilisierungen in den klassischen Hyperinflationsperioden wie auch bei der Bekämpfung sehr hoher Inflationsraten in neuerer Zeit (vorwiegend in Entwicklungsländern)[279].

Modelltheoretische Betrachtung

Wir verwenden wieder das Kernmodell, das wir auch im vorhergehenden Abschnitt über Zinsniveaustabilisierung benutzt haben. Es bestand dort aus den Gleichungen (1), (13), und (14). Im Fall einer Wechselkursstabilisierung müssen wir jedoch das Modell „öffnen", d. h. eine offene Volkswirtschaft betrachten. Dies hat, wie in Kapitel 2 (dort in Abschnitt B.I.2.2) erläutert, zwei Konsequenzen. Einmal muss die IS-Gleichung (13) auf der rechten Seite der Gleichung um den Ausdruck „$+z_2q$" mit $q := e+p^f-p$ (= realer Wechselkurs) erweitert werden. Zum anderen benötigen wir die Bedingung für ein außenwirtschaftliches Gleichgewicht, d. h. für ein Zahlungsbilanzgleichgewicht. Bei vollkommener Kapitalmobilität ($\kappa \to \infty$) lautet diese Bedingung in Kapitel 2: $i_t = i^f_t$.[280] Hierbei wurden statische Wechselkurserwartungen unterstellt. Wenn wir stattdessen von dynamischen oder rationalen Wechselkurserwartungen ausgehen, wird die Zahlungsbilanz-Gleichgewichtsbedingung durch die **ungedeckte Zinsparität** beschrieben, die lautet: $i_t = i^f_t + E_t e_{t+1} - e_t$, wobei $E_t e_{t+1} - e_t$ rationale Wechselkursänderungserwartungen kennzeichnen (zur näheren Erläuterung siehe im 6. Kapitel, dort in Abschnitt I.2). Wir betrachten hier nur den Fall rationaler Erwartungsbildung. Unser erweitertes **Kernmodell** sieht dann wie folgt aus:

---

[277] Vgl. hierzu Fischer [1986: Kap. 8].
[278] Siehe hierzu Yeager [1981].
[279] Siehe hierzu auch Wagner [1997: Kap. 3].
[280] i^f_t wird hier wieder als eine exogene Variable betrachtet („kleines Land").

(1) $y_t = \beta(p_t - E_{t-1}p_t)$,
(13') $y_t = -\zeta_2[i_t - (E_t p_{t+1} - p_t)] + z_2 q_t + v^{IS}_t$, mit $q_t := e_t + p^f_t - p_t$
(14) $m_t - p_t = y_t - \psi i_t - v^{LM}_t$,
(21) $i_t = i^f_t + E_t e_{t+1} - e_t$.

(1) ist die Angebotsgleichung (hier ohne Störfaktor), (13') die IS-Gleichung (hier ohne Realkasseneffekt), (14) die LM-Gleichung und (21) die BP-Gleichung bei vollkommener Kapitalmobilität und rationalen Wechselkurserwartungen. Für Auslandsvariablen benutzen wir wieder das Superskript „f" („f" für „foreign" oder „fremd").

Wenn wir (21) in (13') und (14) substituieren, können wir das obige Kernmodell auf die drei Gleichungen (1), (22), und (23) reduzieren, wobei

(22) $y_t = -\zeta_2[(i^f_t + E_t e_{t+1} - e_t) - (E_t p_{t+1} - p_t)] + z_2 q_t + v^{IS}_t$,
(23) $m_t - p_t = y_t - \psi(i^f_t + E_t e_{t+1} - e_t) - v^{LM}_t$.

Wir haben allerdings vier endogene Variablen: y_t, p_t, e_t und m_t. Um das Problem der „fehlenden Gleichung" zu lösen, wird eine endogene Variable als exogen behandelt. Bei flexiblen Wechselkursen wird das Geldangebot m_t als exogene Variable behandelt, bei festen Wechselkursen der nominale Wechselkurs e_t. Anders ausgedrückt, bei einer **Wechselkursstabilisierung** wird der nominale Wechselkurs e_t stabilisiert. Die Geldangebotsgleichung lautet bei einer Wechselkursstabilisierung[281]

(24) $m_t = m^* + \theta_e(e_t - e^*)$, mit $\theta_e \to \infty$.

Die Zentralbank verpflichtet sich hier also, durch Geldmengenanpassungen einen konstanten nominalen Wechselkurs e^* zu garantieren. Es verbleiben mithin nur mehr drei endogene Variablen: y_t, p_t und m_t. Diese werden simultan durch die drei Gleichungen (1), (22) und (23) bestimmt.

Bei einem vollkommenen **flexiblen Wechselkursregime** dagegen wird in (24) $\theta_e = 0$ sein[282], d. h. die Geldbehörde folgt einer Geldmengenregel: $m = m^*$. Hier ist die Geldmenge exogen, sodass nun das Modell mit den drei Gleichungen (1), (22) und (23) nach den drei endogenen Variablen y_t, p_t und e_t gelöst werden kann.

Wir lösen das Modell in der folgenden Weise. Wir ermitteln zuerst die stationäre Lösung des Modells bei Abwesenheit von Unsicherheit. Dort sind alle Prognosefehler (z. B. $p_t - E_{t-1}p_t$), alle erwarteten Änderungsraten (wie z. B. $E_t p_{t+1} - p_t$) und alle stochastischen Störungen gleich Null. Die stationäre Lösung des Modells lautet folglich:

(1*) $y^* = 0$
(22*) $y^* = \zeta_2 i^{f*} + z_2(e^* + p^{f*} - p^*)$
(23*) $m^* - p^* = y^* - \psi i^{f*}$.

---

[281] Die Formulierung in Gleichung (24) setzt wieder voraus, dass die Geldbehörde in der laufenden Periode, und damit früher als die Produzenten und Arbeitnehmer (Lohnsetzer), neue Informationen ausnutzen kann. Ansonsten müsste die Geldangebotsgleichung $m_t = m^* + \theta_e[E_{t-i}(e_t - e^*)]$, mit $\theta_e \to \infty$ lauten. Vgl. Abschnitt II.2 oben.

[282] Bei einem diskretionären oder „gemanagten" **Floaten** hingegen ist $0 < \theta_e < \infty$.

Nun bilden wir die Abweichungsformen (1)-(1*), (22)-(22*) und (23)-(23*) und formen diese so um, dass jeweils auf der linken Seite p_t-p^* steht. Wir erhalten so[283]:

(1A) $p_t-p^* = (1/\beta)(y_t-y^*)$

(22A) $p_t-p^* = -[1/(\zeta_2+z_2)](y_t-y^*)+(e_t-e^*)+[1/(\zeta_2+z_2)]v^{IS}_t$

(23A) $p_t-p^* = (m_t-m^*)-(y_t-y^*)-\psi(e_t-e^*)-v^{LM}_t$.

Nun transformieren wir die so errechneten Strukturgleichungen des Modells in die reduzierte Form. Das heißt, wir stellen die endogenen Variablen des Modells −y_t, p_t und m_t bzw. e_t − als Linearkombinationen der exogenen Variablen und der stochastischen Störgrößen dar. Die exogenen Variablen interessieren uns hier nicht weiter. Es kommt uns nur auf die Abhängigkeit der endogenen Variablen von den Störfaktoren an. Die Berechnungsweise sieht wie folgt aus. Wir setzen (1A) und (23A) gleich und erhalten so die Gleichung (24):

(24) $[(1+\beta)/\beta](y_t-y^*) = (m_t-m^*)-\psi(e_t-e^*)-v^{LM}_t$.

Dann setzen wir (23A) und (22A) gleich und erhalten so die Gleichung (25):

(25) $[(\zeta_2+z_2-1)/(\zeta_2+z_2)](y_t-y^*) = (m_t-m^*)-(1+\psi)(e_t-e^*)-v^{LM}_t-[1/(\zeta_2+z_2)]v^{IS}_t$.

Schließlich subtrahieren wir (25) von (24) und lösen nach y_t-y^* auf. So erhalten wir:

(26) $y_t-y^* = (\beta/H)v^{IS}_t+[\beta(\zeta_2+z_2)/H](e_t-e^*)$,

wobei $H = \zeta_2+z_2+\beta > 0$.

(26) in (1A) eingesetzt ergibt:

(27) $p_t-p^* = (1/H)v^{IS}_t+[(\zeta_2+z_2)/H](e_t-e^*)$.

---

[283] Bei der Ableitung ist zu berücksichtigen, dass v^{IS}_t und v^{LM}_t hier als rein **transitorische** Schocks betrachtet werden. Deswegen wird hier – siehe auch Frisch [1987] – davon ausgegangen, dass $E_{t-1}x_t = E_t x_{t+1} = x^*$ (stationärer Wert) für $x = \{y,p,m\}$. Dahinter steckt die Annahme, dass die Wirtschaftssubjekte ihre rational gebildeten Erwartungen nicht revidieren, wenn die Realisierung einer Variablen von ihrem (rationalen) Erwartungswert abweicht. Wenn sich z. B. eine Situation mit $x_t-E_{t-1}x_t \neq 0$ ergibt, so erwarten die Wirtschaftssubjekte für die nächste Periode $E_t x_{t+1}-x^* = 0$. Das heißt, sie erwarten, dass die Variable in der nächsten Periode wieder auf ihren stationären Wert (x^*) zurückkehrt. Diese Vorgehensweise mag etwas problematisch erscheinen, unterstellen wir doch so stationäre Erwartungen. Jedoch können **stationäre Erwartungen**, unter gewissen Umständen, durchaus rational sein, d. h. mit dem Konzept rationaler Erwartungsbildung übereinstimmen. Allerdings ist die obige (vereinfachte) Berechnungsweise – wenn auch durchaus üblich – nicht ganz unumstritten. Eine unterschiedliche „allgemeinere" (und damit komplexere) Berechnungsweise wurde z. B. in Asako und Wagner [1992], dort allerdings in einem Modell der geschlossenen Wirtschaft, angewandt. Dieser Punkt soll hier allerdings nicht weiter verfolgt werden, da es hier in dieser Passage in erster Linie um eine Interpretation der vorherrschenden Ergebnisstruktur (vgl. zur letzteren Marston [1985]) geht, die sich mit der obigen Berechnungsweise gewinnen lässt.
Abschließend jedoch noch eine Bemerkung: Methodisch problemloser (aber inhaltlich etwas fragwürdig) wäre es, alle Erwartungsgrößen im obigen Modell auf die Periode $t-1$ zu konditionieren ($E_{t-1}x_t$, $E_{t-1}x_{t+1}$) und nach den konditionalen Erwartungsirrtümern ($x_t-E_{t-1}x_t$) zu lösen. (Dies ist die Vorgehensweise, die z. B. Pohl [1987] anwendet in einem „Multi-Vergleich" verschiedener Geldangebotsstrategien.) So gelangt man zu dem gleichen Ergebnis (für die **konditionalen** Abweichungen oder Varianzen) wie unten in den Gleichungen (26)–(28).

(26) und (27) in (23A) eingesetzt und nach e_t-e^* aufgelöst ergibt:

(28) $e_t-e^* = (H/J)(m_t-m^*)-[(1+\beta)/J]v^{IS}_t+(H/J)v^{LM}_t$,

wobei $J = (1+\psi)H+\beta(\zeta_2+z_2-1) > 0$.

(26), (27) und (28) beschreiben die Lösung des Modells für beide Wechselkursregime.

Interpretation

In einem **festen Wechselkursregime** ist e_t gleich e^*, sodass der jeweils zweite Ausdruck auf der rechten Seite von (26) und (27) wegfällt, und (28) zu $m_t-m^* = [(1+\beta)/H]v^{IS}_t-v^{LM}_t$ wird. In einem **vollkommen flexiblen Wechselkursregime** dagegen ist m_t gleich m^*, sodass der erste Ausdruck auf der rechten Seite von (28) entfällt.

Eine **monetäre Störung** (v^{LM}_t) übt in einem **festen Wechselkursregime** (wo $e_t = e^*$) keinen Einfluss auf den Output und auf das Preisniveau aus. v^{LM}_t erscheint nicht in den reduzierte-Form-Gleichungen (26) und (27). Sie wirkt sich nur in einem entsprechenden Kapitalfluss aus[284]. So schlägt sich eine durch eine Abnahme der Geldnachfrage oder einen Anstieg des Geldangebots beschriebene monetäre Störung[285] in einer Zinssenkungstendenz, Kapitalexporten und folglich einem Rückgang an ausländischen Währungsreserven nieder, der die ursprüngliche monetäre Expansion gerade kompensiert. Dagegen führt die gleiche monetäre Störung in einem **flexiblen Wechselkursregime** zu einer Abwertung der inländischen Währung (($H/J) > 0$ in Gleichung (28)). Folglich steigt der Output und das Preisniveau bzw. deren Varianzen in (26) und (27)[286]. Das bedeutet, ein festes Wechselkursregime kann die Wirtschaft besser vor den Einflüssen monetärer Störungen abschirmen als ein flexibles Regime.

Eine **aggregierte Nachfragestörung** (v^{IS}_t) bewirkt dagegen in einem festen Wechselkursregime größere Output- und Preisniveauabweichungen als in einem flexiblen Regime. In einem **festen Wechselkursregime** ist $e_t = e^*$, sodass der v^{IS}_t-Ausdruck in (28) keine Rolle spielt. In einem **flexiblen Wechselkurssystem** dagegen ist in der Regel $e_t \neq e^*$, sodass der v^{IS}_t-Ausdruck in (28), wenn für e_t-e^* aus (28) in (26) und (27) substituiert wird, dort den Ausdruck vor v^{IS}_t verringert (da $-(1+\beta)/J < 0$). Die **ökonomische Interpretation** ist folgende: Ein expansiver aggregierter Nachfrageschock erhöht die Transaktionsnachfrage nach Geld. Dies wird zu einer Zinsanstiegstendenz und folglich zu Kapitalimporten führen. Bei **flexiblen Wechselkursen** wird dies eine Aufwertung der inländischen Währung induzieren. Die Aufwertung bewirkt, dass der Anstieg der aggregierten Nachfrage weniger stark ausfällt[287]. Der letztere Dämpfungseffekt entfällt bei **festen Wech-**

---

[284]   Vgl. hierzu auch das Äquivalent im Mundell-Fleming-Modell, beschrieben in Kapitel 2, dort Abschnitt B.I.2.2.

[285]   Eine solche Störung wurde in Gleichung (14) zugrundegelegt. Deswegen steht dort auch „v^{LM}_t".

[286]   Die Wirkung läuft jeweils über den Wechselkurs e_t-e^* in (26) und (27).

[287]   Vgl. auch hierzu das nun allerdings abweichende Äquivalent im Mundell-Fleming-Modell, beschrieben in Kapitel 2, dort in Abschnitt B.I.2.2. Im Mundell-Fleming-Modell oben (bei flexiblen Wechselkursen und vollkommener Kapitalmobilität) veränderte sich der Output bei einem fiskalpolitischen Eingriff oder Schock **nicht**. Hier dagegen ändert sich der Output auch bei flexiblen Wechselkursen, allerdings nicht so stark wie bei festen Wechselkursen. Der Grund für

224   2. Teil: Makroökonomische Alternativen der Stabilitätspolitik

selkursen. In einem festen Wechselkursregime müssen die ausländischen Devisenzuflüsse von der Zentralbank zur Aufrechterhaltung des Wechselkurszieles aufgekauft werden, wodurch die Geldmenge im Inland steigt. Anders gesagt, das Geldangebot ist bei festen Wechselkursen endogen und passt sich der gestiegenen Geldnachfrage an. Dies bedeutet, dass ein flexibles Wechselkursregime die Wirtschaft besser vor Einflüssen aggregierter Nachfragestörungen abschirmt.

Ergänzungen

Zu dem obigen Ergebnis bezüglich der schockabhängigen Optimalität einer Wechselkursstabilität kam auch Henderson [1984][288]. Solange die Störungen im Geldmarkt entstehen, ist eine Wechselkursstabilisierung (und auch eine Zinsniveaustabilisierung) einer Geldmengenregel überlegen. Wenn dagegen die Störungen im Gütermarkt entstehen, wobei egal ist ob es sich um aggregierte Nachfrageschocks oder um aggregierte Angebotsschocks handelt, ist eine Geldmengenregel (d. h. ein flexibles Wechselkursregime) vorzuziehen[289]. Darüber hinaus bestätigte Henderson [1984] die Aussage von Boyer [1978][290], dass beide Strategien nur in den Extremfällen einseitiger Schocks optimal sind. Bei **gleichzeitigem** Auftreten von inländischen finanziellen Schocks (LM-Schocks) einerseits und aggregierten Nachfrageschocks (IS-Schocks) oder aggregierten Angebotsschocks andererseits sei dagegen „gemanagtes" **Floaten**, d. h. eine begrenzte Form von Deviseninterventionen, optimal.

In Volkswirtschaften mit **Lohnindexierung** verlieren die obigen Optimalitätskriterien jedoch unter Umständen ihre Gültigkeit. Dies kann man zeigen, wenn man in das obige Modell eine Indexierung des Geldlohns an das Preisniveau einbaut[291].

---

  den Outputeffekt bei flexiblen Wechselkursen liegt in den Wechselkurserwartungs-Effekten auf die Geldnachfrage. Die Aufwertung (e sinkt) erhöht den inländischen Zinssatz entsprechend der „ungedeckten Zinsparität" (siehe Gleichung 21)). Folglich kann der Output hier trotz eines konstanten Geldangebots steigen (siehe Gleichung (14)): Die rechte Seite von (14) kann bei einem Anstieg von i_t ja nur konstant bleiben, wenn y_t zunimmt.

[288] Dagegen kam Fischer [1976] zu dem genau umgekehrten Ergebnis einer Überlegenheit (Unterlegenheit) einer Wechselkursregel bei Gütermarktstörungen (Geldmarktstörungen). Allerdings unterschied sich das Modell von Fischer sehr stark von dem obigen. In Fischers Modell gab es keine Kapitalmobilität, und der Output war unabhängig von den Preisen und damit vom Wechselkursregime. Der Output wurde nur von Angebotsstörungen beeinflusst. Das Ziel- oder Wohlfahrtskriterium war deshalb in Fischers Modell auch nicht die Outputabweichung, sondern der reale Konsum, Konsum dabei definiert als die Differenz zwischen nominalem Output und Nettoexporten. Ein flexibles Wechselkursregime ist hier bei finanziellen (LM-)Schocks deshalb überlegen, da Wechselkursanpassungen im Modell die Handelsbilanz ausgleichen, sodass die Nettoexporte gleich Null sind. Dadurch wird der reale Konsum stabilisiert. Wie Fischer jedoch selbst betont, können sich diese Optimalitätskriterien selbst bei Kapital**im**mobilität umkehren, wenn berücksichtigt wird, dass der Output auf unerwartete Preisniveauänderungen reagiert.

[289] Eine Geldmengenregel lässt Wechselkurs- und Zinsanpassungen zu, was die Outputeffekte der aggregierten Nachfrage- und Angebotsstörungen dämpft.

[290] Boyer unterstellte – im Gegensatz zu Henderson – in seiner Untersuchung noch nicht rationale Erwartungsbildung.

[291] Sie hierzu z. B. Marston [1985: S. 904–906]. Siehe auch Frisch [1987]. Lohnindexierung spiegelt sich in der folgenden Lohngleichung $w_t = w_t' + h(p^c_t - E_{t-1}p^c_t)$ wider, wobei w_t' den Kontraktlohn und p^c_t das allgemeine Preisniveau (definiert, wie in Gleichung (18) in Abschnitt B.I des 2. Kapitels, als gewichteten Durchschnitt aus inländischen und ausländischen Preisniveau) bezeichnen. Aufgrund dessen ändert sich die Angebotsgleichung (1) zu $y_t = \beta(p_t - E_{t-1}p_t) - \beta h(p^c_t - E_{t-1}p^c_t)$.
  Der Realzins in den Gleichungen (13') und (22) sollte dann entsprechend auch den allgemeinen Preisindex, p^c_t, anstatt des inländischen Preisniveaus, p, beinhalten.

3. Kapitel: Regelgebundene Stabilitätspolitik   225

Bei einer vollständigen Indexierung übt dann jede Störung in beiden Wechselkursregimen einen identischen Einfluss auf den Output aus. Folglich kann in diesem Fall die Wahl zwischen den beiden Wechselkursregimen nicht mehr auf der Grundlage des Output-Verhaltens getroffen werden, sondern es müssen andere Kriterien wie beispielsweise das Preisniveauverhalten herangezogen werden. Zu Formen der Lohnindexierung und ihren Auswirkungen allgemein siehe im Folgenden Kapitel 4.

Ich habe mich in diesem kurzen Überblick auf Modelluntersuchungen im Zwei-Länder-Rahmen beschränkt. Daneben entstanden in den 1980er Jahren auch vermehrt Modelluntersuchungen im Rahmen eines Drei- oder Viele-Länder-Rahmens. Dort werden entsprechend Fragen der Überlegenheit einer **Währungsunion** analysiert. (Zu einem kurzen Überblick mit Literaturhinweisen siehe beispielsweise Marston [1985: S. 911–12].) Diese Thematik wird in Kapitel 6 nochmals im Zusammenhang mit der Frage, ob internationale Koordination von Stabilitätspolitik erstrebenswert ist, aufgegriffen werden.

5. Inflation Targeting

In der ersten Hälfte der 1990er Jahre gingen eine Reihe von Ländern dazu über, eine neue geldpolitische Strategie zu verfolgen, die mit dem Namen „Inflation Targeting" bezeichnet wird[292]. Neuseeland war 1990 das erste Land, das Inflation Targeting einführte. Mittlerweile verfolgen Notenbanken in über 20 Ländern weltweit diese geldpolitische Strategie. Hierzu zählen Notenbanken entwickelter Volkswirtschaften (Kanada, Vereinigtes Königreich, Schweden, Australien, Island, Norwegen) ebenso wie der (ehemaligen) Transformationsländer (Tschechische Republik, Polen, Ungarn, Slowakei, Rumänien) und anderer Schwellenländer (z. B. Israel, Brasilien, Chile, Kolumbien, Südafrika, Thailand, Korea, Mexiko, Peru u. a.). Es handelt sich dabei teilweise um Länder, die Schwierigkeiten bei der Inflationsbekämpfung mit herkömmlichen geldmengen- und wechselkursorientierten Strategien hatten. In diesem Zusammenhang entwickelte sich dann auch eine Theorie des Inflation Targeting, die bis heute in der Theorie der Geldpolitik wie auch in Zentralbankkreisen sehr ausführlich diskutiert wird. Zusätzliche Relevanz gewinnt dieser Ansatz auch noch dadurch, dass die geldpolitischen Strategien anderer Notenbanken, wie z. B. die der Schweizerischen Nationalbank und die der Europäischen Zentralbank, einige Elemente des Inflation Targeting enthalten. Weiterhin schlugen prominente Befürworter des Inflation Targeting der Europäischen Zentralbank sogar vor, ihre bisherige Strategie aufzugeben und ein reines Inflation Targeting zu betreiben. Auch in den USA und Japan wurde vielfach diskutiert, ob die Geldpolitik einem Inflation Targeting folgen sollte. In diesem Abschnitt werden sowohl theoretische als auch praktische Aspekte des Inflation Targeting dargestellt und kritisch analysiert.[293]

---

[292] Siehe z. B. Leiderman und Svensson [1995], Bernanke u. a. [1998] sowie Svensson [1999]. Zur neueren Diskussion um Inflation Targeting vgl. Svensson [2008], Roger [2009] und Willard [2012]. Für eine Diskussion über die Herausforderungen des Inflation-Targeting-Ansatzes nach der globalen Finanzkrise siehe Walsh [2011].

[293] Vgl. ausführlicher zu diesem Ansatz Wagner [1998c; 1999c].

Konzeptioneller Rahmen

Die geldpolitische Strategie des Inflation Targeting (im Folgenden: IT) lässt sich durch die folgenden konzeptionellen Elemente kennzeichnen:[294]

(1) Es wird ein explizites quantitatives **Inflationsziel** öffentlich angekündigt.

(2) Es wird ein **Durchführungsverfahren** (Operating Procedure) angewandt, das man als „Inflation-Forecast-Targeting" bezeichnen kann. Dies bedeutet, man benutzt eine zentralbankinterne Inflationsvorhersage sowohl als Zwischenziel- als auch als Indikatorvariable.

(3) Es wird großer Wert auf einen hohen Grad an **Transparenz und Rechenschaftspflicht** der Geldpolitik gelegt.

Element (1) ist das unverzichtbare Merkmal jeden IT. Die Elemente (2) und (3) dagegen stellen Anforderungen oder Charakteristika dar, die die Wirksamkeit eines IT erhöhen sollen.

Inflationsziel

Die öffentliche Ankündigung eines expliziten, quantitativen Inflationsziels ist das wichtigste Kennzeichen des IT. Mit der öffentlichen Vorgabe soll zum einen den Politikern eine Richtschnur für ihr Handeln gegeben werden. Zum anderen soll das Inflationsziel zur Beurteilung des geldpolitischen Erfolgs herangezogen werden. Das Inflationsziel wird nicht notwendigerweise von der geldpolitischen Instanz autonom festgelegt und angekündigt. Dies geschah zwar in einigen Ländern (z. B. Kolumbien, Chile, Thailand, Mexiko), jedoch werden die Inflationsziele überwiegend durch die Regierung (z. B. Vereinigtes Königreich, Norwegen, Südafrika) oder gemeinsam durch Regierung und Zentralbank (z. B. Neuseeland, Kanada, Australien) festgelegt.[295]

In der Praxis liegen die Inflationsziele in entwickelten Volkswirtschaften häufig im Bereich um 2 % pro Jahr.[296] Allerdings sind die Details der Inflationszielvorgaben international recht unterschiedlich. In einigen Ländern werden die Inflationsziele als Punktziele mit oder ohne Toleranzband veröffentlicht, während andere Notenbanken Zielzonen für die Inflationsrate oder lediglich Obergrenzen für das Inflationsziel angeben. Die strategischen Details unterscheiden sich auch hinsichtlich der gewählten Indizes, mit deren Hilfe die Inflation gemessen wird. Zwar bevorzugen alle Notenbanken zurzeit Verbraucherpreisindizes, jedoch nehmen einige Notenbanken besonders volatile Preise für Güter und Dienstleistungen aus dem Verbaucherpreisindex heraus und orientieren sich somit an bestimmten Ausprägungen von Kerninflationsraten. Darüber hinaus sind die angestrebten Zeiträume, in denen das Inflationsziel erreicht werden soll, unterschiedlich definiert. Sie reichen in der Praxis von völlig unbestimmten Zeiträumen bis zu jährlichen Vorgaben.

---

[294] Inflation Targeting wird in der Literatur durchaus unterschiedlich definiert und auch in der geldpolitischen Praxis werden strategische Details in den einzelnen Ländern teilweise sehr unterschiedlich ausgestaltet. Wir kommen auf einige Aspekte im Folgenden zurück und orientieren uns bei der theoretischen Definition von Inflation Targeting vor allem an den Arbeiten von Svensson [1997b; 2003c; 2008].

[295] Zu den institutionellen Details des IT vgl. z. B. Tuladhar [2005] sowie Carare und Stone [2006].

[296] Eine Begründung hierfür ist, dass die Standard-Indizes zur Inflationsmessung die Höhe der Inflation häufig überschätzen.

Die unterschiedlichen Ausgestaltungen dokumentieren vor allem zwei wichtige Problemlagen:

Erstens vermag die Geldpolitik selbst in entwickelten Volkswirtschaften nicht, die Inflationsrate direkt und perfekt kurzfristig zu kontrollieren. Ihr Einfluss auf die Höhe der Inflationsrate kann, abgesehen von ihren technischen Fähigkeiten, Erfahrungen und Kompetenzen, auch durch außenwirtschaftliche Einwirkungen und durch Effekte der Lohn- und Fiskalpolitik limitiert werden. Orientiert sich also eine Notenbank beispielsweise an einem Verbraucherpreisindex, der zahlreiche volatile Einzelpreise enthält, so sprechen Glaubwürdigkeitserwägungen möglicherweise für die gleichzeitige Wahl eines relativ breiten Inflationsbandes und/oder eines längeren Zeitraums, wenn die Notenbank nicht permanent kurzfristige Zielabweichungen erklären will. Umgekehrt verlangt die Orientierung an einer Kerninflationsrate möglichst enge Zielbereiche oder kürzere Politikhorizonte.

Zweitens bedeutet IT nicht (notwendigerweise), dass die Erreichung des Inflationsziels das einzige Ziel der Geldpolitik ist. In der geldpolitischen Praxis berücksichtigen Notenbanken zusätzlich ihren Einfluss auf die Stabilität von realwirtschaftlichen Größen, etwa der Produktion und Beschäftigung, sowie die geldpolitischen Auswirkungen auf die Finanzmarktstabilität. In diesem Zusammenhang wird in der Theorie häufig zwischen „striktem" und „flexiblem" IT unterschieden.[297] Man spricht von striktem IT, wenn die Notenbank als einziges Ziel die Abweichungen der Inflationsrate von der Zielinflationsrate zu minimieren versucht. Bei Verfolgung eines flexiblen IT berücksichtigt die Notenbank jedoch zusätzlich ihren Einfluss auf die Output-Schwankungen, auch wenn keine explizite numerische Zielgröße für den Output öffentlich angekündigt wird.[298] In diesem Zusammenhang verschaffen die geldpolitische Orientierung an Kerninflationsraten, die Vorgabe relativ weiter Inflationszielzonen sowie die Verfolgung längerer Politikhorizonte den Notenbanken potenziell ein größeres Maß an Flexibilität zur Erreichung möglichst geringer Output-Schwankungen.[299]

Durchführungsverfahren

Die Vorgabe eines Inflationsziels allein reicht natürlich nicht aus, um den Geldpolitikern eine Konzeption zu geben, auf deren Basis sie konsistente und nachvollziehbare Entscheidungen treffen können. Würden die Notenbanken sich bei der Festlegung ihrer Instrumente ausschließlich an den vorliegenden Daten (etwa an den vorliegenden Inflationsraten oder Output-Größen) orientieren, so wären ihre Entscheidungen systematisch verzerrt. Ein wesentlicher Grund hierfür ist, dass Inflation und Output auf Veränderungen der geldpolitischen Instrumente erst mit langen und variablen Zeitverzögerungen reagieren. Die Geldpolitiker müssen also vorausschauend handeln und sich an den eigenen Prognosen über die zukünftigen Ausprägungen der Zielvariablen orientieren. Ein solches Verfahren, das den Inflationsprognosen der Notenbank eine bedeutende Rolle im IT zuweist wird als „Inflation-Forecast-Targeting" bezeichnet. Da bei flexiblem IT jedoch auch die Prognosen

---

[297] Vgl. Svensson [2008].
[298] „In practice, inflation targeting is never 'strict' inflation targeting but always 'flexible' inflation targeting [...]" Svensson [2008].
[299] Vgl. weiter unten den Abschnitt „Modellrahmen".

über den zukünftigen Output für die Festlegung der geldpolitischen Instrumente von Bedeutung sind, spricht man auch allgemeiner von „Forecast Targeting". Das Durchführungsverfahren besteht nun darin, die Geldpolitik so zu gestalten, dass Inflations- und Output-Prognosen, die diese Geldpolitik einkalkulieren, eine Anpassung der Zielvariablen an die gewünschten Zielwerte in einem angemessenen Zeitraum erwarten lassen. Bei Verfolgung eines solchen Verfahrens nutzt die Zentralbank die eigene Inflationsprognose quasi als Zwischenzielgröße und als Indikatorgröße, die den Einsatz der geldpolitischen Instrumente maßgeblich bestimmt. Eine Anpassung der Geldpolitik ist demnach nötig, wenn die erwartete Inflationsrate in unerwünschter Weise vom Zielniveau abweicht. Dies bedeutet bei flexiblem IT jedoch nicht notwendigerweise, dass jede erwartete Abweichung der zukünftigen Inflation vom Zielniveau eine Veränderung der Geldpolitik erfordert. Bei flexiblem IT berücksichtigt die Zentralbank nämlich, dass eine rasche Anpassung an das Inflationszielniveau zu Lasten der Output-Stabilität gehen kann.[300]

Die herausragende Rolle der Inflationsprognosen im Rahmen des IT hat in Verbindung mit der starken Verbreitung dieser Strategie sicher dazu beigetragen, dass die Notenbanken mittlerweile erhebliche Ressourcen für die Erstellung von Prognosen aufwenden. In vielen Fällen werden zahlreiche Prognosemodelle berücksichtigt, deren Schwerpunkt auf der Erstellung von Inflationsprognosen für den ein- bis dreijährigen Prognosezeitraum liegen. So wird in entwickelten Volkswirtschaften häufig davon ausgegangen, dass die Geldpolitik nach ca. 2 Jahren ihre stärkste Wirkung auf die Inflationsrate ausübt. Für einen solchen Zeitraum werden vielfach Prognosemodelle benutzt, die der Geldmengenentwicklung keine zusätzliche Erklärungskraft beimessen. Konsequenterweise charakterisiert es das Durchführungsverfahren des IT, dass es die Rolle von Geldmengenaggregaten als potenzielle Zwischenziel- bzw. Indikatorvariable negiert.

Transparenz und Rechenschaftspflicht

Das oben beschriebene Durchführungsverfahren lässt sich im Allgemeinen nicht in Form einer einfachen Regel für die geldpolitische Instrumente ausdrücken (siehe den folgenden Abschnitt „Modellrahmen"). Darüber hinaus reagiert ja die Inflationsrate erst mit einer zeitlichen Verzögerung auf eine Veränderung der geldpolitischen Instrumente. Die Öffentlichkeit kann daher die Angemessenheit der aktuellen Geldpolitik nicht allein aus einem Vergleich des angekündigten Inflationsziels mit der laufenden Inflationsrate überprüfen. Außer der öffentlichen Ankündigung des Inflationsziels sind mit IT daher noch zusätzliche Anforderungen an die Kommunikationspolitik der Zentralbanken verbunden, die die Geldpolitik für die Marktteilnehmer transparent machen sollen.

Angesichts der herausragenden Bedeutung der zentralbankinternen Inflationsprognose im Rahmen des Durchführungsverfahrens, sollte sie auch in der Kommunikationspolitik der Zentralbanken eine wichtige Rolle einnehmen. Aus einem Vergleich des Inflationsziels mit der für die Zukunft erwartenden Inflation sollten die Marktteilnehmer prinzipiell Anhaltspunkte für eine adäquate Geldpolitik finden können. Tatsächlich veröffentlichen zurzeit alle IT betreibenden Notenbanken (bis auf Mexiko) regelmäßig Inflationsprognosen, die in aller Regel noch in detaillierten

---

[300] Vgl. weiter unten den Abschnitt „Modellrahmen".

Inflationsberichten erläutert werden. Allerdings müssten die Notenbanken theoretisch jene Prognosen veröffentlichen, die sie selbst für den Fall einer optimalen Geldpolitik erwarten. Mit der Veröffentlichung solcher Prognosen würden die Notenbanken also gleichzeitig Auskunft über die wahrscheinliche zukünftige Geldpolitik geben. Derartige Inflationsprognosen, die die wahrscheinliche zukünftige Geldpolitik der Öffentlichkeit vorab preisgeben, werden in der Praxis jedoch lediglich von wenigen IT betreibenden Notenbanken veröffentlicht (Neuseeland, Schweden, Norwegen, Tschechische Republik und Kolumbien). In der Regel werden Inflationsprognosen publiziert, die entweder auf der Annahme einer für den Prognosezeitraum unveränderten Geldpolitik oder auf der Berücksichtigung der Markterwartungen über die zukünftige Geldpolitik basieren. Derartige Prognosen entsprechen aber nicht notwendigerweise den besten Schätzungen der Geldpolitiker und können zur Transparenz der Geldpolitik bestenfalls nur begrenzt beitragen. Zentralbanker rechtfertigen dieses Vorgehen häufig mit dem Argument, dass die Veröffentlichung der wahrscheinlichen zukünftigen Geldpolitik von den Marktteilnehmern fälschlicherweise im Sinne einer Bindung an genau diese, in Wahrheit nur wahrscheinliche, Politik verstanden werden könnte.[301]

Viele Ökonomen sehen in der Unabhängigkeit der Zentralbank eine wesentliche Voraussetzung für ein erfolgreiches IT. Für solche IT betreibende Notenbanken, die ihre Inflationsziele nicht autonom setzen können, bedeutet dies primär, über den adäquaten Einsatz der Geldpolitik zur Erreichung der Ziele autonom entscheiden zu können. Man spricht in diesem Zusammenhang von Instrumenten-unabhängigkeit. Auf der anderen Seite sollen sich die Zentralbanken jedoch auch an die gesetzlichen Aufträge halten und nicht willkürlich eigene Ziele verfolgen. Sie sollten also der Gesellschaft rechenschaftspflichtig sein. Auch aus diesem Grund wird gefordert, dass IT betreibende Notenbanken zur Transparenz in der Geldpolitik verpflichtet sind. Allerdings sind auch hier die institutionellen Vorkehrungen international recht unterschiedlich. In Neuseeland z. B. muss der Zentralbankpräsident mit seiner Entlassung rechnen, wenn das Inflationsziel dauerhaft oder zu stark verfehlt. Der geldpolitische Ausschuss der Bank of England muss der Regierung entsprechende Zielverfehlungen öffentlich erläutern. Einige wenige Notenbanken, wie z. B. die Bank of England und die Sveriges Riksbank, veröffentlichen zusätzlich die Sitzungsprotokolle des Entscheidungsgremiums und das Abstimmungsverhalten der Zentralbanker um die zentralbankinterne Entscheidungsfindung für die Öffentlichkeit verständlicher zu gestalten. Trotz der Unterschiedlichkeit der institutionellen Details, kann man sagen, dass Transparenz und Rechenschaftspflicht auch in der Praxis der IT betreibenden Notenbanken eine gewichtige Rolle spielen. Allerdings ist der Übergang zu mehr Transparenz und zu einer intensiveren Zentralbankkommunikation seit den 1990er Jahren ein weltweiter Trend, der auch bei vielen Notenbanken beobachtet werden kann, die kein IT verfolgen.[302]

---

[301] Die Frage, auf welchen Annahmen über die zukünftige Geldpolitik eine zu veröffentlichende Inflationsprognose basieren sollte, ist in Theorie und Praxis besonders umstritten. Zu einem Überblick vgl. Kahn [2007] oder Woodford [2005]. Siehe auch Woodford [2007b] und Bilnder et al. [2008].

[302] Vgl. z. B. Dincer und Eichengreen [2007]. Zu einer Analyse der Rolle der Zentralbankkommunikation, vor allem unter den Restriktionen von Unsicherheit, siehe Wagner [2007: Kap. 4].

Modellrahmen

Im Folgenden beschreibe ich kurz eine Modellstruktur, mithilfe derer der Ansatz und die Wirkungsweisen von Inflation Targeting theoretisch analysiert werden können[303].

Ein wichtiges Kennzeichen der Theorie des IT ist, dass sie Wirkungsverzögerungen der Geldpolitik explizit in die Modellanalyse mit einbaut. Beschreiben wir die Angebotsseite der Volkswirtschaft durch folgende Beziehung:

(29) $\pi_{t+1} = \pi_t + \alpha y_t + \varepsilon_{t+1}$,

wobei π die Inflationsrate, y die Abweichung des (logarithmierten) Output von einem auf Null normierten natürlichen Output-Niveau bezeichnet, ε einen seriell unkorrelierten Angebotsschock mit Mittel 0, α eine positive Konstante und t den Zeitindex ausdrückt. Die Nachfrageseite sei durch die folgende dynamische IS-Kurve beschrieben:

(30) $y_{t+1} = \delta y_t - \gamma(i_t - \pi_t) + \phi_{t+1}$,

wobei der Nominalzins i das unmittelbare Instrument der Zentralbank ist. Da jedoch bei der Festlegung des Zinses die Inflation derselben Periode als prädeterminiert unterstellt ist, bestimmt die Notenbank faktisch die Größe $i_t - \pi_t$, die als Proxygröße für den Realzins benutzt wird. ϕ ist ein seriell unkorrelierter Nachfrageschock mit Mittel 0, und δ sowie γ bezeichnen positive Konstanten.

Die Transmissionkanäle der Geldpolitik lassen sich wie folgt umschreiben: Auf der Nachfrageseite bestimmt die Geldpolitik den Realzins ($i_t - \pi_t$) und beeinflusst so – zeitverzögert – die aggregierte Nachfrage. Über die Angebotsseite beeinflusst dann die aggregierte Nachfrage – wiederum zeitverzögert – die Inflation.

Ein Anstieg des Zinssatzes bewirkt im obigen Modellansatz, dass der Output in einem Jahr, und die Inflationsrate erst in 2 Jahren zurückgeht. Angesichts auftretender Schocks wird die Inflations- und Output-Kontrolle nur unvollkommen sein können. Inflations- und Output-Vorhersagen sind deshalb recht unsicher: Die Zwei-Jahres-Inflationsvorhersage würde in diesem Modell

$$E_t \pi_{t+2} = \pi_t + \alpha(1+\delta)y_t - \alpha\gamma(i_t - \pi_t)$$

lauten. Die Differenz zwischen tatsächlicher und vorhergesagter Inflation wird durch unerwartete zukünftige Schocks bestimmt und beträgt dann

$$\pi_{t+2} - E_t \pi_{t+2} = \varepsilon_{t+1} + \alpha\phi_{t+1} + \varepsilon_{t+2}.$$

Die Zentralbank minimiert die Summe der abdiskontierten Verluste L:

$$\min E_t \sum_{x=t}^{\infty} z^{x-t} L_t \text{ mit } z = \text{Diskontierungsfaktor},$$

wobei sich die Präferenzen der Zentralbank hinsichtlich der Inflations- und Output-Schwankungen durch die folgende quadratische Verlustfunktion beschreiben lassen

---

[303] Es handelt sich hier um eine einfachere Variante des Modells in Svensson [1997b].

(31) $L_t = 0{,}5[(\pi_t-\pi^*)^2+by^2_t]$.

Hierbei repräsentiert π^* das öffentlich angekündigte Inflationsziel und b das Gewicht, das die Notenbank einer Output-Stabilisierung relativ zu der Inflationsstabilisierung zuordnet. Falls b positiv ist, verfolgt die Geldbehörde eine Politik des flexiblen IT; bei einem b = 0 dagegen konzentriert sie sich nur auf das Inflationsziel (striktes IT). Wichtig ist, dass bei einem IT zwar die Zielgröße für die Inflation (π^*) innerhalb einer sinnvollen Größenordnung prinzipiell frei gewählt werden kann, jedoch muss der Zieloutput dem Potenzialoutput (hier auf Null normiert) entsprechen. Hierin kommt zum Ausdruck, dass die Geldpolitik zwar dauerhaft das Inflationsniveau und die Volatilitäten von Inflation und Output beeinflussen kann, jedoch nicht das durchschnittliche Output-Niveau.[304]

Das oben bereits erläuterte Durchführungsverfahren lässt sich nun mithilfe des Optimierungsproblems [(29)–(31)] veranschaulichen. Aus den Bedingungen erster Ordnung für eine optimale Geldpolitik kann man folgende „Regel" herleiten:[305]

(32) $E_t(\pi_{t+2}) = \pi^* - \dfrac{b}{z\alpha\gamma} E_t(y_{t+1})$

(32) enthält implizit die Handlungsanweisung für die Geldpolitiker, da ja die Zinspolitik der Notenbank auf den Output mit einperiodiger und auf die Inflation mit zweiperiodiger Verzögerung einwirkt.

Im Falle eines strikten IT, also b = 0, muss die Notenbank ihre Zinsen so festlegen, dass die hierauf basierende Prognose für die Inflation in zwei Perioden dem Inflationsziel genau entspricht.

Ein solche Zinspolitik wäre jedoch bei einem flexiblen IT ($b \neq 0$) nur dann optimal, wenn die Notenbank nicht gleichzeitig für die nächste Periode eine Abweichung des Outputs vom Potenzialoutput erwartet (wenn also $E_t(y_{t+1}) = 0$ wäre). Ist dagegen $E_t(y_{t+1}) \neq 0$, so impliziert das Durchführungsverfahren, dass die Geldpolitik zinspolitisch gegensteuern muss („Leaning-*against*-the-Wind"):

Erwartet die Zentralbank, dass der zukünftige Output unterhalb des Potenzialoutputs liegt (ist also $E_t(y_{t+1}) < 0$), dann soll sie ihre Zinspolitik so gestalten, dass die prognostizierte Inflationsrate für die übernächste Periode oberhalb des Inflationsziels liegt. Die Zinsen müssten also vergleichsweise gering sein.

---

[304] Die Zielfunktion ist damit im Wesentlichen die selbe Verlustfunktion, wie sie auch schon in der Einleitung unter II.3 sowie im Kapitel 2 unter B.II.5 verwendet wurde. Das Problem des Inflationsbias wird hier dadurch vermieden, dass die Zentralbank kein Output-Ziel über dem natürlichen Output-Niveau anstrebt, sondern lediglich versucht, die Varianz zu minimieren. Es ist daher zur Vermeidung des Inflationsbias nicht nötig, der Zentralbank ein Inflationsziel vorzugeben, das unterhalb des gesellschaftlich erwünschten Inflationsziels liegt, vgl. hierzu im 2. Kapitel den Abschnitt 5.4.

[305] In Gleichung (32) stellt $\gamma > 1$ eine Größe dar, die durch verschiedene Modellparameter bestimmt wird. Vgl. Svensson [1997b]. Wir haben den Regelbegriff in Anführungszeichen gesetzt, weil das Optimierungsproblem tatsächlich unter der Annahme gelöst wird, dass die Zentralbank diskretionär handelt. Allerdings sollen institutionelle Vorkehrungen dafür sorgen, dass eine IT betreibende Notenbank tatsächlich (31) und nicht etwa eine Verlustfunktion mit einem zu ambitionierten Output-Ziel minimiert Vgl. auch die vorherige Fußnote und die Ausführungen zur Transparenz und Rechenschaftspflicht.

Erwartet die Zentralbank dagegen, dass der zukünftige Output oberhalb des Potenzialoutputs liegt (ist also $E_t(y_{t+1}) > 0$), dann soll sie ihre Zinspolitik so gestalten, dass die prognostizierte Inflationsrate für die übernächste Periode unterhalb des Inflationsziels liegt. Die Zinsen müssten also vergleichsweise hoch sein.

Je größer b ist, umso stärker ist cet. par. die Abweichung der Inflation vom Inflationsziel und umso länger wird es bei prognostizierten Abweichungen des Outputs vom Potenzialniveau dauern, bis das Inflationsziel erreicht wird. Flexibles IT bedeutet also (auch) in der Theorie nicht, dass Abweichungen der Inflation vom Inflationsziel schnellst möglich korrigiert werden sollten.

In Gleichung (32) ist das eigentliche geldpolitische Instrument, der Nominalzins i (bzw. der Realzins $i - \pi$) nicht direkt erkennbar. Allerdings kann die Zinspolitik nach Einsetzen der Optimalbedingungen in die Ausgangsgleichungen gewonnen werden. Die optimale Zinspolitik weist jedoch lediglich in Ausnahmefällen eine so einfache Struktur auf, dass es für die Zentralbank sinnvoll sein könnte, diesen Zinspfad explizit als Regel zu kommunizieren.[306] Bei flexiblem IT hängt die optimale Zinspolitik in komplexer Weise von zahlreichen Parametern und beobachteten Störungen ab. Bezieht man den Begriff einer regelgebundenen Stabilitätspolitik auf das geldpolitische Instrument, so kann IT nicht als eine angekündigte (Instrumenten-) Regel charakterisiert werden. Da jedoch IT von Regelungen (insbesondere der Verpflichtung zur Transparenz und Rechenschaftpflicht) begleitet wird, die u. a. sicherstellen sollen, dass die Geldpolitiker sich entsprechend (31) und (32) verhalten, spricht man im Zusammenhang mit dem IT auch von einer Zielregel.[307] Der institutionelle Rahmen soll dazu beitragen, dass die Geldpolitik und die Öffentlichkeit das Durchführungsverfahren in (32) als eine Regel verstehen, die festlegt, in welches Verhältnis die Zielvariablen im Durchschnitt von der Geldpolitik zu bringen sind. Der Schwerpunkt der Zentralbankkommunikation mit der Öffentlichkeit sollte daher auf der Erläuterung der Zielfunktion und auf der Veröffentlichung von Prognosen über die Zielvariablen liegen.

Resümee

IT hat sich seit seiner ersten Einführung 1990 in Neuseeland als bedeutender Trend im „Design" geldpolitischer Strategien erwiesen. Zahlreiche Länder sind mittlerweile dem Beispiel Neuseelands gefolgt, wenn auch die institutionelle Umsetzung in den Ländern recht unterschiedlich ist. Bislang hat kein Land, das IT einmal eingeführt hat, dieses wegen Strategieproblemen wieder aufgeben müssen.[308] Dennoch scheint es für eine abschließende Beurteilung des Erfolgs dieser Strategie noch zu früh zu sein.[309] Zwar verzeichnen viele Länder seit den 1990er

---

[306] Im Falle eines strikten IT (b=0) lässt sich die optimale Zinspolitik in die generelle Form einer Taylor-Regel (vgl. den nächsten Abschnitt) bringen: $i_t = \pi_t + \lambda_1(y_t) + \lambda_2(\pi_t - \pi^*)$, wobei λ_1 und λ_2 positive Koeffizienten sind, die durch die Modellparameter bestimmt werden.

[307] Zu den Begriffen Instrumentenregel und Zielregel vgl. Svensson [2003a, b].

[308] Spanien und Finnland haben das IT aufgegeben. Der Grund hierfür liegt aber in der Aufgabe einer eigenständigen Geldpolitik durch den Beitritt zur Europäischen Währungsunion.

[309] Svensson [2008] beurteilt die Einführung des Inflation Targeting als erfolgreich, gemessen an der Stabilität der Inflation und des realen Outputs. Es gibt jedoch auch kritische Stimmen. Zweifel an der Wirksamkeit äußerten z. B. Ball und Sheridan [2003], Ball, Mankiw und Reis [2005] und Willard [2012]. Eine positive Gesamteinschätzung liefern z. B. IMF [2006], Mishkin und

Jahren ein außergewöhnliches Maß an Stabilität sowohl der Inflation als auch des Outputs, jedoch können diese Erfolge auch von Ländern reklamiert werden, die kein IT betreiben.[310] Im selben Zeitraum, in dem IT eine weite Verbreitung gefunden hat, ist die Geldpolitik noch von mindestens zwei anderen bedeutenden Trends gekennzeichnet. Zum einen haben weltweit die Regierungen ihren Notenbanken ein größeres Maß an Unabhängigkeit zugestanden. Es ist daher denkbar, dass die genannten Stabilitätserfolge primär der größeren Zentralbankunabhängigkeit zuzuordnen sind. Zum anderen ist seit den 1990er Jahren eine stärkere Globalisierung der Kapital- und Gütermärkte zu beobachten, die möglicherweise bislang inflationssenkend gewirkt hat und damit den Geldpolitikern ein stabilitätskonformes Verhalten erleichtert haben könnte.[311]

Der theoretische Ansatz ist dagegen schon eher zu beurteilen, obwohl auch hier noch vieles unklar und ungelöst ist. Der IT-Ansatz impliziert, dass ein explizites quantitatives Inflationsziel öffentlich angekündigt und ein Verfahren angewandt wird, das die Inflationsvorhersage der Zentralbank als implizite oder explizite Zwischenvariable verwendet. Es handelt sich dabei um ein sehr komplexes Verfahren, das nicht durch eine einfache Instrumentenregel formalisiert wird. Umso wichtiger ist es für Glaubwürdigkeit einer IT-durchführenden Geldbehörde, dass sie die Geldpolitik mit einem hohen Grad an Transparenz und Rechenschaftslegung versieht. Selbst dann jedoch bestehen, wie die unterschiedlichen Ausgestaltungen in der Praxis des IT verdeutlichen, noch viele offene konzeptionelle Anwendungsprobleme, die mit der Entscheidung für den Zeithorizont, den für die Definition des Ziels relevanten Preisindex, den numerischen Zielwert, mögliche Ausnahmeklauseln u. v. m. zusammenhängen. Auch sind die, angesichts der Vorwärtsgerichtetheit des Verfahrens anspruchsvollen Umsetzungsvoraussetzungen zu beachten, die diese Strategie als eine sehr ambitiöse erscheinen lassen.

6. Taylor-Regel

Eine weitere in den letzten Jahren intensiv diskutierte geldpolitische Regel ist die sogenannte Taylor-Regel. Die Bezeichnung geht auf den amerikanischen Ökonomen John Taylor zurück, der diese Regel 1993 erstmals vorgestellt hat (Taylor [1993]).

Ausgangspunkt der Überlegungen ist die Existenz von langen und variablen Wirkungsverzögerungen, Unsicherheiten im Transmissionsprozess und die mangelnde direkte Beeinflussung der geldpolitischen Ziele. Es ist daher nötig, dass die Zentralbank eine geldpolitische Strategie verfolgt, die diese Tatbestände berücksichtigt. Die Idee der Taylor-Regel ist sehr einfach und leicht verständlich. Danach setzt die Zentralbank den kurzfristigen Zins, den sie annahmegemäß perfekt kontrollieren kann, in Abhängigkeit der laufenden Inflations- und Konjunkturent-

---

Schmidt-Hebbel [2007] und Gürkaynak et al. [2010]. Ayres et al. [2014] kommen zu gemischten Ergebnissen.

[310] Vgl. z. B. Dueker und Fischer [2006]. Gerlach und Tillmann [2010] finden allerdings in einer Analyse von IT in asiatischen Ländern, dass sich die Inflationspersistenz in den IT-Ländern im Vergleich zu den anderen wesentlich niedriger ausfällt. Auch wenn dies sich nicht auf das Niveau sondern „nur" auf die Persistenz von Inflation bezieht, so deutet es doch auf stabilitätsfördernde Effekte von IT hin.

[311] Vgl. z. B. Rogoff [2003 und 2006] und Wagner [2002d].

wicklung. So soll der kurzfristige Zins entsprechend dieser Regel erhöht werden, wenn entweder die Inflationsrate höher ist als die Zielinflationsrate oder wenn das tatsächliche Produktionsniveau größer ist als das potenzielle Produktionsniveau. Formal lässt sich die Taylor-Regel wie folgt darstellen:

(33) $\quad i_t = \bar{r} + \pi_t + \lambda_1(y_t - y^*) + \lambda_2(\pi_t - \pi^*),$

wobei i den kurzfristigen Zins, $\bar{r}$ den gleichgewichtigen realen Zins, π die Inflationsrate und y den Output bezeichnet. λ_j (j = 1, 2) sind positive Gewichtungsparameter, und wie üblich kennzeichnet ein Stern eine Zielgröße, in diesem Fall also das potenzielle Produktionsniveau und die Zielinflationsrate. Die Gewichtungsparameter geben an, wie stark die Zentralbank auf Abweichungen des Outputs und der Inflationsrate von ihren Zielgrößen reagiert. Es sind somit vier Faktoren, die den kurzfristigen Zins determinieren. Erstens der gleichgewichtige reale Zins, zweitens die erwartete Inflationsrate (approximiert durch die tatsächliche Inflationsrate), drittens die Produktionslücke und viertens die Inflationslücke. Liegt weder eine Inflations- noch eine Produktionslücke vor, so bilden die ersten beiden Faktoren zusammen eine Benchmark für den kurzfristigen nominalen Zins, bei der die Inflation auf ihrem derzeitigen (= dem Ziel-) Niveau gehalten wird. Die Zentralbank setzt den Zins in diesem Fall auf das mit den anderen Zielwerten (y* und π*) kompatible Zielniveau (i*), das heißt sie setzt $i_t = i^* = \bar{r} + \pi^*$.[312]

Steigt die Inflation oder erhöht sich das Produktionsniveau, so soll die Zentralbank den Nominalzins heraufsetzen. Die Taylor-Regel betont, dass die Zentralbank den Nominalzins überproportional auf Veränderungen der Inflationsrate anpassen soll. Dieses sogenannte **Taylor-Prinzip** wird besonders deutlich, wenn wir die Taylor-Regel aus (33) etwas umstellen. Man kann die Taylor-Regel äquivalent zu (33) auch wie folgt notieren:

(34) $\quad i_t = i^* + f_1(y_t - y^*) + f_2(\pi_t - \pi^*)$

mit $\quad i^* = \bar{r} + \pi^*$, $f_1 = \lambda_1$ und $f_2 = 1 + \lambda_2$

Der Koeffizient f_2 ist also größer als 1. Dieses Taylor-Prinzip bedeutet z. B. *im Falle eines Anstiegs der Inflationsrate*, dass die *geldpolitische Erhöhung des kurzfristigen Nominalzinses (i)* auch zu einer *Erhöhung des Realzinses* (hier durch i−π approximiert) führen muss. Würde die Zentralbank den kurzfristigen Zins nicht ausreichend erhöhen (also $0 < f_2 < 1$ gelten), so käme es trotz einer Nominalzinserhöhung zu einer Realzinssenkung. Eine solche Realzinssenkung würde jedoch die Güternachfrage erhöhen und somit tendenziell die Inflation noch weiter antreiben. Obwohl also der Taylor-Zins in (33) bzw. (34) als kurz-

---

[312] Friedman und Kuttner [2010] erläutern, wie das Setzen des Zinses durch eine Zentralbank in der Realität durchgeführt wird. Sie betonen, dass in letzter Zeit dabei die Ankündigungen der Zentralbank ein wichtiges Steuerungselement sind. Eine weitere Arbeit, die einen guten Überblick über die Anwendung der Taylor-Regel in der Zentralbankpraxis gibt, ist Asso et al. [2010].

fristiger Nominalzins spezifiziert ist, betont diese Regel die Rolle eines adäquaten Realzinses für die Geldpolitik.[313]

Eine wichtige, dieser geldpolitischen Regel zugrundeliegende Annahme soll kurz erläutert werden. Es ist inzwischen weitgehend unbestritten, dass kein langfristiger Tradeoff zwischen der Inflationsrate und der Arbeitslosenrate beziehungsweise dem Output existiert (siehe näher im 1. Kapitel). Allerdings unterstellt diese Regel, dass ein kurzfristiger Tradeoff besteht, das heißt die Zentralbank kann durch Veränderungen des kurzfristigen Zinses Einfluss auf Output und Inflation ausüben. Dieser Tradeoff wird in der jüngeren wirtschaftswissenschaftlichen Literatur häufig als Tradeoff zwischen der Variabilität der Inflation und der Variabilität des Outputs beschrieben. Der Tradeoff wird also nicht in Niveaugrößen gemessen, sondern als Schwankungen von Inflation und Output (Taylor [1996]). Das Ziel der Zentralbank, so wird angenommen, ist sowohl eine Stabilisierung des Outputs als auch der Inflation.

Der beschriebene Tradeoff wird deutlich, wenn Schocks auftreten, die sich auf Preise und Output unterschiedlich auswirken. Tritt in einer Situation, in der ursprünglich Output und Inflation auf ihren Zielwerten waren, zum Beispiel ein negativer Angebotsschock auf, so reduziert dies den Output und erhöht die Inflation. Falls die Zentralbank nun den Zins sehr stark erhöht, so wird die Inflationsrate wieder schnell auf ihre Zielrate sinken, der Output wird dagegen ebenfalls sinken. In diesem Fall ist die Inflationsstabilität recht groß, allerdings auf Kosten einer erhöhten Varianz des Outputs. Reagiert die Zentralbank dagegen sehr zurückhaltend, so wird der Output sich zügig wieder seinem Zielwert annähern, die Inflationsrate dagegen wird nur langsam ihren Zielwert wieder erreichen. In diesem Fall ist die Stabilität des Outputs groß, allerdings wird dies durch eine hohe Variabilität der Inflationsrate erreicht. Die Zentralbank kann also wählen zwischen einer hohen Variabilität des Outputs (bei relativ stabiler Inflationsrate) und einer hohen Variabilität der Inflationsrate (bei relativ stabilem Output). Dieser Zusammenhang wird (ebenfalls nach John Taylor) als **Taylor-Kurve** bezeichnet.

---

[313] Empirische Untersuchungen legen die Vermutung nahe, dass die US-Geldpolitik zu Zeiten höherer Inflation (vor 1979) dem Taylor-Prinzip nicht gefolgt ist (Clarida u. a. [2000], Lubik und Schorfheide [2004], Boivin und Giannoni [2006], Benati and Surico [2009] und Mavroeidis [2010]).

236   2. Teil: Makroökonomische Alternativen der Stabilitätspolitik

Variabilität
der
Inflation

Variabilität
des Outputs

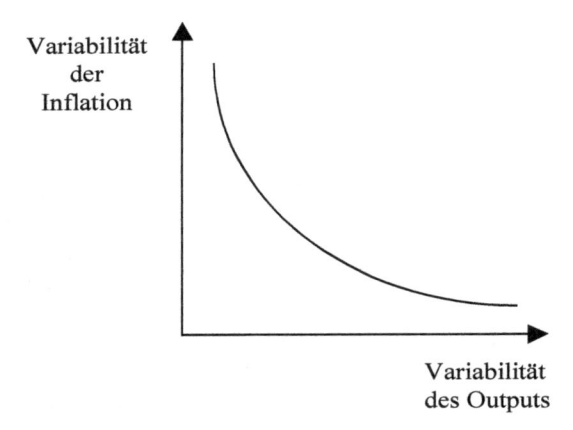

Abbildung 18: (Quelle: Eigene Darstellung).

Abbildung 18 stellt die Taylor-Kurve grafisch dar. Die Taylor-Kurve beschreibt erreichbare Kombinationen von Output- und Inflationsvariabilität.[314] Ein Punkt oberhalb der Taylor-Kurve charakterisiert eine nicht effiziente Politik, d. h. es ist in diesem Fall durch eine entsprechende Anpassung der geldpolitischen Strategie möglich, die Variabilität des Outputs (der Inflation) bei Konstanz der Variabilität der Inflation (des Outputs) zu senken (Taylor [1999a]).[315] Eine Bewegung von rechts unten nach links oben entspricht demnach einer zunehmenden Gewichtung der Stabilität des Outputs in der Zielfunktion der Zentralbank. Dieser Tradeoff findet sich in Gleichung (33) in den Gewichtungsparametern λ_j (j = 1,2) wieder. Je höher λ_1 (im Vergleich zu λ_2) ist, desto stärker reagiert die Zentralbank auf Abweichungen des Produktionsniveaus von dem potenziellen Produktionsniveau. Sie wählt demnach einen Punkt auf der Taylor-Kurve, der eine vergleichsweise niedrige Outputvariabilität und eine hohe Inflationsvariabilität impliziert, also einen Punkt relativ weit links oben auf der Taylor-Kurve. Es ist aber wichtig zu betonen, dass die Höhe der Gewichtungsparameter keinen Einfluss auf das Niveau der Zielgrößen hat, sondern einzig die Gewichtung der Variabilität des Outputs und der Inflation in der Zielfunktion der Zentralbank widerspiegelt.[316]

Taylor hat in dem Aufsatz, in dem er seinen Ansatz vorstellte, seine Regel auf die US-Geldpolitik in der Zeit von 1987 bis 1992 angewendet. Um quantitative Aussagen hinsichtlich eines geeigneten Zinses zu machen, musste er verschiedene Annahmen über die nicht direkt beobachtbaren Größen treffen. So schätzte er die Wachstumsrate des Produktionspotenzials, legte den gleichgewichtigen realen Zins fest und berechnete die Inflationslücke als Differenz zwischen der realisierten Inflationsrate und einem konstanten Inflationsziel. Darüber hinaus bestimmte er die Gewichtungs-

---

[314] Es ist davon auszugehen, dass die Taylor-Kurve – wie dargestellt – konvex ist. Dafür sprechen sowohl theoretische Überlegungen als auch empirische Untersuchungen (Fuhrer [1997]).
[315] Svensson [2009] beispielsweise verwendet eine Variante der Taylor-Kurve um die Politik der schwedischen Zentralbank zu bewerten.
[316] Wie Taylor [2013a] betont, kann sich die Taylor-Kurve aufgrund von Strukturwandel nach oben oder unten verschieben; konkret hat sie sich vor der Finanzkrise nach oben verschoben gehabt (ibid).

parameter als $\lambda_1 = \lambda_2 = 0,5$ (und somit $f_2 = 1,5$). Der sich auf dieser Grundlage ergebende Zins bildet den tatsächlichen kurzfristigen Zins in den USA recht gut ab. Da die amerikanische Geldpolitik in diesem Zeitraum zumeist als recht erfolgreich angesehen wird, weil sie eine relative Stabilität von Inflation und Output bei einer hohen realen Wachstumsrate und niedriger Inflationsrate realisierte, schlug Taylor vor, diese Regel als Orientierungslinie für die Geldpolitik zu verwenden.[317]

Besonders die einfache Struktur der Regel macht diese Strategie den Aussagen ihrer Befürworter folgend attraktiv. Taylor [1999c] hat gezeigt, dass die Regel sowohl effizient als auch robust ist. In zahlreichen Simulationsstudien mit unterschiedlichen Modellstrukturen hat sich die Taylor-Regel vielen alternativen Regeln gegenüber als überlegen gezeigt. Sie ist also robust in dem Sinne, dass sie bei Unsicherheit über das „wahre" Modell der Ökonomie sinnvoll erscheint, da sie in verschiedenen Modellrahmen immer relativ gute Ergebnisse liefert.[318] Zwar existieren durchaus einzelne (häufig komplexere) geldpolitische Strategien, die bei bestimmten Modellstrukturen eine höhere Stabilität von Output und Inflation erreichen, allerdings sind diese Regeln nicht robust. Das bedeutet, bei leicht veränderten Modellannahmen verschlechtern sich ihre Effizienzeigenschaften, d. h. die Variabilität von Output und/oder Inflation steigt[319] (Rudebusch und Svensson [1998]). Dies ist insbesondere deshalb problematisch, da die tatsächliche Struktur der Ökonomie unbekannt ist. Die Taylor-Regel hingegen ist recht robust sowohl gegenüber Änderungen der Modellstruktur als auch hinsichtlich der Anwendung auf verschiedene Länder. Daher ist das Risiko, eine nicht effiziente geldpolitische Strategie zu verfolgen, bei der Taylor-Regel reduziert.

Erweiterungen

Die von Taylor vorgeschlagene Strategie hat zahlreiche Modifikationen und Erweiterungen erfahren. So wurde beispielsweise versucht, die einfache Taylor-Regel zu erweitern und eine aktivere, schnellere Reaktion auf Schocks durch stärkere Berücksichtigung von erwarteten Entwicklungen zu modellieren. Die sogenannte erweiterte Taylor-Regel (King [1999]) berücksichtigt zusätzlich noch den kurzfristigen Zins der Vorperiode

(33) $\quad i_t = \alpha[\bar{r} + \pi_t + \lambda_1(y_t - y^*) + \lambda_2(\pi_t - \pi^*)] + (1 - \alpha)i_{t-1}.$

Je kleiner α, desto stärker wird der Zins der laufenden Periode von dem Zins der Vorperiode beeinflusst. Es wird zumeist unterstellt, dass die Gewichtungsparameter λ_1 und λ_2 in der erweiterten Taylor-Regel größer sind als in der einfachen Taylor-Regel, zudem hängt – wie erläutert – der Zins der laufenden Periode auch vom Zins der Vorperiode ab. Ein erster Effekt dieser erweiterten Regel ist, dass die Zinsänderungen kleiner ausfallen. Es wird so versucht, die in der Realität häufig verfolgte Politik der Zinsglättung durch die Zentralbanken abzubilden. Dieses Verhalten lässt

---

[317] Taylor vermeidet den Begriff der Regel, sondern betont eher die herausragenden Eigenschaften des Taylor-Zinses, die ihn für die Verwendung eines herausgehobenen Indikators prädestinieren. Da in der wirtschaftswissenschaftlichen Literatur aber zumeist der Begriff der Taylor-Regel verwendet wird, wird auch hier weiterhin dieser Begriff gebraucht.

[318] Ein ganzes Buch von Hansen und Sargent [2008] ist zum Thema „Robustness" gewidmet.

[319] Ball [1997] definiert effiziente Geldpolitik als eine Politik, die eine gewichtete Summe von Output- und Inflationsvariabilität minimiert.

sich als eine „Politik der kleinen Schritte" charakterisieren. Zentralbanken vermeiden sehr heftige Zinsbewegungen, sondern erreichen eine beabsichtigte Zinsänderung graduell indem sie mehrfach kleinere Zinsanpassungen vornehmen. Allerdings kann eine erweiterte Taylor-Regel auch theoretisch begründet werden. Aufgrund der Persistenz der Zinsänderungen steigt, je nach zugrundeliegender Modellstruktur, die Zinselastizität der aggregierten Nachfrage. Das bedeutet, es sind insgesamt kleinere Zinsbewegungen nötig, um die gewünschte Nachfrageanpassung zu erzeugen. Falls in der Zielfunktion auch die Variabilität des Zinses berücksichtigt wird, zum Beispiel weil sie zu erhöhter Unsicherheit und erschwerter Erwartungsbildung führt, kann somit eine erweiterte Taylor-Regel vorteilhaft sein. Zudem wird damit das Risiko reduziert, dass der entsprechend der obigen Regel bestimmte kurzfristige Zins bei sehr starken negativen Nachfrageschocks auf Null fallen muss.[320] Da der Nominalzins nicht negativ werden kann, existiert dann keine weitere geldpolitische Möglichkeit auf Nachfrageschocks zu reagieren. Die erweiterte Taylor-Regel kann somit die Wahrscheinlichkeit reduzieren, dass die Geldpolitik in eine Liquiditätsfalle gerät und geldpolitische Maßnahmen wirkungslos werden.

Kritik

Allerdings ist die Taylor-Regel auch vielfach kritisiert worden. Die Kritik bezieht sich einerseits auf die exakte Spezifikation der in der Regel verwendeten Größen, andererseits werden auch konzeptionelle Schwächen angemerkt. Zunächst zu den Problemen bei der Berechnung des Zinses. Da der Taylor-Zins als konkrete quantitative Indikatorvariable zu verstehen ist, müssen in der Realität verschiedene Annahmen hinsichtlich der Variablen getroffen werden. Zunächst müssen die Gewichtungsparameter bestimmt werden. Diese Parameter sind abhängig von der Struktur der Ökonomie und der Zielfunktion der Zentralbank. Sie müssen daher geschätzt werden. Der Taylor-Zins erweist sich als sehr sensitiv gegenüber Änderungen der Gewichtungsparameter. Je nach gewählten Gewichtungsparametern ergeben sich erhebliche Schwankungen des Taylor-Zinses. Weiterhin ist die Wahl des Preisindex relevant. Die Inflationsberechnung kann anhand verschiedener Indizes erfolgen, die zwar langfristig häufig einen ähnlichen Verlauf aufweisen, kurzfristig aber erheblich voneinander abweichen können. Je nach zugrundeliegendem Index ergeben sich dann unterschiedliche Zinsempfehlungen. Ähnliche Probleme ergeben sich auch bei der Bestimmung der Produktionslücke. Die Höhe des potenziellen Produktionsniveaus ist ebenfalls abhängig von der verwendeten Schätzmethode, auch hier schlagen sich somit unterschiedliche Ergebnisse in unterschiedlichen Niveaus des Taylor-Zinses nieder. Schließlich ist auch die Festlegung des gleichgewichtigen realen Zinses nicht eindeutig. Einerseits gibt es auch hier verschiedene Methoden zur Berechnung, andererseits ist die von Taylor unterstellte Annahme eines im Zeitablauf konstanten Zinses fragwürdig (es wird implizit eine stabile Struktur vorausgesetzt, ansonsten müssten der gleichgewichtige Zins und auch andere Variablen ständig angepasst werden).[321] Wenn zusätzlich berücksichtigt wird, dass viele Daten erst

---

[320] Dies stellt kein theoretisches Kuriosum dar, sondern charakterisiert die Situation Japans in der zweiten Hälfte der 1990er Jahre recht gut.
[321] Taylor [1999c] weist allerdings darauf hin, dass diese Unsicherheit für alle geldpolitischen Strategien von Bedeutung ist, die den kurzfristigen Zins als Instrument nutzen. Darüber hinaus impliziert eine Unsicherheit über die Inflationsrate keine instabile Inflationsrate.

mit zeitlicher Verzögerung vorliegen, so lassen alle diese Faktoren eine wesentliche Unsicherheit über den „richtigen" Taylor-Zins entstehen, und die von Taylor angeführte Robustheit der Taylor-Regel erscheint zumindest fraglich. Aufgrund der angeführten Probleme wird die von Taylor festgestellte enge Korrelation des Taylor-Zinses und des tatsächlichen kurzfristigen Zinses bezweifelt (Kozicki [1999]).

Auch auf konzeptioneller Ebene wird die Taylor-Regel kritisiert. So wird ihr erstens vorgeworfen, dass sie die Notwendigkeit vorausschauenden Verhaltens nicht ausreichend berücksichtigt. In die Taylor-Regel geht lediglich die aktuelle Inflationsrate ein, aufgrund der zeitlichen Verzögerungen, der die geldpolitischen Maßnahmen unterliegen, ist es aber sinnvoll, sich an der erwarteten Inflationsrate zu orientieren. Zweitens unterscheidet die Taylor-Regel nicht zwischen einmaligen Preisniveauerhöhungen, die in der Regel keinen geldpolitischen Handlungsbedarf auslösen, und permanenten Preisniveauerhöhungen, die durchaus geldpolitische Maßnahmen erfordern. Die Anwendung der Taylor-Regel würde in beiden Fällen fälschlich eine Erhöhung des kurzfristigen Zinses signalisieren (Deutsche Bundesbank [1999]). Drittens berücksichtigt die Taylor-Regel grundsätzlich keine Signale, die sich nicht in der laufenden Inflation sowie in der Inflations- oder Outputlücke niederschlagen. Als Beispiele sind hier außenwirtschaftliche Einflüsse oder außerordentliche Entwicklungen an den Wertpapierbörsen zu nennen. Derartige Entwicklungen wirken durchaus auf die Inflationsrate, bleiben bei einer mechanistischen Anwendung der Taylor-Regel aber unberücksichtigt.[322]

Resümee

Die Taylor-Regel ist eine verständlich strukturierte Strategie, aus der klare Handlungsanweisungen für die Geldpolitik abzuleiten sind. Sie ist aufgrund ihres einfachen Aufbaus darüber hinaus geeignet, die Unsicherheit der Wirtschaftssubjekte über die Politik der Zentralbank zu reduzieren sowie die Transparenz und die Rechenschaftspflicht der Zentralbank zu erhöhen. Darüber hinaus stellt die Taylor-Regel gerade wegen ihrer einfachen Struktur eine Möglichkeit dar, die öffentliche Diskussion auf die wesentlichen Elemente der Geldpolitik zu lenken. Der Taylor-Zins erscheint daher als (wichtiger) Indikator, der Hinweise auf mögliche erforderliche Zinsschritte geben kann, durchaus geeignet zu sein. Allerdings weist die Regel sowohl theoretisch als auch in der praktischen Anwendung einige Schwächen auf. Eine strikte Anwendung des berechneten Taylor-Zinses ohne Interpretation und Berücksichtigung anderer Informationen erscheint daher in der Praxis nicht sinnvoll. Eine flexible Anwendung des Taylor-Zinses im Sinne eines „Richtwertes" oder einer „Daumenregel" wirft jedoch das Problem auf, dass die Taylor-Regel selbst keine Regeln spezifiziert, die verdeutlichen, unter welchen Bedingungen vom Taylor-Zins abgewichen werden darf. Deshalb wird einer solchen Interpretation der Taylor-Regel entgegengehalten, dass sie nur scheinbar eine einfache und transparente Strategie darstellt (Svensson [2003a]).[323]

---

[322] Taylor [1993] weist allerdings ausdrücklich darauf hin, dass in Ausnahmefällen von der Regel abgewichen werden darf. Da diese Ausnahmefälle nicht näher definiert werden, bleibt dieser Kritikpunkt indirekt bestehen.

[323] Dennoch gibt es diverse Studien, die zeigen, dass zumindest in diversen unterschiedlichen Modellzusammenhängen einfache Politikregeln wie die Taylor-Regel sinnvoller erscheinen als kompliziertere Regeln (siehe Taylor und Williams [2010] für einen Überblick. Dort werden auch

IV. Geldpolitik in der Praxis[324]

1. Die geldpolitische Konzeption des Eurosystems[325]

Die Europäische Zentralbank (EZB) hat sich kurz nach ihrer Einführung dafür entschieden, in den ersten Jahren eine Art „Mischstrategie" zwischen der Geldmengensteuerung und dem Inflation Targeting zu verfolgen[326]. Diese sogenannte „Zwei-Säulen-Strategie" wurde im Frühjahr 2003 einer eingehenden Überprüfung durch die EZB unterzogen und im Kern – trotz einiger Modifikationen – bestätigt. Im Wesentlichen besteht die geldpolitische Strategie der EZB aus den folgenden Hauptkomponenten:[327]
(1) der Veröffentlichung einer quantitativen Definition von Preisstabilität, und
(2) der Zwei-Säulen-Konzeption zur Einschätzung der Risiken für Preisstabilität, basierend auf einer wirtschaftlichen Analyse (1. Säule) und einer monetären Analyse (2. Säule).

Zu (1): Laut Artikel 105 (1) des EG-Vertrages bzw. Artikel 2 der ESZB/EZB-Satzung ist das vorrangige geldpolitische Ziel der EZB die Gewährleistung der **Preisstabilität**. Allerdings lassen die vertraglichen Regelungen offen, was genau unter Preisstabilität zu verstehen ist. Die Veröffentlichung einer quantitativen Definition für das vorrangige Ziel begründet die EZB deshalb auch damit, dass hierdurch „eine klare Orientierungshilfe für die Erwartungen bezüglich der künftigen Preisentwicklung" und „außerdem eine klare Vorgabe für die Beurteilung des Erfolges der einheitlichen Geldpolitik" geliefert werde (EZB [1999; 2003]). Preisstabilität wurde vom EZB-Rat nach seiner Institutionalisierung als Anstieg des harmonisierten Verbraucherpreisindex (HVPI) für das Euro-Währungsgebiet von unter 2% gegenüber dem Vorjahr definiert. Im Zuge der Überprüfung seiner Strategie hat der EZB-Rat die Definition von Preisstabilität präzisiert: Preisstabilität im Sinne der EZB liegt demnach vor, wenn die Inflationsrate gemessen am HVPI für den Euro-Währungsraum **unter 2%, jedoch nahe bei 2% liegt**.

Ziel der EZB ist es also, die Inflationsrate dicht unterhalb der Obergrenze für Preisstabilität zu halten. Damit ist eine geringe positive Inflation vereinbar mit dem

---

einige empirische Analysen, die für die Taylor-Regel sprechen, aufgeführt.).Siehe Walsh [2015] für eine umfangreiche Diskussion der regel- und zielbasierten Ansätze. Er betont die Vorteile der zielbasierten Verfahren, wie der IT. Vor allem hängt dies in der Regel von der Definition des Outputs ab.

[324] White [2013] diskutiert umfassend die Theorie und die Praxis der Geldpolitik der letzten 50 Jahre und betont hierbei die Unterschiedlichkeit der Ansätze.

[325] Das Eurosystem besteht aus der Europäischen Zentralbank (EZB) und den nationalen Zentralbanken der an der Währungsunion teilnehmenden Staaten. Dem Eurosystem obliegt seit dem 1.1.1999 die geldpolitische Verantwortung für den Euro-Währungsraum. Das Eurosystem wird durch die Beschlussorgane der EZB geleitet. Wir passen uns der Gepflogenheit an und sprechen im Folgenden auch dann von EZB, wenn strenggenommen das Eurosystem gemeint ist.

[326] Die EZB selbst charakterisiert ihre geldpolitische Strategie allerdings nicht als eine Mischung aus Geldmengen- und Inflationssteuerung, sondern als eigenständige Strategie, die u. a. den Besonderheiten zu Beginn der Europäischen Währungsunion Rechnung trägt.

[327] Dieser Abschnitt beinhaltet nur eine kurze Darstellung der geldpolitischen Strategie der EZB, wie sie seit der Überprüfung im Jahre 2003 durch die EZB proklamiert wird. Die wesentlichen Änderungen gegenüber dem bis Mai 2003 offiziell gültigen Verfahren werden im Text erläutert. Für eine ausführlichere Darstellung der EZB-Strategie siehe z. B. Kißmer und Wagner [2004], EZB [1999; 2000; 2003] sowie Issing u. a. [2001]. Eine Darstellung der Kritik an der ursprünglichen Ausgestaltung der Zwei-Säulen-Strategie findet sich bei Kißmer und Wagner [2002].

vorrangigen Ziel der EZB. Die EZB begründet dies zum einen mit Fehlern bei der Inflationsmessung. Trotz aller Fortschritte in den Messverfahren überzeichnen Verbraucherpreisindizes wie der HVPI das Ausmaß der tatsächlichen Inflation. Die Tolerierung einer geringen Inflation wird zum anderen mit der Abwehr von Deflationsrisiken begründet. Ein zu geringes Inflationsziel birgt die Gefahr, dass negative Schocks Deflationserwartungen entstehen lassen, die ihrerseits in Zeiten geringer Nominalzinsen (nahe bei null) einer Liquiditätsfalle bzw. Deflationsfalle Vorschub leisten, in der die Wirksamkeit der Geldpolitik ungewiss ist (EZB [2003]).

Die explizite Veröffentlichung einer Definition für Preisstabilität erinnert an die Bekanntgabe eines Inflationszieles, wie sie im Rahmen einer Strategie des Inflation Targeting üblich ist. Ein wesentlicher Unterschied zur Praxis einiger Inflation Targeting betreibender Notenbanken besteht jedoch darin, dass die Vorgabe eines genau definierten Zeitraums für die Zielerreichung fehlt. Die quantitative Festlegung von Preisstabilität durch den EZB-Rat enthält allerdings den Zusatz, dass im Einklang mit dieser Definition Preisstabilität **mittelfristig** beibehalten werden muss (EZB [1999; 2003]). Dies wird von der EZB häufig in dem Sinne erläutert, dass sie vorübergehende Abweichungen der Preisentwicklung von dieser Definition infolge der Zeitverzögerungen der Geldpolitik nicht bekämpfen will und sich darauf konzentriert, eine Ausbreitung bzw. Verfestigung inflationärer bzw. deflationärer Tendenzen zu verhindern. Eine solche Interpretation spricht dafür, dass die EZB Preisniveauverschiebungen zulassen wird. Dieses Vorgehen ist zwar grundsätzlich geeignet, den Privaten einen Anker für die Inflationserwartungen zu geben, enthält jedoch die Verpflichtung für die EZB, Abweichungen der Inflation von dieser Definition der Öffentlichkeit zu erläutern, da sonst die Gefahr besteht, dass eine Niveauverschiebung von der Öffentlichkeit als Signal für eine dauerhaft steigende bzw. fallende Inflation verstanden werden kann. Da die Zeitverzögerungen der Geldpolitik letztlich nicht genau bekannt sind und die optimale Reaktion der Geldpolitik von Ausmaß und Natur der Schocks abhängt, lehnt die EZB eine weitere Präzisierung des Begriffs „mittelfristig" ab. Der Politikhorizont der EZB, also der Zeitraum, in dem die EZB im Falle von Störungen das vorrangige Ziel zu erreichen versucht, ist damit vorab nicht eindeutig festgelegt (EZB [2003]). Die mittelfristige Orientierung der EZB enthält deshalb nicht ausschließlich etwas Verstetigendes bzw. Regelhaftes, sondern beinhaltet auch diskretionäre Elemente.

Zu (2): Mithilfe der **Zwei-Säulen-Konzeption** will die EZB Risiken für die Preisstabilität im Euro-Währungsraum abschätzen und ihre geldpolitischen Entscheidungen der Öffentlichkeit erläutern. Die Zwei-Säulen-Konzeption beruht u. a. auf einer spezifischen Theorie der Inflation, wonach die mittel- bis langfristige Inflationsentwicklung primär durch monetäre Entwicklungen determiniert wird, während kurz- bis mittelfristig die dauerhaften Entwicklungen durch nicht monetäre Faktoren überlagert werden können (EZB [2003], Gerlach [2003]). Konsequenterweise unterteilt die EZB ihr Indikatorensystem in zwei Säulen:

- eine erste Säule mit kurz- bis mittelfristigen Indikatoren, die Gegenstand der „wirtschaftlichen Analyse" sind, und
- eine zweite Säule mit mittel- bis langfristigen Indikatoren, die Gegenstand der „monetären Analyse" sind.

Im Rahmen der **wirtschaftlichen Analyse** (1. Säule) geht es darum, sich mithilfe modellgestützter Prognosen, nicht modellgestützer Expertenurteile und einer Fülle von Einzelindikatoren ein umfassendes Bild vom Stand der kurz- bis mittelfristigen Preisentwicklung zu machen. Zu den Indikatoren zählen sogenannte Überhangsmessgrößen (Produktionslücke, Kapazitätsauslastung, Arbeitslosenquote und andere realwirtschaftliche Konjunkturindikatoren), Maßstäbe für die Lohnkosten (Lohnentwicklung, Lohnstückkosten), Finanz- und Devisenmarktindikatoren (Wechselkurse, Aktienkursindizes, Zinsstrukturkurve), fiskalpolitische Indikatoren (indirekte Steuern, administrierte Preise) sowie Branchen- und Verbraucherumfragen. Seit Dezember 2000 veröffentlicht die EZB auch halbjährlich (jeweils im Juni und Dezember) Inflations- und Wachstumsprognosen, die sich auf einen zweijährigen Prognosezeitraum beziehen. Diese sogenannten Projektionen werden auf der Basis einer Vielzahl von ökonometrischen Modellen und nicht modellgestützten Expertenurteilen von den Experten des *Eurosystems* erstellt. Die Projektionen des Eurosystems werden seit September 2004 durch, ebenfalls zweimal jährlich (jeweils im März und September) veröffentlichte, gesamtwirtschaftliche Inflations- und Wachstumsprognosen für den Euroraum ergänzt, die jedoch ausschließlich von den Experten der *EZB* erstellt werden. Insgesamt veröffentlicht die EZB also vierteljährlich eigene Inflations- und Wachstumsprognosen für den Euroraum.

Die veröffentlichten Inflationsprognosen entsprechen jedoch nicht notwendigerweise den besten Schätzungen der EZB über die zukünftige Inflation. Effiziente Prognosen müssten nämlich auf der Basis einer für die Zukunft als optimal zu erwartenden Geldpolitik der EZB basieren. Mit der Veröffentlichung würde die EZB deshalb ihre Vermutung über die eigene zukünftige Geldpolitik preisgeben. Die Veröffentlichung einer solchen Inflationsprognose wird jedoch bislang durch die EZB nicht geleistet.[328] Stattdessen hat die EZB lange Zeit sogenannte bedingte Projektionen veröffentlicht, die auf der Annahme einer für den Prognosezeitraum unveränderten Geldpolitik basieren. Da jedoch viele Vermögens- und Güterpreise, die einer bedingten Projektion zugrunde liegen, bereits selbst Erwartungen der Privaten über eine, sich möglicherweise ändernde, zukünftige Geldpolitik enthalten, sah sich die EZB häufig dem Vorwurf ausgesetzt, inkonsistent erstellte Prognosen zu veröffentlichen. Seit Juni 2006 veröffentlicht die EZB Inflationsprognosen, die die Zinserwartungen des Marktes durch Auswertung der Zinsstrukturkurve berücksichtigen. Liegt die auf Zinserwartungen basierende Inflationsprognose der EZB oberhalb von 2%, so sollte dies also normalerweise anzeigen, dass die EZB ihre Leitzinsen über die Markterwartungen hinaus anheben muss. Allerdings ist die Inflationsprognose in der Interpretation der EZB kein Zwischenziel ihrer Strategie. Die EZB betont regelmäßig, dass die veröffentlichten Projektionen nicht identisch mit den Prognosen des EZB-Rates sind, sondern lediglich Indikatoren der ersten Säule darstellen, die zusammen mit anderen Indikatoren der ersten und zweiten Säule in die Einschätzung der zukünftigen Preisentwicklung durch den EZB-Rat eingehen. Mit dieser Darstellung versucht die EZB ihre Zwei-Säulen-Strategie von einem Inflation Targeting abzugrenzen.

---

[328] Vgl. auch oben Abschnitt 5 zu „Inflation Targeting".

Im Rahmen der **monetären Analyse** (2. Säule) werden diverse Geld- und Kreditindikatoren zur Abschätzung des mittel- bis langfristigen Inflationstrends untersucht. Diese Analyse basiert auf der Annahme eines langfristig engen Zusammenhangs zwischen Geldmengenwachstum und Inflation. Die EZB hat insbesondere eine Richtgröße für das jährliche Geldmengenwachstum in der Abgrenzung M3 festgelegt, von der es annimmt,

- dass sie auf mittlere bis längere Sicht im Einklang mit der Definition von Preisstabilität steht, und
- erhebliche sowie anhaltende Abweichungen von dieser Rate unter normalen Umständen Risiken für die Preisstabilität signalisieren (EZB [1999]).

Die EZB versteht diesen Referenzwert für das Wachstum von M3 nicht als Zwischenziel ihrer Geldpolitik. In der Vorgabe eines Referenzwertes sieht die EZB keine Verpflichtung, kurzfristige Abweichungen des Geldmengenwachstums vom Referenzwert mithilfe ihrer geldpolitischen Instrumente zu korrigieren. Aus diesem Grund muss auch das Geldmengenaggregat nicht schon auf kurze Sicht durch die geldpolitischen Instrumente, die vor allem kurzfristige Zinsen steuern, kontrollierbar sein. Hierin liegt nach Auffassung der EZB hinsichtlich der Geldmengenorientierung einer der Hauptunterschiede zur früheren Politik der Deutschen Bundesbank. Mit dieser Interpretation des Referenzwertes für das Wachstum der Geldmenge M3 versucht die EZB ihre Zwei-Säulen-Strategie von einer Geldmengensteuerung abzugrenzen.

Folgt man den offiziellen Erläuterungen der EZB, dann dient die Zwei-Säulen-Konzeption zu einer Überprüfung der Indikatorinformationen aus der ersten Säule mit den Informationen aus der zweiten Säule. Allerdings bezieht sich diese Gegenprüfung auf unterschiedliche Zeiträume. Hiermit soll gewährleistet werden, dass eine Geldpolitik, die die kurz- bis mittelfristigen Indikatoren der ersten Säule bei der Festlegung der Instrumente berücksichtigt, auch im Einklang mit der mittel- bis längerfristigen Orientierung der Geldpolitik steht.

Gegen eine ausschließliche Orientierung der Geldpolitik an der ersten Säule und insbesondere an den eigenen Inflationsprognosen wird von der EZB vor allem eingewandt, dass die Geldpolitik hierbei Gefahr läuft, zu häufig auf temporäre Schocks zu reagieren. Die EZB begründet die Begrenzung der Inflationsprognosen auf einen 2-jährigen Zeitraum mit der Zunahme von Unsicherheit bei Ausweitung des Prognosezeitraums. Da jedoch aus Sicht der EZB der optimale Politikhorizont in Abhängigkeit von den Schocks und den Wirkungsverzögerungen der Geldpolitik durchaus den 2-jährigen Projektionszeitraum übersteigen kann, könnte eine zu starke Fokussierung der Geldpolitik auf die Inflationsprognosen der ersten Säule im Widerspruch zur mittelfristigen Zielsetzung stehen. In diesem Zusammenhang betont die EZB seit geraumer Zeit auch immer wieder die Rolle der Geld- und Kreditmenge als Indikator für zukünftige Finanzmarktinstabilitäten. Diese Begründungen stützen sich auf Untersuchungen, die zeigen, dass Krisen an den Finanz- und Immobilienmärkten häufig nach einem übermäßigen Geldmengen- und Kreditwachstum auftraten. Der Ausbruch einer solchen Krise kann Gefahren für die Preisstabilität bergen, ohne dass sich diese zuvor in der Preisentwicklung sowie in den anderen Größen niedergeschlagen haben, auf denen die Inflationsprognosen der ersten Säule basieren (zu den Herausforderungen von Finanzmarktkrisen für die Geldpolitik vgl. auch Wagner und Berger [2003] sowie Berger, Kißmer und Wagner [2007]).

Gegen eine ausschließliche Orientierung an den monetären Indikatoren und am Referenzwert der zweiten Säule sprechen die geringe Kontrollierbarkeit von M3 und die hohe Volatilität der Umlaufsgeschwindigkeit in der kürzeren Frist. Eine einseitige Ausrichtung der Geldpolitik an der monetären Analyse birgt die Gefahr, dass systematisch Informationen der wirtschaftlichen Analyse (1. Säule) ignoriert werden, die auch für den mittelfristigen Inflationsprozess relevant sind und von den monetären Indikatoren nicht immer rechtzeitig angezeigt werden. Die EZB hat vielmehr im Zuge der Überprüfung ihrer geldpolitischen Strategie im Frühjahr 2003 die besondere Rolle der Geldmenge in ihrer Bedeutung gegenüber dem früher offiziell vertretenen Verfahren herabgestuft. Bis zum Mai 2003 wurde in der Kommunikation mit der Öffentlichkeit die herausgehobene Stellung des Referenzwertes für M3 durch die Tatsache unterstrichen, dass die monetäre Analyse als erste Säule und die wirtschaftliche Analyse als zweite Säule bezeichnet wurden. Darüber hinaus unterzog die EZB den Referenzwert für M3 einer jährlichen Überprüfung. Mittlerweile ist also die Reihenfolge der beiden Säulen vertauscht und eine jährliche Überprüfung des Referenzwertes für M3 findet nicht mehr statt. So muss zwangsläufig der Eindruck entstehen, dass die erste Säule auch im Sinne einer – „unter normalen Umständen" – wichtigeren Säule gemeint ist.

Die Zwei-Säulen-Strategie ist in der akademischen und der politischen Diskussion zum Teil heftiger **Kritik** ausgesetzt (vgl. zu einem Überblick Kißmer und Wagner [2002 und 2004]):

So wird zum einen die Obergrenze von 2% für die Inflation im Euro-Währungsraum von einigen Ökonomen als zu restriktiv kritisiert. Hierbei stellt die Kritik insbesondere auf den Umstand ab, dass die Definition von Preisstabilität des EZB-Rates die strukturell bedingte asymmetrische Inflationsentwicklung in der Währungsunion nicht ausreichend berücksichtige. Der EZB-Maßstab zur Beurteilung der Inflation, der HVPI, ist ein Verbraucherpreisindex, der als Durchschnitt der Preisindizes der Teilnehmerländer gebildet wird. Liegt also Preisstabilität im Sinne der Definition des EZB-Rates vor, so gilt dies für den Euroraum als Ganzes, jedoch nicht notwendigerweise für jedes einzelne Teilnehmerland. Kritiker argumentieren nun, dass wirtschaftlich aufholende Länder der Währungsunion infolge des *Balassa-Samuelson-Effektes* einen strukturell erhöhten Inflationsbedarf haben: Vereinfacht gesprochen, führt das relativ hohe Produktivitätswachstum bei den international handelbaren Gütern zu nominalen Lohnsteigerungen, die jedoch nicht auf diesen Sektor beschränkt bleiben, sondern auf den Dienstleistungssektor (international nicht handelbare Güter) überspringen. In diesem Sektor hält jedoch die Produktivität nicht mit der Lohnentwicklung mit, sodass hier die Preise steigen. Aus verschiedenen Gründen sind im Allgemeinen die sektoralen Unterschiede im Produktivitätswachstum in aufholenden Ländern größer als in entwickelten Ländern. Mithilfe des *Balassa-Samuelson-Effektes* kann man so unterschiedliche Inflationsraten zwischen Ländern eines einheitlichen Währungsraums durch unterschiedliche Produktivitätsentwicklungen in aufholenden und entwickelten Ländern begründen (vgl. Wagner [2002] zu einer Diskussion vor dem Hintergrund der EU-Osterweiterung). Orientiert sich die EZB daher an der 2%-Obergrenze für den Durchschnitt der Teilnehmerländer, so besteht aus Sicht einiger Kritiker die Gefahr einer Deflation in den entwickelten Ländern (vgl. Sinn und Reutter [2001]).

Zum anderen werden der (vermeintlich) stark diskretionäre Charakter und die mangelnde Transparenz dieser Strategie von verschiedener Seite bemängelt. Die Zwei-Säulen-Strategie erlaubt aus Sicht einiger Kritiker keine klare Kommunikation mit der Öffentlichkeit und behindert eine öffentliche Bewertung der EZB-Politik. Befürworter einer Geldmengensteuerung als auch Protagonisten eines Inflation Targeting argumentieren, dass durch die Nicht-Festlegung auf eine einzige Säule die geldpolitische Strategie nicht in der Lage sei, den Privaten auf Dauer einen nominellen Anker zu geben. Aus Sicht der Befürworter einer Geldmengensteuerung könnten die Marktteilnehmer verunsichert werden, weil die EZB eine Vielzahl von Indikatoren zur Ausrichtung der Geldpolitik nutze, ohne dass den Marktteilnehmern ein gültiges Verfahren zur Festlegung der Geldpolitik deutlich werde. Aus Sicht der Befürworter eines Inflation Targeting werden die Marktteilnehmer verunsichert, weil die EZB mit der Ankündigung eines quantitativen Referenzwertes für das Wachstum der Geldmenge – trotz der vorgenommenen Herabstufung monetärer Indikatoren – eine Größe betone, die tatsächlich für die geldpolitische Entscheidungsfindung die Rolle einer von vielen Indikatorvariablen spiele. In Wahrheit, so die Argumentation, sei die auf einer Vielzahl von Indikatoren basierende Inflationsprognose das eigentliche Zwischenziel der Geldpolitik und sollte deshalb auch in den Mittelpunkt der Kommunikation mit der Öffentlichkeit gestellt werden (vgl. z. B. Svensson [1999; 2003c] und Woodford [2007a]).

Zusammenfassend kann man feststellen, dass die Zwei-Säulen-Strategie dem EZB-Rat Ermessensspielräume sowohl im Hinblick auf die Operationalisierung der Ziele als auch bei der Gewichtung von Indikatoren bzw. Indikatorsystemen belässt. Der Vorteil dieses Vorgehens liegt in der Flexibilität, mit der die EZB auf Störungen im Wirtschaftsablauf reagieren kann. Als nachteilig erweisen sich die hohen Anforderungen an die Kommunikation der EZB[329].

2. FED: Vom „Just do it" zum flexiblen Inflation Targeting

Die USA sahen sich Anfang der 1990er Jahre gezwungen, ihre bis dahin verfolgte Politik der Geldmengensteuerung aufzugeben. Aufgrund der auch in anderen Ländern zu beobachtenden zunehmenden Auflösung des festen Zusammenhangs zwischen der Geldmengenwachstumsrate und der Inflationsrate, entschied die amerikanische Zentralbank (FED) einer neuen geldpolitischen Strategie zu folgen. Diese Strategie stützte sich auf kein explizites Zwischenziel, sondern orientierte sich an verschiedenen realen Variablen. In der wirtschaftswissenschaftlichen Literatur wurde sie zuweilen als Multiindikatorstrategie (Mishkin [1997] beschrieb die amerikanische Geldpolitik als „Just do it strategy") bezeichnet.

Die fehlende Eignung der amerikanischen Geldmenge als geldpolitisches Zwischenziel ist auf verschiedene Faktoren zurückzuführen. Zahlreiche Innovationen

---

[329] Weitere Kritikpunkte in Hinblick auf die Finanzkrise 2007–2008 an der Zwei-Säulen-Strategie und einige interessante Änderungsvorschläge finden sich in De Grauwe und Gros [2009]. Berger et al. [2011] zeigen in ihrer Untersuchung, dass die Ankündigungen der monetären Analyse sehr wenig mit den tatsächlichen Entscheidungen der EZB zusammenhängen.

an den Finanzmärkten, die fortschreitende Disintermediation (das heißt die Finanzierung von Investitionsvorhaben wird zunehmend nicht mehr über den Bankensektor realisiert, sondern erfolgt direkt an den Finanzmärkten) und die damit zusammenhängende Verhaltensänderung privater Anleger in den USA (Rückgang der Nachfrage nach Bankeinlagen) sind die Ursache für die Auflösung des stabilen mittelfristigen Zusammenhangs zwischen der Geldmenge und der Inflationsrate. Weiterhin existiert kein stabiler negativer Zusammenhang zwischen der Geldmenge und der Zinsentwicklung mehr. Darüber hinaus weisen verschiedene Geldmengenaggregate häufig divergierende Entwicklungen auf, sodass die monetäre Analyse erschwert wird.

Die unter III.5 erläuterte Strategie des Inflation Targeting, die einige andere Zentralbanken aufgrund des Scheiterns mit herkömmlichen Zwischenzielstrategien eingeführt haben, wurde von der FED zunächst nicht übernommen. Da in dem amerikanischen Notenbankgesetz die Sicherung der Preisniveaustabilität kein primäres Ziel ist, sondern der FED – ohne Zielrangfolge – auch eine maximal tragfähige Beschäftigung als Ziel zugeordnet wird (duales Mandat), wollte die FED eine zu strikte Verfolgung von Inflationszielen vermeiden, da dies die Fähigkeit, konjunkturellen Schwankungen gegenzusteuern, zu stark einschränkt (Judd und Rudebusch [1999]).[330]

Die von der FED eingeschlagene Strategie lief auf eine Hinwendung zu verschiedenen, realwirtschaftlich orientierten Größen hinaus. Im Rahmen dieser Multiindikatorstrategie kommen der realen Zinsstruktur und den kurzfristigen Realzinsen eine herausragende Bedeutung zu. Darüber hinaus beobachtete die FED aber auch zahlreiche andere als relevant erachtete Variablen und berücksichtigte diese bei ihren geldpolitischen Entscheidungen. Insbesondere steigende Kapazitätsauslastung und Beschäftigung, expansive Fiskalpolitik sowie eine steilere Zinsstruktur und niedrigere kurzfristige Realzinsen werden von der FED als Hinweis auf zunehmende Inflationstendenzen gewertet. Es handelt sich somit um eine vorausschauende Strategie, die die Existenz von Wirkungsverzögerungen berücksichtigt und daher bereits Inflationstendenzen stets überwacht und gegebenenfalls reagiert. Konkret führen in der Regel Hinweise, die auf eine Erhöhung der Inflationsrate über die als optimal erachtete Inflationsrate hindeuten, zu einer restriktiven Geldpolitik, also zu einer Anhebung der Notenbankzinsen.

Obwohl diese Strategie in der Realität recht erfolgreich praktiziert wird, ist sie vielfach kritisiert worden. Zunächst einmal wurde das Fehlen eines expliziten nominellen Ankers bemängelt. Im Gegensatz beispielsweise zu Geldmengen- oder Wechselkursstrategien wird kein Zwischenziel angekündigt, das der Zentralbank als nomineller Anker dient. Ein nomineller Anker ist eine Größe, die den Wert des (inländischen) Geldes bestimmt. Er ist notwendig, um das Preisniveau zu determinieren und die Inflationserwartungen festzulegen (siehe auch III.1). So führt Mishkin [1999] an, dass der Multiindikatorstrategie durch das Fehlen eines nominellen Ankers eine Orientierungsgröße fehlt. Auftretende Schocks können aufgrund des fehlenden Ankers zu verstärkten Schwankungen der Inflationserwartun-

---

[330] Im Federal Reserve Act werden zusätzlich angemessene langfristige Zinsen als Ziel genannt. Zur derzeitigen Interpretation der geldpolitischen Ziele durch die FED siehe weiter unten sowie FOMC [2017].

gen führen. Darüber hinaus wird auch der interne Entscheidungsprozess der Zentralbank durch das Fehlen eines nominellen Ankers beziehungsweise einer geldpolitischen Regelbindung erschwert (Görgens, Ruckriegel und Seitz [2013]).

Weiterhin wurde die fehlende Transparenz der Multiindikatorstrategie bemängelt. Obwohl die FED zahlreichen Verfahren zu einer Erhöhung der Transparenz unterworfen ist (beispielsweise Veröffentlichung der Sitzungsprotokolle des Federal Open Market Committee (FOMC, zentrales Entscheidungsorgan der FED), Veröffentlichung des individuellen Abstimmungsverhaltens einzelner Mitglieder des FOMC, regelmäßige Berichte zur Geldpolitik), wird ihr vorgeworfen, dass es für die politischen Instanzen und die Öffentlichkeit kaum nachvollziehbar ist, welche Faktoren in welchem Ausmaß den geldpolitischen Kurs bestimmen. Durch die fehlende explizite Bindung der Geldpolitik steigt die Unsicherheit über den zukünftigen geldpolitischen Kurs und somit auch über die Entwicklung der Inflationsrate und des Outputs. Dies verursacht eine unnötige Volatilität auf den Finanzmärkten. Da kein explizites Zwischenziel vorliegt und die FED sich auch nicht auf eine bestimmte Gewichtung der einzelnen verwendeten Indikatoren festlegt, ist eine Beurteilung der Geldpolitik nur schwer möglich. Die vielfach als sehr wichtig erachtete Rechenschaftspflicht der Zentralbank wird daher reduziert. Die fehlende Überprüfbarkeit der Geldpolitik wird schließlich auch als demokratisches Defizit angesehen. Da es sich bei geldpolitischen Entscheidungen um Angelegenheiten von erheblicher Tragweite handelt, wurde kritisiert, dass diese Entscheidungen nicht überprüfbar sind und sich so einer demokratischen Kontrolle entziehen.

Darüber hinaus wurde insbesondere die starke Abhängigkeit der Strategie von den Präferenzen und Fähigkeiten der geldpolitischen Entscheidungsträger beanstandet. Dies wird insbesondere dann relevant, wenn die Entscheidungsträger wechseln und Unsicherheit über den zukünftigen Kurs der neuen Verantwortlichen existiert. Eine stärkere Institutionalisierung der Politik würde die Selbstbindung der Zentralbank zu einer an dem langfristigen Ziel der Preisniveaustabilität orientierten Politik erhöhen (zur Reformdiskussion innerhalb der Fed vgl. McCallum [2007], Goodfriend [2003; 2005b], Meyer [2003], Poole [2003; 2006], Santomero [2003] und Walsh [2009b]). Aufgrund der fehlenden expliziten Regelbindung kann die Zentralbank zudem unter erheblichen politischen Druck geraten, eine expansivere Politik zu betreiben.

Wie erläutert, wurde der Multiindikatorstrategie vorgeworfen, aufgrund des Fehlens einer eindeutig festgelegten Regel die Transparenz und Rechenschaftspflicht zu reduzieren. Daher – so wurde argumentiert – ist die Multiindikatorstrategie einem erhöhten Glaubwürdigkeitsproblem unterworfen. Die Zentralbank ist somit eventuell anfälliger für das Zeitinkonsistenzproblem. Wie im 2. Kapitel erläutert ist fehlende Glaubwürdigkeit der Zentralbank ein wesentlicher Faktor, der zu der Existenz von suboptimal hohen Inflationsraten führen kann.

Im Jahre 2012 hat die FED ihre Strategie um die öffentliche Bekanntgabe eines expliziten Inflationsziels erweitert. Das Inflationsziel ist eine Jahresrate von 2%, gemessen am Preisindex der privaten Konsumausgaben. Das Inflationsziel wird symmetrisch verstanden, d.h. dauerhafte Abweichungen noch oben wie nach unten sind nicht erwünscht. Die Geldpolitik der FED soll so ausgerichtet sein, dass dieses Inflationsziel mittelfristig erreicht werden kann. Mit der mittelfristigen

Ausrichtung an 2% Inflation will die FED dafür Sorge tragen, dass das Inflationsziel in Übereinstimmung mit der dualen langfristigen Zielsetzung der FED (Preisstabilität und maximal tragfähige Beschäftigung) steht. Die FED hat außerdem weitere Maßnahmen zur Steigerung der Transparenz ihrer Strategie ergriffen. Insbesondere gibt die FED nun auch bekannt, wo die Mitglieder des FOMC den Leitzins in den kommenden Jahren sehen. Diese Zinsprognosen der geldpolitischen Entscheidungsträger werden als Punkte in einem Punktdiagramm („dot plot") veröffentlicht.[331] Die FED hat daher in ihre geldpolitische Strategie faktisch viele Elemente eines Inflation Targeting übernommen, wobei Mitglieder des FOMC häufig von flexiblem Inflation Targeting sprechen, um die duale Zielsetzung der FED zu betonen. Man will dem Eindruck entgegentreten, dass mit der Bekanntgabe eines expliziten Inflationsziels ein Übergang zu einer stärkeren Gewichtung des Preisstabilitätsziels im Vergleich zum Beschäftigungsziel stattgefunden habe.

Aber auch dieses flexible Inflation Targeting ist Gegenstand von einigen Diskussionen, die jedoch vor allem mit der Geldpolitik der FED vor und nach Ausbruch der globalen Finanzkrise zusammenhängen.[332] So wird von einigen Autoren gefordert, die FED möge das Inflationsziel von 2% auf 4% anheben um besser der Gefahr begegnen zu können, die Leitzinsen bei negativen Schocks nicht weit genug senken zu können. Höhere Inflationsziele sollen davor schützen, die effektive Zinsuntergrenze zu häufig zu erreichen. Andere schlagen mit derselben Intention vor, das Inflation Targeting zeitweise auf ein Price-Level Targeting („Preisniveausteuerung") umzustellen.[333] Andere Autoren möchten dagegen den Entscheidungsspielraum der FOMC-Mitglieder einschränken. Sie schlagen vor, die Geldpolitik der FED gesetzlich an eine Form der Taylor-Regel zu binden.[334]

---

[331] Die Veröffentlichung von Zinsprognosen ist von der „Forward Guidance" der FED zu unterscheiden, die die FED im Rahmen ihrer unkonventionellen Geldpolitik als Reaktion auf die globale Finanzkrise einführte. Bei „Forward Guidance" handelt es sich um die Ankündigung einer Notenbank, ihre Leitzinsen über einen längeren Zeitraum weiterhin niedrig zu halten. „Forward Guidance" ist mittlerweile von einigen Notenbanken in unterschiedlichen und sich im Zeitablauf veränderten Varianten eingesetzt worden. Die Herangehensweisen unterscheiden sich vor allem hinsichtlich Bindungskraft, Präzision und etwaiger Bekanntgabe von Ausstiegsbedingungen, vgl. z. B. Borio und Zabai [2016].

[332] Vgl. Abschnitt II.3.

[333] Bei einer Preisniveausteuerung würden negative (d. h. deflationäre) Schocks dazu führen, dass die Notenbank eine erhöhte Inflation verfolgt bis sie das angestrebte Preisniveauziel bzw. den angestrebten Preisniveauzielpfad wieder erreicht hat. Zur Diskussion „Inflationszielanhebung vs. Preisniveausteuerung" vgl. Bernanke [2017], der eine temporäre Preisniveausteuerung für Zeiten vorschlägt, in denen die FED an der effektiven Zinsuntergrenze operieren muss. Die FED sollte demnach in normalen Zeiten weiterhin ein flexibles Inflation Targeting betreiben und hierbei ankündigen, dass bei Erreichen der Zinsuntergrenze ein befristeter Übergang zum Price-Level Targeting erfolgt.

[334] Vgl. Taylor [2016a]. In den USA wurde hierzu eine Gesetzesinitiative auf den Weg gebracht. Demnach müsste die Fed eine geldpolitische Regel für den Leitzins veröffentlichen und im Falle von Abweichungen von der Regel diese öffentlich begründen. Die FED müsste zudem Abweichungen von einer aus der Wissenschaft vorab als Referenz vorgegebenen Zinsregel rechtfertigen.

V. Zur Frage der Fristigkeit einer Regelbindung

Wir haben bislang in diesem Kapitel verschiedene Regelvarianten betrachtet und miteinander verglichen. Dabei sind wir implizit davon ausgegangen, dass es darum gehen würde, die optimale Regel[335] zu finden, um sie dann dauerhaft zu institutionalisieren. Letzterem würden jedoch viele Vertreter von Feedback-Regeln so nicht zustimmen. Man kann sich nämlich darauf verständigen, dass eine bestimmte Regelvariante als die beste betrachtet wird, ohne zu einer Einigung zu kommen, wie bzw. wie lange sie festgelegt werden soll. So gibt es – wie wir oben sahen – beispielsweise eine Reihe von Befürwortern einer nominellen BSP-Regel, die völlig verschiedene Vorstellungen haben bezüglich der Flexibilität in der Handhabung der Regel selbst. Einige, wie v. Weizsäcker, schlagen vor, eine bestimmte Wachstumsrate des nominellen BSP für einen sehr langen Zeitraum festzulegen. Andere, wie Tobin, befürworten nur eine Festlegung einer Zielrate für die Dauer von ein bis zwei Jahren mit anschließender Überprüfung und diskretionärer Änderung. Anders gesagt, die Frage nach der adäquaten Regel stellt nur die eine Seite des Entscheidungsproblems dar. Die andere und von vielen Ökonomen als noch wichtiger angesehene Seite ist die Frage nach der **Fristigkeit** der Regelbindung. Soll die Regel langfristig-starr festgelegt oder flexibel gehalten werden?

Der grundsätzliche Vorteil einer Regelbindung wird in der Stabilisierung von Erwartungen – im Falle der Geldpolitik insbesondere von Inflationserwartungen – gesehen. Insofern gibt es inzwischen auch Stimmen, die betonen, dass es letztlich gar nicht so wichtig sei, welche Regel institutionalisierbar wird, sondern dass überhaupt eine stabilisiert wird, und zwar möglichst längerfristig. So hat beispielsweise Robert Barro [1986] argumentiert. Je längerfristiger und je starrer (inflexibler) eine Regelpolitik angelegt ist, umso eher wird seiner Meinung nach die Erwartungsstabilisierung gelingen.

Die andere Seite der Medaille ist, dass eine inflexible, nicht diskretionär-veränderbare Regelpolitik zu Output- und Beschäftigungsverlusten führt, wenn Entwicklungen eintreten, die bei der Aufstellung der Regel nicht vorhergesehen wurden. Wer der Meinung ist, dass solche unvorhergesehenen Entwicklungen („Schocks") eher typisch sind in modernen, komplexen Gesellschaftssystemen und relativ häufig auftreten, und zwar nicht nur als transitorische sondern auch als permanente Schocks[336], der wird wahrscheinlich eher auf eine zu starre Regelbindung verzichten wollen. Ein Beispiel für letztere Sichtweise stellt Stanley Fischer [1990] dar, der im Gegensatz zu Barro betont, nicht die Regelbindung sei das Wichtigste, sondern die Bewahrung der Flexibilität für die Wirtschaftspolitik, um auf Schocks permanenter Art schnell genug reagieren zu können.[337]

---

[335] „Optimale Regel" ist hier im Sinne des „Second Best" zu verstehen. Denn keine der in diesem Kapitel behandelten Regeln ist optimal im Sinne der Kontrolltheorie. Die Befürworter der obigen Regelvarianten sind sich darin einig, dass Macht und Wissen der Politiker viel zu beschränkt sind, als dass diese die Theoreme der optimalen Kontrolltheorie rigoros anwenden könnten. Insofern suchen sie alle nach Ersatzlösungen im Sinne des Zweitbesten.

[336] Inwieweit man zukünftige Schocks eher als transitorisch oder als andauernd ansieht, hängt entscheidend mit der Annahme über den Stabilitätsgrad des Wirtschaftssystems zusammen. Siehe hierzu im Kapitel 1.

[337] So führen ja z. B. Angebotsschocks permanenter Art, wie etwa trendmäßige Produktivitäts- oder Präferenzänderungen, auch zu Änderungen der optimalen oder Zielwerte von Output und Beschäftigung.

Die nutzentheoretische Bewertung der Möglichkeit, den Tradeoff zwischen dem Gewinn durch Flexibilität und den Kosten beispielsweise der Zeitinkonsistenz von Wirtschaftspolitik auszunutzen, ist extrem schwierig. Wie oben geschildert, betrachtet die „Neue Theorie der Wirtschaftspolitik" die Politik als ein **Spiel** zwischen der „Regierung" (den Politikern) und der „Öffentlichkeit" (den privaten Wirtschaftssubjekten). Nun hängen die positiven und die normativen Vorhersagen dieser Theorie entscheidend von der Spezifikation der Ziele und Anreize der Politiker und von den Beschränkungen aufseiten der beiden Spieler ab. Diese Ziele und Beschränkungen selbst sind jedoch abhängig von den realen politischen und sozialen Institutionen. Insofern ist es schwierig, zu einer Übereinstimmung bezüglich einer adäquaten Regel bzw. ihrer Fristigkeit zu kommen, ohne gleichzeitig eine Übereinstimmung zu erzielen über die Einschätzung der realen politischen und sozialen Institutionen als auch über die realisierbaren institutionellen Innovationen.

So spricht zum einen einiges für die Annahme, dass bei den gegenwärtigen politischen und sozialen Institutionen in den westlichen Industrienationen eine gesetzliche Stabilisierung oder „Erzwingung" von Regelpolitik politisch und praktisch gar nicht realisierbar ist. In Demokratien, wo Wahlen regelmäßig abgehalten und Regierungen und Politiker ausgewechselt werden, ändern sich die politischen Zielfunktionen wie auch die subjektiven Vorstellungen der regierenden Politiker über den Arbeitslosigkeits-Inflations-Tradeoff (d. h. die Phillipskurve). Es ist folglich nicht ohne weiteres zu erwarten, dass einmal festgelegte Gesetze, die die politischen Instanzen an einen gewissen Kurs binden sollen, auch lange Bestand haben werden[338]. Dies wissen auch die Wirtschaftssubjekte. Insofern wäre eine gesetzliche Selbstverpflichtung einer gerade herrschenden Gruppe von Wahlpolitikern zu einem strikten, regelgebundenen Verhalten vielleicht auch gar nicht glaubwürdig. Dies mag auch mit ein Grund dafür sein, dass gesetzliche Regelbindungen der oben beschriebenen Art in der politischen Praxis bislang sehr selten vorgekommen sind.

Zum anderen werden Ökonomen zum Teil gerade deswegen motiviert, sich mit der Analyse von Reputationsgleichgewichten zu beschäftigen, weil sie davon überzeugt sind, dass es institutionelle Innovationen gibt, die den Anreiz für Politiker, von selbstgewählten Regelverpflichtungen abzuweichen, verringern. Wenn es jedoch solche Institutionen wirklich gibt, verschiebt sich der Tradeoff zwischen dem Gewinn durch Flexibilität und den Kosten von Zeitinkonsistenz so, dass eine selbstgewählte, nicht erzwungene Regelverpflichtung innerhalb eines grundsätzlich oder langfristig flexiblen, diskretionären Kurses der Wirtschaftspolitik an Wünschbarkeit zunimmt. Eine mittelfristig angelegte Regelpolitik, mit regelmäßigen Überprüfungen und eventuellen – in der Regelbindung als erlaubte Möglichkeit vorzusehenden – Änderungen bei offensichtlichen neuen unvorhergesehenen Entwicklungen, würde dann einer starren Regelbindung vorzuziehen sein.

---

[338] Daneben sind auch die („durchschnittliche") subjektive Wohlfahrtsfunktion der Öffentlichkeit sowie ihre Vorstellungen von der relevanten Phillipskurve nicht statisch, sondern ändern sich mit neuen Erkenntnissen oder selbst mit politischen „Stimmungen". Das bedeutet, dass über kurz oder lang auch ein Druck der Öffentlichkeit auf Änderung bzw. Rücknahme einer gesetzlichen Regelbindung entstünde, der in seiner Intensität über die Zeit hinweg unterschiedlich stark sein kann.

Jedoch besteht hier noch ein großer Nachholbedarf auf dem Gebiet der Institutionenanalyse, um über das Stadium von „Überzeugungen" hinaus zu hinreichend abgesichertem Wissen zu gelangen. Bis dahin wird eine Einigung zwischen Ökonomen, die von unterschiedlichen Überzeugungen bezüglich der Zielsetzungen von Regierungen und der Handlungs- und Informationsbeschränkungen der Beteiligten ausgehen, kaum erreichbar sein. Die Bedeutung der „Überzeugungsunterschiede" und die Notwendigkeit einer stärkeren Forschung auf dem Gebiet der **Institutionenanalyse** werden dadurch offensichtlich, dass viele der Opponenten im Kreise der „Regel versus Diskretionarität"-Debatte mit dem gleichen wirtschaftstheoretisch-methodischen Instrumentarium arbeiten und in der rein ökonomischen Analyse auch übereinstimmen.

C. Neue stabilitätspolitische Überlegungen nach der Finanzkrise

I. Vor-Krisen-Konsens

Der stabilitätspolitische Konsens[339] umfasste vor der Finanzkrise u. a. folgende Überzeugungen:

(1) Fiskalpolitik ist ungeeignet als ein Instrument makroökonomischen Nachfragemanagements.

(2) Geldpolitik ist folglich die primäre Rolle im kurzfristigen aggregierten Nachfragemanagement zuzuweisen mit dem kurzfristigen Zinssatz als dem wesentlichen Geldpolitikinstrument.

(3) Der monetäre Transmissionsmechanismus läuft hauptsächlich über langfristige Zinsraten, Vermögenspreise und Inflationserwartungen.

(4) Die Durchführung der Geldpolitik wird am besten einer unabhängigen Zentralbank übertragen.

(5) Monetäre Zwischenziele nützen wegen ihrer instabilen Verbindung mit den letztlichen Politikzielen wenig.

(6) Vermögensmärkte sind effizient und finanzielle Innovationen normalerweise wohlfahrtssteigernd.

(7) Systemische Finanzkrisen sind Vergangenheitserscheinungen und heutzutage nur mehr für Schwellenländer bedeutsam.

Diese Aussagen werden nach der Finanzkrise alle zur Debatte gestellt und kritisch hinterfragt (vgl. Bean et al. [2010]). Im Folgenden soll ein wesentlicher Punkt näher betrachtet werden, der in gewissem Sinne eine zentrale Bedeutung in der Nachkrisendiskussion zur Stabilitätspolitik einnimmt. Es handelt sich dabei um den Zusammenhang von Preis- und Finanzstabilität, konkret um die Frage, ob und wie Zentralbanken in Zukunft zur Wahrung der Finanzstabilität (zur Vermeidung zukünftiger Finanzkrisen) beitragen könnten.

---

[339] Bean spricht auch vom „Jackson-Hole-consensus" (Bean et al. [2010: S. 1–2]). In Jackson Hole findet jährlich eine für Zentralbanken und die geldpolitische Wissenschaft bedeutende Konferenz statt.

II. Nach-Krisen-Überlegungen zum Einbezug von Finanzstabilität in die Strategieüberlegungen der Zentralbanken

Nach der Finanzkrise 2007–9 rückt es zunehmend ins Zentrum der Forschung, dass Finanzmarktstabilität zum einen eine notwendige Bedingung für gesamtwirtschaftliche Stabilität (im Sinne von Vermeidung unerwünschter Inflation und/oder Arbeitslosigkeit) darstellt[340], und zum anderen die Erreichung von Preisniveaustabilität nicht hinreichend für die gleichzeitige Erreichung von Finanzmarktstabilität ist. Angesichts dessen wird die Diskussion monetärer Stabilitätspolitik zunehmend durch eine Diskussion nötiger ergänzender Wirtschaftspolitik wie beispielsweise Finanzmarktregulierung erweitert und gleichzeitig die Frage nach der Rolle der Zentralbank hierbei gestellt (vgl. z. B. Svensson [2010]).

1. Verlauf der Finanzkrise

Die jüngste globale Finanzkrise begann im August 2007 in Form der „Subprime Krise"[341] in den USA. Am Anfang noch als eher kleine, regional begrenzte Krise missverstanden, nahm sie bald globale Ausmaße an. Spätestens nach der Pleite von Lehman Brothers und der Fast-Pleite von AIG und der darauffolgenden staatlichen Rettungsaktionen zur Stabilisierung der Finanzmärkte, die sonst mit großer Wahrscheinlichkeit völlig zusammengebrochen wären, wurde auch für die Allgemeinheit das enorme Ausmaß der Krise offensichtlich.

Die Frage nach den Ursachen dieser Mega-Krise rückte in das Zentrum nicht nur des wissenschaftlichen Interesses. Für die Öffentlichkeit stand schnell fest, dass insbesondere die Gier und der Eigennutz der Banker in den Finanzmärkten schuld an diesem Fiasko waren, und dass es gelte deren spekulative Handlungsmöglichkeiten in Zukunft einzudämmen. Doch Gier und Eigennutz, oder, ökonomischer ausgedrückt, Gewinn- und Nutzenmaximierung, sind eine zentrale Grundlage ökonomischer Theorien zur Erklärung der Funktionsweise von Volkswirtschaften. Von daher gab es auch schon lange institutionelle Vorkehrungsmaßnahmen, um ein Ausufern stabilitätsgefährdender Aktivitäten zu verhindern. Staatliche Behörden, die dies gewährleisten sollten, waren die Überwachungs- und Regulierungsbehörden, sowie auch die Zentralbanken.[342] Beide haben anscheinend ihre Aufgaben vor der Finanzkrise unvollkommen wahrgenommen oder ausfüllen können.

---

[340] D. h. eine unzureichende Finanzmarktpolitik kann zu Instabilitäten im Mengen- und Preissystem einer Marktwirtschaft führen. Anders gesagt, eine wirksame Finanzmarktpolitik stellt eine notwendige Bedingung für die Stabilität einer Marktwirtschaft dar. Zur allgemeinen Bedeutung von finanziellen Friktionen in der Makroökonomie siehe den Survey-Artikel von Brunnermeier et al. [2012].

[341] „Subprime" bezieht sich auf „unter-erstklassige" (stark risikobehaftete) Kredite, hier insbesondere auch Hypotheken, deren Zahlungsausfall beträchtlich zur Verstärkung der Krise beigetragen hat.

[342] Daneben gibt es die privatwirtschaftlichen Bewertungs- oder Ratingagenturen, die von Finanzfirmen bezahlt werden, denen im Rahmen der Finanzkrise ebenfalls Versagen vorgeworfen wird.

2. Fehler auf Seiten der Überwachungs- und Regulierungspolitik

A Die Zunahme von nur wenig regulierten Segmenten der Finanzwirtschaft

Die Finanzinstitute bedienten sich verschiedenster Verbriefungstechniken, um riskante Bankgeschäfte über Quasi-Banken – sogenannte Zweckgesellschaften – zu betreiben, die keiner Eigenkapitalanforderungen unterlagen. Insbesondere in den USA öffnete der Gramm-Leach-Bliley Act 1999 die Schleusen für einen wachsenden Schattenbankenbereich, der sich staatlicher Regulierung entzog und zu Regulationsarbitrage führte. Dieser Kongressbeschluss hob das seit 1933 bestehende Trennbankensystem auf, im Rahmen dessen es Geschäftsbanken u. a. untersagt war, riskante Geschäftsaktivitäten des Investmentbankings durchzuführen. Diese Zweckgesellschaften (sogenannte Conduits und Structured Investment Vehicles[343]) betätigten sich in bestimmten Anlageformen, indem sie langfristige Anlagen durch die Ausgabe von kurzfristigen Wertpapieren finanzierten (siehe auch Sachverständigenrat [2007]). Der „Vorteil" dieser weitestgehend unregulierten Schattenbanken bestand darin, dass sie Aktiva für Anlagezwecke verwenden konnten, ohne ein Insolvenzrisiko für die Mutterbank zu verursachen und dass für die riskanten Aktiva kein Eigenkapital vorgehalten werden musste und auf diese Weise die Baseler Eigenkapitalvorschriften unterlaufen werden konnten. Hierin lag jedoch ein wesentlicher treibender Faktor für die Finanzkrise: Obwohl die Zweckgesellschaften im Rahmen der Refinanzierung längerfristiger Aktiva (z. B. Hypotheken) durch relativ kurzfristige Wertpapiere (sogenannte Commercial Papers) dem Risiko der Fristentransformation unterlagen, wurde kein ausreichendes Eigenkapital vorgehalten.

B Die Komplexität und explosive Kraft neuer Finanzinstrumente

Diese neuen Finanzinstrumente schlossen die Herausgabe von sogenannten ABS, CDOs, CDSs[344] usw. mit ein. Zwar stellt die Verbriefung finanzieller Vermögenswerte eine wichtige Finanzierungsquelle dar und ermöglicht den Emittenten der strukturierten Produkte, Risiken aus ihrer Bilanz auszugliedern. Jedoch verschafften die neuartigen Finanzinstrumente dem Finanzsektor die Möglichkeit, auch an vorher als nicht kreditwürdig betrachtete riskante Schuldner zu leihen.[345] Begünstigt wurde dies mitunter durch die von der amerikanischen Regierung gewünschte Verbreitung von Wohneigentum und niedrige Zinsen. Zudem waren insbesondere die CDO-Instrumente bei der Suche der Investoren nach Anlagen mit der höchstmöglichen Rendite zunehmend komplexer geworden, woraufhin die Investoren den Einsatz von Fremdkapital erhöhten und sich in immer komplexeren und riskanteren Anlageformen engagierten (siehe EZB [2008]). Die hohe Komplexität und damit einhergehende geringere Transparenz führten zu einer immer

---

[343] Für eine detaillierte Erläuterung der Conduits und Special Investments Vehicles siehe IWF [2007].

[344] ABS – asset-backed securities (durch Vermögenswerte gesicherte Wertpapiere, d.h. Bündel von kommerziellen und Immobilien-Hypotheken und von Unternehmensanleihen, die vom ursprünglichen Herausgeber weiterverkauft wurden, der dadurch auch die damit verbundenen Risiken weiterverteilte)
CDO – collateralized debt obligation (Portfolio von, in letzter Zeit häufig hypothekenbesicherten, Wertpapieren)
CDS – credit default swaps (Kreditausfallversicherungen)

[345] Eine Abhandlung über Finanzielle Innovationen und deren Folgen findet sich in Rajan [2005].

schwierigeren Bewertung dieser Finanzinstrumente, was wiederum zu einer Neigung vieler Anleger, sich nahezu ausschließlich auf die Ratings der Ratingagenturen zu verlassen, und einer fehlerhaften Einschätzung der tatsächlich eingegangenen Risiken seitens der Regulierungsbehörden führte (siehe F). Ferner wurde durch die im Zuge des Verbriefungsprozesses übliche Tranchierung die Voraussetzung dafür geschaffen, dass solche neuartigen Produkte von Finanzinstituten erworben werden konnten, die strengen Regulierungsvorschriften unterlagen (siehe Sachverständigenrat [2007]).

Nach Meinung vieler Fachleute haben u. a. CDOs die Finanzkrise ausgelöst. Bei diesen CDOs handelte es sich um Investmentpools, deren Wert an die Entwicklung amerikanischer Hypothekendarlehen gekoppelt war. Bei „synthetischen CDOs" besitzen die beteiligten Parteien die Hypothekenanleihen nicht, sondern wetten mithilfe von Derivaten auf deren Wertentwicklung. Den Investmentbanken wird vorgeworfen, dass sie den CDO-Markt trotz aller Warnungen vor einer Überhitzung am Laufen hielten und durch üppige Bonuszahlungen falsche Anreize setzten. Dieses Verhalten berücksichtigte, aus Sicht der Banken durchaus rational, weder die Externalitäten für den Bankensektor, noch jene für die gesamte Volkswirtschaft. Abgesehen davon waren gelegentlich auch Bankenkunden bzw. -Geschäftspartner wie Hedgefonds an der Auswahl der Immobilienkredite beteiligt, die in CDOs gebündelt wurden. Gleichzeitig schlossen diese Kunden/Partner Wetten auf Wertverluste dieser Kredite ab. Goldman Sachs wurde für solches Verhalten von der amerikanischen Börsenaufsicht zu einer Rekordstrafe von 550 Millionen Dollar verurteilt (SEC [2010]).

C Das vernetzte Wesen des Finanzsystems

Ein zentraler Fehler der Regulierungsbehörden bestand darin, dass das Risiko jeder Bank isoliert betrachtet wurde und dabei Externalitäten ignoriert wurden, die zum systemischen Risiko beitrugen. Zum einen treten Externalitäten auf, wenn mehrere Finanzinstitute aufgrund zusammenhängender Engagements in Folge von Schocks außerhalb des Finanzsystems oder von Verflechtungen zwischen Finanzinstituten gleichzeitig ausfallen (siehe BIS [2009]). Die zweite Externalität besteht darin, dass sich Entwicklungen der Realwirtschaft und des Finanzsystems gegenseitig aufschaukeln und auf diese Weise Booms und Busts bei Vermögenspreisen verstärken (siehe E).

Dabei wurden insbesondere Ansteckungseffekte aufgrund sinkender Vermögenspreise und informationsgetriebene Ansteckungseffekte vernachlässigt (siehe z. B. Brunnermeier [2009]; Deutsche Bundesbank [2009]). Finanzinstitute hatten nur begrenzte Finanzmittel zur Verfügung und waren zu Notverkäufen gezwungen, die zu einem am Fundamentalwert überzogenen Preisverfall der Vermögenswerte führte, die ebenfalls als Sicherheiten der Anlagegeschäfte anderer Marktteilnehmer verwendet wurden. Diese Finanzinstitute sahen sich dementsprechend Refinanzierungsproblemen gegenüber gestellt und mussten ihrerseits bestimmte Positionen – mit erheblichen Verlusten – abwickeln. Diese Abwicklung zieht eine weitere Reduktion der Vermögenspreise und eine weitere Reduktion des Wertes der Aktiva-Positionen nach sich, was wiederum größere Refinanzierungsprobleme mit sich bringt. Ein wesentlicher Mechanismus, der zum Tragen kam, ist das so genannte Precautionary Hoarding (das vorsorgliche Horten von Finanzmitteln).

Precautionary Hoarding entsteht, wenn die Kreditgeber befürchten, dass die Schocks, die sich zwischenzeitlich ereigneten, noch schwer wiegende – jedoch bislang nicht absehbare – Refinanzierungsprobleme nach sich ziehen und sie in der Zukunft zusätzliche Mittel für ihre Projekte und Anlagestrategien benötigen werden. Dieser Mechanismus löste eine allgemeine Kreditknappheit aus, durch welche die Krisenfolgen für sich und andere ungewollt verschärft wurden, da Unternehmen zunehmend in Zahlungsschwierigkeiten gerieten.

D Anreizverzerrungen durch Vergütungsmodelle

Die Vergütungsmodelle der Finanzinstitute boten Portfoliomanagern Anreize, auf kurzfristige Erträge zu setzen und langfristige Entwicklungen zu ignorieren. Sie erhielten Bonuszahlungen in guten Jahren aber keine Abzüge für schlechte Leistungen oder Misserfolge in den anderen/schlechten Jahren. Diese vom langfristigen Erfolg unabhängigen Entlohnungsverträge versprachen nach oben unbegrenzte Prämien, aber begrenzten die Verlustabschläge nach unten. Somit zahlten sich riskante Strategien, die mit einem hohen Fremdkapitalhebel arbeiteten, für Aktieninhaber und Portfoliomanager übermäßig stark aus. Während sie an den Gewinnen partizipierten, verblieben die Verluste ausschließlich auf Seiten der Gläubiger oder im Extremfall beim Staat. Dieses Moral-Hazard-Problem, das das Streben nach kurzfristigen Profiten und eine exzessive Riskikobereitschaft begünstigte, führte letztlich u. a. zu extrem hohen Fremdkapitalanteilen sowohl für die Aktionäre als auch für das System insgesamt.

Darüber hinaus orientierte sich die Vergütung der Portfoliomanager in der Regel an der überdurchschnittlichen Performance ihrer Anlagen im Verhältnis zu den Referenzindizes der Anlagenkategorie. Dementsprechend verkauften die Manager selbst bei Erkennen einer Vermögenspreisblase keine Finanzaktiva, da sie ansonsten riskiert hätten, dass Investoren ihr Kapital abziehen und sie dadurch Einkommensverluste erleiden (siehe BIS [2009]).

E Prozyklisches Verhalten der Finanzinstitute und institutionellen Anleger

Finanzinstitute und institutionelle Anleger agieren in Aufschwungphasen des Konjunkturzyklus tendenziell unvorsichtiger (d. h. sie zeigen eine höhere Risikobereitschaft), während sie in Abschwungphasen tendenziell vorsichtiger werden, bzw. auch von äußeren Umständen (siehe C) gezwungen werden, Kredite zu rationieren. Als eine Konsequenz erhöhen sich Kreditvergabe und Fremdkapitalanteil während Konjunkturaufschwüngen und sinken während Konjunkturabschwüngen. Diese Prozyklizität wird noch verstärkt durch die prozyklische Wirkung der Baseler Eigenkapitalanforderungen (siehe hierzu auch Wagner [2014a]). Da die Ratings für die Finanzinstitute mit den Veränderungen der Ausfallwahrscheinlichkeiten schwanken, werden die Eigenkapitalanforderungen steigen, wenn eine Volkswirtschaft in eine Rezession abzugleiten droht, und sinken, sofern eine Wirtschaft in eine Aufschwungsphase eintritt. Folglich werden Finanzinstitute in der Spitze eines Aufschwungs tendenziell weniger Kapital vorhalten – wenn die Gefahr einer systemischen Krise am größten ist – und ihre Aktiva zurückführen, wenn es im Zuge der makroökonomischen Stabilisierung einer Ausweitung der Kreditvergabe am ehesten bedarf.

F Interessenkonflikte im Zusammenhang mit Ratingagenturen

Für das Geschäftsmodell der strukturierten Produkte sind die von Rating-Agenturen wie Standard & Poor's oder Moody's vergebenen Ratings von elementarer Bedeutung. Nur wenn eine Anlage eine bestimmte Bewertung erhält, kann sie von institutionellen Anlegern erworben werden. Die Begutachtung durch eine Rating-Agentur ist somit als Grundvoraussetzung für den Verkauf eines verbrieften Finanzprodukts anzusehen (siehe z. B. Sachverständigenrat [2007]).

Da Ratingagenturen jedoch von den Emittenten der strukturierten Produkte für die Abgabe einer Beurteilung bezahlt werden, geraten sie tendenziell in einen Interessenskonflikt, weil es sich für sie auszahlt, sich den Interessen ihrer Kunden zu beugen. Diese Regelung hat maßgeblich zu einer Verzerrung der Anreizstrukturen beigetragen. Zudem haben sich aufgrund der Komplexität und Intransparenz der strukturierten Produkte nicht nur institutionelle Investoren, sondern zum Teil auch Regulierungsbehörden auf diese Ratings verlassen, um die Risikoniveaus zu überprüfen, die von den regulierten Finanzinstituten angegeben wurden. Dabei blieb unberücksichtigt, dass die Ratingagenturen mit der Bewertung der Risiken größtenteils auch überfordert waren (siehe BIS [2010]). Durch ihre zu unkritische und zu positive Beurteilung strukturierter Finanzprodukte haben sie wesentlich zum Zustandekommen der jüngsten Finanzkrise beigetragen.[346]

3. Rolle der Geldpolitik

Es wird heutzutage häufig argumentiert, dass nicht nur die Überwachungs- und Regulierungspolitik Fehler gemacht hat, sondern auch die Geldpolitik bzw. die Zentralbanken fahrlässig oder falsch gehandelt haben. Insbesondere der US-Fed wird vorgeworfen, dass sie von 2003 bis 2006 eine viel zu laxe Geldpolitik betrieben habe und dadurch erst die Grundlagen für die spätere US-Subprime Krise gelegt habe. Zumindest habe sie so den exzessiven Anstieg der Hauspreise in den USA zu einer „Blase" unterstützt, die letztlich platzte und so die Finanzkrise in Gang setzte (siehe z. B. Taylor [2007], Walsh [2009a]).

Die Fed verteidigt sich gegenüber diesen Vorwürfen insbesondere mit dem Argument, dass es nach der globalen Rezession 2001/2 keine Alternative zu der aggressiven, expansiven Geldpolitik in 2002 und 2003 gegeben habe. Bernanke [2010a] argumentiert, der Aufschwung in 2002 und 2003 sei sehr schwach und „beschäftigungslos" gewesen, und die Politiker hätten befürchtet, dass die USA sonst den leidvollen Weg Japans hätten gehen müssen, das ein Jahrzehnt zuvor nach einer zu frühen geldpolitischen Umkehr einen erneuten Rückfall in die Rezession, sogenannte „Double Dips", erlebte und in lang andauernde Deflation und Depression abglitt. Auch wenn heute zugestanden wird, dass die damalige Deflationsangst der Fed möglicherweise übertrieben war, hätte die Fed dies aber vorher nicht wissen können (Svensson [2010]). Zudem ist die damalige (und jetzige) Verhaltensweise der Fed (und anderer, sich ähnlich verhaltender Zentralbanken) durch die Mainstream-Sicht in der Fachwissenschaft gedeckt. Diese betont, dass Zentralbanken bei einer Annäherung an die Nullzinsschranke für eine längere Zeit

---

[346] Eine umfangreiche Diskussion der Aufgabenfelder der Ratingagenturen und auch eine kritische Auseinandersetzung mit ihrer historischen Entwicklung liefert White [2010].

sehr aggressiv-expansiv reagieren sollten, umso Deflations- und „Double-Dip"-Gefahren entgegenzuwirken (Walsh [2009a]).

Ein anderes Verteidigungsargument der Fed gegenüber dem Vorwurf, dass sie die Subprime-Krise erst durch ihre lang anhaltende Niedrigzinspolitik möglich gemacht habe, fußt auf der Wahrnehmung einer angeblichen „Ersparnisschwemme", die sich Mitte des letzten Jahrzehnts von den Schwellen- zu den Industrieländern, insbesondere zu den USA, bewegt und so erst die niedrigen Zinsen erzeugt hat (Bernanke [2005]). Allerdings wird in letzter Zeit zunehmend die empirische Relevanz dieses Arguments in Zweifel gezogen (siehe z. B. Taylor [2009], oder Obstfeld und Rogoff [2009]).

Die Diskussion um die Angemessenheit der Fed-Politik im Vorfeld der Finanzkrise berührt ein grundsätzliches Problem der Geldpolitik. Die Frage ist, ob und wenn ja, wie eine Zentralbank auf einen Boom der Vermögenspreise reagieren sollte. Hierzu gibt es seit einem Jahrzehnt eine heftige Kontroverse. Dabei kann man grob zwei Lager unterscheiden: die bisherige Mainstream-Position einer reaktiven Politik auf der einen Seite und die Position einer proaktiven Politik auf der anderen Seite.

Die bisherige Mainstream-Position einer *reaktiven Politik* hält eine geldpolitische Reaktion in Boom-Phasen nur dann für sinnvoll, wenn die Zentralbank für die Zukunft damit rechnet, dass die beobachteten und erwarteten Vermögenspreisentwicklungen zu schweren Fehlentwicklungen ihrer geldpolitischen Zielgrößen, also bei Inflation und evtl. Output(-Lücke), führen. Insbesondere wegen der zeitlichen Verzögerungen, mit denen geldpolitische Maßnahmen auf Output und Inflation einwirken, könnten dann bereits während der Boom-Phase geldpolitische Maßnahmen nötig sein. Wenn solche Erwartungen jedoch nicht vorliegen, sollte die Zentralbank einen Boom der Vermögenspreise nicht gesondert in ihre Geldpolitik einbeziehen. Man spricht in diesem Fall auch von einer Politik des *„Benign Neglect"*, wobei diese „Gleichgültigkeit" bzw. Passivität der Geldpolitik ausdrücklich nur für die Boom-Phase gilt. Kommt es zu einem drastischen Verfall der Vermögenspreise (einem Crash bzw. Bust), soll die Geldpolitik aggressiv mit ihren Mitteln (für gewöhnlich sind das starke Zinssenkungen) die hierdurch erzeugten bzw. erwarteten Auswirkungen auf Inflation und Output bekämpfen. Eine solche reaktive Strategie wird auch als „Mopup"-Strategie bezeichnet, wenn sie tatsächlich erst zu geldpolitischen Reaktionen geführt hat, nachdem ein Crash an den Vermögensmärkten bereits eingetreten ist. Sie soll dann quasi „aufräumen", d. h. die Auswirkungen eines drastischen Verfalls der Vermögenspreise auf die geldpolitischen Zielgrößen stabilisieren.

Befürworter einer *proaktiven* Geldpolitik können dagegen bei starken Vermögenspreissteigerungen schon dann geldpolitischen Handlungsbedarf erkennen, wenn weder die aktuellen Entwicklungen von Inflation und Output(-Lücke) noch die Prognosen Fehlentwicklungen dieser Größen signalisieren. Dazu muss man wissen, dass in der geldpolitischen Praxis die Prognosemodelle für Inflation und Output solche volkswirtschaftlichen Größen berücksichtigen, die vergleichsweise gute Prognosen für einen ein- bis dreijährigen Prognosezeitraum erwarten lassen. Dieser Prognosezeitraum entspricht zum einen in vielen Volkswirtschaften ungefähr dem Zeitraum, in dem geldpolitische Maßnahmen die größte Wirkung auf die Zielgrößen ausüben und zum anderen sind Prognosen für noch längere Zeiträume mit zu großen Fehlern behaftet. Starke Anstiege der Vermögenspreise und die hiermit häufig verbundene starke Ausweitung von Kreditvergabe (evtl. der Geldmenge) und Verschuldung der Marktteilnehmer, üben jedoch ihre fatale Wirkung auf die Volkswirtschaft möglicherweise erst über einen Zeitraum aus, der zu lang ist, um durch konventionelle Prognosemodelle erfasst zu werden. Eine proaktive Geldpolitik versucht daher durch restriktive Maßnahmen (normalerweise sind dies Zinserhöhungen) schon in der Boom-Phase ein weiteres starkes Wachstum der Kreditvergabe bzw. der Verschuldung zu verhindern und/oder den Vermögenspreisanstieg selbst zu begrenzen.

Befürworter der Mainstream-Position einer reaktiven Politik (z. B. Bernanke, Greenspan) betonen vor allem drei Aspekte:

(i) Zum einen könnten Zentralbanken Vermögenspreisblasen („bubbles") nicht früh genug identifizieren: Boom-Phasen der Vermögenspreise umfassen häufig einen längeren Zeitraum und enden nicht zwangsläufig in einen Crash bzw. Bust. Darüber hinaus wird nicht jeder Crash an den Vermögensmärkten von schweren Folgen für Inflation und Output(-Lücke) gefolgt. Es sei daher für eine Notenbank schwierig zu erkennen, ob eine Vermögenspreisblase vorliege, deren Platzen zu großen Fehlentwicklungen in den eigentlichen geldpolitischen Zielgrößen führe. Häufig, so das Argument, komme diese Gewissheit in der Boom-Phase zu spät, um noch geldpolitisch den Boom begrenzen zu können ohne hierdurch unbeabsichtigt den Crash auszulösen.

(ii) Und selbst wenn es der Zentralbank möglich wäre, eine Vermögenspreisblase rechtzeitig mit Sicherheit zu erkennen, so seien die Instrumente der Geldpolitik gar nicht geeignet, um angemessen zu reagieren. Bei einer spekulativen Stimmung an den Börsen und/oder Immobilienmärkten mit hohen Ertragserwartungen werde ein geringer Anstieg der Zinssätze nicht den gewünschten Effekt haben (das Zinsinstrument sei also eine „stumpfe Waffe"). Hierzu bedürfte es sehr kräftiger Zinserhöhungen, die dann wiederum eine Rezession verursachen könnten. Von daher sei es nach Überzeugung der Vertreter einer Benign-Neglect-Politik besser abzuwarten bis eine Vermögenspreisblase platzt und dann die Wirkungen durch expansive Geldpolitik im Sinne einer „Mopup"-Strategie zu bekämpfen.

(iii) Auch würden geldpolitische Reaktionen auf einen Boom der Vermögenspreise zu Glaubwürdigkeitsproblemen der Zentralbank führen, wenn solche Maßnahmen in Zeiten durchgeführt werden müssten, in denen weder die aktuellen Werte noch die (mit konventionellen Prognosemodellen erstellten) Prognosewerte für die eigentlichen Zielgrößen der Geldpolitik (also Inflation und evtl. Output(-Lücke)) einen entsprechenden Handlungsbedarf signalisieren. Hier sei es unklar, wie solche Zentralbanken, deren Statuten sie vorrangig zu einer auf Preisstabilität und evtl. Outputstabilität gerichteten Geldpolitik verpflichten, der Öffentlichkeit geldpolitische Maßnahmen kommunizieren und erläutern sollen, die sich scheinbar nicht an den eigentlichen Zielgrößen orientierten.

Demgegenüber argumentieren die Gegner einer reaktiven Politik (vgl. u. a. Cecchetti et al. [2000]; [2003]) wie folgt:

Erstens sei die Unsicherheit darüber, ob eine Vermögenspreisblase vorliege, keine Entschuldigung für Untätigkeit. Zentralbanker hätten immer mit Unsicherheit umzugehen. Anders gesagt: Zentralbanken reagieren auch bisher auf Variablen, die in „Real Time" schwer zu messen sind, wie z. B. Inflation und Output(-Lücke).

Auch verweist eine Reihe von Autoren darauf, dass es gar nicht nötig sei, Vermögenspreisblasen exakt zu bestimmen, da die Wahrscheinlichkeiten für den Ausbruch von Finanzkrisen frühzeitig genug durch die Prüfung anderer Variabler wie der Kreditexpansion kalkuliert werden könnten (siehe z. B. Schularick und Taylor [2012] und Richter et al. [2017]; siehe auch White [2009] und EZB [2010b]).

Zweitens erzeuge eine Geldpolitik, die (wie die Fed in den letzten Jahren) zum einen die Zinsen senkt wenn die Vermögenspreise stark fallen, zum anderen aber nicht erhöht wenn die Vermögenspreise stark ansteigen, Moral-Hazard[347] und mache spekulative Vermögenspreisblasen dadurch wahrscheinlicher.

Die US-Fed-Politik war in den Jahren vor dem Ausbruch der globalen Finanzkrise asymmetrisch in ihrer Strategie hinsichtlich der Ankündigung, wie auf den Zusammenbruch eines Vermögenspreisbooms reagiert werden sollte. So kombinierte die US-Fed ihr „Benign-Neglect"-Verhalten mit dem Versprechen, im Falle eines Zusammenbrechens des Vermögenspreisbooms aggressiv monetär entgegenzuwirken. (Greenspan [2004: S. 36] betonte: „Instead of trying to contain a putative bubble by drastic actions with largely unpredictable consequences, we chose [...] to focus on policies to mitigate the fallout when it occurs and, hopefully, ease the transition to the next expansion".) Damit aber regte die Fed exzessives Risikoverhalten privater Investoren geradezu an (vgl. z. B. Rajan [2010]).

Drittens, selbst wenn eine Zinserhöhung eine Rezession auslöst, mag dies immer noch die bessere Alternative gegenüber der Untätigkeit sein. Je länger man es nämlich zulasse, dass sich eine Vermögenspreisblase aufbaut, umso mehr ermutige man den Aufbau anderer Ungleichgewichte wie exzessive Verschuldung oder Überinvestition. Das Resultat sei dann ein längerer wirtschaftlicher Abschwung, d. h. langfristig sei eine Rezession sowieso nicht vermeidbar. [Die vergleichsweise hohen Kosten der derzeitigen Finanzkrise stellen demnach zu einem großen Teil die Kosten vorheriger Nachlässigkeit dar.]

Ein weiteres Problem mit der „Benign-Neglect"-Politik kann man darin sehen, dass die Zentralbanken die realen Kosten unterschätzten, die mit der Stabilisierung nach einem Vermögenspreiscrash verbunden sind. (Nach Schätzungen sind Folgekosten in Höhe von mehreren Billionen Euro angefallen[348]; IMF [2010a], Atkin-

---

[347] Der Grund ist, dass die Gewinn- und Verlustrisiken aus Engagements an den Vermögensmärkten für die Marktakteure asymmetrisch verteilt sind.

[348] Die Schätzungen gehen weit auseinander, abhängig von den Messmethoden und dem Gegenstand und dem Zeitraum der Messung (ob z. B. nur ökonomische Kosten im engeren Sinne, wie Wertpapiervermögensverluste, oder auch soziale Folgekosten in Form von Arbeitslosigkeit, Minderinvestitionen in Infrastruktur etc. berücksichtigt wurden, und ob nur kurz- bis mittelfristige oder auch langfristige Wirkungen abgeschätzt wurden). Auch gibt es riesige Umverteilungseffekte als Folge der Finanzkrise. Nachdem z. B. die Wertpapieranleger nach der Lehman-Pleite im Jahr 2008 rund 9 Billionen Euro „verloren" hatten (siehe z. B. Allianz-Studie 2010), stiegen viele – vor allem die Weniger-Verdienenden aus der Wertpapieranlage aus (und realisierten so ihre Verluste), während andere vom anschließenden Erholungsprozess auf den Wertpapiermärkten profitierten und „Windfall"-Profits einstrichen. Somit kam es zu riesigen individuellen Umverteilungen, die von den Verlierern als „unfair" (nicht selbst verschuldet)

son et al. [2013] sowie Government Accountability Office [2013]). Zum einen zeigte sich in der letzten Krise, dass die durch den Crash ausgelöste große allgemeine Unsicherheit das geldpolitische (Zins-)Instrument zu einer „stumpfen Waffe" machte, sodass die Zentralbanken zu neuen, nicht getesteten „unkonventionellen" Instrumenten greifen mussten, die selbst wiederum Unsicherheiten auslösen. Anders gesagt, anscheinend ist die Stabilisierung (das „Aufräumen") nach solch einer Vermögenspreis-Krise mit weit mehr (mit Schwierigerem) verbunden als nur Zinsen zu senken. Zum anderen wird befürchtet, dass die Geldpolitiker möglicherweise den rechtzeitigen Ausstieg aus der Niedrigzinspolitik und den „unkonventionellen" Maßnahmen verpassen und auf diese Weise zu einem erneuten Aufbau von Vermögenspreisblasen beitragen.[349]

Vor dem Hintergrund dieser konkurrierenden Sichtweisen ist der Streit um die richtige Vorgehensweise der Geldpolitik in einem Vermögenspreisboom während und nach der Finanzkrise noch intensiver geworden. Einen möglichen Kompromiss zwischen den beiden Extremen des „Nichtstuns" (Benign Neglect) und z. B. einer direkten Einbeziehung von Vermögenspreisen in die geldpolitische Strategie[350] könnte die folgende Forschungsrichtung bieten: Anstatt eines Symptoms (Vermögenspreisanstieg) sollte man die Ursache (eine „ungehemmte" Kreditexpansion) bekämpfen. Das heißt, man sollte sich darauf konzentrieren, gegen die Gefahr einer Kreditkrise, verbunden mit einer Schuldenanhäufung, vorzugehen, statt Ziele für Vermögenspreise zu verfolgen. Dies kann auch als die Grundlage für den Ansatz von Bordo und Jeanne [2002], und darauf aufbauend von Berger, Kißmer und Wagner [2007] angesehen werden.

Bordo und Jeanne [2002] illustrieren anhand eines relativ einfachen Modells das Problem, dem Zentralbanken im Angesicht von Vermögenspreis-Booms gegenüberstehen. Sollen sie proaktiv eine restriktive Geldpolitik fahren, die den Boom aber auch den Output – möglicherweise unnötig – bremst, oder eher erst nach Eintreten eines Vermögenspreisverfalls reagieren, wenn dieser Bust tatsächlich zu einer Kreditklemme geführt hat? Eine solche Kreditklemme kann im Modell von Bordo und Jeanne eintreten, weil sie produktive Aktiva berücksichtigen, die nicht nur als Produktionsfaktoren sondern auch als Sicherheiten bei der Aufnahme von Krediten dienen. Man kann sich unter diesen Aktiva z. B. (betriebliche) Immobilien vorstellen. Bei der Aufnahme von Krediten zur Finanzierung dieser Immobilien ist der zukünftige Wert der Immobilien nicht genau bekannt. Kommt es also in der Zukunft zu einem starken Verfall der Immobilienpreise, können einige Unternehmen nicht mehr genügend Sicherheiten aufbieten, um weiterhin als kreditwürdig zu gelten. Solche Unternehmen erleiden dann eine Kreditklemme und sind nicht mehr in der Lage wie gewohnt zu produzieren, weshalb im Falle einer Kreditklemme das Güterangebot sinkt.

Bordo und Jeanne betonen damit die angebotsseitigen Effekte, die durch einen Verfall der Vermögenspreise ausgelöst werden können. Was aber hat dies mit Geldpolitik zu tun? Bordo und Jeanne nehmen an, dass die Notenbank über ihre

---

angesehen werden und daher letztlich die Legitimität einer (freien) Marktwirtschaft beschädigt haben.

[349] Vgl. auch das folgende Kapitel 4.
[350] Dies wird von manchen als proaktive Strategie der Geldpolitik hinsichtlich der Vermögenspreise verstanden. Siehe z. B. White [2009].

3. Kapitel: Regelgebundene Stabilitätspolitik

Zinspolitik das Ausmaß der Unternehmensverschuldung beeinflussen kann. Je höher der Zins ist, desto geringer wird die Verschuldung der Unternehmen annahmegemäß sein. Damit gewinnt die Zentralbank aber auch einen Einfluss darauf, wie wahrscheinlich der Eintritt einer zukünftigen Kreditklemme ist, da die Unternehmen umso weniger von einem Preisverfall ihrer Immobilien getroffen werden, je geringer ihre Verschuldung (und damit ihr Bedarf an Sicherheiten) ist.

Im Ansatz von Bordo und Jeanne verfügt die Zentralbank in der Boom-Phase über zwei Optionen: a) Sie kann im Boom den Zins so hoch setzen, dass eine zukünftige Kreditklemme ausgeschlossen bzw. völlig unwahrscheinlich ist (proaktive Geldpolitik): Die Unternehmen verschulden sich angesichts der hohen Kreditzinsen nur in so geringem Maße, dass ein etwaiger Crash an den Vermögensmärkten ihre zukünftige Kreditwürdigkeit nicht signifikant beeinträchtigt. Allerdings fällt im Falle einer proaktiven Geldpolitik die Produktion unmittelbar geringer aus. b) Die Zentralbank ignoriert den Vermögenspreisboom. Im Falle dieser Benign-Neglect-Politik bremst die Notenbank zwar nicht den Output in der Boom-Periode (möglicherweise unnötig) ab, sie geht jedoch das Risiko ein, dass es zu gesamtwirtschaftlichen Verwerfungen in einer etwaigen Bust-Phase kommt.

Bordo und Jeanne kommen zu dem Ergebnis, dass die positive Wahrscheinlichkeit des Auftretens einer Kreditklemme proaktive Geldpolitik sinnvoll erscheinen lassen kann. Allerdings lässt sich die optimale Reaktion der Geldpolitik in Boomzeiten nicht in Form einer einfachen Regel (wie z. B. der Taylor-Regel) darstellen. Vielmehr wird die Frage, wie reagiert werden sollte, von einer Reihe von Variablen (Markteuphorie, Unternehmsverschuldung, Eigenkapital der Unternehmen, Zinselastizität der Güternachfrage, erwartetes Ausmaß der Krise) beeinflusst. Darüber hinaus sind die Zusammenhänge häufig nicht linear. Ein Beispiel für den Einfluss der Euphorie auf die optimale Reaktion der Geldpolitik mag diese Nichtlinearität verdeutlichen:

(i) Wenn die Vermögenspreise stark steigen und die Euphorie über die zukünftigen Immobilienpreise und Unternehmensgewinne an den Märkten trotzdem gering ist, dann werden die Unternehmen sich relativ wenig verschulden um an den zukünftigen Erträgen partizipieren zu können. Entsprechend wird ein Crash der Immobilienpreise auch nicht für viele Unternehmen zu einer Kreditklemme führen. In diesem Fall erscheint eine Politik des Benign Neglect als recht vernünftig, da die zu erwartenden Wohlfahrtsverluste (Outputverluste und evtl. Deflation) relativ gering sind.

(ii) Wenn die Vermögenspreise stark steigen und die Euphorie über die zukünftigen Immobilienpreise und Unternehmensgewinne an den Märkten sehr hoch und möglicherweise übertrieben ist, dann werden viele Unternehmen sich weiter verschulden wollen um an den für die Zukunft erwarteten Erträgen partizipieren zu können. In diesem Fall müsste die Zentralbank ihren Zins außerordentlich drastisch erhöhen, um die Unternehmen von einer hohen Verschuldung abzuhalten. Ein so massiver Zinsanstieg wäre jedoch unmittelbar mit so hohen Wohlfahrtskosten verbunden, dass es auch in diesem Fall ratsam erscheint, den Vermögenspreisanstieg geldpolitisch zu ignorieren. Auch bei extrem hoher Euphorie ist Benign Neglect daher die optimale Strategie.

(iii) Wenn die Vermögenspreise steigen und die Euphorie über die zukünftigen Immobilienpreise und Unternehmensgewinne an den Märkten moderat ist, kann es jedoch für die Zentralbank vernünftig sein, mithilfe von Zinserhöhungen in der Boom-Phase die Wahrscheinlichkeit für das Auftreten einer Kreditklemme zu minimieren. In diesem Fall wiegen die Wohlfahrtsverluste einer proaktiven, restriktiven Geldpolitik in der Boomperiode weniger schwer, als die erwarteten Wohlfahrtskosten im Falle eines Crash. Die von der proaktiven Geldpolitik hinzunehmenden Wohlfahrtsverluste im Boom können quasi als Versicherungsprämie interpretiert werden, die eine Zentralbank aufbringen muss, um die noch größeren Wohlfahrtsverluste zu vermeiden, die mit dem Eintritt einer zukünftigen Kreditklemme verbunden wären.

Aufbauend auf Bordo und Jeanne zeigen Berger, Kißmer und Wagner [2007] in einem neukeynesianischen Makromodell mit vorausblickenden Erwartungen, dass zwar die reaktive Geldpolitik, jedoch nicht der von Bordo und Jeanne analysierte Spezialfall eines Benign Neglect, die relevante Alternative zur proaktiven Politik ist.[351] Denn in einem Modellansatz mit vorausblickenden Erwartungen muss selbst eine reaktive Politik bereits im Boom auf den möglichen Eintritt eines Vermögenspreiszusammenbruchs mit ihren Instrumenten reagieren, da die privaten Akteure im Falle einer positiven Wahrscheinlichkeit für das Auftreten einer Kreditklemme ebenfalls bereits im Boom Verhaltensanpassungen vornehmen. Würde eine Zentralbank eine Benign-Neglect-Politik verfolgen und diese Verhaltensanpassungen der Privaten ignorieren, wären die Wohlfahrtsverluste ungleich höher als bei einer adäquaten „Leaning-*with*-the-Wind"-Politik.[352] Berger, Kißmer und Wagner zeigen außerdem, dass eine proaktive „Leaning-*against*-the-Wind"-Politik der Zentralbank in weiteren (Parameter-) Bereichen eine optimale Wahl darstellt, als die Ergebnisse von Bordo und Jeanne vermuten lassen.[353]

In zahlreichen weiteren neukeynesianischen Modellvarianten ist die Frage, ob die Geldpolitik eine „Leaning-*against*-the-Wind"-Politik in Phasen hoher Neuverschuldung bzw. exzessiver Kreditaufnahme (evtl. begleitet von Vermögenspreisbooms) betreiben sollte, kontrovers diskutiert worden.[354] Hierbei standen und stehen jedoch nicht nur, wie noch im Ansatz von Bordo und Jeanne, die Verschul-

---

[351] Siehe im Anhang (Abschnitt 5) eine kurze Skizzierung des Berger-Kißmer-Wagner-Modells im Vergleich zum Bordo-Jeanne-Modell.

[352] Vgl. auch Berger und Kißmer [2008]. Berger und Kißmer [2009] zeigen, dass die adäquate reaktive Geldpolitik in einer „Leaning-*with*-the-Wind"-Politik (also in einer Zinssenkung während der Boom-Periode) und nicht in einem benign neglect besteht. Dies deckt sich mit dem empirischen Befund, dass Notenbanken Boom-Perioden häufig mit relativ expansiver Geldpolitik begleitet haben. Demgegenüber besteht ja die proaktive Geldpolitik in einer Zinserhöhung durch die Notenbank, also in einer „Leaning-*against*-the-Wind"-Politik.

[353] Zu den Implikationen einer Erweiterung dieses Modellansatzes um zum einen den Einfluss von Globalisierung und zum anderen eines Kommunikationsinstrumentes siehe Knütter und Wagner [2011; 2010/11]. Vgl. zu möglichen Wohlfahrtseffekten durch eine reaktive Politik auch Katagiri et al. [2012].

[354] Vgl. z. B. Woodford [2012], IMF [2015], Ajello et al. [2016], Filardo und Rungcharoenkitkul [2016], Gerdrup et al. [2016], Gourio et al. [2017] sowie Svensson [2017a; b].

dung der Unternehmen im Vordergrund der Betrachtung, sondern auch die Verschuldung bzw. Kreditaufnahme der privaten Haushalte (z.B. im Rahmen der Immobilienfinanzierung) sowie die gesamtwirtschaftliche Verschuldung insgesamt. Die grundsätzlichen Vorteile einer „Leaning-*against*-the-Wind"-Politik werden darin gesehen, dass durch eine proaktive Erhöhung der Zinsen ein zu hohes Kreditwachstum und damit auch die Wahrscheinlichkeit für den Ausbruch einer Finanzkrise reduziert werden kann.[355] Darüber hinaus erwarten einige Ökonomen, dass eine regelmäßig ergriffene „Leaning-*against*-the-Wind"-Politik generell die Stabilität des Finanzsektors erhöht, indem sie die Amplituden von Finanzzyklen reduziert.[356] Die Nachteile einer „Leaning-*against*-the-Wind"-Politik bestehen in der durch höhere Zinsen verringerten wirtschaftlichen Aktivität und einer möglicherweise zu geringen Inflation.

Eine proaktive „Leaning-*against*-the-Wind"-Politik kann in der Regel die Möglichkeit einer Finanzkrise nicht mit absoluter Sicherheit, sondern allenfalls mit einer erhöhten Wahrscheinlichkeit ausschließen. Wie hoch aber sind die mit einer Finanzkrise verbundenen volkswirtschaftlichen Kosten, wenn diese trotz einer vorherigen „Leaning-*against*-the-Wind"-Politik eintritt? Auf der einen Seite wird vermutet, dass eine proaktive Zinserhöhung das Ausmaß der Fehlentwicklung im Vorfeld einer Finanzkrise dämmt, weshalb auch der Korrekturbedarf und damit der Schweregrad der Finanzkrise geringer sein könnte. Dies spricht für vergleichsweise geringere oder zumindest nicht erhöhte Wohlfahrtskosten, sollte eine Finanzkrise trotz proaktiver Zinserhöhungen eintreten.[357] Auf der anderen Seite wird jedoch konstatiert, dass die Wohlfahrtsverluste einer Finanzkrise größer ausfallen, wenn die Volkswirtschaft bereits mit einer verringerten wirtschaftlichen Aktivität (bedingt durch proaktive Zinserhöhungen) in eine Finanzkrise gerät.[358]

Insgesamt sind also theoretisch mehrere Vor- und Nachteile einer „Leaning-*against*-the-Wind"-Politik festzuhalten, weshalb wesentliche Aspekte empirisch untersucht werden müssen. Hierbei stellt sich das Problem, diese Vor- und Nachteile im Rahmen von Kosten-Nutzen-Analysen korrekt zu quantifizieren. Einige Autoren, wie z. B. Gourio et al. [2017] oder Filardo und Rungcharoenkitkul

---

[355] Zahlreiche Untersuchungen zeigen, dass Finanzkrisen (insbesondere Bankenkrisen) mit einem drastischen Einbruch eines vorangegangenen Kreditbooms einhergehen, vgl. z. B. Schularick und Taylor [2012], Laeven und Valencia [2012] sowie Dell'Ariccia et al. [2016].

[356] Die Idee der Finanzzyklen basiert auf theoretischen Konzepten, die insbesondere von Ökonomen der Bank for International Settlement (BIS) vertreten werden. Ähnlich zum Vorgehen bei der Analyse von Konjunkturzyklen, die auf Auswertungen von Inflations- und Wachstumsdaten basieren, werden Finanzzyklen basierend auf dem Wachstum der Kredite des privaten Sektors sowie der Häuserpreise ermittelt. Finanzzyklen dauern mit 15 – 20 Jahren viel länger als Konjunkturzyklen (1 – 8 Jahre). Höhepunkte von Finanzzyklen fallen nach Untersuchungen der BIS in der Regel mit Krisen zusammen. Zu einer Einführung vgl. BIS [2014], zu einer Berücksichtigung dieser Konzepte im Rahmen einer Kosten-Nutzen-Analyse zur „Leaning-*against*-the-Wind"-Politik siehe Filardo und Rungcharoenkitkul [2016].

[357] Vgl. Gerdrup et al. [2016] zur Endogenisierung des „Schweregrades" einer Finanzkrise. Jordà et al. [2013] z. B. konstatieren, dass Finanzkrisen, die einem vergleichsweise hohen Kreditwachstum folgen, von tieferen Rezessionen und langsameren wirtschaftlichen Erholungen gekennzeichnet sind. Vgl. auch Adrian und Liang [2016].

[358] Vgl. hierzu Svensson [2017a; b]. Svensson [2017b] sieht in unterschiedlichen Annahmen über die Kosten einer Finanzkrise im Falle einer (ex-post betrachtet) gescheiterten „Leaning-*against*-the-Wind"-Politik letztlich den wesentlichen Grund für die teilweise gegensätzlichen Ergebnisse in den bisher vorliegenden Kosten-Nutzen-Studien. Vgl. den folgenden Absatz im Text.

[2016] kommen im Rahmen von quantitativen Studien zu dem Ergebnis, dass die Vorteile einer „Leaning-*against*-the-Wind"-Politik deren Nachteile überwiegen, während andere, hier vor allem Svensson [2017a] und IMF [2015], behaupten, dass die Kosten einer „Leaning-*against*-the-Wind"-Politik deren Vorteile bei Weitem überwiegen. Im Gegenteil: wenn die Geldpolitik im Vorfeld einer potenziellen Finanzkrise zinspolitisch reagieren sollte, dann müsste sie nach den Ergebnissen von Svensson [2017a] meist (d. h. bei einer Vielzahl der untersuchten Parameterkonstellationen) im Sinne einer „Leaning-*with*-the-Wind"-Politik, also zinssenkend, handeln. Ajello et al. [2016] gelangen zum Ergebnis, dass zwar unter bestimmten Umständen eine proaktive Zinserhöhung optimal sein kann, jedoch fällt das erforderliche Ausmaß der Zinserhöhung mit weniger als 10 Basispunkten äußerst gering aus. In einigen Fällen erweist sich, wie bei Svensson, zudem eine "Leaning-*with*-the-Wind"-Politik als optimal.

4. Geldpolitische Herausforderungen nach Ausbruch einer Finanzkrise und die Probleme beim „Aufräumen"

Traditionelle Vergleiche zwischen proaktiver und reaktiver Geldpolitik betonen – wie oben erläutert – häufig die Anwendungsprobleme einer proaktiven Geldpolitik (*Identifikationsproblem:* „Schädliche" Boom-Phasen lassen sich nur schwer rechtzeitig erkennen; *Instrumentenproblem*: Zins ist eine „stumpfe" Waffe; *Glaubwürdigkeitsproblem:* Finanzstabilität ist kein explizites Ziel der Geldpolitik). Im vorherigen Unterkapitel haben wir jedoch bereits angedeutet, dass auch die reaktive Geldpolitik mit erheblichen Komplikationen bei ihrer Implementierung konfrontiert sein kann. So ist selbst nach Eintritt einer Bust-Phase an den Finanzmärkten nicht notwendigerweise völlig sicher, ob der Verfall der Vermögenswerte tatsächlich zu schweren Verwerfungen bei den geldpolitischen Zielen (Preis- und Outputstabilität) führen wird. Nicht jeder Vermögenspreisverfall hat in der Historie zu eklatanten geldpolitischen Zielverfehlungen geführt; ein Identifikationsproblem scheint demnach auch in Bust-Phasen zu existieren. Die Reaktionen der bedeutenden Notenbanken in der Zeit seit Beginn der Finanzmarktturbulenzen im Sommer 2007 bis zum Ausbruch der globalen Finanzkrise im September 2008 (Zusammenbruch der Investmentbank Lehman Brothers) zeigen jedenfalls erhebliche Unterschiede in Tempo und Ausmaß der Leitzinssenkungen (die EZB hatte sogar ihren Leitzins im Juli 2008 noch erhöht). Aber auch wenn die Notwendigkeit von Zinssenkungen in einer Bust-Phase rechtzeitig erkannt wird, kann die Geldpolitik auf schwierige Hindernisse treffen. So ist es möglich, dass die Auswirkungen der Zinspolitik in Krisenzeiten sich erheblich von jenen in „normalen" Zeiten unterscheiden. Die **Transmissionsmechanismen**, über die zinspolitische Impulse der Notenbanken auf Inflation und Output einwirken, können durch Verunsicherungen der Marktteilnehmer **gestört** sein. In „normalen" Zeiten steuern die Notenbanken (vorwiegend mithilfe von Offenmarktoperationen[359]) über ihre Leitzinsen die kurzfristigen Geldmarktsätze und nehmen über deren Veränderungen auch Einfluss auf die längerfristigen Zinsen, die für die privaten Konsum-, Spar- und Investitionsentscheidungen von Bedeutung sind („Zinskanal"). Besonders wichtig für das reibungslose Funktionieren des Zinskanals ist das Verhalten der Banken am Interbankengeldmarkt und hierbei insbesondere ihre Bereitschaft, untereinan-

---

[359] Siehe auch Fn. 363.

der Liquidität zu tauschen. So geht üblicherweise eine Senkung (Erhöhung) der Leitzinsen mit einer Lockerung (Verknappung) der Liquidität am Geldmarkt einher, die entsprechend zu einer gleichgerichteten Veränderung der kurzfristigen Geldmarktsätze führt. In einer schweren Finanzkrise ist es jedoch möglich, dass diese Zusammenhänge nicht mehr im gewünschten Maße gegeben sind. Wenn es, wie im Laufe der globalen Finanzkrise geschehen, den Banken an gegenseitigem Vertrauen und damit an der Bereitschaft zum reibungslosen Austausch von Liquidität mangelt, können Leitzinssenkungen quasi verpuffen und die Steuerung der Geldmarktzinsen wird schwieriger. Die Vorgänge an den monetären Märkten im Gefolge der jüngsten Finanzkrise haben aber auch gezeigt, dass nicht nur der Zinskanal, sondern auch andere Kanäle der Geldpolitik, insbesondere der Kreditkanal, erheblichen Störungen unterworfen sein können.[360] So führten die Probleme der Banken bei ihrer Refinanzierung zu der Gefahr von starken Schwankungen in der Kreditvergabebereitschaft der Banken („Bankkreditkanal"). Durch den Verfall der Vermögenspreise wurde zusätzlich auch die Bonität der Kreditnehmer der Banken nachhaltig negativ beeinflusst („Bilanzkanal").[361] Mit konventionellen Maßnahmen allein können Notenbanken unter solchen Bedingungen möglicherweise nicht mehr die gewünschten Effekte auf Preise und Output erzielen.

Ein weiteres Problem der reaktiven Politik besteht in der Annahme, dass die Notenbanken ihre Leitzinsen quasi beliebig nach unten anpassen könnten. Nun können Notenbanken grundsätzlich zwar negative Leitzinsen realisieren, jedoch sind wirtschaftliche Entwicklungen möglich, die nominale Marktzinsen von einem derart geringen Ausmaß erfordern würden, dass sie faktisch nicht durchsetzbar sind. Man bezeichnet dieses Problem in der Literatur als Problem der **Nullzinsuntergrenze, bzw. der „effektiven Zinsuntergrenze",** womit gemeint ist, dass der nominale Marktzins nicht dauerhaft weit unter null sein kann. Da Bargeldhaltung (unter normalen institutionellen Bedingungen) nominalwertsicher ist, also mindestens einen Nominalzins von null abwirft, sind Wirtschaftssubjekte nicht bereit, Geld auf Konten mit negativen Nominalzinsen zu halten.[362] Wenn die kurzfristigen Nominalzinsen bei null bzw. an der „effektiven Zinsuntergrenze" liegen, verhalten sich die Wirt-

---

[360] Der Kreditkanal wird üblicherweise in einen „Bankkreditkanal" und einen „Bilanzkanal" unterteilt. Der „Bankkreditkanal" basiert auf der Vorstellung, dass die Banken ihre Kreditvergabe an Unternehmen und Haushalte tendenziell ausweiten, wenn sich ihre Zentralbankguthaben durch Offenmarktgeschäfte erhöht haben. Die Existenz und die exakte Wirkungskette dieses Kanals sind umstritten, vgl. z. B. McLeay et al. [2014] oder Carpenter und Demiralp [2010]. Der „Bilanzkanal" rückt dagegen die Eigenkapitalposition bzw. die Bonität der Kreditnehmer in den Vordergrund. Bei sinkenden Zinsen erhöhen sich normalerweise die Werte jener Aktiva, die als Sicherheiten bei Kreditgeschäften fungieren.

[361] In der Europäischen Währungsunion wurden die Störungen dieser Kanäle noch durch das Auftreten der Staatsschuldenkrise verstärkt. Massive Kursverluste staatlicher Schuldtitel verschärften zum einen die Refinanzierungsprobleme der Banken, da diese Titel als Sicherheiten bei Kreditgeschäften eine bedeutende Rolle spielen. Zum anderen wurden durch die Kursverluste die Portfolios der Wirtschaftssubjekte negativ getroffen. Vgl. zu Problemen mit den Transmissionskanälen in der Eurozone EZB [2010a].

[362] Wir abstrahieren hier von den Kosten der Bargeldhaltung, die z. B aus Aufwendungen zum Schutz gegen Diebstahl bestehen können. Solche „Lagerkosten" führen dazu, dass die nominale Ertragsrate der Bargeldhaltung tatsächlich nicht null, sondern negativ ist. Bei Berücksichtigung von Bargeldhaltungskosten kann also nicht ausgeschlossen werden, dass Wirtschaftssubjekte bereit sind, negativ verzinste Geldkonten zu halten. Insofern wäre es dann möglich, dass die „effektive Zinsuntergrenze" ebenfalls im negativen Bereich und nicht bei null liegt.

schaftssubjekte außerdem indifferent zwischen Geldhaltung und dem Halten von (kurzfristigen) Wertpapieren. Aus diesem Grund bleiben solche Offenmarktoperationen der Notenbanken wirkungslos, die Liquidität durch den Ankauf kurzfristiger Wertpapiere schaffen.[363] Die Wirtschaftssubjekte (bzw. Finanzinstitute) halten dann die zusätzliche Liquidität als Kasse (bzw. als Reserven), ohne weitere Zinseffekte auszulösen. Deshalb wird eine derartige Situation auch als Liquiditätsfalle bezeichnet.[364]

Ob nun bei Berücksichtigung von institutionellen Faktoren die effektive Untergrenze für den Nominalzins genau bei null liegt, oder etwas oberhalb bzw. unterhalb von null, ist dabei weniger entscheidend als der Umstand, dass der Nominalzins nicht beliebig reduziert werden kann. Kommt es also infolge einer Finanzkrise zu negativen Schocks, die normalerweise drastische Senkungen der Leitzinsen erforderlich machen würden, so kann der „Zinssenkungsspielraum" zu eng sein, wenn die Leitzinsen bereits zu Beginn der Krise relativ niedrig sind. Im Verlauf der globalen Finanzkrise etwa haben alle bedeutenden Notenbanken ihre Leitzinsen bis nahe an null und einige Notenbanken (z. B. Bank of Japan, Sveriges Riksbank, Danmarks Nationalbank, Schweizerische Nationalbank) sogar in den leicht negativen Bereich gesenkt und dort über längere Zeit gehalten. Schätzungen für die Geldpolitik der Fed ergaben, dass der Taylor-Zins (also jener theoretisch optimale Wert für den kurzfristigen Nominalzins, der mit der Taylor-Regel kompatibel ist, vgl. Kapitel 3.B.III.6) im Verlauf der Finanzkrise zeitweise stark negativ war und daher von der Fed trotz massiver Zinssenkungen nicht realisiert werden konnte.[365]

Störungen in den Transmissionsmechanismen und die mögliche Relevanz der „effektiven Zinsuntergrenze" können also das geldpolitische „Aufräumen" in einer Finanzkrise erheblich erschweren. Allerdings verfügen Notenbanken zusätzlich zu Änderungen der aktuellen Leitzinsen über weitere geldpolitische Möglichkeiten, ihre makroökonomischen Zielgrößen zu beeinflussen. Tatsächlich haben die bedeutenden Notenbanken neben „konventionellen" Politiken (also im Wesentlichen Veränderungen der aktuellen Leitzinsen) auch so genannte „**unkonventionelle**" **Geldpolitiken** (bzw. „Sondermaßnahmen") im Laufe der globalen Finanzkrise zum Einsatz gebracht. Zu den „unkonventionellen" Geldpolitiken, die zahlreiche Formen annehmen können, gehören insbesondere Maßnahmen der Notenbanken, die ein aktives Management der Notenbankbilanz beinhalten. Darüber hinaus

---

[363] Üblicherweise erfolgt die Liquiditätsversorgung der Finanzinstitute durch die Notenbanken mithilfe solcher Offenmarktoperationen, wobei z. B. die Fed kurzfristige Wertpapiere endgültig oder befristet in Form von Geschäften mit Rückkaufsvereinbarung (Repos) von den zugelassenen Geschäftspartnern kauft, während das Eurosystem normalerweise befristete Refinanzierungsgeschäfte vornimmt, also den Geschäftsbanken gegen Besicherung befristet Liquidität zur Verfügung stellt. Die Besicherung erfolgt durch Repogeschäfte bzw. gegen Verpfändung von Wertpapieren.

[364] Wir werden weiter unten sehen, dass die Geldpolitik auch bei Erreichen der Nullzinsuntergrenze bzw. in der Liquiditätsfalle unter Umständen wirksam sein kann. Krugman [1998] hat verdeutlicht, dass die vermeintliche Wirkungslosigkeit der Geldpolitik in der Liquiditätsfalle, wie sie in vielen Lehrbuchversionen des keynesianischen Makromodells behauptet wird, u. a. auf bestimmten Annahmen über die Erwartungen der Wirtschaftssubjekte bezüglich der zukünftigen Geldpolitik basiert. Gelingt es dagegen, diese Erwartungen adäquat zu beeinflussen, so können geldpolitische Maßnahmen auch in der Liquiditätsfalle wirksam sein.

[365] Rudebusch [2009] z. B. schätzt einen Taylor-Zins von −4% bis −6% für 2009. Siehe auch Chung et al. [2011] zur Relevanz der Nullzinsuntergrenze für die Geldpolitik.

zählen dazu andere Maßnahmen, wie z. B. spezielle Kommunikationsstrategien, die darauf abzielen, die langfristigen Zinsen zu senken.

Hinsichtlich der Auswirkungen auf die Notenbankbilanz wird hierbei häufig zwischen „Qualitative Easing" und „Quantitative Easing" unterschieden. Geldpolitische Maßnahmen des „Qualitative Easing" führen, theoretisch, zu einer veränderten Aktivastruktur der Notenbankbilanz, ohne jedoch die Bilanzsumme zu verändern. Unter **„Quantitative Easing"** versteht man demgegenüber geldpolitische Maßnahmen, die mit einer ungewöhnlich großen Ausweitung der Notenbankbilanz verbunden sind.[366] In der geldpolitischen Praxis lassen sich jedoch die durchgeführten Maßnahmen nicht immer eindeutig klassifizieren, da sie häufig sowohl die Struktur als auch den Umfang der Notenbankbilanz betreffen. Gleichwohl kann man sich an den primären Effekten orientieren. Beispiele für Maßnahmen des **„Qualitative Easing"** sind etwa der Ankauf von stark risikobehafteten und/oder weniger liquiden Aktiva und der gleichzeitige volumengerechte Verkauf von weniger risikobehafteten und/oder liquideren Aktiva durch die Notenbank. Auch die so genannte „Operation Twist" kann hierzu gezählt werden. Hierunter versteht man eine geldpolitische Operation, in der die Notenbank langfristige staatliche Schuldtitel kauft und gleichzeitig im selben Umfang kurzfristige staatliche Schuldtitel verkauft. Ebenso kann man die Umstellung der Bankenrefinanzierung durch die EZB in der Zeit vor dem Lehman-Konkurs nennen. Die EZB erhöhte nach Beginn der Finanzmarktturbulenzen den Anteil der längerfristigen Refinanzierungsgeschäfte zu Lasten der kürzerfristigen Hauptrefinanzierungsgeschäfte. Letztlich zielen solche Maßnahmen darauf ab, die in den Marktzinsen enthaltenen Risiko-, Liquiditäts- und Zeitprämien zu senken und darüber hinaus die Funktionsfähigkeit einzelner Finanzmärkte zu verbessern. Man kann sagen, dass in der Zeit von Beginn der Finanzmarktturbulenzen bis zum Ausbruch der globalen Finanzkrise sowohl die Fed als auch die EZB neben konventionellen Maßnahmen primär „Qualitative Easing" betrieben haben. Mit dieser Politik war bis zum Zusammenbruch von Lehman Brothers insbesondere keine ungewöhnliche Verlängerung der jeweiligen Notenbankbilanz verbunden.

Seit Ausbruch der globalen Finanzkrise, also seit dem Konkurs von Lehman-Brothers, haben jedoch die bedeutenden Notenbanken Maßnahmen ergriffen, die in der Folge zu einer enormen Ausweitung der Notenbankbilanzen führten. In vielen Fällen haben sich die Bilanzsummen dieser Notenbanken mehr als verdoppelt. Gleichwohl geschah dieses „Quantitative Easing" zunächst durch den Einsatz recht unterschiedlicher Instrumente und Verfahren. So basiert das „Quantitative Easing" im Falle der Fed und der Bank of England von Anfang an auf umfangrei-

---

[366] Der Begriff „Quantitative Easing" ist in der Literatur nicht einheitlich definiert. So verstehen einige Autoren unter „Quantitative Easing" auch solche Maßnahmen, die Struktur und/oder Umfang der Notenbankbilanz betreffen, während andere unter „Quantitative Easing" lediglich umfangreiche (endgültige) Käufe staatlicher Wertpapiere durch die Notenbank verstehen, wenn diese mit dem expliziten Ziel getätigt werden, gesamtwirtschaftliche Effekte über eine angestrebte Ausweitung der Bankreserven (und damit der Notenbankbilanz) zu erzielen. Die hier verwendete Definition liegt quasi zwischen diesen „extremen" Positionen, da Quantitative Easing hier mit Maßnahmen identifiziert wird, die zu einer ungewöhnlich großen Ausweitung der Notenbankbilanz führen, unabhängig davon, ob sie durch endgültige Käufe staatlicher Wertpapiere oder z. B. durch Kreditvergabe an den Bankensektor erfolgt und unabhängig davon, ob die Ausweitung der Notenbankbilanz ein Ziel oder ein Nebenergebnis dieser Politik ist.

chen, endgültigen Käufen von langfristigen staatlichen und privaten Schuldtiteln. Demgegenüber resultiert die Bilanzverlängerung des Eurosystems zunächst primär aus einer Ausweitung der längerfristigen Refinanzierung der Banken zu geringen Zinsen, mit denen jedoch keine endgültigen Käufe von Aktiva verbunden waren.[367] Erst nach der Einführung des Programms zum Ankauf von Vermögenswerten (APP) im Januar 2015 wird die (erneute) Bilanzverlängerung des Eurosystems von umfangreichen und endgültigen Käufen privater und öffentlicher Schuldtitel begleitet. Diese Unterschiede in der Wahl der Instrumente erklären sich zum einen aus Unterschieden in der externen Finanzierung von nicht finanziellen Unternehmen. Während z. B. in der Eurozone über 70 % der externen Unternehmensfinanzierung durch das Bankensystem und weniger als 30 % durch direkte Finanzierung der Unternehmen an den Finanzmärkten erfolgt, sind die Verhältnisse in den Vereinigten Staaten gerade umgekehrt.[368] Zum anderen wurde der Einsatz von Quantitative Easing anfangs mit der Behebung von Störungen an den Finanzmärkten begründet, während im Laufe der Zeit die Erreichung von Inflations- und Konjunkturzielen angesichts des Erreichens der effektiven Zinsuntergrenze an Bedeutung gewann.[369]

Ebenso wie „Qualitative Easing" kann „Quantitative Easing" über den so genannten „Portfolio-Balance-Kanal" möglicherweise Auswirkungen auf die gesamtwirtschaftliche Nachfrage ausüben. Dieser Transmissionsmechanismus setzt jedoch voraus, dass die verschiedenen Aktiva bzw. Refinanzierungsbedingungen von den Marktteilnehmern nicht als vollkommene Substitute wahrgenommen werden. Unter dieser Voraussetzung ist es möglich, dass durch den Kauf bestimmter Aktiva (bzw. durch die Umstrukturierung der Refinanzierung) durch die Notenbank, Änderungen in der Portefeuillestruktur der Marktteilnehmer bewirkt werden, die diese zum Anlass von weiteren Wertpapierkäufen nehmen, in deren Verlauf es dann zu Senkungen der längerfristigen Zinsen kommen kann. Darüber hinaus mag mit „Quantitative Easing" die Absicht der Notenbank verbunden sein, die Geldmenge auszuweiten. Dieses tritt allerdings lediglich dann direkt ein, wenn Banken Wertpapiere nicht aus eigenem Bestand verkaufen, sondern entsprechende Titel im Auftrag inländischer Nichtbanken an die Notenbank weitergeben. In diesem Fall verkaufen letztlich inländische private Nichtbanken Wertpapiere an die Notenbank und erhalten im Gegenzug Gutschriften auf ihre Konten bei den Geschäftsbanken. Diese erhöhten Einlagen der inländischen Nichtbanken würden somit direkt, quasi mechanisch, die umlaufende Geldmenge ausweiten. Neben direkten bzw. mechanischen Effekten auf die Geldmenge können sich aus Quantitative Easing zusätzlich indirekte Auswirkungen auf die Geldmenge ergeben, soweit die durchgeführten Maßnahmen etwa über Zins- und/oder Erwartungsänderungen zu Portfolioanpassungen der inländischen privaten Wirtschaftssubjekte führen.[370]

---

[367] Siehe auch Fn. 363. Zwar hatte auch die EZB Pfandbriefe und staatliche Schuldtitel endgültig gekauft, jedoch waren die Dimensionen nicht mit den Vorgängen bei der Fed oder der Bank of England vergleichbar (vgl. Fawley und Neely [2013]).
[368] Vgl. Cour-Thimann und Winkler [2013].
[369] In der Eurozone wurden Quantitative Easing-Maßnahmen auch mit den Auswirkungen der Staatsschuldenkrise begründet, vgl. Fawley und Neely [2013].
[370] Vgl. z. B. Deutsche Bundesbank [2017]. In der öffentlichen Diskussion steht jedoch häufig der „mechanische" bzw. direkte Geldmengeneffekt unter der irreführenden Bezeichnung „Gelddru-

Neben Maßnahmen des aktiven Managements der Notenbankbilanzen verfolgen die Fed, die EZB und andere Notenbanken auch besondere Kommunikationsstrategien, die als „**Forward Guidance**" bezeichnet werden. Mit solchen „zukunftsgerichteten Hinweisen" über die Zinspolitik versuchen die Notenbanken die Erwartungen der Marktteilnehmer hinsichtlich der zukünftigen Kurzfristzinsen zu beeinflussen. So kündigten die Notenbanken bei niedrigen Zinsen an, dass ihre Leitzinsen über einen längeren Zeitraum niedrig bleiben werden. Einige Notenbanken haben eine Abkehr von dieser Niedrigzinspolitik sogar an den Eintritt bestimmter ökonomischer Bedingungen (wie dem Erreichen bestimmter Arbeitslosenquoten usw.) geknüpft. Diese Hinweise auf die zukünftige Zinspolitik basieren auf der Überlegung, dass Notenbanken möglicherweise auch dann noch die für die Konsum-, Spar- und Investitionsentscheidungen wichtigen längerfristigen Zinsen beeinflussen können, wenn ihre aktuellen Leitzinsen schon die Nullzinsuntergrenze erreicht haben. Entsprechend der Zinsstrukturtheorie kann der langfristige Zins als Durchschnitt aus gegenwärtigen und für die Laufzeit einer längerfristigen Anlage erwarteten künftigen Kurzfristzinsen (plus Risikoprämien) approximiert werden. Gelingt es also einer Notenbank, durch Ankündigung auch künftig geringer Leitzinsen die Erwartung zu erzeugen, dass die zukünftigen kurzfristigen Geldmarktzinsen selbst dann noch an der Nullzinsuntergrenze gehalten werden, wenn die geldpolitischen Zielgrößen (Inflation und Output) bereits höhere Zinsen erforderlich machen, so kann sie durch ein solches „Forward Guidance" prinzipiell die gegenwärtigen langfristigen Zinsen senken. Dies gelingt, obwohl der gegenwärtige Leitzins bereits an der Nullzinsgrenze ist und daher nicht mehr weiter gesenkt werden kann. Der hier wirkende Mechanismus wird als „Signalling-Kanal" bezeichnet und basiert ganz wesentlich auf der Glaubwürdigkeit der Zentralbank. Eine solche Politik impliziert nämlich, dass die Notenbank bereit ist, in der Zukunft weiterhin geringe Leitzinsen zu realisieren, obwohl die ökonomische Notwendigkeit für diese Niedrigzinspolitik nicht mehr vorhanden ist. Sie ist zeitlich inkonsistent, da die Notenbank dem Anreiz ausgesetzt ist, zukünftig von der angekündigten Niedrigzinspolitik abzuweichen. Einige Autoren sehen in dem endgültigen Kauf von lang-

---

cken" im Vordergrund. In dieser Diskussion wird zuweilen aus der Ausweitung der Zentralbankguthaben der Geschäftsbanken, die definitionsgemäß bei allen Varianten von Quantitative Easing eintritt und die zu einer Ausweitung der Geldbasis (Zentralbankguthaben plus Bargeldumlauf) führt, in unzulässiger Weise auf eine zeitgleiche oder zumindest zukünftig eintretende bzw. „drohende" Ausweitung der Geldmenge geschlossen. Direkte Geldmengeneffekte treten jedoch z.B. nicht ein, wenn Banken Wertpapiere aus eigenem Bestand verkaufen oder wenn sie Wertpapiere im Auftrag von Ausländern an die Zentralbank weitergeben. Gleichwohl nehmen auch in diesen Fällen die Zentralbankguthaben der Geschäftsbanken zu. Diese Zunahme der Zentralbankguthaben für sich genommen kann jedoch keine direkten Geldmengeneffekte bewirken. Die Zentralbankguthaben der Banken sind nicht an Haushalte oder nicht-finanzielle Unternehmen ausleihbar (diese Nichtbanken unterhalten gar keine Konten bei der Zentralbank), sondern werden lediglich im Interbankenhandel eingesetzt. Ob indirekte Geldmengeneffekte entstehen, hängt ganz wesentlich davon ab, ob jene geldpolitischen Maßnahmen, die zu einer Erhöhung der Zentralbankguthaben führten, die Anreize der Banken zur Kreditvergabe (etwa über geringere Refinanzierungskosten oder gestiegene Kreditnachfrage) und/oder die Anreize der Nichtbanken zur Geldnachfrage (etwa über geringere Alternativkosten der Kassenhaltung oder gestiegene Einkommen) verändern. Im Gegensatz zu vereinfachenden, älteren Lehrbuchdarstellungen eines mechanischen oder gar konstanten Geldmultiplikators, der als Verhältnis von Geldmenge zu Geldbasis definiert wird, ist dieser nicht generell als Kausalbeziehung zwischen Zentralbankguthaben und Geldmenge interpretierbar, vgl. z. B. Deutsche Bundesbank [2017] und McLeay et al. [2014].

fristigen Wertpapieren (also einer Ausprägung des oben beschriebenen „Quantitative Easing") einen Mechanismus, um für größere Glaubwürdigkeit einer solchen „Forward Guidance" zu sorgen. Würde eine Notenbank, die große Volumina dieser Aktiva besitzt, im Nachhinein nämlich die Zinsen früher als angekündigt erhöhen wollen, so müsste sie mit starken Kursverlusten bei ihren Aktiva rechnen.

Die enorme Ausweitung der Notenbankbilanzen wird von Kritikern unkonventioneller Geldpolitik häufig als Einstieg in eine stark inflationäre Epoche gedeutet. Bislang haben jedoch die Ausweitungen der Bankreserven noch zu keinen größeren Erhöhungen im Geldmengenwachstum oder zu stark steigenden Inflationserwartungen geführt. Im Gegenteil: eines der größten Rätsel besteht darin, warum trotz anhaltend niedriger Zinsen und expansiver Geldpolitik die Inflation auf relativ niedrigem Niveau zu verharren scheint.[371] Die Notenbanken verfügen über Instrumente, die Bankreserven wieder zu normalisieren bzw. dafür zu sorgen, dass sie auch unter „normalen" Bedingungen adäquat abgebaut werden können.[372] Probleme werden hier allerdings im richtigen Timing und der adäquaten Sequenz notwendiger Schritte beim Ausstieg aus der „unkonventionellen Geldpolitik" gesehen. Zum einen ist fraglich, wie eine Reduzierung bzw. das Auslaufen umfangreicher Wertpapierkäufe (sog. „tapering") durch die Zentralbanken kommuniziert werden kann, ohne heftigere Finanzmarktturbulenzen auszulösen. Zum anderen ist umstritten, inwieweit eine anschließende „Normalisierung" der Notenbankbilanz, also eine Reduzierung ihres Umfangs, wünschenswert bzw. notwendig ist und in welchem Tempo bzw. in welcher Reihenfolge einzelne Maßnahmen erfolgen sollten. Sollten zuerst die Leitzinsen erhöht und dann die Notenbankbilanz „normalisiert" werden, oder umgekehrt, erst die Notenbankbilanzen reduziert und anschließend das Zinsniveau angehoben werden? Sollten die Notenbanken bei ihrer Rückkehr zur konventionellen Geldpolitik aktiv Wertpapiere aus ihrem Bestand verkaufen oder lediglich passiv Wertpapiere bei deren Fälligkeit nicht ersetzen?

Neben diesen eher „technischen" stabilitätspolitischen Fragen einer optimalen Exitstrategie scheint das zentrale politökonomische Problem im Falle einer Nor-

---

[371] Hierzu werden in der Literatur unterschiedliche und teils heftig umstrittene Erklärungen vorgebracht. Eine besonders intensiv geführte Debatte (die s.g. „r Star Wars") ist dabei um die These entbrannt, dass entwickelte Volkswirtschaften schon seit längerer Zeit aus unterschiedlichen Gründen eine Reduktion des „natürlichen" Zinses (in Modellen häufig mit r* bezeichnet) erfahren. Eine solche Senkung des langfristig, gleichgewichtigen Realzinses würde bedeuten, dass ceteris paribus der Taylor-Zins (vgl. Abschnitt III.6) entsprechend geringer ausfiele, Die Geldpolitik müsste also zur Realisierung einer bestimmten Inflationsrate vergleichsweise geringere Leitzinsen realisieren als dies früher der Fall war. Als Gründe für das Sinken des „natürlichen" Zinses werden verringertes Produktivitätswachstum, demografische Faktoren (Alterung der Gesellschaft) und/oder Ersparnisschwemmen in aufstrebenden Volkswirtschaften genannt. Eine andere These stellt darauf ab, dass im Falle einer dauerhaften Niedrigzinspolitik an der effektiven Zinsuntergrenze (evtl. verbunden mit Forward Guidance) eine wichtige Stabilitätsbedingung, nämlich das Taylor-Prinzip (vgl. Abschnitt III.6), verletzt wird. Im Rahmen neukeynesianischer Modelle kann dann die Existenz von Gleichgewichten gezeigt werden, die permanent niedrige Zinsen mit deflationären statt (wie üblicherweise unterstellt) mit inflationären Entwicklungen in Verbindung bringen (sog. Fisher-Paradox, vgl. Kapitel 1 B.I.4.3.2). Nach dieser Neo-Fisherischen-Sicht müssten Notenbanken unter diesen Bedingungen ihre Leitzinsen anheben um eine höhere Inflationsrate zu erzeugen.

[372] Vgl. hierzu z. B. Amstad und Martin [2011] sowie Ihrig et al. [2015]. Siehe auch die Fußnote 370.

malisierung nicht so sehr darin zu bestehen, dass ein zwangsläufiger Zusammenhang zwischen „Quantitative Easing", Geldmengenwachstum und Inflation bestehen könnte; vielmehr scheint vor allem die Frage unbeantwortet zu sein, ob der politische Wille besteht, die mit einem Anstieg der Leitzinsen möglicherweise verbundenen Kosten zu tragen. So wird zum einen vermutet, dass die mit Quantitative Easing verbundenen Wechselkurseffekte (Abwertungen der jeweiligen Währung) angesichts niedriger Produktivitäten von einigen Ländern nur ungern aufgegeben werden. Manche Autoren sprechen in diesem Zusammenhang gar von „Währungskrieg", der sich hier in einem zu langsamen Ausstieg aus der Niedrigzinspolitik niederschlagen soll. Andere betonen die Notwendigkeit zu einer größeren internationalen Koordination in der Geldpolitik.[373] Kritiker weisen zum anderen darauf hin, dass eine zu lang anhaltende Phase der Niedrigzinspolitik quasi die Saat für zukünftige Verwerfungen an den Finanzmärkten lege. Neben zu stark steigenden Preisen an den Vermögensmärkten wird befürchtet, dass dauerhaft niedrige oder gar negative Zinsen die Ertragslage im Bankensektor (aber auch die anderer Finanzinstitute, z.B. Versicherungen usw.) negativ beeinflussen könnten. Die mit der unkonventionellen Geldpolitik einhergehende Abflachung der Zinsstrukturkurve belastet die Zinsmargen der Banken und damit deren Ertragslage. In Währungsräumen mit einer negativen Verzinsung der Zentralbankguthaben kommt für die Ertragslage im Bankensektor belastend hinzu, dass die Kreditinstitute selbst keine negativen Zinsen im größeren Stil in ihren Passivgeschäften bei ihren Kunden erheben können.[374] Außerdem wird befürchtet, dass eine zu lange Phase der Niedrigzinspolitik die Notenbanken veranlassen könnte, den Zinsanstieg zwar verspätet, dann jedoch in großen Schritten durchzuführen. Auch hierin wird eine Gefahr für die Stabilität des Bankensektors gesehen, falls Banken in der Niedrigzinsphase umfangreich längerfristige Kredite mit niedrigen Zinsen vergeben haben und diese Konditionen nicht adäquat an rasch steigende Refinanzierungskosten anpassen können. Darüber hinaus bedrohen einige unkonventionelle Maßnahmen sowie eine lang anhaltende Phase der Niedrigpolitik generell aus Sicht der Kritiker die Unabhängigkeit der Notenbanken, weil diese durch Übernahme von impliziten Garantien für die Funktionsfähigkeit einzelner Finanz- und Vermögensmärkte quasi-fiskalische Maßnahmen durchführten, die eigentlich parlamentarischer Kontrollen bedürften.[375]

---

[373] Vgl. Taylor [2016b].

[374] Allerdings bleiben die Einflüsse der Niedrigzinspolitik auf die Ertragslage der Banken aus theoretischer Sicht unbestimmt. Den o.g. negativen Effekten stehen die gesunkenen Refinanzierungskosten der Banken sowie möglicherweise eine gestiegene Kreditnachfrage (durch ein verbessertes wirtschaftliches Umfeld) gegenüber. Die gesunkenen Zinsen können außerdem zu Gewinnen beim Verkauf von Vermögenswerten führen und darüber hinaus über Vermögens- und Einkommenssteigerungen bei den Kreditnehmern die Ausfallraten im Kreditgeschäft verringern. Vgl. z. B. Deutsche Bundesbank [2016].

[375] So kann z. B. der Kauf von Immobilienanleihen durch die Fed als eine staatliche Stützung des privaten Hypothekenmarktes interpretiert werden. In der Eurozone hat die Ankündigung von Outright Monetary Transactions (OMT), also der Möglichkeit des grundsätzlich unbegrenzten Ankaufs von Staatsanleihen am Sekundärmarkt sowie die Durchführung des Programms zum Ankauf von Vermögenswerten (APP) durch das Eurosystem, zu erheblichen Diskussionen über das Mandat der EZB geführt. Insgesamt geraten Fragen zu den Verteilungseffekten der Geldpolitik stärker in das Blickfeld der öffentlichen und akademischen Diskussion. Dieses kann sich als Bedrohung für die Legitimität von Zentralbankunabhängigkeit erweisen, da diese ganz wesent-

5. Neuere Überlegungen zur Finanzstabilität in der Europäischen Union

Wie bereits angedeutet, spielt die Finanzstabilität eine wichtige Rolle in Bezug auf die Effektivität der Geldpolitik bei der Wahrung der Preisstabilität. Um die Krisenanfälligkeit des Finanzsystems in der Zukunft zu verringern, sind auf der Ebene der Europäischen Union und des Eurosystems grundlegende Reformen angedacht und neue institutionelle Rahmenbedingungen geschaffen worden. Diese Reformen beziehen sich sowohl auf eine stärkere Regulierung als auch auf eine bessere und einheitliche europäische Aufsicht. Zudem wird vor allem in Europa sichtbar, dass die Effektivität der Maßnahmen entscheidend von dem weiteren Integrationswillen der Länder der Europäischen Union abhängt.

5.1 Notwendigkeit der makroprudenziellen Regulierung

Die bisherige Herangehensweise zur Stabilisierung des Finanzsystems war durch die traditionelle makroökonomische Stabilisierung und die mikroprudenzielle Regulierung gekennzeichnet, die zum großen Teil unabhängig überwacht und durchgeführt wurden. Die jetzige Finanzkrise macht deutlich, dass dieser Ansatz nicht adäquat ist, um systemische Risiken[376] aufzudecken oder gar diese zu verhindern (vgl. Agur und Sharma [2013]). Im Gegensatz zur mikroprudenziellen Regulierung, die sich auf die Stabilität der einzelnen Wirtschaftseinheiten beschränkt und die Auswirkungen von exogenen Risiken auf diese analysiert, beschäftigt sich die makroprudenzielle Regulierung mit der Stabilität des gesamten Finanzsystems. Dabei ist die mikroprudenzielle Regulierung eine notwendige Bedingung für die Vermeidung von systemischen Risiken, aber keine hinreichende (vgl. De Nicolo et al. [2012]), wobei Faktoren wie die Größe, der Grad der Verschuldung oder die Vernetztheit auf dem Markt explizit eine wichtige Rolle bei der Beurteilung der systemischen Relevanz eines Institutes spielen (vgl. Brunnermeier et al. [2009]). Die Deutsche Bundesbank definiert dabei Finanzstabilität „als die Fähigkeit des Finanzsystems, seine zentrale makroökomische Funktion – insbesondere die effiziente Allokation finanzieller Mittel und Risiken sowie die Bereitstellung einer leistungsfähigen Finanzinfrastruktur – jederzeit reibungslos zu erfüllen, und dies gerade auch in Stresssituationen und in strukturellen Umbruchphasen." (Deutsche Bundesbank [2010b: S. 7]).

De Nicolo et al. [2012] nennen drei Quellen von Externalitäten, die zu Marktversagen und zu systemischen Risiken führen und die eine makroprudenzielle Regulierung legitimieren können.

---

lich auf der Vorstellung basiert, dass Verteilungseffekte der Geldpolitik vernachlässigbar sind. Vgl. hierzu auch Taylor [2013c] sowie de Haan und Eijffinger [2016].

[376] Systemische Risiken bedeuten, dass auch isolierte Schocks in einzelnen Teilmärkten durch die enge Verflechtung des internationalen Finanzsystems enorme Risiken für das Gesamtsystem hervorrufen können. Zudem können Rückkopplungseffekte zwischen Real- und Finanzwirtschaft diese systemischen Risiken noch weiter verstärken. Zudem sei noch zu erwähnen, dass auch individuell rationales Verhalten in einem ungünstigen Zusammenspiel miteinander erhebliche Marktverwerfungen im Gesamtsystem produzieren kann. Für eine detaillierte Erläuterung siehe Bundesministerium der Finanzen [2012: S. 10].

a.) Strategische Komplementaritäten

Diese führen dazu, dass Banken exzessive und korrelierte Risiken während der Aufwärtsphase eines Finanzzyklus eingehen. Ein Grund für das Eingehen von korrelierten Risiken seitens der Banken ist, dass sich die Erfolgsaussichten einer Strategie erhöhen, wenn eine größere Anzahl an Agenten die gleiche Strategie übernimmt. In der Praxis kann dies z. B. durch die bestehenden Anreizstrukturen für Bankmanager beobachtet werden[377].

b.) Panikverkäufe

In markanten Abwärtsphasen sind die Banken sehr oft gezwungen ihr Vermögen zu verkaufen. Das Problem dabei ist jedoch, dass diese Verkäufe zu einem Zeitpunkt geschehen, in dem andere Banken vor dem gleichen Dilemma stehen. Dadurch wird das Vermögen weit unter seinem Wert verkauft. Dies führt nicht nur zu Verlusten bei den Verkäufern sondern auch zu Wertminderungen ähnlicher Vermögenswerte in den Bilanzen anderer Banken. Dies schwächt die Eigenkapitalposition und die hinterlegten Sicherheitspositionen der Banken, was wieder zu weiteren Verkäufen von schlechter bewerteten Vermögenswerten führt. In letzter Konsequenz kann dadurch eine Abwärtsspirale der Vermögenspreise in Gang gesetzt werden.

c.) Vernetztheit

Durch die hohe Verbundenheit der einzelnen Institute im Finanzsektor können Risiken von einem schwächelnden Institut auf andere Institute überspringen. Hier ist die Ansteckungsgefahr für das gesamte System sehr groß. Je größer die Vernetzheit eines Instituts im System und je größer dieses Institut, desto systemrelevanter ist es.

5.2 Die europäische Antwort auf die Finanzkrise: Der europäische Ausschuss für Systemrisiken (ESRB)

Der erste Schritt zur Verminderung der systemischen Risiken ist die effektive makroprudenzielle Überwachung. Aus diesem Grund beschloss die Europäische Union Anfang 2011 zur bestehenden Säule der Einzelinstitutsaufsicht im Finanzsektor eine neue makroprudenzielle Säule einzubauen und rief den Europäischen Ausschuss für Systemrisiken ins Leben. Dieses Gremium soll die Finanzstabilität in Europa beobachten, systemische Risiken enttarnen und das Gefährdungspotenzial bewerten und ist zudem befugt Warnungen und Empfehlungen an nationale und europäische Institutionen auszusprechen (vgl. Deutsche Bundesbank [2012a: S. 29]). Die Gründung des ESRB ist lediglich ein Baustein zur Schaffung einer neuen Finanzarchitektur in Europa. In der folgenden Abbildung 19 ist die neue Aufsichtsstruktur der „European System of Financial Supervision" (ESFS) dargestellt, welche vor allem die explizite Verzahnung der beiden Säulen verdeutlichen soll.

---

[377] Für eine weitergehende Diskussion siehe De Nicolo et al. [2012: S. 8].

Die neue europäische Aufsichtsstruktur ESFS

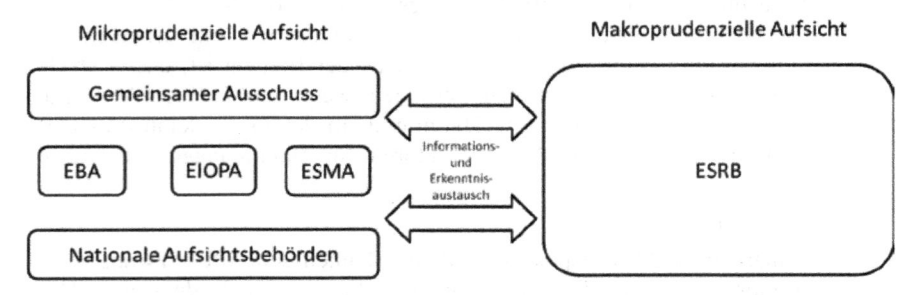

```
Mikroprudenzielle Aufsicht                               Makroprudenzielle Aufsicht

    ┌─── Gemeinsamer Ausschuss ───┐
    │                             │       Informations-
  ┌─────┐  ┌──────┐  ┌──────┐    <────>    und          ┌──────┐
  │ EBA │  │ EIOPA│  │ ESMA │              Erkenntnis-  │ ESRB │
  └─────┘  └──────┘  └──────┘              austausch    └──────┘

  ┌─── Nationale Aufsichtsbehörden ───┐
```

Abbildung 19: (Quelle: In Anlehnung an Deutsche Bundesbank [2012a: S. 31]).

In der mikroprudenziellen Aufsicht spielen die drei neu geschaffenen Behörden EBA (European Banking Authority), EIOPA (European Insurance and Occupational Pensions Authority) und die ESMA (European Securities and Markets Authority) eine entscheidende Rolle. Um die Kohärenz der Überwachung auf europäischer Ebene zu stärken, wurde der Gemeinsame Ausschuss etabliert. Die nationalen Aufsichtsbehörden sollen diese Institutionen flankieren. Der ESRB, welcher keine eigene Rechtspersönlichkeit besitzt, ist als ein Kooperationsgremium konzipiert und hat daher keine Durchgriffsrechte. Von entscheidender Bedeutung für die Effektivität dieser neuen Struktur ist der effiziente und stetige Informationsaustausch zwischen den Institutionen der beiden Säulen.

5.3 Instrumente makroprudenzieller Regulierung

Während und nach der Finanzkrise war zu beobachten, dass die traditionellen Instrumente der Geldpolitik nicht in der Lage waren, das Ziel der Finanzstabilität in geeigneter Weise zu beeinflussen. Aus diesem Grund waren die Zentralbanken gezwungen auf die sogenannten „unkonventionellen geldpolitischen Maßnahmen" zurückzugreifen (siehe dazu Abschnitt 4). Daher erscheint es notwendig, jedem Ziel ein eigens wirksames Instrumentarium zu geben. Neuere Untersuchungen kommen zum Ergebnis, dass es vorteilhaft ist, die Geldpolitik mit ihrem Instrumentarium allein auf die Preisstabilität auszurichten (vgl. Deutsche Bundesbank [2011a: S. 62]). Es wird daher empfohlen, eine klare Abgrenzung zwischen den beiden Zielen und eine eindeutige Zuordnung der Instrumente vorzunehmen[378]. Dies heißt jedoch nicht, dass die beiden Politiken völlig unabhängig voneinander zu betrachten sind. Da zwischen diesen Bereichen wichtige Wechselwirkungen vorliegen, müssen diese natürlich in die jeweiligen Kalküle mit einfließen. Ob eine Koordinierung notwendig ist, ist Teil der aktuellen Diskussion und kann deshalb nicht abschließend bewertet werden. Die Deutsche Bundesbank ist der Ansicht, dass ein Informationsaustauch zwischen der Geld- und der makroprudenziellen Politik keine negativen Auswirkungen auf die Preisstabilität hat. Zudem empfiehlt sie, als eine Lehre aus der Krise, dass bei geldpolitischen Entscheidungen Modelle verwendet werden, die

---

[378] Für eine weitere Diskussion siehe Cukierman [2011].

explizit auch den Finanz- und Bankensektor mit einbeziehen und zugleich finanzielle Friktionen berücksichtigen (vgl. Deutsche Bundesbank [2011a: S. 66]). Generell gilt, dass beim Einsatz geeigneter Instrumente das gesamte Finanzsystem (Banken, Versicherungen und Finanzmärkte) berücksichtigt werden muss. Dabei lassen sich die Instrumente in 3 verschiedene Kategorien je nach Einflussstärke einteilen. Die weichen Instrumente liegen vor allem in der transparenten und klaren Kommunikation der aufkeimenden Probleme im Finanzsektor nach außen z. B. durch regelmäßige Vorstellungen von Stabilitätsberichten. Zu den mittelstarken Instrumenten gehören vor allem Warnungen und Empfehlungen seitens des ESRB an die handelnden Personen und Institutionen. Diese werden erst dann notwendig, wenn die systemischen Risiken trotz der öffentlichen Kommunikation weiter steigen. Wenn alle diese Maßnahmen nicht greifen, werden die sogenannten „härteren" Eingriffsinstrumente eingesetzt. Bevor diese zum Einsatz kommen, müssen die Risiken und Eingriffsmöglichkeiten und deren Nebenwirkungen klar definiert und bewertet werden, da diese Instrumente mit weitreichenden Konsequenzen für das Finanzsystem verbunden sind (vgl. Bundesministerium für Finanzen [2012: S. 11]).

Einige dieser härteren Maßnahmen im Instrumentenkasten sind: Etablierung von höheren Eigenkapitalanforderungen für Banken (BASEL III), Schaffung von Verschuldungsobergrenzen für Institute, Einführung antizyklischer Kapitalpuffer, Begrenzung großer Risikopositionen[379]. Die Frage, ob diese Instrumente diskretionär oder regelgebunden eingesetzt werden sollen, ist Gegenstand heftiger wissenschaftlicher Diskussionen und deshalb nicht abschließend zu beurteilen.

5.4 Weitere Überlegungen

Ergänzend zur makroprudenziellen Regulierung empfiehlt die Deutsche Bundesbank zusätzlich auf Maßnahmen der makroprudenziellen Strukturpolitik zurückzugreifen um Schwierigkeiten wie die „Too-big-to-fail-Problematik"[380] in den Griff zu bekommen. Einer dieser Ansätze zielt auf die Einführung des Trennbankensystems ab (vgl. Deutsche Bundesbank [2012b: S. 98]). Eine weitere Möglichkeit die Stabilität des Gesamtsystems zu erhöhen, wurde durch die Festlegung eines neuen internationalen Standards für die Abwicklung von Finanzinstituten realisiert. Damit soll vor allem das „Moral-Harzard"-Problem minimiert werden.

5.5 Was wurde bisher gemacht/geschafft?

Knapp 10 Jahre nach dem Ausbruch der globalen Finanzkrise in den USA ist heute unbestritten, dass die Regulierungsbehörden und die Zentralbanken in den hochentwickelten Industrieländern umfassende Anstrengungen unternommen haben, um ihre Finanzsysteme zu stärken. Zunächst fokussierten sie sich auf die Banken. Diese haben seitdem ihre risikoabsorbierenden Kapitalpolster erhöht, ihre Liquidität verstärkt, die Transparenz gesteigert und den Umfang ihrer besonders risikobehafteten Aktivitäten eingeschränkt. Außerdem hat man das Verfahren zur

---

[379] Für eine detailliertere Auseinandersetzung siehe Deutsche Bundesbank [2010b], Bundesministerium der Finanzen [2012], Deutsche Bundesbank [2012b] und High-Level Expert Group [2012].

[380] Die „Too-big-to-fail-Problematik" entsteht dadurch, dass einige Einzelunternehmen so groß und systemrelevant sind, dass ihre Insolvenz verheerende Auswirkungen auf die Gesamtwirtschaft hätte. Somit gibt es für den Staat nur die Möglichkeit diese Einzelunternehmen durch Rettungsmaßnahmen zu stützen.

Abwicklung insolventer/bankrotter Banken verbessert. Darüber hinaus wurde die Sicherheit des Zahlungs- und Abrechnungssystems gesteigert und es wurden auch Fortschritte auf dem Weg zu einer Standardisierung der Derivatemärkte und einer höheren Robustheit und Transparenz dieser Märkte erzielt. Vorreiter bei diesen Reformen waren die USA und Großbritannien. Europa hat noch einen gewissen Nachholbedarf, ist aber bemüht zu den Vorreitern aufzuschließen.

Trotz der unbestrittenen Erfolge bleiben jedoch noch größere Risiken bezüglich des Ausbrechens einer erneuten globalen oder systemischen Finanzkrise. So sind in den letzten Jahren vorsichtiger agierende und/da stärker regulierte Banken in ihren besonders risikobehafteten Aktivitäten zunehmend durch bankenexterne Einrichtungen (Schattenbanken) ersetzt worden, die nicht den gleichen Regulierungs- und Aufsichtsstandards unterliegen. Außerdem ist ein zunehmender Strukturwandel im Finanzsystem durch den technologischen Umbruch im Zusammenhang mit Big Data und künstlicher Intelligenz zu erkennen. Die sich bisher schon ausbreitenden Aktivitäten im Bereich der Finanztechnologie (Fintech) werden jedoch bislang nur unzureichend reguliert. Angesichts dessen kann man davon ausgehen, dass eine neue globale oder systemische Finanzkrise, wenn sie denn auftritt, wahrscheinlich nicht vom traditionellen Bankensystem ausgehen wird, sondern dass die Gefahr von den neuen, noch weniger stark regulierten, Finanzinstituten kommen dürfte. Die Regulierungsbehörden und Aufsichtsstellen werden deshalb ihre Bemühungen verstärken müssen, den Fokus intensiver auf die Aktivitäten dieser neuen Finanzinstitute zu richten.

6. Mögliche zukünftige geldpolitische Strategien in Boom-Bust-Zyklen

Obwohl die Benign-Neglect-Sicht zunehmend infrage gestellt wird, wird allerdings auch angezweifelt, dass eine Zentralbank der richtige oder Hauptansprechpartner für eine Abwehr von Vermögenspreisübertreibungen ist. Stattdessen wird akzeptiert, dass die Hauptverantwortung der Verhinderung des Entstehens einer Vermögenspreisblase bei der Regulierungspolitik liegt. So betont Bernanke "that regulatory and supervisory policies, rather than monetary policies, would have been more effective means for addressing the run-up in house prices" (Bernanke [2010b: S. 16]). "[R]egulators, supervisors, and private sector could have more effectively addressed building risk concentrations and inadequate risk-management practices without necessarily having had to make a judgment about the sustainability of house price increases" (Bernanke [2010b: S. 20]). Dementsprechend wird heute große Hoffnung in die Reform der Überwachungs- und Regulierungspolitik gesteckt, um Finanzkrisen in der Zukunft zu vermeiden oder zumindest die Häufigkeit und Stärke ihres Auftretens zu reduzieren.[381]

Nun kann man allerdings darauf verweisen, dass es alles andere als sicher ist, dass eine Regulierungspolitik, selbst nach einer (derzeit versuchten) Nachbesserung, in Zukunft wesentlich effizienter in der Abwehr von exzessiven Vermögenspreisentwicklungen sein wird. Die Erfahrungen in der Vergangenheit zeigen, dass Überwachungs- und Regulierungspolitik oft zu langsam war, besonders wenn

---

[381] Taylor [2015] zeigt, dass vor allem starke Anstiege der Häuserpreise einhergehend mit einem Anstieg der privaten Verschuldung die Haupttreiber für Finanzkrisen und langanhaltende Rezessionen sind.

3. Kapitel: Regelgebundene Stabilitätspolitik 277

es darum ging international koordiniert vorzugehen. Hingegen sind die Reaktionen des privaten Finanzsektors auf (angekündigte) regulatorische Einschränkungen in der Regel sehr schnell und (einzelwirtschaftlich) effizient, beispielsweise durch Lobbytätigkeiten oder durch die Einführung von die (angekündigten) Reformmaßnahmen in ihrer Wirkung neutralisierenden Finanzinnovationen. Man braucht hier nur an die Einführung von Basel-II im Anschluss an die Asienkrise zu denken, die in toto fast 10 Jahre dauerte und in ihrer Wirkung durch inzwischen daraufhin konstruierte/angewandte Finanzinnovationen konterkariert wurde.

Dies scheint auch Bernanke im Hinterkopf gehabt zu haben, als er seine obige Positionierung dann doch etwas einschränkte, indem er anfügte: "However, if adequate reforms are not made, or if they are made but prove insufficient to prevent dangerous buildups of financial risks, we must remain open to using monetary policy as a supplementary tool for addressing those risks-proceeding cautiously and always keeping in mind the inherent difficulties of that approach" (Bernanke [2010b: S. 22])[382]. Auch Walsh und Yellen argumentieren dahingehend (siehe Walsh [2009: S. 28], und Yellen [2009: S. 5]). Allerdings erscheint vielen das Hantieren der Zentralbanken nur mit dem Zinsinstrument als zu unsicher. Folglich wird der Ruf nach einem zweiten Instrument lauter.[383] Diskutiert werden hierbei insbesondere sogenannte „makroprudenzielle" Kontrollinstrumente,[384] um zusammenhängende Makro- oder Systemrisiken angehen zu können. So wird zum Beispiel im so genannten "Geneva Report" argumentiert "[t]he application of macro-prudential measures should be by the Central Bank; for this purpose they should be able to undertake (on-site) supervision of individual systemic institutions, separately from the micro-prudential supervisor(s). Efforts should be made to limit the administrative burden of multiple supervisors, and reporting requirements and definitions should be harmonised" (Brunnermeier et al. [2009; S. 61]). Auch der Internationale Währungsfonds betont, dass "central banks are an obvious candidate as macroprudential regulators. They are ideally positioned to monitor macroeconomic developments, and in several countries they already regulate the banks" (Blanchard et al. [2010; S. 12]).[385]

Doch werden auch Zweifel geäußert, ob man auf solche neue, „unausgereifte" Instrumente vertrauen soll. So schreibt Taylor [2010: A19]: "It is wishful thinking that some new and untried macro-prudential systemic risk regulation will prevent

---

[382] Zur Frage, ob Finanzstabilität ein Ziel der Geldpolitik sein sollte und ob die Geldpolitik dann mit der makroprudenziellen Politik koordiniert werden müsste (vgl. Woodford [2012], Svensson [2012; 2017a], Cecchetti und Kohler [2014], Rubio und Carrasco-Gallego [2014], Brunnermeier und Sannikov [2014], Smets [2014] und Cecchetti [2016]).

[383] Gelegentlich wird argumentiert dass die Analyse der zweiten (der monetären) Säule der EZB bei der Festlegung dieses Instruments hilfreich sein kann (siehe z. B. Papademos [2009; S. 5]). Allerdings ist zu beachten, dass weniger Geldmengenaggregate als vielmehr Kreditmengenaggregate zur Prognose von Krisen zu taugen scheinen (siehe z. B. Schularick und Taylor [2012]).

[384] Die BIS [2010: S. 90] definiert solche wie folgt: „only instruments operated with the explicit primary objective of promoting the stability of the financial system as a whole, and which have the most direct and reliable impact on financial stability, should be thought of as macroprudential."

[385] "If leverage appears excessive, regulatory capital ratios can be increased; if liquidity appears too low, regulatory liquidity ratios can be introduced and, if needed, increased; to dampen housing prices, loan-to-value ratios can be decreased; to limit stock price increases, margin requirements can be increased." (Blanchard *et al.* [2010: S. 11–12]).

bubbles." Stattdessen plädiert Taylor eher dafür, für die nähere Zukunft zunächst einmal nach Ausweichmöglichkeiten auf der Grundlage schon bestehender Instrumente zu suchen. Hierunter könnte man zum Beispiel verstehen, das Zinsinstrument durch eine intelligente Kommunikationspolitik als eine Art Zusatz-Instrument zu ergänzen.[386]

7. Anhang

In diesem Anhang sollen die Ergebnisse des BKW-Modells (Berger, Kißmer und Wagner [2007]) mit denen des B-J-Modells (Bordo und Jeanne [2002a, b]) verglichen werden. Dies kann im Rahmen des BKW-Modells einfach durchgeführt werden, da dieses Modell eine Dummyvariable δ enthält, mit deren Hilfe das B-J-Modellergebnis als Spezialfall des BKW-Modells dargestellt werden kann. δ kann wahlweise den Wert 0 oder 1 annehmen. In ersterem Fall handelt es sich bei den unten aufgeführten Gleichungen um eine vereinfachte Version des makroökonomischen B-J-Modells. Wichtig ist, dass im B-J-Modell keine vorausblickenden Erwartungen [$E_t\pi_{t+1}$ bzw. E_tx_{t+1}] berücksichtigt sind. Bei δ = 1, also dem Ansatz von BKW, handelt es sich dagegen im Kern um ein Neukeynesianisches Makromodell, in dem berücksichtigt wird, dass das gegenwärtige Verhalten durch Erwartungen über die Zukunft beeinflusst wird.

Die Hauptelemente des BKW-Modells sind die folgenden:

$$V_t = E\left(\sum_{t=1}^{3} \beta^{t-1} L_t\right) \tag{A1}$$

$$L_t = \pi_t^2 + bx_t^2 \tag{A2}$$

$$\pi_t = \delta\beta E_t\pi_{t+1} + \gamma x_t + v_t \tag{A3}$$

$$x_t = \delta E_t x_{t+1} - a(i_t - \delta E_t\pi_{t+1} - \bar{r}) - \delta\psi v_t \tag{A4}$$

(A1) beschreibt, dass Geldpolitik auf eine Minimierung der (dreiperiodigen) Verlustfunktion (A1) abzielt, wobei (A2) die quadratische Periodenverlustfunktion L_t darstellt. π bezeichnet die Inflation, x die Outputlücke und E ist der Erwartungswertoperator. Angenommen wird, dass die Zielinflationsrate als auch die Ziel-Outputlücke gerade den Wert Null aufweisen, und die Zentralbank Abweichungen von den Zielwerten noch oben und nach unten gleich bewertet. Der Parameter b erfasst, wie stark die Notenbank Outputstabilität im Vergleich zur Preisstabilität gewichtet. Wäre b = 0 (b = ∞) würde die Geldpolitik ausschließlich Preisstabilität (Outputstabilität) als Ziel verfolgen. Wir konzentrieren uns auf den „Standard-Fall" $0 < b < \infty$. β ist ein Diskontfaktor ($0 \leq \beta \leq 1$) mit dem die Notenbank zukünf-

---

[386] Vgl. eine dementsprechende Analyse mithilfe eines neukeynesianischen Modells in Knütter und Wagner [2010/11]. Knütter und Wagner zeigen, dass durch die Heranziehung von geeigneter Zentralbankkommunikation (im Sinne der Offenlegung des geplanten Zinspfades der Zentralbank) die Kosten einer Credit-Crunch-Bekämpfung durch proaktive Zinspolitik verringert werden könnte. Zur Bedeutung von Kommunikationspolitik der Zentralbanken siehe auch Wagner [2007: Kap. 3].

tige Verluste auf den Gegenwartszeitpunkt abzinst. β ist zugleich auch der Diskontfaktor, mit dem die Unternehmen zukünftige Ereignisse abzinsen (vgl. Gleichung (A3)).

Gleichung (A3) ist die sogenannte Neukeynesianische Phillipskurve, die das aggregierte Angebot darstellt, während (A4) die aggregierte Nachfrage beschreibt.[387] v_t erfasst die Auswirkungen eines Finanzschocks, die sowohl auf der Angebotsseite als auch auf der Nachfrageseite auftreten können. Damit die Möglichkeit besteht, dass der Schock beide Seiten mit unterschiedlicher Stärke trifft, wurde der Parameter ψ eingeführt.

Zur Vereinfachung werden lediglich drei Perioden eines intertemporalen Optimierungsproblems betrachtet. In der ersten Periode, der Boomperiode, steigen die Vermögenspreise. In diesem Modell sind dies die Preise von produktiven Aktiva, die als Produktionsfaktoren von den Unternehmen genutzt werden, aber auch als Sicherheiten bei der Kreditaufnahme dienen. Wir bezeichnen diese produktiven Aktiva zur Vereinfachung als (betriebliche) Immobilien. Die Immobilien können annahmegemäß nicht vollständig intern finanziert werden, sondern müssen von den Unternehmen über Kreditaufnahme in der ersten Periode finanziert werden.

Erst in der zweiten Periode zeigt sich allerdings, wie produktiv die Unternehmen gewirtschaftet haben. Möglicherweise benötigen einige Unternehmen auch in der zweiten Periode weiteren Kredit. Darüber hinaus ist in der ersten Periode unklar, wie hoch der Wert der Immobilien in der zweiten Periode ist. In der zweiten Periode (und zur Vereinfachung annahmegemäß nur in der zweiten Periode) könnte nämlich ein Crash an den Vermögensmärkten auftreten. Dieser Finanzschock kann nun für Unternehmen, die auch in der zweiten Periode Kredit benötigen, dazu führen, dass der Wert ihrer Sicherheiten zu gering und die bereits zuvor (in der Boomperiode) getätigte Kreditaufnahme (Verschuldung) zu hoch ist, um weiteren Kredit zu erhalten. Diese Unternehmen erleiden dann eine Kreditklemme und können annahmegemäß in der zweiten Periode nicht mehr produzieren.

In der dritten Periode befindet sich die Ökonomie wieder in einem langfristigen Gleichgewicht, unabhängig davon ob zuvor ein Crash eingetreten ist oder nicht. Neben diesen angebotsseitigen Effekten berücksichtigt das Modell auch nachfrageseitige Effekte (vgl. Gleichung A4), die auftreten können, wenn die Güternachfrage positiv von der Höhe des Vermögens abhängt.

Der Finanzschock kann annahmegemäß nur in der mittleren Periode 2 auftreten und nimmt dann den Wert ε an, d. h. der Schock hat, wenn er auftritt, annahmegemäß ein vorher bekanntes Ausmaß. Tritt der Finanzschock nicht auf, ist sein Wert Null. Also ist der Wert von v in der ersten und dritten Periode immer gleich Null, in der zweiten Periode entweder 0 oder ε. Eine Besonderheit der Modellstruktur liegt in der Annahme, dass der Finanzschock v kein rein exogenes Ereignis darstellt. Angenommen wird, dass die Zentralbank einen Einfluss auf die Wahrscheinlichkeit hat, dass ein solcher Finanzschock auftritt. Wie oben beschrieben steht dahinter die Vorstellung, dass das Auftreten des Finanzschocks

---

[387] Vgl. den Abschnitt zur NNS im ersten Kapitel. Neu sind hier nur der Parameter δ und die etwas andere Definition des Schocks: Hier bezieht er sich auf Folgeeffekte von Kreditklemmen.

quasi den Eintritt von zwei Ereignissen voraussetzt. Zum einen muss es zu einem Crash an den Vermögensmärkten gekommen sein, zum anderen muss dieser Verfall der Vermögenspreise (und damit der Sicherheiten) zu einer Kreditklemme der Unternehmen geführt haben. Hier wird nun angenommen, dass die Kreditwürdigkeit der Unternehmen u. a. von der Höhe ihrer Verschuldung determiniert wird. Das Ausmaß der Unternehmensverschuldung in der zweiten Periode jedoch hängt u. a. von der Kreditaufnahme in der ersten Periode ab. Die Kreditaufnahme wird wiederum u. a. von der Höhe der realen Kreditzinsen in der ersten Periode beeinflusst. Je höher der Realzins in der ersten Periode ($r_1 = i_1 - E_1\pi_2$), desto geringer ist ceteris paribus die Unternehmensverschuldung in der zweiten Periode und desto geringer ist die Wahrscheinlichkeit, dass ein Vermögenspreisverfall zu einer Kreditklemme der Unternehmen führt.

Geldpolitiker können durch die Festlegung des Nominalzinses i_1 in der ersten Periode die realen Kreditzinsen r_1 in der ersten Periode beeinflussen, wenn Änderungen der Inflationserwartungen $E_1\pi_2$ dieses nicht unterlaufen (Es gilt ja $r_1 = i_1 - E_1\pi_2$). Für die Wahrscheinlichkeit (μ) einer zukünftigen Kreditklemme und damit das Auftreten von $v_2 = \varepsilon$ wird daher formal angenommen.

$$\mu = \begin{cases} 0 & \text{wenn} \quad i_1 - E_1\pi_2 \geq r_{min} > \bar{r} \\ 0 < \mu < 1 & \text{wenn} \quad i_1 - E_1\pi_2 < r_{min} \end{cases}. \qquad (A5)$$

Wenn also der Realzins der ersten Periode größer als r_{min} ist, dann ist die Wahrscheinlichkeit für eine Kreditklemme gleich Null. Bleibt der kurzfristige Realzins jedoch unterhalb von r_{min}, existiert eine positive Wahrscheinlichkeit dafür, dass in der zweiten Periode eine Kreditklemme auftritt. In (A5) beschreibt r_{min} somit den minimalen realen Zinssatz, der erforderlich ist, um die Wahrscheinlichkeit einer zukünftigen Kreditklemme vollständig zu beseitigen.

Eine reaktive Geldpolitik lässt zu, dass die Wahrscheinlichkeit für eine Kreditklemme $0 < \mu < 1$ positiv ist. Eine proaktive Geldpolitik muss dagegen die Zinspolitik in der ersten Periode so gestalten, dass der Mindestzins r_{min} nicht unterschritten wird – nur dann gilt $\mu = 0$. Es wird angenommen, dass dieser Mindestzins höher ist als der „natürliche" Zins $\bar{r}$, den die Notenbank realisieren würde, wenn keine Schocks vorliegen bzw. erwartet werden. $i = \bar{r}$ wäre also quasi die optimale Zinspolitik, wenn keine Finanzschocks berücksichtigt wären.

Wir wollen nun die Kernergebnisse des BKW-Ansatzes im Vergleich zu den B-J-Ergebnissen darstellen. Hierzu wurde das oben genannte Optimierungsproblem für sämtliche Politikvarianten gelöst.

3. Kapitel: Regelgebundene Stabilitätspolitik   281

Das erste Ergebnis des BKW-Modells bezieht sich auf die Geldpolitik in Boomzeiten (erste Periode), falls die Politiker der reaktiven Politikstrategie folgen:[388]

$$i^{REA}_{1(BJ)} = r^{REA}_{1(BJ)} = \bar{r} \tag{A6}$$

$$i^{REA}_{1(BKW)} = \bar{r} + \left[\left(b - \frac{\gamma}{a}\right)\Delta + \beta b \gamma \frac{1}{a}\right]\mu\varepsilon / \Delta^2 \tag{A7}$$

und $r^{REA}_{1(BKW)} = \bar{r} + \left[b(1-\beta)\Delta + \gamma^2\right]\gamma b \mu\varepsilon / \Delta^2$

wobei $\Delta = b + \gamma^2$.

Wenn $\delta = 0$ gilt, d. h. die Wirtschaftssubjekte, wie im BJ-Modell angenommen, nicht vorausschauend handeln, besteht die reaktive Politik während des Booms der Vermögenspreise darin, die Zinsen gleich dem Gleichgewichtsniveau des realen Zinses bei flexiblen Preisen und Abwesenheit von Störungen, $\bar{r}$, zu setzen. Die reaktive Politik ist in diesem Fall identisch mit Benign Neglect, da der Zins in der Boom-Phase nominal wie real unabhängig von $\mu\varepsilon$ ist. Wenn jedoch, wie im BKW-Modell angenommen, $\delta = 1$ gilt, hängt der zu setzende nominale Zinssatz (abgesehen von einem Spezialfall) und in jedem Fall der kurzfristige Realzins der ersten Periode von dem Erwartungswert des Finanzschocks ($\mu\varepsilon$) ab. Die reaktive Geldpolitik ist bei vorausblickenden Erwartungen nicht mehr identisch mit Benign Neglect. Obwohl die reaktive Geldpolitik also nicht versucht, das Auftreten einer Kreditklemme zu verhindern, muss sie trotzdem schon im Boom stabilisierend eingreifen, da die privaten Marktteilnehmer in ihren Angebots- und Nachfrageplänen berücksichtigen, dass es mit einer gewissen Wahrscheinlichkeit in der nächsten Periode zu einem Crash an den Vermögensmärkten und damit verbunden zu einer Kreditklemme der Unternehmen kommen kann.

Das zweite Resultat des BKW-Modells bezieht sich auf die Optimalitätsbedingung für die proaktive Strategie. Eine proaktive Politikstrategie ist optimal im Vergleich zu einer reaktiven Politik, wenn die folgende Bedingung erfüllt ist:

$$r_{min} < r_{max(BJ)} = \bar{r} + \frac{\varepsilon}{a\Delta}\sqrt{\beta b \mu} \tag{A8}$$

$$r_{min} < r_{max(BKW)} = \bar{r} + \frac{\varepsilon}{a\Delta}\sqrt{\beta b \mu\left[1 + \beta\mu(b/\Delta)^2\right]} \tag{A9}$$

Hier beschreibt $r_{max(BKW)}$ ($r_{max(BJ)}$) die Obergrenze für den Realzins im BKW (bzw. im BJ)-Modell, die die Notenbank gerade noch bereit ist zu realisieren, um

---

[388] Die Subskripte beziehen sich auf die Anfangsbuchstaben von Bordo-Jeanne bzw. von Berger-Kißmer-Wagner. Die Superskripte REA and PRO stehen für „reaktiv" bzw. „proaktiv".

eine Kreditklemme zu verhindern. Ist der Mindestzins, den die Notenbank im Boom realisieren muss um eine spätere Kreditklemme zu verhindern, geringer als dieser kritische Wert, dann ist die Notenbank bereit, die Wahrscheinlichkeit für das Auftreten einer Kreditklemme zu minimieren, also eine proaktive Politik durchzuführen. Da alle Parameter positiv sind, gilt $r_{max(BKW)} > r_{max(BJ)}$. Bei vorausschauendem Verhalten, d. h. $\delta = 1$ und damit Beachtung der Erwartungsterme in (A3) und (A4), kann die proaktive Geldpolitik für vergleichsweise größere Werte des Mindestzinses optimal sein.

Das dritte Resultat des BKW-Modells bezieht sich auf die Wohlfahrtsimplikationen der alternativen Politikstrategien. Für das BJ-Modell erhalten wir:

$$V_{BJ}^{PRO} = \Delta(az)^2 \qquad \text{mit } z = r_{min} - \bar{r} > 0 \qquad (A10)$$

$$V_{BJ}^{REA} = \beta b \mu \varepsilon^2 / \Delta \qquad (A11)$$

Für das BKW-Modell ergibt sich:

$$V_{BKW}^{PRO} = \Delta(az)^2 \qquad (A12)$$

$$V_{BKW}^{REA} = (\beta b \mu \varepsilon^2 / \Delta) + (\beta \mu \varepsilon)^2 (b/\Delta)^3 \qquad (A13)$$

Daher finden Berger, Kißmer und Wagner [2007], dass die Wohlfahrtsverluste der reaktiven Strategie steigen wenn vorwärtsblickende Erwartungen berücksichtigt werden, während die Einführung vorausschauenden Verhaltens die Wohlfahrtsimplikationen einer proaktiven Strategie nicht beeinflusst.

III. Die Rolle der Zentralbank-Kommunikation

In den vergangenen zwei Jahrzehnten hat sich das Augenmerk der Geldtheorie zunehmend auf die Bedeutung von Unsicherheit und Informationsasymmetrien zwischen den Zentralbanken und den Märkten für die Erreichung der langfristigen Zielverpflichtungen der Geldpolitik gerichtet. In diesem Zusammenhang hat die Kommunikation der Zentralbank mit einer breiteren Öffentlichkeit und den Finanzmärkten für die Gestaltung einer effektiven Geldpolitik zunehmend an Bedeutung gewonnen (siehe z. B. Eijffinger und Geraats [2006]; Crowe und Meade [2008] sowie Wagner [2007]). Im Folgenden wollen wir uns mit den Grundlagen dieses Politikinstruments, das als externe Zentralbank-Kommunikation bezeichnet wird, auseinander setzen und dessen Bedeutung für die Stabilisierungspolitik analysieren (vgl. zum Folgenden Knütter und Mohr [2008]).

In der modernen Auffassung optimaler Zentralbankpolitik beeinflussen Zentralbanken die Wirtschaftstätigkeit im Wesentlichen durch das **Management der Erwartungen** der Marktteilnehmer. In dieser Hinsicht wirken Zentralbanken über ihre externe Kommunikation, die sich in erster Linie an die Öffentlichkeit und die Finanzmärkte richtet, auf den Transmissionsmechanismus geldpolitischer Entscheidungen ein (Woodford [2005]). Einem direkten Einfluss der Zentralbanken unterliegen lediglich die kurzfristigen Zinsen. Die wesentlich relevanteren ökonomischen, langfristigen Größen wie die langfristigen Zinssätze oder die Inflationsrate hängen jedoch vor allem vom erwarteten zukünftigen Verlauf der kurzfristigen Zinsen ab. Folglich nehmen die Erwartungen eine tragende Rolle ein. Kurzfristig kann die Zentralbank-Kommunikation die Vorhersagbarkeit der geldpolitischen Entscheidungen erhöhen und dadurch einer Verringerung der Finanzmarktvolatilität sowie eine Glättung ökonomischer Größen (Inflation, Zinsen) erreichen. Langfristig kann die Zentralbank durch die Kommunikation ihrer Ziele und Strategie die Effektivität der Geldpolitik sicherstellen, indem sie einen Anker für die langfristigen Erwartungen und Prognosen der Marktteilnehmer bezüglich der langfristigen Zinsen, der Inflationsrate und der Outputlücke schafft. Neben dem Transmissionsmechanismus lässt sich mittels der Zentralbank-Kommunikation das *Zeitinkonsistenzproblem* der Geldpolitik beeinflussen. In diesem Zusammenhang kann externe Kommunikation zu einer Verringerung des Inflations- und Stabilisierungsbias beitragen, indem die Zentralbank ihr (geplantes) Vorgehen entsprechend kommuniziert.

Im Hinblick auf die Frage, in welchen Zeitintervallen externe Kommunikation stattfinden sollte, wird argumentiert, dass Zentralbanken ihre geldpolitische Strategie in regelmäßigen Abständen kommunizieren sollten – Kommunikation folglich nicht in Form eines "One-time statements" abgehalten wird. Eine solche stetige externe Zentralbank-Kommunikation erscheint notwendig, da die für eine optimale Geldpolitik erforderliche „State-contingent rule"[389] zu komplex erscheint, um nur einmal erklärt zu werden und die geldpolitischen Entscheidungsträger so an ihre Ziele „erinnert" werden können. Darüber hinaus ermöglicht diese Form der Kommunikation den Marktteilnehmern, die Erfüllung der einer Zentralbank übertragenen Ziele zu beurteilen (siehe z. B. Macklem [2005] oder Woodford [2005]).

Im Hinblick auf die Vermittlung der geldpolitischen Strategie im Rahmen der Zentralbank-Kommunikation gibt es in der Literatur einige kontrovers geführte Debatten. So wird unter anderem diskutiert, in welchem Ausmaß Zentralbanken ihre Verlustfunktion kommunizieren sollten[390] und wie offen Zentralbanken sein sollten, wenn Unstimmigkeiten innerhalb des Zentralbank-Komitees vorliegen[391]. Die in der einschlägigen Literatur diskutierten Aspekte, die im Rahmen der Stabilisierungspolitik relevant erscheinen, werden im Folgenden etwas eingehender erörtert.

Kommunikation des zukünftigen Politikpfades

Die Erwartungen der Marktteilnehmer bezüglich der langfristigen Zinsen, der Inflationsrate und der Outputlücke basieren auf deren Einschätzung der zukünftigen Geldpolitik. Dementsprechend sollten Zentralbanken ihren zukünftigen Politikpfad bzw. geldpolitischen Kurs kommunizieren, um die Erwartungen der breiten Öffentlichkeit und der Finanzakteure zu steuern (siehe oben). Zu diesem Zweck

---

[389] Eine zustandsabhängige Regel, d. h. eine aktivistische Regel laut obiger Definition.
[390] Siehe dazu Faust und Svensson [2001], Goodhart [2001], Jensen [2002], Mishkin [2004], Orphanides und Williams [2005], Geraats [2006], Cukierman [2009] und Sánchez [2013].
[391] Siehe hierzu genauer Buiter [1999], Blinder [2006], Jansen und de Haan [2006], Ehrmann und Fratzscher [2007; 2013], Weber [2010] und Horváth et al. [2012].

veröffentlichen viele Zentralbanken ihre Inflations- und Outputlücken-Prognosen – den zukünftigen Politikpfad kommunizieren jedoch nur weniger Zentralbanken. Die Ergebnisse der einschlägigen Wirtschaftsforschung zur Zentralbank-Kommunikation deuten an, dass eine Veröffentlichung des zukünftigen Politikpfads durchaus wünschenswert wäre (siehe z. B. Svensson [2002] und Woodford [2005]). Die wesentlichen Vorteile eines solchen Vorgehens sind darin zu sehen, dass das Verständnis der Marktteilnehmer bezüglich der Geldpolitik gesteigert werden könnte und die Marktteilnehmer dann in der Lage wären, die Qualität der Prognosen (besser) zu beurteilen, was wiederum den Anreiz für die Zentralbank erhöhen würde, qualitativ hochwertige Prognosen zu erstellen.

Allerdings muss bezüglich der Zentralbank-Kommunikation zwischen wünschenswerter und tatsächlich realisierbarer Transparenz unterschieden werden. Bezüglich der realisierbaren Transparenz wird argumentiert, dass eine sehr hohe Transparenz bezüglich der Strategie die Entscheidungsfindung der Finanzakteure verkomplizieren könnte (siehe z. B. Goodhart [2001] und Eusepi und Preston [2010]). Ferner besteht die Gefahr, dass sich diese zu sehr auf die durch die Zentralbank bereitgestellten Informationen (die sogenannte Public Information) verlassen und weniger Wert auf potenziell nützliche private Informationen (und damit Prognoserisiken) legen könnten (Morris und Shin [2002]).[392] Van der Cruijsen et al. [2008] argumentieren, dass zuviel Transparenz die Qualität der privaten Prognosen durch die Fülle von Informationen und daraus resultierender Unsicherheit und Konfusion verschlechtern könnte; sie plädieren für ein wohl dosiertes Maß an Transparenz – ein „intermediate degree of transparency". Darüber hinaus könnten die Finanzakteure die Prognosen fälschlicherweise für „Versprechen" bezüglich des künftigen Politikpfades halten, sodass es bei Abweichungen vom Politikpfad zu Verwerfungen an den Finanzmärkten und einer allgemeinen Gefährdung der Glaubwürdigkeit der Zentralbank kommen könnte (siehe z. B. Rudebusch [2008] und Kohn [2008]). Bezüglich des Einflusses auf die Stabilität des Finanzsektors bemerkt Cukierman [2009], dass sich eine sofortige Veröffentlichung von Informationen über Schocks auf die Finanzstabilität auswirken könnte, da sie zu starken Zinsschwankungen und einem Bank-Run oder ähnlichen unvorhergesehenen Ereignissen im Finanzsystem führen könnte.

Schließlich ist zu bedenken, dass der zukünftige Politikpfad prinzipiell mit viel Unsicherheit verbunden ist (Rudebusch [2008]). So zeigen Studien wie z. B. Gersbach und Hahn [2008], dass die Veröffentlichung des zukünftigen Verlaufs der Zinssätze in ihrem Modell stets zu einer geringeren Wohlfahrt führt, wohingegen Inflationsprognosen für die mittlere Frist eine Wohlfahrt steigernde Wirkung entfalten können. Walsh [2008] findet, dass ein höheres Maß an Transparenz grundsätzlich die Wohlfahrt erhöht, da es eine effektivere Stabilisierungspolitik ermöglicht. Prognosen bezüglich des erwarteten Inflations- und Outputpfads füh-

---

[392] Dies gilt allerdings nur unter sehr engen und zudem unrealistischen Vorraussetzungen; siehe hierzu genauer in Svensson [2006], Morris und Shin [2005], Cornand und Heinemann [2008], Pearlman [2005] sowie Amador und Weill [2010]. Darüber hinaus zeigen empirische Studien, dass die höhere Transparenz vieler Zentralbanken zu einer verstärkten Nutzung von durch Zentralbanken bereitgestellten Informationen und qualitativ besseren Vorhersagen geführt hat (siehe Crowe und Meade [2008] und Crowe [2010]).

ren in seinem Modell jedoch zu einer Reduzierung der Wohlfahrt, da zusätzliche Informationen die Volatilität der Erwartungen der Markteilnehmer erhöhen.

3. Teil
Mikroökonomische Varianten der Stabilitätspolitik

Einführung

Wie im 1. Kapitel gezeigt, herrscht in der „Mainstream"-Makroökonomie ein weitgehender Konsens darüber, dass Makropolitik, insbesondere Geldpolitik, nur dann systematisch effektiv sein kann, wenn Lohn- und Preis**inflexibilitäten** bestehen. Auch treten reale Kosten einer Schockabsorption einschließlich einer Desinflation nur dann auf, wenn Lohn- und Preisinflexibilitäten vorherrschen. Diese Kosten sind umso höher, je größer die Inflexibilitäten sind. Kosten der Schockabsorption begründen nun erst den Ruf nach staatlicher Stabilisierungspolitik. Das Ziel von staatlicher Stabilisierungspolitik wird in der Regel darin gesehen, dass durch sie die Kosten der Schockabsorption verringert werden sollen. Wenn also Lohn- und Preisinflexibilitäten abgebaut werden könnten, würde damit strenggenommen auch der Ruf nach staatlicher Stabilisierungspolitik hinfällig[1].

Nach Ansicht der Vertreter der „Neuen Klassischen Makroökonomie" sind jedoch solche Inflexibilitäten mit rationaler Verhaltensweise von Individuen, die nach Nutzenmaximierung streben, nicht vereinbar[2]. Wenn nämlich die Wirtschaftssubjekte sowohl die deterministische wie auch die autoregressive stochastische Struktur des Wirtschaftssystems kennen[3], so wissen sie auch, dass in der nächsten Zeiteinheit neue Marktbedingungen eintreten können. Ein Verhalten, das Lohn- und Preisbindungen über die nächste Zeiteinheit hinaus festschreibt, ist von daher, relativ zur gegebenen Informationsbasis, nicht optimal. Durch private Vereinbarungen über Kontingenzen in den Lohn- und Preiskontrakten könnten dagegen Lohn- und Preisinflexibilitäten verhindert werden. Lohn- und Preisinflexibilitäten könnten demnach wenn nicht durch irrationales Verhalten dann nur durch staatliche Regulierungen begründet werden.

Der Haupt-Einwand der Keynesianer gegen diese Interpretation der Neuen Klassischen Makroökonomen ist der, dass die besagten privaten Vereinbarungen für eine Flexibilisierung von Löhnen und Preisen nicht realisierbar sind aufgrund von vorhandenen Koordinationsproblemen und Koordinationskosten. (Siehe hierzu näher im 1. Kapitel oben!) Von daher falle dem Staat doch eine Stabilisierungsrolle zu, entweder in Form von aktiver Makropolitik oder in Form der Bereitstellung der institutionellen Voraussetzungen zum Abbau von Lohn- und Preisinflexibilitäten. Was aktive Makropolitik anbelangt, so haben wir die verschiedenen Konzeptionen und die Probleme schon im 2. und 3. Kapitel erläutert.

---

[1] Dies gilt jedoch – bei Abwesenheit eines Auktionators – nur unter der Annahme allgemeiner rationaler Erwartungsbildung. Siehe hierzu in den Kapiteln 1 und 2.
[2] Vgl. Barro [1977]; siehe auch Lucas [1996].
[3] Dies wird unterstellt im Modell von Fischer [1977a], gegen das sich die Argumentation von Barro [1977] zuerst direkt gewandt hatte.

In den folgenden beiden Kapiteln sollen die Erfolgsmöglichkeiten sowie die Kosten **preispolitischer Institutionen**, die Lohn- und Preisflexibilität herstellen könnten, näher untersucht werden. Diese Institutionenbildungen sind nicht makropolitischer Art, d. h. sie greifen direkt in die einzelwirtschaftliche Preisbildung ein. Es gibt daneben auch Institutionenbildungen makropolitischer Art, so z. B. die im 3. Kapitel beschriebenen Regelpolitiken. Letztere setzen lediglich makroökonomische (gesamtwirtschaftliche) Rahmenbedingungen, gekoppelt unter Umständen mit einer Steuerungsmechanik (wie bei den Feedback-Regelpolitiken der Fall). Dabei ist zu beachten: Die im Folgenden zu untersuchenden Institutionen werden hier als mögliche preispolitische **Ergänzungen** zu einer an Preisniveaustabilität orientierten Makropolitik verstanden, und nicht als ein Ersatz dafür.

Was die angesprochenen preispolitischen Institutionen anbelangt, so wäre hier insbesondere an eine **Indexierung** von Löhnen und Preisen zu denken. Man kann dabei (siehe unten) zwischen einer Makro-Indexierung und einer Mikro-Indexierung unterscheiden. In Kapitel 4 werden die Wirkungsmechanismen und die Kosten bzw. Realisierungsschwierigkeiten einzelner Lohnindexierungsformen näher analysiert.

Eine andere preispolitische Alternative, die im 5. Kapitel untersucht wird, ist **Einkommenspolitik**. Einkommenspolitik drängt sich insbesondere dann auf, wenn effiziente Indexierungsformen nicht verwirklicht (also Lohn- und Preisinflexibilitäten so nicht abgebaut) werden können und zeitkonsistente Regelpolitiken als nicht wünschenswert oder als nicht hinreichend effizient oder institutionalisierbar angesehen werden. Beides ist in der politischen Praxis bislang der Fall gewesen. Zudem kann man dann auf der Grundlage der herrschenden Funktionsbedingungen des sozio-kulturellen Systems einen latenten **realen Inflationsbias** ausmachen. Wenn man einen solchen Inflationsbias allein durch Makropolitik bekämpft, läuft man Gefahr, dass man eine im Durchschnitt andauernde unfreiwillige Unterbeschäftigung, sozusagen als Absicherungskosten, in Kauf nehmen muss. Beides wird im 1. Abschnitt des 5. Kapitels abgeleitet. In Anbetracht dessen ist es wiederum erwägenswert, mikropolitisch-institutionelle Ergänzungen einzuführen. Für die Bekämpfung eines Inflationsbias bietet sich – neben Indexierung – vor allem Einkommenspolitik an. Einkommenspolitik wird schon seit langer Zeit diskutiert und ist in verschiedenen Varianten praktiziert worden. Von daher werden die Wirksamkeit sowie die Kosten von Einkommenspolitik im 2. Abschnitt des 5. Kapitels einer eingehenden Betrachtung unterzogen.

4. Kapitel:
Lohnindexierung

Überblick

Unter **Indexierung** wird allgemein die Koppelung der Wachstumsrate bestimmter nominaler Größen an einen Index verstanden. Während man Indexierung in der Literatur häufig als eine spezifische Form von Einkommenspolitik betrachtet, wird sie hier als eigenständige Institution untersucht. Die bekannteste und stabilitätspolitisch[4] bedeutendste Indexierungsform ist eine **Lohnindexierung**. Neben einer Lohnindexierung spielen Indexierungen im Kapitalverkehr sowie im Steuerwesen eine wichtige Rolle. Gerade eine Indexierung im Steuersystem kann als ein wirkungsvolles Instrument gegen ungewollte Progressionseffekte und gegen eine unbeabsichtigte Substanzbesteuerung der Unternehmen angesehen werden[5]. Letztere Indexierungsformen sind insbesondere bedeutsam im Zusammenhang mit Wachstumspolitik. Im Folgenden werde ich mich jedoch, entsprechend der Schwerpunktsetzung in diesem Buch, auf die Untersuchung von Lohnindexierung beschränken.

Lohnindexierung ist ein Mechanismus, der eingerichtet wird, um Geldlöhne an Informationen anzupassen, die zu dem Zeitpunkt, an dem über Lohnverträge verhandelt wird, noch nicht vorhanden sind. Eine „vollkommene" Indexierung, die in der Lage wäre, Lohn- und Preisinflexibilitäten vollständig zu beseitigen und die Kosten der Schockabsorption vollkommen abzubauen, würde voraussetzen, dass der Bereich der Kontingenzen in den Lohn- und Preiskontrakten außerordentlich groß ist. Löhne und Preise müssten an alle nur denkbaren Indikatoren gebunden werden, die bzw. deren Dynamik die Gleichgewichtslöhne oder die Gleichgewichtspreise verändern können. Eine solche vollkommen kontingente Regel würde folglich sehr kompliziert sein und müsste schon am Problem der Informationssammlung und ihrer Kosten scheitern[6]. Außerdem beinhalten solche komplizierten Regeln fast immer ein Element von „moralischem Risiko"[7]. Von daher beschränke ich mich hier auf einfachere, handhabbare Indexierungsregeln, die auch Gegenstand neuerer makroökonomischer Diskussionen sind. Die Fragestellung dabei ist, ob durch eine Institutionalisierung solcher Indexierungsformen die Output- und Preisniveaueffekte von Schocks reduziert werden können.

Im Rahmen der **Makro-Indexierung** werde ich zwei Varianten der Lohnindexierung näher untersuchen, nämlich die Indexierung des Geldlohns am Preisniveau und die Indexierung des Geldlohns am nominellen Sozialprodukt. Die erstere Variante, die sogenannte Preisniveau-Indexierung, ist die bekannteste und am

---

[4] Neben der stabilitätspolitischen Zielsetzung gibt es natürlich auch andere Ziele. So wird eine Indexierung häufig auch mit der Zielsetzung angewandt, ungünstige oder als „ungerecht" angesehene Einkommensumverteilungseffekte der Inflation zu neutralisieren.

[5] Die Probleme einer „Scheingewinnbesteuerung" bei Inflation wurden schon in Abschnitt A.II.1. im 1. Kapitel kurz erwähnt. Siehe hierzu ausführlicher Sinn [1987]. In das amerikanische Steuerwesen ist Anfang der 80er Jahre unter Präsident Reagan eine Indexierung eingeführt worden. Als Überblick über solche Indexierungsvarianten in Theorie und Praxis siehe z. B. Pichler, Verhonig und Hentschel [1979] und Lefort und Schmidt-Hebbel [2002].

[6] Vgl. hierzu Blanchard [1979].

[7] Vgl. hierzu Karni [1983], Cukierman [1980] und Jadresic [1998].

häufigsten angewandte Form der Lohnindexierung. Sie beinhaltet allerdings, wie wir sehen werden, ein Problem. Wohl macht sie den Geldlohn flexibler, gleichzeitig jedoch den Reallohn inflexibel. Wie im 1. Kapitel argumentiert wurde, müssen jedoch beide, Geldlohn **und** Reallohn, flexibel sein, um Marktungleichgewichte vermeiden zu können. Dies vermag durch eine sogenannte nominelle BSP-Indexierung eher erreicht zu werden.

Im Rahmen der **Mikroindexierung** werde ich das Konzept einer Erlös- oder Gewinnbeteiligung auf Firmenebene analysieren. Dieses Konzept wird hier als mikroökonomische Alternative einer nominellen BSP-Indexierung gefasst. Der Vorschlag einer Erlös- oder einer Gewinnbeteiligung auf Firmenebene hatte in den achtziger Jahren große Beachtung in der stabilitätspolitischen Debatte gefunden. Hier werden Konzeption, Auswirkungen und Realisierungsschwierigkeiten herausgearbeitet.

Schließlich wird noch ein weiteres institutionelles Konzept betrachtet, das Makro- und Mikroindexierung zu verbinden sucht, umso einige der Realisierungsschwierigkeiten, die bei einseitig mikro- oder makroökonomischen Indexierungsvarianten auftreten, zu beheben.

Die Anwendung der Lohnindexierung unterscheidet sich stark zwischen Ländern und hat sich auch über die Zeit stark geändert. Während Formen der Gewinnbeteiligung oder Produktivitätsboni in den USA weitverbreitet sind, kommen sie in anderen Industrieländern kaum oder gar nicht vor.[8] Dafür war Preisindexierung in den 1970ern und frühen 1980er Jahren in Belgien, Italien und Skandinavien nichts Ungewöhnliches, während sie in anderen Ländern kaum verbreitet war.[9]

I. Makro-Indexierung

1. Darstellung der grundlegenden Wirkungsmechanismen

1.1 Preisniveau-Indexierung

Die vielleicht bekannteste da in vielen Ländern auch angewandte Form der Lohnindexierung dürfte eine Preisniveauindexierung des Geldlohnes sein. Der Vorschlag einer solchen Preisniveauindexierung erlebte in den siebziger Jahren eine Renaissance in der stabilitätspolitischen Debatte, und zwar im Zusammenhang mit der Inflationsbekämpfung. Der bekannteste Befürworter war damals Milton Friedman. Friedman und andere Befürworter argumentierten, dass die Kosten einer monetären Inflationsbekämpfung durch eine Indexierung des Geldlohnes an das Preisniveau wesentlich verringert werden könnten[10]. Zum einen würde der Desinflationsprozess beschleunigt. Denn die durch eine restriktive Geldmengenversorgung eingeleiteten Preis- bzw. Inflationssenkungen gehen bei einer solchen Preisniveauindexierung automatisch in die Löhne bzw. Lohnzuwächse ein, sodass der Reallohn konstant bleibt. Eine Indexierung der Löhne an das

---

[8] In Japan sind die Gewinn- und Kapitalbeteiligungen der Belegschaft traditionell sehr weit entwickelt.

[9] Vgl. Drudi und Giordano [2000].

[10] Vgl. Friedman [1974]. In die gleiche Richtung gehend argumentierte auch Giersch [1974]. Zu den damaligen Argumentationslinien vgl. z. B. Issing [1973], Braun [1986: Kap. 8] und Erceg et al. [2000].

Preisniveau verhindert somit einen Anstieg der Reallöhne im Zuge des Desinflationsprozesses. Zum anderen wurde behauptet, dass eine Lohnindexierung den realen Output stabilisieren würde. Geldlöhne und Preise passten sich nun schneller an Geldmengenänderungen an. Folglich würden sich reale Störungen der Geldmengenpolitik, die sich in Fluktuationen des realen Output-Niveaus niederschlagen, verringern[11].

Seit Anfang der 1970er Jahre wurden viele Untersuchungen zu den Auswirkungen einer Preisniveau-Indexierung durchgeführt. Während die Befunde der empirischen Forschung „gemischt" sind[12], sind die Ergebnisse aus den theoretischen Untersuchungen etwas einheitlicher[13]. Die Hauptaussage der Literatur zu dieser Thematik lautet, dass eine Indexierung **erstens** den Desinflationsprozess in aller Regel beschleunigt und **zweitens** den Output bei nominellen Schocks stabilisiert. Nichtsdestoweniger wird heute der Stabilisierungserfolg einer Preisniveau-Indexierung weithin mit Skepsis betrachtet. Dies liegt daran, dass die theoretischen Untersuchungen auch gezeigt haben, dass eine Preisniveauindexierung

(a) den gesamtwirtschaftlichen Output tendenziell destabilisiert im Falle von Angebotsschocks,
(b) die Preisreaktionen bei allen Arten von Schocks verstärkt, somit bei expansiven Störungen jeder Art inflationär wirkt und
(c) die notwendigen **Real**lohnanpassungen bei negativen Angebotsschocks wie z. B. bei Importpreiserhöhungen oder bei Produktivitätsrückgängen behindert.

Dies wird in der folgenden Modellanalyse erläutert.

Modellanalyse

zu (a): Ich verwende im Folgenden wieder das einfache log-lineare Standard-Makromodell des dritten Kapitels, um die Effekte (a) und (b) zu veranschaulichen. Die Modellstruktur lautet – jetzt in etwas veränderter Form geschrieben[14]:

(1) $\quad y_t = -\beta(w_t - p_t) + u_t,$
(2) $\quad y_t = \gamma(m_t - p_t) + v_t,$
(3) $\quad w_t = k p_t + (1-k) E_{t-1} p_t.$

Gleichung (1) beschreibt das aggregierte Angebot. Sie gibt implizit die Arbeitsnachfrage in Abhängigkeit vom Reallohnsatz wieder ($\beta > 0$).

Gleichung (2) drückt die aggregierte Nachfrage aus ($\gamma > 0$).

Gleichung (3) beschreibt die Lohngleichung, wobei k den Grad der Indexierung angibt ($0 \leq k \leq 1$). Bei k = 0 herrscht keine Indexierung, bei k = 1 vollkom-

---

[11] Die „frühen" Monetaristen wie Friedman sahen hier – im Gegensatz zu den Vertretern der Neuen Klassischen Makroökonomie – sehr wohl ein Instabilitätsproblem in kurzer bis mittlerer Frist, das es durch institutionelle Innovationen zu bekämpfen galt. Siehe hierzu im 1. Kapitel.
[12] Vgl. z. B. Carmichael, Fahrer und Hawkins [1985] sowie Braun [1986: Kap. 8]. Vgl. auch Amato und Laubach [2003], Cogley und Sbordone [2008] und De Walque et al. [2010].
[13] Vgl. zu einem Überblick Fischer [1986a: Part II] und Blattner u. a. [1993]. Vgl. auch Drudi und Giordano [2000] und Heinemann [2003]. Laséen [2003] untersucht die möglichen Gewinne durch Lohnindexierung in Anwesenheit von verschiedenen Arten von Schocks (auch quantitativ). Siehe auch Christiano et al. [2005] und Ascari und Branzoli [2010].
[14] Für k = 0 (keine Indexierung) ergibt Einsetzen von (3) in (1) die aus dem 2. und 3. Kapitel vertraute Lucas-Angebotsfunktion: $y_t = \beta(p_t - E_{t-1} p_t) + u_t.$

mene Indexierung. Falls keine Indexierung vorliegt, verändert sich der Geldlohn entsprechend der in Periode t−1 gebildeten Preiserwartungen. Das heißt, es wird unterstellt, dass mit den Geldlohnsteigerungen ein Inflationsausgleich angestrebt wird. Dies entsprach annähernd der Realität in vielen Ländern während der vergangenen Jahrzehnte.

Die Lösung dieses Modells lautet bei Zugrundelegung rationaler Erwartungen[15]:

(4) $y_t = \theta_1 (m_t - E_{t-1} m_t) + \theta_2 v_t + \theta_3 u_t$,

wobei

$\theta_1 = \gamma\beta(1-k)/[\gamma+\beta(1-k)]$,
$\theta_2 = \beta(1-k)/[\gamma+\beta(1-k)]$,
$\theta_3 = \gamma/[\gamma+\beta(1-k)]$.

Durch einen jeweiligen Vergleich der Ausdrücke θ_1, θ_2, θ_3 unter alternativen Annahmen über die Größe von k, können wir den Effekt von Indexierung auf die Stabilität des realen Outputs bestimmen. Bei einer vollkommenen Indexierung (k = 1) verschwinden θ_1 und θ_2, d. h. sie werden gleich Null. Bei einer teilweisen Indexierung (0 < k < 1) dagegen verringern sie sich gegenüber dem Nichtindexierungsfall (k = 0). Das heißt, durch (vollkommene) Indexierung können monetäre und Nachfrageschocks (vollkommen) absorbiert werden. Der reale Output wird also im Falle monetärer Schocks ($m_t \neq E_{t-1} m_t$) und nachfragebedingter Schocks ($v_t \neq 0$) durch eine Preisniveauindexierung des Lohnes stabilisiert. Dagegen wird der Output bei Angebotsschocks ($u_t \neq 0$) destabilisiert[16]. Dies sieht man daran, dass der Wert θ_3 bei Indexierung (k = 1) gleich Eins ist, während er bei Nichtindexierung (k = 0) kleiner Eins, genauer gesagt $\gamma/(\gamma+\beta)$, ist.

zu (b): Die Preisreaktionen werden bei allen Arten von Schocks verstärkt. Dies kann man aus der Lösung des obigen Modells nach p_t ersehen. Die Lösung lautet[17]:

(5) $p_t = E_{t-1} m_t + \theta_4 [(m_t - E_{t-1} m_t) + (1/\gamma) v_t - (1/\gamma) u_t]$,

wobei

$\theta_4 = \gamma/[\gamma+\beta(1-k)]$.

---

[15] **Zur Berechnung:** Setze (3) in (1), dann substituiere für p_t und $E_{t-1} p_t$ aus (2) und fasse zusammen. Dabei ist zu berücksichtigen, dass aus der Bildung des Erwartungswerts über (2) folgt, dass bei der unterstellten White-Noise-Eigenschaft der Störvariablen, aufgrund der aus (1) $E_{t-1} y_t = 0$ folgt, $Ep_t = Em_t$ ist.

[16] Indexierung ist folglich bei Angebotsschocks unerwünscht, wenn die Zielsetzung der Politik ist, die „unbedingte" Output-Varianz var(y_t) zu minimieren. Falls das Ziel dagegen ist, die Abweichung von y_t vom stationären Wert $y^* = u_t$ zu minimieren – was z. B. bei langfristig andauernden positiven Angebotsschocks angebracht sein dürfte –, ist vollkommene Indexierung (k = 1) im obigen Modellzusammenhang auch bei Angebotsschocks optimal. (Die Beweisführung sei dem Leser als Übung überlassen.) Der Grund ist, dass sich dann auch der Zielwert y^* mit dem Auftreten von Angebotsschocks ändert. Wenn wir allerdings z. B. unerwartete Technologieschocks (αEu_t) als zusätzliche Bestimmungskomponente in die Lohngleichung (3) oben eingeführt hätten, wäre vollkommene Indexierung in diesem Fall nicht optimal, sondern k < 1.

[17] **Zur Berechnung:** Setze wiederum (3) in (1). Substituiere nun für y_t aus (2) und fasse zusammen.

Aus (5) kann man die (konditionale)[18] Varianz des Preisniveaus berechnen:

(6) $\quad \sigma_p^2 = (\theta_4/\gamma)^2[\sigma_v^2+\sigma_u^2]$,

wobei

$\quad \sigma_x^2$ die Varianz von x bezeichnet (mit x = p,v,u).

Da θ_4/γ mit dem Grad der Indexierung, k, steigt, wird die Varianz des Preisniveaus umso größer je vollkommener die Indexierung ist. Damit ist jedoch gezeigt, dass eine Preisniveauindexierung des Lohnes das Preisniveau destabilisiert.

zu (c): Die alleinige Indexierung des Geldlohns an das Preisniveau führt für die Laufzeit von Lohnkontrakten zu eine Rigidität des Reallohns, die zumindest bei negativen Angebotsschocks unerwünscht ist. Gerade in Zeiten von negativen Angebotsschocks wie in den 1970er Jahren ist eine starke Flexibilität des Reallohns erwünscht. Konkret heißt dies, dass in die Indexierung des Geldlohns keine Preisniveauerhöhungen eingehen dürften, die beispielsweise aufgrund von schlechten Ernten, von Import- und Materialpreissteigerungen oder einer Anhebung der indirekten Steuern entstanden sind[19]. Der negative Effekt einer Rigidität des Reallohns kann anhand von Abbildung 20 veranschaulicht werden.

Die aggregierte Angebotskurve (AA) verschiebt sich aufgrund eines negativen Angebotsschocks nach oben. Das heißt, die Produktion einer gewissen Gütermenge wird teurer. Der Output und mit ihm die Beschäftigung nehmen folglich bei gegebener aggregierter Nachfragekurve (DD) ab, während das Preisniveau steigt. Die Wirtschaft bewegt sich so vom Schnittpunkt S_0 mit (y_0,p_0) zum Schnittpunkt S_1 mit (y_1,p_1). Je schneller der Reallohn auf einen negativen Angebotsschock hin sinkt, umso geringer wird der Output-Rückgang (und mit ihm ein Beschäftigungsrückgang) ausfallen, und umso schneller kann eine schon eingetretene Output- und Beschäftigungsreduktion wieder rückgängig gemacht werden. (Die Angebotskurve verschiebt sich bei einer Reallohnsenkung wieder nach unten, da aufgrund der Reallohnsenkung die realen Produktionskosten zurückgehen.) Folglich verlängert eine Preisniveauindexierung, die den Reallohn konstant hält, die Unterbeschäftigung über das bei Nichtindexierung eintretende Niveau hinaus. Bei Nichtindexierung würde ja der Reallohn zumindest vorübergehend sinken, da dann in Lohnkontrakten die Geldlöhne für eine gewisse Zeit festgelegt sind.

---

[18] Als **konditionale** Varianz wird hier der Ausdruck $E(p_t-E_{t-1}p_t)^2$ bezeichnet. (Der Zusatz „konditional" bezieht sich hier auf die Informationsbasis im Zeitpunkt t−1.) Die unkonditionale Varianz wäre dagegen $E(p_t-Ep_t)^2$ mit E als Operator für den statistischen Mittelwert. $E(p_t-Ep_t)^2$ lässt sich auch schreiben als die Summe $E(p_t-E_{t-1}p_t)^2+(E_{t-1}p_t-Ep_t)^2$, wobei der erste Ausdruck die obige konditionale Varianz angibt. Der zweite Ausdruck wird oft vernachlässigt, da sich über ihn allgemein nur schwer etwas aussagen lässt.

[19] Die meisten Länder, die in den 1970er oder 1980er Jahren eine Lohnindexierung im Zuge ihrer Desinflationspolitiken angewandt haben, wie z. B. Australien, Dänemark, Island, Israel, Italien oder die Niederlande, haben dies in ihren Indexierungsregeln während dieser Zeit in der einen oder anderen Form auch berücksichtigt. Vgl. Carmichael, Fahrer und Hawkins [1985: S. 96].

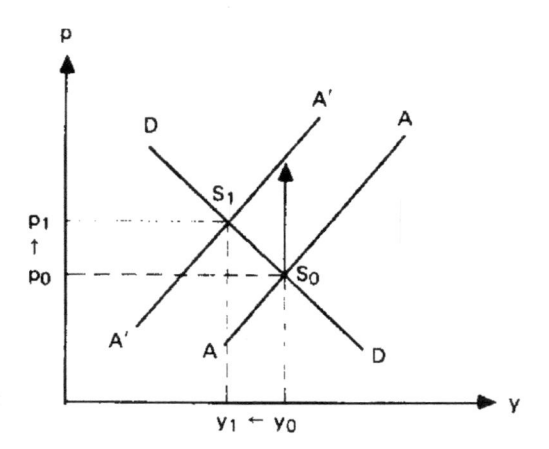

Abbildung 20: (Quelle: Eigene Darstellung).

Nachfragepolitik könnte den Beschäftigungsrückgang in einer solchen Situation auch nur höchstens kurzfristig stoppen. Nachfragepolitik würde, wenn sie erfolgreich wäre (was ja von den Vertretern der Neuen Klassischen Makroökonomie bestritten wird, siehe im 1. und 2. Kapitel), bei Reallohnkonstanz die aggregierte Nachfragekurve (DD) nach oben verschieben mit der Folge eines höheren Preisniveaus. Bei Preisniveauindexierung würde sich jedoch der Geldlohn sofort wieder dem gestiegenen Preisniveau anpassen, sodass sich die Angebotskurve (AA) weiter nach oben verschiebt. Die ursprüngliche Beschäftigung könnte also, wenn überhaupt, durch Nachfragepolitik nur auf Kosten eines ständigen Preisniveauanstiegs aufrechterhalten werden. Bei rationaler Erwartungsbildung würde jedoch Nachfragepolitik hier in der Regel wirkungslos sein.

Diesem grundsätzlichen Manko einer reinen Preisniveauindexierung wurde in den vergangenen Jahren Rechnung getragen in alternativen Indexierungsvorschlägen. Danach soll die Regel der Preisniveauindexierung modifiziert oder erweitert werden[20]. Vor allem eine **Indexierung** des Geldlohns **an das nominelle Bruttosozialprodukt** ist häufiger angepriesen worden als eine Indexierungsvariante, die der Preisniveauindexierung überlegen und zudem leicht verständlich sei[21].

1.2 Nominelle BSP-Indexierung

Für eine nominelle BSP-Indexierung spricht, dass sie negative Angebotsschocks durch automatische Reallohnsenkungen zumindest zum Teil auffangen würde. In unserem obigen Modellrahmen kann man zeigen, dass der Output beim Auftreten von Angebotsschocks unter Umständen gar nicht mehr destabilisiert wird, wenn eine nominelle BSP-Indexierung institutionalisiert ist.

---

[20] Vgl. z. B. Aizenman und Frenkel [1986], Marston und Turnovsky [1985], Jadresic [2002] oder Gertler et al. [2008].
[21] Vgl. z. B. Blinder [1986c] oder Gordon [1986]. Siehe auch Wagner [1989].

Um dies zu zeigen, gehen wir wieder von unserer obigen Modellstruktur aus. Wir brauchen dabei lediglich die Lohngleichung (3) zu verändern. Sie wird bei nomineller BSP-Indexierung zu

(3') $w_t = k(p_t+y_t)+(1-k)E_{t-1}p_t$.

Die Lösung des Modells, das nun aus den Gleichungen (1), (2) und (3') besteht, ist bei rationalen Erwartungen:

(7) $y_t = \lambda_1(m_t-E_{t-1}m_t)+\lambda_2 v_t+\lambda_3 u_t$,

wobei

$\lambda_1 = \gamma\beta(1-k)/[\gamma+\gamma\beta k+\beta(1-k)]$,
$\lambda_2 = \beta(1-k)/[\gamma+\gamma\beta k+\beta(1-k)]$,
$\lambda_3 = \gamma/[\gamma+\gamma\beta k+\beta(1-k)]$.

Wiederum werden alle monetären und Nachfrageschocks bei Indexierung (k = 1) absorbiert; d. h. $\lambda_1 = \lambda_2 = 0$. Eine nominelle BSP-Indexierung stabilisiert also den realen Output bei monetären Schocks und bei Nachfrageschocks. Dagegen sind die Stabilitätseigenschaften einer nominellen BSP-Indexierung bei einem Angebotsschocks abhängig von der Parameterkonstellation von β und γ. Bei vollkommener Indexierung (k = 1) ist der Parameter $\lambda_3 = 1/(1+\beta)$. Bei Nichtindexierung (k = 0) dagegen ist $\lambda_3 = \gamma/(\gamma+\beta)$. Bei einem Vergleich der jeweiligen Varianzen σ_y^2 sieht man[22], dass eine nominelle BSP-Indexierung des Geldlohns den realen Output nur dann destabilisiert, wenn $\gamma < 1$. Für $\gamma > 1$ dagegen stabilisiert eine Indexierung des Geldlohns an das nominelle BSP den realen Output sogar im Falle von Angebotsschocks und somit bei allen Arten von Schocks. Auf jeden Fall gilt jedoch auch im Falle von $\gamma < 1$, dass eine nominelle BSP-Indexierung den Output bei Angebotsschocks weniger destabilisiert als eine Preisniveauindexierung. Dies sieht man, wenn man die Parameter θ_3 und λ_3 für k = 1 vergleicht. Bei Preisniveauindexierung ist $\theta_3 = 1$, während bei nomineller BSP-Indexierung $\lambda_3 = 1/(1+\beta) < 1$ ist.

Allerdings gilt auch bei einer BSP-Lohnindexierung, dass durch die Indexierung das Preisniveau destabilisiert wird. Dies sieht man, wenn man das obige Modell nach p_t löst und daraus die (konditionale) Varianz des Preisniveaus bildet. Man erhält hier:

(8) $p_t = E_{t-1}m_t+\lambda_4[(m_t-E_{t-1}m_t)+(1/\gamma)v_t-(1/\gamma)u_t]$,

und

(9) $\sigma_p^2 = (\lambda_4/\gamma)^2[\sigma_v^2+\sigma_u^2]$,

wobei

$\lambda_4 = (\gamma+\gamma\beta k)/[\gamma+\gamma\beta k+\beta(1-k)]$.

---

[22] Man vergleicht hierzu die jeweiligen Werte von $(\lambda_3)^2$ für die Fälle k = 1 und k = 0. Wenn der Wert von $(\lambda_3)^2$ für k = 1 größer ist als der entsprechende Wert bei k = 0, so wirkt die nominelle BSP-Indexierung destabilisierend. Im umgekehrten Fall wirkt sie stabilisierend.

Da λ_4/γ mit dem Grad der Indexierung, k, steigt, wird die Varianz des Preisniveaus umso größer je vollkommener die Indexierung ist. Damit ist gezeigt, dass auch eine nominelle BSP-Indexierung des Geldlohnes das Preisniveau destabilisiert.

2. Diskussion der Wirkungsmechanismen

Das Hauptargument **für** eine Indexierung der Geldlöhne besteht darin, dass so die Planungssicherheit der Unternehmer erhöht würde. Denn die Unternehmer könnten dann in realen Größen kalkulieren[23]. So blieben beispielsweise bei einer Preisniveau-Indexierung die Reallöhne konstant[24]. Hiermit würden die Angebotsänderungen, die sonst aufgrund von überraschenden Preisniveauänderungen auftreten, absorbiert[25]. Dies sieht man, wenn man die Lucas-Angebotsfunktion betrachtet, die sich ergibt, wenn man Gleichung (3) bzw. (3') in Gleichung (1) einsetzt. Sie lautet im Falle einer Preisniveau-Indexierung:

(10) $\quad y_t = \phi(p_t - E_{t-1}p_t) + u_t$, wobei $\phi = (1-k)\beta$,

und im Falle einer nominellen BSP-Indexierung:

(10') $\quad y_t = \phi'(p_t - E_{t-1}p_t) + u_t$, wobei $\phi' = (1-k)\beta/(1+k\beta)$.

Bei k = 1 wird der erste Ausdruck auf der rechten Seite der Gleichung (10) und (10') gleich Null. Monetäre Schocks und Nachfrageschocks, die beide die Differenz $(p_t - E_{t-1}p_t)$ ändern, führen folglich zu keinen Angebotsänderungen bei Indexierung, während sie bei Abwesenheit von Indexierung Angebotsänderungen auslösen und damit den Output destabilisieren. Indexierung führt, anders gesagt, zu einem steileren Verlauf der Angebotskurve. Bei k = 1 verläuft die Angebotskurve oder kurzfristige Phillipskurve senkrecht. Es gibt dann also auch in der kurzen Frist keinen Trade-off mehr zwischen Inflation und Output.

Das Hauptargument **gegen** eine Indexierung der Geldlöhne ist, dass sie – zumindest in der Praxis – **inflationär** wirke. Wie wir oben gesehen haben, bewirken sowohl Preisniveauindexierung als auch eine nominelle BSP-Indexierung bei allen Arten von Schocks eine größere Preisreaktion. Dies ist in Perioden restriktiver, auf Desinflationierung zielender Geldpolitik wünschenswert. Die Aufteilung einer Änderung des nominellen Volkseinkommens auf Preisniveauänderung und Output-Änderung verschiebt sich zugunsten der Preisniveauänderung. Die Inflation

---

[23] Das gilt bei einer Lohnindexierung natürlich nur für die Lohnkosten. Erst eine generelle Indexierung, bezogen auch auf den Kapitalverkehr und die Besteuerung, könnte wirklich eine allgemeine Kalkulation in realen Größen ermöglichen.

[24] Man muss bei der Argumentation bezüglich einer Erhöhung der Planungssicherheit allerdings vorsichtig sein. Sie trifft allgemein nur zu, wenn wir einen repräsentativen Unternehmer in einem Modell der vollkommenen Konkurrenz unterstellen. Bei heterogenen Unternehmern, in einer Marktform der unvollkommenen Konkurrenz, muss berücksichtigt werden, dass die Unternehmer ihre Planungssicherheit nur dann erhöhen können, wenn die Geldlöhne ihrer Arbeitnehmer an **ihrem eigenen** (gewichteten) Output-Preis indexiert werden. Ansonsten unterliegen die Unternehmer immer noch dem Risiko relativer Preisschwankungen. Dies wird in den nächsten Abschnitten noch näher erläutert werden.

[25] Dies gilt jedoch nicht für überraschende Geldlohnänderungen. Ein solcher „Lohnschock" lässt sich durch Hinzufügen eines Störfaktors z_t in der Lohngleichung (3) abbilden. Die Output-Effekte eines solchen Lohnschocks werden durch Indexierung (k > 0) größer. Dies sieht man, wenn man die Störvariable z_t bei der Berechnung der Lösung in (4) miteinbezieht.

wird damit schneller abgebaut; die Output-Einbußen einer Desinflationspolitik sind folglich geringer. Doch was in der einen Richtung gilt, gilt auch in der anderen. Bei einer expansiven Geldpolitik werden die dann erwünschten Mengeneffekte geringer und die unerwünschten Preisniveaueffekte höher ausfallen. Manche Vertreter monetaristischer Wirtschaftspolitik, die eine Indexierung befürworten (wie Friedman), werden dies allerdings nicht als ein grundsätzliches Problem ansehen. Denn wenn Geld- und Fiskalpolitik „diszipliniert" betrieben werden, d. h. wenn vor allem die Zentralbank keine aktivistische, expansive Geldpolitik betreibt, wird auch kein inflationärer Schub eintreten[26]. Und was die verstärkten Preisreaktionen bei Nachfrageschocks anbelangt, so werden diese eher als positive Nebenerscheinung angesehen werden müssen. Umso schneller werden nämlich dann Übernachfragesituationen abgebaut.

Doch ist eine solche Sichtweise nicht unproblematisch, wenn man berücksichtigt, dass die Einführung von Indexierung das Politikverhalten so verändern kann, dass die Politik „inflationärer" wird. Die moderne Argumentation in diesem Zusammenhang basiert auf der im 2. Kapitel beschriebenen **Zeitinkonsistenz**theorie. Hier sind allerdings zwei entgegenlaufende Effekte zu unterscheiden. Der inflations**steigernde** Effekt lässt sich wie folgt begründen. Solange ein kurzfristiger trade-off zwischen Inflation und Arbeitslosigkeit besteht, und die Kosten von Inflation zeitlich später auftreten als die von Arbeitslosigkeit, wird eine Regierung den Anreiz haben, eine gewisse Inflation in Kauf zu nehmen. Ob sie dies wirklich macht, hängt von ihrer Zeitpräferenz und von den jeweiligen Erwartungen der Regierung bezüglich der Kosten von Inflation und Arbeitslosigkeit und der Zeitstruktur des Eintritts der Kosten ab. Nun werden jedoch die Kosten einer Inflation geringer, wenn die Geldlöhne indexiert werden, da die Kosten der Inflationsbekämpfung geringer werden. Folglich ist der Anreiz für eine Regierung gegeben, eine stärker inflationäre Politik als ohne Indexierung zu betreiben[27]. Dagegen steht die inflations**senkende** Wirkung, die der durch die Lohnindexierung bewirkte steilere Verlauf der Phillipskurve, der oben erläutert wurde, mit sich bringt. In der Zeitinkonsistenztheorie, speziell im Barro-Gordon-Modell, verringert eine steilere Phillipskurve die Versuchung zu inflationieren. Dies begründet eine die Gleichgewichtsinflationsrate senkende Wirkung von Lohnindexierung.

Selbst wenn Lohnindexierung insgesamt inflationssteigernd wirken sollte, ist damit noch nicht geklärt, ob die Netto-Wohlfahrtseffekte einer Lohnindexierung positiv oder negativ sind[28]. Dies hängt letztlich davon ab, wie hoch die „eigentlichen" Kosten von Inflation (Allokationseffekte und Verteilungseffekte) sind. Darüber gehen jedoch die Meinungen der Fachleute weit auseinander. Wenn diese Kosten nicht allzu gravierend sind[29], so kann eine Indexierung auch dann wohl-

---

[26] Aus der Gleichung (5) oben kann man auch ersehen, dass der Grad der Indexierung auf das **durchschnittliche** Preisniveau oder die **durchschnittliche** Inflationsrate keinen Einfluss hat, solange die Störvariablen White-Noise-Eigenschaft besitzen.

[27] Diese Inflationierungstendenz könnte allerdings etwas verringert werden, wenn die staatlichen Schuldverschreibungen bzw. die damit verbundenen Zinszahlungen auch indexiert würden. Vgl. hierzu Fischer [1986: Part III] sowie Barro in Dornbusch und Simonsen [Hrsg., 1983: S. 31].

[28] Zu einer moderneren Analyse der Netto-Wohlfahrtseffekte einer Lohnindexierung siehe z. B. Ball und Cecchetti [1991] und Amato und Laubach [2003].

[29] Vgl. zu einer Untersuchung dieser Kosten z. B. Fischer [1981] oder Driffill, Mizon und Ulph [1990]. Vgl. auch Wagner [1983], Craig und Rocheteau [2008] und Ireland [2009].

fahrtsfördernd sein, wenn sie das durchschnittliche Inflationsniveau etwas erhöht. Dies setzt allerdings voraus, dass sie bezüglich der Output-Entwicklung **stabilisierend** wirkt. Dies scheint aufgrund der obigen Analyse für monetäre Schocks und Nachfrageschocks zuzutreffen. Jedoch gilt dies nicht allgemein für Angebotsschocks. Während eine nominelle BSP-Indexierung unter Umständen stabilisierend wirkt (siehe oben), wirkt eine Preisniveau-Indexierung bei Angebotsschocks immer destabilisierend. Von daher wäre es angebracht, wenn (Preisniveau-)Indexierung immer nur zur Bekämpfung von monetären Schocks und von Nachfrageschocks eingesetzt würde. Dies dürfte jedoch in der Praxis schwer realisierbar sein. Denn die wahren Schockursachen sind nicht immer früh genug erkennbar[30].

Es gibt jedoch noch **weitere Unsicherheiten** im Zusammenhang mit der Einführung einer Makro-Indexierung der Geldlöhne. So ist **zum einen** gar nicht sichergestellt, dass eine Indexierung die Desinflation erleichtert. Wenn der Geldlohn aus praktischen Gründen z. B. nicht an das laufende Preisniveau, sondern nur verzögert an ein früheres Preisniveau angepasst wird, wie dies in vielen Ländern mit hoher Inflation der Fall ist, kann eine Indexierung den Desinflationsprozess sogar noch erschweren und den Output-Verlust erhöhen[31]. Darauf hat insbesondere Simonsen [1983] auf dem Hintergrund der Erfahrungen in Brasilien bei der Inflationsbekämpfung hingewiesen[32]. Auch Fischer kam in einer Modelluntersuchung [1988b] zu dem Ergebnis, dass eine Ex-post-Indexierung höhere langfristige Output-Kosten produzieren würde als ein nicht indexiertes System, wenn der Basislohn nicht bei der Neueröffnung der Lohnkontrakte nach unten korrigiert würde. Der Hintergrund hierfür ist der, dass bei einer Ex-post-Indexierung ja zu Beginn einer Desinflation erst einmal der Reallohn steigt, da das Preisniveau sinkt, während die Geldlöhne noch unverändert bleiben. Während der Desinflation bleibt dann der Reallohn bei einer (Preisniveau-)Indexierung auf diesem erhöhten Niveau, wenn nicht der Basislohn in Lohnverhandlungen nach unten korrigiert wird. **Zum anderen** zielt die Indexierung der Geldlöhne nur auf den Abbau von Lohnrigiditäten. Wenn aber, wie im 1. Kapitel diskutiert, auch Preisrigiditäten vorliegen[33], so ist der Erfolg einer Indexierung bezüglich einer schnelleren Desinflationierung nicht sichergestellt[34].

---

[30]   Siehe hierzu z. B. Meltzer [1987]. Es gibt in der Literatur auch Versuche, den „optimalen Grad der Indexierung" zu bestimmen. Vgl. z. B. Gray [1976], Hofmann et al. [2012], Carrillo et al. [2013] oder (für eine offene Wirtschaft) Flood und Marion [1982]. Dies setzt jedoch voraus, dass man zumindest verlässliche Informationen über die Eintrittswahrscheinlichkeit einzelner Schocks hat. Letzteres erscheint allerdings sehr zweifelhaft.

[31]   Das Lag-Problem gilt in noch stärkerem Maße für Indexierungsregeln, die auch den realen Output beinhalten. Hier sind die Verzögerungen in der Datenerhebung noch größer. Auch sind die Daten häufig sehr ungenau und müssen mehrmals „revidiert" werden. Dabei ergibt sich die Frage, ob die Indexierung solchen Korrekturen folgen sollte oder nicht. Außerdem stellt sich ein weiteres praktisches Problem, wenn die Datenerhebungsverzögerungen bei den verschiedenen Variablen eines Index unterschiedlich lang sind, wie es bei der nominellen BSP-Indexregel beispielsweise der Fall ist.

[32]   Vgl. auch Fischer [1977b] und Jadresic [1998]. Verzögerte Anpassungen sprechen für Modelle, die explizit solche Lohnkontrakte beinhalten, die über mehrere Perioden laufen, d. h. für sogenannte Fischer-Taylor-Modelle.

[33]   Solche Preisrigiditäten sind im obigen Modellzusammenhang **nicht** berücksichtigt.

[34]   Vgl. auch Carsberg, Morgan und Parkin [Hrsg., 1975: S. 156 f.].

3. Schwierigkeiten der Realisierung

Es wird in der Literatur oft die Frage gestellt, warum Indexierungen nicht häufiger angewandt werden[35], wenn sie doch anscheinend die Kalkulation der Unternehmer stabilisieren und auch gesamtwirtschaftlich positive Stabilisierungseffekte aufweisen[36]. Wenn es nicht an gesetzlichen Hindernissen liegt[37], so kann der Grund dafür anscheinend nur der sein, dass der (subjektive) Nutzen, den einzelne Wirtschaftssubjekte aus einer Indexierung ziehen, zu gering ist, um die Kosten der Indexierung (Kalkulations-, Koordinations- und Überwachungskosten) aufwiegen zu können[38]. Dies gilt insbesondere in einer überwiegend nicht indexierten Wirtschaft, denn obwohl der Anreiz für die einzelnen Wirtschaftssubjekte, dort Indexierungen einzuführen, größer als in einer schon weitgehend indexierten Wirtschaft sein mag, sind dort auch die anfänglichen Koordinationskosten besonders groß. Dagegen mag der Anreiz für die einzelnen Wirtschaftssubjekte, Indexierungen zu benutzen, größer sein in einer schon weitgehend indexierten Wirtschaft[39]. Das Grundproblem wäre dann das gleiche wie bei der Verwendung von Außengeld. Auch dort gibt es positive Externalitäten, die aufgrund von asymmetrischen Informationen sowie von Transaktionskosten nicht privat internalisierbar sind[40]. Folglich springt der Staat ein und organisiert die Produktion von Außengeld. Genauso könnte man sich vorstellen, dass der Staat den Ausbau eines übergreifenden Indexierungssystems fördert. Wie eine Betrachtung der Geschichte von Indexierungen zeigt, ist auch Indexierung in vielen Ländern (z. B. in den südamerikanischen Ländern[41]) zuerst **staatlich verordnet** worden und keineswegs immer freiwillig-spontan entstanden. In diesem Zusammenhang ist allerdings folgendes anzumerken: Wenn eine staatliche Verordnung vonnöten sein sollte, dann ist dies in der Regel nur dann der Fall, wenn die Inflation noch nicht sehr hoch ist. Denn mit der Höhe der Inflation steigt der Nutzen einer Indexierung für die Wirtschaftssubjekte[42]. Bei Inflation erleiden die Arbeitnehmer Einkommensverluste in realen Größen, da ohne Indexierung ein Lohn-Lag besteht. Lohnverträge werden ja in der

---

35 Vgl. z. B. Shiller [1997]. Indexierungen sind bislang vorwiegend in Ländern mit zentralisierten Systemen der Lohnbestimmung, wie Australien, Israel, Belgien, Dänemark u. a., angewandt worden. Eine Zusammenstellung der Anwendung von Indexierungsregeln in verschiedenen Ländern während der Nachkriegszeit ist z. B. in Braun [1976], in Giersch [1974: Anhang] und in Pichler, Verhonig und Hentschel [1979: Vierter Teil] zu finden. Vgl. auch Laséen [2003] und Du Caju et al. [2008].

36 Das gilt, wie wir gesehen haben, für eine nominelle BSP-Indexierung der Geldlöhne noch allgemeiner als für eine Preisniveau-Indexierung. Auf jeden Fall sind die positiven Effekte einer Indexierung nicht nur auf eine Inflationsbekämpfung bezogen, sondern generell auf eine schnellere Schockverarbeitung in der Wirtschaft.

37 Gesetzliche „Behinderungen" findet man häufiger, Verbote jedoch selten. In der Bundesrepublik Deutschland war allerdings der Gebrauch von Indexklauseln im Geld- und Kapitalverkehr nach §3 des Währungsgesetzes von 1948 wie auch in der Nachfolgeregelung des Euro-Einführungsgesetzes genehmigungspflichtig. Kritisch dazu siehe Giersch [1974].

38 Diese Begründung entspricht im Wesentlichen der für Preisrigiditäten im 1. Kapitel.

39 Man spricht hier auch vom Vorliegen „dualer Gleichgewichte". Vgl. Fischer [1986a: S. 154].

40 Siehe in Abschnitt A.II im 1. Kapitel. Vgl. auch Waller und van Hoose [1992].

41 Siehe in Dornbusch und Simonsen [Hrsg., 1983], dort z. B. Cavallo (S. 318 ff.), in Williamson [Hrsg., 1985] und Marinakis [1997]. Siehe auch Lefort und Schmidt-Hebbel [2002].

42 Dies impliziert paradoxerweise, dass vom Staat eingeführte Indexierungen gerade dann selbsterhaltend sein können, wenn sie inflationär sind. Denn mit zunehmender Inflation steigt auch der Nutzen der Indexierung für die Wirtschaftssubjekte, sodass Indexierung ab einem gewissen Punkt dann auch ohne staatlichen Zwang aufrechterhalten werden kann.

Realität in diskreten Zeitabständen abgeschlossen. Folglich werden die Arbeitnehmer mit zunehmender Inflation auf eine Preisniveauindexierung des Geldlohns drängen. Auch die Unternehmen können sich in einer solchen Situation aus einer Preisniveauindexierung einen Vorteil erwarten. Denn die Opportunitätskosten zu einer Preisniveauindexierung spiegeln sich wider in dauernden Neuverhandlungen über „Inflationsnachschläge" und damit verbunden in gehäuften Streikaktionen und einer Zunahme von Ausfallzeiten (wie dies ansatzweise in der Bundesrepublik Ende der sechziger Jahre der Fall gewesen ist). Dies ist auch die Grundlage dafür, dass es in allen bekannten bisherigen **Hyperinflationen**[43] zu Preisniveauindexierungen gekommen ist[44]. Dagegen ist Lohnindexierung in Epochen geringer Inflation bislang eher selten anzutreffen gewesen[45]. Die empirische Beobachtung, dass Länder mit Lohnindexierung die höchsten Inflationsraten haben, kann daher nicht kausal so interpretiert werden, dass Indexierung diese Inflation **verursacht**. Sie besagt lediglich, dass bei hoher Inflation Indexierung – aus politisch-sozialen Gründen der Verteilung(-sgerechtigkeit)[46] – unvermeidlich wird.

II. Mikro-Indexierung: Erlös- oder Gewinnbeteiligung auf Firmenbasis

Neben den eben erläuterten Realisierungsschwierigkeiten von Makro-Indexierungen auf privater Ebene tritt noch das folgende Problem. Risikoscheue Unternehmer werden nicht so sehr an einer Makro-Indexierung interessiert sein, sondern eher an einer firmenbezogenen Indexierungsform. Eine solche Mikro-Indexierung sollte ihrem Interesse nach darauf ausgerichtet sein, dass die Faktorzahlungen einer Firma an einen Index gebunden werden, der den Bewegungen ihrer eigenen Output-Preise bzw. ihrer eigenen Erlöse folgt. Dies würde eine größere Planungssicherheit der Unternehmer bezüglich ihrer realen Faktorkosten bedeuten. Die Bindung an einen breiteren Index erhöht dagegen ihr Risiko, oder anders gesagt: ihre Unsicherheit über die Entwicklung der **realen** Faktorkosten. Doch auch Teile der Arbeitnehmerschaft würden Nachteile haben von einer Einführung einer Makro-Indexierung wie beispielsweise einer nominellen BSP-Indexierung. Dies trifft besonders für jene Firmen mit einer relativ stabilen, hohen Nachfrage zu. Sie würden einen Lohnrückgang hinnehmen müssen, wenn aufgrund des Nachfragerückgangs in **anderen** Firmen oder Branchen das nominelle BSP sinkt. Dies wird ihren Widerstand gegen einen solchen Indexierungsplan hervorrufen.

Für beide Gruppen bietet sich eher eine Mikro-Indexierung an, so zum Beispiel eine Erlös- oder Gewinnbeteiligung der Arbeitnehmer auf Firmenbasis. Diese Variante der Mikro-Indexierung wird im Folgenden näher analysiert. Es

---

[43] Zu Hyperinflationen vgl. z. B. Cagan [1956] und Bresciani-Turroni [1937]. Als Hyperinflation bezeichnet man eine extrem hohe Inflation. Cagan beispielsweise definierte Hyperinflation als eine Situation, in der die monatliche Zuwachsrate des Preisniveaus 50% überschreitet.

[44] In einer Hyperinflation bleibt den Arbeitnehmern gar nichts anderes übrig, als auf eine Preisniveauindexierung ihrer Löhne zu drängen. Denn der Realwert bei einem Lohnlag ist dann nicht mehr tragbar. Zu den Erfahrungen mit Indexierung in vor allem südamerikanischen Ländern mit hyperinflationsähnlichen Entwicklungen siehe in Dornbusch und Simonsen [Hrsg., 1983: Part II] und Williamson [Hrsg., 1985].

[45] Vgl. auch Ehrenberg, Danziger und San [1983], Jadresic [2002] und Aizenman [2008].

[46] Man könnte hier auch sagen: aufgrund der Stabilitätsbedingungen des politischen und des soziokulturellen Systems.

4. Kapitel: Lohnindexierung

wird zuerst dargelegt, dass eine reine Erlösbeteiligung auf Firmenbasis anscheinend die gleichen Stabilitätseigenschaften aufweist wie eine nominelle BSP-Indexierung. Danach wird untersucht, inwieweit Befürworter einer Beteiligungsökonomie wie Martin Weitzman Recht haben, wenn sie behaupten, dass eine Beteiligungsökonomie weitergehende Stabilitätseigenschaften aufweisen würde, nämlich quasi-automatisch Vollbeschäftigung bei Preisniveaustabilität garantierte. Schließlich beschäftigen wir uns damit, welche Probleme bei der Organisierung einer firmenspezifischen Erlösbeteiligung auf privater Ebene auftreten und ob bzw. wie der Staat diese Schwierigkeiten unter Umständen überwinden kann[47].

1. Erlösbeteiligung als Ersatz für eine nominelle BSP-Indexierung

Als Erlös- oder Gewinnbeteiligung auf Firmenbasis wird hier eine Entlohnungsform bezeichnet, bei der der durchschnittliche Arbeitslohn zumindest zum Teil ein Beteiligungslohn ist. Dies heißt, in einer Beteiligungsökonomie besteht das Arbeitsentgelt (W) eines Arbeitnehmers in einer Firma aus einem festen Basislohn (B) und einem festgelegten Anteil (λ) am Erlös (X) bzw. am Gewinn (G) der Firma pro Arbeitnehmer (N). Anders gesagt, die Lohnzahlungen (WN) der Firmen sind – abgesehen von den Basislohnzahlungen – ein fester Anteil ihres Erlöses oder Gewinns[48].

Erlösbeteiligung:

(1) $W = B + \lambda X/N$,   bzw. $WN = BN + \lambda X$, wobei
          $X = PY(N,K)$ mit Y = Output, N = Arbeit, K = Kapital.

Gewinnbeteiligung:

(2) $W = B + \lambda G^{brutto}/N$,   bzw. $WN = BN + \lambda G^{brutto}$, wobei
(2a) $G^{brutto} = X - BN$.

G^{brutto} drückt hier den Gewinn der Firma vor Abzug von Kapitalkosten einschließlich Abschreibungen sowie indirekten Steuern[49] aus. BN beschreibt die Basislohnkosten. Als **reine Beteiligungsökonomie** wird ein System bezeichnet, bei dem $B = 0$, bei dem der gesamte Lohn ein Beteiligungslohn ist. In einer reinen Beteiligungsökonomie sind Erlösbeteiligung und Gewinnbeteiligung oben identisch, nämlich $W = \lambda X/N$ bzw. $WN = \lambda X$.

---

[47] Durchgehend wird in diesem 3. Teil des Buches starkes Gewicht auf die Frage der Realisierbarkeit der institutionellen Konzepte gelegt. Denn mikroökonomische Varianten der Stabilitätspolitik, die in diesem Teil beschrieben werden, sind politisch wesentlich schwerer durchsetzbar als rein makroökonomische Alternativen. Der Grund dafür ist der, dass diese mikroökonomischen Varianten direkter und für die Wirtschaftssubjekte leichter nachvollziehbar auf einzelwirtschaftliche Entscheidungen und individuelle Wohlfahrt wirken. Dies bedeutet, dass diese institutionellen Varianten nur bei einer breiten Zustimmung der Bevölkerung politisch realisierbar sind.

[48] Wie man leicht sehen kann, ist eine Erlösbeteiligung von ihrer Struktur her identisch mit einer **produktivitätsorientierten Lohnpolitik.** Aus $W = \lambda_0 X/N$ folgt ja $\hat{W} = \widehat{(X/N)}$ mit (X/N) = durchschnittliche Arbeitsproduktivität.

[49] Man könnte X auch als Umsatz nach indirekten Steuern fassen. Eine solche Umsatzbeteiligung wird von mehreren Ökonomen als eine bessere Alternative zur Gewinnbeteiligung angesehen (siehe z. B. Gordon [1986]), da eine Gewinnbeteiligung quantitativ zu unbedeutend sei angesichts der geringeren Höhe des Gewinnanteils.

Man kann leicht einsehen, dass in einer reinen Beteiligungsökonomie, in der alle Firmen ihren Beschäftigten einen festen Anteil an ihrem Erlös bezahlen, der Geldlohn in der aggregierten Wirtschaft derselbe ist wie der Geldlohn bei einer nominellen BSP-Makroindexierung. Das nominelle BSP ist ja nichts anderes als der gesamtwirtschaftliche (aggregierte) Erlös. Folglich sind die Stabilitätseigenschaften einer reinen Erlös- oder Gewinnbeteiligung auf Firmenbasis im Grunde die gleichen wie bei der oben untersuchten nominellen BSP-Indexierung. Dies bedeutet in der Modellwelt des vorhergehenden Abschnitts 1: Durch die Einführung einer reinen Beteiligungsökonomie könnten monetäre Schocks und Nachfrageschocks vollkommen absorbiert werden. Auch bei Angebotsschocks könnte der Output stabilisiert werden, wenn die Elastizität der aggregierten Nachfrage in Bezug auf die Realkasse größer als Eins ist. Ein Daten-Lag, der bei der Umsetzung einer nominellen BSP-Indexierung wie beschrieben Probleme aufwirft, würde bei einer nominellen Beteiligungsökonomie auf Firmenbasis nicht eintreten, da die Firmen kontinuierlich Informationen über ihre eigenen Erlösdaten besitzen. Das Problem der Preisniveaudestabilisierung bleibt jedoch wie bei der nominellen BSP-Makroindexierung bestehen.

Diese per Vergleich mit einer nominellen BSP-Indexierung abgeleiteten Stabilitätseigenschaften einer (reinen) Beteiligungsökonomie weichen allerdings von den Befunden von Verfechtern einer Beteiligungsökonomie wie Martin Weitzman ab. Weitzman behauptet im Gegensatz zu den obigen Schlussfolgerungen, dass eine Beteiligungsökonomie Vollbeschäftigung bei annähernder Preisniveaustabilität schaffen würde. Angesichts dieser Diskrepanz erscheint es notwendig, sich den Vorschlag von Weitzman etwas näher anzusehen.

2. Weitergehende Stabilitätseigenschaften einer Erlösbeteiligung?

2.1 Zur Argumentationslinie

Der Vorschlag einer Beteiligung der Arbeitnehmer am Firmenerlös oder Firmengewinn[50] ist an sich nicht neu[51], sondern hat eine lange Tradition[52]. Er zielte bisher vorwiegend auf eine Steigerung der Produktivität durch eine erwartete Erhöhung der Beschäftigungsmoral der Arbeitnehmer bei Gewinn- oder Erlösbeteiligung[53]. Zum anderen erhoffte man sich durch eine Beteiligung der Arbeitnehmer, insbesondere in der Form der Ausgabe von (für Investitionszwecke

---

[50] Im Folgenden werde ich der Kürze halber häufiger nur von „Gewinnbeteiligung" sprechen. Die in diesem Teilkapitel abgeleiteten analytischen Aussagen gelten jedoch auch für eine **Erlösbeteiligung** (revenue sharing). Eine Erlösbeteiligung wird, wie schon gesagt, häufig als angebrachter als eine Gewinnbeteiligung angesehen, da die Gewinnsumme zu gering ist im Verhältnis zum Lohneinkommen, um eine größere Flexibilität der Löhne erreichen zu können. In diesem Kapitel wird allerdings unter Gewinnbeteiligung eine Indexierung an die Bruttogewinne verstanden, die in einer Lohnwirtschaft dem Erlös abzüglich der Kapitalkosten entsprechen. Dementsprechend ist der obige Einwand in unserem Fall nicht stichhaltig.

[51] So ist z. B. das schon lange verbreitete Akkordlohnsystem eine spezifische Form der Erlös- oder Gewinnbeteiligung der Arbeitnehmer.

[52] Vgl. zu den implizierten Erwartungen z. B. Estrin, Grout und Wadhwani [1987]. Vgl. für neuere Arbeiten beispielsweise Chang et al. [2003], Cruz Rambaud und Valis Martinez [2003], Kurtulus et al. [2011] sowie Poutsma et al. [2012]. Einen guten Überblick liefert Kruse et al. [2010].

[53] So auch das „Green Paper" zu „profit-related pay" der Regierung in Großbritannien [1986, dort Paragr. 13].

gebundenen) Vermögensanteilen an der „eigenen" Firma, eine bessere Eigenkapitalausstattung und eine geringere Risikobelastung der Unternehmen[54]. Eine gesteigerte Beachtung fand der Vorschlag einer Erlös- oder Gewinnbeteiligung in den 1980er Jahren durch die vor allem von Martin Weitzman didaktisch geschickt vorgetragene und durch die internationale Presse verbreitete Behauptung, dass durch eine Erlös- oder Gewinnbeteiligung auch die Stagflations- und Instabilitätsprobleme, die in den westlichen Industrienationen in den vorangegangenen Jahren aufgetreten waren, überwunden werden könnten. Die zentrale Veröffentlichung war das Buch „The Share Economy" im Jahre 1984 durch Martin Weitzman[55]. Weitzman behauptete in dieser mehr „populärwissenschaftlichen" Schrift, aber auch in einer ganzen Reihe weiterer fachwissenschaftlicher Veröffentlichungen zu diesem Thema, dass durch die alleinige Indexierung der Arbeitnehmerentgelte an die Firmenerlöse Arbeitslosigkeit **und** Inflation sozusagen mit einem Handstreich gleichzeitig beseitigt werden könnten. Die Ursache für Arbeitslosigkeit und Inflation in marktwirtschaftlich-kapitalistischen Ökonomien sieht nämlich Weitzman in der derzeit vorherrschenden Struktur fester (d. h. nicht indexierter) Arbeitslöhne auf dem Arbeitsmarkt. Die Lösung kann seiner Meinung nach deshalb nur in einer strukturellen Reform des Arbeitsmarktes bestehen. Hier gebe es vor allem vier Möglichkeiten: Einkommenspolitik, ein „zweigliedriges Lohnsystem" (für bisherige Beschäftigte und Neueingestellte), Mitbestimmung bzw. Selbstkontrolle der Arbeitnehmer sowie Gewinnbeteiligung[56]. Gewinn- und Erlösbeteiligung sieht Weitzman als die erfolgversprechendste Variante einer strukturellen Reform des Arbeitsmarktes an. Sie weise neben einer Erhöhung der Produktivität insbesondere die folgenden drei Eigenschaften auf[57]. Sie zeige **erstens** ein höheres geplantes Beschäftigungsniveau als eine herkömmliche Lohnwirtschaft **(Postulat 1)**. **Zweitens** erzeuge sie eine andauernde Tendenz zu einer Übernachfrage auf dem Arbeitsmarkt und sichere somit Vollbeschäftigung **(Postulat 2)**. Schließlich ließe sie **drittens** keine Inflation aufkommen **(Postulat 3)**. Die Gültigkeit dieser drei Eigenschaften, die (insbesondere die letzteren beiden) für eine Stabilitätspolitik optimal wären, werden in Abschnitt 2.2 mithilfe einer Modellbetrachtung näher untersucht. Anschließend werden die Einführungs- und Umsetzungsprobleme einer Gewinnbeteiligung analysiert. Zuvor jedoch soll der Argumentationsgang von Weitzman erstmal in komprimierter Fassung dargestellt werden[58].

Ein **Beteiligungsvertrag** ist nach Weitzman ein Zahlungsmechanismus, bei dem die Arbeitnehmerentgelte mit dem Beschäftigungsniveau der Firma invers variieren. Das heißt, wenn Arbeitnehmer entlassen werden oder kündigen, steigt die Bezahlung der verbliebenen Beschäftigten. Werden umgekehrt neue Arbeiter

---

[54] Vgl. zu letzterem beispielsweise im Jahresgutachten 1976 des deutschen „Sachverständigenrat zur Begutachtung der gesamtwirtschaftlichen Entwicklung", dort S. 164ff.
[55] Die in den USA sicherlich publikumswirksame „New York Times" nannte in einem Leitartikel den in diesem Buch gemachten Vorschlag „die wichtigste neue Idee in der Volkswirtschaftslehre seit Keynes". Doch nicht nur die Presse, sondern auch eine große Anzahl von wissenschaftlichen Symposien (insbesondere in den USA und in Großbritannien) beschäftigte sich in den 1980er Jahren ausführlich mit diesem Vorschlag. In der Bundesrepublik Deutschland war Horst Siebert als Verfechter der Weitzman'schen Idee auf den populärwissenschaftlichen Markt (in der F.A.Z. und in der „Wirtschaftswoche") getreten. Vgl. auch Siebert [1986].
[56] Siehe zu einem Vergleich der vier Varianten Weitzman [1986].
[57] Vgl. z. B. Weitzman [1984].
[58] Siehe auch Wagner [1987d].

eingestellt, sinkt die Bezahlung der Beschäftigten. Die Durchschnittskosten von Arbeit für die Firma sinken also, wenn das Beschäftigungsniveau steigt. Das Entscheidende wird dabei darin gesehen: Die Grenzkosten der Firma für Arbeit sind in einer solchen Beteiligungswirtschaft (im Gegensatz zu einer Lohnökonomie[59]) immer geringer als die Durchschnittskosten von Arbeit[60], die gleich der durchschnittlichen Entlohnung pro Arbeitnehmer sind. Wenn beispielsweise das Budget der Firma für Arbeitskosten als feste Größe gesetzt wird, sind die Grenzkosten der Firma für Arbeit gleich Null. Jeder zusätzliche Beschäftigte würde die Firma dann nichts kosten. Dagegen würde jeder zusätzliche Arbeitnehmer der Firma nach Weitzman's Ansicht einen positiven Grenzerlös erbringen[61]. Entsprechend der Ungleichheit von Grenzerlös und Grenzkosten besteht daher für die Firmen ein Anreiz, ihr Beschäftigungsniveau zu erhöhen. Da auch bei Vollbeschäftigung noch gilt, dass der Grenzerlös von Arbeit die Grenzkosten von Arbeit übersteigt, folgt daraus eine permanente Übernachfrage der Firmen nach Arbeitnehmern. Die Firmen sind also dauernd daran interessiert, ihre Produktion und ihre Beschäftigung auszudehnen. Da sie aber ihre Mehrproduktion nur zu geringeren Preisen verkaufen können[62], sind sie gezwungen, ihre Preise zu reduzieren. Das heißt, eine Beteiligungswirtschaft würde eine höhere Beschäftigung als auch eine höhere Produktion und niedrigere Preise als eine Lohnwirtschaft aufweisen. Die Arbeitnehmerseite hätte als Vorteil sowohl eine höhere Beschäftigung als auch eine höhere **reale** Entlohnung (aufgrund der niedrigeren Preise). Die Gefahr einer Inflation ist nach Weitzman's Ansicht nicht gegeben, da sich Preisänderungen für die Firmen auch automatisch auf der Kostenseite niederschlagen, der Anreiz zu Preiserhöhungen für die Firmen deswegen geringer ist als in einer Lohnwirtschaft.

2.2 Eine Modellbetrachtung[63]

Ableitung von Postulat 1:

Postulat 1 besagt, dass das geplante (gewinnmaximale) Beschäftigungsniveau in einer Beteiligungsökonomie höher ist als dasjenige in einer Lohnökonomie. Eine Möglichkeit, dies zu zeigen, ist die folgende. Wir gehen von der Definition eines Beteiligungslohnes in Gleichung (2) oben aus, die lautete:

(2) $W = B + \lambda G^{brutto}/N$, wobei
(2a) $G^{brutto} = X(N) - BN$.

---

[59] In einer Lohnökonomie sind unter Konkurrenzbedingungen die Durchschnittskosten von Arbeit immer gleich den Grenzkosten von Arbeit.
[60] Ansonsten könnten ja die Durchschnittskosten nicht mit steigender Beschäftigung sinken.
[61] Dies ist ein zentrales Axiom in Weitzmans Analyse. Es ist jedoch umstritten (vgl. z. B. Gordon [1986]) für den Fall sogenannter „keynesianischer Arbeitslosigkeit", wo die Ursache für Arbeitslosigkeit in zu geringer aggregierter Güter-Nachfrage gesehen wird (siehe in Abschnitt B.I.5 des 1. Kapitels). Allerdings ist bei stetiger Lohn- und Preisflexibilität, die ja durch ein Gewinnbeteiligungssystem erreicht werden soll, die Existenz von längerfristigen Rezessionen, in denen dann „Block-Effekte" (so wie in Abschnitt B.II des 1. Kapitels beschrieben) eintreten könnten, nur schwer zu begründen.
[62] Es wird also von unvollkommener Konkurrenz auf den Gütermärkten ausgegangen. Die Firmen stehen hier einer fallenden Preis-Absatzkurve gegenüber.
[63] Man sollte vielleicht anmerken, dass es sich in dem folgenden Abschnitt um eine versuchsweise Erklärung von Zusammenhängen handelt, die in der Literatur noch als umstritten und zum Teil auch als ungeklärt und unverstanden gelten.

X(N) drücke hier den Ertrag der Firma nach Abzug von Kapitalkosten einschließlich Abschreibungen sowie indirekten Steuern aus. BN beschreibe wiederum die Basislohnkosten. Der Nettogewinn ist

(3) $G^{netto} = G^{brutto} - \lambda G^{brutto}$.

λG^{brutto} ist der an die Arbeitnehmer abzuführende Gewinnanteil. (2a) in (3) eingesetzt ergibt

(4) $G^{netto} = (1-\lambda)[X(N) - BN]$.

Der Grenznettogewinn ist

(5) $dG^{netto}/dN = (1-\lambda)[X'(N) - B]$,

sodass wir als Bedingung für ein Gewinnmaximum in einer Beteiligungsökonomie erhalten[64]:

(6) $X'(N) = B$.

Es wird also so viel an Arbeitskräften oder -stunden nachgefragt, bis $X'(N) = B$, d. h. bis der Erlös aus der Anheuerung einer zusätzlichen Arbeitseinheit den anfallenden Kosten (hier B) entspricht.

In einer Lohnökonomie ist die entsprechende Gewinnmaximierungsbeteiligung

(7) $X'(N) = W^*$.

Die Nettogewinnfunktion beträgt in einer Lohnökonomie ja $G^{netto} = X(N) - W^*N$, wobei W^* eine feste, d. h. gewinnunabhängige Lohnrate darstellt. Durch Ableitung dieser Funktion nach N und anschließendem Nullsetzen der Ableitung erhalten wir die Bedingung (7).

Nun muss langfristig bei Konkurrenz auf dem Arbeitsmarkt, unabhängig vom Beteiligungsparameter λ,

(8) $W = W^*$

gelten. Das heißt, die Lohnraten in einer Beteiligungsökonomie und in einer Lohnökonomie müssen sich langfristig ausgleichen (nicht jedoch kurzfristig[65]; siehe unten). Wie Weitzman gezeigt hat[66], streben beide Ökonomien, unter den gleichen stationären Umweltbedingungen und Konkurrenzarbeitsmärkten, zu dem selben langfristigen Vollbeschäftigungsgleichgewicht. (Dies geschieht über eine Anpassung der Entlohnungsparameter λ und B.) Andererseits ist, wie aus (2) ersichtlich ist, in einer Beteiligungsökonomie immer B < W. Folglich sieht man aus einem Vergleich der Gewinnmaximierungsbedingungen in einer Beteiligungsökonomie und einer Lohnökonomie, (6) und (7), dass das geplante Beschäftigungsniveau in einer Beteiligungsökonomie im Durchschnitt höher liegen wird als in einer

---

[64] Im Gewinnmaximum gilt $dG^{netto}/dN = 0$. Außerdem muss die zweite Ableitung der Gewinnfunktion negativ sein, d. h. hier: $G''(N) < 0$.
[65] Kurzfristig ist nach Weitzman's Vorstellung in einer Beteiligungsökonomie W < W*. Kurze und lange Frist unterscheiden sich also bei Weitzman, was ganz entscheidend ist für die behauptete Schockabsorbtionsfähigkeit einer Beteiligungsökonomie. Siehe zu dieser Interpretation auch Blinder [1986c].
[66] Vgl. Weitzman [1983; 1985].

Lohnökonomie. In einer Lohnökonomie fragen die Firmen Arbeitskräfte nur solange nach, bis $X'(N) = W^*$, in einer Beteiligungsökonomie dagegen solange, bis $X'(N) = B < W^*$. In einer **reinen** Beteiligungsökonomie, in der $B = 0$, werden die Firmen Arbeitskräfte deshalb solange nachfragen, bis das Wertgrenzprodukt von Arbeit, $X'(N)$, gleich Null ist. Bei durchgehend positivem Wertgrenzprodukt wäre hier die Arbeitsnachfrage unendlich groß.

Ableitung von Postulat 2:

Postulat 2 lautet: Eine Firma kann in einer Beteiligungsökonomie nicht genügend Arbeitskräfte bekommen, um die Gewinnmaximierungsbedingung (6) zu erfüllen. Es kommt folglich zu einer permanenten Übernachfrage auf dem Arbeitsmarkt und damit zu einer ständigen Vollbeschäftigung. Als Grund wird angegeben, dass – **per Konstruktion des Beteiligungsvertrages** – die Durchschnittskosten mit zunehmender Beschäftigung sinken, woraus folgt, dass die Durchschnittskosten (DK) immer **oberhalb** der Grenzkosten (GK) von Arbeit liegen (siehe hierzu die Abbildung 21 unten). „Per Konstruktion des Beteiligungsvertrages" bedeutet hier, dass die Kosten **nicht** analytisch aus einer Produktionsfunktion hergeleitet sind, sondern als per Kontrakt festgelegt betrachtet werden. Die **Tarifpartner** sind nach Weitzman dazu aufgerufen, die vertraglichen Bedingungen dafür zu schaffen, dass die angegebene Kostensituation auch eintritt nämlich GK < DK.

Die formale Begründung dieses Postulats, wie sie z. B. in Nordhaus [1988: S. 204–5] unter Bezugnahme auf Weitzman [1983: S. 771–7] geliefert wird, beruht auf dem Nachweis, dass die Elastizität des Gewinns in Bezug auf die (Voll-)Beschäftigung in einer Beteiligungswirtschaft strikt positiv (> 0) ist.

Wir können jedoch Postulat 2 schon implizit aus der obigen Begründung von Postulat 1 mit ableiten, wenn wir W^* als Vollbeschäftigungslohn fassen. Aus den Gleichungen (2), (2a) und (8) folgt, dass im langfristigen Konkurrenzgleichgewicht

(8a) $(1-\lambda)B + \lambda X(N)/N = W^*$.

Die linke Seite von (8a) erhält man für W, wenn man (2a) in (2) einsetzt. (8a) zusammen mit (6) ergibt dann für $0 < \lambda < 1$

(9) $X'(N) < W^* < X(N)/N$.[67]

(9) besagt, dass der langfristige Vollbeschäftigungskonkurrenzlohn W^* über dem für ein Gewinnmaximum in einer Beteiligungsökonomie erforderlichen Grenzerlös und unterhalb des dazugehörigen Durchschnittserlöses liegt. Langfristig gilt allerdings im Konkurrenzgleichgewicht $W^* = X'(N^*)$ mit $N^* =$ Vollbeschäftigung. Andererseits ist (abgleitet aus (2) und (8)) $B < W^*$ in einer Beteiligungsökonomie, wo $\lambda > 0$. Folglich ist auch $B < X'(N^*)$, was heißt, dass in einer Beteiligungsökonomie langfristig eine Übernachfrage nach Arbeitskräften (mit $N_B > N^*$, wobei $X'(N_B) = B$) herrscht.

---

[67] $X'(N) < W^*$ ergibt sich aus (2), (6) und (8). $W^* < X(N)/N$ erkennt man aus der Umformulierung von (8a) – $X(N)/N = W^*(1/\lambda) - B(1-\lambda)/\lambda$ – unter Berücksichtigung von $B < W^*$ (aus (2) und (8)).

4. Kapitel: Lohnindexierung

Anmerkungen zu den Postulaten 1 und 2:

Für die in den Postulaten 1 und 2 ausgedrückten Zustände gibt es, wie Weitzman schreibt[68], eine „einfache Erklärung": Wenn Faktorkosten gesenkt werden, möchte ein gewinnmaximierender Monopolist[69] mehr Input anstellen und hiermit mehr Output produzieren. Der Übergang von einem Lohnsystem zu einem Beteiligungssystem (mit einem geringeren Basislohn, B < W*) sei aber gleichbedeutend mit einer **Kostensenkung**[70]. Dies wird in der Literatur zum Weitzman-Vorschlag häufiger anhand der Abbildung 21 diskutiert[71].

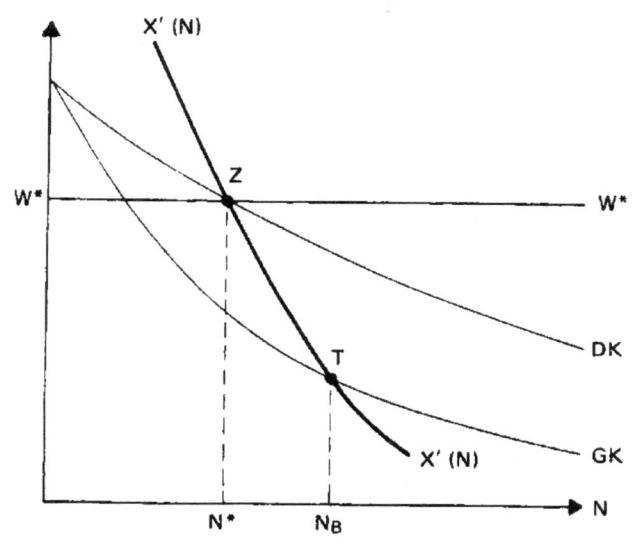

Abbildung 21: (Quelle: Eigene Darstellung).

Die Gerade W*W* beschreibt die langfristige Durchschnittskostenkurve und gleichzeitig die langfristige Grenzkostenkurve, die für eine Beteiligungswirtschaft genauso wie für eine Lohnwirtschaft gelten (wegen der Äquivalenz- oder Konkurrenzbedingung (8)). DK beschreibt dagegen die kurzfristigen Durchschnittskosten und GK die kurzfristigen Grenzkosten in einer Beteiligungswirtschaft. [Die Kosten (und damit die Kostenkurvenverläufe) werden, wie oben schon betont, hier als per Kontrakt festgesetzt angesehen.] X'(N) kennzeichnet den Grenzerlös in Lohn- und Beteiligungswirtschaft. Punkt Z gibt das neoklassische langfristige Gleichgewicht bei Vollbeschäftigung wieder, definiert durch Gleichung (7). Es gilt für eine Beteiligungswirtschaft genauso wie für eine Lohnwirtschaft. (In einer Beteiligungswirtschaft wird es durch die – in diskreten Zeitabständen stattfindenden – Anpassungen der Entlohnungsparameter λ und B erreicht.) Bei Z sind die kurzfristigen Durchschnittskosten in einer Beteiligungsökonomie gleich

---

[68] Siehe Weitzman [1987: S. 88].
[69] Die Referenzmarktform ist dabei die der **monopolistischen Konkurrenz**.
[70] Dies gilt zumindest – auf die kurze Frist – hinsichtlich **zusätzlicher** Beschäftigung, da die Durchschnittskosten dann sinken (gegenüber einer Lohnökonomie).
[71] Vgl. z. B. Nordhaus [1988] oder Blinder [1986c].

den Durchschnitts-(=Grenz-)kosten in einer Lohnökonomie. Jedoch sind in einer Beteiligungsökonomie die kurzfristigen Grenzkosten geringer als die kurzfristigen und auch die langfristigen Durchschnittskosten. Folglich ist die gewinnmaximale Beschäftigung N_B – wiedergegeben durch den Schnittpunkt T zwischen der GK- und der X'(N)-Kurve in der Abbildung 21 – größer (d. h. sie liegt rechts von) N*. Punkt T stellt dabei das **angestrebte**, kurzfristige Gleichgewicht dar. Dieses Gleichgewicht ist jedoch nicht erreichbar, da N* schon das langfristige Vollbeschäftigungsniveau darstellt. Insofern herrscht permanente Übernachfrage auf dem Arbeitsmarkt.

Auch wenn die obigen Ableitungen – sowohl was Postulat 1 als auch was Postulat 2 anbelangt – auf den ersten Blick logisch zwingend wirken, ist die **mikroökonomische Fundierung** der obigen Analysen in der Fachwelt doch sehr **umstritten**[72]. Der zentrale Einwand lautet, dass die Mehrbeschäftigung in einer Beteiligungsökonomie nur zustande kommt[73], wenn die Arbeitnehmer zeitweise auf eine Entlohnung in Höhe ihres Wertgrenzproduktes verzichten. (Das Wertgrenzprodukt von Arbeit wird durch die X'(N)-Kurve angegeben. Nur im langfristigen Gleichgewicht, bei N*, ist in der obigen Abbildung die Entlohnung W* gleich dem Wertgrenzprodukt.[74]) Ein solches Verhalten sei allerdings nicht zu erwarten, da es irrational sei. Arbeiter würden in einer Konkurrenzökonomie, die Weitzman ja bezüglich des Arbeitsmarktes zugrundelegt, sofort die Firma verlassen, wenn ihr Lohn unter ihr Wertgrenzprodukt fällt. Um die Idee einer Beteiligungsökonomie zu retten, müsste man schon Risikoaversion der Arbeiter annehmen[75] bzw. die Analyse zumindest um Elemente unvollkommener Konkurrenz am Arbeitsmarkt oder am Kapitalmarkt erweitern. Solche Elemente unvollkommener Konkurrenz wären zum Beispiel Ausbildungskosten und Mobilitätskosten. Beides würde Arbeiter davon abhalten, schon bei geringen Lohnsenkungen zu kündigen. Zum anderen könnten zum Beispiel Markteintrittskosten (z. B. aufgrund von Unvollkommenheiten auf dem Kapitalmarkt) die Schaffung neuer Lohnfirmen, in die die Arbeitnehmer aus einer schon realisierten Beteiligungsökonomie abwandern könnten, verhindern[76]. In einem Modell unvollkommener Konkurrenz kann dann allerdings nicht mehr ohne weiteres von der Annahme des gleichen langfristigen Vollbeschäftigungsgleichgewichts in einer Lohnökonomie und in einer Beteiligungsökonomie ausgegangen werden.

---

[72] Siehe als frühe Kritik Nordhaus und John [Hrsg., 1985] und Nordhaus [1988].
[73] Dies betont auch Weitzman selbst. Vgl. Weitzman [1984: Kap. 8].
[74] W* wird hierbei oft als Konkurrenz- oder Referenzlohn verstanden, an dem sich Beteiligungsfirmen in einer Ökonomie, die zum Teil aus Lohnfirmen und zum Teil aus Beteiligungsfirmen besteht, zu orientieren haben. Insofern ist hier vor allem das Übergangsproblem von einer Lohn- zu einer Beteiligungsökonomie bzw. das Stabilitätsproblem einer Beteiligungsökonomie angesprochen.
[75] Weitzman selbst geht von Risikoneutralität der Arbeitnehmer aus. Bei Annahme von Risikoaversion könnte man dagegen behaupten, dass die Arbeitnehmer das Risiko einer niedrigeren Entlohnung (als des Wertgrenzprodukts) akzeptieren, wenn sie hierfür erwarten können, dass sie kein Entlassungsrisiko mehr haben. Vgl. hierzu auch Abschnitt B.I.4.2.1.1 im 1. Kapitel.
[76] Letzteres Argument gilt natürlich nur, wenn in der Ökonomie nicht mehr gleichzeitig Beteiligungsfirmen und (aufnahmebereite) Lohnfirmen nebeneinander existieren. Das zuvorgelagerte Problem ist also das des Übergangs zu einer durchgehenden Beteiligungsökonomie. Siehe hierzu den nächsten Abschnitt 3.

zu Postulat 3:

Postulat 3 besagt, dass die Übernachfrage nach Arbeitskräften keine inflationären Tendenzen auslöst. Die Begründung dafür ist: Sollte eine Beteiligungsfirma beispielsweise durch Gewerkschaftsmacht gezwungen werden, ihre Lohnzahlung über den Konkurrenzlohn zu steigern, so würde sie aufgrund dessen **mehr** Arbeitskräfte anheuern, umso ihre Durchschnittskosten zu senken. Mit diesen zusätzlichen Arbeitskräften würde sie einen insgesamt höheren Output produzieren, den sie angesichts einer abwärts geneigten Preisabsatzfunktion[77] nur zu einem geringeren Preis verkaufen könnte. So würden insgesamt (makroökonomisch) der Output erhöht und das Preisniveau **verringert** als Folge eines solchen, verteilungskampfbedingten, Kostendrucks.

Ein **Haupt-Einwand** in der Fachliteratur gegen die Gültigkeit des Postulats 3 lautet[78], dass die Einführung einer Beteiligungsökonomie die in Lohnökonomien gewohnten Verteilungskämpfe zwischen Arbeitnehmern und Unternehmen nicht abschwächen würde. Die Verteilungsauseinandersetzungen würden sich nur verlagern auf den Kampf um die Höhe des Beteiligungsfaktors λ und so die Inflation auch hier anheizen. Insbesondere würde dies dann eintreten, wenn es eine Asymmetrie derart gibt, dass eine Steigerung von λ in expandierenden Sektoren leichter durchsetzbar ist als eine Verringerung von λ in zurückgehenden Sektoren[79]. Dieser Einwand wird jedoch von Weitzman strikt zurückgewiesen, unter anderem auch deswegen, weil er den obigen Modellrahmen etwas sprengt.

Doch auch modellendogen lässt sich eine Inflationsmöglichkeit ableiten. Dies soll im Folgenden kurz skizziert werden. Ausgangspunkt meiner modellhaften Betrachtung ist eine gegebene aggregierte Güter-Nachfragemenge bei Vollbeschäftigung (in einer Beteiligungsökonomie). „Vollbeschäftigung" wird hier als kurzfristig starre, reallohnunabhängige Angebotsgrenze auf dem Arbeitsmarkt verstanden. Es sei aus Konsistenzgründen angenommen, dass die Weitzman-These einer permanenten Übernachfrage nach Arbeitskräften Gültigkeit habe. Ein Inflationsprozess könnte in diesem Szenarium nun wie folgt entstehen. Aus einer allgemeinen Übernachfrage nach Arbeitskräften folgt, dass die **einzelne** Firma tendenziell einen Anreiz hat, Arbeiter und damit Produktionsmöglichkeiten von anderen Firmen abzuwerben. Das Anreizinstrument hierfür sei ein höherer Basislohn. Bei einer Erhöhung des Basislohns um ΔB wird die Firma all die Arbeiter anziehen, deren Fluktuations- oder Mobilitätskosten geringer sind als die durch die Erhöhung des Basislohns erzielbaren Mehreinkommen. In Reaktion (oder in Antizipation) auf diese Abwerbung werden die anderen Firmen jedoch auch ihren Basislohn erhöhen. Als Resultat dessen sinken die Profite aller Firmen. Um dies wieder rückgängig zu machen, werden die Firmen ihre Preise entsprechend erhöhen[80]. Das Endergebnis ist, dass sich in realen Größen nichts geändert hat, die Preise jedoch gestiegen sind. Auch wenn somit Abwerbungsversuche gesamtwirtschaftlich nicht rational sind, können sie es sehr wohl auf individueller Ebene sein.

---

[77] Weitzman geht in seiner Analyse, wie schon erwähnt, von der Marktform der monopolistischen Konkurrenz auf dem Gütermarkt aus.
[78] Vgl. z. B. James Tobin in Nordhaus und John [Hrsg., 1985: S. 64].
[79] Vgl. z. B. James Tobin in Nordhaus und John [Hrsg., 1985: S. 64].
[80] Die Alternative einer kooperativen Rücknahme der Basislohnerhöhung werde aus Angst vor Streiks o. ä. nicht beschritten.

Solange die einzelne Firma relativ klein ist, kann sie nämlich davon ausgehen, dass die Konkurrenten auf ihre Abwerbungsversuche nicht reagieren. Wenn jedoch viele Firmen so denken[81], kann es unter bestimmten Umständen zu dem oben beschriebenen inflationsauslösenden Prozess kommen[82]. Da der Anreiz zur Abwerbung von Arbeitskräften permanent ist, folgt daraus ein andauernder Preisniveauanstieg. Der entgegenlaufende, das Preisniveau senkende (oben beschriebene) Effekt, den Weitzman immer wieder hervorhebt[83], kommt dagegen hier nicht zum Tragen. Die Volkswirtschaft befindet sich ja annahmegemäß schon an der Vollbeschäftigungsgrenze. Folglich können keine zusätzlichen Arbeitskräfte mehr eingestellt werden, die das Durchschnittskostenniveau und – über einen höheren Output – das Preisniveau senken könnten. Es kommt lediglich zu einer Umschichtung von Beschäftigung, Produktion und Erlös zwischen den Firmen, die ähnliche Güter produzieren, und in denen Arbeitskräfte mit ähnlichen Qualifikationen alternativaustauschbar beschäftigt werden können.

Bezüglich des eben abgeleiteten Inflationstendenz-Arguments ist allerdings folgendes zu beachten. Es wird nur dann zu einem Abwerben von Arbeitskräften kommen, wenn **beide**, Arbeitnehmer **und** Unternehmer, durch ein Anheben des Basislohns B bessergestellt werden können[84]. Nun kann man per Zahlenbeispiele viele Parameterkonstellationen ausfindig machen, wo dies der Fall ist. (Dies nachzuvollziehen, soll dem Leser überlassen bleiben. Man braucht hierfür nur alternative Werte für B, λ, X (= PY) und N in die Gleichungen (2) und (4) einsetzen und sehen, wie sich W und G ändern bei einer Veränderung von B.) Jedoch gilt dies, dass **beide** bessergestellt werden, nicht generell. Der beiderseitige Nutzen und damit die beiderseitige Bereitschaft zu einer Erhöhung des Basislohns hängt von der Höhe der Preiselastizität des Outputs ($\eta_{P,Y}$) sowie der Höhe des Beteiligungsfaktors (λ) ab. Je geringer beide sind, umso eher ist diese Bereitschaft vorhanden, da dann umso eher beide Seiten von einer Erhöhung des Basislohns profitieren können (wohlgemerkt nur bei – **erwartetem** – Nichtreagieren der anderen Firmen!)

Ich möchte es bei diesen kurzen Anmerkungen zum Postulat 3 belassen, nicht zuletzt deswegen, da die Relevanz dieses Postulats bzw. einer Inflationstendenz innerhalb einer **funktionierenden** Beteiligungsökonomie[85] von sekundärer Bedeutung wäre. Denn selbst wenn endogene Inflationstendenzen, wie eben beschrieben, vorhanden sind, könnte sich die Geldpolitik (und die Fiskalpolitik) in einer „funktionierenden" Beteiligungsökonomie darauf konzentrieren, Preisniveaustabilität zu garantieren – ohne befürchten zu müssen, dass dadurch Arbeitslosigkeit produziert würde. (Letzteres ist eine Gefahr, die dagegen in einer Lohn-

---

[81] Im neoklassischen Konkurrenzmodell wird sogar per Annahme davon ausgegangen, dass die einzelne Firma das Nichtreagieren der anderen Konkurrenten unterstellt.

[82] Aus Simulationsanalysen kann man ersehen, dass dies umso eher der Fall ist, je geringer der Beteiligungsfaktor λ und je niedriger die Preiselastizität des Outputs ($\eta_{P,Y}$) ist. Siehe näher weiter unten.

[83] Er lautet, dass die Firmen bei einer Tendenz zur Lohninflation **mehr** Arbeitskräfte anstellen würden, um die Durchschnittskosten zu drücken.

[84] Es wird hier wie auch bei Weitzman angenommen, dass die Löhne von Unternehmern und Arbeitnehmern gemeinsam in Verhandlungen festgelegt werden. Dagegen bestimmen die Unternehmer allein, wie viel Arbeitskräfte sie zu diesem Lohn dann nachfragen.

[85] Als **funktionierende** Beteiligungsökonomie wird hier eine bezeichnet, die das Postulat 2 erfüllt.

ökonomie virulent ist. Siehe hierzu im nächsten Kapitel.) Denn wenn eine Beteiligungsökonomie das obige Postulat 2 erfüllt, gibt es einen sofort wirksamen endogenen Stabilisierungsmechanismus bezüglich des Mengensystems. Die Wirtschaftspolitik könnte deshalb – unbeschadet der Rückwirkungen auf das Mengensystem – das Preissystem stabilisieren. Außerdem ist zu sehen, dass selbst wenn eine Inflationstendenz (bei Vollbeschäftigung) auftreten würde, dies in einer ansonsten annahmegemäß optimal funktionierenden Beteiligungsökonomie nichts Besonderes oder Einmaliges wäre. Denn auch in bestehenden Lohnökonomien müsste man bei permanenter Vollbeschäftigung (was dort aber aufgrund von Lohn- und Preisrigiditäten bei Schockeinwirkungen nicht erreichbar ist!) mit einer stetigen Inflationstendenz rechnen. (Siehe hierzu näher im nächsten Kapitel.)

3. Wirkungs- und Realisierungsprobleme

Wie oben erläutert, sind die Behauptungen von Weitzman bezüglich der weitergehenden Stabilitätseigenschaften eines Beteiligungssystems mit Vorsicht zu betrachten. Anders ausgedrückt, es gibt eine Reihe von Fragen hinsichtlich der Effizienz einer Beteiligungsökonomie, die oben nur kurz angesprochen wurden und die in den Fachkreisen als noch ungeklärt gelten[86]. Eine zentrale, „bescheidenere" Behauptung von Befürwortern einer Beteiligungsökonomie ist die, dass eine solche Ökonomie mit ungünstigen exogenen Schockeinflüssen schneller und unter geringeren Kosten fertig werden würde als eine Lohnökonomie. Nach der obigen Modellanalyse in den Abschnitten 1 und 2 scheint dies auch mehr oder minder zuzutreffen. Ein Beteiligungsvertrag bietet für die Unternehmer einen institutionellen Anreiz, bei ungünstigen exogenen Schocks Beschäftigte nicht so schnell zu entlassen bzw. von anderen Firmen entlassene Arbeitskräfte (bei passender Qualifikation) anzuwerben. Dass der Anreiz zu Preiserhöhungen durch die Struktur des Beteiligungsvertrages vermindert wird, ist wohl umstritten, wirkt jedoch plausibel – insbesondere dann, wenn man die zwangsweise Änderung der Gewerkschaftsstruktur in einer Beteiligungsökonomie berücksichtigt (siehe hierzu im Folgenden Abschnitt 3.2). Doch selbst wenn eine Beteiligungsökonomie die optimalen „weitergehenden Stabilitätseigenschaften" à la Weitzman aufweisen würde[87], würde damit noch nicht garantiert sein, dass sich eine solche Entlohnungsstruktur auch auf privatem Wege organisieren ließe. Dies soll im Folgenden erläutert werden.

3.1 Widerstand der Stammarbeiter

Es wird immer in der Gesellschaft Gruppen geben, die durch die Einführung einer Beteiligungsökonomie erstmal benachteiligt würden. Dies werden insbesondere in einem Ausgangszustand von Unterbeschäftigung die **Beschäftigten** (Nichtarbeitslosen) schlechthin sein. Denn diese müssten nach der Konstruktion eines Beteiligungsvertrags Gehaltseinbußen hinnehmen, wenn die Beschäftigung ausgedehnt wird. Ganz allgemein, also auch im Ausgangsfalle einer Vollbeschäftigung, wür-

---

[86] Vgl. zur Zustandsabhängigkeit der Wohlfahrtseffekte einer Beteiligungsökonomie auch Cooper [1988]. Zu einer Zusammenfassung der neueren (z. T. modelltheoretischen) Diskussion über den Weitzman-Plan und seine Implikationen siehe Michaelis [1998; 1999] und Lesch und Stettes [2008].
[87] Im Folgenden sei dies der Argumentationsvereinfachung halber einmal angenommen.

den die **Stammarbeiter**[88] Einbußen in einem Beteiligungssystem zu befürchten haben. Denn die schnellere Bewältigung von rezessiven Schockeinflüssen geschieht ja in einer Beteiligungsökonomie dadurch, dass **alle** Beschäftigten per Beteiligungsvertrag Gehaltsabstriche hinnehmen, sozusagen einen **Solidarbeitrag** leisten, um eine Krise, sprich Arbeitslosigkeit und Output-Verluste, zu vermeiden. Stammarbeiter haben jedoch qua Definition kein Beschäftigungsrisiko. Falls sie rein eigennutzorientiert sind, blicken sie nur auf die eigenen Gehaltseinbußen, die sie per Beteiligungsvertrag bei Schockeinwirkungen auf sich nehmen, und nicht auf die positiven Beschäftigungseffekte bei anderen. [Wie Weitzman [1987] in einer Modellanalyse gezeigt hat, haben jedoch auf Dauer nur die Stammarbeiter in Firmen mit einer hohen relativen Verhandlungs- oder Verbandsmacht der Arbeitnehmer Einbußen hinzunehmen. Die anderen dagegen hätten Vorteile, sobald sich eine (funktionierende) Beteiligungsökonomie voll etabliert hat. Dies liegt vor allem an dem **Einkommensnivellierungseffekt** einer Gewinnbeteiligung bei – siehe (8) oben – tendenziell gleichem durchschnittlichen Reallohnniveau in einer Lohn- und einer Beteiligungsökonomie[89]. Dies halte jedoch die von einer Beteiligungsökonomie letztlich profitierenden Stammarbeiter in Firmen mit einer geringeren relativen Verhandlungs- oder Verbandsmacht der Arbeitnehmer nicht davon ab, auch gegen eine Beteiligungsökonomie zu votieren. Der Grund hierfür liegt – wie Weitzman es ausgedrückt hat – in einem „illusionären Gefangenendilemma-Vorteil"[90].]

Die Stammarbeiter werden deshalb versuchen, den Abschluss von Beteiligungsverträgen zu verhindern, z. B. durch gewerkschaftlich organisierte Widerstandsbewegungen. Doch auch **nach** Abschluss eines Beteiligungsvertrages können die Stammarbeiter den Erfolg einer Beteiligungsökonomie dadurch zunichtemachen, dass sie Neueinstellungen in einer Beteiligungsfirma verhindern, oder die Produktivität drosseln durch „versteckte" Bummelei, „stille" Verweigerung der sorgfältigen Einarbeitung Neueingestellter bis hin zu Betriebssabotage[91]. Andererseits entstehen bzw. verbleiben bei einem Abblocken institutioneller Innovationen durch die Stammarbeiter jedoch die enormen volkswirtschaftlichen und sozialen Verluste, die in Lohnökonomien als Folge von Lohn- und Preisstarrheiten auftreten. (Siehe hierzu näher in Abschnitt I des nächsten Kapitels.) Ein Beteiligungsvertrag wäre dagegen eine institutionelle Form zur Internalisierung dieser enormen volkswirtschaftlichen Externalitäten[92].

Diesen riesigen Kostenersparnissen stehen relativ geringe Verluste eben der Stammarbeiter gegenüber. Diese relativ geringen Verluste können jedoch in einer privaten Organisationslösung die Internalisierung der Externalitäten verhindern.

---

[88] Statt „Stammarbeiter" könnte man mit einem modernen Begriff auch sagen **„Insider"** im Kontext der sogenannten „Insider-Outsider-Theorie". Siehe hierzu im 1. Kapitel, dort in Abschnitt B.4.2.1 (2).

[89] Siehe hierzu näher Weitzman [1987].

[90] Siehe Weitzman [1987] Zur Erläuterung von Gefangenendilemma-Situationen siehe näher im nächsten Kapitel, Abschnitt II.1.1.1.

[91] Die Produktionsleistung einer Firma ist ja nicht zuletzt eine positive Funktion der harmonischen Zusammenarbeit der Beschäftigten, d. h. des „Arbeitsklimas".

[92] Volkswirtschaftliche oder makroökonomische „Externalitäten" bedeuten hier, dass die makroökonomischen Konsequenzen des Firmenverhaltens in Bezug auf Arbeitslosigkeit und Inflation nicht in den Entlohnungen der individuellen Firmen und (Stamm-)Arbeitern einbezogen sind.

4. Kapitel: Lohnindexierung

Der Grund ist, dass sich – aufgrund des Vorliegens von asymmetrischen Informationen und Transaktionskosten – privat kein Markt für die paretoeffiziente Internalisierung der Externalitäten herausbildet.

Von daher liegt es nahe[93], **staatliche**, und zwar **steuerpolitische** Anreize oder Belohnungen zu schaffen, um die Widerstände der Stammarbeiter zu überwinden. Die Einkommen in Beteiligungsfirmen müssten steuerlich subventioniert werden, um mögliche individuelle Verluste der Stammarbeiter auszugleichen und vorhersehbaren Widerständen zu begegnen. Eine einseitige steuerliche Bevorzugung von Stammarbeitern kann nun allerdings zu Gerechtigkeitsproblemen und damit zu politischen Konflikten führen, sodass in der Einführungsperiode wahrscheinlich allgemein die Einkommen in „Beteiligungsfirmen" gegenüber den Einkommen in „Lohnfirmen" steuerlich subventioniert werden müssten[94]. Dies erforderte erstmal einen Zuwachs an staatlichen Ausgaben. Dieser Zuwachs dürfte sich allerdings intertemporal von selbst finanzieren. Denn wenn Arbeitslosigkeit durch den Übergang zu einer Beteiligungsökonomie verringert oder verhindert wird, wird dies zu mehr Steuereinnahmen und gleichzeitig geringeren Ausgaben für Transferzahlungen an Arbeitslose führen. Zudem kann man sich vorstellen, dass – sobald sich eine Beteiligungsökonomie institutionalisiert hat – es unter Umständen möglich sein wird, die Subvention wieder abzubauen. Dies lässt sich so begründen, dass sich dann die Überlegenheit dieser Entlohnungsform, die sich in einem geringeren Niveau sowie in geringeren Schwankungen von Arbeitslosigkeit und Inflation wie auch möglicherweise in höherer Produktivität und höherem materiellen Wohlstand ausdrückt[95], als offenkundig erweisen dürfte.

3.2 Widerstand der Gewerkschaften

Für die Gewerkschaften würde die Einführung einer Beteiligungsökonomie eine Umorientierung ihrer Aktivitäten und letztlich auch eine Schwächung ihrer Machtposition bedeuten. Denn ein Beteiligungsvertrag impliziert einen Verzicht auf eine zustandsabhängige Verteidigung von angestammten Löhnen und Lohnquoten, die die hauptsächliche Funktion der Gewerkschaften bisher gewesen ist[96]. Ein Beteiligungsvertrag ist gerade ein **institutionelles Instrument zur Durchsetzung von Lohn- und Preisflexibilität**. Die Rolle der Gewerkschaften

---

[93] Vgl. auch Weitzman [1984].
[94] Die in Abschnitt I des nächsten Kapitels näher beschriebene egalitaristische Gerechtigkeitsnorm in westlichen Gesellschaften dürfte dort auch das Haupthindernis gegen ein zweigliedriges Lohnsystem oder auch ein zweigliedriges Beteiligungssystem sein. Letzteres wird manchmal als eine Lösungsmöglichkeit des Arbeitslosigkeitsproblems diskutiert. (Siehe z. B. Meade [1986]). In einem solchen System würden die Neueingestellten eine geringere Bezahlung für die gleiche Tätigkeit erhalten als die schon Beschäftigten, d. h. die „alten" Arbeitnehmer. Außerdem müssten die alten Arbeitnehmer oder Gewerkschaftsmitglieder, wenn sie einer Einführung eines zweigliedrigen Entlohnungsystem zustimmten, befürchten, dass ihnen diese Ungleichbehandlung von den benachteiligten „Neuen" später mit gleicher Münze heimgezahlt wird – z. B. in Form von „Einkommensabschlägen" für alternde, zu weniger Arbeitsleistung fähige Arbeitskollegen.
[95] Zu diesem nicht eindeutig geklärten Produktivitätseffekt siehe weiter unten.
[96] Weitzman unterstellt in seiner Analyse auch, dass die Gewerkschaften nur an der Lohnentwicklung interessiert seien und die Entscheidung über das Beschäftigungsniveau den Unternehmern überließen. Siehe z. B. Weitzman [1987]. Dies harmonisiert mit der Annahme der „Insider-Outsider-Theorie", nach der die Gewerkschaften die Interessen der „Insider", d.h. der Stammarbeiter, die keine Beschäftigungsrisiken haben, organisieren.

würde sich in einer reinen Beteiligungsökonomie weitgehend darin erschöpfen, zu versuchen eine Verschlechterung der Arbeitsbedingungen zu verhindern, sowie den Beteiligungsfaktor λ mit der Firmenleitung auszuhandeln. Daneben würden sie zu kontrollieren haben, ob sich die Firmenleitungen an die Abmachungen halten. Dies würde sich jedoch alles auch auf der Ebene der Betriebsräte durchführen lassen, sodass sich die Machtstellung der heutigen Gewerkschaftsorganisationen zugunsten der der Betriebs- und Personalräte verringern würde. Die Gewerkschaftsorganisation in der Bundesrepublik Deutschland wie auch in einigen anderen Ländern würde sich grundlegend ändern. Das Gewerkschaftssystem würde hierzulande seine Struktur als Verband von „Berufs- und Einheitsgewerkschaften" allmählich verlieren und sich zu einem System von Betriebsgewerkschaften wie in Japan entwickeln müssen. Gerade die Struktur von Berufsgewerkschaften wird jedoch hierzulande oft als Merkmal der Stärke und der Verteidigungskraft der Arbeitnehmerschaft gegen konzentrierte, aus dem Gewinnmaximierungsstreben folgende Versuche der Arbeitgeber, die Qualität der Arbeitsbedingungen zu verringern, gesehen. Diese Einschränkung ihrer betriebsübergreifenden Funktionen würde einen Machtverlust für die Gewerkschaften als bürokratische Organisation bedeuten, die diese nicht ohne weiteres hinzunehmen bereit sein werden. Der Widerstand der Gewerkschaften gegen eine Einführung des obigen Beteiligungssystems könnte wahrscheinlich nur dann überwunden werden, wenn die Mehrzahl der individuellen Arbeitnehmer durch Informations- oder Überzeugungspolitik für eine solche Lösung des Stagflationsproblems gewonnen werden könnte. Als Alternative hierzu würde andererseits nur bleiben, den Gewerkschaften als Anreiz für ihre Zustimmung eine stärkere Beteiligung an der politischen oder der ökonomischen Macht (Mitbestimmung) anzubieten. Ein solcher Vorschlag dürfte jedoch auf starke politische Widerstände stoßen.

3.3 Kontrollprobleme

Solange die Führung der Firma in den Händen der Kapitalgeber bleibt, entsteht ein „Moral-Hazard"-Problem, das einer Institutionalisierung einer Beteiligungsökonomie entgegenstehen könnte. Die Unternehmer haben immer einen Anreiz, bei einer Gewinnbeteiligung der Arbeitnehmer den Gewinn zu niedrig auszuweisen[97]. Wahlrechte bei der Bilanzierung geben den Firmen hierfür gewisse Spielräume an die Hand. Außerdem kann der Gewinnausweis von der Firmenleitung durch überhöhte Verrechnungspreise verringert werden. In Antizipation solcher letztlich nicht vollkommen überwachbarer[98] und in ihrer Angemessenheit überprüfbarer Praktiken werden sich, durch die Gewerkschaft organisiert, Widerstände gegen eine Beteiligungsökonomie formieren. Dies wird sowohl vor als auch nach Abschluss eines Beteiligungsvertrages geschehen. Es wird in diesem Zusammenhang die Forderung nach stärkerer Mitbestimmung und Einsichtnahme in den Entscheidungsprozess der Firma vonseiten der Gewerkschaften aufkommen. Das Hauptar-

---

[97] Dies gilt im Prinzip genauso für eine Erlösbeteiligung.
[98] Man könnte natürlich auch in einer kapitalistischen Firma schon betriebsinterne Überwachungssituationen schaffen. Diese müssten wahrscheinlich an die Institution des Betriebs- bzw. Personalrats gekoppelt sein. Die Frage ist nur, wie wirksam solche Überwachungsstellen wären. Denn es besteht hier immer das Problem asymmetrischer Information zwischen Firmenleitung und Überwachungsstelle.

gument wird sein, dass die Arbeitnehmer, wenn sie das Risiko ihrer Firma und ihres Industriezweiges mit übernehmen sollen, gefälligst auch an den wesentlichen Firmenentscheidungen beteiligt werden müssten. Arbeitnehmer haben nämlich in einer Beteiligungsökonomie ein zusätzliches Risiko zu tragen – dies nicht nur bei exogenen, unvermeidlichen Schockeinwirkungen, sondern auch bei Misswirtschaft des Managements. Die Forderung nach mehr Mitbestimmung werden die Firmen jedoch erstmal aus prinzipiellen Gründen ablehnen. Die radikalste Forderung in diesem Zusammenhang wird die nach einer **Arbeiterselbstverwaltung** sein. Dies würde einen Beteiligungsvertrag mit einem Beteiligungsfaktor $\lambda = 1$ implizieren[99]. Einem solchen Lösungsvorschlag werden jedoch üblicherweise die bisherigen Erfahrungen mit dem System einer Arbeiterselbstverwaltung, insbesondere die in Jugoslawien gemachten[100], entgegenhalten. Die Erfahrungen dort werden in der Regel so interpretiert, dass gerade die beschäftigten Arbeitnehmer aus Eigennutzgründen häufig gegen eine Zunahme der Beschäftigung votiert hatten. Zudem erwies sich die Zeitpräferenzrate der Arbeiter als sehr hoch, was heißt dass die Eigentümer-Arbeiter schnell am Gewinn beteiligt werden wollten. Dies führte dazu, dass die Kapitalbildung vernachlässigt wurde. Es bleibt jedoch die Frage, inwieweit man die in Jugoslawien gemachten Erfahrungen als Gegeneinwand gegen die Idee einer Arbeiterselbstverwaltung schlechthin verallgemeinern kann[101].

3.4 Risikoaversion

Ein weiteres Hindernis für das Zustandekommen eines Beteiligungsvertrags kann sich daraus ergeben, dass die Arbeitnehmer eine Abneigung gegen stark schwankende Einkommen haben, so wie es auch in der „Theorie impliziter Kontrakte"[102] unterstellt wird. Als inhaltliche Erklärung einer solchen Abneigung könnte man anführen, dass die meisten Arbeitnehmer risikoscheu sind bezüglich einer möglichen Nichtmehrfinanzierbarkeit eingelebter Konsumgewohnheiten, die in Zeiten zurückgehender Firmengewinne und folglich sinkender Arbeitseinkommen eintreten könnte[103]. Dahinter steckt der Wunsch, einen gewissen Lebensstil über die firmenökonomischen Höhen und Tiefen hinweg beibehalten zu können. Ein gewisses stabiles Einkommen wird als notwendig angesehen, um die laufenden **fixen** Kosten auf langfristige Anschaffungen wie beispielsweise Immobilien abdecken zu können. Ein stabiles Einkommen suggeriert diesbezüglich Planungssicherheit.

---

[99]   Dabei stellt sich die Frage, ob ein $\lambda = 1$ nur eine notwendige oder auch schon eine hinreichende Bedingung für eine „Arbeiterselbstverwaltung" ist. Dies ist in der Literatur zur Arbeiterselbstverwaltung zumindest umstritten. Für Weitzman [1986] selbst scheint das Vorliegen eines $\lambda = 1$ schon hinreichend zu sein, um von einer „Arbeiterselbstverwaltung" zu sprechen.

[100] Vgl. zur jugoslawischen Variante der Arbeiterselbstverwaltung z. B. Drulovic [1977]. Für die Erfahrungen mit der Arbeiterselbstverwaltung in Argentinien siehe Azteni und Ghigliani [2007].

[101] Zu einer positiveren Einschätzung gegenüber der Wirtschaftsordnung einer Arbeiterselbstverwaltung kommen z. B. Fehr [1986] und Vogt [1986].

[102] Siehe hierzu den Abschnitt B.I.4.2.1 (1) im 1. Kapitel.

[103] Der Eintritt dieses Falles ist jedoch nicht zwingend, und bei rationalen Erwartungen nicht einmal wahrscheinlich. Bei einem Konsum- und Sparverhalten, wie es Friedman in seiner permanenten Einkommens-Theorie beschrieben hat, würden die Wirtschaftssubjekte beispielsweise die erwarteten Einkommensschwankungen in ihre verstetigten Konsumpläne miteinbeziehen. Vgl. Friedman [1957]. Es käme folglich zu keinen systematischen „Nichtmehrfinanzierbarkeiten", außer im Fall bestimmter Kreditrestriktionen.

Für von Entlassungen nicht bedrohte Stammarbeiter trifft dies auch sicherlich zu, nicht jedoch für die übrigen Arbeitnehmer. Letztere substituieren sozusagen das Einkommensschwankungsrisiko in einer Beteiligungsökonomie durch das Beschäftigungsrisiko in einer Lohnökonomie. Ein Beschäftigungsrisiko ist jedoch auch immer mit dem Risiko von Einkommensausfällen verbunden. Wenn sich, wie oben beschrieben, die Risikoabneigung der Arbeitnehmer auf die Nichtfinanzierbarkeit von eingelebten **Konsum**gewohnheiten bezieht, so würde das bedeuten, dass das Basislohneinkommen in einer Beteiligungsökonomie zumindest so hoch sein müsste, dass damit die Grundbedürfnisse des Konsums jederzeit befriedigt werden können. Darüber hinaus, d. h. für den Rest des Einkommens, eben das „Spareinkommen", wäre dagegen eine gewinnzustandsabhängige Bezahlung vorstellbar. Dies würde aber bedeuten, dass eine Beteiligungsökonomie nur in entwickelten, reichen Gesellschaften oder nur für höhere Einkommensschichten mit einer beträchtlichen positiven Sparquote realisierbar wäre. Jedoch gilt diese Schlussfolgerung nur für gleiche reale Entlohnungen in einer Beteiligungsökonomie einerseits und in einer Lohnökonomie andererseits. Wenn dagegen, wie häufig behauptet, die Arbeitsmotivation, folglich die Produktivität und damit die reale Entlohnung in einer Beteiligungsökonomie höher ist als in einer Lohnökonomie, könnte der erwartete Nutzengewinn für die Arbeitnehmer, den sie aus einem Übergang zu einer Beteiligungsökonomie erzielen würden, höher sein als der Nutzenentgang, den sie durch die größeren Schwankungen ihres Einkommens erleiden. Der Nettonutzengewinn würde in diesem Fall selbst bei einer Indexierung des gesamten Einkommens an den Firmengewinn positiv sein[104].

3.5 Negative Investitionseffekte?

Ein anderer Einwand gegen den Vorschlag einer Beteiligungsökonomie beruht auf der Aussage[105], dass die Beteiligung der Arbeiter am Grenzgewinn die Investitionsanreize für die Kapitalbesitzer verringert. Der Anreiz zu höherer Beschäftigung und der gleichzeitige Anreiz zu niedrigerer Investition würde langfristig zu einer geringeren Kapitalausstattung pro Arbeiter und damit zu einem geringeren Lebensstandard führen[106]. Weitzman hat sich selbst mit diesem Argument auseinandergesetzt[107] und dagegen vorgebracht, dass einerseits sowohl Basislöhne und Beteiligungsparameter als auch der Zinssatz für Kapital langfristig flexibel sind

---

[104] Ob die Produktivität in einer Beteiligungsökonomie systematisch höher liegt als in einer Lohnökonomie, ist allerdings umstritten. Insbesondere für Großunternehmen wird dies oft infrage gestellt. Vgl. z. B. Blanchflower und Oswald [1987: S. 4]. Außerdem stehen positiven Motivationseffekten u. a. mögliche **shirking-Effekte** gegenüber (siehe hierzu im 1. Kapitel, dort in Abschnitt B.I.4.2.1 (3)). Die These einer höheren Produktivität in einer Beteiligungsökonomie bezieht sich hauptsächlich auf zwei Effekte (vgl. z. B. Estrin, Grout und Wadhwani [1987: dort 3.2]). Der eine ist der Anreizeffekt zu höherer Leistung, bedingt durch die direkte Koppelung von Leistungen und Einkommen. Der zweite Effekt dagegen bezieht sich auf die stärkere Identifikation der Arbeitnehmer mit der Firma durch die Konstruktion eines solchen Beteiligungsvertrages. Dies fördert tendenziell die Motivation und die Arbeitsmoral. Vgl. auch die Studien in Blinder [Hrsg., 1990]; zu Problemen der empirischen Überprüfung vgl. z. B. FitzRoy und Kraft [1992].

[105] Siehe Summers [1985]. Diese Aussage ist schon von den Klassischen Politischen Ökonomen gegenüber dem Halbpachtsystem in der Landwirtschaft getroffen worden, einem System, das einer Beteiligungsökonomie analog ist. Vgl. Weitzman [1986: S. 304].

[106] Vgl. zum näheren Verständnis der Zusammenhänge die Grundzüge der neoklassischen Wachstumstheorie. Vgl. Solow [1956].

[107] Vgl. Weitzman [1985: S. 947; oder 1986: S. 304].

bezüglich den Knappheitsbedingungen auf den Märkten, und andererseits die Nachfrageseite nicht vergessen werden darf. Die im Durchschnitt höhere Beschäftigung und damit der höhere Output in einer Beteiligungsökonomie gegenüber einer Lohnökonomie würde auch die Kapitalnachfrage steigern. Dementsprechend erscheint dann die obige These einer langfristigen Verringerung des Lebensstandards nicht überzeugend. Zudem müssten in einer vergleichenden wohlfahrtstheoretischen Betrachtung auch die sozialen Kosten von höherer durchschnittlicher Arbeitslosigkeit und Inflation in einer Lohnökonomie miteinbezogen werden.

3.6 Kulturelle Einflussfaktoren

Die obigen Argumente, insbesondere bezüglich der Widerstände von Stammarbeitern und Gewerkschaften, gelten in erster Linie für westliche Gesellschaften. In „fernöstlichen" Kulturkreisen wie beispielsweise in Japan sind die Denk- und Anspruchsstrukturen verschieden von denen im Westen. Arbeitnehmer verstehen sich in Japan weitgehend als Mitglieder einer Firma, die für sie die Funktion einer Lebensgemeinschaft ausübt. Von daher ist es dort wahrscheinlicher, dass Arbeitnehmer einer gewinnzustandsabhängigen Entlohnung ohne besondere staatliche Anreize zustimmen könnten. Es gibt in Japan denn auch eine spezifische Form der Entlohnung, die als impliziter Beteiligungsvertrag verstanden werden kann. Diese in größerem Umfang erst in der Nachkriegszeit realisierte Entlohnungsstruktur sieht so aus, dass die Entlohnung der Arbeitnehmer sich aus zwei Komponenten zusammensetzt: einmal aus einem Basislohn und zum anderen aus einem **Bonus**[108]. So wurde in Japan zweimal jährlich ein Bonus an die Arbeitnehmer ausgezahlt, der bis zur Hälfte des Gesamteinkommens ausmachen kann. Im Durchschnitt betrug der Anteil des Bonus am gesamten Einkommen der Arbeitnehmer in Japan in den Nachkriegsjahrzehnten ungefähr ein Viertel[109].

Nun wird dieses Bonussystem von vielen Betrachtern als eine der Ursachen für den großen wirtschaftlichen Erfolg Japans während der 1970er und 1980er Jahre angesehen[110]. Darüber hinaus wird dieses japanische Bonussystem von den Befürwortern eines Beteiligungssystems oft als nachahmenswertes Beispiel für eine Beteiligungsökonomie herausgestellt. Dem wird jedoch häufig entgegengehalten, dass der Bonusanteil in Japan nicht groß genug und nicht flexibel genug sei, verglichen mit den Gewinnschwankungen[111]. Berechnungen von Weitzman[112] haben ergeben, dass die Profitelastizität der Bonuszahlungen über die Nachkriegsjahrzehnte hinweg im Durchschnitt 10–14 Prozent betragen hat. Bei einem Anteil des Bonuseinkommens am Gesamteinkommen in Höhe von einem Viertel bedeutet dies, dass ungefähr 3 Prozent des Arbeitseinkommens in Japan als ein genuines Gewinnbeteiligungseinkommen aufgefasst werden konnte[113]. Dies wird gelegentlich so interpre-

---

[108] Zu den Besonderheiten des Arbeitsmarktes in Japan siehe näher z. B. Shimada [1983], Chen [2004] und Hijzen et al. [2015].
[109] Neben dem in Geld ausbezahlten Bonus müssen jedoch auch nicht geldliche Dienstleistungen, sozusagen Naturallentlohnungen, der Firmen an ihre Beschäftigten mitberücksichtigt werden. Diese nicht geldlichen Leistungen sind in japanischen Großunternehmen außergewöhnlich hoch. Vgl. hierzu Morishima [1984: S. 178].
[110] Hierzu, und zu einem Vergleich mit der Bundesrepublik Deutschland, siehe Wagner [1989].
[111] Vgl. z. B. Tachibanaki [1987] sowie für eine aktuellere Analyse auch Tachibanaki und Maruyama [2001]. Siehe auch Kato und Morishima [2003] und Conrad [2009].
[112] Vgl. Weitzman [1986].
[113] Zu einem ähnlichen Ergebnis kommt auch Blinder [1986c].

tiert, dass Japan hierdurch in Zeiten der Schockverarbeitung einen Lohnkostenvorteil gegenüber Lohnökonomieländern in Höhe von 3 Prozent gehabt hat[114].

4. Zusammenfassung

Manche Befürworter von Erlös- oder Gewinnbeteiligung äußern die Hoffnung, dass durch Einführung einer Beteiligungsökonomie andauernde Vollbeschäftigung und Preisniveaustabilität geschaffen werden könnten. Dies dürften wohl zu hoch gesteckte Erwartungen sein. Nichtsdestoweniger spricht nach der obigen Analyse vieles dafür, dass durch die Einführung einer Beteiligungsökonomie im Durchschnitt ein niedrigeres Niveau an Arbeitslosigkeit und auch an Inflation[115] sowie geringere Konjunkturschwankungen erreicht werden könnten. Eine geringere durchschnittliche Arbeitslosigkeit sowie geringere Konjunkturschwankungen würden dadurch erreicht, dass eine Beteiligungsökonomie auf Schockeinwirkungen stärker mit Lohn/Preiseffekten statt mit Mengeneffekten reagiert. Dies basiert auf der Flexibilität des vom Firmengewinn abhängigen Entlohnungsanteils[116]. Nach einem kontraktiven Schock sinkt ja zunächst der Grenzerlös, X', schneller als W (solange der Basislohn $B > 0$ ist). Folglich würde, nach einem vorhergehenden Gleichgewicht $X' = W$, vorübergehend ein Zustand eintreten, wo $X' < W$ ist. Während dies in einer Lohnökonomie mit Lohnrigiditäten vorerst nur zu Mengeneffekten, sprich: Entlassungen, führt, treten in einer Beteiligungsökonomie sofort stabilisierende Lohn- und Preiseffekte in Kraft.

Nun ist Gewinnbeteiligung auf Firmenebene nicht Neues. Es gibt sie in vielen Unternehmen schon lange[117]. Häufig ist sie diskretionär und auf einen gewissen Zeitraum begrenzt angewandt worden, wie beispielsweise in einer Reihe amerikanischer Unternehmen Anfang der 1980er Jahre. Die Zielsetzung dort war, Firmenzusammenbrüche oder Massenentlassungen als Folge von kontraktiven Schocks zu vermeiden[118]. Auch als dauerhafte oder Regelpolitik wird Gewinnbeteiligung in Firmen angewandt, meist jedoch nur in sehr geringem Umfang, d. h. mit einem geringen Beteiligungsanteil, $\lambda X/WN$, oder beschränkt auf die Beschäftigtengruppe der leitenden Angestellten. Makroökonomisch wirksam würde jedoch eine Gewinnbeteiligung nur, wenn sie auf breiter Basis mit einem möglichst hohen Beteiligungslohnanteil und auf alle Beschäftigtengruppen bezogen realisiert würde.

Nun ist, wie oben erläutert, nicht damit zu rechnen, dass sich eine Beteiligungsökonomie von selbst herausbildet. Dies wird insbesondere verhindert durch das Vorliegen von Externalitäten und von Trittbrettfahrerverhalten, die aufgrund von Transaktionskosten und asymmetrischen Informationen schwerlich auf privater Basis internalisiert bzw. beseitigt werden können. Von daher müsste schon der **Staat** eingreifen, um beispielsweise durch steuerliche Anreize diese Hindernisse

---

114 Vgl. Weitzman [1986: S. 331].
115 Folglich würde eine Beteiligungsökonomie auch eine niedrigere NAIRU aufweisen. Dies wird verstärkt noch durch die Vermeidung bzw. Verringerung des Hysteresis-Effektes (siehe zu letzterem in Abschnitt I des nächsten Kapitels).
116 Gleichzeitig wird die Arbeitsintensität, N/K, in einer Beteiligungsökonomie im Durchschnitt höher sein, da es nicht wie in Lohnökonomien zu längerfristigen Reallöhnen oberhalb der mit Vollbeschäftigung vereinbarten Gleichgewichtsentlohnung kommt.
117 Zur Verbreitung und zu den Auswirkungen siehe z. B. Lesch und Stettes [2008]. Einen guten Überblick über die Thematik der Beteiligungsökonomie gibt Blasi et al. [2013].
118 Vgl. Mitchell [1982b; 1985].

zu überwinden und einer Beteiligungsökonomie zum Durchbruch zu verhelfen. Hierfür wäre wohl eine Erhöhung der Staatsausgaben notwendig, die sich jedoch über Kreislaufeffekte weitgehend selbst finanzieren würden. Dem stehen allerdings bestimmte mikroökonomisch-ordnungspolitische Bedenken sowie allgemein **politische** Barrieren entgegen (siehe hierzu in den Abschnitten II und III des nächsten Kapitels). Aus diesen Gründen trat in der Bundesrepublik Deutschland am 1. April 2009 das Gesetz zur steuerlichen Förderung der Mitarbeiterkapitalbeteiligung in Kraft. In den folgenden Jahren wurde diese gesetzliche Basis noch weiter ausgebaut. Diese Gesetze sollten zum einen eine bessere Vermögensbildung der Arbeitnehmer bewerkstelligen und zum anderen eine größere Verteilungsgerechtigkeit herbeiführen. Interessant hierbei ist, dass vor allem im Zuge der Finanz- und Wirtschaftskrise 2008 das Instrument der Mitarbeiterbeteiligung zur Sanierung angeschlagener Unternehmen wieder ins Gespräch gebracht wurde. Jedoch zeigen neuere Untersuchungen des IAB (Institut für Arbeitsmarkt- und Berufsforschung), dass es auch in den Krisenjahren nicht zu einer Zunahme der Mitarbeiterbeteiligung kam (vgl. Bellmann und Möller [2011]). So hat sich der Anteil der Betriebe, die ihre Beschäftigten am Gewinn beteiligen, seit 2001 nicht signifikant verändert und lag 2009 bei 9 %. Bei Kapitalbeteiligungen ging dieser Anteil sogar von 3 % in 2001 auf 1 % in 2009 zurück. Eine mögliche Erklärung hierfür kann die mangelnde Bereitschaft der Mitarbeiter sein in wirtschaftlich schwierigen Zeiten zusätzlich das finanzielle und das unternehmerische Risiko zu tragen. Zudem ist in der Regel die Einführung solcher Beteiligungsmodelle mit einem hohen administrativen Aufwand für die Unternehmen verbunden. Ein anderer wichtiger Punkt könnte sein, dass die gesetzlichen Regelungen einige Zeit brauchen um sich voll zu entfalten. Es bleibt abzuwarten, ob die Beteiligungen in den kommenden Jahren signifikant steigen werden.

III. Verbindung von Mikro- und Makro-Indexierung

1. Asymmetrische Interessen an Mikro- und Makro-Indexierung

Wie schon oben erwähnt wurde, sind bestimmte Gesellschaftsgruppen weniger an einer Makro- als an einer Mikroindexierung interessiert. So ist risikoscheuen Unternehmen eher an einer firmenbezogenen Indexierungsform gelegen, insbesondere daran, dass ihre Faktorzahlungen an einen Index gebunden werden, der den Bewegungen ihrer eigenen Output-Preise folgt. Dies würde für die Unternehmer eine größere Planungssicherheit bezüglich ihrer **realen** Faktorkosten bedeuten. Die Bindung an einen Makro-Index würde dagegen ihr Risiko diesbezüglich erhöhen.

Ebenso würde für eine Minderheit von Arbeitnehmern die Einführung einer Makroindexierung Nachteile gegenüber der einer Mikroindexierung mit sich bringen. Dies trifft besonders für jene Arbeitnehmer in Firmen mit einer relativ stabilen, hohen Nachfrage zu. Sie würden einen Lohnrückgang hinnehmen müssen, wenn aufgrund des Nachfragerückgangs in anderen Firmen oder Branchen das nominelle BSP sinkt. Dies wird ihren Widerstand gegen einen solchen Indexierungsplan hervorrufen.

Dagegen hat eine Makroindexierung für die Mehrheit der Arbeitnehmer Vorteile gegenüber einer Mikroindexierung. Das Risiko, das die Arbeitnehmer übernehmen, ist nämlich bei einer Indexierung der Löhne an eine Makrogröße, wie das nominelle BSP, weiter gestreut und dadurch – bei einer risikoaversiven Haltung der Arbeitnehmer – geringer als bei einer Indexierung an eine Mikrogröße wie den Firmenerlös. Denn die Schwankungen des nominellen BSP stellen eine Glättung der einzelunternehmerischen Einkommensschwankungen dar.

Insofern besteht bezüglich der verschiedenen Indexierungsformen eine **asymmetrische Verteilung der Risiken** zwischen

(a) der Mehrheit der Arbeitnehmer und einer Minderheit der Arbeitnehmer, und
(b) zwischen der Mehrheit der Arbeitnehmer und den Unternehmern.

Die hieraus folgende **Interessenasymmetrie** hinsichtlich verschiedener Indexierungsformen kann mithin ein Grund für das geringe Vorhandensein von Indexierungen in der Praxis angesehen werden.

2. Institutionelle Lösungen des Asymmetrieproblems

Zu (a): Die Widerstände der Beschäftigten in Firmen mit relativ stabiler, hoher Nachfrage können bei eigennutzorientiertem Verhalten der Betroffenen nur überwunden werden, wenn diese durch **Ausgleichszahlungen** entschädigt werden. Angesichts von Transaktionskosten und asymmetrischen Informationen ist wiederum nicht zu erwarten, dass die im Zuge der Einführung einer Indexierung entstehenden positiven Externalitäten auf privatem Wege internalisiert werden könnten. Insofern ist auch hier, ebenso wie für die Durchsetzung einer firmenbezogenen Indexierung, ein staatliches Eingreifen notwendig. Über steuerliche Entlastungen könnte zum Beispiel all den Arbeitnehmern, die in einer Firma j arbeiten, deren Erlös X_j größer als der durchschnittliche Erlös aller Firmen, X^d, ausfällt, insgesamt eine Ausgleichszahlung in Höhe von $\mu(X_j - X^d)$, wobei $\mu > 0$, gewährt werden. Die hierfür notwendigen zusätzlichen Staatsausgaben würden sich über die steigenden Steuereinnahmen und geringeren Ausgaben bei einer im Durchschnitt niedrigeren Arbeitslosenrate voraussichtlich von selbst finanzieren. Durch die Ausgleichszahlungen würde nicht nur der Widerstand der Arbeitnehmer in Firmen mit relativ stabilerem, höherem Erlös gebrochen, sondern gleichzeitig auch die Produktivität in diesen Firmen erhöht. Denn es bestünde dann ein Anreiz für die Arbeitnehmer dort, den Erlös in ihrer Firma so stark wie möglich zu steigern, um die Differenz $(X_j - X^d)$ möglichst hoch werden zu lassen. Dies wiederum würde sie veranlassen, härter und effizienter zu arbeiten.

Zu (b): Eine institutionelle Lösung des in (b) angesprochenen Asymmetrieproblems ist von Alan Blinder [1986c] vorgeschlagen worden. Sie besteht darin, dass ein **Fonds** geschaffen wird, in dem alle Firmen die Löhne für ihre Arbeiter einzahlen, wobei die eingezahlten Nominallöhne an den Firmenpreis (P_j) indexiert werden:

(1) $\qquad W_j = \lambda P_j.$

Dies würde den Interessen der Arbeitgeber entgegenkommen. Bei einer abwärtsgeneigten Nachfragekurve würde dies zugleich bedeuten, dass bei steigender Beschäftigung und steigender Produktion der zu zahlende Durchschnittslohn sinkt[119]. Insofern würde dieses institutionelle Konzept für die Firmen auch die Beschäftigungsanreize des Weitzman-Vorschlages beinhalten.

Wie oben erläutert, müssten hierbei allerdings die Arbeitnehmer das Risiko der Ertragsschwankungen ihrer jeweiligen Firma mittragen. Während sich dieses Risiko im Weitzman-Vorschlag in den Schwankungen der Gewinne ausdrückte, äußert es sich hier in den Schwankungen der relativen Preise P_j/P. Der von den Firmen gezahlte relative Preis ist ja nach (1):

(1') $W_j/P = \lambda P_j/P$,

wobei P den aggregierten Preisindex bezeichnet. Dieses Risiko könnte verringert werden, wenn die Löhne nach einer Makro-Indexierungsform ausgezahlt würden. Und zwar könnten aus dem erwähnten Fonds die tatsächlichen Löhne an die Arbeiter so ausgezahlt werden, dass sie an den **gewichteten Durchschnitt** aller relativen Preise gebunden sind. Dies ist insofern möglich, da ja ein geeignet gewichteter Durchschnitt aller relativen Preise (P_j/P) immer gleich 1 sein muss. Die Arbeitnehmer würden dann, egal für welche Firma sie arbeiten, eine Lohnzahlung in Höhe von λP erhalten. Das oben hervorgehobene Problem des asymmetrischen Verteilung der Risiken wäre damit zufriedenstellend gelöst.

Allerdings ist auch diese Fondslösung nicht ganz ohne **Probleme**.

Erstens stellt sich die Frage, ob nicht die Reduzierung des Arbeitnehmerrisikos durch eine Makroindexierung einen **Anreiz zum Trittbrettfahrerverhalten** erzeugt, sodass sich die Arbeitseffizienz und damit die Produktivität der Firmen verringern würde. Das Arbeitsentgelt der einzelnen Arbeitnehmer ist ja dann nur mehr marginal von der Produktivität der eigenen Firma und damit von dem eigenen Arbeitseinsatz abhängig. Im Unterschied dazu ist das Arbeitsentgelt bei einer firmenbezogenen Indexierung allein eine Funktion der Produktivität der eigenen Firma. Ob eine firmenbezogene Indexierung eine größere Arbeitseffizienz der Arbeitnehmer hervorruft, ist allerdings ungewiss. Denn es gilt generell, dass die Auswirkung, die eine Verringerung des individuellen Arbeitseinsatzes eines Arbeitnehmers auf die Gesamtproduktivität der Firma hat, umso geringer ist je größer eine Firma ist. Das heißt, selbst bei einer firmenbezogenen Indexierung ist in größeren Firmen der Anreiz zum Trittbrettfahrerverhalten virulent gegeben.

Zweitens besteht ein **Anreiz für die Firmen, zu „betrügen"** und den für die Lohnzahlungen gewählten Firmenpreis, der ja bei Mehrproduktfirmen eine gewichtete, nicht direkt beobachtbare Durchschnittsgröße darstellt, falsch d. h. zu niedrig anzugeben. Dadurch könnte nämlich die Firma ihre Lohnzahlungen verringern[120].

Diesem Problem müsste durch die Schaffung **neutraler Überwachungsstellen** begegnet werden[121]. Dieser Vorschlag ist natürlich sofort dem Einwand ausge-

---

[119] Es wäre $dW_j/dN_j < 0$, sodass die Grenzkosten unterhalb der Durchschnittskosten von Arbeit liegen würden.
[120] Siehe hierzu Gleichung (1).
[121] Vgl. Blinder [1986c]. Eine andere Lösung, die Blinder [1977] vorgeschlagen hatte, bestünde darin, die Lohneinzahlungen der Firmen in den Fonds an einen industrieweiten Preisindex oder an einen gewichteten Durchschnitt solcher Indizes zu binden. Der Nachteil dieser Lösung besteht jedoch darin, dass dann die positiven Beschäftigungseffekte des Weitzman-Vorschlages verlorengehen. Denn der von einer Firma zu zahlende Durchschnittslohn ist dann nur mehr in

setzt, dass die Einrichtung solcher Überwachungsstellen sehr teuer und bürokratisch sein würde. Demgegenüber könnte man wohl wie bei dem Weitzman-Vorschlag anführen, dass die Einrichtung einer solchen fondsgestützten Indexierungslösung die NAIRU reduzieren würde. Dies würde dem Staat zusätzliche Steuereinnahmen verschaffen und ihm geringere Ausgaben (für Arbeitslosenunterstützung sowie für die sozialen Folgen von Arbeitslosigkeit) aufbürden, sodass diese Überwachungsstellen ohne weiteres finanziert werden könnten. Es besteht allerdings noch ein anderes Problem, das die Effizienz von neutralen Überwachungsstellen begrenzt. Es ist die Frage, ob solche Überwachungsstellen an alle erforderlichen Informationen herankommen. Zum einen besteht eine „natürliche" Asymmetrie der firmenspezifischen Informationen zwischen der Firmenleitung und Außenstehenden. Zum anderen würde eine völlige Aufdeckung der firmenspezifischen Daten den gesetzlichen Datenschutz von autonomen selbständigen Entscheidungsträgern stark beeinträchtigen. Es ist die Frage, ob dies gesellschafts- und wirtschaftspolitisch erwünscht ist. Blinder selbst sieht diesbezüglich keine großen Probleme. Er verweist darauf, dass das Arbeitsministerium in den USA täglich mit Indexierungen zu tun hat und sie problemlos meistert. Zum Erfolg einer „überwachten" Fondslösung sei es allerdings notwendig, dass – neben einer positiven Haltung der beiden Tarifparteien – für folgende beiden Voraussetzungen gesorgt wird. Einmal müssten die Gewichte, die dem Preisindex (P) zugrundeliegen, bekannt und für die Dauer des Kontrakts fest sein. Dann könnten die Firmen den Index nicht dadurch manipulieren, dass sie ihre Produktpalette verändern. Zum anderen müssten die spezifischen Preise, die dem Index zugrundeliegen, wohl definiert und leicht beobachtbar sein, sodass Firmen und Gewerkschaften den Index überwachen können.

Es würden jedoch selbst dann immer noch eine Menge praktischer Umsetzungsprobleme zu lösen sein. Man müsste sich auf einen geeigneten Index, auf die Gewichtungsfaktoren und auf die Zeitstruktur und die Art der Anpassungsverfahren an geänderte Umweltbedingungen einigen. Prinzipiell dürften diese Probleme nicht unüberwindbar sein. Praktisch jedoch verliert ein solcher Vorschlag dadurch an Attraktivität.

---

einem marginalen Umfang negativ korreliert mit dem Beschäftigungs- und dem Produktionsniveau dieser Firma.

5. Kapitel: Einkommenspolitik

Überblick

Die wahrscheinlich bekannteste und am häufigsten diskutierte mikroökonomische Variante von Stabilitätspolitik ist Einkommenspolitik. Diese preispolitische Ergänzung makroökonomischer Stabilitätspolitiken ist auch in der Praxis oft, in der einen oder anderen Form, angewandt worden.

Unter **Einkommenspolitik** fasst man staatliche Aktivitäten, die auf eine stabilitätskonforme Einkommensbildung zielen. Der Begriff ‚stabilitätskonform' wird dabei in der Regel auf Preisniveaustabilität begrenzt[122]. Dementsprechend ist dort die Zielsetzung von Einkommenspolitik die **Verhinderung von Inflation** und damit auch die Vermeidung von Kosten der Inflationsbekämpfung. In einem weiteren Verständnis von „stabilitätskonform" wird die Zielsetzung von Einkommenspolitik jedoch gelegentlich auch als die **Stärkung des Preismechanismus bei gleichzeitiger Bewahrung von Preisniveaustabilität** aufgefasst[123]. Letzteres gilt insbesondere hinsichtlich der Vorschläge einer „marktspezifischen" Einkommenspolitik, die auch in der Lage sein soll, Lohn- und Preisinflexibilitäten abzubauen.

Einkommenspolitik kann man von ihrer prozessualen Aufgabenstellung her auch definieren als eine gewisse **institutionalisierte Form der Förderung des gesellschaftlichen Koordinierungsprozesses** bei der Inflationsvermeidung. Nun ist ein gesellschaftlicher Koordinierungsprozess nur dann zu fördern, wenn er nicht schon lokal, d. h. unter den gegebenen Institutionenbedingungen, optimal ist[124]. Er ist dann nicht optimal, wenn pareto-nutzenverbessernde private Vertragsvereinbarungen nicht zustandekommen. Wie schon oben erläutert, lässt sich ein solches Nichtzustandekommen, falls es auftritt, am ehesten auf ein „Marktversagen" zurückführen. Ein „Marktversagen" besteht zum Beispiel darin, dass sich nicht spontan Märkte zur Internalisierung von Externalitäten herausbilden. Im Falle der Vermeidung von Inflation ist ein solches Marktversagen sofort zu vermuten. Preisniveaustabilität ist ein **Kollektivgut**[125], dessen einzelwirtschaftliche Produktion positive Externalitäten für die anderen Wirtschaftssubjekte[126] mit sich bringt. Wie aus der Finanzwissenschaft bekannt ist, kann eine private Pro-

---

[122] Siehe hierfür z. B. Cassel und Thieme [2007].
[123] Hierfür siehe z. B. Lerner und Colander [1980: S. 26]. Eine zum Teil noch weitere Zielfassung findet man bei Risch [1983: S. 4] und bei Esdar [1980: S. 8f].
[124] Doch selbst wenn keine Koordinierungsprobleme oder „Marktfehler" aufträten, wie in der Neuen Klassischen Makroökonomie behauptet wird, bestünden unter Umständen Möglichkeiten, durch eine Institutionenbildung Transaktionskosten und/oder Erwartungsunsicherheit der privaten Akteure und darauf gründende Ineffizienzen zu verringern und den Gesamtnutzen zu erhöhen.
[125] Ein **Kollektivgut** oder **öffentliches Gut** ist dadurch gekennzeichnet, dass andere vom Konsum nicht ausgeschlossen werden können, und dass mehrere oder viele Wirtschaftssubjekte es verwenden können, ohne dass seine Menge spürbar abnimmt.
[126] Als einzelwirtschaftliche Einheiten oder Wirtschaftssubjekte können hier auch gesellschaftliche **Gruppen** wie beispielsweise die Tarifpartner einer bestimmten Branche gefasst werden. Ihre individuellen (gruppenegoistischen), diskretionären Lohnentscheidungen haben riesige Makroexternalitäten. Vgl. hierzu auch Okun [1978].

duktion eines solchen Gutes nicht ohne weiteres erwartet werden. Eine alternative Funktionsbeschreibung von Einkommenspolitik sieht daher wie folgt aus: Einkommenspolitik ist **eine vom Staat geschaffene Institution zur Internalisierung von Externalitäten im Zusammenhang mit der Produktion von Preisniveaustabilität**.

Konkret kann man drei Arten oder Strategien von Einkommenspolitik unterscheiden:
(1) eine informatorische Einkommenspolitik,
(2) eine imperative Einkommenspolitik, und
(3) eine Einkommenspolitik in Form einer marktkonformen Anreizpolitik.

Informatorische Einkommenspolitik: Hierunter fallen alle staatlichen Versuche, die privaten Wirtschaftssubjekte zu einer freiwilligen Verhaltensabstimmung derart zu bewegen, dass sich diese dem gesamtwirtschaftlichen Teilziel der Preisniveaustabilität quasi per Einsicht und Verantwortungsbewusstsein unterwerfen. Der Wirkungshebel dieser Strategie beruht auf der Zurverfügungstellung von Informationen und auf der regelmäßigen Bereitstellung eines Diskussionsforums für in Verteilungsfragen sich gegenseitig misstrauende Gesellschaftsgruppen.[127] Die informatorische Einkommenspolitik lässt sich aufgliedern in folgende staatliche Handlungsmöglichkeiten:

- **Maßhalteappelle** an die Öffentlichkeit oder an gewisse gesellschaftliche Gruppen in der Form von **Plädoyers an deren soziale Verantwortung** (auch „Moral Suasion" oder „Seelenmassage" genannt).
- **Informationsaustausch** mit gesellschaftlichen Gruppen wie beispielsweise Wirtschaftsverbänden und Gewerkschaften. Durch einen solchen Informationsaustausch, der sich auf Informationen über gesamtwirtschaftliche Daten, über die Erwartungen und Pläne der beteiligten Gruppen u. a. bezieht, sollen die Einkommensansprüche der Einkommensbezieher ermittelt und beeinflusst werden.
- **Organisation von Kooperationsmöglichkeiten** zwischen den verschiedenen Einkommensgruppen. Dies kann diskretionär-informell oder auch regelmäßig formalisiert geschehen. Bisher praktizierte Formen von formalisierten Kooperationsforen sind einmal die im deutschen Stabilitätsgesetz von 1967 (dort im §3)[128] vorgesehene und während der siebziger Jahre realisierte **Konzertierte**

---

[127] Letzteres ist bekanntlich eine wichtige Voraussetzung für „Vertrauensbildung" zwischen Handlungspartnern unter Unsicherheit. Vgl. hierzu Luhmann [2000] oder Gambetta [Hrsg., 1988] sowie Fisman und Khanna [1999]. Für eine interessante Diskussion über den Einfluss von Vertrauen auf die Wirtschaftspolitik siehe z. B. Knack und Zak [2003] und Aghion et al. [2010].

[128] §3 des **Stabilitätsgesetzes** („Gesetz zur Förderung der Stabilität und des Wachstums der Wirtschaft") lautet:
„(1) Im Falle der Gefährdung eines der Ziele des §1 stellt die Bundesregierung Orientierungsdaten für ein gleichzeitiges aufeinander abgestimmtes Verhalten (konzertierte Aktion) der Gebietskörperschaften, Gewerkschaften und Unternehmensverbände zur Erreichung der Ziele des §1 zur Verfügung. Diese Orientierungsdaten enthalten insbesondere eine Darstellung der gesamtwirtschaftlichen Zusammenhänge im Hinblick auf die gegebene Situation.
(2) Der Bundesminister für Wirtschaft hat die Orientierungsdaten auf Verlangen eines der Beteiligten zu erläutern."
§1 des Stabilitätsgesetzes lautet:
„Bund und Länder haben bei ihren wirtschafts- und finanzpolitischen Maßnahmen die Erfordernisse des gesamtwirtschaftlichen Gleichgewichts zu beachten. Die Maßnahmen sind so zu treffen, dass sie im Rahmen der marktwirtschaftlichen Ordnung gleichzeitig zur Stabilität des Preis-

Aktion, und zum anderen **Koordinierungsräte**, wie sie beispielsweise in Österreich seit den fünfziger Jahren installiert sind.

Imperative Einkommenspolitik: Hierzu zählen alle gesetzgeberischen Maßnahmen, mithilfe derer die Einkommensgruppen zu stabilitätskonformen Verhalten gezwungen werden sollen. Die bekanntesten und empirisch erprobten diesbezüglichen Maßnahmen sind
- staatlich verfügte **Lohn- und Preisstopps** oder entsprechende **Leitlinien**. Sie sind bislang in vielen Ländern (nicht jedoch in der Bundesrepublik Deutschland) zeitweise eingeführt worden. Außerdem gehören hierzu
- **wettbewerbspolitische Aktivitäten** mit dem Ziel der Zerschlagung oder Einschränkung der Machtpositionen von Einzelunternehmen, Unternehmensverbänden und Gewerkschaften. Ein praktiziertes institutionelles Beispiel hierfür ist das Kartellrecht und als ausführende Behörde das Kartellamt.

Marktkonforme Anreizpolitik: Unter diese Kategorie fallen vor allem neuere, noch wenig erprobte Vorschläge, die die freie Entscheidung der privaten Akteure beibehalten wollen, jedoch nicht auf die Wirksamkeit einer rein informatorischen Politik vertrauen. Der Wirkungshebel dieser Politikvariante besteht in ökonomischen Anreizen, umso die privaten Akteure zu stabilitätskonformem Verhalten zu bewegen. Die zwei bekanntesten Vorschläge beziehen sich auf
- **steuerpolitische Anreize**, sowie auf die
- **Bildung neuer Märkte** zur Internalisierung externer Effekte (beispielweise ein Markt zum Handel mit Emissionsrechten).

Da nun die Installierung neuer Institutionen wie z. B. Einkommenspolitik[129] nicht kostenlos ist – es fallen sowohl Kosten der Einführung, administrative Kosten sowie Allokationseffekte an –, bedarf es des Nachweises, dass gewisse Anwendungsbedingungen vorliegen. Im Falle von Einkommenspolitik sind es folgende fünf Tatbestände, die vorliegen müssen, damit ihre Einführung rationalerweise vorgeschlagen werden kann:

1. Es muss einen **Inflationsbias** geben.
2. Es müssen **reale Inflationskosten** bestehen.
3. Eine **rein makroökonomische oder monetäre Inflationsbekämpfung** muss mit **Kosten** verbunden sein.
4. Einkommenspolitik muss **wirksam** sein, d. h. in der Lage sein, das Preissystem zu stabilisieren und Disinflationskosten zu senken.
5. Die Kosten der Einführung und Aufrechterhaltung der neuen Institution müssen geringer sein als die Mehrkosten bei herkömmlichen makroökonomischen Politiken allein (**alternativer Kostenvergleich**).

---

[129] niveaus, zu einem hohen Beschäftigungsstand und außenwirtschaftlichem Gleichgewicht bei stetigem und angemessenem Wirtschaftswachstum beitragen."
Wie wir noch sehen werden, ist Einkommenspolitik keine völlig „neue" Institution, sondern sie wird in einer bestimmten Form, vor allem als „informatorische Einkommenspolitik", andauernd und in beinahe allen Ländern praktiziert. Doch auch in der Form ‚imperativer Einkommenspolitik' lässt sie sich Jahrtausende zurückverfolgen. Vgl. Lerner und Colander [1980: S. 21]. Nur in der Form „marktkonformer Anreizpolitik" kann Einkommenspolitik wirklich als „neue Institution" bezeichnet werden.

Die Bedingungen 1., 2. und 3. kann man als die **notwendigen** Bedingungen und die Bedingungen 4. und 5. als die **hinreichenden** Bedingungen der Einführung von Einkommenspolitik bezeichnen. Die ersten drei Bedingungen werden im Folgenden Abschnitt I untersucht, während die letzteren beiden Bedingungen im Abschnitt II geprüft werden.

IV. Zur Frage der Notwendigkeit einkommenspolitischer Ergänzungsmaßnahmen

1. „Realer" Inflationsbias

Es wird häufig behauptet, dass moderne Marktwirtschaften einen Inflationsbias aufweisen, das Preissystem also **instabil** sei. Die Empirie der letzten Jahrzehnte scheint dies auch zu belegen. Der Preisniveauindex (wie auch immer gemessen) ist während dieser Zeit in allen westlichen Ländern nahezu unaufhörlich gestiegen. Auf ökonomischem Feld allein lässt sich die Behauptung eines systemendogenen Inflationsbias jedoch nicht beweisen. Man müsste dafür zeigen können, dass es andauernde Übernachfragetendenzen in einer Marktwirtschaft gibt. Dies wird man jedoch kaum systematisch begründen können. (Die „Begründung" von Inflation über ein „zu hohes" Geldmengenangebot setzt dagegen auf einer Ebene zu hoch an, was die Erklärung der Inflations**ursachen** anbelangt. Letztere können nicht geldtheoretisch begründet werden, sondern müssen auf **reale** Faktoren zurückgeführt werden.) Von daher bauen letztlich alle Thesen eines Inflationsbias auf politische oder soziokulturelle Begründungen. Diese Bezugnahme auf politische und soziokulturelle Bedingungen erscheint auch sinnvoll, da das ökonomische System – wie schon in der Einleitung betont – letztlich nicht isoliert von den anderen Teilsystemen einer Gesellschaft betrachtet werden kann. Dementsprechend werden sich die nächsten beiden Unterabschnitte mit den Anforderungen oder Funktionsbedingungen des politischen Systems und des soziokulturellen Systems beschäftigen, die eine Regierung **zwingen** können, eine insgesamt inflationär wirkende Ausgleichs- oder Verteilungspolitik zu betreiben.

1.1 Politische Theorie eines Inflationsbias

In der sogenannten „Politischen Theorie der Inflation"[130] wird versucht zu begründen, dass die Struktur und Funktionsweise des politischen Systems repräsentativer Demokratien für einen Inflationsbias der westlichen („marktwirtschaftlich-kapitalistischen") Wirtschaftsordnung verantwortlich gewesen ist. Diese Inflationstheorie gründet auf Ergebnissen der **Ökonomischen Theorie der Politik**[131] zur Rolle der Demokratie (interpretiert als Parteienkonkurrenz), der Verbände (aufgefasst als organisierte gesellschaftliche Gruppen) und der Bürokratie (definiert als

---

[130] Eine kurz gehaltene frühe Zusammenfassung dieser Theorie ist z. B. in Cassel und Thieme [1977: S. 27–31] zu finden. Eine neuere „rationale" Version dieser Theorie stammt von Alesina [1987]. Eine sehr umfassende und moderne Darstellung dieses Themas bieten Drazen [2000] und Persson und Tabellini [2002]. Siehe auch Drazen [2008] und Alesina und Stella [2010].

[131] Die klassischen Beiträge zur „Ökonomischen Theorie der Politik" (manchmal auch als „Neue Politische Ökonomie" bezeichnet) stammen von Buchanan und Tullock [1962], Arrow [1963], Downs [1968] und Olson [1968]. Siehe für einen guten Überblick und die Entwicklung der neuen politischen Ökonomie Gamble [1995].

Produzenten von Kollektivgütern). Kennzeichnend für diese Theorie ist, dass sie die neoklassische Marktanalyse auch auf politische und soziale Prozesse anwendet. Gesellschaftsmitglieder verfolgen demnach auch als Wähler, Partei-, Regierungs- und Verbandsmitglieder primär ihre individuellen Interessen und verhalten sich dabei nutzenmaximierend. Dementsprechend fördern sie auch nur insoweit gesamtwirtschaftliche oder Gemeininteressen, wie dies auch ihren Eigeninteressen förderlich erscheint. Ansonsten sind ihre sozialen Verhaltensweisen typisch opportunistisch. Parteien haben nach dieser Theorie vorwiegend nur die Maximierung von Wählerstimmen im Auge. Bürokratien streben vor allem nach Macht, Einfluss, Prestige und Einkommen ihrer Mitglieder; und Verbände versuchen allein Gruppeninteressen durchzusetzen. Das Gemeinwohl bzw. die Produktion von Kollektivgütern wie insbesondere Preisniveaustabilität bleibt hierbei auf der Strecke oder, gelinder ausgedrückt, wird nur ungenügend gefördert. Stattdessen dominiert die Politik der Wahlgeschenke, des ungezügelten Wachstums der Bürokratie („Parkinson'sche Gesetz") und der hemmungslosen Durchsetzung von Partikularinteressen. Die Finanzierung all dessen kann nur über eine Geldmengenaufblähung (und/oder über eine zunehmende Staatsverschuldung) geschehen. Folglich ist die Gefahr von Inflation in einer Wahldemokratie andauernd bzw. systematisch vorhanden.

Ein Inflationsbias lässt sich auch begründen, wenn von Parteien mit unterschiedlichen Zielorientierungen und von rationaler Erwartungsbildung ausgegangen wird. Dabei kann Bezug genommen werden auf eine „rationale Theorie des politischen Konjunkturzyklus", die auch als „rationale Partisan-Theorie" bezeichnet wird (vgl. Alesina [1987], Alesina und Sachs [1988] sowie Alesina und Rosenthal [1995])[132].

Diese sogenannte „rationale Partisan-Theorie" gründet auf folgenden vier **Annahmen:**

(i) Es gibt eine kurzfristige Phillipskurve, d. h. einen von der Politik kurzfristig ausnutzbaren Trade-off zwischen Inflation und Arbeitslosigkeit.

(ii) Die Parteien haben unterschiedliche Präferenzen bezüglich dieses Trade-offs. Linksparteien präferieren im Vergleich mit Rechtsparteien einen Punkt auf dem

---

[132] Im Gegensatz zu dieser „neuen" Theorie unterstellte die „alte" Theorie des politischen Konjunkturzyklus von Nordhaus [1975], dass erstens Politiker bzw. Parteien allein ihre Wiederwahlchancen im Auge haben und folglich identische Politiken verfolgen, und zweitens die Wähler „kurzsichtig" handeln und „rückwärtsblickende" (autoregressive) Erwartungen bilden. Die erste Annahme wurde am wirksamsten von Hibbs in seiner „Partisan-Theorie" kritisiert. Hibbs [1977] ging im Gegensatz zu Nordhaus davon aus, dass politische Parteien unterschiedliche Präferenzen über den Trade-off zwischen Inflation und Arbeitslosigkeit haben. Die zweite Annahme autoregressiver Erwartungen wurde in den siebziger Jahren mit dem Aufkommen der „Theorie rationaler Erwartungen" (siehe z. B. Lucas [1972, 1973]) als unakzeptabel zurückgewiesen (siehe näher im 1. Kapitel). In den achtziger Jahren sind jedoch „rationale Versionen" der Theorie des politischen Konjunkturzyklus entstanden. So zeigten Arbeiten von Cukierman und Meltzer [1986], Rogoff [1987] und Rogoff und Sibert [1988], dass Nordhaus' Einsichten selbst dann Bestand haben können, wenn die Wähler nicht mehr „kurzsichtig" handeln und rationale Erwartungen bilden. Erforderlich hierfür ist nur, dass sie unvollkommene Informationen über einige Umwelteigenschaften, über die Ziele der Politiker oder deren Fähigkeiten, die Wirtschaft zu lenken, haben.
Eine andere rationale Theorie des politischen Konjunkturzyklus, die die Partisan-Theorie von Hibbs mit der Annahme rationaler Erwartungen verbindet, ist die „rationale Partisan-Theorie" von Alesina [1987]. Auf diese bezieht sich die obige Argumentation. Siehe Heckelman [2001] für eine ökonometrische Untersuchung des Modells von Alesina [1987].

Trade-off, der mit einer höheren Inflationsrate und einer niedrigeren Arbeitslosenrate verbunden ist.[133]

(iii) Es finden mehr oder weniger regelmäßig demokratische Wahlen statt, bei denen sich die Parteien um die Regierungsmacht bewerben.

(iv) Die Wähler können im Vorhinein nicht sicher sein, welche Partei die Wahl gewinnt. Das heißt, es herrscht „Wahlunsicherheit". Die „Wahlunsicherheit" der Wähler basiert auf Änderungen der Parteipräferenzen eines Teils der Wähler. Das heißt, nur ein Teil der Wähler sind Stammwähler.

Es werden außerdem rationale Erwartungen unterstellt. Wenn die Wirtschaftssubjekte zeitabhängige Verträge **vor** den Wahlen abschließen, so basieren diese Verträge auf wahrscheinlichkeitsgewichteten, **rationalen** Erwartungen über die Inflationsrate **nach** der Wahl. Die Wahrscheinlichkeitsgewichtung beruht auf exogenen Wahrscheinlichkeiten bezüglich des Wahlerfolgs der Parteien. Die tatsächliche Inflationsrate wird entweder höher oder niedriger als diese Erwartungen liegen. Sie wird, wie sich aus der „rationalen Partisan-Theorie" ableiten lässt, höher liegen, wenn Linksparteien an die Macht kommen, und sie wird niedriger sein, wenn Rechtsparteien die Wahl gewinnen. Denn eine linksgerichtete Regierung wird nach der Partisan-Theorie unmittelbar nach einer gewonnenen Wahl eine ökonomische Expansion einleiten, um die Arbeitslosigkeit zu bekämpfen, während eine rechtsgerichtete Regierung mit einer ökonomischen Rezession beginnen wird, um die Inflation zu reduzieren. Im zweiten Teil ihrer Regierungsperiode werden jedoch beide Parteien mit der gleichen („natürlichen") Arbeitslosenrate vorlieb nehmen müssen, während dann die Inflationsrate bei einer linksgerichteten Regierung höher ausfallen wird. Letzteres liegt daran, dass sich die Inflationserwartungen dem jeweiligen Politikregime anpassen und in die nächsten Vertragsabschlüsse nach der Wahl eingehen. Von daher besteht nur ein kurzfristiger Trade-off zwischen Inflation und Arbeitslosigkeit.

Ein **Inflationsbias** lässt sich nun aus folgender Überlegung heraus ableiten. Selbst bei einer schon länger andauernden Herrschaft einer Rechtsregierung, die Preisniveaustabilität anstrebt, können die Wähler nicht ausschließen, dass bei der nächsten Wahl eine Linksregierung an die Macht kommt. Diese Unsicherheit beeinflusst jedoch die Inflationserwartungen der Öffentlichkeit und damit die tatsächliche Inflation. Dies wird im Anhang zu diesem Abschnitt modelltheoretisch abgeleitet.

Die Inflationsgefahr ist im obigen Modellzusammenhang umso größer, je polarisierter ein politisches System ist. Der Zusammenhang zwischen Polarisierung oder politischer Instabilität und Inflationsgefahr wurde in verschiedenen Ansätzen der „Neuen Politischen Ökonomie der makroökonomischen Politik" (vgl. Persson und Tabellini [1990]) näher herausgearbeitet. So zeigen beispielsweise Cukierman, Edwards und Tabellini [1992], dass das Vertrauen auf die Inflationssteuer

---

[133] Wenn man Parteien als Interessenorganisationen von bestimmten Wählerschichten, die unterschiedlich von Inflation und Arbeitslosigkeit betroffen sind, faßt, so sind die unterschiedlichen Präferenzen der Parteien bezüglich der Phillipskurve erklärlich. Konkret wird davon ausgegangen, dass Linksparteien eher die Interessen der ärmeren Bevölkerungsschichten, die unmittelbar mehr Arbeitslosigkeit und weniger von Inflation betroffen werden, organisieren, während Rechtsparteien eher die Interessen der reicheren Bevölkerungsschichten, die unmittelbar mehr von Inflation und weniger von Arbeitslosigkeit getroffen werden, repräsentieren.

(damit auch der Inflationsbias) umso höher ist, je instabiler das politische System ist. Dies wird darauf zurückgeführt, dass eine Regierung in einem instabilen politischen System nicht bzw. nur mit einer geringen Wahrscheinlichkeit erwarten kann, dass sie die Erträge der Investitionen in ein effizienteres Steuersystem, die erst in der Zukunft anfallen, für sich in Anspruch nehmen kann. Mit anderen Worten: die Regierung, die sich gerade an der Macht befindet, ist unsicher über ihre Wiederwahl. Folglich wird sie auch die Kosten eines Budgetdefizits oder auch einer Inflation bzw. eines Inflationsabbaus, die in der Zukunft anfallen, gar nicht voll internalisieren. Im Gegenteil: Die Wahl einer gesamtwirtschaftlich-suboptimalen Finanzierungsstrategie ist hier das Ergebnis einer **strategischen Entscheidung** der Regierung, die gerade an der Macht ist. Insbesondere mag eine Regierung (oder eine legislative Mehrheit) gezielt ein ineffizientes Steuersystem aufrechterhalten und eine Inflationsfinanzierung betreiben, umso das Verhalten zukünftiger konkurrierender Regierungen, mit denen sie in wesentlichen ideologischen (vor allem auch nicht ökonomischen) Fragen nicht übereinstimmt, zu beschränken.

Diese Politischen Theorien der Inflation dürften für die meisten Betrachter auf den ersten Blick sehr plausibel klingen. Insbesondere scheint die zugrundeliegende Staatsauffassung realistischer zu sein als die Interpretation des Staates als eines Gemeinwohlmaximierers. Wie wir im 2. und 3. Kapitel gesehen hatten, liegt diese Staatsauffassung auch der Forderung zugrunde, dem Staat die Hände zu binden, indem eine Geldmengenregel festgelegt **und** konstitutionell abgesichert wird. Jedoch sind die Aussagen dieser Inflationstheorie (zumindest in deren ursprünglichen Versionen) etwas „unscharf", und sie bilden insgesamt eine allein nicht hinreichende Erklärung für einen Inflationsbias.

Von daher bedarf es auch weitergehender soziokultureller Erklärungen, die in Abschnitt 1.2 angesprochen werden.

Anhang: Wahlpolitische Theorie eines Inflationsbias – Modellanalyse[134]

Ich gehe von einem einfachen Modell mit zwei Parteien (oder Parteikoalitionen) aus. Der Einfachheit halber bezeichne ich sie mit „Linkspartei", gekennzeichnet durch den Index ,L', und „Rechtspartei", beschrieben durch den Index ,R'. Die **Verlustfunktionen** der beiden Parteien seien durch die Gleichungen (1) und (2) ausgedrückt.

(1) $\quad L^R = (a/2)\pi^2 + (b/2)(U-U^n)^2$
(2) $\quad L^L = (f/2)\pi^2 + (b/2)(U-kU^n)^2$.

Die zugrundeliegenden Annahmen sind: Beide Parteien haben eine Abneigung gegen Inflation **und** gegen Arbeitslosigkeit. Arbeitslosigkeit wird gemessen durch die Abweichung der tatsächlichen Arbeitslosenrate von der Zielrate, wobei unter „Zielrate" U^Z diejenige verstanden wird, die die jeweilige Partei als **realisierbar** ansieht. Die Abneigung gegen eine Abweichung der Arbeitslosenrate von der Zielrate ist bei beiden Parteien gleich groß (= b/2). Allerdings ist die Zielrate der Linkspartei ($U_L^Z = kU^n$) geringer als die der Rechtspartei ($U_R^Z = U^n$), da $kU^n < U^n$,

---

[134] Vgl. Wagner [1990a]. Siehe dort auch eine ausführliche Annahmendiskussion sowie eine Modellanalyse von Politikimplikationen.

wobei k < 1 und U^n die sogenannte „natürliche" Arbeitslosenrate darstellt. Grundlage hierfür ist, dass die Linkspartei optimistischer ist als die Rechtspartei bezüglich der Wirksamkeit und den Kosten keynesianischer Politik. Die Zielrate bezüglich der Inflation ist für beide Parteien Null ($\pi^z = 0$). Allerdings ist die Abneigung der Rechtspartei gegenüber Inflation stärker als die der Linkspartei (a > f).

Außerdem existiere eine **kurzfristige Phillipskurve**, ausgedrückt in Gleichung (3):

(3) $\quad U = U^n - c(\pi - \pi^e)$, wobei c > 0.

Das bedeutet, Nachfragepolitik ist kurzfristig wirksam, wenn Inflationsüberraschungen auftreten.

Es wird davon ausgegangen, dass beide Parteien ihre Verlustfunktion minimieren. Dabei nehmen sie die Inflationserwartung der Öffentlichkeit (π^e) als gegeben. Dem liegt die hier gemachte Annahme zugrunde, dass sich die Öffentlichkeit in ökonomischen Verträgen vor der Wahl auf eine bestimmte Inflationsrate festlegt. π^e hängt selbst von den Präferenzen der beiden Parteien ab, die der Öffentlichkeit bekannt seien. Nun kann man hieraus berechnen, für welche Inflationsraten sich die Parteien entscheiden werden, wenn sie an die Regierung kommen. Es wird angenommen, dass die Regierungspartei die Inflationsrate über die Steuerung der Geldmenge festlegen kann. Die Berechnung geht wie folgt.

Wir benutzen Gleichung (3), um U in den Gleichungen (1) und (2) zu ersetzen:

(4) $\quad L^R = (a/2)\pi^2 + (b/2)c^2(\pi - \pi^e)^2$.
(5) $\quad L^L = (f/2)\pi^2 + (b/2)[(1-k)U^n - c(\pi - \pi^e)]^2$.

Nun lösen wir nach der jeweiligen **optimalen Inflationsrate** der beiden Parteien und erhalten so [135]

(6) $\quad \pi^R = \alpha\pi^e$, $\quad$ mit $\alpha = [bc^2/(a+b^2)] < 1$, und
(7) $\quad \pi^L = \beta\pi^e + \gamma$, $\quad$ mit $\beta = [bc^2/(f+bc^2)] < 1$ und $\gamma = [bc(1-k)/(f+bc^2)]U^n$.

Nun berücksichtigen wir, dass die Erwartungen der Öffentlichkeit rational sind. Dies ist in Gleichung (8) ausgedrückt:

(8) $\quad \pi^e = q\pi^L + (1-q)\pi^R$,

wobei q die Wahrscheinlichkeit, dass die Linkspartei gewählt wird, angibt (0 < q < 1).[136]

Wenn wir das Gleichungssystem, bestehend aus den Gleichungen (6), (7) und (8) lösen, erhalten wir:

(9) $\quad \pi^R = \{q\alpha/[1-q\beta+\alpha(1-q)]\}\gamma$,
(10) $\quad \pi^L = \{(\beta-\beta q)q\alpha/(1-\beta q)[1-q\beta+\alpha(1-q)]\}\gamma+\gamma$.

---

[135] Man leitet hierfür (4) und (5) nach π ab und faßt zusammen. $\pi^R(\pi^L)$ steht hier für die von der Rechtspartei (Linkspartei) gewählte Inflationsrate.
[136] Die Wahrscheinlichkeitsverteilung der Wahlergebnisse wird hier als exogen und als allgemein bekannt unterstellt. Die Linkspartei L wird mit einer Wahrscheinlichkeit q gewählt, und die Rechtspartei R mit einer Wahrscheinlichkeit (1-q). Diese Wahlen finden in diskreten, exogen vorgegebenen Zeitabschnitten statt.

Gleichung (9) gibt die Inflationsrate an, die eintreten wird, wenn die Rechtspartei gewählt wird. Gleichung (10) gibt die Inflationsrate an, die sich einstellen wird, wenn die Linkspartei gewählt wird.

Obwohl die privaten Wirtschaftssubjekte (die Wähler) annahmegemäß rationale Erwartungen besitzen und die Präferenzen der Parteien kennen, kommt es zu nicht antizipierter Inflation, d. h. zu Inflationsüberraschungen. Dies liegt an der „Wahlunsicherheit". Das heißt, die privaten Wirtschaftssubjekte wissen nicht genau, welche der beiden Parteien die nächste Wahl gewinnen wird. Die **Inflationsüberraschungen** sind in den Gleichungen (11) und (12) angegeben[137]:

(11) $\pi^R - \pi^e = -q(\pi^L - \pi^R) < 0$.
(12) $\pi^L - \pi^e = (1-q)(\pi^L - \pi^R) > 0$.

Die Inflationsüberraschung nach dem Wahlgewinn einer Rechtspartei ist negativ, die nicht antizipierte Inflation nach dem Wahlgewinn einer Linkspartei positiv[138].

Inflationsüberraschungen sind die Auswirkungen einer durch die Wahldemokratie bedingten **möglichen** Änderungen von Politikregimes. Inflationsüberraschungen haben **reale Effekte**. Und zwar erzeugt die Inflationsüberraschung nach der Wahl einer Rechtspartei ($\pi^R - \pi^e < 0$) eine **Rezession**, da die realen Faktorkosten der Produktion steigen werden. Dagegen eröffnet die Inflationsüberraschung nach der Wahl einer Linkspartei ($\pi^L - \pi^e > 0$) die Möglichkeit einer **wirtschaftlichen Expansion** und damit verbunden einer Beschäftigungssteigerung, da die realen Faktorkosten sinken werden. Diese realen Effekte sind jedoch nur von kurz- bis mittelfristiger Dauer. Sobald sich nämlich die Inflationserwartung der Öffentlichkeit an die tatsächliche Inflationsrate nach der Wahl angepasst hat (sodass je nach Regierung ein Erwartungsgleichgewicht $\pi^e = \pi^R$ bzw. $\pi^e = \pi^L$ herrscht) und die neue Inflationserwartung in die nächsten ökonomischen Vertragsabschlüsse über die Faktorenentlohnung mit eingeht, verschwinden die realen Effekte. Im obigen Zusammenhang bedeutet dies, dass dann die tatsächliche Arbeitslosenrate, U, auf die „natürliche" Rate, U^n, zurückkehrt. Was bleibt, sind dann nur mehr unterschiedliche Inflationsraten. Im Falle einer Rechtsregierung wird die Inflationsrate π^R sein, während im Falle einer Linksregierung die Inflationsrate π^L betragen wird. Eine Linksregierung müsste also den Vorteil einer kurzfristigen Steigerung von Output und Beschäftigung mit einer längerfristigen höheren Inflation erkaufen. Die Rechtspartei erzeugt erstmal Wohlfahrtskosten in Form einer höheren Arbeitslosigkeit durch die ausgelöste Rezession im Zuge des erst allmählich wirksamen Inflationsabbaus auf π^R. Dagegen produziert eine Linkspartei Wohlfahrtskosten durch die – im Zuge der Expansion erzeugte – anhaltend höhere Inflation.

Beide Wohlfahrtskosten – die Rezessionskosten (sprich, vorübergehend über das „natürliche" Niveau hinausgehende Arbeitslosigkeit) nach einer Wahl der Rechtspartei, wie auch die anhaltend höheren Inflationskosten nach einer Wahl der Linkspartei – können vermieden werden, wenn sich **beide** Parteien glaubhaft

---

[137] Zur Ableitung siehe die Gleichung (8).
[138] Dies folgt daraus, dass $\pi^L - \pi^R$ positiv ist. Letzteres sieht man aus einem Vergleich von (6) und (7), wobei zu beachten ist, dass $\beta > \alpha$ (da a > f > 0) und $\gamma > 0$ (da c > 0, b > 0, k < 1 und $U^n > 0$). Aus (6) und (7) folgt: $\pi^L - \pi^R = (\beta - \alpha)\pi^e + \gamma$.

auf eine gemeinsame Inflationsrate **festlegen** würden bzw. könnten. In diesem Fall wäre $\pi^R = \pi^L = \pi^e = \pi$. Aus (3) würde dann folgen, dass die Arbeitslosenrate andauernd auf ihrem „natürlichen" Niveau bleibt ($U = U^n$). In diesem Fall würden beide Parteien die Inflationsrate 0 jeder anderen Rate vorziehen[139]. Man kann jedoch zeigen, dass eine solche kooperative Festlegung oder Selbstverpflichtung einer Linkspartei nicht glaubwürdig ist (Wagner [1990a: 362–4])[140] Wenn die privaten Wirtschaftssubjekte rational und informiert sind, werden sie den Anreiz der Linkspartei zur Abweichung von ihrer Ankündigung einer kooperativen Festlegung erkennen. Folglich werden sie ihre Inflationserwartung dem anpassen und die Inflation so hoch treiben, dass der Anreiz für die Linkspartei, eine Überraschungsinflation zu erzeugen, beseitigt wird. Spieltheoretisch gesprochen, kann unter den hier angenommenen Spielregeln, bei denen sich die privaten Akteure zuerst auf eine gegebene Inflationserwartung, π^e, festlegen, ein Zustand $\pi^L = 0$ kein Nash-Gleichgewicht sein. $\pi^L = \pi^L\big|_{(10)}$ ist hier das einzige Nash-Gleichgewicht; d. h. wenn die Inflationsrate $\pi^L\big|_{(10)}$ vom privaten Sektor erwartet wird, dann wird sie von der Linksregierung auch realisiert.

Doch wenn eine Selbstverpflichtung der Linkspartei nicht glaubhaft ist, dann ist auch eine **einseitige** Selbstverpflichtung der Rechtspartei in der Regel nicht glaubwürdig. Denn wenn zu erwarten ist, dass die Linkspartei die diskretionäre Strategie wählt, so ist es für eine Rechtsregierung nicht mehr optimal, eine Nullinflation anzustreben[141]. Dies sieht man aus Gleichung (9). Folglich ist **ein genereller Inflationsbias** vorhanden.

1.2 Soziokulturelle Theorie eines Inflationsbias

Als notwendige Ergänzung zur politischen Theorie der Inflation sind die soziokulturellen Voraussetzungen für die Inflationsentstehung herauszuarbeiten. Denn Regierungen reagieren, insbesondere wenn sie Wählerstimmen maximieren, auf Erwartungs- und Anspruchshaltungen von Wählern. Solche Erwartungs- und Anspruchshaltungen sind im Wesentlichen von Normen bestimmt, die im soziokulturellen System produziert werden. Entscheidend sind, was den Inflationsentstehungsprozess anbelangt, **Gerechtigkeitsnormen** hinsichtlich der Verteilung. Ihr Einfluss stellt sich wie folgt dar. Die Gesellschaftsmitglieder haben gewisse Vorstellungen von einer gerechten Verteilung, insbesondere was die Verteilung des Volkseinkommens angeht. Die heute in den westlichen Gesellschaften dominierenden Verteilungsnormen entstanden im Wesentlichen während der Epoche der Aufklärung im 18. Jahrhundert und sind aus den Denkmustern der Markttheorie abgeleitet. Diese beruhen auf dem Grundgedanken, dass Einkommens- und Vermögensunterschiede nur auf unterschiedlichen individuellen „Leistungen" beruhen dürfen. Mit dem Durchbruch des marktwirtschaftlich-kapitalistischen Systems wurden die alten Rechtfertigungen für Ungleichheiten, die auf angestammten Positionen und Rechten beruhen, allmählich aufgeweicht, d. h. nicht mehr ohne weiteres akzeptiert. Der Ruf nach Verteilungsgerechtigkeit ist in diesem Zusam-

---

[139] Denn bei $\pi = 0$ würde dann der Wert beider Verlustfunktionen minimiert. Siehe aus (4) und (5).
[140] Vgl. hierzu auch noch einmal Abschnitt B.II.5 im 2. Kapitel oben.
[141] Die einzige Ausnahme wäre der Fall, wo $q = 0$ ist. Selbst wenn die Rechtspartei extrem inflationsaversiv eingestellt ist, sodass $a = \infty$, würde die optimale Inflationsrate $\pi^R = [q/(1-q)]\gamma$ und die der Linkspartei $\pi^L = [\beta q/(1-\beta q)]\gamma$ sein. Dies ist aus (9) und (10) zu ersehen.

menhang zu verstehen als Forderung, die als ungerecht empfundenen Einkommens- und Verteilungsdiskrepanzen abzubauen bzw. ihre Entstehung zu verhindern. Tarifverhandlungen heutzutage sind in diesem Lichte zu interpretieren. Sie orientieren sich am **individualistischen Leistungsprinzip**, d. h. am Prinzip **gleiche Bezahlung für gleiche Arbeitsleistung**[142].

Dieses Prinzip stimmt mit dem Konzept der Grenzproduktivitätsverteilung überein, solange wir uns innerhalb des Modells einer selbstverwalteten Unternehmung oder eines **repräsentativen** kapitalistischen Unternehmens bewegen. Für den realistischen Fall unterschiedlich effizienter kapitalistischer Unternehmen weicht das Prinzip „gleiche Bezahlung für gleiche Arbeitsleistung" jedoch vom Konzept der Grenzproduktivitätsverteilung ab. Die Grenzproduktivität eines Arbeitnehmers ist ein Kuppelprodukt seiner eigenen (individuellen) Leistung und der Organisationsleistung des Unternehmers. Auf die Organisationsleistung des Unternehmers hat der Arbeitnehmer in einer kapitalistischen Firma keinen Einfluss. Außerdem ist die Grenzproduktivität auch noch abhängig von exogenen Faktoren wie z. B. dem technischen Fortschritt. Auch hierauf hat der einzelne Arbeitnehmer keinen Einfluss. Folglich orientiert sich der Arbeitnehmer in einer marktwirtschaftlich-kapitalistischen Wirtschaftsordnung rationalerweise nicht an der Grenzproduktivität, sondern an seiner **relativen** Arbeitsleistung. Die Einschätzung letzterer ist sicherlich subjektiv. Allerdings gibt es Vergleichsmöglichkeiten mit anderen ähnlich qualifizierten und ähnlich fleißigen Arbeitnehmern, die als Vergleichsmaßstab herangezogen werden[143]. Unterschiede in dieser relativen Arbeitsleistung sind für den einzelnen Arbeitnehmer bei Lohnforderungen entscheidend, nicht jedoch Unterschiede in der von ihm nicht allein zu verantwortenden Grenzproduktivität. Dies bedeutet, dass beispielsweise branchenspezifische Produktivitätsunterschiede kein Anlass sind für die Arbeitnehmer, unterschiedliche Lohnforderungen zu stellen. Argumentationen, nach denen ein Arbeitnehmer in der Werft- oder Stahlindustrie geringere Lohnerhöhungen als vergleichbare Arbeitnehmer in der Elektronikbranche erhalten soll, bloß weil in „seiner" Branche bzw. in „seinem" Unternehmen ein geringerer Produktivitätsfortschritt als in der Elektronikbranche erzielt worden ist, dürften deshalb kaum mit dem Gerechtigkeitsbild der Arbeitnehmer zusammenpassen.

Auf der Legitimationsgrundlage der eben beschriebenen Gerechtigkeitsnorm kann sich dann, wie im Folgenden Anhang gezeigt wird, eine sogenannte „Lohn-Lohn-Spirale" entwickeln[144]. Diese mündet tendenziell in eine sogenannte „Lohn-Preis-Spirale", wenn die Arbeitnehmer wie auch die Unternehmer versuchen, bestehende **funktionelle** Einkommensanteile zu verteidigen. Die Lohnforderungen in den westlichen Industrieländern sind, wie die Praxis zeigt, mikroökonomisch geprägt von dem Wunsch, die Lohnzuwächse an die der Arbeitnehmer in den Branchen mit hohen Produktivitätszuwächsen anzugleichen. Makroökonomisch sind sie dagegen geprägt von dem Bestreben, die bestehende Lohnquote zumindest zu stabilisieren.

---

[142] Zu diesem Leistungsprinzip siehe näher z. B. Offe [1970].
[143] Besoldungsrichtlinien wie die im öffentlichen Dienst (TVöD) bedienen sich solcher Vergleichskriterien.
[144] Vgl. hierzu näher Okun [1981: Kap. 3].

Dies begründet eine andauernde Tendenz zu einer „strukturellen Inflation"[145]. Ein weiterer inflationärer Druck wird dadurch ausgelöst, dass Teile der in der Verteilungshierarchie Schlechtergestellten generell eine Nivellierung der von ihnen als „ungerecht" (da entsprechend des individualistischen Leistungsprinzips nicht nachvollziehbar) empfundenen Verteilungshierarchie fordern. Denn kaum jemand von diesen wird Verteilungs- oder Vermögensunterschiede neoklassisch begründen durch unterschiedliches Spar- und Risikoverhalten seiner Vorfahren.

Verteilungsungleichheiten werden stattdessen von den Schlechtergestellten tendenziell immer als „ungerecht" verstanden. Dies ist dadurch begründet, dass Verteilungsungleichheiten schon von Lebensanfang an die Inanspruchnahme von Ausbildungs- und Berufschancen und damit von Lebensqualität beeinträchtigen[146] und so das ganze Leben lang wirksam bleiben. Verteilungs- oder Vermögensunterschiede sind also von den Individuen nur begrenzt durch individuelle Leistung abbaubar. Die Betrachtungs- und Beurteilungsperiode von Ungleichheiten beginnt dabei auch nicht von einem fiktiven Urzustand der Gleichverteilung aus, der sich durch unterschiedliches Spar- und Risikoverhalten (und Zufälligkeiten) zur Ungleichverteilung entwickelt hat. Sondern sie bezieht sich in der Regel, individuell-rational, auf die individuelle Lebensperiode des jeweilig betroffenen Betrachters.

Solche am Gleichheitsgedanken orientierte Gerechtigkeitsnormen und Fairnessvorstellungen sind von wählerstimmenmaximierenden Regierungen auf Druck ihrer Wählerklientel häufig auf die Ebene von Grundrechten gehoben worden. Sie gingen in Gesetze ein und begründeten so den „Wohlfahrtsstaat". Wie stark dieser Einfluss ist, hängt natürlich weitgehend von der speziellen Wählerklientel der jeweiligen Regierungsparteien ab. (Dies wurde schon im 2. Kapitel, dort im Abschnitt B.II.2, angesprochen und stellt die Verbindung zur Politischen Theorie der Inflation her.) Durch eine solche gesetzliche Umsetzung werden jedoch die Erwartungs- und Anspruchshaltungen erst recht zementiert. Es hat allerdings nicht viel Sinn, der so nicht durchsetzbaren „ökonomischen Rationalität" nachzutrauern, da das ökonomische System eben nicht isoliert freischwebend existiert. Die politische Durchsetzung einer „ökonomischen Rationalität" wäre deshalb auch gar nicht gesellschaftlich rational – außer man geht von einem sehr undemokratischen Wohlfahrtsbegriff aus. Es spricht zudem vieles für die These, dass die Stabilität der marktwirtschaftlichen Ordnung in den letzten Jahrzehnten in nicht geringem Maße durch den Ausbau des der ökonomischen Rationalität anscheinend entgegengelagerten Wohlfahrtsstaates gestärkt worden ist, indem dadurch soziale Verteilungskonflikte verhindert oder abgeschwächt wurden.

Auf einen weiteren Aspekt ist bei einer Erklärung eines Inflationsbias in den westlichen Industrienationen hinzuweisen. Es lässt sich nicht vermeiden, dass durch Disinflationspolitik oder durch Stabilitätspolitik gemeinhin einzelne Gruppen zeitweise stärker belastet werden als andere. Das heißt, es kommt zu ungleichen Verteilungseffekten im Zuge von Stabilitätspolitik. Dies gilt auch für passive

---

[145] Auf eine andere Form von „struktureller Inflation" rekurrierte Schultze [1960] in seiner Inflationserklärung. Die dort begründete „strukturelle Inflation" beruht auf strukturellen Verschiebungen auf der Nachfrageseite, wobei angenommen wird, dass die Unternehmer unterschiedlich oder asymmetrisch auf Nachfrageerhöhungen und Nachfragesenkungen mit Preisänderungen reagieren.

[146] Man spricht hier in der Industriesoziologie auch von „relativer Deprivation" oder Benachteiligung.

Regelpolitiken, wie eine Politik konstanten Geldmengenwachstums, wenn Schocks eintreten, die durch das Marktsystem allmählich verarbeitet werden müssen. Auch hier werden einzelne Branchen unterschiedlich stark von Nachfrageausfällen und Kostenbelastungen getroffen, sodass es folglich auch bei den Arbeitnehmern im Zuge der Schockverarbeitung – branchenspezifisch und arbeitsmarktspezifisch (→ „gespaltener Arbeitsmarkt"[147]) – zu asymmetrischen Belastungen in Form von Arbeitslosigkeit und Einkommenseinbußen kommt. Solche ungleiche Belastung wird von den negativ Betroffenen verständlicherweise als „ungerecht" empfunden, da sie nicht auf ungleiche individuelle Leistungen der Betroffenen zurückgeht, sondern diesen als willkürlich erscheinen muss. Dies wiederum erzeugt auf der politischen Ebene den Zwang, solche „Ungerechtigkeiten" zumindest teilweise durch Ausgleichszahlungen für die Betroffenen ertragbarer zu gestalten. Insbesondere vor Wahlen ist dies für Regierungsparteien von beträchtlichem Eigeninteresse, da dadurch ihre Wiederwahlchancen verbessert werden können. Da es politisch schwer durchsetzbar ist, diejenigen, die von Stabilitätspolitik relativ weniger negativ betroffen sind, zu freiwilligen Ausgleichszahlungen an die stark negativ Betroffenen (z. B. die Arbeitslosen) heranzuziehen, bleibt den Regierungen in der Regel nur der Ausweg über inflationär wirkende Ausgabensteigerungen. Formelle Autonomieerklärungen für die Geldbehörde können diesen Prozess höchstens verlangsamen, nicht jedoch aufhalten, sind doch die Geldbehörden überall auch dem Gesamtwohl und damit der sozialen Stabilität gesetzlich oder per Regierungsanweisung verpflichtet. Selbst konstitutionelle Festlegungen würden angesichts dieses Wähler-Druckpotenzials nicht stabil sein. Abgesehen davon sind Parteien in Wahldemokratien an solchen konstitutionellen Festlegungen wenig interessiert, worauf schon in den Kapiteln 2 und 3 hingewiesen wurde.

Anhang: Strukturelle Inflation

Die „Lohn-Lohn-Spirale" wie auch die „Lohn-Preis-Spirale" sollen anhand eines einfachen Modellzusammenhangs dargestellt werden. Wir gehen aus von einem geschlossenen System ohne Staat und ohne Ausland. Das Einkommen (PY) teilt sich dann auf in Lohneinkommen (WN) und Kapitaleinkommen (iK):

(1) $PY = WN + iK$, sodass
(2) $P = W/(Y/N) + i(Y/K)$, wobei

Y/N die Arbeitsproduktivität und Y/K die Kapitalproduktivität darstellt. W ist der Lohnsatz und i entspricht hier der Gewinnrate oder Kapitalrendite.

Wenn wir die Wachstumsrate über (2) bilden, erhalten wir die Bestimmungsgleichung für die Inflationsrate:

(3) $\hat{P} = \lambda[\hat{W} - (\widehat{Y/N})] + (1-\lambda)[\hat{i} - (\widehat{Y/K})]$, wobei

λ die Lohnquote (= WN/PY) und 1−λ die Gewinnquote (= iK/PY) ausdrückt.

Solange die Lohn- und Zinszuwachsraten genau den jeweiligen Produktivitätszuwachsraten entsprechen, entsteht nach der Gleichung (3) keine Inflation.

---

[147] Vgl. Lang und Dickens [1992] und Fichtenbaum, Gyimah-Brempong und Olson [1994]. Einen guten Überblick über die Thematik bietet Reich [2008].

Die Einkommens- und Produktivitätszuwachsraten stellen hier gesamtwirtschaftliche Durchschnittsgrößen dar. Eine **Lohn-Lohn-Spirale** kommt dann zustande, wenn sich die Arbeitnehmerschaft im Durchschnitt mit ihren Lohnzuwachsforderungen an den Lohnzuwächsen der Beschäftigten in den überproportional produktivitätsstarken Branchen orientiert. Nehmen wir der Einfachheit halber an, es gebe drei Branchen mit den Lohnzuwachsraten $\hat{W}_1, \hat{W}_2$ und $\hat{W}_3$, wobei $\hat{W} = (\hat{W}_1 + \hat{W}_2 + \hat{W}_3)/3$, und den Arbeitsproduktivitätszuwachsraten q_1, q_2 und q_3, wobei $q_i := (\widehat{Y/N})_i$ und $q := (\widehat{Y/N}) = (q_1 + q_2 + q_3)/3$. Nun gelte $q_1 < q_2 < q_3$ und $\hat{W}_1 = \hat{W}_2 = \hat{W}_3 = q_3$. Die Arbeitnehmerschaft orientiert sich also mit ihren Lohnzuwachsforderungen an den Lohnzuwächsen der produktivstärksten Branche 3. Es sei angenommen, dass sie diese Forderungen auch durchsetzen kann, weil die Unternehmer den sozialen Frieden bei einer Ablehnung gefährdet sehen und zudem darauf hoffen, die Lohnzuwächse auf die Preise überwälzen zu können. Aus den beiden Annahmen $q_1 < q_2 < q_3$ und $\hat{W}_1 = \hat{W}_2 = \hat{W}_3 = q_3$ folgt jedoch direkt aus (3) eine ständige Tendenz zur Preisniveauerhöhung, d. h. ein Inflationsbias, weil dann stetig $\hat{W} > (\widehat{Y/N})$. Wenn wir z. B. annehmen, dass $q_1 = 0{,}01$, $q_2 = 0{,}02$ und $q_3 = 0{,}05$ ist, folgt hieraus bei obiger Verhaltensstruktur und einer (fiktiv) konstantgehaltenen Lohnquote von 0,7 eine Preisniveauerhöhung um 1,6 Prozent[148]. Es ist jedoch dabei zu berücksichtigen, dass durch solch eine Lohn-Lohn-Spirale gleichzeitig auch die Lohnquote zunimmt, da dann die Lohnsumme stärker, die Gewinnsumme dagegen gleich stark wie das reale Sozialprodukt steigt[149]. Dies wird jedoch die Kapitalbesitzer zu Verteidigungsreaktionen ihres Gewinnanteils veranlassen, womit wir bei der „Lohn-Gewinn-Spirale" oder „Lohn-Preis-Spirale" angelangt wären.

Eine **Lohn-Preis-Spirale** lässt sich – stark vereinfacht – wie folgt erklären. Nehmen wir an, im Ausgangspunkt würden die Einkommenszuwächse entsprechend der jeweiligen Produktivitätszuwächse ansteigen, sodass Preisniveaustabilität herrscht. Nun versuche eine Verteilungsgruppe, sagen wir die Arbeitnehmer, ihren Einkommensanteil zu erhöhen. Hintergrund mag sein, dass die Gewinne in der Vergangenheit stärker gestiegen waren als die Lohneinkommen, sodass die Arbeitnehmer einen „Nachholbedarf" sehen. Ihren Einkommensanteil können die Arbeitnehmer nun dadurch erhöhen, dass sie Lohnsteigerungen durchsetzen, die oberhalb der Arbeitsproduktivitätssteigerungen liegen. (Dies kann, wie wir eben sahen, aber auch implizit durch die Orientierung der Arbeitnehmerschaft an den Lohnzuwachsraten der Hochproduktivitätsbranchen geschehen. Diese Orientierung wäre ausgelöst durch die Verteilungsgerechtigkeitsnormen **innerhalb** der Arbeitnehmerschaft, und gar nicht einmal durch klassenkämpferische Verteilungsauseinandersetzungen **zwischen** Arbeitnehmern und Unternehmern!) Als Ergebnis eines solchen versuchten Umverteilungsprozesses wird jedoch das

---

[148] Fiktive (didaktisch gewählte) Voraussetzung dabei ist, dass $\hat{i} = (\widehat{Y/K})$.

[149] Wenn wir die Wachstumsrate über Gleichung (1) bilden, erhalten wir:

(4) $\quad \hat{P} + \hat{Y} = [WN/PY](\widehat{WN}) + [iK/PY](\widehat{iK})$

Preisniveau ansteigen[150]. Dies impliziert, dass sich die Kapitalbesitzer nicht mit einer Gewinnquotenreduzierung abfinden, sondern versuchen und auch in der Lage sind, ihren vorherigen Gewinnanteil zu verteidigen, indem sie die gestiegenen Löhne auf die Güterpreise überwälzen. Andauernde Versuche der Erhöhung von Einkommensanteilen werden so zu andauernden Preisniveauerhöhungen, d. h. zu Inflation führen. Diese Art von Inflation nennt man auch **Kosteninflation** oder **Verteilungskampfinflation**. Als auslösender Mechanismus reicht aber, wie wir sahen, die beschriebene sozialgeschichtlich entstandene und institutionalisierte Verteilungsgerechtigkeitsnorm, die auf dem Gleichheitsdenken beruht. Zusätzliche Voraussetzung für das Zustandekommen einer solchen Kosteninflation ist natürlich eine diesen Prozess unterstützende oder zulassende Geldmengenpolitik[151].

Das essenzielle Problem solch einer Lohn-Gewinn-Spirale oder Lohn-Preis-Spirale besteht darin, dass eine auf Umverteilung pochende Gruppe höchstens kurzfristige Verteilungsgewinne erzielen kann, die jedoch durch das Nachziehen oder Verteidigen der anderen Gruppen schnell wieder in Inflation „verpuffen". Dagegen können beide Gruppen und insbesondere die Arbeitnehmer viel verlieren, wenn der Staat mit Geldmengenrestriktionen eingreift, um den Inflationsprozess zu stoppen. (Siehe hierzu Abschnitt 3 unten). Dies wird, wie schon im 1. Kapitel im Zusammenhang mit der Diskussion der Phillipskurve angemerkt wurde, bei Vorliegen von Lohn- oder Preisrigiditäten zu einer allgemeinen wirtschaftlichen Rezession, insbesondere aber zu einem Anstieg der Arbeitslosigkeit und hierüber zu einem Rückgang der Lohnzuwächse führen. Insofern sagt man häufig auch, dass solche Verteilungskämpfe außer kurzfristigen Verteilungsgewinnen nur längerfristige Verluste für fast alle Gruppen mit sich bringen. Besonders wichtig dabei ist, dass der Versuch einer Gruppe, ihren Einkommensanteil kurzfristig zu steigern, oder auch nur (siehe oben) Gerechtigkeitsnormen zum Durchbruch zu verhelfen(!), zu Verlusten für letztlich alle Gesellschaftsmitglieder führt, d. h. riesige negative Makroexternalitäten auslöst. Dies zu verhindern, wäre die Aufgabe mikroökonomischer oder preispolitischer Ergänzungen.

2. Die Kosten einer Inflation

Diesen Teil können wir sehr kurz halten, da wir die Frage nach den Inflationskosten schon im 1. Kapitel, dort in Abschnitt A.II, behandelt hatten. Es reicht hier zu wiederholen, dass in den meisten Ländern eine mehr oder weniger starke Abneigung der Bevölkerung gegen Inflation besteht und dies geschichtliche wie auch ökonomische Hintergründe hat. Wohl werden bei antizipierter Inflation die Kosten relativ gering sein, da sich die Wirtschaftssubjekte mit ihren Vertragsabschlüssen dann dieser vorhergesehenen Inflation anpassen können. Dagegen werden die Inflationskosten wesentlich höher ausfallen bei einer in der Realität vorherrschenden nicht vollkommen-antizipierten Inflation. Insbesondere als ungerecht angese-

---

[150] Dies sieht man aus Gleichung (3), da auf der rechten Seite der Gleichung der erste der beiden eckigen Klammerausdrücke positiv wird, während der zweite annahmegemäß gleich Null ist. Folglich wird $\hat{P}$ größer Null.

[151] Letzteres reicht aber noch nicht aus, um deshalb sinnvollerweise von einer „Geldmengeninflation" zu sprechen, d.h. die Wurzel der Inflation in der Verhaltensweise der Zentralbank zu sehen. Siehe näher oben.

hene Umverteilungseffekte (siehe oben) sowie Portfolioeffekte der Kapitalanlage, die durch die Verunsicherung von Investoren hervorgerufen werden[152], sind hier als negative Effekte hervorzuheben.

3. Die Kosten einer rein monetären Inflationsbekämpfung

Wenn, wie eben erläutert, ein Inflationsbias besteht und Inflation kostspielig bzw. unerwünscht ist, so stellt sich die Frage, welche stabilitätspolitischen Gegenmaßnahmen gegen solche Inflationstendenzen getroffen werden sollen. Wenn es ein perfektes, kostenfreies Mittel der Inflationsbekämpfung gäbe, bräuchte man sich wegen eines Inflationsbias keine Sorgen zu machen. Nur scheint es ein solches perfektes Mittel nicht zu geben.

Die vorherrschende Praxis der Inflationsbekämpfung hat in den letzten Jahrzehnten in den meisten Industrieländern darin bestanden, bei Erreichen eines Inflationsniveaus, das als gesellschaftlich oder ökonomisch „gefährlich" eingeschätzt wurde, geldpolitisch entgegenzusteuern. Eine solche diskretionäre oder unter Umständen auch regelpolitisch-aktivistische Variante der Inflationsbekämpfung, die allein auf eine restriktive makroökonomische Geldmengenpolitik vertraut, ist jedoch mit mehr oder weniger hohen Kosten verbunden. Um diese Kosten etwas anschaulicher zu machen, beschreibe ich im Folgenden modellhaft den Ablauf einer rein monetären Desinflationierung[153]. Ich argumentiere dabei im Rahmen eines einfachen Phillipskurven-Schemas.

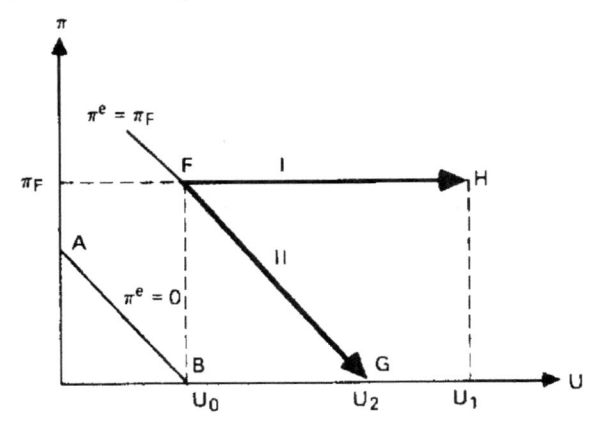

Abbildung 22: (Quelle: Eigene Darstellung).

F sei der Ausgangspunkt des betrachteten Prozesses. F stelle ein inflationäres „Vollbeschäftigungsgleichgewicht" und U_0 die dazugehörige NAIRU (Non-Accelerating-Inflation Rate of Unemployment oder zu Deutsch „inflationsstabile Arbeitslosenquote") dar. Die entsprechende Inflationsrate π_F kann beispielsweise als Folge bestimmter Preisschocks entstanden sein, die sich im monetär akkommodierten gesellschaftlichen Anspruchs- und Verteilungsprozess zwischen eigennutzorientierten Individuen oder Gruppen zu einer stabilen Inflation in Höhe von π_F

---

[152] Siehe hierzu Wagner [1982; 1985b].
[153] Siehe auch Wagner [1988c].

verfestigt haben[154]. Die Kennzeichnung von F als ein Gleichgewicht erfordert, dass die Inflationserwartung der tatsächlichen Inflationsrate entspricht, d. h. $\pi^e = \pi_F$. Nun versuche die Zentralbank, die Inflationsrate mittels restriktiver Geldmengenpolitik, d. h. einer Politik bei der $\hat{M} < \hat{Y}^{pot.} - \hat{V} + \pi_F$ ist, auf null zu reduzieren[155].

Falls sich die Inflationserwartungen als Folge (der Ankündigung) einer solchen Politik **nicht** sofort verringern **oder** verringerte Inflationserwartungen nicht sofort zu Vertragsänderungen führen, wird sich einer der in Abbildung 22 dargestellten Wirkungsprozesse einstellen. Prozess I beschreibt die Effekte einer monetären Desinflationspolitik bei starren Zuwachsraten von Löhnen und Preisen. Hier wird das durch Geldmengenrestriktion induzierte Geldmarktungleichgewicht Zinserhöhungen und als Folge einen Investitionsrückgang einleiten, der zu einem Beschäftigungs- und Einkommensrückgang führt. Der Prozess hält an, solange die Geldmenge bzw. ihre Zuwachsrate reduziert wird. Für eine gegebene Reduktion des Geldmengenzuwachses (um x %) wird die Wirtschaft nach dem Mengenanpassungsprozess vorerst im Unterbeschäftigungsungleichgewicht H bei U_1 verharren[156], ohne dass sich die Inflationsrate verringert hätte. Nun ist jedoch eine über eine längere Frist anhaltende Starrheit von Löhnen und Preisen (bzw. hier von Lohn- und Prei**szuwachsraten**) bei Unterbeschäftigung kaum vorstellbar, zumindest nicht in einer Konkurrenzwirtschaft. [Siehe hierzu näher im 1. Kapitel.] Es wird stattdessen eher zu einem Lohn- und Preisdruck kommen, der sich kurz- bis mittelfristig auf den Anpassungsprozess so auswirken wird, wie in der Bewegungsrichtung II in Abbildung 22 beschrieben. Die Arbeitslosenrate erhöht sich dort bei gleichzeitiger Reduktion der Inflationsrate entlang der entsprechenden Phillipskurve (F → G). [Dies ist wohlgemerkt nur eine rein analytische Betrachtungsweise des Anpassungsprozesses, wo Preis- und Mengeneffekte gleichermaßen wirksam sind und keine Anpassung der Inflationserwartungen stattfindet. Praktisch kann natürlich der Anpassungsprozess sehr unterschiedlich ablaufen, je nach den **relativen** Anpassungsgeschwindigkeiten von Preisen und Mengen.] Die eingezeichneten kurzfristigen Phillipskurven sind hier zu verstehen als geometrische Orte der Ergebnisse optimaler Anpassungsprozesse der Wirtschaftssubjekte an die Stabilisierungsmaßnahmen des Staates für unterschiedliche Inflationserwartungen. Die Phillipskurve, auf der die Punkte F und G liegen, wird beschrieben durch die beiden Gleichungen

(1) $\pi = \beta\omega$, wobei $\beta > 0$
und ω: Zuwachsrate des Geldlohns,

und

(2) $\omega = \alpha(U_0 - U) + \pi^e$, wobei $\alpha > 0$, und $\pi^e = \pi_F$.[157]

---

[154] Zu einer möglichen Mikrofundierung siehe z. B. Vogt [1995].

[155] $Y^{pot.}$ steht hier für Produktionspotenzial. Der Ausdruck $\hat{M} < \hat{Y}^{pot.} - \hat{V} + \pi_F$ ist hier (im Ausgangspunkt eines Vollbeschäftigungsgleichgewichts, wo $\hat{Y} = \hat{Y}^{pot.}$) das Äquivalent einer Inflationsreduzierung. Dies folgt aus der Quantitätsgleichung, die in Wachstumsratenform bekanntlich wie folgt lautet: $\hat{M} + \hat{V} = \hat{Y} + \pi$.

[156] Zu dem Anpassungsprozess siehe näher z. B. Wagner [1987c].

[157] Die Phillipskurve, auf der die Punkte A und B liegen, wird durch die gleichen zwei Gleichungen beschrieben. Der einzige Unterschied besteht darin, dass dort die Inflationserwartung $\pi^e = 0$ ist.

Der Prozess endet also – bei starren Inflationserwartungen – vorerst in Punkt G, wo das Ziel der Zentralbankpolitik, die Inflation abzubauen, erreicht ist. Dort wäre eine neue (kurzfristige) NAIRU, U_2, verbunden mit einer höheren Inflationserwartung als bei U_0 (in Punkt B), erreicht. Solange sich die Inflationserwartung nicht verringert, bleibt die Wirtschaft in dem Unterbeschäftigungsungleichgewicht U_2 gefangen – bedingt durch die restriktive, Preisniveaustabilität erzwingende Geldpolitik. Die Inflationserwartung ($\pi^e = \pi_F$) hebt hier genau den Inflationsrückgang in Höhe von $\beta\alpha(U_0-U_2)$ auf, der ausgelöst worden ist durch den mit dem Anstieg der Arbeitslosigkeit um (U_2-U_0) einhergehenden Rückgang der Geldlohnsteigerung um $\alpha(U_0-U_2)$. Die ursprüngliche niedrigere NAIRU, U_0, lässt sich nur durch eine Anpassung der Inflationserwartung an die reduzierte Inflationsrate erreichen. Analytisch lässt sich das so fassen, dass durch die Senkung der Inflationserwartung ein deflationärer Prozess (Bewegungsrichtung III in Abbildung 23) ausgelöst wird, der eine Wiederanhebung des realen Geldmengenangebots mit positiven Mengeneffekten (Bewegung IV in Abbildung 23) inflationsneutral zulässt.

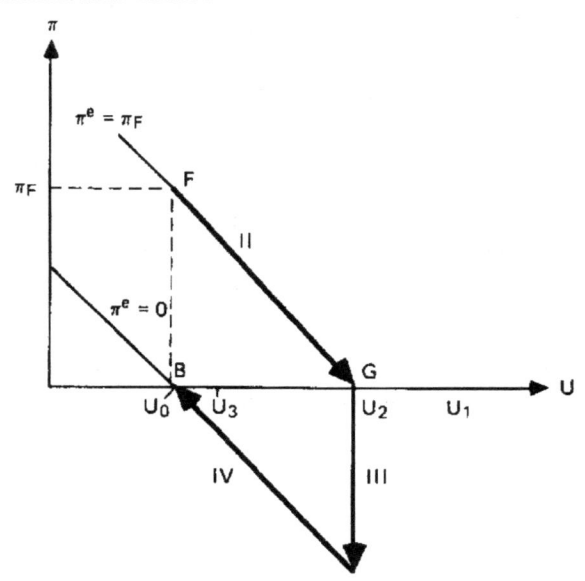

Abbildung 23: (Eigene Darstellung).

Es ist jedoch nicht sicher, ob die in Bewegung IV abgebildeten positiven Mengeneffekte nach einer Aufhebung der restriktiven Geldpolitik wirklich stattfinden werden. Wie in Abschnitt B.II des 1. Kapitels gezeigt, ist es vorstellbar, dass die Wirtschaft endogen nicht mehr zum Ausgangszustand, d. h. hier zur mit Vollbeschäftigung vereinbaren Arbeitslosenrate U_0, zurückkehrt. Als Grund dafür wurde dort angeführt, dass die Unternehmer nach einer längeren Rezessionsperiode unter Umständen in ein Informations- oder Gefangenendilemma geraten können. Dies bedeutet, dass sie dann auf die durch die Beendigung der restriktiven Geldmengenpolitik[158] ausgelösten Zinssenkungen rationalerweise nicht mit einer Produktionsausdehnung reagieren werden. Die Kosten einer rein monetären Desinflationspolitik wären in diesem Fall – bei Anhalten des Unterbeschäftigungs(un)gleichgewichts – unendlich groß.

Selbst wenn – wie eher zu erwarten – der durch die Bewegungsrichtung IV beschriebene Anpassungsprozess letztlich stattfindet, kann es eine längere Zeit dauern, bis die Wirtschaft wieder im Vollbeschäftigungszustand angelangt ist. Auch eine solche vorübergehende Unterbeschäftigung ist mit bedeutenden ökonomischen und sozialen Kosten verbunden. Insbesondere kann eine länger anhaltende Arbeitslosigkeit unter Umständen eine Rückkehr zur ursprünglichen, dem anfänglichen Vollbeschäftigungsniveau entsprechenden NAIRU U_0 unmöglich machen. Der Grund dafür ist, dass das Arbeitsangebot oder „Humankapital" während der Zeit seines Brachliegens **entwertet** wird. So ändern sich beispielsweise die Qualifikationsanforderungen der Arbeitsnachfrage im Zuge der technologischen Fortentwicklung laufend. Beschäftigte Arbeitnehmer können den notwendigen Weiterqualifizierungsprozess durch das „On-the-Job-Training" erhalten, während das Arbeitsangebot von Arbeitslosen oft nach einer Weile nicht mehr mit der geänderten Qualifikationsanforderung der Arbeitsnachfrage „übereinstimmt". Als Folge davon würde in Abbildung 23 nur mehr eine Rückkehr bis zu einem Zustand $U_3 > U_0$ möglich sein. Dies bedeutet, dass auch eine erfolgreiche monetäre Desinflationspolitik durch ihre vorübergehende Arbeitslosigkeitsproduktion letztlich eine zusätzliche „natürliche" Arbeitslosigkeit (U_3-U_0), d.h. eine höhere langfristige NAIRU, produzieren kann[159]. Dies ist Gegenstand der in den letzten Jahren bekannt gewordenen **Hysteresis-Theorie**[160]. Lechthaler und Snower [2013] zeigen anhand eines Modells, dass auch eine temporäre Rezession einen permanenten negativen Einfluss auf den Arbeitsmarkt haben kann, der durch entsprechende Stabilisierungsmaßnahmen vermieden werden kann. [Zu den Kosten von Arbeitslosigkeit allgemein siehe in der Einleitung. Zu der Messung der Kosten der Desinflationierung siehe im Folgenden Anhang.]

Ob und wie schnell die in Bewegung III abgebildete Erwartungsanpassung stattfindet, hängt von der subjektiven Erwartung der Wirtschaftssubjekte über die Längerfristigkeit der Antiinflationspolitik ab[161]. Glauben die Wirtschaftssubjekte

---

[158] D.h. das Geldmengenwachstum wird wieder wie folgt bestimmt: $\hat{M} < \hat{Y}^{pot.} - \hat{V} + \pi_0$ mit $\pi_0 = 0$, während vorher $\hat{M} < \hat{Y}^{pot.} - \hat{V} + \pi_F$ mit $\pi_F > 0$.

[159] Das Konzept der „langfristigen NAIRU" wird hier als ein Gleichgewichtskonzept und damit gleichbedeutend mit dem Konzept der „natürlichen Arbeitslosenrate" verwendet. Letztere beschreibt die Arbeitslosenrate, die mit einem Gleichgewicht von Arbeitsangebot und Arbeitsnachfrage vereinbar ist – bei Berücksichtigung der sich im Zuge des technischen Wandels fortlaufend verändernden Qualifikationsanforderungen der Arbeitsnachfrage. Es ist jedoch anzumerken, dass im allgemeinen das NAIRU-Konzept nicht immer als ein Gleichgewichtskonzept aufgefasst wird. Deswegen wird hier der Unterschied zwischen „langfristiger NAIRU" und „kurzfristiger NAIRU" eingeführt.

[160] Siehe hierzu z.B. Göcke [2002] sowie Blanchard und Summers [1986] und für eine empirische Betrachtung Feve, Henin und Jolivaldt [2003] sowie Liew [2009]. Siehe in diesem Zusammenhang auch Begründungen eines nicht senkrechten Verlaufs der langfristigen Phillips-Kurve, z.B. Karanassou, Sala und Snower [2010] oder Svensson [2015].

[161] Es ist darauf hinzuweisen, dass Bewegung III eigentlich nicht nur die Erwartungsanpassung, sondern auch **ihre Umsetzung** in niedrigere Preise beschreibt. Letztere Umsetzung muss nicht

nicht an eine dauerhafte, strikte Antiinflationspolitik des Staates, dann werden sie
– rationalerweise! – weiterhin von höheren Inflationserwartungen ausgehen. Dies
gilt insbesondere in einer Welt mit längerfristigen, nicht kostenfrei beliebig revidierbaren Vertragsabschlüssen sowie Regierungen unter Wiederwahl-Druck (→
Erwartung von Wahlgeschenken). Auch aus der im 2. Kapitel erläuterten „Zeitinkonsistenz-Hypothese" wird häufig gefolgert, dass die Wirtschaftssubjekte nicht
an eine solche strikte Antiinflationspolitik glauben, solange diese Politik nicht
konstitutionell abgesichert ist.

Wirkt die Ankündigung des Kurses einer strikten, verstetigten Antiinflationspolitik in der Öffentlichkeit jedoch glaubwürdig, und glauben die Wirtschaftssubjekte zudem an die Stabilitätskraft des Marktmechanismus, so kann man sich im
Idealfall den Desinflationsprozess als kurz und relativ schmerzlos vorstellen.

Cagan und Fellner [1984] führen beispielsweise den relativ raschen Rückgang der Inflation Anfang der achtziger Jahre in den USA[162] vor allem zurück auf den Glaubwürdigkeitseffekt des damaligen Regimewandels der amerikanischen Zentralbank hin zu einer
Verstetigungsstrategie. Dagegen sieht zum Beispiel Perry [1983] die Ursache für den Inflationsrückgang mehr in der Schwächung der Marktmacht der Arbeitsangebotsseite[163], die zu
Lohnzugeständnissen und dadurch erst zu einer verringerten Inflationsrate geführt habe.
Beide, Cagan/Fellner und Perry, gingen dabei von einer Phillipskurvenkonzeption aus.
Wenn wir die Gleichungen (1) und (2) oben als die deterministische Kernstruktur des traditionellen Phillipskurvenmodells betrachten, so nehmen Cagan/Fellner Bezug auf den zweiten Erklärungsfaktor in der Lohngleichung (2), nämlich auf π^e, während Perry auf den
ersten Erklärungsfaktor, nämlich (U_0-U), in der Lohngleichung rekurriert.

Wohl dürfte die Vorstellung von einer Desinflation ohne jegliche rezessive Effekte (Prozess V in Abbildung 24) eine Fiktion der Neuen Klassischen Makroökonomie bleiben. Ursache dafür sind die erwähnten üblichen Vertragsbindungen
(d. h. Lohn- und Preisrigiditäten), die nicht kostenfrei beliebig gelöst werden können. Außerdem kann die Hypothese rationaler Erwartungsbildung der Neuen
Klassischen Makroökonomie für ausgeprägte Übergangsprozesse als eher unrea-

---

unbedingt erfolgen, wie in Abschnitt B.II des 1. Kapitels (bezogen auf den Fall oligopolistischer Unternehmen) erläutert wurde. Eine Nichtumsetzung der Erwartungsanpassung kennzeichnete dort ja gerade den Fall eines Unterbeschäftigungsungleichgewichts.

[162] Die Inflationsrate (gemessen am Konsumgüterpreis-Index) sank in den USA von 13,5 % im Jahre 1980, über 10,4 % im Jahre 1981 und 6,1 % im Jahre 1982 auf 3,2 % im Jahre 1983. [Gemessen am BSP-Deflator, sank die Inflationsrate von 9,3 % im Jahre 1980 und 9,2 % im Jahre 1981 auf 3,8 % im Jahre 1983.] Die Arbeitslosenrate entwickelte sich währenddessen von 7,0 % (in 1980) und 7,5 % (in 1981) auf 9,5 % (in 1982 und 1983). 1984 war die Arbeitslosenrate, dank der wirtschaftspolitischen Kombination von expansiver Nachfragepolitik und Steuersenkungen, wieder auf 7,4 % zurückgekehrt.

[163] Dem widersprechen z. B. Beckerman und Jenkinson [1986], die in ihren Untersuchungen des Desinflationsprozesses in den OECD-Ländern zu dem folgenden Ergebnis kommen: Die meisten Rückgänge der Inflation in den OECD-Ländern in der von ihnen betrachteten Periode 1980–1982 könnten nicht auf den direkten Einfluss einer höheren Arbeitslosigkeit zurückgeführt werden, sondern seien das Ergebnis einer Abnahme der Rohstoffpreise, die zwischen 1980 und 1982 aufgetreten war und die einen Normalisierungsprozess nach dem zweiten Ölpreisschock dargestellt habe. Nun kann man demgegenüber argumentieren, dass die Rohstoffpreise damals zum Teil erst deswegen unter Druck geraten sind, weil in den Industrieländern eine Desinflationspolitik betrieben wurde. Diese Desinflationspolitik führte dort zu Nachfrageeinbrüchen, die ihrerseits noch verstärkt wurden durch die dadurch ausgelösten Arbeitsmarkteffekte. Das heißt, die kausale Abgrenzung ist zumindest nicht so einfach.

5. Kapitel: Einkommenspolitik

listisch angesehen werden[164]. Doch werden die Inflationserwartungen im Prinzip je nach der Form der Vertragsstrukturen und der Transaktionskosten ihrer Änderung mehr oder minder schnell sinken können. (Prozess VI in Abbildung 24)

Die Frage stellt sich jedoch, wie die Glaubwürdigkeit einer anhaltenden Antiinflationspolitik und damit eine Verringerung der Desinflationskosten erreicht werden kann. Der klassisch monetaristische Vorschlag läuft, wie im 3. Kapitel dargestellt, auf die (konstitutionelle) Institutionalisierung einer Geldmengenregel hinaus. Die Analysen im 3. Kapitel zeigten allerdings, dass Geldmengenregeln in einer unsicheren Welt auch keine Allheilmittel sind, sondern ebenfalls Kosten im Sinne von Output- und Preisniveauschwankungen mit sich bringen. Wenn es allerdings gelänge, die Transaktionskosten von Vertragsänderungen für den Fall von unerwartet eintretenden Ereignissen hinreichend stark zu senken, könnten die Kosten einer Inflationsbekämpfung wesentlich verringert werden. Genau dies leistet **Einkommenspolitik** nach den Aussagen ihrer Befürworter[165]. Dies soll im Folgenden Abschnitt II genauer untersucht werden.

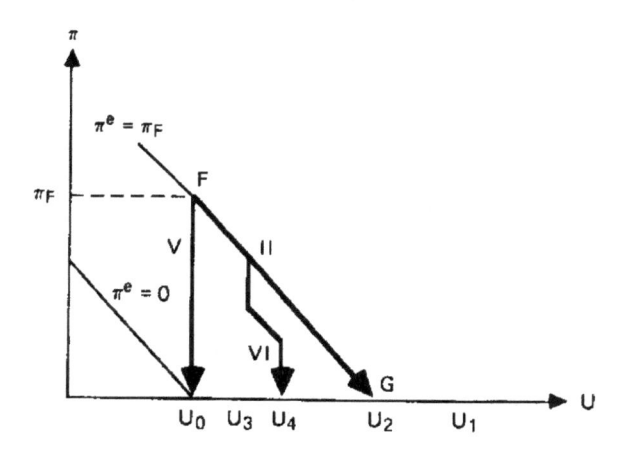

Abbildung 24: (Quelle: Eigene Darstellung).

---

[164] Vgl. hierzu Taylor [1993: S. 207]. Vgl. auch McCallum [1996: S. 112], der betont, dass es in der modernen Makroökonomie inzwischen wohl eine gut-entwickelte Theorie der Erwartungsbildung innerhalb eines laufenden Regimes, jedoch praktisch überhaupt keine Theorie des Erwartungsverhaltens während der Übergänge zwischen Regimen gibt. Überhaupt hat das Vertrauen in die rationale Erwartungshypothese in den letzten Jahren etwas abgenommen. So wird u. a. betont, dass „rationale Erwartungsbildung" ein „Zuviel" an Rationalität impliziert, da optimale Informationsverarbeitung auf der Grundlage einer begrenzten kognitiven Kapazität stattfinde (Sims [2003]). Zur makroökonomischen Analyse bei nicht rationaler Erwartungsbildung in neukeynesianischen Modellen siehe z. B. Woodford [2013].

[165] Auch **Indexierung** hat ähnliche Wirkungen, wie wir im vorhergehenden Kapitel sahen.

Anhang

(1) Zur herkömmlichen Messung der Kosten einer Desinflationierung

Es gibt verschiedene quantitative Berechnungsmethoden der Kosten einer Desinflationspolitik. Die einfachste und gängigste Methode ist die der Berechnung eines **Verlustkoeffizienten (VR)** wie des folgenden:[166]

$$(*) \quad VR = \frac{\sum_{1}^{n} \left(\frac{Y_t^s - Y_t^c}{Y_t^{pot}}\right)/(1+r)^t}{\sum_{1}^{n} (\pi_t^s - \pi_t^c)/(1+r)^t} \cdot 100,$$

wobei

Y = Output,
Y^{pot} = Produktionspotenzial (real)
π = Inflationsrate
s = Simulationslösung
c = Kontrollösung
t = Zeitindex
r = Diskontierungsfaktor.

Lassen wir einmal den Diskontierungsfaktor beiseite, so gibt der Verlustkoeffizient (*) an, wie groß der kumulative Output-Verlust (bezogen auf das Produktionspotenzial) bei einer permanenten Reduktion der Inflationsrate um 1 Prozentpunkt ist. Erste Berechnungen für die Bundesrepublik Deutschland deuteten darauf hin, dass der Verlustkoeffizient einer monetären Disinflationspolitik in der Größenordnung von 5 liegt[167]. Zum gleichen Ergebnis gelangten auch Gordon und King [1982] in ihrer Untersuchung für die USA[168], ebenso wie Stanley Fischer [1985]. Ein Verlustkoeffizient von 5 besagt nach der obigen Definition, dass die Volkswirtschaft auf eine Produktion von 5 Prozent ihres Produktionspotenzials verzichten muss, wenn sie die Inflationsrate um 1 Prozentpunkt verringern will. In anschaulicheren Zahlen ausgedrückt heißt dies, dass – nach der Berechnungsart von Gordon und King – Anfang der 1980er Jahre eine Desinflationierung um 5 Prozentpunkte Output-Verluste in laufenden Preisen von nahezu 1000 Milliarden US-Dollar in den USA bedeutet hätte. Für die Bundesrepublik würden die entsprechenden Kosten rund ein Viertel dessen betragen haben.

In den 1970er Jahren kam Okun [1978] noch zu Schätzungen des Verlustkoeffizienten in einer Größenordnung zwischen 6 und 18, mit einem Mittel von 10. Okun vernachlässigte dabei den Diskontierungsfaktor; d. h. er nahm implizit an, dass die Zeitpräferenzrate, r, Null ist. Als ein Hauptgrund für die niedrigeren Kos-

---

[166] Dabei wird in der Regel a priori davon ausgegangen, dass die Kausalitätsfrage zwischen restriktiver Geldmengenpolitik und Inflationsrückgang geklärt ist in der Richtung restriktive Geldmengenpolitik ⇒ Inflationsrückgang.
[167] Siehe Franz [1986].
[168] Der Verlustkoeffizient bezog sich bei Gordon und King in Abweichung zu (*) auf die durchschnittliche Differenz zwischen der simulierten und der tatsächlichen Inflationsrate. In einer neueren Untersuchung kam Gordon [1990] zu einem Verlustkoeffizienten von 6.

ten in den neueren Schätzungen kann auch der Einbezug des Wechselkurseffektes in diesen Untersuchungen betrachtet werden. Das heißt, es wird berücksichtigt, dass restriktive Geldmengenpolitik eine Aufwertung hervorruft[169], die die Importpreise senkt[170].

Die Berechnung solcher Verlustkoeffizienten sollte jedoch grundsätzlich mit Vorsicht betrachtet werden. Der Hauptgrund ist, dass Revisionen der Inflations**erwartungen** im Zuge einer Desinflationspolitik in den obigen Berechnungen von Verlustkoeffizienten nicht oder nicht hinreichend modelliert werden. Dieser Defekt ist deswegen bedeutsam, weil zu erwarten ist, dass die Ergebnisse sehr sensitiv sind in Bezug auf unterschiedliche Annahmen über die Reaktion der Inflationserwartungen.

Es ist zudem zu betonen, dass die so ermittelten Kosten einer Desinflation reine Bruttokosten sind. Die für wirtschaftspolitische Implikationen allein maßgeblichen Nettokosten lassen sich ermitteln durch den Abzug des Nutzens einer Desinflation von den Bruttokosten. Der Nutzen einer Desinflation entspricht den Kosten der eingesparten Inflation. Wie hoch die Kosten der Inflation sind, ist allerdings sehr umstritten. Sie sind auf jeden Fall zustandsabhängig[171].

(2) Schocktherapie versus Gradualismus

Eine Reihe von Ökonomen ist davon überzeugt, dass die Kosten eines monetären Inflationsabbaus umso geringer sind, je restriktiver die Geldmengenpolitik einer Zentralbank im Inflationsfall ist. Eine Geldmengenpolitik kann man als umso „restriktiver" bezeichnen, je größer die Differenz zwischen $\hat{Y}^{pot} - \hat{V} + \pi$ und $\hat{M}$ ist. Eine geldmengenpolitische Strategie, die diese Differenz groß gestaltet, wird als „Cold Turkey" oder „kalte Dusche" bezeichnet. Genau genommen wäre eine zielorientierte **„Cold-Turkey"-Politik** eine, die im Inflationsfall $\hat{M} = \hat{Y}^{pot} - \hat{V}$ setzt, unabhängig davon, wie hoch die Ausgangslage der Inflation und der Inflationserwartungen ist. Hiermit würde sie gerade so viel Geld bereitstellen, dass die Vollbeschäftigungsnachfrage damit **inflationsfrei** finanziert werden könnte. Eine solche Politik bildet die Alternativstrategie zu der im Regelfall praktizierten Strategie der graduellen Rücknahme des Geldmengenwachstums bei Inflation. Bei letzterer wird versucht, die Inflationsrate Schritt für Schritt abzubauen, um die damit verbundene Arbeitslosigkeitssteigerung in Grenzen zu halten. Eine „Cold-Turkey"-Politik führt nach der Überzeugung ihrer Befürworter zu einem schnelleren Rückgang der Inflationserwartungen, da sie von der Bevölkerung als Indiz dafür aufgefasst würde, dass es die Regierung ernst meint mit der Ankündigung einer zukünftigen, längerfristig angelegten Antiinflationspolitik. In der Literatur ist allerdings umstritten, ob eine Schocktherapie wirklich geringere Kosten der Inflationsbekämpfung mit sich bringt als eine Strategie des allmählichen Inflati-

---

[169] Dies gilt natürlich allgemein nur, solange restriktive Geldmengenpolitik nicht in allen Ländern gleichermaßen wirksam ist. Zu diesem Zusammenhang siehe näher Wagner [1987e]. Siehe auch in Kapitel 6 unten.

[170] Eine ausführliche theoretische Analyse des Wechselkurseffektes auf den Verlustkoeffizienten findet man in Fischer [1988c] sowie in Buiter und Grafe [2001]. Zu einer allgemeinen theoretischen Analyse siehe z. B. Ball [1993] und Daniels und VanHoose [2013]. Für neuere empirische Untersuchungen siehe Cecchetti und Rich [2001] und Daniels und VanHoose [2009].

[171] Siehe näher hierzu Wagner [1985b].

onsabbaus[172]. Die theoretisch herleitbare Alternative ist die zwischen einer kürzerfristigen hohen Arbeitslosigkeitsproduktion und einer länger- bzw. mittelfristigen geringeren Arbeitslosigkeitsproduktion. Je stärker man auf eine schnelle Wirksamkeit des Preismechanismus vertraut, umso eher wird man sich mit dem Konzept einer „Cold-Turkey"-Politik anfreunden können.

V. Wirksamkeit und Kosten von Einkommenspolitik

Eine Institutionalisierung von Einkommenspolitik kann nur dann als sinnvoll angesehen werden, wenn neben den eben in Abschnitt I geprüften notwendigen Bedingungen auch die hinreichenden Bedingungen für eine Anwendung von Einkommenspolitik vorliegen. Diese hinreichenden Bedingungen können als erfüllt angesehen werden, wenn gezeigt werden kann, dass (1) Einkommenspolitik auch wirksam ist in dem Sinne, dass sie die Inflation und damit die Kosten einer Inflationsbekämpfung verringert, und (2) diese Kostenersparnis größer ist als die neu anfallenden Kosten, die die Institutionalisierung von Einkommenspolitik selbst verursacht. Und zwar muss dieser Kostenvorteil gegenüber allen anderen denkbaren Politikalternativen gegeben sein.

1. Zur Wirksamkeit von Einkommenspolitik

1.1 Informatorische Einkommenspolitik

1.1.1 Maßhalteappelle und Informationsaustausch

Informatorische Einkommenspolitik, insbesondere in der Form von „Maßhalteappellen" und des „Informationsaustauschs", wird in der praktischen Politik fast täglich ausgeübt. Appelle, „den Gürtel enger zu schnallen" oder „soziale Verantwortung zu zeigen" sind weithin vertraut. Auch Informationskontakte zwischen Regierung und Wirtschaftsverbänden oder Gewerkschaften sind nichts Besonderes.

Der Erfolg solcher Appelle oder Informationskontakte ist allerdings sehr begrenzt. Die Ursache hierfür ist struktureller oder grundsätzlicher Art. Wie oben schon erwähnt wurde, ist Preisniveaustabilität ein Kollektivgut oder öffentliches Gut. Ein **Kollektivgut** kann jedoch nur in Ausnahmefällen durch private Vetragsvereinbarungen hergestellt werden. Der Grund ist folgender. Ein Kollektivgut ist dadurch gekennzeichnet, dass niemand, auch nicht diejenigen, die nicht zur Herstellung des Gutes mit beigetragen haben, von dessen Konsum ausgeschlossen werden kann. Anders ausgedrückt, ein privater Investor kann den Gewinn aus einer Investition in die Produktion eines Kollektivgutes nicht privat internalisieren. Es bedarf also zur Herstellung eines Kollektivgutes einer **außermarktlichen Kooperation**. Diese Kooperation ist besonders schwierig zu realisieren, wenn das Gut, wie im Beispiel der Preisniveaustabilität, von allen konsumiert wird. Denn die dann anfallenden hohen Transaktionskosten einer Einigung **aller** Gesellschaftsmitglieder lassen eine Einigung hier als unwahrscheinlich erscheinen. Doch ein **Koordinationsproblem** ist auch unabhängig von dem Transaktionskostenhin-

---

[172] Siehe hierzu z. B. Cukierman [2000] sowie Buiter und Grafe [2001]. Siehe auch Schaling und Hoeberichts [2010] und Ascari und Ropele [2012].

dernis gegeben. Die erforderliche außermarktliche Kooperation durch persönliche Interaktion findet im Allgemeinen nur dann statt, wenn die Teilnehmer einen als fair angesehenen Anteil am Gewinn aus der Gemeinschaftsaktivität erwarten können. Es muss also erstmal eine Übereinstimmung über die Verteilung dieser Gewinne geben. Nun hängen die Gewinne selbst vom Einsatz der einzelnen Teilnehmer ab. Deswegen ist zuerst eine Übereinstimmung über den Einsatz der einzelnen Teilnehmer zu treffen. Diese bestimmt nämlich erst die geplante Verteilung. Nun haben jedoch eigennutzorientierte Individuen einen Anreiz, ihre Verhandlungsposition (über die Verteilung) dadurch zu verbessern, dass sie ihre Absichten (bezüglich ihres Einsatzes) falsch darstellen, um später die Vorteile eines **Trittbrettfahrers** zu genießen[173]. Dies reduziert aber den möglichen Gewinn aus kooperativem Verhalten und führt zu dem bekannten **Gefangenendilemma-Spiel**.[174]

Ein **Gefangenendilemma** ist eine bestimmte spieltheoretische Struktur, die folgende Form besitzt (hier beispielhaft dargestellt an einem einfachen 2 Spieler-2 Strategien Spiel):

		2. Spieler	
		nicht kooperatives Verhalten	kooperatives Verhalten
1. Spieler	nicht kooperatives Verhalten	2,2	4,1
	kooperatives Verhalten	1,4	3,3

Die Zahlenpaare drücken hierbei immer Auszahlungen an die beiden Spieler (für eine Volkswirtschaft könnte man sagen: die Verteilung des Volkseinkommens) aus, wobei die erste Zahl die Auszahlung an den 1. Spieler und die zweite Zahl die Auszahlung an den 2. Spieler wiedergibt. Die Auszahlung (3,3) bezeichnet hier das Pareto-Optimum[175]. Allerdings ergibt sich die Auszahlung (2,2) links oben, wenn beide Spieler ihre dominante Strategie verfolgen. Sie stellt deshalb das einzige stabile Gleichgewicht dar, das als **nicht kooperatives** oder „**Nash-Gleichgewicht**" bezeichnet wird. Selbst wenn man durch private Vertragsvereinbarungen zum pareto-überlegenen Ergebnis (3,3) gelangt, ist dieser Zustand nicht stabil, da hier jeder Spieler einen Anreiz besitzt, einseitig zu „betrügen".

Bei diesem sogenannten kooperativen Gleichgewicht (3,3) ist wohl ein Gesamtgewinn aus der Kooperation in Höhe von 2 realisiert (3+3 gegenüber 2+2 aus dem nicht kooperativen Gleichgewicht). Dieser Gewinn ist auch gleichmäßig verteilt auf die Spieler. Jedoch ist jeder der Spieler durch einseitiges Abweichen vom kooperativen Gleichgewicht (3,3) in der Lage, seine Situation auf Kosten des sich kooperativ Verhaltenden zu verbessern (von Auszahlung 3 auf Auszahlung 4), selbst wenn insgesamt dadurch die Gesamtauszahlung von 6 auf 5 redu-

---

[173] Zum Außenseiter- oder Trittbrettfahrerproblem siehe z. B. Ribhegge [1979] oder Holler und Illing [2009]. Zur Theorie der Kollektivgüter siehe z. B. Arnold [1992] und Varian [2014].
[174] Zur Struktur eines Gefangenendilemmas siehe näher Ritzberger [2002]. Zur Spieltheorie im Allgemeinen siehe z. B. Gabisch [1999], Fudenberg und Tirole [1992] oder als Einführung Holler und Illing [2009].
[175] Ein Pareto-Optimum ist definiert als ein Zustand, bei dem sich keiner verbessern kann, ohne dass sich ein anderer verschlechtert.

ziert wird. Für den sich kooperativ Verhaltenden ist die dann eintretende Situation die schlechteste aller denkbaren (Auszahlung 1 gegenüber den Auszahlungen 2, 3 oder 4). Jeder der Spieler kann folglich sein Risiko, auf die Auszahlung 1 abgedrängt zu werden, dadurch ausschalten, dass er sich von vornherein egoistisch oder nicht kooperativ verhält, egal wie der andere vorgibt, sich zu verhalten. Auf diese Weise kommt das stabile, nicht kooperative „Nash-Gleichgewicht" zustande.

Eine entsprechende Erwartungs- und Verhaltensstruktur liegt auch dem Hobbes'schen Problem der „sozialen Ordnung" zugrunde[176]. Auch wenn alle Gesellschaftsmitglieder die soziale Ordnung der Anarchie vorziehen, schafft dies für den einzelnen noch kein hinreichendes Motiv, sein eigenes Verhalten Regeln zu unterwerfen. Der unmittelbare Vorteil „sozialer Ordnung" liegt allein in der Regeltreue der anderen. Solange der einzelne keine Gewissheit hat, dass auch die anderen sich den Regeln unterwerfen, geht er das Risiko ein, sich selbst in eine besonders unvorteilhafte Lage zu bringen, wenn er sein eigenes Verhalten an Regeln bindet. Zudem besteht für den einzelnen immer die Aussicht, bei Regeltreue der anderen durch eigenes regelungebundenes Verhalten, d. h. durch **Trittbrettfahrerverhalten**, noch größere Vorteile als bei der kooperativen Lösung erzielen zu können. Dies sieht man auch anhand der obigen Gefangenendilemma-Struktur. Die rationale Schlussfolgerung für das Verhalten eigennutzorientierter Individuen besteht darin, Regeln oder private Vertragsvereinbarungen bezüglich ihres Beitrags zur Bereitstellung von Kollektivgütern nicht zu beachten, **unabhängig davon**, welche Annahmen über das Verhalten der anderen Mitglieder sie zugrunde legen.

Die Bereitstellung von Kollektivgütern wie „soziale Ordnung" oder „Preisniveaustabilität" scheint demnach nur dann gewährleistet zu sein, wenn der Staat als übergeordneter, mit dem Gewaltmonopol ausgestatteter Ordnungsfaktor für entsprechende Rahmenbedingungen sorgt. Diese Rahmenbedingungen müssen sicherstellen, dass die Wahl der Verhaltensalternative „Beachtung von Regeln" bzw. „Beitragsleistung für die Bereitstellung von Kollektivgütern" für alle (oder zumindest einen ausreichend großen Teil der) Gesellschaftsmitglieder auch die individuell vorteilhafte Strategie ist. Nur so wird bei dem einzelnen die strategische Verhaltensunsicherheit, die Vorleistungen verhindert, abgebaut, und es bilden sich feste Erwartungen bzw. das erforderliche **Vertrauen**, dass sich die anderen auch an die Vereinbarungen halten.

Rahmenbedingungen, die das Trittbrettfahrerverhalten so weit eindämmen können, dass die Bereitstellung von Kollektivgütern wie Preisniveaustabilität sichergestellt ist, sind die folgenden:
a) Die Schaffung von Zwang. Dies ist die Lösung der imperativen Einkommenspolitik. (Siehe hierzu in Abschnitt 1.2 unten.)
b) Die Schaffung positiver oder negativer selektiver Anreize. Dies ist der Ansatzpunkt der marktkonformen Einkommenspolitik. (Siehe hierzu in Abschnitt 1.3 unten.)[177]

---

[176] Siehe hierzu z. B. Vanberg [1995] und Binmore [1994].
[177] Eine dritte Möglichkeit, um Trittbrettfahrer- oder Außenseiterverhalten einzudämmen, besteht in der Bildung von **kleinen Untergruppen**. Dies bewirkt zum einen, dass der eigene Beitrag für die Bereitstellung eines Kollektivgutes entscheidend wird. Zum anderen fällt in kleinen Gruppen abweichendes Verhalten eher auf, sodass die private Sanktionierung durch wechselseitige Ver-

Das Instrumentarium der **informatorischen Einkommenspolitik** ist dagegen kaum geeignet, um die Gefangenendilemma-Struktur des obigen Entscheidungsproblems zu überwinden. Informatorische Einkommenspolitik wäre dann die adäquate Antwort auf das Inflationsproblem, wenn die Ursache für das Inflationsproblem in erster Linie ein Informationsdefizit aufseiten der privaten Akteure wäre. Dann wäre es die Aufgabe des Staates, dieses Informationsdefizit, soweit es in seiner Möglichkeit steht, zu beheben. Die Ursache ist jedoch, wie beschrieben, eine der **Verhaltensunsicherheit**, bedingt durch **fehlende Rahmenbedingungen der Verhaltenskoordinierung**. Die Wirksamkeit von Maßhalteappellen würde letztlich die „blinde Solidarität" oder „Indoktriniertheit" der Individuen gegenüber dem Gemeinschaftsziel voraussetzen. Auch kommt es letztlich nicht auf die Aufdeckung staatlichen Wissens an. Zum einen ist fraglich, ob der Staat so viel oder überhaupt mehr Wissen als die privaten Akteure besitzt. Zum anderen bleibt die beschriebene strategische Verhaltensunsicherheit der Entscheidungssubjekte auch bei rationaler Erwartungsbildung und vollkommener Zurverfügungstellung staatlichen Faktenwissens bestehen. Denn Gedankenlesen kann der Staat bisher Gott sei Dank noch nicht. Gerade dieses wäre jedoch die Voraussetzung, um per Informationspolitik die individuellen Präferenzen und Strategien der privaten Akteure offenzulegen und so das obige Entscheidungsproblem zu lösen.

1.1.2 Konzertierte Aktion

Auch die Schaffung eines Kooperationsforums wie in der **Konzertierten Aktion** vermag höchstens den Informationsfluss zwischen den Teilnehmern zu verbessern und ein gewisses **Vertrauens**verhältnis zu schaffen. Dies ist mehr als nichts, jedoch noch nicht genug, um das grundsätzliche Entscheidungsproblem zu lösen. Insofern konnte die Konzertierte Aktion, die in der Bundesrepublik Deutschland von 1967 bis 1977 institutionalisiert war[178], auch nicht die Inflationsbewegung Mitte der siebziger Jahre verhindern[179].

Die „Konzertierte Aktion" bestand damals darin, dass die Bundesregierung gewisse Gruppenvertreter zu gelegentlichen Zusammenkünften einlud. Bis zum Rückzug der Gewerkschaften im Jahre 1977 gehörten der „Konzertierten Aktion" etwa je zehn Vertreter der Unternehmerverbände und der Gewerkschaften an, außerdem der Bundeswirtschaftsminister, der Bundesfinanzminister und der Bundesarbeitsminister sowie Vertreter des Bundeskanzleramtes und der Deutschen Bundesbank und einige Mitglieder des Sachverständigenrates zur Begutachtung der gesamtwirtschaftlichen Entwicklung. Die Konzertierte Aktion war somit der Versuch, die eben in einer vorhergehenden Fußnote erwähnte „dritte Möglichkeit", Trittbrettfahrerverhalten einzudämmen, zu verwirklichen, nämlich eine

---

haltenssteuerung eher zum Tragen kommt. Letztere drückt sich insbesondere in der sozialen „Ächtung" des Trittbrettfahrers aus (Olson [1968]). Allerdings kann man sich in Bezug auf die Bereitstellung von Preisniveaustabilität kaum die Bildung von kleinen Untergruppen als realisierbare Alternative vorstellen, da Preisniveaustabilität ein rein makroökonomisches Gut darstellt.

[178] Zur Institution und zur Praxis der „Konzertierten Aktion" siehe z. B. Siekman [1985].
[179] Ob die Konzertierte Aktion die Inflation in der Bundesrepublik **verringern** konnte, ist umstritten. Dass sie dies geleistet hat, kann man wohl aufgrund sozialpsychologischer Überlegungen vermuten, jedoch nicht einfach – wie häufig geschehen – behaupten.

Spielsituation mit einer überschaubaren Teilnehmerzahl zu bilden. Die relative Ineffizienz und das letztliche Scheitern der „Konzertierten Aktion" dürfte an folgenden grundsätzlichen Problemen gelegen haben[180]:

- Die in der Konzertierten Aktion vertretenen Spitzenverbände waren weder selbst tariffähig noch gegenüber tariffähigen Mitgliedern weisungsbefugt.
- Das in der Logik der Konzertierten Aktion liegende korporatistische Selbstbeschränkungsverhalten der Verteilungsgruppen führte zu innerorganisatorischen Spannungen sowohl innerhalb der Unternehmerverbände, als auch innerhalb der Gewerkschaften. Teile innerhalb der Gewerkschaften standen der „Wir sitzen alle in einem Boot"-Philosophie der Konzertierten Aktion beispielsweise deswegen misstrauisch gegenüber, weil das gegenwärtige, kapitalistische Wirtschafts- und Gesellschaftssystem in ihren Augen durch antagonistische, unüberwindbare Interessenkonflikte gekennzeichnet ist.
- Die von der Bundesregierung bereitgestellten quantifizierten Orientierungsdaten für die Verhaltensabstimmung basierten auf Prognosen, die notwendigerweise mit Unsicherheit behaftet waren. Mit der Häufigkeit und dem Umfang von Prognosefehlern sank jedoch das Vertrauen der Tarifpartner in die Orientierungsdaten und ihre Bereitschaft zu freiwilliger Verhaltensänderung.

1.2 Imperative Einkommenspolitik

1.2.1 Lohn- und Preisstopp

Die relative Ineffizienz von informatorischer Einkommenspolitik führte dazu, dass die Regierungen in vielen Ländern immer wieder auf stärkere Waffen der Inflationsbekämpfung zurückgegriffen haben. Die stärkste Waffe bildete dabei das Instrumentarium von gesetzlichen **Lohn- und Preisstopps**. Der Staat verbietet hier durch gesetzliche Verordnung Lohn- und Preiserhöhungen. Logischerweise stellt solch eine Extrempolitik die wirksamste Waffe gegen Inflation dar. Inflation wird sozusagen gesetzlich verboten. Allerdings muss dabei beachtet werden, dass angeordnete Lohn- und Preisstopps, die den marktwirtschaftlichen Preismechanismus auszuschalten versuchen, Inflation nicht völlig verhindern können.

Wenn ein fortdauernder Kostenerhöhungsdruck vorhanden ist, der durch Importpreissteigerungen und durch schon vorher abgeschlossene Verträge, in denen Faktorpreiserhöhungen festgelegt wurden, ausgelöst werden kann, führt das Verbot von Preiserhöhungen zu **Ausweichverhalten**, und zwar zu Kosteneinsparungen beispielsweise in Form einer systematischen Verschlechterung der Qualität der Produkte. Dies erzeugt, bei gegebenen Preisen und Kosten, eine Gewinnzunahme für die Unternehmer und eine „effektive" Preiserhöhung für die Konsumenten. Außerdem führen dann Preisstopps zu Angebotsrationierungen und damit zu Übernachfrage nach bestimmten Gütern. Eine solche Tendenz zu Angebotsrationierung konnte man in allen Planwirtschaften und auch in allen Epochen der Einführung von Preis- und Lohnstopps innerhalb von marktwirtschaftlich-kapitalistischen Systemen

---

[180] Siehe näher z. B. Siekmann [1985].

5. Kapitel: Einkommenspolitik

beobachten[181]. Eine solche Übernachfrage bedingt, dass bei fehlendem legalen Preiserhöhungsventil sogenannte **Schwarzmärkte** entstehen. Auf diesen Schwarzmärkten kommen die gesetzlich unterdrückten marktwirtschaftlichen Preismechanismen doch wieder zum Tragen und es entsteht so eine Zweiteilung der Wirtschaft. Diese Zweiteilung sieht wie folgt aus: Es gibt einen offiziellen Markt mit staatlich fixierten Löhnen und Preisen, auf dem permanente Unterversorgung mit Gütern zu stabilen Preisen herrscht. Daneben gibt es noch einen zweiten, sogenannten „Schwarzmarkt", auf dem die Übernachfrage zu stark überhöhten Preisen illegal zu befriedigen versucht wird. (Die hohen Preise auf den Schwarzmärkten sind zum Teil auch dadurch bedingt, dass das Risiko, das Anbieter auf dem Schwarzmarkt eingehen, entlohnt werden muss. Das Risiko besteht in der Bestrafung gesetzwidrigen Verhaltens.) Bezüglich der Verteilungseffekte wirkt eine solche Zweiteilung auf viele als ungerecht[182], da die hohen Preise auf den Schwarzmärkten oft nur mehr von den Begüterteren bezahlt werden können, oder die Verteilung der zu knappen Güter durch Faktoren wie sozialen Einfluss oder Bestechung geregelt wird. So kann eine (meist kleine) Schicht ihre Nachfrage befriedigen, während die andere (große) Schicht in permanentem Mangel („Zwangssparen") leben muss. Als Folge davon kommt es zu einem andauernden Unzufriedenheitspotenzial in der Bevölkerung über die Unterversorgung mit Gütern.

Neben dem eben angesprochenen Verteilungsaspekt ist insbesondere der **negative Allokationseffekt** hervorzuheben, den eine rigide Ausschaltung des marktwirtschaftlichen Preismechanismus erzeugt. Wie wir schon erwähnt haben, spielt der Preismechanismus eine wichtige Informationsfunktion für die Investoren. Wird diese Informationsquelle lahmgelegt, so kann dies zu einer erhöhten Quote von Fehlinvestitionen führen. Letztere erzeugen jedoch tendenziell einen Rückgang der Investitionen. Außerdem wird durch undifferenzierte Preisstopps verhindert, dass Wirtschaftswachstum über dynamischen Produktwettbewerb (Produktinnovationen) stattfindet, da bei Preisstopps dann nur bedingt Extraprofite für innovative Unternehmer möglich sind. Extraprofite müssen dann vor allem über Kostenwettbewerb zu erzielen versucht werden[183]. Eine durch imperative Einkommenspolitik erzwungene Reduzierung von Inflation würde also erkauft werden durch eine gleichzeitige Verringerung des Wirtschaftswachstums und damit des gesellschaftlichen (materiellen) Wohlstandes. Dies ist der wesentliche Grund dafür, dass imperative Einkommenspolitik heute weitgehend diskreditiert ist. Zum Teil allerdings beruht das niedrige Ansehen von imperativer Einkommenspolitik auch auf den **Erfahrungen** mit der etwas „stümperhaft"[184] durchgeführten imperativen Einkommenspolitik in den **USA** unter Präsident Nixon in den Jahren **1971–1974**.

Präsident Nixon führte (obwohl Republikaner) 1971 Lohn- und Preisstopps ein, nachdem in den beiden vorhergegangenen Jahren trotz restriktiver Geld- und Fiskalpolitik die Inflationsrate nicht zurückgegangen war. Das einkommenspoliti-

---

[181] Vgl. zu empirischen Erfahrungen mit Lohn- und Preiskontrollen z. B. Braun [1986] oder auch Capie und Wood [2002]. Zur Theorie der Preiskontrolle siehe z. B. Butterworth [1994] oder auch Rauh [2001] und Cukierman, Miller und Neyapti [2002].
[182] Siehe näher z. B. Lerner und Colander [1980: Kapitel 4].
[183] Produktinnovationen spielen aber auch eine bedeutende Rolle im Stabilisierungsprozess, wie oben in Abschnitt B.II.3 im 1. Kapitel betont wurde.
[184] Siehe zu dieser Kennzeichnung z. B. Blinder [1979: Kapitel 6].

sche Experiment[185] begann Mitte August 1971 mit der Ankündigung eines 90-tägigen Einfrierens der Löhne und Preise. Diese Periode wird heute als Phase I des Experiments bezeichnet. In der anschließenden Phase II wurden die Lohn- und Preiskontrollen dann flexibler gehandhabt. Die obere Grenze für Lohnanstiege wurde auf 5,5 Prozent pro Jahr festgelegt, wobei gewisse Ausnahmen zugestanden wurden. Im Januar 1973 begann die Phase III, in der die Kontrollen anfangs weiter erleichtert wurden. Als allerdings daraufhin die Preise wieder stärker stiegen, wofür insbesondere auch Nahrungsmittel-Angebotsschocks mit verantwortlich waren, wurden im März 1973 Höchstpreise für Fleisch festgelegt und im Juni 1973 ein allgemeiner 60-tägiger Preisstopp[186] eingeführt. Im August 1973 begann die abschließende Phase IV, die bis zum April 1974 dauerte und eine allmähliche Aufhebung der Kontrollen von Sektor zu Sektor mit sich brachte. Der Zeitpunkt der Aufhebung der Kontrollen wird heute von den Fachleuten allgemein als äußerst „unglücklich" bezeichnet. Denn gerade während dieser Zeit trat der berühmt-berüchtigte erste Ölpreisschock in Kraft. Außerdem wirkten noch die Erntekatastrophen der Jahre 1972 und 1973 sowie die Dollarabwertung im Zuge des Zusammenbruchs des Bretton Woods Währungssystems nach. Der Erfolg dieses einkommenspolitischen Experiments wird von den Fachleuten sehr unterschiedlich eingeschätzt. Wohl dürfte die Inflationsrate während der Jahre der Preis- und Lohnkontrollen niedriger gelegen haben als ohne die Kontrollen. Doch steht dem andererseits der Inflationsschub gegenüber, der nach Aufhebung der Kontrollen eingetreten ist.

Es gibt Zeitperioden, in denen imperative Einkommenspolitik unerlässlich ist. Dies gilt für Kriegszeiten und in abgeschwächter Form auch für Stabilisierungsprogramme im Ausgangspunkt extrem hoher Inflation. Ein Beispiel für letztere waren die Inflationen und ihre Bekämpfung in Israel, in Argentinien und in Brasilien Mitte der 1980er Jahre[187]. Eine Verknüpfung von imperativer Einkommenspolitik mit restriktiver Geld- und Fiskalpolitik scheint unter solchen hyperinflationären Bedingungen der erfolgsversprechendste Weg zum Abbau der Inflation zu sein. Einkommenspolitik unterstützt hier die Wirkung einer restriktiven Geld- und Fiskalpolitik, indem sie die Glaubwürdigkeit des restriktiven wirtschaftspolitischen Kurses erhöht[188]. Ohne eine geld- und fiskalpolitische Disziplinierung ist imperative Einkommenspolitik allerdings von vornherein zum Scheitern verurteilt. Dann sammelt sich nur eine latente, „gestaute" Inflation an, die bei einer politisch erzwungenen Lockerung der Kontrollen sofort hervorbricht.

---

[185] Siehe näher hierzu Kosters [1975]. Zur Geschichte der Lohn- und Preiskontrollen in den USA siehe Rockoff [1984]. Für einen kürzeren Überblick zu den Lohn- und Preiskontrollen der Nachkriegszeit, der auch verschiedene europäische Länder mit einschließt, siehe Gelting [1979] und Braun [1986]. Neuere Überlegungen auf europäischer Ebene über eine lohnpolitische Koordinierung finden sich in Lesch [2013].

[186] Dieser Preisstopp war interessanterweise diesmal nicht von einem Lohnstopp begleitet. Dies hatte jedoch keine nennenswerten Auswirkungen, da während dieser Zeit ohnehin keine größeren Lohnverträge zur Revision anstanden.

[187] Siehe hierzu Fischer [1987a], Dornbusch und Simonsen [1986], Helpman und Leiderman [1988], Arida und Lara Resende [1985] und Bruno [Hrsg., 1988, 1991].

[188] Siehe hierzu Fischer [1987a], Dornbusch und Simonsen [1986], Helpman und Leiderman [1988], Arida und Lara Resende [1985] und Bruno [Hrsg., 1988, 1991]. Siehe auch Wagner [1997: S. 139ff.] sowie Dornbusch, Sturzenegger und Wolf [1990].

1.2.2 Lohn- und Preisleitlinien

In Zeiten „normaler", niedriger Ausgangsinflation sind Lohn- und Preiskontrollen ein unangemessenes Mittel, da sie – wie oben schon erwähnt – den marktwirtschaftlichen Stabilisierungsmechanismus ausschalten. Vorzuziehen, wenn auch weniger wirksam, sind dann unter Umständen Lohn- und **Preisleitlinien**[189], wie sie in den USA unter Präsident Kennedy Anfang der sechziger Jahre und unter Präsident Carter Ende der siebziger Jahre angewandt wurden. Die in der Kennedy-Ära erlassenen Leitlinien schrieben vor[190], dass das Ausmaß der Lohnerhöhungen durch den Anstieg der durchschnittlichen gesamtwirtschaftlichen Produktivität begrenzt sein soll. Positive Abweichungen wurden dann als gerechtfertigt angesehen, wenn sie zur Anwerbung von Arbeitskräften in wachsenden Industriezweigen notwendig waren, sowie im Fall außergewöhnlich niedriger Löhne. Auf der anderen Seite sollten die Löhne in Industriezweigen mit Angebotsüberhängen und in Zweigen mit außergewöhnlich hohen Löhnen nur unterdurchschnittlich wachsen. In Bezug auf die Preise legten die Leitlinien fest, dass sie durch das Verhältnis der branchenspezifischen zur allgemeinen Produktivitätssteigerung bestimmt sein sollten. Dementsprechend sollten die Preise in den Branchen mit überdurchschnittlichen Produktivitätszuwächsen steigen. Positive oder negative Abweichungen wurden dann als gerechtfertigt angesehen, wenn die Gewinne besonders niedrig oder besonders hoch waren. Diese Leitlinien waren ein auf freiwilliger Kooperation angelegtes einkommenspolitisches Programm, insofern als die Leitlinien weder durch gesetzliche Sanktionen unterstützt noch durch einen großen Überwachungsapparat getragen waren. Nichtsdestoweniger wurde von der Regierung auf die Unternehmen und die Gewerkschaften ein Zwang ausgeübt, und zwar ein Zwang „moralischer Art". Indem der Präsident bei gravierenden Verletzungen der Leitlinien die Öffentlichkeit mobilisierte und moralischen Druck auf die abweichenden Gruppen ausübte, gelang es unter der Kennedy-Ära, die Tarifpartner zu zügeln und das Preisniveau weitgehend stabil zu halten[191].

Präsident Carter versuchte, in der zweiten Hälfte der siebziger Jahre ein ähnliches Programm aufzulegen und damit den preispolitischen Erfolg der Kennedy-Regierung zu wiederholen. Mitte Oktober 1978 kündigte er ein Programm freiwilliger Lohn- und Preisstandards an. Die Firmen wurden aufgefordert, ihre durchschnittlichen Preiserhöhungen auf 0,5 Prozentpunkte unterhalb des durchschnittlichen jährlichen Anstieges in den Jahren 1976 und 1977 zu begrenzen. Der Lohnstandard wurde während des ersten Jahres des Programms (Oktober 1978–September 1979) auf 7 Prozent festgelegt. Der Preisstandard wurde als konstanter prozentualer Auf-

---

[189] Diese Form der Einkommenspolitik ist eigentlich mehr der informatorischen Einkommenspolitik zuzuordnen, auch wenn sie oft unter den imperativen Formen abgehandelt wird. Letzteres ist jedoch damit zu rechtfertigen, dass mit der Idee von Leitlinien häufig auch die Androhung von Sanktionen für den Fall der Nichtbeachtung einhergeht. Diese Sanktionen können in der Bloßstellung der Außenseiter in der Öffentlichkeit oder in der Einführung von Lohn- und Preiskontrollen bestehen. Leitlinien sind also, so gesehen, eine erste Stufe vor der Einführung rigiderer Mittel.

[190] Siehe ausführlicher in Sheahan [1967]. Eine originale Beschreibung und Begründung der Leitlinien findet sich im ‚Economic Report of the President' [1962].

[191] Vgl. näher hierzu Sheahan [1967: Kap. 7]. Dieser Erfolg wurde jedoch auch begünstigt durch die sehr geringen Inflationserwartungen und durch die relativ hohe Arbeitslosigkeit Anfang der sechziger Jahre in den USA.

schlag auf die Arbeitsstückkosten bestimmt[192]. Außerdem schlug Präsident Carter eine Reallohnversicherung zugunsten der Arbeitnehmer vor, die sich freiwillig an den Lohnstandard hielten[193]. (Diese Reallohnversicherung ist eine spezielle Form des im nächsten Abschnitt dargestellten TIP-Programms. Er sollte die Arbeitnehmer vor unerwarteten, einseitigen Preiserhöhungen der Unternehmer absichern.) Dieser Vorschlag einer Reallohnversicherung wurde jedoch damals vom Kongress der Vereinigten Staaten abgelehnt, hauptsächlich wegen der mit diesem Vorschlag verbundenen, anfänglich erforderlichen, zusätzlichen Staatsverschuldung in Höhe von (geschätzten) 10 Mrd. US-Dollar[194].

1.2.3 Wettbewerbspolitische Maßnahmen

Wettbewerbspolitische Maßnahmen sind ein ordnungspolitisches Begleitinstrument der Inflationsbekämpfung, das häufig vorgeschlagen und auch weithin praktiziert wird. Die Wirksamkeit dieses Instruments ist jedoch nicht direkt empirisch abschätzbar, sondern höchstens theoretisch begründbar. In der Preistheorie ist oft versucht worden herauszuarbeiten, dass die Löhne und Preise in konzentrierten Märkten rigider sind als die in Wettbewerbsmärkten. Dies würde nicht nur von einer geringeren Wirksamkeit des Preismechanismus gegenüber Mengenanpassungsmechanismen zeugen, sondern auch die Inflationsgefahr erhöhen, insbesondere dann, wenn – wie oft behauptet[195] – eine asymmetrisch starke oder schnelle Lohn- und Preisanpassung bei Nachfrageüberhängen gegenüber Angebotsüberhängen auf diesen Märkten gegeben ist.

Nun ist das Inflationsproblem jedoch nicht allein auf Marktkonzentration zurückzuführen. Auch auf zahlreichen Wettbewerbsmärkten herrschen Preisrigiditäten. Ein Grund hierfür wurde schon im 1. Kapitel, dort im Abschnitt B.I.4, angegeben. Dort wurde hervorgehoben, dass schon geringe Transaktionskosten monopolistische Konkurrenzfirmen abhalten können, im Gewinnmaximum auf Angebots- oder Nachfrageänderungen mit dem Preis sofort zu reagieren. Zudem scheinen auch in zahlreichen sogenannten (unvollkommenen) Wettbewerbsmärkten[196] Preisveränderungen kurzfristig vor allem kostenindiziert zu sein, worauf verschiedene Untersuchungen der letzten Jahrzehnte hindeuten[197]. Als struktureller Grund für die genannte Asymmetrie der Lohn- und Preisanpassungen an

---

[192] Vgl. näher hierzu Mills [1981].
[193] Siehe näher Nordhaus [1981].
[194] Im Nachhinein stellte es sich sogar als günstig heraus, dass diese Reallohnabsicherung nicht Gesetz wurde. Denn einige Monate später sanken die Reallöhne – bedingt durch die Verdreifachung der Erdölpreise, einem Angebotsschock, der in der Indexierungsvariante nicht ausgeschlossen war. Die Reallohnabsicherung hätte einer Preisniveau-Indexierung der Löhne entsprochen. Diese wirkt jedoch bei Angebotsschocks destabilisierend, wie in Abschnitt I.1 des 4. Kapitels beschrieben wurde.
[195] Vgl. z. B. Tobin [1980a]. Die empirischen Preisanpassungen werden hierbei so interpretiert, dass die Preisreaktionen bei einer Überschussnachfrage größer sind als bei einem Überschussangebot.
[196] Man muss hierbei beachten, dass Wettbewerbsmärkte in der Realität niemals vollkommenen Wettbewerb im klassischen Sinne beinhalten, sondern Märkte der monopolistischen Konkurrenz sind. Hier unterliegen jedoch die Firmen wie auch auf oligopolistischen Märkten einer grundsätzlichen Unsicherheit bezüglich ihrer Preis-Absatzelastizitäten. Dies ist mit eine Erklärung für die dort auftretenden Preisrigiditäten.
[197] Vgl. z. B. Wied-Nebbelling [1975; 1985]. Siehe Wied-Nebbelling [2009] für eine Einführung in die Thematik der Preissetzung.

Marktungleichgewichte wird häufig angegeben, dass die Firmen bei einseitigen Preissenkungen mit einem ruinösen gewinnsenkenden Preiskampf zu rechnen haben, während bei Preiserhöhungen die Konkurrenten einfach nachziehen werden[198]. Die Begründung ist jedoch nur für oligopolistische Firmen angebracht. Nur auf oligopolistischen Märkten erwarten die einzelnen Firmen Preisreaktionen der Konkurrenten auf ihre eigenen Preisentscheidungen. Auf Märkten der monopolistischen Konkurrenz dagegen ist die erwartete Reaktion (definitionsgemäß) Null. Das heißt, monopolistische Konkurrenzunternehmen gehen von **gegebenen** Preisen der Konkurrenten aus (siehe hierzu auch im 1. Kapitel). Dies deutet dann (als Begründung für die oben angesprochene Argumentation) auf einen höheren Inflationsbias in oligopolistischen Märkten als in monopolistischen Konkurrenzmärkten hin.

Zusammengefasst kann man folglich feststellen, dass wettbewerbspolitische Maßnahmen den Inflationsdruck vielleicht verringern, ihn jedoch nicht ausschalten können. Zudem bleibt die Frage, inwieweit eine zu starke Zurückdrängung der Marktkonzentrierung nicht zu unerwünschten Effizienzverlusten in der Produktion führt. Diese Frage ist innerhalb der Wettbewerbstheorie noch nicht hinreichend geklärt.

1.3 Marktkonforme Anreizpolitik

Wie wir gesehen haben, ist informatorische Einkommenspolitik wenig wirksam, um das Kollektivgutproblem der Preisniveaustabilisierung zu lösen. Andererseits ist imperative Einkommenspolitik in Form von Lohn- und Preiskontrollen wirksam, zumindest wenn sie von adäquater Geld- und Fiskalpolitik begleitet wird. Je länger allerdings Lohn- und Preiskontrollen wirksam sind, umso größer werden die Allokationsverzerrungen. Folglich wurden in den 1970er und 1980er Jahren neuere Vorschläge entwickelt, die diese Allokationsverzerrungen minimieren sollen. Angesichts des weltweiten Rückgangs der Inflation seit Mitte der achtziger Jahre wurden diese Vorschläge jedoch bisher nirgends politisch umgesetzt. Die folgende Diskussion muss sich also weitgehend auf theoretischem Niveau bewegen[199]. Nichtsdestoweniger ist eine eingehende Beschäftigung mit diesen Vorschlägen auch in Zeiten annähernder Preisniveaustabilität vonnöten, zumindest wenn man sich das weise Sprichwort[200] zu Herzen nimmt, dass es besser ist, das Dach zu reparieren, solange es noch nicht regnet.

Die allgemeine Zielsetzung dieser neuen einkommenspolitischen Vorschläge ist es, selektiv und gezielt auf die privaten Einkommensansprüche und ihre ökonomisch-politische Durchsetzung einzuwirken, ohne den marktwirtschaftlichen Preismechanismus und damit verbunden die autonome Entscheidungsfreiheit der Wirtschaftssubjekte einzuschränken. Konkret geht es darum, durch institutionelle Ergänzungen/Änderungen die Gefangenendilemma-Struktur aufzulösen, die das in

---

[198] Vgl. hierzu z. B. Sweezy [1939].
[199] Die wesentlichen theoretischen Argumente sind beinhaltet in Sammelbänden, die herausgegeben wurden von Okun und Perry [Hrsg., 1978], Claudon und Cornwall [Hrsg., 1981], Maital und Lipnowski [Hrsg., 1985] und Colander [Hrsg., 1986], sowie in der Monografie von Lerner und Colander [1980].
[200] Siehe Tobin [1986], der in den letzten Jahrzehnten der berühmteste Befürworter von marktkonformer Einkommenspolitik gewesen ist.

Abschnitt 1.1.1 beschriebene Verhaltensspiel aufweist. Dadurch soll die private Herstellung des Kollektivgutes Preisniveaustabilität ermöglicht werden.

Wir können im Wesentlichen zwei Vorschläge solcher neuer institutioneller Rahmenbedingungen unterscheiden, einmal steuerpolitische Maßnahmen und zum anderen die Einführung neuer Märkte zur Internalisierung von Externalitäten. Ich werde, dem allgemeinen Fachsprachgebrauch entsprechend, den ersteren der beiden Vorschläge **TIP** (= **T**ax-based **I**ncomes **P**olicy) nennen, und den zweiten Vorschlag mit **MAP** (= **MA**rket-based Incomes **P**olicy) bezeichnen. Beide Vorschläge wurden im Grunde übernommen aus der schon älteren Diskussion um Lösungsvorschläge zum Umweltverschmutzungsproblem.

1.3.1 Steuerliche Anreizpolitik (TIP)

Der Vorschlag einer steuerlichen Anreizpolitik zur Preisniveaustabilisierung sieht wie folgt aus[201]:

1. Es werden jährlich von staatlicher Stelle **Leitlinien** für Löhne und Preise angekündigt. Es wird dabei meist als ausreichend angesehen, wenn dies für sogenannte „Fixpreis"-Sektoren geschieht, für Sektoren also, in denen Preise nur schwerfällig oder kaum auf Angebots-Nachfrageschwankungen reagieren.
2. Die Befolgung dieser Leitlinien wird nicht erzwungen (wie bei Lohn- und Preiskontrollen), sondern durch **steuerliche Belohnungen**[202] oder Strafen[203] ermutigt. So könnten jene Arbeitgeber und Arbeitnehmer, die sich an die Lohnleitlinien halten, durch **Steuernachlässe** belohnt werden. Die Abwicklung würde wie bei der Einkommenssteuererklärung ablaufen. Arbeitnehmer müssten Bescheinigungen ihrer Arbeitgeber beibringen und Anträge auf Steuererstattung beispielsweise innerhalb ihrer regulären Einkommenssteuererklärung stellen. Die Steuerbelohnung für die Arbeitgeber würde davon abhängen, ob sie sich an die Leitlinie für Gewinnaufschläge halten.

Stabilitätskonformes Verhalten kann jedoch auch durch **Strafen** (negative Anreize) herbeigeführt werden. So haben beispielsweise Wallich und Weintraub [1971] vorgeschlagen, denjenigen Unternehmen eine **Strafsteuer** auf den Gewinn aufzuerlegen, die bei ihren Lohnabschlüssen gegen die staatlichen Lohnleitlinien verstoßen haben. Allgemein kann man jedoch erwarten, dass Belohnungen wirksamer als Strafen sind[204].

Es spricht einiges dafür, weitere **Spezifikationen** vorzunehmen[205]:

3. So könnten verschiedene Preisstandards (Leitlinien) für unterschiedliche Wirtschaftssektoren (i = 1,...,n) festgelegt werden, um dem Tatbestand sektoral unterschiedlicher Produktivitätszuwächse Rechnung zu tragen. Die allgemeine Leitidee ist dabei die, dass entsprechend der mark-up- oder Kostenaufschlagstheorie die Preiserhöhung dem Stückkostenzuwachs, d. h. der

---

[201] Vgl. Tobin [1984].
[202] Vgl. z. B. Okun [1978].
[203] Vgl. Wallich und Weintraub [1971].
[204] Darauf scheinen zumindest Erkenntnisse in der Lernpsychologie hinzudeuten.
[205] Siehe Seidman [1983].

Differenz zwischen der als einheitlich unterstellten Lohnsatzerhöhung[206] und dem jeweiligen Produktivitätszuwachs, entsprechen soll:

$$\hat{P}_{i,standard} = \hat{W} - (\widehat{Y/N})_i$$

4. TIP könnte auf Großunternehmen begrenzt werden. Die Begründung hierfür ist die, dass Großunternehmen jeweils mehrere Produkte herstellen, sodass das Messproblem, das bei Qualitätsänderungen einzelner Produkte innerhalb des Zeitraums der Festlegung einer Leitlinie auftritt, verringert wird. Die Messung könnte überhaupt an diejenigen Produkte in Großunternehmen gekoppelt werden, die voraussehbar von einem Jahr zum anderen gleichbleiben. Außerdem würden die Überwachungskosten der Einhaltung der Leitlinien reduziert, wenn TIP auf Großunternehmen begrenzt würde[207].

5. Der „Preis"standard sollte sich auf die Bewertung der Wertschöpfung, also auf den Mehrwert beziehen. Dies würde erlauben, den Einfluss von Inputpreissteigerungen von anderen Unternehmen herauszurechnen. Ansonsten brächten die Leitlinien „ungerechte" Verzerrungen mit sich.

1.3.2 Einführung eines neuen Marktes (MAP)

Der Vorschlag der reinen Marktlösung sieht wie folgt aus[208]:

1. Eine staatliche Behörde wird geschaffen, die zu einem Stichtag die Faktoreinkommen (Profit- plus Lohnsumme) aller einzelnen steuerpflichtigen Firmen abruft und für jede dieser Firmen ein Konto eröffnet, dass das jeweilige Faktoreinkommen speichert.

2. Jede Firma erhält eine gewisse Menge von Zertifikaten in Höhe ihrer Faktoreinkommen zu dem erwähnten Stichtag.

3. Die Behörde eröffnet einen Markt (ähnlich der Börse), auf dem die Zertifikate frei gehandelt werden können. Die Nachfrage nach (das Angebot an) Zertifikaten kommt von Firmen, deren Faktoreinkommen im Laufe der Zeit ihr Kontingent an Zertifikaten übersteigt (untersteigt). Angebot und Nachfrage werden über den Marktpreis für Zertifikate laufend ausgeglichen.

4. Wenn eine Firma die Anzahl ihrer Beschäftigten erhöht (verringert), erhält sie mehr (weniger) Zertifikate gutgeschrieben. Entsprechend verhält es sich, wenn die Firma neue Kapitalinvestitionen tätigt (Kapital abbaut).

5. Die Zertifikatgutschrift bzw. ihr Wert erhöhen sich in gewissen Zeitabständen um die von der Behörde geschätzte Rate des Wirtschaftswachstums.

6. Alle Firmen sind verpflichtet, ihre Faktoreinkommen und ihren Zertifikatsbestand im Gleichgewicht zu halten durch An- und Verkauf von Zertifikaten oder

---

[206] Dies berücksichtigt die oben beschriebene herrschende Gerechtigkeitsnorm der Einkommensverteilung, die auf dem Grundsatz „gleiche Bezahlung für gleiche Arbeitsleistung" beruht.
[207] Man könnte dann aber nur einen Teilerfolg an Preisniveaustabilisierung erzielen, aber immerhin einen Erfolg.
[208] Vgl. zum folgenden Vorschlag Lerner und Colander [1980]. Einen im Grunde ähnlichen Vorschlag hatte schon früher v. Weizsäcker [1975] propagiert.

durch Verringerung oder Erhöhung ihrer Faktoreinkommen. Die Faktoreinkommen dürfen nur durch Preisänderungen, nicht durch Inputänderungen angepasst werden.

7. Die staatlichen Institutionen und die privaten nichterwerbswirtschaftlichen Organisationen werden in analoger Weise behandelt.

1.3.3 Wirkungsweisen und Wirksamkeit

Wirkungsweisen

Der wesentliche Vorteil von MAP gegenüber TIP besteht darin, dass die Zertifikatspreise in ihrer Dynamik reine Marktlösungen darstellen. Bei TIP dagegen müssen die richtigen Bestrafungs- oder Belohnungsparameter (Steuersätze) von staatlichen Behörden sozusagen in einem Suchverfahren[209] festgelegt und immer wieder neu an sich verändernde Umweltbedingungen angepasst werden[210]. Dagegen steht die wahrscheinlich einfachere Verständlichkeit und damit Durchsetzbarkeit des TIP-Verfahrens in der Öffentlichkeit.

Die Zielsetzung beider Lösungsvorschläge ist jedoch die gleiche. Es geht um den Abbau der Gefangenendilemma-Struktur des Verhaltensspiels bei der Herstellung des Kollektivguts „Preisniveaustabilität". Unser Beispiel einer Gefangenendilemma-Struktur sah oben wie folgt aus:

		2. Spieler	
		nicht kooperatives Verhalten	kooperatives Verhalten
1. Spieler	nicht kooperatives Verhalten	2,2	4,1
	kooperatives Verhalten	1,4	3,3

Diese Gefangenendilemma-Struktur könnte nun beispielsweise durch TIP folgendermaßen aufgelöst werden. Es könnten Spieler, die eine kooperative Vorleistung erbringen, d. h. die Leitlinien beachten, per TIP so abgesichert werden, dass sie zumindest die Auszahlung aus der obigen Nash-Gleichgewichtslösung (2,2) erhalten[211]. Jeder, der kooperative Vorleistungen erbringt, würde zum Beispiel +1 an Auszahlung erhalten; und jeder, der sich nichtkooperativ verhält, würde einen Abzug von −1 hinnehmen müssen. Dann würde die Auszahlungsmatrix wie folgt aussehen:

	2. Spieler	
	nicht kooperatives Verhalten	kooperatives Verhalten
nicht kooperatives Verhalten	1,1	3,2

---

[209] Voraussetzung für das perfekte Gelingen einer solchen Politik wäre nämlich, dass der Staat die Auszahlungsmatrizen bei rein monetärer Politik sowie alternativ bei Einführung von TIP genau kennt.

[210] Während die Stärke der Reaktionen von Unternehmern und Arbeitnehmern auf Steuerpolitik zumindest ex ante unsicher ist, und auch nie genau bekannt ist (auch ex post nicht) wo der Gleichgewichtssteuersatz liegt, bzw. gelegen hat, wird der Gleichgewichtspreis bei MAP durch den Konkurrenzmechanismus auf dem Emissionsmarkt automatisch bestimmt.

[211] Perfekt könnte dies wiederum nur gelingen, wenn der Staat die Auszahlungsmatrizen bei rein monetärer Politik sowie alternativ bei Einführung von TIP genau kennen würde.

5. Kapitel: Einkommenspolitik

		2,3	4,4
1. Spieler	kooperatives Verhalten		

Das Spiel hätte so seine Gefangenendilemma-Struktur verloren. Es bestünde ein andauernder Anreiz für die Teilnehmer, die kooperative Lösung zu wählen. Die kooperative Lösung (4,4) wäre folglich das neue stabile Gleichgewicht.

Das eben dargestellte Verfahren impliziert Belohnungen **und** Strafen. Man könnte sich sogar ein Verfahren vorstellen, wo es nur Belohnungen gibt. In unserem Beispiel könnte sich das so darstellen, dass diejenigen, die kooperative Vorleistungen erbringen, mit einer Zusatzauszahlung von +2 belohnt werden. Die Auszahlungsmatrix würde dann wie folgt aussehen:

		2. Spieler	
		nicht kooperatives Verhalten	kooperatives Verhalten
1. Spieler	nicht kooperatives Verhalten	2,2	4,3
	kooperatives Verhalten	3,4	5,5

Auch hier wäre die kooperative Lösung (5,5) das neue stabile Gleichgewicht. Ein solcher Lösungsvorschlag würde jedoch sofort dem Vorwurf der Nichtfinanzierbarkeit unterworfen sein. Doch auch schon der vorhergehende, Belohnungen **und** Strafen beinhaltende, Vorschlag dürfte einem solchen Vorwurf ausgesetzt sein. Allerdings muss hierbei beachtet werden, dass eine Realisierung der kooperativen Lösung dem Staat und der Gesellschaft insgesamt riesige Makroexternalitäten ersparen würde (siehe Abschnitt I.3 oben), aus denen selbst ein solches nur auf Belohnung beruhendes Verfahren im Prinzip finanziert werden könnte.

Makroökonomisch ausgedrückt läge der positive Effekt einer Einführung von TIP oder MAP zum einen in der Verschiebung der aggregierten Angebotskurve im (P,Y)-Raum nach unten, und zum anderen in der Verschiebung der kurzfristigen Phillipskurve im $(\hat{P},Y)$-Raum nach unten. (Der Effekt einer Einkommenspolitik lässt sich ja formal durch einen zusätzlichen positiven Faktor, x, auf der rechten Seite der Phillipskurve $\pi = \gamma\alpha(Y-Y_n)+\pi^e-x$ ausdrücken[212].) Außerdem könnte so die NAIRU reduziert werden. Der Grund hierfür ist, dass bei TIP der Reallohn **nach** Steuern für die Arbeitnehmer steigt, und sich gleichzeitig die Grenzproduktivität von Arbeit **nach** Steuern für die Unternehmen erhöht. Folglich werden tendenziell das Arbeitsangebot **und** die Arbeitsnachfrage und damit auch das Volkseinkommen in der Volkswirtschaft zunehmen. Eine Senkung der NAIRU durch Einführung von TIP ist in verschiedenen Modelluntersuchungen gezeigt worden[213].

---

[212] Die Beziehung zur Formulierung der Phillipskurve in Abschnitt I.3. oben ist die, dass hier $U_0-U = \gamma(Y-Y_n)$ mit $\alpha, \gamma > 0$, sowie $\beta = 1$, unterstellt worden ist. Hierbei steht Y_n wieder für das mit U_0 vereinbare „natürliche" Output-Niveau.

[213] Siehe z. B. Layard [1982], Pissarides [1983] und Jackman und Layard [1990].

Wirksamkeit

Der Grad der Wirksamkeit von Institutionen wie TIP und MAP hängt von der Art ihrer inhaltlichen und politischen Gestaltung ab. Die administrative oder Kontrollbehörde muss insbesondere verhindern, dass die folgenden Ausweichtendenzen überhandnehmen, die bestehen in
- der Erfindung von Kosten, die in Wirklichkeit versteckte Einkommenszuwendungen sind[214] (z. B. Einkommenserhöhungen über nicht monetäre Zuwendungen oder über „künstliche" Beförderungen) und
- der Überwälzung von „Strafsteuern" in die Preise.

Über eine Steigerung des Intensitätsgrads von Kontrollen sind solche Ausweichtendenzen nur zum Teil zu verhüten. Wichtig für die Wirksamkeit von TIP und auch von MAP ist die Herstellung eines Grundkonsens innerhalb der für die Umsetzung wichtigsten gesellschaftlichen Gruppen. Die Wirksamkeit wäre dann am höchsten, wenn die eingeführte Institution das Resultat eines „freiwilligen sozialen Kontrakts" wäre, d. h. wenn die Tarifparteien dem Staat gleichsam einen Auftrag zur Erzwingung der Kollektivgutherstellung mithilfe von TIP und MAP geben würden. Nun ist dies so kaum erwartbar, außer in gravierenden Krisensituationen. Nichtsdestoweniger ist als unabdingbare Voraussetzung eine breite Zustimmung der Öffentlichkeit zu einer solchen Einkommenspolitik im Voraus zu schaffen[215]. Dies wiederum setzt voraus, dass die herrschenden Gerechtigkeitsnormen bei der Ausgestaltung der Leitlinien im Auge behalten werden. Beispielsweise dürfte eine einseitig auf Lohnsteigerungen bezogene steuerliche Bestrafung, die früheren Vorschlägen von TIP zugrundelagen, politisch nicht durchsetzbar sein bzw. zu einer Verschärfung der Verteilungskämpfe führen[216]. Zum anderen muss im Voraus ein gewisser Grundkonsens über die Aufstellung und – für den Fall unerwarteter Entwicklungen – über die Änderung von Leitlinien erzeugt werden. Die Wirksamkeit der beiden vorgestellten marktkonformen einkommenspolitischen Institutionen hängt also letztlich davon ab, dass sie von informatorischer Einkommenspolitik unterstützt werden[217]. Man sollte hierbei die „moralische" Komponente nicht unterschätzen. Informatorische Einkommenspolitik mit dem moralischen Gewicht von Autoritäten kann sehr wohl dazu beitragen, eigennutzorientiertes Verhalten in gewissem Umfang abzubauen und die Akzeptanz von staatlich verordneten Beschränkungen zu erhöhen. Allein wird allerdings eine solche moralisch getragene informatorische Einkommenspolitik das Kollektivgut-

---

[214] Eine solche Praxis kann in beiderseitigem Interesse von Arbeitnehmern und Unternehmern liegen. Der Grund hierfür ist, dass die Unternehmen den sozialen und firmeninternen Frieden und verbunden damit eine hohe Arbeitseffizienz erhalten wollen. Eine erhöhte Arbeitseffizienz bei Einkommenssteigerungen lässt sich aber für eine Einzelfirma auch im Zusammenhang mit der im 1. Kapitel beschriebenen Effizienzlohntheorie begründen.

[215] In den USA und in Kanada war, wie Maital und Meltz [1985] per Umfrage ermittelten, Mitte der 1980er Jahre die Bereitschaft der Tarifparteien, zu einem sozialen einkommenspolitischen Konsens zu kommen, relativ gering. Dies dürfte jedoch zum Teil auch mit dem „Zeitgeist" sowie mit dem Rückgang der Inflation in den 1980er Jahren zusammengehangen haben und lässt sich nicht beliebig verallgemeinern. Eine tieferschürfende historische Analyse der Entwicklung und der Entwicklungstendenzen von Konsensstrategien in einer Mehr-Länder-Vergleichsanalyse lieferte z. B. Maier [1984].

[216] Vgl. zur Problemumschreibung z. B. Rees [1978].

[217] Dies betonen z. B. auch Miller und Schneider [1985]. Eine Argumentation zu Gunsten der Einkommenspolitik aus neukeynesianischer Perspektive findet sich bei Marangos [2003].

problem nicht beheben können. Und **moralische Sanktionen**, auf die zum Beispiel James K. Galbraith [1985] in seinem Vorschlag vertraut, haben die Tendenz, sich bald abzunutzen. (Galbraith schlägt – auf die USA bezogen – vor, dass der Präsident seine gesamte Autorität bei der Anprangerung von Abweichlern in die Waagschale legen sollte. Dieser Vorschlag ähnelt etwas der Praxis mit Lohnleitlinien unter der Kennedy-Ära.) Deshalb wird man auf spezifische ökonomische Anreize nicht verzichten können. Dies ist auch die Überzeugung, die sich in der Diskussion um einen „Stabilitätspakt", d. h. eine automatische Sanktionierung übermäßiger Staatsdefizite, bei der Überarbeitung des sogenannten Maastricht-Vertrages im Kontext der Europäischen Währungsunion ausgedrückt hat. Vergleiche hierzu im 6. Kapitel, Abschnitt III.1.

Einer (oft befürchteten) Überwälzung von Strafsteuern wird man zum Teil durch eine entsprechende Ausgestaltung des TIP-Instrumentariums entgegentreten können. Die Strafsteuern müssen hierfür nur hoch genug sein. Andererseits kann die Gefahr einer Überwälzung von Strafsteuern auch durch eine begleitende „disziplinierte" Geld- und Fiskalpolitik eingeschränkt werden. Eine Überwälzung von Strafsteuern ist nämlich umso wahrscheinlicher, je expansiver staatliche Nachfragepolitik ist. Gerade letzteres, eine expansive Nachfragepolitik des Staates, befürchten jedoch viele der Kritiker von TIP. TIP schafft ihrer Meinung nach, wie Einkommenspolitik schlechthin, der Regierung nur eine günstige Gelegenheit, ihre Verantwortung für Inflation auf die Tarifparteien abzuwälzen. Der Staat würde dadurch nur den Ansprüchen partikularer Interessengruppen eher nachgeben und überhaupt seinem Drang nach Ausdehnung des Staatsanteils unbestraft nachkommen können[218]. Hier zeigt sich wiederum der eigentliche zentrale Trennpunkt zwischen Ökonomen, die eher eine diskretionäre, keynesianische Wirtschaftspolitik befürworten, und Ökonomen, die eine solche Politik ablehnen. Denn es sind im Wesentlichen nur sogenannte keynesianische Ökonomen, die Einkommenspolitik favorisieren, **obwohl** letztere sich im Prinzip mit jeglicher Makro-Stabilitätspolitik verbinden lässt! Das trennende Element bezieht sich meist gar nicht so sehr auf ökonomische Sachfragen, sondern betrifft insbesondere die unterschiedliche Sichtweise der Motivations- und Handlungsdynamik innerhalb des **politischen** Systems. Doch nicht nur Nichtkeynesianer, sondern auch viele „Keynesianer" lehnen heutzutage eine über-die-rein-informatorische-Variante hinausgehende Einkommenspolitik ab, und zwar nicht nur die traditionelle, imperative Variante, sondern auch TIP und MAP. Die Gründe hierfür sind die folgenden **Kosten** von Einkommenspolitik.

2. Kosten von Einkommenspolitik

Im vorhergehenden Abschnitt über die Wirksamkeit von Einkommenspolitik und deren Voraussetzungen wurde schon auf Probleme und zu überwindende Hindernisse der einzelnen Varianten von Einkommenspolitik hingewiesen. Diese Probleme werden hier im Einzelnen nicht wiederholt. Folglich kann dieser Abschnitt auch etwas kürzer gehalten werden.

---

[218] Vgl. in diese Richtung argumentierend Brunner [1979], Mayer [1984] und auch Han und Mulligan [2008].

Insgesamt kann man feststellen, dass es einen positiven trade-off gibt zwischen der Wirksamkeit und den Kosten der einzelnen Varianten von Einkommenspolitik. Das heißt, je effektiver eine einkommenspolitische Variante ist, umso kostspieliger ist sie auch.

2.1 Informatorische Einkommenspolitik

Wie wir oben gesehen hatten, ist informatorische Einkommenspolitik relativ ineffizient. Dafür verursacht sie aber auch kaum Kosten. Kosten entstehen höchstens bei der Organisation des Informationsaustauschs und mehr oder weniger regelmäßiger Tagungen.

2.2 Imperative Einkommenspolitik

Lohn- und Preiskontrollen erzwingen per Gesetz Lohn- und Preisstabilität. Diese relative Effizienz muss allerdings teuer erkauft werden. So wird der Marktmechanismus für die Dauer der Kontrollen außer Kraft gesetzt. Das heißt, es werden Änderungen der relativen Preise verhindert, die für die Beseitigung von Marktungleichgewichten notwendig wären. Außerdem kommt es so zu Fehlallokationen von Investitionen. Schließlich staut sich ein auf den Schwarzmärkten beobachtbarer Inflationsschub, der nach Beendigung der Kontrollen auch auf offiziellen Märkten voll zum Ausbruch kommt.

Lohn- und Preiskontrollen sind deswegen, wie oben näher erläutert, nur in Notfällen sehr hoher Inflation als zeitlich beschränkt eingesetztes Mittel im Zuge einer glaubwürdigen Desinflationspolitik angebracht.

Dagegen erscheint Wettbewerbspolitik als Dauerinstitution im Sinne einer Begleitpolitik zu anderen Stabilitätspolitiken wünschenswert. Sie erfordert nämlich nur geringe administrative Kosten und verspricht wie oben beschrieben langfristige, wenn auch nicht direkt sichtbare Erfolge einer Inflationseindämmung.

2.3 Marktkonforme Anreizpolitik

Am schwierigsten einzuschätzen sind die Kosten von TIP und MAP, da noch keine empirischen Erfahrungen vorliegen. Auf theoretischer Basis kann man jedoch ableiten, dass die bei TIP und MAP anfallenden Kosten bei weitem nicht so hoch sein dürften wie die bei Lohn- und Preiskontrollen auftretenden Kosten, dagegen beide – falls sie adäquat eingesetzt werden – ähnlich effizient sind wie Preis- und Lohnkontrollen.

Der unmittelbare Kostenfaktor, der bei TIP und MAP anfällt, betrifft den **bürokratischen Aufwand** bei der Einführung und bei der Durchführung der institutionellen Innovationen. Während bei MAP die Einführungskosten den Hauptfaktor darstellen, sind bei TIP die Kontrollkosten bezüglich der Einhaltung der Leitlinien das Hauptproblem[219]. Die Kontrollkosten ließen sich jedoch wahrscheinlich dadurch senken, dass man auf ein Bestrafungssystem verzichtet und stattdessen ein Belohnungssystem der oben beschriebenen Art einführt. Außerdem könnten die Kosten drastisch gesenkt werden, wenn die Leitlinien, wie gelegentlich vorgeschlagen, nur für eine kleinere Anzahl von Großunternehmen aufgestellt werden. Inwieweit dies durchsetzbar ist, ist ein anderes Problem.

---

[219] Siehe näher Colander [1981].

Neben den bürokratischen Kosten fallen insbesondere die **Allokationseffekte** einer Einführung von TIP und – in abgeschwächter Form – auch von MAP ins Gewicht. Die Hauptkosten **bei TIP** dürften darin bestehen, dass die notwendigen Anpassungen auf dem Arbeitsmarkt behindert und unter Umständen Wachstumsbranchen benachteiligt werden. Der Grund liegt darin, dass die Anreizsteuer Firmen im Grenzfall davon abhält, über Lohnerhöhungen um mehr und insbesondere um besser qualifizierte Arbeitskräfte zu konkurrieren. Letzteres ist jedoch die typische und auch effiziente Verhaltensweise vor allem in Wachstumsbranchen. Wenn ein solches Konkurrieren um die qualifiziertesten Arbeitskräfte erschwert wird, wird die gewünschte Ressourcenumlenkung behindert und der Rationalisierungsdruck auf die Wachstumsbranchen erhöht. Die Steuer liefert einen Anreiz für die Firmen, im Durchschnitt unqualifiziertere Arbeitskräfte als sonst zu beschäftigen. Aus dieser Ressourcenverzerrung kann man eine wachstumshemmende Wirkung von TIP ableiten. Diese wachstumshemmende Wirkung ist aber natürlich nur partiell, da eine ansonsten höhere Inflation auch wachstumshemmend wirken kann. Es kommt also auf den Nettoeffekt an, der nur schwer zu bestimmen ist. Jedoch könnte sich dadurch die Einführung von TIP in einem Land als ein Standortnachteil im internationalen Wettbewerb um ausländische Direktinvestitionen auswirken. Dies deutet auf den Vorteil einer international koordinierten Einführung von TIP hin.

Eine weitere Allokations- oder besser Strukturverzerrung bei TIP tritt ein, wenn die den einzelnen Firmen vorgegebenen Leitlinien an einem durchschnittlichen Produktivitätszuwachs orientiert sind $[\hat{P}_{standard} = \hat{W} - (Y\hat{/}N)]$. Dann kommt es nämlich zu unterschiedlichen Steuerbelastungen einzelner Unternehmen oder auch Branchen je nach unterschiedlichen tatsächlichen Produktivitätszuwächsen. Nun kann man sich theoretisch vorstellen, für jedes Unternehmen spezifische Leitlinien entsprechend der für sie geschätzten Produktivitätszuwächse aufzustellen. Die Strukturverzerrungen ließen sich so weitgehend vermeiden. Nur dürfte dies angesichts zu hoher Kosten und der grundsätzlichen Schwierigkeiten der Informationsgewinnung[220] nicht praktikabel sein. Außerdem bliebe auch dann immer noch das Problem, wie auf Fehlschätzungen im Nachhinein reagiert werden soll. Soll man sie ignorieren oder nachträgliche Korrekturen anbringen, die jedesmal die Gefahr grundsätzlicher Verteilungsauseinandersetzungen hervorrufen würden?

Weitere vor allem zeitliche Behinderungen relativer Lohn- und Preisänderungen treten bei TIP im Falle von exogenen Schockeinwirkungen ein, sofern nicht vorgesehen ist, die Leitlinien flexibel bei solchen Schockeinflüssen zu ändern. Wenn sich zum Beispiel die terms of trade[221] unvorhergesehen ändern, ändert sich auch der binnenwirtschaftliche Verteilungsspielraum. Eigentlich sollten sich Löhne und Preise dem anpassen; durch starre Leitlinien würde dies zumindest vorübergehend behindert.

---

[220] Eine Selbstschätzung der Unternehmung entfällt dagegen aufgrund des „Moral-Hazard"-Problems. Das heißt, es kann nicht erwartet werden, dass die Unternehmung die Angaben wahrheitsgemäß macht, da sie durch falsche Angaben ihren Nutzen erhöhen kann. Folglich müsste eine neutrale Behörde, d. h. letztlich der Staat, versuchen, die benötigten Informationen zu beschaffen.

[221] Unter **terms of trade** versteht man – wie in Kapitel 2 näher ausgeführt – das Verhältnis der Preise von Export- und Importgütern.

Auch **bei MAP** treten Allokationsverzerrungen auf. Denn die beispielsweise von Lerner und Colander vorgeschlagene Bewertung des zusätzlichen Einsatzes von Arbeitskräften anhand **früherer** Einkommen führt zu einer Behinderung der Allokation der neuen Arbeitskräfte. Ein ähnliches Problem tritt bei Kapitalerhöhungen auf, wenn ein vergangener oder gegenwärtiger Verzinsungsfaktor als Bewertungsmaßstab gewählt wird. Dieser wird nämlich in der Regel nicht mit der **erwarteten** Kapitalverzinsung übereinstimmen. Die Behinderung drückt sich im Umfang der bei Erweiterungsinvestitionen zugesprochenen Zertifikationserhöhungen aus, die zu gering ausfallen, wenn Bewertungsmaßstäbe auf zu niedrigen Vergangenheitswerten von Löhnen und Kapitalzinsen beruhen.

VI. Politische Umsetzungsprobleme

Neben den eben angesprochenen Kosten gibt es auch politische Umsetzungsprobleme. Diese bestehen zum einen darin, dass man die Bevölkerung, insbesondere die Tarifpartner, davon überzeugen muss, dass die Einführung solcher institutioneller Innovationen notwendig und vor allem auch einzelwirtschaftlich sinnvoll ist. (Dies gilt nicht nur für Einkommenspolitik, sondern auch beispielsweise für eine staatlich initiierte Indexierung.) Die politische Erfahrung der Vergangenheit scheint darauf hinzudeuten, dass dies nur in Krisenzeiten gelingt, wogegen die Einführung der obigen Institutionen am kostengünstigsten gerade dann wäre, wenn die Krisenerscheinungen, sprich hier die Inflation, für eine gewisse Zeit abgebaut wären. Dann spielen beispielsweise die eben beschriebenen Bewertungsprobleme an Vergangenheitswerten bei MAP eine geringere Rolle. Die Einführungskosten insgesamt wären dann geringer[222]. Ein zumindest gleich großes Problem stellen die unvermeidlichen Konflikte mit herrschenden Gerechtigkeitsnormen dar. Dies betrifft zum Beispiel die Normfeststellung bei TIP sowie die Einigung über Detailaspekte der einkommenspolitischen Instrumentarien. Die große Gefahr hierbei ist, dass sich durch ökonomische Macht und politische Lobby gestützte Partikularinteressen gegen das Gesamtinteresse doch wieder durchsetzen. Dies kann schon im Vorfeld der Institutionalisierung von Einkommenspolitik, aber auch während ihres Bestehens, geschehen. Wenn es aber Interessengruppen gelingt, Ansprüche auf Sonderbehandlungen im Namen der „Fairness", sprich von tradierten Gerechtigkeitsnormen, durchzusetzen, ist der Bestand von Institutionen wie TIP und MAP gefährdet. Es bedarf also schon eines Staates mit „starkem Willen" und Durchsetzungsvermögen, der außerdem vor allem das gesamtwirtschaftliche oder Gemeinwohl zu steigern sucht. Gerade die Existenz dessen wird, wie schon erwähnt, von den Gegnern einer Einkommenspolitik in Zweifel gezogen. Ihre Befürchtung, dass bei Institutionalisierung von Einkommenspolitik die staatlichen Expansionsbestrebungen stärker hervorbrechen, ist sicherlich nicht aus der Luft gegriffen. Jedoch wäre zu überprüfen, inwieweit nicht eine wachsame demokratische Öffentlichkeit solchen Expansionsbestrebungen entgegenwirken kann.

Zweifellos sind die Vorschläge von TIP und MAP mit einer Reihe von Kosten, Allokationsverzerrungen und Unwägbarkeiten verbunden. Dies verleitet eine große Mehrzahl von Ökonomen dazu zu sagen: Lieber Hände weg davon! Allerdings

---

[222] Siehe hierzu z. B. Colander [1981].

kann man nicht die Augen verschließen vor den hohen Kosten einer rein monetären Bekämpfung eines Inflationsbias. Ein Inflationsbias ist mit Geldpolitik nur auf Kosten einer andauernden Trendarbeitslosigkeit zu unterdrücken. Auch dies ist „ungerecht" in den Augen der Betroffenen, und nicht nur in deren Augen. Folglich kann eine solche Politik auf Dauer sehr wohl zu Legitimationsproblemen der herrschenden Wirtschafts- und Gesellschaftsordnung führen. Dies zu verhindern ist die Zielsetzung von Vorschlägen institutioneller Innovationen, deren eine Variante eben marktkonforme Einkommenspolitik darstellt. Die positiven Langfristeffekte von einkommenspolitischen Institutionen wie TIP oder MAP bestünden darin, dass die Unsicherheit über die Preisniveauentwicklung abgebaut und **Vertrauen** in gegenseitiges stabilitätskonformes Verhalten aufgebaut würde. Dies würde bedeuten, dass man zur Bekämpfung des Inflationsbias weniger zusätzliche Arbeitslosigkeit in Kauf nehmen müsste und somit wie oben beschrieben die (langfristige) NAIRU senken könnte. Letzteres ist nur durch langfristige Institutionenbildung möglich. TIP oder MAP als Ergänzungsmaßnahme zu disziplinierter Geld- und Fiskalpolitik wäre eine solche institutionelle Möglichkeit.

Ob bestimmte Institutionen wie Einkommenspolitik institutionalisiert werden sollten oder nicht, lässt sich nicht allgemein beantworten. Dies hängt von den **Kosten der Instabilität** und von den **Präferenzen der Individuen** ab. Die „Kosten der Instabilität" sind selbst abhängig von der Dauer oder Hartnäckigkeit und vom Grad oder Umfang von Marktungleichgewichten. Andererseits spiegeln sich die „Präferenzen der Individuen" bezüglich von Instabilität in den Parametern „a" und „b" der Verlustfunktion (siehe das Einführungskapital) wider. Sowohl was die Kosten der Instabilität als auch was die Präferenzen bzw. Aversionen bezüglich der Instabilität anbelangt, gibt es Unterschiede von Land zu Land und von historischer Epoche zu historischer Epoche. Letztere hängen ab von der unterschiedlichen soziokulturellen Entwicklung und von den jeweiligen etablierten Institutionen, die zum Beispiel Preisflexibilität mehr oder weniger stark behindern[223]. Deshalb wird Einkommenspolitik als Bestandteil heterodoxer Stabilisierungsprogramme für Entwicklungsländer, die gegenüber Industrieländern in der Regel z. B. durch höhere Inflationsraten, ausgeprägte staatliche Reglementierungen und ein polarisiertes soziokulturelles Umfeld gekennzeichnet sind, anders zu beurteilen sein als Einkommenspolitik in industrialisierten Gesellschaften[224].

Was allerdings generell pessimistisch stimmt bezüglich der praktischen Durchsetzbarkeit sinnvoller institutioneller Ergänzungen, sind folgende **politisch-strukturellen Hindernisse**:

Das **erste** Hindernis besteht in der Unsicherheit über die Größe der oben aufgelisteten Probleme oder Nebenwirkungen. Eine risikoscheue Regierung in einem parlamentarisch-demokratischen System wird solchen Unsicherheiten und den damit verbundenen (auch wahlpolitischen) Risiken aus dem Weg gehen, **insbesondere**, wenn sich die institutionellen „Investitionen", wie in den obigen Fällen, möglicherweise erst nach einigen Jahren auszuzahlen beginnen.

---

[223] Dass institutionelle Ergänzungen nicht in gleichem Maße für unterschiedliche Länder geeignet oder notwendig sind, ist zum Beispiel anhand eines Vergleichs zwischen der Bundesrepublik Deutschland und Japan in Wagner [1989] herausgearbeitet worden.
[224] Zu der Debatte um heterodoxe Stabilisierungsprogramme und zu Erfahrungen mit Einkommenspolitik in Entwicklungsländern siehe Wagner [1997: Kapitel 3]. Siehe auch Stiglitz u. a. [2006]

Ein **zweites** Hindernis entsteht durch die mit der Einführung von institutionellen Innovationen verbundenen Interessenkonflikte, d. h. dadurch, dass die Interessen oder anders gesagt der Nutzen von sozialen Gruppen oder Individuen verletzt werden. Eine Voraussetzung für die Einführung neuer Institutionen in einer „freien" Gesellschaft ist, dass jene Gruppen der Gesellschaftsmitglieder, die durch die Institutionenänderung Nutzeneinbußen hinnehmen müssten, kompensiert werden aus dem Anstieg des gesellschaftlichen Gesamtnutzens, der aus der Einführung der neuen Institutionen resultiert. Dies ist jedoch – aufgrund des Vorliegens asymmetrischer Informationen, zu hoher Transaktionskosten u. a. – selbst unter Einbeziehung des Staates oftmals nicht möglich. Schon der (antizipierte) Widerstand relativ kleiner Wählergruppen kann dann dazu führen, dass die Einführung gesellschaftlich sinnvoller institutioneller Innovationen für Regierungen als undurchführbar erscheint. Praktische Anschauungsfälle, beispielsweise aus dem Bereich der Agrarpolitik in der Europäischen Gemeinschaft, gibt es hierfür genug.

Schlussteil

In dem folgenden Abschlusskapitel soll auf einen in diesem Buch bislang noch nicht behandelten Aspekt näher eingegangen werden, der eine große Relevanz in Theorie und Praxis der Stabilitätspolitik besitzt, und der in den letzten Jahren mit im Vordergrund der stabilitätspolitischen Diskussion gestanden hat. Es handelt sich um die Frage, ob Stabilitätspolitik international koordiniert werden soll.

6. Kapitel: Ökonomische Interdependenz und internationale Koordinierung von Stabilitätspolitik

Wir haben bislang die Möglichkeiten und Alternativen von Stabilitätspolitik in einer geschlossenen Volkswirtschaft oder – wenn wir eine offene Volkswirtschaft betrachteten – für den Fall eines kleinen Landes, das die ökonomischen Bedingungen des Auslands nicht beeinflussen kann, analysiert[1]. Wenn wir diese Beschränkung aufheben, tritt das Problem ökonomischer Interdependenz und folglich die Frage nach einem politischen oder institutionellen Koordinationsbedarf nationaler Stabilitätspolitiken in den Vordergrund. Während beispielsweise die USA bis vor kurzem oft noch als ein Land mit einer relativ geschlossenen Volkswirtschaft betrachtet wurde[2], und Länder wie Österreich oder die Schweiz als sogenannte „kleine Länder" gefasst werden können, ist die Bundesrepublik Deutschland seit längerem ein stark „offenes" Land, das vom ökonomischen Gewicht her auch nicht als „klein" angesehen werden kann[3]. Dies bedeutet, dass für ein Land wie die Bundesrepublik mögliche positive Effekte einer internationalen Koordinierung von Stabilitätspolitik eine besonders wichtige Rolle spielen.

Überblick

Das Ausmaß gegenseitiger ökonomischer Abhängigkeit **(Interdependenz)** hat zwischen den einzelnen Ländern der westlichen Welt seit dem Zweiten Weltkrieg stark zugenommen. Dies zeigt sich einmal im Wachstum des Handels von Gütern und Dienstleistungen (siehe die folgende Tabelle 1)[4], mehr aber noch in der rapide angestiegenen Integration der nationalen Finanzmärkte[5]. Monetäre Schocks werden dadurch schneller und direkter als früher von einem Land zum anderen übertragen.

---

[1] Dies ist vor allem aus didaktischen oder Vereinfachungsgründen geschehen.

[2] So betrugen der Export- oder der Importanteil der USA noch 1970 weniger als 6 % des dortigen BIP. Bis 2016 erhöhten sich die Anteile auf 12,6 % bzw. 15,5 %. Siehe die folgende Tabelle 1.

[3] Die Export- und Importanteile der Bundesrepublik betrugen 2016 45,9 % bzw. 38,4 % (1970 rund 15,2 % bzw. 16,6 %) des BIP (siehe die folgende Tabelle 1), und ihr Offenheitsgrad (Export- plus Importanteil) belief sich 2016 (1970) auf 84,3 % (31,8 %). Die Außenhandelsabhängigkeit ist in keinem der großen Industrieländer seit 1950 so stark gewachsen wie in der Bundesrepublik (siehe die Tabelle 1).

[4] Fast noch gewichtiger für die ökonomische Interdependenz als die gestiegenen Export- und Importanteile selbst sind jedoch in den letzten Jahren die gewachsenen **Handelsbilanzungleichgewichte** zwischen den größten westlichen Industrienationen geworden. Dies betrifft insbesondere die drei größten OECD-Länder, nämlich die USA, Japan und die Bundesrepublik Deutschland (siehe Tabelle 1). Zudem ist zu erwähnen, dass inzwischen auch die Volksrepublik China eine entscheidende Rolle hierbei spielt.

[5] So betrug zum Beispiel das Transaktionsvolumen des Devisenhandels 2016 im Durchschnitt schon mehr als 5300 Milliarden US-Dollar am Tag und damit ein Vielfaches des Handelsvolumens.

Diese Entwicklung spiegelt bedeutende institutionelle Änderungen wider wie den Abbau von Handelsschranken und Kapitalkontrollen in den westlichen Industrieländern. Jedoch waren nicht nur gesetzlich-institutionelle Regelungsänderungen für diesen Prozess entscheidend, sondern mehr noch der technische Fortschritt, der grundlegende Erleichterungen und Verbesserungen im internationalen Transport und in der internationalen Kommunikation mit sich brachte. Doch auch der „technische Fortschritt" im finanziellen Sektor produziert Innovationen, sogenannte „finanzielle Innovationen", die die einzelnen nationalen und internationalen Finanzmärkte stärker miteinander verbunden haben. So ist die internationale Abhängigkeit trotz des Übergangs zu flexiblen Wechselkursen, der in den siebziger Jahren zwischen den meisten Ländern stattgefunden hat, bis heute stetig fortgeschritten.[6]

Tabelle 1: Anteile der Exporte und Importe am BIP (in %), „G-5"-Länder[7].

		USA	Japan	BRD	Frankreich	GB
1950	Exporte	4,3	11,4*	11,4	15,6	22,3
	Importe	4,1	10,5*	12,7	14,6	22,9
1970	Exporte	5,6	10,6	15,2	15,8	21,3
	Importe	5,2	9,5	16,6	15,3	20,5
2000	Exporte	10,7	10,6	30,8	28,2	24,9
	Importe	14,3	9,2	30,5	27,1	26,9
2010	Exporte	12,4	15,0	42,3	26,0	28,3
	Importe	15,8	13,6	37,1	27,9	30,9
2016	Exporte	12,6	17,6	45,9	29,4	28,1
	Importe	15,5	17,9	38,4	31,2	30,0

* Zahlen sind für 1955. Datenquelle: für 1950: IMF; ab 1970: World Bank National Accounts Data und OECD National Accounts Data Files.

Es gibt nun verschiedene Arten von Interdependenz[8]. Wir beschäftigen uns hier vor allem mit den stabilitätspolitischen Folgerungen aus sogenannter **struktureller** Interdependenz. Hierunter versteht man, dass die ökonomischen Ereignisse in einem Land die ökonomischen Ereignisse in anderen Ländern beeinflussen. Diese Art von Interdependenz und ihr rapider Anstieg in den letzten Jahrzehnten wird nun immer häufiger zum Anlass genommen, eine **internationale Politikkoordinierung** zu fordern. Die allgemeine, wissenschaftliche Begründung lautet, kurz gefasst, wie folgt. Ein „größeres, offenes" Land kann nicht davon ausgehen, dass seine Aktionen keinen Einfluss auf andere Länder hätten und keine Reaktionen dieser Länder auslösten. Umgekehrt bleibt ein solches Land von den Aktionen der anderen „größeren" Länder nicht unbeeinflusst. Folglich wird

---

[6] Vgl. Wagner [2000c; 2014].
[7] Als „G-5"-Länder werden die 5 wirtschaftlich „größten" OECD-Länder bezeichnet.
[8] Vgl. näher Cooper [1986: S. 292–3].

es sich **strategisch** verhalten (ähnlich wie die Unternehmer im Oligopolmodell). Spieltheoretische Überlegungen führen aber in der Regel zum Ergebnis, dass unkoordiniertes strategisches Handeln der einzelnen Akteure (Länder) paretoinferiore oder suboptimale Lösungen erzeugt. Daraus wird nun ein **Koordinationsbedarf** abgeleitet. Eine solche Koordination verspreche den beteiligten Ländern beiderseitige Gewinne.

Man kann sich verschiedene **Arten von Koordinierung** vorstellen. Die „schwächste" Version (im Sinne der geringsten Restriktion oder Selbstbindung eines Landes) ist der **Austausch von Informationen** über derzeitige und zukünftige wirtschaftspolitische Maßnahmen. Dadurch soll erreicht werden, dass kein Land durch die Maßnahmen eines anderen Landes überrascht („geschockt") wird. Eine zweite und stärkere Art von Koordinierung stellt die **Koordinierung von Zielen** dar. Die dritte und stärkste Form der Koordinierung betrifft die **Koordinierung des Einsatzes wirtschaftspolitischer Instrumente**. Die letztere Form setzt nicht nur eine Einigung über die Ziele, sondern auch über die Verteilung der Aufgaben innerhalb der Koordinierung voraus.

Ein Koordinierungsbedarf wird sowohl für diskretionäre, als auch für regelgebundene Politik gesehen. So wird **zum einen** von keynesianisch orientierten Ökonomen häufig die internationale Koordinierung von diskretionärer monetärer Expansion in konjunkturellen Rezessionen vorgeschlagen. Die Zielsetzung ist, so erstens die negativen Nebeneffekte wie Kapitalabfluss und abwertungsinduzierter Inflation zu vermeiden, denen ein Land ausgesetzt wäre, wenn es individuell eine solche expansive Strategie einschlüge[9]. Zweitens soll so die negative Externalität von „Beggar-thy-Neighbour-Politik" (siehe unten) vermieden werden. **Zum anderen** wird von monetaristischen Ökonomen die internationale Koordinierung einer verstetigten geldangebotsorientierten Regelpolitik befürwortet. So spricht sich zum Beispiel Allan Meltzer eindeutig für ein solches „Kartell finanzieller Stabilität" aus[10]. Auch McKinnon's Vorschlag (siehe im 3. Kapitel, Abschnitt B.III.4) ist hier einzuordnen[11],[12]

Internationale Koordinierung ist nicht auf Makropolitik beschränkt, sondern umschließt auch institutionelle oder ordnungspolitische Verfahren. Hierunter fallen ein koordinierter Abbau (oder die Verhinderung eines Wiederaufbaus) von Regulierungen wie z. B. Handels- und Kapitalverkehrsbeschränkungen bis hin zur Errichtung einer internationalen Rechtsordnung[13]. Im Folgenden werden wir uns

---

[9] Zur näheren Begründung wie auch zu den Problemen einer solchen Strategie siehe z. B. Wagner [1987e].
[10] Siehe Meltzer [1987: S. 13]. Vgl. hierzu auch Laidler [1986: S. 15–6].
[11] Überhaupt könnten die beiden Vorschläge von McKinnon und von Williamson zur koordinierten Strategie einer Wechselkursstabilisierung, die im 3. Kapitel besprochen wurden, auch hier im 6. Kapitel angesiedelt werden. Aus konzeptionellen Gründen sind die beiden Vorschläge jedoch schon im 3. Kapitel behandelt worden. Eine (nochmalige) Lektüre dieser Passagen ist in dem Kontext des vorliegenden 6. Kapitels vielleicht empfehlenswert.
[12] Vgl. auch Rogoff [1985b] zur Überlegenheit gemeinsamer oder kooperativer Regelpolitikstrategien gegenüber unabhängig betriebenen. Siehe für eine neuere Untersuchung Taylor [2013b] und für einen guten Überblick über die Thematik Engel [2016].
[13] Dies war die Hauptstoßrichtung des langjährigen Bemühens um einen europäischen Binnenmarkt.

allerdings auf die Wirkungsanalyse der internationalen Koordinierung von **Makropolitiken** beschränken.

In der Praxis gibt es schon die verschiedensten Ansätze internationaler Koordinierung von Stabilitätspolitik. Diese finden zum einen statt in Form von diskretionären Treffen, angefangen von regelmäßigen diplomatischen Kontakten, bis hin zu inzwischen institutionalisierten Treffen von Finanzministern, Notenbankchefs und Regierungschefs („Gipfeldiplomatie"). Letztere führen regelmäßig zu Absprachen oder zumindest Absichtserklärungen der verschiedenen Regierungen. Zum anderen spiegeln sich die gegenwärtigen Koordinationsmaßnahmen wider in internationalen Organisationen und deren Aktivitäten, wie beispielsweise des Internationalen Währungsfonds (IWF), der Weltbank, der Bank für Internationalen Zahlungsausgleich (BIZ), der Organisation für Wirtschaftliche Zusammenarbeit und Entwicklung (OECD), der Europäischen Union (EU) und des allgemeinen Zoll- und Handelsabkommens von Genf (GATT) bzw. heute der Welthandelsorganisation (WTO)[14]. Explizite makropolitische oder kurz „Makrokoordination" zwischen einzelnen Ländern hat es dagegen seit dem Zusammenbrechen des Bretton Woods Systems[15] nur selten gegeben. Als Beispiel einer solchen expliziten Makrokoordination kann man das Ergebnis des „Bonner Gipfels" 1978 anführen, das allerdings heute – im Nachhinein – eher kritisch betrachtet wird[16].

Es werden aber häufig auch **grundsätzliche Zweifel** an dem Nutzen[17] internationaler Politikkoordinierung angemeldet. Diese Zweifel gründen auf praktischen Erfahrungen[18], aber auch auf theoretischen Überlegungen, sowie auf Ergebnissen von ökonometrischen Untersuchungen (siehe hierzu den Abschnitt III unten). Daraus wird dann oft die Behauptung abgeleitet, dass das Beste, was ein

---

[14] Eine gute Übersicht über diese und weitere internationale Organisationen und Abkommen im Bereich von Währung und Wirtschaft geben Deutsche Bundesbank [2003] und Rittberger und Zangl [2003] und Eibner [2008]. Siehe auch Wagner [1999b: 2. Teil] und Wagner [2014a].

[15] In gewissem Sinne herrschte – zumindest was die währungspolitische Koordination anbelangt – in den 1960er Jahren eine größere, durch das damalige Wechselkurssystem vorgegebene oder institutionalisierte, internationale Koordination von Wirtschaftspolitik vor als seit den siebziger Jahren. Siehe hierzu in Abschnitt III unten.

[16] Vgl. zu den Ergebnissen der verschiedenen „Gipfel" z. B. Menil und Solomon [1983], Bayne [2000; 2005]. Auf dem „Bonner Gipfel" stimmte die Bundesrepublik Deutschland einer expansiveren Fiskalpolitik zu, im Austausch gegen die Verpflichtung der USA, den Ölpreis auf das Weltniveau anzuheben. (Genauer gesagt, verpflichtete sich die Bundesrepublik, die Staatsausgaben um 1 % des BSP zu steigern, während die USA versprachen, Maßnahmen zu ergreifen, um die Ölimporte zu senken. Außerdem zeigten sich die USA bereit, verstärkt Schritte zur Inflationsbekämpfung zu unternehmen, was unter anderem auch eine Verringerung der für 1979 geplanten Steuersenkung beinhaltete.) Dieser „Handel" wurde später – angesichts der kurz darauf eingetretenen weiten Ölkrise und des damit verbundenen Inflationsanstiegs – in der Bundesrepublik oft als eher unglückliche (oder fehlerhafte) Entscheidung kritisiert.

[17] Gelegentlich werden auch Zweifel an der **verfassungsrechtlichen Möglichkeit** angeführt. Vgl. z. B. für die USA Feldstein [1988b]. Hierauf wird jedoch – u. a. da solche rechtlichen Barrieren keine „grundsätzlichen" Hindernisse darstellen – im Folgenden nicht näher eingegangen.

[18] – wie beispielsweise hinsichtlich des eben beschriebenen „Handels" auf dem „Bonner Gipfel" oder bezüglich des Zusammenbruchs des Bretton Wood Systems (siehe näher in Abschnitt III unten).

Land für sich und die anderen tun könnte, sei, „seine eigene Volkswirtschaft in Ordnung zu halten"[19].

I. Theoretische Wirkungsmechanismen bei ökonomischer Interdependenz

1. Auswirkungen ökonomischer Interdependenz in einem IS-LM-BP-Modell bei festen Preisen

Bevor wir zur modernen spieltheoretischen Ableitung eines Koordinationsbedarfs kommen, soll kurz geschildert werden, wie sich der internationale Transmissionsmechanismus von diskretionärer Geld- und Fiskalpolitik in einem IS-LM-BP-Modell **(Mundell-Fleming Modell)** im **Zwei-Länder-Fall** bei Kapitalmobilität[20] darstellt. Wir konzentrieren uns dabei auf die für unsere Gesamtfragestellung wesentlichen Wirkungszusammenhänge in einem speziellen Anschauungsfall[21].

Zuerst soll auf die neuen zusätzlichen **Annahmen**, von denen die folgende Analyse ausgeht, hingewiesen werden. Es sind dies die folgenden beiden. **Zum einen** wird (wie auch schon in der Analyse im 2. Kapitel) angenommen, dass die Wertpapiere, die von beiden Ländern ausgegeben werden[22], vollkommene Substitute sind. Allerdings ist nun (im Gegensatz zur Annahme im 2. Kapitel) keines der beiden Länder klein, sodass jedes Land durch seine Wirtschaftspolitik den gemeinsamen oder Weltzins beeinflussen kann. Bei Annahme vollkommener Kapitalmobilität und statischer Wechselkurserwartungen – was in den folgenden Abbildungen unterstellt wird – ist wiederum gewährleistet, dass das Zinsniveau in beiden Ländern gleich ist. (Vollkommene Kapitalmobilität schlägt sich dann wieder nieder in einem waagerechten Verlauf der BP-Kurve beim jeweiligen Weltzinsniveau $i^f = i$.) **Zum anderen** wird davon ausgegangen, dass beide Länder eine ähnliche Wirtschaftsstruktur aufweisen. Im Ausgangspunkt herrsche auch wieder ein außenwirtschaftliches Gleichgewicht vor; d. h. hier: die Leistungs- und Kapitalbilanzen in beiden Ländern seien ausgeglichen. Transfers oder Übertragungen werden hier (wie im 2. Kapital) vernachlässigt, sodass Leistungs- und Handelsbilanz gleichgesetzt werden können.

Feste Wechselkurse

Geldpolitik: Eine monetäre Expansion in Land 1, ausgedrückt im IS-LM-BP-Diagramm durch eine Rechtsverschiebung der LM-Kurve, würde in einem kleinen offenen Land bei vollkommener Kapitalmobilität ineffektiv sein. Das heißt, sie

---

[19] Vgl. z. B. Fischer [1987b: S. 50]. Vgl. auch Corden [1986: S. 437] und Issing [1987: S. 138]. In diesem Sinne kann auch die Arbeit von Obstfeld und Rogoff [2002] verstanden werden. Vgl. dagegen z. B. Filc [1988].

[20] Es wird hier nur der Fall bei Kapitalmobilität behandelt, da gerade Kapitalmobilität – wie im obigen Überblick betont – ein zentrales Element der gewachsenen ökonomischen Interdependenz zwischen den großen westlichen Industrieländern darstellt.

[21] Siehe näher und umfassender (auch für andere Anschauungsfälle oder Szenarien) Mundell [1968] und Mussa [1979]. Zur grafischen Darstellung siehe auch Stevenson, Muscatelli und Gregory [1988: Kap. 10]. Für die Lektüre des folgenden Abschnitts empfiehlt es sich unter Umständen, (nochmals) den Abschnitt B.I.2.2 des 2. Kapitels oben anzusehen.

[22] Die zwei Länder werden wieder als „Inland" und „Ausland", oder alternativ als Land 1 und Land 2, bezeichnet. Für Auslandsvariable benutzen wir wieder das Superskript ‚f'.

würde das reale Output-Niveau nicht verändern. Die monetäre Expansion würde das Zinsniveau in Land 1 tendenziell senken. Dies würde durch die ausgelösten Kapitalabflüsse zu einem Abbau von Devisen und damit zu einer Verringerung des Geldangebots führen, die die ursprüngliche monetäre Expansion gerade ausgleicht. Das ursprüngliche Zinsniveau in Land 1 würde so wieder hergestellt. In dem Zwei-Länder-Modell dagegen ist Land 1 in der Lage, aufgrund seiner Größe den Weltzins zu beeinflussen. (Dies ist dann letztlich auch der Grund dafür, dass im Zwei-Länder-Modell Geldpolitik nicht völlig ineffektiv ist. Siehe in Abbildung 25 unten.) Und zwar wird der Weltzins aufgrund einer expansiven Geldpolitik des Landes 1 sinken. Wie stark er sinkt, hängt von den Änderungen ab, die die expansive Geldpolitik von Land 1 in Land 2 bewirkt. Die Geldmengenexpansion wird die Zahlungsbilanz von Land 1 ins Defizit bringen, und zwar sowohl die Leistungsbilanz als auch die Kapitalbilanz. (Die Leistungsbilanz wird negativ oder defizitär, da mit dem Einkommensanstieg in Land 1 auch die Nettoexporte sinken[23]. Und die Kapitalbilanz wird negativ, da die Zinssenkung in Land 1 – bei Kapitalmobilität – einen Kapitalabfluss bewirkt, der die Geldmenge verringert[24].) Dies führt in Land 2 zu einer Ausweitung der Exportnachfrage (aufgrund des gestiegenen Einkommens und damit der steigenden Importnachfrage in Land 1) und zu einer Ausweitung der Geldmenge (aufgrund des Zuflusses von Devisenreserven, der mit einem Zahlungsbilanzüberschuss – bei festen Wechselkursen – verbunden ist; siehe näher in Kapitel 2 oben). Sowohl die IS- als auch die LM-Kurve werden sich daher in Land 2 nach rechts verschieben. Dies führt im Endeffekt dazu, dass in **beiden** Ländern das Volkseinkommen, y, gestiegen und das Zinsniveau, i, gesunken ist. Die sogenannten **Spillover-Effekte** auf das Land 2 sind also **positiv.**

---

[23] Ausgedrückt in der Modellstruktur des 2. Kapitels: $z_1 < 0$.
[24] Dieser Kapitalabfluss gleicht dann bei vollkommener Kapitalmobilität die Zinssätze in beiden Ländern – bei nunmehr allerdings niedrigerem Zinsniveau – wieder aus. Der Kapitalabfluss aus Land 1 zeigt sich in der Abbildung 25 in der Linksverschiebung der LM_1'-Kurve zu LM_1'', und in der Rechtsverschiebung der LM_2-Kurve zu LM_2'.

6. Kapitel: Ökonomische Interdependenz   375

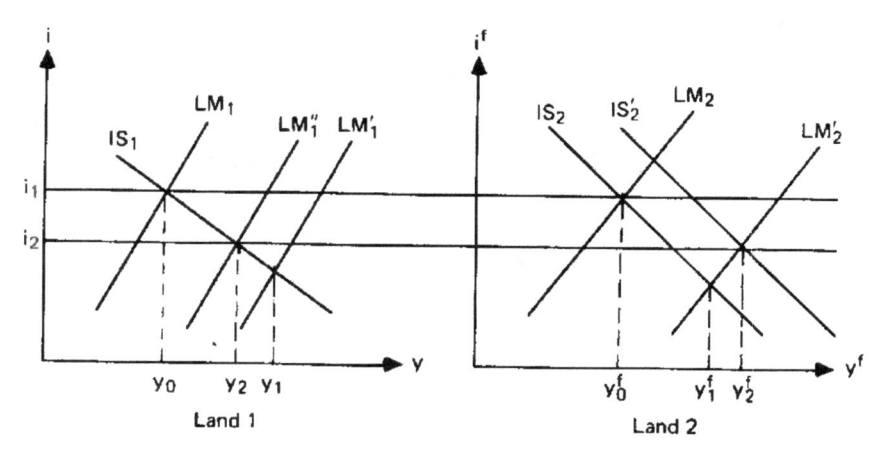

Abbildung 25: (Quelle: Eigene Darstellung).

Die Postskripte ' und '' beschreiben die Abfolge der Kurvenveränderungen. Die LM-Kurve verlagert sich also (analytisch gesehen) in der obigen Abbildung von LM über LM' zu LM''. Genauso sind auch die Verschiebungen der IS-Kurve zu interpretieren, y_0 und y^f_0 bezeichnen immer den Output im Ausgangsgleichgewicht für beide Länder, und y_2 und y^f_2 stellen den Output im neuen Gleichgewicht dar, y_1 und y^f_1 sind lediglich „Durchgangsstationen", die analytisch zu verstehen sind, da ja in Wirklichkeit im obigen statischen Modellzusammenhang die Anpassungsprozesse **simultan** ablaufen. Die folgenden Abbildungen sind genauso zu lesen.

Fiskalpolitik: Eine expansive Fiskalpolitik des Landes 1 wird dessen Volkseinkommen steigern, was zu steigenden Importen des Landes 1 und damit zu zunehmenden Exporten des Landes 2 führen wird. Die IS-Kurven beider Länder verschieben sich daher nach rechts. Dies geht mit einem steigenden Welt-Zinssatz einher, da die gesamten Welt-Ausgaben gestiegen sind, während die Welt-Geldmenge konstant geblieben ist. In Abbildung 26 verschiebt sich die IS_1-Kurve weiter nach rechts als die IS_2-Kurve, da man wegen der unvollkommenen Integration der Gütermärkte annehmen kann, dass die direkten Nachfrageeffekte in Land 1 größer sind als die indirekten Nachfrageeffekte in Land 2. Folglich kommt es in Land 1 zu einem Zahlungsbilanzüberschuss (aufgrund des Kapitalbilanzüberschusses)[25], da der Schnittpunkt der IS'- mit der LM-Kurve für das Land 1, bei y_1, **oberhalb** des neuen Welt-Zinsniveaus liegt. In Land 2 verhält es sich notwendigerweise genau umgekehrt. Dort liegt der Schnittpunkt zwischen der IS'- und der LM-Kurve, bei y^f_1, **unterhalb** des neuen Weltzinsniveaus. Folglich wird Land 2 ein Zahlungsbilanzdefizit (aufgrund des Kapitalbilanzdefizites) aufwei-

---

[25] Die expansive Fiskalpolitik in Land 1 erhöht dort den Zinssatz und löst dadurch Kapitalzuflüsse aus. Eine zusätzliche Plazierung von Schuldverschreibungen des Staates von Land 1 erfordert ja – bei gegebener Geldmenge und bei gegebenen Verhaltensstrukturen – eine höhere Zinsausstattung.

sen[26]. Deswegen wird es zu einem Abfluss von Kapital aus Land 2 in Land 1 kommen mit einer entsprechenden Übertragung von Devisenreserven. Die Geldmenge in Land 1 (Land 2) wird mithin steigen (sinken), was durch die Rechtsverschiebung der LM_1-Kurve (und die Linksbewegung der LM_2-Kurve) in Abbildung 26 ausgedrückt ist.

Im Endeffekt führt dies auch hier – wie in Abbildung 26 eingezeichnet – zu einer Ausweitung des Volkseinkommens, y bzw. y^f, in beiden Ländern bei jetzt allerdings höherem Zinsniveau. Die „Spillover-Effekte" auf das Land 2 sind wiederum **positiv**, wenn sie auch geringer ausfallen als bei expansiver Geldpolitik. (Der zuletzt beschriebene Abfluss von Kapital aus Land 2 senkt dort das Geldangebot und führt zu einer Linksverschiebung der LM-Kurve, was die „Spillover-Effekte" verringert.)

Allgemein laufen die **Wirkungskanäle** der Spillover-Effekte **zum einen** über die von der Wirtschaftspolitik des Landes 1 ausgelösten Leistungsbilanzungleichgewichte, die die Exporte des Landes 2 beeinflussen. **Zum anderen** laufen sie über die induzierte Änderung der Welt-Zinsrate, die die Kapitalbilanz des Landes 2 verändert.

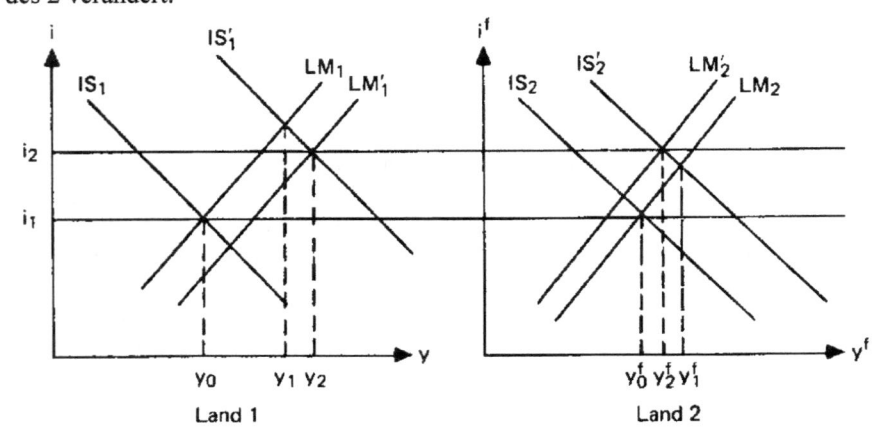

Abbildung 26: (Quelle: Eigene Darstellung).

Flexible Wechselkurse

Geldpolitik: Eine expansive Geldmengenausweitung in Land 1 (ausgedrückt wieder durch eine Rechtsverschiebung der LM-Kurve) bewirkt dort eine Senkung des Zinsniveaus und eine Zunahme des realen Volkseinkommens. Aufgrund der Zunahme des Einkommens und damit der Importnachfrage in Land 1 wird die Exportnachfrage in Land 2 steigen. (Die IS-Kurve für das Land 2 verschiebt sich in Abbildung 27 nach rechts zu IS'_2.) Die Leistungsbilanz des Landes 1 wird so negativ oder defizitär. Außerdem kommt es aufgrund der Zinssenkung bei gegebenem Wechselkurs auch zu einem Kapitalabfluss und damit zu einem Kapitalbi-

---

[26] Nur bei $i = i^f$ kann ja ein Zahlungsbilanzgleichgewicht herrschen. Vorübergehend kommt es jedoch zu Abweichungen zwischen i und i^f, die durch die Kapitalflüsse ausgeglichen werden.

6. Kapitel: Ökonomische Interdependenz 377

lanzdefizit in Land 1. In Land 2 wird es entsprechend zu einem Leistungs- und Kapitalbilanzüberschuss kommen. (Soweit verhält es sich wie im Fall fester Wechselkurse oben beschrieben.) Jedoch wird nun in einem System flexibler Wechselkurse bei vollkommener Kapitalmobilität dieses Zahlungsbilanzungleichgewicht sofort durch eine Wechselkursänderung ausgeglichen. Und zwar wird es in Land 1 zu einer Abwertung kommen, was die Nachfrage nach Gütern des Landes 1 erhöht. (Die IS-Kurve verschiebt sich folglich nach rechts zu IS_1'.) In Land 2 wird es genau umgekehrt sein. Land 2 erfährt eine Aufwertung seiner Währung[27] und eine Einschränkung seiner Nettoexporte. (Seine IS-Kurve wird sich also nach links verschieben von IS_2' zu IS_2''.)

Letztendlich wird so das Volkseinkommen des Landes 1 steigen, während das des Landes 2 **fällt**.[28] Es kommt also zu **negativen** Spillover-Effekten auf das Land 2. Diese Art von aktiver, diskretionärer Wirtschaftspolitik wird auch als **„Beggar-thy-Neighbour"-Politik** bezeichnet, weil sie auf Kosten des anderen Landes geht.

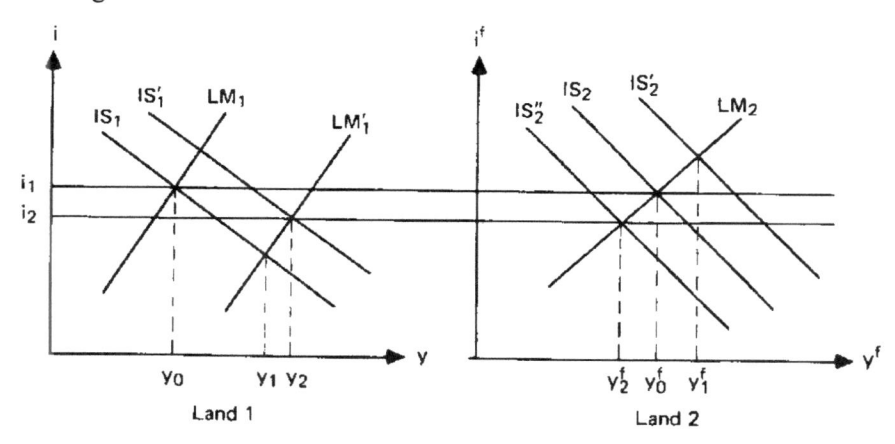

Abbildung 27: (Quelle: Eigene Darstellung).

Fiskalpolitik: Eine expansive Fiskalpolitik des Landes 1 (ausgedrückt in Abbildung 28 durch die Rechtsverschiebung der IS-Kurve zu IS_1') wird dort das Einkommen sowie den Zinssatz erhöhen[29]. Aufgrund des steigenden Einkommens in Land 1 werden über den Exportmultiplikator auch die Nachfrage und das Einkommen in Land 2 steigen. Die IS-Kurve für das Land 2 verschiebt sich folglich auch nach rechts, zu IS_2'. Jedoch verschiebt sich die IS_2-Kurve wieder weniger stark als die IS_1-Kurve, sodass der Schnittpunkt zwischen IS_1'- und LM_1-Kurve in

---

[27] Im Zwei-Länder Fall bedeutet die Abwertung des einen Landes immer eine Aufwertung des anderen Landes.
[28] Der neue Schnittpunkt zwischen IS- und LM-Kurve für das Land 2 liegt links vom ursprünglichen Schnittpunkt, sodass $y_2^f < y_0^f$, weil die expansive Geldpolitik des Landes 1 den Weltzins ($i^f = i$) senkt.
[29] Außerdem wird sie auch den Weltzins erhöhen, da die Welt-Ausgaben bei konstanter Welt-Geldmenge im Zwei-Länder-Fall (bzw. allgemein bei „nicht kleinen" Ländern in einer offenen Wirtschaft) „spürbar" zunehmen.

Abbildung 28 **oberhalb** des neuen Weltzinsniveaus, und der Schnittpunkt zwischen IS$_2'$- und LM$_2$-Kurve **unterhalb** des neuen Weltzinsniveaus liegen. Folglich liegt wieder ein Zahlungsbilanzüberschuss in Land 1 (aufgrund des Kapitalbilanzüberschusses) und ein Zahlungsbilanzdefizit in Land 2 (aufgrund des Kapitalbilanzdefizites) vor. (Bisher ist noch alles so wie im Fall fester Wechselkurse oben.) Das Zahlungsbilanzungleichgewicht wird jedoch bei flexiblen Wechselkursen keinen Bestand haben. Sondern es wird zu einer Aufwertung in Land 1 und einer Abwertung in Land 2 kommen. Dadurch wird das Einkommen in Land 1 partiell zurückgehen (die IS$_1'$-Kurve verschiebt sich wieder etwas zurück nach links zu IS$_1''$), während sich das Einkommen in Land 2 dadurch noch weiter erhöht (von y$^f_1$ zu y$^f_2$, durch die Verschiebung der IS$_2'$-Kurve nach rechts zu IS$_2''$). Letztendlich wird das Einkommen in beiden Ländern gestiegen sein. Die Spillover-Effekte auf das Land 2 sind daher, im Gegensatz zu Geldpolitik, bei Fiskalpolitik **positiv**.[30] Sie werden manchmal auch als **Lokomotiveffekte** bezeichnet.

Im Folgenden werden die obigen **Ergebnisse** nochmals in einer Tabelle zusammengefasst[31]:

	feste Wechselkurse		flexible Wechselkurse	
	dy	dy^f	dy	dy^f
dm	+	+	+	−
dg	+	+	+	+

---

[30] Restriktive Fiskalpolitik führt analog zu negativen Spillover-Effekten. Besonders bei den größeren entwickelten Volkswirtschaften hält der IMF, abgeleitet aus neueren Modellansätzen, eine Koordinierung der Fiskalpolitik in der Folge der (und als Antwort auf die) Finanzkrise 2007–09 für zwingend notwendig für eine schnelle und stabile Erholung der Volkswirtschaft (IMF [2010a]).

[31] Ein „+" bedeutet positive Multiplikatoreffekte bzw. Spillover-Effekte, ein „−" bezeichnet negative Effekte. „dm" steht wiederum für eine Änderung der Geldmenge, d.h. für Geldpolitik, und „dg" für eine (über Schuldverschreibungen finanzierte) Änderung der Staatsausgaben, d.h. für Fiskalpolitik. dy/dm bzw. dy/dg sind die Ausdrücke für den heimischen Geld- bzw. Fiskalmultiplikator in Land 1. dy^f/dm bzw. dy^f/dg beschreiben dagegen die Spillover-Effekte auf das Land 2.

6. Kapitel: Ökonomische Interdependenz   379

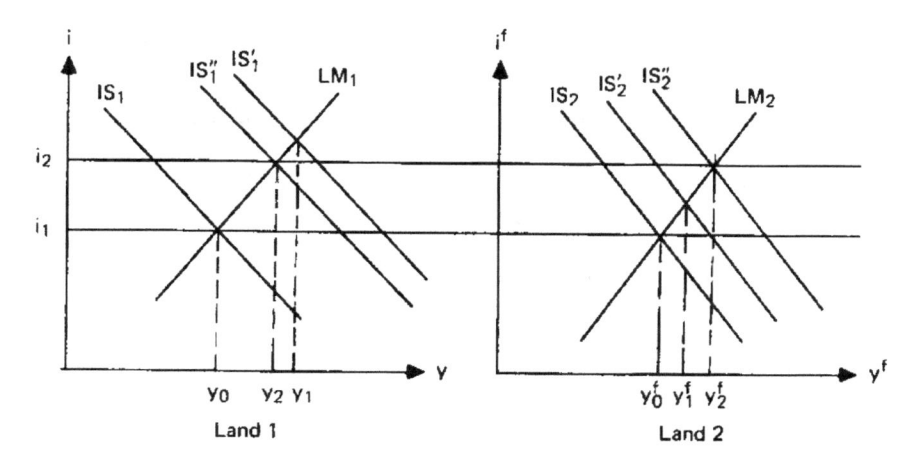

Abbildung 28: (Quelle: Eigene Darstellung).

2. Änderungen bei Preisflexibilität

Es ist wichtig darauf hinzuweisen, dass die oben abgeleiteten Ergebnisse stark abhängig sind von der einfachen Struktur des Mundell-Fleming Modells[32]. Wir betrachten im Folgenden, welche Änderungen sich ergeben, wenn wir Preisflexibilität in das obige Modell einführen. Dabei gehen wir jedoch nur auf einige bedeutsame Aspekte ein. Allgemein wurde der Zusammenhang ja schon im 2. Kapitel analysiert.

Vollkommen flexible Preise

Nehmen wir zuerst den Extremfall an, dass Löhne und Preise in beiden Ländern unendlich schnell auf Marktungleichgewichte reagieren, d. h. völlig flexibel sind. Dann würden die Produktionskapazitäten in beiden Ländern dauernd voll ausgelastet sein. In diesem Fall verläuft die jeweilige aggregierte Angebotskurve – in der (y,p)-Ebene – auch kurzfristig vertikal. (Bei konstanten Löhnen und Preisen verläuft sie dagegen horizontal.) Unterstellen wir zudem flexible Wechselkurse sowie vollkommene Kapitalmobilität und statische Wechselkurserwartungen, sodass $i = i^f$ ist. Dann wird sich die ökonomische Interdependenz nicht in realen Einkommensänderungen, sondern nur in Preisniveauänderungen auswirken.

Dies wird im Folgenden anhand eines einfachen **Modellzusammenhangs** abgeleitet[33] und anschließend ökonomisch interpretiert.

Gleichungen (1a) und (1b) beschreiben die Gütermarkt-Gleichgewichtsbedingungen für beide Länder, im Folgenden bezeichnet mit Inland und Ausland. Die Variablen für das Ausland werden wie bislang auch mit einem Superskript „f" gekennzeichnet. Gleichung (2) besagt, dass der Output in beiden Ländern konstant

---

[32] Vgl. hierzu näher z. B. den Überblicksartikel von Marston [1985] sowie Canzoneri und Henderson [1991], Frenkel und Razin [1992] oder auch Mark [2001]. Zu sogenannten „asymmetrischen Wirkungen" bei stark unterschiedlichen Anfangsbedingungen und stark unterschiedlichen strukturellen Parametern in den beteiligten Ländern siehe auch Canzoneri und Gray [1983].
[33] Erweiterungen dieses Modellansatzes siehe in Obstfeld [1985].

ist, da ständige, vollkommene Lohn- und Preisflexibilität angenommen und folglich Vollbeschäftigung oder Vollauslastung der Produktionskapazitäten schon erreicht ist. Gleichung (3) definiert die reale Wechselkursrate q. Gleichungen (4a) und (4b) beschreiben die aus Kapitel 2 bekannte Geldmarkt-Gleichgewichtsbedingung für beide Länder. Gleichung (5) gibt die Zahlungsbilanz-Gleichgewichtsbedingung bei vollkommener Kapitalmobilität und (implizit unterstellten) statischen Wechselkurserwartungen für beide Länder wieder[34]. Die Modellstruktur entspricht derjenigen in Kapitel 2 (dort in Abschnitt B.I.2.2), jetzt nur für den Zwei-Länder-Fall („große" Länder) und für flexible Löhne und Preise geschrieben. Der Einfachheit halber gehen wir davon aus, dass in beiden Ländern die gleiche Wirtschaftsstruktur herrsche, was impliziert, dass die Strukturparameter in beiden Ländern gleich sind.

(1a) $\quad y = \alpha_1 i + \alpha_2 q + \alpha_3 y^f + \alpha_4 g$,[35]
(1b) $\quad y^f = \alpha_1 i^f - \alpha_2 q + \alpha_3 y + \alpha_4 g^f$,[36]
(2) $\quad y, y^f = $ konstant,
(3) $\quad q = e + p^f - p$,
(4a) $\quad m - p = bi + ky$,
(4b) $\quad m^f - p^f = bi^f + ky^f$,
(5) $\quad i = i^f$.

Wenn wir dieses Modell nach den Gleichgewichtswerten der endogenen Variablen (i, i^f, q, p, p^f, e) lösen, sehen wir, wie sich die Veränderungen[37] in den exogenen Politik-Variablen (g, g^f, m, m^f) auswirken auf die Zinssätze und die Preisniveaus in beiden Ländern sowie auf den Wechselkurs. Wir erhalten dann[38]

(6) $\quad i = i^f = \Omega_i (g + g^f)$, $\qquad$ wobei $\Omega_i = -\alpha_4 / 2\alpha_1 > 0$,
(7) $\quad q = \Omega_q (g^f - g)$, $\qquad$ wobei $\Omega_q = \alpha_4 / 2\alpha_2 > 0$,
(8) $\quad p = m - b\Omega_i (g + g^f)$, $\qquad$ wobei $b\Omega_i < 0$,
(9) $\quad p^f = m^f - b\Omega_i (g + g^f)$,
(10) $\quad e = (m - m^f) + q = (m - m^f) + \Omega_q (g^f - g)$.

(6) folgt aus (1a)+(1b) und Auflösen nach i unter Berücksichtigung von (5). (7) folgt aus (1a)-(1b) und Auflösen nach q unter Berücksichtigung von (5). (8) folgt aus Einsetzen von (6) in (4a) und Auflösen nach p. (9) folgt aus Einsetzen von (6)

---

[34] Die Zahlungsbilanz-Gleichgewichtsbedingung in Kapitel 2 lautet ja: $z_1 y + z_2 q = -\kappa(i - i^f)$. Umformuliert kann man dafür auch schreiben: $i - i^f = -(z_1 y + z_2 q)/\kappa$. Bei vollkommener Kapitalmobilität ist aber κ gleich unendlich groß, sodass die rechte Seite der Gleichung gleich Null wird. Somit ist $i - i^f = 0$ oder $i = i^f$. Dies wird auch als **Zinsarbitrage-Bedingung** bezeichnet.

[35] Gleichung (1) ergibt sich aus einer Erweiterung von Gleichung (16) aus Kapitel 2, die lautet $y = cy + ai + g + z_1 y + z_2 q + z_3 y^f$, wobei $c > 0$, $a < 0$, $z_1 < 0$, $z_2 > 0$, $z_3 > 0$, sowie $q = e + p^f - p$, und $\alpha_1 = a/(1-c-z_1) < 0$, $\alpha_2 = z_2/(1-c-z_1) > 0$, $\alpha_3 = z_1/(1-c-z_1) < 0$, $\alpha_4 = 1/(1-c-z_1) > 0$. Die Bezeichnungen für die Strukturparameter sind hier dieselben, die in Kapitel 2 verwendet wurden. Die erwähnte Erweiterung von Gleichung (16) bezieht sich auf den Ausdruck $z_3 y^f$.

[36] Einheitlich definierte reale Wechselkursänderungen wirken sich natürlich unterschiedlich auf das Inland und das Ausland aus. Eine Abwertung der Inlandswährung ist ja gleichzeitig eine Aufwertung der Auslandswährung und umgekehrt. Deshalb ist das Vorzeichen vor α_2 in (1a) und (1b) verschieden.

[37] Bei rationalen Erwartungen muss es heißen „unerwartete Veränderungen" oder „Schocks".

[38] Die Konstanten in den Linearbeziehungen werden wiederum weggelassen.

in (4b) und Auflösen nach p^f. (10) folgt aus Einsetzen von (4)-(4b) und (7) in (3) und Auflösen nach e.

Aus den Gleichungen (6) und (7) sieht man, dass sich der Zinssatz und der reale Wechselkurs nur bei Fiskalpolitik (d. h. nur bei Veränderung von g bzw. g^f) ändern. Folglich kann sich auch in Gleichung (10) eine einseitige Erhöhung der Geldmenge m nur in einer gleich hohen Zunahme des nominalen Wechselkurses e niederschlagen. Um den gleichen Betrag ändert sich in Gleichung (8) auch das Preisniveau p.

Die **ökonomische Interpretation** der obigen Modellergebnisse lautet wie folgt.

Eine **expansive Geldpolitik** in Land 1 senkt dort den Zinssatz. Die Güternachfrage nimmt aufgrund dessen zu[39]. Dies bewirkt, dass das Preisniveau steigt, während der Output gleichbleibt. (Es herrscht ja annahmegemäß – aufgrund der Annahme stetig vollkommen flexibler Löhne und Preise – schon Vollauslastung der Kapazitäten). Die Zinssenkung induziert gleichzeitig Kapitalabflüsse und damit eine nominale Abwertung der Währung in Land 1. Die nominale Abwertung ist genauso groß wie der inländische Preisniveauanstieg, sodass der reale Wechselkurs q (= $e+p^f-p$) gleich bleibt[40]. Somit bleibt auch die Nettoexport-Nachfrage NX, die im Fall flexibler Preise nicht nur von e sondern von $e+p^f-p$ abhängt[41], gleich. Nachfrage wird also nicht in das Land 2 verlagert. Folglich gibt es auch keine Preisniveaueffekte in Land 2.[42]

Expansive Fiskalpolitik in Land 1 erhöht dort den Zinssatz und führt so, bedingt durch den hierdurch ausgelösten Kapitalzufluss, zu einem **realen** Wechselkursanstieg in Land 1. Dieser reale Wechselkursanstieg bewirkt eine Nachfrageverlagerung ins Ausland, sodass nicht nur in Land 1 sondern auch in Land 2 die reale Nachfrage steigt. Da aber in beiden Ländern schon Vollbeschäftigung herrscht – da wie angenommen die Löhne und Preise vollkommen flexibel sind, die aggregierten Angebotskurven also vertikal beim Niveau des jeweiligen Vollbeschäftigungsoutputs verlaufen –, steigt in **beiden** Ländern das Preisniveau[43]. Es findet also ein „**positiver**"[44] **Spillover-Effekt** in Form eines Preisniveauanstiegs in Land 2 statt.

Eine zentrale **Schlussfolgerung** aus dieser Analyse lautet: Während flexible Wechselkurse, bei (vollkommener) Lohn- und Preisflexibilität, vor geldpolitischen Aktionen des Auslandes schützen, bilden sie keinen hinreichenden Schutz vor fiskalpolitischen Maßnahmen des Auslandes. [Bei Annahme rationaler Erwartungsbildung können natürlich im obigen statischen Zusammenhang nur überraschende Aktionen (sogenannte „Politik-Schocks") Spillover-Effekte auslösen.

---

[39] Es wird hier durchgehend angenommen, dass sowohl die Geldnachfrage als auch die Güternachfrage zinssensitiv sind. In der Modellstruktur von Kapitel 2 bedeutet dies, dass b ≠ 0 und a ≠ 0 angenommen wird. Zu Ausnahmefällen siehe in Kapitel 2 sowie im letzten Abschnitt von Kapitel 1.

[40] Eine Abwertung der Währung des Landes 1 bedeutet ja, dass der wie in Kapitel 2 definierte nominale Wechselkurs „e" steigt. Andererseits wird ein Preisniveauanstieg in Land 1 durch eine Zunahme von „p" ausgedrückt.

[41] Siehe hierzu näher in Kapitel 2.

[42] Dies bedeutet in der obigen Modell-Ergebnisstruktur: m erscheint nicht in Gleichung (9).

[43] Dies bedeutet in der obigen Modell-Ergebnisstruktur: g taucht nicht nur in Gleichung (8), sondern auch in Gleichung (9) auf.

[44] Von der **Nutzenbetrachtung** des Landes 2 her gesehen handelt es sich jedoch um einen **negativen** Spillover-Effekt, wenn Preisniveaustabilität eines der Ziele von Land 2 ist.

Von daher muss die obige Aussage dann wie folgt geändert werden: Flexible Wechselkurse schützen bei (vollkommener) Lohn- und Preisflexibilität vor monetären Schocks des Auslands, jedoch nicht vor realen Schocks[45] des Auslands.]

Dynamische Preisanpassung

Unterstellen wir nun statt permanenter (und vollkommener) Lohn- und Preisflexibilität die strategische Annahme von Kapitel 2, Absatz B.I.2.3. Dort wurde angenommen, dass sich Löhne und Preise nur allmählich an Marktungleichgewichte anpassen: Kurzfristig sind sie inflexibel; mit zunehmender Dauer und zunehmendem Umfang der Marktungleichgewichte ändern sich jedoch die Löhne und Preise immer stärker. In diesem Fall gilt die obige Argumentation und die obige Modelllösung, beschrieben in den Gleichungen (6)–(10), nur mehr für die lange Frist. Kurzfristig dagegen gilt das Ergebnis des Mundell-Fleming Modells (siehe oben), und mittelfristig treten dynamische Anpassungsprozesse in Erscheinung.

Allerdings kann sich auch für die kurze Frist das Ergebnis des Mundell-Fleming Modells ändern, wenn wir von der obigen (impliziten) Annahme statischer Wechselkurserwartungen abweichen und stattdessen **dynamische** oder **rationale** Wechselkurserwartungen unterstellen. Dies würde bedeuten, dass sich – bei vollkommener Kapitalmobilität – die obige Zahlungsbilanz-Gleichgewichtsbedingung (5) so ändert, dass

(5*) $\quad i = i^f + Ee^\Delta$, wobei $Ee^\Delta = E_t e_{t+1} - e_t$.[46]

Gleichung (5*) wird auch als **ungedeckte Zinsparität** bezeichnet. Sie besagt, dass Abwertungserwartungen, d. h. ein positives Ee^Δ, sich auch bei vollkommener Kapitalmobilität in einem höheren Zinssatz niederschlagen. Umgekehrt wird ein Land, dessen Währung unter einer Aufwertungserwartung steht, einen niedrigeren Zinssatz aufweisen als das Ausland, dessen Währung dann ja unter Abwertungserwartung stehen muss. Dahinter steckt die Vorstellung einer Gleichgewichtsertragsrate bzw. eines **Ertragsausgleichs** zwischen den verschiedenen, internationalen Finanzanlagen. Von den Inländern her betrachtet, ist „i" der Ertrag eines inländischen Wertpapiers, und $i^f + Ee^\Delta$ stellt den (erwarteten) Ertrag eines ausländischen Wertpapiers dar. Letzterer Ertrag setzt sich zusammen aus dem direkten Zinsgewinn i^f des ausländischen Wertpapiers und dem Kapitalgewinn oder -verlust bei einer (erwarteten) Wechselkursänderung.

Auf diese Weise kann man auch zeigen, dass es – bei vorübergehend inflexiblen Preisen – zu einem Überschießen des realen Wechselkurses kommt (vgl. Dornbusch [1976]). Ein Überschießen des realen Wechselkurses kann man aber auch ohne Bezugnahme auf (dynamische oder rationale) Erwartungsbildung schon aus den unterschiedlichen Anpassungsgeschwindigkeiten von Wechselkursen und Güterpreisen ableiten. (Darauf wurde schon im 2. Kapitel kurz hingewiesen.) Und zwar müssen sich hierfür nur die Wechselkursanpassungen schneller vollziehen

---

[45] „Reale Schocks" sind hier überraschende Änderungen der realen Güternachfrage.
[46] (5*) gilt natürlich auch bei statischen Wechselkurserwartungen, solange vollkommene Kapitalmobilität vorherrscht. Nur ist bei statischen Wechselkurserwartungen $Ee^\Delta = 0$, sodass (5*) sich reduziert auf (5) $i = i^f$. Falls inländische und ausländische Wertpapiere (entgegen der obigen Annahme) keine vollkommenen Substitute darstellen, muss in (5*) zusätzlich noch eine „Risikoprämie" eingefügt werden.

als die Preisniveauanpassungen. Nehmen wir beispielsweise folgenden Fall an. Wenn aufgrund einer Geldmengenausweitung die Zinssätze fallen, passt sich der nominale Wechselkurs unter den oben getroffenen Annahmen (flexible Wechselkurse, vollkommene Kapitalmobilität) sofort an (d. h., e steigt). Die Löhne und Preise passen sich aber (wie oben unterstellt) nur allmählich oder schrittweise an. In diesem Fall führt eine Geldmengenausweitung zu einer sofortigen abrupten Veränderung des realen Wechselkurses (d. h. im obigen Beispiel, $q := e+p^f-p$ nimmt zu). Mit der Zeit allerdings steigen die Preise (p) stärker, sodass der reale Wechselkurs wieder zurückgeht, d. h. sich „normalisiert". Langfristig ist Geldpolitik dann neutral: Nominaler Geldbestand, nominaler Wechselkurs und das Preisniveau steigen alle im gleichen Verhältnis, sodass die Realkasse und der reale Wechselkurs unverändert bleiben. Im Mundell-Fleming Modell dagegen bleibt das Preisniveau „langfristig" konstant. Insofern ist der obige kurzfristige Fall im Mundell-Fleming Modell gleichzeitig auch der langfristige Fall. Dies beruht auf der komparativen Statik im Mundell-Fleming Modell.

Ein Überschießen des realen Wechselkurses bedeutet, dass die realen Wechselkurseffekte von expansiver Geldpolitik, gemessen am langfristigen Gleichgewicht, kurzfristig „übersteigert" sind. Dagegen bewegt sich der reale Wechselkurs bei expansiver Fiskalpolitik direkt auf das neue Gleichgewicht zu[47].[48]

II. Ansatzpunkte für Wohlfahrtsverbesserungen durch internationale Koordinierung[49]

Aus dem obigen statischen[50] Modellzusammenhang ergibt sich, dass Stabilität (Mengen- **und** Preisniveaustabilität) im internationalen Zusammenhang gesehen ein **öffentliches Gut** ist. Jede Entscheidung eines Landes erzeugt bei Kapitalmobilität Externalitäten (Spillover-Effekte) für das andere Land[51]. Solange diese Externalitäten nicht internalisiert werden, kann gesamtwirtschaftlich, d. h. hier: international,

---

[47] Siehe näher z. B. Dornbusch [1983] und Krugman und Obstfeld [2006].

[48] Ich möchte es bei diesen kurzen Ausführungen belassen und zur Vertiefung auf weiterführende Spezialliteratur verweisen, da die eben behandelten Aspekte für unsere weitere Fragestellung in diesem Kapitel nur eingeschränkte Relevanz besitzen. Eine andere Erweiterung, auf die hier nicht näher eingegangen wird, ist die Einbeziehung von Portfoliomodellen und Wohlfahrtseffekten. Siehe hierzu z. B. Dornbusch und Fischer [1980] und Hallwood und MacDonald [2000]. Man kann zeigen, dass in der Regel die Einbeziehung von Wohlfahrtseffekten in Fixpreis-Wechselkursmodelle die Spillover-Effekte von Geld- und Fiskalpolitik vergrößert. Siehe einführend zu diesen Erweiterungen wie auch zur obigen These eines „Überschießens des realen Wechselkurses" z. B. Bender [1987], Baltensperger [1992] und Betts und Devereux [2000]. Auch zu den abweichenden Ergebnissen des „Gleichgewichtsansatzes" (d. h. der neuklassischen Makroökonomie offener Volkswirtschaften) siehe einführend Bender [1987], Baltensperger [1992] und Betts und Devereux [2000]. Vgl. hierzu genauer z. B. Stockman [1987].

[49] Als ursprünglich bahnbrechende Arbeiten zu Wohlfahrtseffekten von internationaler Koordinierung können die Arbeiten von Niehans [1968] und Hamada [1974; 1976; 1979] bezeichnet werden. Einen Überblick über die Entwicklung der Theorie der Politikkoordinierung geben z. B. Hamada [1985], Buiter und Marston [Hrsg.], 1985], Cooper [1986] sowie Canzoneri und Henderson [1991]. Eine Verbindung zur aktuelleren Forschung stellen Canzoneri, Cumby und Diba [2005] und Evers [2013] her. Siehe auch Adam et al. [2012].

[50] Dynamische Aspekte kamen oben nur zum Schluss durch die Einbeziehung dynamischer oder rationaler Wechselkurserwartungen ins Spiel.

[51] – mit Ausnahme von Geldpolitik bei völlig flexiblen Löhnen und Preisen (siehe in Abschnitt I.2 oben).

kein Pareto-Optimum erreicht werden[52]. Insofern, so kann man schließen, müsste für die einzelnen Länder ein Anreiz bestehen, durch **Koordinierung** ihrer Entscheidungen die Externalitäten zu internalisieren und damit den Gesamtnutzen zu erhöhen. Man beachte hier die Parallele zu der Argumentation im vorhergehenden, dritten Teil des Buches! Dort wurde argumentiert, dass Mengeninstabilität wie auch Preisniveauinstabilität – auf nationaler Ebene – durch eine koordinierte Indexierung bzw. durch eine koordinierte Einkommenspolitik minimiert werden könnten. Hier geht es um eine ähnliche Entscheidungsstruktur – jedoch nun auf internationaler Ebene.

Um die typischen Argumentationslinien für eine internationale Koordinierung von Stabilitätspolitik zu veranschaulichen, knüpfen wir an die obigen Ergebnisse des Mundell-Fleming Modells für den Zwei-Länder Fall bei graduell flexiblem Preisniveau und flexiblen Wechselkursen an. In dieser Modellstruktur traten kurzfristig nur Mengeneffekte und langfristig nur Preisniveaueffekte auf. Außerdem werden wir bei der Untersuchung von Wohlfahrtseffekten einer internationalen Koordination **spieltheoretische Betrachtungen** (vorerst nur statischer Natur) anstellen[53]. Und zwar werden wir die Ergebnisse einer kooperativen Strategie mit denen einer nichtkooperativen (kompetitiven) Strategie vergleichen. Als **nichtkooperatives Spiel** wird im Folgenden eine Entscheidungsstruktur gefasst, bei der ein Land das gegenwärtige oder erwartete Verhalten des Auslands (des anderen Landes oder der anderen Länder) als gegeben unterstellt[54]. Das sich hieraus ergebende Gleichgewicht wird auch als **Nash-Gleichgewicht** bezeichnet[55]. Man kann nun zeigen, dass ein solches Nash-Gleichgewicht im Regelfall nicht pareto-optimal ist.

1. Drei Szenarien

Wir unterscheiden zuerst wieder, wie oben, die zwei Fälle einer expansiven Geldpolitik und einer expansiven Fiskalpolitik, und zwar bei flexiblen Wechselkursen. Anschließend betrachten wir den Fall einer bestimmten Desinflationsstrategie. Wir vergleichen, wie gesagt, jeweils die Ergebnisse einer nichtkooperativen mit denen einer kooperativen Strategie. Dabei gehen wir von vorübergehend inflexiblen Löhnen und Preisen aus. Folglich wird sich ein möglicher kontraktiver Schock vorerst nur in Mengeneffekten (Rezession) auswirken. Es gibt dann vorübergehend freie Produktionskapazitäten und damit Output-Verluste in den Volkswirtschaften. Durch institutionelle Maßnahmen wie beispielsweise einer internationalen Koordinierung von Makropolitiken kann versucht werden, solche schockbedingten Output-Verluste zu minimieren.

---

[52] Hierbei ist jedoch immer zu unterscheiden zwischen Pareto-relevanten technologischen Externalitäten und rein pekuniären Externalitäten, die sich durch das Preissystem arbeiten und (in vollkommenen Wettbewerbsmärkten) keine Effizienzimplikationen haben. Vgl. näher z. B. Laffont [1987] oder Fritsch, Wein und Ewers [2011].
[53] Das Konzept der Spieltheorie wurde schon in Kapitel 5 oben erläutert.
[54] Diese Annahme ist in der Regel nur bei einer statischen Betrachtungsweise sinnvoll. Siehe weiter unten.
[55] Siehe in Kapitel 5. Eine Verhaltensstruktur (X, X^f) wird als ein „**Nash-Gleichgewicht**" bezeichnet, wenn sowohl X (für das Inland) als auch X^f (für das Ausland) mögliche oder realisierbare Strategien sind, und wenn keiner der Spieler (d.h. hier: keines der beiden Länder) es für möglich hält, durch Änderung seiner Strategie – bei gegebener Strategie des Mitspielers (des anderen Landes) – eine bessere Auszahlung zu erreichen. In der Duopoltheorie ist ein solcher Gleichgewichtszustand auch bekannt unter dem Namen „Cournot-Nash-Gleichgewicht".

Geldpolitik: In Abschnitt I.1 sahen wir, dass eine von Land 1 durchgeführte expansive Geldpolitik, unter den obigen Modellbedingungen, in Land 1 zu Output-Gewinnen und damit zu Abbau von Arbeitslosigkeit führt. In Land 2 dagegen werden Output-Verluste und damit eine Zunahme an Arbeitslosigkeit (negative Externalitäten) eintreten. Land 1 „exportiert" sozusagen Arbeitslosigkeit (was man auch als **Beggar-thy-Neighbour-Politik** bezeichnet).[56] Jedes Land hat nichtsdestoweniger, für sich gesehen, einen Anreiz, sich mittels expansiver Geldpolitik und damit ausgelöster Abwertung seiner Währung aus einer Rezession zu befreien. Ein solches Vorgehen bringt allerdings negative Begleiterscheinungen mit sich. Die eine negative Begleiterscheinung eines solchen Alleingangs besteht in der eben erläuterten negativen Externalität auf das Ausland. Zum anderen würde eine einseitig betriebene expansive Geldpolitik über die ausgelöste Wechselkursabwertung auch für das Land 1 zu negativen Begleiterscheinungen, und zwar in Form von „importierter Inflation", führen[57]. Beide negativen Folgen könnten vermieden werden durch ein gemeinsames, koordiniertes geldpolitisches Vorgehen. Es bräuchte dann zu keiner Abwertung und damit zu keinem Inflationsimport zu kommen, und auch die negativen Externalitäten ließen sich so „internalisieren".

Fiskalpolitik: Wie in Abschnitt I.1 gezeigt wurde, bewirkt eine individuell durchgeführte fiskalpolitische Expansion des Landes 1 (unter den Annahmesetzungen des obigen Abschnitts) eine Output-Erhöhung in **beiden** Ländern. Doch auch in einem solchen „symmetrisch positiven" Spiel mit „Lokomotiveffekten" führt ein **kooperatives Vorgehen** der beiden Länder zu höherer gemeinsamer Wohlfahrt. Der Grund ist, dass die Lösung der nichtkooperativen „Nash"-Strategie nicht expansiv genug ist. Ein Land wird nur bis zu dem Punkt expandieren, wo die Grenzerträge der Expansion (d. h. die Verlustabnahme durch einen Rückgang der Arbeitslosigkeit) durch die Grenzkosten (d. h. die Verlustzunahme durch Inflationssteigerung) intertemporal ausgeglichen werden[58]. Die positiven Externalitäten, sprich der Nutzengewinn bzw. die Verlustverringerung des Auslandes (in Form einer Reduzierung der Arbeitslosigkeit) gehen dagegen bei einer nichtkoordinierten Strategie nicht in das Entscheidungskalkül des Inlandes mit ein. Bei einer **internationalen Koordination** dagegen würden sich die Länder auf eine stärkere Expansion einigen, mit dem Ergebnis einer geringeren Arbeitslosenrate. Letzteres gilt jedoch, was zu beachten ist, nur bei vorheriger Unterauslastung der Kapazitäten bzw. bei falscher Wahrnehmung relativer Preise auf der Arbeitnehmerseite

---

[56] Neuere theoretische Arbeiten stellen diese Argumentation infrage. Vgl. näher dazu den Abschnitt III.1.

[57] In unserer obigen vereinfachten Modellstruktur handelt es sich diesbezüglich jedoch nur um einen importierten „Preisniveauanstieg".

[58] In der Literatur wird auch häufig davon ausgegangen, dass die Nutzenargumente in der Wohlfahrtsfunktion beider Länder das Output-Niveau und die Zahlungsbilanzsituation sind. Die Argumentation läuft in diesem Fall wie folgt. Land 1 wird bei nutzenmaximierendem Verhalten nur so weit expandieren, bis der Grenzgewinn aus der Output-Expansion durch die Grenzkosten der dadurch ausgelösten Aufwertung ausgeglichen werden. (Ich gehe hier von flexiblen Wechselkursen aus.) Sobald jedoch beide gleichzeitig (und in gleichem Umfang) fiskalpolitisch expansiv tätig werden, kommt es zu keiner Aufwertung und damit zu keinen Kosten der Aufwertung. Von daher ist der nutzenoptimale Grad der Expansion und damit der gemeinsame Output-Gewinn bei einem koordinierten Vorgehen beider Länder größer als bei individuellem Vorgehen eines Landes.

(Friedman-Fall) oder einer Diskrepanz zwischen natürlicher Arbeitslosenrate und sozialem Optimum.[59]

Man könnte noch eine ganze Reihe **weiterer Szenarien** anführen, in denen internationale Koordinierung von Stabilitätspolitik den gemeinsamen Nutzen steigern kann. Hier soll nur noch ein Szenarium dargestellt werden, das zeigt, wie unkoordinierte **Desinflationspolitik** zu übermäßiger Arbeitslosigkeit führen kann. Dies wird im Folgenden auch modelltheoretisch abgeleitet, u. a. auch um exemplarisch das moderne Analyseinstrumentarium bezüglich der hier behandelten Fragestellung[60] darzustellen.

Desinflationsstrategie: Nehmen wir an, Inland und Ausland versuchen gleichzeitig, nach einem Inflationsschock die Inflation in ihrem Land jeweils durch eine restriktive Geldpolitik zu reduzieren. Und zwar wird angenommen, dass beide durch eine restriktive Geldpolitik zu erreichen versuchen, dass ihre Währung aufgewertet wird, umso über niedrigere Importpreise einen Inflationsrückgang zu „importieren". Ein solcher „Aufwertungswettlauf" führt jedoch dazu, dass sich der Wechselkurs nicht wie erhofft ändert, und sich von daher – über diesen Wirkungsmechanismus – auch kein Inflationsrückgang einstellt. Stattdessen würde durch die fruchtlose restriktive Geldpolitik nur die Arbeitslosenrate in beiden Ländern stärker als geplant erhöht[61]. (Dies wird im Folgenden Abschnitt 2 herausgearbeitet). Durch international koordiniertes Vorgehen ließen sich diese Kosten vermeiden. Die Geldversorgung würde dann weniger restriktiv sein und die Arbeitslosenrate geringer ausfallen.

2. Eine modelltheoretische Betrachtung[62]

Wir gehen von einem einfachen Modell aus, in dem zwei Länder bei flexiblen Wechselkursen zwei Ziele (das Erreichen einer bestimmten, mit Vollbeschäftigung vereinbaren Zuwachsrate des Outputs und einer bestimmten Inflationsrate) mit jeweils einem Politikinstrument (der Rate des Geldmengenwachstums) verfolgen[63]. Der Einfachheit halber wird angenommen, dass beide Länder identisch sind bezüglich ihrer Wirtschaftsstruktur und ihrer Präferenzen. Jedes Land versucht also, eine Verlustfunktion wie die folgende zu minimieren[64]

(11) $\qquad L = y^2 + v p_c^2,$ $\qquad\qquad\qquad\qquad$ mit $v > 0$

---

[59] Zu letzterem siehe näher im 2. Kapitel, dort in Abschnitt B.II.5.
[60] Die Fragestellung lautet: Ist internationale Koordinierung von Stabilitätspolitik erstrebenswert?
[61] Dieses Szenarium wird manchmal als ein Erklärungselement für die weltwirtschaftliche Entwicklung Anfang der 1980er Jahre angeführt.
[62] Vgl. hierzu Cooper [1986: S. 307–310] und Canzoneri und Henderson [1991].
[63] Das Vorliegen einer sogenannten „Spielsituation" (→ **Spieltheorie**) erfordert nicht nur, dass ein gewisses Ausmaß an ökonomischer Interdependenz vorliegt, sondern darüber hinaus, dass die Anzahl der unabhängigen Politikinstrumente, die jedem Land zur Verfügung stehen, geringer ist als die Anzahl der Politikziele, die es verfolgt. Dies ist bei flexiblen Wechselkursen im obigen Szenarium der Fall.
Bei Erwartungsunsicherheit gilt diese Beschränkung allerdings nicht mehr unbedingt (siehe unten in Abschnitt III).
[64] (11) ist genau genommen die Verlustfunktion des Inlandes (Land 1). Für das Ausland (Land 2) gilt eine äquivalente Verlustfunktion
(11′) $\qquad L^f = (y^f)^2 + v(p_c^f)^2,$
wobei die Variablen des Auslands (Land 2) jeweils wieder mit dem Superskript „f" versehen wurden.

6. Kapitel: Ökonomische Interdependenz   387

wobei y^2 und p_c^2 die quadrierten Zielabweichungen der Änderungsrate des aggregierten Outputs (als Ersatzgröße für die Arbeitslosenrate[65]) bzw. der Inflationsrate darstellen; v steht für den relativen Gewichtungsfaktor von Inflationsabweichungen gegenüber Abweichungen der Output-Veränderungen von ihren jeweiligen Zielwerten. Die Funktion L ist symmetrisch, sodass Abweichungen in beide Richtungen gleichermaßen einen Nutzenentgang symbolisieren.

Die Wirtschaftsstruktur sei durch die obigen Gleichungen (1)–(5), hier jedoch ohne (2), aus Abschnitt 2 beschrieben, mit der einen vereinfachenden Abweichung, dass hier α_3 und α_4 gleich Null gesetzt werden. Wir betrachten jedoch diesmal die Variablen des Modells – der besseren empirischen Interpretation wegen – als Veränderungsraten in der Zeit. Der formale Zusammenhang zu den obigen logarithmischen Variablen ist der, dass Wachstumsraten nichts anderes sind als die ersten Ableitungen der logarithmischen Variablen nach der Zeit[66]. Außerdem werden die Inflationsraten p_c und p_c^f spezifiziert als gewichtete Summen aus den Preisänderungen für Importgüter und den Preisänderungen für inländische Produkte, d. h.

(12a) $p_c = \mu(p^f+e)+(1-\mu)p$,   und
(12b) $p_c^f = \mu(p-e)+(1-\mu)p^f$, $0 \leq \mu \leq 1$.

Wir unterstellen der Einfachheit halber, dass in der hier betrachteten kurzen Frist die Preisänderung für inländische Produkte konstant und in beiden Ländern jeweils identisch gleich $p^0 > 0$ ist.

Nun kann man dieses Gleichungssystem auf die gleiche Art und Weise wie oben lösen, und erhält dann die folgenden reduzierte-Form-Beziehungen – ausgedrückt in den beiden Politikvariablen, m und m^f, sowie der exogenen Inflationsrate p^0 –:

(13a) $y = \Omega_m m - \Omega_{m*} m^f + \Omega_p p^0$,
(13b) $y^f = \Omega_m m^f - \Omega_{m*} m + \Omega_p p^0$,
(14) $e = (m-m^f)/2k\alpha_2$,
(15a) $p_c = p^0 + \mu e = p^0 + \mu(m-m^f)/2k\alpha_2$,
(15b) $p_c^f = p^0 - \mu e = p^0 + \mu(m^f-m)/2k\alpha_2$,

wobei $\Omega_m > \Omega_{m*} > 0$ und $\Omega_p = \Omega_{m*} - \Omega_m < 0$.[67]

Wegen der unterstellten Symmetrie in der Nutzenfunktion bleibt der Wechselkurs gleich. Das heißt, seine Änderungsrate, hier bezeichnet mit e, ist gleich Null. Dann ist aber, entsprechend (15), $p_c = p_c^f = p^0$. Die Verlustfunktion (11) wird dann dadurch minimiert, dass $y = y^f = 0$ gesetzt wird. Aus Gleichung (13) lässt

---

[65] Es wird also davon ausgegangen, dass ein Zusammenhang besteht zwischen der Rate des Wirtschaftswachstums und der Arbeitslosenrate. Die Zielgröße y^z ist die, bei der die angestrebte Arbeitslosenrate U^z erreicht werden kann. Näheres zur Verlustfunktion siehe oben im Einführungskapitel.
[66] Genau genommen müssten wir jetzt einfach über alle Variablen einen Punkt setzen als Zeichen der ersten Ableitung nach der Zeit. Es wird hier jedoch der Einfachheit halber darauf verzichtet. Alternativ kann man Wachstumsraten auch als erste Differenzen der logarithmischen Variablen $(x_t - x_{t-1})$ fassen, so wie im 1. Kapitel bei der Einführung der Phillipskurve geschehen.
[67] $\Omega_m = (b+2k\alpha_1)/2k(b+k\alpha_1) > 0$; $\Omega_{m*} = b/2k(b+k\alpha_1) > 0$; $\Omega_p = -\alpha_1/(b+k\alpha_1) < 0$.

sich ableiten, dass dies genau dann erreicht wird, wenn $m = m^f = p^0$ gesetzt wird[68]. Dies stellt dann die unter den angenommenen Umständen optimale, kooperative Lösung für beide Länder dar.

Wenn jedoch die zwei Länder unkoordiniert und folglich nichtkooperativ handeln, glaubt jedes Land, dass es eine bessere als diese Lösung erzielen kann. Indem beide unkoordiniert-einseitig Wohlfahrtsverbesserungen anstreben, geraten sie jedoch in eine schlechtere Situation. Beide glauben, dass sie durch eine Verringerung der Wachstumsrate ihres Geldangebots eine Aufwertung ihrer Währung herbeiführen und so ihre Inflationsrate reduzieren können. Beide gehen ja nach unserer bisherigen Annahme davon aus, dass die Wachstumsrate des Geldangebotes im anderen Land unverändert bleibt. (Diese Verhaltensannahme zeichnet gerade das Zustandekommen eines **Nash-Gleichgewichts** aus.) Wenn also z. B. das Land 1 davon ausgeht, dass $m^f = p^0$ bleibt, kann es seine Verlustfunktion minimieren, indem es $dL/dm = 0$ setzt. Hieraus ergibt sich als optimale Wachstumsrate seines Geldangebots[69]

(16) $\quad m = æ_1 m^f - æ_2 p^0 < p^0, \quad$ wobei $æ_1 < 1$.[70]

Gleichung (16) spezifiziert das gewünschte m als eine Funktion von m^f. Deswegen wird (16) auch als die **Reaktionsfunktion** des Landes 1 bezeichnet.

Wegen der unterstellten Symmetrie wird Land 2 in genau der gleichen Weise handeln. Bei einem gegebenen m kann es seine Verlustfunktion L^f dadurch minimieren, dass es m^f so wählt, dass

(17) $\quad m^f = æ_1 m - æ_2 p^0$,

was wiederum kleiner als p^0 ist. Gleichung (17) ist die **Reaktionsfunktion** des Landes 2.

Die nichtkooperative **Nash-Gleichgewichtslösung** lautet[71]

(18) $\quad m = m^f = \left[\dfrac{æ_2}{æ_1 - 1}\right] p^0 = \left[1 + \dfrac{\nu\phi}{\Omega_m \Omega_p}\right] p^0$.

Der eckige Klammerausdruck ist kleiner als Eins[72], sodass $m = m^f < p^0$: Dies bedeutet, dass die nichtkooperative Lösung so aussieht, dass beide Länder ihr Geldmengenwachstum übermäßig einschränken, umso eine Aufwertung ihrer Währung und dadurch einen Inflationsrückgang zu erreichen. Im Politik-Gleichgewicht bleibt jedoch der Wechselkurs und damit auch die Inflationsrate in beiden Ländern unverändert. Dafür ist aber der Output in beiden Ländern gefallen (siehe Gleichung 13)[73], sodass beide Länder eindeutig schlechter dastehen als bei der kooperativen Lösung, bei der $m = m^f = p^0$.

---

[68] Dabei ist zu berücksichtigen, dass wie oben angegeben $\Omega_p = \Omega_{m*} - \Omega_m$.
[69] Man braucht hierfür nur (13a) und (15a) in (11) einsetzen, dann L nach m ableiten, und anschließend den Ausdruck, den man so erhält, nach m auflösen.
[70] $æ_1 = (\Omega_m \Omega_{m*} + \nu\phi^2)/(\Omega_m^2 + \nu\phi^2)$, und $æ_2 = (\Omega_m \Omega_p + \nu\phi)/(\Omega_m^2 + \nu\phi^2)$, wobei $\phi = \mu/2k\alpha_2$.
[71] Man braucht hierfür nur m aus (16) in (17) und m^f aus (17) in (16) zu substituieren.
[72] Es gilt ja: $\Omega_m, \nu, \phi > 0 > \Omega_p$.
[73] y und y^f werden in (13) nun kleiner Null, während sie bei der kooperativen, optimalen Strategie, bei der $m = m^f = p^0$ gesetzt wird, gleich Null sind, wie wir oben schon abgeleitet haben.

Man kann den obigen Zusammenhang auch **grafisch** darstellen. Siehe hierzu die Abbildung 29.

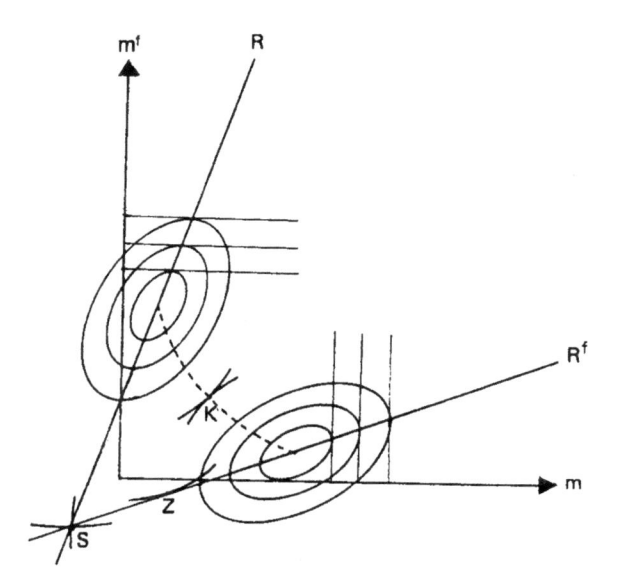

Abbildung 29: (Quelle: Eigene Darstellung).

Die zwei Reaktionsfunktionen (16) und (17) sind in die m, m^f-Ebene eingezeichnet und mit R bzw. R^f beschriftet. Ihr Schnittpunkt S gibt die nichtkooperative Nash-Lösung an. Die quadratische Verlustfunktion (11) wird grafisch durch eine Schar von Ellipsen (konzentrischen Indifferenzkurven) in der y, p_c-Ebene wiedergegeben. Da jedoch sowohl y als auch p_c linear abhängig von m und m^f sind (siehe Gleichungen 13 und 15), kann man die Verlustfunktion, sprich die Präferenzstruktur des Landes 1 hinsichtlich von Zielabweichungen, auch als eine Schar von Ellipsen in der m, m^f-Ebene darstellen. Ihre genaue Lage hängt von den Strukturkoeffizienten (in Gleichung 13 und 15) wie auch von p^0 ab. Eine ähnliche, spiegelbildliche Nutzenabbildung kann auch für das Land 2 eingezeichnet werden, wobei die 45°-Linie wegen der obigen Symmetrieannahme den „Spiegel" bildet. [Die Zentren der beiden Ellipsenscharen stellen die jeweiligen optimalen Punkte (die sogenannten „Bliss Points") für Land 1 und Land 2 dar. So wie sie in Abbildung 29 eingezeichnet sind, besagen sie, dass jedes der beiden Länder eine stark expansive Geldpolitik des jeweiligen anderen Landes und gleichzeitig eine schwach expansive Geldpolitik im eigenen Land wünscht. Dies hätte nämlich – bei unterstellter Inaktivität des jeweiligen anderen Landes – die erwünschten Wechselkurseffekte, nämlich eine Aufwertung der eigenen Währung, zur Folge.] Paretoeffiziente Politikkombinationen liegen auf der Verbindungslinie der Tangentialpunkte zwischen den verschiedenen Indifferenzkurven (Ellipsen) der beiden Länder. Die kooperative Lösung K ist der symmetrische Punkt auf dieser Verbindungslinie, d. h. der, wo e = 0 und damit (entsprechend Gleichung 14) m = m^f ist[74].

---

[74] K liegt hier also auf der 45°-Linie.

Die Reaktionsfunktion R erhält man, wenn man m^f als einen (exogenen) Parameter behandelt. Sie ist die Verbindungslinie von Punkten, bei denen die zu Land 1 gehörigen Indifferenzkurven horizontale Tangenten haben[75]. Entsprechend erhält man die Reaktionsfunktion R^f, wenn man m als einen Parameter behandelt. Sie ist dann die Verbindungslinie von Punkten, bei denen die zu Land 2 gehörigen Indifferenzkurven vertikale Tangenten (parallel zur m^f-Koordinate verlaufend) aufweisen.

Wie wir oben erläutert haben, erreichen die beiden Länder ohne Koordination gewöhnlich nur die (nicht paretooptimale) Nash-Gleichgewichtslösung S. Wenn ein Land die Reaktionsfunktion des anderen kennt und dies mit in sein Entscheidungskalkül einbezieht, könnte es jedoch seine Situation – auch ohne Koordination – verbessern. Dies wird innerhalb der Spieltheorie durch die sogenannte **Stackelberg-Lösung** ausgedrückt. Bei der „Stackelberg-Lösung" übernimmt ein Land die Führerschaft (d. h. es unternimmt den ersten Schritt) und maximiert seine Wohlfahrt auf der Grundlage der Reaktionsfunktion(en) des oder der anderen Länder.

Bleiben wir im Augenblick noch bei unserem obigen Zwei-Länder-Fall und nehmen wir an, Land 1 unternimmt den ersten Schritt. Es maximiert seinen Nutzen, indem es ein m wählt, bei dem eine seiner Indifferenzkurven die Reaktionsfunktion des Landes 2 tangiert. Dies ist Punkt Z in der Abbildung 29, Land 1 „überexpandiert" hier, da es davon ausgeht, dass Land 2 versuchen wird, m^f einzuschränken, umso eine Aufwertung seiner Währung und damit einen Inflationsabbau in Land 2 herbeizuführen. Durch diese Stackelberg-Strategie kann der Gesamtverlust – für beide Länder zusammen – gegenüber der Nash-Lösung S verringert werden[76]. Allerdings sind hier die Gewinne für den Stackelberg-Führer geringer als für das andere Land. Dies wird ein Anreiz für beide Länder sein, abzuwarten, bis das jeweils andere Land anfängt und den Stackelberg-Führer spielt. Wenn aber beide Länder – individuell rational – diese Abwartestrategie verfolgen, bleiben sie in der oben abgeleiteten **Nash-Lösung** gefangen. Mit anderen Worten, die Nash-Lösung ist ohne internationale Koordinierung obwohl die schlechteste doch die einzig stabile Lösung, da beide Länder in einer Art **Gefangenendilemma** (siehe in Kapitel 5 oben) stecken[77].

Hier ist allerdings eine Klarstellung vonnöten. Die obige Modellstruktur ist wiederum nur für die kurze bis mittlere Frist angebracht. Zumindest für die längere Frist muss die Preis- oder Inflationsdynamik explizit modelliert werden. Dies wurde schon im 1. Kapitel allgemein erläutert. Mittel- bis längerfristig ist auf

---

[75] m^f als exogenen Parameter zu behandeln bedeutet ja, dass das Land 1 nicht davon ausgeht, dass m^f sich verändert, wenn es m ändert. m^f bleibt also annahmegemäß auf einem bestimmten vorgegebenen Niveau. Grafisch gesehen ist dann m^f eine **parallel** zur m-Koordinate verlaufende (hier waagerechte) Linie auf der Höhe dieses Niveaus, – bzw. allgemein eine Schar von parallel zur m-Koordinate verlaufenden Linien.

[76] Die Nash-Lösung ist ja, wie erwähnt, Pareto-ineffizient. Dies zeigt sich darin, dass sich im Punkt S die Indifferenzkurven von Land 1 und Land 2 nicht tangieren können, sondern sich schneiden.

[77] Genau genommen handelt es sich nicht um eine Gefangenendilemma-Situation (zur Definition siehe im 5. Kapitel), da im Punkt S beide Spieler jeweils die schlechteste aller Auszahlungen erhalten, sich also nur verbessern können. Anders gesagt, durch einen Übergang zum Punkt Z kann auch der Stackelberg-Führer gewinnen. Dadurch aber, dass der „Nachzügler" einen größeren Gewinn auf sich ziehen kann (unter Umständen, wie in der obigen Abbildung, sogar einen größeren Gewinn als bei der kooperativen Lösung K), besteht für beide ein Anreiz, nicht den Stackelberg-Führer, sondern den „Nachzügler" zu spielen.

jeden Fall davon auszugehen, dass die (unerwünschte) Reduktion des Output-Wachstums und damit der Beschäftigung auf die Inflation zurückwirkt in Form eines (erwünschten) Inflationsabbaus. Diese Rückwirkung wird ja gerade in der Phillipskurve ausgedrückt. Dies haben wir ausführlich im 1. sowie im 5. Kapitel diskutiert. Folglich wäre es mit dem obigen Modellzusammenhang sehr wohl vereinbar, wenn die nichtkooperative Nash-Lösung **langfristig** den höchsten Nutzen erbrächte, während die einperiodige kooperative Lösung **kurzfristig** den höheren Nutzen aufweist. Wie wir im nächsten Abschnitt sehen werden, ist es letztlich von den Modellannahmen bzw. den vorliegenden Strukturbedingungen abhängig, ob internationale Koordinierung längerfristig einen höheren Nutzen erbringt als nichtkoordiniertes Handeln der einzelnen Länder, und – wenn dies der Fall ist – ob dieser Mehrnutzen groß oder nur marginal ist. Für die kurze Frist jedoch kann man aus spieltheoretischen Analysen wie der obigen in aller Regel ableiten, dass eine internationale Koordinierung eine Wohlfahrtsverbesserung mit sich bringt.

Eine naheliegende Frage ist nun, ob es institutionelle Arrangements gibt, die beide Länder zur kooperativen Lösung K führen. Eine Lösung (im obigen Modell!) besteht darin, von flexiblen Wechselkursen zu einem **System fester Wechselkurse** überzugehen. Die Verabredung fester Wechselkurse würde die kooperative Lösung K ermöglichen, da der Anreiz, die eigenen Währung aufzuwerten, umso die heimische Inflation zu reduzieren, absorbiert würde. Land 1 würde dann m so wählen, dass die Verlustfunktion L minimiert wird unter der Restriktion, dass sich der Wechselkurs nicht ändert, d. h. $e = 0$ ist. Aus (14) folgt, dass dann $m = m^f$. Dies führt zur kooperativen Lösung K, bei der sich die Indifferenzkurven beider Länder berühren[78].

III. Zweifel an dem Nutzen internationaler Koordinierung von Stabilitätspolitik

Die obigen spieltheoretischen Analysen zeichnen ein sehr positives Bild vom Nutzen einer internationalen Politikkoordinierung. Nichtsdestoweniger gibt es unter den Politikern wie auch unter den Ökonomen nicht nur Zustimmung, sondern auch starke Bedenken oder zumindest Zweifel an der Notwendigkeit oder dem Nutzen einer solchen Koordinierung. Diese Zweifel beruhen auf

1. **theoretischen Überlegungen** und/oder auf
2. **empirischen Untersuchungen**.

   Sie können sich dabei beziehen auf

   a) **die Durchsetzbarkeit oder Realisierbarkeit**, und/oder auf

   b) **die Effizienz** einschließlich der sozialen Kosten **einer Koordination**.

---

[78] Dies kann man wie folgt beweisen. Man kann dL/dm auch schreiben als (◆) $dL/dm = \partial L/\partial m + (\partial L/\partial m^f)(dm^f/dm)$. Eine notwendige Minimierungsbedingung ist $dL/dm = 0$. Außerdem gilt bei $e = 0$ auch $dm = dm^f$, wie wir oben sahen. Beides in (◆) eingesetzt, ergibt $\partial L/\partial m = -\partial L/\partial m^f$. Angesichts der Symmetrie im obigen Modell gilt dann auch $(\partial L/\partial m)/(\partial L/\partial m^f) = (\partial L^f/\partial m)/(\partial L^f/\partial m^f)$, i.e. die Tangentialbedingung zwischen den Indifferenzkurven der beiden Länder. Diese Bedingung, zusammen mit der Bedingung $e = 0$, garantiert die kooperative Lösung.

1. Theoretische Überlegungen
a) Zur Durchsetzbarkeit

(1) Aus der statischen Analyse der vorangegangenen zwei Abschnitte kann man den Schluss ziehen, dass Stabilität auch im internationalen Kontext ein **öffentliches Gut** ist. Aus der Theorie der öffentlichen Güter (vgl. dazu auch das 5. Kapitel oben) kann man dann ableiten, dass es einen Koordinationsbedarf in Form beispielsweise einer Regelbindung gibt, um eine pareto-optimale Produktion dieses öffentlichen Gutes zu gewährleisten[79]. Gehen wir einmal davon aus, dass letzteres richtig ist (zu Einwänden kommen wir weiter unten). Dann ist immer noch nicht sichergestellt, dass eine Koordination zustandekommt. Insbesondere wenn – wie in der Realität – nicht nur zwei Länder, sondern **viele Länder** beteiligt sind, können die anfallenden **Informations- und Transaktionskosten** ein Hindernis darstellen. Außerdem tritt dann das Problem des **Trittbrettfahrerverhaltens** stärker in Erscheinung. Diese Zusammenhänge wurden schon im 5. Kapitel bezüglich der Erreichung inländischer Preisniveaustabilität sowie im 4. Kapitel und am Schluss des 1. Kapitels bezüglich Mengenstabilisierung diskutiert. Deswegen kann hier darauf zurückverwiesen werden. Eine „politische" Lösung, wie im nationalen Bereich, ist dagegen im internationalen Bereich schwieriger, da dort erst eine Instanz geschaffen werden müsste, die mit dem Gewaltmonopol und damit mit Sanktionsmöglichkeiten gegen Abweichler ausgestattet ist. Letzteres scheint etwas utopisch zu sein. Eine Koordination zwischen einigen wenigen Ländern oder homogenen Machtblöcken hat dagegen bessere Realisierungschancen. Denn die Informations- und Einigungskosten sind dann nicht so hoch, und das Trittbrettfahrerverhalten kann eher eingedämmt werden (siehe näher hierzu im vorhergehenden Kapitel).

(2) Es ist keineswegs sicher (wie in den statischen Analysen oben implizit unterstellt), dass in der Realität die einzelnen Länder eine konkrete und darüber hinaus eine gleichgerichtete **Vorstellung von den Gewinnen** aus einer internationalen Politikkoordinierung haben. Je stärker allerdings die Ansichten über den Nutzen einer Koordinierung zwischen den einzelnen Ländern differieren, umso unwahrscheinlicher wird das Zustandekommen einer Politikkoordinierung.

Selbst wenn über die Frage, ob Politikkoordinierung den gemeinsamen Nutzen steigert, keine Meinungsunterschiede bestehen, kann es zu **Konflikten über die Verteilung der Gewinne** kommen. Dies ist insbesondere dann wahrscheinlich, wenn es nicht nur eine, sondern eine Vielzahl effizienter kooperativer Lösungen gibt, von denen einige für das eine Land, die anderen dagegen (in unterschiedlichem Grad) für die anderen Länder günstiger sind.

Letzteres wird noch verstärkt, wenn ein **Mangel an Vertrauen** zwischen den beteiligten Ländern über die Einhaltung der Abmachungen herrscht. Vertrauen ist umso wichtiger, je längerfristiger eine angepeilte Lösung angelegt sein soll. Insofern ist Vertrauen eine zentrale Bedingung für das Zustandekommen und die Sta-

---

[79] Vgl. z. B. Cooper [1986: S. 313–14]. Zur Stabilität als (internationales) öffentliches Gut sowie zur Theorie der Global Public Goods im Allgemeinen siehe Kaul et al. [Hrsg., 1999] und Kaul et al. [Hrsg., 2003].

bilität von längerfristigen **Regelbindungen**. Die Sanktionsmöglichkeiten sind ja, wie schon betont, im internationalen Bereich geringer als im nationalen. Ein solcher Mangel an Vertrauen kann unbegründet bzw. „irrational" sein; er kann aber auch auf der richtigen Erkenntnis beruhen, dass Trittbrettfahrerverhalten der Partner nicht ausgeschlossen werden kann. Das heißt, es kann Unsicherheit darüber bestehen, ob die Wahlpolitiker in anderen Ländern langfristige oder nur kurzfristige Gewinnmaximierung (durch Trittbrettfahrerverhalten, z. B. im oben erläuterten „Lokomotivszenarium") anstreben, und ob sie die Abmachungen längerfristig auch gegen widerstrebende Interessengruppen in ihrem eigenen Land erfüllen können[80].

Letzteres ist auch mit ein sozio-ökonomischer Grund für den oft beklagten **Mangel an internationaler politischer Führung**[81].

(3) Ein weiteres wichtiges Hindernis für das Zustandekommen und die Stabilität einer internationalen Koordinierung von Stabilitätspolitik besteht in dem Widerwillen vieler Nationen und Regierungen, bestehende oder vermeintliche Handlungs- oder Entscheidungsautonomie aufzugeben. „Die Illusion nationaler Autonomie ist noch weitverbreitet", wie Cooper schreibt[82], „und sie wird weitgehend verwechselt mit nationaler Souveränität". Beispiele hierfür findet man etwa im Bereich der Europäischen Union oder im Bereich der Vereinten Nationen[83]. Auf diese Weise werden dann mögliche pareto-überlegene Lösungen verhindert.

Ein konkretes Beispiel für den Widerwillen vieler Staaten, vermeintliche Autonomie oder politische Einflussmöglichkeiten aufzugeben, ist der Streit um den sogenannten „Stabilitäts- und Wachstumspakt" im Zusammenhang mit dem Zustandekommen der Europäischen Währungsunion. Die ursprüngliche Idee des Stabilitätspaktes war es, die vagen Bestimmungen des Maastricht-Vertrages bei übermäßigen Haushaltsdefiziten (Art. 104c EGV) insofern zu ergänzen und zu präzisieren, als politische Entscheidungen über Sanktionen bei einer unsoliden Finanzpolitik weitgehend durch einen Automatismus ersetzt werden sollten. Auf diesem Weg sollte der Stabilitätspakt einen wichtigen zusätzlichen Impuls für die Glaubwürdigkeit des stabilitätspolitischen Kurses der Europäischen Zentralbank und für die Stabilität der zukünftigen europäischen Währung Euro auf den internationalen Finanzmärkten leisten. Der letztlich in Dublin verabschiedete und im Mai 1997 in Amsterdam ratifizierte „Pakt für Stabilität und Wachstum" unterscheidet sich in einigen wesentlichen Punkten von dem ursprünglich von deutscher Seite vorgeschlagenen „Stabilitätspakt für Europa". So ist die zentrale Forderung der deutschen Seite nach einer Automatik bei der Feststellung eines

---

[80] Ein grundsätzliches Dilemma besteht darin, dass Vertrauen in „vertrauter Umgebung", d. h. in der Regel erst im Laufe (einer Reihe) von Koordinations- und Kooperationsanstrengungen entstehen kann. Vgl. hierzu z. B. Gambetta [Hrsg., 1988] und Vlaar et al. [2007].
[81] Vgl. Kindleberger [1986]. Siehe Kawai [2005] zum Mangel einer internationalen politischen Führung im Kontext des ostasiatischen Integrationsprozesses.
[82] Cooper [1986: S. 322].
[83] Man braucht hier nur an die landwirtschaftliche Überschussproduktion innerhalb der EU zu denken. Dies bedeutet jedoch nicht automatisch, dass dadurch die durch die EU schon erreichte Koordinations- oder Kooperationsform insgesamt eine Verschlechterung gegenüber dem Verzicht auf jegliche Koordinierung darstellen würde, sondern nur, dass pareto-überlegenere Formen verhindert bzw. Wohlfahrtsverschlechterungen in einzelnen Bereichen nicht vermieden werden.

übermäßigen Defizits sowie bei der Verhängung von Sanktionen nicht verankert worden. Beides bleibt Gegenstand des politischen Prozesses und unterliegt damit weiterhin der nationalen Einflussnahme. Eine Aufgabe nationalstaatlicher Entscheidungsbefugnisse, wie es von deutscher Seite vorgesehen war, kommt damit nicht zustande[84].

(b) Zur Effizienz

(4) Die im vorhergehenden Abschnitt II beschriebene spieltheoretische Analyse hat scheinbar überzeugende Argumente für die internationale Koordinierung von Stabilitätspolitik hervorgebracht. Man muss dabei allerdings zweierlei bedenken. Erstens war die spieltheoretische Analyse des vorhergehenden Abschnitts **statischer** Natur. Die Planungsperiode dauerte nur eine Zeiteinheit, und die Spieler konnten jeweils nur einen Zug machen. Sie konnten den Zug nicht revidieren und konnten auch nicht **lernen**, was nun in wiederholten Mehrperioden-Spielen möglich ist. Zweitens hängt die aus internationaler Politikkoordinierung gewonnene Wohlfahrtsverbesserung selbst in dieser statischen Analyse entscheidend von den gemachten **Modellannahmen** ab, d. h. von den Annahmen über die Modell- oder Wirtschaftsstruktur, über die Informationsstruktur und über die Wohlfahrtsfunktionen der beteiligten Länder. Mit unterschiedlichen Annahmen kommt man zu sehr unterschiedlichen Ergebnissen. Bei einer **dynamischen** Analyse sind die möglichen Unterschiede noch gravierender (siehe im Folgenden)[85].

(5) In den obigen statischen Modellen wird angenommen, dass Politikentscheidungen ein-für-allemal getroffen werden, und dass sie sofort wirksam sind. In der Realität jedoch werden erstens Entscheidungen eher von Periode zu Periode neu getroffen. Zweitens gibt es – wie in Kapitel 2 ausführlich diskutiert wurde – Wirkungsverzögerungen von Politikentscheidungen[86]. Wenn diese **Wirkungsverzögerungen** lang und variabel sind, sind die Wohlfahrtseffekte von Politikkoordinierung unsicher[87]. Dies trifft insbesondere auf Absprachen bezüglich aktiver wirtschaftspolitischer Eingriffe im Falle eventueller (mehr oder weniger genau definierter) Schocks zu. Folglich können Länder sehr wohl Wohlfahrtsverluste erleiden, wenn sie sich in Koordinierungsabkommen auf wirtschaftspolitische Aktionen festlegen, deren zeitliche Wirkungsdynamik sie nicht genau vorhersehen können.

(6) In Abschnitt II wurde unterstellt, dass die Wirtschaftspolitiker aller beteiligten Nationen die Struktur der Weltwirtschaft und die internationalen Wirkungen von wirtschaftspolitischen Maßnahmen (die Politikmultiplikatoren und Spillover-Effekte) kennen und sich auch darüber einig sind. Wenn dies jedoch nicht der Fall ist, wofür vieles spricht, kann internationale Politikkoordinierung unter Umständen auch negative Wohlfahrtseffekte haben. Dies wurde von Frankel und Rockett

---

[84] Vgl. hierzu näher z. B. Wagner [1998b].
[85] Zu einer exzellenten Darstellung im allgemeinen Kontext von Spieltheorie siehe Axelrod [2006].
[86] Eine modelltheoretische Berücksichtigung dieser beiden Phänomene erfordert allerdings den Übergang zu **dynamischer** Analyse, d.h. hier zu einer Betrachtung **dynamischer Spiele**.
[87] Andererseits ist aber im Falle unsicherer Politikwirkungen die üblicherweise gemachte Unterstellung, dass eine internationale Koordinierung nicht nützlich ist, wenn jedes Land genauso viele Politikinstrumente wie Ziele hat (siehe oben), nicht mehr zutreffend.

[1988] in einer Simulationsstudie eindrucksvoll gezeigt. Frankel und Rockett unterstellten dabei, dass sich nur die **Strukturvorstellungen**, nicht aber die Ziele oder Träger von Wirtschaftspolitik in den beteiligten Ländern **unterscheiden**. Nehmen wir an, jedes der an einer Kooperation beteiligten Länder würde an ein anderes Weltmodell glauben, eines davon (oder vielleicht ein ganz anderes) sei aber nur richtig (das sogenannte „wahre" Modell), jedoch kein Land wüsste, welches dies ist. Unter diesen Umständen ist es nicht unwahrscheinlich, wie Frankel und Rockett darlegten, dass es für einzelne Länder bei einer internationalen Koordination statt zu der erhofften Verbesserung sogar zu einer noch größeren Zielverfehlung als bei unkoordiniertem Verhalten kommt. [Siehe zur näheren Beschreibung der Ergebnisse von Frankel und Rockett's Studie den Abschnitt (13) unten.]

Gehen wir zur Erläuterung von einem extremen **Beispiel** aus. Nehmen wir an, das Modell der „Neuen Klassischen Makroökonomie" würde das „wahre" Modell sein. Doch alle Länder würden an das oder verschiedene keynesianische Modelle glauben und deswegen – bei einer fälschlicherweise dann so interpretierten „Unter"beschäftigungssituation – eine koordinierte Geldmengenexpansion betreiben. Dann würde dies nicht, wie von den beteiligten Ländern erhofft, zu mehr Wachstum, sondern nur zu höherer Inflation führen. Entsprechend der obigen Verlustfunktion würde dies eine Verschlechterung der gesamtwirtschaftlichen Situation der koordinierenden Länder bedeuten. (Man kann natürlich in einem anderem Extrembeispiel auch davon ausgehen, dass ein bestimmtes keynesianisches Modell das „wahre" Modell ist, und alle Länder an ein neoklassisches, Geldneutralität implizierendes Modell glauben. In diesem Fall würde der Verzicht auf eine koordinierte Geldmengenexpansion unter Umständen zu suboptimalen Ergebnissen führen.)

(7) Wie im Verlauf des Buches schon häufiger betont worden ist, kann man nicht davon ausgehen, dass die Wirtschaftspolitiker die **Ursache von Schocks** immer sofort richtig erkennen. Nun ist jedoch der Nutzen einer internationalen Politikkoordinierung mit davon abhängig, dass auf die jeweiligen Schocks richtig reagiert wird. Nehmen wir an, die Transmissionswirkungen zwischen den an einer Koordination beteiligten Ländern seien positiv. Dann verlangt beispielsweise eine Nachfrageverschiebung zwischen den Ländern **verschiedenartige** Anpassungsreaktionen der koordinierenden Länder. Dagegen würde eine weltweite Störung – bei positiven Transmissionswirkungen – **ähnliche** Politikreaktionen der koordinierenden Länder erfordern. Bei falscher Wahrnehmung von Schockursachen können also durch Koordinationsabkommen „erzwungene" Reaktionen, die ansonsten bei unkoordiniertem Verhalten vielleicht aus Unsicherheit über die Schockursache unterlassen oder verschoben worden wären, zu einer Wohlfahrtsverschlechterung führen.

(8) In spieltheoretischen Analysen von internationaler Politikkoordination wird meist a priori davon ausgegangen, dass kooperative Strategien **zeitkonsistent** sind. Dies muss jedoch nicht der Fall sein. Wenn allerdings kooperative Strategien **zeitinkonsistent** sind, kann internationale Politikkoordinierung auch schlechtere Lösungen als das Nash-Gleichgewicht erzeugen[88]. Man kann sich dies an folgendem Beispiel[89] klar machen. Nehmen wir an, die Lohnsetzung orientiert sich an einem

---

[88] Siehe hierzu Rogoff [1985b] und Kehoe [1986].
[89] Vgl. Rogoff [1985b]. Rogoffs Analyse ist stark verwandt mit der von Barro und Gordon [1983], die in Kapitel 2 erläutert wurde. Nach dieser Analyse erhöht diskretionäre Politik die durch-

Inflationsausgleich (vgl. hierzu die Gleichungen 5, 16 oder 21 in Kapitel 1). Die Politikvariable sei die Geldmenge. Zielvariablen seien Beschäftigung und Inflation. Die angepeilten Ziele selbst seien Vollbeschäftigung und Preisniveaustabilität. Die von der Politikbehörde angestrebte Beschäftigung liege dabei oberhalb des privat optimalen Beschäftigungsniveaus, die angestrebte Arbeitslosenrate damit unterhalb der natürlichen Rate (zur Begründung siehe im 2. Kapitel, Abschnitt B.II.5.1). Solange keine internationale Politikkoordinierung stattfindet, wird jede Zentralbank tendenziell vor dem Versuch zurückschrecken, den Output in ihrem Land durch eine expansive Geldmengenpolitik zu steigern, da sie eine Abwertung der heimischen Währung und folglich einen Inflationsimport durch steigende Importpreise befürchten muss. Sobald allerdings eine Politikkoordination verabredet ist, ist diese Handlungsschranke nicht mehr vorhanden. Denn wenn alle in gleichem Ausmaß expandieren, verändern sich die Wechselkurse nicht (siehe oben). Rationale Arbeitnehmer oder Gewerkschaften erkennen dies. Die entscheidende Frage ist nun, ob die Zentralbanken dann noch **glaubwürdige** Versicherungen abgeben können, das Preisniveau stabil zu halten. Wenn nicht, werden die Arbeitnehmer ihre Inflationserwartungen erhöhen. Die höheren Inflationserwartungen schlagen sich dann von vornherein – d. h. bevor überhaupt die Zentralbanken der Versuchung einer Geldmengenexpansion erliegen (!) – in höheren Löhnen nieder. Die Zentralbanken haben dann nur zwei Möglichkeiten. Entweder sie garantieren Preisniveaustabilität, was bedeutet, dass sie Arbeitslosigkeit produzieren müssen (– solange bis die Inflationserwartungen wieder abgebaut sind, d. h. hier: solange bis ihre Preisniveaustabilität-Versprechen „glaubhaft" geworden sind; vgl. hierzu in Kapitel 5, dort Abschnitt I.3). Oder sie versuchen, Arbeitslosigkeit zu vermeiden, was bedeutet, dass sie die antizipierte Geldmengenexpansion dann auch wirklich durchführen und so Inflation produzieren müssen. Letzteres ist die (kurzfristige) kooperative Gleichgewichtslösung[90]. (Eine dritte Möglichkeit wäre eine Zwischenlösung, d. h. „etwas" Inflation mit „etwas" Arbeitslosigkeit zu koppeln.) Die modelltheoretische Fundierung dieser Zusammenhänge wurde schon in Abschnitt B.II.5 des 2. Kapitels geliefert. Von daher wird hier auf eine detailliertere, formale Analyse verzichtet und auf diesen Abschnitt zurückverwiesen.

Auf jeden Fall – so wird von Vertretern der Zeitinkonsistenzhypothese betont – würde die so entstehende Lösung, die im Gleichgewicht eine höhere Inflationsrate impliziert, eine Wohlfahrtsverschlechterung darstellen gegenüber einer Nichtkoordinierung der Politiken. Die hieraus gezogene **Schlussfolgerung** ist jedoch nicht unbedingt die, dass man deswegen auf eine internationale Koordinierung von nationalen Stabilitätspolitiken verzichten sollte. Sondern die Forderung ist mehr die, die nationalen Geld- und allgemeiner Politikbehörden **institutionell** zu **binden**. Denn eine **koordinierte** zeitkonsistente (regelgebundene) Politikstrategie wird auch von vielen Vertretern der Zeitinkonsistenzthese als die überlegene Variante auch gegenüber einer unkoordinierten (gesetzlich abgesicherten) Regelpolitik-Strategie der einzelnen Länder angesehen (siehe z. B. Rogoff [1985b]).

Wenn eine solche **Bindung** jedoch nicht möglich (bzw. erwünscht) sein sollte, erzeugt eine internationale Geldpolitikkoordinierung – dadurch dass sie für die

---

schnittliche Inflationsrate. Romer [1993b] liefert eine empirische Bestätigung dieser These, allerdings nicht für die „höchst-entwickelten" Länder.

[90] Vgl. zur formalen Ableitung Rogoff [1985b].

Geldbehörden einen Anreiz schafft, eine niedrigere Arbeitslosenrate anzustreben – eine höhere Inflationsrate im Gleichgewicht. Es sollte jedoch bedacht werden, dass dieses Ergebnis abhängig von der obigen Modellstruktur und nicht allgemein gültig ist[91].

Das obige Zeitinkonsistenzproblem würde dann nicht auftreten, wenn die Zentralbanken auch bei einer internationalen Politikkoordinierung eine glaubhafte Selbstverpflichtung zur Preisniveaustabilisierung eingehen könnten. Die Frage, ob und wie sie dies können (z. B. aus Reputationsgründen bzw. durch Einrichtung bestimmter dies fördernder Institutionen), wurde schon in den Kapiteln 2 und 3 behandelt. Von daher sei auf die einschlägigen Abschnitte in diesen Kapitel zurückverwiesen[92].

Außerdem verliert das Zeitinkonsistenzargument gegen eine Politikkoordinierung etwas an Bedeutung, wenn wir die Möglichkeit kurz- bis mittelfristiger Unterbeschäftigungssituationen anerkennen. Dann bestehen nämlich[93] immer (zusätzliche) Möglichkeiten der Wohlfahrtsverbesserung durch internationale Politikkoordinierung. Wenn, wie im 1. Kapitel dargestellt, Koordinationsprobleme im privaten Wirtschaftssektor auftreten, sodass die Wirtschaft nach einem kontraktiven Schock nicht von selbst sofort wieder zum Vollbeschäftigungsgleichgewicht zurückfindet, kann expansive Geldmengenpolitik – wie wir im 1. Kapitel sahen – sehr wohl wohlfahrtssteigernd wirken. Da aber bei einem nationalen Alleingang die eben erläuterte Gefahr der Währungsabwertung und damit eines Inflationsimports besteht, kann – bei einer hohen Inflationsaversion – eine koordinierte Vorgehensweise der verschiedenen Zentralbanken in diesem Fall der einzig gangbare Weg sein, um diese Wohlfahrtssteigerungen zu realisieren. Da bei Unterbeschäftigung auch die Inflationserwartungseffekte noch nicht so hoch sein dürften, ist auch das durch die Zeitinkonsistenzthese angesprochene Problem in diesem Fall praktisch nicht so relevant. Folglich könnte man sagen, ist die Relevanz des Zeitinkonsistenz-Einwands gegen eine internationale Politikkoordinierung auch von der getroffenen Stabilitätsannahme bezüglich des privaten Marktsystems abhängig.

(9) Ein weiterer Punkt betrifft die Befürchtung einiger Kritiker einer Koordinierungsstrategie[94], dass bei einer internationalen Politikkoordinierung eigennutzorientierte Wahlpolitiker die Verantwortung für Zielverfehlungen (insbesondere bezüglich des Inflationsziels) auf andere Länder leichter abwälzen könnten. Dies ist jedoch systematisch nur möglich, wenn Wahlpolitiker und Wähler auf Dauer unterschiedliche Strukturmodelle haben, d. h. letztere nicht hinreichend lernfähig sind. Nur dann könnten die Politiker den Wählern systematisch etwas „vorma-

---

[91] Das Ergebnis, dass ein kooperatives Regime höhere Inflationserwartungen und dadurch auch eine höhere Gleichgewichtsinflationsrate produziert, kann sich zum Beispiel dann umkehren, wenn angenommen wird, dass die Zielvariablen der Geldbehörden nicht wie oben unterstellt Beschäftigung und Inflation, sondern Beschäftigung und Geldmengenwachstum sind. Dies zeigen z. B. Canzoneri und Gray [1985]. Vgl. auch Oudiz und Sachs [1985], die ein Beispiel liefern, in welchem die Kooperation zwischen den Geldbehörden deren Glaubwürdigkeits- oder Zeitinkonsistenzproblem mit dem Privatsektor beseitigt.

[92] In Kapitel 2 ist dies der Abschnitt B.II.5 und in Kapitel 3 der Abschnitt I.

[93] Das folgende Argument ist ein typisches (für die Mainstream-Literatur jedoch untypisches) „Ungleichgewichts"-Argument.

[94] Vgl. in diese Richtung gehend z. B. Vaubel [1983].

chen"[95]. Die grundsätzliche Problematik einer solchen Annahme wurde schon im 1. Kapitel diskutiert.

Richtig ist jedoch, dass sich die Eigeninteressen von Bürokraten und Politikern in internationalen Organisationen leichter durchsetzen lassen, da sich der supranationale Planungs- und Entscheidungsprozess dort einer unmittelbaren Kontrolle durch die im demokratischen Prozess artikulierten Wählerpräferenzen entzieht.

(10) Koordinierung geht oft einher mit Harmonisierungsbestrebungen. Dies wird jedoch aus ordnungstheoretischer Sicht häufig als bedenklich angesehen. Vor allem eine weitgehende internationale Harmonisierung von Regelungen kann substanzielle Kosten verursachen. Von daher wird sie und mit ihr auch eine sie induzierende Politikkoordinierung von Ordnungspolitikern abgelehnt. Unter die angesprochenen substanziellen Kosten fallen nicht nur direkte Kosten für den Aufbau neuer Behörden oder die Auflösung alter Strukturen, sondern auch (i) Kosten aufgrund mangelnder Beachtung der Präferenzvielfalt sowie – damit verbunden – (ii) Kosten, die durch den Verlust der Effizienzvorteile eines Regulierungswettbewerbs entstehen.

Zu (i): Die ökonomischen Strukturen in den einzelnen Ländern sind nicht identisch. Regulierungssysteme müssen jedoch in gewissem Sinne „harmonieren" mit den jeweiligen ökonomischen und sozialen Verhältnissen eines Landes. Das heißt, nicht jedes Regulierungssystem „passt" zu einem Land, oder anders gesagt, jedes Land benötigt aufgrund seiner strukturellen Besonderheiten auch ein spezielles Regulierungssystem[96]. Schon deshalb sollte eine Harmonisierung des Regulierungssystems in einem Integrationsgebiet mit heterogenen Ländern nicht vollkommen sein. Eine solche vollkommene Harmonisierung würde sich politisch auch gar nicht durchsetzen lassen, da sie den Präferenzen und kulturellen Gewohnheiten der jeweiligen Länder bzw. ihrer Bevölkerung widerspricht.

Das ordnungstheoretisch zentrale Argument lautet deshalb: Regulierungsvielfalt spiegelt auch Präferenzvielfalt wider.

Zu (ii): Überdies bedeutet Regulierungsvielfalt auch Regulierungswettbewerb und stellt somit ein Verfahren zur Entdeckung der Bestimmungen dar, die den gewünschten Zweck mit den geringsten Kosten erfüllen. Eine überzogene Harmonisierung würde diesen Wettbewerb unterbinden und deshalb verhindern, dass Effizienzgewinne realisiert werden. Die Marktintegration würde mithin gehemmt.[97]

In Anbetracht dessen fand in den achtziger Jahren auch ein deutlicher Schwenk in der Integrationsstrategie der Europäischen Union statt[98]. Nach der neuen Strategie gab es einen wesentlich geringeren vor der Vollendung der Wirtschafts- und Währungsunion zu befriedigenden Harmonisierungsbedarf[99]. Während das Integ-

---

[95] Ansonsten müssten die Politiker damit rechnen, dass die Wähler dies nach einer Weile erkennen und sie dafür „bestrafen". Siehe hierzu in Abschnitt B.II.5.1 des 2. Kapitels.
[96] Die einzelnen Institutionen oder Regeln sind ja Teile eines wachsenden Systems mit seinen spezifischen Konsistenzerfordernissen und stabilisierenden Traditionen. Vgl. auch Streit [1995: 7].
[97] Vgl. hierzu z. B. Wagner [2005a].
[98] Vgl. Kommission der EG [1985].
[99] Seit 1990 wird daher das Subsidiaritätsprinzip verfolgt. Das „Subsidiaritätsprinzip" besagt, dass die Gemeinschaft nur eingreifen darf, wenn die Vertragsziele und die Ziele einzelner Maßnahmen „auf Ebene der Mitgliedstaaten nicht ausreichend erreicht werden können und daher wegen

rationskonzept der EU vorher auf eine weitgehende Harmonisierung der Regulierung in den Mitgliedsländern abzielte[100], sollten nach der neuen Strategie nur noch ganz besonders wichtige Regulierungen angeglichen werden. Im Übrigen sollte eine gemeinsame Festlegung von Mindestforderungen erfolgen. Zentrale EU-weite Regelungen sind demnach nur dort nötig, wo ohne sie die Marktintegration behindert wird, da grenzüberschreitende externe Wirkungen nicht verursachungsgerecht zugerechnet werden können und die Bereitstellung öffentlicher Güter nicht in einem effizienten (pareto-optimalen) Ausmaß erfolgt[101].

(11) Schließlich wird die Effizienz internationaler Politikkoordinierung auch als Ergebnis der „New-open-Macroeconomics" infrage gestellt.

Die Theorie der Politikkoordinierung hat dadurch in den letzten Jahren neue Aufmerksamkeit erfahren. Ausgangspunkt ist die Etablierung neuer theoretischer Modelle zur Analyse außenwirtschaftliche Fragestellungen[102]. Dieser Modelltyp unterscheidet sich relativ stark von den bislang dominierenden Ansätzen des Mundell-Fleming-Typs, auf dem die Analyse der Vor- und Nachteile internationaler Politikkoordinierung bisher basierte. Die „New-open-Macroeconomics"-Modelle beruhen auf einer expliziten mikroökonomischen Fundierung der Haushalts- und Unternehmensentscheidungen. Die Modelle dieses Typs verfolgen einen intertemporalen Ansatz und ermöglichen eine totalanalytische Analyse. Die „New-open-Macroeconomics" geht von kurzfristigen Preis- und Lohnstarrheiten aus, die es der Geldpolitik ermöglichen, reale Effekte zu erzielen. Damit wird der Output – typisch keynesianisch – kurzfristig über die Nachfrage bestimmt. Langfristig ergibt sich der Output jedoch aus der Substitutionsentscheidung zwischen Arbeit und Freizeit. Damit finden auch Elemente der Neuen Klassischen Makroökonomie Eingang in die Modelle der „New-open-Macroeconomics". Charakteristisches Element dieser Modelle ist die Berücksichtigung unvollständiger Konkurrenz auf den Güter- und Arbeitsmärkten in Form der monopolistischen Konkurrenz. Es wird davon ausgegangen, dass die angebotene Arbeit sowie die angebotenen Güter nur bedingt substitutiv sind. Jeder Anbieter auf den Arbeits- und Gütermärkten verfügt daher in einem gewissen Maße über Monopolmacht und kann Löhne und Preise oberhalb der Grenzkosten festlegen. Diese Modelle

---

ihres Umfangs oder ihrer Wirkungen besser auf Gemeinschaftsebene erreicht werden können" (Art. 3b EGV).

[100] Leitgedanke war, dass die nationalen Regulierungen ersetzt werden sollten, sodass es im Wesentlichen überall dieselben Vorschriften gäbe. Dieser Ansatz scheiterte wegen fachlicher Schwierigkeiten und vor allem wegen des politischen Widerstandes der Mitgliedstaaten gegen einen Souveränitätsverzicht auf dem Gebiet des Rechtswesens. Siehe hierzu auch Lodge [2002] oder Jordan und Majnoni [2002].

[101] Dieser Ansatz der Kommission wurde allerdings mit der 1987 in Kraft getretenen „Einheitlichen Europäischen Akte" weitgehend verdrängt. „Unter dem Druck der hochregulierten Mitgliedstaaten musste die Sockelharmonisierung einer Harmonisierung „auf hohem Schutzniveau" für die Schutzzwecke Gesundheit, Sicherheit, Umwelt und Verbraucherinteressen Platz machen (Art. 100a Abs. 3 EGV). Darüber hinaus wurden noch höhere Schutzniveaus als Ausnahmen zugelassen (Art. 100a Abs. 4 EGV)." Vgl. Streit [1995: 19]. Eine Diskussion über die Vor- und Nachteile der Harmonisierung von Regelungen findet sich in Wagner [2012].

[102] Diese sind insbesondere mit den Namen von Maurice Obstfeld und Kenneth Rogoff verbunden. Vgl. Obstfeld und Rogoff [1995, 1996]. Ein Überblick über die sogenannten „New-open-Macroeconomics"-Modelle findet sich bei Lane [2001]. Ein einfacher einführender Artikel in deutscher Sprache ist Fendel [2002]. Einen ebenfalls recht einfachen Einstieg in die Grundannahmen des Modells bietet Kapitel 19 von Montiel [2009].

sind die Erweiterung der im ersten Kapitel vorgestellten Neuen Neoklassischen Synthese um den Außenhandel, so wie das Mundell-Fleming Modell die Erweiterung des IS-LM-Modells um den Außenhandel ist.

Die Logik dieser sehr komplexen Modelle soll hier nur kurz betrachtet werden[103]. Ein unerwarteter monetärer Schock löst bei kurzfristig rigiden Preisen vorübergehend einen positiven oder negativen Leistungsbilanzsaldo aus. Der *vorübergehende* Saldo bewirkt eine *dauerhafte* Veränderung der Auslandsaktiva, die wiederum zu dauerhaften Zinszahlungen zwischen Inland und Ausland führen. Die Vermögensumverteilung zwischen In- und Ausland wirkt ihrerseits dauerhaft auf Output und Konsum. Im Folgenden sei angenommen, dass das Inland eine expansive Geldpolitik betreibe und infolgedessen einen positiven Leistungsbilanzsaldo aufweist aufgrund der Abwertung der heimischen Währung. Das Inland realisiert dann einen höheren Konsum als im Ausgangsstadium, wobei der Output und damit der Arbeitseinsatz zurückgehen. Der Grund für diese Entwicklung von Konsum und Output im Inland ist, dass die Inländer aufgrund der Zinszahlungen aus dem Ausland ihre Arbeit-Freizeit-Entscheidung zu Gunsten einer erhöhten Freizeit ändern (wodurch der Output zurückgeht) und den zusätzlichen Konsum durch eben diese Zinszahlungen finanzieren. Im Ausland hingegen sinkt der Konsum unterhalb des vor dem monetären Impuls im Inland vorherrschenden Niveaus, während der Arbeitseinsatz und der Output ansteigen. Die Produktionserhöhung im Ausland ist natürlich notwendig, um über vermehrte Exporte die Zinszahlungen an das Inland leisten zu können. Diese Effekte sind als langfristige, bei vollkommener Preisflexibilität auftretende Effekte zu verstehen. Kurzfristig, d. h. solange die Preise und/oder Löhne rigide sind, sind andere Effekte zu verzeichnen. Die monetäre Expansion und die damit einhergehende Abwertung senkt die relativen Preise der Inlandsgüter. Es kommt mithin zu einer Gütersubstitution zu Gunsten der Inlands- und zu Ungunsten der Auslandsgüter. Damit erhöht sich auch der Arbeitseinsatz im Inland im Vergleich zur Ausgangssituation, während er im Ausland tendenziell zurückgeht. Gleichzeitig ruft eine monetäre Expansion über den Einkommenseffekt eine verstärkte Güternachfrage hervor, zu deren Befriedigung ceteris paribus sowohl im In- als auch im Ausland ein erhöhter Arbeitseinsatz notwendig sind. Insgesamt wird sich der Arbeitseinsatz im Inland kurzfristig erhöhen, während für das Ausland keine eindeutige Prognose gestellt werden kann. Aufgrund des Einkommensanstiegs in der kurzen Frist können die inländischen Haushalte außerdem ihren Konsum steigern, während die Entwicklung des Konsums für die ausländischen Haushalte nicht eindeutig ist. Dies hängt letztlich von der Stärke des Einkommensanstiegs durch die expansive Geldpolitik im Inland sowie von der Stärke des Substitutionseffekts ab.

Im Folgenden werden kurz einige aus dem Grundmodell von Obstfeld und Rogoff [1995, 1996] ableitbare Schlussfolgerungen hinsichtlich der Notwendigkeit internationaler Politikkoordinierung skizziert. Im Einklang mit den traditionellen Modellen zur internationalen Politikkoordinierung kommt es auch in den Ansätzen der „New-open-Macroeconomics" zu einer Verlagerung der internationalen Nachfrage im Anschluss an eine Wechselkursänderung. Eine Abwertung des Wechselkurses führt zu einer Mehrnachfrage nach Gütern des abwertenden Landes, wäh-

---

[103] Eine einfache Lehrbuchdarstellung findet sich bei Sarno und Taylor [2002], eine kürzere findet sich in Wagner und Schulz [2005].

rend die Güter anderer Länder einen Nachfragerückgang erfahren. Hinsichtlich der Güterproduktion liegt also in der kurzen Frist der bekannte „Beggar-thy-Neighbour"-Effekt vor. Jedoch unterscheiden die „New-open-Macroeconomics"-Modelle im Gegensatz zu den traditionellen Ansätzen zwischen kurz- und langfristigen Effekten und berücksichtigen die Nutzeneffekte, die von einer Änderung der Terms-of-Trade der am Welthandel beteiligten Länder ausgehen. So kommt es kurzfristig zu einer Verschlechterung der Terms-of-Trade im Inland, während sie sich langfristig positiv entwickeln. Die Terms-of-Trade des Auslandes entwickeln sich spiegelbildlich. Die kurzfristige Verbesserung der Terms-of-Trade aus Sicht des Auslandes führt nun zu einer Verbesserung der Wohlfahrt im Ausland, sodass eine Abwertung der inländischen Währung nicht zwingend mit Wohlfahrtseinbußen für das Ausland verbunden ist. Beurteilt man also die Effekte der Geldpolitik mithilfe einer expliziten mikroökonomisch fundierten Nutzenanalyse, wie es in den Modellen der „New-open-Macroeconomics" geschieht, kommt es bezogen auf den gesamtgesellschaftlichen Nutzen nicht notwendigerweise zu „Beggar-thy-Neighbour"-Effekten. Damit entfällt jedoch auch die theoretische Grundlage für eine Koordinierung der Wirtschaftspolitik auf internationaler Ebene.[104]

2. Empirische Untersuchungen
(a) Zur Durchsetzbarkeit:

(12) Meist wird in Analysen über internationale Koordinierung von Stabilitätspolitik vereinfachend unterstellt, dass die einzelnen Nationen homogene Entscheidungseinheiten darstellen würden. Dem ist in der Realität natürlich nicht so. Mithin besteht ein grundsätzliches Hindernis für das Zustandekommen von internationaler Politikkoordinierung darin, dass diesem notwendigerweise immer erst nationale Koordinierungsprozesse vorgelagert sind. Damit gelten aber dann für internationale Politikkoordinierung die gleichen politisch-strukturellen Hindernisse, die am Ende des vorhergehenden 5. Kapitels bezüglich des Zustandekommens von sinnvollen gesellschaftlichen Institutionen auf nationaler Ebene aufgeführt wurden. Dies waren einmal Interessenkonflikte zwischen Individuen oder gesellschaftlichen Gruppen und zum anderen die Unsicherheit der Wirtschaftspolitiker über die Größe der mit neuen Institutionen verbundenen Probleme oder Nebenwirkungen. (Zur näheren Erläuterung sei auf die Passagen dort zurückverwiesen.) Empirisch kann dies durch politikwissenschaftliche Fallstudien belegt werden, die nationale Einigungsschwierigkeiten hinsichtlich Zusagen zu internationalen Abkommen zum Thema haben. Der langwierige Prozess des Zustandekommens einer europäischen Wirtschafts- und Währungsunion ist hierfür ein gutes Anschauungsbeispiel[105].

Daneben geben aber auch die Koordinierungsversuche der großen westlichen Industrienationen auf den sogenannten „Gipfeltreffen" ein gutes empirisches Anschauungsmaterial über die praktischen Schwierigkeiten des Zustandekommens

---

[104] Zur modernen Theorie der Politikkoordinierung vgl. beispielsweise die Arbeiten von Benigno [2002], Corsetti und Pesenti [2001], Obstfeld und Rogoff [2002], Pappa [2004], Sutherland [2004], Corsetti und Pesenti [2005], Canzoneri et al. [2005], Benigno und Benigno [2006] sowie Corsetti et al. [2010].

[105] Vgl. diesbezüglich z. B. Krägenau und Wetter [1993], Wagner [1998b], Verdun [2010] und James [2012].

von verbindlichen Absprachen[106]. Angesichts dieser Schwierigkeiten kam es auf den Gipfeltreffen häufig zu eher unverbindlich formulierten öffentlichen Absichtserklärungen. Letztere bergen jedoch eine gewisse Gefahr in sich. Wenn nämlich die Absichtserklärungen von vornherein keine Aussicht haben, realisiert zu werden, werden bei der Bevölkerung höchstens Illusionen geweckt, was später Enttäuschungen und nationale Schuldzuweisungen hervorruft. Schließlich sind auch noch Simulationsanalysen über spieltheoretische Einigungsprozesse[107] eine lohnende Lektüre, um die grundsätzlichen Schwierigkeiten der Realisierbarkeit internationaler (wie auch nationaler) Koordination besser zu verstehen.

(b) Zur Effizienz:

(13) Die Ergebnisse ökonometrischer Untersuchungen scheinen darauf hinzudeuten, dass die Wohlfahrtseffekte internationaler Politikkoordinierung eher gering und zudem asymmetrisch verteilt sind.[108] Zu diesem Ergebnis kamen zum Beispiel Oudiz und Sachs [1984], die versuchten, aus den Politikmultiplikatoren von Mehr-Länder-ökonometrischen Modellen die möglichen Gewinne aus einer internationalen Kooperation zwischen Japan, der Bundesrepublik Deutschland und den USA zu gewinnen. Sie nahmen dabei an, dass alle drei Länder jeweils ein gewisses Niveau des BSP, der Inflationsrate und der Zahlungsbilanz ansteuern. Dann schätzten sie die trade-offs, die jedes Land zwischen diesen drei Zielen einzunehmen bereit ist, auf der Grundlage früherer Erfahrungen in diesen Ländern. Diese trade-offs benutzten sie dann, um die Wohlfahrtsgewinne zu berechnen, die die drei Länder in den Jahren 1984–86 hätten erzielen können, wenn sie ihre Geld- und Fiskalpolitik in bestimmter Weise koordiniert hätten. Die hierbei unterstellte Kooperation beinhaltet eine expansive Geldpolitik in den USA und eine kontraktive Fiskalpolitik sowie eine expansive Geldpolitik in Japan und in der Bundesrepublik. Das zentrale Ergebnis der Untersuchung von Oudiz und Sachs war, dass die USA und die Bundesrepublik nur geringe Wohlfahrtsgewinne erzielt hätten, und zwar weniger als 0,2 % des jeweiligen BSP pro Jahr, während die Gewinne für Japan größer, und zwar annähernd 0,7 % des dortigen BSP pro Jahr[109], gewesen wären.

Von der Richtung her ähnliche Ergebnisse erhielten auch andere Autoren. So untersuchte Hughes Hallet [1986] die möglichen Gewinne aus einer Kooperation zwischen den USA und Europa und kam dabei zu dem Ergebnis, dass die Gewinne aus einer Koordination insgesamt relativ gering gewesen wären mit einer asymmetrischen Verteilung zugunsten von Europa. Niedrige Gewinne aus einer internationalen Politikkoordinierung ergaben sich auch aus einer Untersuchung von Carlozzi und Taylor [1985]. Dagegen ermittelten Currie, Levine und Vidalis [1987]

---

[106] Vgl. hierzu z. B. de Menil und Solomon [1983] oder Wagner [1999b: S. 80–100].
[107] Vgl. hierzu z. B. Axelrod [2006].
[108] Dies steht, wie oben erläutert, im Einklang mit den Aussagen neuerer theoretischer Arbeiten, die vielfach zu dem Ergebnis kommen, dass die Wohlfahrtseffekte internationaler Politikkoordinierung, wenn sie denn überhaupt vorliegen, gering sind. Vgl. dazu beispielsweise die numerische Simulation von Sutherland [2004]. Siehe auch Liu und Pappa [2008] und Koenig und Zeyneloglu [2010].
[109] – jeweils im Durchschnitt über die beiden von Oudiz und Sachs alternativ verwendeten unterschiedlichen Mehr-Länder-ökonometrischen Modelle hinweg. Die Unterschiede hinsichtlich der Gewinne für Japan waren dabei beträchtlich zwischen den beiden Modellen.

sowie McKibbin und Sachs [1991] größere Gewinne. Die Unterschiede basieren darauf, dass sie unterschiedliche Modelle, unterschiedliche unterstellte Zielfunktionen und alternative Annahmen über die Glaubwürdigkeit der Politik verwendet haben. Alle diese Schätzungen stellen jedoch Gewinne dar, die sich aus der Anwendung und perfekten politischen Umsetzung optimaler und zumeist komplexer Politikregeln ergeben. Insofern stellen sie eher optimistische Schätzungen dar[110].

(14) In der in Punkt (6) schon erwähnten Simulationsstudie benutzten Frankel und Rockett [1988] zehn führende ökonometrische Weltmodelle, um die Effizienz internationaler Koordinierung von Stabilitätspolitik zu testen. Die zehn Modelle waren sehr unterschiedlich (manche mehr keynesianisch und manche mehr neoklassisch in ihrem Ansatz, manche mit und manche ohne rationale Erwartungsbildung, manche groß und manche klein in der Anzahl der Gleichungen etc.). Frankel und Rockett wählten sie aus zwölf ökonometrischen Weltmodellen aus, die von ihren Vertretern auf Bitten der Brookings Institution zur Simulation von Auswirkungen genau spezifizierter Politikänderungen herangezogen wurden. Die vorgegebenen Politikänderungen bezogen sich einmal auf eine expansive Geldpolitik der USA und alternativ der restlichen OECD-Länder, und zum anderen auf eine expansive Fiskalpolitik der USA und alternativ der restlichen OECD-Länder. Die Vorhersagen der Modelle bezüglich der Politikmultiplikatoren und der Spillover-Effekte wichen stark voneinander ab, was die Größe und das Vorzeichen der Auswirkungen auf den Output, sowie auf die Inflation, die Wechselkurse und die Leistungsbilanz der Handelspartner anbelangt[111]. Frankel und Rockett unterstellten nun, dass die USA und die übrigen OECD-Länder (zusammengefasst als ein Land) jeweils an die Gültigkeit eines unterschiedlichen Modells aus den obigen zehn Modellen glaubten. Nur eines der zehn Modelle bilde jedoch die Wirklichkeit richtig ab, und keines der beteiligten Länder wüsste, welches dies sei. Jedes Land wird nur dann einer internationalen Koordinierung ihrer Konjunkturpolitiken zustimmen, wenn es sich dadurch einen Gewinn gegenüber einer Nichtkoordinierung verspricht. Die Gewinnschätzung erfolgt auf der Grundlage des jeweiligen Modells, an das es glaubt. Da aber die Wirklichkeit möglicherweise durch seine Modellvorstellung nicht richtig beschrieben wird – nur eines der zehn Modelle kann ja höchstens richtig sein –, kann ein Land durch eine Politikkoordinierung seine Position im Vergleich zur Ausgangssituation einer Nichtkoordinierung verschlechtern. Frankel und Rockett kommen in ihren Simulationsrechnungen zu dem Ergebnis, dass zum Beispiel eine geldpolitische Koordination die Lage der USA nur in 546 von 1000 möglichen Fällen verbessert hätte. Die Lage der restlichen OECD-Länder hätte sich bei der gleichen geldpolitischen Koordination nur in 539 von 1000 möglichen Fällen verbessert[112].

Wenn man dagegen – wie Ghosh und Masson [1988] – unterstellt, dass sich die Politiker über die Unvollkommenheit ihres Strukturwissens im Klaren sind und sie deshalb verschiedene Modelle als zumindest teilweise zutreffend ansehen und folglich alle (unterschiedlich gewichtet) berücksichtigen, so ist Politikkoordinierung als günstiger zu beurteilen. Die Einschätzung einer Politikkoordinierung

---

110 Vgl. hierzu auch Currie [1993].
111 Siehe Bryant u. a. [1988].
112 Auch bei einer gleichzeitigen fiskalpolitischen Koordination verbessert sich dieses Ergebnis nicht. Siehe näher Frankel und Rockett [1988].

fällt noch günstiger aus, wenn – wie von Ghosh und Masson [1991] – unterstellt wird, dass die Politiker ihre Strukturvorstellungen in einem Lernprozess objektiv verbessern (d. h. sich dem wahren Modell annähern) können.

Bezüglich des Aussagegehalts solcher Simulationen ist natürlich folgendes zu beachten. Frankel und Rockett wie auch Ghosh und Masson verwendeten in ihren Untersuchungen jeweils eines der Modelle als das „wahre" Modell. Nur so – unter Zugrundelegung eines solchen Vergleichsstandards – können die Wohlfahrtsgewinne aus einer Politikkoordinierung empirisch bestimmt (simuliert) werden. Wenn dagegen – wie es wahrscheinlich der Fall ist – **keines** der zehn Modelle die Wirklichkeit richtig darstellt, oder anders gesagt das „wahre" Modell unbekannt ist, können auch keine empirischen (ökonometrischen) Aussagen über Wohlfahrtsgewinne oder –verluste einer Politikkoordinierung abgeleitet werden.

(15) Neben solchen ökonometrischen Ergebnissen[113] werden häufig auch „schlechte Erfahrungen" mit früheren Koordinationsversuchen als Gegenargument gegen eine internationale Koordinierung von Stabilitätspolitik angeführt. Nun hat es bislang schon viele internationale Koordinationsanstrengungen gegeben. Als bedeutendstes Ergebnis auf ökonomischem Gebiet kann man vielleicht die jahrzehntelange Existenz fester Wechselkurse im Bretton Woods System betrachten. Feste Wechselkurse wurden in Abschnitt II oben als eine mögliche institutionelle Lösung zur Erreichung eines kooperativen Gleichgewichts hervorgehoben. Eine Rückkehr zu festen Wechselkursen „im großen Rahmen"[114] wird heutzutage jedoch zumeist aus den Erfahrungen der späten 1960er und frühen 1970er Jahre heraus abgelehnt. Damals zeigte sich sehr deutlich, dass durch einen Verbund fester Wechselkurse die ökonomische Interdependenz zwischen den beteiligten Ländern noch verstärkt wird. Dies wiederum führte zu zusätzlichen unerwünschten Spillover-Effekten (siehe hierzu auch im 3. Kapitel, dort in Abschnitt III.4). Der Übergang zu flexiblen Wechselkursen wurde deshalb von den damaligen Befürwortern verstanden als ein Mittel, die ökonomische Abhängigkeit zwischen den im Bretton Woods System verbundenen Ländern zu verringern.

Ausgangspunkt war, dass das Bretton Woods System fester Wechselkurse seit Ende der 1960er Jahre einen Inflationsexport und spekulative Kapitalflüsse ausgelöst hatte. Expansive Geldpolitik in den USA führte damals dort zu einer binnenwirtschaftlichen Expansion und als Folge zu einer steigenden Inflationsrate und einem Leistungsbilanzdefizit. Das Leistungsbilanzdefizit verursachte einen Kapitalexport in andere Länder, was dort eine erzwungene Geldmengenexpansion angesichts der Umtauschpflicht zu einem festen Wechselkurs auslöste **(Inflationsexport)**. Mit der Aufhebung von Kapitalkontrollen floss dann zunehmend auch **spekulatives Kapital** in Länder, deren Währung von Aufwertungserwartungen betroffen waren. So verstärkte sich die Abhängigkeit der einzelnen Volkswirt-

---

[113] Zu weiteren Untersuchungsergebnissen bezüglich internationaler Transmissionseffekte von Geld- und Fiskalpolitik in ökonometrischen Mehr-Länder-Modellen siehe Helliwell und Padmore [1985], Betts und Devereux [2001], Kim [2001], Angeloni et al. [Hrsg., 2003], Christiano et al. [2007], Weber et al. [2011] sowie Cecioni und Neri [2011].

[114] In einem „verkleinerten Umfang" bestand dagegen das System von Bretton Woods fort, und zwar in Form des Europäischen Währungssystems (EWS). Ein Unterschied bestand allerdings darin, dass es im EWS kein (offizielles) Leitwährungsland gab, wie es noch im Bretton Woods System der Fall war.

schaften untereinander. Insbesondere Länder wie die Bundesrepublik Deutschland und Japan wurden immer abhängiger von der Wirtschaftspolitik der USA (als dem größten und gleichzeitig dem Leitwährungsland). Um diese Abhängigkeit abzubauen, wurden schließlich flexible Wechselkurse eingeführt. Allerdings war der Rückgang der ökonomischen Interdependenzen geringer, als es sich die meisten Befürworter erhofft hatten. Ein Grund waren die oben erwähnten technologischen Neuerungen, durch die die internationalen Märkte zeitlich und kommunikativ noch stärker „zusammenrückten". Ein anderer Grund hing mit den bestehenden Lohn- und Preisrigiditäten zusammen. Diese produzierten, wie oben erläutert, „überschießende Wechselkursanpassungen", „J-Kurveneffekte" und ähnliche unvorhergesehene Erscheinungen[115]. Folglich setzte in den 1980er Jahren eine gewisse „Festkursnostalgie" ein, die sich in unterschiedlichen Vorstellungen über eine modifizierte Rückkehr zu einem feste(re)n Wechselkurssystem niedergeschlagen hat. Zu den meistdiskutierten Vorschlägen damals gehörten das Zielzonenkonzept von John Williamson und die Idee eines gemeinsamen Währungsstandards für die Industrieländer von Roland McKinnon. Beide Ansätze wurden im 3. Kapitel oben schon dargestellt.

Das weitestgehende Konzept jedoch, wie es in der Europäischen Union realisiert wurde, stellt die Bildung einer **Währungsunion** dar. Eine Währungsunion ist dadurch gekennzeichnet, dass die Währungen der Teilnehmerländer voll konvertibel sind, keinerlei Beschränkungen des Kapitalverkehrs mehr bestehen, und die Wechselkurse unwiderruflich fixiert sind. Im engeren Sinne impliziert eine Währungsunion (wie in der Europäischen Wirtschafts- und Währungsunion) eine einheitliche Währung innerhalb des grenzüberschreitenden Wirtschaftsgebiets. Die Hoffnungen, die mit der Einführung einer Währungsunion verbunden werden, zielen vor allem darauf, ein stärkeres allgemeines Wachstum, politische Stabilität und eine Entwicklungsangleichung im Währungsgebiet zu erreichen. Doch sind auch Gefahren mit der Einführung einer Währungsunion verbunden. So kann der Zusammenschluss zu einer Währungsunion – bei strukturellen Unterschieden zwischen den Teilnehmerländern – zu gravierenden einseitigen Kosten führen, die die Stabilität einer Währungsunion infrage stellen. Hierzu zählen insbesondere Inflationseffekte, Polarisierungseffekte sowie andauernde einseitige Finanztransfers[116].[117]

Trotz der vermeintlich schlechten Erfahrungen mit früheren Koordinierungsprozessen haben sich die internationalen Stabilitätspolitik-Koordinierungsbemühungen in den letzten Jahren wieder verstärkt. Als Auslöser kann man die Währungs- und Finanzmarktkrisen der letzten Jahre sehen[118]. Diese haben die Risiken der Globalisierung und die Notwendigkeit eines auf internationaler Ebene

---

[115] Siehe hierzu und zum Folgenden näher Wagner [1999b; 2005b].
[116] Hierzu siehe näher Wagner [1998b] und Wagner [2001; 2002a; 2003c; 2006a; 2010].
[117] Diese Sichtweise wird vor allem von Vertretern der sogenannten „Optimal-Currency-Area"-Theorie artikuliert. Andere sind allerdings der Auffassung, dass die Angleichung der strukturellen Unterschiede zwischen den EU-Ländern durch den Beitritt in die Währungsunion angeregt wird („Endogenous-Convergence-Hypothesis"-Theorie). Für eine umfassende Diskussion dieser Theorien siehe Wagner [2014b]. Schönfelder und Wagner [2016] können empirisch zeigen, dass sich die institutionelle Konvergenz der Mitgliedsländer nach dem Beitritt in die Europäische Währungsunion verlangsamt hat.
[118] Vgl. hierzu Corsetti, Roubini und Pesenti [1999], Furman und Stiglitz [1998], Radelet und Sachs [1998], Chinn [2006], Kaminsky [2006] sowie Rosenberg et al. [2006]; siehe auch Berger und Wagner [2001], Wagner [2010] und Claessens et al. [2010].

koordinierten Vorgehens zur Abwehr bzw. Milderung ähnlicher Krisenerscheinungen eindringlich vor Augen geführt. Im Mittelpunkt der Koordinierungsbemühungen stehen am Anfang des 21. Jahrhunderts Reformmaßnahmen zur Stabilisierung des internationalen Finanzsystems. Da die „Reform der Architektur der internationalen Finanzmärkte" notwendigerweise ein koordiniertes Vorgehen von Industrie- und Entwicklungsländern als den primären Kapitalgeber- und Kapitalnehmerländern erfordert, ist eine Realisierung der Reformvorhaben ohne eine internationale oder gar globale Politikkoordinierung nicht denkbar.

Anknüpfend an die Ursachen und Erklärungen der jüngeren und jüngsten Währungs- und Finanzmarktkrisen[119] werden verschiedene Maßnahmen diskutiert, die weniger eine diskretionäre internationale Politikkoordinierung verfolgen, sondern anstreben, durch internationale politische Übereinkünfte den Märkten einen ordnungspolitischen Rahmen zu geben, der sie insgesamt krisenresistenter macht. Im Folgenden Abschnitt IV. werden die aktuellen Vorschläge nach der jüngsten Finanzkrise vorgestellt.

IV. Überlegungen zu einer Neuen Internationalen Finanzarchitektur

Nicht erst nach der jüngsten Finanzkrise sondern auch schon im Zuge der Finanzkrisen, die sich in Schwellenländern (Mexiko, Ostasien) in den 1990er Jahren ereigneten, zeichnete sich ein Konsens ab, dass nationale Maßnahmen nicht ausreichend erscheinen, um das internationale Finanzsystem zu stabilisieren. Angesichts der zunehmenden weltwirtschaftlichen Verflechtung – insbesondere im Finanzsektor – wuchs der Bedarf, die globale Finanzarchitektur gründlich zu überprüfen und neu zu gestalten. Für die Reformdiskussion des internationalen Finanzsystems hat sich der Begriff einer „neuen internationalen Finanzarchitektur" eingebürgert. Die Literatur zur internationalen Finanzarchitektur ist auf der Suche nach optimalen Verfahren und Richtlinien, die das Verhalten von privaten und öffentlichen Marktakteuren innerhalb des internationalen Finanzsystems derart beeinflussen, dass die Funktionsfähigkeit und Stabilität des Finanzsektors gewährleistet wird. Im Folgenden werden neuere Entwicklungen auf dem Gebiet der internationalen finanzstabilitätspolitischen Stabilisierung skizziert (vgl. zum Folgenden ausführlicher Wagner [2014a]).

Frühwarnsysteme
Infolge der Finanzkrisen in Mexiko 1994–95 und Ostasien 1997–98 begannen internationale Organisationen und Institutionen aus dem Privatsektor Frühwarnsysteme, sogenannte Early Warning Systems (EWS), zu entwickeln. Ziel ist, anhand von Modellen frühzeitig zu erkennen, ob und zu welchem Zeitpunkt bestimmte Volkswirtschaften von einer Finanzkrise getroffen werden. Solche EWS-Modelle könnten es der Wirtschaftspolitik einer Volkswirtschaft ermöglichen, potenzielle Schwachstellen im nationalen Finanzsystem frühzeitig zu erkennen und womöglich präventive Maßnahmen zu ergreifen, um den Ausbruch einer Finanzkrise zu vermeiden. Im Rahmen einer Vielzahl empirischer Studien wurde

---

[119] Vgl. hierzu Corsetti, Roubini und Pesenti [1999], Furman und Stiglitz [1998], Radelet und Sachs [1998], Chinn [2006], Kaminsky [2006] sowie Rosenberg et al. [2006]; siehe auch Berger und Wagner [2001], Wagner [2010] und Claessens et al. [2010].

eine Reihe von Frühwarnindikatoren im Hinblick auf die Stabilität der Wechselkurssysteme[120] bzw. des Bankensektors[121] entwickelt.

Ein Vergleich der verschiedenen EWS-Modelle hat gezeigt, dass diese zwar allgemein dazu in der Lage sind, potenzielle Schwachstellen im Finanzsystem zu identifizieren. Allerdings gibt es kein „optimales" Modell, das unter allen Voraussetzungen die beste Prognosekraft besitzt. EWS-Modelle alleine sind demnach nicht ausreichend, um Finanzkrisen vorherzusehen. Sie sind in Bezug auf die ex ante-Vorhersage von Finanzkrisen zu unzuverlässig, als dass sich Volkswirtschaften bzw. internationale Organisationen wie der Internationale Währungsfonds ausschließlich auf sie verlassen könnten. Nichtsdestotrotz können sie in Verbindung mit anderen Überwachungsmethoden wesentlich zur Effizienz der Analyse der Krisenanfälligkeit von Volkswirtschaften beitragen (siehe z. B. Berg et al. [2004]). Eine neuere Art und eine Weiterentwicklung der EWS-Modelle wurde durch Bussiere und Fratzscher [2006] vorgestellt. Sie unternehmen den Versuch, die Krisenanfälligkeit des Finanzsektors besser zu beurteilen und Krisen vorherzusagen, indem sie ein multinominales Logit-Modell verwendeten. Im Zuge der Finanzkrise 2008–09 musste jedoch festgestellt werden, dass sämtliche Frühwarnsysteme bei der Vorhersage der Krise versagten. Ein essenzielles Problem dieser Modelle war es, dass diese hauptsächlich entwickelt worden waren, um Währungskrisen und Zahlungsbilanzungleichgewichte in den Schwellenländern vorherzusehen.[122] Als eine Reaktion auf die Finanzkrise wurde auf dem G-20-Gipfel in Washington (2008) die Early Warning Exercise (EWE) ins Leben gerufen. Der Internationale Währungsfonds und der Financial Stability Board sollen im Rahmen der EWE neue und sichere Frühwarnindikatoren entwickeln, die vor allem die Vernetztheit des globalen Finanzsystems mitberücksichtigen (siehe z. B. Ghosh et al. [2009]; IMF [2010b]; Brooks et al. [2013]).[123]

---

[120] Dies sind vor allem die Überbewertung des realen Wechselkurses, niedrige Wirtschaftswachstumsraten, eine hohe bzw. steigende Rate der Geldmenge (M2) in Relation zu den Währungsreserven sowie ein Leistungsbilanzdefizit; siehe z. B. Kaminsky et al. [1998], Berg und Pattillo [1999a; 1999b], Goldstein et al. [2000], Abiad [2003], Berg et al. [2004], Frankel und Saravelos [2012] und Rose und Spiegel [2012].

[121] In erster Linie hohe reale Wachstumsraten bzw. ein rasantes Wachstum des realen pro Kopf-Einkommens, Veränderungen in den Terms of Trade, eine steigende Geldmenge (M2) in Relation zu den Währungsreserven sowie zunehmende Realzinsen; siehe z. B. Demirguc-Kunt und Detragiache [1998], Kaminsky und Reinhart [1999], Bell und Pain [2000], Edison [2003], Davis und Karim [2008], Borio und Drehmann [2009], Holló et al. [2012] und Drehmann und Juselius [2014].

[122] Siehe hierzu Babecký et al. [2011].

[123] Für eine kritische Auseinandersetzung mit den Frühwarnindikatoren und für einen guten Literaturüberblick siehe Frankel und Saravelos [2012].

Kapitalverkehrskontrollen

Ein freier Kapitalverkehr kann wesentlich zur Steigerung der Effizienz der Kapitalmärkte beitragen und die gesamtwirtschaftliche Entwicklung positiv beeinflussen.[124] Dementsprechend haben die meisten Industrieländer sowie viele Schwellen- und Entwicklungsländer in den vergangenen 30 Jahren ihre Kapitalmärkte liberalisiert und im Zuge dessen Kapitalverkehrskontrollen schrittweise aufgehoben. Dabei kann grundsätzlich zwischen „administrativen" (direkten) und „marktbasierten" (indirekten) Kapitalverkehrskontrollen unterschieden werden. Direkte Kapitalverkehrskontrollen umfassen die Beschränkung von grenzüberschreitenden Finanztransaktionen durch vollständige Verbote oder diskretionäre Genehmigungsverfahren. Indirekte Kapitalverkehrskontrollen versuchen Investoren von bestimmten Finanztransaktionen abzuhalten, indem das jeweilige Geschäft teurer gemacht wird beispielsweise durch die implizite oder explizite Besteuerung grenzüberschreitender Kapitalflüsse (siehe z. B. Ariyoshi et al. [2000]).

Die Finanzkrisen der letzten 20 Jahre, insbesondere jedoch der Asienkrise 1997–98, führten zu einer grundlegenden Änderung der Sichtweise im Hinblick auf die hohen Erwartungen, die mit einer Liberalisierung der Kapitalmärkte verbunden wurden. Die hohe Volatilität der internationalen Kapitalflüsse wurde von vielen Ökonomen als Quelle der Instabilität des internationalen Finanzsystems identifiziert und nicht wenige sahen in der Liberalisierung des Kapitalverkehrs zumindest einen entscheidenden Faktor – wenn nicht sogar die maßgebliche Ursache – hinter der raschen Verbreitung der Finanzkrisen (siehe z. B. Stiglitz [1999], Reinhart und Rogoff [2008] und Reinhart und Reinhart [2009]).[125] Die Tatsache, dass die asiatischen Schwellenländer besonders stark von der Asienkrise getroffen wurden, die ihre Kapitalbilanz kurz zuvor liberalisiert hatten, und Volkswirtschaften wie China und Indien, die ihre strikteren Kapitalverkehrskontrollen aufrecht erhalten hatten, die Krise relativ unbeschadet überstanden, führte zu einer Neubewertung der Attraktivität von Kapitalverkehrskontrollen. Zudem hat die empirische Forschung zu keinen eindeutig interpretierbaren Belegen für die mit einer Liberalisierung der Kapitalbilanz verbundenen Vorteile geführt (siehe z. B. Rodrik [1998]; Edwards [2001]; Edison et al. [2002]; Klein [2003]; Bekaert et al. [2005]; Klein und Olivei [2008]; Bumann et al. [2013]).

In den vergangenen Jahren hat sich die Debatte um die Liberalisierung des Kapitalverkehrs auf eine andere Gruppe von Vorzügen fokussiert, nämlich eher indirekte Effekte der Finanzliberalisierung – so genannte „Collateral Benefits" (siehe Kose et al. [2006; 2010]). Demnach kann eine größere Offenheit der Fi-

---

[124] So sagt die Theorie voraus, dass die Liberalisierung des Kapitalverkehrs zu sinkenden Kapitalkosten führt und Investoren einen leichteren Zugang zu Kapital ermöglicht. Der Liberalisierungsprozess führt zu einem größeren Wettbewerb und Ersparnisse können in die ertragreichsten Investitionsmöglichkeiten – sowohl im Inland als auch im Ausland – fließen, wodurch die Finanzsysteme an Flexibilität und Effizienz dazu gewinnen. Zudem können Investoren ihr Risiko über eine internationale Portfoliodiversifizierung besser streuen und sehen sich einem größeren Angebot an Finanzierungsinstrumenten gegenüber gestellt (siehe z. B. Bekaert et al. [2005]; Henry [2006]).

[125] Azzimonti et al. [2014] können zeigen, dass die internationale Liberalisierung der Kapitalmärkte und die höhere Finanzintegration zu einer höheren Verschuldung der Staaten führen können. Zudem zeigen Cubillas und González [2014], dass die Liberalisierung der Finanzmärkte dazu führt, dass die Banken stärkere Anreize haben höhere Risiken einzugehen. Dies gilt sowohl für entwickelte Länder als auch für Entwicklungsländer.

nanzsysteme die Entwicklung der Finanzsysteme fördern und einen institutionellen Reformprozess auslösen. Darüber hinaus kann der Liberalisierungsprozess zu erhöhter Disziplin auf Seiten der Geld- und Fiskalpolitik sowie Effizienzgewinnen seitens der heimischen Unternehmen führen und sich positiv auf die Dynamik und Qualität politischer und unternehmerischer Prozesse auswirken. Zwar sind die Collateral Benefits aus einer fortschreitenden Liberalisierung der Kapitalmärkte empirisch nur schwer messbar, jedoch könnten diese weitaus bedeutender sein als direkte Effekte wie ein leichterer Zugang zu internationalen Kapitalmärkten.

Nach der jüngsten Finanzkrise ist erneut verstärkt über den Einsatz von Kapitalverkehrskontrollen nachgedacht worden und das Pendel der Bewertung der Liberalisierung einer Kapitalbilanz hat sich in Richtung einer zunehmenden Akzeptanz von Kapitalverkehrskontrollen in Zeiten von Finanzkrisen auch bei IWF und Weltbank bewegt. Eventuell liegt die Lösung insbesondere in einer kontextspezifischen Betrachtung der Kapitalverkehrskontrollen. So versuchten Eichengreen und Leblang [2002] die beiden widersprüchlichen Lager dadurch zu vereinen, dass sie die Bewertung von Kapitalverkehrskontrollen vom Zustand des Finanzsystems abhängig machen. Der Nettonutzen von Kapitalverkehrskontrollen ist demnach positiv in Zeiten, in denen Finanzmärkte eher turbulente Phasen durchlaufen – eben dann, wenn die Isolierung der eigenen Volkswirtschaft vor Ansteckungseffekten nützlich erscheint. Sind die Finanzsysteme jedoch eher robust und dominieren die das Wachstum fördernden Effekte der zunehmenden Kapitalmarkteffizienz, ist der Nettoeffekt negativ.

Transparenz
Im Zuge der Finanzkrisen der letzten zwei Jahrzehnte wurde der Mangel an Transparenz als ein wesentlicher, die Finanzkrisen verschärfender und zum Teil auslösender Faktor angesehen (siehe z. B. Fischer [2003]; Blanchard [2009a]; FCIC [2011]). So trugen in den Augen vieler Beobachter eine unzureichende Datenlage, (teilweise bewusst) versteckte Schwächen des Finanzsystems und Unklarheiten hinsichtlich der Wirtschaftspolitik maßgeblich zum Verlust des allgemeinen Vertrauens in das jeweilige Finanzsystem und letztendlich zu einer abrupten Umkehr der Kapitalströme bei. Dementsprechend entwickelte sich in der internationalen Gemeinschaft ein Konsens, dass die Prävention und Bewältigung von Finanzkrisen ein höheres Maß an Transparenz und Publizität bezüglich der Aktivitäten der Institutionen des öffentlichen sowie privaten Sektors voraussetzt.

Fortschritte auf dem Gebiet der Transparenz haben sich innerhalb der internationalen Gemeinschaft bislang auf die Entwicklung und Implementierung internationaler Standards und Kodizes, sogenannte Standards and Codes, im Hinblick auf die Qualität und Aktualität von Informationen konzentriert. Dabei hat sich die internationale Gemeinschaft auf eine Reihe von so genannten „Best Practices" (d. h. bester Verfahrensweisen und Regelungen) zur Erhöhung der wirtschaftspolitischen Effizienz und Transparenz verständigt, die in den Ländern auf freiwilliger Basis in die bestehenden rechtlichen Bestimmungen eingearbeitet werden sollten.[126] Eine der bislang am weitest gediehenen Maßnahmen zur Erhöhung der

---

[126] Siehe z. B. unter http://www.financialstabilityboard.org/cos/key_standards.htm (letzter Abruf: 21.07.2017).

Transparenz ist die Implementierung des „Special Data Dissemination Standard" des Internationalen Währungsfonds, der 1996 entwickelt wurde, um Mitgliedern des Fonds, die Zugang zu internationalen Kapitalmärkten haben (oder dies anstreben), bei der Bereitstellung ihrer monetären und finanziellen Statistiken an die Öffentlichkeit eine Hilfestellung zu geben. Der Standard erläutert die diversen Konzepte und Methoden, die bei der Sammlung, Zusammenstellung und Veröffentlichung von relevanten Wirtschaftsstatistiken angewendet werden sollten.[127]

Die Argumentation zu Gunsten eines höheren Grades der Transparenz beruht auf der Überzeugung, dass einer abrupten Umkehr der Kapitalströme und Herdenverhalten auf den Finanzmärkten durch standardisierte Informationssysteme entgegen gewirkt werden kann. Es gilt allerdings zu bedenken, dass ein höheres Maß an Transparenz alleine Ansteckungseffekte oder Herdenverhalten nicht verhindern kann, da stets besser informierte Marktakteure (die z. B. Fundamentaldaten folgen) und weniger gut informierte, sogenannte „Noise-Trader", existieren werden. Besser informierte Marktakteure werden die irrationale Handlungsweise der Noise-Trader antizipieren und ihre Aktivitäten dementsprechend anpassen. Transparenz mag einem solchen Zustand entgegenwirken, diese jedoch nicht gänzlich eliminieren (siehe Persaud [2001]; Zhou und Lai [2009]).

Bankenregulierung
Bankenregulierung lässt sich grundsätzlich aus der Existenz negativer Externalitäten begründen, die bei Finanzinstitutionen auftreten können. Management bzw. Eigenkapitalgeber verfolgen häufig eine übermäßig riskante Unternehmenspolitik, bei der die bewusst eingegangen Risiken nicht durch die zu erwartenden Erträge angemessen kompensiert werden. Die damit verbundenen Gefahren sind bei Finanzinstitutionen höher als bei anderen Unternehmen einzuschätzen, weil Finanzinstitute zum einen mit einem wesentlich niedrigeren Eigenkapitalanteil arbeiten und so als fragiler anzusehen sind. Zum anderen neigt das Bankensystem eher zur Instabilität und potenzielle volkswirtschaftliche Schäden sind aufgrund des systemischen Risikos größer. Eingetretene oder sich abzeichnende Ausfälle der Einlagen einer Bank können leicht zum Vertrauensverlust und einem Bank-Run führen, der den Zusammenbruch dieser Bank nach sich zieht und überdies wie ein Domino-Effekt auf das gesamte Bankensystem übergreifen kann (siehe z. B. Frenkel und Menkhoff [2000]; Brunnermeier et al. [2009]; Hasman [2013]). Die Working Group on Strengthening Financial Systems [1998] kam zu dem Ergebnis, dass schwache Bankensysteme und unterentwickelte Kapitalmärkte wesentlich zu der Fehlallokation von Ressourcen und so der Asienkrise geführt haben. Zentraler Baustein im Hinblick auf die Stärkung des internationalen Finanzsystems sei vor allem die Implementierung bester Verfahrensweisen und Regelungen (Best Practices) in den Bereichen Aufsicht und Regulierung. Dies beinhaltet unter anderem

---

[127] Ausführliche Informationen rund um den Special Data Dissemination Standard sind auf der Bulletin Board Homepage des IWF verfügbar: http://dsbb.imf.org/Applications/web/sddshome/ (letzter Abruf: 21.07.2017). Der SDDS ist auf internationaler Ebene bislang ein wesentliches Instrument zur Erhöhung der Transparenz gewesen. Empirische Studien belegen, dass die Zustimmung zum bzw. Einhaltung des SDDS den Zugang zu internationalen Kapitalmärkten und die Kosten der Aufnahme von Fremdkapital an internationalen Kapitalmärkten beeinflusst hat (siehe z. B. Cady und Pellechio [2006]; Glennester und Shin [2008]; Eichengreen [2009]; Heath [2013]).

6. Kapitel: Ökonomische Interdependenz   411

eine engere internationale Kooperation und Kollaboration zwischen den internationalen Aufsichts- und Regulierungsbehörden sowie einer Ausweitung auf weitere Finanzinstitutionen. Zudem bedarf es insbesondere einer stetigen inhaltlichen Verbesserung und Anpassung der Regulierung an neue Entwicklungen auf den Finanzmärkten (siehe z. B. White [2004]; Krahnen [2006]; Galati und Moessner [2013]; De la Torre und Ize [2013]).

Aus regulatorischer Sichtweise waren bereits vor der jüngsten Finanzkrise strukturelle multilaterale Bausteine für eine neue internationale Finanzarchitektur vorhanden. So existierte bereits der Baseler Ausschuss für Bankenaufsicht und die Baseler Eigenkapitalvereinbarung von 1988 – der so genannte Basel-I-Akkord. Aufgrund der wenig differenzierenden Berechnung der Kapitalanforderungen auf Kreditrisiken, mit der das tatsächliche Risiko oft nur unzureichend abgebildet wurde, war dieser in die Kritik geraten. Zudem wurden neuere Finanzinstrumente und Methoden zur Kreditrisikosteuerung kaum berücksichtigt, und die Ausrichtung der Eigenkapitalanforderungen allein an Kredit- und Marktpreisrisiken entsprach nicht dem tatsächlichen Risikoprofil einer Bank.

Am 26. Juni 2004 haben die Notenbankgouverneure der G10 und die Leiter der Aufsichtsbehörden der Rahmenvereinbarung über die neue Eigenkapitalempfehlung für Kreditinstitute (Basel II) zugestimmt. Basel II sollte die oben aufgeführten Schwächen von Basel I weitestgehend ausräumen, indem die Eigenkapitalanforderungen stärker vom tatsächlich eingegangenen Risiko abhängig gemacht und neuere Entwicklungen in der Finanzindustrie sowie im Risikomanagement berücksichtigt werden. Des Weiteren werden von Basel II Grundprinzipien für die qualitative Bankenaufsicht vorgegeben und die Offenlegungspflichten zur Stärkung der Marktdisziplin erweitert. Die neue Baseler Eigenkapitalvereinbarung besteht aus drei Säulen, die sich gegenseitig ergänzen: die Mindesteigenkapitalanforderungen, das aufsichtliche Überprüfungsverfahren sowie Transparenzanforderungen zur Erhöhung der Marktdisziplin (siehe genauer in Deutsche Bundesbank [2004]; sowie Baseler Ausschuss für Bankenaufsicht [2001]; [2006]).

Insgesamt sehen die Aussichten auf eine weit reichende internationale Kooperation im Bereich der Bankenregulierung und -aufsicht durch Basel III jedoch begrenzt aus. Zum einen kann unter den verschiedenen nationalen Behörden eine unterschiedliche Auffassung darüber herrschen, was unter Finanzstabilität zu verstehen ist. Darüber hinaus könnten die nationalen Aufsichtsbehörden durch lokale Interessengruppen zu einer Entscheidungsfindung gedrängt werden, die sich wesentlich von der der anderen Behörden unterscheidet. Und schließlich existieren in den Volkswirtschaften unterschiedliche Rechtsrahmen und Verfahren der Bilanzierung, die kooperative Anstrengungen der Behörden erschweren könnten (siehe z. B. Kane [2001]; Kapstein [2006]). Des Weiteren wandten Ökonomen wie Danielsson et al. [2001] schon früher ein, dass Basel II die Anfälligkeit des Finanzsystems gegen Krisen verschärfe. Sie argumentieren, dass Risiko und Volatilität nicht exogen sondern endogen sind und größtenteils durch das Verhalten aller Finanzakteure bestimmt wird. Die Annahme, dass das eigene Handeln, dem die auf Grundlage der Value-at-Risk-Modelle[128] prognostizierten Risiken zugrun-

---

[128] „Value at Risk" ist eine Kennzahl zur Bestimmung des Risikopotenzials eines Geschäftes oder eines Portfolios. Sie beschreibt den in Geldeinheiten bewerteten Verlust eines Geschäfts bzw.

de liegen, nicht die zukünftigen Risiken beeinflusst erscheint damit fehlerhaft. Gerade in Krisenzeiten vermag das durch die Verwendung der gleichen Risikomodelle bedingte Verfolgen ähnlicher Strategien verheerende Folgen nach sich ziehen, da sich die individuellen Verhaltensweisen nicht aufheben sondern einander eher verstärken. Kritiker befürchteten ferner, dass Basel II die Krisenanfälligkeit aufgrund der potenziell stärkeren prozyklischen Wirkungen der Eigenkapitalanforderungen erhöhe würde (siehe z. B. EZB [2001]; Borio et al. [2001]; Repullo et al. [2010]; Andersen [2011]). Die Ursache hierfür liegt vor allem in der Volatilität der von Banken berechneten Ausfallwahrscheinlichkeiten der Kreditnehmer und den bankinternen Ratings. Die Eigenkapitalanforderungen werden tendenziell steigen, wenn eine Volkswirtschaft in eine Rezession abzugleiten droht, und sinken, sofern eine Wirtschaft in eine Aufschwungsphase eintritt. In dem Ausmaß, in dem die Banken daraufhin ihre Kreditvergabe einschränken (ausweiten), wird ein Konjunkturabschwung (Konjunkturaufschwung) verstärkt. Das heißt, dass Banken in der Spitze eines Aufschwungs tendenziell weniger Kapital vorhalten werden – wenn die Gefahr einer systemischen Krise am größten ist – und ihre Aktiva zurückführen werden, wenn es im Zuge der makroökonomischen Stabilisierung einer Ausweitung der Kreditvergabe am ehesten bedarf.

Die jüngste Finanzkrise hat zu Anpassungen des regulatorischen Aufsichtsrahmens auf internationaler (und nationaler) Ebene geführt. Dies betraf vor allem die Arbeiten des Baseler Ausschusses für Bankenaufsicht zur Verbesserung der Qualität des bankaufsichtlichen Eigenkapitals und der Erarbeitung eines quantitativen Liquiditätsstandards. In diesem Zusammenhang sollten die im Zuge der Finanzkrise identifizierten Schwachstellen im regulatorischen Regelwerk beseitigt werden (siehe drittes Kapitel, Abschnitt C). Nachdem sich die Notenbankpräsidenten und Leiter der Aufsichtsbehörden der 27 wichtigsten Wirtschafts- und Finanzstaaten im September 2010 auf strengere Eigenkapitalvorschriften einigten, veröffentlichte der Baseler Ausschuss für Bankenaufsicht im Dezember 2010 das neue Basel III – Rahmenwerk. Das Eigenkapital der Banken soll dementsprechend härter, höher und flexibler sein. So wird sich die Mindesteigenkapitalquote zukünftig aus sogenanntem harten Kernkapital, zusätzlichem Kernkapital und einem Kapitalerhaltungspuffer zusammensetzen und unter Einschluss des Ergänzungskapitals insgesamt 10,5 % der Bilanzsumme betragen. Die Umsetzung erfolgt ab dem Jahr 2013 schrittweise, damit die Kreditvergabe der Banken durch die strengeren Eigenkapitalanforderungen nicht eingeschränkt wird. Des Weiteren hat man sich auf zwei Kennziffern zum Liquiditätsrisiko verständigt: die sogenannte Mindestliquiditätsquote und die strukturelle Liquiditätsquote. Die Mindesteigenkapitalquote, die den Bestand an hoch liquiden Aktiva in das Verhältnis zu den Netto-Zahlungsverbindlichkeiten setzt, soll sicherstellen, dass Banken über genügend hoch liquide Vermögenswerte verfügen, um eine 30 Tage lang andauernde Stresssituation überdauern zu können. Der Mindeststandard beträgt im Jahr 2013 60 % und soll schrittweise bis spätestens im Jahr 2019 100 % betragen. Die strukturelle Liquiditätsquote, die einen einjährigen Zeithorizont hat und der Fristeninkongru-

---

Portfolios, der innerhalb einer bestimmten Frist bei einem bestimmten Konfidenzniveau auf Grundlage einer bestimmten Wahrscheinlichkeitsverteilung höchstens eintreten kann. Vgl. hierzu Reckers [2006: S. 49]. Siehe Adrian und Brunnermeier [2016] für eine umfassende Diskussion der Schwächen des Value-at-Risk-Ansatzes und die Weiterentwicklung zur CoVaR-Methode.

enz zwischen Aktiv- und Passivgeschäft entgegenwirken soll, soll dagegen erst im Jahr 2018 als Mindeststandard in Kraft treten. Darüber hinaus beschloss der Baseler Ausschuss für Bankenaufsicht erstmalig eine Höchstverschuldungsquote („Leverage Ratio") einzuführen, um die Verschuldung des Bankensystems zu reduzieren. Auch soll diese Kennziffer als Ergänzung zu den risikobasierten Eigenkapitalanforderungen dienen, um einen zusätzlichen Schutz vor Messfehlern und Modellrisiken bieten zu können (siehe Deutsche Bundesbank [2010a; 2011b]; BCBS [2013]; Chen [2013]; Ojo [2013]).

Einbindung des Privatsektors
Im Zuge der Finanzkrisen der 1990er Jahre in den Schwellen- und Entwicklungsländern zeigte sich, dass durch die zunehmende Finanzmarktintegration zwar mehr Kapital verfügbar wurde und die wirtschaftliche Entwicklung beschleunigt werden konnte. Jedoch wurden die Volkswirtschaften im Rahmen des Zustroms großer Summen privater Mittel zur gleichen Zeit anfälliger gegenüber einer Umkehr dieser Finanzströme. Die kurzfristige Orientierung privater Investoren kann bei einer Änderung der Investitionsbedingungen zu einer plötzlichen Umkehr der Kapitalströme führen. Darüber hinaus kann das unkoordinierte Verhalten der Investoren und Kreditgeber dazu führen, dass sich ein plötzlicher, nicht durch Fundamentaldaten erklärbarer Stimmungswandel einzelner Anleger zu einem allgemeinen Strategiewechsel entwickelt. Ein scheinbarer Informationsvorsprung einzelner Anleger oder auch nur eine falsche Beobachtung können einen Herdentrieb und einen systemischen Kapitalabzug zur Folge haben (siehe Wagner und Berger [2003]; Hefeker [2006]; Boz [2011]; Agosin und Huaita [2012]).

Solch ein plötzlicher Abzug des Kapitals kann zu einem erheblichen externen Finanzierungsbedarf auf Seiten des Krisenlandes führen, der das Eingreifen von internationalen Organisationen wie dem IWF erforderlich machen kann. Somit entwickelte sich in der internationalen Gemeinschaft ein Konsens, dass man im Einklang mit marktwirtschaftlichen Grundsätzen stehende Maßnahmen ergreifen sollte, die im Krisenfall auf eine Einbindung des Privatsektors bei der Bewältigung der Krise und Problemen massiver Kapitalabflüsse hinwirken. In diesem Zusammenhang wurde Ende der 1990er Jahre der Begriff Private Sector Involvement (die Einbindung des Privatsektors) geprägt. Private Sector Involvement (PSI) umfasst im weiteren Sinne jeden Beitrag und jegliche Leistung, den der private Sektor zur Krisenbewältigung beisteuert. Im engeren Sinne bedeutet PSI, dass der private Sektor sich an den Kosten einer Finanzkrise beteiligt, indem er einen finanziellen Verlust bzw. Vermögensschaden auf sich nimmt. Dieser Verlust kann dabei z. B. in Form einer Entschuldung oder einer Reduzierung von Zinszahlungen entstehen (siehe Thimann et al. [2005]).

Cline [2004] klassifiziert die verschiedenen PSI-Verfahren nach dem Grad der Freiwilligkeit, mit dem sich die privaten Kapitalgeber bei der Bewältigung einer Krise engagieren. Er schlägt demnach drei Kategorien vor: freiwillige, quasifreiwillige und unfreiwillige Einbindung des Privatsektors. Auf ähnliche Weise verfahren Roubini und Setser [2004], die die Verfahren in freiwillig, „quasizwangsweise" (Semi Coercive) und zwangsweise (Fully Coercive) Maßnahmen einstufen. Wir unterscheiden PSI-Verfahren nach einem eher „temporalen" Ansatz, indem wir die Maßnahmen als Maßnahmen zur Prävention von Finanzkrisen

– also vor dem eigentlichen Eintreten einer Finanzkrise – und Maßnahmen zur Bewältigung einer Finanzkrise – d. h., wenn eine Finanzkrise bereits aufgetreten ist – einteilen. Maßnahmen des PSI im Kontext der Krisenprävention sind beispielsweise der Dialog/die Koordination, Private Contingent Credit Lines (sogenannte „bedingte Kreditlinien") sowie das Schuldenmanagement. Vorschläge für Maßnahmen mit dem Ziel, dass sich die privaten Kapitalgeber bei der Krisenbewältigung engagieren, sind insbesondere: Collective Action Clauses, ein Standstill, ein Rollover und Krisenfonds (siehe hierzu genauer in Frenkel und Menkhoff [2000]; IWF [2000]; Thimann et al. [2005]; Barkbu et al. [2012]; Lane [2012]).

Die Implementierung der Einbindung des Privatsektors erscheint grundsätzlich schwierig, da keiner der genannten Vorschläge völlig problemlos ist. Ein grundlegendes Problem liegt in der freiwilligen Beteiligung an der Krisenbewältigung. Es wäre unklug, sich allein auf freiwillige oder quasi-freiwillige Vorkehrungen zu verlassen, solange private Kapitalgeber nicht zu einem anderen Verhalten als in der Vergangenheit bewegt werden können. Der Privatsektor wird nur ungern aus freien Stücken auf seine ausstehenden Zahlungen verzichten. In diesem Fall müsste ein Großteil der Kosten einer Finanzkrise vom öffentlichen Sektor getragen werden. Zudem könnte das Vertrauen auf ausschließlich auf der Bereitschaft des Privatsektors basierenden Maßnahmen dazu führen, dass sich die Krisenlösung durch langwierige Koordinationsprozesse zu lange hinzieht und eine Krise mit fortschreitender Zeit zunehmend verschärft (Kenen [2001]). Zudem besteht prinzipiell die Gefahr, dass eine Krise durch das Ergreifen einer PSI-Maßnahme – sei es durch eine Rollover-Vereinbarung, den Zugriff auf private CCLs oder die Verkündung eines Standstills – viel früher eintritt oder dass eine Krise, die anderenfalls nicht eingetreten wäre, durch eine PSI-Vorkehrung überhaupt erst auslöst wird. Das Ergreifen einer solchen Maßnahme könnte in diesem Kontext ein negatives Signal aussenden und somit gerade den gegenteiligen Effekt nach sich ziehen, dass Investoren ihr Kapital panikartig abziehen (siehe z. B. Geithner [2000]).

Die Idee der Einbindung des Privatsektors wurde vor allem im Zuge der Finanzkrise 2008–09 wieder neu diskutiert. Durch diverse Rettungsmaßnahmen – um kriselnde Banken zu unterstützen – kamen einige Länder der Eurozone in eine Situation, in der ihre Schuldenquoten auf ein ungesundes Maß anstiegen. Dadurch wurde aus der Bankenkrise eine Staatsschuldenkrise (siehe z. B. Lane [2012]). Im Falle Griechenlands wurde 2012 ein „freiwilliger Haircut" durchgeführt. Dabei akzeptierten die privaten Investoren griechischer Staatsanleihen einen Verlust von nahezu 50 % ihres ursprünglichen Wertes. Sowohl seitens der Wirtschaft als auch der Wissenschaft gab es starke Kritik an dieser Vorgehensweise (siehe z. B. Welfens [2012]; Gulati und Zettelmeyer [2012]). Ein anderes noch „radikaleres" Vorgehen wurde in Zypern angewendet. So wurden als Bedingung für die Rettung der maroden Banken sogar die Einlagen der Privaten ab einem bestimmten Vermögen herangezogen (siehe z. B. Orphanides [2013]; Koutsampelas und Polycarpou [2013]).

Internationaler Lender of Last Resort
Folgt man der modernen Theorie der Finanzkrisen (auch Theorie der 3. Generation genannt), so sind Krisen wie die Asienkrise prinzipiell durch einen Run auf die kurzfristige Liquidität zu erklären, denen ein plötzlicher, nicht durch die Entwick-

lung der Fundamentaldaten eines grundsätzlich solventen Schuldners ausgelöster Vertrauensverlust der internationalen Kapitalgeber in die Fähigkeit eines Finanzsektors, seine Verbindlichkeiten in fremder Währung zu begleichen, vorangegangen war (Chang und Velasco [1998]; [2000]). Eine Krise könnte demzufolge durch die Bereitstellung ausreichend internationaler Liquidität an eine Volkswirtschaft, die sich vorübergehend in Zahlungsschwierigkeiten befindet, vermieden werden. Dementsprechend liegt es nahe zu fordern, die internationale Finanzarchitektur durch einen internationalen Lender of Last Resort (ILOLR) zu ergänzen. Das heißt, in einer Finanzkrise, in der ein multiples Gleichgewicht existiert, könnte der positive Ausgang gewährleistet (und realwirtschaftlicher Schaden vermieden) werden, indem Nationen, die im Grunde solvent sind, zeitweise Liquidität zur Verfügung gestellt wird.

Das Lender of Last Resort-Konzept (LOLR) baut auf das auf Bagehot zurückgehende Prinzip der Zentralbankpolitik auf, dass eine Zentralbank im Zuge einer Finanzmarktpanik bereit stehen sollte, um zügig Kredite an illiquide – jedoch nicht insolvente – Banken zu vergeben, um diese vor dem Konkurs zu bewahren (siehe z. B. Freixas et al. [1999]; Freixas und Parigi [2008]; Nijskens und Eijffinger [2010]). Die Notfallkredite sollten dabei auf Basis von Sicherheiten vergeben werden, die auch in „normalen" Zeiten akzeptiert werden würden. Sie sollten darüber hinaus mengenmäßig unbeschränkt sein, jedoch nur zu hohen Zinsen vergeben werden, um zu gewährleisten, dass sich liquide Banken zur Refinanzierung weiterhin an den Markt wenden. Diamond und Dybvig [1983] folgend, kann ein nationaler Lender of Last Resort eine Bankenkrise verhindern, indem er dem Bankensektor im Falle eines Runs ausreichend Liquidität zur Verfügung stellt. Durch das Vertrauen auf einen Bail Out haben die Kapitalgeber geringere Anreize, ihr Kapital abzuziehen. Ein ILOLR könnte so in Analogie zu einem nationalen Bank Run eine Krise bereits in der Entstehung verhindern, indem er durch die Garantie, im Krisenfall internationale Liquidität bereit zu stellen, den Investoren den Anreiz nimmt, an einem „Run-to-the-Exit" überhaupt erst teilzunehmen (siehe Rogoff [1999]).[129]

Jedoch ist der Prozess auf internationaler Ebene um ein Vielfaches komplexer als im Fall eines nationalen Bail Outs. Goodhart und Illing [2002] weisen darauf hin, dass Fragen der Gestaltung und der Durchführbarkeit eines ILOLR aufgrund der Vielfalt der beteiligten Parteien, Rechtssysteme und institutionellen Infrastrukturen enorm erschwert werden würden. Offen ist zudem die Frage, wer die Rolle eines ILOLR übernehmen soll. Mishkin [2001] weist darauf hin, dass ein ILOLR Zugang zu einer Fülle an Informationen im Hinblick auf die Verfassung des Finanzsektors und dessen Teilnehmer benötigt, um entscheiden zu können, ob ein Notfallkredit im Rahmen einer LOLR–Operation absolut notwendig erscheint. Die einzige internationale Organisation, die das notwendige Personal, die Expertise und den Zugang zu Informationen bezüglich des internationalen Finanzsektors besitzt, ist derzeit der Internationale Währungsfonds, sodass einige Ökonomen den IWF als ILOLR befürworten (siehe z. B. Fischer [1999]; Obstfeld [2009]; Knedlik [2010]).

---

[129] Ähnliche Überlegungen standen auch hinter dem kontrovers diskutierten Outright Monetary Transactions (OMT) Programm der EZB, welches im September 2012 aufgelegt wurde (vgl. EZB [2012]).

Der Schaffung eines ILOLR stellen Kritiker entgegen, dass ein ILOLR die Moral Hazard-Problematik, in der manche Ökonomen eine der maßgeblichen Ursachen für die Krisenanfälligkeit des internationalen Finanzsystems sehen, verschärft (Calomiris [1998]; Lee und Shin [2008]). Wenn Krisen nicht alleine durch internationale Illiquidität sondern ebenso durch fundamentalökonomische Schocks und schlechte wirtschaftspolitische Entscheidungen verursacht werden können, dann könnten Notfallkredite implizit zu einer Subvention für insolvente Volkswirtschaften werden und somit Moral Hazard generieren. Im schlimmsten Fall könnte die Implementierung eines ILOLR ursächlich für eine Finanzkrise sein und damit die gegenteilige der erhofften Wirkung erzielen.

Gemäß der Position der G7 bzw. des Internationalen Währungsfonds kann ein partieller Bail Out – der an bestimmte wirtschaftspolitische und/oder institutionelle Reformvorgaben gekoppelt ist – das Vertrauen der Finanzmarktakteure wiederherstellen; vorausgesetzt, dass sich bei einer Volkswirtschaft vorübergehende Zahlungsbilanzschwierigkeiten abzeichnen, die durch Illiquidität und nicht Insolvenz begründet sind. Es wird davon ausgegangen, dass solch ein partieller Bail Out eine so genannte „katalytische Wirkung" hat, d. h. die Finanzierungsengpässe müssen nicht vollständig durch öffentliche Mittel behoben werden. Vielmehr bewirkt die Bereitstellung der Liquidität und die Verpflichtung zu Reformanstrengungen von Seiten der gefährdeten Volkswirtschaft, dass internationale (private) Kapitalgeber womöglich von einem plötzlichen Abzug ihres Kapitals absehen und dazu bereit sind, bestehende Kredite zu verlängern bzw. kurzfristige Engagements zeitweise aufrecht zu erhalten (siehe Corsetti et al. [2006]; Bird und Rowlands [2009]; Van der Veer und De Jong [2013]).

V. Resümee

Es ist unbestritten, dass die gewachsene ökonomische Interdependenz zusätzliche stabilitätspolitische Anstrengungen oder Vorsichtsmaßnahmen auf nationaler Ebene erfordert. So werden beispielsweise aufgrund der Integration nationaler Finanzmärkte monetäre Schocks schneller und direkter von einem Land zum anderen weitergegeben. Das heißt, die Spillover-Effekte nehmen an Gewicht zu. Die Frage ist nur, welche Art zusätzlicher Vorsichtsmaßnahmen sinnvoll ist. Dass internationale Koordination in Form eines institutionalisierten Informationsaustauschs hilfreich ist, ist heutzutage unbestritten. Auch sogenannte koordinierte „Signalinterventionen" werden von vielen als nützlich angesehen, um einem „Überschießen" oder „Unterschießen" der Wechselkurse entgegenzuwirken und so die Erwartungen der Wirtschaftssubjekte zu stabilisieren. Es geht dabei – genauer gesagt – darum, kurzfristige Wechselkursschwankungen in Grenzen zu halten, die durch spekulatives Anlageverhalten ausgelöst werden. Dieses spekulative Anlageverhalten entsteht erst aufgrund von Informationen über aktuelle oder bevorstehende wechselkursrelevante Ereignisse („news").[130] Auch die Sinnhaftigkeit bzw. Notwendigkeit einer neuen internationalen Finanzarchitektur im obigen Sinne ist heutzutage unumstritten.

Sehr umstritten sind hingegen weitergehende Koordinationsmaßnahmen wie beispielsweise eine koordinierte wirtschaftspolitische Feinsteuerung. Aus den Ergebnissen der oben beschriebenen empirischen Untersuchungen oder Erfahrun-

---

[130] Vgl. hierzu z. B. Wagner und Berger [2004] sowie Berger und Wagner [2005].

gen wird häufig die Schlussfolgerung gezogen, dass der Nutzen koordinierter wirtschaftspolitischer Eingriffe sehr unsicher und anscheinend auch insgesamt gering ist. Folgendes ist jedoch dabei zu berücksichtigen. Dass einzelne Länder durch Kooperation Wohlfahrtsverluste erleiden können, wie oben angeführt, ist allein noch kein hinreichender Einwand gegen eine internationale Koordinierung von Stabilitätspolitik. Denn solange die **Gesamt**wohlfahrt gesteigert werden kann, gibt es immer Möglichkeiten, diesen Mehrnutzen auf die beteiligten Länder so aufzuteilen, dass alle von der Koordinierung profitieren können. Auf dieser Möglichkeit beruht ja das Prinzip der Paretoeffizienzsteigerung durch Wirtschaftspolitik oder institutionelle Innovationen. Erst wenn gezeigt würde, dass durch internationale Koordinierung die Gesamtwohlfahrt nicht gesteigert werden kann, bzw. dass die Verteilung der Gewinne nicht klappt, wäre dies ein stichhaltiges Gegenargument gegen eine internationale Koordinierung von Stabilitätspolitik. Auf theoretischer Ebene kann man hierfür sehr wohl gute Argumente finden (Transaktionskosten, Trittbrettfahrerverhalten, Wirkungsverzögerungen, usw.). Dies wurde ja oben dargelegt. Schon die Tatsache, dass es auf internationaler Ebene schwierig(er) ist, einen mit dem Gewaltmonopol ausgestatteten „Staat" zu institutionalisieren, beschränkt die Durchsetzungsmöglichkeit und vor allem die **Stabilität** längerfristiger Koordinationsvereinbarungen. Von daher ist es ohne weiteres nachvollziehbar, wenn Politiker wie Ökonomen – auf der Grundlage ihrer eigenen theoretischen Modellvorstellungen und Risikopräferenzen – eine internationale Koordinierung von Stabilitätspolitik, sofern sie über einen unverbindlichen Informationsaustausch hinausgeht, immer noch ablehnen[131]. Allerdings ist die Befürchtung nicht von der Hand zu weisen, dass der Verzicht auf intensive internationale Stabilitätspolitik-Koordinierung mehr Protektionismus erzeugt. Dass aber Protektionismus und daraus folgende Handelskriege die denkbar schlechteste Alternative darstellen, kann als eine heutzutage allgemein akzeptierte Erkenntnis unter den Ökonomen angesehen werden.

---

[131] Jedoch gilt hier im Grunde das Gleiche, was schon in den vorhergehenden Kapiteln mehrfach betont worden ist: nämlich dass Ablehnungen und Nichtablehnungen von politischen Koordinationsversuchen – ob auf nationaler oder auf internationaler Ebene – oft weniger auf unterschiedlichen ökonomischen Modellvorstellungen als vielmehr auf unterschiedlichen politischen Modellvorstellungen basieren.

Anhang A
Zur Verwendung und Lösung einfacher stochastischer Differenzengleichungen

In einigen Kapiteln des Buches wird häufiger auf stochastische Differenzengleichungen Bezug genommen; und in diesem Zusammenhang werden dann auch Begriffe wie autoregressiv, beweglicher Durchschnitt, White Noise, Random Walk, stationär, Lag-Operator etc. verwendet. Nun ist nicht davon auszugehen, dass jedem Leser diese Begriffe wie auch die Lösungsverfahren stochastischer Differenzengleichungen immer vertraut sind. Deshalb sollen sie im Folgenden (nochmals) in zusammenhängender Form dargestellt werden. Dabei beschränke ich mich – entsprechend des im Text verwendeten loglinearen Ansatzes – auf **lineare** stochastische Differenzengleichungen (und zwar weitgehend auf solche erster Ordnung).

Eine **Differenzengleichung** ist eine Gleichung in diskreten Zeiteinheiten[1], die den gegenwärtigen Wert einer endogenen Variablen y_t zu Vergangenheitswerten $y_{t-1}, y_{t-2}, \ldots$ und zu gegenwärtigen und Vergangenheitswerten exogener Variablen in Beziehung setzt. Falls die exogenen Variablen Zufallsstörungen $u_t, u_{t-1}, \ldots$ beinhalten, ist die Gleichung **stochastisch**. Es handelt sich um eine **lineare stochastische Differenzengleichung**, wenn alle Variablen linear eingehen.

Beispiel: (1) $\quad y_t = \psi y_{t-1} + u_t.$

(1) ist eine lineare stochastische Differenzengleichung **erster Ordnung**, da nur eine Verzögerung von y_t auftaucht.

u_t ist eine zufällige Störvariable. Im Folgenden wird angenommen, dass sie jede Periode unabhängig aus einer Verteilung gezogen wird (u_t wird dann auch als **White Noise** bezeichnet) und dass diese Verteilung normal ist mit Mittel 0 und Varianz σ_u^2. (1) wird auch als eine **autoregressive (AR)** Darstellung bezeichnet. y_t ist im vorliegenden Fall „AR(1)"; d. h. die Differenzengleichung (1) enthält nur eine Verzögerung von y_t.

Die **Lösung** einer linearen stochastischen Differenzengleichung drückt y_t als eine Funktion nur von gegenwärtigen und vergangenen Zufallsstörungen und von Anfangsbedingungen aus. Im obigen Beispiel erhalten wir die Lösung einfach durch Aussubstituieren der vergangenen y:

$y_t = \psi y_{t-1} + u_t$

ψy_{t-1}
$\psi^2 y_{t-2} + \psi u_{t-1}$
$\quad = \quad \longrightarrow \quad y_t = \psi^2 y_{t-2} + u_t + \psi u_{t-1}$

$\psi^2 y_{t-2}$
$\psi^3 y_{t-3} + \psi_2 u_{t-2}$
$\quad = \quad \longrightarrow \quad \ldots.$

---

[1] Die Zeitvariable t nimmt hier nur ganzzahlige Werte an. Das Äquivalent in kontinuierlicher Zeit wird „Differenzialgleichung" genannt.

Wir erhalten so $y_t = u_t + \psi u_{t-1} + \psi^2 u_{t-2} + \ldots + \psi^t y_0$.

Die Lösung ist **stabil** (y ist **stationär**[2]), wenn der Einfluss der Anfangsbedingung y_0 gegen Null geht während t gegen Unendlich geht. Im obigen Beispiel ist hierfür $|\psi| < 1$ notwendig. Dann können wir, wenn wir eine unendliche Vergangenheit unterstellen, die Lösung wie folgt schreiben:

(2) $y_t = u_t + \eta_1 u_{t-1} + \eta_2 u_{t-2} + \ldots$, wobei $\eta_1 = \psi$, $\eta_2 = \psi^2$, $\eta_i = \psi^i$.

(2) wird auch als ein beweglicher Durchschnitt (**„Moving Average"** oder **MA**)-Darstellung für y_t bezeichnet.

Ein Diagramm von η_i auf i zeigt die Wirkung eines besonderen Schocks auf y in aufeinanderfolgenden Zeitperioden an: $\eta_0 = 1$ ist die Wirkung auf y_t, und η_i ist die Wirkung auf y_{t+i}. Solch ein Diagramm wird auch als **Impuls-Reaktionsfunktion** bezeichnet. Für das obige Beispiel (wo $|\psi| < 1$ ist) gelten die folgenden graphischen Zusammenhänge:

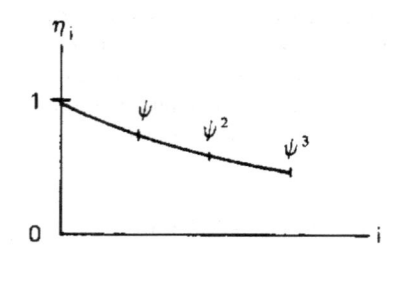

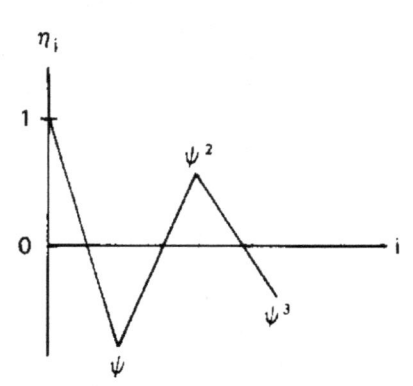

Für $\psi > 0$ Für $\psi < 0$

Abbildung 30: (Quelle: Eigene Darstellung).

Um lineare stochastische Differenzengleichungen zu lösen, ist es nützlich, den Verzögerungs- oder **Lag-Operator** L zu definieren, sodass $Ly_t := y_{t-1}$. Das obige Beispiel können wir dann lösen, indem wir (1) schreiben als $y_t = \psi L y_t + u_t$ oder (nach y_t aufgelöst) als $(1-\psi L)y_t = u_t$ bzw. daraus folgend

$$y_t = (1-\psi L)^{-1} u_t = (1 + \psi L + \psi^2 L^2 + \ldots) u_t = u_t + \psi u_{t-1} + \psi^2 u_{t-2} + \ldots,$$

wobei berücksichtigt ist, dass $(1-x)^{-1} = 1 + x + x^2 + \ldots$ für $|x| < 1$.

Die **Varianz** von y_t können wir aus der obigen MA-Darstellung für y_t (Gleichung (2)) gewinnen, indem wir einfach die Varianzen der einzelnen Ausdrücke aufsummieren[3]:

---

[2]   „Stationarität" von y bedeutet hier, dass Mittelwert, Varianz und Kovarianzen von y_t zeitinvariant (d.h. unabhängig von der Zeit) sind.
[3]   Die (Stör-)Ausdrücke dort sind ja annahmegemäß unabhängig voneinander.

$$\sigma_y{}^2 = \sigma_u{}^2 + \psi^2\sigma_u{}^2 + \psi^4\sigma_u{}^2 + \ldots = (1-\psi^2)^{-1}\sigma_u{}^2.$$

$\sigma_y{}^2$ ist hier mindestens so groß wie $\sigma_u{}^2$ und nimmt zu, wenn $|\psi|$ sich 1 annähert.

Betrachten wir noch den speziellen Fall, wo $\psi = 1$. Hier ist $y_t = y_{t-1} + u_t$, was als **Random Walk** bezeichnet wird. (In diesem Fall ist y nicht stationär; die Lösung für (1) ist nicht stabil.)

Im obigen Beispiel haben wir eine lineare stochastische Differenzengleichung erster Ordnung betrachtet. Auf die explizite Darstellung von Lösungsverfahren bei linearen stochastischen **Differenzengleichungen höherer Ordnung** möchte ich hier verzichten. Hinweise dazu sind im 2. Kapitel oben zu finden. Das Anwendungsbeispiel dort bezieht sich auf eine Differenzengleichung zweiter Ordnung. Differenzengleichungen höherer als zweiter Ordnung können jedoch genauso wie solche zweiter Ordnung analysiert werden. Allgemein gilt: Wenn es n verschiedene Wurzeln des Polynoms n-ter Ordnung gibt, so kann die Impuls-Reaktionsfunktion als eine Summe von n geometrisch verteilten Verzögerungen (abnehmend mit den Raten $\lambda_1, \ldots, \lambda_n$) geschrieben werden. Komplexe Wurzeln führen zu Schwingungen.

Heutzutage werden verstärkt einfache lineare stochastische Differenzengleichungen (d. h. solche niedriger Ordnung) benutzt, um das Verhalten makroökonomischer Variablen zu beschreiben. Im obigen Beispiel haben wir AR- und MA-Darstellungen erläutert. Für einige Modelle jedoch stellt eine gemischte AR- **und** MA- (d. h. eine sogenannte **ARMA**-) Darstellung die Darstellung mit der geringsten Anzahl von Parametern dar. Hier gehen sowohl die endogene Variable als auch die exogene(n) Störvariable(n) mit Verzögerungen in die Gleichung ein. Ein Beispiel hierfür ist die folgende Gleichung:

$$y_t = \psi_1 y_{t-1} + \psi_2 y_{t-2} + \varepsilon_t + \varphi\varepsilon_{t-1},$$

wobei ε eine Störvariable darstellt.

Dies wird als ein ARMA (2,1) Modell bezeichnet, da es 2 AR-Parameter (ψ_1 und ψ_2) und 1 MA-Parameter (φ) beinhaltet. Zur Bedeutung solcher ARMA-Modelle (oder auch ARIMA-Modelle) für die Konjunkturbeschreibung siehe z. B. Blanchard und Fischer [1989: 1. Ch.].

Von **ARIMA**-Modellen spricht man, wenn zusätzlich Differenzenbildungsoperationen von y durchgeführt worden sind (umso – vorher nicht vorgelegene – Stationarität zu erzeugen). [Das „I" in ARIMA steht für „integrated".] Statt y würde dann im obigen Beispiel jeweils etwa Δy stehen.

Wenn y_t stationär in den ersten Differenzen ist, bezeichnet man y_t als integriert erster Ordnung oder „I(1)". Ein äquivalenter und häufig gebrauchter Ausdruck hierfür ist auch, dass y_t eine „**Unit Root**" hat; d. h. das Polynom $\psi(L)$ besitzt eine Wurzel mit dem Wert 1.[4]

---

4   Hinweis: „Wurzeln" von $\psi(L)$ sind – im obigen AR(2)-Beispiel – 2 Zahlen r_1 und r_2, sodass $(1-r_1 L)(1-r_2 L) = \psi(L) = 1 - \psi_1 L - \psi_2 L^2$.
    Wenn eine der Wurzeln den Wert 1 hat, folgt
    $\psi(L) y_t = \psi^*(L) \Delta y_t,$ wobei $\Delta y_t = (1-L) y_t.$

Anhang B
Zur loglinearen Darstellung

In diesem Buch werden durchwegs **loglineare** Modelldarstellungen gewählt. Dies geschieht im Wesentlichen aus didaktischen oder Vereinfachungsgründen. Die loglineare Darstellung erlaubt es, bestimmte in den Niveauwerten nicht lineare Gleichungen, deren Lösungen sich als sehr schwierig erweisen, als lineare in ihren logarithmischen Werten darzustellen. Ich hatte im Verlauf des Buches schon einige kurze Erläuterungen zur Logarithmierung und einige Rechenregeln für Logarithmen angeführt. Angesichts der häufig anzutreffenden Schwierigkeiten, die Studierende mit der loglinearen Transformation von Gleichungen haben, soll diese im Folgenden erläutert werden.

Den Ausgangspunkt bildet eine Geldmarktgleichung wie sie auch in Abschnitt B.I.2.1 des zweiten Kapitels zu finden ist:

(1) $\quad \dfrac{M}{P} = L(Y,i) \quad L_i < 0 < L_Y.$

M bezeichnet die nominale Geldmenge, P das Preisniveau und L die Nachfrage nach Realkasse. Es kann nun eine Hypothese über die Nachfrage nach Realkasse gebildet und so die implizite Form der Funktionsgleichung durch eine explizite ersetzt werden, um anschließend die Gleichung zu logarithmieren:

(2) $\quad L(Y,i) = Y^k e^{bi} \quad k > 0 > b.$

Die Exponenten k und b geben die Elastizitäten der Geldnachfrage an, wobei k die Einkommenselastizität $\left(\dfrac{\partial L}{\partial Y}\dfrac{Y}{L}\right)$ und b die Semizinselastizität $\left(\dfrac{\partial L}{\partial i}\dfrac{1}{L}\right)$ bezeichnen. Die angegebene Funktion ist nur eine von vielen Darstellungsmöglichkeiten in expliziter Form. Wichtig ist nur, dass die explizite Form nicht den Verhaltensmaßnahmen der impliziten Form widerspricht. Für Größen, die kleiner sind als 1, wird in der Regel die Exponentialform gewählt, da ansonsten bei der Logarithmierung negative Werte entstehen würden. Wird (2) in (1) eingesetzt, so ergibt sich:

(3) $\quad \dfrac{M}{P} = Y^k e^{bi}.$

Diese Gleichung wird nun logarithmiert, wobei m, p und y die natürlichen Logarithmen der Größen M, P und Y sind:[5]

(4) $\quad m - p = ky + bi.$

Die die Elastizität bestimmenden Exponenten k und b aus (2) erscheinen in loglinearer Darstellung als Faktoren der Variablen. Die lineare Transformation ist damit abgeschlossen.

---

[5] Der natürliche Logarithmus ln ist definiert als Logarithmus zur Basis e: $\log_e a = \ln a$. Zu den verwendeten Rechenregeln für Logarithmierung, siehe die Hinweise in diesem Buch oder irgendein Mathematikbuch für Wirtschaftswissenschaftler. Im Buch wird teilweise die Abkürzung „ln", teilweise aber auch einfach „log" verwendet, obwohl der natürliche Logarithmus gemeint ist. Letzteres wird in der englischsprachigen Fachliteratur ebenfalls häufig für „ln" verwendet.

Falls keine Festlegung auf eine explizite Funktion der Nachfrage nach Realkasse erfolgen soll, kann die Gleichung (1) auch direkt um einen bestimmten Zustand angenähert werden. Auch in diesem Fall werden die Variablen logarithmisch geschrieben, sind dann allerdings als prozentuale Abweichungen von den Näherungsstellen zu interpretieren.

Um den qualitativen Gehalt der impliziten Funktion zu erfassen, wird zunächst die Veränderung der nominalen Geldmenge aufgrund von marginalen Veränderungen des Preisniveaus und der Nachfrage nach Realkasse betrachtet. Nach Berechnung des totalen Differenzials ergibt sich dann:

(5) $\quad dM = LdP + PL_y dY + PL_i di$.

Nun werden die marginalen Veränderungen durch die absoluten Differenzen der Variablenwerte vor und nach der Veränderung ersetzt sowie die prozentualen Veränderungen gemessen.

(6) $\quad \left(\dfrac{M_1 - M_0}{M_0}\right) M_0 = \left(\dfrac{P_1 - P_0}{P_0}\right) LP_0 + \left(\dfrac{Y_1 - Y_0}{Y_0}\right) Y_0 PL_{Y_0} + (i_1 - i_0) PL_{i_0}$.

Das Subskript 1 gibt den neuen Wert und das Subskript 0 den ursprünglichen Wert an. Bei dem Zinssatz wurde auf eine prozentuale Betrachtung verzichtet, da die Differenz bereits in Prozenten gemessen wird. Nach einer Division durch M_0 geben die Parameter k und b wie bei der Formulierung einer expliziten Funktion die Einkommens- und Semizinselastizität der Nachfrage nach Realkasse an. Voraussetzung ist dabei, dass die Elastizitäten konstant sind.

(7) $\quad \left(\dfrac{M_1 - M_0}{M_0}\right) = \left(\dfrac{P_1 - P_0}{P_0}\right) + k \left(\dfrac{Y_1 - Y_0}{Y_0}\right) + b(i_1 - i_0)$.

Da für geringe Abweichungen

$$\left(\dfrac{A_1 - A_0}{A_0}\right) = \ln(A_1) - \ln(A_0)$$

gilt, kann nun definiert werden:

$m = \ln(M_1) - \ln(M_0)$
$p = \ln(P_1) - \ln(P_0)$
$y = \ln(Y_1) - \ln(Y_0)$
$i = i_1 - i_0$.

Somit kann (7) als

(8) $\quad m - p = ky + bi$

geschrieben werden. Es zeigt sich, dass dieses Verfahren der linearen Transformation zu derselben Gleichung führt, wie die Annahme einer expliziten Funktion (Gleichung (2)). Es ist aber zu beachten, dass (8) lediglich eine lineare Approximation der Funktion (1) in der Nähe der Referenzpunkte darstellt und dass die Variablen nun als prozentuale Abweichungen von den Näherungsstellen zu deuten sind.

Literaturverzeichnis

Abiad, A. [2003]: Early Warning Systems: A Survey and a Regime–Switching Approach. IMF Working Paper 03/32, Washington, D.C.

Adam, C., Subacchi, P. und **Vines, D.** [2012]: International Macroeconomic Policy Coordination: An Overview. In: Oxford Review of Economic Policy, vol. 28(3), S. 395–410

Adolph, B. und **Wolfstetter, E.** [1991]: Wage-Indexation, Informational Externalties, and Monetary Policy. In: Oxford Economic Papers, vol. 43, S. 368–390

Adrian, T. und **Brunnermeier, M.K.** [2016]: CoVaR. In: American Economic Review, vol. 106(7), S. 1705–1741

Adrian, T. und **Liang, N.** [2016]: Monetary Policy, Financial Conditions, and Financial Stability. Federal Reserve Bank of New York Staff Reports, No. 690, July

Aghion, P., Algan, Y., Cahuc, P. und **Shleifer, A.** [2010]: Regulation and Distrust. In: The Quarterly Journal of Economics, vol. 125(3), S. 1015–1049

Agosin, M.R. und **Huaita, F.** [2012]: Overreaction in Capital Flows to Emerging Markets: Booms and Sudden Stops. In: Journal of International Money and Finance, vol. 31(5), S. 1140–1155

Agur, I. und **Sharma, S.** [2013]: Rules, Discretion, and Macro-Prudential Policy. IMF Working Paper 13/65, Singapore

Aizenman, J. [2008]: Wage Indexation. In: S.N. Durlauf and L.E. Blume (Hrsg.): The New Palgrave Dictionary of Economics, vol. 8, Hampshire

Aizenman, J. und **Frenkel, J.** [1986]: Supply Shocks, Wage Indexation und Monetary Accomodation. In: Journal of Money, Credit, and Banking, vol. 18, S. 304–322

Ajello, A., Laubach, T., Lopez-Salido, D., und **Nakata, T.** [2016]: Financial Stability and Optimal Interest-Rate Policy. Finance and Economics Discussion Series 2016-067, Federal Reserve Board, Washington, D.C.

Akerlof, G.A. [1970]: The Market for "Lemons": Quality Uncertainty and Market Mechanism. In: Quarterly Journal of Economics, vol. 84, S. 488–500

Akerlof, G.A. [1982]: Labor Contracts as Partial Gift Exchange. In: Quarterly Journal of Economics, vol. 97, S. 543–569

Akerlof, G.A. [2002]: Behavioral Macroeconomics and Macroeconomic Behavior. In: American Economic Review, vol. 92, S. 411–433

Akerlof, G.A. [2007]: The Missing Motivation in Macroeconomics. In: American Economic Review, vol. 97(1), S. 5–36

Akerlof, G.A. und **Miyazaki, H.** [1980]: The Implicit Contract Theory Meets the Wage Bill Argument. In: Review of Economic Studies, vol. 47, S. 321–338

Akerlof, G.A. und **Yellen, J.L.** [1985a]: A Near-Rational Model of the Business Cycle with Wage and Price Inertia. In: Quarterly Journal of Economics, vol. 100, Supplement, S. 176–213

Akerlof, G.A. und **Yellen, J.L.** [1985b]: Can Small Deviations from Rationality Make Significant Differences to Economic Equilibria? In: American Economic Review, vol. 75(4), S. 708–20

Akerlof, G.A. und **Yellen, J.L.** [1987]: Rational Models of Irrational Behavior. In: American Economic Review, P.a.P., vol. 77, S. 137–142

Akerlof, G.A. und **Yellen, J.L.** [1990]: The Fair Wage-Effort Hypothesis and Unemployment. In: Quarterly Journal of Economics, vol. 105, S. 255–283

Akerlof, G.A., Dickens, W.T. und **Perry, G. L.** [1996]: The Macroeconomics of Low Inflation. In: Brookings Papers on Economic Activity, 1/1996, S. 1–76

Alesina, A. [1987]: Macroeconomic Policy in a Two-Party System as a Repeated Game. In: Quarterly Journal of Economics, vol. 102, S. 651–678

Alesina, A. [1988]: Macroeconomics and Politics. In: S. Fischer (Hrsg.): NBER Macroeconomics Annual 1988, Cambridge/Mass. und London, S. 13–52

Alesina, A. und **Ardagna, S.** [2010]: Large Changes in Fiscal Policy: Taxes versus Spending. In: J.R. Brown (Hrsg.): Tax Policy and the Economy, vol. 24, S. 35–68

Alesina, A. und **Drazen, A.** [1991]: Why are Stabilizations Delayed? In: American Economic Review, vol. 81, S. 1170–1188

Alesina, A. und **Gatti, R.** [1995]: Independent Central Banks: Low Inflation at No Cost? In: American Economic Review, P.a.P., vol. 85, S. 196–200

Alesina, A. und **Sachs, J.** [1988]: Political Parties and the Business Cycle in the United States, 1948–1984. In: Journal of Money, Credit, and Banking, vol. 20, S. 63–82

Alesina, A. und **Summers, L.H.** [1993]: Central Bank Independence and Macroeconomic Performance: Some Comparative Evidence. In: Journal of Money, Credit, and Banking, vol. 25, S. 151–162

Alesina, A. und **Stella, A** [2010]: The Politics of Monetary Policy. In: B.M. Friedman und M. Woodford (Hrsg.): Handbook of Monetary Economics, vol. 3(3), Amsterdam

Alesina, A. und **Rosenthal, H.** [1995]: Partisan Politics, Divided Government, and the Economy. Cambridge

Al-Nowaihi, A. und **Levine, P.** [1994]: Can Reputation Resolve the Monetary Policy Credibility Problem? In: Journal of Monetary Economics, vol. 33, S. 355–380

Amadeo, E.J. [1994]: Institutions, Inflation and Unemployment. Aldershot

Amador, M. und **Weill, P.O.** [2010]: Learning from Prices: Public Communication and Welfare. In: Journal of Political Economy, vol. 118(5), S. 866–907

Amato, J. und **Laubach, T.** [2003]: Estimation and Control of an Optimization-Based Model with Sticky Prices and Wages. In: Journal of Economic Dynamics and Control, vol. 27, S. 1181–1215

Amstad, M. und **Martin, A.** [2011]: Monetary Policy Implementation: Common Goals but Different Practices. In: Federal Reserve Bank of New York Current Issues in Economics and Finance 17(7), S. 1–11

Andersen, H. [2011]: Procyclical Implications of Basel II: Can the Cyclicality of Capital Requirements Be Contained? In: Journal of Financial Stability, vol. 7(3), S. 138–154

Andersen, T.M. [1994]: Price Rigidity. Causes and Macroeconomic Implication. Oxford

Ando, A. u.a. [Hrsg., 1985]: Monetary Policy in Our Times. Cambridge/Mass. und London

Andres, J. und **Hernando, I.** [1997]: Does Inflation Harm Economic Growth? Evidence for the OECD. NBER Working Paper No. 6062, NBER, Cambridge/Mass.

Angeloni, I., Kashyap, A.K. und **Mojon, B.** [Hrsg., 2003]: Monetary Policy Transmission in the Euro Area. Cambridge University Press

Arestis, P., Chortareas, G. und **Tsoukalas, J.D.** [2010]: Money and Information in a New Neoclassical Synthesis Framework. In: The Economic Journal, vol. 120, S. F101–F128

Arida, P. und **Resende, L.A**. [1985]: Inertial Inflation and Monetary Reform in Brazil. In: J. Williamson (Hrsg.): Inflation and Indexation, Cambridge/Mass., S. 27–45

Ariyoshi, A., u.a. [2000]: Capital Controls: Country Experiences with Their Use and Liberalization. IMF Occassional Paper 190, S. 1–44

Arnold, V. [1992]: Theorie der Kollektivgüter. München

Arrow, K.J. [1959]: Toward a Theory of Price Adjustment. In: M. Abramovitz u.a. (Hrsg.): The Allocation of Economic Resources, Stanford, S. 41–51

Arrow, K.J. [1963]: Social Choice and Individual Values. 2. Aufl., New York

Arrow, K.J. [1984]: Social Choice and Justice. Oxford

Aruoba, S.B. und **Diebold, F.X.** [2010]: Real-Time Macroeconomic Monitoring: Real Activity, Inflation and Interactions. In: American Economic Review, vol. 100, S. 20–24

Asako, K. [1982]: Rational Expectations and the Effectiveness of Monetary Policy with Special Reference to the Barro-Fischer Model. In: Journal of Monetary Economics, vol. 9, S. 99–107

Asako, K. und **Wagner, H.** [1987]: Targeting Nominal Income: A Reassessment. Discussion Paper, Department of Economics, Massachusetts Institute of Technology (M.I.T.), August

Asako, K. und **Wagner, H.** [1992]: Nominal Income Targeting versus Money Supply Targeting. In: Scottish Journal of Political Economy, vol. 39, S. 167–187

Ascari, G. und **Branzoli, N.** [2010]: The Long-Run Optimal Degree of Indexation in New Keynesian Models with Price Staggering à la Calvo. In: Economics Bulletin, vol. 30(1), S. 482–493

Ascari, G. und **Ropele, T.** [2012]: Sacrifice Ratio in a Medium-Scale New Keynesian Model. In: Journal of Money, Credit and Banking, vol. 44(2–3), S. 457–467

Asch, P. und **Gigliotti, G.A.** [1991]: The Free-Rider Paradox: Theory, Evidence, and Teaching. In: Journal of Economic Education, vol. 22 (Winter), S. 33–38

Asso, P.F., Kahn, G.A. und **Leeson, R.** [2010]: The Taylor Rule and the Practice of Central Banking. Research Working Paper No. 10–05, Federal Reserve Bank of Kansas City

Atkinson, T., Luttrell, D. und **Rosenblum, H.** [2013]: How Bad Was It? The Costs and Consequences of the 2007–09 Financial Crisis. Dallas Fed Staff Paper No. 20, Federal Reserve Bank of Dallas

Attanasio, O.P. [1999]: Consumption. In: J.B. Taylor und M. Woodford (Hrsg.): Handbook of Macroeconomics, vol. 1B, North-Holland, Amsterdam

Attfield, C.L.F., Demery, D. und **Duck, N.W.** [1991]: Rational Expectations in Macroeconomics. An Introduction to Theory and Evidence. 2. Aufl., Oxford

Axelrod, R. [2006]: The Evolution of Cooperation. 2. Aufl., New York

Ayres, K., Belasen, A. und **Kutan, A.** [2014]: Does Inflation Targeting Lower Inflation and Spur Growth? In: Journal of Policy Modeling, vol. 36(2), S. 373–388

Azariadis, C. [1975]: Implicit Contracts and Underemployment Equilibria. In: Journal of Political Economy, vol. 83, S. 1183–1202

Azariadis, C. [1981]: Implicit Contracts and Related Topics. In: Z. Hornstein (Hrsg.): The Economics of the Labour Market, London, S. 219–248

Azteni, M. und **Ghigliani, P.** [2007]: Labour Process and Decision-Making in Factories under Workers' Self-Management: Empirical Evidence from Argentina. In: Work, Employment and Society, vol. 21(4), S. 653–671

Azzimonti, M., De Francisco, E. und **Quadrini, V.** [2014]: Financial Globalization, Inequality, and the Rising Public Debt. In: American Economic Review, vol. 104(8), S. 2267–2302

Babecký. J., Havranek, T., Matìjù, J., Rusnák, M. und **Šmídková, M.** [2011]: Early Warning Indicators of Crisis Incidence: Evidence from a Panel of 40 Developed Countries. Institute of Economic Studies Working Paper 36/2011, Charles University Prague

Backus, D. und **Driffill, J.** [1985]: Inflation and Reputation. In: American Economic Review, vol. 75, S. 530–538

Bailey, M.J. [1956]: The Welfare Cost of Inflationary Finance. In: Journal of Political Economy, vol. 61, S. 93–110

Baily, M.N. [1974]: Wages and Employment under Uncertain Demand. In: Review of Economic Studies, vol. 41, S. 37–50

Balduzzi, P., Bertola, G., Forese, S. und **Klapper, L.** [1998]: Interest Rate Targeting and the Dynamics of Short-Term Rates. In: Journal of Money, Credit, and Banking, vol. 30, S. 26–50

Ball, L. [1993]: What Determines the Sacrifice Ratio? In: N.G. Mankiw (Hrsg.): Monetary Policy, Chicago, S. 155–193

Ball, L. [1994]: Credible Disinflation with Staggered Price-Setting. In: American Economic Review, vol. 84, S. 282–289

Ball, L. [1997]: Efficient Monetary Policy Rules. NBER Working Paper No. 5952, NBER, Cambridge/Mass.
Ball, L. und **Cecchetti, S.G.** [1988]: Imperfect Information and Staggered Price Setting. In: American Economic Review, vol. 78, S. 999–1018
Ball, L. und **Cecchetti, S.G.** [1991]: Wage Indexation and Discretionay Monetary Policy. In: American Economic Review, vol. 81, S. 1310–1319
Ball, L., Elmendorf, D.W. und **Mankiw, N.G.** [1998]: The Deficit Gamble. In: Journal of Money, Credit, and Banking, vol. 30, S. 699–720
Ball, L., Leigh, D. und **Loungani, P.** [2013]: Okun's Law: Fit at Fifty? NBER Working Paper No. 18668, NBER, Cambridge/Mass.
Ball, L. und **Mankiw, N.G.** [1994a]: Asymmetric Price Adjustment and Economic Fluctuations. In: Economic Journal, vol. 104, S. 247–261
Ball, L. und **Mankiw, N.G.** [1994b]: A Sticky-Price Manifesto. In: Carnegie-Rochester Conference Series on Public Policy, vol. 41, S. 127–152
Ball, L. und **Mankiw, N.G.** [1995]: Relative-Price Changes as Aggregate Supply Shocks. In: Quarterly Journal of Economics, vol. 110, S. 161–194
Ball, L., Mankiw, N.G. und **Reis, R.** [2005]: Monetary Policy for Inattentive Economies. In: Journal of Monetary Economics, vol. 52(4), S. 703–725
Ball, L., Mankiw, N.G. und **Romer, D.** [1988]: The New Keynesian Economics and the Output-Inflation Trade-off. In: Brookings Papers on Economic Activity, vol. 1, S. 1–65
Ball, L. und **Romer, D.** [1991]: Sticky Prices as Coordination Failures. In: American Economic Review, vol. 81(3), S. 539–52
Ball, L. und **Romer, D.** [1990]: Real Rigidities and the Non-Neutrality of Money. In: Review of Economic Studies, vol. 57, S. 183–203
Ball, L. und **Sheridan, N.** [2003]: Does Inflation Targeting Matter? NBER Working Paper No. 9577, NBER, Cambridge/Mass.
Baltensperger, E. [1992]: Monetäre Außenwirtschaftstheorie. In: Zeitschrift für Wirtschafts- und Sozialwissenschaften, vol. 112, S. 505–565
Baltensperger, E. und **Devinney, T.M.** [1985]: Credit Rationing Theory: A Survey and Synthesis. In: Zeitschrift für die gesamte Staatswissenschaft/Journal of Insitutional and Theoretical Economics, Bd. 141, S. 475–502
Banbura, M., Giannone, D. und **Reichlin, L.** [2010]: Nowcasting. In: CEPR Discussion Paper No. 7883, Centre for Economic Policy Research
Barattieri, A., Basu, S. und **Gottschalk, P.** [2010]: Some Evidence on the Importance of Sticky Wages. NBER Working Paper No. 16130, NBER, Cambridge/Mass.
Barkbu, B., Eichengreen, B. und **Mody, A.** [2012]: Financial Crises and the Multilateral Response: What the Historical Record Shows. In: Journal of International Economics, vol. 88(2), S. 422–435
Barro, R.J. [1974]: Are Government Bonds Net Wealth? In: Journal of Political Economy, vol. 81, S. 1095–1117
Barro, R.J. [1977]: Long-Term Contracting, Sticky Prices, and Monetary Policy. In: Journal of Monetary Economics, vol. 3, S. 305–316
Barro, R.J. [1978]: Unanticipated Money, Output, and the Price Level in the United States. In: Journal of Political Economy, vol. 86, S. 549–580
Barro, R.J. [1979]: Second Thoughts on Keynesian Economics. In: American Economic Review, P.a.P., vol. 69, S. 54–59
Barro, R.J. [1986a]: Recent Developments in the Theory of Rules versus Discretion. In: Economic Journal. Conference Papers, vol. 96, S. 23–37
Barro, R.J. [1986b]: Reputation in a Model of Monetary Policy with Incomplete Information. In: Journal of Monetary Economics, vol. 17, S. 3–20
Barro, R.J. [1989a]: The Neoclassical Approach to Fiscal Policy. In: R.J. Barro (Hrsg.): Modern Business Cycle Theory, Oxford, S. 178–235

Barro, R.J. [1989b]: Interest-Rate Targeting. In: Journal of Monetary Economics, vol. 23, S. 3–30

Barro, R.J. [1995]: Inflation and Economic Growth. In: Bank of England Quarterly Bulletin, vol. 35, S. 166–176

Barro, R.J. [1996]: Determinants of Economic Growth: A Cross-Country Empirical Study. NBER Working Paper No. 5698, NBER, Cambridge/ Mass.

Barro, R.J. [1998]: Reflections on Ricardian Equivalence. In: J. Maloney (Hrsg.): Debt and Deficits: An Historical Perspective, Edward Elgar, Cheltenham, UK

Barro, R.J. und **Fischer, S.** [1976]: Recent Developments in Monetary Theory. In: Journal of Monetary Economics, vol. 2, S. 133–167

Barro, R.J. und **Gordon, D.** [1983a]: A Positive Theory of Monetary Policy in a Natural Rate Model. In: Journal of Political Economy, vol. 91, S. 589–610

Barro, R.J. und **Gordon, D**. [1983b]: Rules, Discretion and Reputation in a Model of Monetary Policy. In: Journal of Monetary Economics, vol. 12, S. 101–122

Barro, R.J. und **Grossman, H.I.** [1971]: A General Disequilibrium Model of Income and Employment. In: American Economic Review, vol. 61, S. 82–93

Barro, R.J. und **Grossman, H.I.** [1976]: Money, Employment, and Inflation. Cambridge

Barro, R.J. und **Hercowitz, Z**. [1980]: Money Stock Revisions and Unanticipated Money Growth. In: Journal of Monetary Economics, vol. 6, S. 257–267

Barro, R.J. und **Sala-i-Martin, X.** [2003]: Economic Growth. 2. Aufl., New York

Barsky, R.B., Mankiw, N.G. und **Zeldes, S.P**. [1986]: Ricardian Consumers with Keynesian Propensitites. In: American Economic Review, vol. 76, S. 676–691

Basler Ausschuss für Bankenaufsicht [2001]: Überblick über die Neue Basler Eigenkapitalvereinbarung. Konsultationspapier, Mai 2001, Bank für Internationalen Zahlungsausgleich, Basel

Basler Ausschuss für Bankenaufsicht [2006]: Internationale Konvergenz der Eigenkapitalmessung und Eigenkapitalanforderungen. Überarbeitete Rahmenvereinbarung, Juni 2006, Bank für Internationalen Zahlungsausgleich, Basel

Baumol, W.J. [1961]: Pitfalls in Contracyclical Policies: Some Tools and Results. In: Review of Economics and Statistics, vol. 43, S. 21–26

Bayne, N. [2000]: Hanging In There: The G7 and G8 Summit in Maturity and Renewal. Aldershot

Bayne, N. [2005]: Staying Together: The G8 Summit Confronts the 21st Century. Aldershot

BCBS [2013]: Basel III: The Liquidity Coverage Ratio and Liquidity Risk Monitoring Tools. Basel Committee on Banking Supervision, Bank for International Settlements, Basel

Bean, Ch.R. [1983]: Targeting Nominal Income: An Appraisal. In: Economic Journal, vol. 93, S. 806–819

Bean, Ch.R. [1994]: European Unemployment: A Survey. In: Journal of Economic Literature, vol. 32, S. 537–619

Bean, C., Paustian, M., Penalver, A. und **Taylor, T.** [2010]: Monetary Policy after the Fall. Federal Reserve Bank of Kansas City Annual Conference, 28 August 2010, Jackson Hole, Wyoming

Beckerman, W. und **Jenkinson, T.** [1986]: What Stopped the Inflation? Unemployment or Commodity Prices? In: Economic Journal, vol. 96, S. 39–54

Begg, D.K. [1982]: The Rational Expectations Revolution in Macroeconomics. Baltimore

Begg, D.K. [1989]: Floating Exchange Rates in Theory and Practice. In: Oxford Review of Economic Policy, vol. 5, No. 3, S. 24–39

Bekaert, G., Campbell, H.R. und **Lundblad, C.** [2005]: Does Financial Liberalization Spur Growth? In: Journal of Financial Economics, vol. 77(1), S. 3–55

Belke, A. und **Göcke, M.** [1996]: Starke Hysteresis auf dem Arbeitsmarkt. In: Zeitschrift für Wirtschafts- und Sozialwissenschaften (ZWS), vol. 116, S. 31–57

Bell, J. und **Pani, D.** [2000]: Leading Indicator Models of Banking Crises – A Critical Review. In: Financial Stability Review, December 2000, S. 113–129

Bellmann, L. und **Möller, I.** [2011]: Finanzielle Mitarbeiterbeteiligung: Selbst die Finanzkrise sorgt nicht für stärkere Verbreitung. In: IAB-Kurzbericht 17/2011, Nürnberg
Belongia, M.T. [Hrsg., 1992]: The Business Cycle: Theories and Evidence. Boston
Benassy, C., Chirco, A. und **Colombo, C.** [1994]: The New Keynesian Economics. Oxford
Benassy, J.-P. [1975]: Neo-Keynesian Disequilibrium in a Monetary Economy. In: Review of Economic Studies, vol. 42, S. 503–523
Benassy, J.-P. [1982]: The Theory of Market Disequilibrium. New York u.a.
Benassy, J.-P. [1986]: Macroeconomics: An Introduction to the Non-Walrasian Approach. San Diego u.a.
Benassy, J.-P. [1993a]: Imperfect Competition and the Suboptimality of Rational Expectations. In: European Economic Review, vol. 37, S. 1315–1330
Benassy, J.-P. [1993b]: Nonclearing Markets: Micoreconomic Concepts and Macroeconomic Applications. In: Journal of Economic Literature, vol. 31, S. 732–761
Benassy, J.-P. [1995]: Nominal Rigidities in Wage Setting by Rational Trade Unions. In: Economic Journal, vol. 105, S. 635–643
Benassy, J.-P. [2002]: The Macroeconomics of Imperfect Competition and Nonclearing Markets: A Dynamic General Equilibrium Approach. Cambridge und London
Benassy, J.-P. [2007]: IS-LM and the Multiplier: A Dynamic General Equilibrium model. In: Economics Letters, vol. 96, S. 189–195
Benati, L. und **Surico, P.** [2009]: VAR Analysis and the Great Moderation. In: American Economic Review, vol. 99, S. 1636–52
Bender, D. [1987]: Monetäre Transmissions- und Steuerungsprobleme in offenen Volkswirtschaften. In: H.J. Thieme (Hrsg.): Geldtheorie. Entwicklung, Stand und systemvergleichende Anwendung, Baden-Baden, 2. Aufl., S. 111–162
Bender, D. [1988]: Weltwirtschaftliche Verflechtung und Internationalisierung der Politik. In: D. Cassel u.a. (Hrsg.): Ordnungspolitik, München, S. 285–312
Benigno, G. und **Benigno, P.** [2006]: Designing Targeting Rules for International Monetary Policy Cooperation. In: Journal of Monetary Economics, vol. 53(3), S. 473–506
Benigno, P. [2002]: A Simple Approach to International Monetary Policy Coordination. In: Journal of International Economics, vol. 57, S. 177–196
Berg, A., Borensztein, E. und **Pattillo, C.** [2004]: Assessing Early Warning Systems: How Have They Worked in Practice? IMF Working Paper 04/52, Washington, D.C.
Berg, A. und **Pattillo, C.** [1999a]: Are Currency Crises Predictable? A Test. In: IMF Staff Papers, vol. 46(2), S. 107–138
Berg, A. und **Pattillo, C.** [1999b]: Predicting Currency Crises: The Indicators Approach and an Alternative. In: Journal of International Money and Finance, vol. 18(4), S. 561–586
Berger, H., de Haan, J. und **Eijffinger, S.C.W.** [2001]: Central Bank Independence: An Update of Theory and Evidence. In: Journal of Economic Surveys, vol. 15, S. 3–40
Berger, H., de Haan, J. und **Sturm, J.** [2001]: Does Money Matter in the ECB Strategy? New Evidence Based on ECB Communication. In: International Journal of Finance and Economics, vol. 16, S. 16–31
Berger, W. und **Kißmer, F.** [2008]: Optimal Interest Rate Policy During Asset Price Booms: The Mirage of 'Benign Neglect'. In: Economics Letters, vol. 101(3), S. 265–267.
Berger, W. und **Kißmer, F.** [2009]: Why Do Monetary Policymakers Lean With the Wind During Asset Price Booms? In: Frontiers in Finance and Economics, vol. 6(1), S.155–174.
Berger, W., Kißmer, F. und **Wagner, H.** [2007]: Monetary Policy and Asset Prices: More Bad News for 'Benign Neglect'. In: International Finance, vol. 10(1), S. 1–20
Berger, W. und **Wagner, H.** [2001]: Emerging-Market-Krisen – Bekannte Modelle und neue Ansätze. In: List Forum, Band 27, Heft 2, S. 178–193
Berger, W. und **Wagner, H.** [2005]: Interdependent Expectations and the Spread of Currency Crises, In: IMF Staff Papers, vol. 52(1), S. 41–54
Berlemann, M. [2011]: ECB Presidency and Inflation Aversion among the Citizens of European Countries: An Empirical Assessment. In: CESifo Forum, vol. 12(2), S. 88–92

Berlemann, M. und **Enkelmann, S.** [2013]: Die „German Angst" – Inflationsaversion in Ost- und Westdeutschland. In: Aktuelle Forschungsergebnisse: ifo Dresden berichtet 2/2013, S. 3–9
Bernanke, B.S. u.a. [1999]: Inflation Targeting: Lessons from the International Experience. Princeton
Bernanke, B.S. [2005]: Remarks by Governor Ben S. Bernanke: The Global Saving Glut and the U.S. Current Account Deficit. The Sandridge Lecture, March 2010, Richmond, VA
Bernanke, B.S. [2010a]: Statement Prepared for the Committee on Financial Services. February 10, U.S. House of Representatives
Bernanke, B.S. [2010b]: Monetary Policy and the Housing Bubble. Paper presented at the Annual Meeting of the American Economic Association, January 3, Atlanta, Georgia
Bernanke, B.S. [2017]: Monetary Policy in a New Era. Paper Prepared for Conference on Rethinking Macroeconomic Policy, Peterson Institute, Washington, D.C., October 12-13
Bernheim, B.D. [1987]: Ricardian Equivalence: An Evaluation of Theory and Evidence. In: NBER Macroeconomics Annual 1987, S. 263–304
Bertola, G. [1994]: Continuous-Time Models of Exchange Rates and Intervention. In: F. van der Ploeg (Hrsg.): The Handbook of International Macroeconomics, Oxford, S. 251–298
Bertola, G. und **Caballero, R.J.** [1992]: Target Zones and Realignments. In: American Economic Review, vol. 82, S. 520–536
Betts, C. und **Devereux, M.** [2000]: Exchange Rate Dynamics in a Model of Pricing-to-Market. In: Journal of International Economics, vol. 50, S. 215–244
Betts, C. und **Devereux, M.** [2001]: The International Effects of Monetary and Fiscal Policy in a Two-Country Model. In: G. Calvo, R. Dornbusch und M. Obstfeld (Hrsg.): Money Capital Mobility and Trade: Essays in Honor of Robert Mundell. MIT Press, Cambridge/Mass., S. 9–52
Bhandari, P. und **Frankel, J.A.** [2015]: Nominal GDP Targeting for Developing Countries. NBER Working Paper No. 20898, NBER, Cambridge/Mass.
Binmore, K. [1994]: Game Theory and the Social Contract: Playing Fair. vol. 1, Cambridge/Mass.
Bird, G. und **Rowlands, D.** [2009]: The IMF's Role in Mobilizing Private Capital Flows: Are there Grounds for Catalytic Conversion? In: Applied Economics Letters, vol. 16(17), S. 1705–1708
BIS [2009]: 79th Annual Report. Bank for International Settlements, Basel
BIS [2010]: 80th Annual Report. Bank for International Settlements, Basel
BIS [2014]: 84th Annual Report. Bank for International Settlements, Basel
Blackburn, K. [1993]: Monetary Policy and Reputation. In: M.U. Fratianni und D. Salvatore (Hrsg.): Monetary Policy in Developed Economies, S. 125–164
Blackburn, K. und **Christensen, M.** [1989]: Monetary Policy and Policy Credibility: Theories and Evidence. In: Journal of Economic Literature, vol. 27, S. 1–45
Blanchard, O.J. [1979]: Wage Indexing Rules and the Behavior of the Economy. In: Journal of Political Economy, vol. 87, S. 789–815
Blanchard, O.J. [1981]: Output, the Stock Market, and Interest Rates. In: American Economic Review, vol. 71, S. 132–143
Blanchard, O.J. [1985]: Debts, Deficits, and Finite Horizons. In: Journal of Political Economy, vol. 93, S. 223–247
Blanchard, O.J. [1989]: Why Does Money Affect Output? A Survey. In: B.M. Friedman und F.H. Hahn (Hrsg.): Handbook of Monetary Economics, Amsterdam
Blanchard, O.J [2000]: What Do We Know about Macroeconomics that Fisher and Wicksell Did Not? In: Quarterly Journal of Economics, vol. 115, S. 1375–1409
Blanchard, O.J. [2009a]: The Crisis: Basic Mechanisms and Appropriate Policies. CESifo Forum, vol. 10(1), S. 3–14

Blanchard, O.J. [2009b]: The State of Macro. In: Annual Review of Economics, vol. 1, S. 209–228

Blanchard, O.J. [2016]: Do DSGE Models Have a Future? Policy Brief PB 16-11, Peterson Institute for International Economics

Blanchard, O.J., Dell'Ariccia, G. und **Mauro, P.** [2010]: Rethinking Macroeconomic Policy. IMF Staff Position Note, February 12

Blanchard, O.J. und **Fischer, S.** [1988]: Monetary and Fiscal Policy Issues. Manuskript, MIT

Blanchard, O.J. und **Fischer, S.** [1989]: Lectures on Macroeconomics. Cambridge/Mass.

Blanchard, O.J. und **Kiyotaki, N.** [1987]: Monopolistic Competition and the Effects of Aggregate Demand. In: American Economic Review, vol. 77, S. 647–666

Blanchard, O.J. und **Summers, L.H.** [1986]: Hysteresis and the European Unemployment Problem. In: NBER Macroeconomics Annual 1986, S. 15–78

Blanchflower, D.G. [2009]: International Evidence on Well-Being. In: A.B. Krueger (Hrsg.): Measuring the Subjective Well-Being of Nations: National Accounts of Time Use and Well-Being, Chicago

Blanchflower, D.G., Bell, D., Montagnoli, A. und **Moro, M.** [2014]: The Happiness Trade-Off between Unemployment and Inflation. In: Journal of Money, Credit and Banking, vol. 46(2), S. 117–141

Blanchflower, D.G. und **Oswald, A.J.** [1987]: Profit Sharing – Can it Work? In: Oxford Economic Papers, vol. 39, S. 1–19

Blanchflower, D.G. und **Oswald, A.J.** [1994]: The Wage Curve. Cambridge/Mass.

Blasi, J.R., Freeman, R.B. und **Kruse, D.L.** [2013]: The Citizen's Share: Putting Ownership Back into Democracy. New Haven

Blattner, N. u.a. [1993]: Lohnindexierung. Formen, Verbreitung und Wirkungen. Chur

Blinder, A.S. [1977]: Indexing the Economy through Financial Intermediation. In: K. Brunner und A.H. Meltzer (Hrsg.): Stabilization of the Domestic and International Economy, Carnegie-Rochester Conference Series on Public Policy, vol. 5, S. 69–105

Blinder, A.S. [1979]: Economic Policy and the Great Stagflation. New York u.a.

Blinder, A.S. [1982]: Issues in the Coordination of Monetary and Fiscal Policy. In: Federal Reserve Bank of Kansas City (Hrsg.): Monetary Policy. Issues in the 1980s, Kansas City, S. 3–34

Blinder, A.S. [1986a]: Ruminations on Karl Brunner's Reflections. In: R.W. Hafer (Hrsg.): The Monetary versus Fiscal Policy Debate, Totowa, S. 117–126

Blinder, A.S. [1986b]: The Policy Mix: Lessons from the Recent Past. In: Economic Outlook USA, First Quarter 1986, S. 3–8

Blinder, A.S. [1986c]: Comment on Weitzman. In: NBER Macroeconomics Annual 1986, ed. by S. Fischer, Cambridge/Mass. und London, S. 335–343

Blinder, A.S. [1987a]: Keynes, Lucas, and Scientific Progress. In: American Economic Review, P.a.P., vol. 77, May, S. 130–136

Blinder, A.S. [1987b]: Credit Rationing and Effective Supply Failures. In: Economic Journal, vol. 97, S. 327–352

Blinder, A.S. [Hrsg., 1990]: Paying for Productivity. Brookings Institution Press, Washington, D.C.

Blinder, A.S. [1991]: Why are Prices Sticky? Preliminary Results from an Interview Study. In: American Economic Review, P.a.P., vol. 81, S. 89–96

Blinder, A.S. [1997]: What Central Bankers Could Learn from Academics – and Vice Versa. In: Journal of Economic Perspectives, vol. 11, 3–19

Blinder, A.S. u.a. [1998]: Asking about Prices: A New Approach to Understanding Price Stickiness. New York

Blinder, A.S. [2006]: Monetary Policy by Committee: Why and How? DNB Working Paper No. 92, De Nederlandsche Bank, Amsterdam

Blinder, A.S. und **Choi, D. H.** [1990]: A Shred of Evidence on Theories of Wage Stickiness. In: Quarterly Journal of Economics, vol. 105, S. 1003–1015

Blinder, A.S., Ehrmann, M., Fratzscher, M., de Haan, J. und **Jansen, D.J.** [2008]: Central Bank Communication and Monetary Policy: A Survey of Theory and Evidence. In: Journal of Economic Literature, vol. 46(4), S. 910–45

Bluestone, B. und **Harrison, B.** [1982]: The Deindustrialization of America. New York

Bofinger, P., Reischle, J. und **Schächter, A.** [1997]: Geldpolitik. München

Boivin, J. and **Giannoni, M.P.** [2006]: Has Monetary Policy Become More Effective? In: Review of Economics and Statistics, vol. 88, S. 445–462

Boltho, A. [1989]: Did Policy Activism Work? In: European Economic Review, vol. 33, S. 1709–1726

Boneva, L.M., Braun, R.A. und **Waki, Y.** [2016]: Some Unpleasant Properties of Log-linearized Solutions When the Nominal Rate Is Zero. In: Journal of Monetary Economics, vol. 84, S. 216–232

Bordo, M.D., und **Jeanne, O.** [2002]: Monetary Policy and Asset Prices: Does 'Benign Neglect' Make Sense? In: International Finance, vol. 5, S. 139–64

Bordo, M.D., und **Schwartz, A.J.** [2010]: David Laidler on Monetarism. In: R. Leeson (Hrsg.): David Laidler's Contributions to Macroeconomics, Palgrave MacMillan, Basingstoke

Bordo, M.D. und **Siklos, P.** [2014]: Central Bank Credibility, Reputation and Inflation Targeting in Historical Perspective. NBER Working Paper No. 20693, NBER, Cambridge/Mass.

Borio, C., Furfine, C. und **Lowe, P.** [2001]: Procyclicality of the Financial System and Financial Stability – Issues and Policy Options. BIS Papers No. 1, Bank for International Settlements, Basel

Borio, C. und **Drehmann, M.** [2009]: Assessing the Risk of Banking Crises – Revisited. In: BIS Quarterly Review, March, S. 29–46

Borio, C. und **Zabai, A.** [2016]: Unconventional Monetary Policies: A Re-Appraisal. BIS Working Papers No. 570, Bank for International Settlements, Basel

Bosch, K. [2011]: Mathematik für Wirtschaftswissenschaftler. 15. Auflage. München und Wien

Boyer, R.S. [1978]: Optimal Foreign Exchange Intervention. In: Journal of Political Economy, vol. 86, S. 1045–1055

Boz, E. [2011]: Sovereign Default, Private Sector Creditors, and the IFIs. In: Journal of International Economics, vol. 83(1), S. 70–82

Brainard, W. [1967]: Uncertainty and the Effectiveness of Policy. In: American Economic Review, P.a.P., vol. 57, S. 411–425

Branson, W.H. [1977]: Asset Markets and Relative Prices in Exchange Rate Determination. In: Sozialwissenschaftliche Annalen, vol. 1, S. 69–89

Branson, W.H. [1979]: Exchange Rate Dynamics and Monetary Policy. In: A. Lindbeck (Hrsg.): Inflation and Employment in Open Economies, Amsterdam, S. 189–224

Branson, W.H., Frenkel, J.A. und **Goldstein, M.** [Hrsg., 1990]: International Policy Coordination and Exchange Rate Fluctuations. Chicago

Braun, A.R. [1976]: Indexation of Wages and Salaries in Developed Economies. In: International Monetary Fund Staff Papers, vol. 23, S. 226–271

Braun, A.R. [1986]: Wage Determination and Incomes Policy in Open Economies. Washington, D.C.

Bray, M.M. und **Savin, N.E.** [1986]: Rational Expectations Equilibria, Learning, and Model Specification. In: Econometrica, vol. 54, S. 1129–1160

Brennan, G. und **Buchanan, J.M.** [1985]: The Reason for Rules. Constitutional Political Economy, London u.a.

Brenner, M.H. [1979]: Wirtschaftskrisen, Arbeitslosigkeit und psychische Erkrankung. München

Bresciani-Turroni, C. [1937]: The Economics of Inflation. A Study of Currency Depreciation in Post-War Germany 1914–1923. London

Breuer, R.-E. u.a. [1986]: Innovationen auf Finanzmärkten. Frankfurt
Brock, W.A. und **Durlauf, S.N.** [2006a]: Social Interactions and Macroeconomics. In: D. Colander [Hrsg.]: Post Walrasian Macroeconomics. Beyond the Dynamic Stochastic General Equilibrium Model, Cambridge, S. 97–115
Brock, W.A. und **Durlauf, S.N.** [2006b]: Macroeconomics and Model Uncertainty. In: D. Colander, [Hrsg.]: Post Walrasian Macroeconomics. Beyond the Dynamic Stochastic General Equilibrium Model, Cambridge, S. 116–134
Brooks, S., Clarke, W., Cockburn, M., Lanz, D. und **Momani, B.** [2013]: Strengthening the Early Warning Exercise. In: World Economics, vol. 14(3), S. 117–135
Bruni, L. und **Porta, P.L.** [Hrsg., 2007]: Economics and Happiness. Framing the Analysis. Oxford
Brunner, K. [1979]: Alternative Erklärungen hartnäckiger Inflation und Anti-Inflationspolitik. In: A. Wolf (Hrsg.): Inflation, München, S. 99–133
Brunner, K. [1981]: Geldtheorie und Geldpolitik: Aus der Sicht des Monetarismus. In: Handwörterbuch der Wirtschaftswissenschaft, Bd. 3, S. 391–412
Brunner, K. [1984]: Hat der Monetarismus versagt? In: Kredit und Kapital, 17. Jg., S. 18–63
Brunnermeier, M.K. [2009]: Deciphering the Liquidity and Credit Crunch 2007–2008. In: Journal of Economic Perspectives, vol. 23(1), S. 77–100
Brunnermeier M.K., Crockett A., Goodhart C., Persaud A.D. und **Shin H.** [2009]: The Fundamental Principles of Financial Regulation. Geneva Reports on the World Economy 11
Brunnermeier, M.K., Eisenbach, T.M. und **Sannikov, Y.** [2012]: Macroeconomics with Financial Frictions: A Survey. NBER Working Paper No. 18102, NBER, Cambridge/Mass.
Brunnermeier, M.K., Gollier, C. und **Parker, J.A.** [2007]: Optimal Beliefs, Asset Prices, and the Preference for Skewed Returns. NBER Working Paper No. 12940, NBER, Cambridge/Mass.
Brunnermeier, M.K. und **Julliard, C.** [2008]: Money Illusion and Housing Frenzies. In: The Review of Financial Studies, vol. 21(1), S. 135–180
Brunnermeier, M.K. und **Parker, J.A.** [2005]: Optimal Expectations. In: American Economic Review, vol. 95(4), S. 1092–1118
Brunnermeier, M.K. und **Sannikov, Y.** [2014]: A Macroeconomic Model with a Financial Sector. In: American Economic Review, vol. 104(2), S. 379–421
Bruno, M. [1995]: Verlangsamt Inflation tatsächlich das Wachstum? In: Finanzierung und Entwicklung, 32. Jg., S. 35–38
Bruno, M. u.a. [Hrsg., 1988]: Inflation Stabilization. The Experience of Israel, Argentina, Brazil, Bolivia and Mexico. Cambridge/Mass. und London
Bruno, M. u.a. [Hrsg., 1991]: Lessons of Economic Stabilization and Its Aftermath. Cambridge/Mass. und London
Bryant, J. [1983]: A Simple Rational Expectations Keynes-Type Model. In: Quarterly Journal of Economics, vol. 98, S. 525–528
Bryant, R.C. [1995]: International Coordination of National Stabilization Policies. Washington, D.C.
Bryant, R.C. u.a. [Hrsg., 1988]: Empirical Macroeconomics for Interdependent Economies. Washington, D.C.
Bryant, R.C. und **Portes, R.** [Hrsg., 1989]: Global Macroeconomics: Policy Conflict and Cooperation. London
Bryson, A. [2007]: The Effect of Trade Unions on Wages. In: Reflets et Perspectives de la vie Économique, vol. 46 (2/3), S. 33–45
Brzoza-Brzezina, M., Kolasa, M. und **Markarski, K.** [2013]: The Anatomy of Standard DSGE Models with Financial Frictions. In: Journal of Economic Dynamics and Control, vol. 37, S. 32–51

Buchanan, J.M. [1976]: Barro on the Ricardian Equivalence Theorem. In: Journal of Political Economy, vol. 84, S. 337–342

Buchanan, J.M. und **Tullock, G.** [1962]: The Calculus of Consent. Logical Foundations of Constitutional Democracy. Ann Arbor

Buiter, W.H. [1985]: A Guide to Public Sector Debt and Deficits. In: Economic Policy, vol. 1, S. 13–60

Buiter, W.H. [1999]: Alice in Euroland. In: Journal of Common Market Studies, vol. 32(2), S. 181–209

Buiter, W.H. und **Grafe, C.** [2001]: No Pain, No Gain? The Simple Analysis of Efficient Disinflation in Open Economies. CEPR Discussion Paper No. 3038, London

Buiter, W.H. und **Marston, R.C.** [Hrsg., 1985]: International Economic Policy Coordination. New York

Buiter, W.H. und **Miller, M.H.** [1985]: Costs and Benefits of an Anti-Inflationary Policy: Questions and Issues. In: V.E. Argy und J.W. Neville (Hrsg.): Inflation and Unemployment, Boston und Sidney, S. 11–37

Buliř, A. [2001]: Income Inequality: Does Inflation Matter? IMF Staff Paper No. 48, Washington, D.C.

Bullard, J. und **Butler, A.** [1993]: Nonlinearity and Chaos in Economic Models: Implications for Policy Decisions. In: Economic Journal, vol. 103, S. 849–867

Bumann, S., Hermes, N. und **Lensink, R.** [2013]: Financial Liberalization and Economic Growth: A Meta-Analysis. In: Journal of International Money and Finance, vol. 33, S. 255–281

Bundesministerium der Finanzen [2012]: Monatsbericht Dezember 2012, Bundesministerium der Finanzen

Burdekin, R.C.K., Denzau, A.T., Keil, M.W., Sitthiyot, T. und **Willet, T.D.** [2004]: When Does Inflation Hurt Economic Growth? Different Nonlinearities for Different Economies. In: Journal of Macroeconomics, vol. 26, S. 519–532

Buscher, H.S. und **Radowski, D.** [2002]: Konjunkturerklärung: Die Real Business Cycle-Theorie. In: ZEW Konjunkturreport Juni 2002, S. 6–9

Bussiere, M. und **Fratzscher, M.** [2006]: Towards a New Early Warning System of Financial Crises. In: Journal of International Money and Finance, vol. 25(6), S. 953–973

Butterworth, J. [1994]: The Theory of Price Control and Black Markets. Aldershot

Caballero, R.J. und **Engel, E.M.R.A.** [1991]: Dynamic (S,s) Economies. In: Econometrica, vol. 59, S. 1659–1686

Caballero, R.J. [1999]: Aggregate Investment. In: J.B. Taylor und M. Woodford (Hrsg.): Handbook of Macroeconomics, vol. 1B, North-Holland, Amsterdam

Cady, J. und **Pellechio, A.** [2006]: Sovereign Borrowing Cost and the IMF's Data Standards Initiative. IMF Working Paper 06/78, Washington, D.C.

Cagan, P. [1956]: The Monetary Dynamics of Hyperinflation. In: M. Friedman (Hrsg.): Studies in the Quantity Theory of Money, Chicago, S. 23–117

Cagan, P. und **Fellner, W.** [1984]: The Cost of Disinflation, Credibility, and the Deceleration of Wages 1982–1983. In: W. Fellner (Proj. Dir.): Essays in Contemporary Economic Problems. Disinflation, American Enterprise Institute, Washington, D.C. und London, S. 7–19

Calomiris, C. [1998]: Blueprints for a New Global Financial Architecture. Mimeo, Columbia University Business School, New York, verfügbar auf: https://www.jec.senate.gov/public/index.cfm/republicans/1998/10/charles-w-calomiris-blueprints-for-a-new-global-financial-architecture (letzter Aufruf: 21.07.2017)

Calvo, G. [1983]: Staggered Prices in a Utility-Maximizing Framework. In: Journal of Monetary Economics, vol. 12, S. 383–398

Camera, G. und **Chien, Y.** [2014]: Understanding the Distributional Impact of Long-Run Inflation. In: Journal of Money, Credit and Banking, vol. 46(6), S. 1137–1170

Campbell, J.Y. und **Mankiw, N.G.** [1987]: Are Output Fluctuations Transitory? In: Quarterly Journal of Economics, vol. 102, S. 857–880

Campbell III, C.M. und **Kamlani, K.S.** [1997]: The Reasons For Wage Rigidity: Evidence From A Survey of Firms. In: Quarterly Journal of Economics, vol. 112(3), S. 759–789

Canto, V.A., Joines, D. H. und **Laffer, A.B.** [Hrsg., 1983]: Foundations of Supply-Side Economics, Theory and Evidence. London

Canzoneri, M.B., Cumby, R.E. und **Diba, B.T.** [2005]: The Need For International Policy Coordination: What's Old, What's New, What's Yet To Come? In: Journal of International Economics, vol. 66(2), S. 363–384

Canzoneri, M.B. und **Gray, J.** [1983]: Two Essays on Monetary Policy in an Interdependent World. International Finance Discussion Papers No. 219, Federal Reserve Board

Canzoneri, M.B. und **Gray, J.** [1985]: Monetary Policy Games and the Consquences of Non-Cooperative Behavior. In: International Economic Review, vol. 26, S. 547–564

Canzoneri, M.B. und **Henderson, D.W.** [1988]: Is Souvereign Policymaking Bad? In: Carnegie-Rochester Series on Public Policy, vol. 28, S. 93–140

Canzoneri, M.B. und **Henderson, D.W.** [1991]: Monetary Policy in Interdependent Economies: A Game-Theoretic Approach. Cambridge/Mass. und London

Canzoneri, M.B., Henderson, D.W. und **Rogoff, K.** [1983]: The Information Content of the Interest Rate and Optimal Monetary Policy. In: Quarterly Journal of Economics, vol. 98, S. 545–566

Capie, F. und **Wood, G.** [2002]: Price Controls in War and Peace: A Marshallian Conclusion. In: Scottish Journal of Political Economy, vol. 49, S. 39–60

Caplin, A. und **Leahy, J.** [1996]: Monetary Policy as a Process of Search. In: American Economic Review, vol. 86, S. 689–702

Caplin, A.S. und **Spulber, D.** [1987]: Menue Costs and the Neutrality of Money. In: Quarterly Journal of Economics, vol. 102, S. 703–725

Carare, A. und **Stone, M.R.** [2006]: Inflation Targeting Regimes. In: European Economic Review, vol. 50, S. 1297–1315

Card, D. [1995]: The Wage Curve: A Review. In: Journal of Economic Literature, vol. 33, S. 785–799

Carlin, W. und **Soskice, D.** [2006]: Macroeconomics. Imperfections, Institutions and Policies. Oxford u.a.

Carlozzi, N. und **Taylor, J.B.** [1985]: International Capital Mobility and the Coordination of Monetary Rules. In: J. Bhandari (Hrsg.): Exchange Rate Management under Uncertainty, Cambridge/Mass., S. 186–211

Carlstrom, C.T. und **Fuerst, T.S.** [1996]: The Benefits of Interest Rate Targeting: A Partial and a General Equilibrium Analysis. In: Economic Review Q2, Federal Reserve Bank of Cleveland

Carmichael, J., Fahrer, J. und **Hawkins, J.** [1985]: Some Macroeconomic Implications of Wage Indexation: A Survey. In: V.E. Argy und J.W. Neville (Hrsg.): Inflation and Unemployment, London, S. 78–102

Carney, M. [2012]: Speech presented to CFA Society Toronto, December 11, Toronto

Carpenter, S.B. und **Demiralp, S.** [2010]: Money, Reserves, and the Transmission of Monetary Policy: Does the Money Multiplier Exist? Finance and Economics Discussion Series 2010-41, Federal Reserve Board, Washington, D.C.

Carraro, C. u.a. [Hrsg., 1991]: International Economic Policy Coordination. Oxford

Carrillo, J., Peersman, G. und **Wouters, J.** [2013]: Dynamic Wage Indexation and Aggregate Shocks. Paper presented at the European Economic Association & Econometric Society Parallel Meetings, August 30, Gothenburg

Carsberg, B., Morgan, E.V. und **Parkin, M.** [Hrsg., 1975]: Indexation and Inflation. London

Cassel, D. und **Thieme, H.-J.** [1977]: Einkommenspolitik. Köln

Cassel, D. und **Thieme, H.-J.** [2007]: Stabilitätspolitik. In: Vahlens Kompendium der Wirtschaftstheorie und Wirtschaftspolitik, Bd. 2, 9. Aufl., München

Cassidy, B. [1991]: The Redistributive Effects of Inflation. Canberra Act, Treasury Research Paper

Cecchetti, S.G. [1998]: Central Bank Policy Rules: Conceptual Issues and Practical Considerations. In: H. Wagner (Hrsg.): Current Issues in Monetary Economics, Heidelberg, S. 121–140

Cecchetti, S.G. [2016]: On the Separation of Monetary and Prudential Policy: How much of the Precrisis Consensus Remains? In: Journal of International Money and Finance, vol. 66, S. 157–169

Cecchetti, S.G., Genberg, H., Lipsky, J. und **Wadhwani, S.** [2000]: Asset Prices and Central Bank Policy. The Geneva Report on the World Economy No. 2, ICMB und CEPR

Cecchetti, S.G., Genberg, H. und **Wadhwani, S.** [2003]: Asset Prices in a Flexible Inflation Targeting Framework. In: W. Hunter, G. G. Kaufmann and M. Pomerleano (Hrsg.): Asset Price Bubbles: The Implications for Monetary, Regulatory, and International Policies, MIT Press, Cambridge/ Mass, S. 427–44

Cecchetti, S.G. und **Kohler, M.** [2014]: When Capital Adequacy and Interest Rate Policy Are Substitutes (And When They are Not). In: International Journal of Central Banking, vol. 10(3), S. 205–231

Cecchetti, S.G. und **Rich, R.** [2001]: Structural Estimates of the US Sacrifice Ratio. In: Journal of Business and Economic Statistics, vol. 19, S. 416–427

Cecioni, M. und **Neri, S.** [2011]: The Monetary Transmission Mechanism in the Euro Area: Has it Changed and Why? Economic Research and International Relations Area Economic Working Paper No. 808, Bank of Italy

Chadha, J.S., Haldane, A.G. und **Janssen, G.J.** [1998]: Shoe-Leather Costs Reconsidered. In: The Economic Journal, vol. 108, S. 363–382

Chang, R. und **Velasco, A.** [1998]: Financial Crises in Emerging Markets: A Canonical Model. NBER Working Paper 6606, NBER, Cambridge/ Mass.

Chang, R. und **Velasco, A.** [2000]: Financial Fragility and the Exchange Rate Regime. In: Journal of Economic Theory, vol. 92(1), S. 1–34

Chang, J., Lai, C. und **Lin, C.** [2003]: Profit Sharing, Worker Effort, and Double-Sided Moral Hazard in an Efficiency Wage Model. In: Journal of Comparative Economics, vol. 31, S. 75–93

Chari, V.V., Christiano, L. und **Kehoe, P.** [1996]: Optimality of the Friedman Rule in Economies with Distoring Taxes. In: Journal of Monetary Economics, vol. 37, S. 203–224

Chari, V.V., Kehoe, P.J. und **Prescott, E.C.** [1989]: Time Consistency and Policy. In: R.J. Barro (Hrsg.): Modern Business Cycle Theory, Oxford, S. 265–305

Charness, G. und **Rabin, M.** [2002]: Understanding Social Preferences with Simple Tests. In: Quarterly Journal of Economics, vol. 117, S. 817–869

Chen, S. [2013]: How Do Leverage Ratios Affect Bank Share Performance during Financial Crises: The Japanese Experience of the Late 1990s. In: Journal of Japanese and International Economies, vol. 30, S. 1–18

Chen, Y. [2004]: Compensation System in Japan, United States and European Countries. Institute for International Labor Studies, Ministry of Labor and Social Security, People's Republic of China

Chiang, A. [1999]: Elements of Dynamic Optimization. Long Grove

Chiang, A.C. und **Wainwright. K.** [2005]: Fundamental Methods of Mathematical Economics. 4. Aufl., Boston

Chinn, M.D. [2006]: Lessons from the First Financial Crises of the 21st Century. In: International Finance, vol. 9(2), S. 281–294

Chiu, J. und **Molico, M.** [2010]: Liquidity, Redistribution, and The Welfare Cost of Inflation. In: Journal of Monetary Economics, vol. 57(4), S. 428–438

Christiano, L.J., Eichenbaum, M. und **Evans, C.L.** [2005]: Nominal Rigidities and the Dynamic Effects of a Shock to Monetary Policy. In: Journal of Political Economy, vol. 113(1), S. 1–45

Christiano, L.J., Motto, R. und **Rostagno, M.** [2007]: Shocks, Structures or Monetary Policies? The Euro Area and US After 2001. ECB Working Paper No. 774, European Central Bank

Chung, H., Laforte, J.-P., Reifschneider, D. und **Williams, J.C.** [2011]: Have We Underestimated the Likelihood and Severity of Zero Lower Bound Events? Working Paper 2011-01, Federal Reserve Bank of San Francisco

Claassen, E.-M. [1980]: Grundlagen der Geldtheorie. 2. Aufl., Berlin u.a.

Claessens, S., Dell'Ariccia, G., Igan, D. und **Laeven, L.** [2010]: Cross-Country Experiences and Policy Implications from the Global Financial Crisis. In: Economic Policy, vol. 25(4), S. 267–293

Clarida, R., Gali, J. und **Gertler, M.** [1999]: The Science of Monetary Policy: A New Keynesian Perspective. In: Journal of Economic Literature, vol. 37(4), S. 1661–1707

Clarida, R., Gali, J. und **Gertler, M.** [2000]: Monetary Policy Rules and Macroeconomic Stability: Evidence and Some Theory. In: The Quarterly Journal of Economics, vol.CXV, S. 147–180

Claudon, M.P. und **Cornwall, R.R.** [Hrsg., 1981]: An Incomes Policy for the United States: New Approaches. Boston u.a.

Cline, W.R. [2004]: Private Sector Involvement in Financial Crisis Resolution: Definition, Measurement, and Implementation. In: A.G. Haldane (Hrsg.): Fixing Financial Crises in the Twenty-First Century. Routledge, London, S. 61–94

Clower, R.W. [1965]: The Keynesian Counter-Revolution: A Theoretical Appraisal. In: F.H. Hahn und F.P.R. Brechling (Hrsg.): The Theory of Interest Rates, London und New York, S. 103–125

Chochrane, J.H. [2016] Do Higher Interest Rates Raise or Lower Inflation? Verfügbar auf http://faculty.chicagobooth.edu/john.cochrane/research/papers/fisher.pdf (letzter Abruf: 03.11.2017)

Coddington, A. [1976]: Keynesian Economics: The Search for First Principles. In: Journal of Economic Literature, vol. 14, S. 1258–1273

Cogley, T. und **Sbordone, A.M.** [2008]: Trend Inflation, Indexation, and Inflation Persistence in the New Keynesian Phillips Curve. In: American Economic Review, vol. 98(5), S. 2101–2126

Cohen, B.J. [2004]: The Future of Money. Princeton u.a.

Coibion, O., Gorodnichenko, Y. und **Kamdar, R.** [2017]: The Formation of Expectations, Inflation and the Phillips Curve. NBER Working Paper No. 23304, NBER, Cambridge/Mass.

Colander, D.C. [1981]: Tax- and Market-Based Incomes Policies: The Interface of Theory and Practise. In: M.P. Claudon und R.R. Cornwall (Hrsg.): An Incomes Policy for the United States: New Approaches, Boston u.a., S. 79–97

Colander, D.C. [Hrsg., 1986]: Incentive-Based Incomes Policies: Advances in TIP und MAP. Cambridge/Mass.

Colander, D.C. [Hrsg., 2006]: Post-Walrasian Macroeconomics. Beyond the Dynamic Stochastic General Equilibrium Model. Cambrigde u.a.

Colander, D.C., u.a. [2008]: Complexitiy and Dynamics in Macroeconomics: Alternatives to the DSGE Models. Beyond DSGE Models: Towards an Empirically Based Macroeconomics. In: American Economic Review, Papers & Proceedings, vol. 98, S. 236–240

Collard, F. und **Dellas, H.** [2005]: Poole in the New Keynesian Model. In: European Economic Review, vol. 49(4), S. 887–907

Conrad, H. [2009]: From Seniority to Performance Principle: The Evolution of Pay Practices in Japanese Firms since the 1990s. In: Social Science Japan Journal, vol. 13(1), S. 115–135

Cooper, J.Ph. und **Fischer, S.** [1973]: Stabilization Policy and Lags. In: Journal of Political Economy, vol. 81, S. 847–877

Cooper, R. [1988]: Will Share Contracts Increase Economic Welfare. In: American Economic Review, vol. 78, S. 138–154

Cooper, R. u.a. [1990]: Selection Criteria in Coordination Games: Some Experimental Results. In: American Economic Review, vol. 80, S. 218–233

Cooper, R. und **John, A.** [1988]: Coordinating Coordination Failures in Keynesian Models. In: Quarterly Journal of Economics, vol. 103, S. 441–463

Cooper, R.N. [1986]: Economic Policy in an Interdependent World. Essays in World Economics, Cambridge/Mass. und London

Cooper, R.N., Eichengreen, B., Holtham, G., Putnam, R.D. und **Henning, C.R.** [1989]: Can Nations Agree? Brookings Institution, Washington, D.C.

Cooper, R.W. [1998]: Business Cycles: Theory, Evidence and Policy Implications. In: Scandinavian Journal of Economics, vol. 100, S. 213–237

Cooper, R.W. [1999]: Coordination Games: Complementarities and Macroeconomics. Cambridge, New York und Melbourne

Corden, W.M. [1986]: International Policy Coordination. In: Weltwirtschaftliches Archiv, Bd. 122, S. 423–438

Corsetti, G., Dedola, L. und **Leduc, S.** [2010]: Optimal Monetary Policy in Open Economies. CEPR Discussion Paper No. 8069, Centre for Economic Policy Research

Corsetti, G., Guimaraes, B. und **Roubini, N.** [2006]: International Lending of Last Resort and Moral Hazard – A Model of IMF's Catalytic Finance. In: Journal of Monetary Economics, vol. 53, S. 441–471

Corsetti, G. und **Pesenti, P.** [2001]: Welfare and Macroeconomic Interdependence. In: Quarterly Journal of Economics, vol. 116, S. 421–446

Corsetti, G. und **Pesenti, P.** [2005]: The Simple Geometry of Transmission and Stabilization in Closed and Open Economies. CEPR Discussion Paper No. 5080, Centre for Economic Policy Research

Corsetti, G., Pesenti, P. und **Roubini, N.** [1999]: What Caused the Asian Currency and Financial Crisis? In: Japan and the World Economy, vol. 11, S. 305–373

Cosimano, T.F. und **VanHuyck, J.B.** [1989]: Dynamic Monetary Control and Interest Rate Stabilization. In: Journal of Monetary Economics, vol. 23, S. 53–63

Cour-Thimann, P. und **Winkler, B.** [2013]: The ECB's Non-Standard Monetary Policy Measures: The Role of Institutional Factors and Financial Structure. ECB Working Paper Series No. 1528, European Central Bank

Craig, B. und **Rocheteau, G.** [2008]: Inflation and Welfare: A Search Approach. In: Journal of Money, Credit and Banking, vol. 40(1), S. 89–119

Cross, R. [Hrsg., 1988]: Unemployment, Hysteresis and the Natural Rate Hypothesis. Oxford

Cross, R. [Hrsg., 1995]: The Natural Rate of Unemployment. Cambridge/Mass.

Cross, R., McNamara, H., Kalachev, L. und **Pokrovski, A.** [2011]: Hysteresis and Post Walrasian Economics. Oxford Centre for Collaborative Applied Mathematics Report Number 11/08

Crowe, C. [2010]: Testing the Transparency Benefits of Inflation Targeting: Evidence from Private Sector Forecasts. In: Journal of Monetary Economics, vol. 57, S. 226–232

Crowe, C. und **Meade, E.E.** [2008]: Central Bank Independence and Transparency: Evolution and Effectiveness. IMF Working Paper Series WP/08/119, Washington, D.C.

Cruz Rambaud, S. und **Valis Martinez, M.** [2003]: Progressive Current Accounts: Profit-Sharing Interest. In: International Game Theory Review, vol. 5, S. 139–149

Cubillas, E. und **González, F.** [2014]: Financial Liberalization and Bank Risk-Taking: International Evidence. In: Journal of Financial Stability, vol. 11, S. 32–48

Cukierman, A. [1980]: The Effect of Wage Indexation on Macroeconomic Fluctuations. In: Journal of Monetary Economics, vol. 6, S. 147–170

Cukierman, A. [1992]: Central Bank Strategy, Credibility, and Independence: Theory and Evidence. Cambridge/Mass.
Cukierman, A. [2000]: Establishing a Reputation of Dependability by Means of Inflation Targets. In: Economics of Governance, vol. 1, S. 53–76
Cukierman, A. [2009]: The Limits of Transparency. In: Economic Notes, vol. 38, S. 1–37
Cukierman, A. [2011]: Reflections on the Crisis and on its Lessons for Regulatory Reform and for Central Bank Policies. In: Journal of Financial Stability, vol. 7(1), S. 26–37
Cukierman, A., Edwards, S. und **Tabellini, G.** [1992]: Seigniorage and Political Instability. In: American Economic Review, vol. 82, S. 537–555
Cukierman, A. und **Meltzer, A.H.** [1986]: A Positive Theory of Discretionary Policy, the Cost of a Democratic Government, and the Benefits of a Constitution. In: Economic Inquiry, vol. 24, S. 367–388
Cukierman, A., Miller, G. und **Neyapti, B.** [2002]: Central Bank Reform, Liberalization and Inflation in Transition Economics – An International Perspective. In: Journal of Monetary Economics, vol. 49(2), S. 237–264
Currie, D.A. [1985]: Macroeconomic Policy Design and Control Theory – A Failed Partnership? In: Economic Journal, vol. 95, S. 285–306
Currie, D.A. [1993]: International Cooperation in Monetary Policy: Has it a Future? In: Economic Journal, vol. 103, S. 178–187
Currie, D.A. und **Levine, P.L.** [1985]: Simple Macropolicy Rules for the Open Economy. In: Economic Journal, vol. 95 (supplement), S. 60–70
Currie, D.A. und **Levine, P.L.** [1993]: International Policy Coordination – A Survey. In: dies. (Hrsg.): Rules, Reputation and Macroeconomic Policy Coordination, New York, S. 43–76
Currie, D.A., Levine, P.L. und **Vidalis, N.** [1987]: Cooperative and Noncooperative Rules for Monetary and Fiscal Policy in an Empirical Two-Bloc-Model. In: R. Bryant und R. Portes (Hrsg.): Global Macroeconomics: Policy Conflict and Cooperation, London
Currie, D.A. und **Wren-Lewis, S.** [1989]: An Appraisal of Alternative Blueprints for International Policy Coordination. In: European Economic Review, vol. 33, S. 1769–1785
Daniels, J.P. und **VanHoose, D.D.** [1998]: Two-Country Models of Monetary and Fiscal Policy: What Have We Learned? What More Can We Learn? In: Open Economies Review, vol. 9, S. 263–282
Daniels, J.P. und **VanHoose, D.D.** [1999]: The Nonstationarity of Money and Prices in Interdependent Economies. In: Review of International Economics, vol. 7, S. 87–101
Daniels, J.P. und **VanHoose, D.D.** [2009]: Trade Openness, Capital Mobility, and the Sacrifice Ratio. In: Open Economies Review, vol. 20, S. 473–487
Daniels, J.P. und **VanHoose, D.D.** [2013]: Exchange-Rate Pass Through, Openness, and the Sacrifice Ratio. In: Journal of International Money and Finance, vol. 36, S. 131–150
Danielsson, J., Goodhart, C., Keating, C. und **Shin, H.S.** [2001]: An Academic Response to Basel II. FMG Special Papers sp130, Financial Markets Group
Danthine, J.P. und **Donaldson, J.B.** [1993]: Methodological and Empirical Issues in Real Business Cycle Theory. In: European Economic Review, vol. 37, S. 1–35
Das, S.P. [1993]: New Perspectives on Business Cycles. An Analysis of Inequality and Heterogeneity. Aldershot
Danziger, L. [1988]: Costs of Price Adjustment and the Welfare Economics of Inflation and Disinflation. In: American Economic Review, vol. 78, S. 633–646
Danziger, L. [1999]: A Dynamic Economy with Costly Price Adjustment. In: American Economic Review, vol. 89, S. 878–901
Davis, E.P. und **Karim, D.** [2008]: Comparing Early Warning Systems for Banking Crises. In: Journal of Financial Stability, vol. 4(2), S. 89–120
Decressin, J. und **Laxton, D.** [2009]: Gauging Risks for Deflation. IMF Staff Position Note SPN/09/01, Washington, D.C.

De Grauwe, P. [2010]: The Scientific Foundation of Dynamic Stochastic General Equilibrium (DSGE) Models. In: Public Choice, vol. 144, S. 413–443

De Grauwe, P. [2011]: Animal Spirits and Monetary Policy. In: Economic Theory, vol. 47(2–3), S. 423–457

De Grauwe, P. [2012]: Lectures on Behavioral Macroeconomics. Princeton und Oxford

De Grauwe, P. und **Gros, D.** [2009]: A New Two-Pillar Strategy for the ECB. CESifo Working Paper No. 2818, CESifo Group Munich

De Gregorio, J. [1993]: Inflation, Taxation, and Long-Run Growth. In: Journal of Monetary Economics, vol. 31, S. 271–298

de Haan, J. und **Eijffinger, S.** [2016]: The Politics of Central Bank Independence. DNB Working Paper No. 539, Amsterdam

De la Torre, A. und **Ize, A.** [2013]: The Rhyme and Reason for Macroprudential Policy: Four Guideposts to Find Your Bearings. Policy Research Working Paper No. 6576, World Bank, Washington, D.C.

Dell'Ariccia, G., Deniz, I., Laeven, L., und **Tong, H.** [2016]: Credit Booms and Macrofinancial Stability. In: Economic Policy, Vol. 31(86), S. 299–355

DellaVigna, S. [2009]: Psychology and Economics: Evidence from the Field. In: Journal of Economic Literature, vol. 47(2), S. 315–372

De Long, J.B. [2000]: The Triumph of Monetarism? In: Journal of Economic Perspectives, vol. 14(1), S. 83–94

De Long, J.B. und **Summers, L.H.** [1986]: Is Increased Price Flexibility Destabilizing? In: American Economic Review, vol. 76, S. 1031–1044

De Menil, G. und **Solomon, A.M.** [1983]: Economic Summitry. New York

De Nicolo, G., Favara, G. und **Ratnovski, L.** [2012]: Externalities and Macroprudential Policy. IMF Staff Discussion Note, Washington, D.C.

De Walque, G., Jimeno, J., Krause, M., Le Bihan, H., Millard, S. und **Smets, F.** [2010]: Some Macroeconomic and Monetary Policy Implications of New Micro Evidence on Wage Dynamics. In: Journal of the European Economic Association, vol. 8(2–3), S. 506–513

Dennis, R. [2010]: When is Discretion Superior to Timeless Perspective Policymaking? In: Journal of Monetary Economics, vol. 57(3), S. 266–277

Dennis R. und **Söderström, U.** [2002]: How Important is Precommitment for Monetary Policy? Working Paper in Applied Economic Theory 2002-10, Federal Reserve Bank of San Francisco

Dennis, R., Leitemo, K. und **Söderström, U.** [2007]: Monetary Policy in a Small Open Economy with a Preference for Robustness. CEPR Discussion Papers 6067, Centre for Economic Policy Research

Deutsche Bundesbank [1985]: Zur längerfristigen Entwicklung und Kontrolle des Geldvolumens. In: Monatsberichte der Deutschen Bundesbank, 37. Jg., Nr.1, S. 14–28

Deutsche Bundesbank [1987]: Geldmengenziel für das Jahr 1987. In: Monatsberichte der Deutschen Bundesbank, 39. Jg., Nr.1, S. 13–14

Deutsche Bundesbank [1992]: Internationale Organisationen und Abkommen im Bereich von Währung und Wirtschaft. Sonderdruck der Deutschen Bundesbank Nr. 3, 4. Aufl., Frankfurt am Main

Deutsche Bundesbank [1999]: Taylor-Zins und Monetary Conditions Index. Monatsbericht April 1999, Frankfurt am Main, S. 47–63

Deutsche Bundesbank [2003]: Weltweite Organisationen und Gremien im Bereich von Währung und Wirtschaft. Frankfurt am Main

Deutsche Bundesbank [2004]: Neue Eigenkapitalanforderungen für Kreditinstitute (Basel II). Monatsbericht September 2004, Frankfurt am Main, S. 75–100

Deutsche Bundesbank [2009]: Finanzstabilitätsbericht 2009. Frankfurt am Main

Deutsche Bundesbank [2010a]: Monatsbericht September 2010. Frankfurt am Main

Deutsche Bundesbank [2010b]: Finanzstabilitätsbericht November 2010. Frankfurt am Main

Deutsche Bundesbank [2011a]: Monatsbericht März 2011. Frankfurt am Main
Deutsche Bundesbank [2011b]: Basel III – Leitfaden zu den neuen Eigenkapital- und Liquiditätsregeln für Banken. Frankfurt am Main
Deutsche Bundesbank [2012a]: Monatsbericht April 2012. Frankfurt am Main
Deutsche Bundesbank [2012b]: Finanzstabilitätsbericht 2012. Frankfurt am Main
Deutsche Bundesbank [2016]: Zu den gesamtwirtschaftlichen Auswirkungen der quantitativen Lockerung im Euro-Raum. In: Monatsbericht, Juni, S. 29–54
Deutsche Bundesbank [2017]: Die Rolle von Banken, Nichtbanken und Zentralbank im Geldschöpfungsprozess. In: Monatsbericht, April, S. 15–36
Dhyne, E. u.a. [2005]: Price Setting in the Euro Area: Some Stylised Facts from Individual Consumer Price Data. ECB Working Paper No. 524, European Central Bank
Diamond, P. [1982]: Aggregate Demand Management in Search Equilibrium. In: Journal of Political Economy, vol. 90, S. 881–894
Diamond, D. und **Dybvig, P.** [1983]: Bank Runs, Deposit Insurance and Liquidity. In: Journal of Political Economy, vol. 91, S. 401–419
Dias, D. u.a. [2007]: Price Setting in the Euro Area: Some Stylised Facts from Individual Producer Price Data. Discussion Paper Series 1: Economic Studies No. 03/2007, Deutsche Bundesbank
Dickens, W. und **Lang, K.** [1992]: Labor Market Segmentation Theory: Reconsidering the Evidence. NBER Working Paper No. 4087, NBER, Cambridge/Mass.
Dierick, F., Pires, F., Scheicher, M. und **Spitzer, K.G.** [2005]: The New Basel Capital Framework and its Implementation in the European Union. Occasional Paper Series 42, European Central Bank
Dincer, N.N. und **Eichengreen, B.** [2007]: Central Bank Transparency: Where, Why, and with What Effects. NBER Working Paper No. 13003, NBER, Cambridge/Mass.
Di Tella, R. und **MacCulloch, R.J.** [2006]: Some Uses of Happiness Data in Economics. In: Journal of Economic Perspectives, vol. 20(1), S. 25–46
Di Tella, R., MacCulloch, R.J. und **Oswald, A.J.** [2001]: Preferences over Inflation and Unemployment: Evidence from Surveys of Happiness. In: American Economic Review, vol. 91(1), S. 335–341
Di Tella, R., MacCulloch, R.J. und **Oswald, A.J.** [2003]: The Macroeconomics of Happiness. In: Review of Economics and Statistics, vol. 85, S. 809–827
Dittmar, R., Gavin, W.T. und **Kydland, F.E.** [1999a]: Price-Level Uncertainty and Inflation Targeting. In: Federal Reserve Bank of St. Louis Review, vol. 81(4), S.23–33
Dittmar, R., Gavin, W.T. und **Kydland, F.E.** [1999b]: The Inflation-Output Variability Tradeoff and Price-Level Targets. In: Federal Reserve Bank of St. Louis Review, vol. 81(1), S. 23–31
Dixit, A. und **Stiglitz, J.E.** [1977]: Monopolistic Competition and Optimum Product Diversity. In: American Economic Review, vol. 67, S. 297–308
Dixit, A.K. und **Pindyck, R.S.** [1994]: Investment under Uncertainty. Princeton
Dixon, H.D. und **Rankin, N.** [1995]: Imperfect Competition and Macroeconomics: A Survey. In: H.D. Dixon und N. Rankin (Hrsg.): The New Macroeconomics: Imperfect Markets and Policy Effectiveness, Cambridge/Mass.
Dornbusch, R. [1976]: Expectations and Exchange Rate Dynamics. In: Journal of Political Economy, vol. 84, S. 1161–1176
Dornbusch, R. [1980]: Open Economy Macroeconomics. New York
Dornbusch, R. [1983]: Flexible Exchange Rates and Interdependence. In: IMF Staff Papers, vol. 30, S. 3–30
Dornbusch, R. [1986]: Dollars, Debts, and Deficits. Leuven und Cambridge/Mass.
Dornbusch, R. u.a. [1986]: Macroeconomic Prospects and Policies for the European Community. In: O. Blanchard, R. Dornbusch und R. Layard (Hrsg.): Restoring Europe's Prosperity, Cambridge/Mass. und London, S. 1–32

Dornbusch, R. und **Fischer, S.** [1980]: Exchange Rates and the Current Account. In: American Economic Review, vol. 70, S. 960–971

Dornbusch, R., Fischer, S. und **Startz, R.** [2014]: Macroeconomics. 12. Aufl., Boston

Dornbusch, R. und **Simonsen, M.H.** [Hrsg., 1983]: Inflation, Debt, and Indexation. Cambridge/Mass. und London

Dornbusch, R. und **Simonsen, M.H.** [1986]: Inflation Stabilization with Incomes Policy Support. A Review of the Experience in Argentina, Brazil and Israel. Paper prepared for the Group of Thirty, New York, Oct. 2–3

Dornbusch, R., Sturzenegger, F. und **Wolf, H.** [1990]: Extreme Inflation: Dynamics and Stabilization. In: Brookings Papers on Economic Activity 2:1990, S. 1–64

Dotsey, M., Fujita, S. und **Stark, T.** [2017]: Do Phillips Curves Conditionally Help to Forecast Inflation? FRBP Working Paper No. 17-26, Federal Reserve Bank of Philadelphia

Downs, A. [1968]: Ökonomische Theorie der Demokratie. Tübingen

Drazen, A. [1980]: Recent Developments in Macroeconomic Disequilibrium Theory. In: Econometrica, vol. 48, S. 283–304

Drazen, A. [2000]: Political Economy in Macroeconomics. Princeton

Drazen, A. [2008]: Political Business Cycles. In: S.N. Durlauf und L.E. Blume (Hrsg.): The New Palgrave Dictionary of Economics, 2. Auflage, New York

Drehmann, M. und **Juselius, M.** [2014]: Evaluating Early Warning Indicators of Banking Crisis: Satisfying Policy Requirements. BIS Working Paper No. 421, Basel

Drèze, J.H. [1975]: Existence of an Equilibrium under Price Rigidity and Quantity Rationing. In: International Economic Review, vol. 16, S. 301–320

Driffill, J. und **Schultz, C.** [1992]: Wage Setting and Stabilization Policy in a Game with Renegation. In: Oxford Economic Papers, vol. 44, S. 440–459

Driffill, S., Mizon, G.E. und **Ulph, A.** [1990]: Costs of Inflation. In: B.M. Friedman und F.H. Hahn (Hrsg.): Handbook of Monetary Economics, vol. II, Amsterdam, S. 1013–1066

Driskill, R.A. und **Sheffrin, S.M.** [1986]: Is Price Flexibility Destabilizing? In: American Economic Review, vol. 76, S. 802–807

Drudi, F. und **Giordano, R.** [2000]: Wage Indexation, Employment and Inflation. In: Scandinavian Journal of Economics, vol. 102, S. 645–668

Drulovic, M. [1977]: Arbeiterselbstverwaltung auf dem Prüfstand – Erfahrungen in Jugoslawien. Berlin und Bonn

Du Caju, P., Gautier, E., Momferatu, D. und **Ward-Warmedinger, M.** [2009]: Institutional Features of Wage Bargaining in 23 European Countries, the US and Japan. In: Ekonomia, vol. 12(2), S. 57–108

Duck, N.W. [1993]: Some International Evidence on the Quantity of Money. In: Journal of Money, Credit, and Banking, vol. 25, S. 1–12

Dueker, M.J. und **Fischer, A.M.** [2006]: Do Inflation Targeters Outperform Non-Targeters? In: In: Federal Reserve Bank of St. Louis Review, vol. 88, S. 431–450

Durgun, Ö. und **Timur, M.C.** [2015]: The Effects of Electronic Payments on Monetary Policies and Central Banks. In: Procedia – Social and Behavioral Sciences, vol. 195, S. 680–685

Dürr, E. [Hrsg., 1972]: Neue Wege der Wirtschaftspolitik. Berlin

Economic Report of the President [1962]: Annual Report of the Council of Economic Advisers. Washington, D.C.

Edison, H.J. [2003]: Do Indicators of Financial Crises Work? An Evaluation of an Early Warning System. In: International Journal of Finance and Economics, vol. 8(1), S. 11–53

Edison, H.J., Levine, R., Ricci, L. und **Slok, T.** [2002]: International Financial Integration and Economic Growth. In: Journal of International Money and Finance, vol. 21, S. 749–776

Edwards, S. [2001]: Capital Mobility and Economic Performance: Are Emerging Economies Different? NBER Working Paper No. 8076, NBER, Cambridge/ Mass.

Ehrenberg, R., Danziger, L. und **San, G.** [1983]: Cost of Living Adjustment Clauses in Union Contracts: A Summary of Results. In: Journal of Labor Economics, vol. 1, S. 215–245

Ehrlicher, W. und **Becker, W.-D.** [Hrsg., 1978]: Die Monetarismus-Kontroverse. Beihefte zu Kredit und Kapital 4, Berlin

Ehrlicher, W. und **Simmert, D.B.** [Hrsg., 1982]: Geld- und Währungspolitik in der Bundesrepublik Deutschland. Beihefte zu Kredit und Kapital 7, Berlin

Ehrmann, M. und **Fratzscher, M.** [2007]: Communication and Decision-Making by Central Bank Committees: Different Strategies, Same Effectiveness. In: Journal of Money, Credit and Banking, vol. 39(3), S. 509–541

Ehrmann, M. und **Fratzscher, M.** [2013]: Dispersed Communication by Central Bank Committees and the Predictability of Monetary Policy Decisions. In: Public Choice, vol. 157(1–2), S. 223–244

Ehrmann, M. und **Tzamourani, P.** [2012]: Memories of High Inflation. In: European Journal of Political Economy, vol. 28(2), S. 174–191

Eichengreen, B. [1992]: Golden Fetters: The Gold Standard and the Great Depression. New York, S. 1919–1939

Eichengreen, B. [1994]: International Monetary Arrangements for the 21st Century. Brookings, Washington, D.C.

Eichengreen, B. [1999]: Toward a New International Financial Architecture: A Practical Post-Asia Agenda. Washington, D.C.

Eichengreen, B. [2009]: From the Asian Crisis to the Global Credit Crisis: Reforming the International Financial Architecture Redux. In: International Economics and Economic Policy, vol. 6(1), S. 1–22

Eichengreen, B., Kletzer, K. und **Mody, A.** [2003]: Crisis Resolution: Next Steps. Pacific Basin Working Paper Series 03–05, Federal Reserve Bank of San Francisco

Eichengreen, B. und **Leblang, D.** [2002]: Capital Account Liberalization and Growth: Was Mr. Mahathir Right? NBER Working Paper No. 9427, NBER, Cambridge/ Mass.

Eichner, A. [Hrsg., 1979]: A Guide to Post-Keynesian Economics. White Plains, New York

Eijffinger, S.C.W. und **De Haan, J.** [1996]: The Political Economy of Central-Bank Independence. Special Papers in International Economics No. 19, Princeton

Eijffinger, S.C.W. und **Hoeberichts, M.M.** [2008]: The Trade-Off Between Central Bank Independence and Conservatism in a New Keynesian Framework. In: European Journal of Political Economy, vol. 24(4), S. 742–747

Engel, C. [2016]: International Coordination of Central Bank Policy. In: Journal of International Money and Finance, vol. 67, S. 13–24

Els, P.J.A. van [1995]: Real Businss Cycle Models and Money: A Survey of Theories and Stylized Facts. In: Weltwirtschaftliches Archiv, Bd. 131, S. 223–264

Engle, R.F. und **Granger, C.W.** [1987]: Co-Integration and Error Correction: Representation, Estimation and Testing. In: Econometrica, vol. 55, S. 251–276

English, W.B. [1999]: Inflation and Financial Sector Size. In: Journal of Monetary Economics, vol. 44, S. 379–400

Erceg, C.J. Henderson, D.W. und **Levin, A.T.** [2000]: Optimal Monetary Policy with Staggered Wage and Price Contracts. In: Journal of Monetary Economics, vol. 46, S. 281–313

Esdar, B. [1980]: Kooperation in der Einkommenspolitik. Tübingen

Estrella, A. und **Mishkin, F.S.** [1998]: Rethinking the Role of NAIRU in Monetary Policy: Implications of Model Formulation and Uncertainty. NBER Working Paper No. 6518, NBER, Cambridge/ Mass.

Estrin, S., Grout, P. und **Wadhwani, S.** [1987]: Profit-Sharing and Employee Share Ownership. In: Economic Policy. A European Forum, vol. 4, S. 14–62

Eusepi, S. und **Preston, B.** [2010]: Central Bank Communication and Expectations Stabilization. In: American Economic Journal: Macroeconomics, vol. 2, S. 235–271

Evans, G.W. und **Honkapohja, S.** [1999]: Learning Dynamics. In: J.B. Taylor und M. Woodford (Hrsg.): Handbook of Macroeconomics, vol. 1A, Amsterdam, S. 449–542

Evans, G.W. und **Honkapohja, S.** [2001]: Learning and Expectations in Macroeconomics. Princeton

Evans, G.W. und **Honkapohja, S.** [2009]: Learning and Macroeconomics. In: Annual Review of Economics, vol. 1, S. 421–451

Evans, G.W., Honkapohja, S. und **Mitra, K**. [2012]: Does Ricardian Equivalence Hold When Expectations Are Not Rational? In: Journal of Money, Credit and Banking, vol. 44(7), S. 1259–1283

Evers, M.P. [2013]: Strategic Monetary Policy in Interdependent Economies: Gains from Coordination Reconsidered. In: Journal of International Money and Finance, vol. 32, S. 360–376

EZB [1999]: Die stabilitätsorientierte geldpolitische Strategie des Eurosystems. Monatsbericht Januar 1999, Frankfurt am Main, S. 43–56

EZB [2000]: Die zwei Säulen der geldpolitischen Strategie der EZB. Monatsbericht November 2000, Frankfurt am Main, S. 41–53

EZB [2001]: Die neue Basler Eigenkapitalvereinbarung aus Sicht der EZB. Monatsbericht Mai 2001, Frankfurt am Main, S. 65–78

EZB [2003]: Ergebnis der von der EZB durchgeführten Überprüfung ihrer geldpolitischen Strategie. Monatsbericht Juni 2003, Frankfurt am Main, S. 87–102

EZB [2008]: Verbriefungen im Euro-Währungsgebiet. Monatsbericht Februar 2008, Frankfurt am Main

EZB [2010a]: Die Reaktion der EZB auf die Finanzkrise. Monatsbericht Oktober 2010, Frankfurt am Main, S. 73–79

EZB [2010b]: Vermögenspreisblasen und Geldpolitik. Monatsbericht November 2010, Frankfurt am Main, S. 75–91

EZB [2012]: Vereinbarkeit von geldpolitischen Outright-Geschäften mit dem Verbot der monetären Finanzierung. Monatsbericht Oktober 2012, Frankfurt am Main, S. 7–15

Fagiolo, G. und **Roventini, A.** [2017]: Macroeconomic Policy in DSGE and Agent-Based Models Redux: New Developments and Challenges Ahead. In: Journal of Artificial Societies and Social Simulation, vol. 20(1)

Farber, H.S. [1986]: Die selbstverwaltete Unternehmung – eine effiziente Alternative zum Kapitalismus? In: Ökonomie und Gesellschaft. Jahrbuch 3: Jenseits von Staat und Kapital, Frankfurt und New York, S. 276–332

Faust, J. und **Svensson, L.E.O.** [2001]: Transparency and Credibility: Monetary Policy with Unobservable Goals. In: International Economic Review, vol. 42, S. 369–398.

Favara, G. und **Giordani, P.** [2009]: Reconsidering the Role of Money for Output, Prices and Interest Rates. In: Journal of Monetary Economics, vol. 56(3), S. 419–430

Fawley, B.W. und **Neely, C.J.** [2013]: Four Stories of Quantitative Easing. In: Federal Reserve Bank of St. Louis Review, vol. 95(1), S. 51–88

FCIC [2011]: The Financial Crisis Inquiry Report: Final Report of the National Commission on the Causes of the Financial and Economic Crisis in the United States. Financial Crisis Inquiry Commission, January 2011

Federal Open Market Committee (FOMC) [2017]: Statement on Longer-Run Goals and Monetary Policy Strategy. Adopted effective January 24, 2012; as amended effective January 31, 2017, verfügbar auf: https://www.federalreserve.gov/monetarypolicy/files/FOMC_LongerRunGoals.pdf (letzter Abruf: 29.10.2017)

Fehr, E., Goette, L. und **Zehnder, C.** [2009]: A Behavioral Account of the Labor Market: The Role of Fairness Concerns. In: Annual Review of Economics, vol. 1, S. 355–384

Fehr, E. und **Schmidt, K.M.** [1999]: A Theory of Fairness, Competition, and Cooperation. In: Quarterly Journal of Economics, vol. 114, S. 817–868

Fehr, E. und **Schmidt, K.M.** [2006]: The Economics of Fairness, Reciprocity and Altruism: Experimental Evidence and New Theories. In: S. Kolm u.a. (Hrsg.): Handbook of the Economics of Giving, Altruism and Reciprocity, vol. 1, S. 615–691

Fehr, E. und **Tyran, J.-R.** [2005]: Individual Irrationality and Aggregate Outcomes. In: Journal of Economic Perspectives, vol. 19(4), S. 43–66

Felderer, B. und **Homburg, S.** [2005]: Makroökonomik und neue Makroökonomik. 9. Aufl., Berlin u.a.

Feldsieper, M. und **Gross, R.** [Hrsg. 1983]: Wirtschaftspolitik in weltoffener Wirtschaft. Berlin

Feldstein, M. [1976]: Perceived Wealth in Bonds and Social Security: A Comment. In: Journal of Political Economy, vol. 84, S. 331–336

Feldstein, M. [1979]: The Welfare Cost of Permanent Inflation and Optimal Short-Run Economic Policy. In: Journal of Political Economy, vol. 87, S. 749–768

Feldstein, M. [1983]: Inflation, Tax Rules, and Capital Formation. Chicago and London

Feldstein, M. [1987]: Fed Policy Shouldn't Target the Dollar. In: The Wall Street Journal, May 8

Feldstein, M. [1988a]: The Effects of Fiscal Policies When Incomes Are Uncertain: A Contradiction to Ricardian Equivalence. In: American Economic Review, vol. 78, S. 14–23

Feldstein, M. [1988b]: Distinguished Lecture on Economics in Government: Thinking About International Economic Coordination. In: Journal of Economic Perspectives, vol. 2(2), S. 3–13

Feldstein, M. [Hrsg. 1988]: International Economic Cooperation. Chicago

Feldstein, M. [1996]: The Costs and Benefits of Going from Low Inflation to Price Stability. NBER Working Paper No. 5469, NBER, Cambridge/Mass.

Fels, G. und **von Fürstenberg, G.M.** [Hrsg., 1989]: A Supply-Side Agenda for Germany. Berlin u.a.

Fendel, R. [2002]: Neue Makroökonomik offener Volkswirtschaften. In: Wirtschaftswissenschaftliches Studium, 31. Jg., S. 2–8

Fetter, F.W. [1965]: The Development of British Monetary Orthodoxy. Cambridge/Mass.

Feve, P., Henin, Y. und **Jolivaldt, P.** [2003]: Testing for Hysteresis: Unemployment Persistence and Wage Adjustment. In: Empirical Economics, vol. 28, S. 535–552

Fichtenbaum. R., Gymiah-Brempong, K. und **Olson, P.** [1994]: New Evidence on the Labor Market Segmentation Hypothesis. In: Review of Social Economy, vol. 52, S. 20–39

Filardo, A. und **Rungcharoenkitkul, P.** [2016]: A Quantitative Case for Leaning Against the Wind. BIS Working Paper No. 594, Bank for International Settlements, Basel

Filc, W. [1988]: Kooperation als Voraussetzung zur Stabilisierung des internationalen Währungssystems. In: W. Filc u.a. (Hrsg.): Herausforderungen der Wirtschaftspolitik. Festschrift zum 60. Geburtstag von Claus Köhler, Berlin, S. 213–231

Finklea, K.M. [2011]: Economic Downturns and Crime. Congressional Research Service

Fischer, S. [1976]: Stability and Exchange Rate Systems in a Monetarist Model of the Balance of Payments. In: R.Z. Aliber (Hrsg.): The Political Economy of Monetary Reform, New York, S. 59–73

Fischer, S. [1977a]: Long-Term Contracts, Rational Expectations, and the Optimal Money Supply Rule. In: Journal of Political Economy, vol. 85, S. 191–206

Fischer, S. [1977b]: Wage Indexation and Macro-Economic Stability. In: K. Brunner und A.H. Meltzer (Hrsg.): Stabilization of the Domestic and International Economy, Carnegie-Rochester Conference Series on Public Policy, vol. 5, S. 107–148

Fischer, S. [1981]: Towards an Understanding of the Costs of Inflation: II. In: K. Brunner und A.H. Meltzer (Hrsg.): The Costs and Consequences of Inflation, Carnegie-Rochester Conference Series on Public Policy, vol. 15, S. 1–41

Fischer, S. [1985]: Contracts, Credibility and Disinflation. In: V.E. Argy und J.W. Neville (Hrsg.): Inflation and Unemployment, Boston und Sidney, S. 39–59

Fischer, S. [1986]: Indexing, Inflation, and Economic Policy. Cambridge/Mass. und London

Fischer, S. [1987a]: The Israeli Stabilization Program, 1985–86. In: American Economic Review, P.a.P., vol. 77(May), S. 275–278

Fischer, S. [1987b]: International Macroeconomic Policy Coordination. NBER Working Paper No. 2244, NBER, Cambridge/Mass.; veröffentlicht in: Feldstein [Hrsg., 1988], S. 11–43

Fischer, S. [1988a]: Recent Developments in Macroeconomics. In: Economic Journal, vol. 98, S. 294–339

Fischer, S. [1988b]: Real Balances, the Real Exchange Rate, and Indexation: Real Variables in Disinflation. In: Quarterly Journal of Economics, vol. 103, S. 27–49

Fischer, S. [1990]: Rules versus Discretion. In: B. Friedman und F. Hahn (Hrsg.): Handbook of Monetary Economics, vol. II, Amsterdam, S. 1155–1184

Fischer, S. [1993]: The Role of Macroeconomic Factors in Growth. In: Journal of Monetary Economics, vol. 32(3), S. 485–512

Fischer, S. [1995a]: Modern Central Banking. In: F. Capie u.a. (Hrsg.): The Future of Central Banking, Cambridge/ Mass., S. 201–308

Fischer, S. [1995b]: Central-Bank Independence Revisited. In: American Economic Review, P.a.P., vol. 85, S. 201–206

Fischer, S. [1996]: Why are Central Banks Pursuing Long-Run Price Stability? In: Federal Reserve Bank of Kansas City (Hrsg.): Achieving Price Stability, Jackson Hole, Wyoming, S. 7–34

Fischer, S. [1999]: On the Need for an International Lender of Last Resort. In: Journal of Economic Perspectives, vol. 13, S. 85–104

Fischer, S. [2003]: Financial Crisis and Reform of the International Financial System. In: Review of World Economics, vol. 139(1), S. 1–37

Fischer, S. und Cooper, J.P. [1973]: Stabilization Policy and Lags. In: The Journal of Political Economy, vol. 81(4), S. 847–877

Fischer, S. und Huizinga, J. [1982]: Inflation, Unemployment, and Public Opinion. In: Journal of Money, Credit, and Banking, vol. 14, S. 1–19

Fischer, S. und Modigliani, F. [1978]: Towards an Understanding of the Real Effects and Costs of Inflation. In: Weltwirtschaftliches Archiv, vol. 94, S. 810–33

Fischer, S. und Summers, L.H. [1989]: Should Governments Learn to Live with Inflation? In: American Economic Review, vol. 79(2), S. 382–387

Fisher, I. [1920]: Stabilizing The Dollar. New York

Fisher, I. [1930]: The Theory of Interest. MacMillan, New York

Fisher, I. [1945]: 100 % Money. New Haven

Fisman, R. und Khanna, T. [1999]: Is Trust a Historical Residue? Information Flows and Trust Levels. In: Journal of Economic Behavior and Organization, vol. 38, S. 79–92

Fishman, A. und Small, A. [2005]: Can Small Menu Costs Explain Sticky Prices? In: Economics Letters, vol. 87, S. 227–230

FitzRoy, F.R. und Kraft, K. [1992]: Forms of Profit Sharing and Firm Performance: Theoretical Foundations and Empirical Problems. In: Kyklos, vol. 45, S. 209–225

Fleming, J.M. [1962]: Domestic Financial Policies under Fixed and Floating Exchange Rates. IMF Staff Papers, vol. 9, S. 369–379

Flood, R.P. und Marion, N.P. [1982]: The Transmission of Disturbances under Alternative Exchange-Rate Regimes with Optimal Indexing. In: Quarterly Journal of Economics, vol. 97, S. 43–66

Francke, H.-H. [1985]: Finanzinnovationen in den USA – Geldpolitische Konsequenzen und Übertragungsrelevanz für die Bundesrepublik Deutschland. In: D. Cansier und D. Kath (Hrsg.): Öffentliche Finanzen, Kredit und Kapital. Festschrift für Werner Ehrlicher, Berlin, S. 497–513

Francke, H.-H. und **Ketzel, E.** [Hrsg., 1995]: Konzepte und Erfahrungen der Geldpolitik. Beihefte zu Kredit und Kapital Nr. 13, Berlin

Frankel, J.A. [1988]: Obstacles to International Macroeconomic Policy Coordination. Princeton Studies in International Finance No. 64, Princeton

Frankel, J.A. [1990]: International Nominal Targeting (INT): A Proposal for Monetary Policy Coordination in the 1990s. In: The World Economy, vol. 13(2), S. 263–273

Frankel, J. A. [Hrsg., 1998]: The Regionalization of the World Economy. Chigaco

Frankel, J.A. und **Rockett, K.** [1988]: International Macroeconomic Policy Coordination When Policymakers Do Not Agree on the True Model. In: American Economic Review, vol. 78, S. 318–340

Frankel, J.A. [2004]: Experience of and Lessons from Exchange Rate Regimes in Emerging Economies. In: Asian Development Bank (Hrsg.): Monetary and Financial Integration in East Asia: The Way Ahead, Palgrave Macmillan Press, New York, vol. 2, S. 91–138

Frankel, J.A. und **Saravelos, G.** [2012]: Are Leading Indicators of Financial Crises Useful for Assessing Country Vulnerability? Evidence from the 2008–09 Global Crisis. In: Journal of International Economics, vol. 87(2), S. 216–231

Frankel, M. [1995]: Neuere Entwicklungen in der Wechselkurstheorie. In: Wirtschaftswissenschaftliches Studium, Jg. 24, S. 8–15

Franz, W. [1986]: Zur Evaluierung der Kosten einer monetären Disinflationspolitik. Beitrag für die Tagung des theoretischen Ausschusses des Vereins für Sozialpolitik im Mai 1986, Hachenburg

Franz, W. [1993]: Unvollkommene Arbeitsmärkte in makroökonomischen Modellen: Eine Übersicht. In: B. Gahlen, H. Hesse und H.J. Ramser (Hrsg.): Makroökonomik unvollkommener Märkte, Tübingen, S. 93–136

Franz, W. [2013]: Arbeitsmarktökonomik. 8. Aufl., Berlin

Fratianni, M., von Hagen, J. und **Waller, C.** [1997]: Central Banking as a Political Principal-Agent Problem. In: Economic Inquiry, vol. 35, S. 378–393

Freeman, R.B. [1999]: The Economics of Crime. In: O. Ashenfelter und D. Card (Hrsg.): Handbook of Labor Ecoomics, vol. 3C, Elsevier, Amsterdam, S. 3529–71

Freeman, D.G. [2000]: Regional Tests of Okun's Law. In: International Advances in Economic Research, vol. 6(3), S. 557–570

Freixas, X., Giannini, C., Hoggarth, G. und **Soussa, F.** [1999]: Lender of Last Resort – A Review of the Literature. In: Financial Stability Review, November 1999, S. 151–167

Freixas, X. und **Parigi, B.M.** [2008]: Lender of Last Resort and Bank Closure Policy. CESifo Working Paper Series No. 2286, CESifo Munich

Frenkel, J.A. und **Aizenman, J.** [1982]: Aspects of Optimal Management of Exchange Rates. In: Journal of International Economies, vol. 13, S. 231–256

Frenkel, J.A., Goldstein, M. und **Masson, P.R.** [1991]: International Coordination of Economic Policies: Issues and Answers. In: R. Dornbusch und S. Marcus (Hrsg.): International Money and Debt. Challenges for the World Economy, San Francisco, S. 143–163

Frenkel, J.A. und **Razin, A.** [1992]: Fiscal Policies and the World Economy. An Intertemporal Approach. 2.Aufl., Cambridge/Mass. und London

Frenkel, M. [1995]: Neuere Entwicklungen in der Wechselkurstheorie. In: Wirtschaftswissenschaftliches Studium, Jg. 24, S. 8–15

Frenkel, M. [1998]: Controversies on Exchange Rate Systems. In: H. Wagner (Hrsg.): Current Issues in Monetary Economics, Berlin u.a.

Frenkel, M. und **Menkhoff, L.** [2000]: Stabile Weltfinanzen? Die Debatte um eine neue internationale Finanzarchitektur. Berlin

Frey, B.S. [1970]: Die ökonomische Theorie der Politik oder die neue politische Ökonomie: Eine Übersicht. In: Zeitschrift für die gesamte Staatswissenschaft, Bd. 126, S. 1–23

Frey, B.S. [2002]: The Economics of Happiness. In: World Economics, vol. 3(1), S. 25–41

Frey, B.S. und **Stutzer, A.** [2002]: What can Economists Learn from Happiness Research? In: Journal of Economic Literature, vol. XL(June), S. 402–435

Frey, B.S. und **Stutzer, A.** [2005]: Happiness Research: State and Prospects. In: Review of Social Economy, vol. 63(2), S. 207–228

Fricke, D. [1981]: Verteilungswirkungen der Inflation. Baden-Baden

Friedman, B.M. [1999]: The Future of Monetary Policy: The Central Bank as an Army with Only a Signal Corps? In: International Finance, vol. 2, S. 321–338

Friedman, B.M. und **Kuttner, K.N.** [2010]: Implementation of Monetary Policy: How Do Central Banks Set Interest Rates? NBER Working Paper No. 16165, NBER, Cambridge/Mass.

Friedman, M. [1948]: A Monetary and Fiscal Framework for Economic Stability. Wiederabgedruckt in: M. Friedman, Essays in Positive Economics, Chicago 1953, S. 133–156

Friedman, M. [1957]: A Theory of the Consumption Function. Princeton

Friedman, M. [1960]: A Program for Monetary Stability. New York

Friedman, M. [1961]: The Lag in Effect of Monetary Policy. In: Journal of Political Economy, vol. 69, S. 447–466

Friedman, M. [1968]: The Role of Monetary Policy. In: American Economic Review, vol. 58, S. 1–17

Friedman, M. [1969]: The Optimum Quantity of Money. In deutscher Übersetzung in: M. Friedman (Hrsg.): Die optimale Geldmenge und andere Essays, Frankfurt 1976, S. 9–76

Friedman, M. [1974]: Monetary Correction. In: H. Giersch u.a. (Hrsg.): Essays on Inflation and Indexation, Washington, D.C., S. 25–61

Friedman, M. [1982]: Monetary Policy: Theory and Practice. In: Journal of Monetary Economics, vol. 10, S. 98–118

Friedman, M. [1985]: Monetarism in Rhetoric and in Practice. In: A. Ando u.a. (Hrsg.): Monetary Policy in Our Times, Cambridge/Mass. und London, S. 15–28

Friedrich, H. [1986]: Grundkonzeptionen der Stabilisierungspolitik – eine problemorientierte Einführung. 2. Aufl., Opladen

Frisch, H. [1987]: Geldmengen- oder Wechselkursziel in einem Modell der neuen klassischen Makroökonomie. In: A. Gutowski (Hrsg.): Geldpolitische Regelbindung: Theoretische Entwicklung und empirische Befunde, Berlin, S. 11–29

Fritsch, M., Wein, T. und **Ewers, H.J.** [2011]: Marktversagen und Wirtschaftspolitik. 8. Aufl., München

Frydman, R. und **Phelps, E.S.** [2013]: Rethinking Expectations: The Way Forward for Macroeconomics. Princeton

Fudenberg, D. und **Tirole, J.** [1992]: Game Theory. Cambridge/Mass.

Fuhrer, J.C. [1997]: Inflation/Output Variance Trade-Offs and Optimal Monetary Policy. In: Journal of Money, Credit, and Banking, vol. 29, S. 214–234

Fuhrer, J. und **Moore, G.** [1995]: Inflation Persistence. In: Quarterly Journal of Economics, vol. 110, S. 127–160

Fung, K.C. [1989]: Profit-Sharing and European Unemployment. In: European Economic Review, vol. 33, S. 1787–1798

Funke, N. [1995]: Nominale Anker als geldpolitische Koordinationsziele. Kieler Studien Nr. 267, Tübingen

Furman, J. und **Stiglitz, J.** [1998]: Economic Crises: Evidence and Insights from East Asia. In: Brookings Papers on Economic Activity, vol. 2, S. 1–114

Fürstenberg, G.M. v. und **Daniles, J.P.** [1991]: Policy Undertakings by the Seven "Summit" Countries: Ascertaining the Degree of Compliance. In: Carnegie-Rochester Conference Series on Public Policy, vol. 35, S. 267–308

Gabaix, X. [2016]: A Behavioral New Keynesian Model. NBER Working Paper No. 22954, NBER, Cambridge/Mass.

Gabisch, G. [1999]: Spieltheorie – Einige Grundlagen. In: Das Wirtschaftsstudium, vol. 8–9, S. 1137–1142

Galati, G. und Moessner, R. [2013]: Macroprudential Policy – A Literature Review. In: Journal of Economic Surveys, vol. 27(5), S. 846–878

Galbraith, J.K. [1985]: Using the Presidency to Fight Inflation. In: Challenge, March-April, S. 19–26

Galbraith, J.K. [1997]: Time to Ditch the NAIRU. In: Journal of Economic Perspectives, vol. 11, S. 93–108

Gali, J. [2002]: New Perspectives on Monetary Policy, Inflation and Business Cycles. In: M. Dewatripont, M. Hansen und S. Turnovsky [Hrsg.]: Advances in Economic Theory, Bd. III, Cambridge University Press, Cambridge/ Mass., S. 151–197

Gali, J. [2015]: Monetary Policy, Inflation, and the Business Cycle: An Introduction to the New Keynesian Framework and Its Applications. 2. Aufl., Princeton University Press, Princeton

Gambetta, D. [Hrsg., 1988]: Trust. Making and Breaking Cooperative Relations. Oxford

Gamble, A. [1995]: The New Political Economy. In Political Studies, vol. 43(3), S. 516–530

Gandolfo, G. [2001]: International Finance and Open-Economy Macroeconomics. Berlin

Garcia-Schmidt, M. und Woodford M. [2015]: Are Low Interest Rates Deflationary? A Paradox of Perfect-Foresight Analysis. NBER Working Paper No. 21614, NBER, Cambridge/Mass.

Garin, J., Lester, R. und Sims, E. [2016]: Raise Rates to Raise Inflation? Neo-Fisherianism in the New Keynesian Model. NBER Working Paper No. 22177, NBER, Cambridge/Mass.

Geithner, T. [2000]: Resolving Financial Crises in Emerging Market Economics. Rede vor der Securities Industry Association and Emerging Markets Trades Association, New York, 23. Oktober 2000

Geltig, J.H. [1979]: Einkommenspolitik. In: Handwörterbuch der Wirtschaftswissenschaft, Bd. 2, Stuttgart u.a., S. 247–257

Georgiadis, A. [2012]: Efficiency Wages and the Economic Effects of the Minimum Wage: Evidence from a Low-Wage Labour Market. In: Oxford Bulletin of Economics and Statistics, vol. 75(6), S. 962–979

Geraats, P.M. [2006]: The Mystique of Central Bank Speak. Working Paper No. 123, Oesterreichische Nationalbank

Gerdrup, K.R., Hansen, F., Krogh, T. und Maih, J. [2016]: Leaning Against the Wind when Credit Bites Back. Norges Bank Research Working Paper No. 9-2016, Oslo

Gerfin, H. und Möller, J. [1980]: Neue Makroökonomische Theorie. In: Wirtschaftswissenschaftliches Studium, 9. Jg., S. 153–160 und 201–206

Gerke, R. und Hauszenberger, K. [2017]: The Fisher Paradox: A Primer. Deutsche Bundesbank Discussion Paper No. 20/2017, Deutsche Bundesbank, Frankfurt am Main

Gerlach, K. und Hübler, O. [1985]: Lohnstruktur, Arbeitsmarktprozesse und Leistungsintensität in Effizienzlohnmodellen. In: F. Buttler, J.H. Kühl, B. Rahmann (Hrsg.): Staat und Beschäftigung. Angebots- und Nachfragepolitik in Theorie und Praxis, Nürnberg, S. 249–290

Gerlach, S. [2003]: The ECB's Two Pillars. CEPR Discussion Paper No. 3689, Centre for Economic Policy Research

Gerlach, S. und Tillmann, P. [2010]: Inflation Targeting and Inflation Peristence in Asia. CEPR Discussion Paper No. 8046, Centre for Economic Policy Research

Gersbach, S. und Hahn, V. [2008]: Monetary Policy Inclinations. CEPR Discussion Paper No. 6761, Centre for Economic Policy Research

Gertler, M., Sala, L. und **Trigari, A.** [2008]: An Estimated Monetary DSGE Model with Unemployment and Staggered Nominal Wage Bargaining. In: Journal of Money, Credit and Banking, vol. 40, S. 1713–64

Ghosh, A.R. und **Masson, P.R.** [1988]: International Policy Coordination in a World with Model Uncertainty. IMF Staff Papers, vol. 35, S. 230–258

Ghosh, A.R. und **Masson, P.R.** [1991]: Model Uncertainty, Learning, and the Gains from Coordination. In: American Economic Review, vol. 81, S. 465–479

Ghosh, A.R., Ostry, J.D. und **Tamirisa, N.** [2009]: Anticipating the Next Crisis. In: Finance and Development, vol. 46(3), S. 35–37

Giannone, D., Reichlin, L. und **Small, D.** [2008]: Nowcasting: The Real-Time Informational Content of Macroeconomic Data. In: Journal of Monetary Economics, vol. 55, S. 665–676

Giersch, H. [1974]: Index Clauses and the Fight Against Inflation. In: ders. u.a. (Hrsg.): Essays on Inflation und Indexation, Washington, D.C.; eine deutsche Version ist im Okt. 1973 als Nr. 32 der "Kieler Diskussionsbeiträge" des Institutes für Weltwirtschaft, Kiel

Giersch, H. [1977]: Konjunktur- und Wachstumspolitik in der offenen Wirtschaft. Allgemeine Wirtschaftspolitik, Bd. 2, Wiesbaden

Giese, G. und **Wagner, H.** [2009]: Endogenous Uncertainty and Optimal Monetary Policy. Discussion Paper Series A, No. 520, Hitotsubashi University, Tokyo

Gilboa, I., Postlewaite, A.W. und **Schmeidler, D.** [2008]: Probability and Uncertainty in Economic Modelling. In: Journal of Economic Perspectives, vol. 22, S. 173–188

Giuliano, P. und **Spilimbergo, A.** [2009]: Growing up in a Recession: Beliefs and the Macroeconomy. NBER Working Paper No. 15321, NBER, Cambridge/Mass.

Glennerster, R. und **Shin, Y.** [2008]: Does Transparency Pay? IMF Staff Papers, vol. 55(1), S. 183–209

Göcke, M. [2002]: Various Concepts of Hysteresis Applied in Economics. In: Journal of Economic Surveys, vol. 16, S. 167–188

Goerke, L. und **Holler, M.** [1997]: Arbeitsmarktmodelle. Berlin

Goldstein, M., Kaminsky, G.L. und **Reinhart, C.** [2000]: Assessing Financial Vulnerability, An Early Warning System for Emerging Markets. Institute for International Economics, Washington, D.C.

Goodfriend, M. [1991]: Interest Rates and the Conduct of Monetary Policy. In: Carnegie-Rochester Conference Series on Public Policy, vol. 34, S. 7–30

Goodfriend, M. [2002]: Monetary Policy in the New Neoclassical Synthesis: A Primer. In: International Finance, vol. 5(2), S. 165–191

Goodfriend, M. [2003]: Inflation Targeting in the United States? NBER Working Paper No. 9981, NBER, Cambridge/Mass.

Goodfriend, M. [2005a]: The Monetary Policy Debate Since October 1979: Lessons for Theory and Practice. In: Federal Reserve Bank of St. Louis Review, vol. 87(2), S. 243–262

Goodfriend, M. [2005b]: Inflation Targeting in the United States? In: B.S. Bernanke und M. Woodford (Hrsg.): The Inflation-Targeting Debate, University of Chicago Press, S. 311–37

Goodfriend, M. und **King, R.G.** [1997]: The New Neoclassical Synthesis and the Role of Monetary Policy, In: B.S. Bernanke B.S. und Rotemberg (Hrsg.): NBER Macroeconomics Annual, Cambridge/Mass., S. 493–530

Goodhart, C.A.E. [2001]: Monetary Transmission Lags and the Formulation of the Policy Decision on Interest Rates. In: Review of Federal Research Bank of St. Louis, July 2001, S. 165–186

Goodhart, C.A.E. [2000]: Can Central Banking Survive the IT Revolution. In: International Finance, vol. 3, S. 189–209

Goodhart, C.A.E. und **Huang, H.** [1998]: Time Inconsistency in a Model with Lags, Persistence, and Overlapping Wage Contracts. In: Oxford Economic Papers, vol. 50, S. 378–396

Goodhart, C.A.E. und **Illing, G.** [2002]: Introduction. In: C.A.E. Goodhart und G. Illing (Hrsg.): Financial Crises, Contagion and the Lender of Last Resort: A Reader, Oxford University Press

Gordon, R.A. [1974]: Economic Instability and Growth: The American Record. New York u.a.

Gordon, R.J. [1982]: Price Inertia and Policy Ineffectiveness in the Unites States, 1890–1980. In: Journal of Political Economy, vol. 90, S. 1087–1117

Gordon, R.J. [1985]: The Conduct of Domestic Monetary Policy. In: A. Ando u.a. (Hrsg.): Monetary Policy in Our Times, Cambridge/Mass. und London, S. 45–81

Gordon, R.J. [1986]: Notes on Gainsharing. Paper prepared for Presentation at Conference on Participation and Gainsharing Systems, Wingspread International Conference Center, Wisconsin, October 8–10

Gordon, R.J. [1996]: What is New Keynesian Economics? In: Journal of Economic Literature, vol. 28, S. 1115–1171

Gordon, R.J. [1990a]: The Phillips Curve Now and Then. In: P. Diamond (Hrsg.): Growth, Productivity, Unemployment, Cambridge/Mass., S. 207–217

Gordon, R.J. [1997]: The Time-Varying NAIRU and its Implications for Economic Policy. In: The Journal of Economic Perspectives, vol. 11(1), S. 11–32

Gordon, R.J. und **King, S.R.** [1982]: The Output Cost of Disinflation in Traditional and Vector Autoregressive Models. In: Brookings Papers on Economic Activity, 1, S. 205–242

Görgens, E., Ruckriegel, K. und **Seitz, F.** [2013]: Europäische Geldpolitik. 6. Aufl., Düsseldorf

Gourio, F., Kashyap, A.K. und **Sim, J.** [2017]: The Tradeoffs in Leaning Against the Wind. NBER Working Paper No. 23568, NBER, Cambridge/Mass.

Government Accountability Office [2013]: Financial Crisis Losses and Potential Impacts of the Dodd–Frank Act. Report to Congressional Requesters, January 16, 2013

Grandmont, J.M. [1985]: On Endogenous Competetive Business Cycles. In: Journal of Monetary Economics, vol. 2, S. 221–235

Gray, J.A. [1976]: Wage Indexation: A Macroeconomic Approach. In: Journal of Monetary Economics, vol. 2, S. 221–235

Greenspan, A. [2004]: Risk and Uncertainty in Monetary Policy. In: American Economic Review, P.a. P., vol. 94, S. 33–40

Green Paper [1986]: Profit-Related Pay. HMSO, Cmnd 9835

Greenwald, B. und **Stiglitz, J.** [1993]: New and Old Keynesians. In: Journal of Economic Perspectives, vol. 7(1), S. 23–44

Grimes, A. [1991]: The Effects of Inflation on Growth: Some International Evidence. In: Weltwirtschaftliches Archiv, Band 127, S. 631–644

Grossman, H.I. [1979]: Why Does Aggregate Employment Fluctuate? In: American Economic Review, P.a.P., vol. 69, S. 64–69

Gulati, M. und **Zettelmeyer, J.** [2012]: Making a Voluntary Greek Debt Exchange Work. In: Capital Markets Law Journal, vol. 7(2), S. 169–183

Gürkaynak, R.S., Levin, A. und **Swanson, E.** [2010]: Does Inflation Targeting Anchor Long-Run Inflation Expectations? Evidence from the U.S., UK, and Sweden. In: Journal of the European Economic Association, vol. 8(6), S. 1208–1242

Hagemann, H., Kurz, H.D. und **Schäfer, W.** [Hrsg., 1981]: Neue Makroökonomie. Marktungleichgewicht, Rationierung und Beschäftigung. Frankfurt und New York

Hahn, F.H. und **Solow, R.M.** [1986]: Is Wage Flexibility a Good Thing? In: W. Beckerman (Hrsg.): Wage Rigidity and Unemployment, London, S. 1–19

Haliassos, M. und **Tobin, J.** [1990]: The Macroeconomics of Government Finance. In: B.M. Friedman und F.H. Hahn (Hrsg.): Handbook of Monetary Economics, vol. II, Amsterdam, S. 898–959

Hall, R.E. [1982]: Explorations in the Gold Standard and Related Policies for Stabilizing the Dollar. In: R.E. Hall (Hrsg.): Inflation: Causes and Effects, Chicago, S. 11–122

Hall, R.E. [1983]: Macroeconomic Policy under Structural Change. In: Industrial Change and Public Policy, Federal Reserve Bank of Kansas City, S. 85–111

Hall, R.E. [1986]: Market Strucutre and Macroeconomic Fluctuations. In: Brookings Papers on Economic Activity, 2, S. 285–358

Hall, R.E. und **Mankiw, N.G.** [1994]: Nominal Income Targeting. In: N.G. Mankiw (Hrsg.): Monetary Policy, Chicago u.a., S.71–93

Haller, H. [1981]: Finanzwirtschaftliche Stabilisierungspolitik. In: Handbuch der Finanzwissenschaft, Bd. III, 3. Aufl., Tübingen, S. 359–513

Hallwood, P. und **MacDonald, R.** [2000]: International Money and Finance. 3. Aufl., Oxford

Haltiwanger, J. und **Waldman, M.** [1989]: Limited Rationality and Strategic Complements: The Implications for Macroeconomics. In: Quarterly Journal of Economics, vol. 104, S. 463–483

Hamada, K. [1974]: Alternative Exchange Rate Systems and the Interdependence of Monetary Policies. In: R.Z. Aliber (Hrsg.): National Monetary Policies and the International Financial System, Chicago, S. 13–23

Hamada, K. [1976]: A Strategic Analysis of Monetary Interdependence. In: Journal of Political Economy, vol. 84, S. 677–700

Hamada, K. [1979]: Macroeconomic Strategy and Coordination under Alternative Exchange Rates. In: R. Dornbusch und J.A. Frenkel (Hrsg.): International Economic Policy: Theory and Evidence, Baltimore, S. 292–324

Hamada, K. [1985]: The Political Economy of International Monetary Interdependence. Cambridge/Mass.

Hamermesh, D.S. [1995]: Labour Demand and the Source of Adjustment Costs. In: Economic Journal, vol. 105, S. 620–634

Hameresh, D.S. und **Pfann, G.A.** [1996]: Adjustment Costs in Factor Demand. In: Journal of Economic Literature, vol. 34, S. 1264–1292

Han, S. und **Mulligan, C.** [2008]: Inflation and the Size of the Government. In: Federal Reserve Bank of St. Louis Review, vol. 90(3), S. 245–267

Hansen, A.H. [1938]: Full Recovery or Stagnation. New York

Hansen, A.H. [1939]: Economic Progress and Declining Population Growth. In: American Economic Review, vol. 29, S. 1–15

Hansen, L.P. und **Sargent, T.** [2008]: Robustness. Princeton und Oxford

Harstad, R.M. und **Selten, R.** [2013]: Bounded-Rationality Models: Tasks to Become Intellectually Competitive. In: Journal of Economic Literature, vol. 51(2), S. 496–511

Hart, O. [1983]: Optimal Labour under Asymmetric Information: An Introduction. In: Review of Economic Studies, vol. 50, S. 3–35

Hart, O. und **Holmstrom, B.** [1986]: The Theory of Contracts. Working Paper No. 418, Department of Economics, MIT

Hasman, A. [2013]: A Critical Review of Contagion Risk in Banking. In: Journal of Economic Surveys, vol. 27(5), S. 978–995

Havrilesky, Th. [1987]: A Partisan Theory of Fiscal and Monetary Regimes. In: Journal of Money, Credit and Banking, vol. 19, S. 308–325

Hayek, F.A. [1945]: The Use of Knowledge in Society. In: American Economic Review, vol. 35, S. 519–530

Hayek, F.A. [1977]: Entnationalisierung des Geldes. Tübingen

Head, A., **Liu, L.Q.**, **Menzio, G.** und **Wright, R.** [2012]: Sticky Prices: A New Monetarist Approach. In: Journal of the European Economic Association, vol. 10(5), S. 939–973

Heath, R. [2013]: Why Are the G-20 Data Gaps Initiative and the SDDS Plus Relevant for Financial Stability Analysis? In: Journal of International Commerce, Economics and Policy, vol. 4(3), S. 1–24

Heckelman, J.C. [2001]: The Econometrics of Rational Partisan Theory. In: Applied Economics, vol. 33, S. 417–426

Hefeker, C. [2006]: Vermeidung und Bewältigung von Verschuldungskrisen: Die Rolle privater und öffentlicher Institutionen. HWWA Discussion Paper 340

Hefeker, C. und **Zimmer, B.** [2011]: The Optimal Choice of Central Bank Independence and Conservatism under Uncertainty. In: Journal of Macroeconomics, vol. 33(4), S. 595–606

Heijdra, B.J. und **van der Ploeg, F.** [2002]: The Foundations of Modern Macroeconomics. New York

Heinemann, F. [2003]: The Inflationary Impact of Wage Indexation. CESifo Working Paper No. 867, CESifo Munich

Heller, W.P. [1986]: Coordination Failure under Complete Markets with Applications to Effective Demand. In: W.P. Heller u.a. (Hrsg.): Equilibrium Analysis: Essays in Honor of Kenneth J. Arrow: vol. II, Cambridge, S. 155–175

Helliwell, J.F. [1988]: Comparative Macroeconomics of Stagflation. In: Journal of Economic Literature, vol. 26, S. 1–28

Helliwell, J.F. und **Padmore, T.** [1985]: Empirical Studies of Macroeconomic Independence. In: R.W. Jones und P.B. Kenen (Hrsg.): Handbook of International Economics. vol. II, Amsterdam, S. 1107–1151

Hellwig, M.F. [1985]: What Do We Know About Currency Competition? In: Zeitschrift für Wirtschafts- und Sozialwissenschaften, 105. Jg., S. 565–588

Helpman, E. und **Leiderman, L.** [1988]: Stabilization in High Inflation Countries: Analytical Foundations and Recent Experience. In: Carnegie-Rochester Conference Series on Public Policy, vol. 28, S. 9–84

Henderson, D.W. [1984]: Exchange Market Intervention Operations: Their Role in Financial Policy and their Effects. In: J.F.O. Bilson und R.C. Marston (Hrsg.): Exchange Rate Theory and Practice, Chicago u.a., S. 359–406

Henckel, T., Menzies, G.D., Prokhovnik, N. und **Zizzo, D.J.** [2011]: Barro-Gordon Revisited: Reputational Equilibria With Inferential Expectations. In: Economics Letters, vol. 112(2), S. 144–147

Henry, P.R. [2006]: Capital Account Liberalization: Theory, Evidence, and Speculation. NBER Working Paper 12698, NBER, Cambridge/ Mass.

Hetzel, R.L. [1986]: A Congressional Mandate for Monetary Policy. In: Cato Journal, vol. 5, S. 797–820

Hibbs, D.A.Jr. [1977]: Political Parties and Macroeconomic Policy. In: The American Political Science Review, vol. 71, S. 1467–1487

Hibbs, D.A.Jr. [1987]: The American Political Economy: Macroeconomics and Electoral Politics in the United States. Cambridge/Mass. und London

Hicks, J.R. [1937]: Mr. Keynes and the 'Classics': A Suggested Interpretation. In: Econometrica, vol. 5, S. 147–159

Hijzen, A., Kambayashi, R. Teruyama, H. und **Genda, Y.** [2015]: The Japanese Labour Market during the Global Financial Crisis and the Role of Non-Standard Work: A Micro Perspective. IZA Discussion Paper No. 9391, Bonn

Hochreiter E. und **Wagner, H.** [2002]: The Road to the Euro – Exchange Rate Arrangements in Tansition Economies. In: Annals of the American Academy of Political and Social Science, vol. 579, January, S. 168–182

High-Level Expert Group [2012]: High-Level Expert Group on Reforming the Structure of the EU Banking Sector Final Report. 02. Oktober 2012, Brüssel

Hofmann, B., Peersman, G. und **Straub, R.** [2012]: Time Variation in U.S. Wage Dynamics. In: Journal of Monetary Economics, vol. 59, S. 769–783

Holbrook, R.S. [1972]: Optimal Economic Policy and the Problem of Instrument Instability. In: American Economic Review, vol. 62, S. 57–65

Holler, M.J. und **Illing, G.** [2009]: Einführung in die Spieltheorie. 7. Aufl., Berlin

Holló, D., Kremer, M. und **Lo Duca, M.** [2012]: CISS – A Composite Indicator of Systemic Stress in the Financial System. ECB Working Paper No. 1426, European Central Bank

Holtemöller, O. [2008]: Geldtheorie und Geldpolitik. Tübingen

Holtham, G. und **Hughes Hallett, A.** [1992]: International Macroeconomic Policy Coordination When Policymakers Do Not Agree on the True Model: Comment. In: American Economic Review, vol. 82, S. 1043–1051

Honkapohja, S. [1995]: Bounded Rationality in Macroeconomics. A Review Essay. In: Journal of Monetary Economics, vol. 35, S. 509–518

Honkapohja, S. und **Ito, T.** [1983]: Stability with Regimes Switching. In: Journal of Economic Theory, vol. 29, S. 22–48

Hool, B. [1980]: Monetary and Fiscal Policies in Short-Run Equilibria with Rationing. In: International Economic Review, vol. 21, S. 301–316

Horváth, R., Šmídková, K. und **Zápal, J.** [2012]: Central Banks' Voting Records and Future Policy. In: International Journal of Central Banking, vol. 8(4), S. 1–19

Howitt, P. [1985]: Transaction Costs in the Theory of Unemployment. In: American Economic Review, vol. 75, S. 88–100

Howitt, P. [1987]: Wage Flexibility and Employment. In: Eastern Economic Journal, vol. 12, S. 237–242

Howitt, P. [1992]: Interest Control and Nonconvergence to Rational Expectations. In: Journal of Political Economy, vol. 100, S. 776–800

Howitt, P. [2006]: Monetary Policy and the Limitations of Economic Knowledge. In: D. Colander (Hrsg.): Post Walrasian Macroeconomics. Beyond the Dynamic Stochastic General Equilibrium Model, Cambridge, S. 347–367

Howitt, P. und **McAfee, R.P.** [1992]: Animal Spirits. In: American Economic Review, vol. 82, S. 493–507

Howrey, E.P. [1967]: Stabilization Policy in Linear Stochastic Models. In: Review of Economics and Statistics, vol. 49, S. 404–411

Huang, K.X.D. und **Tian, G.** [2011]: Reputation and Optimal Contracts for Central Bankers. In: Macroeconomic Dynamics, vol. 15(4), S. 441–464

Hughes Hallett, A.J. [1986]: International Policy Design and Sustainable Policy Bargains. In: Journal of Economic Dynamics and Control, vol. 10(4), S. 467–494

Hui, G.W.L. [1996]: Optimal Monetary Instruments and International Policy Coordination. In: Canadian Journal of Economics, vol. 29, Sp. Iss. Part 1, S. 198–201

Ihrig, J.E., Meade, E.E. und **Weinbach, G.C.** [2015]: Rewriting Monetary Policy 101: What's the Fed's Preferred Post-Crisis Approach to Raising Interest Rates? In: Journal of Economic Perspectives, vol. 29(4), S. 177–198

Illing, G. [1992]: Neue Keynesianische Makroökonomie. Tübingen

Illing, G. [1997]: Theorie der Geldpolitik. Eine spieltheoretische Einführung. Berlin u.a.

IMF [2000]: Monetary and Financial Statistics Manual. Washington, D.C.

IMF [2003]: Deflation: Determinants, Risks, and Policy Options – Findings of an Interdepartmental Task Force. Washington, D.C.

IMF [2006]: Inflation Targeting and the IMF. International Monetary Fund Board Paper. Washington, D.C., verfügbar auf: http://www.imf.org/external/np/pp/eng/2006/031606.pdf (letzter Abruf: 21.07.2017)

IMF [2010a]: World Economic Outlook. Rebalancing Growth. World Economic and Financial Surveys, April 2010, Washington, D.C.

IMF [2010b]: The IMF-FSB Early Warning Exercise – Design and Methodological Toolkit. Washington, D.C.

IMF [2015]: Monetary Policy and Financial Stability. Staff Report, International Monetary Fund, Washington, D.C.

IMF und **World Bank** [2001]: Assessing the Implementation of Standards: A Review of Experience and Next Steps, verfügbar auf: http://www.imf.org/external/np/pdr/sac/2001/eng/review.htm (letzter Aufruf: 21.07.2017)

Intriligator, M.D. [1971]: Mathematical Optimization and Economic Theory. Englewood Cliffs, N.J.

Ireland, P.N. [1994]: Money and Growth: An Alternative Approach. In: American Economic Review, vol. 84, S. 47–65

Ireland, P.N. [1999]: Does the Time-Consistency Problem Explain the Behavior of Inflation in the United States? In: Journal of Monetary Economics, vol. 44, S. 279–91

Ireland, P.N. [2002]: Comment. In: NBER Macroeconomics Annual, vol. 17(1), S. 46–54

Ireland, P.N. [2003a]: Implementing the Friedman Rule. In: Review of Economic Dynamics, vol. 6(1), S. 120–134

Ireland, P.N. [2003b]: Endogenous Money or Sticky Prices? In: Journal of Monetary Economics, vol. 50(8), S. 1623–1648

Ireland, P.N. [2004]: Money's Role in the Monetary Business Cycle. In: Journal of Money, Credit and Banking, vol. 36(6), S. 969–983

Ireland, P.N. [2009]: On the Welfare Cost of Inflation and the Recent Behavior of Money Demand. In: American Economic Review, vol. 99(3), S. 1040–52

Issing, O. [1973]: Indexklauseln und Inflation. Tübingen

Issing, O. [1987]: Die Wirtschaft der Bundesrepublik im Schlepptau der amerikanischen Wirtschaftspolitik? In: List Forum, Bd. 14, S. 125–138

Issing, O., Gaspar, V., Angeloni, I. und **Tristani, O.** [2001]: Monetary Policy in the Euro Area. Strategy and Decision Making at the European Central Bank. Cambridge.

IWF [2000]: Private Sector Involvement in Crisis Prevention and Resolution: Market Views and Recent Experience. In: IMF International Capital Markets, September 2000, Washington, D.C., S. 115–151

IWF [2007]: Global Financial Stability Report April 2007. Washington, D.C.

Jackman, R. und **Layard, R.** [1990]: The Real Effect of Tax-Based Incomes Policies. In: Scandinavian Journal of Economics, vol. 92, S. 309–324

Jadresic, E. [1998]: The Macroeconomic Consequences of Wage Indexation Revisited. IMF Working Paper 1998/15, Washington, D.C.

Jadresic, E. [2002]: Wage Indexation and Output Stability Revisited. In: Journal of Money, Credit and Banking, vol. 34, S. 178–196

James, H. [2012]: Making the European Monetary Union. Harvard University Press

Jansen, D.J. und **de Haan, J.** [2007]: Were Verbal Efforts to Support the Euro Effective? A High-Frequency Analysis of ECB Statements. In: European Journal of Political Economy, vol. 23(1), S. 245–259

Jarchow, H.-J. [1992]: Monetäre Außenwirtschaftstheorie. In: Wirtschaftswissenschaftliches Studium, 21. Jg., S. 231–240

Jensen, H. [1993]: International Monetary Policy Cooperation in Economies with Centralized Wage Setting. In: Open Economies Review, vol. 4, S. 269–285

Jensen, H. [1996]: The Advantage of International Fiscal Cooperation under Alternative Monetary Regimes. In: European Journal of Political Economy, vol. 12, S. 485–504

Jensen, H. [1999]: Monetary Policy Cooperation and Multiple Equilibria. In: Journal of Economic Dynamics and Control, vol. 28, S. 1133–1153

Jensen, H. [2002]: Optimal Degrees of Transparency in Monetary Policymaking. In: Scandinavian Journal of Economics, vol. 104(3), S. 399–422

Jida, K. [1999]: International Monetary Cooperation among the United States, Japan, and Germany. Boston

Jones, L.E. und **Manuelli, R.E.** [1992]: The Coordination Problem and Equilibrium Theories of Recessions. In: American Economic Review, vol. 82, S. 451–471

Jordà O., Schularick, M. und **Taylor, A.M.** [2013]: When Credit Bites Back. In: Journal of Money, Credit, and Banking, vol. 45, supplement(2), S. 3–28

Jordan, C. und **Majnoni, G.** [2002]: Financial Regulatory Harmonization and the Globalization of Finance. World Bank Policy Research Working Paper No. 2919

Judd, J.P. und **Rudebusch, G.D.** [1999]: The Goals of U.S. Monetary Policy. In: Federal Reserve Bank of San Francisco Economic Letter 99-04

Kahn, G.A. [2007]: Communicating a Policy Path: The Next Frontier in Central Bank Transparency? In: Federal Reserve Bank of Kansas City Economic Review, S. 25–51

Kahneman, D., Knetsch, J. und **Thaler, R.** [1986]: Fairness as a Constraint on Profit Seeking: Entitlements in the Market. In: American Economic Review, vol. 76, S. 728–741

Kalmbach, P. [2009]: Das auch noch? Deflation als Folge der Finanzkrise. In: Wirtschaftsdienst, vol. 89(4), S. 236–242

Kaminsky, G.L. und **Reinhart, C.** [1999]: The Twin Crises: The Causes of Banking and Balance-of-Payments Problems. In: American Economic Review, vol. 89(3), S. 473–500

Kaminsky, G.L., Lizondo, S. und **Reinhart, C.** [1998]: Leading Indicators of Currency Crises. IMF Staff Papers, vol. 45(1), S. 1–48

Kaminsky, G.L. [2006]: Currency Crises: Are They All The Same? In: Journal of International Money and Finance, vol. 25(3), S. 503–527

Kane, E.J. [2001]: Relevance and Need For International Regulatory Standards. Brookings-Wharton Papers on Financial Services, S. 87–115

Kapstein, E.B. [2006]: Architects of Stability? International Cooperation among Financial Supervisors. BIS Working Papers No. 199, Bank for International Settlements, Basel

Karni, E. [1983]: On Optimal Wage Indexation. In: Journal of Political Economy, vol. 91, S. 282–292

Karanassou, M., Sala, H. and **Snower, D.** [2010]: Phillips Curves and Unemployment Dynamics: A Critique and a Holistic Perspective. In: Journal of Economic Surveys, vol. 24(1), S. 1–51

Karanassou, M. and **Snower, D.** [2007]: Inflation Persistence and the Phillips Curve Revisited. IZA Discussion Paper 2600, Bonn

Kashyap, A.K. [1995]: Sticky Prices: New Evidence from Retail Catalogs. In: Quarterly Journal of Economics, vol. 110, S. 245–274

Katagiri, M., Kato, R. und **Tsuruga, T.** [2012]: Managing Financial Crisis: Lean or Clean? IMES Discussion Paper No. 2012-E-16, Institute for Monetary and Economic Studies, Bank of Japan

Kato, T. und **Morishima, M.** [2003]: The Nature, Scope and Effects of Profit Sharing in Japan: Evidence from New Survey Data. In: The International Journal of Human Resource Management, vol. 14(6), S. 942–955

Katz, L.F. [1986]: Efficiency Wage Theories: A Partial Explanation. In: NBER Macroeconomics Annual 1986, S. 235–276

Kaufman, B. E. [2002]: Models of Union Wage Determination: What Have We Learned Since Dunlop and Ross?, In: Industrial Relations, vol. 41, S. 110–158

Kaul, I., Grunberg, I. und **Stern, M.** [Hrsg., 1999]: Global Public Goods: International Cooperation in the 21st Century. Oxford University Press, New York und Oxford

Kaul, I., Conceicao, P. und **le Goulven, K.** [Hrsg., 2003]: Providing Global Public Goods: Managing Globalization. Oxford University Press, New York und Oxford

Kawai, M. [2005]: East Asian Economic Regionalism: Progress and Challenges. In: Journal of Asian Economics, vol. 16, S. 29–55.

Kehoe, P. [1986]: International Policy Cooperation May Be Undesirable. Federal Reserve Bank of Minneapolis Research Department Staff Report No. 103, Federal Reserve Bank of Minneapolis

Kelsey, D. [1988]: The Economics of Chaos or the Chaos of Economics. In: Oxford Economic Papers, vol. 40, S. 1–31
Kenen, P.B. [1989]: Exchange Rates and Policy Coordination. Manchester
Kenen, P.B. [1995]: Understanding Interdependence: The Macroeconomics of the Open-Economy. Princeton
Kenen, P.B. [2001]: The International Financial Architecture – What's New? What's Missing? Institute for International Economics, Washington, D.C.
Kenen, P.B. [2002]: The International Financial Architecture: Old Issues and New Initiatives. In: International Finance, vol. 5(1), S. 23–45
Ketterer, K.-H. [1988]: Finanzinnovationen und Geldpolitik. Einige Ergebnisse im Überblick. In: A. Gutowski (Hrsg.): Neue Instrumente an den Finanzmärkten. Geldpolitische und bankenaufsichtliche Aspekte, Berlin, S. 91–111
Keynes, J.M. [1936]: The General Theory of Employment, Interest and Money. London (hier Auflage von 1973)
Keynes, J.M. [1939]: Relative Movements in Real Wages and Output. In: Economic Journal, vol. 49, S. 34–51
Kiley, M.T. [1998]: Monetary Policy under Neoclassical and New-Keynesian Phillips Curves, with an Application to Price Level and Inflation Targeting. Finance and Economics Discussion Series No. 1998–27, Board of Governors of the Federal Reserve System
Kim, S. [2001]: International Transmission of U.S. Monetary Policy Shocks: Evidence From VAR's. In: Journal of Monetary Economics, vol. 48(2), S. 339–372
Kindleberger, C.P. [1986]: The World in Depression. 2. Aufl., Berkeley
King, M. [1995]: Credibility and Monetary Policy. Theory and Evidence. In: Scottish Journal of Political Economy, vol. 42, S. 1–19
King, M. [1999a]: Challenges for Monetary Policy: New and Old. In: Federal Reserve Bank of Kansas City (Hrsg.): New Challenges for Monetary Policy, Kansas City, S. 11–57
King, M. [1999b]: Monetary Policy and the Labour Market. In: Quarterly Bulletin, Bank of England, S. 90–97
King, R.G. [2000]: The New IS-LM Model: Language, Logic, and Limits. In: Federal Reserve Bank of Richmond Economic Quarterly, vol. 86, S. 45–103
King, R.G. und **Plosser, C.I.** [1984]: Money, Credit and Prices in a Real Business Cycle. In: American Economic Review, vol. 74, S. 363–380
King, R.G., Plosser, C.I., Stock, J.H. und **Watson, M.W.** [1991]: Stochastic Trends and Economic Fluctuations. In: American Economic Review, vol. 81, S. 819–840
King, R.G. und **Rebelo, S.T.** [1999]: Resuscitating Real Business Cycles. In: J.B. Taylor und M. Woodford (Hrsg.): Handbook of Macroeconomics, vol. 1B, Amsterdam, S. 927–1007
Kißmer, F. und **Wagner, H.** [2002]: Braucht die EZB eine ‚neue' geldpolitische Strategie? In: List Forum für Wirtschafts- und Finanzpolitik, Bd. 28, S. 1–35
Kißmer, F. und **Wagner, H.** [2004]: Die Zwei-Säulen-Strategie nach der Evaluation durch die EZB. In: M.B. Hofer, H.-K. Kotz und D.B. Simmert (Hrsg.): Geld- und Wirtschaftspolitik in gesellschaftlicher Verantwortung, Berlin, S. 89–111
Kiyotaki, N. und **Moore, J.** [2012]: Liquidity, Business Cycles, and Monetary Policy. NBER Working Paper No. 17934, NBER, Cambridge/ Mass.
Klein, M.W. [2003]: Capital Account Openness and the Varieties of Growth Experience. NBER Working Paper No. 9500, NBER, Cambridge/ Mass.
Klein, M.W. und **Olivei, G.P.** [2008]: Capital Account Liberalization, Financial Depth, and Economic Growth. In: Journal of International Money and Finance, vol. 27(6), S. 861–875
Klein, M.W. und **Shambaugh, J.C.** [2006]: The Nature of Exchange Rate Regimes. NBER Working Paper No. 12729, NBER, Cambridge/ Mass.

Klomp, J.G. und **de Haan, J.** [2010]: Inflation and Central Bank Independence: A Meta Regression Analysis. In: Journal of Economic Surveys, vol. 24(4), S. 593–621

Knabe, A. und **Rätzel, S.** [2011]: Scarring or Scaring? The Psychological Impact of Past Unemployment and Future Unemployment Risk. In: Economica, vol. 78(310), S. 283–293

Knack, S. und **Zak, P.J.** [2003]: Building Trust: Public Policy, Interpersonal Trust, and Economic Development. In: Supreme Court Economic Review, vol. 10, S. 91–107

Knedlik, T. [2010]: A Cost Efficient International Lender of Last Resort. In: International Research Journal of Finance and Economics, vol. 41, S. 105–120

Knotek II, E.S. [2007]: How Useful Is Okun's Law? In: Federal Reserve Bank of Kansas City Economic Review, vol. 92(4), S. 73–103

Knütter, R. und **Mohr, B.** [2008]: Zentralbank-Kommunikation und Finanzstabilität – Eine Bestandsaufnahme. Diskussionsbeitrag der Fakultät für Wirtschaftswissenschaft, Nr. 432, FernUniversität in Hagen

Knütter, R. und **Wagner, H.** [2010/11]: Monetary Policy and Boom-Bust Cycles: The Role of Central Bank Communication. In: Ekonomia, vol. 13–14, S. 69–96

Knütter, R. und **Wagner, H.** [2011]: Optimal Monetary Policy during Boom-Bust Cycles: The Impact of Globalization. In: International Journal of Economics and Finance, vol. 3(2), S. 34–44

Kock, H., Leifert, E., Schmid, A. und **Stirnberg, L.** [1976]: Stabilitätspolitik – Ein Überblick über die aktuelle Diskussion und Perspektiven einer Neuorientierung. Göttingen

Koenig, G. und **Zeyneloglu, I.** [2010]: Monetary and Fiscal Policy Efficiency and Coordination in a Multi-Sector Open-Economy General Equilibrium Model. In: Scottish Journal of Political Economy, vol. 57(4), S. 473–492

Köhler, C. [1983]: Geldwirtschaft. 3. Bd., Wirtschaftspolitische Ziele und wirtschaftspolitische Strategie, Berlin

Kohn, D. [2008]: Recent and Prospective Developments in Monetary Policy Transparency and Communications: A Global Perspective. Speech at the National Association for Business Economics Session, Allied Social Science Associations Annual Meeting, New Orleans, January 5

Kohn, M. [1981]: A Loanable Funds Theory of Unemployment and Monetary Disequilibrium. In: American Economic Review, vol. 71, S. 859–879

Kommission der EG [1985]: Vollendung des Binnenmarkts. Weißbuch, Luxemburg

Kose, M.A., Prasad, E.S., Rogoff, K. und **Wei, S.J.** [2006]: Financial Globalization: A Reappraisal. IMF Working Paper 06/189, Washington, D.C

Kose, M.A., Prasad, E.S., Rogoff, K. und **Wei, S.J.** [2010]: Financial Globalization and Economic Policies. In: D. Rodrik und M. Rosenzweig (Hrsg.): Handbook of Development Economics, vol. 5, S. 4283–4359

Kosters, M.H. [1975]: Controls and Inflation: The Economic Stabilization Program in Retrospect. Washington, D.C.

Kotlikoff, L.J., Persson, T. und **Svensson, L.E.O.** [1988]: Social Contracts as Assets: A Possible Solution to the Time-Consistency Problem. In: American Economic Review, vol. 78, S. 662–667

Koutsampelas, C. und **Polycarpou, A.** [2013]: Austerity and the Income Distribution: The Case of Cyprus. EUROMOD Working Paper No. EM 4/13

Kozicki, S. [1999]: How Useful Are Taylor Rules for Monetary Policy? In: Federal Reserve Bank of Kansas City Economic Review, Second Quarter, S. 5–33

Krahnen, J.P. [2006]: Die Stabilität von Finanzmärkten – Wie kann die Wirtschaftspolitik Vertrauen schaffen? CFS Working Paper No. 2006/05

Krägenau, H. und **Wetter, W.** [1993]: Europäische Wirtschafts- und Währungsunion. Vom Werner-Plan zum Vertrag von Maastricht: Analysen und Dokumentation. Baden-Baden

Kreps, D. und **Wilson, R.** [1982]: Reputation and Imperfect Competition. In: Journal of Economic Theory, vol. 27, S. 253–279

Kromphardt, J. [1977]: Wachstum und Konjunktur. Grundlagen ihrer theoretischen Analyse und wirtschaftspolitischen Steuerung, 2. Aufl., Göttingen

Kromphardt, J. [1982]: Die angebotsorientierte Wirtschaftspolitik des Sachverständigenrates. Das Konzept der achtziger Jahre (Koreferat). In: O. Vogel (Hrsg.): Wirtschaftspolitik der achtziger Jahre. Leitbilder und Strategien, Köln, S. 79–99

Krugman, P. und **Miller, M.** [Hrsg., 1992]: Exchange Rate Targets and Currency Bands. Cambridge

Krugman, P. und **Miller, M.** [1993]: Why Have a Target Zone? In: Carnegie-Rochester Conference Series on Public Policy, vol. 38, S. 279–314

Krugman, P. [1998]: It's Baaack: Japan's Slump and the Return of the Liquidity Trap. In: Brookings Papers on Economic Activity 2, S. 137–187

Krugman, P. und **Obstfeld, M.** [2006]: International Economics: Theory and Policy. 7. Aufl., Reading

Kruse, D.L., Freeman, R.B. und **Blasi, J.R.** [2010]: Shared Capitalism at Work: Employee Ownership, Profit and Gain Sharing, and Broad-Based Stock Options. Chicago und London

Kuhn, H. [Hrsg., 1986]: Probleme der Stabilitätspolitik. Göttingen

Kurtulus, F.A., Kruse, D.L. und **Blasi, J.R.** [2011]: Worker Attitudes Towards Employee Ownership, Profit Sharing and Variable Pay. UMASS Amherst Economics Working Papers No. 2011-15

Kydland, F.E. und **Prescott, E.C.** [1977]: Rules rather than Discretion: The Inconsistency of Optimal Plans. In: Journal of Political Economy, vol. 85, S. 473–492

Kydland, F.E. und **Prescott, E.C.** [1982]: Time to Build and Aggregate Fluctuations. In: Econometrica, vol. 50, S. 1345–1370

Lachmann, W. [1987]: Fiskalpolitik. Berlin u.a.

Laeven, L. und **Valencia, F.** [2012]: Systemic Banking Crises: An Update. IMF Working Paper 12/163, International Monetary Fund, Washington, D.C.

Laffont, J.J. [1987]: Externalities. In: J. Eatwell, M. Milgate und P. Newman (Hrsg.): The New Palgrave, vol. 2, London, S. 263–265

Laidler, D. [1986]: What Do We Really Know about Monetary Policy? Joseph Fisher Lecture, Adelaide

Laidler, D. [1997]: Inflation Control and Monetary Policy Rules. In: I. Kuroda (Hrsg.): Towards More Effective Monetary Policy, New York, S. 67–93

Lahusen, C. und **Giugni, M.** [Hrsg., 2016]: Experiencing Long-Term Unemployment in Europe: Youth on the Edge. London

Lane, P.R. [2002]: The New Open Economy Macroeconomics: A Survey. In: Journal of International Economics, vol. 54, S. 235–266

Lane, P.R. [2012]: The European Sovereign Debt Crisis. In: Journal of Economic Perspectives, vol. 26(3), S. 49–68

Larsen, K.S. und **Sørensen, M.** [2007]: Diffusion Models for Exchange Rates in a Target Zone. In: Mathematical Finance, vol. 17(2), S. 285–306

Laséen, S. [2003]: How High is the Private Gain from Wage Indexation? In: Scandinavian Journal of Economics, vol. 105(2), S. 247–254

Layard, R. [1982]: Is Incomes Policy the Answer to Unemployment? In: Economica, vol. 49, S. 219–239

Layard, R., Nickell, S. und **Jackman, R.** [2005]: Unemployment: Macroeconomic Performance and the Labour Market. 2. Aufl., Oxford

Lechthaler, W. und **Snower, D.** [2013]: Worker Identity, Employment Fluctuations and Stabilization Policy. CESifo Working Paper No. 4271, CESifo Munich

Lee, J.W. und **Shin, K.** [2008]: IMF Bailouts and Moral Hazard. In: Journal of International Money and Finance, vol. 27(5), S. 816–830

Lefort, F. und **Schmidt-Hebbel, K.** [Hrsg., 2002]: Indexation, and Monetary Policy. Central Bank of Chile, S. 315 ff.

Leiderman, L. und **Svensson, L.E.O.** [Hrsg., 1995]: Inflation Targets. Centre for Economic Policy Research

Leitemo, K. und **Söderström, U.** [2005]: Robust Monetary Policy in a Small Open Economy. CEPR Discussion Paper No. 5071, Centre for Economic Policy Research

Leith, C. und **von Thadden, L.** [2008]: Monetary and Fiscal Policy Interactions in a New Keynesian Model with Capital Accumulation and Non-Ricardian Consumers. In: Journal of Economic Theory, vol. 140, S. 279–313

Leijonhufvud, A. [1968]: On Keynesian Economics and the Economics of Keynes. New York und Oxford

Lerner, A.P. und **Colander, D.C.** [1980]: MAP. A Market Anti-Inflation Plan. New York u.a.

Lesch, H. [2013]: Lohnpolitische Koordinierung in der Europäischen Union. IW Policy Paper No. 15/2013, Institut der deutschen Wirtschaft Köln

Lesch, H. und **Stettes, O.** [2008]: Gewinnbeteiligung. Eine theoretische und empirische Analyse auf Basis des IW-Zukunftspanels. Köln

Levy, D., Bergen, M, Dutta, S. und **Venable, R.** [1997]: The Magnitude of Menu Costs: Direct Evidence from Large U.S. Supermarket Chains. In: Quarterly Journal of Economics, vol. 112, S. 791–826

Lewis, K.R. [1995]: Occasional Interventions to Target Rules. In: American Economic Review, vol. 85, S. 691–715

Liew, V.K., Chia, R.C. und **Puah, C.H.** [2009]: Does Hysteresis in Unemployment Occur in OECD Countries? Evidence from Parametric and Non-Parametric Panel Unit Roots Tests. MPRA Paper No. 9915, Munich Personal RePEc Archive

Lindbeck, A. [1993]: Unemployment and Macroeconomics. Cambridge/Mass.

Lindbeck, A. und **Snower, D.J.** [1988]: The Insider-Outsider Theory of Employment and Unemployment. Cambridge/Mass.

Liu, Z. und **Pappa, E.** [2008]: Gains from International Monetary Policy Coordination: Does It Pay to Be Different? In: Journal of Economic Dynamics and Control, vol. 32(7), S. 2085–2117

Lo, S. und **Wang, C.** [2014]: Bitcoin as Money? Current Policy Perspectives No. 14-4, Federal Reserve Bank of Boston

Lodge, M. [2002]: Varieties of Europeanization and the National Regulatory State. In: Public Policy and Administration, vol. 17(2), S. 43–67

Loef, H.-E. [1993]: Zwei Geldbasisregeln im Vergleich. Möglichkeiten für eine regelgebundene Geldpolitik in Europa? In: P. Bofinger u.a. (Hrsg.): Europa vor dem Eintritt in die Wirtschafts- und Währungsunion, Schriften des Vereins für Sozialpolitik Band 220, Berlin, S. 97–158

Lohmann, S. [1992]: Opitmal Commitment in Monetary Policy: Credibility versus Flexibility. In: American Economic Review, vol. 82, S. 273–286

Lombra, R. und **Moran, M.** [1980]: Policy Advice and Policymaking at the Federal Reserve. In: Carnegie-Rochester Conference Series on Public Policy, vol. 13, S. 9–68

Long, J.B. und **Plosser, C.I.** [1983]: Real Business Cycles. In: Journal of Political Economy, vol. 91, S. 39–69

Lovell, M.C. [1986]: Test of the Rational Expectations Hypothesis. In: American Economic Review, vol. 76, S. 110–124

Lubik, T. A. and **Schorfheide, F.** [2004]: Testing for Indeterminacy: An Application to U.S. Monetary Policy. In: American Economic Review, vol. 94, S. 190–217

Lucas, R.E. Jr. [1972]: Expectations and the Neutrality of Money. In: Journal of Economic Theory, vol. 4, S. 103–124

Lucas, R.E. Jr. [1973]: Some International Evidence on Output-Inflation Tradeoffs. In: American Economic Review, vol. 63, S. 326–334

Lucas, R.E. Jr. [1975]: An Equilibrium Model of the Business Cycle. In: Journal of Political Economy, vol. 83, S. 1113–1114
Lucas, R.E. Jr. [1976]: Econometric Policy Evaluation: A Critique. In: K. Brunner und A. Meltzer (Hrsg.): The Phillips Curve and Labor Markes, Carnegie-Rochester Conference Series on Public Policy, vol. 1, Amsterdam, S. 19–46
Lucas, R.E. Jr. [1987]: Models of Business Cycles. Oxford
Lucas, R.E. Jr. [1996]: Nobel Lecture: Monetary Neutrality. In: Journal of Political Economy, vol. 104, S. 661–682
Lucas, R.E. Jr. [2000]: Inflation and Welfare. In: Econometrica, vol. 68, S. 247–274
Lucas, R.E. Jr. [2003]: Macroeconomics Priorities. In: American Economic Review, vol. 3(1), S. 1–14
Lucas, R.E. Jr. und **Rapping, L.** [1969]: Real Wages, Employment, and Inflation. In: Journal of Political Economy, vol. 77, S. 721–754
Luce, R.D. und **Raiffa, H.** [1957]: Games and Decisions. New York
Luckenbach, H. [2000]: Theoretische Grundlagen der Wirtschaftspolitik. 2. Aufl., München
Luhmann, N. [2000]: Vetrauen. Ein Mechanismus der Reduktion sozialer Komplexität. 4. Aufl., Stuttgart
Macklem, T. [2005]: Commentary: Central Bank Communication and Policy Effectiveness. In: Proceedings, August, Federal Reserve Bank of Kansas City, S. 475–494
MacKerron, G. [2012]: Happiness Economics from 35.000 Feet. In: Journal of Economic Surveys, vol. 26(4), S. 705–35
MacLeod, W.B. und **Malcomson, J.M.** [1993]: Wage Premiums and Profit Maximization in Efficiency Wage Models. In: European Economic Review, vol. 37, S. 1223–1249
Maier, C.S. [1984]: Preconditions for Corporatism. In: J.H. Goldthorpe (Hrsg.): Order and Conflict in Contemporary Capitalism, Oxford, S. 39–59
Maital, S. und **Lipnowski, I.** [Hrsg., 1985]: Macroeconomic Conflict and Social Institutions. Cambridge/Mass.
Maital, S. und **Meltz, N.M.** [1985]: Labor and Management Attitudes towards a New Social Contract: A Comparison of Canada and the United States. In: S. Maital and I. Lipnowski (Hrsg.): Macroeconomic Conflict and Social Institutions, Cambridge/Mass., S. 193–206
Malinvaud, E. [1977]: The Theory of Unemployment Reconsidered. Oxford
Malinvaud, E. [1980]: Profitability and Unemployment. Cambridge
Mankiw, N.G. [1985]: Small Menu Costs and Large Business Cycles: A Macroeconomic Model of Monopoly. In: Quarterly Journal of Economics, vol. 100, S. 529–539
Mankiw, N.G. [1989]: Real Business Cycles: A New Keynesian Perspective. In: Journal of Economic Perspectives, vol. 3, S. 79–90
Mankiw, N.G. [1990], A Quick Refresher Course in Macroeconomics. In: Journal of Economic Literature, vol. 28(4), S. 1645–1660.
Mankiw, N.G. [2001]: The Inexorable and Mysterious Tradeoff Between Inflation and Unemployment. In: Economic Journal, vol. 111, S. C45–C61
Mankiw, N.G. [2006]: The Macroeconomist as Scientist and Engineer. In: Journal of Economic Perspectives, vol. 20(4), S. 29–46
Mankiw, N.G. und **Reis, R.** [2002]: Sticky Information versus Sticky Prices: A Proposal to Replace the New Keynesian Phillips Curve. In: Quarterly Journal of Economics, vol. 117(4), S. 1295–1328
Mankiw, N.G. und **Romer, D.** [Hrsg. 1991]: New Keynesian Economics. vol. I: Imperfect Competition and Sticky Prices. vol. II: Coordination Failures and Real Rigidities, Cambridge/Mass.
Marangos, J. [2003]: Price Liberalization, Monetary and Fiscal Policies for Transition Economies: A Post Keynesian Perspective. In: Journal of Post Keynesian Economics, vol. 25, S. 449–469

Marinakis, A. [1997]: Wage Policy in High Inflation Countries: The Role of Indexation in Latin America During the 1980s. In: Journal of Economic Studies, vol. 24, S. 356–378

Mark, N.C. [2001]: International Macroeconomics and Finance: Theory and Econometric Methods. Blackwell Publishers, Malden

Marquis, M.H. und **Reffet, K.L.** [1991]: Real Interest Rates and Endogenous Growth in a Monetary Economy. In: Economic Letters, S. 105–109

Marston, R.C. [1985]: Stabilization Policies in Open Economies. In: R.W. Jones und P.B. Kenen (Hrsg.): Handbook of International Economics, vol. 2, Amsterdam, S. 859–916

Marston, R.C. und **Turnovsky, S.J.** [1985]: Imported Material Prices, Wage Policy, and Macroeconomic Stabilization. In: Canadian Journal of Economics, vol. 18, S. 273–284

Martin, F.M. [2015]: Debt, Inflation and Central Bank Independence. In: European Economic Review, vol. 79, S. 129–150

Marx, K. [1970]: Das Kapital. Band 3., Berlin

Masson, P.R. [1992]: Portfolio Preference Uncertainty and Gains from Policy Coordination. IMF Staff Papers, vol. 39, S. 101–120

Matsuyama, K. [1993]: Modelling Complementarity in Monopolistic Competition. In: Institute for Monetary and Economic Studies, Bank of Japan, vol. 11, S. 87–109

Matsuyama, K. [1995]: Complementarities and Cumulative Process in Models of Monopolistic Competition. In: Journal of Economic Literature, vol. 33, S. 701–729

Mavroeidis, S. [2010]: Monetary Policy Rules and Macroeconomic Stability: Some New Evidence. In: American Economic Review, vol. 100, S. 491–503

Mayer, T. [1984]: Fervent Hopes versus Dismal Reality. In: Challenge, March-April, S. 49–52

Mayer, T. [1987a]: Replacing the FOMC by a PC. In: Contemporary Policys Issues, S. 31–43

Mayer, T. [1987b]: The Debate about Monetarist Policy Recommendation. In: Kredit und Kapital, 20. Jg., S. 281–303

McCallum, B.T. [1985]: On Consequences and Criticisms of Monetary Targeting. In: Journal of Money, Credit and Banking, vol. 17, S. 570–597

McCallum, B.T. [1986]: Some Issues Concerning Interest Rate Pegging, Price Level Determinacy, and the Real Bills Doctrine. In: Journal of Monetary Economics, vol. 17, S. 135–160

McCallum, B.T. [1987]: The Development of Keynesian Macroeconomics. In: American Economic Review, P.a.P., vol. 77, May, S. 125–129

McCallum, B.T. [1989]: Real Business Cycle Models. In: R.J. Barro (Hrsg.): Modern Business Cycle Theory, Oxford, S. 16–50

McCallum, B.T. [1990]: Inflation: Theory and Evidence. In: B.M. Friedman und F.H. Hahn (Hrsg.): Handbook of Monetary Economics, vol. II, Amsterdam, S. 963–1012

McCallum, B.T. [1994]: Macroeconomics after Two Decades of Rational Expectations. In: Journal of Economic Education, vol. 24/25, S. 207–234

McCallum, B.T. [1995]: Two Fallacies Concerning Central-Bank Independence. In: American Economic Review, P.a.P. vol. 85, S. 207–211

McCallum, B.T. [1996a]: Commentary. In: Federal Reserve Bank of Kansas City (Hrsg.): Achieving Price Stability, Jackson Hole, Wyoming, S. 105–114

McCallum, B.T. [1996b]: Neocalssical vs. Endogenous Growth Analysis: An Overview. NBER Working Paper No. 5844, NBER, Cambridge/Mass.

McCallum, B.T. [1997a]: Inflation Targeting in Canada, New Zealand, Sweden, the United Kingdom, and in General. In: I. Kuroda (Hrsg.): Towards More Effective Monetary Policy, New York, S. 211–241

McCallum, B.T. [1997b]: Crucial Issues Concerning Central Bank Independence. In: Journal of Monetary Economics, vol. 39, S. 99–112

McCallum, B.T. [2002]: Recent Developments in Monetary Policy Analysis: The Role of Theory and Evidence. In: Federal Reserve Bank of Richmond Economic Quarterly, vol. 88, S. 67–96

McCallum, B.T. [2003]: Monetary Policy in Economies with Little or No Money. NBER Working Paper No. 9838, NBER, Cambridge/Mass.

McCallum, B.T. [2007]: Inflation Targeting for the United States? In: Cato Journal, vol. 27, S. 261–271

McCallum, B.T. und **Nelson E.** [1999]: Nominal Income Targeting in an Open-Economy Optimizing Model. In: Journal of Monetary Economics, vol. 43(3), S. 553–578

McCallum, B.T. und **Nelson, E.** [2000]: Timeless Perspective vs. Discretionary Monetary Policy in Forward-Looking Models. NBER Working Paper No. 7915, NBER, Cambridge/Mass.

McCandless, G. [2008]: The ABCs of RBCs: An Introduction to Dynamic Macroeconomic Models. Harvard University Press

McKibbin, W. und **Sachs, J.** [1991]: Global Linkages: Macroeconomic Interdependence and Cooperation in the World Economy. Washington, D.C.

McKibbin, W. und **Sachs, J.** [1988]: Coordination of Monetary and Fiscal Policies in the Industrial Countries. In: J.A. Frenkel (Hrsg.): International Aspects of Fiscal Policy, Chicago, S. 73–113

McKinnon, R. [1974]: A New Tripartite Monetary System or a Limping Dollar Standard. International Finance Section, Princeton University, Princeton Essays in International Finance, No. 106

McKinnon, R. [1984]: An International Standard for Monetary Stabilization. Institute for International Economics. Policy Analyses in International Economics, No. 8, Washington, D.C.

McKinnon, R. [1993]: The Rules of the Game: International Money in Historical Perspective. In: Journal of Economic Literature, vol. 31, S. 1–44

McLeay, M., Radia, A. und **Thomas, R.** [2014]: Money Creation in the Modern Economy. In: Bank of England Quarterly Bulletin, vol. 54(1), S. 14–27

Meade, J.E. [1978]: The Meaning of Internal Balance. In: Economic Journal, vol. 88, S. 423–435

Meade, J.E. [1982]: Wage-Fixing. London

Meade, J.E. [1986]: Alternative Systems of Business Organization. London

Meh, C.A. und **Terajima, Y.** [2011]: Inflation, Nominal Portfolios, and Wealth Redistribution in Canada. In: Canadian Journal of Economics, vol. 44(4), S. 1369–1402

Mehra, Y.P. [2004]: The Output Gap, Expected Future Inflation and Inflation Dynamics: Another Look. In: The B.E. Journal of Macroeconomics, vol. 4(1), S. 1–19

Meltzer, A.H. [1987]: Limits of Short-Run Stabilization Policy. In: Economic Inquiry, vol. 25, S. 1–14

Meltzer, A.H. [1989]: Some Lessons of Monetary Management. In: Kredit und Kapital, 22. Jg., S. 43–65

Merkl, C. und **Snower, D.** [2007]: Monetary Persistence, Imperfect Competition, and Staggering Complementarities. IZA Discussion Paper 3033, Bonn

Meyer, L.H. [Hrsg., 1981]: The Supply-Side Effects of Economic Policy. Proceedings of the 1980 Economic Policy Conference, Federal Reserve Bank of St. Louis

Meyer, L.H. [2003]: Practical Problems and Obstacles to Inflation Targeting. Paper presented at Inflation Targeting: Prospects and Problems, Economic Policy Conference Federal Reserve Bank of St. Louis

Meyer, U. [1983]: Neue Makroökonomik. Berlin u.a.

Michaelis, J. [1998]: Zur Ökonomie von Entlohnungssystemen. In: E. Böventer, B. Gahlen und H. Hesse (Hrsg.): Schriften zur angewandten Wirtschaftsforschung, Nr. 78, Tübingen

Michaelis, J. [1999]: Der Weitzman-Plan – was ist geblieben? In: Wirtschaftswissenschaftliches Studium, 28. Jg., Nr. 5, S. 229–234

Mill, J.St. [1965]: Principles of Political Economy. Collected Works of John Stuart Mill, III., Toronto

Miller, J.B. und **Schneider, J.E.** [1985]: American Politics and Changing Macroeconomic Institutions. In: S. Maital und I. Lipnowski (Hrsg.): In: Macroeconomic Conflict and Social Institutions, Cambridge/Mass., S. 207–239

Miller, M. und **Weller, P.** [1991]: Exchange Rate Bands with Price Inertia. In: Economic Journal, vol. 101, S. 1380–1399

Miller, P.J. [1994]: The Rational Expectations Revolution: Readings from the Front Line. Cambridge/ Mass.

Mills, D.Q. [1981]: U.S. Incomes Policies in the 1970's. Underlying Assumptions, Objectives, Results. In: American Economic Review, P.a.P., vol. 71(May), S. 283–287

Miron, J.A. [1994]: Empirical Methodology in Macroeconomics. Explaining the Success of Friedman and Schwartz's 'A Monetary History of the United States, 1867–1960'. In: Journal of Monetary Economics, vol. 34, S. 17–25

Mishkin, F.S. [1983]: A Rational Expectations Approach to Macroeconometrics. Chicago und London

Mishkin, F.S. [1997]: Strategies for Controlling Inflation. NBER Working Paper No. 6122, NBER, Cambridge/ Mass.

Mishkin, F.S. [1999]: International Experiences with Different Monetary Policy Regimes. In: Journal of Monetary Economics, vol. 43, S. 579–605

Mishkin, F.S. [2001]: The International Lender of Last Resort: What are the Issues? In: H. Siebert (Hrsg.): The World's New Financial Landscape, Springer, Berlin, S. 291–312

Mishkin, F.S. [2004]: Can Central Bank Transparency Go Too Far? NBER Working Paper No. 10829, NBER, Cambridge/ Mass.

Mishkin, F.S, [2006a]: The Next Great Globalization. How Disadvantaged Nations Can Harness Their Financial Systems to Get Rich. Princeton University Press, Princeton

Mishkin, F.S. [2006b]: Monetary Policy Strategy: How Did We Get Here? NBER Working Paper No. 12515, NBER, Cambridge/ Mass.

Mishkin, F.S. und **Schmidt-Hebbel, K.** [2007]: Does Inflation Targeting Make a Difference? NBER Working Paper No. 12876, NBER, Cambridge/ Mass.

Mitchell, D. [1982a]: Gain-Sharing: An Anti-Inflation Reform. In: Challenge, Juli-August, S. 18–25

Mitchell, D. [1982b]: Recent Union Contract Concessions. In: Brookings Papers on Economic Activity,vol. 1, S. 165–201

Mitchell, D. [1985]: Wage Flexibility in the United States: Lessons from the Past. In: American Economic Review, P.a.P., vol. 75, May, S. 36–40

Modigliani, F. [1977]: The Monetarist Controversy or Should We Forsake Stabilization Policy. In: American Economic Review, vol. 67, S. 1–19

Montiel, P.J. [2009]: International Macroeconomics. Wiley-Blackwell, Oxford

Morris, S. und **Shin, H.S.** [2000]: Rethinking Multiple Equilibria in Macroeconomic Modeling. NBER Macroeconomics Annual, vol. 15(1), S. 139–161

Morris, S. und **Shin, H.S.** [2002]: Social Value of Public Information. In: American Economic Review, vol. 92(5), S. 1521–1534

Morris, S. und **H.S. Shin** [2005] Central Bank Transparency and the Signal Value of Prices. In: Brookings Papers on Economic Activity, vol. 36(2), S. 1–66

Moosa, I.A. [1997]: A Cross-Country Comparison of Okun's Coefficient. In: Journal of Comparative Economics, vol. 24, S. 335–356

Möller, A. [1968]: Kommentar zum Gesetz zur Förderung der Stabilität und des Wachstums der Wirtschaft. Hannover

Morishima, M. [1985]: Warum Japan so erfolgreich ist. Westliche Technologie und japanisches Ethos. München

Mückl, W.J. und **Hauser, R.** [1975]: Die Wirkungen der Inflation auf die Einkommens- und Vermögensverteilung – Zwei Literaturstudien –. Göttingen

Müller, R. und **Röck, W.** [1976]: Konjunktur- und Stabilisierungspolitik. Theoretische Grundlagen und wirtschaftspolitische Konzepte. Stuttgart

Mundell, R.A. [1962]: The Appropriate Use of Monetary and Fiscal Policy for Internal and External Stability. In: IMF Staff Papers, vol. 9, S. 70–79

Mundell, R.A. [1963a]: Inflation and Real Interest. In: Journal of Political Economy, vol. 71, S. 280–283

Mundell, R.A. [1963b]: Capital Mobility and Stabilisation Policy under Fixed and Flexible Exchange Rates. In: Canadian Journal of Economics and Political Science, vol. 29, S. 475–485

Mundell, R.A. [1968]: International Economics. New York

Mussa, M. [1979]: Macroeconomic Interdependence and the Exchange Rate Regime. In: R. Dornbusch und J.A. Frenkel (Hrsg.): International Economic Policy: Theory and Evidence, Baltimore, S. 160–204

Mussa, M., Jadresic, E., Masson, P.R., Mauro, P., Swoboda, A.K. und **Berg, A.** [2000]: Exchange Rate Regimes in an Increasingly Integrated World Economy. IMF Occasional Papers 193, Washington, D.C.

Muth, J.F. [1961]: Rational Expectations and the Theory of Price Movements. In: Econometrica, vol. 29, S. 315–335

Nakamura, E. und **Steinsson, J.** [2008]: Five Facts about Prices: A Reevaluation of Menu Cost Models. In: Quarterly Journal of Economics, vol. 123(4), S. 1415–1464

Nakamura, E. und **Steinsson, J.** [2013]: Price Rigidity: Microeconomic Evidence and Macroeconomic Implications. In: Annual Review of Economics, vol. 5(1), S. 133–163

Nelson, Ch. und **Plosser, Ch.** [1982]: Trends and Random Walks in Macroeconomic Time Series. In: Journal of Monetary Economics, vol. 10, S. 139–162

Neumann, M.J.M. [1975]: Konstrukte der Zentralbankgeldmenge. In: Kredit und Kapital, 8. Jg., S. 317–345

Neumann, M.J.M. [1979]: Rationale Erwartungen in Makromodellen – Ein kritischer Überblick. In: Zeitschrift für Wirtschafts- und Sozialwissenschaften, 99. Jg., S. 371–401

Neumann, M.J.M. [1991]: Internationale Wirtschaftspolitik: Koordination, Kooperation oder Wettbewerb? In: D. Duwendag und J. Siebke (Hrsg.): Monetäre Konfliktfelder der Weltwirtschaft, Schriften des Vereins für Socialpolitik, N.F. Band 210, Berlin, S. 61–82

Nickell, S. [1990]: Unemployment: A Survey. In: Economic Journal, vol. 100, S. 391–439

Niehans, J. [1968]: Monetary and Fiscal Policies in Open Economies under Fixed Exchange Rates: An Optimizing Approach. In: Journal of Political Economy, vol. 76, S. 893–920

Nijskens, R. und **Eijffinger, S.C.W.** [2010]: The Lender of Last Resort: Liquidity Provision versus the Possibility of Bail-Out. European Banking Center Discussion Paper No. 2010-02, Tilburg University

Nishimura, K.G. [1989]: Indexation and Monopolistic Competition Labor Markets. In: European Economic Review, vol. 33, S. 1605–1623

Noh, Y.H. [2009]: Does Unemployment Increase Suicide Rates? The OECD Panel Evidence. In: Journal of Economic Psychology, vol. 30, S. 575–582

Nordhaus, W.A. [1975]: The Political Business Cycle. In: Review of Economic Studies, vol. 42, S. 169–190

Nordhaus, W.D. [1972]: Recent Developments in Price Dynamics. In: O. Eckstein (Hrsg.): The Econometrics of Price Determination, Washington (Board of Governors of the Federal Reserve System), S. 16–49

Nordhaus, W.D. [1981]: Tax-Based Incomes Policies: A Better Mousetrap? In: M.P. Claudon und R.R. Cornwall (Hrsg.): An Incomes Policy for the United States: New Approaches, Boston u.a., S. 135–154

Nordhaus, W.D. [1988]: Can the Share Economy Conquer Stagflation? In: Quarterly Journal of Economics, vol. 103, S. 201–217

Nordhaus, W.D. und **John, A.** [Hrsg., 1986]: The Share Economy: A Symposium. Cowles Foundation Discussion Paper No. 783, New Haven, Ct.

Noyer, C. [2007]: Financial Innovation, Monetary Policy and Financial Stability, BIS Review 42, Basel

Obstfeld, M. [1985]: Floating Exchange Rates: Experience and Prospects. In: Brookings Papers on Economic Activity, 2, S. 369–450

Obstfeld, M. [2009]: Lenders of Last Resort in a Globalized World. CEPR Discussion Paper No. 7355, Centre for Economic Policy Research

Obstfeld, M., Ostry, J.D. und **Qureshi, M.S.** [2017]: A Tie That Binds: Revisiting Trilemma in Emerging Market Economies. IMF Working Paper No. 17/130, Washington, D.C.

Obstfeld, M. und **Rogoff, K.** [1995]: Exchange Rate Dynamics Redux. In: Journal of Political Economy, vol. 103, S. 624–660

Obstfeld, M. und **Rogoff, K.** [1996]: Foundations of International Macroeconomics. Cambridge/Mass.

Obstfeld, M. und **Rogoff, K.** [2002]: Global Implications of Self-Oriented National Monetary Rules. In: Quarterly Journal of Economics, vol. 117, S. 503–536

Obstfeld, M. und **Rogoff, K.** [2009]: Global Imbalances and the Financial Crisis: Products of Common Causes. CEPR Discussion Paper No. 7606, Centre for Economic Policy Research

Offe, C. [1970]: Leistungsprinzip und industrielle Arbeit. Mechanismen der Statusverteilung in Arbeitsorganisationen der industriellen „Leistungsgesellschaft". Frankfurt a. M.

Ohtake, F. [2012]: Unemployment and Happiness. In: Japan Labor Review, vol. 9(2), S. 59–74

Ojo, M. [2013]: Leverage Ratios and Basel III: Proposed Basel III Leverage and Supplementary Leverage Ratios. MPRA Paper No. 48733, Munich Personal RePEc Archive

Okun, A.M. [1962]: Potential GNP: Its Measurement and Significance. In: American Statistical Association, 1962 Proceedings of the Business and Economic Statistics Section, Washington, D.C., S. 98–104

Okun, A.M. [1978]: Efficient Disinflationary Policies. In: American Economic Review, P.a.P., vol. 68(May), S. 348–352

Okun, A.M. [1981]: Prices and Quantities: A Macroeconomic Analysis. Washington, D.C.

Okun, A.M. und **Perry, G.L.** [Hrsg., 1978]: Curing Chronic Inflation. Washington, D.C.

Olson, M. [1968]: Die Logik des kollektiven Handelns. Tübingen

Omay, T. und **Kan, E.O.** [2010]: Re-Examining the Threshold Effects in the Inflation-Growth Nexus with Cross-Sectionally Dependent Non-Linear Panel: Evidence from Six Industrialized Economies. In: Economic Modelling, vol. 27, S. 996–1005

Orphanides, A. und **Solow, R.M.** [1990]: Money, Inflation and Growth. In: B.M. Friedman und F.H. Hahn (Hrsg.): Handbook of Monetary Economics, vol. I, Amsterdam, S. 223–261

Orphanides, A. und **Williams, J.C.** [2005]: Inflation Scares and Forecast-Based Monetary Policy. In: Review of Economic Dynamics, vol. 8(2), S. 498–527

Orphanides, A. und **Williams, J.C.** [2006]: Monetary Policy with Imperfect Knowledge. In: Journal of the European Economic Association, vol. 4(2–3), S. 366–375

Orphanides, A. und **Williams, J.C.** [2007]: Robust Monetary Policy with Imperfect Knowledge. In: Journal of Monetary Economics, vol. 54(5), S. 1406–1435

Orphanides, A. [2013]: What Happened in Cyprus. SAFE Policy Letter Series No. 6, Goethe Universität Frankfurt

Oswald, A. [1986]: The Economic Theory of Trade Unions: An Introductory Survey. In: L. Calmfors und H. Horn (Hrsg.): Trade Unions, Wage Formation and Macroeconomic Stability, London, S. 160–193

Ott, A.E. [1967]: Magische Vielecke. In: ders. (Hrsg.): Fragen der wirtschaftlichen Stabilisierung, Tübingen, S. 93–114

Ott, A.E. [1992]: Wirtschaftstheorie: eine erste Einführung. 2. Auflage, Göttingen
Oudiz, G. und **Sachs, J.** [1984]: Macroeconomic Policy Coordination among the Industrial Economies. In: Brookings Papers on Economic Activity, 1, S. 1–64
Oudiz, G. und **Sachs, J.** [1985]: International Policy Coordination Dynamic Macroeconomic Models. In: W.H. Buiter und R.C. Marston (Hrsg.): International Economic Policy Coordination, Cambridge u.a., S. 274–319
Padoa-Schioppa, T. [1985]: Wirtschafts- und währungspolitische Probleme der Europäischen Integration. Luxemburg
Parkin, M. [1986]: The Output-Inflation Trade-off When Prices Are Costly to Change. In: Journal of Political Economy, vol. 94(1), S. 200–224
Pätzold, J. und **Baade, D.** [2008]: Stabilisierungspolitik. 7. Aufl., München
Papell, D. H. [1989]: Monetary Policy in the United States Under Flexible Exchange Rates. In: American Economic Review, vol. 79, S. 1106–1116
Pappa, E. [2004]: Do the ECB and the Fed Really Need to Cooperate? Optimal Monetary Policy in a Two-Country World. In: Journal of Monetary Economics, vol. 51(4), S. 753–779
Parkin, M. [1986]: The Output-Inflation Tradeoff When Prices Are Costly to Change. In: Journal of Political Economy, vol. 94, S. 200–224
Patinkin, D. [1956]: Money, Interest and Prices. New York
Patinkin, D. [1979]: Die Geldlehre von John M. Keynes. München
Pearlman, J.G. [2005]: Central Bank Transparency and Private Information in a Dynamic Macroeconomic Model. ECB Working Paper No. 455, European Central Bank
Pemberton, J. [1993]: Attainable Non-Optimality or Unattainable Optimality: A New Approach to Stochastic Life Cycle Problems. In: Economic Journal, vol. 103, S. 1–20
Pencavel, J. [1986]: Wages and Employment under Trade Unionism: Microeconomic Models and Macroeconomic Applications. In: L. Calmfors und H. Horn (Hrsg.): Trade Unions, Wage Formation and Macroeconomic Stability, London, S. 197–225
Perez, V. [2003]: Wage Indexation and Inflation Persistence. CEMFI Working Paper No. 0303, Madrid
Perman, R. und **Tavera, C.A.** [2005]: Cross-Country Analysis of the Okun's Law Coefficient Convergence in Europe. In: Applied Economics, vol. 37(21), S. 2501–13
Perry, G.L. [1983]: What Have We Learned about Disinflation? In: Brookings Papers on Economic Activity, 2, S. 587–602
Persaud, A. [2001]: The Disturbing Interaction Between the Madness of Crowds and the Risk Management of Banks. In: S. Griffith-Jones und A. Bhattacharya (Hrsg.): Developing Countries and the Global Financial System, London
Persson, M., Persson, T. und **Svensson, L.E.O.** [2006]: Time Consistency of Fiscal and Monetary Policy: A Solution. In: Econometrica, vol. 74(1), S. 193–212
Persson, T. und **Svensson, L.E.O.** [1984]: Time-Consistent Fiscal Policy and Government Cash-Flow. In: Journal of Monetary Economics, vol. 14, S. 365–374
Persson, T. und **Tabellini, G.** [1990]: Macroeconomic Policy, Credibility and Politics. Chur
Persson, T. und **Tabellini, G.** [1993]: Designing Institutions for Monetary Stability. In: Carnegie-Rochester Conference Series on Public Policy, vol. 39, S. 53–84
Persson, T. und **Tabellini, G.** [Hrsg., 1994]: Monetary and Fiscal Policy. Vol. I: Credibility. Vol. II: Politics, Cambridge/Mass.
Persson, T. und **Tabellini, G.** [1999]: Political Economics and Macroeconomic Policy. In: J.B. Taylor und M. Woodford (Hrsg.): Handbook of Macroeconomics, vol. 1C, Amsterdam, S. 1397–1482
Persson, T. und **Tabellini, G.** [2000]: Political Economics: Explaining Economic Policy. Cambridge/Mass.
Pesaran, M.H. [1987]: The Limits to Rational Expectations. Oxford

Petersen, L., und **Winn, A.** [2014]: Does Money Illusion Matter? Comment. In: American Economic Review, vol. 104(3), S. 1047–1062
Petersen, T. [2002]: Ricardos Äquivalenztheorem. In: Wirtschaftswissenschaftliches Studium, vol. 11, S. 644–647
Phelps, E.S. [1967]: Phillips Curves, Expectations of Inflation and Optimal Unemployment Over Time. In: Economica, vol. 34, S. 254–281
Phelps, E.S. [Hrsg., 1970]: Microeconomic Foundations of Employment and Inflation Theory. New York
Phelps, E.S. und **Taylor, J.B.** [1977]: Stabilizing Powers of Monetary Policy under Rational Expectations. In: Journal of Political Economy, vol. 85, S. 163–190
Phillips, A.W. [1954]: Stabilization Policy in a Closed Economy. In: Economic Journal, vol. 64, S. 290–323
Phillips, A.W. [1958]: The Relationship between Unemployment and the Rate of Change of Money Wages in the United Kingdom, 1861–1957. In: Economica, vol. 25, S. 283–299
Pichler, J.H., Verhonig, H. und **Hentschel, N.** [1979]: Inflation und Indexierung. Theoretische Analyse, Instrumentarium, empirische Befunde und Kritik. Berlin
Pindyck, R.S. [1991]: Irreversibility, Uncertainty, and Investment. In: Journal of Economic Literature, vol. 29, S. 1110–1152
Pissarides, C. [1983]: Tax-Based Incomes Policies and the Long-Run Inflation-Unemployment Trade-Off. Centre for Labour Economics Discussion Paper No. 146, London School of Economics
Plosser, C.I. [1989]: Understanding Real Business Cycles. In: Journal of Economic Perspectives, vol. 3, S. 51–77
Plümper, T. [1996]: Der Wandel weltwirtschaftlicher Institutionen: Regimedynamik durch ökonomische Prozesse. Berlin
Pohl, R. [1987]: Kaufkraftparität, Zinsparität und monetäre Strategien in der offenen Volkswirtschaft. In: C. Köhler und R. Pohl (Hrsg.): Aspekte der Geldpolitik in offenen Volkswirtschaften, Berlin, S. 27–41
Poole, W. [1970]: Optimal Choice of Monetary Policy Instruments in a Simple Stochastic Macro Model. In: Quarterly Journal of Economics, vol. 84, S. 197–216
Poole, W. [2003]: Institutions for Stable Prices: How To Design an Optimal Central Bank Law. In: Federal Reserve Bank of St. Louis Review, vol. 85, S. 1–6
Poole, W. [2006]: Inflation Targeting. In: Federal Reserve Bank of St. Louis Review, vol. 88, S. 155–163
Poutineau, J-C., Sobczak, K. und **Vermandel, G.** [2015]: The Analytics of the New Keynesian 3-Equation Model. In: Economics and Business Review, vol. 1, S. 110–139
Poutsma, E., Blasi, J.R. und **Kruse, D.L.** [2012]: Employee Share Ownership and Profit Sharing in Different Institutional Contexts. In: The International Journal of Human Resource Management, vol. 23(8), S. 1513–1518
Prescott, E.C. und **Candler, G.V.** [2008]: Calibration. In: S.N. Durlauf und L.E. Blume (Hrsg.): The New Palgrave Dictionary of Economics, Second Edition, Palgrave Macmillan
Raboy, D.G. [1982]: Supply Side Economics. Washington, D.C.
Radelet, S. und **Sachs, J.** [1998]: The East Asian Financial Crisis: Diagnosis, Remedies, Prospects. In: Brookings Papers on Economic Activity, 1, S. 1–74
Rajan, R.G. [2005]: Has Financial Development Made the World Riskier? In: Proceedings, issue Aug., Federal Reserve Bank of Kansas City, S. 313–369
Rajan, R.G. [2010]: Corporate Finance. In: NBER Reporter 2009, vol. 4, S. 1–6
Ramser, H.J. [1987a]: Beschäftigung und Konjunktur. Berlin u.a.
Ramser, H.J. [1987b]: Konjunkturtheoretische Aspekte der Neuen Keynesianischen Makroökonomik. In: Ökonomie und Gesellschaft. Jahrbuch 5: Keynesianische Fragen im Lichte der Neoklassik, Frankfurt und New York, S. 105–131

Ramser, H.J. [1993]: Nicht-kompetitive Gütermärkte im makroökonomischen Modell. In: B. Gahlen, H. Hesse und H.J. Ramser (Hrsg.): Makroökonomik unvollkommener Märkte, Tübingen, S. 3–21

Raphael, S. und **Winter-Ebmer, R.** [2001]: Identifying the Effect of Unemployment on Crime. In: The Journal of Law and Economics, vol. 44(1), S. 259–283

Rapoport, A. und **Chammah, A.M.** [1965]: Prisoner's Dilemma – A Study in Conflict and Cooperation. Ann Arbor

Rauh, M. [2001]: Heterogenous Beliefs, Price Dispersion, and Welfare-Improving Price Controls. In: Economic Theory, vol. 18, S. 577–603

Rebitzer, J. und **Taylor, L.** [1995]: The Consequences of Minimum Wage Laws: Some New Theoretical Ideas. In: Journal of Public Economics, vol. 56, S. 245–255

Reckers, T. [2006]: Die Portfeuilleoptimierung im Eigenhandel von Kreditinstituten. Verlagshaus Monsenstein und Vannerdat, Münster

Rees, A. [1978]: New Policies to Fight Inflation: Sources of Scepticism. In: A.M. Okun und G.L. Perry (Hrsg.): Curing Chronic Inflation, The Brookings Institution, Washington, D.C., S. 217–241

Reich, M. [2008]: Segmented Labor Markets and Labor Mobility. Cheltenham

Reinhart, C.M. und **Reinhart V.** [2009]: Capital Flow Bonanzas: An Encompassing View of the Past and Present. In: J. Frankel und C. Pissarides (Hrsg.): NBER International Seminar on Macroeconomics 2008, S. 9–62

Reinhart, C.M. und **Rogoff, K.S.** [2008]: This Time is Different: A Panoramic View of Eight Centuries of Financial Crises. NBER Working Paper No. 13882, NBER, Cambridge/Mass.

Reis, R. [2003]: Where Is the Natural Rate? Rational Policy Mistakes and Persistent Deviations of Inflation from Target. In: Advances in Macroeconomics, vol. 3(1), S. 1–38

Reis, R. [2013]: Central Bank Design. In: Journal of Economic Perspectives, vol. 27(4), S. 17–44

Repullo, R., **Saurina, J.** und **Trucharte, C.** [2010]: Mitigating the Pro-Cyclicality of Basel II. In: Economic Policy, vol. 25(64), S. 659–702

Ribhegge, H. [1979]: Außenseiterproblem und Stabilisierungspolitik – Effiziente Globalsteuerung durch selektive Anreize? Tübingen

Ribhegge, H. [1987]: Grenzen der Theorie rationaler Erwartungen. Zur wirtschaftspolitischen Bedeutung rationaler Erwartungen auf walrasianischen und nicht-walrasianischen Märkten. Tübingen

Ricardo, D. [1960]: The Principles of Political Economy and Taxation. London

Ricciuti, R. [2003]: Assessing Ricardian Equivalence. In: Journal of Economic Surveys, vol. 17, S. 55–78

Richter, R. [1987]: Geldtheorie. Berlin u.a.

Richter, B., **Schularick, M.** und **Wachtel, P.** [2017]: When to Lean Against the Wind. CEPR Discussion Paper DP12188, Centre for Economic Policy Research

Risch, B. [1983]: Alternativen der Einkommenspolitik. Tübingen

Rittberger, V. und **Zangl, B.** [2003]: Internationale Organisationen – Politik und Geschichte. Europäische und weltweite internationale Zusammenschlüsse. Opladen

Ritzberger, K. [2002]: Foundations of Non-Cooperative Game Theory. Oxford

Roberts, J. [1987]: An Equilibrium Model with Involuntary Unemployment at Flexible, Competitive Prices and Wages. In: American Economic Review, vol. 77, S. 856–874

Roberts, J.M. [1995]: New Keynesian Economics and the Phillips Curve. In: Journal of Money, Credit and Banking, vol. 27, S. 975–984

Rocheteau, G. [2012]: The Cost of Inflation: A Mechanism Design Approach. In: Journal of Economic Theory, vol. 147(3), S. 1261–1279

Rockoff, H. [1984]: Drastic Measures. A History of Wage and Price Controls in the United States. London

Rodrik, D. [1998]: Who Needs Capital-Account Convertibility? In: S. Fischer u.a. (Hrsg.): Should the IMF Pursue Capital Account Convertibility? Essays in International Finance No. 207, Princeton University

Roger, S. [2009]: Inflation Targeting at 20: Achievements and Challenges. IMF Working Paper No. 09/236, Washington, D.C.

Rogoff, K. [1985a]: The Optimal Degree of Commitment to an Intermediate Monetary Target. In: Quarterly Journal of Economics, vol. 100, S. 1169–1190

Rogoff, K. [1985b]: Can International Monetary Policy Cooperation be Counterproductive? In: Journal of International Economics, vol. 18, S. 199–217

Rogoff, K. [1987]: Reputational Constraints on Monetary Policy. In: Carnegie-Rochester Conference Series on Public Policy, vol. 26, S. 141–182

Rogoff, K. [1999]: International Institutions for Reducing Global Financial Instability. In: Journal of Economic Perspectives, vol. 13(4), S. 21–42

Rogoff, K. [2003]: Globalization and Global Disinflation. In: Economic Review of the Federal Reserve Bank of Kansas City, vol. 88, S. 45–78

Rogoff, K. [2006]: Impact of Globalization on Monetary Policy. In: Federal Reserve Bank of Kansas City (Hrsg.): The New Economic Geography, Jackson Hole, Wyoming

Rogoff, K., Mody, A., Oomes, N., Brooks, R. und **Husain, A.M.** [2004]: Evolution and Performance of Exchange Rate Regimes. IMF Occasional Papers 229, Washington, D.C.

Rogoff, K. und **Silbert, A.** [1988]: Equilibrium Political Business Cycles. In: Review of Economic Studies, vol. 55, S. 1–16

Romer, Ch.D. und **Romer, D. H.** [1994]: Monetary Policy Matters. In: Journal of Monetary Economics, vol. 34, S. 75–88

Romer, D. [1993a]: The New Keynesian Synthesis. In: Journal of Economic Perspectives, vol. 7(4), S. 5–22

Romer, D. [1993b]: Openness and Inflation: Theory and Evidence. In: Quarterly Journal of Economics, vol. 108, S. 869–903

Romer, D. [2011]: Advanced Macroeconomics. 4. Aufl., New York

Romer, C. [2000]: Keynesian Macroeconomics without the LM curve. In: Journal of Economic Perspectives, vol. 14(2), S. 149–169

Rose, A.K. und **Spiegel, M.M.** [2012]: Cross-Country Causes and Consequences of the 2008 Crisis: Early Warning. In: Japan and the World Economy: International Journal of Theory and Policy, vol. 24, S. 1–16

Rosen, S. [1985]: Implicit Contracts: A Survey. In: Journal of Economic Literature, vol. 23, S. 1144–1175

Rosenberg, C. u.a. [2005]: Debt-Related Vulnerabilities and Financial Crises. IMF Occasional Paper No. 240, Washington, D.C.

Rotemberg, J. [1982]: Monopolistic Price Adjustment and Aggregate Output. In: Review of Economic Studies, vol. 44, S. 517–531

Rotemberg, J. [1987]: The New Keynesian Microfoundations. In: NBER Macroeconomics Annual 1987, S. 69–104

Rotemberg, J. und **Saloner, G.** [1986]: The Rigidity of Prices under Monopoly and Duopoly. Working Paper No. 414, Department of Economics, MIT

Rotemberg, J. und **Woodford, M.** [1997]: An Optimization-Based Econometric Model for the Evaluation of Monetary Policy. In: NBER Macroeconomics Annual 1997, vol. 12, S. 297–346

Rotemberg, J. und **Woodford, M.** [1998]: Interest-Rate Rules in an Estimated Sticky Price Model. NBER Working Paper No. 6618, NBER, Cambridge/Mass.

Rothschild, K.W. [1981]: Einführung in die Ungleichgewichtstheorie. Berlin u.a.

Roubini, N., und **Setser, B.** [2004]: Bailouts or Bailins? Responding to Financial Crises in Emerging Economies. Peterson Institute for International Economics, Washington, D.C.

Rubio, M. und **Carrasco-Gallego, J.A.** [2014]: Macroprudential and Monetary Policies: Implications for Financial Stability and Welfare. In: Journal of Banking and Finance, vol. 49, S. 326–336

Rudebusch, G.D. [2008]: Publishing Central Bank Interest Rate Forecasts. In: Federal Reserve Bank of San Francisco Economic Letter, No. 2008-02, Federal Reserve Bank of San Francisco

Rudebusch, G. D. [2009]: The Fed's Monetary Policy Response to the Current Crisis. Federal Reserve Bank of San Francisco Economic Letter, No. 2009-17, S. 1–3

Rudebusch, G.D. und **Svensson, L.E.O.** [1998]: Policy Rules for Inflation Targeting. NBER Working Paper No. 6512, NBER, Cambridge/Mass.

Rudebusch, G.D. und **Walsh, C.E.** [1998]: U.S. Inflation Targeting: Pro and Con. In: Federal Reserve Bank of San Francisco Economic Letter, No. 98-18, Federal Reserve Bank of San Francisco

Sachs, J.D. [1979]: Wages, Profits, and Macroeconomic Adjustment: A Comparative Study. In: Brookings Papers on Economic Activity, 2, S. 269–319

Sachverständigenrat [2007]: Stabilität des internationalen Finanzsystems. In: Jahresgutachten 2007/2008, S. 89–163

Saint-Paul, G. [1995]: The High Unemployment Trap. In: Quarterly Journal of Economics, vol. 110, S. 527–550

Samuelson, P.A. [1947]: The Foundations of Economic Analysis. Cambridge/Mass.

Samuelson, P.A. und **Solow, R.M.** [1960]: Analytical Aspects of Anti-Inflation Policy. In: American Economic Review, vol. 50, S. 177–194

Sánchez, M. [2013]: On the Limits of Transparency: The Role of Imperfect Central Bank Knowledge. In: International Finance, vol. 16(2), S. 245–271

Santomero, A.M. [2003]: Flexible Commitment or Inflation Targeting for the U.S.? In: Federal Reserve Bank of Philadelphia Business Review, Q3, S. 1–7

Santomero, A.M. und **Seater, J.** [1978]: The Inflation-Unemployment Trade-Off: A Critique of the Literature. In: Journal of Economic Literature, vol. 16, S. 499–544

Sargent, T.J. [1976]: Observation Equivalence of Natural and Unnatural Rate Theories of Macroeconomics. In: Journal of Political Economy, vol. 84, S. 631–640

Sargent, T.J. [1987]: Macroeconomic Theory. 2. Aufl., New York

Sargent, T.J. [1993]: Bounded Rationality in Macroeconomics. Oxford

Sargent, T.J. [1999]: The Conquest of American Inflation. Princeton

Sargent, T.J. [2008]: Evolution and Intelligent Design. In: American Economic Review, vol. 98(1), S. 5–37

Sargent, T.J. und **Wallace, N.** [1975]: "Rational" Expectations, the Optimal Money Instrument, and the Optimal Money Supply Rule. In: Journal of Political Economy, vol. 83, S. 241–254

Sargent, T.J. und **Wallace, N.** [1981]: Some Unpleasant Monnetarist Arithmetic. In: Federal Reserve Bank of Minneapolis Quarterly Review, vol. 6, S. 1–17

Sarno, L. und **Taylor, M.** [2002]: The Economics of Exchange Rates. Cambridge

Saunders, P.G. und **Nobay, A.R.** [1972]: Price Expectations, the Phillips Curve and Incomes Policy. In: M. Parkin und M.T. Sumner (Hrsg.): Incomes Policy and Inflation, Manchester, S. 237–249

Scarth, W.M. [1988]: Macroeconomics – An Introduction to Advanced Methods. Toronto u.a. (2. Aufl. 1992)

Schalling, E. und **Hoeberichts, M.** [2010]: Why Speed Doesn't Kill: Learning to Believe in Disinflation. In: De Economist, vol. 158(1), S. 23–42

Schelling, T.C. [1978]: Micromotives and Macrobehaviour. New York und London

Scherf, H. [1986]: Enttäuschte Hoffnungen – vergebene Chancen. Wirtschaftspolitik der sozial-liberalen Koalition 1969–1982. Göttingen

Schmahl, H.-J. [1970]: Globalsteuerung der Wirtschaft. Die neue Konjunkturpolitik in der Bundesrepublik Deutschland. Hamburg

Schmitt-Grohé, S. und **Uribe, M.** [2007]: Optimal Simple and Implementable Monetary and Fiscal Rules. In: Journal of Monetary Economics, vol. 54(6), S. 1702–1725

Schmitt-Grohé, S. und **Uribe, M.** [2016]: Downward Nominal Wage Rigidity, Currency Pegs, and Involuntary Unemployment. In: Journal of Political Economy, vol. 124(5), S. 1466–1514

Schneider, H.K. [1977]: Beschäftigungs- und Konjunkturpolitik. In: W. Albers u.a. (Hrsg.): Handwörterbuch der Wirtschaftswissenschaft, Bd. 1, Stuttgart, S. 478–499

Schönfelder, N. und **Wagner, H.** [2016]: Impact of European Integration on Institutional Development. In: Journal of Economic Integration, vol. 31(3), S. 472–530

Schotter, A. [1981]: The Economic Theory of Social Institutions. Cambridge u.a.

Schularick, M. und **Taylor, A.** [2012]: Credit Booms Gone Bust: Monetary Policy, Leverage Cycles and Financial Crises, 1870–2008. In: American Economic Review, vol. 102(2), S. 1029–61

Schultze, Ch. [1960]: Creeping Inflation – Causes and Consequences. In: Business Horizons, Bloomington; wiederabgedruckt in: P.A. Samuelson u.a. (Hrsg.): Readings in Economics, New York u.a. (4. Aufl. 1964)

Seater, J.J. [1993]: Ricardian Equivalence. In: Journal of Economic Literature, vol. 31, S. 142–190

SEC [2010]: Goldman Sachs to Pay Record $550 Million to Settle SEC Charges Related to Subprime Mortgage CDO. SEC Press Release 2010-123, verfügbar auf: http://www.sec.gov/news/press/2010/2010-123.htm (letzter Aufruf: 21.07.2017)

Seidman, L.S. [1983]: A "Third Way" for Feldstein. In: Challenge, Sept.–Oct., S. 44–47

Selten, R. [2001]: What is Bounded Rationality? In: G. Gigerenzer und R. Selten (Hrsg.): Bounded Rationality: The Adaptive Toolbox, Cambridge und London, S. 13–36

Sengenberger, W. [Hrsg., 1978]: Der gespaltene Arbeitsmarkt. Probleme der Arbeitsmarktsegmentation. Frankfurt und New York

Sethi, R. und **Franke, R.** [1995]: Behavioural Heterogeneity and Evolutionary Pressure: Macroeconomic Implications of Costly Optimisation. In: Economic Journal, vol. 105, S. 583–600

Shapiro, C. und **Stiglitz, J.** [1984]: Equilibrium Unemployment as a Worker Discipline Device. In: American Economic Review, vol. 74, S. 433–444

Sheahan, J. [1967]: The Wage-Price Guideposts. Washington, D.C.

Sheffrin, S.M. [1996]: Rational Expectations. 2. Aufl., Cambridge

Sheshinski, E. und **Weiss, Y.** [1977]: Inflation and Costs of Price Adjustment. In: Review of Economic Studies, vol. 44, S. 287–303

Shiller, R.J. [1996]: Why Do People Dislike Inflation? NBER Working Paper No. 5539, NBER, Cambridge/Mass.

Shiller, R.J. [1997]: Public Resistance to Indexation: A Puzzle. In: Brookings Papers on Economic Activity, vol. 28(1), S. 159–228

Shiller, R.J. [2003]: The New Financial Order. Risk in the 21st Century. Princeton und Woodstock

Shimada, H. [1986]: Japanese Industrial Relations – A New General Mode? A Survey of the English-Language Literature. In: T. Shirai (Hrsg.): Contemporary Industrial Relations in Japan, Madison, Wisc., S. 3–27

Shubik, M. [1982, 1984]: Game Theory in the Social Sciences. 2 Volumes, Cambridge/Mass. und London

Sidrauski, M. [1967]: Rational Choice and Patterns of Growth in a Monetary Economy. In: American Economic Review, P.a.P., vol. 57(May), S. 534–544

Siebert, H. [Hrsg., 1983]: Perspektiven der deutschen Wirtschaftspolitik. Mainz

Siebert, H. [1986]: Vollbeschäftigung durch Gewinnbeteiligung. In: Wirtschaftsdienst, Nov., S. 555–559

Siekmann, H. [1985]: Institutionalisierte Einkommenspolitik in der Bundesrepublik Deutschland. München (Studien zum öffentlichen Recht und zur Verwaltungslehre; Bd. 31)

Sijben, J.J. [1988]: Financial Innovations. Monetary Policy and Financial Stability. In: Kredit und Kapital, 21. Jg., S. 45–66
Silvestre, J. [1993]: The Market-Power Foundations of Macroeconomic Policy. In: Journal of Economic Literature, vol. 31, S. 105–141
Sims, C.A. [2001]. Pitfalls of a Minimax Approach to Model Uncertainty. In: American Economic Review, P.a.P., vol. 91(2), S. 51–54
Sims, C.A. [2003]: Implications of Rational Inattention. In: Journal of Monetary Economics, vol. 50(3), S. 497–720
Simon, H.A. [1952]: On the Application of Servomechanism Theory in the Study of Production Control. In: Econometrica, vol. 20, S. 247–268
Simons, H.C. [1936]: Rules versus Authorities in Monetary Policy. In: Journal of Political Economy, vol. 44, S. 1–30
Simons, H.C. [1948]: Economic Policy for a Free Society. Chicago und London
Simonsen, M.E. [1983]: Indexation: Current Theory and Brazilian Experience. In: R. Dornbusch und M.E. Simonsen (Hrsg.): Inflation, Debt, and Indexation, Cambridge/Mass., S. 99–132
Sinn, H.-W. [1987]: Inflation, Scheingewinnbesteuerung und Kapitalallokation. In: D. Schneider (Hrsg.): Kapitalmarkt und Finanzierung, Berlin, S. 187–210
Sinn, H.-W. und **Reutter, M.** [2001]: The Minimum Inflationrate for Euroland. NBER Working Paper No. 8085, NBER, Cambridge/Mass.
Smets, F.R. [2014]: Financial Stability and Monetary Policy. In: International Journal of Central Banking, vol. 10(2), S. 263–300
Smets, F. und **Wouters, R.** [2007]: Shocks and Frictions in US Business Cycles: A Bayesian DSGE Approach. In: American Economic Review, vol. 97(3), S. 586–606
Snower, D. [1984]: Rational Expectations, Non-Linearities and the Effectiveness of Monetary Policy. In: Oxford Economic Papers, vol. 36, S. 177–199
Solow, R.M. [1956]: A Contribution to the Theory of Economic Growth. In: Quarterly Journal of Economics, vol. 70, S. 65–94
Solow, R.M. [1969]: Price Expectations and the Behaviour of the Price Level. Manchester
Soltwedel, R. [1988]: Employment Problems in West Germany – The Role of Institutions, Labor Law, and Government Intervention. In: K. Brunner und A.H. Meltzer (Hrsg.): Stabilization Policies and Labor Markets, Carnegie-Rochester Conference Series on Public Policy, vol. 28, Amsterdam, S. 152–219
Stadler, G.W. [1994]: Real Business Cycles. In: Journal of Economic Literature, vol. 32, S. 1750–1783
Starbatty, J. [1977]: Stabilitätspolitik in der freiheitlich-sozialstaatlichen Demokratie. Baden-Baden
Startz, R. [1989]: Monopolistic Competition as a Foundation for Keynesian Macroeconomic Models. In: Quarterly Journal of Economics, vol. 104, S. 737–752
Stern, K., Münch, P. und **Hansmeyer, K.-H.** [1967]: Gesetz zur Förderung der Stabilität und des Wachstums der Wirtschaft. Stuttgart
Stevenson, A., Muscatelli, V. und **Gregory, M.** [1995]: Macroeconomic Theory and Stabilisation Policy. Oxford
Stiglitz, J.E. [1986]: Theories of Wage Rigidity. In: J.L. Butkiewicz u.a. (Hrsg.): 'Keynes'- Economic Legacy: Contemporary Economic Theories, New York, S. 153–206
Stiglitz, J.E. [1992]: Capital Markets and Economic Fluctuations in Capitalist Economies. In: European Economic Review, vol. 36, S. 269–306
Stiglitz, J.E. [1999]: Reforming the Global Economic Architecture: Lessons from Recent Crisis. In: The Journal of Finance, vol. 54(4), S. 1508–1520
Stiglitz, J.E. [2002]: Information and the Change in the Paradigm in Economics. In: American Economic Review, vol. 92(3), S. 460–501
Stiglitz, J.E. [2017]: Where Modern Macroeconomics Went Wrong. NBER Working Paper No. 23795, NBER, Cambridge/Mass.

Stiglitz, J.E., Ocampo, J.A., Spiegel, S., Ffrench-Davis, R. und **Nayyar, D.** [2006]: Stability with Growth. Macroeconomics, Liberalization, and Development. Oxford University Press, Oxford und New York.

Stix, H. [2004]: How Do Debit Cards Affect Cash Demand? Survey Data Evidence. In: Empirica, vol. 31(2–3), S. 93–115

Stock, J.H. und **Watson, M.W.** [1988]: Variable Trends in Economic Time Series. In: Journal of Economic Perspectives, vol. 2, S. 147–174

Stockman, A.C. [1981]: Anticipated Inflation and the Capital Stock in a Cash-In-Advance Economy. In: Journal of Monetary Economics, vol. 18, S. 387–393

Stockman, A.C. [1987]: The Equilibrium Approach to Exchange Rates. In: Federal Reserve Bank of Richmond Economic Review, vol. 16, S. 12–30

Stokey, N. [2002]: "Rules vs. Discretion" after Twenty-five Years. In: NBER Macroeconomics Annual, vol. 17(1), S. 9–45

Strandh, M., Winefield, A., Nilsson, K. und **Hammerström, A.** [2014]: Unemployment and Mental Health Scarring during the Life Course. In: European Journal of Public Health, vol. 24(3), S. 440–445

Streißler, E., Beinsen, L., Schleicher, S. und **Suppanz, H.** [1976]: Zur Relativierung des Zieles der Geldwertstabilität. Göttingen

Streit, M.E. [1990]: Internationale Koordination der Wirtschaftspolitik – Das Beispiel des Zielkonzepts. In: E.E. Kantzenbach (Hrsg.): Probleme der internationalen Koordination der Wirtschaftspolitik, Berlin, S. 79–94

Streit, M.E. [1995]: Systemwettbewerb und Harmonisierung im europäischen Integrationsprozess. Diskussionsbeitrag, 09-95, Max-Planck-Institut zur Erforschung von Wirtschaftssystemen, Jena

Strifler, M. und **Beissinger, T.** [2012]: Fairness Considerations in Labor Union Wage Setting: A Theoretical Analysis. IZA Discussion Paper 6799, Bonn

Stutzer, A. und **Frey, B.S.** [2010]: Recent Advances in the Economics of Individual Subjective Well-Being. In: Social Research, vol. 77(2), S. 679–714

Summers, L. [1985]: Observations on the Share Economy. Remarks prepared for the New York Meetings of the American Economic Association, December 28

Surico, P. [2008]: Measuring the Time-Inconsistency of US Monetary Policy. In: Economica, vol. 75(297), S. 22–38

Sutherland, A. [1995]: Monetary and Real Shocks and the Optimal Target Zone. In: European Economic Review, vol. 39, S. 1616–172

Sutherland, A. [2004]: International Monetary Policy Coordination and Financial Market Integration. CEPR Discussion Paper No. 4251, Centre for Economic Policy Research

Svensson, L.E.O. [1992]: An Interpretation of Recent Research on Exchange Rate Target Zones. In: Journal of Economic Perspectives, vol. 6(4), S. 119–144

Svensson, L.E.O. [1994]: Why Exchange Rate Bands? Monetary Independence in Spite of Fixed Exchange Rates. In: Journal of Monetary Economics, vol. 33, S. 157–199

Svensson, L.E.O. [1997a]: Optimal Inflation Targets, "Conservative" Central Banks, and Linear Inflation Contracts. In: American Economic Review, vol. 87, S. 98–114

Svensson, L.E.O. [1997b]: Inflation Forecast Targeting: Implementing and Monitoring Inflation Targets. In: European Economic Review, vol. 41, S. 1111–1146

Svensson, L.E.O. [1999]: Inflation Targeting as a Monetary Policy Rule. In: Journal of Monetary Economics, vol. 43, S. 607–654

Svensson, L.E.O. [2000]: Robust Control Made Simple. Princeton University, verfügbar auf: https://larseosvensson.se/files/und/522/Readings/robust.pdf (letzter Aufruf: 21.07.2017)

Svensson, L.E.O. [2002]: Monetary Policy and Real Stabilization. In: New Challenges for Monetary Policy, Federal Reserve Bank of Kansas City, S. 261–312

Svensson, L.E.O. [2003a]: What Is Wrong with Taylor Rules? Using Judgment in Monetary Policy through Targeting Rules. In: Journal of Economic Literature, vol. 41, S. 426–477

Svensson, L.E.O. [2003b]: Monetary Policy and Real Stabilization. In: Federal Reserve Bank of Kansas City (Hrsg.): Rethinking Stabilization Policy, Jackson Hole, Wyoming, S. 261–312

Svensson, L.E.O. [2003c]: In the Right Direction, But Not Enough: The Modification of the Monetary-Policy Strategy of the ECB. Briefing Paper for the Committee on Economic and Monetary Affairs (ECON) of the European Parliament, verfügbar auf: https://larseosvensson.se/files/papers/ep305.pdf (letzter Abruf: 21.07.2017)

Svensson, L.E.O. [2006]: Social Value of Public Information: Morris and Shin (2002) is Actually Pro Transparency, Not Con. In: American Economic Review, vol. 96(1), S. 448–452

Svensson, L.E.O. [2008]: Inflation Targeting. In: L. Blum und S. Durlauf (Hrsg.): New Palgrave Dictionary of Economics, 2. Aufl., Basingstoke u.a.

Svensson, L.E.O. [2009]: Evaluating Monetary Policy. NBER Working Paper No. 15385, NBER, Cambridge/Mass.

Svensson, L.E.O. [2010]: Inflation Targeting After the Financial Crisis. Speech at the International Research Conference. Challenges to Central Banking in the Context of Financial Crisis, Mumbai, February 12, 2010

Svensson, L.E.O. [2012]: Comment on Michael Woodford, "Inflation Targeting and Financial Stability". In: Sveriges Riksbank Economic Review, vol. 1, S. 33–39

Svensson, L.E.O. [2015]: The Possible Unemployment Cost of Average Inflation below a Credible Target. In: American Economic Journal: Macroeconomics, vol. 7(1), S. 258–296

Svensson, L.E.O. [2017a]: Cost-Benefit Analysis of Leaning Against the Wind. In: Journal of Monetary Economics 90, S. 193–213

Svensson, L.E.O. [2017b]: Leaning Against the Wind: The Role of Different Assumptions about the Costs. NBER Working Paper No. 23745, NBER, Cambridge/Mass.

Sweezy, P.M. [1939]: Demand under Conditions of Oligopoly. In: Journal of Political Economy, vol. 47, S. 568–573

Tabellini, G. [1987]: Reputational Constraints on Monetary Policy: A Comment. In: Carnegie-Rochester Conference Series on Public Policy, vol. 26(Spring), S. 183–190

Tachibanaki, T. und **Maruyama, T.** [2001]: Promotion, Incentives, and Wages. In: S. Ogura (Hrsg.): Aging Issues in the United States and Japan, Chicago, S. 335–359

Tapia Granados, J.A., House, J.S., Ionides, E.L., Burgard, S. und **Schoeni, R.S.** [2014]: Individual Joblessness, Contextual Unemployment, and Mortality Risk. In: American Journal of Epidemiology, vol. 180(3), S. 280–287

Taylor, A.M. [2015]: Credit, Financial Stability and the Macroeconomy. NBER Working Paper No. 21039, NBER, Cambridge/Mass.

Taylor, J.B. [1979]: Staggered Price Setting in a Macro Model. In: American Economic Review, P.a.P., vol. 69(May), S. 108–113

Taylor, J.B. [1980]: Aggregate Dynamics and Staggered Contracts. In: Journal of Political Economy, vol. 88, S. 1–24

Taylor, J.B. [1983]: Union Wage Settlements During a Disinflation. In: American Economic Review, vol. 73, S. 981–993

Taylor, J.B. [1985a]: Rational Expectations Models in Macroeconomics. In: K.J. Arrow und S. Honkapohja (Hrsg.): Frontiers of Economics, Oxford, S. 391–425

Taylor, J.B. [1985b]: What Would Nominal GNP Targeting do to the Business Cycle? In: Carnegie-Rochester Conference Series on Public Policy, vol. 22, S. 61–84

Taylor, J.B. [1993]: Discretion versus Policy Rules in Practice. In: Carnegie-Rochester Conference Series on Public Policy, vol. 39, S. 195–214

Taylor, J.B. [1996]: How Should Monetary Policy Respond to Shocks While Maintaining Long-Run Price Stability? Conceptual Issues. In: Federal Reserve Bank of Kansas City (Hrsg.): Achieving Price Stability, Kansas City, S. 181–195

Taylor, J.B. [1997]: Policy Rules as a Means to a More Effective Monetary Policy. In: I. Kuroda (Hrsg.): Towards More Effective Monetary Policy, New York, S. 28–39

Taylor, J.B. [1999a]: Commentary: Challenges for Monetary Policy: New and Old. In: Federal Reserve Bank of Kansas City (Hrsg.): New Challenges for Monetary Policy, Kansas City, S. 59–67

Taylor, J.B. [1999b]: Staggered Price and Wage Setting in Macroeconomics. In: J.B. Taylor und M. Woodford (Hrsg.): Handbook of Macroeconomics, vol. 1B, Amsterdam, S. 1009–1050

Taylor, J.B. [1999c]: The Robustness and Efficiency of Monetary Policy Rules as Guidelines for Interest Rate Setting by the European Central Bank. In: Journal of Monetary Economics, vol. 43, S. 655–679

Taylor, J.B. [2007]: Housing and Monetary Policy. In: Housing, Housing Finance, and Monetary Policy, Federal Reserve Bank of Kansas City Jackson Hole Symposium, S. 463–476

Taylor, J.B. [2009]: Systemic Risk and the Role of Government. Dinner Keynote Speech, Federal Reserve Bank of Atlanta

Taylor, J.B. [2013a]: International Monetary Policy Coordination: Past, Present and Future. SIEPR Discussion Paper 12-034, Stanford Institute for Economic Policy Research

Taylor, J.B. [2013b]: International Monetary Coordination and the Great Deviation. In: Journal of Policy Modeling, vol. 35(3), S. 463–472

Taylor, J.B. [2013c]: The Effectiveness of Central Bank Independence Versus Policy Rules. SIEPR Discussion Paper No. 12-009, Stanford University

Taylor, J.B. [2016a]: A Monetary Policy for the Future. In: O. Blanchard, R. Rajan, K. Rogoff und L.S. Summers (Hrsg.): Progress and Confusion: The State of Macroeconomic Policy, MIT Press

Taylor, J.B. [2016b]: Rethinking the International Monetary System, In: Cato Journal, vol. 36(2), S. 239–250

Taylor, J.B. und **Williams, J.C.** [2010]: Simple and Robust Rules for Monetary Policy. NBER Working Paper No. 15908, NBER, Cambridge/Mass.

Taylor, M. [1995]: The Economics of Exchange Rates. In: Journal of Economic Literature, vol. 33, S. 13–47

Teichmann, U. [1997]: Grundriß der Konjunkturpolitik. 5. Aufl., München

Temple, J. [2000]: Inflation and Growth: Stories Short and Tall. In: Journal of Economic Surveys, vol. 14, S. 395–426

Thimann, C. u.a. [2005]: Managing Financial Crises in Emerging Market Economies – Experience with the Involvement or Private Sector Creditors. ECB Occasional Paper Series No. 32, European Central Bank

Thurow, L. [1981]: Die Null-Summen-Gesellschaft: Einkommensverteilung und Möglichkeiten wirtschaftlichen Wandels. München

Tichy, G.J. [1971]: Das magische Fünfeck und die Trade-off-Analyse. In: Kredit und Kapital, 4. Jg., S. 1–25

Timberlake, R.H. [1993]: Monetary Policy in the United States: An Intellectual and Institutional History. Chicago

Tinbergen, J. [1952]: On The Theory of Economic Policy. Amsterdam

Tobin, J. [1965]: Money and Economic Growth. In: Econometrica, vol. 33, S. 671–684

Tobin, J. [1972]: Inflation and Unemployment. In: American Economic Review, vol. 62, S. 1–18

Tobin, J. [1975]: Keynesian Models of Recession and Depression. In: American Economic Review, P.a.P., vol. 65(May), S. 195–202

Tobin, J. [1980a]: Stabilization Policy Ten Years After. In: Brookings Papers on Economic Activity, 1, S. 19–71

Tobin, J. [1980b]: Asset Accumulation and Economic Activity. Chicago und Oxford

Tobin, J. [1983a]: Inflation: Monetary and Structural Causes and Cures. In: N. Schmukler und E. Marcus (Hrsg.): Inflation through the Ages: Economic, Social, Psychological and Historical Aspects, New York, S. 3–16

Tobin, J. [1983b]: Monetary Policy: Rules, Targets and Shocks. In: Journal of Money, Credit and Banking, vol. 15, S. 506–518

Tobin, J. [1984]: A Social Compact for Restraint. In: Challenge, March-April, S. 52–54

Tobin, J. [1985]: Monetary Policy in an Uncertain World. In: A. Ando u.a. (Hrsg.): Monetary Policy in Our Times, Cambridge/Mass. und London, S. 29–42

Tobin, J. [1986]: High Time to Restore the Employment Act of 1946. In: Challenge, May-June, S. 4–12

Tödter, K.-H. und **Manzke, B.** [2007]: The Welfare Effects of Inflation: A Cost-Benefit Perspective. Discussion Paper 33/2007, Deutsche Bundesbank

Tommasi, M. [1994]: The Consequences of Price Instability on Search Markets: Towards Understanding the Effects of Inflation. In: American Economic Review, vol. 84, S. 1385–1396

Tommasi, M. [1999]: On High Inflation and the Allocation of Resources. In: Journal of Monetary Economics, vol. 44, S. 401–421

Tuchtfeldt, E. [1971]: Zielprobleme in der modernen Wirtschaftspolitik. Tübingen

Tuladhar, A. [2005]: Governance Structures and Decision-Making Roles in Inflation Targeting Central Banks. IMF Working Paper 05/183, Washington, D.C.

Turrell, A. [2016]: Agent-Based Models: Understanding the Economy from the Bottom Up. In: Quarterly Bulletin 2016Q4, Bank of England

Turnovsky, S.J. [1972]: The Expectations Hypothesis and the Aggregate Wage Equation: Some Empirical Evidence for Canada. In: Economica, vol. 39, S. 1–17

Turnovsky, S.J. [1977]: Macroeconomic Analysis and Stabilization Policy. Cambridge

Turnovsky, S.J. [2000]: Methods of Macroeconomic Dynamics. 2. Aufl., Cambridge und London

Tustin, A. [1953]: The Mechanism of Economic Systems. London

Tversky, A. und **Kahneman, D.** [1974]: Judgement under Uncertainty: Heuristics and Biases. In: Science, vol. 185, S. 1124–1131

Uribe, M. [2017]: The Neo-Fisher Effect in the United States and Japan. NBER Working Paper No. 23977, NBER, Cambridge/Mass.

Vanberg, V. [1995]: Markt und Organisation. Tübingen

Van der Cruijsen, C.A.B., Eijffinger, S.C.W. und **Hoogduin, L.** [2008]: Optimal Central Bank Transparency. CEPR Discussion Paper No. 6889, Centre for Economic Policy Research

Van der Veer, K.J.M. und **De Jong, E.** [2013]: IMF-Supported Programmes: Stimulating Capital to Non-Defaulting Countries. In: The World Economy, vol. 36(4), S. 375–395

Van Huyck, J.B., Battalio, R.C. und **Beil, R.O.** [1990]: Tacit Coordination Games, Strategic Uncertainty, and Coordination Failure. In: American Economic Review, vol. 80, S. 234–248

Varian, H. [2014]: Intermediate Microeconomics: A Modern Approach. 9. Aufl., New York

Vaubel, R. [1983]: Coordination or Competition among National Macro-economic Policies? In: F. Machlup, G. Fels und H. Müller-Groeling (Hrsg.): Reflections on a Troubled World Economy, London, S. 3–28

Vaubel, R. [1984]: The Government's Money Monopoly: Externalities or Natural Monopoly? In: Kyklos, vol. 37, S. 27–58

Vecchi, M. [1999]: Real Business Cycle: A Critical Review. In: Journal of Economic Studies, vol. 26, S. 159–171

Verdun, A. [2010]: Ten Years EMU: An Assessment of Ten Critical Claims. In: International Journal of Economics and Business Research, vol. 2(1), S. 144–163
Viner, J. [1955]: Studies in the Theory of International Trade. London
Vines, D., Maciejowski, J. und **Meads, J.E.** [1983]: Demand Management. London
Vlaar, P.W.L., van den Bosch, F.A.J. und **Volberda, H.W.** [2007]: On the Evolution of Trust, Distrust and Formal Coordination and Control in Interorganizational Relationship: Toward an Integrative Framework. In: Group Organization Management, vol. 32(4), S. 407–428
Vogel, O. [Hrsg., 1982]: Wirtschaftspolitik der achtziger Jahre. Leitbilder und Strategien. Köln
Vogt, W. [1986]: Theorie der kapitalistischen und einer laboristischen Ökonomie. Frankfurt und New York
Vogt, W. [1990]: Zum Zusammenhang von Vollbeschäftigung, Inflation und Arbeitslosigkeit. In: H.-P. Spahn (Hrsg.): Wirtschaftspolitische Strategien. Probleme ökonomischer Stabilität und Entwicklung in Industrieländern und der Europäischen Gemeinschaft, Regensburg, S. 33–55
Vogt, W. [1995]: Überlegungen zur makroökonomischen Modellbildung. Beitrag zum 25. Wirtschaftswissenschaftlichen Seminar Ottobeuren 10.–14. Sept. 1995
Wacker, A. [Hrsg., 1981]: Vom Schock zum Fatalismus? Soziale und psychische Auswirkungen der Arbeitslosigkeit. 2. Aufl., Frankfurt und New York
Wagner, H. [1981]: Wirtschaftspolitik im Lichte rationaler Erwartungen. In: Konjunkturpolitik, 27. Jg., S. 1–11
Wagner, H. [1982]: Inflation und Vermögensanlage. Ein Portfoliomodell. In: Zeitschrift für Wirtschafts- und Sozialwissenschaften, 102. Jg., S. 135–154
Wagner, H. [1983]: Inflation und Wirtschaftswachstum. Zum Einfluss von Inflation auf die Akkumulationsrate. Berlin
Wagner, H. [1985a]: Zum Zusammenhang zwischen Mengen- und Preisänderungen. Betrachtungen zu einer auffallenden Trade-off-Beziehung. In: Kredit und Kapital, 18. Jg., S. 61–89
Wagner, H. [1985b]: Einfluss der Inflation auf die Realkapitalbildung. In: W. Ehrlicher und D.B. Simmert (Hrsg.): Der volkswirtschaftliche Sparprozess, Beihefte zu Kredit und Kapital, 9, Berlin, S. 201–233
Wagner, H. [1986]: Wirtschaftspolitik und Vertrauensbildung. In:. In: E. Hödl und G. Müller (Hrsg.): Die Neoklassik und ihre Kritik, Sonderband zu Jahrbuch 1: Ökonomie und Gesellschaft, Frankfurt und New York, S. 351–381
Wagner, H. [1987a]: The Costs of a Purely Monetary Disinflation Policy: The Case of Long-Run Involuntary Unemployment. Working Paper No. 443, Department of Economics, Massachusetts Institute of Technology (MIT)
Wagner, H. [1987b]: Arbeitsangebot, Freizeitarbeit und Folgen einer Rationierung. Kritik und Erweiterung der traditionellen neoklassischen Arbeitsangebotstheorie. In: Jahrbücher für Nationalökonomie und Statistik, Bd. 203, S. 138–151
Wagner, H. [1987c]: Kurz- und längerfristige Wirkungen einer Disinflationspolitik. Keynesianische Ängste und neoklassischer Optimismus. Eine Modellanalyse. In: Jahrbuch für Sozialwissenschaft, Bd. 38, S. 159–187
Wagner, H. [1987d]: Konzepte institutioneller Innovationen in der Stabilitätspolitik. In: Wirtschaftswissenschaftliches Studium, 16. Jg., Heft 12, S. 603–608
Wagner, H. [1987e]: Zinspolitik versus Geldmengenpolitik. Zu den theoretischen Grundlagen und Wirkungsmechanismen im Kontext von Stabilisierungspolitik. In: C. Köhler und R. Pohl (Hrsg.): Aspekte der Geldpolitik in offenen Volkswirtschaften, Berlin, S. 203–220
Wagner, H. [1988a]: Soll die Bundesbank eine nominelle BSP-Regelpolitik betreiben? In: Kredit und Kapital, 21. Jg., S. 8–33

Wagner, H. [1988b]: Diskretionäre versus regelgebundene Makropolitik. In: W. Vogt (Hrsg.): Politische Ökonomie heute, Regensburg, S. 117–127

Wagner, H. [1988c]: Reducing the 'NAIRU' by Building New Socio-Economic Institutions? In: The Indian Economic Journal, vol. 35(3), S. 95–111

Wagner, H. [1989]: Alternatives of Disinflation and Stability Policy. Costs, Efficiency and Implementability: A Comparison between Japan and West Germany. In: Bank of Japan Monetary and Economic Studies, vol. 7(1), S. 41–97

Wagner, H. [1990a]: Demokratie und Inflation – Eine "rationale" wahlpolitische Theorie eines Inflationsbias. In: Jahrbücher für Nationalökonomie und Statistik, Bd. 207, S. 356–373

Wagner, H. [1990b]: Can Purely Monetary Disinflation Policy Produce Long-Run Involuntary Unemployment? In: Jahrbuch für Sozialwissenschaft, Bd. 41, S. 198–216

Wagner, H. [1991]: Dynamic Aspects of Disinflation – On the Determinants of the Sacrifice Ratio. In: G. Feichtinger u.a. (Hrsg.): Operations Research 1990, XV. Symposium, Methods of Operations Research 64, Meisenheim, S. 371–377

Wagner, H. [1992]: Seigniorage und Inflationsdynamik. Einige grundlegende Zusammenhänge. In: Kredit und Kapital, vol. 25, S. 335–358

Wagner, H. [1993]: Reconstruction of the Financial System in East Germany: Description and Comparison with Eastern Europe. In: Journal of Banking and Finance, vol. 17, S. 1001–1019

Wagner, H. [1997]: Wachstum und Entwicklung. Theorie der Entwicklungspolitik. 2. Aufl., München

Wagner, H. [Hrsg., 1998a]: Current Issues in Monetary Economics. Heidelberg

Wagner, H. [1998b]: Europäische Wirtschaftspolitik. Perspektiven einer Europäischen Wirtschafts- und Währungsunion (EWWU). 2. Auflage, Berlin

Wagner, H. [1998c]: Inflation Targeting. In: Wirtschaftswissenschaftliches Studium, 27. Jg., S. 295–301

Wagner, H. [1999a]: Central Bank Independence and the Lessons for Transition Economies from Developed and Developing Countries. In: Comparative Economic Studies, vol. 41, S. 1–22

Wagner, H. [1999b]: Inflation Targeting versus Monetary Targeting. In: Kredit und Kapital, 32. Jg., S. 610–632

Wagner, H. [2000a]: Which Exchange Rate Regimes in an Era of High Capital Mobility? In: North American Journal of Economics and Finance, vol. 11(4), S. 191–203

Wagner, H. [2000b]: Controlling Inflation in Transition Economies: On the Relevance of Central Bank Independence and the Right Nominal Anchor. In: Atlantic Economic Journal, vol. 27(1), S. 60–70

Wagner, H. [2000c]: Globalization and Unemployment, Springer-Verlag, Berlin

Wagner, H. [2001]: Preconditions for the Efficiency and Socioeconomic Consequences of the Monetary Union. In: M. Haller (Hrsg.): The Making of the European Union. Contributions of the Social Sciences, Springer, Berlin, S. 43–65

Wagner, H. [2002a]: Pitfalls in the European Enlargement Process – Financial Instability and Real Divergence. Discussion Paper 06/02, Economic Research Centre of the Deutsche Bundesbank

Wagner, H. [2002b]: Growth Effects of "Heterogenous" Economic Integration. In: Journal of Economic Integration, vol. 17 (4), S. 623–649

Wagner, H. [2002c]: The Road to the Euro – Exchange Rate Arrangements in Transition Economies. In: Annals of the American Academy of Political and Social Science, vol. 579(January), S. 168–182 (Co-Author: Eduard Hochreiter)

Wagner, H. [2002d]: Implications of Globalization for Monetary Policy. In: SUERF Studies, vol. 17, Vienna, zuerst erschienen als IMF Working Paper 01/184 November (International Monetary Fund: Washington, D.C.)

Wagner, H. [2003b]: Makroökonomie. München

Wagner, H. [2003c]: Geld- und währungspolitische Herausforderungen durch Globalisierung und Finanzmarktinstabilität. In: Jahrbuch für Wirtschaftswissenschaften, Band 54, Heft 1, S. 1–31

Wagner, H. [2005a]: Economic Analysis of Cross-Border Legal Uncertainty: The Example of the European Union, in: J. Smits (Hrsg.): The Need for a European Contract Law. Empirical and Legal Perspectives, Groningen: Europa Law Publishing, 2005, S. 25–51

Wagner, H. [2005b]: Globalization and Financial Instability. In: International Journal of Social Economics, vol. 32(7), S. 616–638

Wagner, H. [2006a]: Fiscal Issues in the New EU-Member Countries – Prospects and Challenges. In: SUERF Studies, vol. 2006/1, S. 1–60

Wagner, H. [2006b]: Information und Unsicherheit in der Geldtheorie. In: C. Clemens, M. Heinemann und S. Soretz (Hrsg.): Auf allen Märkten zu Hause. Gedenkschrift für Franz Haslinger, Metropolis, Marburg, S. 193–231

Wagner, H. [2007]: Information and Uncertainty in the Theory of Monetary Policy. In: SUERF Studies, vol. 2007/1, S. 1–82

Wagner, H. [2010]: The Causes of the Recent Financial Crisis and the Role of Central Banks in Avoiding the Next One. In: International Economics and Economic Policy, vol. 7(1), S. 63–82

Wagner, H. [2012]: Is Harmonization of Legal Rules an Appropriate Target? Lessons from the Global Financial Crisis. In: European Journal of Law and Economics, vol. 33(3), S. 541–564

Wagner, H. [2013]: Is the European Monetary Union Sustainable? The Role of Real Convergence. In: S. Kaji und E. Ogawa (Hrsg.): Who Will Provide the Next Financial Model? Asia's Financial Muscle and Europe's Financial Maturity, Tokyo, S. 183–217

Wagner, H. [2014a]: Einführung in die Weltwirtschaftspolitik. Internationale Wirtschaftsbeziehungen – Internationale Organisationen – Internationale Politikkoordinierung. 7. Aufl., München und Wien

Wagner, H. [2014b]: Can We Expect Convergence through Monetary Integration? (New) OCA Theory versus Empirical Evidence from European Integration. In: Comparative Economic Studies, vol. 56, S. 176–199

Wagner, H. und **Berger, W.** [2003]: Financial Globalization and Monetary Policy. In: DNB Staff Reports No. 95, Amsterdam

Wagner, H. und **Berger, W.** [2004]: Globalization and Volatility of International Capital Flows. In: Empirica, vol. 15, S. 163–184

Wagner, H. und **Schulz, D.** [2005]: Das Redux-Modell – eine neukeynesianische Theorie offener Volkswirtschaften. In: WISU, vol. 8-9/05, S. 1092–1099

Waller, C.J. und **Van Hoose, D.D.** [1992]: Discretionary Monetary Policy and Socially Efficient Wage Indexation. In: Quarterly Journal of Economics, vol. 107, S. 1451–1460

Waller, C.J. und **Walsh, C.E.** [1996]: Central-Bank Independence, Economic Behaviour, and Optimal Term Lengths. In: American Economic Review, vol. 86, S. 1139–1153

Wallich, H.C. und **Weintraub, B.C.** [1971]: A Tax-Based Incomes Policy. In: Journal of Economic Issues, vol. 5, S. 1–19

Walsh, C.E. [1995]: Optimal Contracts for Central Bankers. In: American Economic Review, vol. 85, S. 150–167

Walsh, C.E. [1998]: The Natural Rate, NAIRU, and Monetary Policy. In: Federal Reserve Bank of San Francisco Economic Letter No. 98-28, Federal Reserve Bank of San Francisco

Walsh, C.E. [2000]: Uncertainty and Monetary Policy. In: Federal Reserve Bank of San Francisco Economic Letter No. 2000-08, Federal Reserve Bank of San Francisco

Walsh, C.E. [2005]: Parameter Misspecification and Robust Monetary Policy Rules. ECB Working Paper Series No. 477, European Central Bank

Walsh, C.E. [2008]: Announcements and the Role of Policy Guidance. In: Federal Reserve Bank of St. Louis Review, vol. 90(4), S. 421–442

Walsh, C.E. [2009a]: Using Monetary Policy to Stabilize Economic Activity. Jackson Hole Symposium on Financial Stability and Macroeconomic Policy, August 20-22, Jackson Hole, Wyoming

Walsh, C.E. [2009b]: Inflation Targeting: What Have We Learned? In: International Finance, vol. 12, S. 195–233

Walsh, C.E. [2011]: The Future of Inflation Targeting. In: Economic Record, vol. 87(Special Issue), S. 23–36

Walsh, C.E. [2015]: Goals and Rules in Central Bank Design. In: International Journal of Central Banking, vol. 11(1), S. 295–352

Walsh, C.E. [2017]: Monetary Theory and Policy. 4. Aufl., Cambridge/Mass. und London

Walter, M. [2008]: Stabilisierungspolitik. 3. Aufl., Sternenfels

Weber, A. [2010]: Communication, Decision Making, and the Optimal Degree of Transparency of Monetary Policy Committees. In: International Journal of Central Banking, vol. 6(3), S. 1–49

Weber, A., Gerke, R. und **Worms, A.** [2011]: Changes in Euro Area Monetary Transmission? In: Applied Financial Economics, vol. 21(3), S. 131–145

Weiss, L. [1980]: The Effects of Money Supply on Economic Welfare in the Steady State. In: Econometrica, vol. 48, S. 565–576

Weitzman, M.L. [1982]: Increasing Returns and the Foundations of Unemployment Theory. In: Economic Journal, vol. 92, S. 787–804

Weitzman, M.L. [1983]: Some Macroeconomic Implications of Alternative Compensation Systems. In: Economic Journal, vol. 93, S. 763–783

Weitzman, M.L. [1984]: The Share Economy. Cambridge/Mass.

Weitzman, M.L. [1985]: The Simple Macroeconomics of Profit Sharing. In: American Economic Review, vol. 75, S. 937–953

Weitzman, M.L. [1986]: Macroeconomic Implications of Profit Sharing. In: NBER Macroeconomics Annual 1986, Cambridge/Mass. und London, S. 291–335

Weitzman, M.L. [1987]: Steady State Unemployment Under Profit Sharing. In: Economic Journal, vol. 97, S. 86–105

Weizsäcker, C.C.v. [1975]: Grenzen der traditionellen Globalsteuerung. In: Jahrbuch für Nationalökonomie und Statistik, Bd. 189, S. 1–41

Weizsäcker, C.C.v. [1978]: Das Problem der Vollbeschäftigung heute. In: Zeitschrift für Wirtschafts- und Sozialwissenschaften, 98. Jg., S. 33–51

Weizsäcker, C.C.v. [1987]: BIP statt Geldmenge. In: ‚Wirtschaftswoche' vom 26. Juni

Welfens, P.J. [1985]: Theorie und Praxis angebotsorientierter Stabilitätspolitik. Baden-Baden

Welfens, P.J. [2012]: Stabilizing the Euro Area and Overcoming the Confidence Crisis. In: International Economics and Economic Policy, vol. 9, S. 7–12

Werner, J. [1971]: Über wirtschaftspolitische Ziele. In: Schweizerische Zeitschrift für Volkswirtschaft und Statistik, Bd. 107, S. 359–382

West, K.D. [1986]: Targeting Nominal Income: A Note. In: Economic Journal, vol. 96, S. 1077–1083

White, L.J. [2010]: Markets: The Credit Rating Agencies. In: Journal of Economic Perspectives, vol. 24(2), S. 211–226

White, W.R. [2004]: Are Changes in Financial Structure Extending Safety Nets? BIS Working Papers No. 145, Basel

White, W.R. [2009]: Should Monetary Policy "Lean or Clean"? Globalization and Monetary Policy Institute Working Paper No. 34, Federal Reserve Bank of Dallas

White, W.R. [2013]: Is Monetary Policy a Science? The Interaction of Theory and Practice over the Last 50 Years. Globalization and Monetary Policy Institute Working Paper No. 155, Federal Reserve Bank of Dallas

Wickens, M. [2012]: Macroeconomic Theory. 2. Aufl., Princeton

Wied-Nebbeling, S. [1975]: Industrielle Preissetzung. Schriftenreihe des Instituts für angewandte Wirtschaftsforschung, Bd. 127, Tübingen

Wied-Nebbeling, S. [1985]: Das Preisverhalten in der Industrie. Ergebnisse einer erneuten Befragung. Tübingen

Wied-Nebbeling, S. [2009]: Preistheorie und Industrieökonomik. 5. Aufl., Berlin

Willard, L. [2012]: Does Inflation Targeting Matter? A Reassessment. In: Applied Economics, vol. 44(17), S. 2231–2244

Willett, T. D. [1999]: Developments in the Political Economy of Policy Coordination. In: Open Economies Review, vol. 10, S. 221–253.

Williams, N. [2008]: Robust Control. In: New Palgrave Dictionary of Economics, 2. Aufl.

Williamson, J. [1985]: The Exchange Rate System. Institute for International Economics. Policy Analysis in International Economics, No. 5, 2. Aufl., Washington, D.C.

Williamson, J. [1987]: Exchange Rate Management: The Role of Target Zones. In: American Economic Review, P.a.P., vol. 77(May), S. 200–204

Williamson, J. [Hrsg., 1985]: Inflation and Indexation. Cambridge/Mass.

Williamson, J. [1994]: Managing the Monetary System. In: P. Kenen [Hrsg.]: Managing the World Economy: Fifty Years After Bretton Woods, Washington, D.C.

Williamson, J [1998]: Crawling Bands or Monitoring Bands: How to Manage Exchange Rates in a World of Capital Mobility. In: International Finance, vol. 1, S. 59–79

Williamson, J. und Miller, M.H. [1987]: Targets and Indicators: A Blueprint for International Co-ordination of Economic Policy. In: Policy Analyses in International Economics, No. 22(September), Washington, D.C.

Williamson, S. und Wright, R. [1994]: Barter and Monetary Exchange under Private Information. In: American Economic Review, vol. 84, S. 104–123

Willms, M. [1988]: Wechselkursstabilisierung durch währungspolitische Kooperation? In: O. Issing (Hrsg.): Wechselkursstabilisierung, EWS und Weltwährungssystem, Hamburg, S. 231–260

Wittmann, U. [1985]: Das Konzept rationaler Preiserwartungen. Berlin u.a.

Winckelmann, L. und Winckelmann, R. [1998]: Why are the Unemployed so Unhappy? Evidence from Panel Data. In: Economica, vol. 65, S. 1–15

Woodford, M. [1991]: Self-Fulfilling Expectations and Fluctuation in Aggregate Demand. In: N.G. Mankiw und D. Romer (Hrsg.): New Keynesian Economics, vol. 2, Cambridge/Mass. und London, S. 77–110

Woodford, M. [1995]: Price-Level Determinacy without Control of a Monetary Aggregate. In: Carnegie-Rochester Conference Series on Public Policy, vol. 4, S. 31–46

Woodford, M. [1999]: Learning to Believe in Sunspots. In: Econometrica, vol. 58(2), S. 277–307

Woodford, M. [1999]: Commentary: How Should Monetary Policy Be Conducted in an Era of Price Stability? In: New Challenges for Monetary Policy: A Symposium Sponsored by the Federal Reserve Bank of Kansas City, S. 277–316

Woodford, M. [2000]: Monetary Policy in a World without Money. In: International Finance, vol. 3(2), S. 229–60

Woodford, M. [2001a]: Inflation Stabilization and Welfare. NBER Working Paper No. 8071, NBER, Cambridge/Mass.

Woodford, M. [2001b]: Fiscal Requirements for Price Stability. In: Journal of Money, Credit and Banking, vol. 33, S. 669–728

Woodford, M. [2003]: Interest and Prices: Foundations of a Theory of Monetary Policy. Princeton

Woodford, M. [2005]: Central Bank Communication and Policy Effectiveness. NBER Working Paper No. 11898, NBER, Cambridge/Mass.

Woodford, M. [2007a]: How Important is Money in the Conduct of Monetary Policy? Paper prepared for the Conference in Honor of Ernst Baltensperger, University of Bern, verfügbar auf: http://www.columbia.edu/~mw2230/Bern.pdf (letzter Aufruf: 21.07.2017)

Woodford, M. [2007b]: The Case for Forecast Targeting as a Monetary Policy Strategy. In: Journal of Economic Perspectives, vol. 21(4), S. 3–24

Woodford, M. [2009]: Convergence in Macroeconomics: Elements of the New Synthesis. In: American Economic Journal: Macroeconomics, vol. 1(1), S. 267–79

Woodford, M. [2010a]: Robustly Optimal Monetary Policy with Near-Rational Expectations. In: American Economic Review, vol. 100(1), S. 274–303

Woodford, M. [2010b]: Optimal Monetary Stabilization Policy. NBER Working Paper No. 16095, NBER, Cambridge/Mass.

Woodford, M. [2012]: Inflation Targeting and Financial Stability. NBER Working Paper No. 17967, NBER, Cambridge/Mass.

Woodford, M. [2013]: Macroeconomic Analysis Without the Rational Expectations Hypothesis. In: Annual Review of Economics, vol. 5, S. 303–346

Working Group on Strengthening the Financial Systems [1998]: Report. Oktober 2008, verfügbar auf: http://www.imf.org/external/np/g22/sfsrep.pdf (letzter Aufruf: 21.07.2017)

Yeager, L.B. [1981]: Experiences with Stopping Inflation. Washington, D.C. (American Enterprise Institute)

Yellen, J.L. [1984]: Efficiency Wage Models of Unemployment. In: American Economic Review, P.a.P., vol. 74(May), S. 200–205

Yellen, J.L. [2009]: A Minsky Meltdown: Lessons for Central Bankers. In: Federal Reserve Bank of San Francisco Economic Letter No. 2009-15, Federal Reserve Bank of San Francisco

Yellen, J.L. und **Akerlof, G.A.** [2006]: Stabilization Policy: A Reconsideration. In: Economic Inquiry, vol. 44(1), S. 1–22

Young, C. [2012]: Losing a Job: The Non-Pecuniary Cost of Unemployment in the United States. In: Social Forces, vol. 91(2), S. 609–634

Zhou, R.T. und **Lai, R.N.** [2009]: Herding and Information Based Trading. In: Journal of Empirical Finance, vol. 16(3), S. 388–393

Zohlnhöfer, W. [1975]: Eine Theorie der schleichenden Inflation. In: Stabilisierungspolitik in der Marktwirtschaft, Erster Halbband, Schriften des Vereins für Sozialpolitik, N.F. Bd. 85/I, Berlin, S. 533–553

Sachregister

adaptive Erwartungsbildung 30
Aktivismus 125, 172
aktivistisch 125, 172
Akzelerationshypothese 24, 30, 34
Angebotspolitik 3
antizyklische Stabilitätspolitik 89
Arbeitslosigkeit 9, 10, 11, 16, 17, 18, 25, 27, 28, 30, 32, 34, 40, 41, 47, 49, 51, 52, 74, 75, 79, 80, 135, 304, 312, 327, 328, 342, 353
autoregressive (adaptive) Erwartungsbildung 28, 30, 35
Beteiligungsökonomie 301, 302, 304, 305, 308, 311, 316, 318
Bretton Woods 212, 215, 218, 352, 404
Budgetdefizit 104, 122, 140
Budgetidentität 122
Calvo-Preissetzung 61, 63, 64, 68
destabilisierende Effekte von Preisflexibilität 78
diskretionär 87
diskretionäre Politik 178, 196, 395
Diskretionarität 144, 145, 172, 205
duale Entscheidungshypothese 74
Einkommensmultiplikatoren 98
Einkommenspolitik 5, 288, 323, 324, 325, 353, 355, 365
Erlösbeteiligung 301, 302, 314
Externalitäten 11, 48, 80, 81, 82, 86, 312, 384
first best optimum 48
Fisher-Effekt 78
Fiskalpolitik 88, 99, 102, 103, 112, 114, 119, 134, 137, 142, 351, 355, 365, 372, 375, 377, 378, 383, 404, 409
Fixpreis-Modell 95, 109
Fixpreistheorie 72
Freiheit von Geldillusion 31
Friedman-Regel 145, 173
Fristigkeit einer Regelbindung 249
funktionierende Beteiligungsökonomie 310
Funktionsbegründung von Stabilitätspolitik 4
Gefangenendilemma 81, 82
Geldangebotsgleichung 221
Geldmengeninflation 337
Geldneutralität 56

Geldpolitik 38, 45, 58, 79, 88, 101, 112, 114, 130, 142, 180, 197, 201, 203, 377, 378, 383
Gerechtigkeitsnormen 15
gesamtwirtschaftliches Gleichgewicht 2
gesellschaftliche Wohlfahrtsfunktion 12
Gesetz über die Deutsche Bundesbank 21
Gewinnbeteiligung 290, 300, 301, 302
Gleichgewichtstheorie realer Konjunkturschwankungen 40, 41
Globalsteuerung 1, 2, 90
Handlungstheorie 8
Happiness 11
Hyperinflation 23, 300
Indexierung 5, 19, 47, 289, 291, 292, 296, 297, 298, 299, 300, 302, 343
Inflation Targeting 225
    flexibles IT 227
    striktes IT 227
Inflationsausgleich 44, 45, 46
Inflationsbias XIV, 5, 11, 24, 133, 326
Inflationsrate 10, 11, 19, 22, 27, 30, 31, 32, 34, 203, 211, 297, 330, 332, 342, 344, 396
Informationsaustausch 346
Informatorische Einkommenspolitik 346
insider 51, 312, 313
insider-outsider-Theorie 312, 313
Instrumenteninstabilität 128
internes Gleichgewicht 217
IS-LM-Analyse 87, 94
IS-LM-BP-Analyse 109
IS-LM-Modell 64, 79, 94, 96, 108, 113, 146, 187
Kapitalimmobilität 224
Kennedy-Administration 2, 90
Kollektivgut 323
konditionale Varianz 293
Kontrollprobleme 314
Kontrolltheorie 93, 249
Konzept pessimistischer Nachfrageerwartungen 80
konzertierte Aktion 349
Koordinationsproblem 48
Koordinationsversagen 48

488 Sachregister

Kosten von Einkommenspolitik 346, 361
Lag-Problematik 126
Leitlinien 353
Liquiditätsfalle 25, 105, 116
Lohn- und Preisleitlinien 353
Lohn- und Preisstopp 350
Lohnindexierung XV, 5, 224, 289, 293, 296, 297
Lohnrigidität 61
Lucas' Phillipskurven-Modell 38
Lucas-Angebotsfunktion 291, 296
Lucas-Kritik 32
mainstream-Makroökonomie 14, 15, 17, 80
Makro-Indexierung 5, 290
Makroökonomie 3, 5, 6, 23, 24, 26, 30, 32, 33, 34, 35, 37, 40, 42, 47, 72, 75, 76, 77, 78, 79, 82, 87, 112, 134, 291, 323, 343, 383
makroökonomische Wohlfahrtsfunktion 12
MAP 356, 357, 358
Marshall-Lerner-Bedingung 110
Maßhalteappelle 346
Mengeninstabilität 15, 16, 24
Mengen-Stabilitätspolitik 15
Mikro-Indexierung 5, 300
monopolistisches Konkurrenzgleichgewicht 55
moralisches Risiko 50
MS-Regel 201
Multiplikator 29, 84, 88
Mundell-Fleming-Modell 109, 223
Nachfrage-Externalitäten 80
Nachfragepolitik 1, 2, 23, 42, 44, 45, 58, 79, 88, 89, 90, 342
NAIRU 31, 318, 341
Nash-Gleichgewicht 347, 384
Nash-Lösung 389, 390
natürliche Arbeitslosenrate 11, 30, 34, 131
neoklassische Synthese 25, 34
Nettoexporte 224
Neue 61
Neue Internationale Finanzarchitektur 406
Neue Keynesianische Makroökonomie 61
Neue Keynesianischen Makroökonomie 61
Neue Klassische Makroökonomie 37, 62, 78

Neue Neoklassische Synthese 61, 62, 64, 65
new open macroeconomics 399
nicht-walrasianisches Gleichgewicht 74
nominelle BSP-Indexierung 294, 295, 299
nominelle Rigiditäten 48
offene Volkswirtschaft 112, 122
öffentliches Gut 20, 323
ökonomische Interdependenz 369
ökonomisches System 6, 9
Outputstabilisierung 198, 199, 203, 209
Pareto-Optimum 347
Partisan-Theorie 133, 327
pekuniäre Externalität 58
Phillipskurve 24, 27, 28, 29, 30, 31, 32, 34, 54, 89, 95, 250, 328, 339, 359, 387
Politikreaktionsfunktion 91, 93
Postkeynesianismus 25
Preisindeterminiertheit 201, 210
Preismechanismus 14, 15, 17, 25, 77
Preisniveau-Indexierung 290, 299, 354
Preisniveaustabilisierung 20, 21, 23, 357
Preisniveaustabilität 13, 17
Problem multipler Gleichgewichte 60
Produktinnovationen 86, 351
Quantitätsgleichung 17, 182, 339
rationale Erwartungshypothese 33, 34, 36
Rationierungskonstellationen 74
Rationierungsmodelle 72
Reaktionsfunktion 140
reale Rigiditäten 48
Realkasseneffekt 79
Regel konstanten Geldmengenwachstums 173, 174, 179
Regelpolitik 5, 45, 171, 179
Reservationszins 25
Ricardo-Äquivalenztheorem 140, 142, 143
Risikoaversion 50, 308, 315
second best 249
Senioritätsentlohnung 53
shirking 53
shirking-Effekte 316
soziale Kostenfunktion 10
soziale Stabilität 9, 10
Spieltheorie 4, 24, 77, 145, 347, 384, 386, 394
spill-over Effekte 7, 8, 378, 383

s-S-Preispolitik 60
staatliches Nachfragemanagement 88
Stabilisierungsmechanismus 14, 17, 82
Stabilisierungspolitik 1, 2, 3, 6, 16, 29, 42, 47, 91
Stabilitätsgesetz 1, 2
Stabilitätsgrad 9, 249
Stabilitätspolitik 1, 2, 3, 4, 6, 7, 10, 12, 13, 15, 17, 22, 23, 43, 76, 86, 87, 88, 89, 90, 99, 108, 301, 386
Stabilitätsziel 2, 3, 4, 6, 21, 87
Stackelberg-Lösung 390
staggered price setting
   Calvo-Preissetzung 63
Stammarbeiter 11, 311, 312, 313
Steuerbarkeit des Geldangebots 176
strukturelle Inflation 334
Substitutionseffekt 82, 85
Systemkomplexität 137
Taylor-Kurve 235
Taylor-Prinzip 234
Taylor-Regel 233
terms of trade 120, 363
Theorie der Wirtschaftspolitik 90
Theorie rationaler Erwartungen 31, 34, 36, 37, 327
These von der Ineffektivität der Geldpolitik 137
TIP 356, 358
Tournamententlohnung 53, 54
Transaktionskosten der Preisänderung 56, 57, 58, 59
Überschießen der Wechselkurse 120

unfreiwillige Arbeitslosigkeit 73
Unsicherheit 12, 16, 39, 40, 48, 78, 80, 121, 324, 354
Unterbeschäftigungsgleichgewicht 22, 25, 48, 83, 84
unvollkommene Konkurrenz 55
Verbreitungsmechanismen 33, 40
Verlustfunktion 10, 11, 12, 161, 203, 231, 386, 387
Verlustkoeffizient 344
Vermögenseffekte 84, 116
Verteilungseffekte von Inflation 20
Vertrauen 21, 82, 393
Vollbeschäftigung 24, 52, 131, 318
Vollbeschäftigungspolitik 131, 132
Wachstumspolitik 3
Währungsunion 215
Wechselkurs 110, 223, 224, 381
Wechselkursstabilisierung 114, 215, 371
Wirksamkeit von Einkommenspolitik 346
Wirkungsverzögerungen 121, 128, 130, 201
Wohlfahrtskosten der Inflation 19
Zahlungsbilanz-Gleichgewicht 109, 110
Zeitinkonsistenztheorie 144, 146
Zentralbank-Kommunikation 282
Zielkonflikte 3
Zielsetzung einer Stabilitätspolitik 6
Zielzonen 217
Zinsniveaustabilisierung 207, 209, 214
Zwei-Länder-Fall 373, 377